经济教材译丛

（原书第 12 版）

管理经济学

Managerial Economics: Foundations of Business Analysis and Strategy (12th Edition)

[美] 克里斯托弗 R. 托马斯（Christopher R. Thomas）
南佛罗里达大学
S. 查尔斯·莫瑞斯（S. Charles Maurice）
得克萨斯A&M大学
著

陈章武 杨晓丽 译

机械工业出版社
CHINA MACHINE PRESS

图书在版编目（CIP）数据

管理经济学（原书第 12 版）/（美）克里斯托弗 R. 托马斯（Christopher R. Thomas），（美）S. 查尔斯·莫瑞斯（S. Charles Maurice）著；陈章武，杨晓丽译 . —北京：机械工业出版社，2018.1（2024.6 重印）
（经济教材译丛）
书名原文：Managerial Economics：Foundations of Business Analysis and Strategy

ISBN 978-7-111-58696-8

I. 管… II. ①克… ②S… ③陈… ④杨… III. 管理经济学 – 教材 IV. F270

中国版本图书馆 CIP 数据核字（2017）第 301109 号

北京市版权局著作权合同登记 图字：01-2017-8128 号。

Christopher R. Thomas, S. Charles Maurice. Managerial Economics: Foundations of Business Analysis and Strategy, 12th Edition.

ISBN 978-0-07-802190-9

托马斯和莫瑞斯教授合著的《管理经济学》12 版，以技术有效和经济有效为主线，贯穿了对企业日常经营决策和长远战略管理有用的经济学原理。在严谨的学术风格之上，又突出了实用的色彩，不愧为本领域的经典之作。

本书延续并强化了对读者友好的风格：对各章节适时总结；用醒目的字体标注原理和关系，突出重点；大量结合企业运作实践；双套习题，分别强调概念性和应用性；严格数学的推导和分析以附录呈现；网络上配有学生手册、教师手册和拓展学习资料。

本书适用于相关专业的本科生、研究生及 MBA。

出版发行：机械工业出版社（北京市西城区百万庄大街 22 号 邮政编码：100037）

责任编辑：程天祥　　责任校对：殷 虹

印　　刷：北京建宏印刷有限公司　　版　　次：2024 年 6 月第 1 版第 13 次印刷

开　　本：185mm × 260mm 1/16　　印　　张：33.5

书　　号：ISBN 978-7-111-58696-8　　定　　价：89.00 元

客服电话：（010）88361066 68326294

译者序

The Translator's Words

2013 年 11 月，中国共产党召开十八届三中全会，做出《中共中央关于全面深化改革若干重大问题的决定》(以下简称《决定》)。《决定》指出："使市场在资源配置中起决定性作用和更好发挥政府作用。"[1]以职业经理人为就业目标的 MBA 和企业的经营管理者，需要深切理解"市场决定资源配置是市场经济的一般规律，健全社会主义市场经济体制必须遵循这条规律"，迫切需要学习一些市场经济条件下资源配置的经济学基本原理和技巧，用所学的基本原理和技巧来指导和帮助企业管理者做出日常的经营决策和长远的战略管理。同时，管理者也要深切理解"更好发挥政府作用"，"主要是保持宏观经济稳定，加强和优化公共服务，保障公平竞争，加强市场监管，维护市场秩序，推动可持续发展，促进共同富裕，弥补市场失灵"，处理好企业和政府的关系。管理经济学正是这样的一门课程。

我在这里向大家推荐这本《管理经济学》。它保持了严谨的经济学学术风格，详细地论述了有助于企业日常经营决策和长远战略管理的经济学原理。全书侧重讨论在各种市场结构条件下，企业如何实现技术有效前提下的经济有效，使资源得到有效的配置；同时，也讨论了在经济有效前提下的分配有效，进而实现社会有效；还初步分析了市场失灵和政府干预的关系，引导企业处理好与政府的关系。

全书从有利于读者学习的角度，对各章节适时总结，并用醒目的字体给出相关的经济学原理，以及各经济变量间的相互关系，以便突出重点，加深读者印象。书中还给出了大量结合企业运作实践的专栏案例，帮助读者加深对经济学基本概念的理解，加强经济学的基本原理在实际中的应用。在每章的结尾，给出两套习题：一套是概念性习题，引导读者对经济学的基本原理、概念，做进一步消化和理解；另一套习题是应用性习题，这套习题以现实经济活动为背景，通常没有标准答案，用于课堂或课外小组讨论。学习本教材主体部分不需要很深的数学基础，适合更广大的读者使用。同时，数学的推导和分析以附录的形式给出，并附有数学习题，供有数学基础的读者深入理解，这也是本书往往受偏爱定量分析的读者所喜欢的原因。在出版商网站上配有相应的学生手册和教师手册，以及拓展学习资料。这样一个教材体系和结构，既有利于教师面授教学，也有利于接受非面授教育的广大读者自学、自检。我国目前正缺少这样一本《管理经济学》教材。

[1] 中共中央关于全面深化改革若干重大问题的决定［M］. 北京：人民出版社，2013.

18 年前，本书英文第 6 版（1999 年）首次在中国由机械工业出版社影印出版后，就备受中国读者的欢迎。随后，英文第 7 版（2002 年）、第 8 版（2005 年）、第 9 版（2009 年）、第 10 版（2012 年）、第 11 版（2015 年）由机械工业出版社相继在中国影印发行；第 6 版（2001 年）、第 7 版（2003 年）、第 8 版（2005 年）、第 9 版（2009 年）、第 10 版（2012 年）、第 11 版（2014 年）的中文译本，也相继在中国问世。现在，又将本书第 12 版的中文译出，推荐给大家。

在莫瑞斯教授 1999 年辞世以后，托马斯教授对本书进行了多次增减。英文版第 12 版《管理经济学》对书中的内容进行了一些修订，增加了一些新的专栏，根据需要更新或改进了部分话题，并增加了一些概念性习题和应用性习题。第 12 版还有一个重要修改就是将概念性习题的答案转移到《教师手册》中。教师可以指定部分或所有习题让学生进行补充练习，学生无法从教材中直接获得答案，由任课教师自行决定是否为学生提供答案。

考虑到使用中文版的教师和学生，要在麦格劳 – 希尔的网站上查找英文版的《教师手册》和《学生手册》都有一定困难，没有渠道获知习题答案也会影响教和学的效果，经慎重考虑，本书还是保留各章的概念性习题答案，仍然将它放在了习题的后面。并建议学生在完成相应习题时，不要首先去翻看答案，而应将答案用于检查自己知识和概念的掌握程度。

第 12 版的翻译初稿仍由杨晓丽女士完成，这是杨晓丽女士第三次和我合作翻译托马斯的《管理经济学》，稳定的合作翻译，为提高质量提供了有力的保障。这里，也要感谢曾经参加第 6、第 7、第 8、第 9 版翻译的全体女士和男士们，他们是：孙秀琴、葛凤玲、陈永刚、李刚、秦跃红、王海英、吴楚红、李姝、林薇、刘满江、邹家佳、宋风华、王宏东、孙立元、田天、吴子云、何权君、郑越强、石少强、秦茜、翟艳玲、白英波、李方、刘琦、吴非、郭丹、方宝荣等，他们的前期工作成果，为第 12 版的顺利翻译奠定了良好的基础。

最后，要特别感谢机械工业出版社的编辑们，没有他们前期认真负责的敦促和辛勤的劳动，《管理经济学》的历年中文各版也不可能如此顺利地相继面世。

全书最终统稿和审定由本人负责，文责自负。18 年来，托马斯教授和莫瑞斯教授的《管理经济学》中文版在中国已经出了 7 版，在每次翻译和校审的过程中，本人自问尽了绵力，但每次翻译和校审，仍能发现前稿中的错误和不足，现在战战兢兢提交的第 12 版中文译稿，一定仍然会有错误和不足，恳请广大读者不吝批评指正。

陈章武

于清华大学经管学院舜德楼

2017 年 6 月

作者简介
About the Authors

克里斯托弗 R. 托马斯（Christopher R. Thomas）

克里斯托弗 R. 托马斯，南佛罗里达大学经济学副教授。在南佛罗里达大学任教 33 年，于 2004 ~ 2010 年间任可持续企业经济学讲席教授（Exide Professor）。在 1982 年加入南佛罗里达大学之前，作为能源经济学家在橡树岭（Oak Ridge）国家实验室工作了两年。目前他教授管理经济学课程，对象包括本科生、MBA 和 EMBA 学生。托马斯教授发表了大量关于政府管制和反垄断的文章，是《牛津管理经济学手册》的编者之一。托马斯教授与他的妻子和女儿生活在佛罗里达州的 Brooksville，工作之余他喜欢摄影、打高尔夫和打网球。

S. 查尔斯·莫瑞斯（S. Charles Maurice）

莫瑞斯教授是得克萨斯 A&M 大学荣誉经济学教授。他在得克萨斯 A&M 大学的经济系任教 30 年，1977 ~ 1981 年任系主任，1981 ~ 1985 年享受 Rex. B. Grey 大学 Free Enterprise 的荣誉教授称号。莫瑞斯教授在知名的经济学杂志上发表了许多论文、文章；此外，他还与人合作撰写了两本关于自然资源消耗的学术著作：《世界末日之神话》（*The Doomsday Myth*）和《矿产采掘经济学》（*The Economics of Mineral Extraction*）。另外，他先后与 Charles Ferguson 和 Owen Philips 合作撰写了中级微观经济学教科书《经济学分析》（*Economics Analysis*），该书于 1971~1996 年在全世界范围内被广泛应用。莫瑞斯教授退休后定居于佛罗里达州的 Gainesville，于 1999 年春病逝。

前言

Preface

为什么要学习管理经济学

在过去的40年里，微观经济学和产业组织经济学对企业分析各方面的影响越来越大，从而改变了管理经济学在商学院课程体系中的地位。经济学家认识到：现在每一门企业决策以及组织架构方面的课程，都需要吸收微观经济学和产业组织理论中关键领域的新进展。很多商学院一直都把“战略”当作课程体系中的一个重要主题，而这个主题往往只体现在一门仅一个学期的“企业战略”课上。然而，在一门课上，要教给商学院学生管理经济学并覆盖所有商业战略和组织方面的重要知识，是非常困难的，几乎不可能做到。在任何情况下，要想懂得如何去运用大量微观经济学和产业组织理论的重要新进展，就必须有管理经济学的扎实基础。

因此，《管理经济学》的目标是，既教会学生在企业日常决策中，运用微观经济学和产业组织理论的基础知识，实现利润最大化，同时又可以做出保障企业长远利润的战略决策。我们相信《管理经济学》能够帮助商学院学生成为企业战略的设计师，而不仅仅是探索如何击败竞争对手的中层经理人。

教学要点

《管理经济学》第12版延续了本书以前各版本赖以成功的所有特征，包括以下几个方面。

强调经济学思维方式

《管理经济学》首要和一贯的目标是教会学生用经济学的方法思考企业决策和战略，强调批判性思维技能，并让学生用逻辑分析的方式处理企业日常管理决策，以及寻求应对竞争对手反应和再反应的长期战略决策。

易教易学

《管理经济学》一直是一部自成体系的书，学习本书并不要求学生以前受过微观经济学的培训。在保持严谨学术风格的前提下，我们把本书设计成最易于讲授和学习的管理经济学教科书之一。本书坚持详细地阐述并应用对企业决策和战略规划最有用的概念，而不是带着学生快速浏览微观经济学和产业组织理论中每个有趣或新鲜的话题。

双套习题

大多数学生可能并不知道怎样靠自己来提高分析和批判思维的能力。为加快这种能力的开发，就像数学教学中采用“计算题”和“应用题”一样，我们在每章都配置了两类问题：概念性习题和应用性习题。

- **概念性习题** 每章每节都与一道或多道概念性习题相联系，专门建立和强化独特的技巧。这些概念性习题一步一步地引导学生跟上每章的内容，开发自己的分析能力。在每章章末，我们给出了所有概念性习题的答案，这样，这些概念性习题就可以当作与教材相配合的一本习题集使用。每道概念性习题都有很强的针对性，以达到两个目的：①使学生可以逐步掌握概念，而不是囫囵吞枣；②使学生能够准确地指出自己的困惑。这样，无论在课堂上还是在办公室，他们与教师的交流都会更有成效。当学生完成求解概念性习题后，他们也就练习了为解决应用性习题所需的所有技巧。
- **应用性习题** 在概念性习题后，每章还有一套应用性习题，为培养批判性思维能力服务，也为培养制定商业决策的能力服务。正像数学课本中的“应用题”一样，这些问题由典型的商业环境和现实世界真实发生的案例组合而成，案例节选自《商业周刊》《经济学人》《福布斯》《华尔街日报》和其他商业新闻出版物。商学院学生以后会发觉，关于应用性习题的课堂讨论是他们整个工商管理培训课程中最有价值的环节之一。

清晰的说明配合完整的概念性习题一步一步求解的过程，使学生在课前就可以学会大部分技巧。学生如果确实能在课前掌握这些技巧，教师就能够在课堂上花更多的时间向学生演示如何把经济学的思维方法运用到企业决策中去了。

灵活的数学知识要求

从基本的代数运算和看图技巧开始，本书给出了要用到的所有其他分析工具。《学生手册》中包括解答书中习题所需要的代数知识和看图技巧的综述。

虽然本书任何一章都不含有微积分运算，但希望教微积分运算的教师，可以在本书绝大部分章节后的数学附录中，找到如何运用微积分对本章涵盖的关键题目做数学分析。每个数学附录都包括一些需要使用微积分解决的数学练习，《教师手册》中提供了这些练习的答案。《学生手册》中还包括一份6页的“导数与最优化问题简要回顾”，介绍了导数的概念、求导法则、无约束优化以及有约束优化。

自成体系的经验分析

本书第12版在需求、生产和成本函数中继续使用一套自成体系的统计估计处理方法。虽然本书尽量避免涉及计量经济学中的高难度领域，只教授给学生用于需求、生产和成本估计的基本统计知识，但是本书还是不可避免地要包含一些枯燥的数学公式和计算。对于不想把经验分析包含在课程中的教师来说，这些数学部分可以被略去，而无损整本教材的完整性。

广泛的读者

本书适用于本科生的管理经济学和企业战略导论课程。对于MBA或EMBA学生来说，本书也非常适合作为管理经济学课程中的“新兵集训营”或“工具包”来使用，同时也可用于企业战略和组织架构课程的补充读物。由于在职、在线学习或EMBA学生在课后向教师求教的机会有限，本书自成体系的特点对他们就显得特别有价值。

补充资源

所有补充资源在麦格劳－希尔网站（McGraw-Hill Connect）上提供，以下是第12版提供的补充资料[⊖]。

在线附录和网络章节

在线附录包含部分教师和学生可能感兴趣的话题。网站上有以下几个在线话题：

- 价格变化的替代和收入效应；
- 价格接受企业的行业需求函数的估计和预测；
- 线性规划；
- 生产中关联多产品的定价法。

同时，网站还提供一个网络章节，包括部分教师和学生可能感兴趣的话题。与在线附录所不同的是，网络章节内容更为丰富，具备教材一个章节中所有的结构，包括摘要、概念性习题和应用性习题等。网络章节主题如下：

⊖ 读者可以登录McGraw-Hill Connect网站自行获取。

- 投资决策。

题库

题库提供了超过 1 500 道选择题和填空题，并根据难度等级、AACSB 学习类别、Bloom 分类和主题对这些试题进行了分类。

计算机试题库

麦格劳 - 希尔的“EZ 测试”是一个灵活且易于使用的在线测试软件，允许教师从教材配套试题中选取题目创建试卷。它支持多种类型的试题类型，教师也可以自己录入试题。教师可以创建多个试卷版本，并且导出每个试卷到课程管理系统中。教师可以在“EZ 在线考试”中在线发布所创建的“EZ 试卷”来进行考试或小测验。此外，教师也可以通过 McGraw-Hill Connect 来访问试题库。

教师手册

《教师手册》是由作者撰写的，其中包括教材中应用性习题和数学习题的答案。从第 12 版开始，“课后作业”部分从《学生手册》转移到《教师手册》中。教师可以指定部分或所有课后作业题让学生进行补充练习。由于学生无法获得答案，课后作业提供了除试题库中已有试题之外的一系列需要评阅的习题。与试题库的题目相反，课后作业中的习题不是选择题，它的设计与课本中的概念性习题和应用性习题较为类似。

另一套概念性习题与答案

在第 12 版中，我们为教师额外提供了一整套新的概念性习题以及答案。教师可选择使用它们作为额外练习、课后作业或考试用题。学生无法获得这些习题和答案，教师可自行决定是否为学生提供答案。教师可登录 McGraw-Hill Connect 来获得这些额外的概念性问题。

PPT 文件[⊖]

本书每章都配有相应的 PPT 文件，由 Victoria Perk 提供。PPT 中包括动画形式的图表，可以逐步演示。教师可以根据自己课程的演示需要编辑幻灯片。

⊖ 参见 http://www.hzbook.com。其他资料索取请填写书后所附《教师服务登记表》或联系出版社。

第 12 版的新特点

跟每次更新版一样，作者对书中的内容进行了一些修订，增加了一些新的专栏，根据需要更新或改进了部分话题，并增加了一些概念性习题和应用性习题。第 12 版中淘汰了两个专栏：专栏 1-3“垒球联盟正在破裂吗：会计利润与市场价值”和专栏 2-2“购买者们真的能够哄抬价格吗”。这些淘汰的专栏，以及之前版本中淘汰的专栏，仍然可以通过 McGraw-Hill Connect 在学生图书馆模块中查看。以下是此次改版中新增的专栏：

- 专栏 1-3：“如何评估高尔夫球场的价值——估计一个企业的市场价格”
- 专栏 2-2：“供给决定因素变化的影响”
- 专栏 6-1：“$P \times Q$ 衡量的不仅仅是企业的总收益”
- 专栏 12-2：“钻石是永恒的，而进入壁垒不是”
- 专栏 14-1：“灰狗汽车公司用动态定价替代统一定价”

除了这些新的专栏以外，作者用最新的新房销售数据对专栏 7-3“新房销售预测：时间序列预测法”进行了完全的修订。

以下主要按章节介绍其中的主要变化：

- 在第 1 章中，对所有权和控制权分离的问题进行了修正和更新，更细致地讨论了目标冲突、隐藏行动，及其带来的监督问题、道德风险这些概念。现在对于这个话题的介绍更符合现代对不完整合同和不完整信息的处理。我选择不区分逆向选择和道德风险，是因为在企业主和管理者关系这个背景下，逆向选择的结果最终也是道德风险：具有未知、隐藏的“坏”特质的管理者会做出非价值最大化决策。委托 – 代理问题与公司控制机制是非常有趣且复杂的，虽然在第 12 版中只是简短地阐述了一些基本内容，但也是足够完整的，可以引起水平较高的学生选修更为高级的企业战略和组织课程的兴趣。
- 此外，在第 1 章中新增的专栏 1-3，检验了“现实世界”评估企业未来预期利润流的经验法则。据报道，该经验法则被专门从事销售高尔夫球场的房地产经纪人所使用。他们简化了评估过程，把购买高尔夫球场当成购买永续年金中今年的利润。虽然这个法则无疑是太简单了，但学生会觉得简单的计算方法——用单期利润除以风险调整贴现率——是“有用的”。专栏 1-3 讨论了在某些情况下，我们可以期望，在这个简单的经验法则和本书中对未来预期利润现值的计算方法之间，找到一个均衡。为了引起学生对这个话题的兴趣，我扩展了第 1 章中的数学附录，对应用这一方法计算永久期的现值进行讲解，并增加了一个数学习题。

- 在新的专栏 1-3 中，也对“企业价值”（EV）的概念进行了简短的解释。现在这一术语，在商业出版物和投资博客中被广泛应用。企业价值，作为一种方便地将企业预期利润的现值，与购买该公司所需支付的市场价格联系起来的方式而受到推广。要计算一个公司的企业价值，一个公司的市场交易价格需要根据公司的资本结构进行调整：从市场价格中减去公司可能拥有的任何现金价值，加上公司买家在购买时需要解决的任何债务。也就是说，企业价值 = 企业市场价格 − 现金 + 债务。
- 在第 2 章中，一个新的专栏 2-2，为学生提供了更多让供给曲线移动的变量案例（专栏 2-1 是让需求曲线移动的变量的案例）。专栏 2-2 强调了供给曲线的移动应该是水平移动，而不是“向上”或“向下”移动。第 2 章在标记方面也做了一个小改动，为了避免可能出现的混乱，在此也需要提一下。对某一商品未来的预期价格的符号进行了小改动，以避免买方对未来价格的预期，在某种程度上与卖方对未来价格的预期等同起来，所可能造成的混乱。此版本中不再使用 P_e 来统一表示需方和供方的预期价格。按照过去版本中所采用的约定，今后需方变量的下标以大写 E（P_E）表示，供方变量下标继续用小写 e（P_e）表示。而作为这种变化的结果，P_E 不再表示均衡价格。现在用 $\overline{P}$ 表示均衡价格，用 $\overline{Q}$ 表示均衡数量。
- 第 6 章中新增了专栏 6-1，“$P \times Q$ 衡量的不仅仅是企业的总收益”，提醒学生总收益也衡量消费者对商品或服务的总开支，然后说明如何使用需求弹性来预测价格变动对消费支出的影响。当然，这与预测价格变化对总收益的影响是相同的。专栏 6-1 对于教师来说，可能是很浅显甚至微不足道的，但学生们经常将它视为明了的单一概念。
- 在第 7 章中，如前所述，作者更新了专栏 7-3“新房销售预测：时间序列预测法”，收集了 2012 年 1 月 ~ 2014 年 12 月共 36 个月的新房销售数据。使用最新的数据进行计算，发现季节性哑变量回归和预测模型的预测表现依然很好，再次说明了这种相当简单的方法对于预测每月新房购买模式的季节性变化非常有效。
- 第 11 和第 12 章中，分别增加了一个新的概念性习题，且第 12 章中还新增了两个应用性问题，以及专栏 12-2“钻石是永恒的，而进入壁垒不是”。新专栏对纽约出租车市场进入壁垒的性质进行了讨论，并解释了现在基于新的智能手机 App 提供汽车服务的 Uber、Lyft 和 Gett，正让这些进入壁垒逐渐消失。
- 最后，在第 14 章中，新专栏 14-1“灰狗汽车公司用动态定价替代统一定价”，讨论了灰狗汽车公司从统一定价转到“动态定价”，这样一种价格歧视形式所获得的价值。虽然，无论是专栏还是本书，都不打算做动态定价模型，但学生仍然可以看到，灰狗汽车公司是如何从不同时间的同一行程所收取的不同价格中获益的。

除了教材中的变化，第 12 版还对补充材料进行了改进。学生和教师可通过 McGraw-Hill Connect 获取这些补充材料。可能其中最有用的改进，还是“课后作业”中对习题量的显著扩充，正如前面提到的，现在已转移到《教师手册》中。

作者始终非常重视来自学生和教师的改进建议。如果你对本书或补充材料有任何改进意见，请直接与作者联系（crthomas1@usf.edu）。

给学生的寄语

写这本书的主要目的之一是给学生一本可以更好地学习管理经济学的书。然而，在管理经济学课程中学到多少，很大程度上取决于你自己的学习方法。我想给你们一点学习的小提示，那就是重视主动学习，而不是被动学习。被动学习是指不需要你自己去挖掘内容背后逻辑的学习，比如阅读课文、复习课堂笔记，以及听讲座等。这些活动之所以属于“被动”学习，是因为书的作者或你的教师为你提供了分析指导和逻辑，你只是跟着别人的推理过程，让大脑活动跟上作者或教师的思路就行。被动的学习不会让你的大脑“燃烧”出新的神经通路和网络。一般而言，学生会倾向于被动学习，因为这样学习比主动学习更简单、更轻松。

主动学习要求你自己去思考、推理，比如你合上书，也不参考课堂笔记，试着去解释一个概念——可以是画一个图，或开发一个数学模型。只有如此，你才能让你的大脑“燃烧”出一条新的神经元的逻辑通路。你对本书中关键概念和原理的“怎么样”和“为什么”解释得越好，你的理解就会越透彻，考试也会考得更好。当然，有些被动学习对于熟悉材料也是很有必要的，但如果你想要获得真正的理解和运用管理经济学决策技巧的能力，你就要更注重主动学习而非被动学习。

目录

Contents

译者序
作者简介
前言

第 1 章　管理者、利润与市场 …… 1
1.1　企业运作和战略的经济学思考方法 …… 2
1.2　经济利润的度量和最大化 …… 5
1.3　所有权与控制权分离 …… 13
1.4　市场结构和管理决策 …… 17
1.5　本章小结 …… 21
关键词 …… 22
概念性习题 …… 22
概念性习题答案 …… 23
应用性习题 …… 23
附录 1A　现值计算方法 …… 25
数学练习题 …… 27

第 2 章　需求、供给与市场均衡 …… 28
2.1　需求 …… 29
2.2　供给 …… 38
2.3　市场均衡 …… 45
2.4　衡量市场交易的价值 …… 47
2.5　市场均衡的变动 …… 49
2.6　限制价与支持价 …… 55
2.7　本章小结 …… 57
关键词 …… 57
概念性习题 …… 59
概念性习题答案 …… 62
应用性习题 …… 65

第 3 章　优化决策的边际分析 …… 68
3.1　概念和术语 …… 69
3.2　无约束下的最优化 …… 70
3.3　有约束下的最优化 …… 78
3.4　本章小结 …… 82
关键词 …… 83
概念性习题 …… 83
概念性习题答案 …… 86
应用性习题 …… 88
附录 3A　优化理论概述 …… 90
数学练习题 …… 92

第 4 章　基本估计技术 …… 93
4.1　简单线性回归模型 …… 94
4.2　拟合回归曲线 …… 96
4.3　统计显著性检验 …… 98
4.4　回归方程的评估 …… 103
4.5　多元回归 …… 107
4.6　非线性回归分析 …… 109
4.7　本章小结 …… 113
关键词 …… 114
概念性习题 …… 115

概念性习题答案 …… 117
应用性习题 …… 119
附录 4A　回归分析中的一些问题 …… 121

第 5 章　消费者行为理论 …… 122

5.1　消费者理论的基本假设 …… 122
5.2　无差异曲线 …… 124
5.3　消费者预算约束 …… 128
5.4　效用最大化 …… 131
5.5　单个消费者需求曲线和市场需求曲线 …… 136
5.6　角解 …… 138
5.7　本章小结 …… 139
关键词 …… 140
概念性习题 …… 141
概念性习题答案 …… 144
应用性习题 …… 146
附录 5A　消费者理论中的一般数学方法 …… 147
数学练习题 …… 148
在线附录 1　价格变化的替代效应和收入效应 …… 148

第 6 章　弹性和需求 …… 149

6.1　需求价格弹性 …… 150
6.2　价格弹性和总收益 …… 151
6.3　影响需求价格弹性的因素 …… 155
6.4　需求价格弹性的计算 …… 156
6.5　边际收益、需求和价格弹性 …… 160
6.6　其他需求弹性 …… 164
6.7　本章小结 …… 168
关键词 …… 169
概念性习题 …… 169
概念性习题答案 …… 172
应用性习题 …… 174
附录 6A　需求弹性的计算方法 …… 175
数学练习题 …… 176

第 7 章　需求估计和预测 …… 177

7.1　需求估计的直接方法 …… 178
7.2　经验需求函数 …… 180
7.3　价格制定企业的需求估计 …… 183
7.4　时间序列预测销售量和价格 …… 186
7.5　季节性（周期性）变化 …… 189
7.6　几句忠告 …… 195
7.7　本章小结 …… 196
关键词 …… 197
概念性习题 …… 197
概念性习题答案 …… 199
应用性习题 …… 200
附录 7A　经验需求弹性 …… 201
在线附录 2　价格接受型企业的需求估计与预测 …… 202

第 8 章　短期生产与成本理论 …… 203

8.1　生产和成本理论中的一些基本概念 …… 204
8.2　短期生产 …… 208
8.3　短期生产成本 …… 214
8.4　短期成本函数和生产函数的关系 …… 218
8.5　本章小结 …… 222
关键词 …… 223
概念性习题 …… 223
概念性习题答案 …… 226
应用性习题 …… 228

附录 8A 短期生产与成本函数之间关系的推导 …… 229
数学练习题 …… 230

第 9 章 长期生产与成本理论 …… 231

9.1 等产量线 …… 232
9.2 等成本线 …… 234
9.3 投入的优化组合 …… 236
9.4 最优化与成本 …… 239
9.5 长期成本 …… 242
9.6 影响长期成本的因素 …… 245
9.7 短期成本与长期成本函数之间的关系 …… 255
9.8 本章小结 …… 258
关键词 …… 259
概念性习题 …… 260
概念性习题答案 …… 263
应用性习题 …… 264
附录 9A 两种变动投入生产和成本函数关系的推导 …… 266
数学练习题 …… 267

第 10 章 生产和成本的估计 …… 269

10.1 短期生产函数的规范 …… 270
10.2 短期生产函数的估计 …… 271
10.3 短期成本估计：有关成本量度的一些问题 …… 273
10.4 短期成本函数的估计 …… 275
10.5 本章小结 …… 278
关键词 …… 279
概念性习题 …… 279
概念性习题答案 …… 280
应用性习题 …… 281
附录 10A 经验生产函数与成本函数关系推导 …… 282
数学练习题 …… 287
在线附录 3 线性规则 …… 287

第 11 章 竞争市场上的管理决策 …… 288

11.1 完全竞争市场的特征 …… 289
11.2 价格接受型企业所面临的需求 …… 290
11.3 短期利润最大化 …… 291
11.4 长期利润最大化 …… 302
11.5 利润最大化的要素投入量 …… 310
11.6 利润最大化产出决策的实施 …… 313
11.7 本章小结 …… 318
关键词 …… 319
概念性习题 …… 320
概念性习题答案 …… 324
应用性习题 …… 326
附录 11A 价格接受型企业利润最大化的数学推导 …… 329

第 12 章 具有市场力企业的管理决策 …… 331

12.1 市场力的度量 …… 332
12.2 进入壁垒 …… 336
12.3 垄断下的利润最大化：价格与产量决策 …… 342
12.4 利润最大化时投入要素量 …… 349
12.5 垄断竞争 …… 352
12.6 利润最大化产量与价格决策的实施 …… 355
12.7 多工厂企业 …… 360
12.8 本章小结 …… 363

关键词 …… 364
概念性习题 …… 364
概念性习题答案 …… 368
应用性习题 …… 372
附录 12A 垄断企业利润最大化的数学推导 …… 375

第 13 章 寡头垄断市场的战略决策 …… 377

13.1 同步决策 …… 378
13.2 顺序决策战略 …… 391
13.3 在重复决策中的合作战略 …… 396
13.4 进入限制战略 …… 405
13.5 本章小结 …… 409
关键词 …… 410
概念性习题 …… 411
概念性习题答案 …… 414
应用性习题 …… 417
附录 13A 连续同步决策最优反应曲线的推导 …… 420
数学练习题 …… 422

第 14 章 高级定价技巧 …… 423

14.1 差别定价：获取消费者剩余 …… 424
14.2 第一级（完全）差别定价 …… 426
14.3 第二级差别定价 …… 428
14.4 第三级差别定价 …… 436
14.5 多产品企业的定价方法 …… 442
14.6 成本加成定价 …… 446
14.7 本章小结 …… 450
关键词 …… 450
概念性习题 …… 451
概念性习题答案 …… 453
应用性习题 …… 455
附录 14A 两群购买者的两部定价 …… 458
在线附录 4 生产相关多产品的定价 …… 459

第 15 章 在风险和不确定下的决策 …… 460

15.1 风险和不确定之间的差别 …… 461
15.2 风险概率分布的测量 …… 461
15.3 风险决策 …… 464
15.4 预期效用：风险下的决策理论 …… 468
15.5 不确定性条件下的决策 …… 474
15.6 本章小结 …… 476
关键词 …… 477
概念性习题 …… 478
概念性习题答案 …… 479
应用性习题 …… 481
附录 15A 风险决策的数学推导 …… 482

第 16 章 企业的政府监管 …… 483

16.1 市场竞争和社会经济有效 …… 484
16.2 市场失灵和政府干预的情形 …… 487
16.3 市场力和公共政策 …… 488
16.4 负外部性的问题 …… 494
16.5 非排他性 …… 501
16.6 信息与市场失灵 …… 503
16.7 本章小结 …… 506
关键词 …… 507
概念性习题 …… 507
概念性习题答案 …… 511
应用性习题 …… 515
网络章节 投资决策 …… 515

附录 统计表 …… 516

A.1 学生 *t* 分布 …… 516
A.2 *F* 检验 …… 516

第1章
Chapter1

管理者、利润与市场

■ 学习目标

学完此章后，你将可以：

(1.1) 理解为什么管理经济学依赖于微观经济学和产业组织理论来分析商业实践，并制定企业战略；

(1.2) 解释经济利润和会计利润的不同，把经济利润与企业价值联系起来；

(1.3) 描述当企业主和管理者的目标不一致，且企业主不可能对管理者进行监督，或者监督成本高昂时，企业所有权和经营权的分离如何导致委托-代理问题；

(1.4) 解释价格接受型企业与价格设置型企业的区别，并讨论四种市场结构的特点；

(1.5) 讨论市场全球化带来的主要机会和威胁。

学生：我们会用到这门课程所学的东西吗？
教授：如果你的职业生涯成功的话。

无论你从哪方面考虑，在商业界获得成功就意味着占领市场。从大公司的首席执行官到小型私人企业的经理，甚至像医院和大学那样的非营利机构的管理者，如果不对市场力如何既为企业创造机遇，又给企业设置障碍这一点有清晰的理解，就不可能获得成功。商业类出版物，比如《华尔街日报》《彭博商业周刊》《经济学人》《哈佛商业评论》《福布斯》和《财富》定期讲述许多经理做出高明或糟糕的商业决策和战略的故事。尽管运气在这些故事的结局中扮演了很重要的角色，但经理们对基本的经济关系是否有足够的理解，直接决定了商业决策的成败。尽管经济学的分析方法不是成功经理的唯一法宝，但它却是一个有力而必需的工具。这本教材的主要目的是告诉你：商业经理怎样运用经济学的概念和分析方法来做出决策、制定战略，从而达到企业的主要目的——通常是利润最大化。

出版商每年都成打地出版新书、发表新文章，吹捧当年最具"洞察力"的商业界某一领袖近期的战略。这些没完没了的对商界新"战略"、流行语和名人轶事的宣传可能会让你认为，成功的管理者必须用最新潮的方法不断代替过时的分析方法。尽管经理们必须不断地意识到市场的新动向，然而能清楚地用经济学的方法来思考制定商业决策，对于商业行为和战略分析却是长久有用的。管理经济学专注于更大范围的经济力和市场力，这两种力量既影响日常商业运作，也影响使企业长期获益的战略。经济学的思考方法提供的不是细则手册，而是为理解现在以及将来的商业决策和战略提供一种系统而有逻辑的分析方法。

虽然这本书主要讨论如何做出最能够赢利的企业决策，但书中讲到的原则和技巧对于慈善基金会、大学、医院和政府机关等非营利机构的经营者也会很有价值。比如说，医院里为贫困患者提供医疗服务机构的经理人可能会希望在保持较好医疗水平的基础上降低为贫困患者治疗的成本。又比如，面对校董会定下的严格预算，大学校长可能会想要招收并教育尽可能多的学生，同时又能符合州政府制定的预算限制。尽管利益最大化是这本书将要讨论的主要内容，但是用经济学的方法思考企业决策和战略，给所有经理人提供了促进企业或组织发展的强大且必不可少的工具和洞察力。

1.1 企业运作和战略的经济学思考方法

本书主要用经济学理论来解释如何制定企业决策从而获得更大的利益，因此我们想简略地说明一下，经济学理论对于学习经营企业的重要性及其原因。管理经济学运用微观经济学和产业组织理论这两个相关领域中最有用的概念和理论，创造了一个系统而有逻辑的方式来分析企业实践和策略，从而获得最大利益，同时规划出能长期保持或保护这种利益的企业战略。

1.1.1 经济学理论把复杂简单化

毫无疑问，你已经听说过这样的话："理论上虽然可行，但在现实世界中呢？"或者"我不想要这些象牙塔中的理论化东西，我需要的是解决问题的实际方法。"实用的、解决现实世界问题的方法，很少能在细则手册、肤浅的经验规则、简单指导手册或趣闻轶事中找到。有益的解决办法通常需要人们理解真实世界的运行情况，而如果没有理论的简化假设，这常常是不可能办到的。理论使人们能够使用简化的假设深入分析复杂的问题，从而于纷繁中理出头绪，让复杂的问题变得相对简单。尽管理论可能忽略了现实世界的许多特征，但是经理们还是能够从不相关的事物中抽取有用信息，运用经济学方法思考企业问题，继而做出现实世界中行得通的预测和解释。而且，需要提醒学生的是：如果理论上不行，那在实践中就更不行了。

使用经济学理论在很大程度上类似于使用交通路线图。一张交通路线图除去了不相干的事物，而只关注与当前任务相关的东西。假设你打算开车从达拉斯驶往孟菲斯，而你从没有走过这段路，那你就需要一张地图。然后你登录互联网打开 Google 地图，要选择查看达拉斯与孟菲斯之间的卫星航拍图还是普通交通路线图。卫星航拍图是对真实世界的完全再现，向你展示了达拉斯和孟菲斯之间的每条路、每棵树、每幢建筑、每头牛以及每条河流。虽然卫星航拍图看起来很炫，但是因为它包含了两地之间的一切事物，反倒使得它在指引你去孟菲斯这件事上还比不上普通地图。普通交通路线图去除了不必要的信息，只显示达拉斯和孟菲斯之间的重要道路，是现实世界的抽象。因此，这张简单的抽象地图比显示真实世界的卫星航拍图更清楚地显示了怎样驶往孟菲斯。同样，用经济学方法去理解企业可以把企业问题简化到只留下最必要的部分。

◇专栏 1-1

管理经济学：医生的渴求

很多大学提供为医生特设的 MBA 项目。绝大多数学习这一特设课程的医生是想要增长自己的经营决策技能，他们需要用这些技能来管理私人的、公共的诊所或医院。

我们可以理解，医生们的主要兴趣在于那些能很快教给他们实用经营技能的课程。在管理经济学中，他们发现许多对制定经营决策有价值的工具，并且可以很快把这些管理经济学原理和工具应用于大量的医院经营问题中。下面讨论这些应用中的一些较有趣的问题，所有这些方面的应用你都将在这本教材中学到。

- 决策与固定成本无关：几乎所有医生都承认做过一些基于固定成本的决策。一位肿瘤放射科主任抱怨说，她所在医院的许多管理成本包括在治疗额外病人产生的增量成本中。尽管医院以朝着实行边际成本定价结构的方向发展而自豪，但是会计部门对边际成本的计算却受固定的管理成本的影响而变动。
- 价格歧视：一位精通输精管切除的医生想通过实行价格歧视来增加收益。经过长时间对医疗服务收取不同价格的合理性讨论后，他决定在当地报纸的电视节目导视栏附上一张 40 美元的优惠券，以此来对他的输精管切除诊所促销。他认为只有低收入的病人会剪下优惠券，从而支付较低的价格。
- 广告的两难困境：经过一节关于寡头市场中广告的两难困境的讨论课后，一位精通准分子激光角膜镶术（LASIK）的外科医生说，在她所在的小镇里，其他三家 LASIK 眼外科医生对做广告一点兴趣都没有，这使她的压力有所减轻。她意识到在电台做广告对她来说不是一个明智的选择。
- 线性趋势预测：一些医生用线性趋势分析来预测患者的数量。一家医院的急救室主任发现，用一周的每一天作为模拟变量，他能够为医院的管理者提供统计上的证据（而不是他的偶然观察），证明一周内的某几天（在统计上）要比其他几天忙得多。
- 进入障碍战略：新奥尔良的一位医生决定在巴吞鲁日市和摩根市开设新诊所。现在这两个城市里并没有类似的诊所在经营。为打消其他医生开设相似诊所的念头，他计划把他的服务定价为只比平均总成本稍微高一点，远低于垄断情况下利润最大化的价格。
- 利润最大化与收益最大化：在一家药品企业拥有 25% 股权的医生经过课堂学习认识到，由于销售经理的报酬主要来自于销售额的提成，导致售出产品的数量太多了。这位医生打算建议提高药品价格来减少销售量，并且开始把利润的一个百分比作为付给销售经理的报酬。
- 规模经济与范围经济：医院的管理者意识到当前的趋势正朝着注重管理的方向发展，迫使医院在不降低质量的前提下降低成本。规模经济和范围经济提供了一种很吸引人的解决办法来满足降低成本的需要。参加课程学习的管理者尤其关心衡量规模经济的经验方法，以此为将来医院的扩张或收缩做打算。
- 成本最小化的投入组合：一位拥有并管理一家非预约诊所连锁店的医生，以课堂上关于成本最小化的讨论为依据，决定减少雇用医学博士的数量，增加雇用注册护士的数量。显然，对于诊所中执行的许多步骤来说，只要有医学博士的指导，有经验的护士就能把这些医疗任务执行得几乎像医生一样好。这位医生兼经理推断说，尽管医学博士的边际产量比注册护士高，但用在注册护士上的单位美元的边际产量超过了用在医学博士上的单位美元的边际产量。

商业类出版物报道说，由于医院、健康保护组织和其他类型的保健中心雇用拥有 MBA 学位的医生管理经营，他们在医疗职业界正变得越来越有影响力。一些医生，包括美国医学联合会（American Medical Association），反对把商业价值与医疗价值混为一谈。从以上列举的管理经济学的应用可以看出，管理经济学课程能使医生深入了解医疗机构的经营，这是他们通常在医学院校里学不到的。许多医生认为这种知识是一剂良方。

1.1.2 微观经济学和产业组织理论的角色

正如我们前面提到的，管理经济学的内容主要来自经济学理论中两个紧密相关的领域：微观经济学和产业组织理论。如果你学过一门经济学基础课程，你肯定知道**微观经济学**（microeconomics）是一门研究和分析经济个体行为的科学，包括对消费者、劳动者、资源所有者、厂商、行业、商品和服务市场的研究和分析。作为研究理性个体（包括消费者和生产者）

行为的必要方式，微观经济学发展了一些基本概念和优化方式来解释企业经理人在运作企业时需要做出的日常商业决策。这些决策包括选择利益最大化的生产水平，决定需要多少生产投入才能以最低的总成本达到需要的产出水平，选择广告花费的数额，在两个位于不同地方的工厂之间分配产量，以及为企业出售的产品制定能使利益最大化的价格。

这些在当前市场条件下做出的日常商业决策通常被称为商业实践或经营策略，与战略决策区别开来。战略决策是指专门为了影响竞争对手行为而做出的商业行动。换句话说，企业的管理层会做出很多关于**商业实践**（business practice）或**经营策略**（tactic）的决策，从而使企业在特定商业环境下获得最大利润。由于商业实践往往是把某事物最大化或最小化，微观经济学对于理解如何做出这些运营决策就会非常有用。因为微观经济学强调最大化和最小化的过程，所以它为解释如何做出获益最大化的商业决策提供了一把万能瑞士军刀。这一点我们将会在全书中强调。一旦掌握了这一方法，你就会发现，管理经济学实际上就是一系列对“边际分析法”这种总的推理方法的重复运用。在第 3 章中，我们将会分析阐述边际分析法的强大逻辑。经济学家喜欢说边际分析法提供了“通往微观经济学王国的钥匙”。考虑到微观经济学在管理经济学中的中心角色，我们可以肯定地告诉你，边际分析法也提供了“通往管理经济学王国的钥匙”。

虽然微观经济学是我们分析大多数商业实践的“瑞士军刀”，但它的一个具体分支——产业组织理论给了我们进行商业分析的额外互补工具。**产业组织理论**（industrial organization）具体关注企业和行业的行为与架构，提供了洞悉企业想要采取的战略行为的性质、动机和后果的方法。过去 30 年中，商业分析和战略思想方面很多最重要的发展都直接来自产业组织理论的发展。本书中大多数关于战略决策制定的讨论都得益于产业组织理论方面的进展。

战略决策（strategic decision）与日常商业实践或经营策略不同，因为战略决策并不把现有的竞争环境看作是固定的，而是试图形成或改变企业与竞争对手之间的态势。通过这种方式，战略决策就可以创造更大的利润，甚至可以长期保护并维持这些利润。普通的商业实践和策略对于实现企业目标（通常是利润最大化）是必需的，而战略决策在某种意义上是当某种情况下一个战略适用且可能获得成功时，经理人可以采取的一种“可选”行动。在第 13 章中，我们会向你展示如何运用多种博弈论和产业组织理论中的不同概念制定能带来更多利润的战略性行动。

产业组织理论着重讨论非合作博弈以及竞争者较少的情况下的企业行为，其概念目前在任何一门现代企业战略课程中都是重点。商业战略家非常依赖产业组织理论来发现并研究影响企业长期获利的经济力。图 1-1 列出了决定企业长期利润水平以及长期利润的经济力。[⊖] 作为企业管理专业或经济学专业的学生，你可能会希望修一门完整的产业组织理论课来学习这些作用力，而本书会不同程度地覆盖绝大部分内容。我们相信，当你学完这门课，你会发现管理经济学覆盖了各种重要的商业决策并提供了对商界一种强大而不可缺少的视角。

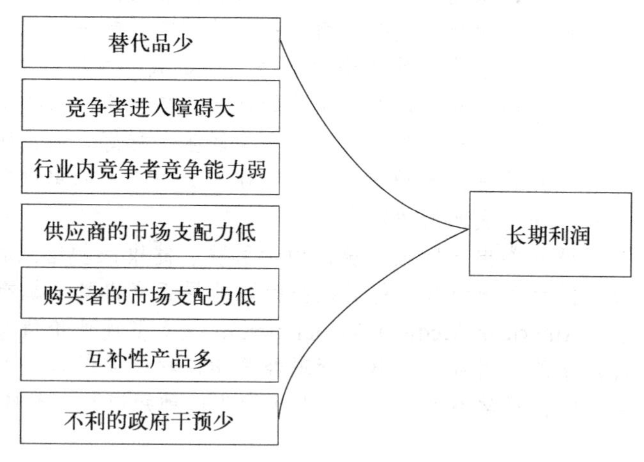

图 1-1 促进企业长期获利的经济力

⊖ 迈克尔·波特（Michael Porter）在他的《竞争战略》（*Competitive Strategy*, New York: Free Press, 1980）一书中分析了图 1-1 中列举的前面五种力。他的开拓性作品——“五力分析”一直都是企业战略课程中被广泛学习的模型。最近，Adam Brandenburger 和 Barry Nalebuff 又把产品互补和投入加到影响企业长期获利的经济力当中。请参考他们的著作《合作竞争》(*Co-Opetition*, New York: Doubleday, 1996)。

1.2　经济利润的度量和最大化

如前所述，本书的主要目标是让管理者看到怎样做出企业最大利润的决策。利润是商业“游戏”中的核心，即收入超过成本的部分。当成本超过收入时，利润为负，即经营损失，就是向所有者明确发出信号——拥有和经营此无利可图的业务是在减少他们的财富。衡量管理者决策成功与否，唯一的标准就是这个决策将创造更高的利润还是降低利润。创造出最大可能利润不仅使企业获益——经理人通常全部或部分拥有企业，而且为管理者自己创造了善于做出高获利决策的声誉，使其可以获得上百万美元的高管福利。那么对管理者而言，理解“高分”的计算方法和如何不被其他不影响成绩的因素左右，获得可能的最高分就成为关键。最根本的是管理者要永远记住企业的目标是经济利润最大化。在商业世界里，没有什么比利润更重要，因为公司的价值和所有者的财富都仅由企业可能获得的利润来决定。

在听到近期大量的财务报告造假丑闻和几起管理层与财务欺诈投机案例，如安然和世通之后，你可能不会奇怪，我们在这一节里介绍为什么在公司财务报告中呈现的利润高过企业的获利能力。在本节提到的高估利润与会计错误或者欺诈无关。实际上，会计报告中的利润（会计可能称为净收入、净利润等，取决于不同情况）不能很好地反映企业的实际获利能力的原因，可以通过检验由会计协会制定、政府批准、公认会计准则中得到解释。在我们解释为什么财务会计高估了企业获利性之前，我们必须首先说明，当使用资源生产产品或服务时，如何衡量资源的经济成本。

1.2.1　使用资源的经济成本

正如你所知道的那样，企业用来销售的产品或者服务是通过使用各种各样的自然资源或生产要素生产出来的。可能有许多种类的劳动服务和设备资产投入，与土地、建筑、原材料、能源、财务资源以及管理人才一起被使用。对使用这些资源的企业所有者来说，使用资源生产某种产品或服务的经济成本是机会成本。使用任何资源的**机会成本**（opportunity cost）是企业的所有者必须放弃该资源的其他用途。

衡量机会成本的方法因企业使用不同的生产要素而不同。企业使用两类生产要素或者资源：一类是**市场资源**（market-supplied resources），即资源为他人所有，企业通过雇用、租借或者租赁形式获得。例如，从别处购买的资源，包括熟练工人和非熟练工人的劳动服务，从资源市场上的商品供应商那里购买的原材料，以及从设备供应商那里租借或租赁的设备资产。另外一类资源是**自有资源**（owner-supplied resources）。最重要的自有资源是所有者投入企业的资金、时间和企业所有者投入的劳动服务三种，以及所有企业拥有和使用的土地、建筑物或者设备资产。

企业在使用两类资源时都发生机会成本。因此，使用的资源的**总经济成本**（total economic cost）是市场提供的资源和自有资源的机会成本之和。于是，总经济成本代表企业用于生产产品或提供服务的资源的总机会成本。

市场提供的资源的机会成本是从自己口袋里掏钱向资源所有者支付。为获得市场提供的资源所支付的货币称为**显性成本**（explicit cost）。如，苹果公司生产 iMac 计算机需要英特尔酷睿 2 双核微处理芯片。此芯片由英特尔公司生产，苹果公司可以以每个 110 美元的价格购买。因此，苹果公司获得计算机芯片的机会成本是向生产要素供应者支付的 110 美元。我们想强调的是，这里显性成本就是实际的机会成本，也就是说，就是企业所有者为从市场资源供应商处获得资源所支付的金额。

相对于使用市场供应资源的显性成本，使用自有资源没有发生从自己口袋掏钱或支付现金。使用自有资源的机会成本是企业所有者将自有资源置于市场中所能获得的最好回报。这些使用自有资源的非货币机会成本称为**隐性成本**（implicit cost），因为企业使用这些资源时并没有向别人支付货币。尽管企业使用自有资源要素没有发生对外的支付，但是使用这类要素的机会成本并不是零。仅当自有资源的市场价值是零时，也就是说没有任何企业愿意有代价地使用这些资源时，它的机会成本才为零。

尽管企业发生着各种各样的隐性成本，这里我们集中精力关注前面提到过的三种最重要的隐性成本：①所有者向企业提供的现金的机会成本，也就是会计上的**权益资本**（equity capital）；②使用企业所有的土地或者资金的机会成本；③所有者管理企业或者为企业付出的其他投入的机会成本。70 多年来，这些隐性成本成为争论会计应该如何衡量所有者所提供资源的成本的焦点。我们将在后面关于度量商业利润的讨论以及专栏 1-2 中更多地涉及这一题目。让我们首先看一下每种隐性成本的例子。

企业创立初期，以及随后的发展成熟过程中，企业的所有者——单一所有权、合伙人制和类似的有限公司，为了让企业开始和持续经营，通常提供一定数量的资金或者现金。这类权益资本是所有者提供的资源，产生了等于资金所有者用于其他投资所产生的最好回报的机会成本。举例来说，假如投资者用 2 000 万美元创立他们自己的企业。进一步假设，这个投资者将这 2 000 万美元用做风险投资，能赚取与投资于自己的业务同样风险的 12% 的年回报。那么，所有者因为向自己所有的企业提供资金而放弃了年 240 万美元（= 2 000 × 12%）的收益。如果你不认为这是真正的成本，那么请读专栏 1-2。

现在，让我们说明使用企业所有的土地或者资金的隐性成本。假设阿尔法公司和贝塔公司是两家生产某种特定商品的公司。它们除了一点外，在其他各个方面都很相像：阿尔法公司的所有者租用厂房生产产品；贝塔公司承接了公司现有的房屋，因此不需要支付租金。哪个公司生产成本更高呢？成本是相同的，尽管贝塔公司没有支付显性租金。成本相同的原因在于贝塔公司使用房屋用于生产产品，使贝塔公司的所有者丧失了将房屋出租出去所能赚取的租金。换而言之，阿尔法公司因为使用房屋发生了显性成本，而贝塔公司因为使用自有房屋发生了隐性成本。[⊖]不管成本是显性的还是隐性的，使用房屋资源对两个公司来讲是一样的。

我们应该注意到使用所有者提供的生产要素产生的机会成本，可能与企业为获得要素所支付的金额没有任何关系。机会成本反映的是目前资源的市场价值。如果两年前企业支付了 100 万美元获得一块土地，但是此后土地的市场价值降低到 50 万美元，隐性成本是如果土地卖到 50 万美元，并且将此收益用于投资的最好收益，而不是 100 万美元的投资（在这种情况下是不可能的）。如果 50 万美元年投资回报率为 6%，那么隐性成本是每年 3 万美元（= 50 × 6%）。你应该注意到，隐性成本不是资源可能被出售的价格（50 万美元），而是放弃的每年的最好收益（3 万美元）。

最后，考虑企业所有者花在管理自己企业的时间问题。假设企业所有者不能管理企业或者不能在其他方面为企业工作，他们会从其他公司得到像管理者一类的工作。担任其他职位获得的收入，应该考虑到生产总成本中的隐性成本，因为这是这些所有者的机会成本。所有者花在管理企业或者在其他方面为企业工作的隐性成本，经常是，但不总是等于所有者不为企业工作而需要雇用同等的经理或者工作人员所支付的成本。

我们希望再次强调，尽管使用所有者提供的资源没有产生任何显性的现金支付，使用 1 美元隐性成本的机会成本不少于（也不多于）1 美元显性成本。结果，显性成本和隐性成本两种机会成本加在一起构成使用资源的总经济成本。我们现在将关于衡量使用资源的经济成本这一重要的讨论总结为如下原理：

⊖ 或者，贝塔公司放弃的回报，当该资源（房屋）出售后，可以用所得的钱投资获得市场回报率来衡量。当资源出售，并将所得投资时，放弃的回报率是隐性成本。通常这种衡量隐性成本的方法与放弃的房屋出租的租金是一致的，但是如果不相等，机会成本是替代方法中最好的回报。

原理

使用资源的机会成本是企业使用这些资源所放弃的收益。机会成本可以是显性成本或者隐性成本。显性成本是使用市场提供的资源的成本。隐性成本是使用所有者提供的资源的成本，是在企业生产过程中使用企业拥有的资源所放弃的最大收益。总经济成本是显性成本和隐性成本之和。

图 1-2 说明了这一原理。我们已经展示了如何衡量使用资源的成本，下面我们将阐述经济利润和会计利润的区别。

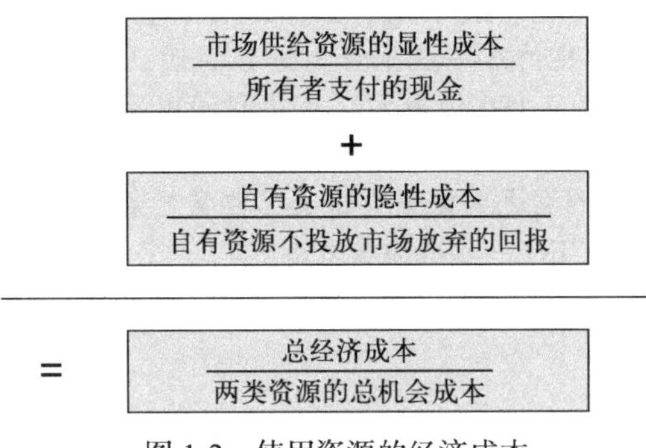

图 1-2 使用资源的经济成本

◇专栏 1-2

萨班斯－奥克斯利法案：它能解决经济利润与会计利润之间的差异吗

2001 年秋天令人瞩目的安然垮台事件是最近系列企业丑闻中最大的一桩，包括像 WorldCom、Sunbeam、Wast Management、Xerox 和 Global Crossing 这样的大公司都涉及高管层的不正当行为和操纵会计报告。为此，在 2002 年议会通过了萨班斯－奥克斯利法案，给联邦政府新的授权——规范企业财务报告的审计，以减少会计利润报告的欺诈行为。而萨班斯－奥克斯利法案主要专注于通过改善审计来发现和防止欺诈，这一法案也重新引发了长期以来在经济学家和会计学家之间关于如何正确衡量利润概念的分歧。正如我们在本章中所强调的那样，会计遵循公认会计准则，即 GAAP 的报告准则，这一准则中不允许大多数所有者使用资源的隐性成本从收入中扣除。没有扣除这些隐性成本导致了会计衡量的利润（会计报告中称为净收入、税收利润、运营利润和净利润）高估了，需要扣除使用企业所有者资源的经济成本。

大量财务和会计领域的权威人士认为萨班斯－奥克斯利法案过于注意减少欺诈和制定相关法案了，真正的问题源于会计原则不能够很好地衡量企业的获利性。最近专注于此的专家之一 Robert Bartley 提出了以下的观点：

> 出现欺骗和贪污行为的真正根源在于公司报告的概念性问题。EPS，由 GAAP 决定的大家熟悉的每股收益（会计利润除以已公开发行的普通股），被认为可以衡量公司利润。但是经济学家长期以来意识到利润……与会计利润根本不同。[⊖]

这一担心在 G. Bennett Stewart 关于萨班斯－奥克斯利法案的评价中被进一步放大：

> （导致最近会计丑闻的）真正问题在于按照 GAAP 衡量的利润和每股利润（EPS）

⊖ Robert L. Bartley, “Thinking Things Over: Economic vs. Accounting Profit,” *The Wall Street Journal*, June 2, 2003, p. A23.

并不适用于衡量企业的业绩表现和股票市场价值。会计并没考虑真正重要的事情。[⊖]

本章我们已经讨论了如何衡量几种由所有者提供资源，并且目前在 GAAP 下不被计入成本的隐性成本：所有者的金融资本（即权益资本）；实务资本、土地；管理他们企业的时间。在计算经济利润时，所有这些隐性成本都要被作为带来会计利润的成本考虑进去，这是权益资本的机会成本，根据 Stewart 的说法，这也是在计算利润时产生的最大单个失真：

> GAAP 最值得注意的缺陷在于没有从收入中扣除所提供的投资成本。建议对 GAAP 的最显著的调整是从净收入（即会计利润）中减去权益资本的成本。不扣除权益资本的成本会造成对收益的巨大失真。[⊜]

他继续解释，在 2002 年构成标准普尔股票指数 500 企业拥有 3 万亿美元的权益资本，如果以年 10% 权益资本的机会成本来计算，那么这些企业的资源成本为 3 000 亿美元（=3×10%）。如果把 GAAP 忽视的这一成本考虑进去的话，Stewart 注意到标准普尔指数 500 企业在 2002 年的会计利润仅为 1 180 亿美元，从总利润中减去这个权益资本机会成本的话，所得的经济利润表明这 500 家企业在 2002 年亏损 1 820 亿美元。你现在可以更深刻地理解由 GAAP 带来的经济利润与会计利润之间的差异造成了非常显著的失真。如果改正过来，可能使一个看起来赢利的企业和它的 CEO 一起成为失败者！

1.2.2 经济利润与会计利润

经济利润（economic profit）是总收益与总经济成本的差值。从前面的讨论中我们知道总经济成本衡量了企业使用所有资源的机会成本，包括市场提供的资源和所有者提供的资源。那么

$$经济利润 = 总收益 - 总经济成本 = 总收益 - 显性成本 - 隐性成本$$

经济利润为企业所有者拥有，并将增加所有者的财富。当收益不能弥补所有经济成本，经济利润为负，并且损失必然由所有者的财富来弥补。

当会计为财务报告计算企业利润时，他们遵循众所周知的“公认会计准则”，即 GAAP。如果你听过会计课，你会知道 GAAP 为会计们编制财务报告所需会计信息，诸如资产负债表、现金流量表和利润表，提供了详尽的衡量标准。证券交易委员会（SEC）和财务会计标准委员会（FASB）一起制定了详尽的 GAAP 准则。为了理解 GAAP 的重要性，你只需要知道 GAAP 准则为了计算纳税所需的会计利润，并不允许会计们扣减大多数隐性成本。

那么会计利润与经济利润的差别就在于会计利润并不把使用资源的隐性成本从总收益中扣除。**会计利润**（accounting profit）是总收益与显性成本之间的差值：

$$会计利润 = 总收益 - 显性成本$$

会计利润在不同的财务报告中有不同的名称，如收益、净收入、运营利润、净利润等，取决于财务报表的类型和它出现的位置。

正如你看到的那样，当企业使用所有者提供的资源时，发生的隐性成本没有从总收益中扣除，因此财务报告中的会计利润夸大了企业的获利性。前面讨论过的三种隐性成本被会计们忽视了。[⊜]然而我们想强调，当会计在财务报告中忽略了这些隐性成本时，他们是遵循了由财务会计标准委员会和证券交易委员会制定的公认会计准则。忽略大部分对很多企业而言可能是非常大的隐性成本的做法，已经被管理者、股东、政府官员和以将财务会计报告转换成更贴近经

⊖ G. Bennett Stewart III, “Commentary: Why Smart Managers Do Dumb Things,” *The Wall Street Journal*, June 2, 2003, p. A18.

⊜ Ibid.

⊜ 会计计算会计利润时抵减的隐性成本是资本性资产的折旧，即资本性资产价值按通常使用年限抵减价值。正如你从会计课中学到的那样，企业在计算折旧时，可以从几种方式中选择，其中一些方法往往在拥有设备最初几年里夸大折旧。

济利润获利的金融分析家所认识（见专栏 1-2）。

当然，企业的所有者必须承担所用资源的全部显性和隐性成本，尽管从会计的角度，有些成本可能会被剔除。对于企业的所有者来说，所有的成本都是重要的，至此，你应当明白：为什么企业所有的目标是经济利润最大化，而不是会计利润最大化。并且，正如在随后章节中解释的那样，企业价值是由企业的当期和未来各期获得的经济利润决定的，而不是会计利润决定的。现在你知道，在企业决策中重要的正是这个经济利润，所以在随后章节中的所有地方，我们说到利润，就意味着是经济利润。我们现在将经济利润和会计利润之间的关系总结为如下原理。

原 理

经济利润是总收益与总经济成本之间的差值：

经济利润 = 总收益 − 总经济成本 = 总收益 − 显性成本 − 隐性成本

会计利润与经济利润不同，因为会计利润没有从总收入中扣减使用所有者资源的隐性成本：

会计利润 = 总收益 − 显性成本

由于企业所有者必须担负企业使用所有资源的成本，企业所有者的目标是获取最大的经济利润而不是会计利润。

1.2.3　企业价值最大化

正如我们前面讨论和原理中强调的那样，企业的所有者，无论是公司的股东还是个人独资企业的所有者，都会因追求企业利润最大化的管理决策而获得最大的满足。一般来讲，当经理获得最大化利润时，他们也就最大化了企业的价值，这个价值将是有人愿意为购买该企业而标出的价。会有人为企业出多高的价？假定你打算 1 月 1 日购买一家企业，然后在当年 12 月 31 日卖出。如果企业在这一年中获得的经济利润为 50 000 美元，那么那年你至多愿意为获得这家企业支付 50 000 美元（按月支付与利润相对应的数额）。由于其他潜在的买主也至多愿意付 50 000 美元，这家企业可能以接近或正好等于一年中挣得的经济利润那么高的价格卖出。

如果企业在将来的许多年中能获得一系列经济利润，那么**企业的价值**（value of a firm）——它所能卖出的价格，就是将来企业预期能够挣得的经济利润的现值。

$$\text{企业的价值} = \frac{\pi_1}{(1+r)} + \frac{\pi_2}{(1+r)^2} + \cdots + \frac{\pi_T}{(1+r)^T} = \sum_{t=1}^{T} \frac{\pi_t}{(1+r)^t}$$

式中，π_t 是 t 期预期的经济利润；r_t 是风险调整贴现率；T 是企业存在的年数。[⊖]由于将来的利润并不完全确知，公司的价值用将来各期能够挣得的预期利润来计算。将来可能利润的变动越大，买主愿意为将来的风险利润付出就越少。与企业将来未知利润相联系的风险通过**风险升水**（risk premium）加无风险贴现率来计算。风险升水增加了贴现率，因此减少了将来所得利润的现值，这是为了补偿投资者由于对将来利润值不确定所冒的风险。将来的利润越是不确定，投资者估价该企业时所用的风险调整贴现率就越高，将来利润的折价就越严重。

原 理

一个企业的价值是它所能卖得的售价。这个价格等于企业将来预期利润的现值。与将来利润相关的风险越大（小），用来计算企业价值的风险调整贴现率就越高（低），企业的价值就越低（高）。

⊖ 由于将来收到的 1 美元利润的价值低于现在收到的价值，所以多阶段决策中引入了现值的概念。现值是未来将会收到的金额或者一系列支付金额现在的价值。本章的附录 1A 中回顾了通常在金融或者会计入门课中的现值计算的数学方法。

◇专栏 1-3

如何评估高尔夫球场的价值——估计一个企业的市场价格

最近高尔夫球场一直在提高会员费和果岭费，让高尔夫球场获得了更多利润。《高尔夫文摘》报道说，投资高尔夫球场的价格正在上涨，这也是在预料之中的。正如我们在本章中所解释过的，任何公司的价值都是指该公司可以出售的价格，这个价格将反映买方对公司未来利润现值的计算。

所以，如果你想投资高尔夫球场，你应该花多少钱？因为你将与许多其他投资者竞争，所以，你不能指望支付低于高尔夫球场未来利润的现值。为了回答这个问题，《高尔夫文摘》采访了 Keith Cubba，一个大型商业房地产经纪公司的高尔夫球场项目主任。基于这次采访，《高尔夫文摘》开发了一个可以给高尔夫球场估值的计算方法，与我们在本书第 10 页上列出的“企业的价值”的计算公式基本相同。

《高尔夫文摘》用一个特定的年度利润数字来开始计算，在这里，我们假定是 480 000 美元。《高尔夫文摘》从两方面简化了它的计算方式：①假定每年利润都是 480 000 美元；②利润流会永远持续下去——也就是说，我们本书方程中的 T 是无限的。另外，《高尔夫文摘》解释说，在今天的商业房地产市场上，投资者要求风险调整后的回报率每年能达到约 10%。那么，这个高尔夫球场的价值就可以通过年度利润除以风险调整后的回报率来计算：

$$\text{高尔夫球场价值} = \frac{\pi}{r} = \frac{480\,000\text{ 美元}}{0.10} = 4\,800\,000\text{ 美元}$$

你会发现，480 万美元非常接近于你用企业的价值公式计算出的数值（将很长一段时间内每年的利润 480 000 美元作为分子，风险调整后的贴现率为 10%）。[⊖]因此，商业房地产投资者如果想通过购买这个高尔夫球场得到每年 10% 的利润，就会愿意为购买这个高尔夫球场支付 480 万美元。如果一个更“贪婪”的投资者，想要获得例如 16% 的回报率，对于同一个高尔夫球场就只愿意支付 300 万美元（480 000 美元 /0.16）。

虽然《高尔夫文摘》提供的估值分析方法在数学上是正确的，且简单易算，但它也可能会产生误导，因为，某个高尔夫球场可能有一些特定的财务特点，会导致买方提供的价格高于或低于高尔夫球场“企业”本身的价值。假设高尔夫球场账户上积累了 100 000 美元的现金，由于这个高尔夫球场的买家能得到高尔夫球场，连同这 100 000 美元的现金，买方愿意支付的价格，会在预期利润的现值基础上增加 100 000 美元。反过来，假设高尔夫球场过去曾以某种理由借入过资金，现在欠了银行 100 000 美元的债务。那么在购买时，高尔夫球场的购买者必须还清欠银行的债务，从而把买方愿意为高尔夫球场支付的价格降低了 100 000 美元。因此可见，如果高尔夫球场有一些现金或债务，那么买方为购买高尔夫球场而支付的实际价格，可能并不等于预期利润的现值。金融经济学家有时将企业预期利润的价值称为“企业价值”（EV，即 enterprise value）。在本书中我们将其称为“企业的价值”（value of the firm）。

资料来源：Peter Finch, “Investors Are Taking a Fresh Look at Golf—and Liking What They See,” *Golf Digest*, December 2014, p. 62.

⊖ 你可能对于《高尔夫文摘》关于一个高尔夫球场会产生永久利润（即 $T=\infty$）的假设感到疑惑。对于本例中的高尔夫球场，假如我们让本书计算公式中的 $T=50$ 年，那么高尔夫球场的企业价值将是 4 759 111 美元。这与永久利润的 480 万美元现值只存在一个很小的偏差。换句话说，即使投资者认为高尔夫球场只会产生 50 年的利润，为了方便起见，他依然可以使用《高尔夫文摘》的“永久”公式，而不用太过担心他会高估利润的现值。在本章末尾的数学附录“现值计算方法”中也讨论了这种数学近似的性质。

1.2.4　价值最大化与利润最大化的等效性

企业所有者要求经理做出使企业价值最大化的经营决策，正如我们前面所讨论过的，这个价值是贴现后的当期和将来期间预期利润之和。那么作为一条一般的原则，经理们通过做出使每一期间预期利润最大化的决策来最大化企业的价值。也就是说单期利润最大化与最大化企业的价值通常意味着相同的结果：最大化每一期间的利润将导致最大的企业价值，并且最大化企业的价值要求最大化每一期间的利润。

 **原 理**

如果任何期间的成本和收益状况都独立于其他期间的决策，经理就可以通过做出每个单期利润最大化的决策使企业的价值（企业的现值）最大化。

单期利润最大化与最大化企业价值的等效性，只有当一期的收益和成本状况独立于其他期的收益和成本时才成立。如果现在的决策影响将来各期的利润，每一期（单期）利润最大化的定价或产出决策就不能最大化企业的价值。发生这种情况的两个例子是：（1）企业的雇员由于以前期间生产出更多的产品，而在将来期间变得更加有效率，这是一个学习效应的例子。（2）当期的产量会增加将来的成本，这种情况见于采矿和石油等采掘业。因此，如果增加当期产量对于未来的收益和利润有积极影响的话，一个追求价值最大化的经理就会选择一个大于单期利润最大化的产量。同样地，如果当期产量会增加未来成本的话，追求企业价值最大化就会要求经理选取一个低于单期利润最大化的产量。

尽管会有两种最大化不一致的例子，但总的来说，单期利润最大化（这本教材最重要的主题）与现值最大化的结论几乎没有差别。因此，一般来讲单期利润最大化是经理们想要最大化企业的价值所要遵循的原则。

1.2.5　经理人常犯的错误

修一门管理经济学的课不是做出成功企业决策所必需的。每个人都可以说出几个特别精明的企业经理人，他们虽然几乎没有受过商科或经济学方面的正规教育，却能成功地建立或运营赢利很好的企业。修了这一门课也不能保证让你成为成功的经理人。很多拥有 MBA 学位的经理人学过管理经济学，但他们还是遭受了很严重的失败，最终被管理得更好的企业恶意接管时开除或替换。然而，我们坚信，管理经济学方面的课程能帮助你避免一些让经理人失败的常见错误。随着你进一步阅读本书，我们会在很多地方指出现实生活中的经理人应当能避免的常见陷阱和错误。

虽然我们要证明一些实际行为会使利润减少，甚至在一些情况下造成损失为时尚早——这里才是第 1 章！但我们还是可以预先指出几种常见错误，而在后面的章节中你会学到如何去避免这些错误。现在你可能还不太熟悉这个简短介绍中的一些术语，但请放心，我们会在本书后面章节为你仔细地讲解。

1. 永远不要为了减少平均成本而简单地增加产出

有时候，经理人会把决策制定中平均成本或单位成本的角色弄错。比如说，企业用 100 美元的成本来生产 20 个单位的产品，那么产品的平均成本或单位成本就是 5 美元。经理人可能会错误地认为如果他们增加产出从而使平均成本降低，那么通过扩大生产，利润肯定会增加。实际在这种情况下，利润可能会增加，可能会减少，也可能会保持不变，因为利润的变化与降低平均成本并没有什么关系。

你会在第 8 章学到，短期内生产并销售更多单位的产品的确会使单位成本或平均成本降低，因为生产的固定成本会分散到更多的单位产品上去。你也会在第 9 章中学到，在规模经济中，长期增加产出会使平均成本降低。但是，追求利润最大化的企业永远都不要为了减少平均成本而简单地扩大生产。我们会向你展示，是生产的边际成本（每增加一单位产品所增加的总成本）在决策制定中发挥了重要作用。因此，经理人通过增加或减少产量来降低单位成本，往往无法制定出能使利益最大化的产出水平。简单地说，永远都不要因为平均成本的变化而做出增加产出或扩大销售的决策。

2. 追求市场份额往往会减少利润

很多经理人都会误解市场份额在决定获利状况中的作用，只是简单地增加市场份额不会创造更高的利润。在很多情况下，如果经理人采取降价来增加市场份额的话，那么企业的获利实际上减少了。专栏 1-4 调查了一些经理人为了增加市场份额而无视利润的实证研究。你将会在第 11 章和第 12 章中学到，最好的建议是在制定商业决策时忽略市场份额。

在这里，我们要提到这个规则的一个例外情况（将会在第 12 章中更仔细地分析，虽然很罕见但非常重要）：如果存在“网络效应”，那么市场份额就很重要。如果某种产品对一名用户的价值取决于使用该产品的其他用户的数量，就是所谓的网络效应。假设消费者因为有很多其他消费者购买了你的产品，而认为你的产品有更高的价值，那么在这种情况下，比你的竞争对手更快地抢占市场份额就会使你在市场中占据主要位置，因为消费者会从市场份额小的销售商那里转而购买你的产品，不能占领大量市场份额甚至可能会影响你在市场中的长期生存。我们将会在第 12 章中仔细讲解，当存在网络效应时，你最好的行动就是定一个低的初始价格，从而占领市场，然后在后期再提高价格。再一次说明，我们必须强调，只有在网络效应存在时，追求市场份额与利益最大化才会是一致的。

3. 只关注利润边际不会使总利润增加

利润边际是单位产品的定价以及生产这些单位产品的平均成本之差。假设你把每个单位产品的价格定为 15 美元，平均成本或单位产品成本是 9 美元，那么你的利润边际或者说单位产品的平均利润就是 6 美元（=15－9）。我们在第 11 章和第 12 章中将会阐释，经理人不应该把提高利润边际作为首要目标来做决策，因为在利润边际或利润边际最大情况下的产出和价格水平上，总利润并不是最大化的。在后面的章节中你会学到在制定定价和产出决策时，不要考虑利润边际。你会发现，在计算企业获得的利润时，利润边际是非常有用的，但利润边际在做利润最大化决策时并不起作用。在商业领域，这种合理利用利润边际的细微差别并没有为人所充分理解。

4. 总收益最大化会减少利润

你可能会认为，如果经理人有机会提高价格或数量来增加总收益，那么他们肯定会这么做。但是，增加总收益并不一定会增加利润，甚至会使利润减少。你会发现，企业面对的需求曲线会告诉经理人为了出售一定数量的产品，最高定价是多少。在需求曲线上的每个点，总收益是靠价格乘以需求数量计算得出的。在企业的需求曲线上选择不同的点，会改变企业的总收益，同时也会改变生产成本和企业所有者获得的利润。我们会在第 11 章和第 12 章中向你展示，在企业的需求曲线上，使利润最大化的点并不是使企业总收益最大化的价格和数量。[⊖]总经理们已经认识到，如果销售经理的薪资与出售的单位产量或他们带来的总收益相关，他们会劝经理人们生产出售过量的产品。结果是总收益增加了，但利润减少了！

5. 成本加成定价法无法制定出能使利益最大化的价格

定价决策很可能是所有经理人必须做的最难也是最冒险的企业决策。更糟糕的是，同一种产品的定价必须一遍又一遍地制定，因为市场情况时时都在变化，而且很多企业会生产数以百

⊖ 理论上，这个规则有例外，但在实际中是罕见的。当价格设置型企业的边际成本等于零时，总收益最大化等于利润最大化。我们将在第 12 章进一步解释。

计甚至是数以千计的产品。所以，对于经理们试图寻找一种简单的只需参照电子表格数据的定价方法也就无可厚非了。这样一种定价方法就是成本加成定价法，至今仍被广泛使用，虽然每个学过经济学和市场营销的人都知道，通过单位成本加上任意比例来定价是绝对行不通的。不幸的事实是，除非你运气极佳，否则成本加成定价法不会定出能使利润最大化的价格[㊀]。在第 12 章中，我们会告诉你，当每个人都为同一种产品支付相同的价格时要怎样制定利润最大化的价格——这种方法称为单一定价法。在第 14 章中，我们也会介绍几种高级定价技巧，这些定价法会向不同的顾客收取不同的价格，并能比单一定价法产生更多的收益。

这些只是我们将会教会你避免的诸多错误中的几个。如果你不是很理解这些错误，那也别担心——我们向你保证，等你学完这本书，你肯定会懂的！

1.3　所有权与控制权分离

企业主通常会选择将自己的企业委托给一位专业执行官或高级管理人员进行管理，而这些管理者通常会有其他下属经理协助，建立起一个管理团队，从而免去了企业主的管理责任。只有在小规模的企业（通常为独资、小型合伙企业和家族企业）中，你才可能看到企业主自己管理自己的企业。雇用职业经理人的决定造成了企业所有权与管理权的分离。这种分离让企业主和管理者之间形成了一种特殊关系——委托 - 代理关系。在这种特定类型的委托 - 代理关系中，企业主（委托人）与一位执行官（代理人）达成了一种协议，其中执行官的工作是制定和实施战术和战略决策，从而更好地实现企业主（委托人）的目标。[㊁]这种“协议”可以（而且通常是）采用法律合同的形式，来保证一定程度的法律强制性，但也可以是很简单的一个非正式协议，比如通过企业主和管理者之间的一个握手，来确立这种“协议”。

所有权和控制权分离会给企业带来显著增加该企业价值的潜力，特别是当经验丰富、有才干的专业企业经营决策者取代了“业余”的企业主管理者时。然而在实践中，如果企业主不能防止经理人为自己谋利，而做出对企业有害的投机行为，那么企业主通过聘用专业经理人而获得的潜在增益，可能会部分甚至全部失去。接下来我们将讨论所有权和管理权分离会导致的主要问题，并就一些可以解决，或至少可以控制问题严重性的方法进行探讨。

◇专栏 1-4

管理战略：利润最大化还是市场份额最大化

商战及类似的隐喻普遍存在于商业交流和管理研讨会中，经理们很可能由于过于重视把竞争对手挤出市场而不是关注于为股东谋取最大的利润，从而降低了企业的价值。在最近的一项关于管理战略的研究中，宾夕法尼亚大学沃顿商学院的教授 J. Scott Armstrong 和凯斯西储大学的教授 Fred Collopy 告诫首席执行官们“要把眼光放在利润上，而不是市场份额上”。Armstrong 和 Collopy 发现许多经理做决策时，只考虑是否相对于他们的竞争对手有更好的表现（他们把这种决策的观点称之为“竞争者导向”），而不是利润最大化。

㊀ 只有当企业的成本固定时，单位成本加上能使利润最大化的加成这个方法才能使用。但是，这个定价法应用起来非常复杂，所以它不如你在第 12 章中学到的通过“边际收益等于边际成本”来制定最优价格的方法实用。我们认为这个方法毫无价值，故在本书中没有讨论。

㊁ 我们在这里使用了一个相当具体的委托 - 代理关系的定义，即企业主和企业执行官之间的代理关系。除了本书中我们讨论的企业主和执行官之间的代理关系，商业组织中通常会形成很多种委托 - 代理关系。列举其他几个委托 - 代理关系的例子：首席执行官和其他执行官（首席财务官、首席信息官和首席运营官）之间的关系，董事会和首席执行官之间的关系，首席执行官和中层管理人员之间的关系。

在对超过 1 000 位职业经理长达 9 年的研究中，Armstrong 和 Collopy 发现经理们拥有的关于竞争对手行为的信息越多，他们就越有可能违背利润最大化的目标。在这项研究中，他们让经理们对一种新产品的两种定价计划（低价策略和高价策略）进行选择，并告诉他们与每种策略相关的 5 年内每年预期利润的现值。以下的表格列出了给不同调查对象组的两种“对策”。

5 年期内预期利润的净现值 （单位：美元）

	低价策略	高价策略
基本对策：		
你的企业	40 000 000	80 000 000
竞争对策：		
你的企业	40 000 000	80 000 000
对手企业	20 000 000	160 000 000

“基本对策”不给经理提供任何关于对手企业在两种计划下所采取措施的信息，“竞争对策”允许经理知道自己的决策会对竞争对手产生怎样的影响。正如所料，在基本对策的情况下，几乎所有经理都选择了利润最大的策略（高价）。当给出竞争对手赢利的信息时，由于他们可以知道自己的决策对竞争对手的影响，60% 的调查对象没有做出利润最大化的选择。为证明这些调查对象是不是由于在考虑长期营利性，Armstrong 和 Collopy 给出了 20 年期收益的现值，结果是相同的。

Armstrong 和 Collopy 认为经理们之所以违背了把利润最大化作为企业目标的原则，是因为经理们拥有关于竞争对手行为的信息。他们发现，告诉经理们赢得市场份额的方法，会增加违背利润最大化的调查对象的比例。他们还发现，“参加过战略管理课程的执行官们，做出有损营利性的决策的可能性更大。”由于他们已经对超过 1 000 个主体重复了 40 多次试验，所以这些结果是令人信服的。

为证明是否寻求市场份额最大化的企业（竞争者导向企业），从长期来说，赢利能力比不上只追求利润不考虑市场份额的企业，Armstrong 和 Collopy 调查了两组企业在 54 年间的表现。以竞争者导向目标（比如说增加市场份额）为基础做出定价决策的一组企业，在相同的 54 年间，赢利能力比不上以增加利润不考虑市场份额为目标做出定价决策的企业。进一步来讲，他们发现追求市场份额的企业生存的可能性更小。6 家严格追求市场份额的公司有 4 家（Gulf 公司、美国罐头公司、Swift 公司和国家钢铁公司）没有生存下来。而 4 家赢利导向的企业（杜邦、通用电气、联合碳化物公司和美铝公司）全部生存了下来。

Armstrong 和 Collopy 得出了这样的结论，追求竞争者导向的目标损害了营利性：“我们认为，强调利润最大化的微观经济学理论对于企业行为来说是最有用的课程，也就是说经理们应该直接关注利润。”为鼓励经理们把注意力放在利润上而不是市场份额上，他们给出了如下具体建议。

- 不要以市场份额作为目标。
- 避免使用商战或类似的比喻，因为它们会促进竞争者导向。
- 不要使用以市场份额最大化为导向的管理科学方法，比如投资组合计划矩阵、经验曲线分析等。
- 设计以利润衡量企业业绩的信息系统，使企业把注意力集中于赢利。
- 当心测定市场份额能力的提高（特别是在收银台利用扫描仪收集数据），可能会导致过多地关注于市场份额，而不是赢利能力。

在最近一本探讨西南航空公司企业战略的书中，作者重点研究了该公司总裁 Herb Kelleher 的决策。在名为“向市场份额说不”的一章中，Kelleher 解释了市场份额在西南航空公司战略中所扮演的角色：“市场份额与利润没有任何关系……市场份额告诉我们要做大，如果我们并不关心这样是否赢利的话……但是如果利润率是我们的目标的话，这就不一样了。”

书中继续讲到 Kelleher 相信“将两者相混淆（增加利润和增加市场份额）使许多本应能够很好地实现基本目标（利润和企业价值最大化）的公司偏离了它们的轨道”。也许这只是巧合，但我们要提及的是西南航空公司的市场价值在 20 世纪 90 年代的中前期翻了 3 倍。

正如我们本章所强调的，股东希望看到企业价值的最大化。倾向于成为最大的航空公司或最大的汽车租赁机构的经理们，可能并没有使企业成为最能赢利的航空公司或汽车租赁机构。而我们在“经理人几个常犯的错误”一节中提到，网络效应会让追求市场份额成为一种能够赢利的战略，这一点我们将会在第 12 章中详细地阐释。在 Richard Miniter 最近一本关于市场份额的书中，他对网络效应这个例外情况给出了警告：“每个规则都有例外（网络效应），每个人也都愿意相信他们就是这个例外。他们的企业是特别的，是独特的，所以市场份额对他们才是首要的，而不是利润。有太多经理人相信市场份额的谎言不是谎言——对他们来说不是。在少数情况下，他们是正确的：市场份额很重要……在大多数情况下……只有利润才是一切。”

我们会在第 12 章中告诉你如何辨别市场份额很重要的少数特殊产业。正如这个专栏所强调的那样，大多数经理人必须无视市场份额。面对股东们越来越拥有解雇首席执行官们的意愿和能力，同时公司控制市场（联合、兼并和收购）也很活跃，一个不能主要追求利润最大化的管理者可能不久以后就会失业。

资料来源：J.Scott Armstrong and Fred Collopy, “Competitor Orientation: Effects of Objectives and Information on Managerial Decisions and Profitability,” *Journal of Marketing Research*, May, 1996, pp.188-199; “The Profitability of Winning,” *Chief Executive*, June 1, 1994, p.60; Kevin Freiberg and Jackie Freiberg, *Nuts!: Southwest Airlines' Crazy Recipe for Business and Personal Success* (New York: Broadway Books, 1995), p.49; Richard Miniter, *The Myth of Market Share* (New York: Crown Business, 2002), p.139.

1.3.1　委托－代理问题

在企业主和管理者的委托－代理关系中发生最为频繁（但不总是发生）的一个根本问题，就是管理者所采取的行动或做出的决定，对本人有利，但对企业主有害，因为管理者的行为会降低企业的价值。这个著名的问题已经引起了商业顾问、经济学家和管理学者的极大兴趣和关注，被称为**委托－代理问题**（principal-agent problem）。委托－代理问题的产生必须具备以下两个条件：①管理者的目标与企业主目标不同，和②企业主对管理者进行监督，从而阻止任何会导致企业价值降低的决策或行为的成本非常高昂，甚至无法监督。

1. 企业主与管理者之间的目标冲突

在企业主与管理者关系的自然状态下，企业主与管理者的目标几乎肯定是不同的，因此我们说企业主和管理者的目标不一致，或者说管理者和企业主的目标有冲突。一个自私的企业主自然希望他的生意以一种企业价值最大化的方式运转。而一个自私的管理者，自然会希望利用机会做出对自己有利的决策，或采取对自己有利的行动（如果没有处罚或处罚很小），即使这些决策会损害企业主的生意。

例如，管理者可能会过度消费，甚至享受奢华的特权（或福利）。很少会有管理者不想让公司（即企业主）支付豪华的办公室费用、高级乡村俱乐部的会员费、超高保额的人寿和健康保险费、照顾孩子的保姆费、配有司机的豪华轿车，以及有可能的话，再支付一架喷气式飞机的费用。虽然享受大量福利的决策对管理者有好处，但这些福利会降低企业的盈利能力和企业价值，从而对企业主利益造成损害。

目标冲突的另一个重要的例子，是管理者追求的目标与企业价值最大化并不一致，如追求更大的企业规模或更高的市场份额。研究表明，发生这种情况可能有几个原因。首先，执行官们因其巨大的自我意识和建设商业帝国的强烈欲望而臭名昭著，即使在这个过程中牺牲了利润，他们也会感到满足。其次，一些高管认为，无论是目前的工作或下一个工作，他们未来的工资和薪酬，会因为他们现在管理的公司相对于他们的竞争对手公司，有了更快速的资产、员工数量、销售水平和收入的增长，而变得更加丰厚。而你将在本书中学到，一般来说，致力于创建最大的、增长最快的，或规模相对较大的公司，而制定的定价和生产决策，并不会实现利润或企业价值最大化。你可能记得，在过去的很多年里，美国航空公司都是美国最大的航空公司，但在同一时期，规模较小的西南航空公司，实际上是利润最高的。同样地，最大的汽车租赁机构，通常不是最赚钱的租车公司，而三星的 Galaxy S 是智能手机市场中份额最高的，但苹果的 iPhone 6，为苹果公司股东创造的利润要多得多。专栏 1-4 探讨了一些管理者致力于最大限度地提高市场份额，而不是经济利润的前因后果。

2. 监督管理者存在的问题

企业主认识到他们的利益与管理者的利益会有偏移后，可以尝试通过某种形式的激励协议，来约束管理者（通常是采用聘约书的形式），在协议中列出经过精心设计的奖惩规则，从而迫使管理者只会做出增加企业价值的决策。让我们假设，企业主的律师可以设计出一个完整的合同——让管理者所做的决策没有任何偏离企业价值最大化的可能，从而保护企业主的利益。一旦企业主和管理者签订了这个完整的合同，那么，企业主随后就面临监督管理者执行合同的问题，确保管理者在履行使企业价值最大化这个责任的过程中不推脱、违约或者执行不力。但这种监督是需要付出较高代价的。

如果以较低的成本就可以完全地监督管理者，那么，就也不会出现委托－代理问题了。因为（假设的）完整的合同让企业主和管理者的目标变得一致，而较低的监督成本，也确保这个一致的目标会被执行。而你可能已经猜到，这个消除委托－代理问题的理想计划在实际操作中失败了。因为即使能制定这样一个完整的合同，但对管理者的监督通常代价很高，因此企业主会发现，完全监督管理者不是能让他们获得最佳利益的方法。在监督成本通常都很高的情况下，管理者就能够采取一些投机取巧的行为，在牺牲企业主利益的基础上，进一步为自己获利。

在更极端的情况下，监督几乎是不可能的，因为管理者能够采取隐蔽行为，或做出隐藏决策，而这些是企业主在经济且合法的监督过程中所无法观察到的。从企业主的角度来看，隐蔽行为可能是好的，也可能是坏的行为。也就是说，一个隐蔽行为可能会增加企业价值，也可能会减少企业价值。由于企业主不知道管理者是否实施了一个隐蔽行为——无论是好的还是坏的，因此，企业主不可能通过监督手段来阻止管理者实行“坏的”隐蔽行为。在这种情况下，企业主监督管理者的努力，并不能保护企业主免受因管理者的隐蔽行为，从而引起委托－代理问题。这种委托－代理问题的特殊形式，称为道德风险。你可以看到，道德风险是关于目标不一致的问题，以及有害的隐蔽行为的问题。如果缺少这两方面中的任何一个，那么就不会有道德风险问题。毕竟，如果没有冲突的目标，管理者就会做出价值最大化的决策；如果管理者要采取任何隐蔽行为，那将都是“好的”，可以让企业获利的隐蔽行为，而不是“坏的”，会让企业减少利润的隐蔽行为。

原 理

企业主和管理者之间产生委托－代理问题必须具备以下两个条件：①企业主的目标与管理者目标不同，和②在道德风险的情况下，企业主对管理者进行完全监督，从而阻止任何会对企业主有害的管理决策的成本非常高昂，甚至无法监督。

1.3.2 公司的控制机制

关于代理问题的讨论，并不一定意味着股东面对不恪尽职守的经理毫无办法。公司的管理章程赋予股东通过控制措施直接控制经理，以及通过董事会间接控制经理的权利，董事会的职责是对管理进行监督。股东们可以与董事会一起，从众多的控制代理问题的机制中选出一种来控制。除了股东能获取的治理方法外，一些企业的外部力量也能促使经理追求企业价值最大化。我们只简单考察几种重要的、激励经理追求利润最大化的机制。

股东常常通过把经理的报酬与满足企业主 / 股东的目标联系在一起，从而解决或降低目标的冲突程度。如果经理本人是股东，他们会有更大的动机做出有助于达到股东目标的决策。资产所有权已被证明是抑制委托 - 代理问题的最有效机制之一，以致越来越多的职业基金管理者和大型投资机构，拒绝对那些经理只持有少量，或者根本不持有他所管理公司资产所有权的企业进行投资。

董事会成员是那些被赋予监管高层管理者决策责任的股东代表。但是，正如经理是所有者的代理人一样，董事们也是所有者的代理人，这样的代理问题在董事和股东之间产生。许多观察家认为，指派外部人员（不就职于企业管理层的董事），或把董事的报酬与公司价值联系在一起，可以增加董事会监督服务的价值。虽然在董事会中引进外部成员，以及将董事会成员的薪酬与企业价值挂钩，都是减轻委托 - 代理问题的有效方法，但其他问题仍然很麻烦。具体来说，如果一个特定的商业决策异常复杂，董事会不能确切地判断决策是否有利于股东的利益，董事会的有效性就会降低。而且，如果首席执行官在董事会成员的选择中扮演重要角色时，又会产生另一个问题。董事会成员要监督的人正是为他们提供工作的人，那么董事会成员又要如何做到客观呢？

另一种使经理产生动机，从而做出价值最大化决策的方法与公司的债务融资政策有关。一个强调借债而不是用权益（出售普通股以获得金融资本）为公司的投资进行融资的政策，可以在某些方面有助于实现股东的利益。首先，债务融资使破产成为可能，因为公司如果没有债务就不能破产，所以，珍视自己职位的经理们就会为了降低破产的可能性而有更多的增加利润的动机；其次，如果支付的资本费用是股东的股利，经理们面对的赚取收益支付投资成本的压力就会变小，他们可以选择递延或取消股利，而一桩贷款却必须定期支付利息；最后，债权人有监控债务企业的经理的动机，银行和其他债权人的监控可能会使经理们很难过分挥霍或做出无利的投资决策。

除了已经讨论过的内部控制机制，应该将我们的讨论扩展到公司控制机制的重要外部力量——公司收购。公司收购将有效解决股东与管理者之间的委托 - 代理问题。如果企业由一个不同的管理团队经营，其价值会比由现任经营班子管理要大，就会有利润驱使外部投资者收购股票，获得对该表现不佳公司的控制，然后用一个新的、可能会产生更多利益的管理团队，来替代现有的管理层。如果企业主确实能够增加利润，那么该公司就将变得更有价值，而这些袭击者也将得到较高的股价回报。

尽管好莱坞电影将公司收购描绘为贪婪的举动，只是为了让企业袭击者致富，但大多数经济学家认为，收购可以作为一种对利用委托 - 代理问题获利的投机管理者权力的检查方法。收购为公开交易企业的公司控制创造了一个市场，可以帮助解决由所有权与管理权分离而引起的管理者和股东之间的利益冲突：管理者知道他们必须最大限度地发挥他们的价值，否则，公司会面临收购，而新的管理团队将会取代他们。

1.4　市场结构和管理决策

正如我们前面所提到的，经理们如果不理解市场力怎样影响企业的赢利能力，就不会成功。管理决策中一个尤其重要的方面是定价决策。企业运作所在的市场结构可能限制经理们提高企业产品价格的能力，提高价格可能失去很大部分，甚至全部销售量。

并不是所有的经理都有权力给企业产品定价。在一些行业中，每个企业都只占全部市场销售量相对较小部分，生产与行业中其他企业相同的产品。在这种情况下，商品的价格不会由一家企业或经理决定，而是由市场的非人为力量——市场需求和供给曲线的交点决定。这一点你将会在下一章中看到。如果一个经理想把价格提到高于市场决定价，这家企业就会把全部销量拱手让给行业中的其他企业。别忘了购买者并不在意他们是从谁那里买到这件相同的产品，他们不愿意为这件产品付高于现行市场价的价格。在这种情况下，企业是**价格接受者**（price-taker），不能为它所出售的产品定价。我们将在第 11 章中详细讨论价格接受型企业，你将看到价格接受型企业面对的需求曲线是水平的，等于市场决定的价格。

与价格接受型企业的经理相反，**价格设置型企业**（price-setting firm）的经理却能够为产品定价。因为产品在某种程度上与竞争对手的产品存在差异，或者可能因为产品销售所在的地理范围内只有一家（或少数几家）卖方，所以价格设置型企业可以在不失去全部销售量的情况下提高价格。企业以较高的价格销售较少的产品，或以较低的价格销售较多的产品。能够提高价格而不失去全部销售量的能力称为**市场力**（market power）。这个问题我们将在第 13 章和第 14 章中更详细彻底地分析。在我们讨论不同的市场结构（本书后面章节将要详细分析）之前，首先希望你能想一想市场的基本性质和目的。

1.4.1 什么是市场

市场（market）是这样一个“场所”，通过它买方和卖方可以交换最终的商品或服务、生产的资源，或者更一般意义来说，任何有价值的东西。这里的“场所”，可以是确定的地点和时间，比如商业银行只在工作日从上午 9 点到下午 6 点营业，每月第一个星期二的农产品市场，商品交易所交易时间内的一个交易终端，甚至大型露天运动场停车点，在比赛开始一小时前会有票贩子出现兜售体育赛事的门票。“场所”也可以是非实质的地点和时间，比如报纸上的分类广告，或者互联网上的一个站点。你应该把市场的概念看得很广，特别是由于技术的进步为买方和卖方的接触创造了新的方式。

市场是能降低交易成本的“场所”。希望购买物品的买主必须耗费宝贵的时间和其他资源寻找卖主，收集关于价格和质量的信息，最后做出购买决定；希望出售物品的卖主必须花费宝贵的资源寻找买主（或者付费让销售代理机构去做这件事），收集关于潜在买主的信息（比如证明其信用情况或购买的法律资格），最终结束交易。这些使交易发生的成本被称作**交易成本**（transaction cost），交易成本是交易中超过实际支付价格的额外成本。买方和卖方利用市场方便了交易，因为市场为双方降低了交易成本。为了理解这个看起来有些深奥的问题的含义，考虑两种可以出售你持有的一辆二手车的方法。为你的车找到买主的一种方法是游说你的邻居，敲各家的门，直到找到一个愿意支付你能接受的价格的买主为止。这可能需要你大量的时间，甚至还得为此买一双新鞋。另一种办法是你在当地的报纸登一则广告，描述一下你的车，并给它出一个你愿意接受的价格。这种卖车的办法就涉及一个市场——报纸广告。即使你必须为登广告付费，你也会选择利用这个市场。因为比起挨家挨户寻找买主，在报纸上登广告的交易成本会降低。

1.4.2 不同的市场结构

市场结构（market structure）是决定企业经营所在经济环境的市场特点的集合。正如我们将要阐明的，市场结构决定了经理在短期和长期内拥有定价权的程度。下面所列的一些市场的经济特征的描述实际上还远远不够。

- 在市场上经营企业的数量和大小：经理提高企业产品的价格又不致失去大多数或全部客户的能力，部分地依靠市场中卖方的数量和规模。如果市场中有许多卖主，每一家只生产全部销量的一小部分，就没有一家企业能够通过改变产量水平来影响市场价格。在另一种情况下，如果市场的全部产品是由一家或几家占有相对来说较大市场份额的企业生产的，只要市场中没有其他厂家决定通过相应调整自己的产出水平来阻止价格变化，一家单独的企业就能够通过限制自己的产量使价格升高，或通过增加自己的产量使价格下降。

- 在竞争的生产者中产品的差异程度：如果卖主都生产消费者认为是相同的产品，买方就不必为一家特定公司的产品多付高于其他企业要价的价格。通过产品设计上的实际差异或广告效应使产品显得多样化，只要消费者发现产品的差异值得付出更高的价钱时，企业就能够把价格抬到高于其他竞争者的水平。
- 当现有企业赚取经济利润时，新企业进入市场的可能性：如果市场中的一个企业能赚取经济利润，其他企业就会知晓这个超过机会成本的回报，并试图进入市场。一旦足够多的企业进入市场，价格就会压到足够低的程度，从而消除所有的经济利润。当进入相对容易时，即使有一定市场力的企业也不能长期保持高于机会成本的价格。

微观经济学家们分析了在许多不同市场结构中经营的企业。毫不奇怪，经济学家们给这些市场结构起名为：完全竞争、完全垄断、垄断竞争和寡头垄断。尽管本书后面会详细分析这些市场结构，但是现在我们先对每一种简要地讨论，并告诉你市场结构怎样影响经理的定价决策。

在完全竞争市场中，许多相对较小的企业出售一种无差别的产品，对新企业没有进入障碍。在完全竞争市场中经营的经理们是没有市场力的价格接受者。在完全由市场需求和供给决定的价格上，决定生产多少，从而使利润最大化。由于没有进入障碍，在市场决定的价格下，任何经济利润都将由于新企业的进入，驱使价格降到平均生产成本水平。许多农产品和其他一些在国内或国际性交易所交易的商品，市场很接近完全竞争的特征。

在完全垄断市场中，单个企业由于受到进入障碍的保护，生产没有相近替代品的产品。垄断者是价格设置型企业。垄断企业享有市场力的程度，由消费者找到垄断者产品不完全替代品的能力决定。垄断者的要价越高，消费者就越愿意购买其他产品。进入障碍的存在使垄断者在抬高价格时，不用担心经济利润是会吸引新企业的。正如你将在第 12 章看到的，真正完全垄断的例子很少见。

在以垄断竞争为特点的市场中，存在许多相对于整个市场规模来说较小的企业，在没有进入障碍保护下生产有差异的产品。完全竞争与垄断竞争的唯一不同点是产品的差异，这使得垄断竞争者具有一定程度的市场力；一定程度上他们是价格设置者，而不是价格接受者。像在完全竞争的市场中一样，缺少进入障碍，使得任何经济利润都将由于有新的进入者而最终变为零。牙膏市场为垄断竞争提供了一个实例。许多品牌的牙膏是很接近的，但不是完全的替代品。牙膏制造商通过不同的配料、研磨剂、增白剂、氟化物水平和其他成分，并伴随大量的、用来制造品牌效应的广告，来使产品多样化。

在前面讨论的三种市场结构的每一种中，经理们都不必考虑竞争企业对价格变化的反应。垄断者没有竞争对手；垄断竞争市场的竞争者相对于整个市场来说较小，以至于它的价格变化，通常不会引起竞争对手用改变自己价格的办法实施报复；当然完全竞争的企业是价格接受者，不能使它的价格偏离市场决定价。相反，在寡头垄断市场的情况下，只有少数几家企业生产绝大多数或全部市场的产品，因此，任何企业的定价政策将会对市场中其他企业的销量产生重要影响。这种寡头企业间的互相依存意味着市场中任何一家企业采取的措施将会影响其他企业的销量和利润。正如将在第 13 章中看到的，在寡头垄断市场中做出战略决策是最复杂的一种。

1.4.3 市场国际化

在过去的二三十年，很多国家经历了**市场国际化**（globalization of markets）的浪潮，即通常所指的国际范围内的市场经济一体化。当商品、服务和资源（特别是人和货币）在国家之间自由流动时，市场一体化出现了。除了目前全球化浪潮带来的商业压力导致了这一高潮外，市场一体化的进程并不是20世纪90年代所特有的，而是有时激进有时衰退的持续进程。最近一个国际化的高潮从19世纪初持续到第一次世界大战开始前。在那个阶段，随着铁路的铺设和蒸汽船的出现，使劳动力从欧洲移民到美国，并且商品在地区和国家间大量流动。尽管一些政府和市民反对国际经济一体化，比如大量的反全球化的抗议，但大多数经济学家相信资源和产品的自由流动能够提升无论发达国家还是贫穷国家的生活水平。

过去的10年，全球化运动有几大突破。在此期间，北美、欧洲和拉丁美洲国家成功地谈判签署了大量的双边和多边贸易协定。20世纪90年代末期，11个欧洲国家统一采用单一的货币（欧元）来减少不同的货币阻止国家间货物和服务流动的趋势，刺激欧洲大陆贸易。全球化的另一动因是信息时代对电子交流的革命，使在国际互联网上买卖商品和服务成为可能。如专栏1-5所示，随着世界各地的企业都用Excel电子表格以及Word和PowerPoint沟通，微软办公软件成为一种商业国际语言。所有这些创新都使不同国家企业的贸易交易成本降低。

你可以从这里的讨论中看出，市场国际化既给管理者带来了向国外客户销售更多产品和服务的机会，也带来了国际同行的竞争。市场的经济一体化的趋势改变了管理者看待他们提供产品和服务的市场的结构，也改变了他们选择组织生产的方式。在本书中，我们将指出市场国际化的机会和挑战。

◇专栏1-5

互联网刺激了服务的全球化

在西雅图、华盛顿特区、魁北克和热那亚，反全球化示威者一直在批评多国合作（包括他们的政府、世贸组织、国际货币基金组织和世界银行）将制造业向低工资国家转移。当示威者对贫穷国家的工人将被多国“合作”剥削和被迫在衬衫加工厂里以不合理工资工作表示深切关注的时候，在示威者中，更深层的恐惧看起来是对制造业移到其他国家时，他们自己将失去工作的担心。

在《华尔街日报》的一篇文章中，Douglas Lavin指出，反全球化示威者忽视了一个更显著的服务的转移：“更多由于教育水平的提高，微软办公软件和互联网在马尼拉和那不勒斯一样应用广泛，服务于全球分工。”现在互联网可以像铁路和蒸汽船一样为制造品提供服务：服务可以在世界各地产生，通过陆地、宽带、光纤或者地球同步卫星向几乎世界每个角落的用户“交付”。从会计服务、诉讼、信用评估和1-800电话回答客户服务问题，到数据录入、编码，甚至赌博，每个可以想到的服务现在都经历着全球化。现在在美国、英国、西班牙、法国和中国香港特别行政区的企业正引导着将业务外包到印度、菲律宾、牙买加、加纳、匈牙利和捷克的潮流。

正如Lavin在他的文章中强调的那样，伴随着电信技术巨大变革的互联网“爆炸”，使服务业参与全球化成为可能。因为许多第三世界国家可以担负接入互联网的基础设施的投入——更好的道路和桥梁可能更昂贵——Lavin预测服务业的全球化可以为贫穷国家带来显著的生活水平的改善。另外，多国合作后可以购买价格更加低廉的服务，因此多国合作易于提高生产力而使多国合作的国家工资上涨。虽然，示威者可能认为全球化剥削贫困地区，但Lavin提醒我们无论是在菲律宾Arthur Anderson公司担任会计，或者在印度思科公司工作的工程师，这成千上万的人为能够在因特网上就他们的教育和技能进行贸易而兴奋，而且他们也不再贫穷。

经济学家一直认为当两者自愿贸易时，双方都是收益的。互联网使服务全球化成为可能，服务全球化也提供了这样的贸易机会：企业可以降低成本，成千上万的低收入国家的工人可以挣到更高的工资。

资料来源：Douglas Lavin, "Globalization Goes Upscale", in *The Wall Street Journal*, Feb. 1, 2002, p.A21.

1.5 本章小结

- 管理经济学运用微观经济学和产业组织理论这两个相关领域中最有用的概念和理论，创造了一个系统而有逻辑的方式，来分析企业实践和策略，从而获得最大利益，同时规划出能长期保持或保护这种利益的企业战略。边际分析法为理解企业经理人日常经营决策提供了基础。这些决策通常被称为商业实践或经营策略。战略决策与商业实践不同，战略决策是指专门为了影响竞争对手行为，并保护自己公司长期利润而采取的商业行动。产业组织理论指出了七种促进企业长期获利的经济力：替代品少、竞争者进入障碍大、行业内竞争者竞争能力弱、供应商的市场支配力低、购买者的市场支配力低、互补性产品多、不利的政府干预少。（学习目标 1）
- 使用资源去生产产品和服务的经济成本是企业所有者的机会成本。使用资源的机会成本是企业使用这些资源时必须放弃的收益。总经济成本是市场提供资源的机会成本（显性成本）和所有者提供资源的机会成本（隐性成本）之和。经济利润是总收益与总经济成本的差。会计利润与经济利润的差别就在于会计利润并不把使用资源的隐性成本从总收益中扣除。企业的价值就是它所能卖出的价格，企业未来预期能够挣得的经济利润的现值。它由企业未来利润相联系的风险通过风险升水加无风险贴现率来算出。与未来利润相关的风险越大（小），用来计算企业价值的风险调整贴现率就越高（低），企业的价值就越低（高）。（学习目标 2）
- 雇用职业经理人的决定造成了企业所有权与管理权的分离，从而形成委托 - 代理关系：企业主（委托人）与管理者（代理人）签订合约，要求管理者执行能实现企业主目标的任务。由于所有权和管理权的分离，产生了委托 - 代理问题，因为企业主不确定管理者所做出的决策是否是为了实现企业价值最大化。委托 - 代理问题的产生必须具备以下两个条件：①管理者的目标与企业主目标不同，和②企业主对管理者进行监督，从而阻止任何会导致企业价值降低的决策或行为的成本非常高昂，甚至无法监督。如果管理者采取企业主无法观察到的隐蔽行为，那么监督管理者也就成了不可能实现的任务。如果隐蔽行为损害了企业主的利益，而让管理者受益——管理者可能会工作执行不力、过度消费，或追求利润最大化以外的目标，那么就存在道德风险。道德风险是关于目标不一致的问题，以及有害的隐蔽行为的问题。如果缺少这两方面中的任何一个，那么就不会有道德风险问题。公司股东可以通过以下方式控制或减轻代理问题：①要求管理者持有一部分公司股权，②增加公司董事会外部成员的数量，及③以贷款而不是股票的方式提供投资。除了这些公司内部的控制机制以外，起源于公司之外的公司收购，也可以有效地激励管理者做出企业价值最大化的决定。（学习目标 3）
- 价格接受型企业不能为它所出售的产品定价，市场的供求力决定价格。价格设置企业能够为自己的产品定价，企业具备一定的市场力，可以在不失去全部销售量的情况下提高价格。市场是这样一个“场所”，通过它，买方和卖方可以交换产品和服务，通常是为了获得收益。市场是能降低交易成本的“场所”。市场结构是决定企业经营所在经济环境的市场特点的集合：①在市场上企业的数量和大小；②产品的差异程度；③当现有企业赚取经济利润时，新企业进入市场的可能性。市场可能的结构是四种类型之一：完全竞争、完全垄断、垄断竞争和寡头垄断。（学习目标 4）
- 市场国际化指的是世界范围内不同国家市场一体化的过程。这不是一个新现象，而是一个持续的历史过程，给企业管理者带来了机遇和挑战。市场国际化给管理者带来了向国外客户销售更多产品和服务，在其他国家找到新的廉价劳动力、资本和原材料等机会，但随之而来的也有国际同行日益激烈的竞争威胁。（学习目标 5）

关键词

accounting profit **会计利润** 总收益与显性成本之差。

business practice or tactic **商业实践或经营策略** 在企业面对的特定市场条件下，管理者为获取更大利润所做的企业日常决策。

complete contract **完整合同** 一个让管理者所做的决策没有任何偏离企业价值最大化可能的雇用合同。

economic profit **经济利润** 总收益和总经济成本之差。

equity capital **权益资本** 企业所有者向企业提供的资金。

explicit cost **显性成本** 使用市场资源的机会成本。

globalization of markets **市场国际化** 全世界范围内各国市场的经济一体化。

hidden actions **隐蔽行为** 企业主在可行的监督过程中，无法观察到的管理者所采取的行动或决策。

implicit cost **隐性成本** 使用自有资源的机会成本。

industrial organization **产业组织理论** 微观经济学的一个分支，集中讨论企业和行业的行为和构架。

market **市场** 买方和卖方可以实现任何有价值东西交换的场所。

market power **市场力** 企业在不全部损失销售量的情况下提高价格的能力。

market structure **市场结构** 决定企业经营所处经济环境的市场特征。

market-supplied resources **市场资源** 由他人所有的资源，可以在市场上雇用、租用和融资租赁的资源。

microeconomics **微观经济学** 研究单个消费者、企业和市场的行为，帮助我们理解企业运作和策略。

moral hazard **败德** 当合同的一方有不遵守合同所有条款的动机，而使另一方不能在有效成本内实施监视时存在的风险。

opportunity cost **机会成本** 企业所有者由于使用资源生产产品和服务而放弃的收益。

owner-supplied resources **自有资源** 企业自有并投入使用的资源。

price-setting firm **价格设置型企业** 能够在不全部损失销售量的情况下提高价格的企业。

price-taker **价格接受者** 由于价格严格受市场供给和需求决定，而不能设置它所出售产品价格的企业。

principal-agent problem **委托－代理问题** 当管理层（代理人）的目标与企业所有者目标不一致时产生的冲突。

risk premium **风险升水** 为补偿投资者对于将来利润的不确定性，所承担风险而增加的贴现率。

strategic decision **战略决策** 为了提高或巩固长期利润，企业针对不同市场条件和不同竞争所采取的行动。

total economic cost **总经济成本** 市场资源和自有资源的机会成本之和。

transaction cost **交易成本** 使交易发生的成本（而不是商品或服务本身的价格）。

value of a firm **企业的价值** 企业能够出售的价格，它等于将来利润的现值。

概念性习题

1. 解释使用下列资源的成本是显性成本还是隐性成本，并给出每一项的年机会成本。假设企业所有者能够每年投资，并且获得 10% 的年收益。

   a. 用于运行企业网络的计算机服务器每年租金为 6 000 美元。

   b. 企业所有者用个人储蓄账户的 50 000 美元现金开始经营。

c. 企业的房屋三年前用 1 800 万美元购买，但现在已经值 3 000 万美元。

d. 计算机程序员小时工资为 50 美元，企业今年将雇用 10 万小时编程服务。

e. 企业有一台 1975 年的克拉克－欧文垃圾焚烧炉，用于处理废纸和废纸板。现在由于环境原因使用这种焚烧炉是非法的，但是这个企业因为适用于法律中的“原始”条款而可以例外继续使用。然而，这个例外只适用于现在的所有者使用，直到它报废或者被更新（注意：所有者曾经将此焚烧炉捐给 Smithsonian 学院，但是学院的负责人拒绝了）。

2. 在一年的经营中，一家企业收益为 175 000 美元，原材料、劳动费用、煤气水电和租金支出 80 000 美元。企业的所有者为企业提供了资本 500 000 美元，他们本可以把这些钱进行投资，赚取 14% 的年回报率。
   a. 显性成本是________美元，隐性成本是________美元，总经济成本是________美元。
   b. 企业赚取的经济利润________美元。
   c. 企业的会计利润是________美元。
   d. 如果所有者投资于企业的钱每年可以赚取 20%，企业的经济利润是________美元（当收益是 175 000 美元）。

3. 在未来的三年中，企业预期第一年赚取经济利润 120 000 美元，第二年赚取 140 000 美元，第三年赚取 100 000 美元。第三年末企业退出经营。
   a. 如果未来的三年里每年的风险调整贴现率是 10%，企业的价值是________美元，企业现在能以价格________美元出售。
   b. 如果未来的三年里每年的风险调整贴现率是 8%，企业的价值是________美元，企业现在能以价格________美元出售。

4. 填空
   a. 只要每个单期成本和收益条件是______，经理们就会采取最大化每个单期______的决策以实现企业价值最大化的目标。
   b. 如果当期产出的影响是增加将来的成本，使企业价值最大化的产出水平将______（小、大）于最大化单期利润的产出水平。
   c. 如果当期产出对将来的利润有正的影响，当期利润最大化的产出水平将________（小、大）于企业价值最大化的产出水平。

概念性习题答案

1. a. 每年 6 000 美元显性成本。企业为获得计算机服务器的使用放弃了每年 6 000 美元。
   b. 每年 5 000 美元隐性成本。所有者让企业使用这笔钱，而不是用于投资获得回报，放弃了 5 000 美元（$=0.10\times 50\ 000$）。
   c. 每年 300 万美元隐性成本。所有者可以出售房屋，并用出售所得每年赚取投资回报，所有者放弃了每年 300 万美元（$=0.10\times 3\ 000$）。
   d. 今年 500 万美元显性成本。所有者必须向计算机程序员支付小时工资为 50 美元的 10 万小时计算机编程服务。因此企业放弃了 500 万美元（$=50\times 10$）雇用计算机程序员。
   e. 没有成本。焚烧炉的市场价值为 0，因为没有其他企业愿意购买它。因此保留焚烧炉所有者什么都没有放弃，所以其机会成本为 0——甚至 Smithsonia 学院认为它一文不值。
2. a. 80 000 美元；70 000 美元；150 000 美元
   b. 25 000 美元
   c. 95 000 美元
   d. －5 000 美元
3. a. 299 925 美元；299 925 美元
   b. 310 522 美元；310 522 美元
4. a. 赢利；利润
   b. 小
   c. 大

应用性习题

1. 一些管理者依赖于“实际的”决策原则和过程而闻名，对于过于理论化，而不太可能在实际中使用的决策原则则持怀疑态度。虽然经济学中的一些理论方法，的确在实用性方面非常有限，但要记住一个重要推论："如果理论上不可行，那么它在实践中也是行不通的。"解释这个推论的意义，并给出一个真实世界的例子（提示：参见"经理人常犯的错误"）。

2. 年初的时候，一位音像工程师放弃了年薪175 000美元的工作，创办了自己的公司Sound Device公司。这家公司为需要高级音响系统的企业建造、安装和维护定制的音响设备。Sound Device公司第一年的部分利润表如下。

（单位：美元）

收益	
出售产品和服务的收益	970 000
运营成本和费用	
产品和服务成本	355 000
销售费用	155 000
管理费用	45 000
运营成本和费用总计	555 000
运营收入	415 000
利息费用（银行借款）	45 000
创办企业法律费用	28 000
利润所得税	165 000
净利润	177 000

为了创办这家新公司，这位工程师将自己的积蓄100 000美元投入。在创立的第一年，如果这笔钱投资于股市中那些与这家新公司有相同风险级别的公司的话，可能会有15%的收益。

a. 2010年这家公司的显性成本、隐性成本和总经济成本各是多少？

b. 2010年这家公司的会计利润是多少？

c. 2010年这家公司的经济利润是多少？

d. 根据你对问题b做出的回答，对这位工程师放弃原工作而创业这一行为试做评价。

3. 一位医生花了两周的时间在墨西哥做慈善性医疗工作。在计算她当年的应税收入时，她的会计师把她的往返机票、伙食费、两星期的住宿费作为经营费用扣除。当她得知遵循国内税务署的规则，会计师不能把她由于两星期没有行医损失的收益8 000美元作为成本扣除时，她非常惊讶。她问会计师："既然损失的收益不能作为费用扣除，明年在我做出去墨西哥进行慈善活动的决定时，应该忽略这一损失吗？"你能为这位医生的决策提供一些建议吗？

4. 当伯顿·卡明斯从加拿大卡车驾校毕业后，他父亲送给他一个价值35 000美元的卡车拖车装备。最近，伯顿经常向同行们吹嘘他每月的收入有25 000美元，而他的运营成本（汽油、维修和折旧）每月只有18 000美元。与伯顿相同的卡车拖车设备每月租金是15 000美元。如果伯顿为与其竞争的卡车公司开车，每月可以挣5 000美元。

a. 每月伯顿的显性成本是多少？隐性成本是多少？

b. 伯顿·卡明斯每月使用资源的机会成本是多少？

c. 伯顿为每月净现金流7 000美元（=25 000－18 000）感到很骄傲，因为他如果为卡车公司工作每月只有5 000美元收入。你可以给伯顿提出什么样的建议呢？

5. 解释为什么离开职业网球巡回赛而开一家网球商店，比辅导一个大学网球队需要安德鲁·阿加西或者维纳斯·威廉姆斯付出更大代价？

6.《华尔街日报》上的一篇文章讨论了美国一些大公司的这样一种趋势，即董事会中外部董事的薪金部分依靠公司的业绩来决定。"这种越来越流行的做法使得董事与公司的关系更为紧密。一些公司还把赠与董事的股票或购股权与财务业绩的改善相联系，财务业绩以权益年回报率等方法来衡量。"

这种联系是怎样试图从总体上降低经理与股东之间的代理问题的？为什么董事能比股东更有效地提高管理者的业绩，并改变他们的激励？

7.《华尔街日报》上的一篇文章报道了一些大的宾馆连锁企业（如万豪酒店（Marriott））正试图减少给外部所有者经营特许授权的宾馆数量，同时增加连锁企业自有并自我管理的宾馆数量。一些连锁企业正要求所有者或获特许方提高宾馆服务质量，但是它们实施这一政策时遇到了困难。万豪说："提高服务质量很重要，因为我们已经建立了良好的声誉。"

a. 解释万豪面临委托代理的性质？

b. 万豪为什么担心特许经营的非自有宾馆的质量？

c. 为什么像万豪这样的连锁企业，打算在只有少量回头客的度假区（如国家公园）拥有自己的宾馆？而在有大量的回头客闹市区设立特许经营宾馆？从保持质量的声誉效应和特许经营的激励效应来考虑。

8.《财富》杂志报道，SkyWest 公司，一家地区性独立航空公司，与 Delta 航空公司和 United 航空公司达成财务协议，条件是为这两家大公司提供地区性喷气式飞机服务。作为协议的一部分，SkyWest 同意在它所拥有的飞机的机身上涂上上述两家公司的标志，并只在这两家公司所指定的航线上飞行。作为回报，Delta 和 United 这两家公司承担其大部分运营成本并向 SkyWest 支付一个预先约定的利润率。《财富》杂志解释说，虽然这个协议限制了 SkyWest 公司所能够获得的利润，但是同时也使这家小公司免受收益波动之苦，因为 Delta 和 United 两家公司将承担 SkyWest 公司的燃油成本，提高它的载客率，并且管理它的机票价格。

《财富》杂志同时报道说，在协议生效后，SkyWest 公司的市值从 1.43 亿美元猛涨到 11 亿美元，表明华尔街对这桩协议持赞赏态度。请你解释一下，在签署这个协议后，既然 SkyWest 公司的利润额受到了限制，为什么它的市值还发生了戏剧性的增长？

附录 1A　现值计算方法

现值的概念是用来决定企业价值——能赚得的未来预期利润现值的工具。这篇简短的介绍能为你提供计算一系列未来期间要得到的预期利润现值所需的基本计算技巧。

1A.1　将来一次性支付的现值

你现在愿意接受（而不是等到将来再收取）的一笔未来支付（或一系列支付），称为那笔未来支付（或一系列支付）的现值。例如，假定一个值得信任的人，答应从现在起一年以后付你 100 美元。即使你确信一年以后你可以得到 100 美元，但现在的一美元也要比将来的一美元更值钱。你愿意现在拿到多少钱，而不是为一笔确定的支付等一年？对于一笔一年以后肯定会得到的 100 美元支付，为避免等待，现在给你多少，你就可以接受？由于资金的时间价值，不到 100 美元你也愿意接受；也就是说，一年以后的一笔 100 美元支付，其现值不到 100 美元。因为一笔支付的现值少于那笔将来支付的数额，计算现值的过程有时称为贴现。

为正确地对 100 美元的未来支付进行贴现，你必须首先确定等待这笔钱的机会成本。假定在无风险的情况下，通过把这笔钱在一年期内进行投资，你可以得到 6% 的回报。由于它决定了你对将来资金进行贴现以确定其现值所用的贴现率（假定你不承担所得会少于承诺数额的风险），所以这个 6% 回报也叫作无风险回报率。第 15 章将告诉你当将来的支付承担一定的风险时，怎样确定恰当的风险升水，并把它与无风险贴现率相加。现在，你不必关心对风险的调整。

假定对于你的资金你可以获得 6% 的回报（无风险），从现在起一年后你可以拥有 100 美元，现在你需要多少资金（以 X 美元代表这个数额）？由于 $X(1.06)$ 美元是一年以后 X 美元的价值，令这个将来价值等于 100 美元：

$$X(1.06) = 100$$

于是得到，为一年以后拥有 100 美元，你现在必须投资的数额为 94.34 美元（$=100/1.06$）。因此一年以后收到的 100 美元的现值为 94.34 美元。换句话说，你现在愿意接受 94.34 美元，一年后这笔钱将增值为 100 美元（以 6% 的年贴现率）。

现在假定这笔 100 美元的支付不是一年以后，而是两年以后才能收到。以 6% 的回报率投资 X 美元在第一年末将得到 $X(1.06)$ 美元，在第二年末将得到 $X(1.06)^2$ 美元。对于一笔两年以后值 100 美元的投资，

$$X(1.06)^2 = 100$$

为在两年后拥有 100 美元，你现在必须投资的数额为 $89 \times [100/(1.06)^2]$。因此对于 6% 的贴现率，两年以后的 100 美元其现值为 89 美元。

显然，有如下公式：对于 6% 的贴现率，一年以后的 100 美元，其现值为

$$PV=100/1.06=94.34\text{（美元）}$$

对于 6% 的贴现率，两年以后的 100 美元，其现值为

$$PV=100/(1.06)^2=89\text{（美元）}$$

因此，对于 6% 的贴现率，t 年（t 可以是任何年数）后收到的 100 美元，其现值为

$$PV=100/(1.06)^t$$

更一般地来说，这种关系可以用来确定贴现率为 r，t 年以后收到的某一净现金流（NCF）的现值。净现金流是 t 期收到的现金，减去为得到这笔现金流入所付出的所有成本或费用。同时注意，比如贴现率是 6%，r 被表示为 6% 的小数形式即 0.06。

关 系

如果贴现率为 r，t 年以后收到的 NCF 美元，其现值（PV）为

$$PV=NCF/(1+r)^t$$

正如以上所说明的，一笔现金流的现值会随着其收到期限的延长而递减。比如，对于 6% 的贴现率，一年以后的 100 美元，其现值为 94.34 美元；而两年以后的 100 美元，其现值仅为 89 美元。显然对于现值的更一般陈述为，一笔现金流的现值与相应的贴现率呈反向关系——对于 6% 的贴现率，两年以后的 100 美元，其现值为 89 美元；而对于 8% 的贴现率，只有 85.73 美元 [= 100/(1.08)2]。

关 系

一笔现金的现值与到期时间呈反向关系：t 年后收到的一笔现金流其现值大于 $t+1$ 年后收到的同样一笔现金流。一笔现金流的现值与贴现率也呈反向关系。

1A.2 系列支付的现值

到目前为止，我们已经研究了一次性支付的现值。现在把对现值的分析延伸到将来一系列支付的价值。假定一个你值得信赖的朋友答应一年以后付你 100 美元，两年以后再付你 100 美元。对于第一年，利用 6% 的无风险贴现率第一笔支付的现值为

$$PV=100/1.06=94.34\text{（美元）}$$

由于你认为利率将会上升，现在假定第二年的机会成本预期为 7%。对于 7% 的贴现率第二笔支付的现值为

$$PV=100/(1.06)^2=89\text{（美元）}$$

因此，这个两年期的现金流的现值为

$$PV=100/1.06+100/(1.06)^2=94.34+89=183.34\text{（美元）}$$

从前面的说明中，你可以看出系列净现金流的现值等于这些净现金流的现值之和。这个关系更精确地陈述如下。

关 系

系列现金流的现值，可以通过如下方程给出，NCF_t 美元是 t 期收到或付出的现金流

$$PV=\frac{NCF_1}{(1+r)}+\frac{NCF_2}{(1+r)^2}+\frac{NCF_3}{(1+r)^3}+\cdots+\frac{NCF_T}{(1+r)^T}=\sum_{T=1}^{T}\frac{NCF_t}{(1+r)^t}$$

式中，r 是贴现率，T 是这一系列现金流的时间跨度。

在特殊情况下，每一个时间段的利润都是相同的金额，那么，这一恒定利润流的现值可以表示为

$$PV=\$\pi\times\left(\frac{1-\frac{1}{(1+r)T}}{r}\right)$$

其中在 T 时间段中，收到的付款都是 $\$\pi$。

在某些情况下，一个公司可以被认为能一直赚取恒定的利润，也就是说，公司一直在每一个时期产生一个永久的利润流 $\$\pi$。上面的表达式中，让 $T=\infty$，你可以看到现值简化为

$$PV=\$\pi\times\left(\frac{1}{r}\right)=\frac{\$\pi}{r}$$

例如，如果一家公司得到了一份永久的政府合同，政府每年支付 60 000 美元的利润（只有政府机构会做这样的事情），对于 6% 的贴现率，利润流的现值的是 1 000 000 美元（= 60 000 美元 /0.06）。虽然，你可能会觉得一个无限的时间跨度，在真实世界的财务分析中比较牵强，但我们可以假设 60 000 美元只支

付 100 年——这仍然是一个很长的时间。在之前的表达式中，设置 $T=100$（$\pi=60\ 000$ 美元，$r=0.06$），现值只比 100 万少一点点，约为 99.7 万美元。正如你所看到的，当 T 是一个大数目时，计算近似现值的最简单方法，就是用恒定利润除以贴现率。

数学练习题

1. 使用 6.5% 的贴现率，计算在如下时间点收到的一笔 1 000 美元的付款：
   a. 1 年以后　　b. 2 年以后　　c. 3 年以后
2. 一家还有 5 年寿命的公司预期利润流量如下（假设所有利润在年末收到），假设风险调整贴现率为 12%，计算该公司现值：

年	预期利润（美元）	年	预期利润（美元）
1	10 000	4	75 000
2	20 000	5	50 000
3	50 000		

3. 假设有这样一份离婚协议，Ashton Kutcher 答应在 10 年期内等额地共付给 Demi Moore 10 000 000 美元。但是如果马上就支付的话，对方就要求 5 000 000 美元。如果恰当的贴现率为 8%，对于 Ashton 和 Demi，最好的选择分别是哪个？如果贴现率是 20% 呢？
4. 你正在考虑购买一块土地，它可以租给政府 100 年。每年的租赁价格是 20 000 美元，若这种情况下适当的贴现率为 4%。这个恒定租赁利润流的（近似）现值是多少？

第2章
Chapter2

需求、供给与市场均衡

■ 学习目标

学完此章后，你将可以：

（2.1）认识需求函数，并能够区分需求变化与需求量变化；

（2.2）认识供给函数，并能够区分供给变化与供给量变化；

（2.3）解释为什么需求量等于供给量时的价格达到市场均衡；

（2.4）用消费者剩余、生产者剩余和社会剩余来衡量市场交易的得益；

（2.5）预测需求或供给变化时对均衡价格和均衡数量的影响；

（2.6）阐述政府制定限制价与支持价的影响。

成功的管理者在他们的业务领域中，必须能对有关各种产品和资源的价格与产量水平做出准确的预测。例如，Intel 公司的执行经理必须在客户下订单数月之前就规划好他们的半导体芯片的生产。了解影响需求和供给条件的市场力对半导体的利润来说非常重要，因为需求和供给最终决定 Intel 芯片的价格，以及为了满足需求他们需要生产的数量。Intel 半导体芯片使用范围很广，从 Dell 和 Mac 的电脑，到汽车、手机和喷气式飞机的控制和导航系统。Intel 芯片在各种各样的领域中面临着很多生产芯片的竞争对手。所以 Intel 的生产规划者如果不能准确预估他们的芯片在市场上能取得的价格，以及他们需要生产的芯片数量，就不能做出最佳决策。如果 Intel 生产的芯片太多，那么公司就会因为大量存货引发的成本，以及减价清仓而造成损失。而如果 Intel 生产的芯片数量太少，那么，客户就会转向其他竞争对手购买产品，从而使公司错失销售的机会。如果 Intel 不能准确预测芯片价格，那么，Intel 生产了错误数量芯片的可能性是非常高的。

供给和需求分析是一个极为重要的经济学工具，用于分析完全竞争市场上市场力如何决定价格以及产出水平。在本章中，你会看到，供给和需求分析非常简单易学，而且，为经验丰富、享受高薪的市场分析员和预测者所广泛使用。

本章的重点主要在于为读者提供一个初步的认识，即各种产品和服务市场是如何运作的，虽然这些概念被同样运用于资源市场，例如劳动力、土地、原材料和机械设备。供给和需求分析法主要应用于有大量的购买者和供给者的市场。同时，这些市场所提供的产品和服务应该是同种类的，或者相对来说没有太大差异。正如我们在第 1 章中所说的，这类市场被称为竞争市场。在竞争市场，单个企业是价格接受者，因为价格是由市场非人为因素——需求和供给决定。

我们将从描述竞争市场的买方，也就是市场的需求方入手来分析竞争市场；然后我们会接着描述卖方，也就是市场的供应方；继而，同时分析买卖双方以寻找市场中产品价格与产品销售量间的关系；最终我们将演示作用于买卖双方的压力是如何发生变化，并从而影响市场中产品的价格和数量的。

2.1 需求

在一定的时间段内，消费者所愿意并且有能力购买的商品数量被称作**需求量**（quantity demanded）。我们承认，正如许多经济学家所强调的那样，产品的价格在消费者做出是否购买产品的决策时起着极其重要的作用。但是，我们同样要意识到，在价格以外，许多其他的因素同样在影响着人们购买产品和服务的数量。但是，为了简化对市场的分析，使它变得易于操作，经济学家们忽略了那些对消费者购买决策影响不大的因素，而仅仅将注意力集中在重要的因素上。实际上在有关市场需求分析的研究中，只有六个因素被认为是足够重要的。

这一部分将论述三种需求函数：①广义需求函数，即需求量如何受到商品价格以及其他五个因素的影响；②直接需求函数，假定除价格外所有影响需求量的因素都保持在某一特定水平上，研究需求量和产品价格之间的关系；③需求反函数，购买不同数量产品时，购买者所愿意支付的不同最高价格。在这一章中你将发现，这里的直接需求函数是由广义需求函数中推导得出的，反需求曲线是由需求曲线推导得出的。通常，经济学家们会将直接需求函数简化为需求函数或需求。我们将沿用这种做法。

2.1.1 广义需求函数：$Q_d = f(P, M, P_R, \mathscr{T}, P_E, N)$

广义需求函数中有六个影响购买者所需产品或服务的数量的基本变量：①产品或服务的价格；②消费者的收入；③相关产品或服务的价格；④消费者的品位偏好；⑤产品的期望价格；⑥市场中消费者的数量。需求量和这六个变量之间的关系就是**广义需求函数**（general demand function），其表达式如下：

$$Q_d = f(P, M, P_R, \mathscr{T}, P_E, N)$$

式中　Q_d——产品或服务的需求量；
P——产品或服务的价格；
M——消费者的收入（通常指每人）；
P_R——相关产品的价格；
$\mathscr{T}$——消费者的偏好；
P_E——在未来一段时间内产品的期望价格；
N——市场中消费者的数量。

广义需求函数描述了这六个变量如何同时影响需求量。为了讨论其中某一变量单独作用于 Q_d 时的效果，我们必须研究只有某一变量变化时 Q_d 的变化。将一项变量孤立出来，其他影响 Q_d 的变量不变。这样，当我们提到某一特定变量对 Q_d 的影响时，我们假定其他的变量是不变的。

下面我们来单独研究六个变量中的每个变量，以分析它与消费者购买产品或服务的数量之间的关系。首先，令其他五个变量不变，讨论产品价格变化的作用。正如我们所预想的，当商品价格降低时，消费者愿意并且能够购买更多的产品，而当价格上升时，情况正好相反。价格与需求量之间是一种负相关关系，因为产品价格上升时，消费者倾向于从一种商品转向另一种目前相对来说较为便宜的商品。反之，当产品价格下降时，消费者的注意力就会更多地从其他相对较贵的产品转移到这种产品。因而，当其他的因素不变时，商品的价格会对商品的需求量产生负面的影响，这种价格与需求量之间的关系非常重要，我们将在本章的后面和第 5 章中进一步详细讨论。

其次，我们考虑保持其他变量不变，收入水平对需求量的影响。收入水平的上升既可能激发也可能抑制消费者对某种产品的需求。如果其他变量不变，收入增加会增大消费者对某种产品的需求量，我们称此类产品为**正常品**（normal goods）。对正常品来说，收入的下降也会使消费者对此种商品的需求量下降。同时，市场上有些产品或服务，当消费者的收入上升时，对它的市场需求量反而会下降，此类产品被称为**低档品**（inferior goods）。对低档产品来说，工资上升抑制消费者对它的需求，工资下降刺激需求。此类消费品有移动房屋、修鞋服务、普通食物、二手车等。

在被消费的商品中可能存在两种关系：**替代品**（substitute）或**互补品**（complement）。通常当一些商品具有另一些商品的使用价值时，我们称这些商品为替代品。本田与克莱斯勒所产汽车可作为其中的一个例子。如果两种产品是替代性的，那么一种产品价格的上升会增加消费者对另一种产品的需求，例如，当本田汽车价格上升，而克莱斯勒的车价格保持不变时，我们就会发现消费者们将购买更多的克莱斯勒牌汽车。如果相关产品价格的上升会激发消费者对此类产品的需求，两种产品就是可替代的；同样，在其他的条件不变时，当一种产品价格的降低，会减少消费者对其他商品的需求时，两种商品也是替代性关系。

当一些商品总是被共同使用时，它们被称为互补品，例如相机和胶片，色拉和调味汁，棒球比赛和热狗。当其他因素不变时，棒球比赛票价的降低会提高人们对球票的需求，因此增加比赛时人们对热狗的需求。当有关产品降价时，某种产品的需求会增加，那么，这两种商品就是互补品；同样，当其他因素不变，有关产品价格升高引起某产品需求减少时，它们也是互补品关系。[⊖]

消费者偏好的变化同样会影响对产品或是服务的需求。显然品位的变化既可能增加，也可能降低消费者的需求。尽管消费者的偏好不是可以直接度量的（像其他广义需求函数中的变量一样），你可以将变量 $\mathscr{T}$ 看作一项表示消费者偏好的指数，当消费者感觉一种商品的质量有所提升，更加适应新潮流，更加有益于健康时，或者说获得它的欲望更高时，$\mathscr{T}$ 的值便会升高。同样，$\mathscr{T}$ 值的下降常常与消费者感到质量下降、不满于外观、不利于健康等因素有关。因而，当所有其他变量保持不变时，消费者对一种商品或服务偏好的增加，会提升市场上此类商品或服务的需求量，消费者偏好的降低，会导致商品或服务市场需求量的减少。传媒常常会引起消费者偏好的变化。例如当《新英格兰医药日报》发表调查报告，指出经常吃熏猪肉的人更易于患癌症时，市场对熏猪肉的需求就会下降（消费者偏好指数 $\mathscr{T}$ 下降了）。

消费者的期望同样影响消费者对商品的购买。尤其是消费者对未来商品价格的预测，会改变他们当期的购买决策。当消费者预测价格会上升时，当期需求通常会上扬；当消费者预测未来价格下降时，许多消费者就会推迟购买，因而当期的需求量就会下降。例如在汽车行业中，汽车制造商们为了刺激当年的市场汽车需求量，常常声称几个月后将在展销会上出现的新车型的价格将会上扬。

最后，市场中消费者的数目的上升，同样会引起市场需求量的上升，消费者数量的降低，则会引起市场需求量的下降。在购买者数量正在上升的市场中，例如在人口老龄化城市的保健业和旅游旺季的佛罗里达，我们都估计市场需求会有所上升。

前面所谈到的广义需求函数所采用的是最具普遍意义的数学形式。市场分析者和经济学家们常常用到一种更为特殊的形式，以更加清楚明白地表示各个变量和市场需求之间的关系。他们常常将其表现为一种线性方程的形式。下面就列出了一种需求函数的线性方程。

$$Q_d = a + bP + cM + dP_R + e\mathscr{T} + fP_E + gN$$

式中，Q_d、P、M、P_R、$\mathscr{T}$、P_E、N 如同上文的含义；a、b、c、d、e、f、g 代表参数。

截距参数 a 代表当其他的变量值取零的时候 Q_d 的值。其他的参量叫作**斜率参数**（slope parameter），它们代表 P、M、P_R、$\mathscr{T}$、P_E、N 中的一种作为唯一变化量时，对需求量所产生的影响。

⊖ 不是所有的商品在消费中都是替代品或者互补品，很多商品根本不相关。例如，我们不能期望莴苣的价格会对汽车的需求有显著影响。这样，我们可以认为这些商品是互相不依赖的，在评估汽车的需求时忽略莴苣的价格。

例如斜率参数 b 代表当单位产品价格变化时，总需求量的变化。也就是说 b 为 Q_d 对于 P_R 的偏导数，$b=\Delta Q_d/\Delta P$。[㊀]如我们前文所指出的，Q_d 和 P 是负相关关系，由于需求量的变化量和相关产品价格变化量的代数符号是相反的，所以 b 是负的。

斜率参数 c 代表着单位收入的改变对总需求量的影响（$c=\Delta Q_d/\Delta M$）。对普通的商品来说，当收入上升时，需求量也会产生相应的上升，因此取值是正的；对低档品来说，收入的上升会引起需求量的下降，因此取值是负的。参数 d 代表单位其他商品价格的变化引起的总需求量的变化（$d=\Delta Q_d/\Delta P_R$）。如果其他相关商品价格的上升，会引起此类商品价格的下降的话，那么，此两种商品之间的关系是互补的，d 取负值。如果其他产品价格的上升引起此类产品价格的下降，此两种商品就是替代性关系，d 取正值。由于 $\mathscr{T}$、P_E、N 都是直接与购买量正相关的，因而 e、f、g 都是正的。[㊁]

关系

当广义需求函数用线性方程 $Q_d=a+bP+cM+dP_R+e\mathscr{T}+fP_E+gN$ 表示时，斜率参数（b、c、d、e、f、g）表示当有且仅有一个变量（P、M、P_R、$\mathscr{T}$、P_E、N）产生变化时，对总需求量的影响。例如 $b=\Delta Q_d/\Delta P$，代表着当 M、P_R、$\mathscr{T}$、P_E、N 保持不变时，单位价格的变化对总需求量的影响。当斜率参数取正值时，需求量和变量之间是正相关的关系。

表 2-1 总结了前文中对广义需求函数的讨论。六种因素中每种对总需求所产生的影响都单独地列在表中。同时还体现出这些变量与总需求之间是正相关还是负相关。我们再次强调这些关系是在其他的变量都保持不变的情况下得出的。例如只有当消费者对未来产品价格的期望、市场中消费者的数目等因素保持不变的情况下，价格的降低才会引起需求量的上升。

表 2-1　广义（线性）需求函数（$Q_d=a+bP+cM+dP_R+e\mathscr{T}+fP_E+gN$）

变量	与需求量的关系	斜率参数的符号
P	负相关	$b=\Delta Q_d/\Delta P$ 为负
M	对于正常品正相关	$c=\Delta Q_d/\Delta M$ 为正
	对于低档品负相关	$c=\Delta Q_d/\Delta M$ 为负
P_R	对于替代品正相关	$d=\Delta Q_d/\Delta P_R$ 为正
	对于互补品负相关	$d=\Delta Q_d/\Delta P_R$ 为负
$\mathscr{T}$	正相关	$e=\Delta Q_d/\Delta\mathscr{T}$ 为正
P_E	正相关	$f=\Delta Q_d/\Delta P_E$ 为正
N	正相关	$g=\Delta Q_d/\Delta N$ 为正

在平常应用时，广义需求函数常常只包括价格一个变量。而其他的变量都取定值。在市场分析时，有时会忽视消费者的品位和对价格的预期变化，因为并不是在所有的情况下，那些因素都会对总需求产生足够重要的影响。当在特定市场中，消费者的数目基本不发生变化时，消费者数目常常不被作为变量列入需求函数。例如，对本市电话服务的需求。通常来说消费者对与其电话服务费用相关的变化并不是很敏感。当住户们认为下个月的电话服务质量会下降时，

㊀ 符号“Δ”意味着“变化量”。这样，如果需求量上升（下降），那么 ΔQ_d 是正的（负的）。类似地，如果价格上升（下降），ΔP 是正的（负的）。一般的，Y 的变化量除以 X 的变化量（$\Delta Y/\Delta X$）衡量的是每单位 X 的变化量带来的 Y 的变化量。

㊁ 由于消费者偏好并不能像其他变量那样直接衡量，你可能希望把 $\mathscr{T}$ 看成消费者偏好从 0（如果消费者认为一个产品一文不值）到 10（如果他们非常渴望得到这个产品）的指数。在这里，参数 e 显示一个单位消费偏好（$\mathscr{T}$）的变化带来的需求的变化，e 是正值。

他们不会因此而拔掉自家的电话。另外，消费者的品位对他们对本地电话服务的需求产生的影响也极小，因为时尚通常并不会对电话的需求造成影响。在消费者数目变化无关痛痒的小城市，考虑 Q_d 变化时，N 的作用并不大，因而常常不被包括在广义需求函数中。由于以上的原因，广义需求函数常常被简化成只包含三个变量的如下形式。

$$Q_d = a + bP + cM + dP_R$$

虽然并不是所有情况下这个公式都可以代替广义需求函数，但上面这个三元方程在许多情况下都是一个合理的消费需求模型。

2.1.2 直接需求函数：$Q_d = f(P)$

在一段时间里，将所有其他影响需求的因素都保持不变，只研究价格与需求量的关系，所得到的函数叫作**直接需求函数**（direct demand function）。对同种商品的不同价格，需求函数给出其他因素保持不变的情况下，消费者所愿意并且能够购买的商品的数量。对特定需求函数，保持不变的其他因素是指除价格以外影响需求的其他五个变量。需求函数可以被表示为方程式、表或是曲线。

直接需求函数的最一般形式可以用如下方程表示：

$$Q_d = f(P)$$

它意味着需求是商品价格的函数（或者说，是由商品的价格所决定的），当其他的影响因素都保持不变时，推导直接需求函数时，将商品价格作为影响广义需求的六个因素中唯一的可变量得出。例如使用三元方程：

$$Q_d = f(P,\ \overline{M},\ \overline{P}_R) = f(P)$$

字母上方的横线代表无论商品的价格如何变动，该字母将取定值。

关 系

直接需求函数（也称“需求”）将需求量表达为仅由商品的价格决定的函数。需求函数 $Q_d = f(P)$，无论是表示为方程的形式，还是表示为表格或是曲线，都是在保持消费者数量、消费者偏好、产品的预期价格等其他因素不变的情况下得到的在任意价位上需求量的对应值。需求函数是通过广义需求函数中除价格以外，保持其他因素不变而得到的。

下面来说明从广义需求函数推导出直接需求函数的过程。假设需求函数是：

$$Q_d = 3\,200 - 10P + 0.05M - 24P_R$$

为了推导出函数 $Q_d = f(P)$，变量 P_R，M 必须要取定值。假设消费者的收入是 60 000 美元，相关产品的价格是 200 美元。为了得到需求函数，用定值替代这些变量 M 和 P_R 得到，

$$Q_d = 3\,200 - 10P + 0.05 \times 60\,000 - 24 \times 200 = 3\,200 - 10P + 3\,000 - 4\,800 = 1\,400 - 10P$$

这样直接需求函数就表示为线性方程 $Q_d = 1\,400 - 10P$，截距参数 1 400 代表着当价格为零时消费者的需求量。这个需求函数的斜率参数（$= \Delta Q_d / \Delta P$）是 -10，表示价格每上升 1 美元会引起需求下降 10 单位。尽管并非所有的需求函数都是线性的，在后文中你将会发现，在分析和预测需求量时，线性的需求函数是一种常用的形式。

上面的线性方程满足了需求定义中的所有条件。除了产品价格外，所有的相关因素都被保持在某一个定值上。收入为 60 000 美元，而相关的产品价格为 200 美元。在任意一个价位上，这个方程都给出了消费者在那个价位所愿意并且能够购买的产品的数量。例如，假设价格为 60 美元，

$$Q_d = 1\,400 - (10 \times 60) = 800$$

而假设价格为 40 美元，

$$Q_d = 1\,400 - (10 \times 40) = 1\,000$$

需求表（demand schedule）描述的是一段时期的一系列价格与需求量，它仍旧是在保持除价格外的所有因素不变的条件下得出的。如表 2-2 所示，7 种价格以及从方程中推算出的、与之相对应的需求量被列入了表中。

表 2-2　需求函数 $D_0(Q_d = 1\,400 - 10P)$ 的需求表

价格（美元）	需求量	价格（美元）	需求量
140	0	60	800
120	200	40	1 000
100	400	20	1 200
80	600		

正如上文所说的，最后一种描述需求量与产品价格关系的方法是曲线。用曲线表示的需求函数叫作**需求曲线**（demand curve）。以表 2-2 中一一对应的 7 组价格与需求量数据为坐标画图，并且把这些点用直线 D_0 连接起来，得到了图 2-1。它就是与需求方程 $Q_d=f(P)$ 相对应的需求曲线。这条曲线完全满足关于需求函数的定义。除了价格外，所有的相关变量都取一定值。对应于任何一个价格数值（在纵轴上），需求量都有某一数值与之相对应（在横轴上）。

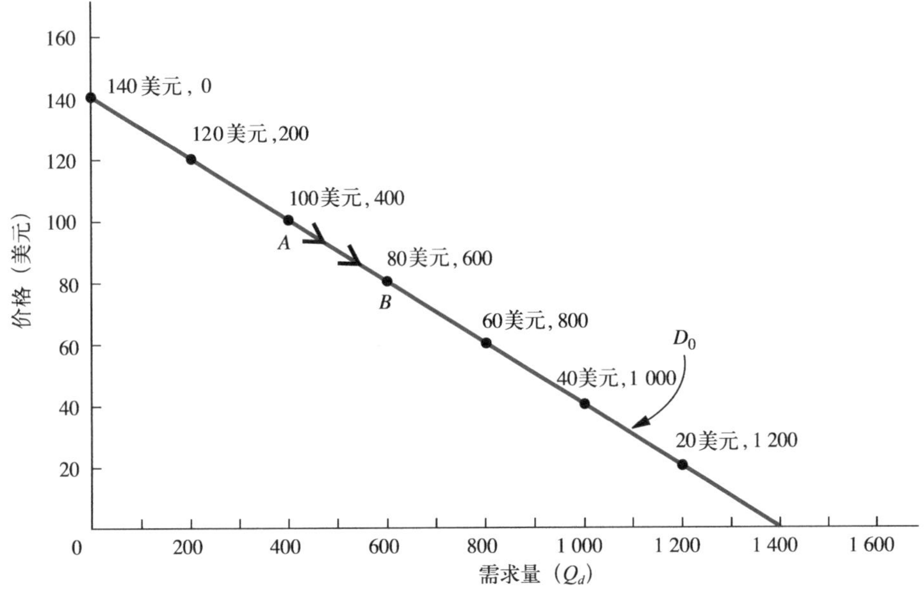

图 2-1　需求曲线（$Q_d = 1\,400 - 10P$）

注意，对应于 $Q_d = 1\,400 - 10P$ 的需求曲线，自变量 P 被画在纵轴上，而因变量 Q_d 被画在横轴上。你可能会想起高中几何课中的惯例是把因变量（Q_d）放到竖轴上，自变量（P）放到横轴上。然而一个多世纪以前，著名的经济学家、一本具有影响力的经济学教材的作者阿尔弗雷德·马歇尔（Alfred Marshall）决定挑战这一传统，将所有与货币有关的变量，如价格、收入和成本，都放到竖轴上去。这一转换已经成为经济学家中的传统。这里我们提及坐标轴的转换是为了确保你不会因为这个转变而困扰，这也是本书中我们唯一提及的微不足道的事。

2.1.3　逆需求函数：$P = f(Q_d)$

有时，将价格表达为需求数量的函数非常有用。这种需求形式叫作**逆需求函数**（inverse demand function），又称需求反函数，因为是直接需求函数的反函数。例如，在图 2-1 中，D_0 的

直接需求方程为：$Q_d=1\ 400-10P$。解出关于 P 的需求反函数方程：$P=140-1/10(Q_d)$。㊀

通过以上转换 Q_d 和 P 的坐标轴，图 2-1 中的需求曲线，在数学上便是需求反函数方程。图中纵轴截距为 140，表明当产品价格达到 140 美元时（通常称为“截止”价格），消费者的需求量将为零。水平截距为 1 400，表明当产品免费赠送时（$P=0$），消费者所愿意取得的产品的最大量。这条曲线所示的斜率为 -1/10，表示当需求量上升 1 个单位时，价格会下降 1 美元的 1/10（10 美分）。如图 2-1 所示，这一反需求导致的价格 - 数量组合与直接需求方程 $Q_d=1\ 400-10P$ 是一致的。换言之，在表 2-2 中表示的需求关系与直接需求方程或反需求方程所描述的是一致的。

尽管，通常解释需求时，需求函数常常代表着消费者在某一价格下所愿意并能够购买的数目，但有时管理者和市场分析员们常常希望得到在一定的产量下，他们所能够制定的最高的价格。研究结果表明，在需求曲线上的每个点，可以有两种解释的方法：①在某一价格下消费者所愿意购买的最大产品量；②在一定购买量下，消费者所愿意支付的最高价格。例如，图 2-1 需求曲线上的点 A（100 美元，400）。当商品的价格定为 100 美元时，消费者所愿意购买的最大量为 400；同样，若厂商想要卖出 400 件产品，他们所能够制定的产品的最高价为 100 美元。有时 100 美元被称为 400 件产品的需求价格。对水平轴上的每个需求量，任何一个对应的价格都可称为**需求价格**（demand price）。于是，需求反函数给出了任意特定数量产品或服务时的供给价格。随后，在 2.4 节中，我们会解释为什么供给价格也可以被当成任意特定数量的产品的经济价值，从本章中你会知道，需求价格是消费者愿意为产品支付的最高价格。

2.1.4 沿着需求曲线的移动

再进一步研究，在考虑与需求量有关的其他变量的变化之前，我们需要再一次强调需求量与产品价格之间的关系，如这一章的前一部分所论述的那样。在需求方程中，关于价格的参数取的是负值。在需求表中，价格与需求量之间是一种负相关关系，用图表示时，需求曲线是向下倾斜的。这种负相关关系的存在相当普遍，经济学家们称为**需求法则**（law of demand）。需求法则指出当价格下降时，需求量将上扬；当价格上扬时，需求量将下降。

经济学家们将价格与需求量之间的这种相互抵制的关系视为一种法则，并不仅仅是因为这种关系是由数学上证明了的，而且在现实生活中，也没有发现过与之相违背的例子。如果你怀疑需求法则的可信性，那么考虑以下情况。假想是否存在着一种商品或服务，当它的价格上扬而其他条件都不发生变化时，你会增大对它的购买量。或者你可以设想某人到食品店去，希望能够以 2.5 美元的价格买到 6 箱百事可乐；而当他注意到可乐的价格是 5 美元时，他决定多买 2 ～ 3 倍的可乐。大家也从来没有见过，当厂商们希望增加销售或者出清存货时会提高产品的价格。

一旦从广义需求函数中推导出直接需求函数 $Q_d=f(P)$ 时，只有产品的价格能够导致**需求量变化**（change in quantity demanded）。在任意特定的需求函数中，在广义需求函数中出现的其他五个变量（M、P_R、$\mathscr{T}$、P_E、N）都取某一定值。价格的变化表现为沿某一特定的需求曲线上的点的移动。在图 2-1 中，如果价格从 100 美元降至 80 美元（其他的因素保持不变），那么需求量将从 400 上升至 600，这一变化可表示为需求曲线上从点 A 到点 B 的运动。

关 系

对需求函数 $Q_d=f(P)$ 来说，价格的变化将导致需求量的变化。其他五个影响广义需求量的因素（M，P_R，$\mathscr{T}$，P_E，N）在任意特定需求方程中都被取以某一定值。在图示中，这种价格的变化，将表示为一点沿着需求曲线从某一价格运动至另一价格。

㊀ 回忆高中代数中，一个函数 $Y=f(X)$ 的“反函数”是关于 Y 是 X 函数 $Y=g(X)$，同一对 X 和 Y 既满足 $Y=f(X)$ 又满足 $Y=g(X)$。换言之，两个方程表明了 X 和 Y 同样的关系。例如，对方程 $Y=10+2X$ 而言，反函数 $X=0.5Y-5$ 是通过代数运算将 X 用 Y 表示。

2.1.5　需求曲线的移动

当广义需求函数推导出直接需求函数的五个固定变量中，任意一个变量发生变化时，一个新的需求函数将会产生，导致整个需求曲线移动到某一新位置。为说明这一极其重要的概念，我们将展示由于这五个变量中的某一个产生变化而对需求曲线造成的影响。

我们仍旧使用表 2-2 中的数据，而这些数据又组成了表 2-3 中的（1）、（2）两列。在此研究那些保持广义需求函数中其他五个变量不变的条件下，所得到的对应于不同的产品价格的需求数量，如果收入从 60 000 美元上升至 64 000 美元，如第（3）列中所示，对应于任意价格的需求量都将增大。例如，当产品的单价为 60 美元时，收入为 60 000 美元时，消费者将会购买 800 件产品，收入为 64 000 美元时，消费者将会购买 1 000 件商品。在图 2-2 中，D_0 是对应于 60 000 美元收入的需求曲线，而 D_1 是对应于 64 000 美元收入的需求曲线。由于在任意的物价水平上，收入的上升都会引起需求量的上扬，在图 2-2 中，需求曲线将从 D_0 右移至 D_1。在同等价格下，D_1 上的任何一点取值都大于 D_0 上的对应点。需求函数的这一变化被称作**需求上升**（increase in demand）。

表 2-3　三种情况的需求表

（1） 价格（美元）	（2） D_0: $Q_d = 1\,400 - 10P$ 需求量 （M = 60 000 美元）	（3） D_1: $Q_d = 1\,600 - 10P$ 需求量 （M = 64 000 美元）	（4） D_2: $Q_d = 1\,000 - 10P$ 需求量 （M = 52 000 美元）
140	0	200	0
120	200	400	0
100	400	600	0
80	600	800	200
60	800	1 000	400
40	1 000	1 200	600
20	1 200	1 400	800

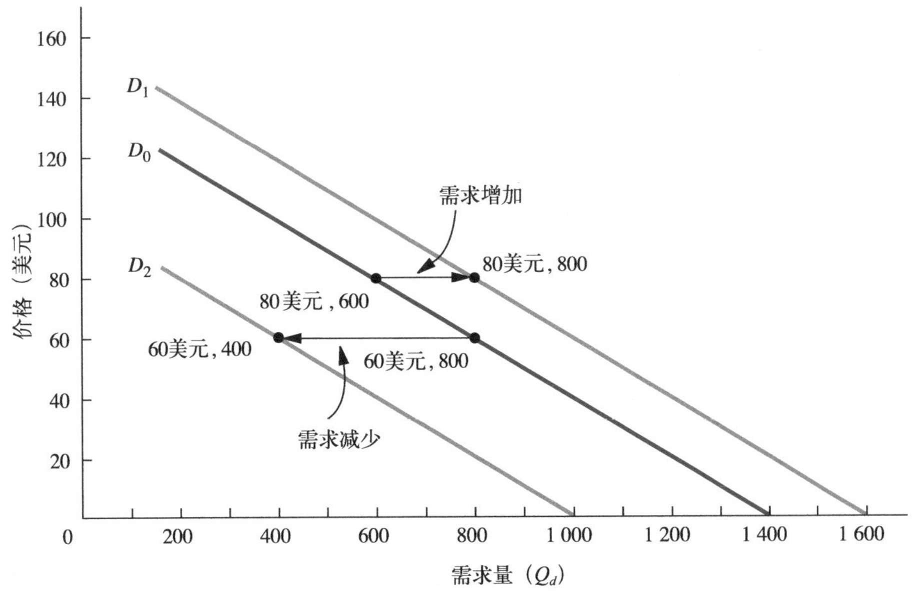

图 2-2　需求曲线的移动

当 M、P_R、$\mathcal{T}$、P_E、N 中任一个或多个变量的变化引起需求量在同等价格水平上产生下降时，需求曲线将移向左方，这种变化被称作**需求下降**（decrease in demand）。表 2-3 中的第（4）列说明了当收入降至 52 000 美元时，需求量的下降。在任意价格下，表 2-3 第（4）列中的数值都小于收入水平为 60 000 美元或 64 000 美元（表 2-3 的第（2）列和第（3）列）时的数值。因而图 2-2 中对应于 52 000 美元收入的需求曲线 D_2 在 D_0、D_1 的左方。

我们已经解释了收入变化会对需求函数产生的影响。在广义需求函数中除价格以外，任一个变量的变化都会导致一个新的需求函数的产生，同时使需求曲线发生移动。这五个变量——M、P_R、$\mathcal{T}$、P_E、N 被称作**需求函数的决定因素**（determinants of demand）。因为它们决定了需求曲线的位置。当这五个影响需求函数的变量中任一个或多个发生变化时，就会发生**需求变化**（change in demand）。称 M、P_R、$\mathcal{T}$、P_E、N 为可以改变需求的变量，它们可以影响需求曲线移动。

关系

需求的增加意味着在任意的价格下，需求量增大了，需求下降意味着在任意的价格水平下，需求量下降了。需求函数在影响需求的五个因素中的一个或多个发生变化时，就会随之发生变化。这些影响需求函数的因素是：收入水平、相关产品的价格、预期价格、消费者偏好、市场中的消费者数量。

图 2-2 中的需求曲线的移动，是由广义需求函数经过数学推导得到的。回想需求函数 $D_0(Q_d = 1\,400 - 10P)$ 从广义需求函数中推导的过程。

$$Q_d = 3\,200 - 10P + 0.05M - 24P_R$$

收入和价格被保持在 $M = 60\,000$ 美元，$P_R = 200$ 美元的水平上。当收入从 60 000 美元上升至 64 000 美元时，在这个更高的收入水平上，将 64 000 美元代入广义需求函数中并且求解，得到了新的需求函数：

$$D_1\text{: } Q_d = 3\,200 - 10P + (0.05 \times 64\,000) - 4\,800 = 1\,600 - 10P$$

在图 2-2 中，这个需求函数用需求曲线 D_1 表示。在任意的价格，需求量上升了 200(1 600=1 400+200)。表 2-3 中第（3）列的每个数值都是从新的需求函数 $Q_d = 1\,600 - 10P$ 中计算得到的。你会发现，相对第（2）列中的数据来说，第（3）列中每个相对应的数据都是由此加上 200 所得到的。这样，收入的增加就造成了需求量的上升。当收入从 60 000 美元降至 52 000 美元时，需求曲线从 D_0 移至 D_2。我们将对应于 D_2 的需求函数的推导，留给读者自行完成。其过程和上文中的推导过程一样。

从前面的文章中，你也许已经注意到，对应于五个决定需求函数的变量的变化，需求曲线的移动方向是由需求函数中这个变量前面的斜率倒数的正负号所决定的。收入水平的上升将导致对任何价格下的需求量上升。因为需求量对收入水平的偏导数 $\Delta Q_d/\Delta M(= +0.05)$ 是正值。它表明对应于收入每上升 1 美元，将导致在任意的价格水平上需求量都将上升 0.05 个单位。由于在这个例子中收入上升了 4 000 美元，需求量因而上升 200 个单位（$= 4\,000 \times 0.05$）。这样在广义需求函数中，当斜率参数 M 为正值时，收入的增加将导致需求量的上升。在前面我们已经解释过，在广义需求函数中，当收入水平与需求量之间是正相关的关系时，我们称这种商品为正常品；当参数 M 为负值时，收入的上升将造成需求量的下降，我们称此类商品为低档品。[⊖]表 2-4 总结了当需求的决定因素中的某一个变化时，斜率参数和需求曲线移动方向之间的关系。

⊖ 收入的变化影响需求数量只有在一般需求函数中才正确。当通过收入不变推导的需求函数，在收入的变化导致需求变化（需求曲线移动），而不是需求数量的变化。这一问题同样适用于需求的其他参数 P_R、$\mathcal{T}$、P_E 和 N。

表 2-4 需求移动

需求决定因素		需求增加①	需求减少②	斜率参数的符号③
1.	收入（M）			
	正常品	M增加	M减少	$c>0$
	低档品	M减少	M增加	$c<0$
2.	相关产品价格（P_R）			
	替代品	P_R增加	P_R减少	$d>0$
	互补品	P_R减少	P_R增加	$d<0$
3.	消费者偏好（$\mathcal{T}$）	$\mathcal{T}$增加	$\mathcal{T}$减少	$e>0$
4.	预期价格（P_E）	P_E增加	P_E减少	$f>0$
5.	消费者数量（N）	N增加	N减少	$g>0$

①当需求曲线向右移动时，需求增加。
②当需求曲线向左移动时，需求减少。
③这一列给出了广义需求函数中相应的斜率参数的符号。

从前面的讨论和图 2-2 中，你可能也注意到我们的需求曲线彼此平行移动。这种需求的平移完全是我们用线性广义需求函数演示需求曲线的结果。在第 2.2 节中，你会看到线性供给曲线导致供给的平行移动。在现实世界里，需求和供给曲线很少是完美的线性，而且移动起来也很少平行。但是，线性曲线和平移为学习基本的需求和供给分析提供了最简单的途径。并且在很多时候，实际的曲线可能很接近线性函数。然而，我们必须告诫你，如果你绘制不平行的需求（或供给）平移，新的需求曲线（或供给曲线）一定不能与原曲线相交。为了说明原因，假设在图 2-2 中我们误将 D_1 与 D_0 相交在 100 美元（图中没有显示）。那么，D_1 与 D_0 相比，价格高于 100 美元时需求增加，低于 100 美元时需求减少。两条需求曲线相比，在每一价格下，需求数量必须要么更多，要么更少，很显然，相交就无法表达需求的增加或减少（见专栏 2-1）。

◇专栏 2-1

需求决定因素变化的影响

本章中需求的很多讨论都是关注需求决定因素的变化，或者需求的移动，对需求函数的影响，进而对价格与销量的影响。一些现实的例子可以说明并强化这一理论分析。

收入（M）变化

随着中国经济的发展，个人收入也快速增长。美国和欧洲公司趁机大量向中国出售正常品（像吸尘器、手机、软饮料和白兰地）。中国的收入增加如此巨大，甚至奢侈品（如法式庄园、家庭影院、奔驰轿车、路易威登手袋和卡地亚珠宝）的需求也很旺盛。中国占据世界 12% 的奢侈品需求，只要中国的个人收入以目前 9% 的速度增长，不久将超越美国和日本，成为世界最大的奢侈品市场。

相关品价格变化（P_R）

全球范围的新车降价，减少了对二手车的需求。例如在南非，二手车业经历了需求的剧减。Bruno Banco 是南非一家独立车行的经理，他抱怨像起亚和大发这样的低价进口轿车。实际上，在全世界所有品牌和型号的新车在过去两年中都降价了，因为车商向新车购买者提供的各种鼓励措施，有效降低了新车价格。正如我们本章中展示的，在其他条件不变的前提下，替代品价格的降低会导致某种商品的需求减少。因为二手车是新车的替代品，无疑新车价格的降低会削减二手车的需求，因为消费者会被更低价的新车吸引。

消费者偏好的变化（$\mathscr{T}$）

技术的突破，特别是消费电子领域的进步，使消费者的偏好发生了很大的变化，造成了对“老”技术产品的需求枯竭，对“新”技术产品的需求不断增加。在一个消费者偏好逆转到“老”技术产品的罕见案例中，2014 年消费者对黑胶唱片专辑的需求急剧增加。[⊖]美国较年轻的音乐消费者，现在想要通过“把唱针放到声槽”(黑胶唱片机)，来获得卓越的音频质量，这种质量是数字音乐所无法复制的。这种现象现在已经在听老披头士专辑的发烧友之外蔓延开来。现在，年轻的音乐迷，尤其是独立摇滚迷，需求更多的新老艺术家的黑胶唱片。2014 年黑胶烯唱片的销量增长了近 50%。这种因为越来越多消费者偏好的变化，而造成的对“老”技术产品需求的增加对于音乐市场的总需求来说，仍然只占了较小的一个份额。至少在数字音乐成为一种“旧”技术，然后消费者口味再次改变之前，数字音乐的便利性确保了它的主导地位。

预期价格的变化（P_E）

对于那些消费者可以推迟购买的商品和服务来说，当前的需求会受到消费者对未来价格预期的影响。房地产市场是未来价格预期决定当前需求非常好的例子。在佛罗里达州房屋价格崩溃的早期，房屋销售公司发现虽然房屋价格正在下降，但房子还是很难卖出去。潜在买家发现房屋价格下降以后，期待如果他们推迟购买房屋，房子价格会更低。Jack Fess 是佛罗里达州一个大型住宅开发商的销售经理，他是这么概括这一问题的：“当你不得不告诉买家‘你最好今天就买下这个房子，如果再等下去，房价会继续下降’，那么，想要出售一套新房子将是非常困难的。”[⊖]随着房屋价格的不断下降，最终会降到一个点，买家认为价格不会再降了，这样一来，房屋价格下降的预期就不会再把房屋需求曲线向左推移。

购买者数量的变化（N）

随着美国老年人口比例的增加，需要医疗服务的人群急速增加，使每种医疗服务的需求曲线都向右推移。人口统计学家很早就预测现在老年病人数量的增多，这是第二次世界大战后生育高峰造成的不可避免的影响。

这个专栏给了你一些概念，需求决定因素的变化实际上是改变了对产品和服务的需求，进而影响了商品的价格和销量。同时也给了你一个视角，观察管理者在处理组织未来目标时是如何来预测和响应这些变化的。

2.2 供给

在一定时间内（一周、一年，等等），投入市场用于销售的产品或服务的总量叫作**供给量**（quantity supplied）。我们用符号 Q_s 表示它。

决定商品或服务供给量的变量的数目也很多。如同在研究需求函数时，经济学家们忽视那些相对次要的因素，以便更加突出对需求量造成巨大影响的因素一样，经济学家们假设商品或是服务的供给量是由六个因素决定的：

（1）产品自身的价格；
（2）用于生产此种产品而投入的其他产品的价格；
（3）生产中相关产品的价格；
（4）可获得的技术水平；
（5）生产者们对产品未来价值的预期；
（6）市场中生产此种产品厂商的数目。

⊖ Personal conversation with Jack Fess, July 1, 2007

⊖ Neil Shah, “The Biggest Music Comeback of 2014: Vinyl Records,” *The Wall Street Journal*, December 11, 2014, p. B1.

2.2.1 广义供给函数：$Q_s=f(P, P_I, P_r, T, P_e, F)$

广义供给函数（general supply function）体现了所有这六个因素是如何决定供给量的。广义供给函数的数学表达式是

$$Q_s=f(P, P_I, P_r, T, P_e, F)$$

产品或服务的供给量（Q_s）并不是由产品或是服务的价格（P）所单独决定的。其他的因素还有：所投入用于生产的原材料的价格（P_I）；在生产中相关产品的价格（P_r）；可以获得的技术水平（T）；对产品的预期价格（P_e）；厂商的数目或者是行业内生产能力（F）。

下面我们逐一考虑这六个变量与产品或者服务的供给量的关系。我们首先讨论当保持其他因素不变时，产品价格的变化对产品供给量所产生的影响。通常，产品的价格升高，其他的条件不变，厂商所愿意提供的产品或服务的数量就增大。相反，价格降低，厂商所愿意提供的产品或服务的数目就会减少。厂商是受到升高的价格的吸引而去提高产量，或者说下降的价格打击了厂商的生产积极性。这样，通常来说，产品或服务的价格与供给量之间是正相关的关系。

一种或是多种用于生产此种产品的原材料的价格上升，显然会提高此种产品的生产成本。当成本上升时，商品的营利性就会下降，厂商们所愿意提供的产品的数量也就会下降。相反，一种或是多种用于投入生产的原材料的价格下降，就会降低此种产品的成本，当成本下降时，产品的营利性就会增强，厂商们在同等的价格下也就愿意生产更多的产品。所以，投入原材料价格的上升会引起产量的下降，当投入原材料的价格下降时，产量就会上升。

生产过程中相关产品价格的变化，会对此类产品的供给量产生两种不同的影响。这是由这两种产品的相互关系所决定的。要看它们是替代性产品还是互补性产品。当商品 X 的价格相对于商品 Y 上升时，厂商们会增加 X 的产量而降低 Y 的产量，那么此两种商品就是**生产中的替代产品**（substitute in production）。例如，当玉米价格上升而小麦的价格保持不变时，许多农场主就会由种植小麦转向种植玉米，这样小麦的供给量就会下降。对产品生产者来说，当一种相关产品的价格上升时，厂商们就会将资源转而投向这种产品的生产中去。而对产品 X 和 Y 来说，当提高商品 X 的价格会导致 Y 的供给量上升时，这两种产品就是**生产中的互补产品**（complement in production）。例如，石油和天然气的开采通常是在同一处进行的，它们常常是互为副产品。当石油的价格上升时，采油公司就会增大对石油的开采量，这样天然气的开采量也会增加。另一个互相依存型产品的例子是铜矿和镍矿（它们通常是伴生在同一地点），牛肉和牛皮，熏猪肉和猪排。

然后我们来研究可获得技术水平对产出的影响。所谓**技术**（technology），就是将资源转化为商品或服务的方法。技术水平的上升，通常会导致生产产品的一种或多种投入要素会产出更多。就像我们将在第 8 章和第 9 章向你介绍的，增加生产力，会在同样的要素投入基础上生产更多的产品，或者用更少的要素投入生产同样多的产品。在两种情形下，当企业使用先进的技术，在给定产量时生产的成本降低了。当其他条件不变时，先进的技术会降低生产成本，增加利润，增加向市场的供给量。即使衡量技术水平将是十分复杂而难以进行的，你也将看到由于技术进步所带来的低成本导致了市场上商品的增加。

企业关于产量的决策，不仅是基于产品在市场中的现有价格，而且取决于企业对产品未来价格的预期。当企业预测它们所生产的某种产品的价格将会上升时，它们就会持有一定数量的产品。因而，在当期市场中，此类产品的供给量会下降。

最后，当市场中同类企业的数目上升时，在任意的价格，将会有更多商品或服务被投入市场。比如，当更多的航空公司提供纽约和中国香港之间航线的服务，或者现有航空公司通过增加这条航线的飞机数量而有更多的乘客运送能力，都会使这条航线的供给增加。相反，当市场中企业的数目下降，或者现有企业生产能力的下降，而其他的因素都保持不变时，市场中此类产品的供给量就会下降。正如另一个例子，假设佛罗里达的一场霜冻毁坏了一些柑橘树的生长，进而减少了供给数量，或者柑橘树的数量没有变化，但每棵柑橘树部分受到损害，进而减

少了产量，在任何一种情况下，水果的供给减少。这样，这个行业内企业的数量变化或者行业的生产能力变化，都用供给函数中 F 的变化来表示。

正如研究需求一样，经济学家们经常发现下面的广义供给函数表达式是很有用的：

$$Q_s = h + kP + lP_I + mP_r + nT + rP_e + sF$$

式中，Q_s、P、P_I、P_r、T、P_e 的定义如上文；h 是截距参数；k、l、m、n、r、s 是斜率参数。表 2-5 总结了关于广义供给函数的讨论。每个影响供给量的因素与供给量的关系都被列入表中。下面我们像研究需求函数一样，在保持其他的因素不变的情况下讨论这些关系。

表 2-5 广义（线性）供给函数总结（$Q_s = h + kP + lP_I + mP_r + nT + rP_e + sF$）

变量	与供给量的关系	斜率参数的符号
P	正相关	$k = \Delta Q_s/\Delta P$ 为正
P_I	负相关	$l = \Delta Q_s/\Delta P_I$ 为负
P_r	对于生产中的替代品（小麦和玉米）负相关	$m = \Delta Q_s/\Delta P_r$ 为负
	对于生产中的互补品（石油和天然气）正相关	$m = \Delta Q_s/\Delta P_r$ 为正
T	正相关	$n = \Delta Q_s/\Delta T$ 为正
P_e	负相关	$r = \Delta Q_s/\Delta P_e$ 为负
F	正相关	$s = \Delta Q_s/\Delta F$ 为正

2.2.2 直接供给函数：$Q_s = f(P)$

如同我们从广义需求函数中推导需求函数一样，我们将从广义供给函数中求出**直接供给函数**（direct supply function）。直接供给函数（简称“供给”）是在保持**供给决定因素**（determinants of supply）(P_I，P_r，T，P_e，F）不变的情况下所得出的供给量与价格的关系：

$$Q_s = f(P,\ \overline{P}_I,\ \overline{P}_r,\ \overline{T},\ \overline{P}_e,\ \overline{F}) = f(P)$$

字母上方横线表示这些因素保持恒定。一旦我们从广义供给函数中得到了供给函数，价格就成为决定**供给量变化**（change in quantity supplied）的唯一因素。

关 系

直接供给函数将供给量表示为以价格为自变量的一元函数：$Q_s = g(P)$。供给函数在保持其他条件不变的情况下（投入要素价格不变，技术不变，生产中相关产品价格不变，预期价格不变，行业内企业数不变），给出了对应于不同价格的供给量。

下面我们来说明供给函数是如何从广义供给函数推导得出的。假设广义供给函数是

$$Q_s = 100 + 20P - 10P_I + 20F$$

技术水平、相关产品的价格、产品的预期价格在这个公式中都被忽略了，以简化运算。假设某种重要原材料的价格为 100 美元，并且现在有 25 家厂商在生产同类产品。我们将 P_I、F 以固定值代入广义供给函数

$$Q_s = 100 + 20P - 10 \times 100 + 20 \times 25 = -400 + 20P$$

在其他影响供给的变量保持不变的情况下，我们得到了一个线性函数，给出了对应于不同价格的商品供给量。例如，当产品的价格为 40 美元时：

$$Q_s = -400 + 20 \times 40 = 400$$

当价格为 100 美元时：

$$Q_s = -400 + 20 \times 100 = 1\ 600$$

供给表（supply schedule）以表格的形式给出一系列可能的价格和与之相对应的供给量，此

时除价格外，其余变量保持不变。表 2-6 显示了 7 种价格以及与之相对应的不同供给量。如上文所示，每一组数据都是由供给函数 $Q_s = -400 + 20P$（在广义供给函数中，设 $P_I = 100$ 美元，$F = 25$）得到的。图 2-3 描绘了与这个供给函数相对应的**供给曲线**（supply curve）。

表 2-6　供给函数 $S_0(Q_s = -400 + 20P)$ 的供给

价格（美元）	供给量	价格（美元）	供给量
140	2 400	60	800
120	2 000	40	400
100	1 600	20	0
80	1 200		

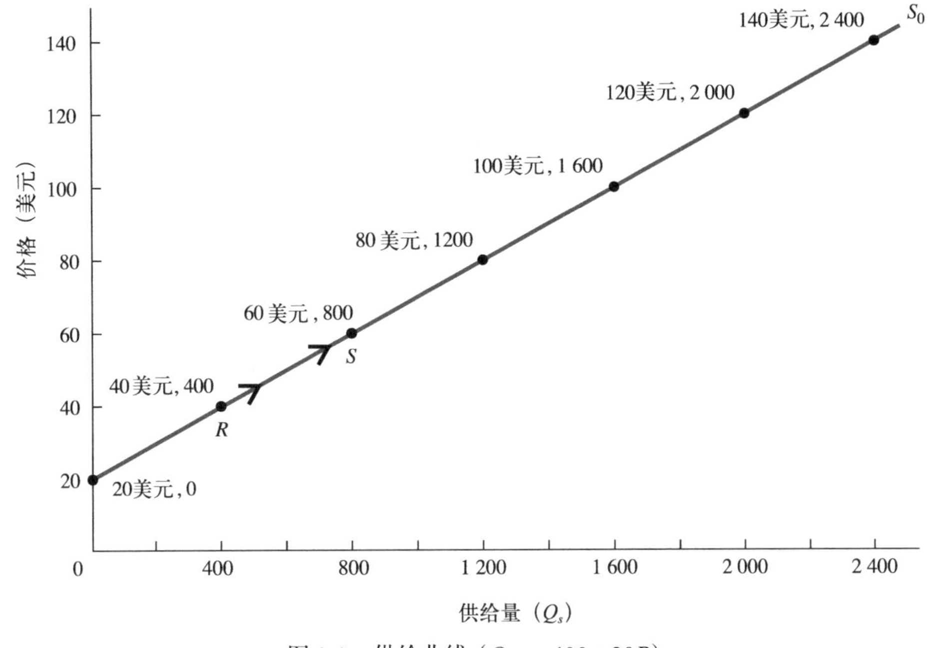

图 2-3　供给曲线（$Q_s = -400 + 20P$）

2.2.3　逆供给函数：$P = f(Q_s)$

在图 2-3 中，如同需求曲线一样，价格被描绘在纵轴上，而供给量被描绘在横轴上。这样图中曲线所表示的方程就是由原方程转置后得到的**逆供给函数**（inverse supply function，也称供给反函数）：$P = 20 + 1/20Q$。这个方程的斜率是 $\Delta P/\Delta Q_s$，即 1/20。也就是斜率参数 $K(= \Delta Q_s/\Delta P)$ 的倒数。

也许你会认为，在图 2-3 中厂商愿意提供产品的最低价格为 20 美元。从数学上来说，我们认为供给方程所描绘的供给函数只有在 20 美元至更大的范围内才是有效的（$P \geqslant 20$ 美元）。在以后的章节中，我们将进一步分析如何得到厂商的生产下限。

对应于供给曲线上的任何一组特殊的价格与供给量来说，存在着两种等效的解释方法。在供给表中的每一点表示着：①在某一特定的价格下厂商所愿意提供的最大的产品或服务量。②为了使厂商愿意提供该数量的商品或是服务，所要提供的最低价格。这个最低价格有时候被称为在此产量下的**供给价格**（supply price）。

对于供给函数来说，一旦一个供给方程被从广义供给函数中导出，供给量变化就由商品的价格所唯一决定。供给价格的变化表示供给量沿着供给曲线的移动。我们来看一下图 2-3 中的

供给曲线 S_0，当商品的价格由 40 美元上升至 60 美元时，商品的供给量也将由 400 上升至 800，对应在供给曲线 S_0 上就是从点 R 移到点 S。

关 系

对供给函数 $Q_s=g(P)$ 来说，价格的变化将引起供给数量的变化。在某一特定的供给函数中，广义供给函数中出现的其他五个因素（P_I、P_r、T、P_e、F）取定值。在图中，价格的变化将引起沿供给曲线从某一价位向另一价位的移动。

2.2.4 供给曲线的移动

正如我们将因为价格变化所引起的需求量的变化，与需求曲线移动造成的变化区分开来一样，我们也将区分不同因素造成的供给量的变化。当影响供给函数的五个因素（P_I、P_r、T、P_e、F）发生变化时，供给曲线就发生移动。例如，生产同类产品的厂商数目增加，会引起在任意价格下供给量的上升，即供给曲线的右移。我们称这种情况为**供给增加**（increase in supply）。当同一市场中生产此类产品的厂商的数目下降时，对应于任意价格产品的供给量都会下降。这时我们称**供给减少**（decrease in supply），供给曲线将会左移。我们将通过广义供给函数，检验各供给函数决定因素变化对供给曲线所造成的影响。

表 2-6 构成表 2-7 中的前两列。当原材料的价格跌至 60 美元时，新的供给函数是 $Q_s=20P$，对应于成本下降后，供给函数的供给曲线是 S_1，在任意的价格下，曲线 S_1 都在 S_0 的右方。这样 P_I 的下降造成了供给曲线右移，即供给增加。为了说明供给下降，假设原材料的价格保持在 100 美元不变，但是生产同类产品的厂商的数目下降至 10 家，现在的供给函数是 $Q_s=-700+20P$，我们可以看到就像表 2-7 第（4）列中所示的那样，在任意的价格下供给量都减少了。图 2-4 中的新供给曲线 S_2 就位于 S_0 的左方。可见，厂家数目的下降使供给减少，供给曲线左移了。你可以认为 P_I、P_r、T、P_e 和 F 是“导致供给移动的”五个变量。表 2-8 对供给曲线移动的讨论做了总结。

表 2-7 三种情况下的供给

（1） 价格（美元）	（2） S_0 供给量 $Q_s=-400+20P$ （$P_I=100$ 美元，$F=25$）	（3） S_1 供给量 $Q_s=20P$ （$P_I=60$ 美元，$F=25$）	（4） S_2 供给量 $Q_s=-700+20P$ （$P_I=100$ 美元，$F=10$）
140	2 400	2 800	2 100
120	2 000	2 400	1 700
100	1 600	2 000	1 300
80	1 200	1 600	900
60	800	1 200	500
40	400	800	100
20	0	400	0

关 系

供给量上升，意味着以任意的价格厂商愿意提供更多的商品；供给量下降，意味着在任意价格下，厂商愿意提供商品的数目下降。决定供给函数的因素，包括原材料价格、相关产品价格、产品的预期价格、生产同类产品的厂商的数目。

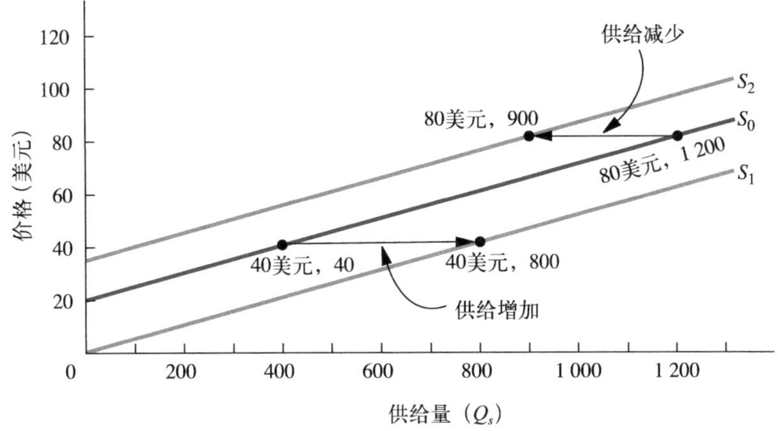

图 2-4　供给曲线的移动

表 2-8　供给曲线移动

供给的决定因素	供给增加[①]	供给减少[②]	斜率参数符号[③]
1. 要素价格	P_I 减少	P_I 增加	$l<0$
2. 生产中相关品的价格			
替代品	P_r 减少	P_r 增加	$m<0$
互补品	P_r 增加	P_r 减少	$m>0$
3. 技术状况	T 增加	T 减少	$n>0$
4. 预期价格	P_e 减少	P_e 增加	$r<0$
5. 行业中企业的数量	F 增加	F 减少	$s>0$

①当供给曲线向右移动时供给增加。
②当供给曲线向左移动时供给减少。
③这一列给出了广义供给函数中相应的斜率参数的符号。

◇专栏 2-2

供给决定因素变化的影响

在这个专栏中，我们会给出更多让供给曲线移动的因素改变的例子，都是现实市场中一些最近发生的案例。我们讨论过供给曲线的移动是如何由 5 个供给决定因素的变化所引起的：要素价格、技术、相关产品价格、产品的预期价格、生产同类产品厂商的数量，这些例子可以进一步强化我们的理论分析。永远记住，供给曲线的移动是水平方向的（而不是垂直方向）：向左移动，供给减少；向右移动，供给增加。

要素价格变动（P_I）

美国的糖果制造商正在削减其国内工厂的产量，导致在美国生产的糖果供给减少，或供给左移。美国糖果供应减少的原因，可以直接归因于联邦政府为了保护美国榨糖作物种植者的利益，而导致的食用糖价格人为提高。国会对甜菜和甘蔗种植者的保护，代表了一个特别的例子：一个利益集团在牺牲公众利益的前提下，从政府的监管中获得很大利益。为了支撑美国的食用糖价格（比未受监管的世界市场食用糖价格贵 14%），联邦政府的政策大大提高了糖果制造商生产原料的价格。正如经济理论所预测的，糖的生产原料价格较高，让位于美国的糖果制造工厂产量的下降。毫无意外，美国公司开始在全球建立新的糖果生产工厂，特别是在不受管制能以较低价格购买食用糖的国家。正如我们在第 1 章的市场国际化讨论中所指出的，市场国际化为管理者带来的主要好处之一，就是通过从其他国家购买原材料来降低生产成本的机会。在这种情况下，糖果公司的管理者必须要把他们整个生产设施转移到国外，以获得较低的食用糖价格，不受国会当局监管。Jelly Bean 糖果有限公司总裁 Erick Atkinson 说，“这是一个耻辱，”因为曾位于得克萨斯州 Lufkin 的 60 个工作机会，现在都转移到泰国了。[⊖]

相关产品价格的变化（P_r）

当两个商品在生产过程中是相关联时——两个商品使用相同的一些重要资源进行生产——那么一个商品价格的降低，会引起另一个商品供给的左移或右移，移动方向取决于两种商品在生产中是替代（右移）关系，还是补充（左移）关系。最近的一个生产过程中替代品的例子，是玉米价格的下跌所造成的大豆供给增加。当被称为乙醇的汽油添加剂的需求急剧下降（乙醇是用玉米制造的），因为生产乙醇需要的玉米减少，造成玉米价格大幅下跌。面对玉米价格下跌，美国中西部农民就会少种植玉米，多种植其他农作物，尤其是大豆。因此，玉米价格的下跌，导致了大豆供应的增加，因为无论是玉米还是大豆，都可以在美国中西部的农田中种植，主要使用同样的农业设备和劳动力资源。在这里需要强调的是，玉米和大豆不是需求方的替代品，而是供应方的替代品，因为当玉米价格上涨时，消费者不会吃更多的大豆，而如果大豆和玉米确实是消费方替代品的话，消费者就会吃更多的大豆。

技术的变化（T）

现有技术的改进，使得至少一种要素在生产中效率更高，而这个效率的提高就会增加供应，使供给曲线右移。21 世纪最有前途的新技术之一是积层制造（AM)(如果你是一个工程师)，或者叫 3D 打印（如果你不是工程师）。积层制造从计算机辅助设计（CAD）文件开始，该文件包含所需组件的三维工程设计信息。然后 AM 设备根据 CAD 文件，通过沉积和粘接连续的材料层（通常是砂、塑料、金属或玻璃），来构造出设计组件的实物，从而生产出一个功能齐全和耐用的组件。AM 技术在制造业有成千上万的应用，为从航空航天、飞机、汽车，到工业设备、医疗设备和玩具制造业，提供了生产零件的巨大生产力。我们预计，随着这种新的 AM 技术得到广泛应用，许多商品的供给曲线都会向右移动。

产品预期价格的变化（P_e）

对于任何特定的价格，生产者愿意供应的数量不仅取决于商品目前的价格；当前的供给也取决于生产者预期的未来价格。例如，当发生在当前时间的事件，导致某商品的销售方认为其生产商品的价格未来会增加，那么销售方就会将其一部分供给，从当前的时间段移到未来的时间段。土耳其供应了全球超过 70% 的榛子，但在 2014 年经历了一次意想不到的霜冻。霜冻导致近 30% 的土耳其榛子没有收成，榛子价格立刻翻番，因为当前榛子的供给大幅下降。据报道，2014 年榛子供应量的减少特别严重，是因为比其他年份更为严重的霜冻，2014 年的霜冻破坏了榛子作物的冬季授粉，从而会影响来年的榛子收成。[⊜]结果，全球种植榛子的农民——包括没有遭受霜冻的农民——对 2015 年榛子价格的预期都发生了改变。他们现在预计 2015 年榛子价格会高得多。种植榛子的农民对于 2015 年榛子价格预期的上调，导致许多农民把本来会在 2014 年卖出去的榛子进行库存。这种对于未来价格预期的上调，导致 2014 年的榛子供给进一步往左移动。如果农民们对于未来榛子价格的预期没有上调，那么，由于霜冻带来的榛子供给的减少就不会那么严重了。

生产同类产品厂商数量或产能的变化（F）

一个行业的公司数量或这些公司产能的任何改变，都会导致供给曲线发生相应的变化。大自然经常是商品和服务供给变化的原因。最近反常的暖冬天气，导致大西洋的大龙虾数量激增。龙虾数量的激增让龙虾的供给显著增加，供给曲线右移，因为龙虾捕捉人在他们的陷阱中

⊖ Alexandra Wexler, “Cheaper Sugar Sends Candy Makers Abroad,” *The Wall Street Journal*, October 21, 2013, p. A8.

⊜ Huileng Tan and Alexandra Wexler, “ Hazelnuts Stir Trouble in the Land of Sweets, ” *The Wall Street Journal*, December 5, 2014, p. B1.

能获得更多的龙虾。换句话说，龙虾捕捉人与诱捕龙虾的笼子（即龙虾陷阱）的数量不变，龙虾数量的增长，造成从事龙虾产业现有资源的生产能力得到了增加。

这些案例应该能加强你对供给的基本决定因素的理解，就如专栏 2-1 所给出的需求决定因素案例一样。随着你继续学习本章内容，对现实市场进行需求和供给分析的基本技能，是能够正确识别所有的能让市场价格或数量变得更高，或更低的需求和供给的决定因素。

2.3　市场均衡

需求与供给函数，提供了对市场中买者与卖者行为进行分析的框架。需求函数表现了消费者对价格变化和市场中其他能够影响消费者购买欲望和购买能力因素变化的反映。

供给函数表现出了厂商对价格变化，以及其他能够影响厂商生产量的因素变化的反应。在市场中，厂商与消费者的相互关系导致了**市场均衡**（market equilibrium）。市场均衡时，在当时的价位下，消费者将能够并且愿意买清厂商能够并且愿意生产的所有产品。换句话说，当在某一价位上，消费者所愿意并能够购买的商品量与厂商的产出量相等时，我们称之为市场均衡。均衡时，市场上此类产品的价格称为**均衡价格**（equilibrium price），此时的销售量称为**均衡产量**（equilibrium quantity）。

为了说明市场均衡是如何达到的，我们使用前面所提到的需求表和供给表。表 2-9 提供了与 D_0 对应的需求表（见表 2-2），同时还提供了与 S_0 对应的供给表（见表 2-6）。如表 2-9 所示，当价格为 60 美元时达到了均衡，此时需求量与供给量都为 800 单位。而当价格高于 60 美元时供给量会超过需求量，此时我们称之为**供过于求**（excess supply 或 surplus）。在表 2-9 的第（4）列中前三项，表现出在任何高于 60 美元时的供过于求现象。在任意的低于 60 美元的价位上，供给量都将少于需求量。当供给量少于需求量时，我们称之为**供不应求**（excess demand 或 shortage），在表 2-9 中的第（4）列的后三项，表现出在任何低于均衡价格 60 美元的价位上，供不应求的现象。在均衡时，需求超出与供给超出都将等于零。当市场均衡时，从消费者可以买到他们所需的所有商品，同时生产者可以卖出他们所生产的所有商品，也就是说，市场上的商品出清了。由于市场出清，有时候均衡时的价格又被称为**市场出清价格**（market clearing price）。

表 2-9　市场均衡

(1) 价格（美元）	(2) S_0 供给量 ($Q_s=-400+20P$)	(3) D_0 需求量 ($Q_d=1\,400-10P$)	(4) 过剩供给（+）或过剩需求（−） (Q_s-Q_d)
140	2 400	0	+2 400
120	2 000	200	+1 800
100	1 600	400	+1 200
80	1 200	600	+600
60	800	800	0
40	400	1 000	−600
20	0	1 200	−1 200

在对均衡状况进行图表分析之前，我们想再一次通过使用需求函数与供给函数，来进一步加强大家对表 2-9 解释的概念理解。回想一下，需求函数 $Q_s=1\,400-10P$，供给函数

$Q_s = -400 + 20P$。均衡需要 $Q_d = Q_s$。即均衡时，

$$1\,400 - 10P = -400 + 20P$$

解这个方程得到了均衡价格：

$$1\,800 = 30P$$
$$P = 60$$

在市场价格为 60 美元时：

$$Q_d = 1\,400 - 10 \times 60 = 800$$
$$Q_s = -400 + 20 \times 60 = 800$$

如同我们所期待的那样，如数学推导出的结果与表 2-9 中的一样。根据表 2-9，当价格为 80 美元时，供给量将超过需求量 600 单位。使用供给需求方程。当 $P = 80$ 时：

$$Q_d = 1\,400 - 10 \times 80 = 600$$
$$Q_s = -400 + 20 \times 80 = 1\,200$$

因此当价格为 80 美元时：

$$Q_s - Q_d = 1\,200 - 600 = 600$$

如同表 2-9 第（4）列中所示。

为了用曲线来进一步说明我们如何得到这个均衡解，图 2-5 中描画了需求曲线 D_0 和供给曲线 S_0（根据表 2-9）。这些曲线与图 2-1 和图 2-3 中的一样，60 美元和 800 单位是均衡价格与均衡量，只有在价格为 60 美元时，需求量才等于供给量。

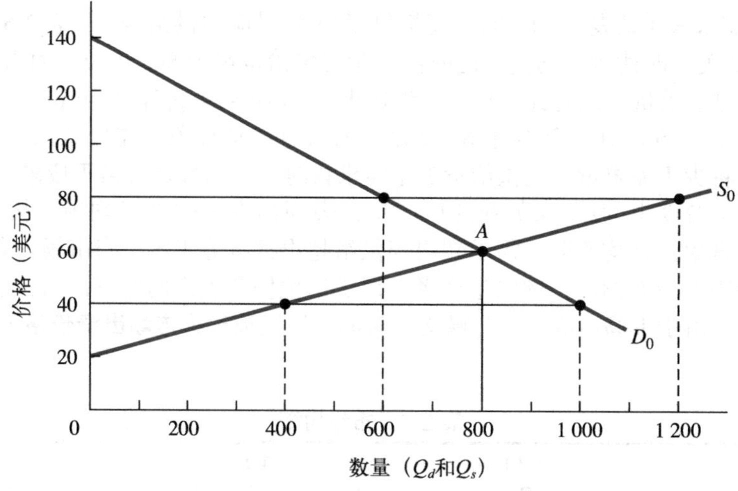

图 2-5 市场均衡

市场将使价格高于 60 美元。当价格为 80 美元时，厂商将愿意提供 1 200 单位的产品，但是消费者只愿意消费 600 单位的商品。于是供需存在着 600 单位的差额，为了减少存货，厂商将不得不降低商品的售价。在任意高于 60 美元的价位上，都存在着供过于求的情况。于是厂商将不得不进一步降价。

当价格为 40 美元时，消费者将愿意购买 1 000 单位的产品，但是厂商只愿意提供 400 单位的产品，于是存在着 600 单位的需求缺口。由于消费者的需求没有得到满足，他们将抬高价格。在任何低于 60 美元的价位上，都存在着供不应求，于是价格将进一步上升。

在没有任何外部的因素阻碍价格的上升和下降时，最终都将达到一个均衡的价格和均衡量。这个均衡的价格是使市场正好出清时的价格，过剩供给与过剩需求余额此时都为零，在市场均衡时可以达到。

原 理

在某一价位下市场上的商品需求量与供给量正好一致时，我们称这个价格为均衡价格。当现价高于均衡价格时，市场上存在着供过于求，于是，由此产生的供给余额导致厂商降低价格以促使过剩产量下降。当现价低于均衡价格时，市场上存在着供不应求，于是由此产生的需求余额导致需求未被满足的消费者们抬高价格。由于低于均衡价格时，消费者会抬高价格；高于均衡价格时，厂商们会降低价格，市场最终将进入价格与数量的均衡状态。

理解只要价格可以自动调节到均衡水平，那么就不存在永久的供过于求，或是供不应求。这对大家分析供给与需求是十分重要的。换句话说，假设市场价格可以迅速地调节到均衡水平，在自由竞争的市场中，就不存在供不应求，或者供过于求。当阻碍价格变化的因素（例如政府强加的价格上限或下限）不存在时，我们假设市场总是出清的。这个假设大大地简化了对供给和需求的分析。实际上，你在市场中见过多少次供过于求或者供不应求是由价格自发调节的呢？供过于求或供不应求所持续的时间总是极其短暂的，在分析供需时，我们可以忽略这段调整时期的存在。

2.4　衡量市场交易的价值

我们已经解释了为什么市场均衡发生在需求和供给曲线的交点，于是，可以用需求和供给曲线来衡量市场买家和卖家因交易而带来的净收益。市场因买家和卖家为了达成自愿交换的意愿而形成：买家带着钱到市场上交换卖家的商品。在自由市场上，买家和卖家之间的交换，没有政府机构或者工会强迫消费者掏钱买东西，或者迫使厂商卖东西。

从始至终，在人类社会任何地方，市场都是为了消费者与生产者的互利而形成。实际上，史册也记载了即便是正在酣战的“原始”部落之间，也会定下一些和解的日子，以便征战双方可以自由交换。在更现代一些的市场交易价值的例子中，你可能从报纸上读到，你们当地的全美橄榄球联盟球队将赛季球票价格提到了 1 200 美元，导致很多球迷抱怨球票的价格“太高”。然后，这些抱怨的球迷又随即冲到售票处去买赛季球票。这些球迷自愿用 1 200 美元交换赛季的一个座位，球队所有者自愿卖给他们赛季的座位。尽管抱怨，买了票的球迷和卖票的球队都因为交换而受益，否则，这些球票就不会被购买或售出！显而易见，全美橄榄球联盟球票给这些自愿进入市场的社会上的球迷和球队所有者带来了价值。实际上，每个自愿交换的市场都给所在市场中的买家和卖家创造价值。

2.4.1　消费者剩余

通常，消费者认为其所购买的商品的价值高于买价。对任意一单位商品或服务，其**经济价值**（economic value），简单而言就是买者愿意为其支付的最高价格。例如，专业地产代理必须经常提醒卖房的人，不管当时他们买房时付了多少钱，也不管他们装修房子花了多少钱，他们房产的价值取决于市场上买主愿意并能够支付的最高价格。回忆本章前面解释需求价格（沿着需求曲线，价格与不同的需求数量相关联）是每一单位能够卖到的最高价格。这样，某一特定单位商品或服务的经济价值等于这一单位的需求价格，因为这个价格是买者愿意并能够支付的最高价格：

特定单位的经济价值 = 其需求价格 = 买主愿意支付的最高价格

对消费者而言，幸运的是他们几乎从不需要支付他们愿意支付的最高价格。他们支付的是低于他们愿意支付的最高价格的市场价格（除了在市场均衡时卖出的最后一个单位）。商品的经济价值和商品价格的差值，对消费者而言是净收益，这个差值称为**消费者剩余**（consumer surplus）。为了用数字说明这个概念，假定你愿意为全美橄榄球联盟赛季球票最多支付 2 000 美元，而不是待在家里通过高清电视收看。实际你只需花 1 200 美元买赛季球票，则你的净收益或者消费者剩余是 800 美元。如此，每张卖出的赛季球票的消费者剩余是用球票价值（以球票的需求价格衡量）和每张球票的市场价格的差异来衡量的。

图 2-6 说明对第 400 个单位的商品而言，如何用前面谈到的需求和供给曲线来衡量消费者剩余。回忆以前我们关于反需求函数的讨论，图 2-6 中 400 个单位的需求价格是 100 美元，是 400 个单位能够卖到的最高价格（点 *r*）。就像我们谈到的，100 美元需求价格也代表第 400 个单位的商品能够卖出的最高价格。在点 *r* 放大的图中，愿意以 100 美元购买第 400 个单位的消费者不会愿意比 100 美元多花一分钱去买第 400 个单位的商品。需求价格 100 美元衡量的是第 400 个单位产品的经济价值，而不是 400 个单位的价值。现在你可以看出，第 400 个单位的消费者剩余是 40 美元（= 100 − 60），就是第 400 个单位的需求价格（或经济价值）与市场价格（点 *A*）的差值。在图 2-6 中，第 400 个单位的消费者剩余是点 *r* 与点 *s* 之间的距离。

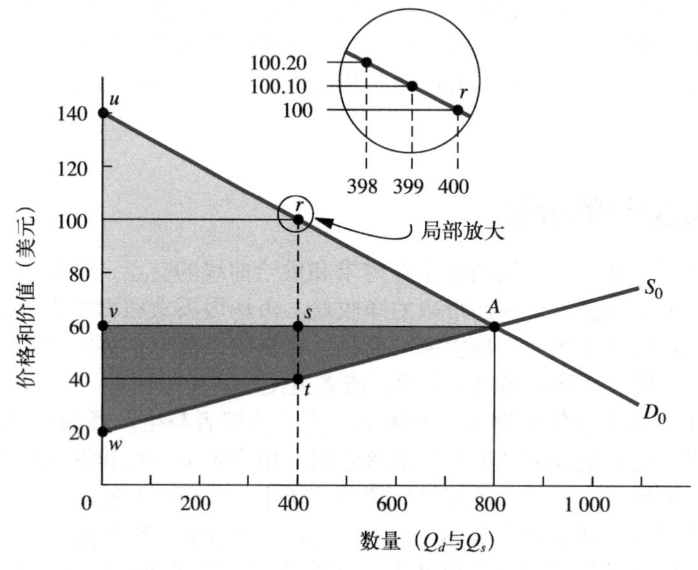

图 2-6 市场交易价值的度量

衡量 400 个单位消费者剩余的总和，而不是第 400 个单位消费者剩余，就必须将 400 个单位需求价格和市场价格之间的垂直差值全部加总。400 个单位的总消费者剩余等于从 0 到 400 个单位的需求价格之下和市场价格之上所包围的面积。在图 2-6 中，400 个单位的消费者总剩余就是梯形 *uvsr* 所包围的面积。一种计算梯形 *uvsr* 面积的方式是用底线 *vs* 长度乘以两侧边 *uv* 和 *rs* 的平均值：400 × [(80 + 40)/2] = 24 000（美元）。

现在让我们衡量市场均衡时的总消费者剩余。在图 2-6 中的点 *A*，市场出清价格 60 美元时，售出并买到 800 个单位。图 2-6 中三角形区域 *uvA* 是市场均衡时的总消费者剩余。这个三角形的面积是 32 000 美元（= 0.5 × 800 × 80）。于是，32 000 美元衡量了自愿从卖家那里以 60 美元的价格买 800 个单位的所有消费者的净收益。如果政府出于某种意愿，决定完全禁止消费这种商品，并且所有的消费者都遵循这一规定，那么消费者会因失去购买这种商品的机会而损失 32 000 美元。

2.4.2 生产者剩余

接下来我们考虑向消费者提供商品和服务的生产者的净收益。生产者通常会得到比愿意供应商品所需的更多的收益。对供应的每一单位而言，市场价格和他们愿意提供商品的最低价格之间的差值就称为**生产者剩余**（producer surplus）。在图 2-6 中，我们来考虑市场价格是 60 美元时，提供 400 个单位商品的生产者剩余。回忆以前我们关于反供给函数的讨论，图 2-6 中 400 个单位的供给价格是 40 美元，是 400 个单位能够提供的最低价格。生产和销售第 400 个单位的生产者剩余是 20 美元（= 60 − 40），就是点 *s* 和点 *t* 之间的距离。衡量 400 个单位总生产者剩余，是 400 个单位生产者剩余的总和。于是，400 个单位的总生产者剩余等于 0 ～ 400 个单位的市场价格之下和供给价格之上的面积。在图 2-6 中，400 个单位的消费者总剩余就是梯形 *vwts* 所包围的面积。底线 *vs*（= 400）长度乘以两侧边 *vw*（40 美元）和 *st*（20 美元）的平均值，你可以证明梯形 *vwts* 的面积是 12 000 美元 [= 400 × (40 + 20)/2]。

现在让我们衡量市场均衡时的总生产者剩余。在点 *A*，三角形区域 *vwA* 是市场均衡时的总生产者剩余。这样，总生产者剩余是 16 000 美元（= 0.5 × 800 × 40）。在这一市场经营中，生产者的净收益是 16 000 美元。

2.4.3 社会剩余

任意产量的社会整体的净收益可以通过加总该特定产量下的消费者剩余和生产者剩余得到。这个总和就是**社会剩余**（social surplus）。

在图 2-6 中市场均衡点 *A*，社会剩余等于 48 000 美元（= 32 000 + 16 000）。从现在你可以看到，均衡时的社会剩余价值提供了一种市场上买方卖方自愿交换的社会收益的货币量化方法。在第 12 章和第 14 章，我们将检验有市场力的企业将消费者剩余转化为生产者剩余的价格策略。在第 16 章，我们将解释通过限制市场力决定价格使社会剩余最大化的情况。

2.5 市场均衡的变动

当需求和供给不发生变化时，均衡价格与均衡产量将永远保持在一个固定的水平上，或者至少将持续一个相当长的时间。因而市场分析将是十分乏味无聊，并且对管理者来说是毫无用处的。但是现实中，我们导出需求曲线和供给曲线时假定保持恒定的变量是变化的。于是，需求曲线和供给曲线也将产生移动，均衡价格与均衡产量也将随之而发生变化。使用需求函数与供给函数，经理们既可以做出定性预测，也可以做出定量预测。所谓**定性预测**（qualitative forecast）是指仅仅预测某一个经济变量变化的方向，例如价格或是供给量。而**定量预测**（quantitative forecast）则是指在对经济变量进行分析时，既指出它的变化方向，又具体指出其变化量的预测。

例如，当我们在《华尔街日报》中读到国会正在考虑削减税收时，需求和供给分析将使我们预测对于某一特殊的商品来说，价格与销售额将会上升还是下降。如果你预测价格将会上升，而销售额将会下降，那么你所做的是一次定性预测；如果你有关于需求函数和供给函数的足够并且精确的信息的话，你将能够预测价格上升 1.10 美元时销售量将会下降 7 000 个单位。这时你做的就是定量预测。显然，管理者们能够从定量预测中得到比定性预测更多的信息。但是并不是所有的时候，管理者都能够得到定量预测所需要的足够的信息。在许多情况下，仅仅能够预测到价格将会上升还是下降，对管理者来说已经是很有价值的了。

这样，对管理者来说，预测结果将是他们的一项重要工作，并且非常具有挑战性，特别是那些能够影响消费曲线，或者需求曲线位置的变化。我们将首先讨论当一些因素的改变使需求发生变化，而供给不发生变化时调整的过程，然后我们再讨论需求不变，而供给产生变化时的情况。

2.5.1 需求变化（供给不变）

为了解释当供给不变时，需求函数发生变化带来的影响，我们将研究在图 2-7 中的 D_0 和 S_0。在 *A* 点处，即对应 60 美元与 800 单位商品的点，市场达到均衡状态。根据图 2-2，在需求曲线 D_1 表示需求上升，而需求曲线 D_2 表示需求下降。回想由 D_0 到 D_1 的变化，是由收入增加导致的。而从 D_0 到 D_2 的变化则是收入下降导致的。

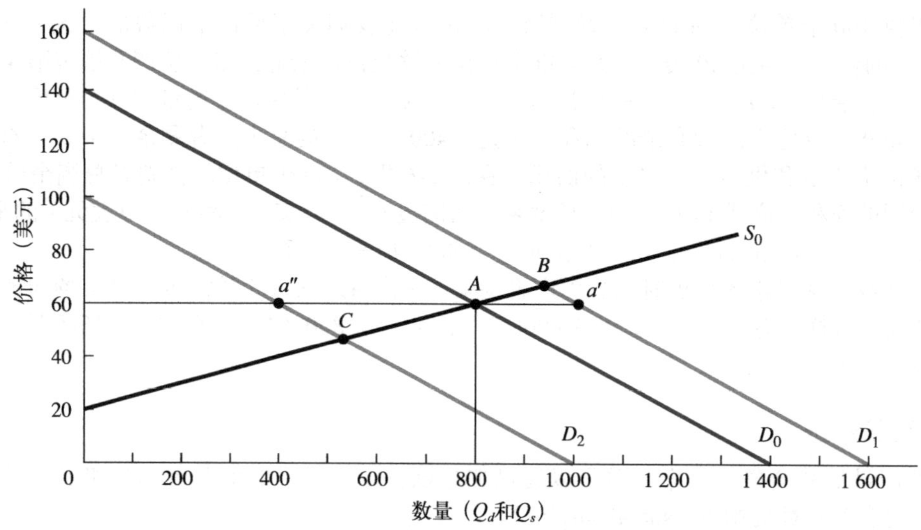

图 2-7　需求曲线移动（供给不变）

我们从均衡点 A 开始分析。下面，如图 2-7 所示，使需求曲线上升至 D_1，对应于最初的 60 美元的价格来说，根据新的需求函数，消费者的需求量上升至 a' 单位商品。但是在 60 美元的价位下，厂商们仍旧只愿意提供 800 单位的商品，于是 $a' - 800$ 单位的商品供给缺口出现了。如同第 2.3 节中所说的，商品的相对短缺将会导致价格的上升，直到一个新的均衡状态，供给再次等于需求的点 B 出现。比较原均衡点 A 与新均衡点 B，你会发现需求的上升导致均衡价格和均衡产量都上升了。

为了说明当供给不变时，需求下降将会导致的后果，我们回到图 2-6 中的均衡点 A。这次我们使需求曲线下降至 D_2，在最初的均衡价格 60 美元，厂商们仍旧会提供 800 个单位的商品，但是现在消费者们只愿意购买 a'' 单位的商品了。于是存在 $A - a''$ 单位商品过剩。如同我们上文所解释的那样，供过于求将会导致价格的下降。只有当价格下降至点 C 时，市场将会再一次的达到均衡。这样，需求的下降将会导致均衡价格和均衡量的下降（比较点 A 和点 C）。我们得到了下面的原理。

原 理

当需求上升而供给保持不变时，均衡价格和均衡产量都会上升；当供给不变，需求下降时，均衡价格与均衡产量都会下降。

2.5.2 供给变化（需求不变）

为了说明当需求保持不变时，供给发生变化将会导致的后果，我们在图 2-8 中再来看 D_0 与 S_0，根据图 2-4，供给曲线 S_1 代表着供给上升，而供给曲线 S_2 代表着供给下降。回想一下，从 S_0 到 S_1 的变化是由投入原料价格下降导致的。而 S_0 到 S_2 的变化则是生产同类产品的厂商数目下降导致的。

我们从均衡点 S_0 开始讨论。首先，如图 2-8 所示供给曲线上升至 S_1，在最初 60 美元的价位下，消费者仍旧愿意购买 800 单位商品，但是厂商们现在希望能够卖出 a' 单位的商品，这样就出现了 $a' - 800$ 单位的商品过量供给。供过于求的出现，将会导致价格的下降，并进一步导致商品供给量的下降与商品购买量的上升。直到价格降至点 B 时，市场再一次达到均衡。比较原均衡点 A 与新均衡点 B，当需求不变，供给上升时，均衡价格将会下降，但均衡量会上升。

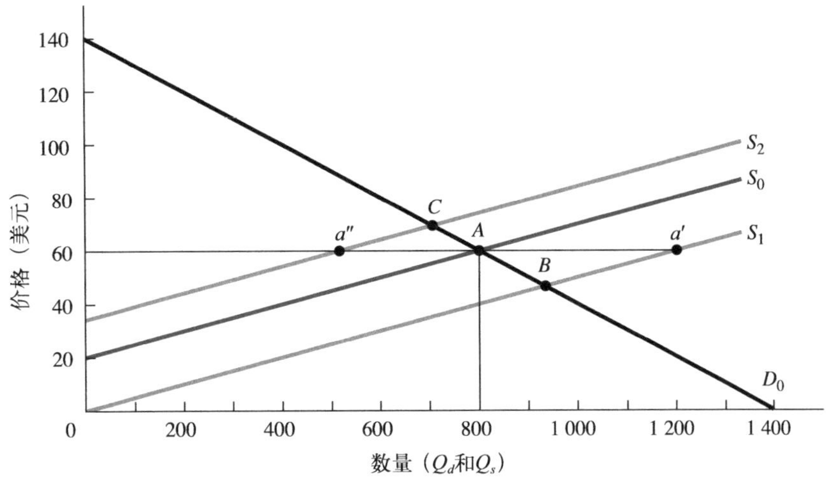

图 2-8　供给曲线移动（需求不变）

为了说明当供给下降时的情况，我们回到最初价格，此时供给曲线为 S_0，最初的均衡在点 A。市场中厂商的数目减少，导致图 2-8 中供给曲线从 S_0 移至 S_2。如图所示，在最初的 60 美元的价位下，消费者将仍旧愿意购买 800 单位的商品，但是厂商希望能卖出的只有 a'' 单位商品。也就是说存在着 $a''-A$ 单位的商品短缺，商品的短缺导致价格的上升。而价格的上升将会刺激厂商们提供更多的商品，同时消费者的需求量将会下降。这样供不应求就得到了缓解。价格将持续上升，直到达到新的均衡点 C。所以，当需求不变而供给下降时，价格将会上升，而销售量将会下降。我们得到以下原理：

原 理

当需求不变供给上升时，商品的均衡价格将会下降，而均衡量将会上升；当需求不变供给下降时，商品的均衡价格将会上升，而均衡量将会下降。

2.5.3　需求与供给的同时变化

到现在，我们已经研究了需求和供给中某一方发生变化而另外一方保持不变时的情况。在这些时候，我们已可以预测均衡价格与均衡量的变化。但是当需求与供给同时发生变化时，我们就只能预测价格变化的方向，或者数量变化的方向，而不能同时预测两者。当某一变量的变化方向不可预测时，我们称此类变化为**不确定**（indeterminate）。如果均衡价格和均衡量将是不确定的，变动的方向受到需求曲线与供给曲线变化的相对大小的影响。

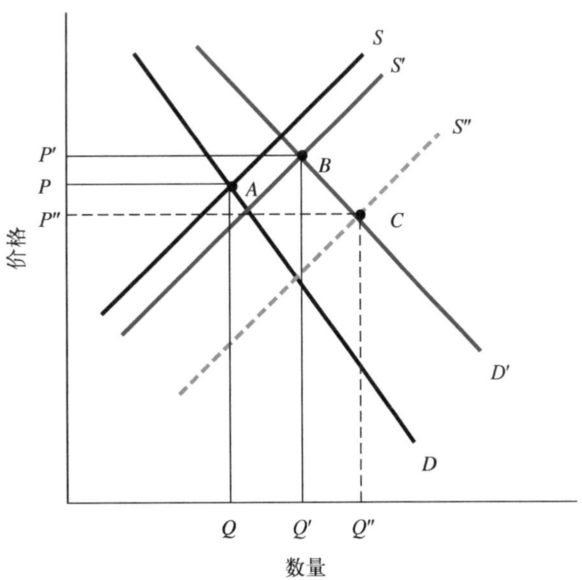

图 2-9　需求和供给同时移动：需求和供给都增加

在图 2-9 中，D 和 S 分别代表需求和供给，均衡价格和均衡量为 P 和 Q（点 A）。假设需求上升至 D' 而供给上升至 S'，均衡量上升至 Q'，均衡价格从 P 上升至 P'（点

B)。假设，供给相对于需求有更多的增加，达到了 *S*″，那么新的均衡将发生在点 *C*。把点 *A* 与点 *C* 进行比较，均衡量将进一步上升（*Q* 到 *Q*″），但是均衡价格将会从 *P* 下降至 *P*″。如果需求和供给同时上升，当需求相对供给上升较小时，价格就会下降；当需求相对供给上升较大时，价格就会上升。另外，需求和供给同时上升时，均衡量将会上升，但是均衡价格的变化将是无法预测的。

当需求和供给曲线同时移动时，（1）如果销售量的变化是可预测的，则价格的变化是不确定的；（2）如果销售量的变化是不确定的，价格的变化则是可预测的。图 2-10 总结了需求与供给同时变化时可能出现的四种情况。在图 2-10 中的每一种情况，点 *C* 都代表着一种相反的，但同样可能发生的情况。大家应该运用所学的分析方法进行检验。我们得到以下原理。

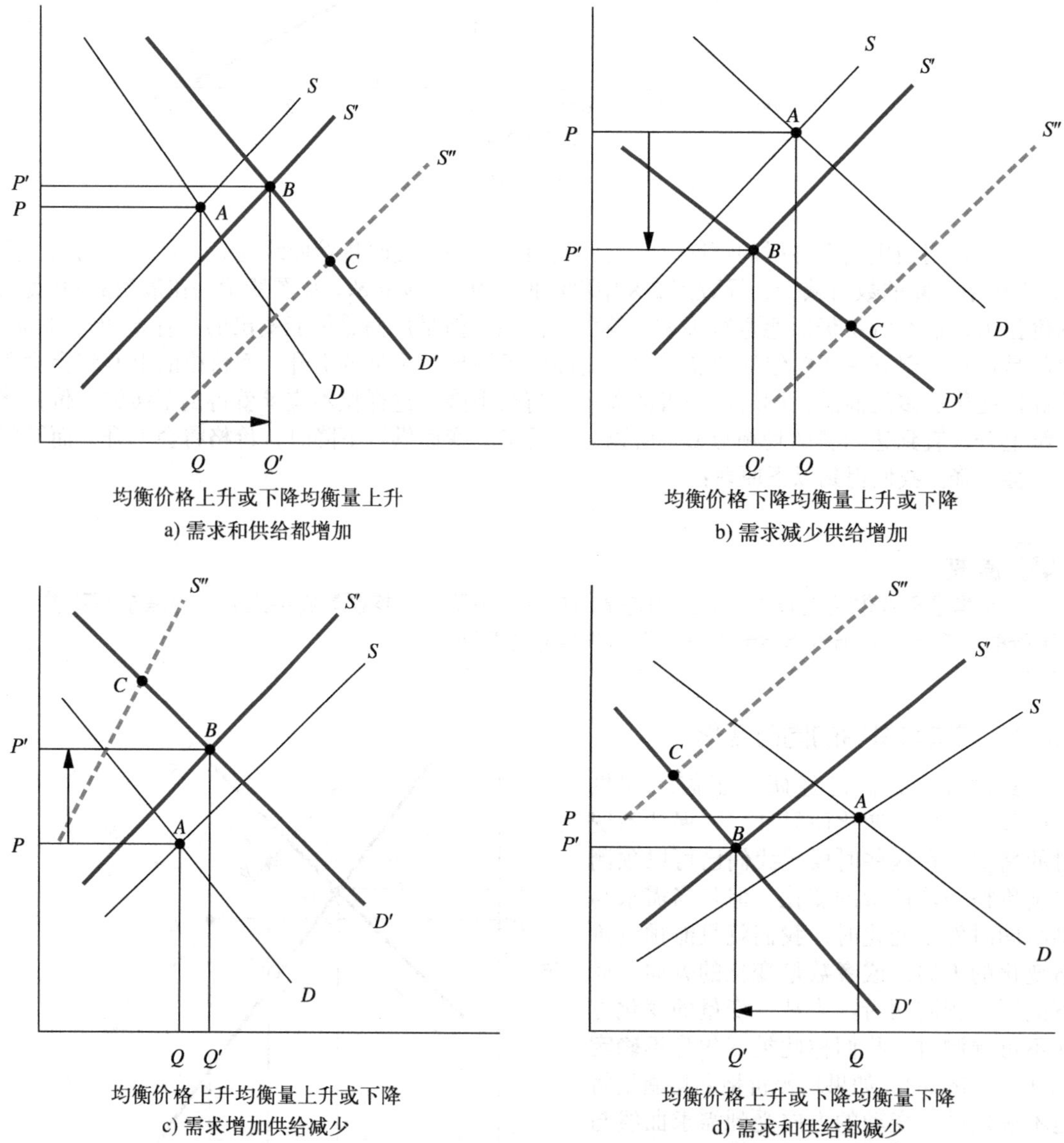

均衡价格上升或下降均衡量上升

a) 需求和供给都增加

均衡价格下降均衡量上升或下降

b) 需求减少供给增加

均衡价格上升均衡量上升或下降

c) 需求增加供给减少

均衡价格上升或下降均衡量下降

d) 需求和供给都减少

图 2-10 需求和供给同时移动的总结：四种可能的情况

原 理

当需求和供给同时发生变化时，如果数量（价格）的变化是可以预知的，那么价格（数量）

的变化是不确定的，如果它们的变化要取决于需求与供给变动的相对大小的话，这个均衡量或均衡价格就不是确定的。

2.5.4　定性分析：预测飞机票价格的变动方向

假定 2016 年你正在管理美国一家大型企业的市场部门，你们的业务需要经常乘坐飞机去拜访客户。公司的经理希望你能够降低 2017 年的差旅费。而机票的价格在很大程度上决定了差旅费能否控制在限定的范围内。如果 2017 年飞机票价格下降，你就既能够满足经理降低差旅费的目的，又能保证销售人员的业务活动不因差旅费的控制而受到影响。显然，你需要去预测 2017 年的空运价格将会如何发生变化。最近你在《华尔街日报》中读到了以下两条消息，并且认为它们将会影响 2017 年的空运价格。

- 一批新的小型空运公司正在兴起，预计在 2017 年它们的数目还会增多。
- 对许多美国公司来说，多频网络视频会议正成为一种有效而廉价的选择。由于电信集团将继续削减电话会议系统的价格，预计在 2017 年使用这种系统的趋势会继续加强。

我们使用图 2-11 来分析这些事件将会如何影响 2017 年的空运价格。我们用 D_{2016} 和 S_{2016} 代表当前美国市场的需求和供给曲线。如图 2-11 在点 A 处得到空运价格的出清价格 P_{2016}。

空运公司的数目增加将会导致供给量的上升，图 2-11 中，曲线上升至 S_{2017} 处。由于远程会议系统与乘飞机旅行具有替代性，远程会议系统的价格下降会使飞机旅行的需求量下降，图 2-11 中需求曲线移动到 D_{2017} 的位置。这样，你现在所面对的情况是需求和供给都发生了变化。同时考虑到需求的下降和供给的上升，我们预测在 2017 年中空运出清价格将会下降至 P_{2017}（图 2-11 中的 B 点）。当你明确地意识到，在需求下降供给上升的情况下，机票的价格将会下降时，你并不能预测在这种情况下均衡数量将会如何发生变化（图 2-11 中供给会移动到 S'_{2017}）。这个数量的变化是不确定的。机票价格下降的分析结果有利于你，但对于处于财政困境中的航空公司来说，无异于雪上加霜。

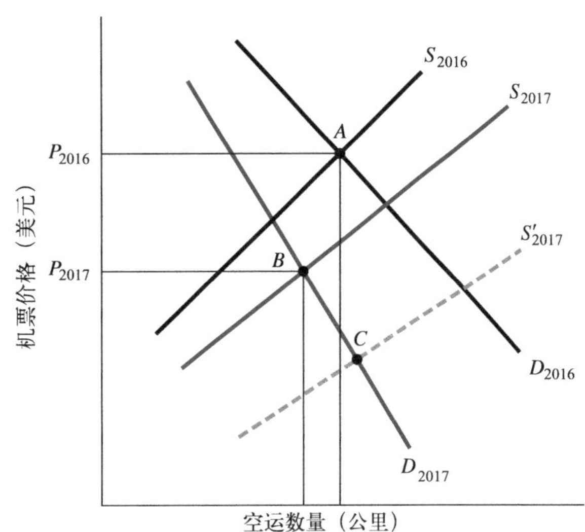

图 2-11　空运的需求和供给

我们对于空运市场的分析是一个定性分析的实例。我们仅仅预测了机票价格变化的趋势，而无法预测这种变化的幅度。经理们显然对价格变化的趋势很感兴趣，但他们同样很想知道这种变化的具体幅度。涉及具体价格变化幅度的分析，需要用到定量分析。此时，我们需要知道有关市场中供给函数与需求函数的每个细节，或者你能够从已有的市场数据中，推出这两个方程。在后面的章节中，我们将进一步介绍如何从市场数据来估计需求和供给。下面我们来看一个定量分析的例子，这里的需求和供给方程已经为你估计好了。

◇专栏 2-3

美国天然气市场不正常吗

在这个专栏中，我们会向你展示怎样用需求和供给分析来解释美国天然气市场的现状——

这是《华尔街日报》一些新闻评论员困惑的问题。在最近的一篇文章中，《华尔街日报》报道说美国的天然气市场不正常，因为天然气价格飞速下降，而与此同时，天然气产量在不断增加。[⊖]更令人困惑的是，在未来几年里，天然气的产量似乎还会增加。在运行良好的市场——指的是“正常”的市场——为什么天然气供给不断增长，但天然气价格却在下降？“供给和需求法则”在这个行业中被打破了吗？

我们可以运用本章中讲到的需求和供给分析原则，来给出令人信服的解释，说明天然气市场的表现实际上是可以预测到的，而且，我们只需要用《华尔街日报》文章中报道的这些数据。首先，我们看形成天然气大量供给的市场力。评论员指出了造成天然气供应商“发疯似的”行为的三个因素。首先，原油的高价格刺激了原油的生产，而这也增加了天然气的产量，因为天然气往往是跟原油同时存在于油井中。其次，天然气井中同时还包括大量的乙烷，一种重要的化学物质，可以用来制造塑料，而乙烷的价格也在上涨。最后，美国能源公司最近开始使用一种新的、非常高效的技术来寻找并勘探原油和天然气，叫作高压水砂破裂法。

从我们之前对需求变化的讨论中，你已经知道，以上这三个因素都会使美国天然气供给曲线右移。前两个因素很简单，是生产中相关产品价格引起的：①原油价格的上涨增加了互补产品天然气的供给；②乙烷价格的上涨增加了互补产品天然气的供给。第三个因素是技术的变化，使生产天然气的成本降低，从而造成天然气供给曲线右移。

在下面的图中，看到所有三个因素共同作用，使天然气的供给曲线向右移动，如图中 S_0 到 S_1 所示。随着供给增加，天然气的均衡价格降低，天然气的均衡产量也随着均衡点从 A 点移到 B 点而增加。很显然，《华尔街日报》的评论员是在期待天然气市场沿供给曲线 S_0 向下移动，这样就会符合他们的（错误）想法，随着市场价格的下降天然气产量也会减少。但三个供给方面的因素共同作用，使美国的天然气供给增加，而他们没有根据这个变化移动天然气供给曲线。短时间内这些因素没有表现出逆转的迹象，而在那之前，或者在其他的一些需求和供给力量起反作用之前，天然气供给价格还会继续下降，产量也会继续增加。你可以看到，这个需求和供给的事例并没有任何不正常的地方。

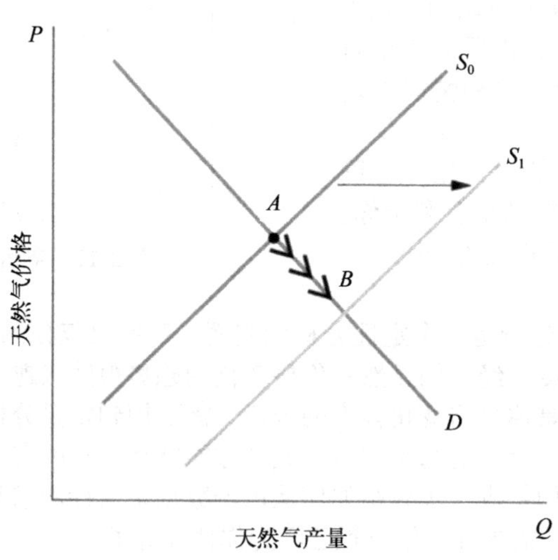

⊖ 见“ Russell Gold, Daniel Gilbert, and Ryan Dezember, “ Glut Hits Natural-Gas Prices,” *The Wall Street Journal*, January 12, 2012, p. A1.

2.5.5　定量分析：广告与牛奶的价格

美国的乳业协会预计，下一年美国牛奶市场的供给与需求函数为：

$$Q_d = 410 - 25P$$
$$Q_s = -40 + 20P$$

以上公式的供求数量以每年 10 亿磅[1]为单位。而价格是以每 100 磅牛奶多少美元的批发价计量的。首先我们将预测明年的牛奶价格与销售数量。通过使供给量与需求量相同，我们可以很容易得到市场的出清价格：

$$Q_d = Q_s$$
$$410 - 25P = -40 + 20P$$
$$450 = 45P$$
$$10 = \overline{P}$$

这样，下一年牛奶市场的均衡价格将为每 100 磅 10 美元。我们可以将这个均衡值代入供给或需求函数，从而解出均衡时的产量。

$$Q_d = Q_s = \overline{Q}$$
$$410 - (25 \times 10) = -40 + (20 \times 10) = 160$$

这样每年牛奶的均衡产量预计为 1 600 亿磅。

考虑到牛奶的数量很多，乳业协会计划开展一场全国范围广告战，来进一步推动牛奶的销售，他们将向消费者指出牛奶中富含钙和维生素 D。该协会预测，广告将会使牛奶的需求发生如下的变化：

$$Q_d = 500 - 25P$$

假设广告并不影响牛奶的供给函数，你显然可以预测广告引起的需求上升，将会使牛奶的市场价格上升。但是为了得到具体的市场出清价格，你必须让供给量与需求量相等。

$$500 - 25P = -40 + 20P$$
$$\overline{P} = 12$$

由于广告的作用，牛奶的价格将会上升到每 100 磅 12 美元。也就是说，广告使每 100 磅牛奶的价格上升了 2 美元。为了得到广告对牛奶销量的定量影响，我们只需将 12 美元的市场价格代入供给或需求函数。

$$Q_d = Q_s = \overline{Q}$$
$$500 - (25 \times 12) = -40 + (20 \times 12) = 200$$

由于这个预测既分析了价格变化的趋势，又分析了价格变化的大小，我们称之为定量分析。

2.6　限制价与支持价

当需求和供给发生变化时，供给不足与供给过剩都有可能发生。但我们已经强调过，短缺和过剩持续的时间是十分短暂的，它们有理由被忽略。换句话说，我们假设市场的调整是足够快的，而我们所关心的重点，仅仅在于当供给或需求变动时均衡量的大小。但是确实存在着有些供给不足与供给过剩，市场本身是无法消除的，有些在性质上来说，更为长久，并且受到政府的影响。它们防止价格在出清价格上下变动，并为之限定了一个范围。

通常来说，这些相对来说较长时间的供给不足与供给过剩，是由政府对市场价格实行控制所产生的。供给不足与供给过剩的产生，可能仅仅是由于政府法定价格高于或低于均衡价格。政府过去一直这样做，将来也必将这样做。当他们认为某一种产品的价格过高或者过低时，他们就会制定出一个人为合理的价格来取代市场价格。我们并不来评价这种干涉的有效性，我们通过供给与需求曲线来分析这种干涉所产生的经济影响，制定出某一特定产品的限制价与支持价。

---

[1] 1 磅 =0.453 6 千克。

如果政府制定了某种产品的最高价或**限制价**（ceiling price），其必然会造成此种产品的供给短缺。图 2-12a 中，对于产品 *X* 定价为 1 美元，没有人可以合法地将 *X* 以高于 1 美元的价格出售，而 1 美元的价格低于市场均衡价格（市场出清价格）2 美元。在限价 1 美元的情况下，生产者所愿意提供的最高产量为 22 单位，消费者所愿意购买的产品量为 62 单位，因而将价格上限定为 1 美元将会造成 40 单位的产品短缺。由于生产者不能以高于 1 美元的价格出售商品，市场将不能够通过价格调节来消除产品供应不足。只有当政府取消产品最高定价的限制，或者市场出清价格降到 1 美元以下时，这种供应不足才会被消除。我们要提醒大家，在这种情况下通常会出现所谓的黑市。

有些消费者权衡商品的价值，愿意出高于 1 美元的价格来购买此种商品，而有些生产者也愿意以高于 1 美元的价格将商品卖出。通常来说，法律对黑市上的高价买卖并不具有足够的威慑力。

另一方面，政府有可能会认为生产者并没有得到他们所应该得到的利润，于是，制定出此类商品的最低价格或**支持价**（floor price）。你可以从图 2-12b 中看到这种规定所造成的后果。由于对 2 美元的均衡价格与 50 件的均衡交易量并不满足，政府制定了支持价为 3 美元。又由于政府并不能够影响需求法则，消费者的需求量将会下降至 32 单位。生产者当然愿意根据 3 美元的售价将他们的产量提高到 84 单位，于是，52 单位的生产过剩出现了。由于政府不允许价格下调，生产过剩的情况将会持续存在，直到政府取消这条规定，或者需求与供给发生变化，使均衡价格高于政府所规定的下限时，过剩才会消失。为了使政府确信生产者不会以低于 3 美元的价格将产品售出，政府必须将产品的产量限制到 32 单位，或者购买 52 单位的过剩产品。

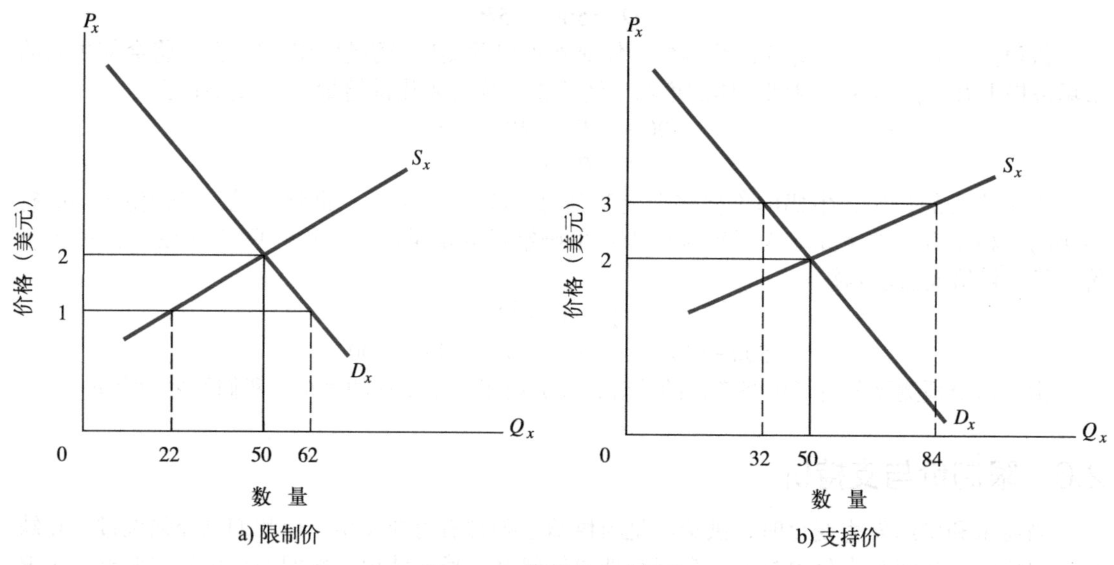

图 2-12 限制价和支持价

这一部分的学习归纳如下。

原 理

当政府所制定的最高价低于市场均衡价格时，由于在此价位上，消费者需求的商品量超过了生产者所愿意生产的商品量，生产不足和需求过剩就会出现。如果政府制定的支持价高于市场均衡价格，由于在此价位上生产者所愿意提供的产品数量超过了消费者的需求量，生产过剩或者说需求不足就会出现。

管理者为了通过观察经济状况的变化，做出正确的决策，他们必须能够预测这些变化将会对市场产生怎样的影响。大家应该能够意识到，这正是经济分析所应该做的工作。通过对各种经济数据的分析，做出预测将是本书后几章的重点之一。

2.7 本章小结

- 消费者愿意并且有能力购买的产品或服务数量被称作需求量。六个变量影响需求量：①产品的价格；②消费者的收入；③相关产品的价格；④消费者的品位；⑤产品的预期价格；⑥市场中消费者的数量。直接需求函数（简称“需求”）表明所有其他影响需求的因素都保持不变的情况下，价格与需求量的关系。需求法则表明其他因素保持不变的情况下，当价格下降（上升）时需求量增加（减少）。一个商品本身价格的变化会导致需求量的变化，可以通过沿需求曲线的变动来表示。当消费者收入、相关产品的价格、消费者的品位、产品的预期价格或市场中消费者的数量发生变化时，需求就会发生变化，需求曲线会左移或者右移。需求增加（减少）时需求曲线会向右（左）移动。（学习目标 1）
- 商品的供给量是由以下六个因素决定的：①产品自身的价格；②用于生产此种产品而投入要素的价格；③生产中相关产品的价格；④可获得的技术水平；⑤生产者们对产品未来价格的预期；⑥市场中生产此种产品厂商的数目或行业中该产品的生产量。直接供给函数（简称“供给”）是在保持其他供给决定因素不变的情况下，所得出的供给量与价格的关系。当只有产品本身的价格变化时，供给量才会发生变化，沿供给曲线发生变动。当影响供给的其他五个因素（投入要素价格、生产中相关产品的价格、技术、预期价格、企业数量）中任何一个因素发生变化时，供给就发生变化，供给曲线向左或向右发生移动。价格增加（减少）引起供给量增加（减少），可通过沿供给曲线向上（向下）变动表示。（学习目标 2）
- 均衡价格和均衡产量由需求曲线和供给曲线相交的点决定。在交点处，需求量等于供应量，市场出清。在市场出清价格上，没有多余需求（供不应求），也没有多余供给（供过于求）。（学习目标 3）
- 当消费者支付的商品均衡价格低于所购买商品的价值时，就会产生消费者剩余。总消费者剩余是通过需求曲线之下，市场价格之上，直到均衡产量所包围的面积来衡量。当市场均衡价格高于生产者所愿意提供的最低价格时，就会产生生产者剩余。总生产者剩余等于市场价格之下，供给曲线之上，直到均衡产量所包围的面积。社会剩余是消费者剩余和生产者剩余之和。（学习目标 4）
- 当需求增加（减少）、供给保持不变时，均衡价格和产量都会增加（减少）。当供给增加（减少）、需求保持不变时，均衡价格下降（上涨），而均衡产量增加（减少）。当供给和需求同时变化时，我们就只能预测价格变化的方向，或者数量变化的方向，而不能同时预测两者。如果说均衡价格和均衡量将是不确定的，那么，变动的方向取决于需求曲线与供给曲线变化的相对大小。图 2-10 总结了需求与供给同时变化时，可能出现的四种情况。（学习目标 5）
- 当政府所制定的最高价低于市场均衡价格时，由于在此价位上，消费者需求的商品量超过了生产者所愿意生产的商品量，短缺就会出现。当政府制定的支持价高于市场均衡价格时，由于在此价位上，生产者所愿意提供的商品数量超过了消费者的需求量，过剩就会出现。（学习目标 6）

关键词

ceiling price **限制价** 政府允许销售者对产品所索取的最高价格。当这个价格低于均衡所需价格时，就会出现供不应求。

change in demand **需求变化** 当决定需求的

五个因素发生变化时，需求曲线便会发生移动，需求改变。

change in quantity demanded 需求量变化 当其他变量保持不变，只有价格发生变化时沿需求曲线的运动。

change in quantity supplied 供给量变化 由于商品价格的变化所造成的、沿着供给曲线的移动。

complement 互补品 其他条件不变，如果一种商品的价格升高（降低）时，另一种商品的需求会下降（升高），那么这些商品就是互补品。

complements in production 生产中的互补产品 如果一种产品相对于另一种产品的价格上升，会引起生产者对这两种产品的产量都增加，则此两种产品为互补性产品。

consumer surplus 消费者剩余 某种产品的经济价值（它的需求价格）与消费者必须支付的市场价格之间的差值。

decrease in demand 需求下降 需求函数的变化导致每一价格下的数量都减少，通过需求曲线的左移反映。

decrease in supply 供给减少 由于供给函数的变化，在任意价格下供给量都下降，供给曲线向左移动。

demand curve 需求曲线 当除价格以外，所有影响需求量的因素都保持不变时，所得到的体现商品需求量与商品价格关系的曲线。

demand price 需求价格 在某一特定的交易量下，消费者所愿意承担的商品最高价格。

demand schedule 需求表 给出一系列的商品价格，以及与之相对应的商品需求量的表格。

determinants of demand 需求函数的决定因素 能够影响在每一价位下产品需求量，即需求曲线位置变化的因素，如 M、P_R、$\mathscr{T}$、P_E、N。

determinants of supply 供给决定因素 能够使供给曲线发生移动的因素。

direct demand function 直接需求函数 在其他因素保持不变时，表示产品需求量与产品价格之间关系的表格、曲线或方程。

direct supply function 直接供给函数 在保持其他五个影响供给的因素不变的情况下，某种商品的供给量与此种商品价格之间的函数关系：$Q_s=f(P)$。

economic value 经济价值 市场上任意买家愿意为此单位产品支付的最高价，以此产品的需求价格来衡量。

equilibrium price 均衡价格 当 $Q_s=Q_d$ 时的市场成交价格。

equilibrium quantity 均衡产量 在均衡状态下的产品交易量。

excess demand (shortage) 供不应求（短缺） 当产品需求量超过产品供应量时，我们称之为供不应求。

excess supply (surplus) 供过于求（剩余） 当产品供给量超过产品需求量时，我们称之为供过于求。

floor price 支持价 政府允许销售者对商品所索取的最低价格，当这个价格高于市场均衡所需价格时，便会出现供过于求。

general demand function 广义需求函数 体现需求量和影响需求量的六个因素之间关系的函数 $Q_d=f(P, M, P_R, \mathscr{T}, P_E, N)$。

general supply function 广义供给函数 体现供给量和影响供给量的六个因素之间的关系的函数 $Q_s=g(P, P_I, P_r, \mathscr{T}, P_E, F)$。

increase in demand 需求上升 需求函数的变化导致每一价格下的数量都增加，通过需求曲线的右移反映。

increase in supply 供给增加 由于供给函数的变化，在任意价格下供给量都上升，供给曲线向右移动。

indeterminate 不确定 无论是均衡价格，还是均衡交易量，变动的方向要依赖于供给曲线与需求曲线相对移动的幅度时，我们称之为不确定。

inferior goods 低档品 保持市场上有些产品或服务，当消费者的收入上升时，对它的市场需求量反而会下降，此类产品或服务被称为低档品。

inverse demand function 逆需求函数（需求反函数） 用需求量表示价格的需求函数：$P=f(Q_d)$

inverse supply function 逆供给函数（供给反函数） 价格用供给数量表示的供给方程：$P=f(Q_s)$。

law of demand　**需求法则**　在影响需求的其他因素不变时，商品价格的下降，将会引起商品需求量的上升；而商品价格的上升，则会引起商品需求量的下降。

market clearing price　**市场出清价格**　消费者愿意以市场价格购买厂商所愿意生产的所有产品。即市场均衡价格。

market equilibrium　**市场均衡**　在市场处于某种状态时，消费者愿意以市场价购买厂商所愿意生产的所有产品。在此价格下，$Q_s=Q_d$。

normal goods　**正常品**　如果仅收入增加，会增大消费者对某种产品的需求量，我们称此类产品或服务为正常品。

producer surplus　**生产者剩余**　对供给的每一单位而言，市场价格与生产者愿意供给的最低价格（它的供给价格）之间的差值。

qualitative forecast　**定性预测**　针对经济变量变化方向的预测。

quantitative forecast　**定量预测**　预测经济变量变化的方向和大小。

quantity demanded　**需求量**　在某一给定的时间段内（一周、一个月等）消费者愿意并且能够购买产品或服务的数量。

quantity supplied　**供给量**　在一定时间内（一周、一个月等），投入市场用于销售的产品或服务的总量叫作供给量。我们常用符号 Q_s 表示它。

slope parameter　**斜率参数**　线性方程中的参数表示，当一个自变量（$M, P_R, \mathscr{T}, P_E, N$）变化，其他变量不变时，对因变量（$Q_d$）产生的影响。

social surplus　**社会剩余**　消费者剩余和生产者剩余之和，即需求曲线以下、供给曲线以上，实现供给和消费的产量之间的区域。

substitute　**替代品**　保持其他条件不变，如果一种产品价格的上升（下降）会增加（减少）消费者对另一种产品的需求，那么这两种产品是替代品。

substitutes in production　**生产中的替代产品**　生产者生产的两种产品中，当一种产品价格相对于另一种产品的价格上升，都会使厂商将增加较高产品的生产，而减少另一种产品的生产，则称此两种产品为生产中的替代产品。

supply curve　**供给曲线**　在保持其他影响供给曲线的因素不变的情况下，表示供给量与产品价格的曲线。

supply price　**供给价格**　厂商愿意生产一定数量产品所需的最低价格。

supply schedule　**供给表**　以表格的形式给出一系列可能的价格和与之相对应的供给量。

technology　**技术**　有关组织资源生产产品或服务的知识状况。

概念性习题

1. 商品 A 的广义需求函数为

   $Q_d=600-4P_A-0.03M-12P_B+15\mathscr{T}+6P_E+1.5N$

   式中，Q_d 是产品 A 的月需求量；P_A 是 A 的价格；M 是家庭的平均收入；P_B 是相关产品 B 的价格；$\mathscr{T}$ 是取值为 0 ～ 10 的消费者偏好指数；P_E 是消费者预期在下个月时 A 的价格；N 是市场中产品 A 的购买者。

   a. 解释广义需求函数中的截距系数。

   b. 产品 A 的斜率系数是多少？其符号是否正确，为什么？

   c. 解释收入的斜率系数，A 是正常品还是低档品？试解释。

   d. 商品 A 与商品 B 之间是替代关系，还是互补关系？试分析。解释产品 B 的斜率系数。

   e. $\mathscr{T}$、P_e、N 的符号是否正确？为什么？

   f. 假设 $P_A=5$ 美元，$M=25\,000$ 美元，$P_B=40$ 美元，$\mathscr{T}=6.5$，$P_E=5.25$ 美元，$N=2\,000$，试计算产品 A 的需求量。

2. 考虑下面的广义需求函数：

   $$Q_d=8\,000-16P+0.75M+30P_R$$

   a. 假设 $M=30\,000$ 美元，$P_R=50$ 美元，试推导出需求函数。

   b. 解释 a 中推出的需求函数中的截距系数与斜率系数。

   c. 根据所推导出的需求函数描绘需求曲线。需求曲线与需求数量轴的交点在何处，它与价格轴的交点在何处？

   d. 由需求函数，分别计算当价格为 1 000 美元与 1 500 美元时消费者对产品 A 的需求量。

e. 推导需求函数的反函数，并计算当需求量为 24 000 时产品的价格，并对这个价格加以解释。

3. 产品 X 的需求曲线通过点 $P=2$ 美元，$Q_d=35$，对需求曲线上的这个点给出两种解释。

4. 回顾图 2-2 对应的广义需求函数为

$$Q_d=3\,200-10P+0.05M-24P_R$$

由文中数据，收入 52 000 美元，相关产品的价格 200 美元，推导出图 2-2 中的 D_2 的需求函数。

5. 通过画图，详细解释沿需求曲线的移动与需求曲线的移动之间的差异。

6. 当如下情况发生时，需求将会产生怎样的变化？

a. 商品价格下降。

b. 商品为正常品，收入上升。

c. 商品为低档品，收入上升。

d. 替代产品价格上升。

e. 替代产品价格下降。

f. 互补性产品价格上升。

g. 互补性产品价格下降。

7. 考虑下面的广义供给函数：

$$Q_s=60+5P-12P_I+10F$$

式中，Q_s 是产品供给量；P 是产品价格；P_I 是产品生产过程中主要原材料价格，F 是生产同类产品的厂家数目。

a. 试解释 P、P_I、F 的斜率系数。

b. 假设 $P_I=90$ 美元，$F=20$，试推导供给函数。

c. 根据 b 问，描绘供给曲线，在什么价格下供给曲线和价格轴相交？并解释供给曲线与价格轴的截距。

d. 根据供给函数，分别计算当价格为 300 美元和 500 美元时的供给量。

e. 推出供给函数的反函数，并由此计算当供给量为 680 单位商品时，此商品的价格。试做出解释。

8. 假设供给曲线通过点（$P=25$ 美元，$Q_s=500$），就关于曲线上的这一点给出两种解释。

9. 下面的广义供给函数给出了厂商所提供的产品 X 的数量（Q_s）：

$$Q_s=19+20P_x-10P_I+6T-32P_r-20P_e+5F$$

式中，P_x 是产品 x 的价格；P_I 是劳动力的价格；T 是技术水平支持；P_r 是相关产品 R 的价格；P_e 是产品 x 的预期未来价格；F 是生产同类产品的厂家数目。

a. 假设 $P_I=8$，$T=4$，$P_r=4$，$P_e=5$，$F=47$，试画出相应的供给曲线。

b. 假设劳动力的价格从 8 美元上升至 9 美元，推导出新的供给曲线，并画图。

c. 相关产品与此产品的关系是替代性的还是互补性的，试做出解释。

d. 如何正确地解释广义供给函数中每个系数的含义。

10. 利用画图，仔细解释沿供给曲线移动与供给曲线的移动之间的关系。

11. 在其他的因素保持不变的情况下，如果下列情况发生，将会对商品的供给曲线产生什么样的影响？

a. 商品的价格下降。

b. 由于一项新开发出的技术，使产品的生产成本大大地下降了。

c. 此种商品的主要原材料价格上升。

d. 在生产中替代商品的价格下降。

e. 生产此类商品的厂家的经理们，预计未来此种商品的价格将会下降。

f. 行业中的企业购买更多的工厂和设备，增加了行业的生产能力。

12. 下表给出了位于美国某一小城市的公寓房的供给需求数据。

月租金（美元）	需求量（每月）	供给量（每月）
300	130 000	35 000
350	115 000	37 000
400	100 000	41 000
450	80 000	45 000
500	72 000	52 000
550	60 000	60 000
600	55 000	70 000
650	48 000	75 000

a. 如果月租金为 600 美元，将会产生________超出其量为________，此时房租将会________。

b. 如果月租金为 350 美元，将会产生________超出其量为________，此时房租将会________。

c. 达到均衡时市场出清的房价为________美元每月。

d. 达到均衡时，每月租出的房间数为________。

13. 假设关于商品 X 的供给需求函数如下：

$$Q_d = 50 - 8P$$
$$Q_s = -17.5 + 10P$$

a. 达到均衡时，产品的价格与销售量是多少？

b. 当价格为 2.75 美元时，市场上的结果是什么？你预计将会出现什么情况？试解释。

c. 当价格为 4.25 美元时，市场上的结果是什么？你预计将会出现什么情况？试解释。

d. 如果需求函数变为 $Q_d = 59 - 8P$，达到均衡状态时，商品的均衡价格和均衡销量将会如何变化？

e. 在原需求函数下，如果供给函数变为 $Q_s = -40 + 10P$，那么，达到均衡时，产品均衡价格与销售量将会发生如何变化？（需求还是 $Q_d = 50 - 8P$）

14. 运用下图中线性需求和供给曲线，回答以下问题。

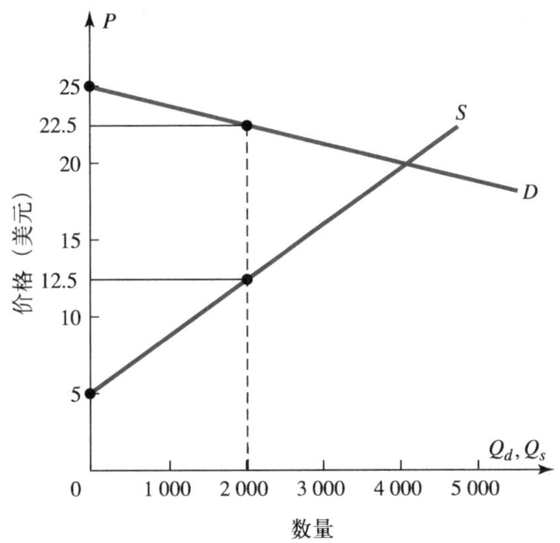

a. 市场均衡价格是________美元。

b. 第 2 000 单位产品的经济价值是______美元，这一单位生产者愿意接受生产的最低价格是________美元。

c. 生产并消费 2 000 单位产品时，总的消费者剩余是________美元，总的生产者剩余是________美元。

d. 在 a 中的市场价格，当消费者购买了 2 000 单位时，净收益是________美元。

e. 在 a 中的市场价格，当生产者供给了 2 000 单位时，净收益是________美元。

f. 当供给并消费了 2 000 单位时，市场价格是________美元，称为________。

g. 在市场均衡时，总消费者剩余是______美元，总生产者剩余是________美元。

h. 市场带给社会的净收益是________美元。

15. 如果某一特定市场中出现如下情况，那么，对产品均衡价格与销售量将会产生怎样的影响？

a. 商品为普通商品，消费者的收入上升。

b. 某种消费的替代性商品价格上升。

c. 某种生产中的替代性商品的价格上升。

d. 某种消费的互补性产品价格上升。

e. 某种主要原材料的价格上升。

f. 消费者预期此种商品的价格在近期将会上升。

g. 社会上正在广泛宣传，使用此种商品将会对健康造成伤害。

h. 在这行业中，某种可以降低此类产品生产成本的新技术被开发出来。

16. 假设在 15 题中的情况两种同时发生。根据下面给出的每对情形，试通过定性分析，预测均衡时产品价格或交易量的变化方向。并解释为什么两个变量中有一个是不确定的。

a. a 和 h 同时发生。

b. d 和 e 同时发生。

c. d 和 h 同时发生。

d. f 和 c 同时发生。

17. 假设对于商品 X 的广义需求函数为

$$Q_d = 60 - 2P_x + 0.01M + 7P_R$$

式中，Q_d 是 X 的需求量；P_x 是 X 的价格；M 是消费者的平均收入；P_R 是相关产品 R 的价格。

a. 试解释 X 为正常品还是低档品。

b. 假设 $M = 40\ 000$ 美元，$P_R = 20$ 美元，试解释 X 与 R 是替代关系还是互补关系。

c. 假设供给函数为 $Q_s = -600 + 10P_x$，X 的需求函数是什么？

d. 达到均衡时产品的价格与销售量是多少？

e. 假设其他的因素保持不变，而消费者的收入上升至 52 000 美元，达到均衡时，产品的价格与销售量将会发生怎样的变化？

f. 假设其他的因素保持不变，而相关产品 R 的价格下降至 14 美元，达到均衡时，产品的价格与销售量将会发生什么变化？

g. 假设其他的因素保持不变，收入和相关产品的价格如文中最初规定，而供给函数变为 $Q_s = -360 + 10P_x$，那么达到均衡时，产品的价格与销售量将会如何变化？

18. 在 12 题中，假设市议会认为公寓房租金过高，并宣布租金限价 400 美元。

a. 由于限价的制定，引起了公寓房的供应量、需求量每月为多少单位。

b. 如果没有制定限价的话，还有多少家人将会租到公寓？

c. 若市议会不是制定限制价，而是定支持价为 600 美元，由于支持价的规定，引起公寓房的供应量________，需求量________单位 / 每月。

19. 使用右图回答以下问题。

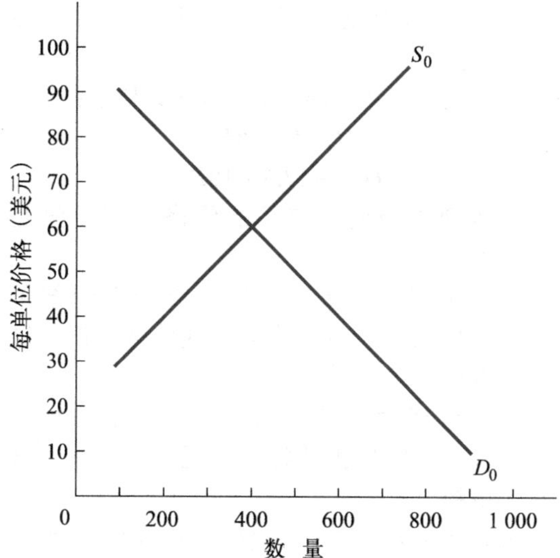

a. 均衡时产品价格与交易量为多少？

b. 制定限价为 40 美元的影响是什么？

c. 制定支持价 50 美元的影响是什么？支持价为 70 美元呢？

概念性习题答案

1. a. 如果 P、M、P_B、$\mathscr{T}$、P_E、N 同时取零的话，每月商品 A 将可售出 600 单位。

b. −4。需求函数中对应于某种商品自身价格的斜率参数为负。因为，需求法则指出，人们对某种商品的需求量与此种商品的价格是负相关的关系。

c. M 的斜率参数（−0.03）表明，在其他的因素保持不变的情况下，人均收入每上升 1 美元，将导致商品 A 的月销售量下降 0.03 单位（或者说，M 每上升 1 000 美元，商品 A 的月销售量将会下降 30 单位）。M 与此种商品的需求量是负相关的。

d. 互补品。P_B 的斜率参数为负。在其他的因素保持不变的情况下，产品 B 的价格每上升 1 美元，人们对产品 A 的月需求量将会下降 12 个单位。

e. 这三个斜率参数都应该为正，因为它们所对应的变量与产品需求量之间都是正相关的关系。对于消费者偏好，注意其取值为 15，并不是像 $\mathscr{T}$ 那样被限制在 1 ～ 10。

f. $Q_d = 600 - 4 \times 5 - 0.03 \times 25\ 000 - 12 \times 40 + 15 \times 6.5 + 6 \times 5.25 + 1.5 \times 2\ 000 = 2\ 479.0$

2. a. $Q_d = 8\ 000 - 16P + 0.75 \times 30\ 000 + 30 \times 50$
$= 8\ 000 - 16P + 22\ 500 + 1\ 500$
$= 32\ 000 - 16P$

b. 截距参数：若价格为零，消费者将会免费地获得 32 000 单位的商品。斜率参数：在每一阶段中，其他的因素保持不变的情况下，商品 A 的价格每上升 1 美元，消费者将会少购买 16 单位的商品。

c. 我们以价格为纵坐标，以需求量为横坐标作图。需求曲线与价格轴相交于 2 000 美元处，与需求量轴相交于 32 000 单位处。

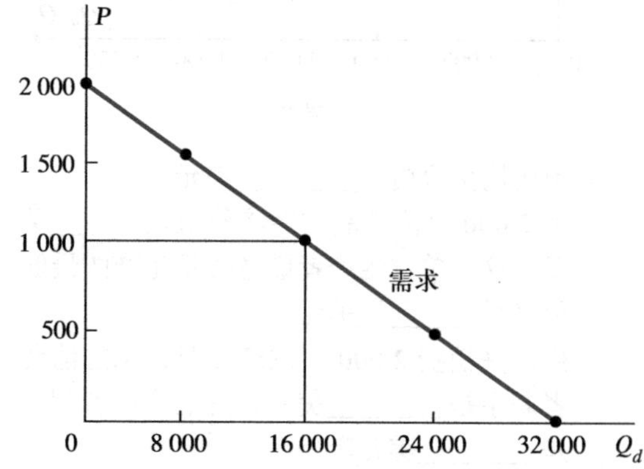

d. 当商品价格为 1 000 美元时，$Q_d = 32\ 000 - 16 \times 1\ 000 = 16\ 000$（单位）。当商品价格为 1 500 美元时，$Q_d = 8\ 000$ 单位。

e. $P = 2\ 000 - 1/16Q_d$ 或 $P = 2\ 000 - 0.062\ 5Q_d$。接着计算商品价格：$P = 2\ 000 - 0.062\ 5 \times 24\ 000$，即 $P = 500$ 美元。在每一阶段，消费购买量为 24 000 单位时，对应商品的价格为 500 美元。

3.（1）当商品的价格为 2 美元时，消费者所愿意并且能够购买的最大商品量为 35 单位。或者说，（2）若想使消费者购买量达到 35 单位，厂商所能提出的最高价为 2 美元。

4. $Q_d = 3\ 200 - 10P + 0.05 \times 52\ 000 - 24 \times 200$
$= 3\ 200 - 10P + 2\ 600 - 4\ 800$
$= 1\ 000 - 10P$

5. 当商品的价格（P）发生变化时，人们对商品的需求量（Q_d）将会发生相反的变化。这将会导致沿某一给定需求曲线的点的运动。下图中由点 A 到点 B 的运动，代表由于价格变化所引起的需求量的变化。当影响需求函数的五个变量中，任一个的取值发生变化时，需求曲线就会发生向左或者向右的移动。这五个影响需求函数的变量是：①消费者收入 M；②相关产品价格 P_R；③产品预期价格 P_E；④消费者偏好 $\mathscr{T}$；⑤消费者数量 N。我们在下图中用从 D 到 D' 或 D'' 的需求曲线的移动代表由这些因素变化所引起的需求函数的变化。

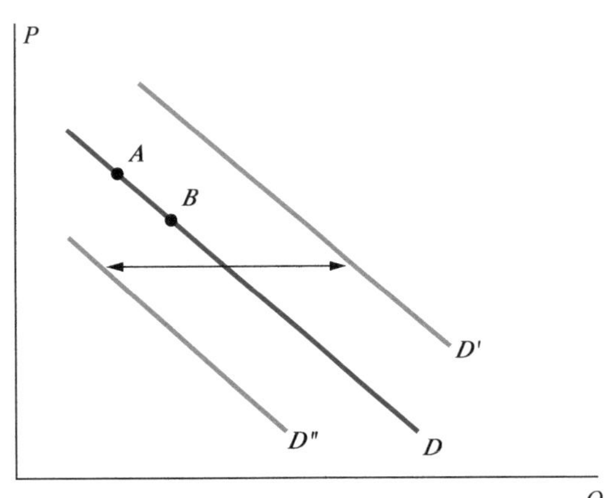

6. a. 需求函数不发生变化。价格的变化将会引起需求量的变化，即沿需求曲线的点的移动。

b. 需求函数上升。

c. 需求函数下降。

d. 需求函数上升。

e. 需求函数下降。

f. 需求函数下降。

g. 需求函数上升。

7. a. 对 P：在其他的因素保持不变的情况下，商品的价格每上升 1 美元，将导致每阶段商品供给量上升 5 单位。

对 P_I：在其他影响厂商的因素保持不变的情况下，主要原材料的价格每上升 1 美元将会导致每一阶段商品的供给量下降 12 单位。

对 F：在其他的因素保持不变的情况下，如果共生产此种商品的企业数目增加 1 家，在每一阶段中此种商品的供给量将会上升 10 单位。

b. $Q_s = 60 + 5P - 12 \times 90 + 10 \times 20$
$= 60 + 5P - 1\ 080 + 200$
$= -820 + 5P$

c. 以纵轴表示价格，以横轴表示需求量作图。供给曲线将与价格轴交于 164 美元处，与供给量轴相交于 −820 单位处。只有当曲线上的点对应的价格高于 164 美元时，供给函数才具有实际意义。我们可以使供给量为零，并从中对此时的价格进行求解，便可以得到供给曲线与价格轴的截距。它代表着市场价低于此价格时厂商将会退出市场。

d. $Q_s = -820 + 5 \times 300 = 680$，$Q_s = -820 + 5 \times 500 = 1\ 680$。

e.（略）。

8. ①当价格为 125 美元时，厂商所愿意提供的最大产品数量为 500 单位；或者说②当供给量为 500 单位时，厂商所能接受的最低价格为 125 美元。

9. a. $Q_s = -30 + 20P_x$

b. $Q'_s = -40 + 20P_x$。其图形在下图中用虚线表示。

c. 由于供给量 Q_s 与 P_r 之间是反向相关的，在其他因素不变的情况下，当相关产品的价格上升时，产品的供给量将会下降。因而，应用于生产时，此种产品为替代型产品。

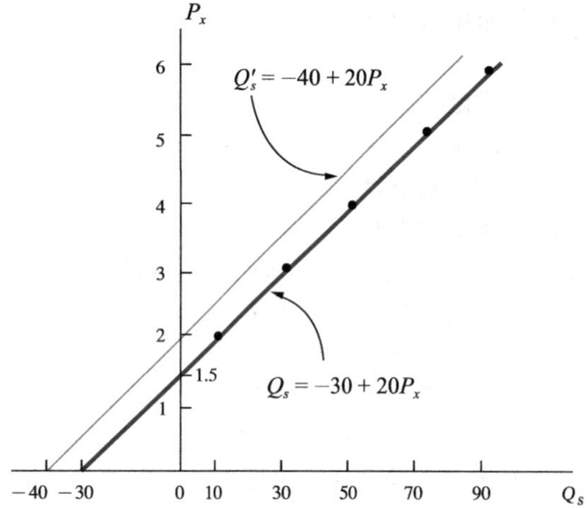

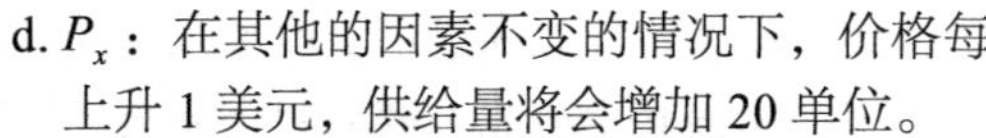

d. P_x：在其他的因素不变的情况下，价格每上升 1 美元，供给量将会增加 20 单位。

P_I：在其他的因素不变的情况下，劳动价格每上升 1 美元，将会导致供给量下降 10 单位。

T：在其他的因素不变的情况下，技术指数每上升 1 个单位，将会导致供给量上升 6 单位。

P_r：在其他的因素不变的情况下，相关产品的价格每上升 1 美元，将会导致供给量下降 32 单位。

P_e：在其他的因素不变的情况下，产品 X 的预期价格每上升 1 美元，将会使现阶段供给量下降 20 单位。

F：在其他的因素不变的情况下，厂商每增加 1 家，将会使产品供给量上升 5 单位。

10. 当产品的价格（P）发生变化时，产品的供给量将会发生同样的变化。其结果可表示为沿某一固定供给曲线的点的移动。下图中从点 A 到点 B 的运动代表由价格变化所引起的供给量的变化。当五个影响供给函数的因素发生变化时，供给曲线就会向左或者向右移动。这五个影响供给函数的因素是：①技术（T）；②原材料价格（P_I）；③生产性相关产品的价格（P_r）；④产品的预期价格（P_e）；⑤市场中厂商的数量（F）。下图中从 S 到 S' 和 S'' 的变化代表着当这五个因素中某一个发生变化时所引起的供给曲线的移动。

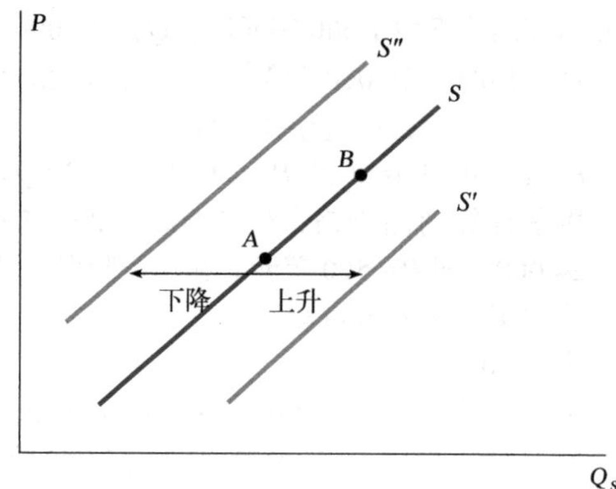

11. a. 供给曲线不发生变化（供给量下降）。
    b. 供给曲线上升。
    c. 供给曲线下降。
    d. 供给曲线上升。
    e. 经理们认为产品价格将会上升，因而增大产品的库存量，导致现阶段产品的供给量下降。
    f. 供给曲线上升。
12. a. 供给；15 000；下降
    b. 需求；78 000；上升
    c. 550 美元
    d. 60 000
13. a. 均衡时 $Q_d = Q_s$（$50 - 8P = -17.5 + 10P$），所以可得 $\overline{P} = 3.75$ 美元，$\overline{Q} = 20$。
    b. 当 $P = 2.75$ 美元，$Q_d = 50 - 8 \times 2.75 = 28$，$Q_s = -17.5 + 10 \times 2.75 = 10$；因而存在 18 单位的供不应求。由于需求过剩，消费者将会哄抬价格，导致需求下降，供给上升。价格将会一直被抬升至 3.75 美元，此时，需求量将等于供给量。
    c. 当 $P = 4.25$ 美元，$Q_d = 16$，$Q_s = 25$ 时，存在 9 个单位的供过于求。厂商为了防止过多的商品积压将会降低价格。价格将会下降（同时导致过剩生产的数量下降），直到达到市场均衡价格 3.75 美元。
    d. 均衡时，$59 - 8P = -17.5 + 10P$，可得，$\overline{P} = 4.25$ 美元，$\overline{Q} = 25$。
    e. 均衡时，$50 - 8P = -40 + 10P$；此时，$\overline{P} = 5$ 美元，$\overline{Q} = 10$。
14. a. 20 美元，因为需求和供给相交于 20 美元。
    b. 22.50 美元，因为 2 000 单位的需求价格是买家愿意为第 2 000 单位支付的最高价格；12.50 美元。

c. 消费者剩余（CS）是需求以下和 20 美元以上，0 ～ 2000 单位围成的三角形：

2 000 单位消费者剩余 = 2 000 × [(5 + 2.5)/2] = 7 500（美元）。

生产者剩余（PS）是 20 美元以下，供给曲线以上，0 ～ 2 000 单位围成的梯形：

2 000 单位生产者剩余 = 2 000 × [(15 + 7.5)/2] = 22 500（美元）。

d. 7 500 美元，因为消费者剩余衡量的是买家购买 2 000 单位的净收益。

e. 22 500 美元，因为生产者剩余衡量的是卖家供给 2 000 单位的净收益。

f. 30 000 美元，称为社会剩余。

g. 10 000 美元，4 000 单位消费者剩余 = 1/2 × 4 000 × 5 = 10 000（美元）。

30 000 美元，4 000 单位生产者剩余 = 1/2 × 4 000 × 15 = 30 000（美元）。

h. 40 000 美元（= 10 000 + 30 000），因为社会剩余衡量的是市场带给社会的净收益。

15. a. 需求的上升将会导致 $\overline{P}$ 和 $\overline{Q}$ 的上升。

b. 需求的上升将会导致 $\overline{P}$ 和 $\overline{Q}$ 的上升。

c. 供给的下降将会导致 $\overline{P}$ 的上升和 $\overline{Q}$ 的下降。

d. 需求的下降将会导致 $\overline{P}$ 和 $\overline{Q}$ 的下降。

e. 供给的下降将会导致 $\overline{P}$ 的上升和 $\overline{Q}$ 的下降。

f. 需求的上升将会导致 $\overline{P}$ 和 $\overline{Q}$ 的上升。

g. 需求的下降将会导致 $\overline{P}$ 和 $\overline{Q}$ 的下降。

h. 供给的上升将会导致 $\overline{P}$ 的下降和 $\overline{Q}$ 的上升。

16. a. 事件 a 将会导致 $\overline{P}$ 和 $\overline{Q}$ 的上升，事件 h 将会导致 $\overline{P}$ 的下降和 $\overline{Q}$ 的上升。当两个事件同时发生时，$\overline{Q}$ 将会上升，由于两个事件对 $\overline{P}$ 有相反的影响，因而 $\overline{P}$ 的变化具有不确定性。这种情况如同图 2-10a。

b. 事件 d 将会导致 $\overline{P}$ 和 $\overline{Q}$ 的下降。事件 e 将会导致 $\overline{P}$ 的上升和 $\overline{Q}$ 的下降。两个事件同时发生时，$\overline{Q}$ 将会下降。但由于两个事件对 $\overline{P}$ 具有相反的影响，因而 $\overline{P}$ 的变化具有不确定性。这种情况如同图 2-10d。

c. $\overline{P}$ 下降，$\overline{Q}$ 的变化具有不确定性。见图 2-10b。

d. $\overline{P}$ 上升，$\overline{Q}$ 的变化具有不确定性。见图 2-10c。

17. a. 商品 X 是正常品，因为当其他因素不变，收入（M）上升时，需求量（Q_d）将会上升（Q_d 与 M 是正相关的）。

b. 商品 X 与 R 是替代性商品。因为当其他因素不变，相关产品价格（P_R）上升时，需求量（Q_d）将会上升（P_R 与 Q_d 是正相关的）。

c. $Q_d = 60 - 2P + 0.01 \times 40\,000 + 7 \times 20 = 600 - 2P$。

d. $600 - 2P = -600 + 10P$，可得 $\overline{P} = 100$ 美元，$\overline{Q} = 400$。

e. $Q_d = 60 - 2P + 0.01 \times 52\,000 + 7 \times 20 = 720 - 2P$，$\overline{P} = 110$ 美元，$\overline{Q} = 500$。

f. $Q_d = 60 - 2P + 0.01 \times 40\,000 + 7 \times 14 = 558 - 2P$，$\overline{P} = 96.50$ 美元，$\overline{Q} = 365$。

g. 均衡时，$600 - 2P = -360 + 10P$；$\overline{P} = 80$ 美元，$\overline{Q} = 440$。

18. a. 供不应求；59 000。

b. 19 000(= 60 000 − 41 000)。

c. 供过于求；15 000。

19. a. $\overline{P} = 60$ 美元，$\overline{Q} = 400$。

b. 供不应求 400 单位（= 600 − 200）。

c. 因为市场均衡价格为 60 美元，高于设定的最低价格 50 美元，所以对市场价格与产品供给量没有影响。

应用性习题

1. 假设你是加利福尼亚一家酒厂的经理，你认为以下事件将如何影响你对每瓶酒的定价？

a. 同档次的法国酒价格下降。

b. 加利福尼亚新出现了 100 家酒厂。

c. 美国的失业率下降。

d. 奶酪价格上升。

e. 由于政府的防震玻璃管制，玻璃瓶的价格产生了大幅度的上升。

f. 研究人员开发了新的酿酒技术，将会降低酒的制造成本。

g. 由葡萄汁发酵而成的一种酸葡萄酒价格上升。

h. 消费者的平均年龄上升，而年龄大的人相对来说酒喝得少一点。

2. Florida Citrus Mutual 是位于佛罗里达州的柑橘种植者农业合作联合会。它需要预测，如发生下列事件将会对柑橘的产量和价格产生什么影响。试给出你的分析。请给每一种情况画一张图表，来展示供求关系分析。
   a. 一股巨大的寒流摧毁了佛罗里达大片的橘林。
   b. 佛罗里达大学的一些农业拓展服务的科学家们发现了一种使每棵橘树产量翻番的方法。
   c. 美国医药协会指出，多喝橘汁有益于减少心脏病。
   d. 葡萄的价格下降。

3. 用图形分析评价下面的陈述，并用简要的话解释你的评价。注意标注数轴和曲线。
   a. “当家用供热油需求上升时，供热油会供不应求。”
   b. “减少个人计算机 RAM 芯片的供给，会导致 RAM 的供不应求。”

4. 飙升的油价导致了美国绝大多数的航空公司将机票的价格提升了大约 15%，试分析，大幅上升的航空运费将会对如下哪些选项产生影响。
   a. 空运的需求。
   b. 旅馆的需求。
   c. 租车的需求。
   d. 隔夜邮递业务的供给。

5. 著名瑞典经济学家林德贝克在其关于房租限价的书中谈到，“房租限价看来是目前为止的破坏城市最有效的方法——除了爆炸”。房租限价是在房租均衡价格以下设置限价，目的是使低收入家庭能够支付起房租。运用需求和供给分析回答下面的问题：
   a. 房租限价如何影响对低收入家庭而言租得起的房屋的数量？
   b. 在房租限价的情况下，所有低收入家庭都能够得到限价的房子租吗？
   c. 什么人会从房租限价中获益？什么人从中利益受损？
   d. 为什么林德贝克教授认为房租限价是破坏性的？

6. 假设你是擅长分析有关公园股票状况的分析员，你正在调查迪士尼公司的股票。《华尔街日报》报道说，近期美国的旅游人口流动量下降。在加利福尼亚的巴伦西亚 Six Flags Magic 山主题公园，一种新的游乐项目 Viper roller coaster 正在向游客开放，同时，另一种游乐项目 Psyclone 也将在年内开放。利用需求与供给分析，试说出以上事件对迪士尼的票价以及游客会产生何种的影响。《华尔街日报》报道说，迪士尼大幅地削减了门票的价格，某些特殊的游客还被给予更低的优惠价格。这与你的预测分析一致吗？若迪士尼门票价格以及游客量都下降的话，是否与需求定律相违背？

7. 加利福尼亚的选民们为了降低日益升高的汽车保险金，近日提交了 103 号议案。其中的措施将会使汽车的保险金额降低 20%，并至少保持一年。试通过图表分析，假若 103 号议案获得通过，加利福尼亚的汽车保险业市场将会受到何种影响？如果该议案不被通过，你预计后果又将如何？

8. 试通过图表指出市场上电影票的均衡价格。将坐标轴标出，并将初始均衡的电影票价格与数量用 P_0 和 Q_0 来表示。对于以下的每个事件，再画出电影票新的供给或需求曲线，并预测该事件对电影票价格与售出量的影响。
   a. 电影院将饮料和玉米花的价格提升了 1 倍。
   b. 一家出租录像带的全国连锁企业，将其出租价格下调了 25%。
   c. 有线电视公司开始提供按片子数量计价的电影播放业务。
   d. 编剧社结束了为期 10 个月的罢工。
   e. 柯达降低了为好莱坞电影制造商们提供的胶片的价格。

9. 在《商业周刊》发表的一篇文章中指出，一种新出现的技术能够成功地将天然气转化为液态燃料，这种燃料可以生产清洁的汽油、柴油和其他石油制品。同时其经济可行性已获通过。这个发现将会带来等效于 7 700 亿桶原油的汽油，可满足世界 29 年对原油的需求。
   a. 使用供给需求分析，试解释为什么这个新的处理方法的发现将不会导致石油的生产过剩。如果没有出现过剩现象，那么这个发现对石油市场有什么样的影响呢？

b. 如果这项技术没有发现，试解释为什么我们仍旧有足够的石油以满足日益增长的经济对石油的需求量呢。

10. 虽然环境保护限制砍伐的规定减少了木柴的供应量，但是从加州北部到波士顿以及新泽西郊区的木柴价格仍然保持稳定。《华尔街日报》报道说，汽油燃具的销售速度超过了燃烧木柴的炉具，并且“人们越来越少烧木头了”。用需求和供给分析说明为什么当燃烧的木柴减少了而木柴价格没变（提示：允许木柴的供给和需求同时移动）。

11.《商业周刊》最近声称，“我们已经进入了互联网时代”，并且观察到，当产品或服务市场进入互联网，更多的消费者和商业参与者进入市场。用供给和需求分析，预计产品进入互联网后，电子商务在均衡产量和均衡价格上的影响。

12. 全球市场最近经历了粗铝库存增加、价格下降的阶段。根据《华尔街日报》报道，俄罗斯最大的铝生产商 Rusal 认为铝锭的价格会进一步下降，直到全球库存量稳定下来。假设粗铝的需求可以用等式 $Q_d = 124 - 0.025P$（Q_d 是年全球粗铝需求量，以百万吨为单位；P 是每吨粗铝的价格，以美元为单位）。进一步假设全球粗铝的供应量是 $Q_s = -50 + 0.025P$（Q_s 是年全球粗铝供应量，以百万吨为单位；P 是每吨粗铝的价格，以美元为单位）。

a. 在 Rusal 发表意见之时，粗铝的价格较高，在 3 600 美元 / 吨。运用给出的全球铝市场供需等式来计算在此价格下，全球铝市场每月库存量增加的比例。

b. Rusal 认为粗铝的价格会下降，因为全球库存量都在增加。试运用提供的供需等式来评价 Rusal 的预测，并预测全球粗铝价的动态。

第3章
Chapter3

优化决策的边际分析

■ 学习目标

学完此章后，你将可以：

（3.1）给一些关键概念和术语下定义；

（3.2）在无约束最大化问题中用边际分析找出最优化行动水平，并解释为什么沉没成本、固定成本和平均成本与决策无关；

（3.3）在有约束最大化和最小化问题中，用边际分析找出两种或更多行动的最优化水平。

对各种企业活动做出优化决策是所有管理者的基本技能。即要求管理者在特定情形下，分析收益和成本，做出可能的最优决策。福特汽车公司开始生产新设计和制造的 2002 探险者汽车时，尽管潜在的顾客已经在焦急等待购买新款汽车，福特的首席执行官决定前 5 000 辆下线的汽车不马上交付福特经销商的陈列室。相反，所有的新车被分组停放在工厂外面，质量控制工程师检测其中 100 辆车的装配和工艺质量。24 小时审慎的检查程序持续了 3 个月，使获利性非常高的新款探险者汽车推迟上市。没有人会责备福特执行官将产品召回的成本降至最低（福特尚在耗费 30 亿美元召回存在翻车危险的探险者中恢复），但是很多汽车行业分析家、汽车购买者和福特经销权拥有者都认为福特质量控制太过谨慎了。首席执行官对批评的回应是：选择增加 3 个月的质量控制手段，在当时情境下是最优的。很明显，他认为增加 3 个月的质量控制的益处（防止汽车召回节约的费用）超过了增加的质量控制手段的费用（5 000 辆新款探险者汽车在工厂停放所损失和延迟实现的利润）。

正如你所看到的，福特的首席执行官衡量了成本和费用后，做出了一个关键的决策，利用 3 个月，而不是 2 个月或 4 个月，100 辆样本，而不是 50 辆或 300 辆，是重新设计的探险者汽车上市前两个最优质量控制决策。我们没有关于福特质量控制成本与收益的充分的信息告诉你首席执行官是否做出了对福特而言的最优决策。然而我们能告诉你在一年后，《消费者报告》仍将福特汽车的整体可靠性评价为最低，然后，福特有了一个新的首席执行官。也许在质量控制上付出更多的努力才是最优的。

如果在一系列特定条件下管理者的决策导致了最好的结果，那么这个决策就是最优决策。要寻找最优决策，就需要应用本章中讲到的优化理论基本原理。经济学家谈到的“边际分析”的分析原则，可能就是你以前不知道，但在每天的决策中已经应用了在正式演示时运用的一些常识。边际分析为做出最优决策提供了基本的逻辑。经理人会从边际分析中受益，因为这种分析会让他们做出更好的决策，同时避免一些在决策制定中常见的错误。

边际分析的原理如下：当管理者思考是否需要调整某一经营活动达到最佳值，无论是调高或调低，管理者需要预测改变经营活动如何影响企业，因此带来的收益与成本发生变化。如果改变经营活动的水平是收益增加超过了成本增加；或者相反，成本降低超过了收益降低，那么企业采取这一活动的利润将增加。然后，管理者需要继续调整业务活动的水平直到不再有更多的利润，这意味着业务活动已经达到了它的最优价值或水平。

正如我们在第 1 章中提到的那样，经理人需要做出两种决策：日常的企业经营或策略性决策，以及能改变企业竞争环境的战略性决策。边际分析是制定日常企业决策的重要基础，比如决定雇用员工人数、生产的产量、广告费等。战略性决策的制定在很大程度上是基于博弈论的概念，而战略性分析则需要间接依据优化决策来计算或预测各种战略可能带来的回报。

3.1 概念和术语

对一个决策者来说，最优化行为即是求目标函数的极大值或极小值。那么，对公司的经理而言，他面对的**目标函数**（objective function）通常是利润，这需要求出最大值；对于消费者而言，他的目标函数是从所消费的物品中获得的满意度，这也是求最大值的问题；对于城市的管理者而言，他要寻求一套行之有效的法律法规，他的目标函数可能是成本，并求其最小值；对一家大公司的市场部经理而言，他的目标函数往往为销售额，并要求其最大值。换而言之，目标函数是对不同决策者需要最大化或最小化问题的描述。

如果决策者是为求出目标函数的最大值，那么这种优化问题就叫作**最大化问题**（maximization problem）。相反地，若是为了求出目标函数的最小值，则这种优化问题就叫作**最小化问题**（minimization problem）。通常而言，如果目标函数描述的是利润，那么决策者一定是要使其最大化，这就是最大化问题；如果目标函数描述的是成本，那么决策者一定是要使其最小化，这就是最小化问题。

目标函数的值是由一种或几种**自变量**（activity variable）或**选择变量**（choice variable）决定的。比如说利润额就是由生产和销售的产品数量决定的。生产的商品数就是利润额这一目标函数的变量。决策者通过选择不同水平的变量值来控制目标函数。

目标函数值由一个或多个行动或变量决定。例如，利润额由生产和销售的产品决定。生产的产品数量是决定目标函数的变量，这里的目标函数是利润。决策者通过选择行动或变量的水平控制目标函数的值。

本书讨论的最优化问题涉及的变量有两种：离散变化和连续变化。**离散变量**（discrete choice variable）一次只能取固定的值，如 1，2，3，…，或 10，20，…。当收益与成本数据在一个表格中表示时，每一列表示一个变量。在本书中，离散变量都会以表格的形式出现。**连续变量**（continuous choice variable）可在两点之间任意取值。如一个在 0 ～ 10 连续变化的量，它的取值就可以是 2，2.345，7，9，8.999，甚至 0 ～ 10 无穷个数中的一个。连续变量多用图表的形式表现，有时也用方程式表达。但优化规则对于这两种类型的变量只有轻微的差异。

优化问题除了可以划分为求最大值和最小值外，还可以根据变量的取值是否受约束来划分。**无约束优化**（unconstrained optimization）是指决策者可以不受限制地从变量值中任意取值，以达到目标函数的最大化。本章我们只介绍如何求解无约束的最大化问题，因为我们在本书中将要谈到的无约束决策都是最大化问题。有约束最优化问题涉及选择两个或者更多的变量，使目标函数在仅能取 A 或 B 的行动约束条件限制下达到最大或者最小化。如果选择的变量的总成本必须等于一个特定的成本限制，这时就是**有约束最优化**（constrained optimization）。本书中，我们既要研究有约束条件下的最大化问题，也要研究有约束条件下的最小化问题。

本章稍后我们会指出，解决有约束的最大化和最小化问题有一条简单的法则。因而，你只需要学一条法则，就可以了解所有的受约束最优化问题了。

尽管现实中有一大堆求最大化或最小化的决策，但所有这些优化问题都可以用本章开始就提及的一种叫边际分析的强大武器来解决。**边际分析**（marginal analysis）是使变量在一定范围内变化，看它能否使得最大化问题的值进一步增大，或是能使最小化问题的值进一步减少。如果变化趋势如我们所愿，那么我们就继续使其在该方向上变化，直至函数值达到极值。边际分析导致了两条法则，一条用于解决无约束的问题，另一条用于解决有约束的决策问题。我们首先来讨论无约束决策。

3.2 无约束下的最优化

决策者希望采取的任何一个行动都会产生收益和成本。因此，决策者想要选择行动水平，使得利润最大，这里与特定变量 A 水平相关的**利润**（net benefit, NB）是总收益（TB）和总成本（TC）的差值：

$$NB = TB - TC$$

这样，利润成为需要最优化的目标函数，行动 A 的水平成为变量。另外，决策者能够选择他们希望行动的任意水平，从零到无限大，可以是连续的，也可以是离散的。下面我们开始研究无约束最优化。

◇专栏 3-1

成本－收益分析真的有用吗

我们一直赞美优化理论的用处，在商业决策和日常生活的决策中，这也经常被称作成本－收益分析。这一行动包括了比较行动的边际收益和边际成本，而忽略以前已经发生过的沉没成本。主要的法则是：当边际收益大于边际成本时，提高行动水平；当边际收益小于边际成本时，降低行动水平。但是这一简单法则却和我们由来已久的传统原则相悖，如“决不放弃”“任何值得去做的事都要做好”，或是“没有失，就没有得”。所以，你可能怀疑成本－收益分析是否真如我们所说的那么有用。

这一方法的确有用，至少根据《华尔街日报》的一篇名为《经济眼光产生稳定收获》的文章所言是这样的。在这篇文章里，密歇根大学的一个调研小组得出，“成本－收益分析在日常生活中也取得了成效。”这个小组对该大学的管理层和普通教员进行了一个小测验，问了一些诸如此类的问题：你们有多少次从糟糕的电影中离开？有多少次拒绝读完一部糟糕的小说，有多少次重写一篇论据不足的报告？或是有多少次放弃了一项毫无前途的项目？他们相信，以这种方式降低了损失的人们依循了合理的经济法则：计算其他行为的利润，排除不能回收的成本，斟酌一下未来时间和精力更加有效的机会。①

结论是：在教员中，用这种成本－收益分析法进行决策的人，相对于他的同龄人和系里的其他成员有较高的收入。经济学家比社会学和生物学教授更善于使用这种方法。在学生中，经常使用成本－收益分析法的人，他们的成绩比他们预测的 SAT 分数要好。学生们选择的经济类课程越多，在课堂之外运用的次数也越多。密歇根大学研究小组的组长承认对大多数的美国人来说，成本－收益分析经常和传统的原则相冲突，就如我们前面所提到的那样。不管这些可能的冲突如何，研究结果提供了证据，决策者采用边际分析和成本－收益分析的逻辑就能够做出正确的决策。

① “Economic Perspective Produces Steady Yield,” *The Wall Street Journal*, Mar.31,1992.

3.2.1 行动的最优水平（A^*）

我们将以一个相当典型的行动 A 的总收益和总成本曲线，如图 3-1a 所示，开始我们对无约束最大化分析。总收益在 A 到达 1 000 单位（G 点）以前一直随行动水平的增加而增加；此后总收益随其增加而降低。总成本从零开始随行动水平增加而增加。这种“典型”的曲线使我们得以推导找到这类无约束问题最优决策的一般规则。虽然后面章节中遇到的一些特殊问题有时涉及的收益成本曲线与图 3-1a 所示不同，例如，总收益曲线可能是线性的，总成本曲线可能是线性或者 S 形的。在后面的章节中你将看到，总成本曲线在变量为 0 时是正值，包含了固定成本。虽然可能有这些变化，但是制定最优决策的规则并不变化。通过学习解决图 3-1 中的最优化问题，你就做好解决本书后面章节中涉及的种种此类问题的准备。

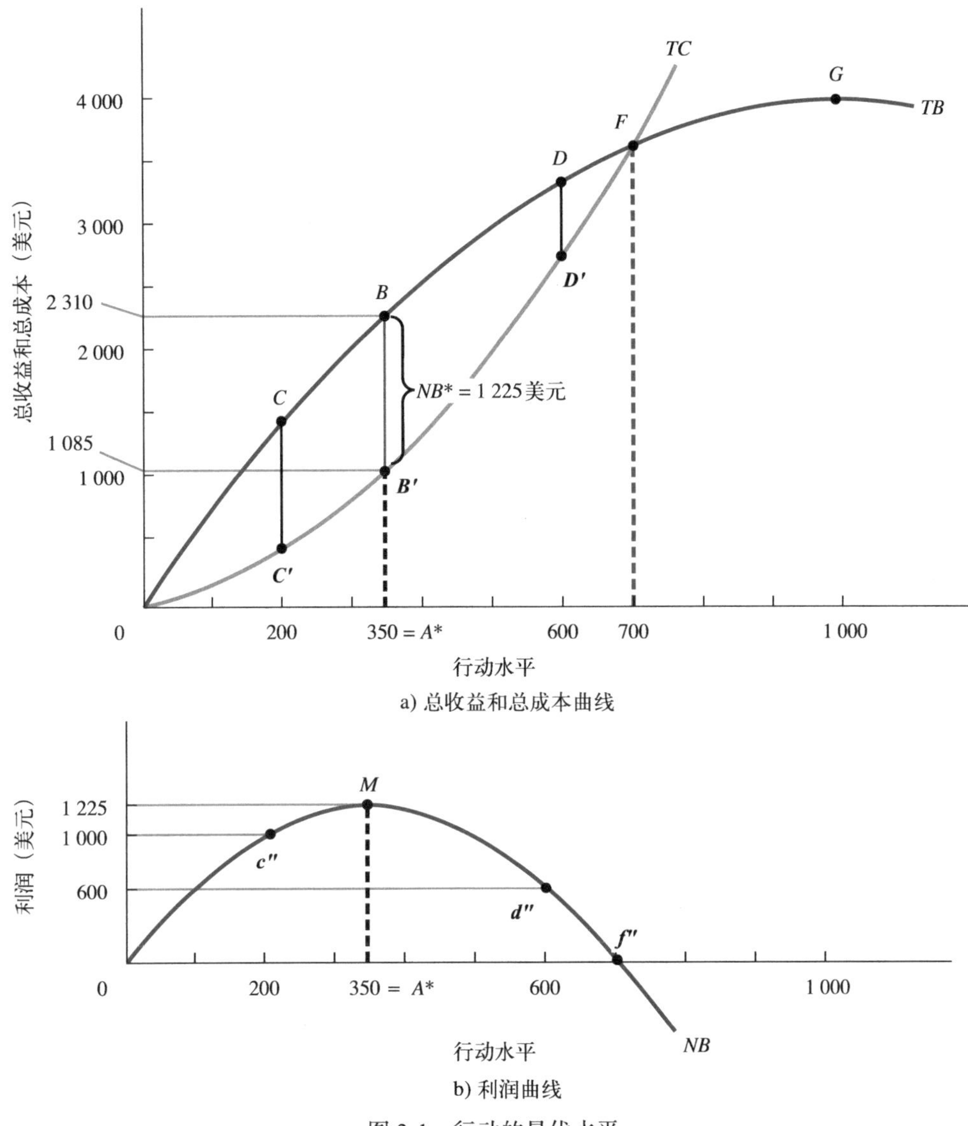

图 3-1　行动的最优水平

使利润最大时的行动值称为**最优行动水平**（optimal level of activity），我们用 A^* 以示与其他行动水平的区别。在图 3-1a 中，任一行动水平的利润用总收益与总成本的垂直差值衡量。例如当行动水平等于 200 时，利润等于线段 CC' 的长度 1 000 美元，即图 3-1b 中 c''。图 3-1b 表示了与图 3-1a 中 TB 和 TC 相关的利润曲线。通过图 3-1b 利润曲线可以看出，当 NB 达到最大值时，得到行动的最优水平 A^* 是 350 单位。在图 3-1a 变量为 350 单位时，TB 和 TC 之间垂直

距离最大，最大值是 1 225（=*NB**）美元。[⊖]

由此我们可以得到两个重要的无约束最大化问题的结论。首先，最优行动水平并不总能带来总收益最大。在图 3-1a 中你可以看到在最优点 *B* 总收益仍在上升。正如我们将在本书中后面说明的，这一技巧的最重要应用之一——利润最大化时，最优产量并不在收益最大化时发生。这个结论可能使管理者产生迷惑，特别是那些认为只要能够增加收益就增加投入的管理者。我们将在本书后面部分更多探讨这个问题。其次，无约束最大化问题的最优行动水平并不意味着总成本最小。在图 3-1a 中你可以很容易证明是在 0 单位行动水平，而不是 *A** 总成本最小。

在图 3-1 中找到 *A** 似乎非常容易。决策者从图 3-1a 的总收益和总成本曲线入手，并且从总收益中减去总成本就构成了图 3-1b 的利润曲线。然后，决策者选取利润曲线最高点的 *A* 值。你可能很有理由怀疑为什么我们还要为制定最优决策寻找其他的方法，即边际分析。也许学习边际分析的方法最重要的原因在于经济学家认为边际分析是“经济学理论中的核心原理”。[⊜]图 3-1 中的图形只是定义性地描述了最优的行动水平；它并没有解释为什么利润上升、下降或者达到它的顶点。边际分析通过关注总收益和总成本的变化，提供了一个对导致利润变化的根本因素，一个简单而又完整的解释。在准确理解什么导致了利润改善的基础上可以制定简单的决策规则，决定何时业务活动需要增加、减少或者维持现状不变。

我们也将要展示使用边际分析制定最优决策，保证了你在制定决策过程中不会考虑诸如固定成本、沉没成本或者平均成本等不相关的信息。马上你将会看到，决策制定只使用边际分析了解边际收益和成本的信息，就可以找到最优行动水平。正因为如此，与图 3-1 构建各种行动水平的 *TB*、*TC* 和 *NB* 曲线相比，边际分析要求较少的信息。不必收集和处理达到 *A** 过程中无关的信息。例如，如果图 3-1 中决策制定者目前变量水平为 199 单位，有关收益与成本的信息也仅需要 200 ～ 351 单位这一区间。即便没有任何变量在 200 以下和 351 以上的收益与成本的信息，依然可以找到行动的最优水平。

3.2.2 边际收益和边际成本

为了理解和应用边际分析，你必须首先理解这一方法的两个关键组成部分：边际收益和边际成本。**边际收益**（marginal benefit, *MB*）是行动水平一个增量的变化带来的总收益的变化。类似地，**边际成本**（marginal cost, *MC*）是行动水平一个增量的变化带来的总成本的变化。字典里通常对“增量”的定义是“变量的一个微小的正向或负向的变化”。你可以认为行动水平的一个“微小的”或“增量的”变化对行动水平整体而言是一个相对小的变化。在多数应用中，将增量变化认为是一个单位的变化是很方便的。然而在一些决策中，行动水平变化小到一个单位是不实际的，甚至是不可能的。只要行动可以调节到相对小的增量水平边际分析就可以应用。我们也指出“小”是行动水平的变化，并不指总收益或者总成本的结果变化，它们的变化可大可小。

边际收益和边际成本的数学表达为

$$MB = \text{总收益的变化} / \text{行动的变化} = \Delta TB/\Delta A$$

和

$$MC = \text{总成本的变化} / \text{行动的变化} = \Delta TC/\Delta A$$

式中 Δ——变化量；

A——行动水平。

由于“边际”衡量的是相对于“总”变量的变化，边际收益和边际成本也分别是总收益和

⊖ 你可能一开始认为：在 700 单位达到行动最优水平，因为在图 3-1a 中两条曲线相交于点 *F*，在经济学中这种情形很多时候都是正确答案。然而，在图 3-1b 中你可以看到，选择 700 单位行动水平并不比根本就不生产创造更大净利润（即选择 *A*=0），因为在行动水平为 0 和 700 时，总收益等于总成本。

⊜ See Robert B Ekelund, Jr., and Robert F. Hébert, *A History of Economic Theory and Method*, 4th ed. (New York: McGraw-Hill, 1997), p.264

总成本曲线的斜率。

图 3-2 中的两图表示了图 3-1 总量曲线的相应的边际曲线。图 3-2a 展示了在不同点或行动水平上的斜率的计算方式。回忆一下高中数学课或者在大学学习微积分之前必修的课程，曲线上任意一点的斜率，可以首先通过画出曲线在该点的切线，然后将切线“垂直增量”除以“水平增量”计算。[⊖]例如，考虑图 3-1a 中 *TB* 上 *C* 点的斜率。在 *C* 点的切线水平增量为 100 单位，垂直增量为 640 单位（美元），在 *C* 点总收益曲线的斜率是 6.40 美元（= 640/100）。这样第 200

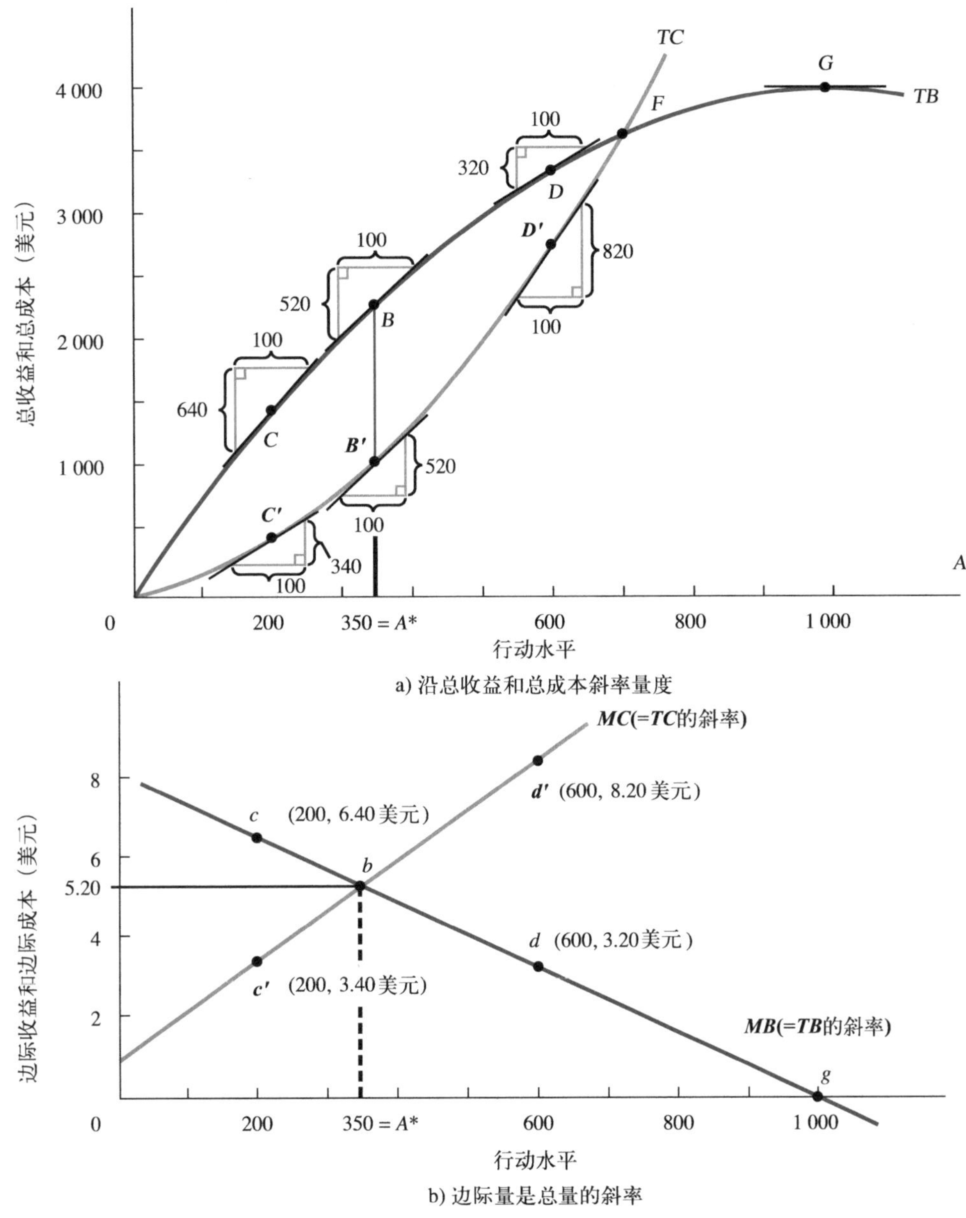

a) 沿总收益和总成本斜率量度

b) 边际量是总量的斜率

图 3-2　边际量与总量之间的关系

⊖ 当一条直线与一条曲线相切，它与曲线的交点仅有一个。对平滑连续曲线而言，一个点只能画出一条切线。那么，曲线上一点的斜率是唯一的，并且等于该点切线的斜率。斜率的数学表示水平坐标轴和垂直坐标轴上变量是正相关（正数斜率）还是相反（负数斜率）。更详细的关于曲线斜率的计算和解释参见本书的参考书《初等数学复习》。

单位行动的边际收益为 6.40 美元，即增加第 200 单位的行动（从 199 增加到 200 单位）导致总收益增加 6.40 美元。[⊖]

你应该理解，边际收益也表明减掉第 200 单位的行动（从 200 单位降低到 199 单位）导致总收益降低 6.40 美元。由于 *TB* 在 *C* 点行动每变化 1 单位的斜率是 6.40 美元，在图 3-2b 中 *C* 点的边际收益是 6.40 美元。你可以证明在总收益曲线上其他点（*B* 点、*D* 点和 *G* 点），乃至总成本曲线上点（*C′* 点、*B′* 点和 *D′* 点）这种关系同样存在。我们将这个重要的发现总结成如下原理。

原 理

边际收益（边际成本）是行动水平变化一个单位引起的总收益（总成本）的变化。某一特定单位行动水平的边际收益（边际成本）可以用在总收益（总成本）曲线上该行动水平点的切线斜率表示。

在这一点上，你可能担心画出切线，计算切线的斜率是一件麻烦事，且并不是准确地找到边际收益和边际成本的方法。你将看到，后面章节中的边际收益和边际成本曲线并不是通过画出切线得到的。然而这一方法非常有用，使你可以沿着总收益和总成本曲线画出一系列的切线，便于找到为什么边际收益和边际成本曲线分别上升、下降或是持平。即使你并不知道图 3-2 中点 *C*、点 *B*、点 *D* 和点 *F* 的切线的数值，你仍然可以确定图 3-2b 中边际收益一定是斜向下方的，因为你可以看出来随着行动水平增加，沿着 *TB* 的切线越来越平（斜率越来越小）。另一方面，在图 3-2b 中边际成本肯定是增加的，因为你可以看到随着行动水平增加，它的切线越来越陡（斜率越来越大）。

3.2.3 用边际分析找到最优行动水平

就像我们前面谈到的那样，边际分析方法包括了比较边际收益和边际成本是否因为行动水平的增加而带来利润的增加。我们现在将逐步说明如何利用其分析图 3-2b 中的边际收益和边际成本曲线。让我们假设决策者现在正采取图 3-2b 的行动水平 199，并且希望确定行动水平一个单位增量变化是否会带来利润的增加。增加第 200 单位的行动水平将使总收益和总成本都增加。在图 3-2b 中，从 *c* 点和 *c′* 点，*TB* 增加量超过 *TC* 增加量（6.40 美元超过 3.40 美元）。因此，行动从 199 单位增加到 200 单位将导致利润增加 3 美元（=6.40－3.40）。在图 3-3 中，在 200 单位行动水平（点 *c″*）上，因为 *MB* 等于 6.40 美元，*MC* 等于 3.40 美元，行动每增加 1 个单位利润增加 3 美元（=300/100）。

将行动水平增加到 200 单位之后，决策者再次衡量，再增加行动水平是否带来期望的边际收益和边际成本的变化。在此情形下，对第 201 单位的行动而言，决策者仍发现 $MB>MC$，这意味着应该再次增加行动水平。这样行动水平的增加调整将一直到边际收益等于边际成本的 *M* 点（$A^*=350$）。实际中，决策者可以对 *A* 采取一次从 199 单位调整到均衡的 350 单位的行动水平，也可以进行一系列的微调，直到 350 单位 *MB* 等于 *MC* 的行动水平。当然在任何情况下，达到 A^* 的调整次数不会改变利润最大点的最优决策。

现在让我们从过多的行动而不是少的行动开始。假设决策者从 600 单位开始行动，你可以通过 *NB* 曲线（见图 3-1 或图 3-3）观察到行动过多。从 600 单位减少行动水平会导致总收益和总成本都降低。在图 3-2b 中的 *d* 点和 *d′* 点，*TC* 降低比 *TB* 降低更多（8.20 美元大于 3.20 美元）。因此将行动水平从 600 单位降低到 599 单位将导致利润增加 5 美元（=8.20－3.20）。你现

⊖ 当说明边际收益和边际成本的数值时，记得该值是基于某一特定的行动水平。在本例中，在第 200 单位的边际收益等于 6.40 美元。严格讲，“200 单位的边际成本是 6.40 美元”是错的，并且令人产生困惑。在 200 单位行动水平，采用的最后 1 个单位（即第 200 单位）的行动带来的边际收益是 6.40 美元。

在可以证明图 3-3 中，600 行动单位（点 d''）时，每降低 1 单位行动利润增加 5 美元。由于在 599 单位 MC 仍然大于 MB，决策者将一直降低行动直到在 350 单位（点 M）MB 刚好等于 MC。

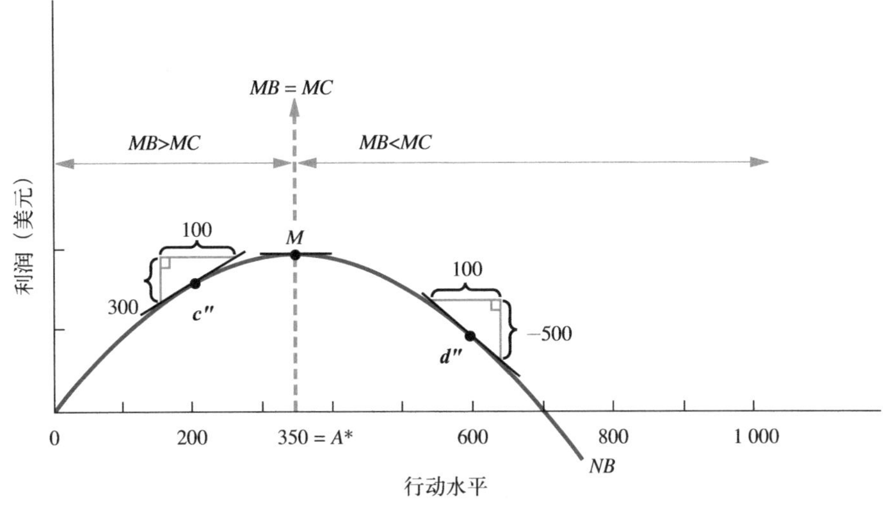

图 3-3　用边际分析找到最优行动水平

将前面讨论和图 3-3 描述的边际收益、边际成本和利润的关系总结为表 3-1 边际分析的规律。我们现在将其总结为连续变量无约束最大化问题的边际分析原理。

表 3-1　边际分析决策规律

	$MB > MC$	$MB < MC$
增加行动	NB 增加	NB 减少
减少行动	NB 减少	NB 增加

原 理

给定一行动水平，如果在此情况下行动的一个微小增加或减少导致利润增加，那么这一行动水平将不是最优的。行动必须增加（如果边际收益超过边际成本）或减少（如果边际成本超过边际收益）直到最大利润。当行动的任一变化都无法使利润增加时，得到行动的最优水平，即利润最大的水平，此时行动的边际收益等于边际成本时：$MB = MC$。

进行无约束优化讨论时仅允许一个行动或变量影响利润，有时经理需要选择两个或者更多变量水平。当决策者需要确定几个变量使利润最大化时，可以应用同样的原理：当行动的边际收益等于边际成本时，企业利润最大化。因为管理者需要同时使各个行动的边际收益等于边际成本而使问题在数学上更加复杂。例如，如果决策者选择两个行动 A 和 B 使利润最大化，那么 A 和 B 的值必须同时满足两个条件：$MB_A = MC_A$ 并且 $MB_B = MC_B$。本书中所有的无约束最大化问题都只包括 1 个变量或行动。

3.2.4　离散变量的最大化问题

在前面的分析中，变量或行动水平是一个连续的变量。当一个变量只能离散地发生变化，其边际分析方式与连续变量完全一致。然而，当变量为离散变量时，决策者通常不能将行动水平调整到边际收益刚好等于边际成本那一点。在这种情形下制定最优决策时，决策者将一直增加行动水平，直到边际收益超过边际成本的最后一个单位的行动水平。我们可以借助表 3-2 解释这一离散变量的规律，表 3-2 表示了 0 ～ 8 的各个整数表示的某一行动水平 A 的总收益和总成本。

表 3-2 离散变量的最优化

(1) 行动水平 (*A*)	(2) 行动的总收益 (*TB*)(美元)	(3) 行动的总成本 (*TC*)(美元)	(4) 行动的利润 (*NB*)(美元)	(5) 边际收益 (*MB*)(美元)	(6) 边际成本 (*MC*)(美元)
0	0	0	0	—	—
1	16	2	14	16	2
2	30	6	24	14	4
3	40	11	29	10	5
4	48	20	28	8	9
5	54	30	24	6	10
6	58	45	13	4	15
7	61	61	0	3	16
8	63	80	−17	2	19

让我们假设决策者目前还没有采取任何行动，正在决定是否采取第 1 个单位的行动。第 1 个行动的边际收益是 16 美元，边际成本是 2 美元。采取第 1 个单位的行动使总收益增加了 16 美元，而总成本只增加了 2 美元，因此利润增加了 14 美元（从 0 美元到 14 美元）。决策者决定采取第 1 个单位的行动获得更高的利润。对第 2 个单位和第 3 个单位行动使用同样的推理可以得到采取更多行动的决策。然而大于第 3 个单位后，再采取一个行动的边际成本超过了边际收益，因此不会采取超过 3 个单位的行动。正如你看到的，最优行动水平时 3 个单位，因为 3 个单位行动水平的利润（29 美元）高于其他行动水平的利润。这些结果总结为如下的原理。

原 理

当决策者面临一个无约束最大化问题，并且必须在离散的行动水平中选取行动，如果 $MB>MC$，行动水平应该增加；如果 $MB<MC$，行动水平应该减少。当边际收益超过边际成本的最后 1 个单位的行动水平时，达到了行动的最优水平——利润最大。

在继续下面的讨论前，我们需要指出这个原理不能被理解成“选择当 *MB* 和 *MC* 最接近的值”。从表 3-2 中第 4 个单位的行动可以看出为什么这种理解能够导致错误的结论。在第 4 单位的行动水平，*MB*（=8 美元）与 *MC*（=9 美元）的接近程度高于行动的最优水平，即 *MB*（=10 美元）比 *MC*（=5 美元）高 5 美元。现在你知道了为什么不能将离散变量的规律理解成“让 *MB* 与 *MC* 尽可能接近”。

3.2.5 与决策无关的沉没成本、固定成本和平均成本

在我们关于最优化问题的讨论中，我们从未提及沉没成本和固定成本。**沉没成本**（sunk cost）就是在先前已经支付了并无法收回的成本。**固定成本**（fixed cost）是不随产量变化的成本。这两种成本和决策无关。它们要么已经支付并无法收回，如沉没成本；要么无论经理或决策者的行动如何也必须支付，如固定成本。唯一与决策有关的因素（边际成本和边际收益）都不会受沉没成本和固定成本的影响。

假设你领导着你们公司的广告部门，你刚刚向一家广告公司支付了 200 万美元制作一个

30 秒的电视广告，并且计划在下个季度全国的电视网络播出。公司通过一次性支付的 200 万美元，拥有 30 秒电视广告完全的所有权，你们公司可以在任何时间利用这个广告而无须向广告公司支付额外的费用。在此情形下，200 万美元是沉没成本，因为即便你们公司决定不再使用这个广告了，它已经支付掉了，无法收回。

为了决定下个季度播放多少次，你召集了你们公司广告部门的会议。在会议上，公司媒体采购负责人告诉你在美国偶像节目期间 30 秒的电视广告档每次将花费 250 000 美元。市场研究专家在会上预计第 24 次广告将产生 270 000 美元的销售，第 25 次将增加销售 210 000 美元。运用边际分析的规律，市场部团队决定下个季度播放 24 次新广告最优，因为第 24 次广告播放是广告播放的边际收益超过边际成本的最后 1 个：

$$MB = 270\ 000\text{ 美元} > 250\ 000\text{ 美元} = MC$$

超过 24 次播放是错误的，将会导致利润降低，利润将会降低 40 000 美元（=210 000 − 250 000）。

会议两天后，你得知了一个严重的会计错误：你们公司实际上付给广告公司 300 万美元，而不是最初报告的 200 万美元，用于开发制作你们公司的新的电视广告。在你思考如何处理这一消息时，你意识到你不必召集市场部的另外一个会议重新考虑播放 24 次的决定。因为支付给广告公司的费用是沉没成本，它并不影响多播放一次广告的边际收益和边际成本。无论公司过去支付了多少购买广告，都不影响广告播放的最优次数 24 次。

将这个例子改成固定成本的例子，假设会议两天后，你发现你们公司不是一次性购买广告，而是签订了一个 30 个月的合同，以每月 10 000 美元的租金播放电视广告。不管你们公司决定播放多少次，甚至决定根本就不播放，这个租金在 30 个月中都是固定的不变的。你需要再召集市场部会议重新计算需要在美国偶像节目时间的最优广告播放次数吗？跟前面一样，不需要新的决策。因为固定的月度并没有改变预计销售的增长（*MB*）和播放广告的额外费用（*MC*），最优的广告播放次数仍然是 24 次。

你现在已经明白了超过你所能控制的事情不会影响决策，然而一些经济学实验发现当做决策时，很多人都没有忽略固定成本或沉没成本。他们这样说，“我已经在这个项目中投入了这么多了，我不得不继续下去”。正如你已经明白的，他们应该在继续下去之前权衡继续下去的成本和收益。当增加的收益超过成本时，应该继续；当增加的成本超过收益，他们就不应该继续下去。如专栏 3-1 展示的那样，即使在日常的决策中，考虑固定成本或沉没成本不是好的决策。

在寻找最优行动水平中，另一种不应该考虑的成本是行动的**平均成本**（average cost）或**单位成本**（unit cost）。平均（单位）成本是每个行动的成本，即总成本除以行动数量。为了制定最优决策，决策者不应该关心决策是否会使平均成本升高或降低。不考虑平均成本的原因很简单：行动增量的变化对利润的影响取决于边际收益和边际成本（$\Delta NB = MB - MC$），而不是平均收益或平均成本。换言之，最优决策在于“边际”，而不是“平均”。

为了说明这一问题，再一次考虑表 3-2 的决策。2 个单位行动的平均成本是 3 美元（=6/2），3 个单位行动的平均成本是 3.67 美元（= 11/3）。回忆我们前面的讨论，因为采取第 3 单位行动的边际收益超过边际成本（10 美元 > 5 美元），带来利润的增加。3 个单位的平均成本超过 2 个单位的平均成本完全不影响决策。反过来讲，决策者也不会仅仅为了将平均成本从 3.67 美元降低到 3 美元，而从 3 个单位行动水平降低到 2 个单位；这样的决策将导致利润从 29 美元降低到 24 美元。下面的原理总结了在制定最优决策时，沉没成本、固定成本和平均成本的角色：

原 理

决策者希望使行动产生的利润最大化，应该不考虑与行动不相关的任何沉没成本、任何固定成本和平均成本，因为这些成本都不会影响边际成本，因此与制定最优决策无关。

3.3 有约束下的最优化

在很多情况下，经理们会面对这样的情况，即行动水平的选择最大化或最小化问题受周围环境的约束。这些有约束最大化问题同无约束最大化问题一样，也能用边际分析来解决。正如在第 3.1 节中指出的，无论最优化问题是求最大还是最小，优化法则对两者是一样的。

解决有约束最优化问题的一个关键概念，是花在任一行动上每 1 美元的边际收益。在你明白如何解有约束最优化问题之前，你必须先了解如何去解释一种行动的边际收益与其价格的比值。

3.3.1 在某一行动上单位美元的边际收益

零售商们经常会做这样的广告：我们的商品能“给你的金钱带来更多的价值”。人们对这句话的理解是，它在同类商品中，既不是质量最好的或价值最高的，也不是最便宜的。广告想要传递给消费者的是，它们的商品能让同等的币值获得更多的利益，或者是说每一美元获得更多的价值。当商品评估服务（如《消费者报告》，*Consumer Reports*）将一件商品评为“最佳购买”时，它们并不是指最好的，或是说最便宜的；它们是指消费者花在该商品上的每一美元能获得更多的价值。当企业招人时，它们不一定要找工作效率最高的，那样的人工资也会很高。当然它们也不会要一个工资极低的人，那样的人很可能工作效率也不高。它们希望能雇用一个能做这项工作，并且对支付的每单位薪金而言，工作效率最高的人。

在上面的例子中，像“你金钱的最大价值”“最佳购买”和“最物有所值”等短语，表示一项特定的行动能够带来每一美元的最大边际收益。为了说明这一概念，假设你是一个正在逐步壮大的律师行的经理，你想要买一台复印机，原有的一台已不堪重负。你逛了半天，终于选定了三种品牌的机器（分别为 A、B 和 C），它们的性能完全一样。但它们在价格和总共可复印的页数上有差别。A 品牌的复印机要价 2 500 美元，并且总共能复印 500 000 张。这台机器的边际收益为 500 000（$MB_A=500\ 000$），因为它能为律师行提供 500 000 张的新增复印能力。为了找到每单位美元的边际收益，用边际收益除以价格（$P_A=2\ 500$）：

$$MB_A/P_A=500\ 000/2\ 500=200\text{（张 / 美元）}$$

你得到 A 品牌机，每美元 200 张。

现在拿 B 品牌机和 A 品牌机比较，B 品牌机可以复印 600 000 张，售价 4 000 美元。边际收益比 A 大，价格也比 A 高。为了找出买 B 究竟能得到多少利益，计算 B 品牌机的单位美元的边际收益：

$$MB_B/P_B=600\ 000/4\ 000=150\text{（张 / 美元）}$$

尽管 B 品牌机的边际收益大，但是它每美元的边际收益还没有 A 品牌机大。A 品牌机相对于 B 品牌机而言更优，因为它的每美元边际收益更大。第三台复印机能够复印 580 000 张，价格为 2 600 美元。C 品牌机既不是最好的（580 000 张 < 600 000 张），也不是最便宜的（2 600 美元 > 2 500 美元），但在这三种机型中，C 品牌机的每单位美元的边际收益却是最大的：

$$MB_C/P_C=580\ 000/2\ 600=223\text{（张 / 美元）}$$

考虑每美元的边际收益，你应当把 C 品牌机排第一，A 品牌机次之，B 品牌机排第三。

当从不同的行动中做选择的时候，决策者应该比较不同行动下每美元的边际收益。边际收益，就其本身而言，并不能为决策制定提供足够的信息。而每美元的边际收益才是决策过程中真正起作用的因素。

3.3.2 有约束的最大化

通常在有约束最大化问题中，一个经理或决策者必须选择两个或两个以上的行动水平使得总收益（目标）函数最大，同时受到可以花费的支出预算的限制。[一]为了说明边际分析如何在有约束最大化问题中找到行动的最优水平，考虑下面一个问题，其中有两个行动水平，A 和 B。每单位行动 A 的成本为 4 美元，每单位行动 B 的成本为 2 美元。经理面临的约束是花在行动 A 和 B 上的总支出不得超过 100 美元。经理希望将 100 美元合理分配，并使得从行动 A 和 B 上获得的总收益最大。

这个经理目前选择了 20 个单位的行动 A 和 10 单位的行动 B。约束条件也满足了，因为 $(4 \times 20)+(2 \times 10)=100$ 美元。对于这一组合，A 行动最后一单位的边际收益为 40 单位，B 行动最后一单位的边际收益为 10 单位。在这种情况下，A 行动的每美元的边际收益大于 B 行动的每美元的边际收益：

$$MB_A/P_A=40/4=10>5=10/2=MB_B/P_B$$

在 A 行动上多花一美元可以使总收益增加 10 个单位，而在 B 行动上增加一美元只能使总收益增加 5 个单位。既然 A 行动的每美元边际收益比 B 行动要高，因而 A 行动为钱提供了“更多的价值”，或者说在这一组合中更优。

为了利用这一事实，经理将 A 行动水平提高了 1 单位，将 B 行动水平降低了 2 单位（现在，$A=21$，$B=8$）这一组合的花费仍为 100 美元 $[=4 \times 21+2 \times 8]$。多增加一单位的 A 使得总收益增加 40 单位，减少两单位的 B 使总收益降低 20 单位。A 行动和 B 行动新组合的总收益增加了 20 单位（$=40-20$），新组合（$A=21$，$B=8$）成本同旧组合（$A=20$，$B=10$）一样，也为 100 美元，在不增加预算（100 美元）的基础上提高了总收益。

自然，只要 MB_A/P_A 比 MB_B/P_B 大，经理就要继续在 A 行动上增加投入，而减少 B 行动上的投入。在大多数情况下，随着一个行动的增加，其边际收益下降。[二]结果是当 A 行动水平上升时，MB_A 变小；当 B 行动水平下降时，MB_B 上涨。因此当 A 行动上升而 B 行动下降时，MB_A/P_A 下降而 MB_B/P_B 上升，直到在一点上达到 A 行动不再优于 B 行动，也就是说，$MB_A/P_A=MB_B/P_B$。在这一点上，总收益达到最大，同时也满足了 100 美元的约束条件。

如果起初的分配为

$$MB_A/P_A<MB_B/P_B$$

经理就应该意识到 B 行动是更优的选择。在这种情况下，总收益增加可以通过提高 B 行动的水平，降低 A 行动的水平，并且维持 100 美元的支出得到。每提高 2 单位的 B 行动就应当降低 1 单位的 A 行动（为的是满足 100 美元的约束条件），直到两种行动的每美元边际收益相同：

$$MB_A/P_A=MB_B/P_B$$

如果目标函数多于两个行动，条件扩展为要求所有行动每单位美元花费的边际收益相等。

原 理

在求有约束最大化问题的最优解时，选择使所有的行动每单位美元边际收益相等的水平。

$$MB_A/P_A=MB_B/P_B=MB_C/P_C=\cdots=MB_Z/P_Z$$

并且选择的行动水平应同时满足约束条件。

[一] 看起来有约束的最大化问题不再用利润作为最大的目标函数。然而值得注意的是，当为了满足预算约束，总成本必须保持不变时，利润最大化实际上成为在给定总成本情况下的最大可能利润。有约束的最小化问题与之类似，即寻求当约束限制了总收益水平时总成本的最小化问题。

[二] 边际收益降低很常见。就像你连续喝几罐可乐，下一罐可乐带给你的额外满意就越少；就像你准备考试，每增加一个小时你对考试分数的期望就越少。在这里，边际收益与行动水平反相关。增加行动水平，使边际收益减少，减少行动水平，边际收益增加。

3.3.3 实例：广告费用的优化配置

为了说明企业如何运用有约束的最大化技术合理地分配广告费用，设想一个零售小商店的经理，他希望使得每周的广告预算在不超过 2 000 美元的条件下提高销售的效果（用总销售量来表示）。这个经理有两个选择，一个是在当地的电视台做广告，一个是在当地的广播电台做广告。作为一个课堂的教学案例，附近一所大学的市场营销课将这位零售商在两种媒体上不同广告投入时对销售的影响做了大致的估计。这位经理希望能使销售的商品数量最多，因而，我们的总收益就用所销售的商品件数来衡量。在两种媒体上增加广告投入使周销售量的增长（边际收益）的估计值如表 3-3 中的列（2）和列（4）。

表 3-3

（1） 广告数量	（2） $MB_{电视}$	（3） $MB_{电视}/P_{电视}$	（4） $MB_{电台}$	（5） $MB_{电台}/P_{电台}$
1	400	1.0	360	1.2
2	300	0.75	270	0.9
3	280	0.7	240	0.8
4	260	0.65	225	0.75
5	240	0.6	150	0.5
6	200	0.5	120	0.4

电视广告比电台广告显得更加“有力”，因为电视广告的边际收益比电台广告要高。但是，由于经理受到预算的约束，他要考虑的就不仅是边际收益，还有花在广告上的每美元的边际收益。电视广告的价格是每个 400 美元，电台广告的价格是每个 300 美元。第一个单位的电视广告的边际收益（销售量的增加量）比电台要高，但每美元的边际收益却是电台比电视台高（见表 3-4）。

表 3-4

	每单位美元的边际收益	
	电视	电台
广告 1	400/400 = 1.00	360/300 = 1.2

这表明在电视上的第 1 单位广告投入，每美元能带来销售量 1 个单位的增加，而在电台上的第 1 单位的广告投入，每美元能带来销售量 1.2 个单位的增加。因此，当经理做选择的时候，他的第 1 选择应该是电台，电台的每美元边际收益比电视台大。根据同样的法则，用表 3-3 中列（3）和列（5）的 *MB*/*P* 值，2 000 美元的广告预算应该如下分配，如表 3-5 所示。

表 3-5

决　策	*MB*/*P*	*MB*/*P* 排序	累计支出（美元）
购买电台广告 1	360/300 = 1.20	1	300
购买电视广告 1	400/400 = 1.00	2	700
购买电台广告 2	270/300 = 0.90	3	1 000
购买电台广告 3	240/300 = 0.80	4	1 300
购买电视广告 2	300/400 = 0.75 }	5	1 700
购买电台广告 4	225/300 = 0.75 }	5	2 000

选择 2 个电视广告和 4 个电台广告，经理可以在满足 2 000 美元的广告预算的条件下，使企业的销售额最大。注意在电视和电台广告的最优水平下（2 个电视广告和 4 个电台广告）：

$$MB_{电视}/P_{电视} = MB_{电台}/P_{电台} = 0.75$$

上述例子假想的数字不应该让你认为这个例子是虚假的。只要我们在上面的数字后面加上几个零的话，那就显然是真实世界中的情形了。

◇专栏 3-2

西雅图海鹰队的防守赢了“单位美元回报”

在每个职业体育队后面，都有一个商业决策团队在不停地尝试，如何能够组建收益最好的球员团队。对他们而言，并不存在非赛季。在全美橄榄球联盟中，组建球队的过程是一个有约束的优化问题，因为橄榄球联盟对每个赛季每个球队用于球员的支出以及球员的数量都有限制。目前，全美橄榄球联盟限定每个赛季只能有 53 名球员，球员薪水不超过 8 500 万美元。球队可以给球员发放现金奖金，这样，让他们可以在一个年度突破薪水上限。尽管如此，全美橄榄球联盟仍限制球队对球员支付薪水的总额。根据你本章所学的有约束优化的内容，你知道在体育产业，找到并留住能够带给球队单位美元最大回报的关键球员是球队最重要的“比赛”。历史证明，赢得美国橄榄球超级碗的球队在单位美元回报的比赛中玩得最好。

为了看出全美橄榄球联盟的人力资源总监如何根据有约束优化的原理选择球员，我们可以看在超级碗中，与匹兹堡钢人队交战并失利的西雅图海鹰队的故事。根据《华尔街日报》最近一篇文章，海鹰队的人力资源总监 Tim Ruskell，曾因为在坦帕湾和亚特兰大成功建立的防守线而广受赞誉，而在 2005 赛季的西雅图海鹰队面临着特别严峻的薪水上限约束。2005 年海鹰队的薪水总额因为有 1 800 万美元支付给离开球队球员的“死钱”而更加紧张，Ruskell 最多只能有 6 700 万美元花在球员身上。对球队主要业务决策者而言，更糟糕的是球队为了留住防守线上的最大的球星，签下了对全美橄榄球联盟而言都是天价的合同。很显然，能让 Ruskell 为构筑海鹰队防守线的钱少之又少。与超级碗的对手相比，海鹰队的防守线比钢人队少花了 1 100 万美元。如果海鹰队有任何机会进入 2005 年超级碗的话，Ruskell 雇用防守队员的策略不得不极为有效。

Ruskell 组建海鹰队防守线的方法是制定一个非常严格的支出限制，这得到了联盟中其他球队的广泛赞誉。“他们实现了（组建防守线），而没有让蒙特卡罗的银行破产，这令我印象非常深刻，”达拉斯牛仔队的前人力资源总监 Gil Brandt 评价道。[⊖]从本章的讨论中你会知道，Ruskell 一定非常成功地找到能够带来最大可能单位美元边际收益的防守球员，他只能雇用低价的、尚未成明星的球员和年轻的自由代理人，他们可以让防守线有声有色，并进入超级碗。我们必须强调，MB/MC 的分子和分母对 Ruskell 的策略都很关键。他知道只雇用便宜的球员不能让球队进入超级碗。球队的球探必须找到对球队而言高边际收益的球员，这样的防守组可以擒抱并摔倒对方球员，以及多次阻断球通过。也许 Ruskell“单位美元回报”成功的最好例子是在 2005 年新入选的线卫 Lofa Tatapu。就是这个被很多球队的球探认为身形过小，不足以成为一个伟大的线卫的 Tatapu，成为海鹰队防守球员中的明星，让球队只花了 23 万美元——只有全美橄榄球联盟线卫平均薪水的 1/10。

从本专栏中，你可以看出，在有约束的最大优化决策实践中，不仅需要技术和经验，有时还要一点运气！然而，历史证明，全美橄榄球联盟的人力资源总监花掉薪水总额，从而得到的大牌球星或者低价球员，并不能常常让球队进入超级杯。于是，在超级杯赛季里，球迷们通常期待两支全美橄榄球联盟球队有最高的 MB/MC 比例。当然，赢得超级碗只是场赌博。

3.3.4 有约束的最小化

有约束的最小化问题，包括求总成本函数（目标函数）的最小值，同时受到所选择的行动

⊖ 引自 Walker，“Holding the Line”。

的水平要达到给定的总收益水平这一约束条件。考虑一位经理，他必须使得两个行动 A 和 B 的总成本最小，同时还要满足两者的总收益为 3 000 个单位。A 行动的价格为每单位 5 美元，B 行动的价格为每单位 20 美元。假设经理目前选择的是 100 个单位的 A 行动和 60 个单位的 B 行动，两者的组合恰好能满足 3 000 个单位的总收益要求。在这一行动组合下，A 行动的最后一单位的边际收益是 30，而 B 行动的最后一单位的边际收益是 60。在这种情况下，A 行动的每美元的边际收益大于 B 行动的每美元的边际收益：

$$MB_A/P_A = 30/5 = 6 > 3 = 60/20 = MB_B/P_B$$

既然花在 A 行动上的每美元的边际收益大于花在 B 行动上的每美元的边际收益，A 行动提供了“更多的价值”。

为了更好地利用 A 行动，经理将减少一个单位的 B 行动，使得总收益下降 60 个单位，同时总成本也下降 20 美元。为了保持总收益恒定，损失的 60 个单位总收益应由提高的两单位 A 行动来弥补，每个单位 A 可增加 30 个单位的总收益。A 行动的增加导致总成本上升了 10 美元。通过使 B 行动减少 1 个单位，并使 A 行动增加 2 个单位，经理在不减少总收益的前提下使总成本下降了 10 美元（=20－10）。

只要 $MB_A/P_A > MB_B/P_B$，经理就应当继续提高 A 行动水平而降低 B 行动水平，同时保持总收益恒定，直到

$$MB_A/P_A = MB_B/P_B$$

如果目标函数中的行动不止两个，那么这一条件就扩展到对所有的行动每美元的边际收益相等。

 **原 理**

在一定行动水平限制下，为了使总成本最小，选择所有行动的边际收益与价格比均相等

$$MB_A/P_A = MB_B/P_B = MB_C/P_C = \cdots = MB_Z/P_Z$$

并且所有行动都同时满足约束条件。

由此你可以看到，在有约束最小化的情况下，同样的条件必须满足。

3.4 本章小结

- 解决一个最优化问题需要确定三件事：①目标函数的最大化或最小化；②目标函数的值是由一个或几个自变量或选择变量决定的；③变量的取值是否受约束。决定目标函数值的变量，可以是离散的或者连续的。离散变量一次只能取某个特定的值；连续变量可以在两点之间任意取值。边际分析是一种解决最优化问题的分析工具，通过使变量在一定范围内变化，看它是否能够使最大化问题的值进一步增大，或是使最小化问题的值进一步减小。（学习目标 1）
- 一项活动的利润（*NB*）是总收益（*TB*）和总成本（*TC*）的差：$NB = TB - TC$。利润函数就是无约束最大化的目标函数。行动的最优水平 A^* 是使利润最大化的行动水平。边际收益（边际成本）是每单位行动水平变化时的总收益（总成本）的变化。某一特定单位行动水平的边际收益（边际成本）可以用在总收益（总成本）曲线上该行动水平点切线的斜率来表示。当行动水平的任何变化都无法使利润增加时，得到行动的最优水平。此时，行动的边际收益等于边际成本：$MB = MC$。沉没成本就是在先前已经支付并无法收回的成本。固定成本是不随产量变化的成本。平均（单位）成本是每单位行动的成本。决策者不用考虑任何沉没成本、任何固定成本和平均成本，因为这些成本与制定最优决策无关。（学习目标 2）
- 一种行动的边际收益与其价格的比值（*MB*/*P*）告诉决策者，一项特定的行动能够带来

每一美元的最大附加值，有时会被不正式地称为“性价比”（bang per buck）。在有约束最大化的问题中，决策者会使用所有行动的边际收益与其价格作比，来决定如何在各行动间分配一定数量的美元。在求有约束最大化或最小化问题的最优解时，所有行动每单位美元的边际收益必须相等。（学习目标 3）

关键词

activities or choice variable　**自变量或选择变量**　决定目标函数值的变量。

average (unit) cost　**平均成本或单位成本**　总成本除以行动数量得到的每单位行动水平的成本。

constrained optimization　**有约束最优化**　决策者只能在有限的范围内选择变量值的优化问题。

continuous choice variable　**连续变量**　能在两个端点之间取任意值的变量。

discrete choice variable　**离散变量**　以特定间隔取值的变量。

fixed cost　**固定成本**　无论产量如何选择，都必须支付而且数量不变的成本。

marginal analysis　**边际分析**　求解最优化问题的一个分析工具，使变量值有一个微小的变化，看它能否使得最大化问题的值进一步增大，或使得最小化问题的值进一步减小。

marginal benefit (MB)　**边际收益**　变量的微小增加对总收益贡献的增加量。

marginal cost (MC)　**边际成本**　变量的微小增加对总成本的增加量。

maximization problem　**最大化问题**　求目标函数最大化的最优化问题。

minimization problem　**最小化问题**　求目标函数最小化的最优化问题。

net benefit　**利润**　最大化的目标函数：$NB = TB - TC$。

objective function　**目标函数**　决策者寻找最大或最小的函数。

optimal level of activity　**最优行动水平**　利润最大化的产出水平（A^*）。

sunk cost　**沉没成本**　事前已经支付的成本。

unconstrained optimization　**无约束最优化**　决策者可以不受限制地在变量中选取任何值的优化问题。

概念性习题

1. 对下面的几个决策问题，考虑一下它们有无约束，每种情况的目标函数是什么？对有约束问题，其所受的约束是什么？每种情况下的变量有哪些？
   a. 我们接受了一基金会的赞助，想为员工们购买一批个人计算机。你得决定购买什么样的个人计算机。
   b. 我们目前的经营状况不尽如人意，没有挣得足够的利润。你的任务是重新规划我们的广告计划，在电视、邮寄目录和杂志上合理分配广告。
   c. 我们必须完成一生产定额，而不想在上面消耗过多。你的任务是重新分配机械设备，工人数量和原材料以完成定额。
2. 参考图 3-2 回答下面的问题。
   a. 在 600 行动水平，边际收益是______（增加、不变、正数、负数），因为 D 点的切线斜向______（下、上）。
   b. 600 行动水平的边际收益是______美元。解释这个边际收益是如何计算出来的。
   c. 在 600 行动水平，降低 1 个单位行动导致总收益______（增加、减少）______美元。在 D 点，总收益的变化______倍于行动的变化，TB 和 A 的移动方向______（一致、相反），这意味着 TB 和 A 是______（正向、反向）相关。
   d. 在第 1 000 单位行动，边际收益是______。为什么？
   e. 第 600 单位行动的边际成本是______美元。解释这个边际成本是如何计算出来的。
   f. 在 600 行动水平，降低 1 个单位行动导致总收益______（增加、减少）______美元。

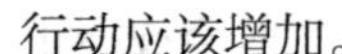

在 D 点，总收益的变化______倍于行动的变化，TB 和 A 的移动方向______（一致、相反），这意味着 TB 和 A 是______（正向、反向）相关。

g. 直观看来，D 点的切线比 D' 点的切线更______（平、陡），这意味着______（NB、TB、TC、MB、MC）大于______（NB、TB、TC、MB、MC）。

h. 由于 D 点在 D' 点上方，______（NB、TB、TC、MB、MC）大于______（NB、TB、TC、MB、MC），这意味着______（NB、TB、TC、MB、MC）是______（上升的、下降的、不变的、正数、负数、0）。

3. 填空，这是一个无约束最大化问题。

a. 只要______________超过______________，行动应该增加。

b. 只要______________超过______________，行动应该减少。

c. 在________等于________时，达到最优行动水平。

d. 当行为处于最优水平时，______达到了最大，______和______的斜率相等。

e. 如果总成本比总收益降低更快，行动应该______。

f. 如果总收益与总成本上升的速度相同，决策者应该______。

g. 如果利润是增加的，那么总收益增加的速度一定要______（大于、小于、等于）总成本______（增加、降低）的速度。

4. 用下图回答以下的问题。

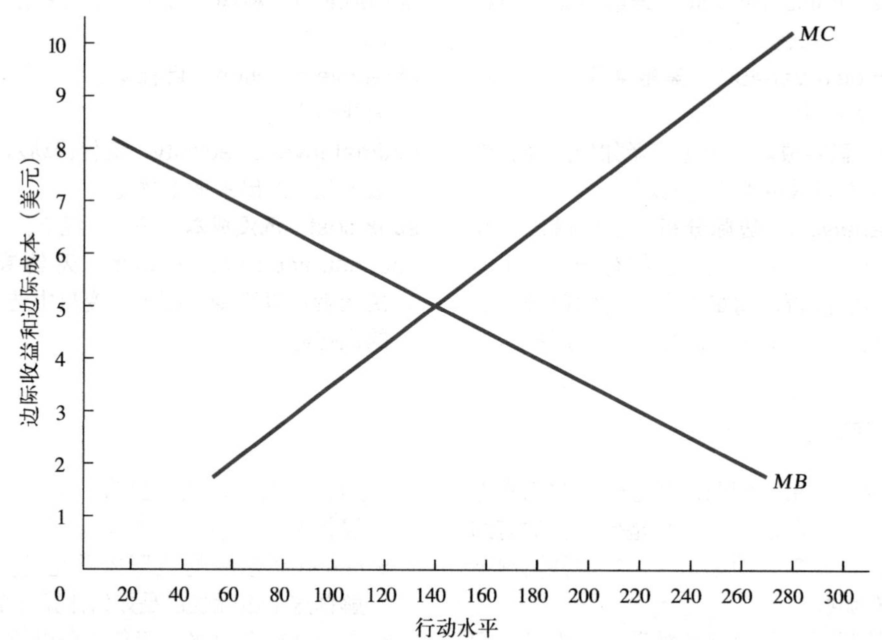

a. 当行动位于 60 个单位时，边际收益是______美元，边际成本是______美元。

b. 增加第 60 个单位的行动，使得利润______（增加，减少）了______美元。

c. 当行动位于 220 个单位时，边际收益是______美元，边际成本是______美元。

d. 减去第 220 个单位的行动，使得利润______（增加，减少）了______美元。

e. 行动的最优水平为______个单位。在这一最优水平上，边际收益是______美元，边际成本是______美元。

5. 填空，使下面的叙述完整。

如果行动的边际收益超过了边际成本，将行动水平提高 1 单位，会使______（总、边际、净）得益________（增加、减少），而且大于________（总、边际）成本的______（增加、减少）。因此，使行动水平________（增加、减少）1 个单位一定能够增加利润。经理应当不断地________（提高、降低）行动水平，直至边际收益和边际成本________（等于零、相等）。

6. 完成下面的表格。然后根据表格回答问题。

（单位：美元）

A	TB	TC	NB	MB	MC
0	0	____	0		
1	____	____	27	35	____
2	65	____	____	____	10
3	85	30	____	____	____
4	____	____	51	____	14
5	____	60	____	8	____
6	____	____	____	5	20

a. 上表的行动最优水平是多少？

b. 最优行动水平时利润是多少？移动到其他行动水平，会使利润增加吗？请解释。

c. 使用表中数据评价下面的论述：最优行动水平发生在边际收益与边际成本最接近的时候。

7. 假设在上题中决策者面对一个固定的成本 24 美元。填充下表，并回答下面的问题。*AC* 是每个行动单位的平均成本。

（单位：美元）

A	TB	TC	NB	MB	MC	AC
0	0	____	−24			
1	____	____	3	35	____	32
2	65	____	____	____	10	____
3	85	54	____	____	____	____
4	____	____	27	____	14	____
5	____	____	____	8	____	16.80
6	____	____	____	5	20	____

a. 增加 24 美元固定成本将如何影响总成本和利润？

b. 增加 24 美元固定成本将如何影响边际成本？

c. 比较上题中 *A**，增加 24 美元固定成本影响最优行动水平吗？为什么？

d. 在寻找 *A** 中，你会给决策者什么建议？

e. 什么水平的行动使平均成本最小？这个水平的行动是最优水平行动吗？它应该是最优水平行动吗？请解释。

f. 假设一个政府机构要求采取这个行动支付一次性不可收回的租金 100 美元，并且于上月完成支付。这是什么成本？这个成本如何影响决策者对行动水平的选择？请解释。

8. 你为一份销售工作面试三个人。根据你的经验和判断力，你认为 Jane 每天能销售 600 个单位，Joe 每天能销售 450 个单位，而 Joan 每天能销售 400 个单位。每人的日工资要价如下：Jane，200 美元；Joe，150 美元；Joan，100 美元。那么你将怎样给这三人排序呢？

9. 填空。在两种行动 *A* 和 *B* 中选择其水平，使得在给定的预算下总收益最大。

a. 在 *A* 行动和 *B* 行动的水平给定的情况下，如果 *A* 的 *MB*/*P*______*B* 的 *MB*/*P*，那么增加 *A* 行动，减少 *B* 行动的水平，则可以在保持支出不变的前提下增加总收益。

b. 在 *A* 行动和 *B* 行动的水平给定的情况下，如果 *A* 的 *MB*/*P*______*B* 的 *MB*/*P*，那么增加 *B* 行动，减少 *A* 行动的水平，则可以在保持支出不变的前提下增加总收益。

c. *A* 和 *B* 的最优行动水平是当______等于______的时候。

10. 一个决策者要在两种行动 *A* 和 *B* 中选择其水平，使得在给定的预算下总收益最大。*A* 和 *B* 行动的最后一个单位的价格和边际收益分别用 P_A、P_B、MB_A 和 MB_B 来表示。

a. 如果 $P_A=20$ 美元，$P_B=15$ 美元，$MB_A=400$，$MB_B=600$，那么决策者应该做出怎样的决定呢？

b. 如果 $P_A=20$ 美元，$P_B=30$ 美元，$MB_A=200$，$MB_B=300$，那么决策者应该做出怎样的决定呢？

c. 如果 $P_A=20$ 美元，$P_B=40$ 美元，$MB_A=300$，$MB_B=400$，要是 *B* 行动减少一个单位，那么 *A* 行动应该增加多少个单位呢？这样一个改变会使总收益上升多少呢？

d. 如果 c 小题中的替换继续进行，直至达到均衡，这时 MB_A 减少到 250，那么此时的 MB_B 又是多少呢？

11. 一个决策者希望能使一个有三种行动 *X*、*Y*、*Z* 的总收益函数最大。*X*、*Y*、*Z* 三种行动的单位价格分别是 1 美元、2 美元和 3 美元。下表给出了在每种行动的不同水平下，边际收益和价格的比率。

（单位：美元）

行动水平	MB_X/P_X	MB_Y/P_Y	MB_Z/P_Z
1	10	22	14
2	9	18	12
3	8	12	10
4	7	10	9
5	6	6	8
6	5	4	6
7	4	2	4
8	3	1	2

a. 如果决策者选择使用一个单位的 X 行动，一个单位的 Y 行动和一个单位的 Z 行动，那么总收益是________美元。

b. 对于 Y 第 4 个单位的行动，每美元的支出使得总收益增加了________美元。第 4 个单位的 Y 行动使得总收益增加了________美元。

c. 假设决策者在这三种行动上一共只能花费 18 美元。那么 X、Y、Z 的最优水平分别是什么呢？为什么说这个组合就是最优的呢？为什么 $2X$、$2Y$ 和 $4Z$ 的组合就不是最优呢？

d. 现在假设决策者可以在这三种行动上花费 33 美元。这时 X、Y 和 Z 的最优行动水平又是多少呢？如果决策者有 35 美元，这时的最优组合又为多少呢？请解释你的结论。

12. 假设一个公司正在考虑两种行动水平 X 和 Y，它们导致的总收益如下表所示。X 行动的价格为每单位 2 美元，Y 行动的价格为每单位 10 美元。

（单位：美元）

行动水平	X 行动的总收益（TB_X）	Y 行动的总收益（TB_Y）
0	0	0
1	30	100
2	54	190
3	72	270
4	84	340
5	92	400
6	98	450

a. 公司在 X 行动和 Y 行动的支出上，受到 26 美元的预算限制。那么 X 和 Y 行动处于什么样的水平时，可以在满足预算约束的条件下使得总收益最大？

b. 在 a 问中，当 X 和 Y 行动处于最优水平时的总收益为多少？

c. 现在我们假设预算约束增加到 58 美元，此时 X 和 Y 行动的最优水平又是多少呢？在 58 美元的预算约束下的总收益又是多少呢？

13. a. 如果在一个有约束的最小化问题中，$P_A=10$ 美元，$P_B=10$ 美元，$MB_A=600$，$MB_B=300$，如果减少一单位的 B 行动，那么为了保持收益的不变，需要增加多少单位的 A 行动呢？

b. 如果 a 问中的替换继续进行直至达到均衡，那么 MB_A 和 MB_B 在均衡时的关系怎样？

概念性习题答案

1. a. 受到资助金额约束的有约束下的最大化。参数是 PC 机的型号，目标可能是使职员的劳动生产率最大。

b. 无约束下最大化，目标是从广告投入中获取最大得益，参数是在每一种媒体上花费的金额。

c. 有约束的最小化，目标是以最小的生产成本来制造定额，约束是定额，参数是三种投入的水平。

2. a. 正的，向上

b. 3.20 美元。点 D 切线的斜率以行动 A 增加 100 单位，总收益增加 320 美元，因此点 D 切线的斜率是每单位 3.20 美元（$=\Delta TB/\Delta A=320/100$）

c. 降低；3.20 美元；3.2；不变；正向

d. 0，在曲线的最大或最小点，曲线的斜率为 0。边际收益是总收益的斜率，在 G 点边际收益为 0，对应总收益最大的点。

e. 8.20 美元。在 D' 点切线的斜率，每增加 100 单位的行动 A 增加 820 美元，所以在 D' 点，行动 A 每增加一单位，增加 8.20 美元。

f. 降低；8.20 美元；8.2；不变；正向

g. 平；MC；MB

h. TB；TC；NB；正的

3. a. MB；MC

 b. MC；MB

 c. MB；MC

 d. NB；TB；TC

 e. 降低

 f. 保持此行动水平，因为这是最优水平

 g. 大于；上升

4. a. 7 美元；2 美元

 b. 增加；5 美元（$=7-2$）

 c. 3 美元；8 美元

 d. 增加；5 美元

 e. 140；5 美元；5 美元

5. 增加；总；增加；总；增加；增加；等于

6. （单位：美元）

A	TB	TC	NB	MB	MC
0	0	0	0		
1	35	8	27	35	8
2	65	18	47	30	10
3	85	30	55	20	12
4	95	44	51	10	14
5	103	60	43	8	16
6	108	80	28	5	20

 a. $A^*=3$

 b. $NB=55$ 美元。最优水平的定义是最大可能利润时的水平，因此没有其他的 A 的利润高于 A^*。

 c. 对离散变量的无约束优化问题而言，不太可能将 A 调整到恰好 MB。然而，将 A 调整到 MB 与 MC 最接近的点，其利润可能像本例那样，不是最大。在 4 单位行动时，MB 最接近 MC，只差 4 美元（$=10-14$），而最优水平时相差 8 美元（$=20-12$）。对离散变量应该遵循的原则应是增加 A，直到最后（最高）1 水平的行动仍满足 $MB>MC$。

7. （单位：美元）

A	TB	TC	NB	MB	MC	AC
0	0	24	−24			
1	35	32	3	35	8	32
2	65	42	23	30	10	21
3	85	54	31	20	12	18
4	95	68	27	10	14	17
5	103	84	19	8	16	16.80
6	108	104	4	5	20	17.33

 a. 增加 24 美元导致总成本在每一行动水平上都增加 24 美元。它也导致每一行动水平上的利润都降低 24 美元。

 b. 增加固定成本 24 美元不会对边际成本有任何影响。MC 与概念性习题 6 完全一样。

 c. 最优行动水平是 3，与概念性习题 6 答案一样。因为增加固定成本后，MB 和 MC 都不变，最优行动水平不变。

 d. 增加或改变固定成本并不影响 MC（或者 MB），因此固定成本的任何变化都不会影响最优行动水平，即使更高（更低）的固定成本使利润下降（上升）。

 e. AC 在 $A=5$ 时最小，不是最优行动水平。一般说来，在最优行动水平平均成本不是最小，因为平均成本的变化与利润和总成本的变化特点不同。平均成本像固定成本那样，对找到 A^* 没有影响。

 f. 100 美元许可费是沉没成本，因为它已经被支付了，无论做出什么样的行动水平的决策都不能收回。沉没成本像固定成本和平均成本一样，与找到 A^* 无关。

8. 比较每个应聘者的单位美元的边际收益：对 Jane 而言，$MB/P=600/200=3$；对 Joe 而言，$MB/P=450/150=3$；对 Joan 而言，$MB/P=400/100=4$。所以 Joan 排第一，而 Joe 和 Jane 并列第二。

9. a. 大于

 b. 小于

 c. MB_A/P_A，MB_B/P_B

10. 始终比较 MB_A/P_A 和 MB_B/P_B。

 a. $MB_A/P_A=400/20=20<MB_B/P_B=600/15=40$，在保证预算一定的条件下，多用 B，少用 A。

 b. $MB_A/P_A=200/20=10=MB_B/P_B=300/30=10$，保持现有水平即可。

 c. $MB_A/P_A=300/20=15>MB_B/P_B=400/40=10$，减少 1 个单位的 B 行动可以使成本减少 40 美元，而这笔钱恰好可以在单价为 20 美元的水平上购买 2 单位的 A 行动。总收益会上升

$$600(=\Delta A\times MB_A=2\times300)-400(\Delta B\times MB_B=1\times400)=200$$

 d. 达到均衡 $MB_A/P_A=MB_B/P_B$；这时，$250/20=12.5=MB_B/40$，所以 MB_B 一定等于 500。

11. a. $10+2\times22+3\times14=96$（美元）

b. 10；20 美元（$=2\times10$）

c. 当总花费为 18 美元时，1 个单位 X、4 个单位 Y 和 3 个单位 Z 的组合是最优的。在该组合下，$MUX/P_X=MUY/P_Y=MUZ/P_Z$。而 2 个单位 X、2 个单位 Y 和 4 个单位 Z 的组合不是最优，因为 $MUY/P_Y>MUX/P_X=MUZ/P_Z$。决策者应当使用更多的 Y 行动，少使用一些 X 和 Z 行动。

d. 当总花费被限定在 33 美元时，最优的组合为 5 个单位 X，5 个单位 Y 和 6 个单位 Z。如果还可以再多花费 2 美元（此时总共可花费的为 35 美元），那么决策者应当要么将 X 行动提升 2 个单位，或是将 Y 行动提升 1 个单位。在 X 行动上多花费 2 美元，可使收益增加 9 美元（$=5+4$），然而，在 Y 行动上多花费 2 美元只能使收益增加 4 美元。所以最优的组合为 7 个单位 X，5 个单位 Y 和 6 个单位 Z。

12. a. 在 26 美元的预算约束下，3 单位 X 行动和 2 单位 Y 行动的组合最优。

b. 3 单位 X 行动和 2 单位 Y 行动组合的总收益为 262 美元（$=72+190$）。

d. 在 58 美元的预算约束下，4 单位 X 行动和 5 单位 Y 行动的组合最优。此时的总收益为 484 美元（$=84+400$）。

13. 比较 MB_A/P_A 和 MB_B/P_B。

a. $MB_A/P_A=600/10=60>MB_B/P_B=300/10=30$，减少 1 个单位的 B 行动使收益减少 300，增加 1/2 个单位的 A 行动使收益增加$\frac{1}{2}\times600=300$，成本减少 $10-5=5$（美元）。

b. 既然均衡时 $P_A=P_B$，由 $MB_A/P_A=MB_B/P_B$ 知，MB_A 一定等于 MB_B。

应用性习题

1. 运用最优化理论，分析下面的说法：

   a. “在美国交通事故死亡人数的最优量是零。”

   b. “任何污染都是太多了。”

   c. “我们不能把部队撤出阿富汗，我们已经在那里投入了这么多。”

   d. “如果国会裁减了 NASA 的太空站，我们就会浪费掉曾在上面花费的大量资源，因此，我们应当继续为它融资。”

   e. “由于 JetGreen 航空公司保险费上涨了 25%，航空公司为了将上升的保险费摊销到大量的机票中，应该增加下个季度乘客的数量。”

2. Appalachian 煤炭开采公司相信，它可以通过减少矿井里的空气污染提高劳动生产率，进而增加净收益，它估计安装一套新的机械设备来减少污染的边际成本函数为

$$MC=40P$$

式中，P 代表矿井中一单位污染的减少量。公司还认为每单位的污染减少量带来的收益，边际增长（MR）为

$$MR=1\ 000-10P$$

那么 Appalachian 煤矿开采公司应该减少的污染量呢？

3. Progressive Business Solutions（PBS）目前位于波士顿附近的一个小镇里，它的两个合伙人发现在波士顿的商业区有一幢闲置的办公楼。其中一个合伙人赞成搬到商业区，因为她认为搬到商业区新增的业务会超过增加的租金和搬家费用。PBS 的另一个合伙人反对搬到商业区。他说：“我们已经花钱买了办公文具、名片和大幅招牌，这些都没法搬走或卖掉。我们已经在现在的办公场所花了这么多，我们不能现在搬走而浪费了这笔钱。”请评价第二个合伙人不搬到商业区的建议。

4. 21 世纪电器公司发现在它的仓库中出现了盗窃现象，它希望雇用保安来解决这一问题，公司希望能雇用最优数量的保安。下表列出了保安的人数是如何影响每周被盗的收音机数量的。

保安人数（人）	每周被盗的收音机数量（台）
0	50
1	30
2	20
3	14
4	8
5	6

   a. 如果每名保安的周薪为 200 美元，一台被

盗的收音机的成本为 25 美元，那么公司应该雇用多少名保安呢？

b. 如果一台被盗的收音机的成本为 25 美元，那么公司愿为雇用的第一名保安支付多高的报酬？

c. 如果每名保安的周薪为 200 美元，一台被盗的收音机的成本为 50 美元，那么公司应该雇用多少名保安呢？

5. 在美国最高法院司法官 Stephen Breyer 的《打破恶性循环：遵循有效的风险法规》一书中，他考察了政府在控制和管理由于环境污染而导致的社会健康受到的威胁过程中的作用。书中着重考察的一个问题是有害垃圾堆的清理。司法官 Breyer 对政策制定者要求百分之百地清理垃圾堆的做法，持尖锐的批评态度。

a. 运用最优化理论和图示来说明，没有一个垃圾堆的环境恐怕是“太清洁”了。(好的回答是不带感情色彩的，并且运用了经济学的分析。)

b. 司法官 Breyer 相信，从清理一个垃圾堆中获得的几乎全部健康福利，可以只花费彻底清理一个垃圾堆的成本中“一小部分”来实现。采用作图的分析方法来说明这一情况。(提示：画出最能说明这种情况的 *MB* 和 *MC* 曲线。)

6. 在专栏 3-1 中我们已经注意到，本书提出的最大化法则和我们遵循的传统原则相违背，比如说，“决不放弃”“任何值得去做的事都值得做好”“没有失就没有得”。解释每条法则的矛盾之处。

7. Jefferson 县第一银行顾客服务部经理 Janice Waller，她可以用年薪 20 000 美元雇用一名高中生，也可以用年薪 30 000 美元雇用一名有学士学历的人。她希望在保证工资总额一定的情况下，使能够得到服务的顾客人数最多。下面的这张表列出了享受服务的顾客总数随着员工人数改变的变化：

员工人数（人）	享受服务的顾客总数（人）	
	高中生	学士
1	120	100
2	220	190
3	300	270
4	370	330
5	430	380
6	470	410

a. 如果 Waller 女士总的工资支出为 160 000 美元，那么她应当如何分配预算使得享受服务的顾客人数最多？

b. 如果她面临的工资总支出为 150 000 美元，而她现在雇用了 3 个高中生和 3 个学士，她的决策正确吗？为什么？如果不是，那她又应该怎样做呢？(假设她可以雇用兼职工。)

c. 如果她的预算增至 240 000 美元，她应当怎样分配她的预算？

8. Bavarian 水晶饰品厂设计和生产一种石墨水晶的玻璃酒瓶，并将其出口到国际市场。Bavarian 水晶饰品厂的生产经理估计总成本和边际生产成本为

$$TC = 10\ 000 + 40Q + 0.002\ 5Q^2$$

$$MC = 40 + 0.005Q$$

这里成本是用美元来衡量的，Q 是每年生产的玻璃酒瓶的数量。因为 Bavarian 水晶饰品厂只是世界上众多水晶饰品生产厂商中的一员，因此它可以以每件 70 美元的价格售出所有它想销售的玻璃酒瓶。总收益和边际收益如下：

$$TR = 70Q;\quad MR = 70$$

这里收益是用美元来衡量的，Q 是每年生产的玻璃酒瓶的数量。

a. 玻璃酒瓶年产量的最优水平是多少？最后出售的一个玻璃酒瓶的边际收益是多少？

b. 在销售量处于最优水平时的总收益、总成本和净收益分别为多少？

c. 当玻璃酒瓶的产量处于最优水平时，额外的一个酒瓶还可以卖 70 美元，从而使总收益增加 70 美元。为什么这家企业的经理并不生产和销售额外的这个酒瓶呢？

9. Joy Land Toys 是一家玩具制造商，它现在在组装线上遇到了质量问题。市场营销部门估计，从工厂出去的有缺陷的玩具，由于退还和修补所带来的平均成本为 10 美元。工程部门提议雇用质检人员来对有缺陷的玩具取样质检。用这个方法很多质量问题都可以在出售前找出来，在参观其他一些公司后，一个管理小组得出了下面这个表格，它列出了在不同的质检水平下，每天售出有缺陷的玩具的可能数量。

质检人员的数量（人）	有缺陷玩具的平均数量（每天）
0	92
1	62
2	42
3	27
4	17
5	10
6	5

质检人员的日工资为 70 美元。

a. 企业应当雇用多少名质检人员？

b. 如果工资率为每天 90 美元，a 问的答案又如何？

c. 如果一个有缺陷的玩具的平均成本为 5 美元，而一个质检人员的工资率为每天 70 美元，a 问的答案又该如何？

附录 3A 优化理论概述

3A.1 无约束最大化理论

本节将展开对无约束最大化问题的数学分析。我们以最常见的单变量问题开始我们的论述。一个行动，它的水平用 x 表示，可以同时导致收益和成本。总收益函数是 $B(x)$，总成本函数是 $C(x)$，目标是使净收益（NB）最大，也就是总收益和总成本之间的差异最大。净收益本身是行动水平的函数，可以用下面的式子来表示：

$$NB = NB(x) = B(x) - C(x) \quad (3A\text{-}1)$$

净收益达到最大的必要条件是 NB 对 x 的导数为零：

$$\frac{\mathrm{d}NB(x)}{\mathrm{d}x} = \frac{\mathrm{d}B(x)}{\mathrm{d}x} - \frac{\mathrm{d}C(x)}{\mathrm{d}x} = 0 \quad (3A\text{-}2)$$

式（3A-2）可用于求解 x 的最优水平，最优解用 x^* 来表示。利润最大化在下述式子成立时达到最大：

$$\frac{\mathrm{d}B(x)}{\mathrm{d}x} = \frac{\mathrm{d}C(x)}{\mathrm{d}x} \quad (3A\text{-}3)$$

既然 $\mathrm{d}B/\mathrm{d}x$ 是行动水平变化引起的总收益的变化，它也就是边际收益。同样地，对成本而言，$\mathrm{d}C/\mathrm{d}x$ 也是行动水平变化所引起的总成本的变化，它也就是边际成本。从而净收益最大化在行动水平处于边际收益与边际成本相等时取得。

这个无约束的最大化问题，可以很容易地扩展到一个以上变量或多个行动的问题。关于这类问题，只需把总收益和总成本写成两个不同行动的函数即可，行动分别用 x 和 y 来表示。两个行动的净收益函数由下式表示：

$$NB = NB(x, y) = B(x, y) - C(x, y) \quad (3A\text{-}4)$$

在有两种行动影响到收益和成本时，净收益的最大化要求 NB 对每一行动的偏导数等于零：

$$\frac{\partial NB(x,y)}{\partial x} = \frac{\partial B(x,y)}{\partial x} - \frac{\partial C(x,y)}{\partial x} = 0 \quad (3A\text{-}5a)$$

$$\frac{\partial NB(x,y)}{\partial y} = \frac{\partial B(x,y)}{\partial y} - \frac{\partial C(x,y)}{\partial y} = 0 \quad (3A\text{-}5b)$$

式（3A-5a）和式（3A-5b）可以同时用来求解变量的最优水平，分别用 x^* 和 y^* 表示。因而净收益的最大化要求：

$$\frac{\partial B}{\partial x} = \frac{\partial C}{\partial x} \quad (3A\text{-}6a)$$

$$\frac{\partial B}{\partial y} = \frac{\partial C}{\partial y} \quad (3A\text{-}6b)$$

对每一种行动来说，它的边际收益等于它的边际成本。这个问题可以扩展到多个变量的问题，并且结论不变。

现在我们转而讨论一个特殊的例子，看看下面总收益和总成本的特定函数形式：

$$B(x) = ax - bx^2 \quad (3A\text{-}7)$$

$$C(x) = cx - dx^2 + ex^3 \quad (3A\text{-}8)$$

式中，变量 a、b、c、d、e 都是正的。

现在这个净收益函数可以表示成

$$NB = NB(x) = B(x) - C(x) = ax - bx^2 - cx + dx^2 - ex^3 \quad (3A\text{-}9)$$

为了找出 x 的最优值，考虑净收益函数对 x 求导，并且令它为零：

$$\begin{aligned}\frac{\mathrm{d}NB}{\mathrm{d}x} &= a - 2bx - c + 2\mathrm{d}x - 3ex^2 \\ &= (a-c) - 2(b-d)x - 3ex^2 = 0\end{aligned} \quad (3A\text{-}10)$$

这个二次方程可以用解一元二次方程的公式求解，也可以用因式分解法。[⊖]

假设参数的值分别为 $a=60$，$b=0.5$，$c=24$，$d=2$，$e=1$。这时的净收益函数为

⊖ 二次方程的解有两个。最大解是满足二阶条件的 x：$\mathrm{d}^2NB/\mathrm{d}x^2 = -2(b-d) - 6ex < 0$。

$$NB = NB(x) = 60x - 0.5x^2 - 24x + 2x^2 - x^3 \quad (3A\text{-}11)$$

现在来看 NB 的导数 [或者是把变量值代入式（3A-10）中]，从而找出最优解的条件是：

$$(60-24) - 2\times(0.5-2)x - 3\times(1)x^2 = 36 + 3x - 3x^2 = 0 \quad (3A\text{-}12)$$

这个等式可以因式分解：$(12-3x)(3+x)=0$。x 的解为 $x=4$，$x=-3$。[注意：式（3A-12）的二次方程也可以用来解 x。] 使得净收益最大的 x 是 4，即 $x^*=4$。⊖为了找出最优的，或者说是最大的净收益值，将 $x^*=4$ 代入式（3A-11）中得到：

$$NB^* = 60\times4 - 0.5\times4^2 - 24\times4 + 2\times4^2 - 4^3 = 104$$

3A.2 有约束最大化理论

在有约束的最大化问题中，决策者通常要决定行动的水平或者变量值，使得在给定的成本约束下收益最大。在有约束的最小化问题中，决策者通常要决定变量的水平，使得在收益一定的情况下发生成本最小。我们在正文中已经指出，解决这两种问题的方法是一样的。我们首先来考虑有约束的最大化问题。

3A.2.1 有约束的最大化

我们首先假设一个常见的有两个选择变量的总收益的函数表达式，两个变量的水平分别用 x 和 y 表示：$B(x, y)$。这个函数的偏导数就代表了每个行动的边际收益：

$$MB_x = \frac{\partial B(x,y)}{\partial x}, \quad MB_y = \frac{\partial B(x,y)}{\partial y}$$

约束条件是总成本函数必须等于给定的成本水平，用 $\overline{C}$ 来表示给定的成本水平。

$$C(x,y) = P_x x + P_y y = \overline{C} \quad (3A\text{-}13)$$

式中，P_x 和 P_y 分别是 x 和 y 的价格。现在将要求其最大化的拉格朗日函数可以写为

$$\mathscr{L} = B(x,y) + \lambda(\overline{C} - P_x x - P_y y) \quad (3A\text{-}14)$$

式中，λ 是拉格朗日乘数。最大化问题的一阶条件要求拉格朗日函数对 x, y 和 λ 的一阶偏导数为零：

$$\frac{\partial \mathscr{L}}{\partial x} = \frac{\partial B}{\partial x} - \lambda P_x = 0 \quad (3A\text{-}14a)$$

$$\frac{\partial \mathscr{L}}{\partial y} = \frac{\partial B}{\partial y} - \lambda P_y = 0 \quad (3A\text{-}14b)$$

$$\frac{\partial \mathscr{L}}{\partial \lambda} = \overline{C} - P_x x - P_y y = 0 \quad (3A\text{-}14c)$$

注意，满足了一阶条件中的式（3A-14c），也就满足了成本约束。

将式（3A-14a）和式（3A-14b）重新整理一下：

$$\frac{\partial B}{\partial x} = \lambda P_x \quad 或 \quad \frac{MB_x}{P_x} = \lambda$$

$$\frac{\partial B}{\partial y} = \lambda P_y \quad 或 \quad \frac{MB_y}{P_y} = \lambda$$

由此可以看到 x 和 y 的选择水平必须满足

$$\frac{MB_x}{P_x} = \frac{MB_y}{P_y} \quad (3A\text{-}15)$$

花在 x 和 y 最后一个单位上的每美元的边际收益必须相等。

式（3A-14）中的三个等式可以用替代法或克莱姆法则来求得均衡解 x^*, y^* 和 λ^*。x^* 和 y^* 就是使得收益在给定成本水平下最大化的变量取值。

3A.2.2 有约束的最小化

对于有约束的最小化问题，我们希望选择两个变量水平 x 和 y，在达到给定的收益水平时，可能发生的最低成本。因此，这个问题就是求 $C = P_x x + P_y y$ 的最小值，但同时还要满足 $B = B(x, y)$，式中的 B 就是给定的收益水平。这时的拉格朗日函数为

$$\mathscr{L} = P_x x + P_y y + \lambda[\overline{B} - B(x,y)] \quad (3A\text{-}16)$$

一阶的条件是

$$\frac{\partial \mathscr{L}}{\partial x} = P_x - \lambda\frac{\partial B}{\partial x} = 0 \quad (3A\text{-}17)$$

$$\frac{\partial \mathscr{L}}{\partial y} = P_y - \lambda\frac{\partial B}{\partial y} = 0$$

$$\frac{\partial \mathscr{L}}{\partial \lambda} = [\overline{B} - B(x,y)] = 0$$

与有约束的最大化问题一样，前两个方程也可以重新安排为

$$\frac{\partial B}{\partial x} = \frac{1}{\lambda}P_x \quad 或 \quad \frac{MB_x}{P_x} = \frac{1}{\lambda} \quad (3A\text{-}18)$$

$$\frac{\partial B}{\partial y} = \frac{1}{\lambda}P_y \quad 或 \quad \frac{MB_y}{P_y} = \frac{1}{\lambda}$$

花在 x 和 y 的最后一个单位的每美元的边际收

⊖ x 的值是满足注释中最大解的二阶条件：$\frac{d^2 NB}{dx^2} = -2\times(-1.5) - 6\times1\times4 = -21 < 0$

益再次相等，因为从式（3A-18）可以得出：

$$\frac{MB_x}{P_x}=\frac{MB_y}{P_y}$$

式（3A-17）中的三个等式可以用替代法或克莱姆法则来求解均衡解 x^*、y^* 和 λ^*。这些变量值达到给定水平的收益下能够发生的成本最低。

数学练习题

1. 假设只有一个选择变量 x。总收益函数为 $B(x)=170x-x^2$，成本函数为 $C(x)=100-10x+2x^2$。
   a. 边际收益和边际成本函数分别是什么？
   b. 写出净收益的函数表达式，并且决定使得净收益达到最大的 x 行动水平。
   c. 净收益的最大水平为多少？
2. 只有一个选择变量 x。总收益函数为 $B(x)=100x-2x^2$，总成本函数为
   $$C(x)=(1/3)x^3-6x^2+52x+80$$
   a. 边际收益和边际成本函数分别是什么？
   b. 给出净收益函数，并决定 x 在什么水平上净收益最大化。
3. 一个决策者希望总收益最大化，$B=3x+xy+y$，受到成本的约束 $\overline{C}=4x+2y=70$，建立拉格朗日方程，在给定约束条件下，收益最大化的 x 和 y 的值是多少？最大收益是多少？
4. 一个决策者希望在给定收益水平 $B=288$ 下成本最小化。成本函数为 $C=6x+3y$，而总收益函数 $B=xy$；建立拉格朗日方程，在成本最小时 x 和 y 的水平是多少？最小成本是多少？
5. 在图 3-1 中，总收益和总成本曲线用下面的数学函数表示：
   $$TB=TB(A)=8A-0.004A^2$$
   $$TC=TC(A)=A+0.006A^2$$
   a. 找到边际收益函数。证明图 3-2 中点 c、b 和 d 位于边际收益曲线上。
   b. 找到边际成本函数。证明图 3-2 中点 c'、b' 和 d' 位于边际成本曲线上。
   c. 导出边际收益函数。证明图 3-3 中利润在点 M、c'' 和 d'' 的斜率。
   d. 找到最优行动水平和最大化的利润。你的答案与图 3-3 一致吗？

第4章
Chapter4

基本估计技术

■ 学习目标

学完此章后，你将可以：

（4.1）建立并解释简单线性回归模型；

（4.2）利用最小二乘法估计回归参数的截距和斜率；

（4.3）利用 t 检验，或者参数估计相应的 p 值，决定估计的参数是否统计显著；

（4.4）利用 R^2 统计检验来评价回归模型与数据吻合的程度，利用 F 检验来评价整个回归模型是否统计显著；

（4.5）建立并解释多解释变量的多元回归模型；

（4.6）用线性回归技术估计两个常用非线性模型的参数：二次回归模型和对数－线性回归模型。

要想应用书中讨论的不同技术，管理者必须能够决定不同经济变量之间的数学关系，这些变量构成了运用于管理经济学中的各种函数关系式——需求函数、生产函数、成本函数，等等。举例而言，管理者经常需要决定在不同的产出水平下的总成本。你将在第 10 章中学到，总成本（C）与产量（Q）之间的关系可具体写成如下方程：

$$C=a+bQ+cQ^2+dQ^3$$

这里 a、b、c 和 d 是总成本方程式中的参数。所谓**参数**（parameter），是指一个方程中的系数，它能决定方程中各变量间确切的数学关系。只要参数的数值确定，管理者就能了解产出与总成本间的数量关系。例如，假设成本方程式中的参数确定为：$a=1\,262$，$b=1.0$，$c=-0.03$，$d=0.005$。成本方程现在具体表达为

$$C=1262+1.0Q-0.03Q^2+0.005Q^3$$

这个方程式能用来计算不同产出水平下的总成本。例如，如果一个管理者想生产 30 件产品，那么计算出总成本为

$$C=1262+30-0.03(30)^2+0.005(30)^3=1\,400\text{（美元）}$$

因此，管理者要想让成本函数提供有用的决策支持，就必须知道参数的具体数值。对一个方程中的参数的具体数值做出估计的过程就称为**参数估计**（parameter estimation）。尽管有好几种估计参数的技术，人们最常用的还是**回归分析法**（regression analysis）。它是一种利用经济变量的具体数据，得出描述这些变量之间关系的数学方程的方法。回归分析法包括估计参数值和检验统计显著性两方面内容。

在本章中，我们将叙述回归分析法的一些原理。需要着重指出的一点是，在关于回归分析法的讨论中（无论是在本章，还是在以后的章节中），由始至终我们最感兴趣的是让你知道如何

解释和运用这些统计数据，而不是你是否了解不同统计计算的方法。对一些问题，我们将经常做一些直观的解释，而把正式的推导过程放在本章结尾的附录里。

4.1 简单线性回归模型

回归分析法用于确定一个**因变量**（dependent variable）与一个或多个解释变量（自变量）之间的数学关系。**自变量**（explanatory variable）是指那些被认为会影响因变量取值的经济学变量。在简单的线性回归模型中，因变量 Y 只与一个自变量 X 相关，而且 Y 与 X 之间是线性关系：

$$Y=a+bX$$

这是一条直线的方程，X 在横轴上，Y 在纵轴上。参数 a 称作**截距参数**（intercept parameter），因为它给出了回归线与 Y 轴相交所得的 Y 的值（这点的横坐标为零）。参数 b 称作**斜率参数**（slope parameter），因为它代表了回归线的倾斜度。一条直线的斜率，指当 X 变化时 Y 改变的比率（即 $\Delta Y/\Delta X$）；因此，它指的是 X 的每单位变化引起的 Y 的变化。

请注意，在这个回归模型中，Y 与 X 是线性相关的，也就是说 X 的变化引起的 Y 变化的值是不变的。更具体地说，X 每变化一个单位，Y 会变化 b 个单位，b 是恒定的。简单的回归模型之所以以 X 和 Y 的线性关系为基础，主要是因为估计线性模型的参数值在统计学上相对简单些。我们可以看到，变量间存在线性关系的假设并不是很严格。一方面，许多变量确实线性相关或非常接近线性相关。另一方面，对于那些 Y 和 X 成曲线关系的情况，你会发现，对变量的一个简单变换，往往会将非线性的关系纳入到线性回归模型的框架里来。在本章的稍后一部分将介绍如何做出这些简单变换。

4.1.1 假设回归模型

为了说明这个简单的回归模型，我们来考虑一下坦帕湾（Tampa Bay）旅行协会碰到的统计学问题。该协会希望找出位于坦帕－圣彼得斯堡大城区内的旅行社获得的旅行代理总业务额（S），与它们投入在报纸广告上的费用（A）之间的数学关系。假设销售额与广告费用之间的**真实**（true）或**实际关系**（actual relation）为

$$S=10\ 000+5A$$

式中 S——月销售额（以美元计）；

A——月销售费用（以美元计）。

销售额与广告之间的真实关系不为分析者所知；协会必须通过分析销售额与广告费用数据，来发现这个关系。研究者永远不可能确切地知道，因变量与解释变量间潜在的数学关系的准确特性，不过，回归分析法确实为估计变量间的真实关系提供了一个方法。

图 4-1 显示了销售额与广告费用之间的真实（或实际）关系。如果一旅行社不打算花钱在报纸上登广告，那么它的销售额将是每月 10 000 美元。如果它每月花 3 000 美元做广告，那么它将取得 25 000 美元（$=10\ 000+5\times 3\ 000$）的销售额。因为 $\Delta Y/\Delta X=5$，所以每增加 1 美元的广告费用，旅行社可望获得 5 美元的销售额增长。举例来说，如果每月的广告开支从 3 000 美元增加到 4 000 美元，于是期望月销售额将从 25 000 美元增加至 30 000 美元。

4.1.2 随机误差项

回归方程（或线性方程）表示了对应广告费用水平的预期销售额水平。如前所述，如果一个旅行社每月的广告费用为 3 000 美元，那么它预期可得到 25 000 美元的平均销售额。我们要着重强调的是：这 25 000 美元不应理解为当广告费用为 3 000 美元时确切的销售额水平，而仅应理解为一个平均水平。为了说明这点，我们假设坦帕－圣彼得斯堡地区的 3 家旅行社都花了 3 000 美元做广告。它们都会正好取得 25 000 美元的销售额吗？答案是不大可能。尽管它们的

广告费用完全一样，但每家公司都会受到本身独有的某种随机因素的影响。这些随机效应使得不同公司的销售额，偏离了预期的 25 000 美元的销售额水平。

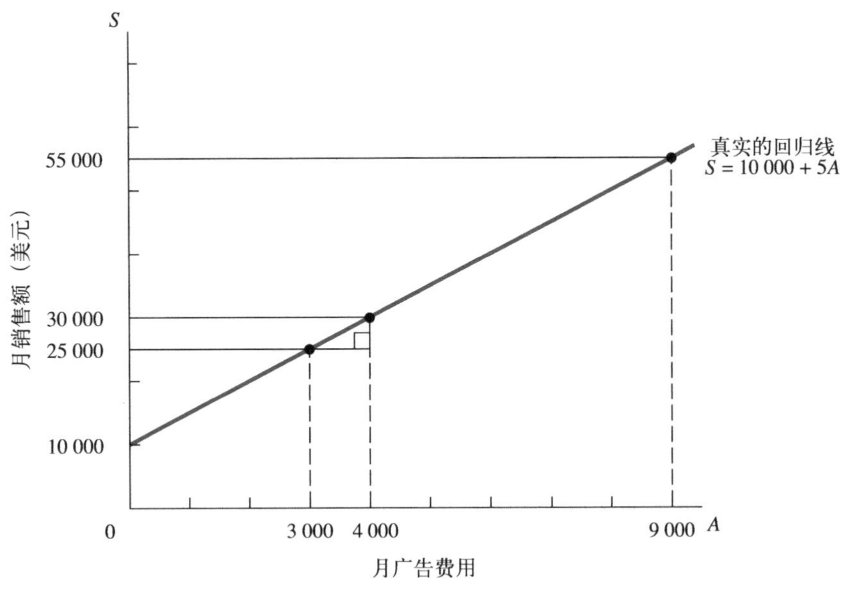

图 4-1　销售额与广告费之间的回归线

表 4-1 列举了随机因素对实际取得的销售额水平的影响。表 4-1 中 3 家公司每家在 1 月的广告费用都是 3 000 美元。根据真实的回归方程，每家旅行社都预期能在 1 月获得 25 000 美元的销售额。结果是，Tampa 旅行社的经理选择了她哥哥拥有并管理的广告代理公司，因而获得了比平常能得到的服务更优质的服务。该旅行社实际约接到了价值 30 000 美元的业务——比预期的（或者说是平均）销售额多出 5 000 美元。而 Buccaneer 旅行社的经理 1 月初度假滑雪去了，直到 1 月中旬他才开始做广告；它的销售额仅为 21 000 美元，比回归线方程所预测的少了 4 000 美元。至于 Happy Getaway 公司，它 1 月没有发生什么特别的事，当广告费用为 3 000 美元时，其销售额正好是 25 000 美元，这是坦帕区的旅行社平均水平的预期销售额。

表 4-1　随机效应对 1 月销售额的影响　　（单位：美元）

公　　司	广告费用	实际销售额	预期销售额	随机效应
Tampa 旅行社	3 000	30 000	25 000	5 000
Buccaneer 旅行社	3 000	21 000	25 000	−4 000
Happy Getaway 公司	3 000	25 000	25 000	0

由于这些随机因素的作用，任何一个公司的销售额都不能确切地预测出来。回归方程只表示，在一定的广告费用下一个公司的平均或期望的销售额。某个特定的旅行社（如第 i 个）的确切销售额可以表示为

$$S_i = 10\,000 + 5A_i + e_i$$

式中　S_i——第 i 个旅行社的销售额；

A_i——第 i 个旅行社的广告费用；

e_i——发生在第 i 个旅行社的随机效应。

因为 e_i 衡量的是销售额的实际水平与平均水平的差异，所以我们把它叫作误差项或随机误差。**随机误差项**（random error term）包含了所有不能合理地包括在模型中作为解释变量的因素，它们是次要的、不可预见的因素。

因为真实的回归线是未知的，回归分析的首要任务就是估计 a 和 b 的值。为此，必须从坦帕湾区的旅行社收集每月销售额与相应广告费用的数据。

利用这些数据，我们可以确定一条回归线。在我们开始研究如何根据样本中的数据确定一条回归线之前，我们先把简单的回归模型概括成以下的统计关系。

关 系

简单的线性回归模型用一个线性方程（我们称之为真实的回归直线）将因变量 Y 与一个独立的解释变量 X 联系起来：

$$Y = a + bX$$

式中 a——Y 轴上的截距；

b——回归线的斜率（$\Delta Y/\Delta X$）。

回归线表示了变量 x 的每个值对应 Y 的平均（或期望）值。

4.2 拟合回归曲线

回归分析的目的有两个：①估计真实回归线的参数（a 和 b）；②检验这些参数的估计值在统计上是否显著。（我们将在后面讨论统计显著性的含义。）现在我们将开始第一个学习任务——估计 a 和 b。你将看到对 a 和 b 的估计，实际上相当于通过描绘在一张图上的一组数据点，来确定一条直线。回归分析提供了寻找最佳地拟合这些数据点的直线的方法。

为了估计回归方程的参数值，统计学家要先收集关于因变量和解释变量的数据。他可以在一段时间内，收集某个特定的公司（或特定行业）的数据，这种类型的数据组称作**时间序列**（time-series）数据。另外，他还可以选择在某个特定时间，从不同的公司或行业中收集数据，这种类型的数据组称作**横截面**（cross sectional）数据。无论收集数据的方法如何，结果总会得到一组数据点 [（可绘成**散点图**（scatter diagram）]，通过它们能确定一条回归线。

为了说明如何估计参数值，我们再次回到坦帕湾旅行社协会面对的那个问题上。假设协会向 7 家旅行社（从坦帕－圣彼得斯堡区的 475 家旅行社中挑选出来的）索要了它们 1 月的销售额与相应广告费用的数据。这些数据（横截面数据）列示于表 4-2，并描绘在一个散点图中（见图 4-2），图中每一点对应于表中特定的销售额与广告费用组合。广告费用水平越高，销售额越高（平均水平的）。回归分析的目标就是要找到与数据点分布拟合得最好的直线。既然通过数据点的分布确定一条直线仅仅涉及选择参数 a 和 b 的值，所以确定回归线和估计参数值在概念上就是等价的。

表 4-2 7 家旅行社的销售额与广告费用样本 （单位：美元）

公司	销售额	广告费用	公司	销售额	广告费用
A	15 000	2 000	E	55 000	9 000
B	30 000	2 000	F	45 000	8 000
C	30 000	5 000	G	60 000	7 000
D	25 000	3 000			

协会希望用样本中的数据来估计真实的回归线，又称为**总体回归线**（population regression line）。更好地拟合了样本数据的那条直线叫作**样本回归线**（sample regression line）。因为样本只包含了 475 个旅行社中的 7 家的信息，所以样本回归线与真实回归线不完全吻合的可能性是很大的。样本回归线仅仅是真实回归线的一个估计，自然，样本规模越大，样本回归线就越接近真实回归线。

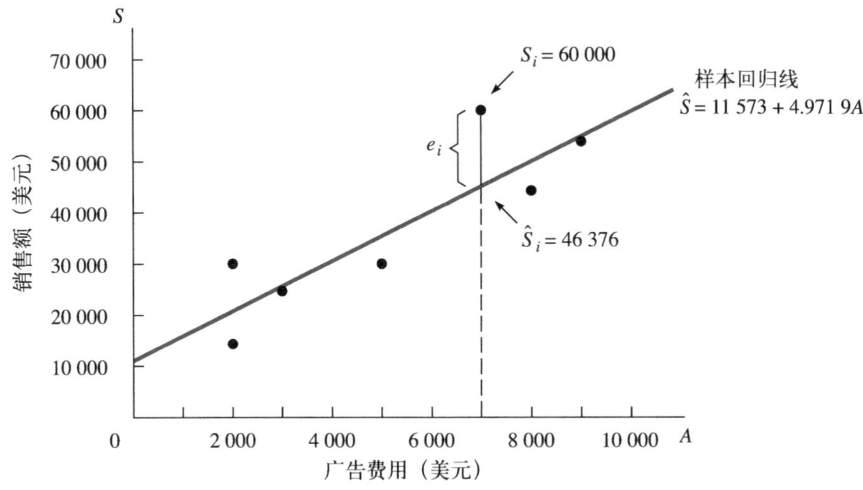

图 4-2　样本的回归线：广告费用与相应的销售额

如图 4-2，对 7 个样本的数据点（见表 4-2）拟合得最好的样本回归线为

$$\hat{S} = 11\,573 + 4.971\,9A$$

式中，$\hat{S}$是 S 的拟合值，或叫预测值。回归分析是利用**最小二乘法**（method of least-squares）来寻找与样本数据拟合得最好的直线。最小二乘法的原理建立在这样的观点上：最接近真实回归线的样本回归线是使从每个样本数据点到样本回归线的距离平方和最小的直线。

观察图 4-2 中广告费用为 7 000 美元，销售额为 60 000 美元的样本数据点。样本回归方程指出，7 000 美元的广告费用将使销售额达到 46 376 美元（$= 11\,573 + 4.971\,9 \times 7\,000$）。这 46 376 美元被称作销售额的**拟合**（fitted）或**预测值**（predicted value），记作$\hat{S}_i$。实际值与拟合值（预测值）之间的差 $S_i - \hat{S}_i$ 叫作**残值**（residual），它等于数据点到拟合的回归直线的垂直距离（在图 4-2 中记为 e_i）。坐标为（7 000，60 000）的点的残值为 13 624 美元（$= 60\,000 - 46\,376$）。回归分析法确定的直线（即选定的 a 和 b 的值）使得残值的平方和（Σe_i^2）最小，这也是为什么它常被称作最小二乘法的原因。

我们并不热衷于教大家用最小二乘法估计 a 和 b 值的具体计算方法，因为在回归分析中，计算机可以做这些事情。然而，知道计算机是怎么计算 a 和 b 的估计值对你们来说却是有益的。用来计算 a 和 b 的估计值的公式常被叫作**估计式**（estimator）。用于计算 a 和 b 的最小平方估计值（记作 $\hat{a}$ 和 $\hat{b}$ 以表示它们是**估计值**（estimate）而不是真实值）的估计式为

$$\hat{b} = \frac{\Sigma(X_i - \overline{X})(Y_i - \overline{Y})}{\Sigma(X_i - \overline{X})^2}$$

$$\hat{a} = \overline{Y} - b\overline{X}$$

式中　$\overline{Y}$——因变量的样本平均值；

$\overline{X}$——外生变量的样本平均值；

X_i，Y_i——第 i 次观测的观测值。

这些计算可以通过计算机完成。现在，我们将最小二乘法概括成如下统计关系。

 **关 系**

估计真实回归线的参数值等价于在样本数据散点图中对数据点进行拟合。用最小二乘法找到的样本回归线是对样本拟合得最好的直线：

$$Y = \hat{a} + \hat{b}X$$

式中，$\hat{a}$ 和 $\hat{b}$ 是对真实（人口）参数 $\hat{a}$ 和 $\hat{b}$ 用最小二乘法估计出的值。

样本回归线是对真实回归线的估计。

很多计算机程序都可以为线性回归分析最小二乘法计算估计值，还有各种用于评估回归模型的统计功能，其中一些我们将在本章介绍。表 4-3 显示了几种表 4-2 中 7 家旅行社的回归分析的计算机打印结果。表 4-3a 显示了一个典型的或者是常见的回归结果，在本书中我们将使用这种简化的格式。表 4-3b 显示了同样的回归分析，在 Excel 进行回归分析时可以看到这类结果。正如你所能看到的那样，单元格 B17 和 B18 分别给出了 $\hat{a}$ 和 $\hat{b}$ 的值。我们想强调这里并不试图教给你如何使用这些回归软件包所提供的全部统计功能。你必须学习 1 ～ 2 门统计学课程才能熟悉回归分析。在本书中，我们将仅向你介绍一些基本的估计技术和程序。

表 4-3　几种回归分析的结果举例

a. 一般格式

DEPENDENT VARIABLE: S		R-SQUARE	F-RATIO	P-VALUE ON F
OBSERVATIONS: 7		0.765 2	16.30	0.010 0
VARIABLE	PARAMETER ESTIMATE	STANDARD ERROR	T-RATIO	P-VALUE
INTERCEPT	11 573.0	7 150.83	1.62	0.166 5
A	4.971 91	1.231 54	4.04	0.010 0

b. Excel 结果

A	B	C	D	E	F	G	
1	SUMMARY OUTPUT						
2							
3	*Regression Statistics*						
4	Multiple R	0.874 8					
5	R Square	0.765 2					
6	Adjusted R Square	0.718 3					
7	Standard Error	8 782.643 8					
8	Observations	7					
9							
10	ANOVA						
11		*df*	*SS*	*MS*	*F*	*Significance F*	
12	Regression	1	1 257 182 986	1 257 182 986	16.30	0.010 0	
13	Residual	5	385 674 157.3	77 134 831.46			
14	Total	6	1 642 857 143				
15							
16		*Coefficients*	*Standard Error*	*t Stat*	*P-value*	*Lower 95%*	*Upper 95%*
17	Intercept	11 573.0	7 150.83	1.62	0.166 5	−6 808.722 2	29 954.789 6
18	A	4.971 91	1.231 54	4.04	0.010 0	1.806 1	8.137 7

现在我们用样本包含的信息来检验对 a 和 b 真实值的假设——研究者并不知道 a 和 b 的真实值。这些检验包括确定因变量与解释变量间是真的相关，或者仅仅是样本的随机选择的结果。

4.3　统计显著性检验

一旦一个方程的参数值被估计后，分析者就必须回答以下这个问题：参数的估计值（$\hat{a}$ 和 $\hat{b}$）

与零的差是不是显著地大。如果估计的系数与零的差足够大，或者是远远大于零（正向估计），或者是远远小于零（负向估计），那么我们就认为估计的系数具有**统计显著性**（statistically significant）。之所以出现统计显著性的问题是因为估计值本身是随机变量。参数估计值是随机的，因为它们是用 Y 和 X 的值计算出来的，而 Y 和 X 的值是以一种随机的方式收集到的（记住，样本是个随机抽的样）。既然参数值是对真实参数值的估计，这些估计值与真实值相等的可能性是很小的。换句话说，计算机算出来的值几乎总是要么就大，要么就小。

因为参数的估计值（$\hat{a}$ 和 $\hat{b}$）不大可能与真实值（a 和 b）吻合，所以有可能出现这样的情况：虽然计算机的计算结果显示一个参数值不为零，但是实际参数值是为零的。值得庆幸的是，统计技术为我们提供了对参数的真实值做概率表述的工具——**假设检验**（hypothesis testing）。

为了充分理解假设检验这个概念，你至少需要学习一门或两门统计学课程。在本书中，我们只是想从直觉上证明进行统计显著性检验的必要性，并说明检验的过程。我们主要的重点将放在向你展示如何检验"Y 和 X 真正相关"这个假设上。如果 Y 和 X 确实相关，斜率参数 b 的真实值将是一个正数或负数。（记住：如果 $b=\Delta Y/\Delta X=0$，那么当 X 改变时，Y 没变化。）因此当 $b\neq 0$ 时，解释变量 X 对因变量 Y 在统计意义上有显著的作用。[⊖]

现在我们来讨论一下检验统计显著性的步骤，并描述如何衡量一个估计的准确度（或精确度）。然后，我们将介绍并解释一种统计检验（t 检验），它可以用来对 Y 是否真正与解释变量 X 相关——也就是说，检验参数 b 的真实值是否为零——做出概率表述。

4.3.1　$\hat{b}$ 的相关频率分布

正如上面已经提到的，之所以有统计显著性检验的必要，是因为分析者不知道 a 和 b 的真实值，它们的值是通过对 X 和 Y 的随机抽样观察及估计得到的。让我们重新考虑一下在前面估计的旅行社业务的销售额和广告费用的关系。利用表 4-2 中包括了 7 家旅行社的样本，我们用最小二乘法估计得斜率参数 b 的值为 4.971 9。假设你又随机选了其他几家旅行社，采集了一个新样本，并用它们的销售额和广告费用来预测 b。这个新样本的 b 的估计值可能就不是 4.971 9 了。记住，$\hat{b}$ 是用样本中的 S 和 A 的值计算出来的。因为样本选取的随机性，不同的样本通常会得到不同的 S 和 A 的值，从而导致 b 有不同的估计值。因此，$\hat{b}$ 是个随机变量，它的值随取样的不同而不同。

b 取不同值时的相关频率提供了关于参数估计的准确性的信息。尽管研究者很少能"享受"重复取样的"奢侈"，他们还是能从理论上确定 $\hat{b}$ 在重复取样中的不同取值的**相关频率分布**（relative frequency distribution）。这一分布也被统计学家称为概率密度函数，或 pdf。图 4-3 表示了当 b 的真实值为 5 时，$\hat{b}$ 的相关频率（可能性）。

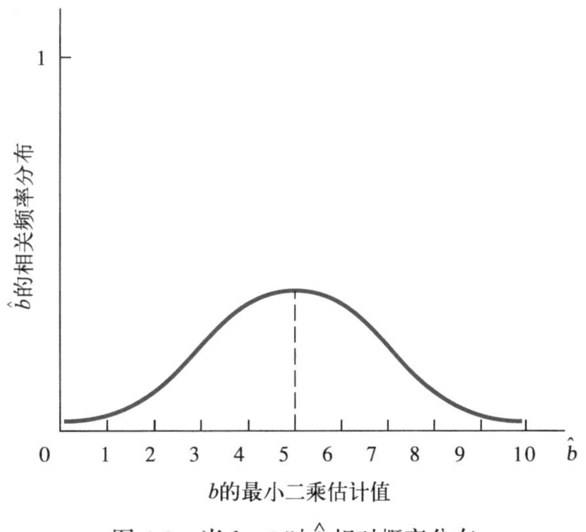

图 4-3　当 $b=5$ 时 $\hat{b}$ 相对概率分布

请注意，$\hat{b}$ 在不同样本中的取值集中分布在真实值 5 的周围。尽管抽到一个 $\hat{b}$ 正好等于 5 的样本的概率很小，$\hat{b}$ 所有可能的值的

⊖ 检验截距参数 a 的统计显著性，相对检验斜率参数的显著性而言，是第二位重要的。正如你将看到的，是斜率参数，而不是截距参数为管理决策制定提供了最基础的信息。当然，对截距参数的统计显著性的检验方法与斜率参数的完全一致。

平均值（或期望值）还是等于 5。当估计量的平均值（期望值）与参数的真实值相等时，我们称 $\hat{b}$ 为**无偏估计量**（unbiased estimator）。统计学家已经证明了 a 和 b 的最小二乘估计值（$\hat{a}$ 和 $\hat{b}$），在许多统计条件下是无偏估计量。无偏性并不意味着任何一个参数的估计都等于参数的真实值，它只意味着在重复抽样中，估计值分布趋向于以真实值为中心的区域。

$\hat{b}$ 对真实值的离散程度越小，表明估计值就越有可能接近真实值。换而言之，$\hat{b}$ 分布的方差越小，估计值就越准确。因此，说 b 的估计值的方差在决定统计显著性时起着重要作用是不足为奇的。b 的方差的平方根即标准差，记作 $S_{\hat{b}}$。[⊖]所有的计算机回归分析程序都能计算参数估计的标准差。

4.3.2 *t* 比的概念

当我们对表 4-2 中 7 家旅行社的广告费用和销售额做回归分析时，我们得到 b 的估计值为 4.971 9。因为 4.971 9 不为零，这似乎表明广告费用水平对销售额有影响。（记住：若 $b=0$，则销售额与广告费用间无任何关系）。如前所述，用随机样本算出来的 b 的估计值可能会在一定范围内取值。即使 4.971 9 大于零，b 的真实值还是有可能为零。换言之，分析者承担着一定的风险，即当 $\hat{b}$ 的计算值不为零时，b 的真实值为零。

当 b 的真实值为零时，抽到一个 b 的估计值远大于零的样本的概率是很小的。b 必须达到什么程度，才能使分析者比较有把握确定 b 不为零（即肯定广告费用对销售额有显著作用）？这个问题的答案可以由假设检验得到。正常情况下，我们做检验时的假设是 $b=0$。统计学家用 ***t* 检验**（*t*-test）来对 b 的真实参数值不为零的可能性做概率表述。用 t 检验可以从统计上判定 b 到底要有多大，才能做出 b 不为零的结论。

为了对统计显著性做出 t 检验，我们构造了统计学家称之为 ***t* 比**（*t*-ratio）的比率：

$$t=\frac{\hat{b}}{S_{\hat{b}}}$$

式中 $\hat{b}$——b 的最小二乘法估计值；
$S_{\hat{b}}$——估计值的标准差。

它们都可用计算机算出。t 比的数值称作 ***t* 统计量**（*t*-statistic）。

t 比把 $\hat{b}$ 的大小（分子）和估计值的标准差（分母）结合起来，说明了我们可以在多大程度上相信 b 的真实值大于（显著的不等于）零。为了说明其正确性，我们要来看看 t 比的分子和分母。先考虑当估计值 $\hat{b}$ 为正数时的分子。当 b 实际为零时，抽到的随机样本的 b 的估计值远大于零的可能性很小。因此，t 比的分子越大，b 实际为零的可能性越小。现在再来看一下 t 比的分母 $S_{\hat{b}}$（估计值的标准差）衡量 b 的估计值的准确度。$\hat{b}$ 的标准差越小（这样 $\hat{b}$ 就越精确），估计的偏差越小。综上所述，$\hat{b}$ 与零的差别越大（即分子越大），估计的标准差越小（即分母越小），则 t 比越大，我们更加有把握说 b 的真实值大于零。

现在考虑当 $\hat{b}$ 的估计值是负数时的情况（例如，我们估计的是商店利润与盗窃行为的关系）。在这种情况下，当 t 比绝对值越大时，我们越有把握说 b 实际为负（即不为零）。不管 $\hat{b}$ 是正是负，我们都能建立以下重要的统计关系。

 **关系**

t 比的绝对值越大，*b* 的真实值就越有可能不为零。

⊖ 更准确地说，估计值的标准差是估计变量 $\hat{b}$ 的平方根。

4.3.3　对统计显著性的 t 检验

t 统计量用来检验 b 的真实值为零这个假设。如果计算所得的 t 统计量即 t 比大于 **t 的临界值**（critical value of t）（此概念稍后解释），那么 $b=0$ 这个假设就被否定，而接受 $b \neq 0$ 这个对立假设。当 t 统计量的计算值比 t 的临界值大时，b 显著不等于零（等价的说法是 b 具有统计显著性）。如果我们不能拒绝 $b=0$ 的假设，那么样本数据就能说明以 b 为系数的解释变量 X 与因变量 Y 不相关（$\Delta Y/\Delta X=0$）。只有当参数估计具有统计显著性时，与它相关的解释变量才能包含在回归方程里。

虽然 t 检验是评价一个参数估计的统计显著性的正确方法，但当 $b=0$ 时，总会存在 t 检验判定 $b \neq 0$ 的风险。统计学家将这种错误称作第 I 类错误——当一个参数并无显著性时，断定它的估计是显著的。[⊖]进行 t 检验时犯**第 I 类错误**（type I error）的概率被称作 t 检验的**显著性水平**（level of significance）。做 t 检验时的显著性水平即当 $b=0$ 时，检验结果却显示 $b \neq 0$ 的概率。换种说法，显著性水平是当一个参数值实际不具有统计显著性时判定它有的概率。正如我们下面要提到的，一个分析者可以控制或选择一个 t 检验的显著性水平。通常来说，一般选择 0.01，0.02，0.05 或 0.10 的显著性水平，它们分别表明了分析者愿意承受最高为 1%，2%，5% 或 10% 的发生第 I 类错误的概率。但在实际操作中，人们倾向于凭主观选择显著性水平。我们将在后一部分对 t 检验进行讨论的内容中，重提如何选择合适的显著性水平这个问题。

与显著性水平密切相关的一个概念是置信度。**置信度**（level of confidence）等于 1 减去显著性水平，它给出了不会犯第 I 类错误的概率。置信度就是 t 检验做出的 Y 和 X 之间没有任何联系（即 $b=0$）的判断是正确的概率。显著性水平越低，置信度就越高。如果做一个 t 检验选的显著性水平为 0.05（5%），那么检验的置信度就是 0.95（95%）；也就是说，你有 95% 的把握说 t 检验正确地显示出缺乏显著性。显著性水平和置信度提供的是同一个信息，只不过方式稍有不同：显著性水平给出的是发生第 I 类错误的概率，而置信度给出的是不发生第 I 类错误的概率。5% 的显著性水平和 95% 的置信度意味着同一件事。

关 系

在检验参数估计的统计显著性时，所选的显著性水平表明了犯第 I 类错误的概率，即当一个参数实际并无显著性时错误地判定它有的概率。一个检验的置信度是不发生第 I 类错误的概率。一个检验的显著性水平越低（高），其置信度就越高（低）。

做 t 检验很简单。第一步，由参数估计值和它的均方差（这两个值都可以用计算机来算）计算出 t 统计量（即 t 比）。（大部分统计软件都能计算 t 比。）第二步，在选定的显著性水平下，找出 t 的合适的临界值。（t 的临界值和相关的解释可在书后的一个临界 t 值表找到。）t 的临界值是由显著性水平和自由度给出的。一个 t 检验的**自由度**（degree of freedom）等于 $n-k$，其中 n 是样本中的观察量，k 是估计参数的个数[⊜]。（在前面旅行社做广告那个例子中，自由度是 $7-2=5$，因为我们有 7 个观察对象和 2 个需要估计的参数，a 和 b。）

在给定的显著性水平或置信度下（如 5% 的显著性水平或 95% 的置信度），求出 t 的临界值后，就可以把计算出来的 t 统计量的绝对值与之比较。如果 t 统计量的绝对值比临界值大，我

⊖ 统计学家也认识到，当分析者没有找到统计显著的参数时，第 II 类错误产生。在你们的统计学课程中，你将学到第 I 类和第 II 类两种错误。因为通常确定第 II 类错误的可能性是不可能的，统计显著性检验一般只考虑第 I 类错误的可能性。

⊜ 偶尔在其他统计学书中（或者其他书中的 t 检验），你也会发现把 k 定义为“解释变量的个数”，而不是我们这里所说的“估计参数的个数”。当 k 没有定义包括估计截距参数时，自由度的数值一定要按照 $n-(k+1)$ 计算。无论 k 如何定义，t 检验的自由度总等于观察对象数量减去需要估计的参数个数。

们就说在 95% 的置信度下，估计的参数（在统计上）显著地不等于零。如果绝对值小于临界值，b 的估计值就不能看成显著地不等于零，即 X 在决定 Y 的值时并没发挥显著的统计作用。

回到旅行社做广告那个例子，现在我们来检验一下 b 的估计值 4.971 9 是否在统计上显著地不等于零。计算机算出来的均方差为 1.23，因此，t 统计量等于 4.04（4.971 9/1.23）。接下来，我们在 5% 的显著性水平（95% 的置信度）下比较 4.04 与 t 的临界值。上一段提到自由度为 5，查一下书后面的临界 t 值表，你会找到以 5 为自由度，显著性水平为 0.05 的 t 的临界值为 2.571。因为 4.04 大于 2.571，所以我们拒绝 $b=0$ 的假设，并判断 4.971 9（$\hat{b}$）显著地不等于零。这就意味着广告费用是决定销售额水平的一个具有统计重要性的变量。如果 4.04 比临界值小的话，我们就不能拒绝 $b=0$ 的假设，也就不能断定广告费用在决定销售水平时扮演着重要角色。

检验一个估计参数的统计显著性的步骤概括在如下原理中：

原 理

为了检验估计参数 $\hat{b}$ 的统计显著性，需要计算 t 比：

$$t=\frac{\hat{b}}{S_{\hat{b}}}$$

式中，$S_{\hat{b}}$ 是估计值的标准差。

接下来，在选定的显著性水平下，在书后面的临界 t 值表中找到 t 的临界值。选择自由度为 $n-k$，显著性水平为给定值的临界 t 值。如果 t 比的绝对值大于（小于）临界 t 值，那么 $\hat{b}$ 统计（不）显著。

4.3.4 用 p 值决定统计显著性

用 t 检验来判定一个参数估计是否具有统计显著性时，要求先选择一个检验的显著性水平。在管理者面对的大多数情况中，选择检验的显著性水平涉及一个主观的决定。现在我们将向你介绍另一种评价参数估计的统计显著性的方法，它不要求你“预先选定”一个显著性水平（或置信度），或者是用临界 t 值表来查找临界 t 值。在这种方法中，我们通过回答以下这个问题就可以确定统计显著性的确切水平：如果 $\hat{b}$ 的 t 比已经计算出来了，最低的显著性水平或最大的置信度为多少时才允许拒绝 $b=0$ 的假设，转而接受其对立假设？

考虑前面参数估计为 4.971 9 的 t 检验。在前一节，我们发现广告费用（A）对销售额（S）的作用具有统计显著性，因为 t 比 4.04 大于 2.571（2.571 是显著性水平为 5%，或说置信度为 95% 的临界 t 值）。一个正好为 2.571 的 t 比就足以达到 $b \neq 0$ 的 5% 的显著性水平。计算出来的 t 比值 4.04 比 5% 显著性水平下的 t 临界值大得多，这就意味着一个比 5% 低的显著性水平（或一个比 95% 大的置信度）仍允许我们拒绝 b 并不具显著性（$b=0$）的假设。那么最低的显著性水平是什么呢？（相类似的问法是，当 t 比为 4.04 时，允许拒绝 $b=0$ 的假设的最高限度的置信度是多少？）答案就是 4.04 的 p 值。大部分统计分析软件、甚至连电子表格都能计算 p 值。

t 比和 p 值（p-value）联合给出了一个参数估计的准确的显著性水平。[⊖]换而言之，p 值给出了在 t 比的基础上判断 $b \neq 0$（即发生第 I 类错误）的精确概率——当不存在显著性时断定存在的情况发生的概率。1 减 p 值就是准确的置信度，它可作为某个特定估计的置信度。t 比 4.04（4.971 9/1.23）的 p 值为 0.010。这个 p 值表示 t 比为 4.04 的显著性水平的精确值为 1%，置信度的精确值为 99%。我们不说 $\hat{b}$ 在 5% 的显著性水平下（或 95% 的置信度下）具有统计显著性，而是利用 p 值做出更准确和更强有力的叙述：精确地说，$\hat{b}$ 在 1% 的显著性水平下具有统计显

⊖ 尽管本节讨论 t 统计量，p 值可以用来计算任何统计检验，并且给出了联合统计检验的确切的显著水平。

著性。换而言之，在 99% 的置信度下，广告费用对销售额确实有影响（$b \neq 0$）；即广告费用对销售额没有影响的概率为 1%。

因为 t 检验是传统的评价统计显著性的方法，因此大多数软件包通常会把 t 比和 p 值一起列出。通常现在的软件不是预先为 t 检验选定一个显著性水平（或置信度），而是报告估计参数的 p 值（通常还有标准方差和 t 比）而让做统计估计的用户自己决定显著性水平是否低到可以接受的程度（或置信度是否高到可以接受的程度）。

 **关 系**

p 值是一个 t 统计量的精确的显著性水平，它给出了当你在计算机算出的 t 比的基础上判断 $b \neq 0$ 时，发生第Ⅰ类错误的（最小的）概率。第Ⅰ类错误只在判断参数不具显著性时存在。1 减去 p 值就得到精确的置信度，它可用于一个特定的参数估计。

4.4　回归方程的评估

在分别用 t 检验检验了参数估计值 $\hat{b}$ 的显著性后，研究者往往还希望能对估计的回归方程整体进行检验，这涉及判断估计的回归方程是否很好地“解释”了 Y 的变化。我们经常采用两个统计量来评估一个回归方程的整体可接受性。第一个统计量是可决系数，记作 R^2，读作 R 的平方；第二个是 F 统计量，用于检验整个方程是否具有统计显著性。

4.4.1　可决系数

可决系数（coefficient of determination, R^2）衡量了因变量的变化中能被回归方程解释的那一部分。就早先讨论过的例子来说，它就是销售额变化量中能被广告费用的变化解释的那一部分。因此，R^2 的取值范围是 0 ～ 1（0 表示回归方程完全不能解释 Y 的变化，而 1 表示回归方程能完全解释 Y 的变化）。虽然在大多数计算机 R^2 是以小数形式输出的，我们经常还是习惯于用百分比来表示它。例如，计算得 R^2 为 0.754 2，我们会说约 75% 的 Y 的变化可以用模型来解释。

大的 R^2 值说明解释变量与因变量间的相关程度高，小的 R^2 值说明两者之间关联程度低。例如，在图 4-4a 中，散点图中的观测值与回归线都离得很近。因为点与回归线的偏离很小，所以 X，Y 间的关联程度高，R^2 值也就大。最极端的情况就是所有的观测值都落在回归线上，这时 $R^2 = 1$。在图 4-4b 中，观测值散落在回归线周围一个相当大的范围内。这种情况下的 X，Y 间的关联程度就远低于图 4-4a 中的情况，因此其 R^2 值也相当小。

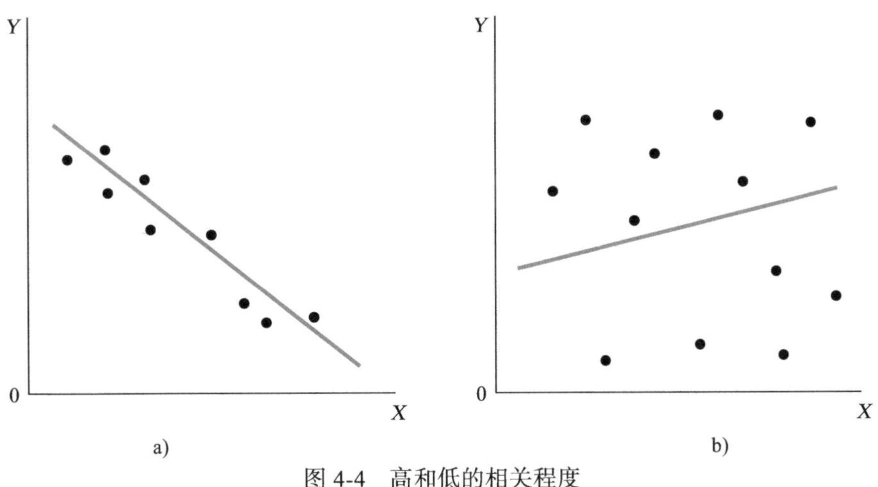

图 4-4　高和低的相关程度

我们必须提醒你注意：两变量间高的相关程度（或者甚至是一个具有统计显著性的回归系数）并不一定意味着因变量 Y 的变化是由解释变量 X 的变化引起的。可能存在这样的情况：Y 的变化是由 Z 引起的，但 X 恰好与 Z 有关。这样即使 X 的变化没有直接导致 Y 的变化，Y 与 X 之间还是有关联的。一个大的 R^2 值不能证明 Y 和 X 必然相关，它只能说明两者之间有一定的关联。我们把以上讨论概括成以下统计关系。

关系

可决系数（R^2）衡量了 Y 的总变化量中由 X 的变化解释了的那一部分。R^2 在 0 ～ 1 取值（0 表示回归方程完全不能解释 Y 的变化，而 1 表示回归方程能完全解释 Y 的变化）。一个大的 R^2 值表示 Y 与 X 间有较高的相关程度，散点图与样本回归线吻合得较好。

4.4.2 *F* 统计量

尽管 R^2 是个得到广泛应用的统计量，它在对变量的解释程度到底要多大，才能认为方程具有统计显著性的判断上还是具有较大的主观性。另一种检验手段是 **F 统计量**（*F*-statistic）。用概括的话来描述它就是：这个统计量衡量的是因变量的变化中能被解释的那一部分与无法预计的那一部分的比率。为检验整个方程是否显著，我们要把它与从 F 值表（见本书最后）中查到的临界 f 值进行比较。临界 f 值与两个独立的自由度及显著性水平有关。第一个自由度是 $k-1$（即解释变量的个数），第二个自由度是 $n-k$。如果计算出来的 f 值大于临界值，那么回归方程在这个特定的显著性水平下就是显著的。以上关于 f 统计量的讨论概括成如下统计关系。

关系

f 统计量用于检验整个回归方程是否解释了 Y 的变化量中的相当一部分。f 检验要把 f 统计量与选定显著性水平下的自由度为 $k-1$ 和 $n-k$ 的临界 f 值作比较。若 f 统计量大于临界 f 值，就说回归方程具有统计显著性。

也许你不想做 F 检验，因为它要求你必须先主观选定一个显著性水平（或置信度）；你可能想找到 F 统计量确切的显著性水平。F 统计量的 p 值给出了回归方程整体确切的显著性水平。$1-p$ 为 F 统计量计算值确切的置信度。

分析一个回归时需要的所有统计量—系数估计、标准方差、t 比、R^2、F 统计量、p 值——都可以在大多数回归分析程序中计算并输出。我们需要大家做的是如何建立一个回归方程并解释计算结果。下面你将看到，任何一个公司管理者都可能要面对的回归分析的一个假想例子（见专栏 4-1）。

◇专栏 4-1

研发费用与企业的价值

为了确定研发（R&D）活动的花费，一个管理者可能希望了解研发费用是如何影响企业价值的。为了调查公司价值与研发费用之间的关系，Wallin 和 Gilman[⊖] 用简单的回归分析估计了一个模型：

⊖ C. Wallin, and J. Gilman, " Determining the Optimal Level for R&D Spending ", *Research Management* 14, 5(September/October 1986), pp. 19-24.

$$V=a+bR$$

式中 V——企业价值，用市盈率（price-to-earnings ratio）来衡量；

R——研发经费，用它在公司的总销售额中占的百分比来表示。

Wallin 和 Gilman 收集了在 1981 ～ 1982 年研发经费开支最大的 20 家公司的横截面数据。以下是计算机从回归程序中调出的结果和散点图（共有 20 个数据点，已拟合出样本回归线）。

DEPENDENT VARIABLE: V	R-SQUARE		F-RATIO	P-VALUE ON F
OBSERVATIONS: 20	0.527 4		20.090	0.000 3
	PARAMETER	STANDARD		
VARIABLE	ESTIMATE	ERROR	T-RATIO	P-VALUE
INTERCEPT	6.00	0.917	6.54	0.000 1
R	0.74	0.165	4.48	0.000 3

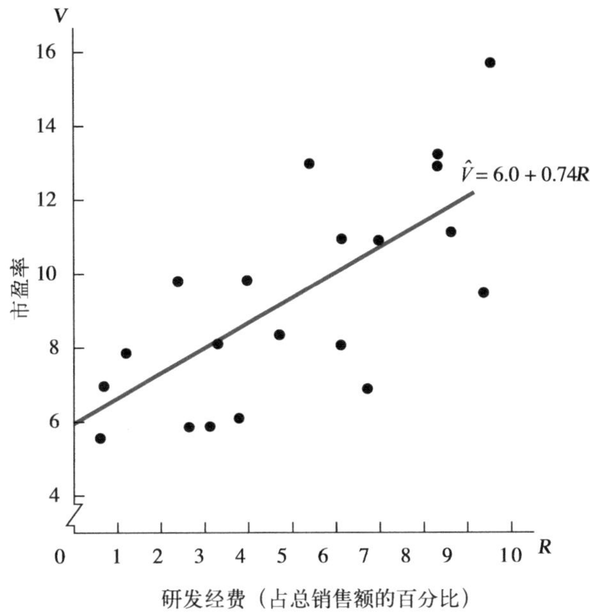

首先，我们要检验 a 的估计的显著性。我们可以把 $\hat{a}$ 与临界 t 值做比较来检验其统计显著性。t 比是参数估计与其标准差的比值，已由计算机给出：

$$t_{\hat{a}}=\frac{6.00}{0.917}=6.54$$

我们将采用 5% 的显著性水平（95% 的置信度）。因为有 20 个观测值和 2 个待估计的参数值，所以自由度为 $20-2=18$。书后面的临界 t 值表给出了这时的临界 t 值为 2.101。计算得出的 t^* 大于这个临界 t 值，所以我们认为 $\hat{a}$ 与零之间有显著差别。$\hat{a}$ 的 p 值是如此的小（0.000 1），以致当判断变量不存在显著性时的概率几近于零。在这种情况下，选定 5% 的显著性水平在很大程度上低估了 a 的估计值的显著性水平的精确度。a 的估计值表明在研发（R&D）上没有开支的公司平均市盈率为 6。

b 的估计值是正的（0.74），说明 V 和 R 正相关。t 比为 4.48，比临界 t 值大。$\hat{A}$ 的 p 值表明 t 检验的显著性水平最低可定在 0.000 3，即 0.03%，这时 $b=0$ 的假设仍会被拒绝。也就是说，当 t 统计量等于 4.48 时，R&D 开支对公司价值有显著影响这个结论不成立的概率只有 0.03%。用置信度来表述的等价说法是：我们有 99.97% 的把握说 t 检验不会在变量没有显著性的时候得出有的结论。$\hat{b}$ 的值表示如果一个公司增加 1% 的研发费用（在销售额中占的百分比），那么它可望使公司的价值（用市盈率来衡量）上升 0.74。

回归方程的 R^2 值指出公司价值的总变化中约有 53% 能用回归方程解释，即 V 的变化量的 53% 可以用 R 的变化来解释。但回归方程无法解释公司价值变化量中的 47% 那一部分。

F 比率用于检验整个方程的显著性。为了确定 F 的临界值（显著性水平为 5%），我们要先确定自由度。在这个例子中，自由度分别为 $k-1=2-1=1$ 和 $n-k=20-2=18$，在书后的 F 值表中，你从第 $k-1$ 列看下来，到第 $n-k$ 行读取数值 4.41。因为计算得出的 F 值 20.090 大于 4.41，所以回归方程在 5% 的显著性水平下是显著的。实际上在 5% 的显著性水平下 20.090 远大于临界 F 值，这说明确切的显著性水平远低于 0.05。F 统计量的 p 值是 0.000 3，说明确切的显著性水平远低于 0.05。

资料来源：Adapted from a regression problem presented in Terry Sincich, *A Course in Modern Business Statistics*, Dellen/Macmillan, 1994, p.432.

4.4.3 实例：SLM 公司产品质量控制

专用透镜制造公司（以下简称 SLM），为不能佩戴普通隐形眼镜的患者生产一种特制的隐形眼镜，这些眼镜必须符合非常严格的标准。但生产过程不能做到十全十美，所以有些眼镜在质量上会有瑕疵。拿到劣质眼镜的患者几乎都能发现问题并向 SLM 要求退换。从多耗费的生产成本和公司声誉的受损来看，退回的眼镜对 SLM 来说代价昂贵。每星期 SLM 生产 2 400 片眼镜，质量监督员只能在这些镜片被运到医生那儿之前，用高倍显微镜检查其中的一小部分。

SLM 的管理层决定用回归分析来衡量检查工作的有效性。在 22 周的时间里，SLM 收集了每个星期有关当期生产的眼镜数和后来因质量缺陷被医生退还的数目（用 F 表示），以及当期用于检查眼镜的小时数（用 H 表示）的数据。管理者预测回归方程为

$$F=a+bH$$

输入 22 个星期中 F 与 H 的观测值后，计算机打印出以下结果：

DEPENDENT VARIABLE: F	R-SQUARE		F-RATIO	P-VALUE ON F
OBSERVATIONS: 22	0.452 7		16.54	0.001
	PARAMETER	STANDARD		
VARIABLE	ESTIMATE	ERROR	T-RATIO	P-VALUE
INTERCEPT	90.0	28.13	3.20	0.004
H	−0.80	0.32	−2.50	0.021

正如预期的那样，$\hat{a}$ 是正数，$\hat{b}$ 是负数。如果不作任何检查（$H=0$），SLM 每星期的产品中将有 90 片眼镜因质量缺陷而被退回。b 的估计值（$\hat{b}=\Delta F/\Delta H=-0.80$）表明一周每增加 1 小时的检查时间，有缺陷的数将减少 0.8。因此要多找到 8 个有缺陷的镜片，就要多花 10 小时来检查。

为了确定 $\hat{a}$ 和 $\hat{b}$ 是否显著地不等于零，管理者可以对每个被估计参数做 t 检验。$\hat{a}$ 和 $\hat{b}$ 的 t 比分别为 3.20 和 −2.50。

$$t_{\hat{a}}=90.0/28.13=3.20 \qquad t_{\hat{b}}=-0.80/0.32=-2.50$$

临界 t 值可在本书后面的临界 t 值表中查到。现有 22 个观测值和 2 个参数，因此自由度为 $n-k=22-2=20$。选 5% 的显著性水平（95% 的置信度），则临界 t 值为 2.086。因为 $\hat{a}$ 和 $\hat{b}$ 的绝对值比 2.086 大，所以在 5% 显著性水平下 $\hat{a}$ 和 $\hat{b}$ 都具有统计显著性。

如果不在选定的显著性水平下做 t 检验，管理者可以通过检验 $\hat{a}$ 和 $\hat{b}$ 的 p 值来评价参数估计的显著性。

$\hat{a}$ 确切的显著性水平为 0.004（0.4%），这表明在 0.004 的显著性水平下（0.996 的置信度），

t 统计量为 3.20 时就可以拒绝 $\hat{a}=0$ 的假设。$\hat{a}$ 的 p 值小到几乎可以保证管理者不犯第 I 类错误。总的来说，$\hat{b}$ 确切的显著性水平为 0.021（2.1%）。对参数估计来说，p 值给出的显著性的评价，比 5% 的显著性水平下做的 t 检验给出的评价更有力。

总的说来，因为 $R^2=0.452\,7$，所以方程解释了因变量（F）的总变化中约 45% 的部分，而没能解释其余的 55% 的那部分。为了检验整个方程的显著性，管理者可以做 F 检验。临界 F 值可在书后面的表中查到。因为自由度分别为 $k-1=2-1=1$ 和 $n-k=22-2=20$，5% 的显著性水平下，F 值为 4.35。F 统计量的计算值 16.54 大于 4.35，所以整个方程具有统计显著性。F 统计量的 p 值表示方程整体的确切的显著性水平为 0.001（0.1%），即确切的置信度为 99.9%。

用估计的方程 $F=90.00-0.80H$，管理者可以估计出一周花在检查上的不同小时数对应的将运给客户的有缺陷的镜片数。例如，质量监督员每周花 60 小时检查镜片，*SLM* 可能会将 42 片（$90-0.8\times 60$）有缺陷的镜片带给客户。

4.5　多元回归

迄今为止，我们已讨论了涉及因变量 Y 与一个解释变量 X 的线性简单回归问题。但在许多问题里，Y 的变化是由不止一个解释变量引起的。要正确解释因变量的变化，可能要用到好几个解释变量。**多元回归模型**（multiple regression model）用两个或两个以上的解释变量来解释因变量的变化。在这节我们将说明如何使用及解释多元回归模型。

多元回归模型

一个典型的多元回归方程可能的形式为

$$Y=a+bX+cW+dZ$$

式中　Y——因变量；

a——截距参数；

X、W 和 Z——解释变量；

b、c 和 d——各解释变量的斜率参数。

类似简单线性回归，斜率参数 b、c 和 d 表示了在其他变量不变时，某一变量的单位变化将引起的 Y 的变化。例如，如果 $c=3$，那么当 X 和 Z 不变时，W 增加 1 单位，Y 将增加 3 单位。

多元回归方程的参数估计值是通过确定线性方程得到的，线性方程最佳地拟合了数据。类似简单回归，计算机可用来计算参数估计值及其标准差、F 统计量、R^2 和 p 值。每个参数和整个方程的统计显著性可分别用 t 检验和 F 检验来确定。R^2 可以理解为 Y 的变化中被所有解释变量的集合所解释的那一部分。实际上，多元回归带来的唯一真正麻烦的问题是要做更多的 t 检验。虽然参数估计值的计算在增加了解释变量后变得难了许多（这方面的知识你可能在统计学课程学过），但是它们的含义却没有变。专栏 4-2 提供了一个多元回归的例子。

◇专栏 4-2

汽车保险费与赔偿金额确实有关吗

Benjamin Zycher 在他一篇考察 103 号议案对加利福尼亚州汽车保险费用影响的文章中提到，一个居住在好莱坞、没有被传证的或过失事故记录的成年男性司机在 1988 年每年需要付 1 817 美元的保险费。而同样的成年男性司机，他如果住在蒙罗维亚，则只需付 862 美元；住在圣迭戈，则只需付 697 美元；住在圣何塞，则只需付 581 美元。Zycher 对保险费存在的这种差异做了解释，认为这是因为保险公司在确定保险费时，显然考虑了个人的驾驶记录、汽车类型、性别、年龄及其他各种可作为“具有统计显著性的司机未来损失的预测量”的因素。

司机居住地的地理位置在决定保险费用时也很重要。由于乡村地区的交通密度更小，盗车行为更少，汽车修理费用更低等原因，住在那儿的司机的未来损失可能会比市区的小。利用加州 20 个城市的人身伤害保险费用数据，我们研究了保险费和两个解释变量（不同城市的索赔率和平均每桩索赔获得的赔偿金额）之间的关系。具体来说，我们要确定各地保险费用的差异是否能用各地赔偿费用的不同来解释。

加利福尼亚州的人身伤害：索赔率、赔偿金额和保险费

城市	索赔率[①]（N）	赔偿金额（美元）[②]（C）	年保险费（美元）[③]（P）
洛杉矶	23.9	10 197	319.04
奥兰治	19.5	9 270	255.00
文图拉	16.7	9 665	225.51
旧金山	16.3	8 705	208.95
里弗赛德	15.2	8 888	200.13
圣贝尼托	15.6	8 631	196.22
圣迭戈	16.0	8 330	191.80
阿拉梅达	14.4	8 654	191.46
马里恩	13.0	8 516	190.78
圣马特奥	14.1	7 738	189.01
萨克拉门托	15.3	7 881	181.42
圣克拉拉	14.4	7 723	179.74
康特拉科斯塔	13.2	8 702	177.92
圣巴巴拉	10.7	9 077	176.65
索诺马	10.6	9 873	171.38
弗雷斯诺	14.7	7 842	168.11
克恩	11.9	7 717	160.97
洪堡	12.2	7 798	151.02
比尤特	11.1	8 783	129.84
沙斯塔	9.7	9 803	126.34

①每 1 000 辆上保险的汽车中有多少辆索赔。

②平均每桩索赔要求赔偿多少美元。

③平均每辆投保汽车缴纳的保险费。

资料来源：Western Insurance information Service.

用上表的数据，我们估计了以下多元回归方程：

$$P = a + b_1 N + b_2 C$$

式中 P——平均每辆汽车支付的人身伤害保险费；

N——每 1 000 辆上了保险的汽车中有多少辆提出索赔；

C——平均每桩人身伤害索赔要求要赔偿多少美元。

计算机关于该多元回归方程的输出结果如下：

DEPENDENT VARIABLE: P		R-SQUARE	F-RATIO	P-VALUE ON F
OBSERVATIONS: 20		0.911 6	87.659	0.000 1
	PARAMETER	STANDARD		
VARIABLE	ESTIMATE	ERROR	T-RATIO	P-VALUE
INTERCEPT	−74.139	34.612	−2.14	0.047 0
N	11.320	0.953	11.88	0.000 1
C	0.011 55	0.004	2.87	0.010 7

这些参数估计表明，某个特定城市的人身伤害保险费与该地的索赔率和每桩索赔要求的平均赔偿金额是正相关的。具体地说，一个城市里每 1 000 辆汽车的索赔要求每多 1 桩（$\Delta N=1$），它会使年保险费增加 11.32 美元；一个城市里的平均索赔金额每增加 1 000 美元（$\Delta C=1\ 000$），它会使年保险费增加 11 美元。这个回归方程中的截距没有实际意义。

各参数估计值的 p 值表明，所有的估计在小于 0.05 的显著性水平下还是显著的，你可以通过对每个被估计参数做显著性水平为 5% 的 t 检验来证明这点。

我们还要提醒你注意，$R^2=0.911\ 6$，这个值说明保险费用的变化中有 91% 可以被解释变量 N 和 C 解释。F 比率的 p 值也提供了更多的统计证据，证明因变量 P 与解释变量 C、N 之间确实有很强的相关性。5% 的显著性水平下，$F_{2,17}$ 的临界值为 3.59，因为 F 统计量比它大很多，因此回归方程即使在低于 0.01% 的显著性水平下，也还是显著的。

有趣的是保险费用水平只用了两个解释变量就能解释得那么好。的确，这个回归分析支持了 Benjamin Zycher 的论断：在加利福尼亚州，汽车保险费的显著差异可以用保险公司发生的赔偿费用存在的地理差异性来解释。

资料来源：Benjamin Zycher, "Automobile Insurance Regulation, Direct Democracy, and the Interests of Consumers," *Regulation*, Summer 1990.

4.6　非线性回归分析

虽然线性回归模型可应用于十分广阔的经济领域，但还有许多非线性的经济关系。当 Y 和 X 的基本关系呈曲线而不是直线时，我们就要用非线性回归模型。当散点图表现出一种曲线分布时，分析者通常选用非线性回归模型。在某些情况下，经济学理论会强有力地证明 Y 和 X 是以非线性的方式相关的，而分析者也能从散点图发现数据点呈曲线状分布。稍后我们将介绍一些重要的非线性的经济关系。你要用回归分析的技术来理解如何估计一个非线性的经济关系的参数。

在这节里，我们要介绍两种可用线性回归分析来估计其参数的非线性回归方程。其方法是将非线性关系转化成可用最小二乘法来估计的线性关系。在以后的章节中你将遇到这样两个很有用的非线性模型：（1）二次回归模型；（2）对数—线性回归模型。你将看到，其中任何一个模型的选择都不会使分析变得太复杂。

4.6.1　二次回归模型

管理经济学中最有用的非线性模型之一就是**二次回归模型**（quadratic regression model），它可表示为

$$Y=a+bX+cX^2$$

在本书后面的许多情况下，经济变量间的理论关系呈 U 形或倒 U 形曲线。回忆一下，你会记起高中代数课程讲过，二次函数的图像是 U 形或∩形的（这取决于 b 和 c 的正负）。如果 b 为负，c 为正，二次函数图像是 U 形的；若 b 为正，c 为负，图像是∩形。因此，随着 X 的增大，Y 先减小，到达一极小值后又开始增大，这种情况用 U 形的二次函数方程（$b<0, c>0$）来描述很合适；若随着 X 的增大，Y 先增大，到达一极大值后开始减小，这就应该用∩形二次方程（$b>0, c<0$）来描述。

为了估计二次关系的三个参数（a，b，c），方程必须转化为可用线性回归分析方法来研究的形式。要做到这点，我们可以定义一个新变量：$Z=X^2$，然后用 Z 替代 X^2，原模型就转化成如下线性模型：

$$Y=a+bX+cX^2=a+bX+cZ$$

$Z(c)$ 的斜率参数与 $X^2(c)$ 的斜率相等。

这个简单的变形可由计算机完成，让它将 X 的每个观察值都平方后作为 Z 的值。然后，你可将 Y 对 X 和 Z 做回归。计算机会输出截距参数估计（$\hat{a}$），X 的斜率参数估计（$\hat{b}$）和 Z 的斜率参数估计（$\hat{c}$），这实际上也是 X^2 的斜率参数。我们将通过一个例子说明计算过程。

图 4-5 是 Y 和 X 的 12 个观察值的散点图（Y 和 X 的观察值取自图右的表中）。观察散点的分布，很显然，企图用一条直线去拟合这些点的效果将很差，而用 U 形曲线来拟合的效果将会好得多。为了估计二次回归方程的参数，计算机会产生一个新变量 Z（即等于 X^2）。实际用于回归的数据见图 4-5。计算机输出的回归结果如下：

DEPENDENT VARIABLE: Y		R-SQUARE	F-RATIO	P-VALUE ON F
OBSERVATIONS: 12		0.754 2	13.80	0.001 8
	PARAMETER	STANDARD		
VARIABLE	ESTIMATE	ERROR	T-RATIO	P-VALUE9
INTERCEPT	140.08	16.80	8.34	0.000 1
X	−19.51	4.05	−4.82	0.001 0
Z	1.01	0.20	5.05	0.000 6

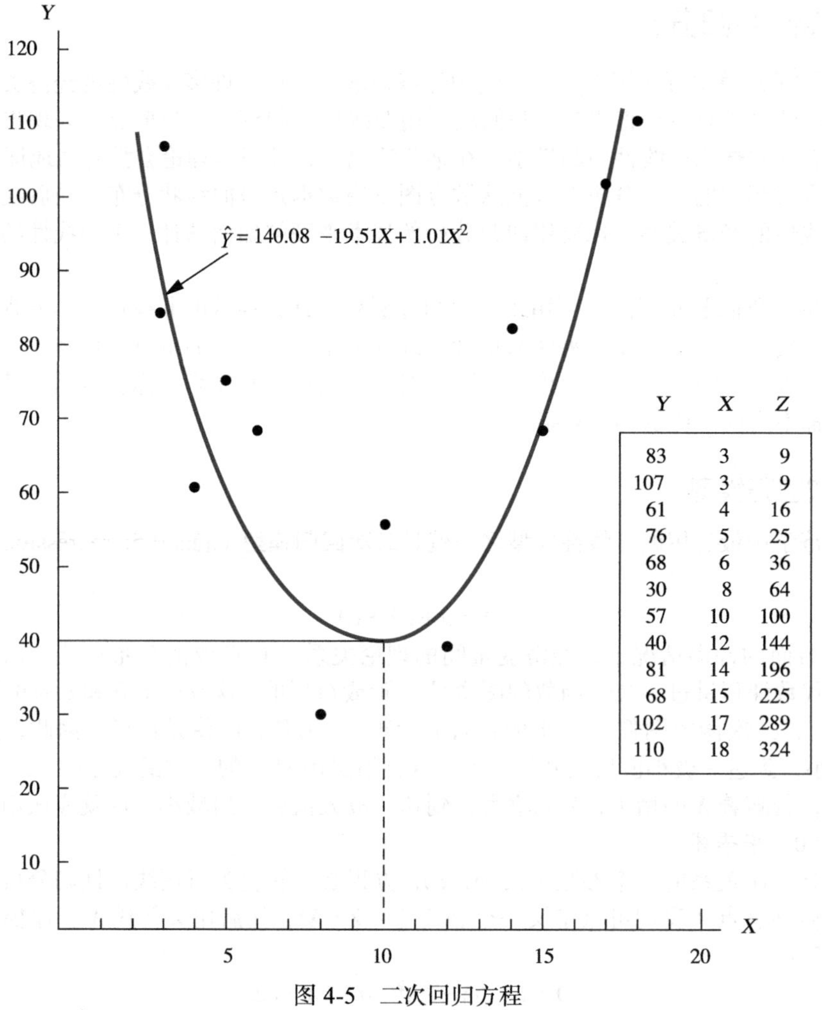

Y	X	Z
83	3	9
107	3	9
61	4	16
76	5	25
68	6	36
30	8	64
57	10	100
40	12	144
81	14	196
68	15	225
102	17	289
110	18	324

图 4-5　二次回归方程

因此，估计的二次回归方程为

$$\hat{Y}=140.08-19.51X+1.01X^2$$

Z 的斜率参数的估计值为 1.01，前面已有说明，这也是 X^2 的斜率参数估计。这个方程可用于估计任意一个 X 值下的 Y 值。例如，若 $X=10$，二次回归方程预测 Y 将等于 45.98 × (140.08 − 19.51 × 10 + 1.01 × 10^2)。在任意一个多元回归方程中，参数估计值的显著性都可以用前面讨论过的 t 检验来进行检验。

4.6.2　对数—线性回归模型

另一种可转化为线性形式的非线性方程是对数－线性回归模型（log-linear regression model)，其中 Y 与一个或多个解释变量是乘数关系：

$$Y=aX^bZ^c$$

我们在第 7 章估计需求函数和第 10 章的附录估计生产函数，都用到了的非线性的函数形式特别有用，因为参数 b 和 c 是弹性系数：

$$b=Y\text{ 的变化率 }/X\text{ 的变化率}$$

$$c=Y\text{ 的变化率 }/Z\text{ 的变化率}$$

采用这种形式的非线性回归方程可以直接估计弹性系数——每个解释变量的参数估计值就是弹性系数。(不过参数 a 可以不是弹性参数)。

为了估计这个非线性方程的参数，我们要把方程转化成线性形式。我们可以把方程两边都取自然对数，得到以下结果：

$$\ln Y=(\ln a)+b(\ln X)+c(\ln Z)$$

因此，若我们定义 $Y'=\ln Y$，$X'=\ln X$，$Z'=\ln Z$，$a'=\ln a$，则得到一个线性回归方程：

$$Y'=a'+bX'+cZ'$$

在求得参数估计值后，对参数估计的统计显著性的检验和对方程的评价与前面描述的完全一样。唯一的区别是计算机算出的截距参数估计不是 $\hat{a}$，而是 $\ln\hat{a}$。要求 $\hat{a}$，就要对 $\ln\hat{a}$ 求反对数(即指数函数)：

$$\exp(\hat{a}')=e^{\hat{a}'}$$

一个数的反对数可以用大多数计算器上都有的“ e^x ”键来求。下面将举例说明对数－线性回归模型。

图 4-6a 是 Y 和 X 的 12 个观察值的散点图，它表明曲线模型比线性模型更好地拟合了这些数据。假设我们的模型是只有一个解释变量的对数—线性模型。因为所有样本点的 Y 值都为正，因此 a 值应为正；Y 随 X 的增大而减小，因此 b 值应为负。图 4-6a 散点的 Y 和 X 的真实值见图 4-6a 的方框。

为了估计原非线性方程的参数 a 和 b，我们把方程两边取对数：

$$\ln Y=\ln a+b\ln X$$

这样，图 4-6a 中的曲线模型就被转化为等价的线性模型。图 4-6b 中，$\ln Y$ 和 $\ln X$ 可通过让计算机分别求 Y 和 X 的对数得到。12 个取对数以后的观察值列于图 4-6b 中。计算机输出的 $\ln Y$ 对 $\ln X$ 的回归结果如下。

DEPENDENT VARIABLE: LNY		R-SQUARE	F-RATIO	P-VALUE ON F
	OBSERVATIONS: 12	0.875 0	70.0	0.000 1
	PARAMETER	STANDARD		
VARIABLE	ESTIMATE	ERROR	T-RATIO	P-VALUE
INTERCEPT	11.06	0.48	23.04	0.000 1
LNX	−0.96	0.11	−8.73	0.000 1

F 比率和 R^2 表明对数—线性模型在相当大的程度上解释了 Y 的变化量。截距和斜率参数的 t 比分别为 23.04 和 −8.73。在 1% 的显著性水平下两个参数估计都是显著的，因为其 t 统计量大于临界 t 值（3.169）。你能从 p 值看出参数估计在小于 0.001 的显著性水平下还是显著的。

图 4-6b 说明了为什么该模型被称为对数 - 线性模型。注意，当图 4-6a 中的数据点转化成对数（$\ln Y$ 和 $\ln X$）后，Y 和 X 的自然对数表现出一种线性关系，见图 4-6b。我们把估计的对数 - 线性回归方程画在图 4-6b 中，以说明直线较好地拟合了 Y 和 X 的自然对数。

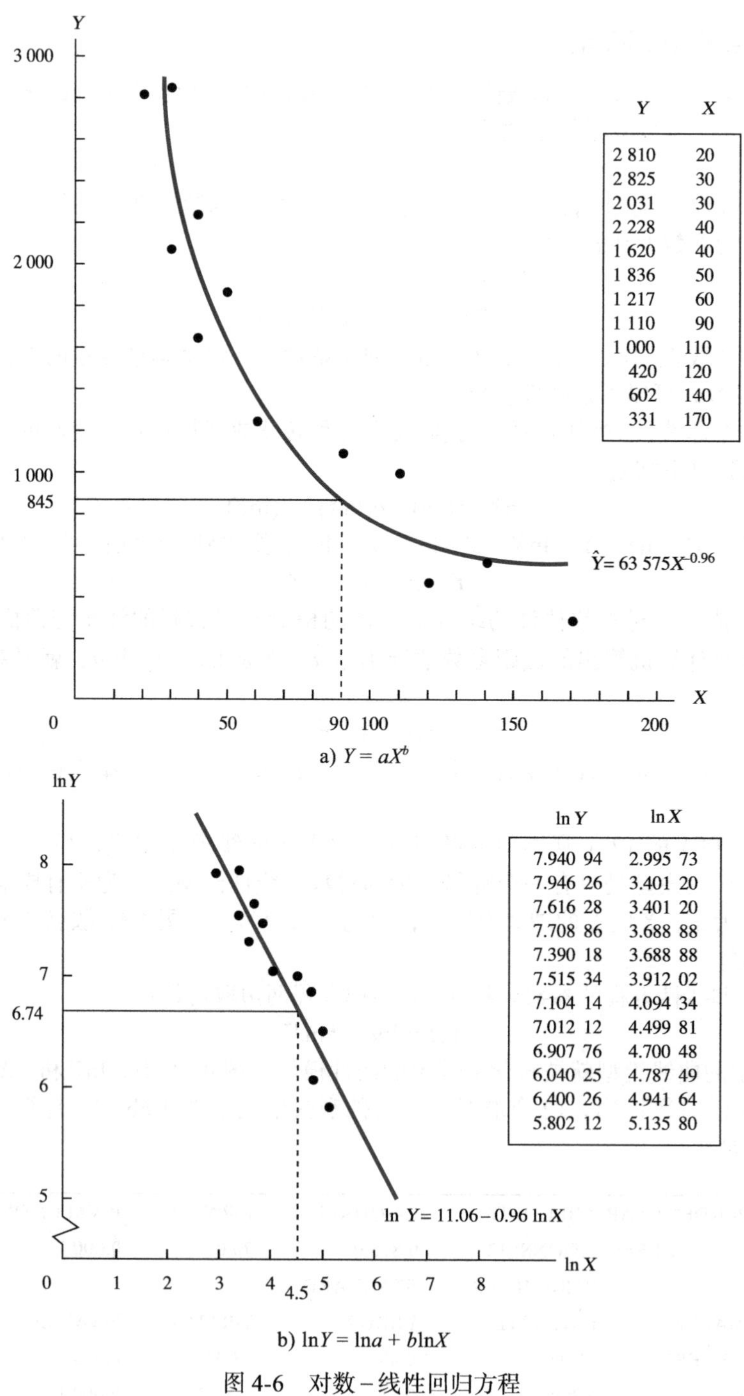

Y	X
2 810	20
2 825	30
2 031	30
2 228	40
1 620	40
1 836	50
1 217	60
1 110	90
1 000	110
420	120
602	140
331	170

a) $Y = aX^b$

ln Y	ln X
7.940 94	2.995 73
7.946 26	3.401 20
7.616 28	3.401 20
7.708 86	3.688 88
7.390 18	3.688 88
7.515 34	3.912 02
7.104 14	4.094 34
7.012 12	4.499 81
6.907 76	4.700 48
6.040 25	4.787 49
6.400 26	4.941 64
5.802 12	5.135 80

b) $\ln Y = \ln a + b\ln X$

图 4-6 对数 - 线性回归方程

求非线性方程 $Y=aX^b$ 的参数估计时，注意 lnX 的斜率参数也是非线性方程中 X 的指数（$\hat{b}=-0.96$）。因为 b 是个弹性系数，所以被估计的弹性为 −0.96，即 X 增加 10% 将导致 Y 减少 9.6%，我们对截距参数的估计值取反对数来求 a 的估计值：

$$\hat{a}=\exp(11.06)=e^{11.06}=63\ 575$$

为了说明两个模型在数学上是等价的，我们计算了 $\ln X=4.5$ 时 $\ln Y$ 的预测量。用估计的对数—线性回归方程，我们求得当 $\ln X=4.5$ 时 $\ln Y=6.74[11.06-0.96\times4.5]$。取 lnY 和 lnX 的反对数，求得点 $X=90$，$Y=85[63\ 575\times(90)^{-0.96}]$。因此，这两个方程是对 Y 和 X 的数学关系的等价描述。

我们希望你已经从上面简单的概述中看到了回归分析是很有用的，因为它为管理者提供了一种估计函数的方法，这些函数在他们做决策时要用到。我们在以后的章节里还有许多具体应用回归分析的例子，在这里只需要你了解回归技术在管理决策上是确实有用的。

4.7　本章小结

- 简单线性回归模型是用一个线性方程将因变量 Y 与一个独立的解释变量 X 联系起来：$Y=a+bX$。截距参数 a 给出了回归线与 Y 轴相交所得的 Y 的值（这点的横坐标为零）。斜率参数 b 是指 X 的每单位变化引起的 Y 的变化，$b=\Delta Y/\Delta X$。因为 Y 的变化不只是被 X 的变化所影响，而且也会被各种随机效应所影响，因此，Y 的实际值无法准确估算。对于一个给定的 X 值，回归模型正确地提供了 Y 的平均值，或者说是预期值。（学习目标 1）
- 通过选定 a 和 b 的值求得估计的参数，得到穿过样本数据散点图中间一条最适合的直线。估计 a 和 b 的方法称作最小二乘法，或线性回归估计，$\hat{Y}=\hat{a}+\hat{b}X$ 就是简单线性回归，这是一条逼真的回归线。许多计算机软件，包括微软的 Excel，都能用最小二乘法估计回归参数。（学习目标 2）
- 如果估计的系数离 0 足够远，就称作为统计显著。因为在一般情况下，估计的$\hat{a}$和$\hat{b}$并不等于 a 和 b 的真实值，这就产生了统计显著性问题。如果与概率分布相应的期望值等于参数真实值，参数估计是无偏差的。虽然最小二乘法能够生成一个 a 和 b 的无偏差估计，但是检验参数估计是否统计显著仍然是必要的。在检验统计显著时，允许发生一类错误的概率决定了显著水平，当它真的不是显著的，而参数确是显著的时，这就发生了错误。为了检验估计参数$\hat{b}$是否统计显著，要计算 t 比，它等于$\hat{b}$除以被估计参数$\hat{b}$的标准差，如果 t 比的绝对值大于（小于）t 的临界值，那么，$\hat{b}$是（不是）统计显著的。作为 t 检验的一个替代方案，p 值能被利用来做显著性检验。准确与 t 统计相对应的显著性水平，被称作它的 p 值，给出了发生一类错误的准确（或最小）概率，在由计算机算出的 t 比的基础上，当你认为不存在 $b\neq0$ 的时候，统计显著。（学习目标 3）
- 可决系数 R^2 衡量了因变量的变化中能被回归方程中自变量变化解释的百分比。R^2 的取值范围在 0 ～ 1 之间。R^2 值越大，表示 Y 与 X 间有越高的相关程度，散点图与样本回归线吻合得越好。F 统计量用于检验整个回归方程是否解释了 Y 变化量中的相当一部分。F 检验要把 F 统计量与选定显著性水平下的自由度 $k-1$ 和 $n-k$ 的临界 F 值作比较。若 F 统计量大于临界 F 值，就说回归方程具有统计显著性。（学习目标 4）
- 多元回归模型用两个或两个以上的解释变量来解释因变量的变化。每个参数的系数可以来计算每个解释变量每单位变化所引起的 Y 的变化量。（学习目标 5）
- 两种非线性模型可以很容易地转化成可用线性回归分析来估计的线性模型，它们是：二次回归模型和对数 − 线性回归模型。当相应的散点图呈 U 形或倒 U 形曲线时，则适合使用二次回归模型。通过定义一个新变量 $Z=X^2$，然后用 Z 替代 X^2，二次回归模型 $Y=a+bX+cX^2$ 就转化成线性模型，线性方程就成为：$Y=a+bX+cZ$。Y 与多个解释变量是乘数关系为 $Y=aX^bZ^c$ 时，适合使用对数-线性回归模型。通过将方程两边都取自然对数，可以把方程转化成线性形式：$\ln Y=\ln a+b(\ln X)+c(\ln Z)$。其中，参数 b 和 c 是弹性。（学习目标 6）

关键词

coefficient of determination (R^2) 可决系数 因变量的总变化中能被回归方程解释的那一部分。

critical value of t t 的临界值 要拒绝 $b=0$ 的假设，t 统计量必须超过的数值。

cross-sectional 横截面数据 一个数据组，其中自变量与因变量的数据是在某个给定的时间内，从几个不同的公司或行业中收集到的。

defree of freedom 自由度 等于样本中的观测值数目，减去回归分析要估计的参数值的个数（$n-k$）。

dependent variable 因变量 其变化要由其他变量来解释的变量。

estimate 估计值 把样本数据代入估计式得到的参数值。

estimator 估计式 用来计算参数估计值的公式。

explanatory variable 自变量 又称解释变量，指那些被认为会影响因变量取值的经济学变量。

fitted or predicted value 拟合值 又叫预测值，对应 X 的一个特定值的 Y 的预测值（记作 $\hat{Y}$），它是把 X 的值代入样本回归方程中得到的。

F-statistic F 统计量 用来检验方程总体是否具有统计显著性的统计量。

hypothesis testing 假设检验 对参数的真实值做概率表述的统计方法。

intercept parameter 截距参数 它给出了回归线与 Y 轴交点的 Y 的值。

level of confidence 置信度 不会拒绝 $b=0$ 这个事实上是正确的假设的概率；它等于 1 减去显著性水平。

level of significance 显著性水平 当参数值实际没有统计显著性时认为它有的概率。

log-linear regression model 对数-线性回归模型 一个非线性回归模型，其形式为

$$Y=aX^bZ^c$$

method of least-squares 最小二乘法 用于估计线性回归方程参数值的一种方法。它所确定的样本回归线使得各个样本数据点到直线的距离平方和最小。

multiple regression model 多元回归模型 用两个及两个以上解释变量来解释因变量变化的回归模型。

parameter 参数 所谓参数，是指一个方程中的系数，它能决定方程中各变量间确切的数学关系。

parameter estimation 参数估计 对一个方程式的参数的具体数值做出估计的过程。

population regression line 总体回归线 表示了因变量与自变量之间潜在的真实（或实际）关系的方程（直线）。

p-value p 值 一个 t 统计量确切的显著性水平，即当参数估计没有显著性时认为它有的概率。

quadratic regression model 二次回归模型 一个非线性回归模型，其形式为

$$Y=a+bX+cX^2$$

random error term 随机误差项 附加在回归模型上的不可观察项，是所有次要的、不可预见的因素，它们对 Y 有影响，但又不能合理地包括在解释变量内。

regression analysis 回归分析法 一种估计方程式的参数并检验其统计显著性的统计方法。

relative frequency distribution 相关频率分布 由于 Y 和 X 的观测值来自随机样本，$\hat{b}$ 值的可能分布（和相关概率）。

residual 残值 Y 的真实值与拟合值（预测值）之间的差：$Y_i-\hat{Y}_i$。

sample regression line 样本回归线 最佳地拟合了样本数据点的直线，它是对总体回归线的一个估计。

scatter diagram 散点图 绘有样本中的数据

点的图形。

slope parameter **斜率参数** 它表示了回归线的斜率，$\Delta Y/\Delta X$，它指的是 X 的每单位变化引起的 Y 的变化量。

statistically significant **统计显著性** 样本提供了足够的证据表明回归方程系数的真实值不为零。

time-series **时间序列** 一个数据组，其中自变量与因变量的数据是在一段时间内从某个特定的公司（或特定的行业）中收集到的。

t-ratio ***t* 比** 一个估计的回归参量值除以这个估计值的标准差。

true relation **真实关系** Y 和 X 之间实际上的关系，一般是不知道的，但可以通过分析样本数据观察到。

t-statistic ***t* 统计量** t 比的数值。

t-test ***t* 检验** 一种统计检验方法，用来检验一个参数的真实值为零（$b=0$）的假设。

Type I error **第 I 类错误** 当参数估计值并无统计显著性时断定它有的错误。

unbiased estimator **无偏估计量** 使参数估计值在平均水平上等于其真实值的估计式。

概念性习题

1. 一个关于 R 和 W 的简单线性回归方程为

$$R=a+bW$$

   a. 解释变量是______，因变量是______。
   b. 斜率参数是______，截距参数是______。
   c. 当 $W=0$ 时，$R=$______。
   d. W 每增加 1 个单位，R 变化______个单位。
2. 回归分析经常被称为最小二乘回归，为什么？
3. 回归分析包括估计参数值和检验被估计参数的显著性。为什么必须做参数估计的统计显著性检验？
4. 评价以下说法。
   a. “估计的标准差（$S_{\hat{b}}$）越小，参数估计越准确。”
   b. “如果 $\hat{b}$ 是 b 的无偏估计，那么 $\hat{b}=b$。”
   c. “$\hat{b}$ 越精确（即 $\hat{b}$ 的标准差越小），t 比越大。”
5. 问题 1 用 R 和 W 的 26 个观测值做了线性回归的估计。b 的最小二乘估计为 40.495，其标准差为 16.250。对 5% 的显著性水平下，$\hat{b}$ 的显著性作 t 检验。问：
   a. t 检验的自由度为____________。
   b. t 统计量的值为____________，检验的临界 t 值为____________。
   c. $\hat{b}$ 是否具有统计显著性？请解释。
   d. t 统计量的 p 值是________。（提示：t 值表给出了这个问题的答案。）p 值给出了当 b 实际上为________时，拒绝________（$b=0$，$b\neq 0$）的假设的概率。检验的置信度是________%。
   e. “一个参数估计在 5% 的显著性水平下具有统计显著性”这个说法的含义是______。
   f. “一个参数估计在 95% 的置信度下具有统计显著性”这个说法的含义是________。
   g. 显著性水平和置信度有何不同？
6. 用 Y 和 X 的数据来估计线性关系 $Y=a+bX$ 中的参数。计算机回归分析的输出结果如下：

DEPENDENT VARIABLE: Y	R-SQUARE		F-RATIO	P-VALUE ON F
OBSERVATIONS: 10	0.522 3		8.747	0.018 7
	PARAMETER	STANDARD		
VARIABLE	ESTIMATE	ERROR	T-RATIO	P-VALUE
INTERCEPT	800.0	189.125	4.23	0.002 9
X	−2.50	0.850	−2.94	0.018 7

   a. 样本回归线的方程是什么？
   b. 检验 1% 的显著性水平下的截距参数和斜率参数的估计。解释一下你如何做检验，并给出你的结果。
   c. 你如何理解参数估计的 p 值？
   d. 在 1% 的显著性水平下检验方程总体的显著性。解释你如何做检验，并给出你的结果。如何理解 F 统计量的 p 值？

e. 若 $X=140$，Y 的拟合值（预测值）为多少？

f. Y 的总变化量中有多少能被回归方程解释？

7. 计算机程序对一个简单的线性回归方程 $Y=a+bX$ 做了估计，结果如下：

DEPENDENT VARIABLE: Y		R-SQUARE		F-RATIO	P-VALUE ON F
OBSERVATIONS: 25		0.748 2		68.35 1	0.000 01
	PARAMETER		STANDARD		
VARIABLE	ESTIMATE		ERROR	T-RATIO	P-VALUE
INTERCEPT	325.24		125.09	2.60	0.016 0
X	0.805 7		0.289 8	2.78	0.010 6

a. 这个回归分析的自由度为多少？

b. 5% 的显著性水平下的临界 t 值为多少？

c. 检验 a 和 b 的估计是否具有统计显著性。

d. 讨论 a 和 b 估计的 p 值。

e. Y 的总变化量中有多少可以被回归方程解释？有多少没被方程解释？

f. F 统计量在 5% 的显著性水平下的临界值是多少？回归方程的总体是否具有统计显著性？

g. 如果 $X=100$，你预计 Y 值为多少？如果 $X=0$ 呢？

8. 评价以下说法。

a. “在一个多元回归模型中，解释变量的系数度量了因变量 Y 的总变化量中被相应解释变量解释了的百分比。”

b. “回归的自由度越多，越有可能得出比临界 t 值大的 t 比。”

c. “可决系数（R^2）只有当样本回归线经过每个数据点时才能正好为 1。”

9. 计算机软件包对一个多元回归方程 $R=a+bW+cX+dZ$ 做了估计，结果如下。

DEPENDENT VARIABLE: R		R-SQUARE		F-RATIO	P-VALUE ON F
OBSERVATIONS: 34		0.317 9		4.660	0.008 65
	PARAMETER		STANDARD		
VARIABLE	ESTIMATE		ERROR	T-RATIO	P-VALUE
INTERCEPT	12.6		8.34	1.51	0.141 3
W	22.0		3.61	6.09	0.000 1
X	−4.1		1.65	−2.48	0.018 8
Z	16.3		4.45	3.66	0.001 0

a. 这个回归分析的自由度是什么？

b. 2% 的显著性水平下的临界 t 值为多少？

c. 检验 a、b、c 和 d 在 2% 的显著性水平下是否具有统计显著性？

d. R 的总变化量中有多少可以由回归方程解释？有多少不能被方程解释？

e. F 统计量在 1% 的显著性水平下的临界值是多少？回归方程的总体在 1% 的显著性水平下是否具有统计显著性？F 统计量的确切的显著性水平为多少？

f. 如果 $W=10$，$X=5$，$Z=30$，则你预计 R 为多少？如果 W、X、Z 都为零呢？

10. 18 组 M 和 X 用来估计二次回归模型 $M=a+bX+cX^2$。新变量 Z 用来转为线性回归。计算机回归结果如下。

DEPENDENT VARIABLE: M		R-SQUARE		F-RATIO	P-VALUE ON F
OBSERVATIONS: 18		0.671 3		15.32	0.000 2
	PARAMETER		STANDARD		
VARIABLE	ESTIMATE		ERROR	T-RATIO	P-VALUE
INTERCEPT	290.063 0		53.991	5.37	0.000 1
X	−5.840 1		2.197 3	−2.66	0.017 9
Z	0.071 26		0.019 67	3.62	0.002 5

a. 变量 Z 的值是什么？

b. 写出 M 与 X 的回归方程。

c. 以 2% 的显著性检验三个参数各自的统计显著性。说明如何得到这些结果，并对结果评价。

d. 推导$\hat{c}$的 P 值。

e. 当 X 为 300 时，M 的估计值是多少？

11. 假设 Y 与 R 和 S 有如下非线性的关系：

$$Y = aR^bS^c$$

a. 如何把非线性方程转化为可以用多元回归分析方法来分析的线性形式？

计算机通过处理 63 个观测值得出了以下的回归结果：

DEPENDENT VARIABLE: LNY		R-SQUARE	F-RATIO	P-VALUE ON F
OBSERVATIONS: 63		0.815 1	132.22	0.000 1
	PARAMETER	STANDARD		
VARIABLE	ESTIMATE	ERROR	T-RATIO	P-VALUE
INTERCEPT	−1.386	0.83	−1.67	0.100 2
LNR	0.452	0.175	2.58	0.012 3
LNS	0.30	0.098	3.06	0.003 3

b. 在 5% 的显著性水平下，对每个估计的系数做显著性检验。它们确切的显著性水平分别是多少？

c. 在 5% 的显著性水平下，对方程总体做显著性检验。解释 F 统计量的 p 值。

d. 这个非线性模型对数据的拟合程度有多好？

e. 用估计的截距参数计算 a 的估计值。

f. 如果 $R=200$，$S=1\ 500$，计算 Y 的预计值。

g. R 的弹性系数的估计值是多少？ S 的呢？

概念性习题答案

1. a. W；R

   b. b；a

   c. a

   d. b

2. 回归分析目的是选择参数值以确定一条直线，它拟合了一组特定的数据。当参数值使得误差的平方和最小时，我们得到最佳的拟合结果，“最小二乘法”由此得名。

3. 对参数进行估计后必须对其统计显著性做检验，这是因为估计量本身是随机变量，因此不大可能正好等于真实值。一个研究者通过检验统计显著性可以判定一个估计值与零的差别是否大到可以做出参数真实值不为零的结论。

4. a. 正确；$S_{\hat{b}}$ 越小，参数估计在真实值周围的离散程度越小。

   b. 不正确；当一个估计是无偏的时，参数估计只是在平均水平上趋近于真实值。

   c. 正确；$\hat{b}$的标准差越小，t 比（$=\hat{b}/S_{\hat{b}}$）越小。

5. a. 24。

   b. 2.492；2.064。

   c. 具有显著性。因为 $2.492>2.064$，所以在 0.05 的显著性水平下，参数估计是显著的。

   d. 0.02（显著性水平为 0.02 的临界 t 值为 2.492）；$b=0$；零；95。

   e. 可以拒绝 $b=0$ 这个假设，错误（即犯第 I 类错误）的可能性仅为 5%。

   f. 当 b 实际为零时，你有 95% 的把握说 t 检验不会拒绝 $b=0$ 这个假设（即不会犯第 I 类错误）。

   g. 显著性水平给出的是犯第 I 类错误的概率，而置信度给出的是不会犯第 I 类错误的概率。两者是等价的，因而给出的信息是相同的。

6. a. $Y=800-2.50X$

   b. 自由度为 $n-k=10-2=8$，显著性水平为 0.01 时的临界 t 值是 3.355。

   t 检验的结果如下：

   对于$\hat{a}$：$t=4.23>3.355$，$\hat{a}$具有统计显著性。

   对于$\hat{b}$：$t=-2.94$，$|t|=|-2.94|<3.355$，$\hat{b}$ 不具有统计显著性。

   c. $\hat{a}$ 确切的显著性水平为 0.002 9，这意味着 t 比为 4.23 时，$a=0$ 的概率仅有 0.29%。$\hat{b}$

确切的显著性水平为 0.018 7，这意味着 t 比为 -2.94 时 $b=0$ 的概率仅有 1.87%。

d. 自由度为 $1(=k-1)$ 和 $8(=n-k)$，显著性水平为 1% 的临界 F 值为 11.26。方程总体在 1% 的显著性水平下不具有显著性。F 统计量的 p 值为 0.018 2，这表明方程在 1.8% 的显著性水平下才具有显著性。

e. $\hat{Y}=800-2.5\times140=450$

f. $R^2=0.522\,3$，因此 Y 的总变化中，52.23% 可以由回归方程解释。

7. a. $n-k=25-2=23$

b. 2.069

c. $\hat{a}$：$t=2.60>2.069$；具有统计显著性。

$\hat{b}$：$t=2.78>2.069$；具有统计显著性。

d. $\hat{a}$和$\hat{b}$确切的显著性水平分别为 0.016 0 和 0.010 6。$\hat{a}$和$\hat{b}$确切的置信度分别为 0.984（98.4%）和 0.989（98.9%）。置信度为 95% 的 t 检验低估了$\hat{a}$和$\hat{b}$对应的置信度。

e. $R^2=0.748\,2$。表明 Y 的总变化量中，74.82% 可由回归方程解释（即用 X 的变化来解释），25.18% 没有得到解释。

f. $k-1=2-1=1$，$n-k=23$，95% 的置信度下临界 F 值为 4.28。回归方程具有统计显著性，因为 F 比率（68.351）大于临界 F 值。F 统计量的 p 值小于 0.000 1，因此 F 检验对方程具有总体显著性的判断是错误的概率非常小。

g. $325.24+0.805\,7\times100=405.81$

$325.24+0.805\,7\times0=325.24$

8. a. 在多元回归模型中，解释变量的系数并没有度量因变量 Y 的总变化量中被相应解释变量解释的百分比，它度量的是当某个解释量变化时，Y 变化的比例（其他解释变量保持不变）。

b. 这个说法是正确的，因为自由度越多，临界 t 值越小。参看书后的 t 值表。

c. 这个说法是正确的，因为当所有观察值中 $Y=\hat{Y}$ 时，$R^2=1.0$。

9. a. $n-k=34-4=30$

b. 2.457

c. $\hat{a}$：$t=1.51<2.457$；在 2% 的显著性水平下不具有显著性；确切的显著性水平等于 14.13%。

$\hat{b}$：$t=6.09>2.457$；在 2% 的显著性水平下具有显著性；确切的显著性水平小于 0.01%。

$\hat{c}$：$|t|=|-2.48|>2.457$；在 2% 的显著性水平下具有显著性；确切的显著性水平等于 1.88%。

$\hat{d}$：$t=3.66>2.457$；在 2% 的显著性水平下具有显著性；确切的显著性水平等于 0.01%。

d. R 的变化量中有 31.79% 可由回归方程解释，其余 68.21% 不能由回归方程解释。

e. 自由度为 $k-1=4-1=3$ 和 $n-k=30$，显著性水平为 1% 的 F 临界值为 4.51。因为 F 比率是 4.66，大于 4.51，所以方程总体在 1% 的显著性水平下具有统计显著性。

f. $12.6+22.0\times10-4.1\times5+16.3\times30=701.1$

$12.6+22.0\times0-4.1\times0+16.3\times0=12.6$

10. a. $Z=X^2$

b. $\hat{M}=290.063\,0-5.840\,1X+0.071\,26X^2$

c. 自由度为 15（$=n-k=18-3$），显著水平为 2% 的临界 t 值为 2.602，可以通过本书最后的 t 值表找到。由于 3 个 t 值 5.37、-2.66 和 3.62 都大于关键 t 值（=2.602）的绝对值，所有 3 个参数估计值在显著水平为 2% 下都显著。

d. $\hat{c}$ 的 p 值是 0.002 5。这意味着尽管 $\hat{c}=0.071\,26$，有 0.25%（$=0.002\,5\times100$）的机会 c 的真实值是 0。

e. $4\,951(=290.063\,0-5.084\,01X+0.071\,26X^2)$

11. a. 取对数：$\ln Y=\ln a+b\ln R+c\ln S$。

b. 自由度为 $60(=63-3)$，显著性水平为 5% 的临界 t 值为 2.000。

$\ln\hat{a}$：$t=|-1.67|<2.000$；不具有统计显著性；确切的显著性水平等于 10%。

$\hat{b}$：$t=2.58>2.000$；具有统计显著性；确切的显著性水平等于 1.23%。

$\hat{c}$：$t=3.06>2.000$；具有统计显著性；确切的显著性水平等于 0.33%。

c. 自由度为 $k-1=2$ 和 $n-k=60$，显著性水平为 5% 的临界 F 值为 3.15。F 比率为 132.22，远大于 3.15，因此方程总体在 5% 的显著性水平下具有统计显著性。因为 p 值小于 0.01%，方程总体具有极高的显著性。

d. 模型与数据拟合得很好，因为 Y 的总变化量中 81.5% 可由回归模型解释，只有 18.5% 得不到解释。

e. 因为 ln$a$ 的估计值为 -1.386，所以$\hat{a}=e^{\hat{a}}=e^{-1.386}=0.25$。

f. $\hat{Y}=0.25\times 2000.452\times 15\,000.30=24.6$（单位每天）

g. R 弹性系数的估计值 $=\Delta Y(\%)/\Delta R(\%)=\hat{b}=0.452$

S 弹性系数的估计值 $=\Delta Y(\%)/\Delta S(\%)=\hat{c}=0.30$

应用性习题

1. Vanguard 公司的市场营销经理相信，公司的 Bright Side 牌洗衣粉的销售额（S）不仅与公司自己的广告费用（A）有关，还跟它的三家最大的竞争对手的广告费用有关（R）。他收集了 36 个星期的 R，S，A 的数据，并用它们估计了以下多元回归方程。

$$S=a+bA+cr$$

式中，R，S 和 A 的单位都是美元 / 周。

a. 市场营销经理对 a，b 和 c 的符号的预测分别应是正号还是负号？

b. 解释系数 a，b 和 c 的含义。

计算机的输出结果如下。

DEPENDENT VARIABLE: S	R-SQUARE		F-RATIO	P-VALUE ON F
OBSERVATIONS: 36	0.224 7		4.781	0.015 0
VARIABLE	PARAMETER ESTIMATE	STANDARD ERROR	T-RATIO	P-VALUE
INTERCEPT	175 086.0	63 821.0	2.74	0.009 8
A	0.855 0	0.325 0	2.63	0.012 8
R	−0.284	0.164	−1.73	0.092 7

c. Vanguard 公司的广告费用对 Bright Side 牌洗衣粉的销售额有显著影响吗？用正确的 p 值解释你的结论。

d. Vanguard 公司的三家竞争对手的广告费用是否显著地影响了 Bright Side 牌洗衣粉的销售？用正确的 p 值解释你的结论。

e. Bright Side 牌洗衣粉的销售额的总变化中有多少没被解释？为了增加销售额方程的解释能力，市场营销经理应做些什么？方程可能需要再添加一些其他什么解释变量？

f. 当 Vanguard 每星期花 40 000 美元的广告费，而对手花 100 000 美元的广告费时，Vanguard 估计可取得多大的销售额？

2. Benjamin Zycher 在其对加利福尼亚州第 103 号议案的分析（见专栏 4-3）中提到，这个议案最重要的条款是取消保险公司在收保险金时，在一定程度上考虑司机的地理位置的做法。禁止用地理位置来衡量司机承担的风险，这种做法使得低损失的城市对高损失的城市（如洛杉矶、奥兰治和旧金山）有大量隐性的补贴。Zycher 假设在已实施 103 号议案的某个城市内，投票支持 103 号议案的人占总数的百分比（V）与汽车保险费的（平均）变化百分比（P）是负相关的。

Zycher 给出下表中的数据以支持他的看法。

城市	投票支持 103 号议案的人占总数的百分比（V）	汽车保险费的（平均）变化百分比（P）	城市	投票支持 103 号议案的人占总数的百分比（V）	汽车保险费的（平均）变化百分比（P）
洛杉矶	62.8	−21.4	圣迭戈	44.1	+10.7
奥兰治	51.7	−8.2	蒙特雷	41.6	+15.3
旧金山	65.2	−0.9	萨克拉门托	39.3	+16.0
阿拉梅达	58.9	+8.0	图莱里	28.7	+23.3
马里恩	53.5	+9.1	萨特	32.3	+37.1
圣克拉拉	51.0	+11.8	拉森	29.9	+46.5
圣马特奥	52.8	+12.6	锡斯基尤	29.9	+49.8
圣克鲁斯	54.2	+13.0	莫多克	23.2	+57.6
文图拉	44.8	+1.4			

资料来源：California Department of Insurance and Office of the California Secretary of State.

用这些值，我们估计了一个回归方程：

$$V=a+bP$$

据此观察，人们的投票表决行为是否与汽车保险费有显著的相关性。以下是计算机的回归输出结果。

DEPENDENT VARIABLE: V	R-SQUARE		F-RATIO	P-VALUE ON F
OBSERVATIONS: 17	0.739 9		42.674	0.000 1
	PARAMETER	STANDARD	T-RATIO	P-VALUE
VARIABLE	ESTIMATE	ERROR		P-VALUE
INTERCEPT	53.682	2.112	25.42	0.0001
P	−0.528	0.081	−6.52	0.0001

a. 此回归方程是否提供了证明议案的支持者与受议案影响城市的平均汽车保险费的变化有显著关系的证据？用 95% 的置信度做 *F* 检验。

b. 用 95% 的置信度对截距参数的估计做显著性检验。如果 103 号议案对任何一个城市的汽车保险费都没有影响，那么你认为会有多少选民投票支持该议案？

c. 用 95% 的置信度对斜率参数的估计做显著性检验。如果 *P* 增加 10%，那么 103 号议案的支持率会下降多少个百分点？

3. 一个电影产业的股票分析家希望能检验 12 月份电影院的售票数与电影行业年赢利水平的关系。他用最近 15 年的时间序列数据估计这个回归模型：

$$E=a+bN$$

式中 E——电影行业的总赢利（单位：美元/年）；

N——12 月销售的票数。

回归结果如下：

DEPENDENT VARIABLE: E	R-SQUARE		F-RATIO	P-VALUE ON F
OBSERVATIONS: 15	0.831 1		63.96	0.000 1
	PARAMETER	STANDARD		
VARIABLE	ESTIMATE	ERROR	T-RATIO	P-VALUE
INTERCEPT	25 042 000.0	20 131 000.0	1.24	0.236 9
N	32.31	8.54	3.78	0.002 3

a. 12 月的电影票销售额多大程度上解释了电影行业整年的赢利水平？给出统计上的证据，以支持你的结论。

b. 12 月的售票数如果增加 100 000 张，那么在平均水平的意义上它对电影行业的年赢利额会有什么影响？

c. 预计 12 月的电影票销售数为近 950 000 张。根据回归分析，你预计当年的赢利额会是多少？

4. Collins 汽车进口公司的经理相信一天内的汽车销售数（Q）与两个因素有关：车行的营业时间是多少小时（H）和当天工作的销售人员人数（S）。在收集了两个月（53 天）的数据后，他估计了以下对数—线性模型：

$$Q=aH^bS^c$$

a. 如何把这个对数—线性模型转化为可以用多元回归分析来估计的线性形式？计算机的多元回归分析的结果如下：

DEPENDENT VARIABLE: LNQ		R-SQUARE	F-RATIO	P-VALUE ON F
OBSERVATIONS: 53		0.545 2	29.97	0.000 1
	PARAMETER	STANDARD		
VARIABLE	ESTIMATE	ERROR	T-RATIO	P-VALUE
INTERCEPT	0.916 2	0.241 3	3.80	0.000 4
LNH	0.351 7	0.102 1	3.44	0.001 2
LNS	0.255 0	0.078 5	3.25	0.002 1

b. 你是怎么理解系数 b 和 c 的？如果车行将销售人员人数增加 20%，每天的销售量将增加多少个百分点？
c. 在 5% 的显著性水平下检验模型总体的统计显著性。
d. 汽车的日销售量的总变化量中有多少能被方程解释？你有何建议可提高这个比例？
e. 在 5% 的显著性水平下检验截距的显著性。如果 H 和 S 都为零，销售量也将为零吗？
f. 检验系数 b 估计值的统计显著性。如果车行把营业时间减少 10%，这对日销售量会有什么影响？

附录 4A　回归分析中的一些问题

4A.1　多重共线性

采用回归分析时，我们假设解释变量之间是线性无关的。如果这个假设被违背，就产生了多重共线性问题。通常情况下，多重共线性会导致估计的标准差大于真实值。这意味着若存在多重共线性，一个估计值要通过统计显著性检验就更难了。更具体地说，如果存在一定的多重共线性，参数估计值仍是无偏的，但估计的标准差将要增大，所以 t 比将减小，参数估计将更难通过统计显著性检验。

多重共线性并不罕见。问题在于如何解决它。一般情况下，我们没有办法解决。为了解释这个问题，考虑以下反映某种真实关系的方程：

$$Y = a + bX + cZ$$

如果 X 和 Z 线性相关，那么 b 和 c 估计值的标准差将增大。难道我们不应该舍去一个变量吗？在一般情况下，我们不能这么做，如果 Z 是个重要的解释变量，舍去 Z 将会导致“设置错误”，从而使参数估计有偏——这个问题比多重共线性更严重。

4A.2　异方差

当误差项的方差不是常数时，就产生了异方差问题。当随机误差项与一个或多个解释变量之间有某种关系时，例如 X 与误差项正相关（即 X 值越大，误差越大），就会出现异方差问题。

在这种情况下，参数估计值仍是无偏的，但系数的标准差是有偏的；因此计算出来的 t 比就不可信。这个问题（多在横截面数据分析中碰到）有时能通过对数据或方程的变形来消除。如果不行，就有必要采用加权最小二乘法。

4A.3　自相关

在采用时间序列数据时，若随机误差项在时间上不是独立的，就会产生自相关的问题。例如，一个时期的高误差将会引起下一个时期的高误差。

存在自相关时（有时又称为序列相关），参数估计值仍是无偏的，但标准差是有偏的，这使计算出来的 t 比不可信。大部分的回归分析软件包中都有检验自相关是否存在的功能（一般是杜宾 - 瓦特森检验，Durbin-Watson）。另外，大部分软件包中还能估计存在自相关时的回归方程。

第5章
Chapter5

消费者行为理论

■ 学习目标

学完此章节后，你将可以：

（5.1）解释效用的概念，以及属于消费者偏好的一些基本假设；

（5.2）定义无差异曲线的概念，并解释无差异曲线和无差异图的特性；

（5.3）构建一个消费者预算线，并解释当价格或收入变化时预算线如何旋转或移动；

（5.4）推导并解释单个消费者在有限预算条件下效用最大化的均衡条件；

（5.5）用无差异曲线推导单个消费者的需求曲线，并通过把消费者的需求曲线横坐标相加的方法来构建市场需求曲线；

（5.6）定义角解，并解释形成角解的条件。

了解消费者的行为是制定有利价格、做广告、产品规划和生产决策的第一步。企业花大量的时间和金钱估计和预测它们产品的需求。为了获得准确的需求估计，仅仅对需求函数的基础性知识有肤浅理解是不够的。一个经理所需做的需求可行性分析—包括需求的估计和需求的预测，需要用消费者行为的经济模型去指导分析。

当你学习完这一章时，将会对消费者为什么选择购买这一产品，而放弃另一产品有很好的理解。随着你学习的深入，你也会发现消费者行为理论是你所上的企业管理课程中的一个重要的工具，尤其是在市场营销课程中。在后面第 6 章介绍需求弹性和第 7 章介绍如何估计和预测消费者需求时，你将会逐渐发现管理经济学的价值。

5.1 消费者理论的基本假设

如同其他所有的经济模型，消费者行为理论也使用了一些简单化的假设，这些假设可以让我们把重点放在消费者行为的基本决定因素，而避免那些消费者决定过程中的次要因素。消费者行为理论是和第 3 章介绍的有约束的最大化理论紧密相连的。我们从消费者的优化决策特定形式开始简短讨论，然后我们会探讨消费者对商品或服务的偏好。

5.1.1 消费者优化问题

分析消费者行为的一个基本前提，是假设每个人都以消费各种商品和服务的总满意度最大化为目标做消费决策，而且他们的收入完全用于消费。很少有人的收入可以让他们想买多少就买多少，所以他们就得选择，如何花掉这有限的收入。为了使收入的约束尽可能简单，我们不允许消费者花费不足（不允许储蓄），也不允许人不敷出（不允许举债）。其实在我们的模型中，允许储蓄和举债并不特别困难，这样做并不会改变我们得出的很多结论。

消费者理论的基本模型，试图解释当所有相关信息都被充分告知时，消费者如何得出购买的决策。具体讲，消费者已经掌握与他们消费决策有关的全部信息，他们知道所有可获得的商品和服务的范围，以及它们能提供的效用。我们还假设各项商品的价格同样是为消费者所知，就像消费者在这段时间内的收入也是已知的。确实，在现实生活中，假设有完全的信息是对现实的抽象，但是，信息充分这个假设并没有歪曲真实世界中人们消费决策的趋向。

5.1.2　消费者偏好特点

消费者理论要求，消费者有能力根据每个商品和服务组合的满意度，将所有的组合排序。这种商品和服务的组合称为**消费组合**（consumption bundle）。图 5-1 展示了两种商品 X 和 Y 一些典型的消费组合。组合 A 包括 10 个单位的 X 和 60 单位的 Y，组合 B 包括 20 单位 X 和 40 单位 Y，组合 C 包括 40 单位 X 和 20 单位 Y 等。为了探讨我们的消费者行为理论，必须确定两个关于消费者如何排列像图 5-1 那样的商品组次序的重要假设。消费者偏好必须是完备的和可传递的。

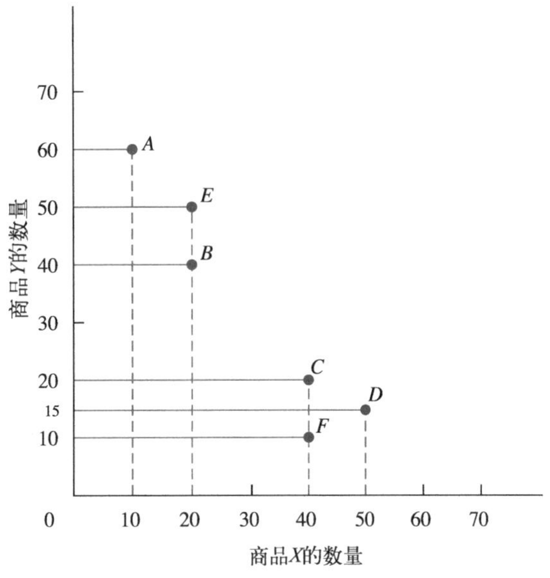

图 5-1　两种商品 X 和 Y 的典型消费组合

1. 完备性偏好排序

当面对任意商品组时，消费者必须能够根据他们消费每个组合的满意度来决定偏好排序。如果某个消费组合比另外一个组合带来更多的满意度，这个消费组合就应该排位更高（也就是更喜欢）。或者，两种组合带来完全相同的满意度，这两个组合对消费者而言，是没有差异的，两个组合会得到相同的排序。当消费者能把所有想到的商品组合都排序，此消费者偏好被称为是**完备的**（complete）。

例如，图 5-1 中，面对 A 和 B 两个组合的消费者，必须能够做出下面三个选择之一：

（1）我的偏好组合 A 超过偏好组合 B（记为 $A > B$）；

（2）我的偏好组合 B 超过偏好组合 A（记为 $B > A$）；

（3）我对组合 A 和组合 B 的偏好是一样的（记为 $A \sim B$）。

如果消费者能够对每对可能的消费组合进行排序的话，消费者的偏好就是完备的。完备的偏好排序对我们的模型是必不可缺的，因为没有对全部可能的消费组合进行完全排序的话，消费者就无法找到最满意的组合。

2. 偏好排序可传递

消费者偏好还必须**可传递**（transitive）。当消费者偏好符合以下情况时，偏好是可传递的。如果对组合 A 的消费偏好大于组合 B，对组合 B 的偏好大于组合 C，那么对组合 A 的偏好一定大于组合 C。用上面的符号表示为：如果 $A > B$，并且 $B > C$，那么 $A > C$。消费者偏好一定要可传递，否则前后矛盾的偏好会削弱消费者理论解释，或削弱预测消费者会选择哪些组合的能力。

为了说明为什么可传递性对消费者理论解释，让我们假设沃尔玛的采购者可以购买三种商品组合 A、B 和 C 中的任意一种，每一组合都花费相同。此外，假设以下消费者偏好违背了可传递的特点：$A > B$，$B > C$，但是违背了可传递性，$C > A$。在这个偏好的排序下，购买者会无法决定在三个组合中选择哪一个。如果因某种原因，他拿了组合 A 放在自己的购物篮里，然后向收银处走去。在路上，他发现篮子里应该是组合 C，而不是组合 A，因为他认为 C 比 A 提供了更多的满意度。当他把组合 A 放回货架，把组合 C 放在购物篮里，然后向收银处走去。但是，在路上他又发现他拿了不该拿的组合，因为组合 B 比组合 C 有更高的满意度。于是，他用组合 B 代替组合 C。当然，你会清楚地看到，他想换回原来的组合 A，因为，组合 A 比 B 有更高满意度。这个过程会永远进行下去，至少到沃尔玛闭店，或者直到商店的保安摄像机发现这个奇怪的行为！

3. 多多益善（不满足）

完备和可传递是消费者理论的绝对必要的假设前提。然而，我们还将采纳另外一个假设，使事情简化。我们会假设消费者总是认为多一个比少一个好。我们知道人们可能消费一定量的东西后就满足了，不想要更多的。实际上，人们更喜欢多买，而非少买。

5.1.3 效用函数

经济学家们把消费者从其所消费的商品或服务中得到的满意称为**效用**（utility）。效用包含着有用的意思，虽然，我们消费的很多产品并不是特别有用，但我们仍按惯例把从产品和服务中获得的满意称为效用。

仅为商品所带来的好处取一个名字，并不能解决从消费中得到多少好处的问题。你听说过消费者从冰淇淋、雪糕、比萨饼或牙科医生那儿得到多少单位的好处或者效用吗？毕竟，我们不可能把“效用度”说给别人听，也不能用它来度量消费商品或服务产生的效用。那么，我们该用什么单位来度量效用呢？在学校时，我们曾用过“尤特尔”，这太严肃了，“一团”，这太轻率，“蒲式耳”，这太精确了，如此等等。最后，我们选用了一个词组，“效用单位”，这个单位看起来很乏味，但它对任何商品的效用来说都是一个合适的名称。

消费者的偏好可以用效用函数表达出来。**效用函数**（utility function）是个人通过消费商品和服务等商品组合而得到的满意程度。对于一个人来说，只消费两种商品（X 和 Y）的效用函数，一个简单的形式可以是

$$U=f(X, Y)$$

式中，X 和 Y 分别代表 X 和 Y 商品的消费量；f 表示“函数”或“取决于……”；U 是这个人从 X 和 Y 组合商品中所获得的效用。因此，效用取决于商品 X 或 Y 的消费量。

实际上，效用水平的值是随意的。为了表达消费者对某种商品组合的偏好大于另一种，假如对组合 $20X$ 和 $30Y$ 的偏好大于对组合 $15X$ 和 $32Y$ 的偏好，我们只需说，根据第一种组合计算出来的效用大于第二种组合。

$$U=f(20, 30)>U=f(15, 32)$$

5.2 无差异曲线

无差异曲线（indifference curve）是分析消费者行为的一种基本工具，它是代表对消费者能产生同等满足程度的各种不同商品组合的点的轨迹。因此，对于消费者来说，选择无差异曲线上任一点所代表的商品组合都是无差别的——曲线由此得名。

图 5-2 表示的是具有代表性的无差异曲线。在无差异曲线 I 上，商品 X 和 Y 的所有组合产生的效用水平是一样的，换句话说，在任意一点的商品组合对消费者是无差异的。例如，在点 A，10 单位 X 和 60 单位 Y 的组合，在点 B，20 单位 X 和 40 单位 Y 的组合，在点 C，40 单位 X 和 20 单位 Y，等等，都是无差异的。在 I 上的任意一点，可以减少 X 的数量，而增加 Y 的数量，而使得消费者仍有同等水平的效用。相反，我们也可以增加 X 的数量，减少足够的 Y 的数量，同样可以使得消费者在这两种组合之间是无差异的。

无差异曲线是向下倾斜的。既然消费者从两种商品上都能获得效用，如果 X 的量增大了，

Y 的量必然减少，以保持同等水平的效用。因此，无差异曲线必然是向下倾斜的。

无差异曲线都是凸向原点的。这种形状意味着 X 消费相对于 Y 消费增加时，消费者愿意接受 Y 消费一个较小的减少去换取 X 的增长，以保持相同的效用水平，这种性质在图 5-2 上是显而易见的。从点 A 开始看（点 A 含 10 单位 X 和 60 单位 Y），为了增加 X 的消费（从 10 单位到 20 单位），消费者愿意减少 20 单位的 Y 消费（Y 只达到 40 单位）。从无差异曲线 I 上看，两种商品组合（即图上的 A、B 两点）对消费者是没有差异的。下一步从 C 点（40X 和 20Y）开始。为增加 10 单位的 X（从 C 点移到 D 点），消费者愿意放弃 5 单位的 Y 消费，这比在 A 点时为得到 10 单位 X 而愿意放弃的 20 单位少多了。这种凸状的无差异曲线意味着边际替代率递减，这是下面介绍的内容。

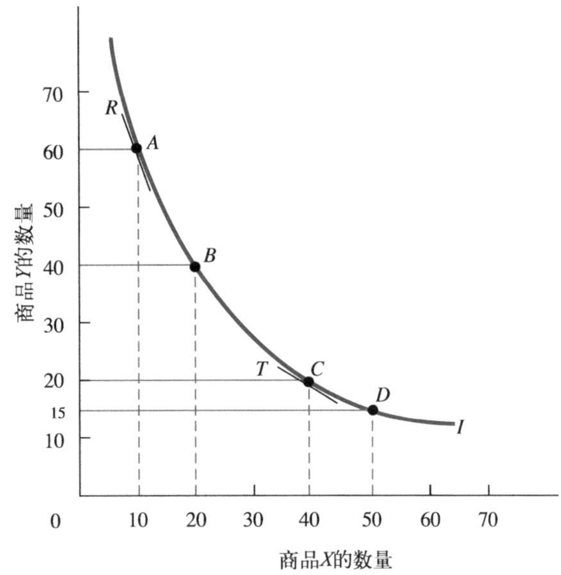

图 5-2　典型无差异曲线

5.2.1　边际替代率

边际替代率（marginal rate of substitution, MRS）是指消费者在保持自己效用水平不变的情况下，为得到每一单位的 X 而必须放弃的 Y 的数量。回头看图 5-1，你会发现对消费者来说，组合 A（10X 和 60Y）和组合 B（20X 和 40Y）是无差异的。所以消费者愿意拿 Y 来代替 X 的比率是

$$\Delta Y/\Delta X=(60-40)/(10-20)=-20/10=-2$$

边际替代率是 −2，意味着消费者愿意放弃 2 单位的 Y 去得到 1 单位的 X。由于在等式右边有一个负号是很麻烦的，我们可把边际替代率定义为

$$MRS=-\Delta Y/\Delta X=2$$

沿着 I 从 C 移动到 D，边际替代率是

$$MRS=-\Delta Y/\Delta X=-(20-15)/(40-50)=5/10=1/2$$

在这种情况下，消费者仅愿意放弃 1 单位 Y 换取 1 单位的 X。

因此，边际替代率是沿着无差异曲线递减的。当消费者拥有相对于 Y 较少的 X 时，他们愿意放弃较多的 Y 去增加每单位 X；当他们拥有相对于 X 较少的 Y 时，他们仅会放弃较少的 Y 去增加每单位的 X。

到目前为止，我们是在两种商品均发生相对较大变化的情况下计算边际替代率的，也就是说，是在无差异曲线上的一个区间内考虑问题。在图 5-2，点 A 到点 B 之间的 MRS 是 1/2，点 C 到点 D 之间的 MRS 是 1，现在考虑无差异曲线上某一点的 MRS。也就是说，使 X 和 Y 沿着曲线产生极细微的变化。在某一点的 MRS 可以用无差异曲线在这点上切线的斜率（绝对值）近似计算。例如，在图 5-3 中的 C 点，无差异曲线 C 点的切

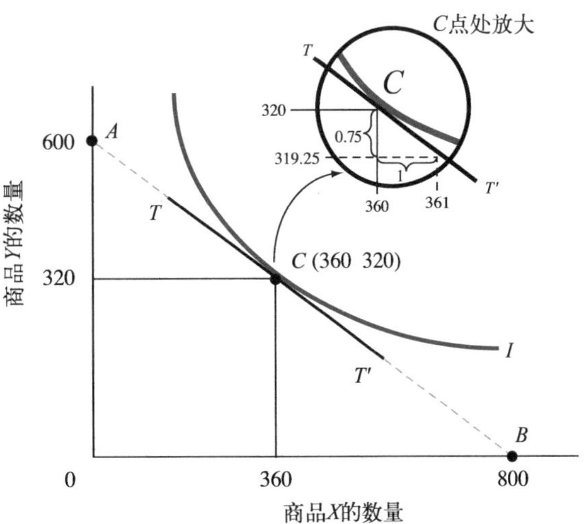

图 5-3　无差异曲线的斜率和边际替代率

线 TT' 斜率为 $-0.75=(\Delta Y/\Delta X=-600/800)$。切线的斜率（绝对值）很好地估计了为多消费每单位 X，同时又要保持效用水平不变必须放弃 Y 的数量。假如沿着无差异曲线，把 X 的消费提高 1 单位（从 400 单位到 401 单位），则利用切线斜率做近似计算，在效用不变前提下，Y 的改变量为 -0.75，即 X 每提升 1 单位，Y 就降低 0.75 单位，就能保持无差异的效用。但从图 5-3 中的局部放大图看，如果沿着无差异曲线移动，只需放弃略少于 0.75 单位的 Y，就可以保持无差异。尽管如此，切线的斜率（绝对值）已经是相当接近精确的 MRS 了。当 X 和 Y 的变化越来越小时，切线斜率（绝对值）就越近似于在那点的 MRS。

在图 5-2 中，切线 R 和 T 的斜率分别表示在点 A 和点 C 的 MRS。仔细观察这些切线，很容易发现斜率（绝对值），在无差异曲线上随着 X 的增加和 Y 的减少而减小（因此 MRS 也是逐渐减小的），这是因为无差异曲线是凸向原点的。

关 系

无差异曲线是凸的，并有负的切线斜率。沿着无差异曲线，当一种商品的消费增加时，为保持不变的效用水平，必须减少另一种商品的消费。MRS 量度在保持效用水平不变的情况下，为增加（减少）每单位 X 而需减少（增加）的 Y 的数量（$MRS=-\Delta Y/\Delta X$）。当 X 的变化量很小时，MRS 等于在该点切线斜率的相反数。消费者沿着无差异曲线下移，MRS 逐渐减少。

5.2.2 无差异图

一幅无差异图是由 2 条或更多的无差异曲线组成的，图 5-4 就是一幅有代表性的无差异图，包含 4 条无差异曲线Ⅰ、Ⅱ、Ⅲ和Ⅳ。每两条无差异曲线中，右上方的一条代表的是较高效用水平的组合。因此可见，Ⅳ上的任意 X 和 Y 的组合要比Ⅲ上的任意组合好，而Ⅲ上的组合比Ⅱ上的好，依此类推，所有在同一无差异曲线上的组合是无差异的，所有较高偏好的组合在更高的曲线上。

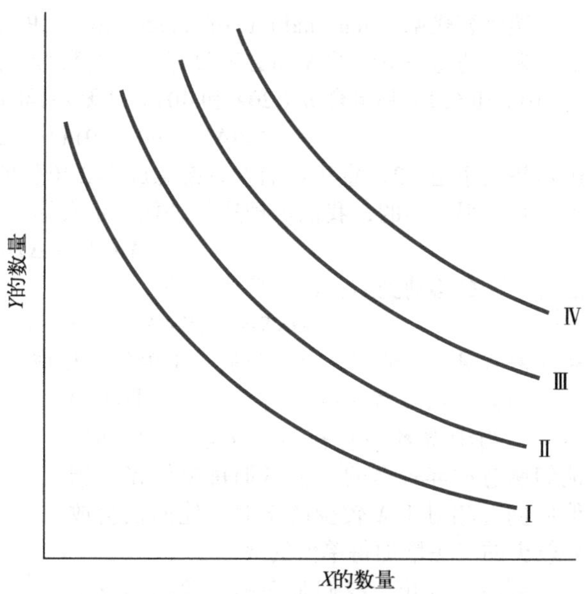

图 5-4 无差异曲线图

图 5-4 只画出了 4 条无差异曲线。其实，我们可以添上更多无差异曲线。事实上，$X-Y$ 平面上包含了无穷多条无差异曲线，平面上任一点必然落在而且也只会落在一条无差异曲线上。也就是说，同一种商品组合，不可能有两种效用水平。因此，任两条无差异曲线不会相交。

关 系

一个无异图含有好几条的无差异曲线。那些越高（即越靠右）的无差异曲线代表越高的效用水平，在较高无差异曲线上的商品组合的偏好要大于较低曲线上的商品组合。

5.2.3 边际效用与边际替代率

边际效用这个概念可帮助我们深入地了解无差异曲线的性质，尤其是无差异曲线的斜率。

边际效用（marginal utility）就是在其他商品消费量不变的情况下，增加 1 单位某种商品的消费量，引起的总效用变动量。因此，商品的边际效用等于 $\Delta U/\Delta Q$，其中 Q 是商品的数量。经济学家一般假定随着所消费的商品的增加，每 1 单位该商品的边际效用递减。但是，从理论上无法证明边际效用递减，只是根据大多数人对大多数商品的消费特征归纳出来的一种模型。

想想你在炎热天气下，打完一场橄榄球后喝饮料时的感受。第一瓶对你来说一定是有极大效用的。第二瓶喝起来还不错，也增加了效用。但随着瓶数的增加，效用越来越不明显了。所以，虽然第二瓶的边际效用仍是正的，但已不如第一瓶大了；同样，第三瓶、第四瓶仍感觉不错（增加了效用），但增加的效用继续下降。

由于 X 和 Y 的细微变化，而产生总效用的变动量和 X，Y 的边际效用的联系如下：

$$\Delta U = (MU_x \times \Delta X) + (MU_y \times \Delta Y)$$

式中，MU_x 和 MU_y 分别是 X 和 Y 的边际效应。为分析这个关系，假设消费者提高 2 单位 X 的消费，（$\Delta X = 2$），降低 1 单位 Y 的消费（$\Delta Y = -1$），又假设 X 的边际效用是 25，Y 的边际效用是 10。那么总效用的改变量可计算为

$$\Delta U = (25 \times 2) + [10 \times (-1)] = 40$$

多消费 2 单位 X 并少消费 1 单位 Y 引起总效用提高了 40 单位。

由于在任一指定无差异曲线上，任意一个商品组合产生同样水平的效用，所以 ΔU 等于 0 时，X 和 Y 的变化都要使得消费的组合点仍在同一条无差异曲线上。根据前面的等式，如果 $\Delta U = 0$ 时，则

$$\Delta U = 0 = (MU_x \times \Delta X) + (MU_y \times \Delta Y)$$

那么解得 $-\Delta Y/\Delta X$ 为

$$-\Delta Y/\Delta X = MU_x/MU_y$$

其中 $-\Delta Y/\Delta X$ 是无差异曲线斜率的相反数，即 MRS，因此 MRS 可看做 X 边际效用和 Y 边际效用的比率：

$$MRS = MU_x/MU_y$$

◇专栏 5-1

飞得更快还是飞得更远：商用喷气式飞机的边际替代率分析

Cessna 飞机公司和 Gulfstream 飞机公司各自推出了一种新的商用喷气式飞机——Cessna 飞机公司的 Citation X 和 Gulfstream 飞机公司的 Gulfstream V，分析家预测这两种飞机在市场上的成功程度将说明速度和飞行距离对买家的相对重要性。Citation X 的速度为每小时 600 英里[⊖]，它是现在除协和短程飞机外速度最快的民用飞机。Gulfstream V 的最大飞行距离为 7 500 英里，它是飞行距离最长的商用飞机。Cessna 夸耀它的飞机可以载乘大亨们从纽约到加利福尼亚吃早餐，然后在喝鸡尾酒的时候回到新泽西。Gulfstream 说它的飞机能连续飞行 14 个小时，从加利福尼亚飞到西班牙或印度。

行业分析员对两种飞机在市场上成功的可能性预测并不一样。一些预测认为消费者会更看重 Gulfstream 的飞行距离；另外一些说 Cessna 的速度更加受欢迎。显然，Gulfstream 的飞机也可以飞得很快，Cessna 的飞机也可以飞得很远，但这两个厂家选择了不同的侧重点。根据无差异曲线，Cessna 预计飞机购买者的无差异曲线图会和图 5-5a 相似。它相信消费者会为更快速度而放弃飞行距离。这样，飞行距离和速度之间的边际替代率很高。Gulfstream 预计飞机购买者的无差异曲线图会和图 5-5b 的相似。也就是说，消费者不会为速度放弃很大的飞行距离。这样，飞行距离和速度之间的边际替代率很低。

⊖　1 英里 = 1 609.344 米。

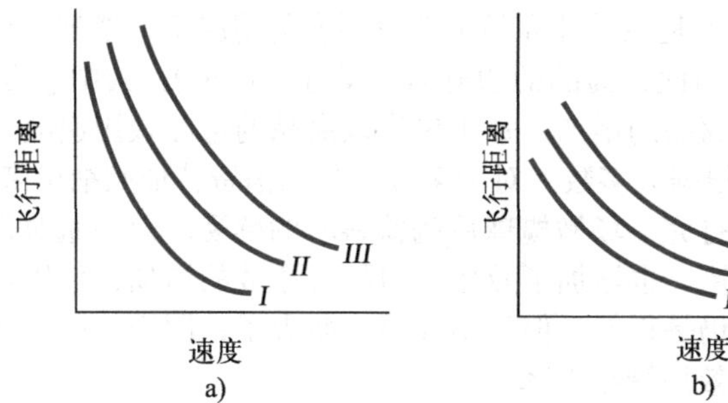

这些决策关系到大量的金钱，因为新飞机制造的初始费用很高，而且市场的回报通常需要很长时间。加拿大的一家公司预测 Gulfstream 的初始费用为 10 亿美元。

这些情况说明，在商业决策中，权衡是很重要的。产品有很多方面不同的性质。经理在做长远决策时，经常要决定这些性质对消费者的价值如何。一种商品是不可能满足所有要求的。

例如，一个冰淇淋厂商，需要决定一种新产品中脂肪的含量。脂肪能使冰淇淋更好吃，但由于饮食方面的原因，很多消费者需要低脂肪、低卡路里的食品。厂家必须评估消费者在口味和健康之间的取舍情况。汽车制造商必须评估消费者在性能、款式和可靠性之间的喜好。据观察，美国汽车制造商几年前做了一个错误的决定——更注重款式。结果，消费者更看重的是可靠性，并非美国制造商所预测的款式。结果这些厂商把一笔可观的销售额拱手让给了外国厂家。

对决策者有用的不是准确的预测或无差异曲线，而是这些曲线的概念。所有的产品都有替代品，消费者愿意以一定的比例放弃某种产品，而购买另外一种产品。所以，重要的是要估计他们会以什么样的比例权衡得失。

5.3 消费者预算约束

如果消费者有数不清的金钱，或者商品是免费的，那就没有节俭问题了。人们可以随意地购买所有想要的商品，没有选择上的困难，但一般情况不是这样的。消费者的消费行为是受约束的。他们只能用有限的收入去购买市场定价的商品。现在我们分析消费者所面对的收入约束问题。

5.3.1 预算线

通常消费者只有有限的收入，而且商品并非免费。他们的问题是如何使用这些有限的收入去实现效用的最大化。消费者受到的约束可用图 5-5 表示。

假设消费者有固定的收入 1 000 美元，即在给定的期间内，消费者的最大消费为 1 000 美元。为了简单化，假定所有的收入都用于购买 X 和 Y。如果 X 的单价为 5 美元，Y 的单价为 10 美元，则在 X 上花的钱和在 Y 上花的钱之和必须等于 1 000 美元：

$$5X+10Y=1\,000$$

或者用 X 表示 Y，得

$$Y=1\,000/10-5X/10=100-X/2$$

如图 5-5 所示，据上式所绘的直线叫**预算线**（budget line）。预算线是在给定的价格和收入下，消费者把所有收入用于消费所能获得的商品组合点的轨迹。低于 1 000 美元的商品组合都位于预算线 AB 的下方，高于预算线的商品组合都超过 1 000 美元。因此，预算线把商品组合点划分为两个区域，即预算可行集以及超预算商品组合集。在图 5-5 中，消费者购买预算线 AB 上任一种 X 和 Y 的商品组合，恰好需花费 1 000 美元，如果消费者把 1 000 美元全部用于商品

Y，则可购买 100（= 1 000/10）单位的 Y（图 5-5 中点 A）；如果消费者把 1 000 美元全部用于商品 X，可购买 200（= 1 000/5）单位商品 X（图 5-5 中点 B）。在图上，消费者商品组合 C（40X 和 80Y），D（120X 和 40Y），所需的钱也恰好是 1 000 美元，因为 $80 \times 10 + 40 \times 5 = 1\ 000$（美元）；$40 \times 10 + 120 \times 5 = 1\ 000$（美元）。

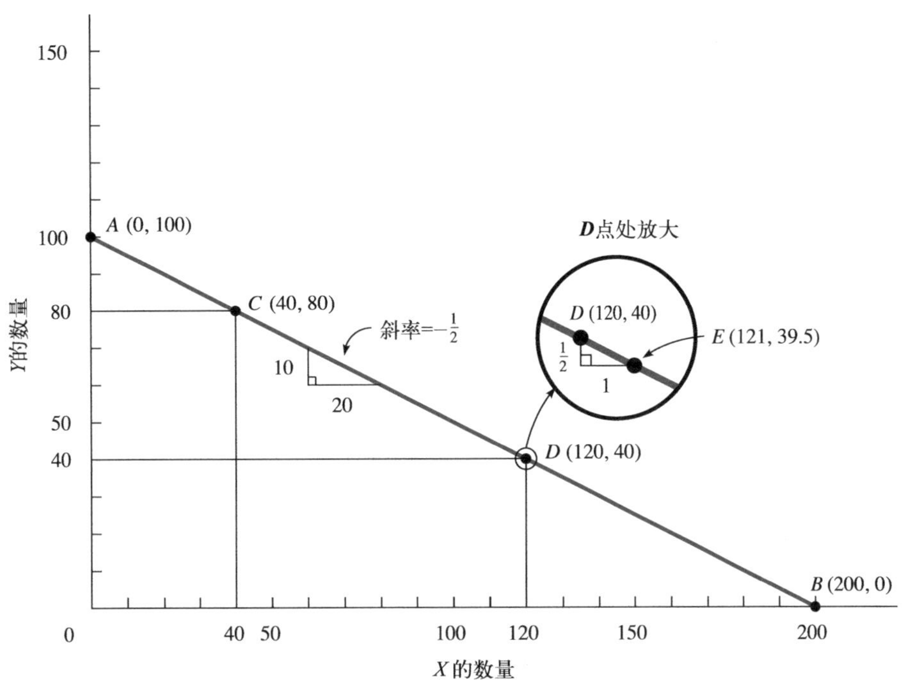

图 5-5 消费者预算的约束

预算线的斜率为 $-1/2(=\Delta Y/\Delta X)$，表明每购买 1 单位 X 就必须放弃 0.5 单位的 Y，因为每多购买 1 单位的商品 X，消费者多花费 5 美元。由于预算约束，这 5 美元原来是花在 Y 上的，因此，消费者必须放弃 1/2 单位的 Y。为分析这点，假设消费者现在消费点在 D，但希望移动到 E 点，即增加 1 单位 X、减少 1/2 单位 Y（见图 5-5 中放大图）。商品组合 D 和 E 同样花费 1 000 美元，但消费者放弃了 1/2 单位的商品 Y。

消费者为购得额外 1 单位的商品 X 而放弃的 Y 的比例等于 X 的单价（5 美元）除以 Y 的单价（10 美元），即

$$预算线的斜率 = -P_x/P_y$$

式中，P_x 和 P_y 分别是商品 X 和商品 Y 的价格。在图 5-6 中，预算线的斜率为 $-1/2$（$=-5/10$）。

收入（M）与可购买的商品 X 和商品 Y 的数量关系可表达为

$$M = P_x X + P_y Y$$

这个等式可改写为线性方程形式：

$$Y = \frac{M}{P_y} - \frac{P_x}{P_y} X$$

式中第一项 M/P_y 给出的是消费者只购买 Y 这种情况下 Y 的数量。$-P_x/P_y$ 是预算线的斜率，即为增加每单位 X 的消费所须放弃的 Y。

常见的有代表性的预算线如图 5-6 所示。线 AB 上包含了所有在给定收入 M 和给定商品价格（P_x 和 P_y）下所能购买商品 X 和 Y 的组合，AB 在 Y 轴上的截距等于 M/P_y；X 轴上的截距等于 M/P_x，AB 的斜率为 $-P_x/P_y$。

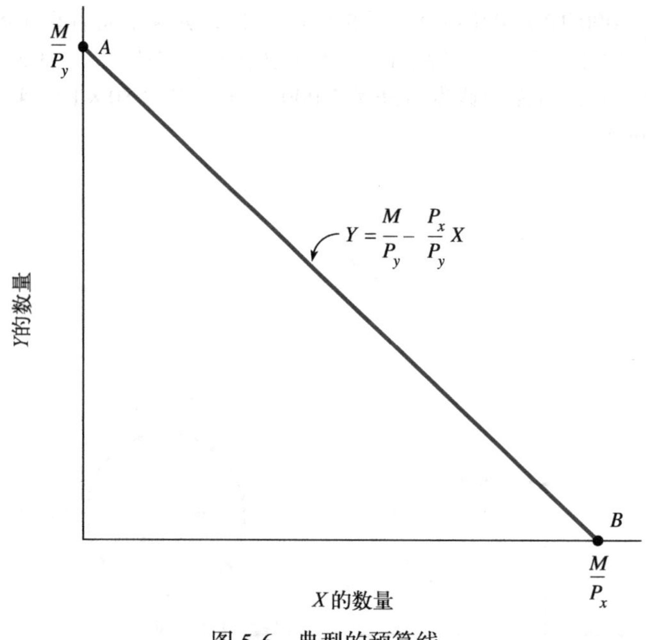

图 5-6 典型的预算线

5.3.2 预算线的移动

如果收入（M）或者价格比（P_x/P_y）改变了，预算线也会产生改变。图 5-7 所示的是预算线因收入增加而引致的改变。从图 5-6 的原始预算线 AB 开始，收入为 1 000 美元，商品 X 和 Y 的价格分别为 5 美元和 10 美元。现在假定收入提高至 1 200 美元，其他条件不变。由于价格不变，预算线的斜率也保持相同（−1/2）。但是由于收入升高了，垂直轴上的截距（M/P_y）也增大（上移）到 120（=1 200/100）。也就是说，如果消费者把所有收入用来购买商品 Y，就比先前多购买 20 单位。水平轴上的截距（M/P_x）同样增大到 240（=1 200/5）。因此，收入增加会引起预算线的平行移动，如图 5-7 所示，预算线从 AB 平移到 RN，收入的增加使可购买的商品数增多了。

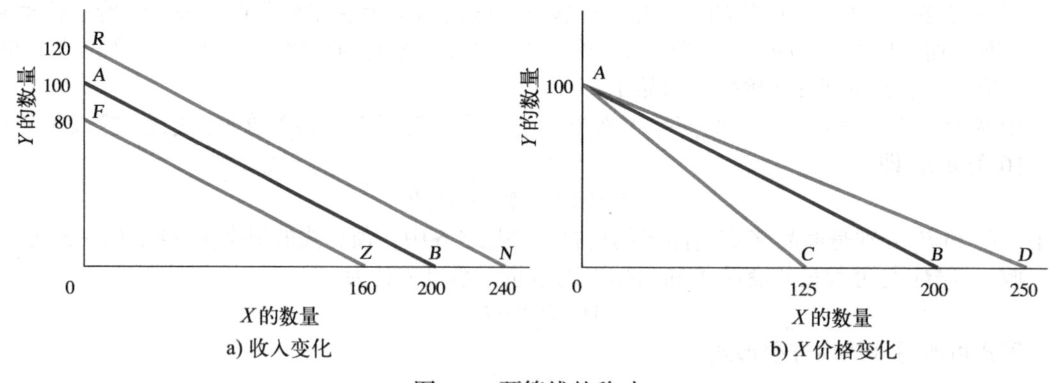

图 5-7 预算线的移动

同样，从预算 AB 开始假定收入下降到 800 美元，这样可购买的商品组合中的商品数量减少了。垂直轴和水平轴上的截距分别下降至 80（=800/10）和 160（=800/5），引起预算线向下移动到 FZ。收入的下降使可购买的商品数变少了。

图 5-7b 表示的是预算线因商品 X 价格变化引发的改变。还是从预算线 AB 开始，假定 X 的价格从 5 美元下降到 4 美元。由于 M/P_y 保持不变，垂直轴上截距仍是在 A 点（100 单位的 Y）。

但是，当 P_x 降低时，斜率 P_x/P_y 的绝对值下降到 4/10。在这种情况下，预算线更平坦。当 X 的价格下降时，如果所有的收入用来购买商品 X，就能买到更多的 X。因此，水平轴上的截距从 200 单位上升到 250 单位的 X（=1 000/4），如图 5-7b 所示，预算线从 AB 旋转到 AD。

如果 X 的价格上升到 8 美元，预算线会向另一个方向旋转，从 AB 转到 AC。水平轴上的截距下降到 125（=1 000/8），当 P_x 上升至 8 美元时，预算线的斜率的绝对值 P_x/P_y 上升到 8/10。因此当 P_x 上升时，垂直轴上的截距不变而预算线变得更陡峭。

关系

收入的提高（降低）会引起预算线向外（向内）的水平移动，商品 X 的价格提高（降低）会引起预算向内（向外）旋转而保持垂直轴上的截距不变。

5.4 效用最大化

到此为止，我们已经具备了消费者选择所需的工具。预算表示在一定的收入和市场价格下，消费者能购买的所有商品组合。无差异图表示消费者对所有想象的商品组合的偏好顺序。

5.4.1 有限货币收入下的效用最大化

我们将用一个图示化的例子来说明最大化过程。Joan Johnson 是在一家大公司里工作劳累且薪水低的年轻学徒工，Johnson 的月食物预算是 400 美元，由于工作时间长，她的食物预算的钱都用在买比萨饼和汉堡包上。比萨饼的价格是 8 美元，汉堡包的价格是 4 美元，而饮水是免费的。她将决定如何用 400 美元去购买比萨饼和汉堡包的商品组合，使其达到最高水平的效用。

最大化的过程如图 5-8 所示，无差异曲线 I 到 IV 描绘了 Johnson 对汉堡和比萨无差异的组合，垂直轴代表的是汉堡包的数量，水平轴代表的是比萨饼的数量。Johnson 的预算线即从 50 个比萨饼到 100 个汉堡包的连线，这是她一个月所可能消费的这两种快餐的所有组合。如果她全部的 400 美元花在 8 美元一个的比萨饼上，她可以吃 50 个；如果她全部的 400 美元花在 4 美元一个的汉堡包上，她可以吃 100 个。或者她可以消费任何在这个预算线上的组合。这个预算线斜率的绝对值等于汉堡包的价格除以比萨的价格，即 $P_B/P_P=4/8=1/2$，这表明每多消费一个 4 美元的汉堡包，Johson 必须放弃半个 8 美元一个的比萨饼。同样地，每多买一个比萨饼要放弃两个汉堡包。

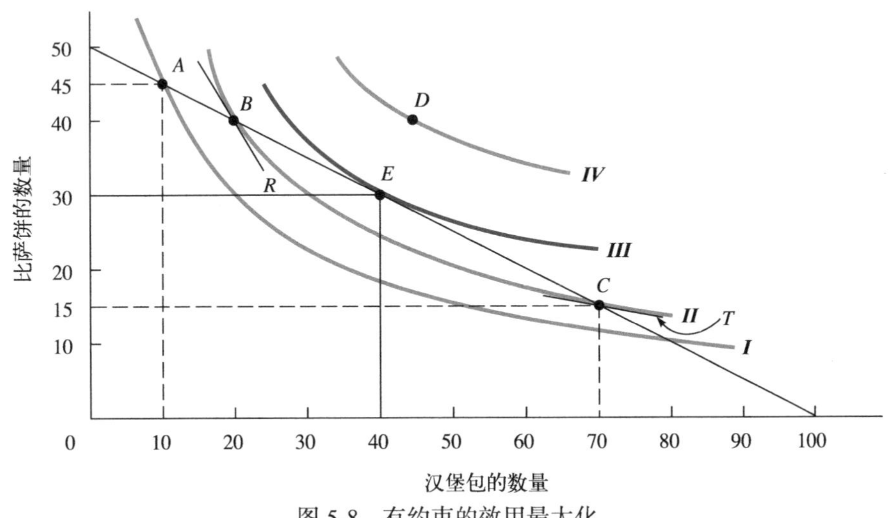

图 5-8 有约束的效用最大化

我们可以清楚地从图中看出，可能的最大效用应通过每个月 30 个比萨和 40 个汉堡达到。这个组合的点为 *E*，即预算线和无差异曲线 *III* 相切的点，其他有很多种可能的组合，例如，40 个比萨和 45 个汉堡，即在无差异 *IV* 上的点 *D*，要比 *E* 点的组合好，但这种组合是无法在给定的价格和既定的收入下达到的。如 40 个比萨和 45 个汉堡需花费 500 美元，这些商品组合超出 Johnson 的预算线的约束。

Johnson 可以在预算线上 *E* 点外的许多点上购买商品，但这些点的组合都在较低的无差异曲线上，所以不会优于 *E* 点。例如点 *A* 的组合包含 45 个比萨和 10 个汉堡，这个组合可以用 400 美元来购得，但它是在无差异曲线 *I* 上，明显比在无差异曲线 *III* 上 *E* 点的效用水平要低。如果 Johnson 正在消费的点是 *A* 点，她可以增加汉堡包的数量，同时以每增加一个汉堡包就减少半个比萨饼的速度减少比萨饼的数量，即沿预算线下移。这种变换将带来越来越高水平的效用。例如，40 个比萨饼和 20 个汉堡包的组合（*B* 点的组合）在无差异曲线 *II* 上，因而能提供比曲线 *I* 上 *A* 点更大的效用。Johnson 不应停留在点 *B*，她应该继续以比萨饼替换汉堡包，直到到达无差异曲线 *II* 上的点 *E*。因此，在预算线上，位于点 *E* 之上的每一组合都只能产生比 30 个比萨饼和 40 个汉堡包组合要小的效用。

同样地，假设 Johnson 现在的消费是 15 个比萨饼和 70 个汉堡包，这种组合的点 *C* 在无差异曲线 *II* 上，曲线 *II* 比曲线 *III* 要低，故 *C* 的效用水平要比点 *E* 的低。Johnson 可通过以每半个比萨饼换一个汉堡包的比例，增加比萨饼和减少汉堡包，达到较高水平的无差异曲线。她应该继续替换直到达到点 *E*，因此，在预算线上，在点 *E* 下面的点代表的组合只能产生比 30 个比萨饼和 40 个汉堡包带来的更低的效用。

由排除法，我们得知在预算线上，任何其他一点所产生的效用比 *E* 点的组合小。因此，在给定收入和价格下，Johnson 的消费点 *E* 实现的效用最大。*E* 点即预算线和无差异曲线 *III* 的切点，曲线 *III* 是预算线所能相切的最高水平的无差异曲线。由此可得，当消费组合的边际替代率（无差异曲线斜率绝对值）等于价格比率（预算线斜率绝对值）时，将达到效用水平的最大化。

我们可以利用 *MRS* 和价格比率之间的这种关系，深入探讨为什么在预算线上 *E* 点外的组合会产生比 *E* 点低的效用水平。现考虑 *B* 点，40 个比萨饼和 20 个汉堡包。这种组合下，*MRS*（无差异曲线 *II* 斜率的绝对值）大于预算线斜率的绝对值 $P_B/P_P = 1/2$。假定 *B* 处的 *MRS* 为 2（切线 *R* 的斜率绝对值为 2）。这表明 Johnson 为了多获得一个汉堡包，愿意放弃 2 个比萨饼。这种替换对 Johnson 来说是不影响效用水平的，交换后她既不赚，也不亏，如果 Johnson 可以仅放弃少于 2 个比萨饼不影响获得一个汉堡包，她会从中受益。因为汉堡包价格仅为比萨饼的一半，市场允许 Johnson 放弃半个比萨饼而获得一个汉堡包。相对于她希望的交换比例（2 个比萨饼换 1 个汉堡包），以半个比萨饼换一个汉堡包是更令人满意的。因此，通过半个比萨换 1 个汉堡包，Johnson 的消费组合转移到更高水平的无差异曲线上。

如你所见，在预算线上，*E* 点以上任一个组合点的无差异曲线斜率的绝对值（即 *MRS*），一定比预算线斜率的绝对值要大。因此，在每个选择的组合上，Johnson 可用同样的方法提高她的效用水平，通过仅以比她原来愿意放弃要少的比萨饼去交换一个汉堡包。因此，在 *E* 点以上的组合，因为 *MRS* 大于 1/2，所以效用水平比 *E* 点要小。

在预算线上，*E* 点以下的任一个组合，其 *MRS* 显然比价格比率要小，假设 *C* 点的 *MRS* 为 1/10（切线 *T* 斜率的绝对值 1/10），意味着 Johnson 愿意以 10 个汉堡包去交换一个比萨饼。因为预算线斜率的绝对值为 1/2，她可以仅放弃 2 个汉堡包换得一个比萨饼。她无疑会用 2 个汉堡包换 1 个比萨饼，并使效用增大。

在预算线上，*E* 点以下的任一个点的 *MRS* 都小于 1/2，即 Johnson 可以通过放弃比 2 个更少的汉堡包换得额外一个比萨饼。因此，她会继续减少汉堡包的消费，并增加比萨饼的消费直至到达 *E* 点，消费 30 个比萨饼和 40 个汉堡包。我们再一次验证了在给定收入下，*E* 点以外的组合产生较小的效用。

边际替代率就是消费者愿意以一种商品替代另一种商品的比率。价格比率就是消费者在市场能够以一个商品替代另一种商品的比率。因此，当消费者愿意替代和能够替代的比率相等时，达到一种均衡。我们可归纳出如下消费者效用最大化的原理。

原 理

消费者在有限的收入的约束下，当无差异曲线和预算线相切时，其切点的组合商品使消费者达到效用最大化。在这种组合下，边际替代率（无差异曲线斜率的绝对值）等于价格比（预算线斜率的绝对值）。

$$-\frac{\Delta Y}{\Delta X}=MRS=\frac{P_X}{P_Y}$$

◇专栏 5-2

信息很重要

在本章阐述的消费者行为理论中，我们假设消费者了解所有重要信息，从而使他们在预算约束的情况下，在能购买的消费组合中，成功实现效用最大化选择。具体地说，就是我们假设消费者能够把所有消费组合进行排序，是组合 *A* 优于组合 *B*，还是组合 *B* 优于组合 *A*，或者组合 *A* 和组合 *B* 都同样让人满意。很显然，这需要消费者了解所有产品和服务的信息，包括使产品和服务具备效用的有形或无形特征。消费者行为理论也假设每一个消费者都知道自己的预算约束，以及所有产品和服务的市场价格。消费者的实际选择依赖于他们所掌握信息的质和量，也依赖于他们处理自己掌握信息的能力。

毫不奇怪地，大部分企业都理解管理信息的重要性，消费者利用这些信息来做出购买决策。在信息时代，企业在提供消费者信息（包括商品的可得性、特征和价格）方面所运用的战略已经成为一个营销领域研究和实验的重点。确保消费者知道你的商品的存在，在哪里可以购买，是消费者信息管理的首要目标。仅仅通过传统的纸质或电视媒体来做广告，已经不足以应对在今天这个数字信息时代的竞争。

当微软推出名为 Mango 的 Windows Phone 时，其 CEO 承认微软的智能手机销量让人失望。他给出的主要原因是，“45% 的智能手机消费者没有意识到 Windows Phone 7 的存在”，虽然微软已经花费了数百万美元为 Mango 做广告。这个问题的部分原因是来自于苹果的 iPhone 和谷歌的 Android 手机，这些竞争商品压制了微软几乎全部依赖于纸质广告的策略。在过去，纸质和电视广告是把产品信息传达给潜在消费者的主要渠道。然而，最近一种新的信息来源已经成为提供并影响买家做出消费决策的强大平台，企业可以通过这个平台来提高传统广告的有效性，有时候甚至可以替代传统广告。

你可能已经猜到了，消费者现在广泛依赖于很多数字通信渠道来获得商品信息。随着移动技术的广泛发展，消费者现在可以随时随地连接网络。消费者关于产品和服务的信息来自于互联网上的很多渠道：品牌网站，如 Facebook、LinkedIn 和 Twitter 等社交网络；基于网络的特定产品或行业的社区；甚至是在线提问、在线提供答案的博客等。让你的产品在网上以及在博客世界里出现并进行管理，是现在市场营销科学的前沿领域，由此产生了一系列新的营销技巧和工具。

医药行业是数字通信渠道日益重要，而传统广告的重要性不断变弱的一个例子。医药行业已经完全改变了消费者市场营销策略。医药公司有两种类型的买家：为病人开药的内科医生和自己找到治疗方案的消费者。《制药经理人》杂志最近的一篇文章中使用了“数字和移动科技使医疗信息随时可得”这样的说法。美国超过 75% 的医生有 iPhone、iPad 或 iPod，60% 的内科医生通过社交媒体讨论健康信息。为了保证及时传送相关的药品信息，每周都会有医药方面的研究和法律案件评论，医药公司赋予了经过培训的营销团队更大的权力，在网上为顾客提供关于最新报道、评论以及关于公司药品研究的及时反馈，既有直接反馈，也有通过社交网络渠道进行的反馈。

虽然在消费者行为理论中，掌握所有信息的假设只是一个必要的、简单化的假设，伴随着数字信息革命的发展，消费者信息管理这个新兴领域很可能会使这个假设变为现实。现代科技有可能帮助消费者做出消费决策的下一个实现形式：每个消费者都可以通过扫描大脑，把自己的消费偏好下载到 iBuy 设备中，然后设备就可以自动联网，收集所有人工智能软件需要的信息，来展示消费者的最优化消费组合。虽然我们不能确定将来消费者是否会有这样一套 iBuy 设备，但我们可以确定的是，如果要获得消费者的最优化消费组合，那么，任何软件都需要计算并比较成百上千种产品或服务的 *MU/P*。如果你打算成为为 iBuy 写这个计算机运算程序的人，那你就一定要了解本章中讨论的消费者行为理论。

资料来源：Nicholas Kolakowski, "Microsoft Rolls Out Windows Phone 'Mango'," *eWeek*, Ocotober 3, 2011, p.16; "Understanding the New Consumer Mind-set," *Pharmaceutical Executive*, August, 2011, pp. 1-4.

5.4.2 边际效用均等

第 3 章提到，决策人在给定的成本约束下，用在各个行为上的边际收益相等时，他实现最大的可能收益。

在给定收入下，消费者实现最高效用水平的条件是：两种商品的边际替代率等于这两种商品的价格比，$MRS=P_x/P_y$。因为边际替代率等于两种商品的边际效用之比，所以所有的收入用于消费时，效用最大化的均衡的条件是

$$MRS=\frac{MU_x}{MU_y}=\frac{P_x}{P_y}$$

或整理一下得

$$\frac{MU_x}{P_x}=\frac{MU_y}{P_y}$$

第二个表达式意味着每 1 美元在最后 1 个商品 X 上的边际效用等于每美元在最后 1 个商品 Y 上的边际效用。

要知道为什么在最后 1 单位商品上每美元边际效用必须相等，我们假设条件不成立：

$$\frac{MU_x}{P_x}<\frac{MU_y}{P_y}$$

由于花在 X 上的每 1 美元的边际效用小于在 Y 上每 1 美元的边际效用，消费者应当把花在 X 上的钱拿出一部分用于消费 Y。只要仍是不等，从 X 上每取走 1 美元减少的效用就少于多花 1 美元在 Y 上增加的效用，消费者就会继续以 X 换 Y。随着对 X 消费的降低，X 的边际效用会逐渐上升，随着对 Y 消费的上升，Y 的边际效用逐渐降低。消费者持续替代，直到 MU_x/P_x 等于 MU_y/P_y。

为使这个概念更具体，我们举个数字例子：假设一个消费者的收入为 140 美元，现在他消费 20 单位的 X（价格 4 美元）和 30 单位的 Y（价格为 2 美元），$4\times20+2\times30=140$（美元）。接着假设最后 1 单位 X 的边际效用为 20，最后 1 单位 Y 的边际效用为 16。所以每美元边际效用为

$$MU_x/P_x=20/4=5<8=16/2=MU_y/P_y$$

这个消费者应该重新确定 X 和 Y 的数量，同样在花 140 美元的约束下，效用有可能提高。为了能看到这是如何实现的，让消费者多花 1 美元在 Y 上。多买 1 美元的商品 Y 使效用提高了 8 单位。[⊖]为了使预算控制在 140 美元内，就得在商品 X 上少花 1 美元，使得效用降低 5 单位。

⊖ 即使花在 Y 上的另 1 美元只可能购买半个单位的 Y，并且生产者可能只想卖整个的（即你不能在快餐店只买半个汉堡包），Y 实际上衡量的是单位时间消费商品的速度，因此可以包括分数。例如，如果每周消费 12 个汉堡包，每天消费的汉堡包是分数——1.71（=12/7）。

既然这位消费者因为商品 X 的消费减少降低 5 单位效用，商品 Y 的消费增加提高了 8 单位效用，那么消费者可以净增加 3 单位的效用，又保持花销仍在 140 美元。只要 $MU_x/P_x < MU_y/P_y$，消费者就应继续把 X 换成美元去购买 Y。因为 X 的消费越少，Y 的消费越多，MU_x 就会增加，MU_y 就会减少。当 $MU_x/P_x = MU_y/P_y$ 时，消费者不再在 X 和 Y 之间转换，此时达到了效用最大化。同样地，如果：

$$\frac{MU_x}{P_x} > \frac{MU_y}{P_y}$$

在 X 上的每美元边际效用就大于花在 Y 上的每美元边际效用。消费者应该少购买 Y，以多购买 X，持续替换直到两者（MU_x/P_x 和 MU_y/P_y）相等。

 **原 理**

在收入约束下，假定所有收入用于消费，消费者为了实现效用最大化，应使购买每一种商品的每美元边际效用相等。

到目前为止，为了图示方便，我们假设消费者只购买两种商品。分析者很容易延伸到任意数量的商品，尽管图示很困难。因为消费者组合中的任意两种商品都必须满足上面的均衡条件，即适用于消费者组合的所有商品。那么，如果消费者购买了 N 种商品，X_1，X_2，X_3，…，XN，价格为 P_1，P_2，P_3，…，P_N，收入为 M，效用最大要求：

$$P_1X_1 + P_2X_2 + P_3X_3 + \cdots + P_NX_N = M$$

并且

$$-\frac{\Delta X_i}{\Delta X_j} = MRS = \frac{P_j}{P_i}$$

分别对任意两种商品 X_i 和 X_j 而言，用单位美元边际效用表示为

$$\frac{MU_1}{P_1} = \frac{MU_2}{P_2} = \frac{MU_3}{P_3} = \cdots = \frac{MU_N}{P_N}$$

这样我们将原理扩展为任意商品数量。

5.4.3 热狗和可口可乐的最佳组合

接下来的数字例子将解释本节的观点。假设你去观看一场下午的棒球赛，并且只有 40 美元可以用来购买热狗和可乐。你没吃午饭，40 美元也不足于购买你所需的食物。因此，理智的做法是用这 40 美元的预算达到效用最大化。

在棒球节目单背后你绘制了一张你可能选择的各种水平的热狗和可口可乐的边际效用表。接着你用边际效用分别除以热狗和可口可乐的价格 5 美元和 4 美元。在你的节目单背面列表 5-1 如下。

表 5-1

每场消费量	热狗的边际效用	MU_H/P_H	可乐的边际效用	MU_C/P_C
1	40	8	120	30
2	30	6	80	20
3	25	5	40	10
4	20	4	32	8
5	15	3	16	4
6	10	2	8	2

利用这些信息，你可以计算出在给定的预算约束下，如何消费热狗和可乐以获得最大的满意度。你应该先买可口可乐还是热狗？第一份可口可乐每美元的效用为 30 单位，第一份热狗每美元的效用为 8 单位。你购买了一份可口可乐还剩余 36 美元，于是你开始接着考虑该买热狗还是继续买第二份可口可乐。由于 8（MU_H/P_H）< 20（MU_C/P_C），你决定买第二份可口可乐并剩余 32 美元。用同样的方法，你决定又买第三份可口可乐。

第四份可口可乐和第一份可热狗的每美元效用均为 8 单位，于是你既买了可乐又买了热狗，并注意到他们的每美元边际效用都等于 8。但是这仍不是最优的。因为你只花了 21 美元（1 份热狗和 4 份可乐）。你应继续用边际分析，直到买了 4 份热狗和 5 份可乐，此时 $MU_H/P_H = 4 = MU_C/P_C$。这时，你已经把 40 美元花光在 4 份热狗和 5 份可乐上，仅用 40 美元购买的热狗和可乐，不可能有其他组合实现比这更大的效用。

5.5 单个消费者需求曲线和市场需求曲线

现在我们可以从消费者效用最大化原理去推导出消费者需求曲线。这样我们得出了需求的完整分析。

5.5.1 单个消费者的需求曲线

我们用图 5-9 展示了这种关系，以及单个消费者需求曲线的由来。开始时收入为 1 000 美元，商品 X 和 Y 价格都为 10 美元，对应的预算线为图中的预算线 1，从 100Y 至 100X。从前面的分析，可知消费者效用最大化是在预算线 1 和无差异曲线 Ⅰ 相切的地方，商品 X 为 50 单位。因此，当收入为 1 000 美元时，消费者需求图上的一点为 50 单位价格 10 美元商品 X，该点显示在图 5-10 中的价格 – 数量曲线图上。

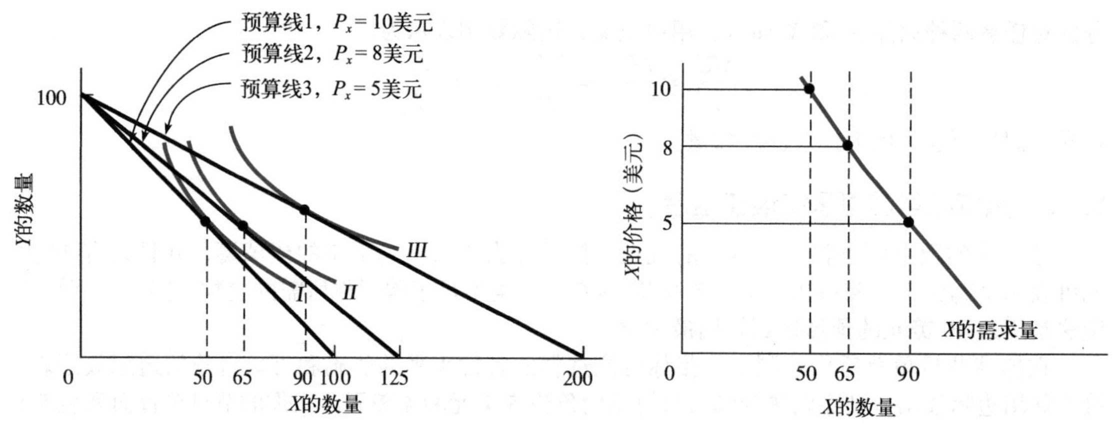

图 5-9　需求曲线图的推导

根据需求的定义，我们保持收入不变，其他商品（即 Y）的价格不变，只使 X 的价格从 10 美元下降到 8 美元。新的预算线为较平缓的预算线 2。由于收入和 Y 的价格不变，垂直轴上的截距不变。预算线必须以 100 单位 Y 所在点为中心，并沿 X 轴方向向外旋转。预算线 2 的 X 轴截距为 125（= 1 000/8）。在新预算线上，当预算线 2 和无差异曲线 Ⅱ 相切时，消费者在该切点达到效用最大化，在该点他消费了价格为 8 美元的 65 单位 X。因此，需求曲线上另一个点坐标为 8 美元和 65 单位的 X。

接着，让 X 的价格继续下降。这次为 5 美元，则新预算线为预算线 3。在 X 价格为 5 美元时，消费者的需求曲线上又取了一个点，该点价格为 5 美元，X 为 90 单位。因此，我们求得的对 X 需求表，如表 5-2 所示。

利用该表，再和其他一些用同样方法得出的点，可以描绘出如图 5-10 下半部分的价格－数量需求曲线，随着 X 的价格降低，消费者愿意并有能力购买的 X 的数量增加了，这与需求法则是一致的。而且，我们是遵循了需求的定义，保持了收入和其他商品价格恒定。因此，可以从一系列的效用最大化均衡点求得单个消费者对某种商品的需求。我们仅求了三个这样的点，但我们可以很容易地获得更多的需求曲线的点。

表　5-2　（单位：美元）

价格	需求量
10	50
8	65
5	90

原 理

单个消费者对某一特定商品的需求曲线，与在市场价格上效用最大化的均衡点的商品数量有关（保持收入和其他所有商品价格不变）。需求曲线的斜率解释了需求法则：需求数量和价格变化的方向是相反的。

5.5.2　市场需求和边际收益

经营决策者通常对某种产品的市场需求更感兴趣，而非个别消费者的需求。第 2 章中，我们把**市场需求**（market demand）定义为：在保持收入、其他商品价格、品位、期望价格、消费者数量等均不变的前提下，一系列价格以及对应的消费者愿意并能够购买的商品数量。当推导个别需求时，我们把预算线绕纵轴截距点旋转，因为保持了收入和其他商品的价格不变，品位也不变，故无差异曲线不变。

这些讨论符合市场需求的条件。为得到市场需求函数，我们只需把市场上所有潜在消费者的个人需求合在一起。现在我们示范这种合并过程，因为数量的累加沿纵坐标发生，而经常被称为水平相加。

假设在市场上某种特定商品只有 3 个消费者，在表 5-3 中，对应于第 1 列中不同的价格，每个消费者的需求数量列于第 2、第 3、第 4 列。第 5 列为市场需求，即前面几个需求的总和。由于这些消费者的需求曲线都是负斜率的，故市场需求曲线也是负斜率的。需求数量和价格是反向变化的。

表 5-3　个别消费者需求的加总

	需求数量			
价格（美元）	消费者 1	消费者 2	消费者 3	市场需求
6	3	0	0	3
5	5	1	0	6
4	8	3	1	12
3	10	5	4	19
2	12	7	6	25
1	13	10	8	31

图 5-10 显示如何从个别的需求推导出市场需求。消费者 1、2、3 的个别需求分别如图中的 D_1、D_2、D_3 所示，市场需求曲线 D_M 就是在每个价格上需求数量的简单加和。价格为 6 美元时，消费者 1 需求为 3 单位。由于其他消费者无需求，3 就是市场总需求。在其他价格时，D_M 就是同一水平线上三个消费者需求数量的总和。而且，如果有其他消费者进入这个市场，他们的需求曲线也会加入 D_M 形成新的市场需求。

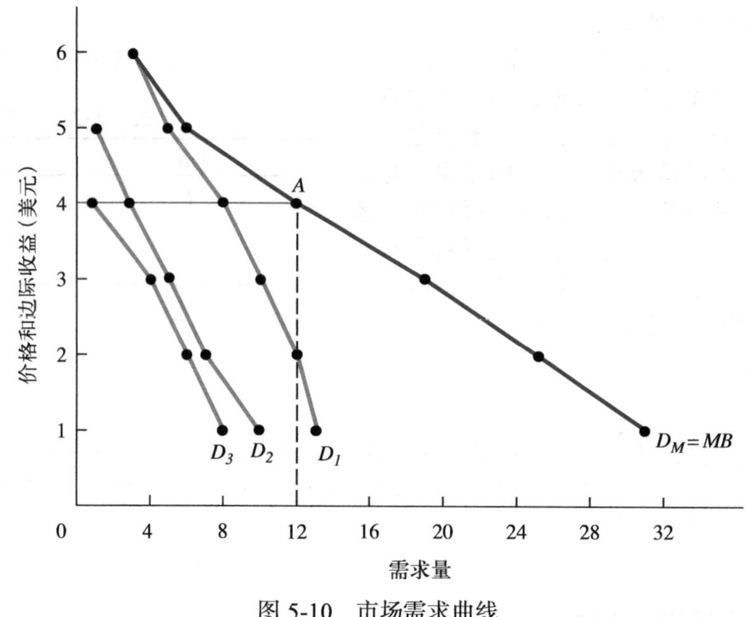

图 5-10 市场需求曲线

关系

市场需求为市场上所有消费者的需求曲线横坐标之和。所以市场需求表示在相关价格范围内每个价格对应的所有消费者的总需求。

正如第 2 章所解释的，市场需求曲线给出了对产品不同需求数量的需求价格。因为特定需求数量的需求价格是消费者愿意为那一单位的产品支付的最高价格，需求价格用货币衡量了消费那一单位产品的经济价值或收益。于是，对任意特定数量需求而言，在市场需求曲线纵轴的价格衡量了两个问题：（1）消费者购买那个数量的产品所愿意支付的最高价格；（2）对消费者而言，特定单位产品价值的货币量。市场需求曲线给出了消费最后一单位产品的边际收益（价值）。

在图 5-11 中，我们用"D_M"和"MB"标注了市场需求的双重角色。点 A 表明了在 3 个买家的市场，4 美元是 12 个单位能够卖出的最高价格。这个市场上每个买家购买最后一个单位的边际收益是 4 美元。具体讲，消费者 1 认为自己购买的第 8 个单位的价值是 4 美元，消费者 2 认为自己购买的第 3 个单位的价值是 4 美元，消费者 3 认为自己购买的第 1 个单位的价值是 4 美元。显然，当这个市场的消费者以 4 美元的价格购买 12 个单位的产品时，市场上每个人消费最后一个单位的边际收益都是 4 美元。那么，沿着市场需求曲线的需求价格，衡量了社会上每个消费者消费最后一个单位的边际收益或价值。

关系

沿着市场需求曲线，不同需求数量的需求价格，给出了市场上每个买家消费最后一个单位的边际收益（价值），因此，市场需求曲线可以看作一种产品对消费者的边际收益曲线。

5.6 角解

到目前为止，本章还只讨论了消费者对商品 A 和 B 都选择了一定数量的最优化解决方案。然而，在很多情况下，消费者会花费了他们所有的预算，但没有购买某些商品，这种结果叫作

角解（corner solution）。因为效用最大化的消费组合位于预算线与 Y 轴（没有消费商品 X），或与 X 轴（没有消费商品 Y）的交点。

我们来看一个消费者没有消费商品 X 的角解。当商品 X 的价格相对其边际效用来说，显得过高时，虽然消费者认为商品 X 能满足一定的需求（即 MU_x 是正值），且在预算限制范围内有能力购买一些商品 X，但消费者仍选择不购买商品 X，这就是一个角解。你肯定可以在你自己的预算中发现很多这样的商品。例如，你可能喜欢鲜榨橙汁，并有能力支付每夸脱 8 美元的价格，但你没有选择购买。还有很多食品，你从来没有购买，不是因为你买不起，或者它们不好吃，而是因为你可以用有限的收入购买能带给你更多满足感的其他商品，从而获得更大的效用。

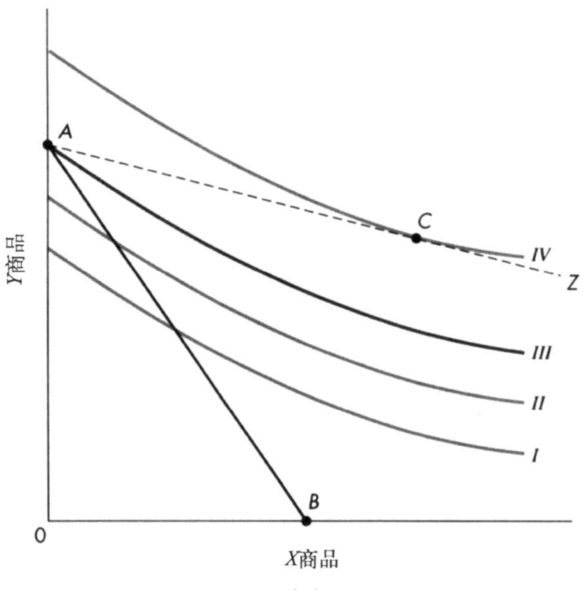

图 5-11　角解 $X^* = 0$

图 5-11 显示了消费者把所有预算都用来购买商品 Y，而没有购买商品 X 的角解。消费者的预算限制是 AB，而他可以获得的最大效用位于无差异曲线 III 上的 A 点。即使他有能力购买商品 X，且商品 X 也能给他带来满足，但他选择不购买商品 X（即 $X^* = 0$），并把他所有预算用来购买商品 Y。也可以通过计算商品 X 和商品 Y 的 MU/P 来解释角解的原因。在 A 点你可以看到，无差异曲线 III 的斜率比预算线的斜率要小：$MRS < P_x / P_y$。因此，购买商品 X 和商品 Y 的每美元边际效用为：

$$MU_x / P_x < MU_y / P_y$$

即使消费者把他所有收入都用于购买商品 Y，购买商品 X 的每 1 美元边际效用，比购买商品 Y 的每 1 美元边际效用要小。需要注意的是，如果相对 Y 的价格来说，商品 X 的价格大幅下降（假设价格比所指的预算线是 AZ），预算线可能会与某一无差异曲线相切，如图 5-11 中无差异曲线 IV 上的 C 点，商品 X 和 Y 都购买。因此，如果商品 X 的价格大幅下降，消费者也会购买一定量的商品 X。

总的来说，在一个角解中，消费者一点儿也没有购买商品 X，而购买了一定量的商品 i、商品 j 等，那么，结果就是：

$$MU_x / P_x < MU_i / P_i = \dots = MU_j / P_j$$

消费者花了他的所有收入，但商品 X 的每 1 美元边际效用低于购买的其他所有商品的每 1 美元边际效用，这就是我们通常说的我们"负担不起"一些东西。

5.7　本章小结

- 分析消费者行为的一个基本前提是：假设每个人都以消费各种产品和服务的总满意度最大化为目标来做消费决策，而且，他们的收入完全用于消费。基本的消费者理论把消费者视为已经掌握与他们消费有关的全部信息：所有可获得的商品范围，所有商品的价格，商品能提供的效用，以及他们自己的收入。我们认为消费者偏好有以下特点：消费者偏好是完备的、可传递的；消费者总是认为多一个比少一个好。消费者从其所消费的产品或服务中得到的满意称为效用。效用函数是个人通过消费商品组合而得到的满意程度。无差异曲线是通过图表预测消费者偏好的一种方法。（学习目标 1）

- 无差异曲线代表的是对消费者能产生同等满足程度的各种不同商品组合点的轨迹。无差异曲线是向下倾斜的，且凸向原点。边际替代率是无差异曲线斜率的绝对值，随着消费者沿着无差异曲线向下移动而递减。边际效用就是在其他商品消费量不变的情况下，增加 1 单位某种商品的消费量所引起的总效用的变动量。*MRS* 表示在保持效用水平不变的情况下，一种商品可以被另一种商品替代的比率，可以理解为是商品 *Y* 除以商品 *X* 的边际效用之比。一个无差异图是由两条或更多的无差异曲线组成的，效用水平越高，则代表的无差异曲线在图上的位置越高。（学习目标 2）
- 预算线是在给定的价格和收入下，消费者把所有收入用于消费所能获得的商品组合点的轨迹。收入的提高（降低）会引起预算线向外（向内）平移。商品 *X* 的价格提高（降低）会引起预算线向内（向外）旋转，变得更加陡峭（平坦），而在垂直轴上的截距保持不变。（学习目标 3）
- 消费者在有限收入的约束下，当无差异曲线和预算线相切时，其切点代表的组合商品使消费者达到效用最大化。在这种组合下，边际替代率（无差异曲线斜率的绝对值）等于价格比（预算线斜率的绝对值）。或者说，消费者将所有收入用于消费时应分配好收入，使购买每一种商品的每 1 美元边际效用相等。（学习目标 4）
- 单个消费者的需求曲线与在不同市场价格下，效用最大化均衡点的商品数量有关（保持收入和其他所有商品价格不变）。需求曲线的斜率解释了需求法则：需求数量和价格变化的方向是相反的。市场需求是在其他因素均不变的前提下，一系列价格以及对应的消费者愿意并能够购买的商品数量。市场需求是市场上所有消费者的需求曲线的横坐标之和。沿着市场需求曲线，不同需求数量的需求价格给出了市场上每个买家消费最后一个单位的边际收益（价值），因此，市场需求曲线可以看作是一种商品对消费者的边际收益曲线。（学习目标 5）
- 当消费者花费他们所有的预算但没有购买某些商品时，这种结果叫作角解，因为效用最大化的消费组合位于预算线与纵横坐标轴的交点之一。消费者花了他的所有收入，但商品 *X* 的每 1 美元边际效用低于购买其他所有商品的每 1 美元边际效用时，就是商品 *X* 的角解。这就是我们通常说的我们“负担不起”一些东西。（学习目标 6）

关键词

budget line 预算线 在给定的价格和收入下，消费者把所有收入用于消费所能获得的商品组合点的轨迹。

complete 完备的 消费者能够对所有商品组合排序。

consumption bundle 消费组合 特定数量的商品或服务的组合。

Giffen goods 吉芬品 需求曲线向上递增的产品。

income effect 收入效应 仅由于价格变化改变了购买能力，从而导致某种商品消费量的改变。

indifference curve 无差异曲线 代表能产生同等满足程度的各种不同商品组合的点的轨迹。

marginal rate of substitution（MRS） 边际替代率 在保持效用水平不变的情况下，为得到每一单位的 *X* 而必须放弃的 *Y* 的数量。

marginal utility 边际效用 在其他商品消费量不变的情况下，增加一单位某种商品的消费量，引起的总效用的变动量。

market demand 市场需求 在保持其他都不变的前提下，一系列价格以及对应的消费者愿意并且能够购买的商品数量。

substitution effect 替代效应 假设保持无差异曲线不变，由于商品价格的变化，商品消费量发生的改变。

total effect 总效应 替代效应和收入效应之和。

transitive 可传递 如果 $A>B$，且 $B>C$，那么 $A>C$，则消费者偏好是可传递的。

utility 效用 消费者从其消费的商品或服务中

得到的满意。

utility function **效用函数** 效用函数是个人通过消费商品和服务等商品组合而得到的效用程度：$U=f(X, Y)$。

概念性习题

1. 回答下列有关消费者偏好的问题。
   a. 如果 Julie 对低糖可乐的偏好优于低糖百事，对低糖百事的偏好优于普通百事，但对低糖可乐和传统可乐是无差异的，他对传统可乐和普通百事的偏好如何？
   b. 如果 Jane 购买了一辆福特 Mustang 而不是法拉利，他对这两种产品的偏好如何？
   c. 如果 Jane 购买了一辆法拉利而不是福特 Mustang，他对这两种汽车的偏好如何？
   d. James 和 Jane 都在喝软饮料，可乐和百事价格一样，如果 James 买了一种百事，Jane 要了一杯可乐，他们各自对这种商品的偏好如何？
2. 用图 5-1 显示的消费组合回答下面的问题。假设消费者对产品 A 和 B 有完备和可传递的偏好，并且对于图 5-1 给出的任意组合都没有消费经历。
   a. 比较组合 A 和 D，这个消费者能够理性地做出下列那个陈述：我喜欢 A 比 D 多，我喜欢 D 比 A 多，或者喜欢 A 和 D 一样多？
   b. 如果这个消费者对 A 和 B 无差异，那么组合 E 一定________(小于，大于，等于) 组合 A。解释你的答案。
   c. 组合 C 一定________(小于，大于，等于) 组合 F。解释你的答案。
   d. 组合 F 一定________(小于，大于，等于) 组合 D。解释你的答案。
3. 假设对某消费者来说 2 单位 X、8 单位 Y 的效用和 4 单位 X、2 单位 Y 的效用相等。在此范围内：
   a. 这个消费范围的边际替代率是多少？
   b. 如果消费者要多获得 1 单位的 X，必须放弃多少单位的 Y 以保持效用不变？
   c. 如果消费者要多获得 1 单位的 Y，必须放弃多少单位的 X 以保持效用不变？
4. 利用消费者无差异曲线回答问题。
   a. A 和 B 之间的 MRS 等于多少？
   b. B 和 C 之间的 MRS 等于多少？
   c. 在 B 点的 MRS 等于多少？

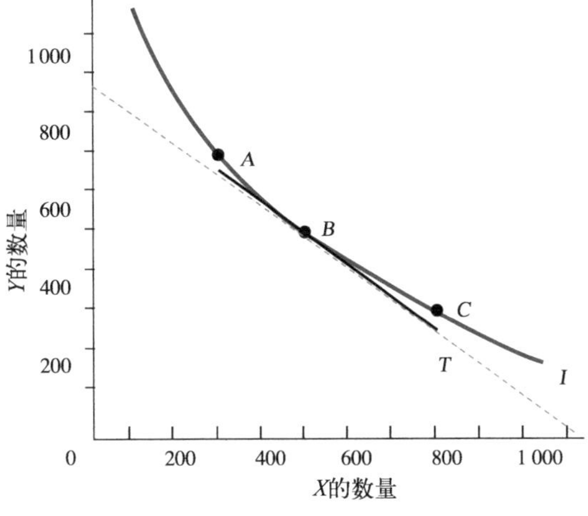

5. 某消费者仅购买两种商品 X 和 Y。
   a. 如果 X 和 Y 之间的 MRS 为 2，X 的边际效用为 20，Y 的边际效用为多少？
   b. 如果 X 和 Y 之间的 MRS 为 3，Y 的边际效用为 3，X 的边际效用为多少？
   c. 如果消费者沿无差异曲线下移，X 和 Y 的边际效用如何变化？ MRS 如何变化？
6. 利用图形回答问题。

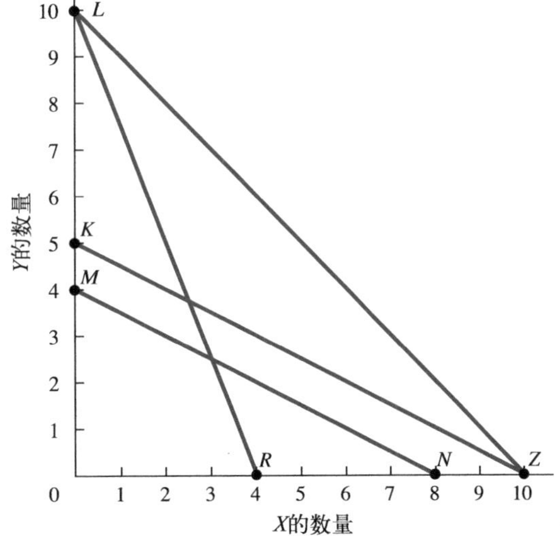

   a. 预算线 LZ 的方程为 $Y=$______−______X。
   b. 预算线 LR 的方程为 $Y=$______−______X。
   c. 预算线 KZ 的方程为 $Y=$______−______X。
   d. 预算线 MN 的方程为 $Y=$______−______X。

e. 如果相关的预算线为 LR，消费者收入为200美元，X 和 Y 的价格分别为多少？在相同收入下，设预算线为 LZ，X 和 Y 的价格分别为多少？

f. 如果预算线为 MN，$P_y=40$ 美元，$P_x=20$ 美元，收入为多少？在相同价格下，设预算线为 LZ。收入为多少？

7. 假设消费者的无差异曲线如图所示。相关的预算线为 LZ，商品 Y 的价格为10美元。

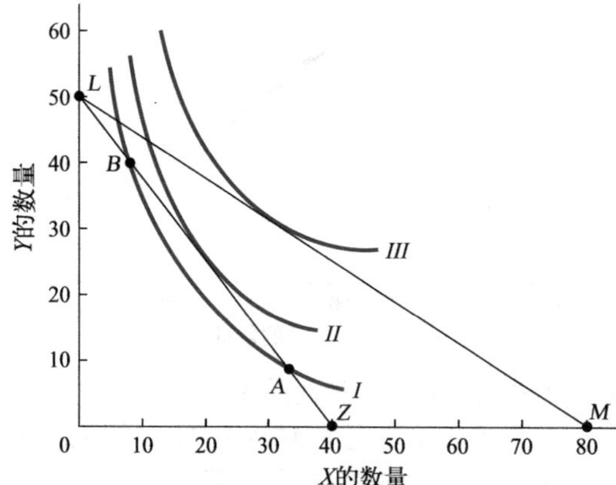

a. 消费者收入为多少？

b. X 的价格为多少？

c. 写出预算线 LZ 的方程。

d. 消费者会选择购买多少 X 和 Y 的组合？为什么？

e. 这个组合的 MRS 是多少？

f. 用 MRS 解释为什么消费者不选择 A 组合或 B 组合。

g. 假设预算线旋转至 LM，收入不变。X 的新价格为多少？现在该选择哪种消费组合？

h. 新的 MRS 为多少？

8. 假设 $MRS=2$，X 的价格为3美元，Y 的价格为1美元。

a. 如果消费者再获得1单位的 X，他为保持效用不变，该放弃多少单位的 Y？

b. 如果消费者再获得1单位的 Y，他为保持效用不变，该放弃多少单位的 X？

c. 消费者愿意以 Y 替代 X 的比率是多少？

d. 消费者能够以 X 替代 Y 的比率是多少？

e. 消费者的选择是否实现了效用最大化？为什么？如果没有，他该怎么做？请说明。

9. 下图为消费者无差异曲线图的一部分。消费者的预算线为 LZ，X 的价格为20美元。

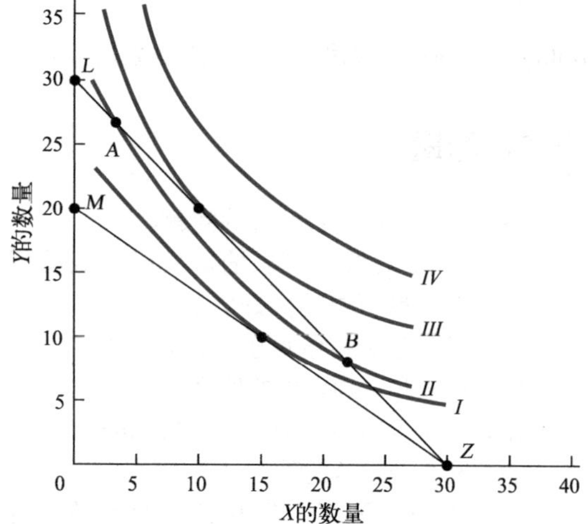

a. 消费者收入为________美元。

b. Y 的价格为________美元。

c. 预算线 LZ 的方程式为________。

d. 消费者选择的消费组合是什么，为什么？

e. 这个组合的 MRS 为________。

f. 用 MRS 解释为什么消费者不选择组合 A 或 B。

g. 若预算线为 MZ，该选择哪个组合？

h. Y 的价格为多少？

i. X 的价格为多少？

j. 均衡点的 MRS 为多少？

10. Sally每月用她的收入160美元购买面食和色拉两种食物。每月她有10次消费6美元一份的面食，20次消费5美元一份的色拉。最后一份的边际效用均为30。Sally该怎么办？请说明。

11. 假定一个消费者消费三种商品，X、Y 和 Z。每种商品的边际效用（假定为可计量的）和其他商品的消费比例无关，X、Y、Z 的价格分别为1美元、3美元、5美元。消费者的总收入为65美元，边际效用列表如下。

商品数量	X的边际效用	Y的边际效用	Z的边际效用
1	12	60	70
2	11	55	60
3	10	48	50
4	9	40	40
5	8	32	30
6	7	24	25
7	6	21	18
8	5	18	10
9	4	15	3
10	3	12	1

如果消费者说因为他支付不起 X，不再购买 X 商品，你如何解释？

12. 下图是消费者无差异曲线图的一部分，以及三条预算线。消费者收入为 1 000 美元。Y 的价格为多少？在消费者对 X 的需求曲线上的三个价格 – 数量组合是哪些？

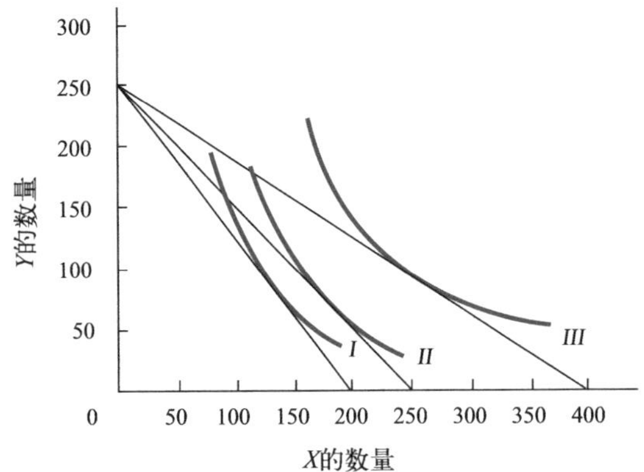

13. 假定市场上商品 X 的消费者只有三个。每个消费者在价格为 1 ～ 9 美元时，需求数量如下表所列。

需求数量				
X 价格（美元）	消费者 1	消费者 2	消费者 3	市场需求
9	0	5	10	____
8	0	10	20	____
7	10	15	30	____
6	20	20	40	____
5	30	25	50	____
4	40	30	60	____
3	50	35	70	____
2	60	40	80	____
1	70	45	90	____

a. 用下面的坐标轴，画出每个消费者的需求曲线，分别标上 D_1、D_2、D_3。

b. 在表格的空白处填上各单价下的市场需求。

c. 画出市场需求曲线，并标上 D_M。

d. 在图中画出边际收益曲线，以 MB 标示。

e. 第 180 单位的边际收益是多少？

f. 当 180 单位都被购买时，所有消费者的边际收益都相同吗？请解释。

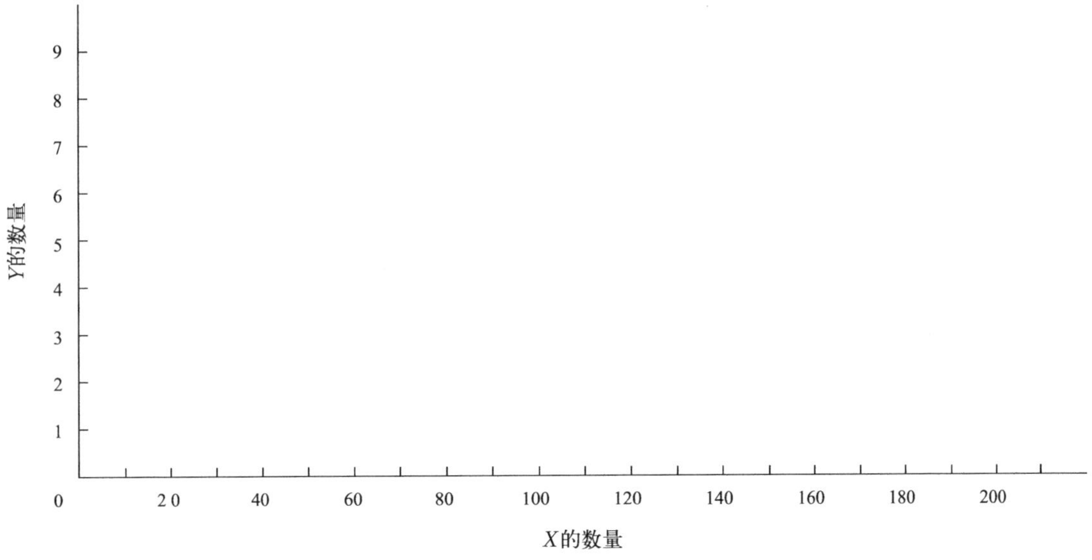

14. 一个消费者有如下的无差异曲线图。商品 X 和商品 Y 的市场价格分别为 24 美元和 8 美元。该消费者有 120 美元可以购买商品 X 和商品 Y。

a. 绘制消费者预算曲线，并找出效用最大化消费组合。把这个组合命名为 E。组合 E 由单位的商品 X 和________单位的商品 Y 组成。

b. 在组合 E 中，边际替代率________（大于，小于，等于）预算线的斜率（绝对值）。商品 X 的 MU/P 比率________（大于，小于，等于）商品 Y 的 MU/P 比率。

c. 组合 E________（是，不是）角解。

现在假设消费者的收入和商品 Y 的价格保持不变，但商品 X 的价格降到 8 美元。

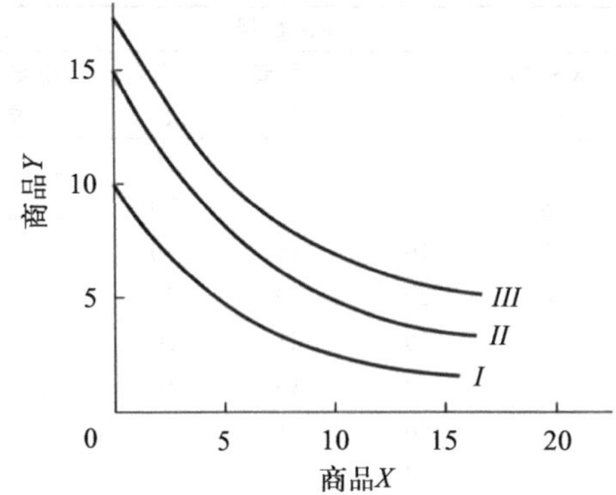

d. 绘制出新的消费者预算曲线，并找出新的效用最大化消费组合。把这个组合命名为 N。组合 N 由________单位的商品 X 和________单位的商品 Y 组成。

e. 在组合 N 中，边际替代率________(大于，小于，等于）预算线的斜率（绝对值）。商品 X 的 MU/P 比率________(大于，小于，等于）商品 Y 的 MU/P 比率。

f. 组合 N________(是，不是）角解。

概念性习题答案

1. a. 对传统可乐的偏好优于对普通百事的偏好。
   b. 不能肯定他更偏好哪一种车，因为法拉利车明显地更昂贵。他有可能更偏好法拉利，但他不愿意或无能力购买这么贵的车。
   c. 明显地，他更偏好法拉利，因为他愿意为法拉利支付更高的价钱。
   d. 不能确定。但可以说 Jame 和 Jane 的偏好是：①对两个品牌的可乐是无差异的，所以他们可能随便地选一种可乐；②他们更偏好自己选择的那种可乐。
2. a. 都可能是真的。
   b. 大于；组合 E 有相同的 X（$20X$)，但是比组合 B 有更多的 Y（$50Y$ 比 $40Y$ 好，因为消费者不满足)，所以消费者一定偏好组合 E 胜于组合 B。而偏好是可传递的：$E > B$，$B \sim A$，因此 $E > A$。
   c. 大于；组合 C 与组合 F 有相同的 X，但是有更多的 Y。
   d. 小于；组合 F 比组合 D 的 X 和 Y 都少。
3. a. $MRS = 3 = -(\Delta Y/\Delta X) = -(-6/+2)$
   b. 如果消费者要多获得 1 单位 X，必须放弃 3 单位 Y 以保持效用不变 $[-(\Delta Y/\Delta X) = -(-3/+1) = 3]$。
   c. 如果消费者要多获得 1 单位 Y，必须放弃 1/3 单位 X 以保持效用不变 $[-(\Delta Y/\Delta X) = -(+1/-1/3) = 3]$。
4. a. $MRS = -\Delta Y/\Delta X = -(-200/200) = 1$
   b. $MRS = -\Delta Y/\Delta X = -(-200/300) = 2/3$
   c. 延长切线 T 两端到坐标轴得：如果 $MU_x = -(-900/1\ 000) = 9/11 = 0.82$
5. a. $MRS = -\Delta Y/\Delta X = MU_x/MU_y = 2$；如果 $MU_x = 20$，$MU_y = 10$，则 $MRS = 20/10 = 2$。
   b. $MU_x/MU_y = 3$。如果 $MU_y = 3$，$MU_x = 9$，则 $MRS = 9/3 = 3$。
   c. 随着 X 的增大，MU_x 越来越小；随着 Y 的减少，MU_y 越来越大。所以，MRS 越来越大。
6. a. $Y = 10 - 1X$
   b. $Y = 10 - 2.5X$
   c. $Y = 5 - 0.5X$
   d. $Y = 4 - 0.5X$
   e. 预算线 LR，垂直轴和水平轴上的截距给定时，有 $P_y \times 10 = 200$ 美元，$P_x \times 4 = 200$ 美元。
      因此，$P_y = 20$ 美元，$P_x = 50$ 美元。对预算线 LZ，如果收入是 200 美元，则 $P_y \times 10 = 200$ 美元，和 $P_x \times 10 = 200$ 美元。得 $P_y = 20$ 美元，$P_x = 20$ 美元。
   f. 预算线 MN，垂直轴和水平轴上的截距给定时，该预算线 MN 的收入可通过 $4 \times P_y$ 或 $8 \times P_x$ 计算。由 $P_y = 40$ 美元和 $P_x = 20$ 美元，收入可用等价的两种计算方法：$M = 4 \times 40 = 160$（美元)，或 $M = 8 \times 20 = 160$（美元)。同样地，对预算线 LZ，$M = 5 \times P_y$ 或 $10 \times P_x$。由 $P_y = 40$ 美元，$P_x = 20$ 美元，该预算线的 KZ 的收入可计算为：$M = 5 \times 40 = 200$（美元)，或 $M = 10 \times 20 = 200$（美元)。
7. a. $50 \times 10 = 500$（美元)。
   b. $40 \times P_x = 500$，故 $P_x = 12.5$ 美元。
   c. 对 LZ：$12.50X + 10Y = 500$ 或 $Y = 50 - 12.5X$。
   d. 消费者会选择 20 单位 X 和 25 单位 Y 的商品组合，无差异曲线Ⅱ和预算线相切于该点。其他任意花费 500 美元的商品组合产生的效用都不大于 $20X$ 和 $25Y$ 产生的效用。

e. 在这个最优选择中，$MRS = P_x/P_y = 12.50/10 = 1.25$。

f. 在 A 组合：由 MRS 的定义，消费者愿意放弃 1 单位的 X，换取 MRS 单位的 Y，并且消费者效用不变。当市场价格为 P_x 和 P_y 时，如果消费者少购买 1 单位 X，就可以多买 $P_x/P_y(1.25)$ 单位的 Y，且保持在预算线上。观察无差异曲线和预算线在点 A 处的斜率，可知在 A 点，$P_x/P_y > MRS$。如果消费者少购买 1 单位的 X，就可以多买 P_x/P_y 单位的 Y，这比保持效用无差异所需的 Y 要多。因此，放弃 1 单位的 X，换取 MRS 单位的 Y，将使效用提高。所以消费者不会选择 A 商品组合。在 B 组合：消费者愿意放弃 MRS 单位的 Y，换取 1 单位的 X，并且消费者效用不变。消费者为得到 1 单位的 X，必须放弃 MRS 单位的 Y，以保持仍在预算线上。通过观察斜率，可知在 B 点，$MRS > P_x/P_y$。因此，如果消费者多购买 1 单位的 X，只需放弃 P_x/P_y 单位的 Y，这比保持效用无差异所需放弃的 Y 要少（即 MRS 单位的 Y）。由于消费者放弃的 Y，比保持效用无差异放弃的 Y 少，所以放弃 P_x/P_y 单位 Y，换取 1 单位 X，使效用提高，所以消费者不会选择 B 商品组合。

g. $80 \times P_x = 500$ 美元，故 $P_x = 6.25$。消费者现在会选择 30 单位 Y 和 32 单位 X 的组合 [($10 \times 30 + 6.25 \times 32 = 500$（美元）]。无差异曲线Ⅲ和预算线 LM 相切于该点。

h. $MRS = P_x/P_y = 6.25/10 = 0.625$。

8. a. $MRS = -\Delta Y/\Delta X = 2$。如果消费者放弃 2 单位 Y，换取 1 单位 X，消费者效用保持不变。

b. 如果消费者放弃 1/2 单位 X，换取 2 单位 Y，消费者效用不变（$-\Delta Y/\Delta X = 1/2$）。

c. $MRS = 2$。

d. 市场上交换比率 $= P_x/P_y = 3/1 = 3$。

e. 消费者没有实现效用最大化。在当前选择下，$MRS = MU_x/MU_y < P_x/P_y$，所以 $MU_x/P_x <$ ($MU_y/P_y - MU_x/P_x$)。消费者可继续多购买 Y 少购买 X，使效用增加（同时 MU_y 减小，MU_x 增大），直到每美元边际效用相等。这时，在收入约束下，消费者获得最大效用。

9. a. $30 \times 20 = 600$（美元）

b. $P_y = 20$ 美元

c. 对 LZ：$20X + 20Y = 600$，或 $Y = 30 - X$。

d. 消费者选择 10 单位 X 和 20 单位 Y。这个商品组合位于给定预算 LZ 能达到最高的无差异曲线上。

e. $MRS = 1 = P_x/P_y = 20/20$

f. 在点 A，$MRS > 1$，消费者愿意放弃大于 1 单位的 Y，换取 1 单位 X，保持效用不变。在市场上，消费者能够放弃恰好 1 单位 X，换取 1 单位 Y。由于消费者放弃的 Y，比为保持效用不变放弃的 Y 更少，所以消费者在点 A，可通过放弃 1 单位 Y，换取 1 单位 X 受益。在点 B，$MRS < 1$，消费者愿意放弃 1 单位 X，换取少于 1 单位 Y，保持效用不变。通过放弃 1 单位 X，消费者可以换取比保持效用不变需要数量更多的 Y。所以，在点 B，消费者通过放弃 X 换取 Y 受益。

g. 15 单位 X，10 单位 Y。

h. $P_y = 30$ 美元

i. $P_x = 20$ 美元

j. $MRS = 2/3 = P_x/P_y = 20/30$

10. 由于 $MU_p/P_p < MU_s/P_s$，她可多购买色拉，少购买面食。色拉的每美元边际效用较高。

11. a. $8X$，$9Y$，$6Z$。

b. $5X$，$6Y$，$4Z$。

c. $0X$，$6Y$，$4Z$。由于 X 的价格为 5 美元，收入为 38 美元，消费者有能力购买 X。但消费者不购买 X，是因为 MU_z/P_z 和 MU_y/P_y，MU_x/P_x 相比太小，所以在收入约束下，效用最大化的购买组合中对 X 的消费为 0。

12. $P_y = 4$ 美元，因 $4 \times 250 = 1\,000$（美元）。三个价格－数量组合为：$P_x = 5$ 美元，$Q_x = 125$；$P_x = 4$ 美元，$Q_x = 125$；$P_x = 2.50$，$Q_x = 250$。

13. a，b，c：如下图。

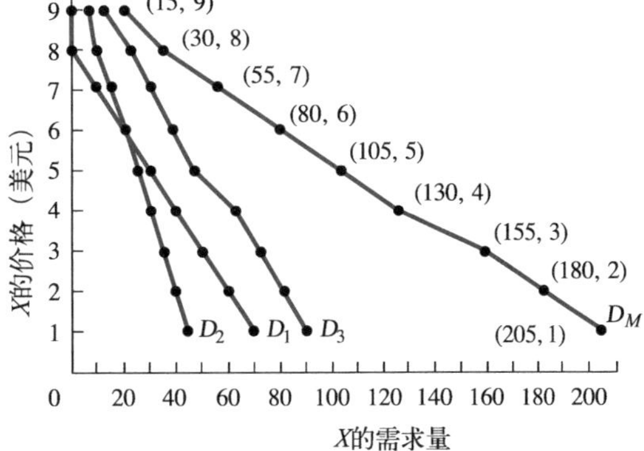

d. 市场需求也是边际收益曲线。于是市场需求在图中也用 *MB* 标记。

e. 2 美元

f. 是。消费者 1 第 60 单位边际收益是 2 美元。消费者 2 第 40 单位边际收益是 2 美元。消费者 3 第 80 单位边际收益是 2 美元。

14. a. 0；15

b. 小于；小于

c. 是

d. 5；10

e. 等于；等于

f. 不是

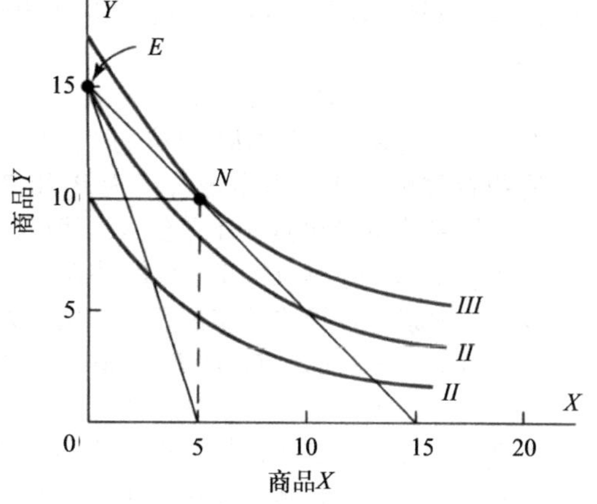

应用性习题

1. Bridget 收入有限，且只消费葡萄酒和奶酪。她现在选择消费 5 瓶葡萄酒和 10 磅奶酪。葡萄酒的价格为每瓶 10 美元，奶酪的价格为每磅 4 美元。最后一瓶葡萄酒的效用为 50 单位，最后 1 磅奶酪的效用为 40 单位。
   a. Bridget 的选择是否实现了效用最大化？为什么？
   b. 如果没有，Bridget 应怎样做呢？为什么？
2. 假定 Bill 是一个低糖饮食者。他只能吃三种食品：米饭、奶酪和爆米花。各种食物的边际效用如下表所列。Bill 每天最多只能摄入 167 克糖类。米饭、奶酪和爆玉米花每杯各含 25、6 和 10 克糖。
   a. 在给定每天摄入 167 克糖的情况下，他每天各种食物消费多少？写下计算过程。
   b. 假设 Bill 的医生建议他减少糖的摄入量为每天 126 克。他又该如何消费？

食品单位数（杯 / 天）	米饭的边际效用	奶酪的边际效用	爆米花的边际效用
1	175	72	90
2	150	66	80
3	125	60	70
4	100	54	60
5	75	48	50
6	50	36	40
7	25	30	30
8	25	18	20

3. 逐渐地，雇员被允许从一系列的项目中选择受益组合。例如工人获得一些受益组合，包括基本的可选项目。基本项目包括全额的医疗保险，等于年薪的人身保险，取决于服务时间长短的有薪假期，还有一些退休金项目。但雇员还可利用积分在一些额外收益中做选择，如全额的医疗保险、牙科医护、眼科医护、更多的假期、更多的残疾保险和更高的退休金。你认为这些灵活的受益组合将如何影响雇员在高工资和高福利之间的选择？
4. Good Gugs 企业的经理兼业主从收入（利润）及企业具有社会意识的行为（如慈善捐赠和城市建设开支）中获得效益。请建立模型并找出均衡条件，以便使经理兼业主以最低成本，获得特定水平的效益。这种条件和效用最大化条件有什么不同？
5. 利用这章介绍的消费者理论，请解释以下论述的意义：
   a. “对于你的钱，我认为你从锐步比从耐克那儿获利更多。”
   b. “我希望得到 RX-7 更甚于马自达 – 626，但它并不值那么多。”
   c. Don 说：“我希望到墨西哥度春假，但我支付不起。”Jill 问：“难道你的储蓄不够吗？”Don 回答：“是的，我没法去。”
   d. “我将不得不以掷硬币的方式，来决定买巧克力还是草莓冰淇淋。”
6. 空军和洛克希德、波音、通用动力等公司签订了 930 亿美元的合同，制造 21 世纪的新战斗机 YF-22Lightning。但是由 Northrop 和

McDonnell Douglas 领导的公司小组失去了这份合同，尽管他们已花了超过 10 亿美元来研发他们的 YF-23。当晚 CNN 的 Crossfire 节目中，国防部长 Cheney 解释说洛克希德所在集体获得这份合同是因为他们“每架飞机性能价格比更高。”他没有再详细说明。利用本章所学理论，他的意思是：

a. 洛克希德的质量较高。

b. 洛克希德的价格较低。

c. 如果都不是，那他是什么意思？

附录 5A 消费者理论中的一般数学方法

本附录提供了消费者行为理论的数学分析以及从消费者效用最大化条件推导出需求函数的过程。

5A.1 MRS 和边际效用的关系

消费者只消费两种商品，效用函数为

$$U=U(X, Y)$$

边际效用为

$$MU_x=\partial U/\partial X \text{ 和 } MU_y=\partial U/\partial Y$$

消费者保持效用不变，边际替代率（MRS）表示消费者愿意以一种商品代替另一种商品的比率：

$$MRS=-\mathrm{d}Y/\mathrm{d}X$$

负号是为了保证 MRS 为正，因为在无差异曲线上 $\mathrm{d}Y/\mathrm{d}X<0$。

为推导出 MRS 和边际效用的关系，求效用函数的全微分，并使 $\mathrm{d}U=0$ 以使效用不变：

$$\mathrm{d}U=\frac{\partial U}{\partial X}\mathrm{d}X+\frac{\partial U}{\partial Y}\mathrm{d}Y=0 \qquad (5A\text{-}1)$$

从式（5A-1）求 $MRS=-\mathrm{d}Y/\mathrm{d}X$，解得

$$MRS=-\frac{\partial Y}{\partial X}=\frac{\partial U/\partial X}{\partial U/\partial Y}=\frac{MU_x}{MU_y}$$

沿着无差异曲线下移，随着 X 的增加、Y 的减少，MU_x 增加，MU_y 减少，所以无差异曲线为凸的，即 $-\mathrm{d}^2Y/\mathrm{d}X^2<0$。

5A.2 在收入约束下效用最大化的一般例子

我们现在推导消费者效用最大化均衡条件。

消费者最大效用为

$$U=U(X, Y)$$

收入约束为

$$M=P_xX+P_yY$$

建立拉格朗日函数并使其最大化为

$$\mathscr{L}=U(X, Y)+\lambda(M-P_xX-P_yY)$$

P_x 和 P_y 分别为商品 X 和商品 Y 的价格，M 为收入，λ 为拉格朗日乘数。函数最大化须满足以下条件：

$$\frac{\partial \mathscr{L}}{\partial X}=\frac{\partial U}{\partial X}-\lambda P_x=0 \qquad (5A\text{-}2a)$$

$$\frac{\partial \mathscr{L}}{\partial Y}=\frac{\partial U}{\partial Y}-\lambda P_y=0 \qquad (5A\text{-}2b)$$

使 $\partial\mathscr{L}/\partial X$ 等于 0 以满足预算约束

$$M-P_xX-P_yY=0 \qquad (5A\text{-}3)$$

联合式（5A-2a）和式（5A-2b），预算约束下效用最大化的必要条件为

$$\frac{\partial U/\partial X}{\partial U/\partial Y}=P_x/P_y \qquad (5A\text{-}4)$$

注意 $\partial U/\partial X$ 和 $\partial U/\partial Y$ 为两种商品的边际效用，它们的比率为边际替代率。P_x/P_y 为预算线斜率的绝对值。因此，收入约束的效用最大化必要条件为两种商品的边际替代率等于其价格之比。

从式（5A-4）得

$$\frac{\partial U/\partial X}{\partial U/\partial Y}=\frac{MU_x}{MU_y}=\frac{P_x}{P_y}$$

或

$$\frac{MU_x}{P_x}=\frac{MU_y}{P_y} \qquad (5A\text{-}5)$$

在最后一单位商品的 X 和 Y 上的每美元边际效用相等。

5A.3 消费者需求函数推导

式（5A-2a）、式（5A-2b）和式（5A-3）是均衡条件，它们三个方程联立成一个方程组，我们能求得均衡值 λ^*，X^* 和 Y^*，其中 M，P_x 和 P_y 为已知的。需求函数为

$$X^*=X^*(M, P_x, P_y)$$

$$Y^*=Y^*(M, P_x, P_y) \qquad (5A\text{-}6)$$

这些需求为商品本身的价格、相关商品价格和收入的函数。为使之和需求法则一致，要使

$$\frac{\partial X^*}{\partial P_x}<0 \text{ 和 } \frac{\partial Y^*}{\partial P_y}<0$$

微分 $\frac{\partial X^*}{\partial P_x}$、$\frac{\partial X^*}{\partial M}$、$\frac{\partial Y^*}{\partial P_y}$ 和 $\frac{\partial Y^*}{\partial M}$ 可正可负，但 $\frac{\partial X^*}{\partial M}$ 和 $\frac{\partial Y^*}{\partial M}$ 不可能两者都为负。也就是说，不可能两种商品都是低档品，因为收入增大引致消费降低与需求理论不符。

数学练习题

1. 消费者效用函数为：

$$U = U(X, Y) = X^2Y^2$$

典型的预算线如下：

$$M = P_xX + P_yY$$

a. 建立约束下最大化问题，推导一阶条件。

b. 推导用参数表示的 X 和 Y 的需求函数。

2. 假设一个消费者的效用函数为：

$$U = U(X, Y) = (X+2)(Y+1)$$

预算线为（$M = 95, P_x = 10, P_y = 5$）：

$$95 = 10X + 5Y$$

a. 建立效用最大化模型，推导一阶条件。

b. 找出在均衡点消费者会购买商品 X 和 Y 的数量。

在线附录 1　价格变化的替代效应和收入效应

此附录可在 Connect 或 Create 网站上获得。更多信息请参见前言。

第6章
Chapter6

弹性和需求

■ 学习目标

学完此章节后，你将可以：

（6.1）定义需求价格弹性，并用其预测商品的需求量和价格变化；

（6.2）解释价格弹性在价格变动影响总收益变动时如何起作用；

（6.3）列举并解释影响需求价格弹性的几个因素；

（6.4）计算需求曲线上价格的弧弹性和点弹性；

（6.5）指出边际收益、总收益和需求弹性的关系，写出线性需求函数的边际收益的方程；

（6.6）定义并计算需求收入弹性和需求交叉价格弹性。

大多数经理都同意这样的观点，即他们所面临的最棘手的决策，究竟是让公司产品的价格提高些，还是降低一点更好。迪士尼公司决定提高它在阿纳海姆、加利福尼亚、奥兰多和佛罗里达的儿童乐园的门票价格。一般情况下，价格提高会减少迪士尼乐园的游客人数。但提高价格是很成功的，因为它提高了迪士尼的收益——门票价格乘以售出票的张数。对迪士尼来讲，门票价格升高所带来的收益多于售出门票减少而带来的损失，于是收益增加了。然而知道提高价格不总是增加公司的收益，你可能会很惊奇。举例来讲，假定一个汽油生产商，比如埃克森－美孚，要提高其品牌的汽油价格，而其他的汽油生产商却保持它们的油价不变，所以，尽管提高了价格，埃克森－美孚很可能收益还要减少，因为许多埃克森－美孚的顾客会转而寻求消费其他众多品牌的汽油。在这种情况下，汽油销售量减少所带来的收益的减少，会超过汽油价格提高所带来的收益的增加，于是，埃克森－美孚发现其收益在下降。

当经理们压低价格以吸引买者时，收益可能会增加或降低，这取决于顾客对于价格的减少有着怎样的反应。举个例子，麦当劳公司有一项叫作“战役 55”的成功市场营销策略，即把 Big Mac 和 Quarter Pounders 的价格降到 55 美分，目的是想提高收益。但价格降低的结果却是更少的收益，于是麦当劳放弃了除早餐以外其余食品的低价位策略，而低价的确提高了早餐的收益。显然，经理们必须知道价格的提高或降低会对销售数量和公司的收益产生怎样的影响。在这一章中，你将会学到如何运用需求价格弹性的理论去预测产品价格的变化对收益的影响。你将很容易明白，为什么价格设置型企业的管理者发现这一章特别有用，他们可以运用需求价格弹性的知识，帮助制定涨价和降价的决策。即使是价格接受型企业（在竞争市场，价格取决于需求与供给的交点）的管理者，也可以运用需求价格弹性的知识，预测市场价格对行业总体销售和消费者总体花费的影响。

经理们已经认识到了需求数量和价格反向相关。在他们做价格决策时，就像你在迪士尼、埃克森－美孚和麦当劳的例子中看到的，对于他们更重要的是知道，一个给定的价格变化会给销售额具体带来多少的变化。价格减少 10% 导致需求数量增加 2% 与价格减少 10% 而引起需求量增加 50%，在效果上是完全不同的。这两种对于价格变化的不同反应，对总收益所产生的影响是有本质区别的。于是，这就要求经理们在做价格决策时，必须对顾客关于价格变化的反应，以及收益的增减情况了如指掌。

本章的绝大部分篇幅致力于阐述需求价格弹性的概念。这是一种对于在价格沿着需求曲线变化时，需求量的敏感性的量度，同时又是一种价格变化，对于消费者在一种商品上全部支出的影响指示器。需求价格弹性的概念给经理、经济学家以及政策的制定者提供了一种框架，它能帮助理解：为什么有些市场的消费者对于价格的变化有着很强烈的反应，而另外一些市场上的消费者却不是这样。这种理解在许多种管理决策上都是很有用处的。

我们将从定义需求价格弹性系数开始，然后，展开如何运用需求价格弹性获得沿着需求曲线的移动，而导致价格或数量变化的百分比。再具体分析公司由于销售而获得的总收益与价格弹性之间的关系。接下来，我们讨论决定消费者敏感程度，进而需求价格弹性的三个因素。我们将引进边际收益的概念，同时论证需求、边际收益和价格弹性三者之间的关系。本章的最后一部分，将介绍另两种重要的需求弹性——需求收入弹性和需求交叉价格弹性。

6.1 需求价格弹性

正如上面提到的，需求价格弹性是量度消费者对于一种商品或服务价格变化的敏感程度，或反应程度。这节的开始，我们介绍需求价格弹性正式的数学定义。在此基础上，演示如何运用需求价格弹性去预测价格提高或降低时，销售额的变化，或是预测价格必须降低多少百分点，才能刺激销售额上升一个给定的百分数。

我们用**需求价格弹性**（price elasticity of demand, E）来量度消费者对于价格变化的敏感程度，定义为

$$E=\%\Delta Q/\%\Delta P=\text{需求量变化的百分比}/\text{价格变化的百分比}$$

根据需求原理，价格与需求量是反向相关的，所以，分子与分母总是有相反的符号，从而，需求价格弹性系数总是取负值。在计算价格弹性系数时，要沿着给定的需求曲线（或函数），仅让价格变化，而保持其他可能影响需求量的参数不变。假定，由于价格降低了 10%($\%\Delta P=-10\%$)，而导致消费者的购买量增长了 30%($\%\Delta Q=+30\%$)。在这个例子中，可以算出需求价格弹性系数等于 $-3[30\%/(-10\%)]$。比较而言，如果价格降低 10%，仅引起销售量增加 5%，那么价格弹性系数就是 $-0.5[5\%/(-10\%)]$。显然，绝对值较小的价格弹性系数表明消费者对价格的变化不是那么敏感。

当价格的变化引起消费者强烈的反应，调整他们消费的百分比超过（在绝对值上）价格变化的百分比（在绝对值上）时，就称需求在那个价格区间上**富有弹性**（elastic）。用数学的方式来表示，当 $|\%\Delta Q|$ 大于 $|\%\Delta P|$ 时，需求富有弹性，此时 $|E|$ 大于 1。当价格的变化引起消费者很微弱的反应，调整他们的消费量的百分比少于（在绝对值上）价格变化的百分比时，就说需求在那个价格区间上**缺乏弹性**（inelastic）。换句话说，当分子比分母小时（在绝对值上），需求缺乏弹性，此时 $|E|$ 小于 1。在特殊情况下，需求量变化的百分比恰好等于价格变化的百分比（在绝对值上），此时就说需求是**单一弹性**（unitary elastic），这时 $|E|$ 等于 1。表 6-1 归纳了上述讨论。

表 6-1 需求价格弹性（E）

弹　性	反应程度	$\|E\|$
富有弹性	$\|\%\Delta Q\|>\|\%\Delta P\|$	$\|E\|>1$
单一弹性	$\|\%\Delta Q\|=\|\%\Delta P\|$	$\|E\|=1$
缺乏弹性	$\|\%\Delta Q\|<\|\%\Delta P\|$	$\|E\|<1$

注：符号“| |”代表绝对值。

6.1.1 预测需求数量变化的百分比

假定一位经理掌握经市场部论证过的信息：即公司产品在当前价格区内，其需求价格弹性系

数是 -2.5。降低原价格的 8%，经理希望预测一下需求量会增加多少？从需求价格弹性系数的定义，我们可以得到

$$-2.5=\%\Delta Q/(-8\%)$$

接着用数学运算 $\%\Delta Q=+20\%[=(-2.5)\times(-8\%)]$。可以知道，这位经理能通过降价 8%，使销售量增长 20%。正如我们在介绍时提到的那样，行业需求价格弹性信息，能帮助价格接受型企业的管理者预测行业或者市场水平的变化。例如，假设行业供给增加，预计导致市场价格降低 8%，在这供给变动区间的行业需求价格弹性等于 -2.5。用刚才展示的数学方法计算，本例中行业总销量预计增加 20%。

6.1.2 预测价格变化的百分比

倘若一公司的经理，知道在特定的价格范围内，需求价格弹性系数等于 -0.5，希望原销售量提高 15%，愿意以降低售价的方法来达到这一目的。但他必须知道降低价格的百分之多少，才能使销售量提高 15%。我们再一次用需求价格弹性系数的定义来解答这一问题：

$$-0.5=+15\%/\%\Delta P$$

于是，在一些数学运算后，$\%\Delta P=-30\%[=15\%/(-0.5)]$。即经理必须降价 30%，才能使销售量提高 15%。就像我们预测需求数量的百分比变化时解释的那样，行业需求价格弹性也可以用于预测市场决定的价格变化。例如，假设行业供给预计增加 15%，在供给变动的这个区间里，行业需求价格弹性是 -0.5。用刚才展示的数学方法计算，市场价格预计降低 30%。预计需求数量和价格的变化既可以用于单个企业，也可以用于整个行业。

正如你所见到的，需求价格弹性的概念相当简单。需求价格弹性实际上就是看需求量对价格变化究竟有多敏感的数学量度，现在，把需求价格弹性的理论应用到经理们所面临的一个重要问题上——产品价格的变化究竟怎样影响公司的总收益呢？

6.2 价格弹性和总收益

公司的经理们、行业分析家、政府政策的制定者以及学术研究人员，经常对沿需求曲线有某种变动时，总收益产生怎样的变化很感兴趣。**总收益**（total revenue, *TR*），实际也是消费者在某种商品上的总支出，即商品的价格乘以需求量。表示为

$$TR=P\times Q$$

正如我们已经强调过的，价格和需求量总是沿着需求曲线呈相反方向移动：如果价格上升，则需求量减少；价格下降，则需求量增加。价格的变化和需求量的变化对于总收益的作用正好相反。两种效应中，相对较强的一方将决定对于总收益总的影响。我们现在就开始来检验这两种效应，价格效应和产量效应。同时在需求价格弹性的基础上，建立起价格变化与总收益变化之间的关系。

6.2.1 需求价格弹性和总收益的变动

一位经理提高某种产品的价格。如果保持售出量不变的话，由于价格的提高，总收益显然会增加。相反，当降低价格，在售出量不变的情况下，价格降低会使总收益减少。这种在保持一定产出水平的情况下，由于价格变化对于总收益的影响称为**价格效应**（price effect）。当价格发生变化时，售出量不会保持恒定，而是向着与价格变化相反的方向变动。售出量由于价格的降低而增加，由于价格提升而减少。售出数量增加，若保持产品价格不变，会使总收益增加。售出量减少，若产品价格不变，会减少总收益。这种在某种给定价格水平下，由于售出量的变化而给总收益带来的效应，称为**产量效应**（quantity effect）。价格效应和产量效应总是使总收益向相反的方向变化，总收益将沿着作用更强的方向变动。如果两种效应同样大，总收益将不发

生变化。

假设经理提高价格，引起售出量减少。价格效应，在下式中 P 的上面用向上的箭头表示；产量效应，在下式中 Q 的上面用向下的箭头表示。显示了总收益（TR）是如何被两种相反的力量影响。

$$TR = \overset{\uparrow}{P} \times \overset{\downarrow}{Q}$$

要决定总收益的变动方向，我们必须知道价格效应和产量效应中相对强的一方。需求价格弹性会告诉经理哪种效应起主导作用。

如果需求是富有价格弹性的，$|E|$ 大于 1，Q 的变化百分比（在绝对值上）大于 P 的变化百分比（在绝对值上），产量效应大于价格效应。为了更加清晰地看出产量效应在决定总收益变动方向上的主导作用，你可以在字母 Q 上用更长的箭头来体现产量效应的优势。主导效应的方向（这里是产量效应）告知经理，当需求是富有价格弹性时，提高价格会使总收益降低。

$$\overset{\downarrow}{TR} = \overset{\scriptscriptstyle\uparrow}{P} \times \overset{\downarrow}{Q}$$

当需求是富有弹性时，经理如果降低价格，上面图示中的箭头就要颠倒方向。但是在 Q 上面的箭头依然是比较长的，因为在富有弹性时，产量效应总是优于价格效应。

现在，让我们考虑一下，当需求缺乏价格弹性时，提高价格。当需求缺乏价格弹性时，$|E|$ 小于 1，Q 的变化百分比（在绝对值上）小于 P 的变化百分比（在绝对值上），价格效应大于产量效应。占优的价格效应可以这样来表示：在 P 的上面画一较长的向上箭头，而在 Q 的上面画一较短的向下的箭头。主导作用的效应的方向告知经理，当需求缺乏弹性时，价格上升会使得总收益增长。

$$\overset{\scriptscriptstyle\uparrow}{TR} = \overset{\uparrow}{P} \times \overset{\scriptscriptstyle\downarrow}{Q}$$

当缺乏弹性的情况下，经理降低价格，上面图示中的箭头就要颠倒方向。但 P 上面的向下的箭头仍然是长一些，因为在缺乏弹性时，价格效应总是优于产量效应。

当需求是单一弹性时，$|E|$ 正好等于 1，价格效应和产量效应谁也不占优。这两种效应恰好互相抵消。所以，需求价格是单一弹性时，价格变化对于总收益没有影响。

关 系

需求价格弹性决定了价格的变化对于总收益（$TR = P \times Q$）的影响。当需求是富有弹性（缺乏弹性）时，产量（价格）效应占优势。总收益总是与起主导作用（占优）的变量（P 或 Q）有着相同的变动方向。当需求是单一弹性时，没有效应占优，价格的变化不会影响总收益。

表 6-2 归纳了在三种不同的价格弹性条件下，价格变化与收益变动之间的关系。

表 6-2 需求价格弹性和总收益（TR）之间的关系

	富有弹性 $\vert\%\Delta Q\vert > \vert\%\Delta P\vert$ 产量效应占优	单一弹性 $\vert\%\Delta Q\vert = \vert\%\Delta P\vert$ 没有占优效应	缺乏弹性 $\vert\%\Delta Q\vert < \vert\%\Delta P\vert$ 价格效应占优
价格升高	TR 减少	TR 不变	TR 增加
价格降低	TR 增加	TR 不变	TR 减少

6.2.2 Borderline 音响商场的价格变化

图 6-1 向我们展示了 Borderline 音响商场上，经理所面临的激光唱片的需求曲线。按当前

每张激光唱片 18 美元出售，Borderline 每周可以卖出 600 张。经理也可以降低价格，到 16 美元一张，这样销售量可以增加到每周 800 张。在图 6-1a 中，需求曲线 D 上，a 到 b 区间的需求价格弹性系数等于 −2.43（你将在第 6.4 节学习如何计算这个数字）。由于激光唱片的需求在这个价格范围内是富有价格弹性的（$|-2.43| > 1$），经理就知道产量效应优于价格效应。把激光唱片的价格从 18 美元降到 16 美元，结果是提高了 CD 的销售量，于是与占优的效应变动方向相同的总收益也必定会增加。

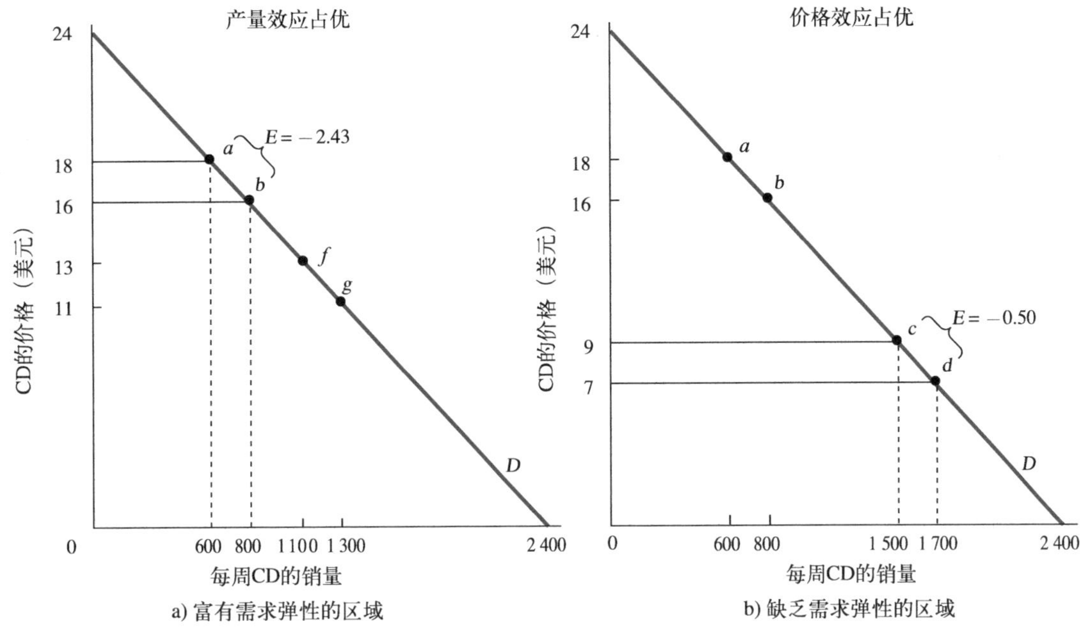

图 6-1　Borderline 音响商场的总收益变化

为了验证 Borderline 的经理在需求的富有价格弹性区域内，降低价格确实会增加总收益，你不妨分别用 18 美元和 16 美元的价格来计算一下总收益：

$$\text{在 } a \text{ 点：} TR = 18 \times 600 = 10\,800 \text{（美元）}$$

$$\text{在 } b \text{ 点：} TR = 16 \times 800 = 12\,800 \text{（美元）}$$

当价格在富有弹性的区域内降低时，总收益增加了 2 000 美元（= 12 800 − 10 800）。虽然 Borderline 在每一张 CD 上获得的收益少了，但每周售出 CD 张数的增加远远超过了价格下降所带来的影响，从而使总收益增加。

现在假定 Borderline 的经理每张 CD 仅索价 9 美元，每周可卖出 1 500 张（见图 6-1b）。经理还可以把价格降到 7 美元一张，这样每周可以卖出 1 700 张 CD。在需求曲线 D 上，c 到 d 点区间上的需求价格弹性系数等于 −0.5。在这样一个 CD 的价格区域上，需求是缺乏弹性的（$|-0.5| < 1$），Borderline 的经理知道，此时价格效应优于产量效应。如果经理把价格从 9 美元调到 7 美元，与主导的效应移动方向相同的总收益，一定会下降。

为了验证 Borderline 的经理在需求缺乏弹性的区域内，降低价格确实会使总收益减少，你可以分别用 9 美元和 7 美元的价格来计算一下总收益：

$$\text{在 } c \text{ 点：} TR = 9 \times 1\,500 = 13\,500 \text{（美元）}$$

$$\text{在 } d \text{ 点：} TR = 7 \times 1\,700 = 11\,900 \text{（美元）}$$

总收益减少了 1 600 美元（$\Delta TR = 11\,900 - 13\,500 = -1\,600$）。当价格在需求缺乏价格弹性区域内减少时，总收益一定会减少。Borderline 这次同样是在每一张 CD 上的收益减少了，但每周售出的 CD 的张数却没能增加足够多，以弥补价格下降对总收益的影响，于是总收益减少。

如果经理在需求的单一价格弹性区域内降低（或提高）激光唱片的价格，总收益将不会改变。你应该能够验证出图 6-1a 中 f 点到 g 点间的需求是单一价格弹性的。

注意，在图 6-1 中，16 ～ 18 美元的价位区间，是需求富有价格弹性区域，而在 7 ～ 9 美元间却是缺乏价格弹性的。一般来讲，需求价格弹性沿着需求曲线是变化的，即使沿线性的需求曲线也是变化的，所以说需求曲线是富有价格弹性或缺乏价格弹性都是错误的。你只能说，在某一特定的价格区间上，需求曲线是富有价格弹性或缺乏价格弹性。举例来说，图 6-1 中，16 ～ 18 美元的价格区域上，需求曲线 D 是富有价格弹性的；在 7 ～ 9 美元的价格区域上，需求曲线 D 是缺乏价格弹性的，这样的说法才是正确的。

◇专栏 6-1

$P \times Q$ 衡量的不仅仅是企业的总收益

正如我们在第 6.2 节中的解释那样，需求价格弹性为预测一个商品或服务的价格变化引起的总收益变化（增加、减少或保持不变），提供了必要的信息。我们在讨论中还提到，价格乘以数量，也可以用于衡量消费者以价格 P 购买 Q 单位产品的支出。换句话说，一个企业的总收益正好等于消费者的总开支。

企业主和管理者将 $P \times Q$ 作为衡量他们收益的方法，从而计算出他们的商业利润，而政治家和政府决策者经常将 $P \times Q$ 作为衡量消费者购买商品或服务的“负担”。因此，政策制定者可以利用需求的价格弹性，来预测价格变化会如何影响消费者购买产品的总支出。例如，政策制定者认为提高烟草税会导致香烟价格上涨，根据需求规律，香烟的购买量将会减少，从而提高吸烟者的健康水平。然而，不幸的是，人们对香烟的需求仍然“顽固地缺乏弹性”，这使得吸烟者的香烟总支出随着烟草税的上涨而大幅上升。提高烟草税的批评者指出，随着烟草税的增加，吸烟者的健康可能会更迅速恶化，因为吸烟者只会少量减少他们吸的香烟数量；而他们会花费更多的支出来购买香烟，留给购买其他更健康的食品杂货的钱会更少。政策制定者有时为提高烟草税（持续且正确地）辩护时指出，进一步的卷烟价格上涨，最终会让吸烟者进入他们需求曲线的弹性区域，此时，较高的价格将导致需求量显著下降，从而减少他们在香烟上的支出。虽然我们不能反驳“只要价格足够高，对香烟的需求就会变得富有弹性”这样一个分析得出的结论，但在我们看到香烟价格上涨导致香烟支出下降之前，生产者因香烟需求很有可能会从吸烟者口袋里获得更多的收益。

另一个例子，也能说明将 $P \times Q$ 作为衡量消费者总支出的方式比衡量总收益的方式更有用。这个例子就是曼哈顿上演的“出租车”价格战。曼哈顿目前的价格战，是由新的“汽车服务”公司，如 Gett、Lyft 和 Uber 引起的，这些公司能让司机基于智能手机 App 来搭载“招手”叫车的顾客。[⊖]在这些新的竞争对手进入曼哈顿市场之前，出租车票价是很高的，位于乘坐汽车的需求价格弹性区域。在这种情况下，需求的价格弹性很重要，因为，现在新公司的司机没有在抱怨车费下跌。他们的收益正在上升，因为目前的价格需求是弹性的，他们的收益可通过乘出租车的车费，乘以乘坐次数（即 $P \times Q$）来衡量。随着他们司机收益的增加，Gett、Lyft 和 Uber 能够扩大在曼哈顿提供服务的汽车数量。当然，如果出租车费用继续下降，最终需求将变得无弹性，司机收益 $P \times Q$ 将会下降。到那时候，汽车司机对于这场价格战可能就不会这么高兴了！

消息来源：Anne Kadet, “Car-App Car Services Compete for Passengers with Low Fares,” *The Wall Street Journal*, October 10, 2014.

⊖ 这些新的汽车服务公司在法律上没有定义为“出租车”，因此，他们不能合法地在街上搭载一个招手的人。尽管如此，乘客们认为用智能手机应用的“叫车服务”，与招手叫一辆黄色出租车没什么不同。

6.3 影响需求价格弹性的因素

需求价格弹性在商业决策中扮演着如此重要的角色，因而经理们不仅要懂得如何运用这个概念去获取自己经营产品的需求信息，而且还要知道怎样识别影响需求价格弹性的因素。我们现在就将讨论使得一些产品需求富有弹性，而另一些产品弹性却差一些的三种因素。

6.3.1 替代品的可获性

替代品的存在与否，恐怕是需求价格弹性大小最重要的决定因素。某种商品或服务越容易替代，这种商品或服务的需求就越富有弹性。当一种商品的价格提高，如果消费者意识到十分相近的替代品可以毫无困难地得到，他们就会大量地减少那种商品的消费。一般来说，如果消费者意识到只有不很理想的替代品存在，他们才不会对价格的升高那么敏感。

有些商品的需求价格弹性是很高的，如水果、喷气式飞机、自助餐等。另一方面，消费者察觉到，只有很少或没有好的替代品的商品，才有很低的需求价格弹性：如小麦、盐、汽油，往往需求价格弹性很低，因为仅有不太理想的替代品存在，举例来说，分别是玉米、辣椒粉和柴油。

对某种商品的市场定义，在很大程度上影响着替代品的数量，进而影响商品的需求价格弹性。举例来说，在一个城市里，所有的食品店都把每加仑（1加仑=3.785 41立方分米）牛奶的价格提高25美分，总的牛奶的销量肯定会下降，但可能不会下降很多。换一种情况，如果只有食品王连锁店（Food King Chain of Stores）把价格提高了25美分，食品王牛奶的销量就很可能会下降很多。食品王的牛奶有很多替代品，但从泛泛的意义来讲牛奶，替代品就不会有那么多了。

6.3.2 消费预算的份额

消费者在某种商品上花费占总预算的百分比，也是价格弹性的一个重要决定因素。在其余所有的量都相等的情况下，价格弹性与消费者在某种商品上的花费占预算的百分比有直接的关系。举例来讲，电冰箱的需求价格弹性大概要比面包片电烤器大一些，因为对于一个一般的消费者来说，购买一台电冰箱所需的支出占总预算的百分比是很大的。

6.3.3 调整需要的时间

衡量价格弹性时，用的时间段的长度影响着价格弹性系数的大小。一般来讲，衡量时用的时间段越长，需求价格弹性系数将会越大（越富有弹性）。这种关系是消费者有更多时间去适应价格改变的结果。

我们来考虑一下消费者适应牛奶提价的方式。假设牛奶农场主协会（dairy farmers association）能够说服全国范围内的牛奶供应者，把牛奶的价格提高15%。在提价起作用的第一个星期，消费者带着他们已经开列好的食品清单来到商店。购物者发现牛奶的价格提高了，但他们已经计划好了一周的菜谱。有一些消费者会立刻对这提高的牛奶价格做出反应，减少他们的购买量。更多的购物者则会坚持购买和本周以前一样的奶量。如果牛奶农场主协会收集销售数据，量度提价一周以后牛奶的需求价格弹性，他们会高兴地看到，牛奶提价15%，牛奶销售量减少不大。

接下来的第二周，消费者开始寻找减少牛奶消费的方法。他们用含有相似营养成分的食品来代替牛奶，乳酪、蛋类、酸乳酪的消耗量全线上升。一些消费者甚至会用奶粉来应付那些并不必需的牛奶需求——可能是用来喂猫或者用来烹调食品。

提高价格之后的六个月，牛奶农场主协会再一次调查牛奶的需求价格弹性。现在需求价格弹性系数可能会很大（弹性很高），因为这次是在六个月的时间段，而不是一个星期的时期段上计量的。

对大多数商品和服务来讲，给一个较长的时间段来让消费者适应，对于商品的需求就会显现出对价格变化更敏感，需求就会更加富有弹性。当然，我们可以把时间对于价格弹性的影响，归结于可得到替代品的影响框架之中。越是给消费者更长的时间来调整，越是有更多的替代品出现。正如我们曾经强调过的，替代品越多，需求价格弹性就越大。

6.4 需求价格弹性的计算

本章开始时谈到，需求价格弹性等于需求数量变化百分比除以价格变化百分比的商。当计算 E 的值时，为避免计算百分比变化，可以用下面的数学运算，得到一个简化公式计算弹性：

$$E=\frac{\%\Delta Q}{\%\Delta P}=\frac{\frac{\Delta Q}{Q}\times 100}{\frac{\Delta P}{P}\times 100}=\frac{\Delta Q}{\Delta P}\times\frac{P}{Q}$$

这样，价格弹性可以通过将需求的斜率（$\Delta Q/\Delta P$）乘以价格除以需求数量的商（P/Q）得到价格弹性。这里的 E 的计算采用的是相对简化的数学公式。弹性的计算因为以下原因而复杂：①在需求曲线的一个区间（或弧），或者②在需求曲线的一个特定的点上。在这两种方式下，E 仍然是衡量消费者对商品价格变动的敏感性。

采用点弹性还是弧弹性，取决于变化的大小。如果价格的变化相对较小，点弹性通常适用。反之，当价格变化在需求曲线上是一段较长的弧线，弧弹性比点弹性更适合。随后你将看到点弹性比弧弹性更容易衡量。我们以如何计算弧弹性开始我们的讨论。

6.4.1 弧弹性计算

当计算需求曲线（既可以是线性的，也可以是非线性的）上某个区间的需求价格弹性系数时，这个系数就被称为**弧弹性**（interval or arc elasticity）。为了衡量在需求曲线的弧或者一段区间上的 E，前面的简化公式（需求的斜率乘以 P 与 Q 的商）需要做一些小调整。调整仅要求采用区间的 P 和 Q 的平均值：

$$E=\Delta Q/\Delta P\times(P\text{ 平均值 }/Q\text{ 平均值 })$$

回忆前面图 6-1 中的讨论，我们并没有告诉你如何计算图 6-1 中的弧弹性。你可以用上面计算弧价格弹性的公式，计算需求区间 ab 和 cd 的价格弹性（注意这里采用的是 P 和 Q 的平均值）：

$$E_{ab}=+200/(-2)\times(17/700)=-2.43$$

$$E_{cd}=+200/(-2)\times(8/1\,600)=-0.5$$

关系

当计算区间的价格弹性时，使用区间或弧弹性公式：

$$E=\Delta Q/\Delta P\times(P\text{ 平均值 }/Q\text{ 平均值 })$$

6.4.2 点弹性计算

正如我们前面解释的那样，当价格仅在需求曲线上一小段区间发生变化时，点弹性比弧弹性更适用。计算需求曲线上一个点的弹性，称为需求的**点弹性**（point elasticity）。计算需求曲线上一个点的价格弹性用该点的需求曲线的切线的斜率（$\Delta Q/\Delta P$）乘以点的 P/Q 值。为了说明计算过程，我们将计算图 6-1 中当 Borderline 音像商店在点 a 和点 b 每个 CD 分别卖 18 美元和 16 美元时的点弹性。图 6-1 中在线性需求 D 上每一点的 $\Delta Q/\Delta P$ 的值是 $-100[=+2\,400/(-24)]$，于是这两点的弹性计算为

$$E_a=-100\times(18/600)=-3$$

$$E_b = -100 \times (16/800) = -2$$

关系

当计算需求曲线上某点的价格点弹性时，用该点的需求曲线斜率（$\Delta Q/\Delta P$）乘以该点的 P/Q。

◇专栏 6-2

得克萨斯州车辆许可牌照的价格弹性计算

除了通常的许可牌照，得克萨斯州像其他州一样，出售个性化的或是“虚荣的”许可牌照。为了增加额外的收益，州政府卖给车辆所有者一个许可牌照，并宣称不管所有者用哪六个字母（或数字），保证没有别人使用与此相同的字母（或数字），绝无戏言。对于这一项服务，政府索取比标准许可牌照高的价格。

许多人愿意付出更高的价格，而不愿让自己的牌照上显示像 387BRC 这样的标准形式。例如，一位眼科医师宣称他的做法是在牌照上写 MYOPIA。其他人用 COZY-1 及 ALL MAN 来展示他们的个性。

当得克萨斯州把这样的牌照价格从 25 美元提高到 75 美元后，休斯敦一份报纸报道，个性化牌照预订量从 150 000 下降到了 60 000。正如这一问题所证明的，需求在这一价格范围内是缺乏弹性的。用弧弹性你可以计算出来，价格弹性是 −0.86。根据报纸报道，个性化牌照收益从 3 750 000 美元增到了 4 500 000 美元，而这也是需求缺乏弹性时价格提升会带来的结果。

但是，报道引用了得克萨斯州汽车部门助理主任的话，“因为需求下降[⊖]，政府没有从提价中赚到钱，明年的个性牌照的价格将是 40 美元。”如果政府的目的是要从牌照中赚钱，文章中的数字都是正确的话，这就是一件错误的事情。很难理解政府把价格从 25 美元提到 75 美元后是怎么赔钱的，收入增加，牌照的制造成本也因生产量减少而必定下降。因此，把价格从 25 美元升到 75 美元是正确的一步。

而且，让我们假定 75 美元与 40 美元之间的价格弹性，与我们计算过的从 25 美元到 75 美元的价格弹性（−0.86）相同。我们可以利用这个假设来算一下政府把价格降到 40 美元后，收益会发生怎样的变化。首先，我们必须找到与 40 美元相对应的新需求量。用弧价格弹性的公式及价格弹性值 −0.86，有

$$E = \Delta Q/\Delta P \times (P\text{ 的平均值 }/Q\text{ 的平均值}) = (60\,000 - Q)/(75-40) \times \{(75+40)/2/[(60\,000+Q)/2]\} = -0.86$$

其中 Q 是新的需求量，从上述等式中解出 Q 值，估计需求量在 40 美元时，是 102 000 左右。在这种需求量和价格下，总收益将是 4 080 000 美元，比单价是 75 美元时的收益减少了 420 000 美元。如果政府的目的是靠销售个性化牌照增加收益，则应该提高而不是降低价格。

这个应用问题实际上反映了两点。其一，即使是非营利性组织的决策者，如政府的代理人，也应该运用经济分析。其二，以赢利为目的的企业的经理应该努力掌握（或至少应很好地了解）他们所销售产品的需求价格弹性。只有拥有了这个信息，他们才知道如何改变价格。

资料来源：Barbara Boughton, “A License for Vanity”, *Houston Post*, Oct.19, 1986, pp.1G, 10G.

1. 线性需求时的点弹性

假设 3 个变量的线性需求函数——价格（P），收入（M）和相关产品的价格（P_R）：

⊖ 当然，应该是需求数量下降，而不是需求。

$$Q = a + bP + cM + dP_R$$

假设收入和相关产品的价格分别为 $\overline{M}$ 和 $\overline{P}_R$。回忆第 2 章，当决定需求的某些变量（这里的 M 和 P_R）保持不变时，它们成为需求的常数项的一部分：

$$Q = a' + bP$$

式中，$a' = a + c\overline{M} + d\overline{P}_R$。当然，斜率参数 b 衡量的是价格每单位的变化导致的需求变化：$b = \Delta Q / \Delta P$。这样线性需求曲线上的点弹性可以计算为

$$E = bP/Q$$

式中，P 和 Q 是该点的价格和数量。例如，让我们计算每张 9 美元的 Borderline 音乐 CD 的需求弹性（见图 6-1b 的点 C）。你可以证明直接需求函数方程是 $Q = 2\ 400 - 100p$，于是 $b = -100$，并且

$$E = -100 \times 9/1\ 500 = -3/5 = -0.6$$

尽管 b 乘以 P/Q 相对简单，还有更容易的公式来计算需求的价格点弹性。这个替代的点弹性公式为

$$E = P/(P - A)$$

式中，P 是在需求曲线上该点的价格，A 是需求曲线的价格截距[⊖]。需要注意的是，对线性需求等式 $Q = a' + bP$ 而言，价格截距 A 是 $-a'/b$。在图 6-1 中，让我们应用这一公式再次计算点 c（$P = 9$ 美元）的弹性。在这里，价格截距 A 是 24 美元，所以弹性为

$$E_a = 9/(9 - 24) = -0.6$$

与前面用需求斜率乘以 P/Q 的结果完全一致。我们必须强调，因为两个公式 bP/Q 和 $P/(P - A)$ 在数学上是相等的，它们在需求价格点弹性上得到一样的结果。

关 系

对线性需求函数 $Q = a' + bP$ 而言，需求价格弹性可以通过两个等式中的任意一个得到

$$E = bP/Q = P/(P - A)$$

式中，P 和 Q 分别是该点的价格和数量；A（$= -a'/b$）是需求的价格截距。

---

2. 需求为曲线时的点弹性

当需求为曲线时，公式 $E = \Delta Q/\Delta P \times (P/Q)$，可以通过将需求曲线该点的切线斜率替代式中 $\Delta Q/\Delta P$，来计算该点弹性。图 6-2 显示了这个过程。

在图 6-2 中，让我们衡量在需求曲线 D 上，价格为 100 美元的点弹性。我们首先画出 R 点切线 T。通过衡量“水平变化导致的垂直变化”方法，T 的斜率等于 $-4/3(= -140/105)$。当然，因为 P 在纵轴上，Q 在横轴上，切线 T 的斜率为 $\Delta P/\Delta Q$，而不是 $\Delta Q/\Delta P$。这可以很容易地取切线 T 斜率的倒数，得到 $\Delta Q/\Delta P = -3/4$。在点 R，价格弹性通过需求斜率 $-3/4$ 和 P 和 Q 分别为 100 美元和 30 美元可以计算：

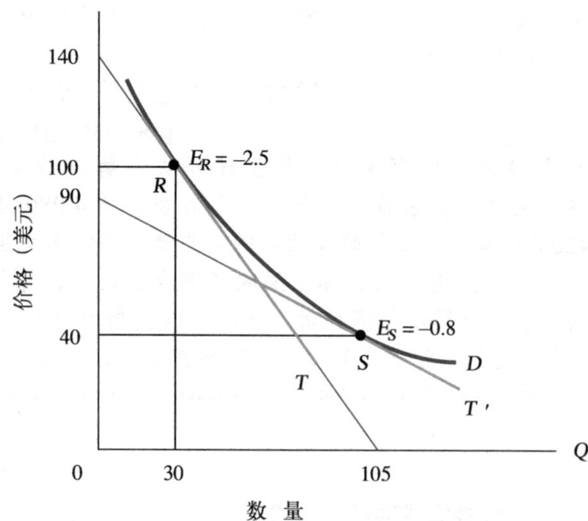

图 6-2 计算非线性需求点弹性

⊖ 这一计算价格弹性的公式变形的推导见本章后面的附录。

$$E_R = \Delta Q/\Delta P \times (P/Q) = -3/4 \times (100/30) = -2.5$$

计算线性需求点弹性的替代公式 $E = P/(P-A)$，也可以用于计算非线性需求的点弹性。这样做需要将切线 T 的价格截距作为公式中 A 的值。作为一个例子，我们可以用公式 $E = P/(P-A)$ 重新计算图 6-2 中点 R 的弹性。切线 T 的价格截距是 140 美元：

$$E_R = P/(P-A) = 100/(100-140) = -2.5$$

与预计的一样，与前面计算的 E_R 都等于 −2.5。

因为公式 $E = P/(P-A)$ 并不要求知道需求的斜率或者 Q 值，它可以用于当信息不足以支持将斜率与 P/Q 的商相乘得到 E 值，类似于图 6-2 的点 S。将 T' 的价格截距（=90 美元）带入公式 $E = P/(P-A)$ 得到点 S 的弹性：

$$E_S = P/(P-A) = 40/(40-90) = -0.8$$

 **关 系**

对非线性需求函数而言，点价格弹性可以通过两个等式中的任意一个得到：

$$E = \Delta Q/\Delta P \times (P/Q) = P/(P-A)$$

式中，$\Delta Q/\Delta P$ 是需求曲线在该点的斜率（是该点切线斜率的倒数），P 和 Q 分别是该点的价格和需求数量，而 A 是该点切线延长到价格轴的价格截距。

我们现在为线性需求和非线性需求建立了两个计算点弹性的公式，并且计算结果一致。然而学生经常问哪一个公式“最好”。因为两个公式得到同样的 E 值，没有一个比另一个更好或更精确。然而我们要提醒你，你可能通常不会知道这两个公式所需的全部信息，所以你必须两种方式都知道（如图 6-2 中的点 S）。当然，当条件允许时，我们推荐你两个公式都用，这样可以保证你的价格弹性的计算是正确的！

6.4.3　沿需求曲线的弹性变化

一般来讲，即使需求曲线是线性的，在同一条需求曲线上，不同的区间或点有不同的需求弹性。当需求是线性的，需求曲线的斜率是常数。尽管需求数量的变化与价格变化的比值（$\Delta Q/\Delta P$）的绝对值是常数，Q 的变化与 P 的变化的比值（$\%\Delta Q/\%\Delta P$）也还是沿着线性需求曲线不断变化的。为了更清楚地说明原因，重写价格弹性系数的公式：$E = (\Delta Q/\Delta P)(P/Q)$。沿着线性需求曲线移动，不会引起 $\Delta Q/\Delta P$ 项的改变，但是弹性会改变，因为 P/Q 项变化了。沿着需求曲线向下移，降低价格，并增加更多销售的产品，导致 P/Q 一项变小，降低了 E 的绝对值。当然，沿着线性曲线上移，价格增加，销售产品减少，导致 P/Q 和 $|E|$ 增加。这样 P 和 $|E|$ 直接沿着线性需求曲线移动。在非线性需求的情况下，斜率和 P/Q 都沿着需求曲线变化。正因为此，弹性通常沿着非线性需求变化，但是没有像线性需求那样的价格和弹性的关系。

通常的弹性沿着非线性需求变化，但有一种情况例外。存在一种特殊的非线性需求函数，在需求曲线上的各点，其需求弹性是不变的。当需求方程是 $Q = aP^b$ 时，弹性沿着需求曲线是常数，且等于 b[⊖]。结果，不需要再计算弹性，价格弹性就简单的是价格的指数 b。b 的绝对值可以大于、小于或等于 1，因此这类需求曲线上的点也可以是有弹性的、无弹性的和单一弹性的。在下一章我们将向你展示这类需求函数在统计需求估计和预测中非常有用。

图 6-3 显示了一个不变弹性的需求函数 $Q = aP^b$，a 和 b 的值分别为 100 000 和 −1.5。注意价格弹性在价格为 20 美元和 40 美元的点 U 和 V 都等于 −1.5：

$$E_U = P/(P-A) = 20/(20-33.33) = -1.5$$

⊖ 这个结果的数学证明见本章的附录。

$$E_V = P/(P - A) = 40/(40 - 66.67) = -1.5$$

很明显，因为 E 就是价格变量的指数（b），所以你不必计算这类曲线的需求价格弹性。

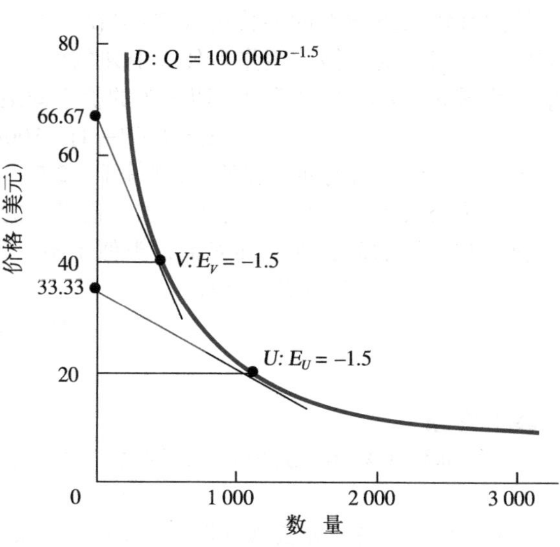

图 6-3 不变需求弹性

关系

一般来讲，沿一条需求曲线的需求价格弹性是不断变化的。对于一个线性需求曲线来讲，价格和 $|E|$ 同向变化：价格越高（低），需求弹性越大（小）。对于非线性需求，价格和弹性之间的关系没有一个一般的规律，除非在 $Q = aP^b$ 这种特殊情况下，需求价格弹性对所有的价格都是一个常数（等于 b）。

6.5 边际收益、需求和价格弹性

价格设置型企业管理者在制定价格和出台决策时，必须考虑消费者对于某种商品价格变化的反应。需求价格弹性给管理者提供了有关价格变化对于总收益影响的最重要信息。正如以后所要证明的，制定价格和出台决策时，边际收益与需求价格弹性是同等重要的概念。**边际收益**（marginal revenue, *MR*）是多卖出一个单位商品总收益的增加值：

$$MR = \Delta TR / \Delta Q$$

因为边际收益衡量的是需求数量变化带来的总收益的变化，*MR* 是 *TR* 曲线的斜率。边际收益与需求价格弹性是有关系的，因为边际收益就像需求价格弹性一样，涉及沿着需求曲线的移动而导致的总收益的变动。

6.5.1 边际收益与需求

沿着需求曲线，随着价格与产量的变动影响总收益，进而影响边际收益变动。为了理解边际收益与价格的关系，考虑下面的数学例子。表 6-3 的第（1）列和第（2）列给出了一种产品的需求表。在每一种价格水平下，用价格乘以数量得到总收益，其数值列在第（3）列中。

表 6-3 需求和边际收益

（1） 销售数量	（2） 价格（美元）	（3） 总收益（美元）	（4） 边际收益（$\Delta TR/\Delta Q$）（美元）
0	4.50	0	—
1	4.00	4.00	4.00
2	3.50	7.00	3.00
3	3.10	9.30	2.30
4	2.80	11.20	1.90
5	2.40	12.00	0.80
6	2.00	12.00	0
7	1.50	10.50	-1.50

边际收益在第（4）列中，表明每多卖出一个单位的商品，总收益的改变量。注意边际收益只在售出的第一件商品时和商品的价格相等。对卖出第一件商品，总收益就是第一个商品的需求

价格。卖出第一件商品使总收益增加 4 美元，恰好等于其价格。第一件卖出的商品的边际收益等于 4 美元。这就是说，对第一件商品讲，$MR = P$。如果卖出两件商品，第二件商品对总收益贡献应该是 3.50 美元（第二件商品的价格）。但是，两件商品的总收益仅为 7 美元，表明第二件商品对总收益贡献仅增加了 3 美元（7 − 4）。于是，第二件商品的边际收益不像第一件那样等于其价格。事实上，检查表 6-3 中的第（2）列和第（4）列可以发现，除了卖出的第一件商品，其余都是 $MR < P$。

除了卖出的第一件商品，其余都是边际收益小于价格（$MR < P$），这是因为价格必须进一步降低，以获得更多的销售量。价格不仅仅在边际（额外）售出的那件商品上降低了，而且较前边际商品都低一些。**前边际商品**（inframarginal unit）是那些假若企业不为了销售额外商品而降低价格的话，可以以一个更高的价格卖出的商品。任何水平的产出的边际收益可以被表示为

$$MR = \text{价格} - \text{因降低价格而在前边际商品上损失的收益}$$

第二件商品售价为 3.50 美元，就它自己来讲，第二件商品对总收益的贡献是 3.50 美元。但是对第二个单位的商品边际收益并不是 3.50 美元，因为为了卖出第二件商品，第一件商品的价格要从 4 美元降到 3.5 美元。换句话说，第一件商品是一个前边际商品，于是在第一件商品上损失的 0.5 美元必须从价格中减去。卖出第二件商品对总收益的净影响是 3 美元（= 3.50 − 0.50），在表 6-3 的第（4）列所示的也是这个值。

如果企业现在能卖出 2 个单位的商品，而又希望能卖出第 3 个单位，那么，它必须把价格从 3.50 美元降低到 3.10 美元。第三件商品使总收益增加了其价格值，即 3.10 美元。为了卖出第三件商品，企业必须降低前两件商品的价格，如果只提供两件商品出售的话，每件本可以以 3.50 美元的价格卖掉，那两件前边际商品的损失是 0.80 美元（= 0.40 × 2）。于是第三件商品的边际收益是 2.30 美元（= 3.10 − 0.80），它的边际收益比它的价格要低。

现在很容易理解，为什么第一件售出商品 $P = MR$ 了，对于第一件商品，价格没有在任何前边际商品上下降。因为要卖出更多的商品，价格必须要降低，所以边际收益在任何别的销售水平上必定比价格低。

正如表 6-3 第（4）列中所列出来的，对于每个额外的商品销售，边际收益是不断减少的。注意，前五件商品的边际收益是正值，而第六件售出商品的边际收益是零，并且从那之后边际收益变成了负值。这就是说，第七件售出商品实际是导致总收益下降。当前边际商品降价的影响比以低价位多售出的商品对于收益的贡献小的时候，边际收益就是正值。而当前边际商品降价的影响，比以较低的价格多售出的商品对于收益的贡献大时，边际收益就是负值。

关系

第一件商品以后售出的商品边际收益一定比价格低，因为必须降低价格以销售出更多的商品。当边际收益是正值时，总收益随销售量的增加而增加。当边际收益是负值时，总收益随销售量的增加而减少。当总收益最大时，边际收益等于零。

图 6-4 以图解的方式向我们展示了需求、边际收益和总收益之间的关系，其中数据来自表 6-3 的需求表。正如上面提到过的，除了第一件商品，在各种销量水平下，MR 总是低于价格的（见图 6-4a）。当总收益（见图 6-4b）开始减少时，边际收益开始成为负值，需求和边际收益的斜率都是负值。

有时候，我们要在多于一个单位的销量区间上计算边际收益。毕竟，经理们没有必要每次只把销售量提高一个单位。假如在表 6-3 中，我们要计算销售量从 2 个单位提高到 5 个单位时的边际收益。在那个区间上，总收益改变了 5 美元（= 12 − 7），销售量改变了 3 个单位，边际收益是 1.67 美元（$\Delta TR/\Delta Q = 5/3$）。事实上，3 个单位中每个对于总收益的贡献平均是 1.67 美

元。一般来讲，只要计算比一个单位多的区间上的边际收益，就用 ΔTR 除以 ΔQ，来得到在这个区间内平均每个单位销量的边际收益。

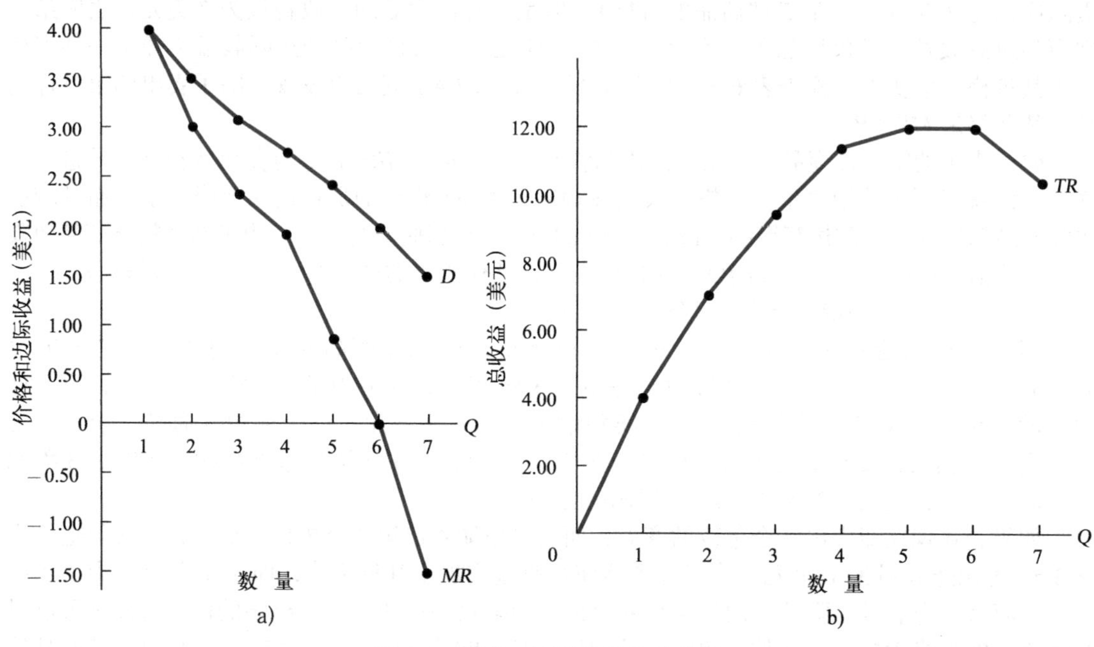

图 6-4 需求、边际收益和总收益

正像在第 2 章曾提到过和第 7 章将要看到的，需求方程经常被认定是线性的，目的是为了经验估计和预测。线性需求方程和它的边际收益函数之间的关系，与前面阐述的关系没有什么区别。线性需求曲线的例子之所以特殊，是因为需求和边际收益之间的关系有一些非线性需求函数所不具有的特性。

当需求是线性时，边际收益线恰好处在需求线与纵（价格）轴之间。这就是说边际收益线的斜率是需求线的 2 倍，并且需求和边际收益在纵轴的截距相同。我们可以解释这些附加性质，并且展示如何应用它们转换在本章（和在第 2 章）阐述过的简单线性需求函数（$Q=a+bP+cM+dP_R$）。我们再次在特定的 $\overline{M}$ 和 $\overline{P}_R$ 时，让收入和相关产品价格不变。这样得到 $Q=a'+bP$，其中 $a'=a+c\overline{M}+d\overline{P}_R$。接下来，我们按照第 2 章解释的（你可能希望复习一下第 2 章的概念题 2）通过解 $P=f(Q)$ 找到反需求函数：

$$P=-a'/b+Q/b=A+BQ$$

式中，$A=-a'/b$，$B=1/b$。因为（根据需求法则）a' 总是正的，b 总是负的，所以 A 总是正的，B 总是负的：$A>0, B<0$。通过反需求函数的 A 和 B 值得到边际收益为 $MR=A+2BQ$。这样边际收益就是线性的了，和需求函数有同样的价格截距（A），斜率是反需求函数的 2 倍（$\Delta MR/\Delta Q=2B$）

关系

当需求是线性时，$P=A+BQ$（$A>0$，$B<0$），边际收益也是线性的，与纵轴（价格）的交点恰好是需求曲线与纵轴的交点，斜率是需求曲线斜率的 2 倍。线性边际收益的方程是 $MR=A+2BQ$。

图 6-5 画出了反需求函数曲线 $P=6-0.05Q$（记住 b 是负值，因为 P 和 Q 是反向相关）。相应的边际收益曲线也是线性的，与价格轴相交于 6 美元的点，斜率是需求曲线的 2 倍。正因为

如此陡，边际收益与数量轴相交于 60 个单位的点，恰好是需求曲线和数量轴交点产出水平的一半。边际收益方程有着与需求方程相同的截距，但斜率是后者的 2 倍：$MR=6-0.10Q$。

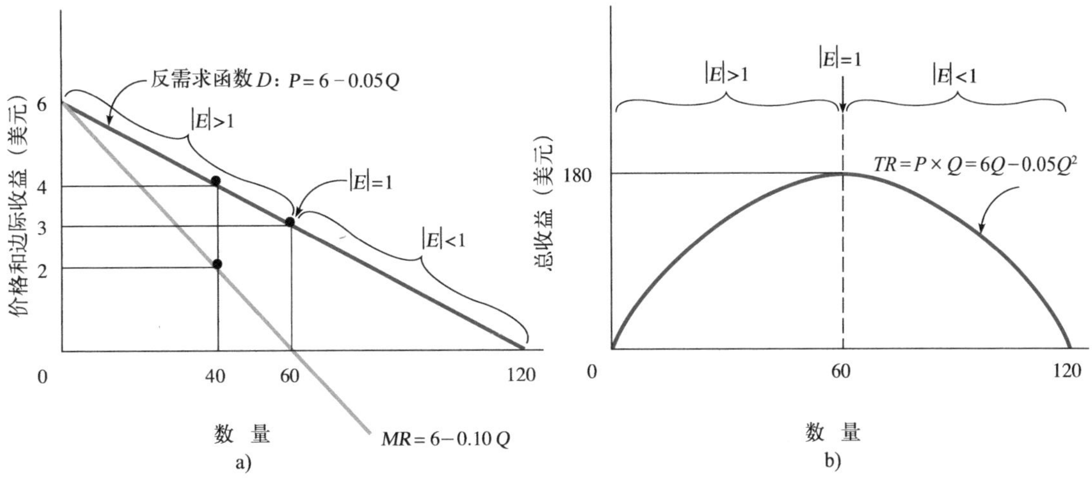

图 6-5　线性需求、边际收益和价格弹性（$Q=120-20P$）

6.5.2　边际收益与价格弹性

如图 6-5 所示，我们现在来研究需求价格弹性、需求和边际收益之间的关系。回想一下，当价格下降销售量增加时，总收益增加，需求是富有价格弹性的；当价格下降销售量增加而总收益减少时，需求是缺乏价格弹性的。在图 6-5a 中，当边际收益是正值，即数量为 0 ~ 60，总收益随价格的下降而增加（见图 6-5b），于是需求在这一范围上是富有价格弹性的。相反，当边际收益是负值，即数量大于 60 时，总收益随价格的降低而减少，于是需求在这一范围上是缺乏价格弹性的。最后，如果边际收益是零，即数量为 60 时，总收益不随销售量的变化而变化，于是需求在 60 这点是单一价格弹性的。

对于非线性需求，除了边际收益是线性和斜率为需求曲线的 2 倍不适用以外，以上所讲的关系都同样适用。这样对于所有需求曲线，以下的关系（也在表 6-4 中加以总结）必定适用。

关 系

当 *MR* 是正值（负值）时，总收益随着销量的增加而增加（减少），需求是富有价格弹性（缺乏价格弹性）的。当 *MR* 等于零时，需求是单一价格弹性。

表 6-4　边际收益、总收益和需求价格弹性

(1) 边际收益	(2) 总收益	(3) 需求价格弹性
$MR>0$	当 Q 增加时，TR 增加	富有弹性（$\|E\|>1$）
$MR=0$	TR 最大	单一弹性（$\|E\|=1$）
$MR<0$	当 Q 增加时，TR 减少	缺乏弹性（$\|E\|<1$）

边际收益、需求价格弹性和价格在各种销售量下的关系可以被更加确切地表示。正如在本章附录中所介绍的。对于线性和非线性需求、边际收益、价格和价格弹性之间的关系可以用下式表示：

$$MR=P(1+1/E)$$

式中，E 是需求的价格弹性，P 是产品价格。当需求富有价格弹性时（$|E|>1$），$|1/E|$ 小于 1，$(1/E)+1$ 就是正值，边际收益也是正值。当需求缺乏价格弹性时 ($|E|<1$)，$|1/E|$ 大于 1，$(1/E)+1$ 就是负值，边际收益也是负值。在单一价格弹性 ($|E|=1$) 的情况下 $(1/E)+1$ 等于零，边际收益值也为零。

为了用数值来说明 MR、P 和 E 之间的关系，我们计算图 6-5a 中需求曲线上销量为 40 单位时的边际收益。在销量为 40 单位的点，需求的价格点弹性为 $-2=[P/(P-A)=4/(4-6)]$，应用上面给出的公式，MR 等于 $2[=4\times(1-1/2)]$。这个边际收益值，与把 40 代入边际收益方程计算出来的结果 $MR=6-0.1\times 40=2$ 是完全吻合的。

关 系

对任何需求曲线，当需求是富有价格弹性时 ($|E|>1$)，边际收益是正值。当需求缺乏价格弹性时 ($|E|<1$)，边际收益是负值。当需求是单一价格弹性时 ($|E|=1$)，边际收益等于零。对所有需求曲线和边际收益曲线：

$$MR=P(1+1/E)$$

式中，E 是需求的价格弹性。

6.6 其他需求弹性

消费者对收入或是某种相关商品价格的变化也有一个敏感程度，有时经济学家和企业的决策者对于度量这一敏感性也很感兴趣，**收入弹性**（income elasticity）度量了收入变化时需求量的响应程度，条件是保持广义需求函数中的其他变量都不变。

交叉价格弹性（cross-price elasticity）是在广义需求函数中其他变量都不变的情况下，对一种相关商品价格变化时，需求量的响应程度的一种量度。在这一部分中，我们来介绍一下如何计算和解释这两种弹性。

6.6.1 收入弹性 (E_M)

正如所提到过的，收入弹性量度在其余都不变的情况下，收入变化时购买量的响应程度。收入弹性（E_M）是由需求量变化的百分比除以收入变化的百分比得到的，条件是保持广义需求函数中其他变量都不变，包括商品自身的价格：

$$E_M=(\%\Delta Q/\%\Delta M)=(\Delta Q/Q)/(\Delta M/M)=(\Delta Q/\Delta M)\times(M/Q)$$

正如你所见到的，E_M 的正负号取决于 $\Delta Q/\Delta M$ 的正负号，而 $\Delta Q/\Delta M$ 可能是正的（如果商品是正常品），也可能是负的（如果商品是低档品）。于是，如果是正常品，收入弹性为正值，如果是低档品，收入弹性为负值。就像需求价格弹性，收入弹性也可以通过广义需求曲线上的区间或点来计算。衡量收入弧弹性是计算区间上的 $\Delta Q/\Delta M$，并将此斜率乘以平均收入与平均数量的商：

$$E_M=(\Delta Q/\Delta M)\times(M\text{ 平均值 }/Q\text{ 平均值 })$$

当收入的变化相对较小时，收入点弹性通过将斜率 $\Delta Q/\Delta M$ 乘以 Q/M 计算。对于线性需求函数 $Q=a+bP+cM+dP_R$ 而言，收入点弹性为

$$E_M=cM/Q$$

正如你在第 2 章学到的，斜率参数 c 衡量的是 $\Delta Q/\Delta M$。

为了说明如何运用收入弹性，考虑福特公司，位于亚特兰大的新轿车经销商，福特的经理认为，当目前的经济衰退结束以后，Fulton 县的平均家庭收入会从 45 000 美元增加到 50 000 美元，这会引起新轿车需求量的增长。以每辆车平均价格 30 000 美元计，收入的增加会使每月

的轿车销量从 800 辆增加到 1 400 辆。图 6-6a 说明了这种情况。收入的增加，导致新轿车的需求曲线向右移动——新轿车是一种正常品。为了计算需求收入弹性，我们利用在一段区间上计算弧弹性的方法。在图 6-6a 中，需求收入弹性为

$$E_M = (\Delta Q/\Delta M) \times (M\text{ 平均值 }/Q\text{ 平均值 }) = (600/5\ 000)(47\ 500/1\ 100) = 5.18$$

我们应该提到的是，选取 30 000 美元作为价格，在此基础上计算出收入弹性，完全是随意的。福特的经理也许是选取 30 000 美元作为典型的新轿车的价格吧。我们也应该注意到因为收入弹性是在 *AB* 区间计算的，所以用 *Q* 和 *M* 的平均值。

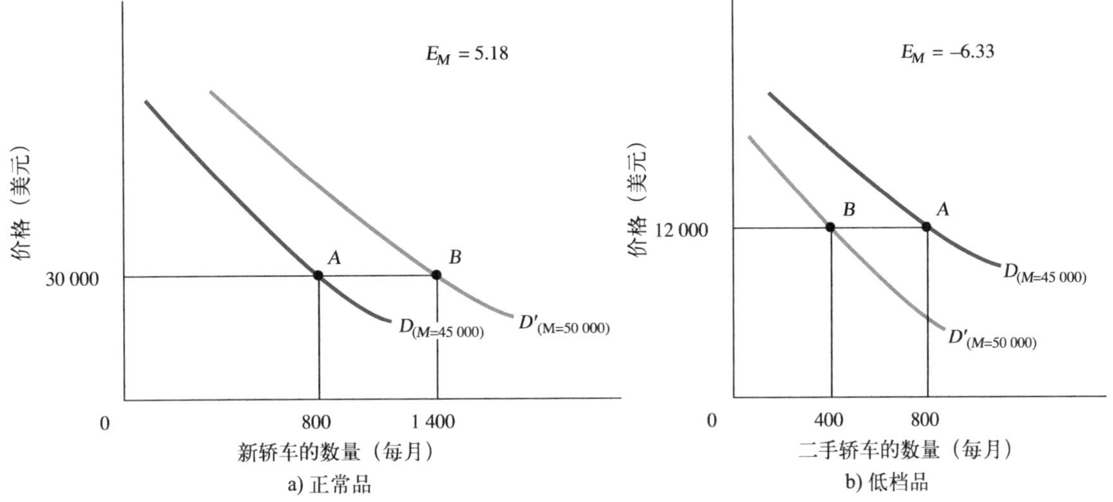

图 6-6 计算需求的收入弹性

现在来考虑雷蒙汽车公司，位于亚特兰大的旧轿车经销商。图 6-6b 描绘了雷蒙汽车的二手轿车的需求曲线。Fulton 县家庭收入的增加引起对二手轿车需求的减少，需求曲线从 *D* 减至 *D′*——在这个例子中二手轿车被认为是低档品。保持旧轿车的售价为 12 000 美元，二手轿车经销商的销售量从每月 800 辆下降到每月 400 辆。我们再一次运用计算弧弹性的方法，需求的收入弹性是

$$E_M = (\Delta Q/\Delta M) \times (M\text{ 平均值 }/Q\text{ 平均值 }) = (-400/5\ 000)(47\ 500/600) = -6.33$$

正如我们所预想到的，收入弹性对于低档品而言是负值。

 **关 系**

收入弹性量度了在商品价格以及其他需求的决定因素不变的情况下，消费者的需求对于收入变化的响应程度，对于正常品（低档品），收入弹性是正值（负值）。

6.6.2 交叉价格弹性（E_{XR}）

商品的交叉价格弹性，正如以前提到过的，量度了在广义需求函数中其余变量都保持不变的条件下，一种商品的需求数量对于另一种商品价格变化的响应程度。

两种商品（商品 *X* 和商品 *R*）的交叉价格弹性，用 E_{XR} 代表，是这样计算出来的：用 *X* 商品需求量改变的百分数（$\%\Delta Q_X$）除以另一种商品 *R* 的价格变化的百分数（$\%\Delta P_R$），即

$$E_{XR} = \%\Delta Q_X/\%\Delta P_R = (\Delta Q_X/Q_X)/(\Delta P_R/P_R) = (\Delta Q_X/\Delta P_R)(P_R/Q_X)$$

注意，$\Delta Q_X/\Delta P_R$ 的正负号决定着 E_{XR} 的正负号，E_{XR} 是可正可负的，回忆一下第 2 章中讲过的，

当一种商品的价格提高引起了另一种商品的销售量增加，则这两种商品是替代品（也就是说 $\Delta Q_X/\Delta P_R > 0$）。如果一种商品的价格提高引起另一种商品销售量下降，则这两种商品为互补品（也就是说 $\Delta Q_X/\Delta P_R < 0$）。如果另一种商品的销售量没有变化，这两种商品是相互独立的（也就是说 $\Delta Q_X/\Delta P_R = 0$）。于是，$E_{XR}$ 在 X 和 R 相互替代时是正值；E_{XR} 在 X 和 R 是互补品时是负值。⊖

交叉价格弹性类似于需求价格弹性和收入弹性，可以通过需求曲线的区间或点衡量。如前所述，要得到弧弹性，计算区间的 $\Delta Q/\Delta P_R$，并将此斜率乘以相关商品价格的平均值与平均数量的商：

$$E_{XR} = (\Delta Q/\Delta P_R)(P_R \text{ 平均值 } /Q \text{ 平均值 })$$

当相关商品价格的变化相对较小时，以点弹性表示的 E_{XR}，可以通过将斜率 $\Delta Q/\Delta P_R$ 乘以 P_R/Q。对于线性需求函数 $Q = a + bP + cM + dP_R$ 而言，点弹性 E_{XR} 为

$$E_{XR} = dP_R/Q$$

正如你在第 2 章学到的，斜率参数 d 衡量的是 $\Delta Q/\Delta P_R$。

假定坦帕湾海盗俱乐部正在研究坦帕湾海盗队橄榄球赛门票的定价问题。最核心的问题是海盗队球迷对坦帕湾闪电队曲棍球票价 P_L 以及在 Raymond James 体育场停车费（P_p）的敏感程度。对橄榄球赛来说，前者是替代品，而后者是互补品。如果海盗队的总经理得知，闪电俱乐部的董事们计划在他们已经很低的价格——每场曲棍球 45 美元的基础上再降低 5%。在海盗队 2003 年成为超级杯冠军，一般的坐票价格（P）涨到了每场比赛 75 美元。自从超级杯的胜利以来，平均家庭收入（M）保持在 50 000 美元。于是，总经理没有在此时继续提高票价，而是打算提高停车费 10%（目前每辆车 15 美元)，除非是球票的需求对停车费相当敏感。

海盗队的总经理从一家咨询公司得到了下面的一般座席区球票需求统计估计，其中不包含会员和贵宾座席：

$$Q = 49\,800 - 750P + 0.85M + 400P_L - 625P_P$$

总经理决定计算在目前需求变量：$P = 75$ 美元，$M = 50\ 000$ 美元，$P_L = 45$ 美元，$P_P = 15$ 美元，此时，曲棍球和停车费的交叉价格弹性 E_{XL} 和 E_{XP}。海盗橄榄球一般座席票的估计需求是 44 675($= 49\,800 - 750 \times 75 + 0.85 \times 50\,000 + 400 \times 45 - 625 \times 15$)。海盗球票需求相对于闪电票价的交叉价格弹性 E_{XL} 可以按照下面计算：

$$E_{XL} = (\Delta Q/\Delta P_L)(P_L/Q) = 400 \times 45/44\,675 = 0.40$$

注意海盗和闪电队球票的交叉价格弹性是正数（替代品），但是非常小，这表明橄榄球与曲棍球赛在坦帕是很弱的替代品。类似地，海盗球票需求相对于停车费的交叉价格弹性（E_{XP}）计算为

$$E_{XP} = (\Delta Q/\Delta P_P)(P_P/Q) = -625 \times 15/44\,675 = -0.21$$

橄榄球票和停车费之间的交叉价格弹性是负值（因为是互补品）但很小，这表明海盗球迷们对停车费用的变化不是特别敏感。

由于交叉价格弹性的绝对值很小，海盗俱乐部的总经理可以有理由做出降低曲棍球票的价格，并提高停车费用，不会在很大程度上影响橄榄球赛一般座席的需求的结论。更准确地说，闪电队票价降低 5% 只会带来海盗球票销售量 2%（= 5% × 0.40）的变化，提高 10% 的停车费预计只会给球票销售带来 2.1%[= 10% × (− 0.21)] 的下降。

关 系

交叉价格弹性量度了一种商品的需求量对另外一种商品价格变化的响应程度，条件是商品的价格以及其他需求的决定因素保持不变。当两种商品是替代品（互补品）时，交叉价格弹性是正值（负值）。

⊖ 我们应当注意，X 对 R 的需求交叉价格弹性并不必须等于 R 对 X 的需求交叉价格弹性，尽管两者一般都有相同的正负号。

◇专栏 6-3

经验需求弹性[1]

我们运用适当的数据和统计技术，可以从实际的需求表为依据估计出价格弹性、收入弹性和交叉价格弹性。我们已经从众多的来源中收集到一个估计的需求弹性的例子，这些数据在本书附表中列出。在讨论经验需求函数的那一章中，我们将分析如何估计实际的需求弹性。

浏览表中的价格弹性，注意那些基本的农副产品，如鸡肉、猪肉和蛋类等，需求都是缺乏弹性的。而对于水果这种消费者可以找到许多替代品的东西，就比鸡肉、猪肉和蛋类的需求弹性要大很多。牛肉无论是碾碎了加进汉堡包里，还是切成牛排或牛肉，都比其他两种基本肉类——鸡肉和猪肉更贵些。由于牛肉占据了家居食品百货购物账单中相当大的比例，消费者对牛肉价格变化比鸡肉敏感。很明显，啤酒、葡萄酒和香烟的消费者很难找到这些商品的替代品，因为这三种商品的需求相当缺乏弹性。服装这类绝大多数人都不愿意缺少的商品的需求是缺乏弹性的。对于任何一种特定品牌和种类的即食麦片，消费者可以很容易地找到众多的替代品。于是，葡萄干麦麸麦片领先品牌的需求弹性就非常大。另一个影响价格弹性的因素是消费者对于价格改变的适应期的长度。例如，需求弹性在长期比短期对价格更敏感。很有趣的是汽油从短期看是缺乏弹性的，而从长期看却是富有弹性的。

正常品需求收入弹性（E_M）是正值，低档品的收入弹性是负值。碾碎的牛肉和土豆是低档品，因为其 E_M 值是负值。牛排比鸡肉或者猪肉是更典型的正常品，如果给定一个收入增长的百分比，那么牛排的消费量的增长超过鸡肉（猪肉）的 4 倍（5 倍）。葡萄酒是比啤酒需求收入弹性大的正常品。去国外旅游的需求收入弹性很高，表明消费者对国外旅游需求，对于收入的改变是很敏感的。而另一方面，家具和电的需求对收入变化的反应却显得相当不敏感。

经验需求弹性表

需求价格弹性（E）	
黄油	−0.24
鸡肉	−0.30
猪肉	−0.77
蛋	−0.26
牛肉	−1.01
牛排	−1.15
水果	−3.02
啤酒	−0.20
葡萄酒	−0.67
香烟	−0.51
衣服	−0.62
纽约出租车	−0.22
DRAM 芯片	−0.0
光纤宽带	−2.0
家乐氏葡萄干麦麸麦片	−2.06
宝氏（Post）葡萄干麦麸麦片	−2.03
电力（短期）	−0.28
电力（长期）	−0.90
汽油（短期）	−0.43
汽油（长期）	−1.50

需求收入弹性（E_M）	
牛肉	−0.19
牛排	1.87
鸡肉	0.42
猪肉	0.34
马铃薯	−0.81
啤酒	0.76
葡萄酒	1.72
日本寿险	2.99
美国寿险	1.65

需求交叉价格弹性（E_{XR}）	
牛排与鸡肉	0.24
人造黄油与黄油	1.53
啤酒与葡萄酒	0.56
家乐氏葡萄干麦麸麦片与宝氏葡萄干麦麸麦片	0.01

我们已经解释过，替代品的交叉价格弹性是正值，互补品的交叉价格弹性是负值。表中的三对商品都是替代品（$E_{XR}>0$）。牛排和鸡肉之间的替代关系很弱，而人造黄油和黄油互相

之间却有很强的替代性。啤酒和葡萄酒是可以互相替代两种酒精饮料，很明显饮酒者却对替代它们缺少热情。家乐氏葡萄干麦麸麦片和宝氏葡萄干麦麸麦片之间的低交叉弹性，说明家乐氏葡萄干麦麸麦片比宝氏葡萄干麦麸麦片有更强的品牌忠实度，购买者非常不愿意转换成邮寄的。

资料来源：关于所有农副产品的价格弹性、交叉价格弹性、收入弹性，见 Dale Heien, "The Structure Of Food Demand: Interrelatedness and Duality," *American Journal of Agricultural Economics*, May 1982 and K.S.Huang, "A Complete System of U.S. Demand for Food," *Technical Bulletin* No.1821, Economic Reandsearch Service, U.S. Department of Agriculture, Sept. 1993 关于香烟的价格弹性，见 Frank Chaloupka, "Rational Addictive Behavior and Cigarette Smoking," Journal of Political Economy, Aug. 1991。关于服装价格弹性，见 Richard Blundell, Panos Pashardes, and Guglielmo Weber, "What Do We Learn about Consumer Demand Patterns from Micro Data," *American Economic Review*, June 1993。关于酒的弹性，见 Jon Nelson, "Broadcast Advertising and U.S. Demand for Alcoholic Beverages," Southern Economic Journal, April 1999。关于麦片价格弹性，见 A.Nevo, "Mergers with Differentiated Products: The Case of the Ready to Eat Cerals Industry," RAND *Journal of Economics*, Autumn 2000。关于短期和长期的汽油弹性，分别见 Robert Archibald and Robert Gillingham, "An Analysis of Short-Run Consumer Demand for Gasoline Using Household Survey Data," *Review of Economics and Statistics*, November 1980,and Chris King and Sanjoy Chartterjee, "Predicting California Demand Response: How Do Customers React to Hourly Pricel?" *Public Utilities Fortnightly* 141, no.13(July 1, 2003)。关于电的需求收入弹性，见 Cheng Hsiao and Dean Mountain, "Estimating the Short-Run Income Elasticity of Demand for Electricity by Using Cross-Sectional Categorized Data," *Journal of the American Statistical Association*, June 1985。关于光纤宽带的价格弹性，见 the editorial "Fear of Fiber-Optic Clut May be Misguided," Lightwave 17, no.9(Aug. 2000)。寿险价格弹性见 Dai I Chi, "*Japan*: Life, But Not as We Know It," *Euromoney*, Oct.1998。关于 DRAM 芯片的价格弹性，见 Jim Handy, "Has the Market Perked Up Yet?" *Electronics Times*, June 5, 2000。关于出租车的价格弹性，见 Bruce Schaller, "Elasticities for Taxicab Fares and Service Availability," *Transportation* 26 (1999)。

6.7 本章小结

- 需求价格弹性 E 是需求量变化的百分比与价格变化的百分比的比率，来度量消费者对于一种商品价格变化的敏感程度或反应程度，$E=\%\Delta Q_d/\%\Delta P$。绝对值较大的价格弹性 E 表明消费者对价格的变化敏感。当 $||E|$ 大于 1 时，需求富有弹性；当 $||E|$ 小于 1 时，需求缺乏弹性。如果价格弹性已知，那么，需求量变化的百分比可以通过价格变化的百分比得出：$\%\Delta Q_d=\%\Delta P\times E$。而当 E 已知时，价格变化的百分比也可以通过需求量变化的百分比得出：$\%\Delta P=\%\Delta Q_d\div E$。（学习目标 1）
- 需求价格弹性决定了价格的变化对于总收益的影响。当需求是富有弹性（缺乏弹性）时，产量（价格）效应占优势。总收益总是与占优势作用的变量（价格或产量）有着相同的变动方向。当需求是单一弹性时，没有哪个效应占优势，价格的变化不会影响总收益。（学习目标 2）
- 影响一种商品需求价格弹性的因素有以下几个：①某种商品越容易被替代，这种商品的需求就越富有弹性；②消费者在某种商品上的花费占总预算的百分比越大，商品需求就越有弹性；③消费者衡量价格变化所用的时间尺度越长，消费者对价格变化就越有反应，需求也越富有弹性。（学习目标 3）
- 当计算某一区间的价格弹性 E 时，使用区间或弧弹性公式：$E=\Delta Q/\Delta P\times$（$P$ 平均值 / Q 平均值）。当计算需求某一点的价格弹性，该点的需求曲线斜率（$\Delta Q/\Delta P$）乘以该点的 P/Q。当需求是线性函数时，$Q=a'+bP$，需求价格弹性可以通过两个等式中的任意一个得到：$E=bP/Q=P/(P-A)$，式中，P 和 Q 分别是该点的价格和数量，而 A（$=-a'/b$）是需求的价格截距。对非线性需求函数而言，点弹性也可以通过等式 $E=P/(P-A)$ 得到，式中，A 是该点切线延长到价格轴的价格截距。

一般来讲，沿一条需求曲线的需求价格弹性 E 是不断变化的。对于一个线性需求曲线来讲，价格和 $|E|$ 同向变化：价格越高（低），需求弹性越大（小）。（学习目标 4）

- 边际收益（MR）是多生产一个单位商品时总收益的变化。当总收益最大化时，边际收益为零。当反需求是线性时，$P=A+BQ$，边际收益也是线性的，与纵轴（价格）的交点恰好是需求曲线与纵轴的交点，斜率是反需求曲线斜率的 2 倍。线性边际收益的方程是 $MR = A+2BQ$。当边际收益是正值（负值）时，总收益随着销量的增加而增加（减少），需求是富有价格弹性（缺乏价格弹性）。当边际收益等于零时，需求是单一价格弹性，且总收益最大化。对于任何需求曲线来说，当需求是富有价格弹性（缺乏价格弹性）时，边际收益是正值（负值）。当需求是单一价格弹性时，边际收益等于零。对于所有需求曲线来说：$MR=P(1+1/E)$。（学习目标 5）
- 收入弹性 E_M 量度了在商品价格以及其他需求的决定因素不变的情况下，消费者的需求对于收入变化的敏感程度：$E_M=(\%\Delta Q_d/\%\Delta M)$。对于正常品（低档品）来说，收入弹性是正值（负值）。交叉价格弹性 E_{XY} 量度了商品 X 的需求量对另外一种相关商品 Y 价格变化的敏感程度，条件是商品 X 的价格以及其他需求的决定因素保持不变：$E_{XY}=\%\Delta Q_X/\Delta\%P_Y$。当两种商品是替代品（互补品）时，交叉价格弹性是正值（负值）。（学习目标 6）

关键词

cross-price elasticity（E_{XR}）　交叉价格弹性　保持广义需求函数中其他变量都不变的情况下，需求量对一个相关商品的价格变化引起的响应程度的一种量度。

elastic　富有弹性　需求价格弹性 $|E|>1$ 时。

income elasticity（E_M）　收入弹性　保持广义需求函数中其他变量都不变的情况下，需求量对收入变化的响应程度的一种量度。

inelastic　缺乏弹性　需求价格弹性 $|E|<1$ 时。

inframarginal unit　前边际商品　如果企业不为卖出边际商品而放低价格的话，企业可以以一个较高价格出售的商品。

interval elasticity　弧弹性　在需求曲线上的某个区间内计算的需求价格弹性系数。

marginal revenue（MR）　边际收益　由于多卖出一个单位产品而获得的总收益的增量，是总收益的斜率。

point elasticity　点弹性　对需求曲线上一个点而不是一个区间上需求价格弹性的一种量度。

price effect　价格效应　保持产量不变的情况下，价格变化对于总收益的影响。

price elasticity of demand（E）　需求价格弹性　需求量变化的百分比除以价格变化的百分比。需求价格弹性系数（E）总是一个负数，因为 P（价格）和 Q（需求量）是反向相关。

quantity effect　产量效应　保持价格不变的情况下，产量的变化对于总收益的影响。

total revenue（TR）　总收益　为获得商品或服务而支付给生产者的金额数（$TR=R\times Q$）。

unitary elastic　单一弹性　需求价格弹性 $|E|=1$ 时。

概念性习题

1. 沿着需求曲线移动，当价格提高 10% 时，需求量减少 8 个百分点。
   a. 需求价格弹性系数是________。
   b. 已知 a 中计算出来的需求价格弹性，沿着需求曲线的这一部分，需求是________（富有弹性，缺乏弹性，单一弹性）。
   c. 需求在这个区间内，需求量改变的百分数绝对值________（大于，小于，等于）价格变化的百分数绝对值。
2. 填空
   a. 某企业商品的需求价格弹性在企业管理者考虑的价格区间内等于 -1.5。如果管理者降低商品价格 6%，管理者预计需求数量将________（增加、降低）________%。

b. 某行业的需求价格弹性在供给增加的区间内等于 −1.5。如果总行业产量期望增加30%，在此行业的管理者预计商品的市场价格将________(增加、降低)________%。

3. 填空

a. 当需求是富有弹性时，________效应优于________效应。

b. 当需求缺乏弹性时，________效应优于________效应。

c. 当需求是单一弹性时，________效应占优。

d. 当价格的变化引起需求量变化时，总收益总是与（P 或 Q）的改变量有着________的变化方向，变量（P 或者 Q）有________效应。

4. 填空

a. 当需求是富有弹性时，提高价格会使需求量________，会使总收益________。

b. 当需求是缺乏弹性时，降低价格会使需求量________，会使总收益________。

c. 当需求是单一弹性时，提高价格会使需求量________，会使总收益________。

d. 如果价格降低时总收益减少，需求必定是________。

e. 如果价格提高时总收益保持不变，需求必定是________。

f. 如果价格提高时总收益增加，需求必定是________。

5. 在图 6-1a 中，不计算需求价格弹性系数，验证 11 ～ 13 美元的价格区间上需求是单一弹性。

6. 在下面每一对价格弹性中，哪个弹性值更大一些（指绝对值）？为什么？

a. 碳酸软饮料的需求价格弹性和可口可乐的需求价格弹性。

b. 短袜（男用或女用）的需求价格弹性和商业套装（男式或女式）。

c. 短期内电力的需求价格弹性和长期内电力的需求价格弹性。

7. 参照下图回答如下问题。

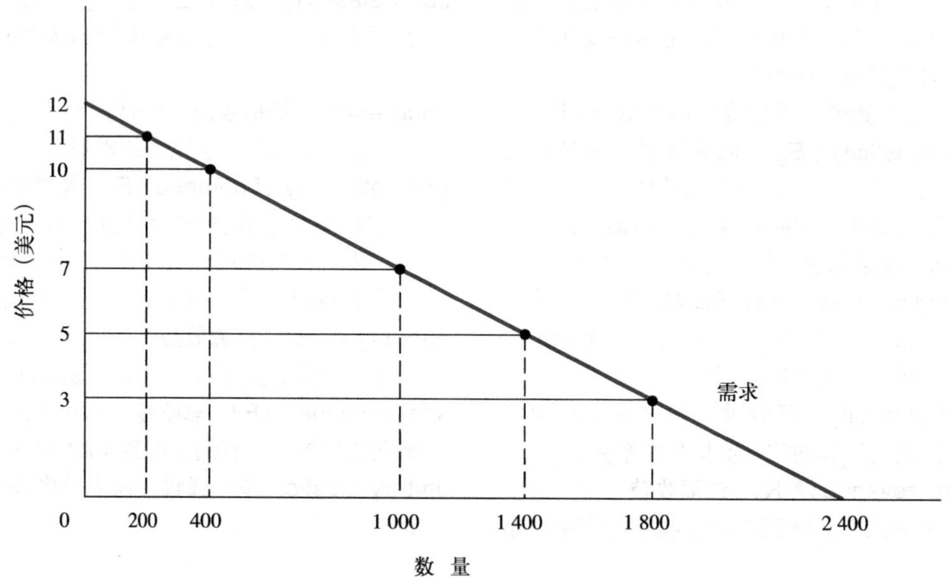

a. 在 3 ～ 5 美元的价格范围上，需求的价格弧弹性是________。

b. 在 10 ～ 11 美元的价格范围上，需求的价格弧弹性是________。

c. 在 5 ～ 7 美元的价格范围上，需求的价格弧弹性是________。

8. 对问题 7 中的线性需求曲线而言，计算下表给定点的价格弹性。使用两个可替换的公式 $E=\Delta Q/\Delta P\times(P/Q)$ 和 $E=P/(P-A)$ 计算。

价格点（美元）	$E=\Delta Q/\Delta P\times(P/Q)$	$E=P/(P-A)$
3	________	________
5	________	________
7	________	________
10	________	________
11	________	________

9. 用下面所绘的线性需求曲线回答问题。

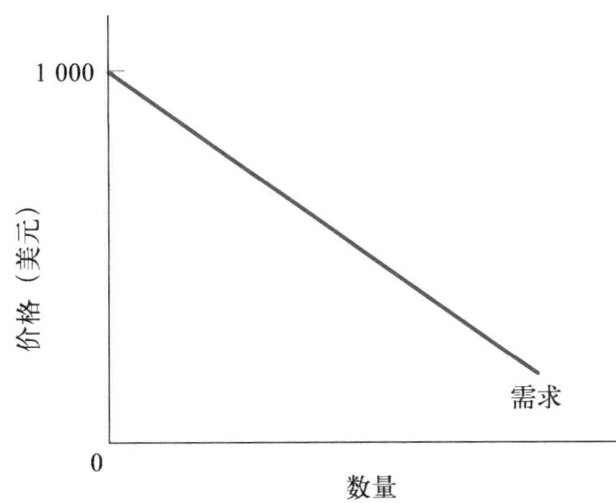

a. 价格为 800 美元的需求的点弹性是____。
b. 价格为 200 美元的需求的点弹性是____。
c. 需求在价格为_______美元的点是单一弹性的。
d. 当价格上升时，线性需求曲线上的 $|E|$ _______(变大，变小，不变)。

10. 用下图回答下面的问题。

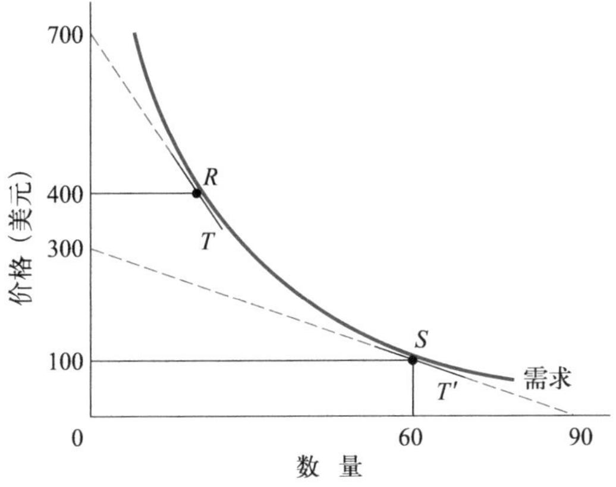

a. 用公式 $E=\Delta Q/\Delta P\times(P/Q)$ 计算点 S 的需求价格弹性。
b. 用公式 $E=P/(P-A)$ 计算点 S 的需求价格弹性。
c. 比较 a 和 b 两种方法计算的弹性，它们相等吗？它们应该相等吗？
d. 计算点 R 的需求价格弹性。
e. 在 d 中你用 $E=\Delta Q/\Delta P\times(P/Q)$，还是 $E=P/(P-A)$ 方法计算的？为什么？

11. 假定商品 X 的需求是 $Q=20/P-1$。
a. 当 $P=1$ 美元时，总收益是_______。
b. 当 $P=2$ 美元时，总收益是_______。
c. 当 $P=4$ 美元时，总收益是_______。
d. 需求价格弹性等于_______，为什么？

12. 下图是一个线性需求曲线。按图示意填出 $a\sim l$ 的值。

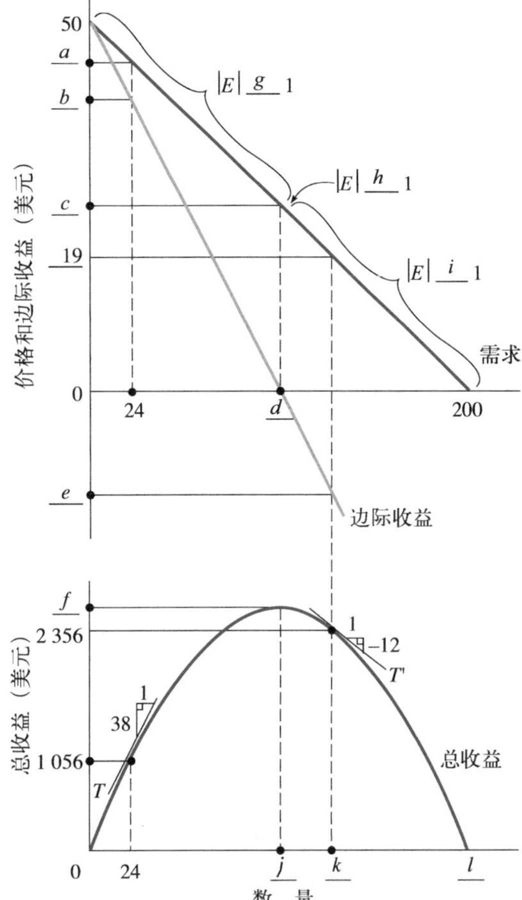

13. 对上题的线性需求曲线而言：
a. 写出需求曲线函数。
b. 写出需求曲线的反函数。
c. 写出总收益函数。
d. 写出边际收益函数。
e. 用需求、反需求函数和边际收益函数检查上题你的答案。

14. 写出问题 7 的需求曲线函数。边际收益函数是什么？在什么产量下需求是单一价格弹性？在什么产量边际收益等于 0 ？

15. 如下图所示，商品 X 的需求曲线发生了移动，原因是收入的变化（图 a）和一种相关商品 Y 的价格的变化（图 b）。保持商品 X 的价格为 50 美元不变，计算如下的价格弹性：

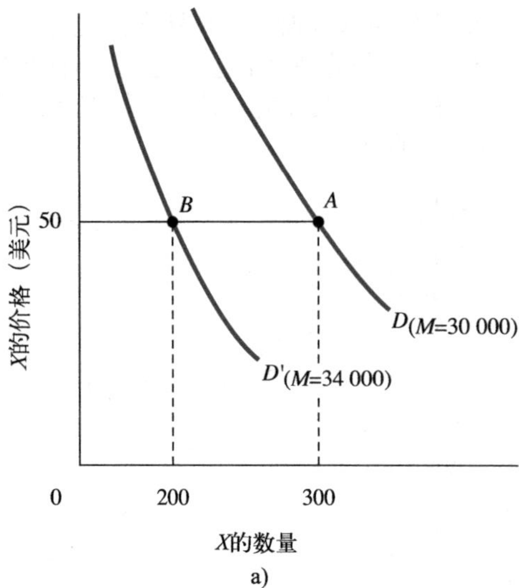

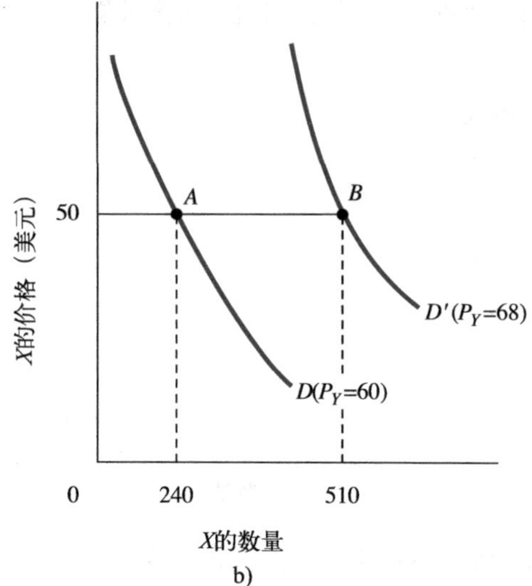

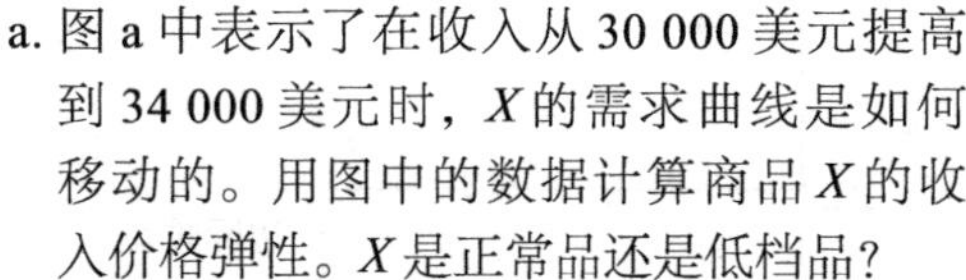

a. 图 a 中表示了在收入从 30 000 美元提高到 34 000 美元时，X 的需求曲线是如何移动的。用图中的数据计算商品 X 的收入价格弹性。X 是正常品还是低档品？

b. 图 b 中表示了相关商品 Y 的价格从 60 美元升高到 68 美元时，X 的需求曲线是如何移动的。用图中的数据计算交叉价格价格弹性。X 商品与 Y 商品是替代品还是互补品？

16. 商品 X 的广义线性需求函数估计为 $Q=250\,000-500P-1.50M-240P_R$

式中 P 是商品 X 的价格，M 是购买 X 的消费者的平均收入，P_R 是相关商品的价格。P，M 和 P_R 预计分别为 200 美元，60 000 美元和 100 美元。用需求曲线上给定的这些值做如下计算。

a. 给定 P，M 和 P_R，计算商品 X 的需求数量

b. 计算 X 商品的需求价格弹性 E。在需求曲线上的这点，需求是有弹性的，缺乏弹性的，还是单一弹性的？价格上涨如何影响总收益？请解释。

c. 其他影响 X 的需求的因素不变，计算需求收入弹性 E_M。商品 X 是正常品还是低档品？解释收入增长 4% 如何影响 X 的需求。

d. 其他影响 X 的需求的因素不变，计算交叉价格弹性 E_{XR}。商品 X 和 R 是替代品还是互补品？解释相关商品 R 的价格降低 5% 会如何影响 X 的需求？

概念性习题答案

1. a. $E=-8\%/10\%=-0.8$

   b. 缺乏价格弹性（因为 $|-0.8|=0.8$）。

   c. 小于。（当 $|E|<1$ 时，E 的分子小于分母。）

2. a. 增加；9($\%\Delta Q/-6\%=-1.5\% \Rightarrow \Delta P=9\%$)

   b. 降低；20($+30\%/\%\Delta P=-1.5\% \Rightarrow \Delta P=-20\%$)

3. a. 产量；价格。

   b. 价格；产量。

   c. 没有一个。

   d. 相同；占优。

4. a. 减少；减少。

   b. 增加；减少。

   c. 减少；不变。

   d. 缺乏弹性。

   e. 单一弹性。

   f. 缺乏弹性。

5. 由 $E=-1$，得 $TR_f=TR_g$。$13\times1\,100=11\times1\,300=14\,300$（美元）

6. a. 可口可乐。因为某一特定品牌商品的替代品比某类商品的替代品多。

   b. 商业套装。因为套装在购买衣服者的预算中占的比重比短袜大。

   c. 长期。因为个人或企业可以有更长的时间来调整由于价格升高而带来的影响。

7. a. $-0.5=(\Delta Q/\Delta P)\times(P$ 平均值 $/Q$ 平均值$)=$

$(-400/+2)\times(4/1\ 600)$

b. $-7=(\Delta Q/\Delta P)\times(P$ 平均值 $/Q$ 平均值 $)=(-200/+1)\times(10.50/300)$

c. $-1=(\Delta Q/\Delta P)\times(P$ 平均值 $/Q$ 平均值 $)=(-400/+2)\times(6/1\ 200)$

8. a. 3 美元: $-0.33=(-2\ 400/12)\times(3/1\ 800)=3/(3-12)$

b. 5 美元: $-0.71=(-2\ 400/12)\times(5/1\ 400)=5/(5-12)$

c. 7 美元: $-1.40=(-2\ 400/12)\times(7/1\ 000)=7/(7-12)$

d. 10 美元: $-5=(-2\ 400/12)\times(10/400)=10/(10-12)$

e. 11 美元: $-11=(-2\ 400/12)\times(11/200)=11/(11-12)$

9. a. $E=P/(P-A)=800/(800-1\ 000)=800/(-200)=-4$

b. $E=200/(200-1\ 000)=200/(-800)=-1/4=-0.25$

c. 500；因为 $E=500/(500-1\ 000)=-1$。

d. 变大。

10. a. $E=\Delta Q/\Delta P\times(P/Q)=[90/(-300)]\times(100/60)=-0.5$

b. $E=P/(P-A)=100/(100-300)=10/(-200)=-0.5$

c. 在 a 和 b 两种方法中的 E 值相等，因为这两种方法是计算价格弹性的数学上等价的公式。

d. $E=P/(P-A)=400/(400-700)=400/(-300)=-1.33$

e. 在点 R、Q 没有给定，$\Delta Q/\Delta P$ 无法计算。这样 $E=P/(P-A)$ 成了 R 点可用的唯一公式。

11. a. 20 美元

b. 20 美元

c. 20 美元

d. -1。这是一个特例，因为需求价格弹性是常数，$Q=aP^b$，其中 $a=20$，$b=-1$。TR 在各种价格时都是常数，故需求是单一价格弹性。

12. a. 44 美元。$TR=P\times Q$ 推出 $1056=P\times 24$ 推出 $P=44$ 美元。

b. 38 美元。总收益在 $Q=24$ 点的斜率为 38 美元。

c. 25 美元。由于 $MR=0$，需求是单一弹性，要求 $P=25$ 美元 $[-1=25/(25-50)]$。

d. 100。因为 MR 2 倍于需求曲线的斜率，MR 通过水平轴 0 和 200 之间的中点。

e. -12 美元。相应产量时总收益的斜率为 -12。

f. 2 500 美元。$TR=P\times Q=25\times 100=2\ 500$（美元）

g. >；在 MR 为正数的产量水平下，需求是富有弹性的。

h. =；在 MR 为 0 的产量水平下，需求是单一弹性的。

i. <；在 MR 为负数的产量水平下，需求是缺乏弹性的。

j. 100。在 $MR=0$ 的产量水平下，总收益达到最大值。

k. 124。$TR=P\times Q$ 推出 $2\ 350=19\times Q$ 推出 $Q=124$。

l. 200。当需求价格为 0（需求量为 0）时，总收益是 0。当 $Q=200$ 时，需求价格是 0。

13. a. 需求 $Q=200-4P$

b. 需求反函数 $P=50-0.25Q$

c. 总收益 $TR=P\times Q=50Q-0.25Q^2$

d. 边际收益 $MR=50-0.5Q$

e. 将 $Q=24$ 代入前面的方程，得到 $P=44$ 美元；$TR=1\ 056$ 美元；$MR=50$ 美元。将 $Q=100$ 代入前面的方程，得到 $P=25$ 美元；$TR=2\ 500$ 美元；$MR=0$ 美元。将 $Q=124$ 代入前面的方程，得到 $P=19$ 美元；$TR=2\ 356$ 美元；$MR=-12$ 美元。

14. $Q_d=2\ 400-200P$；

$MR=12-0.01Q$；

$P=6$ 美元时，$E=-1$；

$Q_d=1\ 200$ 时，$MR=0$。

15. a. $-3.20=(\Delta Q/\Delta M)\times(M$ 平均值 $/Q$ 平均值 $)=(-100/+4\ 000)\times(32\ 000/250)$；低档品。

b. $5.76=(\Delta Q/\Delta P_Y)\times(P_Y$ 平均值 $/Q$ 平均值 $)=(270/8)\times(64/375)$；替代品。

16. a. $36\ 000=250\ 000-500\times 200-1.50\times 60\ 000-240\times 100$

b. $E=-2.78=-500\times 200/36\ 000$；富有弹性，因为 $|E|>1$。在 $|E|>1$ 的需求曲线上一点提高价格，将导致总收益降低，因为产量效应超过价格效应。

c. $E_M=-2.50=-1.50\times(60\ 000/36\ 000)$；低档品。当其他条件不变时，$M$ 增加 4%，将导致 Q 减少 10%（$=4\%\times -2.5$）。

d. $E_{XY}=-0.67=-240\times(100/36\ 000)$；互补品。当其他条件不变时，$P_R$ 降低 5%，将导致 Q 增加 3.35%($=-5\%\times -0.67$)。

应用性习题

1.《新闻周刊》中有一篇有关《今日美国》财务问题的文章报道，说该报纸每年损失约2 000万美元。一位华尔街的分析家认为，该报纸应该把其价格从50美分提高到75美分，这样估计每年就可以多收入6 500万美元。报纸的出版商拒绝了这一提议，他认为这样提价之后，报纸的销售数量会急剧下降，他引证了《华尔街日报》提价的经历。分析家和出版商做出如此判断，他们各自是依据怎样的需求价格弹性呢？

2. 假定整形外科手术的需求是缺乏弹性的，下面这些论断是正确还是错误的？解释其原因。
   a. 当整形外科手术的价格提高时，手术的数量会减少。
   b. 整形外科手术价格变化的百分数比需求数量变化的百分数要小些。
   c. 整形外科手术价格的变化不会影响手术的数量。
   d. 需求数量对于价格变化很敏感。
   e. 如果做更多的整形手术，花在手术上的支出会减少。
   f. 再一次手术的边际收益是负值。

3. 以下的事件会对公司拥有飞机的需求价格弹性有什么影响？
   a. 企业盈利的下降导致公司削减其差旅预算，这转而又导致公司飞机的飞行支出成为公司差旅总开支的一大部分。
   b. 进一步放宽对商业航线的管制，使商业航空公司提供各式各样的起飞时间和目的地的服务。
   c. 制造公司用飞机的成本升高。
   d. 一种新型的、更加省油的飞机投放市场。

4. Aztec企业特别依赖广告来销售其产品。Aztec的管理层每月可以在广告上花费200万美元，但不能超过这个数字。每月，Aztec恰好花200万美元在做广告。Aztec广告的需求价格弹性是多大？你能写出Aztec广告需求的方程吗？

5. 美国的烟草制造商在一系列诉讼中失败之后，面临着高达数百亿美元的罚款。尽管面临巨额罚款，《华尔街日报》报道：“（对烟草制造商的）危害总的说来在可控制的范围内”。[⊖]你认为烟草公司会采取什么行动以避免破产？为什么这样的行动取得了成功？

6. 进口威士忌酒在很大的价格区间上，需求价格弹性约是－0.20。联邦政府决定对进口威士忌酒提高关税，使其价格提高了20%。威士忌的销售数量会上升还是下降？变化的百分比是多少？

7. 作为Citywide Racquet俱乐部的经理，你必须决定一个有锁小柜的最佳租金价格。假设提供有锁小柜的边际成本是零。每月对有锁小柜的需求估计是$Q=100-2P$，其中P是每月的租金价格，Q是每月出租有锁小柜的数量。
   a. 你将索取怎样的价格？
   b. 在这种价格下，每月出租的有锁小柜是多少个？
   c. 解释你为什么选择这个价格。

8. Terry Bernard' Hair Design理发的需求曲线为$P=15-0.15Q$，其中Q是每周理发的数量，P是每次理发的价格。Terry正考虑把价格从目前的9美元提高一些。如果提高价格会使总收益减少，他将不会提高价格。
   a. Terry应该把理发价格提高到9美元以上吗？为什么？
   b. 假定Terry的理发需求曲线变成$P=40-0.40Q$，在价格为15美元的前提下，Terry应该提高他理发的价格吗？为什么？

9. 当电影票价格提高了5%多一点，电影院的上座率减少了8个百分点。电影票的需求价格弹性是多大？需求价格弹性可能被高估吗？也就是说，还有别的一些什么因素的改变也可以解释观众人次下降这一现象吗？

10.《达拉斯早报》报道了交通部一项研究中的发现，当像西南航空或者先锋航空这样新的

⊖ Milo Geyelin and Gordon Fairclough, “ Tobacco Industry Has Resources For Coping With Huge Jury Award ”, *The Wall Street Journal*, July 17, 2000.

低价运输者进入三对城市航线当中的一个：巴尔的摩－克利夫兰、堪萨斯城－旧金山或者巴尔的摩－普罗维登斯，检验平均运费的效果。根据下面报纸文章的摘录，计算每两个城市航线的需求价格弧弹性。三个价格弹性计算结果相比较如何？在计算价格弹性的基础上，描述乘客对降低运费的反应。

a. “比如在巴尔的摩和克利夫兰之间……只有 12 790 人次在 1992 年过去的三个月里在这两个城市之间飞行，平均票价为 233 美元。之后以达拉斯为基地的西南航空进入市场。在 1996 年过去的三个月里，115 040 人次在这两个城市之间飞行，票价为 66 美元。”

b. “在堪萨斯城和旧金山之间，（在）1994 年最后一季内，35 690 人次以 165 美元的平均价格旅行。两年后，当先锋航空进入后，票价降为平均 107 美元，运送人次为 68 100，增加将近一倍。”

c. “在巴尔的摩和普罗维登斯之间，R. I. 路线的平均票价从 196 美元降到 57 美元，运送的乘客从 11 960 跃升至 94 116。” ㊀

附录 6A　需求弹性的计算方法

6A.1　需求价格弹性系数

把需求函数写成 $Q=Q(P)$ 的形式，其中需求规律要求需求量和价格是反向相关：$dQ/dP=Q'(P)<0$，于是需求曲线是向下倾斜的。需求曲线的斜率量度了 Q 的改变量与 P 的改变量比率的绝对值。这个变化比率的绝对值的大小取决于 P 和 Q 的量度单位。而变化百分比比率量度与 P 和 Q 的量度单位无关，需求价格弹性系数 E 就是这样一种按百分比量度需求量变化与价格变化比率的量：

$$E=\frac{\frac{dQ}{Q}}{\frac{dP}{P}}=\frac{dQ}{dP}\frac{P}{Q}=Q'(P)\frac{P}{Q} \qquad (6A\text{-}1)$$

正如上面所写，价格弹性系数可以被表示成需求曲线的斜率 $Q'(P)$ 乘以一个比例因子 P/Q。由于需求曲线的斜率是负值，而比例因子却总是正值，所以 E 总是一个负数。

当需求是线性时，$Q'(P)$ 是常数，E 却不是常数。因价格随线性需求函数而变化，向需求曲线下方移动时，P 减小而 Q 增大，使比例因子减小。于是，当 P 减小时，E 的绝对值减小，即 $|E|$ 减小。

6A.2　需求价格弹性和总收益的改变

在这部分内容中，用需求函数的反函数 $P=P(Q)$ 会更加方便，因为总收益可以方便地表示成 Q 的函数。企业的总收益是产品的价格乘以售出产品的数量：

$$总收益=TR=R(Q)=P(Q)Q \qquad (6A\text{-}2)$$

为了研究在较低价格和更高销量时，总收益怎样变化，总收益的导数，被称为边际收益，定义为

$$边际收益=MR=R'(Q)=P(Q)+P'(Q)Q \qquad (6A\text{-}3)$$

式中，$P'(Q)=(dP/dQ)<0$。当边际收益是正值、负值或零时，分别对应总收益的增加、减少或取其最大值。

为了得到价格弹性和总收益变化（即边际收益）之间的关系，边际收益可以被表示成 E 的函数，首先从式（6A-3）中提出 P，

$$MR=R'(Q)=P\left(1+P'(Q)\frac{Q}{P}\right) \qquad (6A\text{-}4)$$

注意：$P'(Q)\cdot(Q/P)$ 恰好是 E 的倒数，用 $1/E$ 代入式（6A-4）中，就得到一个 MR、P 和 E 之间很有用的关系：

$$MR=R'(Q)=P\left(1+\frac{1}{E}\right) \qquad (6A\text{-}5)$$

从式（6A-5）中可以得出几个重要的关系：

（1）当 Q 是连续的，且 $Q>0$，MR 比 P 小。㊁在“水平需求曲线”的特殊情况下，$E=-\infty$，$MR=P$。你将会在以后的章节中见到这种特殊情况。

（2）当需求是单一弹性时 $(E=-1)$，$MR=$

㊀ 引用自美联社（Copyright © 2011）的多篇文章。

㊁ 当变量是离散变量而不是连续变量时，第 1 个售出单位 $P=MR$。对售出第 1 个单位而言，没有前边际商品，所以降价售出第 1 个单位的商品并没有带来收入的降低。第 1 个售出单位后，$P>MR$。

0，Q 的一个无限小的改变量不会使 TR 变化，因而 TR 在单一弹性和 $MR = 0$ 时取得最大值。

（3）当需求是富有弹性（缺乏弹性）时，MR 是正值（负值），降低价格会使销售量增加，总收益会增加（减少）。

6A.3 线性需求、边际收益和点弹性

将线性需求曲线改写成需求函数的反函数：

$$P = P(Q) = A + BQ \qquad (6A\text{-}6)$$

式中，A 是正的价格截距；$B = \mathrm{d}P/\mathrm{d}Q$ 是需求函数反函数的负斜率。在销售数量为 Q 时，企业的总收益为：

$$TR = R(Q) = P(Q)Q = (A + BQ)Q = AQ + BQ^2 \qquad (6A\text{-}7)$$

注意一个线性需求函数的总收益函数是二次的，是一条∩形的曲线。

对总收益求导可以得到线性需求函数相应的边际收益：

$$MR = R'(Q) = A + 2BQ \qquad (6A\text{-}8)$$

取绝对值，可以知道，MR 的斜率 $2B$，恰好是需求曲线斜率 B 的 2 倍。两条曲线拥有相同的纵截距 A。这种关系如图 6A-1 所示。

为了推出线性需求的点弹性。运用 $Q = Q(P)$ 的需求函数很方便，而不用需求函数的反函数如式（6A-6）。式（6A-6）相应的需求函数为

$$Q = Q(P) = -\frac{A}{B} + \frac{1}{B}P = \frac{1}{B}(-A + P) \qquad (6A\text{-}9)$$

需求函数的斜率 $\mathrm{d}Q/\mathrm{d}P = 1/B$，将 $\mathrm{d}Q/\mathrm{d}P = 1/B$ 及式（6A-9）代入式（6A-1），我们就得到了需求函数为线性时点弹性的简单代数式：

$$E = \frac{1}{B}\frac{P}{\frac{1}{B}(-A+P)} = \frac{P}{P-A} \qquad (6A\text{-}10)$$

式（6A-10）很清楚地告诉我们，E 对于线性需求函数来讲不是常数。需求弹性与价格沿着线性需求曲线反向相关：

$$\frac{\mathrm{d}E}{\mathrm{d}P} = \frac{-A}{(P-A)^2} < 0 \qquad (6A\text{-}11)$$

当价格沿着线性需求曲线下降时，E 的代数值变大，$|E|$ 变小，需求弹性变小；同样地，当价格升高时，$|E|$ 变大，需求变得更有弹性。

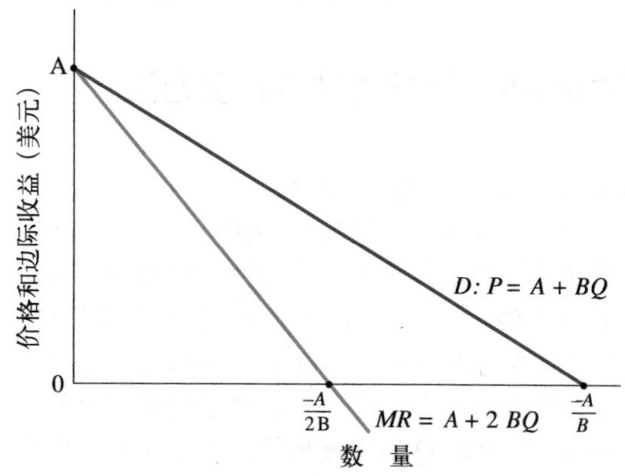

图 6A-1 线性需求和边际收益

6A.4 需求弹性为常数的特例

当需求函数如 $Q = aP^b$ 时，需求价格弹性是一常数，等于 b：

$$E = \frac{\mathrm{d}Q}{\mathrm{d}P}\frac{P}{Q} = baP^{b-1}\left(\frac{P}{aP^b}\right) = b \qquad (6A\text{-}12)$$

例如，当 $Q = aP^{-1}$ 时，需求对所有的价格都是单一价格弹性的。

数学练习题

1. 考虑线性需求函数 $Q = 20 - 0.5P$。
   a. 写出需求函数的反函数。
   b. 写出总收益函数。
   c. 用微积分的方法，求出最佳销售量 Q_{rmax}，使得总收益达到最大值。什么样的价格 P_{rmax}，使总收益最大？总收益的最大值是多少？
   d. 写出边际收益方程，用 MR 来验证 c 中得到的 Q_{rmax} 使总收益最大。
   e. 计算 P_{rmax} 点的点弹性，E 是你所期望的值吗？简单解释一下。
2. 假定需求函数为 $Q = 36P^{-1}$
   a. 验证需求的价格点弹性是常数，且等于 −1。
   b. 写出总收益和边际收益函数式。

第7章
Chapter7

需求估计和预测

■ 学习目标

学完此章节后，你将可以：

(7.1) 解释需求估计直接法的优点和缺点；

(7.2) 举例说明一个经验需求函数（线性或非线性函数均可），并解释其数学特性；

(7.3) 用线性回归方法估计一个价格设置型企业的需求函数；

(7.4) 用时间系列回归分析来预测销售量和价格；

(7.5) 在时间系列回归分析中，用哑变量计算周期性或季节性的销量变化；

(7.6) 讨论并解释使用统计方法预测需求时，需要注意的几个重要问题。

在做产量与价格决策时，需求信息是必不可少的。例如，通用汽车（General Motors）、福特（Ford）、克莱斯勒（Chrysler）、日产（Nissan）等许多大型汽车生产厂，都使用经验需求函数来决定每种型号汽车的产量与价格；Domino’s Pizza总部的经理们需要估计出美国比萨饼市场需求受经济滑坡的影响到底多大，快餐业何时从萧条中重新崛起；在美国最大的连锁医院HCA，各地区对医院长短期需求情况的估计是制订市场开发计划至关重要的因素；几乎所有的大型电力公司都聘请经济学家与统计学家对电力的需求情况进行估计。把握未来的需求形势，对价格制定企业和价格接受企业的管理者在规划产品生产周期、控制存货、广告宣传、未来产量、投资以及其他许多方面都是极其有用的。大型商业公司最早使用了经验需求函数与计量经济学的价格预测来制定商品价格。当大量的商品需要制定价格时，经理们经常会为制定一个适合的价格而费尽心机。因为，价格的变动无论是对大公司还是对小公司来说都是一项代价极大的举动。新价格表必定会被自己的进货方与消费者所知，这会使一些原本忠诚的顾客重新选择。绝大多数经理都希望避免，至少是减少由于制定价格而产生的麻烦。事实上，许多经理承认他们都尽可能地避免重新制定价格，因为怕犯下代价沉重的错误。众所周知，经理在发现正确的价格之前极不愿意闭着眼睛掷标枪，他们应用各种信息与技术分析来帮助他们制定价格。我们虽然不能说：“你可以利用经济计量学，对于需求的预测和分析解决所有定价问题。”但这的确可以提高经理对于需求信息的处理能力，这对于制定价格大有帮助。

像所有用来制定价格的工具一样，统计学方法的需求分析和预测有一些严格的限制，这些我们将在本章末讨论。合理的价格决策需要灵活的定性与定量分析。一般大型公司都愿意应用统计学需求分析，特别是在一些经济统计软件变得功能多样、容易操作、伴随着个人计算机价格降低之后，越来越多的中小公司也采用了同样的统计方法对需求进行分析与预测。一些最新的定价方法，如基于需求的管理（DBM）、收益管理（RM）、产出管理和市场细分，都要求对企业提供的产品和服务市场做高度准确的需求函数统计估计。通过收款台激光扫描特殊编码的价签得到的销售网点数据，为有可能更准确估计和预测需求提供了大量的数据。

统计需求分析的基础是经验需求函数。**经验需求函数**（empirical demand function）是从实际数据中得出的需求方程。利用需求函数，经理们可以定量地估计出关于产品价格变化，消费者收入变化，竞争对手的价格变化以及市场替代产品的出现对销售量的影响。你将在以后章节中看到，经验需求函数在制定价格与产量方面非常有效。

我们以一些更直接的需求估计的方法开始经验需求分析和预测的讨论，如消费者访谈和市场调查。我们简要介绍这些方法，仅仅是要指出每种方法的优缺点。接着，我们向你展示如何使用回归分析估计需求函数和相关的需求弹性：价格弹性、收入弹性和交叉价格弹性（见第 7.2 节和第 7.3 节）。通常来说，估计需求函数有两种不同的统计学情形：①价格接受行业的需求估计，或者②具有一定价格制定力的单个企业的需求估计。在本章和本书其后的部分，我们专注于价格制定企业的需求估计，而不是价格接受行业的估计，因为正确估计价格接受行业的需求曲线所用的统计学技术要求，比用来估计价格制定企业的需求所用的标准回归方法，要难一些（如第 4 章所示）。如果学生希望学到如何估计行业需求（和供给），以及如何确定价格和预测竞争性行业的产出，我们的在线附录 2 ：为价格接受行业需求估计和预测，提供了一个完整的方法，学生可以在 McGraw-Hill Connect 的网站上找到。

在本章的第二部分（第 7.4 节和第 7.5 节），我们将验证目前最热门，并广泛被使用的时间序列法来预测未来价格和销售水平：线性趋势预测。如你会看到的，时间序列预测方法应用于企业所需的各种预测中。而最好的是，线性趋势预测在不多的数据要求下就可以完成。

本章有关需求估计和预测的内容，都力图给你提供一个经验需求分析的基本处理方法。我们提供的需求估计与预测的统计方法仅限于简单的方法，但这些方法广泛地应用于市场需求分析和预测中。你将在市场调查、商业预测、高级统计学以及计量经济学课程中遇到的几乎所有更高级的经验需求分析的技术，都是我们在本章所讲述内容的扩展。

7.1 需求估计的直接方法

需求估计的直接方法不涉及回归分析。阅读了部分直接估计方法后，你可能得到直接估计技术很简单也很直接的印象。这是不正确的。许多应用于需求直接估计的技术都很复杂，为了准确估计要求经验丰富，具有专家水准。本章只是为了给你对哪些能够采用的方法的一个概览，并没有打算教你怎么做这些估计。进一步的介绍会在更高级的市场营销课中学到。

7.1.1 消费者访谈

因为消费者自己应当最清楚他们自己对某种商品的需求函数，最直接的需求估计方法就是变换需求决定因素（例如，替代品的价格，互补品的价格等），直接询问潜在购买者会买多少。最简单的就是叫住购买者，询问他们在不同价格时会买多少。复杂的，需要由专业访谈者选择人口样本设计问卷进行调查。这个过程看似简单，却有几个重要的问题。这些问题包括：①典型样本的选择；②响应的偏差；③响应者缺乏准确回答问题的能力。让我们简单看一下每个问题。

当我们为了调查而选择人口样本时，需求估计的结果仅在采用典型样本的时候才可靠。典型样本与人口整体要有着同样的特征。通常从总人口中随机选取样本，而得到**典型样本**（representative sample）。例如，如果 52% 的人口是女性，并且有 35% 的人口，年收入超过 65 000 美元。那么，典型样本应该也有大概 52% 的人口是女性，35% 的人年收入超过 65 000 美元。准确地说，典型样本非常难获取。

1948 年的总统大选中，一个经典的例子可以说明，如果样本不是随机抽取的，会有什么结果。一项调查表明，托马斯·杜威会以绝对优势获胜——实际上是杜鲁门赢得了竞选。调查结果的问题在于样本取自于某个特定杂志的订阅者。订阅者不是整个美国人口的典型代表，而是选民中的一个子群体，并且有着一些共同的重要特征。于是，存有偏差的人群导致了结果的偏差。1936 年，发生了一个类似但又不值得庆祝的选举预测错误，一个流行杂志预测富兰克林·罗斯福会输掉选举。但是这是错误的，因为民意测验专家用电话做调查，而那个时候，只有富有的人才能够买上电话。今天，选举预测已变得准确（大部分归功于民意测验专家采用的先进抽样技术），以致直到选举日所有投票结束，电视网络不允许预测获胜者。

另一个偏差的样本产生错误结果的例子，发生在家用建筑大会，期间 Owens-Corning Fiberglas 公司委托一项调查，来确定行业未来销售的前景。结果非常令人吃惊。调查结果显示建筑商计划增加 30% 住房供给。当被问及如何解释如此乐观的估计时，住宅建筑商全国联合会的首席经济学家 Michael Sumichrast 回答道，"如果你问愚蠢的问题，你将得到愚蠢的答案。"显然，调查没有用典型样本。事实上，调查仅限于参加大会的建筑商，这些建筑商都是大型建筑商，也更有野心，对未来的前景自然也更乐观。

响应偏差（response bias）可能就是因为被访问的对象在对假设的问题，提供假设的答案时带来的。结果并不是反映个人会如何去做，而是反映意图和希望。然而，更重要的是，反应会因为问问题的方式而发生偏差。很多时候，回答的人可能给出的是社会可接受的反应，而不是他们真实的偏好。

很多年以前，一个汽车制造商在汽油价格便宜时所做的调查，就是一个响应偏差的例子。潜在的顾客被问及，是否会买那种不大华丽、不太快的小型经济型轿车（节油轿车）。很多人会说，马上买这么一辆。基于这个调查，制造商推出了一款小型节油轿车——结局很惨。也许是被问者回答自己想要经济轿车。要是被问及，他们的邻居是否会买这种车，可能会提供更有效的反馈。说别人想要一个炫目的车，会比说自己要更容易。关键是问错了问题，问题的方式导致了回答偏差。

食品制造商过去的调查，也因为响应偏差导致了不好的结果。食品行业很依赖于人们声称自己吃什么。过去食品公司通过问人们吃什么来做市场研究。基于调查结果，食品公司要开发新产品。但是，就像《华尔街日报》谈到的，有一个很大的问题："人们不总是说实话。"㊀市场调研公司的副总裁 Harry Balzer 说："没人喜欢承认自己爱吃垃圾食品。"换而言之，响应偏差存在于这类调查中。消费者很可能给出一个社会上普遍接受的答案，而不是如实回答。询问一个吃糖的人吃多少满足，"就像问一个酗酒的人是不是喝得很多"。

最后，被问者就是无法准确回答所提的问题，也是非常可能的。一个进行调研的公司想要知道它的产品的需求弹性，以改变价格和其他变量。例如，企业希望知道消费者如何对待广告费增加（减少）1%、2%、3% 或者 5% 的反应，很显然，被问到的顾客无法准确回答这类问题。

尽管调查技术有着这些内在的困扰，但是它依然可以成为经理人量化需求的非常有价值的工具。做调查的技巧在于避免陷阱，并且，如随后讨论的那样，是可以做到的。

7.1.2 市场研究与实验

一种更昂贵、难度更大的估计需求和需求弹性的技术，是可控市场研究和实验。在研究中，分析者除了商品价格，试图控制其他所有的因素不变。

这种市场研究通常在几家销售产品的不同的商店进行，常常在具有不同特点的区域进行一段时间。他们确保每家商店都有不同的价格，足够的货源满足需求。这样，供给的变化影响就排除了。通常也没有广告。在实验期间，价格在一个区间小幅增加，记下每一价格的销量。这样很多其他变化的影响就被排除了，实际需求曲线可以合理近似地估计出来。

㊀ See Betsy Morris, " Study to Detect True Eating Habits Finds Junk-Food Fans in Health-Food Ranks," *The Wall Street Journal*, Feb. 3, 1984.

M&M/Mars 用 12 个月的时间，通过 150 家商店进行研究，决定棒棒糖的合适大小，就是这样的一例。⊖公司不是一家一家改变商店的价格，而是维持价格稳定，改变棒棒糖的大小。就像销售开发总监报告的，随着棒棒糖大小的增加，"销售几乎一夜之间增加了 20% ～ 30%"。结果，M&M/Mars 决定改变产品线。

一个相对比较新的估计需求的技术，是在实验室或现场进行实验。这种实验是市场研究和调查的一种妥协。在有些实验室的实验中，付钱给志愿者，让他们体现实际购买情况，而不用到真正的市场上去。给志愿消费者钱来模拟市场进程，实验者改变不同行程和相关价格。当志愿者很多购买行程完成后，得到一近似的需求。为激励志愿者像真正购物一样，他们有一定的概率留下他们所买的商品。

再深一步，一些经济学家在心理学家的帮助下，在精神病院和戒毒所，通过建立代币经济（顺便提一下，这被设想是有治疗价值的），进行关于消费者行为的实验。患者因为工作得到代币。他们可以用代币换取商品和服务。实验可以改变价格和收入，这样得到需求曲线，实际曲线与理论曲线进行对照。

这个估计产品需求的实验性方法，很快从实验室和校园搬到现实世界，从华尔街到商业街，都引起了很大兴趣。计算机和有线电视系统的迅速增长，使 10 年前仅仅是梦想的市场实验成为可能。

7.2 经验需求函数

经理们可以使用第 4 章中提到的回归分析的技术来得到其产品的需求估计。确定及分析经验需求函数的理论基础来自消费者行为理论，这一点我们在第 5 章中已经学过了。本节中，我们将要学习两种可能的需求函数的形式。

7.2.1 广义的经验需求函数

为估计一种产品的需求函数，我们必须使用一种规范化的函数形式，其中包括线性的和非线性的，我们首先要规范广义的需求关系。我们知道，需求量取决于产品价格、消费者收入、相关产品价格、消费者偏好、期望价格以及购买者数量。由于很难确定偏好以及期望价格，我们将忽略这些，正如许多经验需求研究通常所做的那样，把广义经验需求函数写为

$$Q = f(P, M, P_R, N)$$

式中 Q—— 需要的商品或服务数量；

P—— 商品或服务的价格；

M—— 消费者收入；

P_R—— 相关产品价格；

N—— 购买者数量。

尽管这个广义需求函数看起来如此简单和直观，但定义数据和收集数据的工作却需要认真考虑诸多因素。比如，弄清楚市场的地域范围。假设一家公司只想在加州卖它的产品，消费者收入这一变量（M）就应以加州消费者的收入水平来衡量，如果使用美国家庭平均收入水平就会产生错误，除非加州的家庭收入与全美有相同的水平和趋势。另外，加州市场上会影响产品销售的替代品和互补品的情况也十分重要。尽管我们在举例子时，只是用一种相关产品，但在实际中会有大量相关产品，它们的价格都应包含在经验需求函数中。市场趋势（增长或萎缩）也应该考虑。另外，调查者们经常使用人口代表购买者的数量的变量。从以上这简短的讨论，就能看到，即使对于一个简单的广义需求函数，数据的定义和收集也是一项十分仔细的工作。

⊖ See John Koten, "Why Do Hot Dogs Come in Packs of 10 and Buns in 8s or 12s?" *The Wall Street Journal*, Sep. 21, 1984.

7.2.2 线性经验需求函数

线性经验需求函数是最简单的经验需求函数，其基本形式为

$$Q = a + bP + cM + dP_R + eN$$

在此方程中，参数 b 表示价格每变化 1 单位引起的需求量变化，即 $b = \Delta Q/\Delta P$，一般来说它是负值。同样：

$c = \Delta Q/\Delta M$，如果 $c > 0$，产品为正常品；如果 $c < 0$，产品为低档品。

$d = \Delta Q/\Delta P_R$，如果 $d > 0$，产品为替代品；如果 $R < 0$，产品为互补品。

参数 e 衡量的是购买者数量一个单位的变化带来的需求数量的变化；也就是 $e = \Delta Q/\Delta N$，假设为正。使用回归分析的方法，我们可以估计出这个线性需求函数的参数 a、b、c、d、e。然后使用 t 检验或 p 值，来验证参数是否统计显著。

在第 6 章中我们强调，需求弹性是需求分析的一个重要方面，需求弹性包括价格弹性、收入弹性、相关产品价格弹性，这些都很容易地可以从线性需求函数中得到。从我们在第 6 章的讨论得到估计的需求价格弹性是

$$\hat{E} = \hat{b} \times \frac{P}{Q}$$

我们在第 6 章中已经知道，弹性取决于在需求曲线上所取的位置（注意公式中有 P/Q）。我们估计弹性时所取的价格和数量应该符合相应的需求曲线。类似地，收入弹性可以按下面的公式估计：

$$\hat{E}_M = \hat{c} \times \frac{M}{Q}$$

同样，交叉价格弹性的估计公式为

$$\hat{E}_{XR} = \hat{d} \times \frac{P_R}{Q}$$

式中，下标中的 X 表示我们要估计的需求商品。注意我们将统计估计（即经验决定）的变量和参数上方戴个“帽子”。例如在这里的讨论中，经验弹性为$\hat{E}$、$\hat{E}_M$和$\hat{E}_{XR}$，经验估计参数分别为$\hat{a}$、$\hat{b}$、$\hat{c}$、$\hat{d}$和$\hat{e}$。

7.2.3 非线性经验需求函数

最常用的非线性需求函数是对数－线性（或称不变弹性）形式。对数－线性需求函数形式为

$$Q = aP^b M^c P_R^d N^e$$

这种形式显而易见的潜在好处就是，如果实际需求确实是非线性的，它就提供了一种很好的估计方法。可能你会想起在第 4 章中，这种函数能直接提供弹性估计。即参数 b 的值就是价格弹性，同样，c、d 分别是收入弹性和交叉价格弹性。[⊖]

在第 4 章中我们已经学到，应利用自然对数来求对数－线性需求函数的对数，这样要估计的函数就是线性形式。如：

$$\ln Q = \ln a + b\ln P + c\ln M + d\ln P_R + e\ln N$$

7.2.4 需求函数的选择

尽管我们只讲了两种函数形式（线性和对数－线性）作为可选择的经验需求函数的形式，但实际上有很多可能的函数形式供我们选择。不幸的是实际的需求函数形式我们不知道，第 4 章中我们提到，选择错误的函数形式会歪曲估计所需的参数。但如何选择正确的需求函数的形式困扰着很多研究者，其选择的可信程度不大于靠掷硬币所得的结果。

在实际中，选择需求函数的形式很大程度上取决于研究者的经验和判断。尽管如此，经理们仍可以做一些工作来帮助选择好的函数形式。在可能的情况下，经理应当使用相似的需求经验研究的函数形式。如果一种线性函数过去或者曾经使用情况很好，在一定程度上，经理们就

⊖ 本章的附录展示了对数－线性需求函数弹性的推导。

可以考虑使用这种线性函数形式来估计需求方程。有些情况，经理可能有信息或经验表明：需求函数无论是线性的，还是非线性的，这种函数形式是习惯于用来估计需求方程的。

有时候研究者使用一系列的回归来寻找一个合适的需求函数，如果第一次估计出的回归系数有错误的正负号，或者统计不显著，这种函数就是错误的。那么就要利用同样的数据，估计一个新的函数形式的参数，直至参数的正负号和预期相符，并通过统计显著性检验。㊀

至于我们已经讨论过的两种需求函数，我们要在它们之中做出选择，所考虑的因素就是样本数据，它是代表了一个弹性可变需求函数，还是代表了一个弹性不变需求函数。当价格和需求量在一个很大的范围变化时，弹性很可能是变化的，我们就应该使用线性函数；相反，如果价格和需求量集中在一个很小的范围内，我们就应该使用弹性不变函数。我们再重申一遍，经验与计量经济学知识在选择函数时都是必不可少的。

我们现在来讨论如何估计经验需求函数参数的问题。在开始之前，你不但必须正确选择函数形式，而且要正确选择估计的方法。

◇专栏 7-1

特立尼达和多巴哥的进口商品需求

特立尼达和多巴哥是加勒比海发展中小国，居民的消费品和资本品都严重依赖进口。国家决策制定者需要估计各种进口商品的需求，以便国家商业谈判和预测商品平衡之用。这其中价格弹性和收入弹性尤其重要。

根据价格和收入方面的数据，John S. Gafar 使用了对数 – 线性需求函数来估计该国的进口商品需求。㊁最常使用的估计进口商品需求的函数形式就是线性和对数 – 线性形式。我们上面提到，函数形式的选择很大程度上依赖于研究者的研究经验，John 之所以选择对数 – 线性形式，就是因为一些进口商品研究表明对数 – 线性形式优于线性形式。John 称，他检验过线性和对数 – 线性形式，对数 – 线性形式有较高的 R^2。

在他的研究中，John 估计了 8 组进口商品的需求。每组商品的需求函数都定义为

$$Q_d = aP^b M^c$$

式中，Q_d 是该国进口商品需求的数量；P 是相对于国内商品的进口商品价格；M 是收入变量。方程两边取自然对数：

$$\ln Q_d = \ln a + b\ln P + c\ln M$$

式中，b 是价格弹性；c 是收入弹性。b 的估计值应该为负值，$\hat{c}$的估计值可正可负，估计结果见下表。

特立尼达和多巴哥的价格弹性与收入弹性估计

产品组	价格弹性估计值（$\hat{b}$）	收入弹性估计值（$\hat{c}$）
食品	−0.655 3	1.641 1
饮料和烟草	−0.053 7ⁿ	1.871 8
原材料（燃料除外）	−1.387 9	4.961 9
动植物油和脂肪	−0.399 2	1.868 8
化学品	−0.721 1	2.271 1
制成品	−0.277 4ⁿ	3.208 5
机械和交通工具	−0.615 9	2.945 2
各种人造产品	−1.458 5	4.199 7

㊀ 在严格的统计意义上，用同一套数据估计超过一个模型函数是不正确的。然而，在已花费高额成本收集样本数据的基础上，这个做法是很常见的。

㊁ 本例以如下文章为基础：John S. Gafar, "The Determinants of Import Demand in Trinidad and Tobago: 1967-84," *Applied Economics* 20（1988）。

只有两个估计系数不是在5%水平上的统计显著（表中用n标出）。注意：除了制成品之外，所有的产品组都有期望的$\hat{b}$的正负号，而且，制成品统计检验统计不显著。$\hat{c}$估计结果表明所有的产品组都是正常品（$\hat{c}>0$）。可以看出，较之线性形式，使用对数－线性形式，我们可以更容易地估计需求弹性。

7.3 价格制定企业的需求估计

正如前面我们提到，需求函数系数的估计可以使用回归分析的方法完成。然而，不同的参数估计方法取决于需要估计需求的企业是价格制定者，还是价格接受者。就像前面谈到的，估计行业面对的需求，比估计单个企业需求要求更高级的统计方法。[⊖]于是，我们将本书估计需求的讨论限定在价格制定企业。在本节中，我们将向你展示如何运用第4章提出的一般回归来估计单个价格制定企业的需求。

在讨论用估计价格制定企业需求函数之前，我们给你下面步骤的指导。

第一步：明确价格制定企业的需求函数

正如我们在第7.2节中讨论的，选择线性或者非线性函数的形式，决定哪些导致需求曲线移动的变量，要与商品或服务的价格一起被纳入经验需求公式。

第二步：收集企业需求函数中变量的数据

产量、价格，和在第一步中明确的导致需求曲线移动的变量数据，都必须收集。

第三步：估计价格制定企业的需求

企业需求函数的参数可以通过第4章提出的线性回归分析的程序来估计。然后，需求弹性可以像前面第7.2节讨论的那样被计算出来。

例：比萨饼的需求估计

现在我们开始解释，价格制定企业如何为其产品估计需求函数。我们假设Checkers Pizza公司，是休斯敦附近Westbury镇上仅有的从事家庭比萨饼送货业务的两家公司之一，公司的经理安妮知道，她的顾客对于价格是非常敏感的，镇上的比萨饼购买者很关注她与她的竞争者的价格变化。她的竞争者欧文提供与她相似的产品与服务。

安妮决定估计她的比萨饼经验需求函数，她收集了过去24个月公司的比萨饼销售数量以及价格的数据，而且还保留着那段时间中欧文公司的比萨饼价格记录。安妮可以从小镇的经济发展中心获得小镇居民的人均收入。邻近的其他竞争者是麦当劳连锁店，安妮可以从旧报纸的广告上了解它们的价格信息。她使用从商业现状调查[⊜]上得到的紧缩指数，调整了通货膨胀的影响。为了确定市场中购买者数量N，安妮收集了小镇上人口信息，并发现在过去24个月中，小镇上人口没有太大变化，所以安妮把N从函数中剔除。她收集的数据见本章末附录表。

因为Checkers Pizza公司的比萨饼价格是由安妮制定的（她有一定的市场力），她用线性回归估计经验需求方程。安妮首先根据数据估计了下面这个线性需求函数的参数：

⊖ 对估计回归方程的参数的最小二乘法而言，为了产生回归参数的无偏估计，解释变量不能与方程的随机误差项相关。实际上，本书所有谈到的应用问题所涉及的解释变量，都不会与方程的随机误差项相关。然而，有一个重要的特例，它涉及行业需求估计，因为产品价格是需求方程的解释变量，随需求和供给变化。结果，价格接受企业正确估计行业需求，要求使用一种特殊的技术，称为最小二乘法（2SLS）。本书的网站（www.mhhe.com/thomas11e）在线题目1会向你解释如何使用2SLS，估计完全竞争行业供给和需求方程，并预测未来行业的价格和数量。

⊜ 商业现状调查可以在美国商业部经济分析局的网页上找到：www.bea.gov/scb。在表C1上列出了从1959年到目前按季度的隐性价格指数，“GDP and Other Major NIPA Aggregates”。

$$Q = a + bP + cM + dP_{\text{AL}} + eP_{\text{BMac}}$$

式中 Q——比萨饼的需求量；

P——比萨饼的价格；

M——小镇居民的平均收入；

P_{AL}——欧文公司的价格；

P_{BMac}——麦当劳公司的价格。

下面是计算机的计算结果：

DEPENDENT VARIABLE: Q		R-SQUARE	F-RATIO	P-VALUE ON F
OBSERVATIONS: 24		0.955 5	101.90	0.000 1
	PARAMETER	STANDARD		
VARIABLE	ESTIMATE	ERROR	T-RATIO	P-VALUE
INTERCEPT	1 183.80	506.298	2.34	0.030 5
P	−213.422	13.486 3	−15.83	0.000 1
M	0.091 09	0.012 41	7.34	0.000 1
PAL	101.303	38.747 8	2.61	0.017 1
PBMAC	71.844 8	27.099 7	2.65	0.015 8

安妮验证了4个参数$\hat{b}$、$\hat{c}$、$\hat{d}$和$\hat{e}$的显著性水平为1%上统计显著，自由度为19（$n-k=24-5$）的临界t值在显著性水平为2%的情况下为2.539，对4个参数进行t检验，值都大于2.539，说明4个系数都是显著的。安妮看到，对4个参数的p值进行t检验，结果显著性水平都远小于1%（这就是说置信度大于99%），并且能非常满意地看到模型可以解释95.5%的比萨饼销售量的变化（$R^2=0.955\ 5$），而且模型整体非常显著，表现在F统计的p值等于0.000 1。

安妮决定计算在Westbury这个小镇上，过去24个月的比萨饼市场中典型的点，关于P、M、P_{AL}、P_{BMac}的需求弹性。这些值为$P=9.05$，$M=26\ 614$，$P_{\text{AL}}=10.2$，$P_{\text{BMac}}=1.15$

在此情况下的需求曲线，比萨饼的销量为

$$Q = 1\ 183.80 - 213.422\times 9.05 + 0.091\ 09\times 26\ 614 + 101.303\times 10.12 + 71.844\ 8\times 1.15 = 2\ 784.4$$

需求弹性的计算我们都十分熟悉了：

$$\hat{E} = \hat{b}(P/Q) = -213.422\times(9.05/2\ \ 784.4) = -0.694$$

$$\hat{E}_M = \hat{c}(M/Q) = 0.091\ \ 09\times(26\ \ 614/2\ \ 784.4) = 0.871$$

$$\hat{E}_{X\text{Al}} = \hat{d}(P_{\text{Al}}/Q) = 101.303\times(10.12/2\ \ 784.4) = 0.368$$

$$\hat{E}_{X\text{BMac}} = \hat{e}(P_{\text{BMac}}/Q) = 71.844\ \ 8\times(1.15/2\ \ 784.4) = 0.030$$

安妮的计算结果显示，她的比萨饼定价于需求价格缺乏弹性（$|\hat{E}|<1$）点。居民平均收入每增加10%，比萨饼的销售量就会增加8.71%。在小镇中，比萨饼是正常品。而交叉价格弹性$\hat{E}_{X\text{Al}}$告诉我们，若欧文比萨饼的价格上升10%，安妮比萨饼的销售量上升3.68%。尽管在函数估计中，麦当劳公司的产品价格扮演着一个相当重要的角色，但其对安妮公司的影响却非常小，事实上，麦当劳公司的产品价格下降10%，安妮公司的比萨饼销售量才会下降0.30%。在Westbury镇上的居民并不欢迎麦当劳替代安妮的比萨饼。

尽管安妮对线性需求函数的结果很满意，很好地解释了比萨饼销量的变化。她还是决定要用非线性形式进行估计，以做比较。安妮选择了对数－线性形式：

$$Q = aP^bM^cP_{\text{AL}}^dP_{\text{BMac}}^e$$

此方程（两边取对数）为

$$\ln Q = \ln a + b\ln P + c\ln M + d\ln P_{AL} + e\ln P_{\text{BMac}}$$

回归结果如下：

DEPENDENT VARIABLE: LNQ		R-SQUARE	F-RATIO	P-VALUE ON F
OBSERVATIONS: 24		0.949 2	88.72	0.000 1
	PARAMETER	STANDARD		
VARIABLE	ESTIMATE	ERROR	T-RATIO	P-VALUE
INTERCEPT	−0.725 17	1.314 37	−0.55	0.587 6
LNP	−0.662 69	0.044 77	−14.80	0.000 1
LNM	0.877 05	0.129 43	6.78	0.000 1
LNPAL	0.506 76	0.149 01	3.40	0.003 0
LNPBMAC	0.028 43	0.010 73	2.65	0.015 8

尽管对数 – 线性模型的 F 值和 R^2 略小于线性函数，并且截距估计统计在任何一个常用的显著水平上度量都不显著，对数 – 线性函数仍不失为一种不错的形式。我们知道：在对数 – 线性形式中，斜率参数估计就是相应的弹性，尽管在此题中对数 – 线性形式和线性形式中的弹性估计非常接近，但并不等于所有的情况下，二者都十分接近。一般来说，如果弹性是变化的，我们应采用线性形式，反之，如果弹性是不变的，我们应采用对数 – 线性形式。在这道题中，安妮可以采用任意一个经验需求函数为其企业决策。

◇专栏 7-2

喷气式飞机的需求估计

我们的前人在他们的职业生涯中已经有许多成功的经验。尽管那些成功是用于活塞发动机和涡轮发动机的飞机，但我们认为这些成功对于你预测喷气式飞机市场是有价值的。这个例子中我们将注重研究喷气式飞机的需求。

在最近的对飞机需求的经验研究中，麦道公司（McDougall and Cho）采用的方法与我们在本章中讲述的类似。㊀我们下面就来看，他们是怎样用回归分析来估计喷气式飞机市场需求的。为了估计对喷气式飞机的需求，麦道公司把喷气式飞机的需求函数定义为

$$Q_J = f(P, P_R, M, D)$$

式中 Q_J—— 新喷气式飞机的需求；
P—— 新的喷气式飞机价格；
P_R—— 二手喷气式飞机的价格；
M—— 购买者的收入；
D—— 会计上俗称哑变量，销量的季节性因素。

因为喷气式飞机的二手交易十分广泛，二手飞机的价格就应包括在需求方程中，我们应注意：P 与 P_R 都不是实际支付的飞机的价钱，而是使用成本。每架飞机的使用寿命并不仅仅是一个期间，还包括飞行里程的使用成本，其计算是：每公里的运行价格（飞机的购买价格除以飞机寿命期提供的运输服务里程，并注意飞机折旧价格的调整）× 飞行里程。

购买者收入近似等于公司利润，因为大部分的小型喷气式飞机购买者都是公司，用来估计需求方程的数据是每季度收集一次（从 1981 年第 1 季度到 1985 年第 3 季度）。很多公司因为税收原因往往在年末购买飞机，因此飞机销售量在第 4 季度会高出很多。为调整这种季节性特征，

㊀ 本例中的经验结果摘自：Gerald S. McDougall and Dong W. Cho, "Demand Estimates for New General Aviation Aircraft: A User-Cost Approach," *Applied Economics*, 20（1988）。

我们引入了一个哑变量 D，在第 4 季度这个值取 1，其他季度这个值取 0。这样，在第 4 季度，哑变量改变了方程的右端项，我们将在第 7.5 节中完整地叙述哑变量是如何调整季节性的。

至此，我们可以写出需求函数：

$$Q_J = a + bP + cP_R + dM + eD_4$$

麦道公司使用了一般最小二乘法而非二步最小二乘法来估计需求，因为他们注意到喷气飞机的供给曲线几乎完全水平，也就是说新型喷气式飞机的价格与产量无关，市场价格是由供给曲线的水平位置决定的，而这个位置是外生决定的，所以价格是一个外生变量，这样，一般最小二乘法就适用了。最终的计算结果如下。

DEPENDENT VARIABLE: QJ		R-SQUARE	F-RATIO	P-VALUE ON F
OBSERVATIONS: 18		0.862 3	20.35	0.000 1
	PARAMETER	STANDARD		
VARIABLE	ESTIMATE	ERROR	T-RATIO	P-VALUE
INTERCEPT	17.33	43.325 0	0.40	0.695 6
P	−0.000 16	0.000 041	−3.90	0.001 8
PR	0.000 50	0.000 104	4.81	0.000 3
M	−0.850 10	0.726 6	−1.17	0.263 0
D4	31.99	8.742 8	3.66	0.003 0

理论上，估计出的系数正负号应为：（1）$\hat{b}<0$，因为价格上升，飞机需求将会下降；（2）$\hat{c}>0$，因为新旧飞机之间为替代关系；（3）$\hat{d}>0$，因为飞机为正常品；（4）$\hat{e}>0$，因为由于纳税的作用，年末时喷气式飞机需求将上升。除$\hat{d}$外，所有系数的估计均与理论值相吻合。

p 值表明，除 M 以外，模型中所有的变量的对于飞机需求量作用都是统计显著的；此模型也从整体上很好地解释了飞机销售中的变化——86% 的变化可以被此模型解释（$R^2=0.862\ 3$），F 值表明，此模型中的显著性水平为 0.01%。

麦道公司同时估计了 1985 年的价格弹性和交叉价格弹性：

$$E = \hat{b}\frac{P_{1985\text{III}}}{Q_{1985\text{III}}} = -3.95$$

$$E_{NU} = \hat{c}\frac{P_{R'1985\text{III}}}{Q_{1985\text{III}}} = 6.41$$

E_{NU} 是新飞机的销售量与旧飞机价格之间的交叉价格弹性。价格弹性表明，新喷气式飞机的需求量与其价格变化之间的关系是十分灵敏的（$|E|>1$）。同时，交叉价格弹性也表明，二手飞机的价格每下降 10%，新飞机的需求量将会下降 64.1%。二手飞机是新飞机很好的替代品。如此大的交叉价格弹性，飞机制造商们不得不严密注视二手飞机市场的价格变化，而且我们建议所有学习管理经济学的学生，在购买新飞机之前，要注意二手飞机市场的情况。

7.4 时间序列预测销售量和价格

正如本章开篇所述，我们将讨论限定在时间序列模型。时间序列就是对一个变量按简单的时间顺序进行观测。应用时间序列模型对未来值进行预测时，通常只选用变量的历史数据，时间序列模型描述了这些数据的产生方式。因此，在使用时间序列模型进行预测时，必须首先确定一个数学模型表述数据产生的程序。我们先讨论一个常用模型，然后分别给出价格预测和销售量预测的例子。

7.4.1 线性趋势预测法

线性趋势是最简单的时间序列预测法。使用这种模型时，我们先假定，销售量或价格随时间的变化呈线性增长或降低，例如，图 7-1 中列出的 10 个数据点是公司在 2007 ～ 2016 年的销售量，利用简单的回归分析计算出最吻合这些离散点的直线，图中实线已标出。这条线反映了销售量的增长趋势。假设将来的销售量仍遵循这种趋势，那么将来任何时间的销售量都可由这条趋势线来预测。我们可以延长趋势线，并且在指定期间的延长线上得到相应的预测值，图 7-1 中已标出了 2017 年和 2022 年的销售预测（$\hat{Q}_{2017}$和$\hat{Q}_{2022}$）。

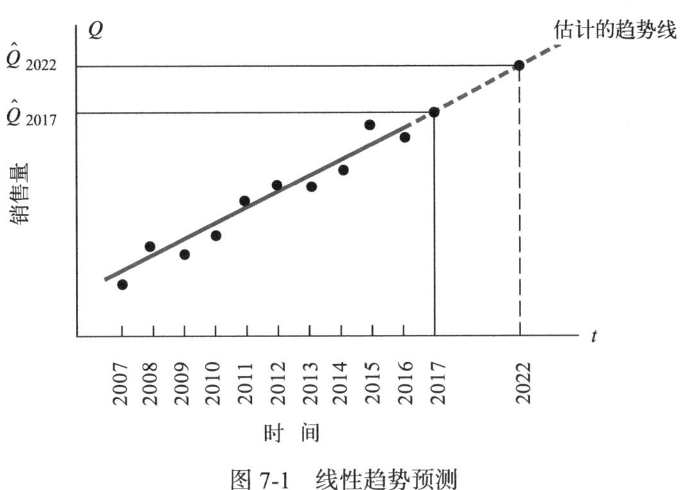

图 7-1　线性趋势预测

分析这一过程，我们假设销量和时间之间是线性关系：

$$\hat{Q}_t = a + bt$$

应用 2007 ～ 2016 年的 10 个观察值，我们考虑以年为单位表示时间的自变量（$t = 2007, 2008, \cdots, 2016$）和单位为美元的表示销售量的因变量，得到估计的趋势线

$$\hat{Q}_t = \hat{a} + \hat{b}t$$

这条线与历史数据最为吻合。检验销售量的趋势是正还是负，至关重要。如前文所讲，如果$\hat{b}$的值不接近于零，不论是对统计显著性进行 t 检验，还是检验 $\hat{b}$ 的 p 值，这个趋势都可以很容易确定。如果$\hat{b}$是正的，且具有显著性，那么销售量的变化趋势是上升的；如果$\hat{b}$是负值且显著，则销售量呈下降趋势。不过，如果$\hat{b}$不显著，假设 $b = 0$，销售量持平，也就是说，销售量和时间之间没有关系，销售量的所有变动都是随机的。

如果这种估测能有效地反映历史数据的变化趋势，就可以利用估计出的趋势线预测今后的销售量。例如，如果经营者要预测 2017 年的销售量，可以代入公式：

$$\hat{Q}_{2017} = \hat{a} + \hat{b} \times (2017)$$

7.4.2 例：Terminator Pest Control 公司的销售预测

2017 年 1 月，Arnold Sehwartz 在亚特兰大开办了一家小型的灭虫公司 TPC，其服务对象主要是城郊居民。公司开业 15 个月后，即 2017 年 3 月底，Arnold 决定向银行申请一笔商业贷款用以购买一辆灭虫车。但是银行不愿提供贷款，对该公司开业 15 个月以来，销售量没有明显增长表示担忧。银行要求 Arnold 对以后 3 个月的销售量进行预测（4 月、5 月、6 月）。

Arnold 决定亲自动手，以以前的销售量为基础，用时间序列模型进行预测。他收集了过去 15 个月的销售量数据（销售量以每月公司提供服务的家庭为单位），设定了一个持续的时间变量，连续地标注月份，如：2016 年 1 月 = 1，2016 年 2 月 = 2，……数据分布图见图 7-2。

Arnold 估计模型为线性：$Q_t = a + bt$，由计算机处理后结果如下：

DEPENDENT VARIABLE: Q		R-SQUARE	F-RATIO	P-VALUE ON F
OBSERVATIONS: 15		0.9231	156.11	0.000 1
	PARAMETER	STANDARD		
VARIABLE	ESTIMATE	ERROR	T-RATIO	P-VALUE
INTERCEPT	46.57	3.29	14.13	0.000 1
T	4.53	0.36	12.49	0.000 1

时间变量的 t 比为 12.49，大于 1% 显著水平下 t 的临界值为 3.102。公司的销售量显示了向上的趋势。2017 年 4 月、5 月和 6 月的销售量估计为

$$2017\text{ 年 4 月}：\hat{Q}_{16} = 46.57 + 4.53 \times 16 = 119$$

$$2017\text{ 年 5 月}：\hat{Q}_{17} = 46.57 + 4.53 \times 17 = 123.6$$

$$2017\text{ 年 6 月}：\hat{Q}_{18} = 46.57 + 4.53 \times 18 = 128.1$$

考虑到该公司的销售量呈增长趋势，并且将来的销售量有望继续增长，银行决定提供给 TPC 公司贷款。

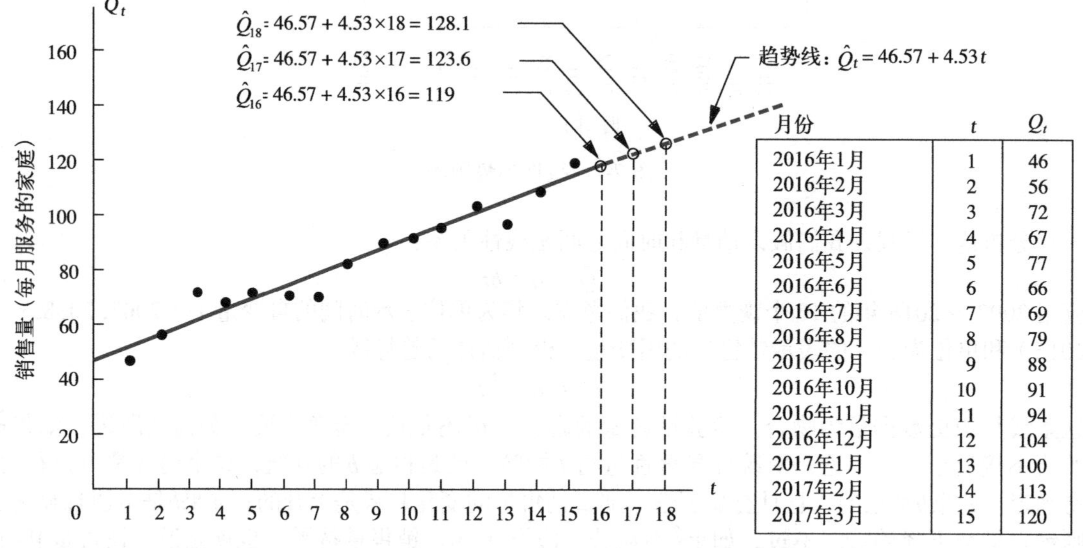

月份	t	Q_t
2016年1月	1	46
2016年2月	2	56
2016年3月	3	72
2016年4月	4	67
2016年5月	5	77
2016年6月	6	66
2016年7月	7	69
2016年8月	8	79
2016年9月	9	88
2016年10月	10	91
2016年11月	11	94
2016年12月	12	104
2017年1月	13	100
2017年2月	14	113
2017年3月	15	120

图 7-2 Terminator Pest Control 公司的销售量预测

7.4.3 例：佐治亚木材价格预测

假设你在佐治亚州南部的一家木材加工厂工作，经理要求你预测下两个季度的木材价格，从 2014 年第 3 季度到 2016 年第 2 季度的 8 组数据已有，你估计其呈线性变化。由计算机处理后结果如下：

DEPENDENT VARIABLE: P		R-SQUARE	F-RATIO	P-VALUE ON F
OBSERVATIONS: 8		0.767 3	19.79	0.004 3
	PARAMETER	STANDARD		
VARIABLE	ESTIMATE	ERROR	T-RATIO	P-VALUE
INTERCEPT	2 066.0	794.62	2.60	0.040 7
T	25.00	5.62	4.45	0.004 3

参数$\hat{a}$和$\hat{b}$在 5% 的显著性水平下都是显著的，因为它们的 t 比都大于 5% 显著性水平的 t 的临界值 2.447（p 值都小于 0.05），因此，从 2014 年第 3 季度开始，木材的实际价格呈上升趋势。在该样本期间内（2014 年第 3 季度到 2016 年第 2 季度），每吨木材价格平均每季度上升 25 美元。

下面两个季度的木材价格计算如下：

$$\hat{P}_{2016(\text{III})} = 2\ 066 + 25 \times 9 = 2\ 291 \text{（美元）}$$

$$\hat{P}_{2016(\text{IV})} = 2\ 066 + 25 \times 10 = 2\ 316 \text{（美元）}$$

通过上面两个假设例子可以看出，在预测销售量和价格时，线性预测法简便有效。实际上，只要有足够的数据，这种方法可以预测任何经济参数的变化。

7.5 季节性（周期性）变化

时间序列数据通常都很有规律，随时间的变化而呈**季节性**（seasonal）或**周期性变化**（cyclical variation）。在估计预测公式时，如果不把这些周期性变化考虑在内，会对预测结果产生较大的影响。通常，当使用季度销售量或月份销售量进行预测时，就容易出现季节性变化——许多产品的销售量都按月或季度有规律地变化，例如，在服装零售业中，复活节和圣诞节前销量会明显升高。因此，第 2 季度、第 4 季度的销售量比另两个季度要高。通过这些例子，你肯定希望能把这些有规律的变化归纳在一起，来修正公式，预测将来的销售情况。我们讲述最常见的处理周期变化的方法。

7.5.1 利用哑变量修正季节性变化

看下面这个简单的例子，一个公司，只生产并销售一种产品，其第 4 季度的销售量，总比另 3 个季度要高，假定其数据分布见图 7-3。4 年中，每年第 4 季度的销售量所对应的点都要高于其他 3 个季度，虽然销售量的变化存有一个明显的时间趋势，如果只简单地分析其随时间的变化，而没注意到第 4 季度的特殊情况，很容易得出过大的增长趋势（倾斜度过大）。实际上，第 4 季度的趋势线已经上移了。如图 7-4 所示，第 4 季度的截距比其他季度要高，即 $a' > a$。令 $a' = a + c$，来确定 a' 与 a 之间的关系，这里 c 是正数，所以，我们所求的回归线变成如下形式：

$$\hat{Q}_t = a + bt + c$$

在前 3 个季度里 $c = 0$。

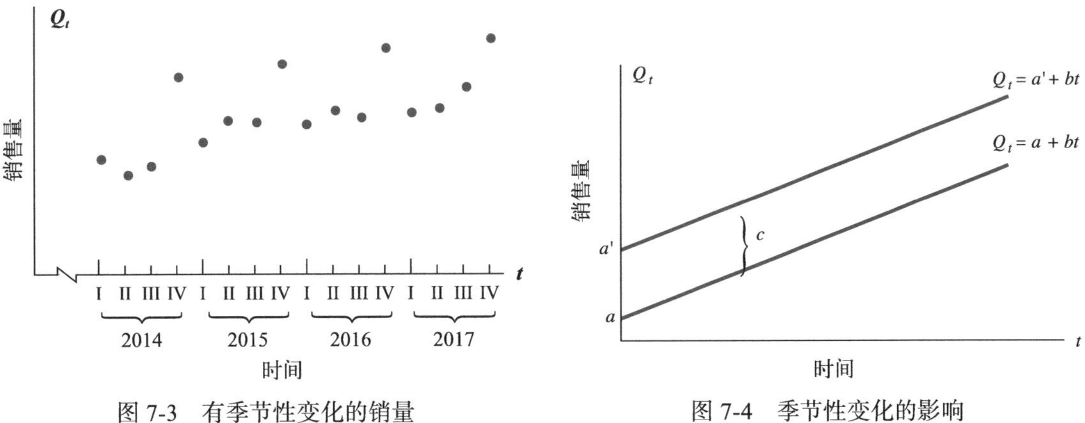

图 7-3 有季节性变化的销量

图 7-4 季节性变化的影响

为得出上面的式子，统计学家引入所谓的哑变量。**哑变量**（dummy variable）是指只能取 0 或 1 的变量，在上面的例子中，第 4 季度我们令哑变量 $D = 1$，其他 3 个季度内 $D = 0$，

表 7-1 所列数据中，Q_t 表示第 t 期的销售量，第 4 季度 $D=1$，其余季度 $D=0$。由于使用的是季度数据，因此，我们把时间转化为整数以得到一个连续的时间变量，用这些数据，得出下面的式子：

$$Q_t = a + bt + cD$$

表 7-1 哑变量

Q_t	t	D	Q_t	t	D	Q_t	t	D	Q_t	t	D
$Q_{2014(I)}$	1	0	$Q_{2015(I)}$	5	0	$Q_{2016(I)}$	9	0	$Q_{2017(I)}$	13	0
$Q_{2014(II)}$	2	0	$Q_{2015(II)}$	6	0	$Q_{2016(II)}$	10	0	$Q_{2017(II)}$	14	0
$Q_{2014(III)}$	3	0	$Q_{2015(III)}$	7	0	$Q_{2016(III)}$	11	0	$Q_{2017(III)}$	15	0
$Q_{2014(IV)}$	4	1	$Q_{2015(IV)}$	8	1	$Q_{2016(IV)}$	12	1	$Q_{2017(IV)}$	16	1

上面已讲述了两个方程，如图 7-4 所示，两个方程的斜率相同，均为$\hat{b}$，第 1 季度、第 2 季度、第 3 季度的截距为$\hat{a}$，第 4 度的截距为$\hat{a}+\hat{c}$，这个结果意味着，在将来任何时间 t，销售量的预测值为

$$\hat{Q}_t = \hat{a} + \hat{b}t$$

若 t 在第 4 季度内，则销售额为

$$\hat{Q}_t = \hat{a} + \hat{b}t + \hat{c} = (\hat{a} + \hat{c}) + \hat{b}t$$

参照表 7-1 中的数据，如果经营者希望预测 2018 年第 3 季度的销售量，可以用下式：

$$\hat{Q}_{2018(III)} = \hat{a} + \hat{b}(19)$$

如果要预测 2018 年第 4 季度的销售量，则为

$$\hat{Q}_{2018(IV)} = (\hat{a} + \hat{c}) + \hat{b}(20)$$

也就是说，如果预测第 4 季度的销售量，需要在预测式中加上$\hat{c}$。㊀

更进一步来看，季度之间的销售量也可能不同。(那么，图 7-4 中将有 4 条趋势线)，这种情况要使用三个哑变量，D_1（第 1 季度为 1，其他为 0）D_2（第 2 季度为 1，其他为 0）D_3（第 3 季度为 1，其他季度为 0）。㊁管理者估计公式为

$$Q_t = a + bt + c_1D_1 + c_2D_2 + c_3D_3$$

第 1 季度的截距为 $a+c_1$，第 2 季度为 $a+c_2$，第 3 季度为 $a+c_3$，第 4 季度为 a。

为预测某季度销售量，需要在式子中引入该季度的哑变量参数，例如预测第 3 季度，则公式为

$$\hat{Q}_t = \hat{a} + \hat{b}t + \hat{c}_3$$

也许，我们最好举个例子，来解释如何应用哑变量解决周期变化问题。

7.5.2 例：哑变量技术

Statewide Trucking 公司的销售经理 Jean Reynolds 要预测 2019 年 4 个季度的销售量，Statewide Trucking 公司的销售量有一个随时间变化的趋势，且随季节呈周期性变化，Reynolds 查找出公司在 2015 ～ 2018 年各季度的销售数据，如表 7-2 所示，由于使用的是季度数据，所以表中第（4）栏的时间也转化为以季度为单位。

在大学里学习管理经济学课程时，Reynolds 了解到，要得到所需的销售量预测结果，需要找出一个包含有 3 个哑变量的公式（哑变量的个数比周期所分割成的时间段少 1 个）。

$$Q_t = a + bt + c_1D_1 + c_2D_2 + c_3D_3$$

㊀ 在整个讨论中，我们假设趋势线斜率相同，只有截距不同。哑变量也可以用于反映斜率的不同。这一技术超出了本书的范畴，我们建议有兴趣的读者参见 Damodar Gujarati, *Basic Econometrics*, 5e (New York: McGraw-Hill, 2009)。

㊁ 类似地，如果每月不同，11 个哑变量将用于解释截距的每月变化。当使用哑变量时，一定总是哑变量的个数比考虑的周期少 1。

式中，D_1、D_2、D_3 分别是第 1、2、3 季度的哑变量，代入表 7-2 的数据加以处理，得下述结果：

DEPENDENT VARIABLE: QT		R-SQUARE	F-RATIO	P-VALUE ON F
OBSERVATIONS: 16		0.996 5	794.126	0.000 1
	PARAMETER	STANDARD		
VARIABLE	ESTIMATE	ERROR	T-RATIO	P-VALUE
INTERCEPT	139 625.0	1 743.6	80.08	0.000 1
T	2 737.5	129.96	21.06	0.000 1
D1	−69 788.0	1 689.5	−41.31	0.000 1
D2	−58 775.0	1 664.3	−35.32	0.000 1
D3	−62 013.0	1 649.0	−37.61	0.000 1

由上面的预测结果可以看出，销售量的变化趋势是向上的（$\hat{b}>0$），为确认这个结果是否显著，可以对 $\hat{b}$ 进行 t 检验，或计算 $\hat{b}$ 的 p 值。$\hat{b}$ 的 t 值为：$t_{\hat{b}}=21.06$。自由度为 $16-5=11$ 时，t 的临界值为 2.201（显著水平为 5%），由于 $21.06>2.201$，所以 $\hat{b}$ 是显著的，b 的 p 值非常小，只有 0.01%，所以出现第 I 类错误（误判显著性）的概率几乎为零，因此 Reynolds 完全有理由认为变化趋势为上升的。

表 7-2　Statewide Trucking 公司季度销售额（2015 ～ 2018 年）

(1)	(2)	(3)	(4)	(5)	(6)	(7)
年	季度	销售额 / 美元	t	D_1	D_2	D_3
2015	1	72 000	1	1	0	0
	2	87 000	2	0	1	0
	3	87 000	3	0	0	1
	4	150 000	4	0	0	0
2016	1	82 000	5	1	0	0
	2	98 000	6	0	1	0
	3	94 000	7	0	0	1
	4	162 000	8	0	0	0
2017	1	97 000	9	1	0	0
	2	105 000	10	0	1	0
	3	109 000	11	0	0	1
	4	176 000	12	0	0	0
2018	1	105 000	13	1	0	0
	2	121 000	14	0	1	0
	3	119 000	15	0	0	1
	4	180 000	16	0	0	0

Reynolds 计算出每季度的趋势线截距：

第 1 季度：$\hat{a}+\hat{c}_1=139\ 625-69\ 788=69\ 837$

第 2 季度：$\hat{a}+\hat{c}_2=139\ 625-58\ 775=80\ 850$

第 3 季度：$\hat{a}+\hat{c}_3=139\ 625-62\ 013=77\ 612$

第 4 季度：$\hat{a}=139\ 625$

这些数据说明，第 1、第 2、第 3 季度的销售量要低于第 4 季度，常要考虑的问题是：这些截距是否明显偏低呢？

为解答这一问题，Reynolds 决定把第 1 季度和第 4 季度做比较，第 1 季度的截距是$\hat{a}+\hat{c}_1$，第 4 季度的截距为$\hat{a}$，$\hat{a}+\hat{c}$远远低于$\hat{a}$，那么$\hat{c}$就远小于零，即如果

$$\hat{a}+\hat{c}_1<\hat{a}$$

则$\hat{c}<0$。Reynolds 已知道$\hat{c}_1$是负值，下面可以用 t 检验法判断其是否远小于 0。$\hat{c}_1$的值是 -41.31，$|-41.31|>2.201$，所以$\hat{c}_1$远小于 0，这说明第 1 季度的截距（或销售量）小于第 4 季度。$\hat{c}_2$、$\hat{c}_3$的 t 值分别是 -35.32 和 -37.61，都高于 2.201（绝对值），第 2 季度、第 3 季度的截距也都低于第 4 季度，据此，Reynolds 认为在第 4 季度，销售量会有明显的上升。

现在她可以预测 2019 年各季度的销售量了，第 1 季度，$t=17$，$D_1=1$，$D_2=0$，$D_3=0$，预测结果为

$$\begin{aligned}\hat{Q}_{2019(\mathrm{I})}&=\hat{a}+\hat{b}\times 17+\hat{c}_1\times 1+\hat{c}_2\times 0+\hat{c}_3\times 0=\hat{a}+\hat{b}\times 17+\hat{c}_1\\&=139\ 625+2\ 737.5\times 17-69\ 788=116\ 374.5\end{aligned}$$

同理计算其他三个季度的销售量：

$$2019(\mathrm{II}):\ \hat{Q}_{2019(\mathrm{II})}=\hat{a}+\hat{b}\times 18+\hat{c}_2=139\ 625+2\ 737.5\times 18-58\ 775=130\ 125$$

$$2019(\mathrm{III}):\ \hat{Q}_{2019(\mathrm{III})}=\hat{a}+\hat{b}\times 19+\hat{c}_3=139\ 625+2\ 737.5\times 19-62\ 013=129\ 624.5$$

$$2019(\mathrm{IV}):\ \hat{Q}_{2019(\mathrm{IV})}=\hat{a}+\hat{b}\times 20=139\ 625+2\ 737.5\times 20=194\ 375$$

在上面的这个例子中，我们只考察了季度的变化，这种方法也同样适用于月度数据以及其他周期变化。另外，由于应用此方法时一般都涉及季节变化或周期变化，所以常采用哑变量（或其他的预测变量）来描述由于意外事件造成的销售量的变化，如战争、自然灾害，甚至竞争对手的生产设备的改良，我们把哑变量法概述如下。

关系

当季节变化使得需求方程的截距有规律地进行周期性变化时，我们可以在原来估计出的预测方程中引入哑变量，表示周期变化。如果要描述 N 个季节，需求方程中要引入 $N-1$ 个哑变量，每个变量代表一个季节，代入当期数据时，其值为 1，否则为 0，这种方法允许需求方程的截距随季节变动。

在结束时间序列模型之前，有一点要提醒大家，线性趋势模型只不过是众多可用于预测经济变化的时间序列模型中的一种，或许也是最简单的一种。更先进的时间序列模型，其大量数据随时间的变化不仅是线性，而且是周期性循环，这些方法，包括 moving-average 模型、exponential smoothing 模型和 Box-Jenkins 模型，都已经超出了一本管理学教材的范围。实际上，你可以选修完整的经济预测课程，里面会教授如何运用其中的一些更为复杂的时间序列模型来进行预测。但是，复杂的方法往往不是必需的，或充其量只在线性趋势分析基础上做一些轻微的改进。专栏 7-3 中会基于线性趋势预测的方法，使用 2012 ～ 2014 期间的实际销售数据来预测新房销售。

◇专栏 7-3

新房销售预测：时间序列预测法

假定 2015 年 1 月，美国某房地产公司的市场分析家要对 2015 年 3 月美国新房销售进行预测，我们看他是如何使用时间序列法，对新房销售进行预测？表中第 1 ～ 3 列列出了 2012 ～ 2014 年新房销售量的确切数据，以 Q_t 表示。这些数据可以通过美国住宅和城市发展部开发的网址：http://www.census.gov/newhomesales 找到。

2012～2014年美国新房月销量

(1)年	(2)月	(3)销售量	(4)t	(5)D_1	(1)年	(2)月	(3)销售量	(4)t	(5)D_1
2012	1	23 000	1	0		7	33 000	19	1
	2	30 000	2	0		8	31 000	20	1
	3	34 000	3	1		9	31 000	21	0
	4	34 000	4	1		10	36 000	22	0
	5	35 000	5	1		11	32 000	23	0
	6	34 000	6	1		12	31 000	24	0
	7	33 000	7	1	2014	1	33 000	25	0
	8	31 000	8	1		2	35 000	26	0
	9	30 000	9	0		3	39 000	27	1
	10	29 000	10	0		4	39 000	28	1
	11	28 000	11	0		5	43 000	29	1
	12	28 000	12	0		6	38 000	30	1
2013	1	32 000	13	0		7	35 000	31	1
	2	36 000	14	0		8	36 000	32	1
	3	41 000	15	1		9	37 000	33	0
	4	43 000	16	1		10	36 000	34	0
	5	40 000	17	1		11	31 000	35	0
	6	43 000	18	1		12	30 000	36	0

资料来源：美国住房与城市发展部。网址：http://www.census.gov/newhomesales。

市场分析师以线性趋势预测销售量，并估计出下面的线性公式：

$$Q_t = a + b_t$$

式中，$\hat{Q}_t$是第t月份售出的房数，$t=1, 2, \cdots, 36$。由于上述数据都是以月给出的，所以分析师必须把它们转换成整序数，如表中第4列所示（现在暂时不考虑第5列）。如果分析师要对新房销售量的36个时间序列观测值进行回归分析，得出如下计算结果：

DEPENDENT VARIABLE: QT		R-SQUARE	F-RATIO	P-VALUE ON F
OBSERVATIONS: 36		0.120 2	4.64	0.038 3
	PARAMETER	STANDARD		
VARIABLE	ESTIMATE	ERROR	T-RATIO	P-VALUE
INTERCEPT	31 361.9	1 492.59	21.01	0.000 1
T	151.609	70.348 5	2.16	0.038 3

估计的预测线为：$\hat{Q}_t = 31\ 361.9 + 151.609t$

$\hat{b}$的值是正的，($\hat{b}=151.609$)，说明在2012～2014年期间销售量是上升的，分析人员需要估定$\hat{b}$的统计显著性，$\hat{b}$的p值小于0.05%，有力地证明了2012～2014年间新房销售量的上升趋势。由图也可看出，尽管这个模型的统计显著性好于5%的显著水平（准确地说是3.83）。但是，R^2表明拟合得不好。时间趋势的统计显著性好于5%，大概只有销售房屋总变量的12%可以被时间（t）解释。大约88%的销售变量仍然不能被解释，这意味着需要在时间变量（t）以外，增加新的变量解释新房销售量对于时间的变动。

利用估计的线性倾向曲线，市场分析人员预测2015年3月（$t=39$）的销售量为：

$$\hat{Q}_{2015\,(3)} = 31\ 361.9 + 151.609 \times 39 = 37\ 275$$

这样通过线性倾向分析，2015年3月的新房销售量的预测值为37 275，而2015年3月的真实销售量为45 000。你可以在前面提到的互联网上验证这个数据。那么，分析师在利用趋势线预测时，就低估了17.2%[=(37 275−45 000)/45 000]的真实销售量，出现了较大的错误。

如果考虑到新房销售的季节性变化，市场分析师可以对预测方程进行修正，春夏两季，由于家庭购房增多，新房销售明显高于其他月份，现在我们考虑如何增加一个哑变量来表示这种季节性的变化，以提高预测的准确性。

分析人员定义 D_t 表示春夏两季新房销售的季节性增加量，当 $t=3$，…，8，15，…，20 和 27，…，32 时，$D_t=1$，其他月份 $D_t=0$。表中第（5）列给出了哑变量 D_t 的值。在原趋势线上加入哑变量，就得到了下面的估计方程：

$$Q_t = a + b_t + cD_t$$

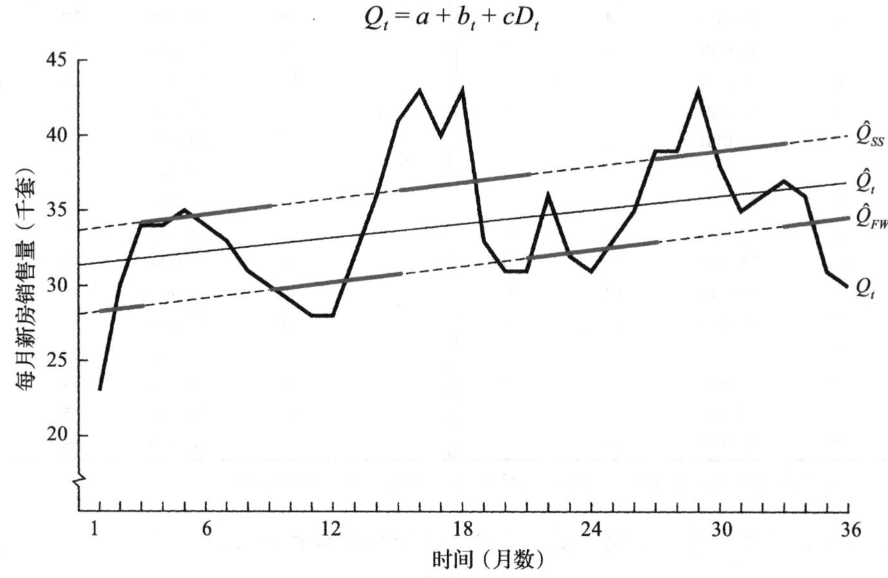

再用 2012 ～ 2014 年的销售数据进行回归分析，得下述结果：

DEPENDENT VARIABLE: QT		R-SQUARE	F-RATIO	P-VALUE ON F
OBSERVATIONS: 36		0.493 5	16.07	0.000 1
	PARAMETER	STANDARD		
VARIABLE	ESTIMATE	ERROR	T-RATIO	P-VALUE
INTERCEPT	28 095.3	13 26.76	21.18	0.000 1
T	177.449	54.433 9	3.26	0.002 6
D	5 577.12	1 130.95	4.93	0.000 1

正如第一次回归未进行季节调整那样，销售量的统计趋势是上升的。加入哑变量后，每个参数的 p 值都非常小，出现第 I 类型错误的概率小于 0.01%，并且在引入季节变量后，趋势线也变得更陡了（177.449 > 151.609）。

秋冬两季时（$D_t=0$），趋势线的截距为 28 095.3，而在春夏两季销售高峰季节，截距则为：

$$\hat{a}+\hat{c}=28\ 095.3+5\ 577.12=33\ 672.42$$

为了检验 $\hat{c}$ 的统计显著性，我们注意到 $\hat{c}$ 的 p 值小于 0.01%，说明 $\hat{c}=0$ 的概率小于 0.01%。统计结果表明，春夏两季的新房销售明显上升。3 月到 8 月比 9 月到 2 月平均每月多销售 5 577 套。换言之，进入销售旺季（3 月到 8 月）导致销售每月比淡季增加 5 577 套，每月比上月持续增加 177 套。

图中给出了春夏季的销售趋势线（$\hat{Q}_{SS}$）和秋冬两季的趋势线（$\hat{Q}_{FW}$）。可以看出两条线是平行的，但是春夏两季的销售线截距比秋冬的要高。秋冬两季的趋势线是较低一条实线部分，春夏两季的是这条线的较高的实线部分。由图上看出，经过季节调整后，估计的趋势线与实际情况更加吻合，R^2 也由 0.120 2 增加到 0.493 5。

现在我们考虑是否应该引入哑变量，哑变量是否有助于提高预测的准确性。概括调整后的趋势线，2015 年 3 月的销售量应为（$t=39$）：

$$\hat{Q}_{2015(3)} = 28\,095.3 + 177.449 \times 39 + 5\,577.1 = 40\,592.9$$

通过比较两组预测数据，我们可以发现经过调整后，预测的准确性增高了。考虑到季节变化后，预测值只比真实值低了 4 407 套，约为 9.8%[= (40 592.93 − 45 000)/45 000]，相对于调整前 37 275 的预测值，低 17.2% 的情况，这个值要小得多。新房销售的季节性使预测的误差降低了 43%。加入哑变量进行季节调整对于预测准确性显然是非常有用的。为了得到更准确的结果，分析人员可以采用一种更复杂的时间－序列方法，用周期性的曲线来拟合数据，能使预测值与实际值更加吻合。当然，这已超过了本书的范围，而且也并非一定能提高预测准确度。

7.6 几句忠告

我们经常会听到有关预测的一句话："靠水晶球生活的人，最终的下场只能是吃玻璃碴。"虽然我们并不急于对此下结论，但是对在预测中可能遇到的问题还是应该小心谨慎。我们所提示的问题包括置信区间、函数形式和结构变化。

为了介绍置信区间，我们再以简单的线性模型为例：

$$Q_t = a + bt$$

在求得模型之前，必须先确定两个系数 a 和 b，显然，我们得不到 a、b 的准确值。标准偏差就是反映各参数值的不确定性。

图 7-5 中，我们给出了从时间 t_1 到 t_n 期间的销售量的观测值。回归曲线经过各数据的平均值点（$\overline{Q}, \bar{t}$）。图 7-5a 中，如果只在估计斜率 b 时出现偏差，阴影区就是置信区域。图 7-5b 中，如果只有在估计截距 a 时出现偏差，图中的阴影区就是置信区域。对比于图 7-5c 中的阴影区是两种阴影区的合成，可以看出，t 离 t 的平均值越远，不确定的区域变得越宽。

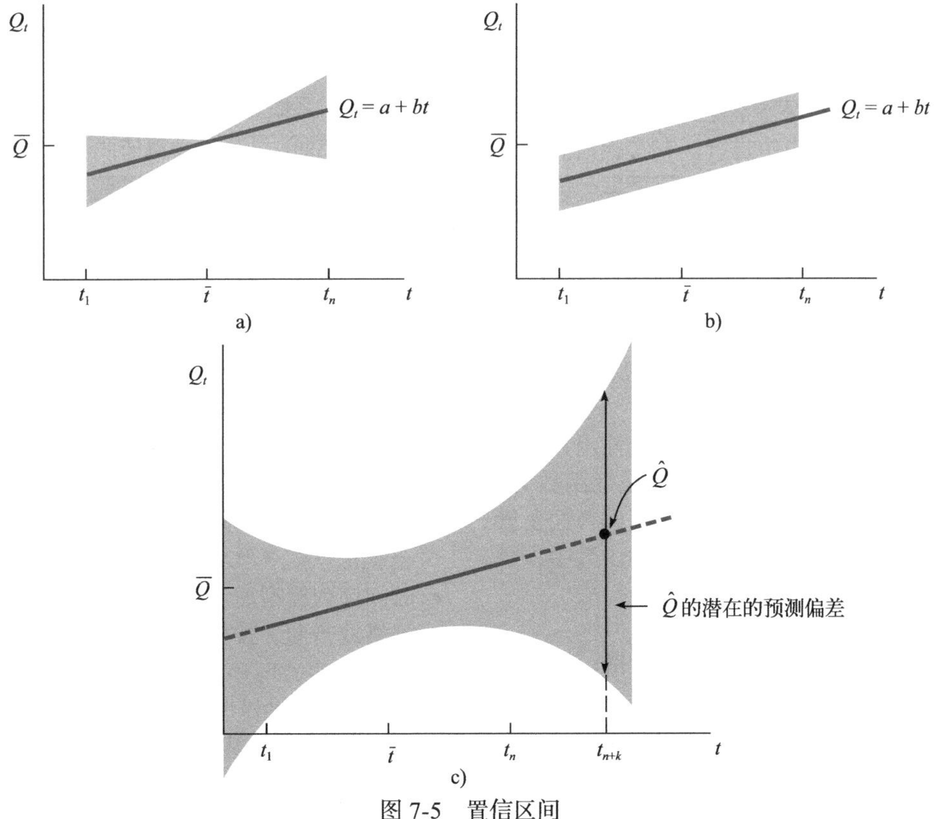

图 7-5　置信区间

现在用回归曲线来预测未来销售会发生什么，将来某时间 t_{n+k} 销售量的预测值将落在回归曲线的延长线上 ($\hat{Q}$)，不过需要注意的是其不确定范围变大了。时间越靠后，其不确定范围越大，呈几何增长。

在有关需求预测的讨论中，我们已提到过函数形式的错误问题，但有必要在此再讲一下。为了得到可靠的预测结果，模型必须充分利用合理数据，如果重要的解释变量被排除在模型之外，或是采用了不恰当的函数形式，如本应当用非线性的，用了线性，都会降低预测的质量。

我们把最重要的问题放到了最后，这个问题源于结构的潜在变化。预测人员通常会忽视转折点——变量的骤变。它通常是由市场的本身结构变化而引起的。任何需求关系都无法利用变化前的数据来准确预测变化后的数量需求。在这种变化发生前后，需求函数的系数取值不同。

不幸的是，我们不知道有什么满意的方法对付这种“结构变化”的问题，只能简单地提醒你注意，你预测的时间离现在越遥远，就越可能遇到这种问题。

7.7 本章小结

- 消费者访谈和市场研究或实验是需求估计的两种直接方法，不涉及回归分析。这个方法需要直接询问潜在购买者，当变换需求决定因素（如家庭收入、相关产品价格、未来预期价格等）时，商品在不同价格时会买多少。这个过程看似简单，却有几个重要的问题。这些问题包括：①典型样本的选择；②响应的偏差；③响应者缺乏准确回答问题的能力。一种更昂贵、难度更大的估计需求和需求弹性的技术，是一个可控市场的研究和实验。在研究中，除了商品价格，影响需求的所有其他因素都保持不变。这种市场研究通常在商店或实验室中进行。在实验期间，价格在一个区间内小幅增加，记下每一价格下的销量。这样，很多其他变化的影响就被排除了，实际需求曲线可以被近似合理地估计出来。（学习目标 1）
- 经验需求函数是从实际市场数据中推导出的需求函数，在做定价和生产决策时非常有用。本章阐述了两种需求函数，包括线性的和非线性的。本章中介绍了线性函数与对数-线性函数。当需求函数为线性函数时，解释性变量的系数就衡量了由于解释性变量改变而使需求改变的量。在线性函数中，经验需求函数被定义为

$$Q = a + bP + cM + dP_R$$

式中，Q 是需求量；P 是产品价格；M 是消费者收入；P_R 是相关产品的价格。在线性函数中，有如下系数估计：① b 预期为负值；②如果商品 X 是正常品（低档品），预期 c 为正值（负值）；③如果相关商品 R 是替代品（互补品），预期 d 为正值（负值）。对于线性需求函数来说，需求弹性估计为

$$\hat{E} = \hat{b} \times \frac{P}{Q},\ \hat{E}_M = \hat{c} \times \frac{M}{Q},\ \hat{E}_{XR} = \hat{d} \times \frac{P_R}{Q}$$

当需求函数为对数-线性函数时，其形式写为

$$Q = aP^b M^c P_R{}^d$$

为了估计对数-线性需求函数，需求等式需要两边取对数

$$\ln Q = \ln a + b\ln P + c\ln M + d\ln P_R$$

需求弹性是解释性变量的指数：$\hat{E}=\hat{b}$，$\hat{E}_M=\hat{c}$，$\hat{E}_{XR}=\hat{d}$。（学习目标 2）
- 需求函数系数的估计可以使用回归分析的方法完成。然而，不同的参数估计方法取决于需要估计需求的企业是价格制定者，还是价格接受者。估计行业面对的需求，比估计单个企业需求要求更高级的统计方法。于是，我们将本书估计需求的讨论限定在价格设置型企业。估计价格设置型企业需求函数的第一步是确定价格设置型企业的需求函数，选择线性或者非线性函数的形式，决定哪些导致需求曲线移动的变量要纳入经验需求公式。第二步是收集企业需求函数中变量的数据。最后一步是通过第 4 章提出的线性回归分析的程序来估计价格设置型企业的需求。（学习目标 3）
- 时间序列模型展示的是如何对一个变量（如价格或产量）按简单的时间顺序进行观测。最简单的时间序列预测法是线性趋势预测法。使用这种模型时，我们假定销售量 Q_t 随时间 t 的变化呈线性增长或降低

$$Q_t = a + bt$$

用回归分析可以估计 a 和 b 的值。如果 $b>0$，

则销售量的变化是上升的；如果 $b<0$，则销售量的变化是下降的；如果 $b=0$，则销售量持平。趋势的统计显著性可以通过检验 $\hat{b}$ 或检验 $\hat{b}$ 的 p 值来判断。（学习目标 4）

- 季节性或周期性变化会对线性预测模型中 a 和 b 的预测结果产生影响。为了把季节变化包括到预测分析中，引入了哑变量。哑变量主要是根据特定季节使预测线上移或下移。季节变化的显著性可以用哑变量估计系数的 t 检验或 p 值检验来进行。如果要用哑变量来描述 N 个季节，则需求方程中要引入 $N-1$ 个哑变量，每个哑变量代表一个季节，代入当期数据时，其值为 1，否则为 0。（学习目标 5）
- 做预测时，分析人员必须认识到在预测中有不可避免的局限性：①预测期距今越久远，置信区间或不确定范围越大；②模型确定的错误，如重要的解释变量被排除在模型之外，或是采用了不恰当的函数形式，会严重地影响预测的可靠性；③对于因市场结构的变化而引起的巨大改变，预测是不可能的。（学习目标 6）

关键词

dummy variable　**哑变量**　一种只能取 0 或 1 的变量。

empirical demand function　**经验需求函数**　从实际市场数据中得来的需求函数。

representative sample　**典型样本**　一个随机抽取的样本，应含有能准确反映总体特征的信息。

response bias　**响应偏差**　个体对假想问题给出的回答和情况发生时的实际行动之间的差异。

seasonal or cyclical variation　**季节性（周期性）变化**　时间序列数据随时间的变化而呈现出的有规律的变化。

time-series model　**时间序列模型**　一种介绍如何处理变量的时间序列观测值的统计模型。

概念性习题

1. 说明消费者访谈或者市场调查中的 3 个主要问题，并举例说明。
2. 产品 X 的市场需求估计为

$$\hat{Q}=70-3.5P-0.6M+4P_Z$$

式中，$\hat{Q}$ 是估计的 X 的需求量；P 是 X 的价格；M 是收入；P_Z 是相关产品的价格。（所有参数估计的显著性水平都是 1%。）

a. X 是正常品还是低档品，为什么？

b. X 与 Z 是替代品还是互补品，为什么？

c. 在 $P=10$，$M=30$，$P_Z=6$ 时，计算价格、收入、交叉价格弹性估计。

3. 商品 X 的经验需求函数为对数 - 线性形式：

$$\ln\hat{Q}=11.742\,09-1.65\ln P+0.8\ln M-2.5\ln P_Y$$

式中，$\hat{Q}$ 是产品 X 估计的需求量；P 是 X 的价格；M 是收入；P_Y 是相关商品 Y 的价格。

a. X 是正常品还是低档品，为什么？

b. X 与 Y 是替代品还是互补品，为什么？

c. 写出经验需求函数的另一种形式（不取对数）。

d. $P=50$ 美元，$M=36\,000$ 美元，$P_Y=25$ 美元计算价格、收入、交叉价格弹性估计，X 的预期需求量是多少。

4. 线性需求函数形式为

$$Q=a+bP+cM+dP_R$$

这是通过回归分析估计出来的。估计结果如下：

DEPENDENT VARIABLE: Q		R-SQUARE	F-RATIO	P-VALUE ON F
OBSERVATIONS: 24		0.811 8	28.75	0.000 1
	PARAMETER	STANDARD		
VARIABLE	ESTIMATE	ERROR	T-RATIO	P-VALUE
INTERCEPT	68.38	12.65	5.41	0.000 1
P	−6.50	3.15	−2.06	0.049 2
M	0.139 26	0.013 1	10.63	0.000 1
PR	−10.77	2.45	−4.40	0.000 2

a. $\hat{b}$与$\hat{d}$的正负号与理论预期是否相符？为什么？

b. $\hat{c}$的正负号表明这个商品是什么？

c. $\hat{d}$的正负号预示着产品与其相关产品 R 之间是什么关系？

d. 参数$\hat{a}$，$\hat{b}$，$\hat{c}$，$\hat{d}$的估计值是否统计显著？

e. $P=225$ 美元，$M=240\ 00$ 美元，$P_R=60$ 美元，计算价格、收入、交叉价格弹性。

5. 一家价格制定企业使用一般最小二乘法估计的对数 - 线性需求函数如下：

$$Q=aP^bM^cP_R^d$$

估计结果如下：

DEPENDENT VARIABLE: LNQ		R-SQUARE	F-RATIO	P-VALUE ON F
OBSERVATIONS: 25		0.858 7	89.165	0.000 1
	PARAMETER	STANDARD		
VARIABLE	ESTIMATE	ERROR	T-RATIO	P-VALUE
INTERCEPT	6.77	4.01	1.69	0.098 4
LNP	−1.68	0.70	−2.40	0.020 7
LNM	−0.82	0.22	−3.73	0.000 5
LNPR	1.35	0.75	1.80	0.078 7

a. 函数的估计形式可以写为自然对数的形式 $\ln Q=$？

b. b 的正负号的估计与理论上的是否相符？为什么？

c. 给定这些估计参数，则这种产品是正常品还是低档品？R 商品是替代品还是互补品？为什么？

d. 在显著性水平为 5% 的情况下，哪个参数的估计是统计显著的？

e. 计算需求的价格、交叉价格、收入弹性。

f. 家庭收入减少 10%，其他条件不变，需求会怎么变化？变化多少（较原来的百分比）？

g. 价格上升 10%，其他条件不变，需求会怎么变化？变化多少？

h. 相关产品 R 价格降低 5%，其他条件不变，需求如何变化？变化多少？

6. 2013 ～ 2017 年的销售量的线性方程为 $Q_t=a+bt$（即 $t=2003, 2004, \cdots, 2017$），回归结果如下：

DEPENDENT VARIABLE: QT		R－SQUARE	F-RATIO	P-VALUE ON F
OBSERVATIONS: 15		0.660 2	25.262	0.000 2
	PARAMETER	STANDARD		
VARIABLE	ESTIMATE	ERROR	T-RATIO	P-VALUE
INTERCEPT	73.714 60	34.08	2.16	0.049 8
T	3.762 1	0.749 0	5.02	0.000 2

a. 评估系数的统计显著性（用 5% 显著水平），这个估计给出了显著性倾向吗？

b. 用题中所给方程预测 2018 年和 2019 年的销售量。

c. 解释这两个预测结果的准确性。

7. 某企业销售量呈季度变动，方程 $Q_t=a+bt+c_1D_1+c_2D_2+c_3D_3$ 是根据 2011 ～ 2018 年的季度数据得出的，变量 D_1、D_2、D_3 分别是第 1 季度、第 2 季度、第 3 季度的哑变量（例如，D_1 在第一季度值为 1，其他季度为 0），统计结果如下。

DEPENDENT VARIABLE: QT		R-SQUARE	F-RATIO	P-VALUE ON F
OBSERVATIONS: 32		0.981 7	361.133	0.000 1
	PARAMETER	STANDARD		
VARIABLE	ESTIMATE	ERROR	T-RATIO	P-VALUE

INTERCEPT	51.234	7.16	7.15	0.000 1
T	3.127	0.524	5.97	0.000 1
D1	−11.716	2.717	−4.31	0.000 2
D2	−1.424	0.636	−2.24	0.098 5
D3	−17.367	2.112	−8.22	0.000 1

a. 当显著性水平为 0.05 时，对系数和方程的统计显著性进行 t 检验和 F 检验，并且利用 p 值讨论系数和方程的显著性。

b. 计算每个季度的截距，这些值代表何意义？

c. 用题中公式预测 2019 年 4 个季度的销售量。

8. 列出时间序列模型的主要缺点。

9. 在本章结尾，我们给出了有关三个问题的警示，列举出这三个问题并加以解释，并各举一实例。

概念性习题答案

1. 首先，样本可能不是随机的。例如一项政治观点调查访谈，在主要是共和党的区域进行就会产生偏差的结果。第二个潜在的问题是响应偏差。在一个询问人们是否会从慈善组织购买手工艺品的调查中，一些被询问者会回答“是”，即使他们不会买。第三个是消费者不能正确回答问题。例如很多人无法预先知道如果某个特定商品的价格上升 5%，他们会买多少。

2. a. X 是低档品。因为对于收入的系数估计为负值（−0.6），这表明了当收入增加（减少）时，对于 X 的需求将会降低（上升）。

   b. X 与 Z 是替代品。因为对于 Z 的价格系数估计为正值（4），这表明了当 Z 的价格上升（下降）时，对于 X 的需求就会上升（下降）。

   c. $\hat{Q} = 70 - 3.5 \times 10 - 0.6 \times 30 + 4 \times 6 = 41.0$

   $\hat{E} = \hat{b}(P/Q) = -3.5 \times (10/41) = -0.85$

   $\hat{E}_M = \hat{c}(M/Q) = -0.6 \times (30/41) = -0.44$

   $\hat{E}_{XZ} = \hat{d}(P_Z/Q) = 4 \times (6/41) = 0.59$

3. a. X 是正常品。因为估计的收入弹性系数为正（0.8）。

   b. 由于交叉价格弹性系数是 −2.5，X 和 Y 是互补品。

   c. $Q = 125\ 755 P^{-1.65} \mathrm{M}^{0.8} \mathrm{P}_Y^{-2.5}$

   d. $\hat{E}=-1.65$，$E_M=0.8$，$E_{XY}=-2.5$，$\hat{Q}=279.52= 125\ 755 \times 50^{-1.65} \times 360\ 00^{0.8} \times 25^{-25}$

4. a. 需求理论表明，价格与需求量是负相关的，收入与正常品是正相关的。因此 $\hat{b}$ 为负，所以 b 的估计符合经济理论。

   b. 因为 $\hat{c}$ 为正，所以该商品是正常品。

   c. R 价格的系数为负值，表明了 R 的价格与 X 的需求量负相关，换句话说，R 与 X 是互补品。

   d. p 值表明了系数估计的显著性水平为 5%，或者更好一些。

   e. $\hat{Q} = 68.38 - 6.50 \times 225 + 0.139\ 26 \times 24\ 000 - 10.77 \times 60 = 1302$

   (1) $\hat{E} = \hat{b}(P/Q) = -6.50 \times (225/1\ 302) = -1.12$

   (2) $\hat{E}_M = \hat{c}(M/Q) = 0.139\ 26 \times (24\ 000/1\ 302) = 2.57$

   (3) $\hat{E}_{XR} = \hat{d}(P_R/Q) = (-10.77) \times (60/1\ 302) = -0.50$

5. a. $\ln Q = 6.77 - 1.68 \ln P - 0.82 \ln M + 1.35 \ln P_R$

   b. 是的，$\hat{b}$ 是负值，表明了需求曲线是向下倾斜的。

   c. 因为 $\hat{c}$ 是负值，所以，X 是低档品；X 与 R 是替代品，因为 $\hat{d}$ 是正值。

   d. p 检验表明，$\hat{b}$ 和 $\hat{c}$ 显著性水平为 5%，$\hat{a}$ 和 $\hat{d}$ 显著性水平为 10%。

   e.（1）$\hat{E}=-1.68$；（2）$\hat{E}_{XR}=1.35$；（3）$\hat{E}_M=-0.82$

   f. 增加；8.2%

   g. 减少；16.8%

   h. 减少；6.75%（= 5% × 1.35）

6. a. $\hat{a}$：p 值是 0.049 8，所以 5% 的显著性水平或者说 95% 置信度下刚好显著。

   $\hat{b}$：p 值是 0.000 2，所以 $\hat{b}$ 高度显著。在 0.02% 的显著性水平下显著。结论：在统计分析下，销售量随时间的变化呈显著的正趋势（$\hat{b}>0$，p值非常小）。从F统计值的极小p值可以看出，这个模型从整体上解释了销售量这个变量在统计分析中的显著数值。

b. $Q_{2014}=73.714\,6+3.762\,1\times2\,014=7\,639$

$Q_{2015}=73.714\,6+3.762\,1\times2\,015=7\,643$

c. 变量的预测值与回归结果的平均值相差越大，预测结果就越不准确。因此，2015 年的预测值不如 2014 年的预测值准确。

7. a. 在 95% 置信度，27（$=32-5$）的自由度下，t的临界值约是 2.052。

$\hat{a}$：$t=7.15>2.052$，5% 的水平下统计显著。

$\hat{b}$：$t=5.97>2.052$，5% 的水平下统计显著。

$\hat{c}_1$：$|t|=|-4.31|>2.052$，5% 的水平下统计显著。

$\hat{c}_2$：$|t|=|-2.24|>2.052$，5% 的水平下统计显著。

$\hat{c}_3$：$|t|=|-8.22|>2.052$，5% 的水平下统计显著。

在 95% 置信度（显著性水平为 5%），4（$=5-1$）和 27（$=32-5$）自由度下F的临界值是 2.73。回归方程是显著的，因为F比率 361.133 大于F的临界值。

在p值项中，在小于 5% 的显著性水平下（或者说在大于 95% 的置信度下），所有的系数估计都是显著的。

b. 第 1 季度的截距是 $51.234-11.716=39.518$，第 2 季度是 $51.234-1.424=49.81$，第 3 季度是 $51.234-17.367=33.867$，第 4 季度是 51.234。上述截距值说明，第 1 季度、第 2 季度、第 3 季度的销售量要低于第 4 季度。

c. $Q_{2014(I)}=51.234+3.127\times33-11.716=142.709$

$Q_{2014(II)}=51.234+3.127\times34-1.424=156.128$

$Q_{2014(III)}=51.234+3.127\times35-17.367=143.312$

$Q_{2014(IV)}=51.234+3.127\times36=163.806$

8. 时间序列模型的最大缺点就是不能应用一种结构模型解释预测的经济结论。它假设经济变量在将来的变动都能由过去的结论预知。

9. 首先，时间越远，预测就越不准确，参数值越难确定，它们离回归平均值越远。比如，研究人员对 2014 年铅笔的销售量进行预测肯定要比对 2050 年的预测结果准确（毕竟，有一部分人认为个人计算机最终将取代纸笔）。另一个隐含的问题是错误的范围，因为如果没考虑重要的解释变量或者使用了错误的函数形式，都会使预测结果产生偏差，甚至得出完全错误的结果。例如，如果不考虑其他运输方式的价格，如飞机、汽车、轮船，预测铁路运费就可能出错。最后，结构的变化也会破坏预测的准确性。偶然事件会改变预测的事先预想，使得基于这种模型的预测变得无效。例如，假设一个专家预测 2006 年 Key West 的旅游支出为 1 亿美元，但是 2005 年一场飓风严重破坏了 Key West，使得预测也变得无效。

应用性习题

1. Wilpen 公司，是一家价格制定企业。其网球产品占据着 80% 的美国市场。美国市场对于其网球的需求函数估计，公司采用线性函数：

$$Q=a+bP+cM+dP_R$$

式中，Q是每季度网球的销售桶数；P是一桶网球的批发价格；M是平均家庭收入；P_R是相关产品网球拍的价格。回归结果如下。

DEPENDENT VARIABLE: Q		R-SQUARE	F-RATIO	P-VALUE ON F
OBSERVATIONS: 20		0.843 5	28.75	0.001
	PARAMETER	STANDARD		
VARIABLE	ESTIMATE	ERROR	T-RATIO	P-VALUE
INTERCEPT	425 120.0	220 300.0	1.93	0.071 6
P	−37 260.6	12 587	−22.96	0.009 3
M	1.49	0.365 1	4.08	0.000 9
PR	−1 456.0	460.75	−3.16	0.006 0

a. 用 p 值来讨论参数$\hat{a}$，$\hat{b}$，$\hat{c}$和$\hat{d}$的估计值是否统计显著。参数$\hat{a}$，$\hat{b}$，$\hat{c}$和$\hat{d}$的正负号与理论上是否相符？

b. Wilpen 公司计划改变其批发价格为每桶 1.65 美元，网球拍的平均价格为 110 美元，消费者平均收入为 24 600 美元。在这种情况下，估计网球的需求为多少？

c. 在给定的 P、M 和 P_R 值下，计算价格、交叉价格、收入弹性。

d. 如果网球价格降低 15%，网球需求会如何变化（用百分比表示）？

e. 平均家庭收入上升 20%，网球需求会如何变化（用百分比表示）？

f. 如果网球拍的价格上升 25%，网球需求会如何变化（用百分比表示）？

2. Cypress River Landscape Supply 公司是佐治亚州一个大型的化妆品原料批发商，该公司的销售量随着季节而变，在春天往往比其他各月份都高。

a. 假设 Cypress River 公司没有考虑到销售量的季节变化，只简单地认为其呈线性趋势，这个错误将给销售预测带来什么影响？

b. 再假设对销售量实际上没有影响，用哑变量表示季节变化来进行预测，结果将如何？

3. 美国某运动鞋制造商 Rubax 估计其销售量的线性模型为

$$Q_t = a + bt + c_1D_1 + c_2D_2 + c_3D_3$$

式中　Q_t—— 第 t 季度的运动鞋销售量；

t=1, 2,　…, 28 [2011(1), 2011(2),　…, 2017(4)]；

D_1 = 1（或 0），第 1 季度（其他季度）；

D_2 = 1（或 0），第 2 季度（其他季度）；

D_3 = 1（或 0），第 3 季度（其他季度）。

回归分析得如下结果。

DEPENDENT VARIABLE: QT		R－SQUARE	F-RATIO	P-VALUE ON F
OBSERVATIONS: 28		0.965 1	159.01	0.000 1
	PARAMETER	STANDARD		
VARIABLE	ESTIMATE	ERROR	T-RATIO	P-VALUE
INTERCEPT	184 500	10 310	17.90	0.000 1
T	2 100	340	6.18	0.000 1
D1	3 280	1 510	2.17	0.040 4
D2	6 250	2 220	2.82	0.009 8
D3	7 010	1 580	4.44	0.000 2

a. 运动鞋销售量的变化趋势有没有显著的增长迹象？

b. 这些数据能说明销售量季节性变化的统计显著性吗？如果能，什么是季节性显著？

c. 用这个估计的预测方程预测 2018 年第 3 季度和 2019 年第 2 季度运动鞋的销售量。

d. 如何改进该预测方程？

附录 7A　经验需求弹性

7A.1　线性和对数－线性需求弹性估计的推导

第 6 章中我们已经证明：需求的价格弹性为

$$E = \frac{\partial Q}{\partial P} \times \frac{Q}{P}$$

对于线性需求规范：

$$Q = a + bP + cM + dP_R$$

参数 b 是需求量对于价格的偏导的估计：

$$\hat{b} = \frac{\partial Q}{\partial P}\text{的估计值}$$

不论任何的价格－数量组合，价格弹性均为

$$\hat{E} = \hat{b} \times \frac{P}{Q}$$

至于对数－线性形式：

$$Q = aP^bM^cP_R^d$$

需求量对于价格的偏导是

$$\frac{\partial Q}{\partial P} = baP^{b-1}M^cP_R^d = \frac{bQ}{P}$$

因此，$\hat{b}$就是价格弹性。

$$\hat{E} = \frac{\hat{b}Q}{P} \times \frac{P}{Q} = \hat{b}$$

相类似的，我们可以获得收入和交叉价格弹性的估计，见下表。

弹　性	定　义	线性模式估计	对数－线性模式估计
价格	$E=\frac{\partial Q}{\partial P}\times\frac{P}{Q}$	$\hat{b}\times\frac{P}{Q}$	$\hat{b}$
收入	$E_M=\frac{\partial Q}{\partial M}\times\frac{M}{Q}$	$\hat{c}\times\frac{P}{Q}$	$\hat{c}$
交叉价格	$E_{XR}=\frac{\partial Q}{\partial P_R}\times\frac{P_R}{Q}$	$\hat{d}\times\frac{P_R}{Q}$	$\hat{d}$

注：线性模式的需求估计与所取的点在需求曲线上的位置有关，相反，对数－线性模式与之无关。

7A.2 数据

表 7A-1 Checkers Pizza 的数据

月	Q	P	M	P_{Al}	P_{BMac}
1	2 659	8.65	25 500	10.55	1.25
2	2 870	8.65	25 600	10.45	1.35
3	2 875	8.65	25 700	10.35	1.55
4	2 849	8.65	25 970	10.30	1.05
5	2 842	8.65	25 970	10.30	0.95
6	2 816	8.65	25 750	10.25	0.95
7	3 039	7.50	25 750	10.25	0.85
8	3 059	7.50	25 950	10.15	1.15
9	3 040	7.50	25 950	10.00	1.25
10	3 090	7.50	26 120	10.00	1.75
11	2 934	8.50	26 120	10.25	1.75
12	2 942	8.50	26.120	10.25	1.85
13	2 834	8.50	26 200	9.75	1.50
14	2 517	9.99	26 350	9.75	1.10
15	2 503	9.99	26 450	9.65	1.05
16	2 502	9.99	26 350	9.60	1.25
17	2 557	9.99	26 850	10.00	0.55
18	2 586	10.25	27 350	10.25	0.55
19	2 623	10.25	27 350	10.20	1.15
20	2 633	10.25	27 950	10.00	1.15
21	2 721	9.75	28 159	10.10	0.55
22	2 729	9.75	28 264	10.10	0.55
23	2 791	9.75	28 444	10.10	1.20
24	2 821	9.75	28 500	10.25	1.20

在线附录 2 价格接受型企业的需求估计与预测

此附录可在 Connect 或 Create 网站上获得。更多信息请参见前言。

第8章
Chapter8

短期生产与成本理论

■ 学习目标

学完此章节后，你将可以：

(8.1) 解释生产和成本分析中的一些一般概念；

(8.2) 在总产量、平均产量和边际产量相互关系的基础上探讨短期生产结构；

(8.3) 利用总成本曲线、平均成本曲线和短期边际成本曲线的图表来探讨短期成本结构；

(8.4) 利用 (i) 平均变动成本和平均产量之间以及 (ii) 短期边际成本和边际产量之间的关系，连接短期成本与生产函数。

毫无疑问，几乎所有的经理都知道，利润不仅由企业产生的收益决定，还与企业的产品或服务的生产成本有关。然而，许多经理发现，经营利润等式中收益一项，比关注生产成本更有趣，也更刺激。但是，收益导向的决策可能会增加一些任务，如选择广告手段的最优组合、决定产品价格、决策扩展新市场和增设新生产线，甚至决定购买兼并其他企业的行动，也都是基于增加收益的需要。当将收益导向的任务与生产中的任务相比较时，如花时间与生产工程师讨论工人的生产力水平，或添置更多更优良的资产设备，寻找低成本的生产要素的供货商，采用新技术以降低生产成本，甚至可能从事精简计划，管理者可能更乐于花时间做收益决策，而不是生产和成本决策，这种现象并不令人感到惊奇。

随着 20 世纪 90 年代贸易壁垒的削弱或消失，全球市场化和高度竞争化的格局形成，使仅仅依靠多销售产品或提高价格的经营方式难以奏效。全球竞争促使经理们提高生产力和降低成本，以满足股东更多赢利的需要。正如管理咨询专家近期被《华尔街日报》采访时指出，“降低成本已成为企业经营的圣杯”。我们将在第 9 章做进一步的讨论，经理必须理解生产和成本的基本原理，以便成功地降低成本。经理在试行“重组”或“重建”生产时，造成了许多昂贵的错误。其中大多数错误，可以通过掌握我们将涉及的对生产和成本基本理论的理解而避免。本章和第 9 章展示了企业的成本结构，它是如何由生产过程的性质和要素的价格所决定。生产过程是投入产出的转换过程，要素是用来生产的物品或服务。在第 10 章，我们将向你展示如何运用回归分析法估计企业生产和成本函数的参数。

经理从两种不同的时间决策框架做生产决策：短期决策和长期决策。当做短期决策时，经理至少需要一些固定数量的原材料。在典型的短期环境下，经理有固定数量的设备厂房用于生产。经理可能通过雇用更多员工或减员、增加或减少原材料的购买量来改变生产规模。但是厂房的规模在经理做短期决策时，被视为基本不可改变的或固定的投入。

长期决策与短期决策相似，但有一个重要的区别：所有投入既可能增加也可能减少。对于长期的企业，经理可能选择任意规模的厂房，使用任意数量的资产设备。一旦企业建立了新的厂房或改变了现有厂房的规模，经理就可运用短期决策框架。有时经济学家将短期经营视为生产实际发生的周期内的经营，将长期经营视为对未来的生产的计划水平。正如它所显示的，成本结构有相当大的区别，这依赖于生产是短期决策的还是经理在计划长期经营中的生产水平。本章展示了短期生产和成本的基本理论。

8.1 生产和成本理论中的一些基本概念

生产（production）是将生产要素制造成产品或服务的过程。这些生产要素包括劳动、机器、其他固定设备、土地、原材料等。很明显，当一家企业（比如福特）制造卡车或小汽车，再或者当埃克森提炼一加仑汽油时，这种活动就是生产。但是生产远远不止这些，如医生提供医疗服务，教师提供教学服务，歌手提供娱乐服务。因此，生产除包含制造产品之外，也包含提供服务。政府和非营利组织也从事生产，例如城市警察部门提供安全服务，公立学校提供教育服务，医院提供医疗保健服务等。

在以下的章节中，我们分析的企业生产框架，是用要素生产产品，而不是服务。生产则从概念上很容易理解，诸如汽车、卡车或冰箱的生产比较具体，而教育、健康、安全这些难以测量，甚至难以定义。然而，我们在讨论的全过程中，要记住这些在企业生产中引入的概念，也同样适用于服务业和政府生产。

8.1.1 生产函数

生产函数是联系投入要素的使用水平与可得产量之间的纽带，即生产函数通常描述产出的实物量与投入的实物量之间的关系。在给定技术状态，可达到的产量依赖于生产过程中投入的各种要素的量。**生产函数**（production function）就是一个列表（或图表或数学方程），阐释了在给定生产技术或知识有关的生产状态，任何特定的投入所能生产的最大产出量。

生产中要使用到大量不同的投入要素。因此，最通常的情况是，我们定义最大产量为 Q，以 X 代表不同要素的使用量，则

$$Q=f(X_1,\ X_2,\ \cdots,\ X_n)$$

但是，在讨论中，我们通常将注意力集中在更简单的例子上，即生产中只含有 1 种或 2 种投入要素。我们经常使用资本与劳动作为这两种投入，因此，我们通常指的生产函数是

$$Q=f(L,\ K)$$

式中，L，K 分别代表生产中使用的劳动量和资本量。然而，我们必须强调，现实中所涉及的投入要素远不止两个，种类也不限于资本和劳动。

对于大多数生产函数来说，使用不同组合的资本量和劳动量可以得到同样的产量。例如，当减少劳动量投入时，增加更多的资本量可以达到相同的生产水平。当投入要素可以替代时，我们称这种生产为**变动比例生产**（variable proportions production）。相反地，当只有一种比例或组合的投入要素才能生产出一单位商品时，我们称之为**固定比例生产**（fixed proportions production）。在这种情况下，如果需要扩大产量，则所有投入要素都需要按比例扩大，保持各投入要素之间的比例。初看起来，你可能会认为这种生产是常见情况，但在现实世界中，固定比例生产的例子非常少。因此，在本书中，我们会着重讲变动比例生产。

8.1.2 技术有效和经济有效

生产工程师在提到“有效”时，往往和经理人表达了不同的意思。生产工程师的责任是一个设计并管理，把投入转变成产品或服务的过程；而经理人的责任是从生产的产品或服务中得到最大化的利润。为了更好地理解这种区别的性质及其重要性，我们需要在技术有效与经济有

效之间作一下区分。

技术有效（technical efficiency）是在给定投入要素组合以及现有技术的条件下，一个企业生产出最大可能产量的情况下实现的。因为生产函数表示了在任意投入要素组合下可达到的最大产出水平，所以，生产函数是在假定技术有效已经达到的情况下得出的。如果一个企业达到了技术有效，那么，每种投入要素都已经被最大限度地使用，如果没有增加投入，就不可能再扩大产量。而且，对一个实现技术有效的企业来说，如果任何投入有所减少，则产量也会下降。

Amergen 有限公司是一家生产电动机的企业。它提供了一个很好的例子，说明工程师是如何努力在生产中实现技术有效的。Amergen 利用流水线生产电动机，这条流水线在经过 5 个人工步骤后，将电动机送到计算机控制的钻床前。在这个阶段，计算机控制的钻床要在电动机上钻 36 个孔，在打孔中会去掉 2 磅[⊖]铁。使用这套生产工序，10 个流水线工人和一台计算机控制的钻床，可以达到每天生产 140 台电动机。但是，最近一位生产工程师发现：将计算机控制的钻床移动到流水线的起始位置，即移动到 5 个人工步骤之前，可以节省劳动——电动机在流水线上移动时，比原先减轻了 2 磅。除此之外，这位生产工程师再也找不到任何可以改进的地方，从而提高产量。现在，Amergen 公司实现了技术有效：150 台电机是 10 个劳动工人和一台钻床的最大产量。

就像上面提到的 Amergen 公司的例子一样，大多数企业的生产工程师都致力于使生产达到技术有效的状态。而企业经理人们则是除了技术有效以外，还会努力在生产中达到经济有效。**经济有效**（economic efficiency）是企业在产出一定、成本最低的情况下达到的。经理人注重经济有效的原因很简单：只有在成本最低的情况下达到企业一定产出，才能实现企业利润最大化。

现在我们可以解释技术有效和经济有效的关系了。当一个企业实现经济有效时，它必然也实现了技术有效，因为如果投入量减少而产量不降低的话，就没有做到生产成本最低。然而，在技术有效状态下的生产却有可能没有达到经济有效。比较典型的是，要实现一定的产出，可以有无数种技术有效的投入要素组合。虽然生产工程师只要能实现其中任意一种技术有效的投入要素组合即可，但是经理人却希望只使用其中唯一一种成本最低的组合——实现经济有效。能实现经济有效的投入要素组合由投入要素价格决定。一旦投入要素价格变化，则一组不同的技术有效投入要素组合会变成实现经济有效的投入要素组合。这一点在本章后的概念性习题第 2 题中会进行举例说明。

8.1.3　生产中的投入

当分析一个企业的生产过程以及生产产品和服务的相关成本时，区分引入变动投入和固定投入这两种主要投入方式，对于决策的策略性制定以及对市场竞争的战略性分析是非常重要的。**变动投入**（variable input）是指投入的使用量可随产量变化的需要而变化。各种类型的劳务、原材料和生产设备消耗的能源属于变动投入。变动投入所需要支付的费用就是变动成本。变动投入的增加会带来产量的增加；变动投入的减少会引起产量减少。因此，变动成本与产量是直接相关的。

与变动投入相反，有些投入并不随着产量的变化而变化。产量变化而投入不变，主要有两个原因。首先，如果调整投入量需要耗费极大的成本，经理人就会把当前的投入量视为固定投入。无论企业的产量是多少（即使产量为零），企业都需要有固定量的投入并为其支付费用，就算企业停产了也是如此。这种投入就叫作**固定投入**（fixed input），而为固定投入支付的费用就是固定成本。我们来看一个关于固定投入的例子——航空公司投入的飞机数量。大部分航空公司都会租用而不是购买飞机。最为广泛使用的波音 737 飞机，其租金大约是每月 40 万美元，

⊖　1 磅 = 0.454 千克。

根据飞机使用年限和可乘坐人数而变化。虽然飞机租用的年限长短不一，但新飞机租 10 年是比较常见的。在这个 10 年的租赁期内，如果航空公司停止租用飞机的话，违约金额是非常巨大的。因此，即使由于乘客数量减少，使得一些飞机在库中停放，航空公司也会继续支付每月 40 万美元的租金，直到需求恢复。当航空公司想要增加其飞机数量时，可能会花费 24 个月的时间来租一架新的飞机。显然，航空公司经理人在 1 ～ 2 年的时间段内，是把飞机作为固定投入看待的。

第二种产生固定投入的情况，是企业如果想要达到一定的产量，就必须付出固定的或“整块”的投入。因为这种投入的量不可分割，企业在第一次生产时必须一次性支付这种投入的费用，而后续的扩大生产则不再需要更多的投入。这类投入称为**准固定投入**（quasi-fixed input），以区别于普通的固定投入，而为准固定投入所支付的费用，我们就称之为准固定成本。虽然固定投入和准固定投入都不会随着产量的改变而改变，但如果企业的产量为零，固定投入还是会发生，而准固定投入则可以避免。

准固定投入在很多行业中都很常见。比如一个广播电台要广播一分钟的新闻和娱乐节目，就必须首先购买并架设一座无线电信号塔，而当广播时间从一分钟增加到一天 24 小时，一周 7 天，也还是只需要一座无线电信号塔。或者我们再来看一个医生办公室的例子：医生办公室和检查室每天的照明用电不会随着病人数和医生检查次数的变化而变化，除非当检查室无人时，照明才关闭。

尽管各行各业中都有这样的例子，但只有当准固定成本相对生产的变动成本来说比较大的时候，准固定成本才会成为企业战略决策中需要考虑的一个重要因素。在本章剩下的部分，以及本书后面的各章节中，为了不混淆固定成本的性质，我们大部分时候都会忽略生产和成本分析中的准固定投入。除特别指出某一种投入是准固定投入以外，我们会把所有固定投入都视为“通常的”固定投入：无论产量多少，都必须固定的投入，即使产量为零也必须支付。但是，我们必须在第 9 章中再次讨论准固定投入。届时，我们会解释准固定投入会如何影响企业的长期平均成本曲线的形状，而这会决定在一个行业中竞争的企业数量和规模。在第 12 章和第 13 章中，你会学到准固定成本在以下场景中起到的作用：一个企业是否决定进入一个新市场，以及一个占据市场大量份额的企业阻止新企业进入市场的能力。

8.1.4 生产周期的短期和长期

在简介中已经提到过，经济学家区别对待短期生产和长期生产。**短期生产**（short run）是指在当前时间段内，一种或多种投入要素是固定投入，且无论是否有产出都必须支付费用。在短期生产中，产量的变化完全归于变动投入使用量的变化。**长期生产**（long run）是指在一个足够长的时间段内，所有的固定投入都会变为变动投入。也许最能概括短期生产和长期生产区别的是这样一句话：“企业基于短期来运作，基于长期来规划。”

我们之前讨论的简单生产函数中有两种投入，劳动（L）和资本（K）。我们可以把生产函数 $Q=f(L, K)$ 看作是长期生产函数，因为长期来说，产量会根据变动投入 L 和 K 的变化而变化。当一个企业一旦选择购买并安装一定数量的资本 $\overline{K}$，那么，这个企业就有了固定的资本投入，开始进行短期运作。短期生产函数可以表示为

$$Q=f(L, \overline{K})$$

其中，资本是固定的 $\overline{K}$，当前水平为 $\overline{K}$。在短期生产中，由于资本是固定的，产量仅仅依赖于劳动的使用水平，因此，我们可以去掉资本 $\overline{K}$，而将短期生产函数化简为

$$Q=f(L)$$

这个企业会继续以这个短期生产函数来运作，直到在未来的某个时间点，企业可以选择另外数量的资本。资本 K 变化所需要的时间（即短期生产时间）在各行各业中并不相同。因此，我们无法给你一个确切的短期生产的时间长度。短期生产时间会持续到企业有能力改变当前固

定投入的使用水平。

现在你应该了解，为什么一个企业当前的短期生产条件会因为在长期内可以选择的资金量的不同而不同。简单来说，长期是由企业将来所有可能选择的短期状态组成的，一个短期状态对应着一个资本可能选择的水平。基于此，长期生产周期也经常被称为企业的**规划范围**（planning horizon）。企业的规划范围是企业可能面对的所有短期状态的集合，在长期生产中，每一个可能选择的资本水平就是一个短期状态。

关系

在短期，至少一个投入是固定投入；在长期，所有的固定投入都成为变动投入。长期的规划水平是所有短期可能情形的集合，在长期中，企业可以从中选择某个情形来运作。

在长期生产中，经理人会基于资本相对于其他投入的价格水平以及预计的产量，来选择最有利（即最优化）的资本量。但是，在当前短期生产中，当产量或投入价格变化时，企业可能发现投入的资本量过多，或者过少了。当企业在短期生产中投入的资本过多，或者过少，企业可以通过在长期中调整资本使用量来减少生产总成本。我们将在下个章节中更多地谈及成本的重构。

8.1.5 沉没成本和可避免成本

我们在第 3 章关于最优行动水平的讨论中，已经提到了沉没成本这一概念。现在我们要把沉没成本的概念运用到一个企业的生产成本中，并解释为什么沉没成本在生产中不同于可避免成本。生产中的**沉没成本**（sunk cost in production）是已经支付就无法收回的成本，即使企业不想再有这种投入。为了更好地理解，你可以把一个企业的生产分成很多时间段，比如天、周、月或季度等。如果在任何一个时间段内，发生的一种投入后来被证明是不需要的，但该投入成本又无法收回，那这种投入成本就是沉没成本。

一旦一项沉没成本发生，管理者在制定决策时就应该忽略这项成本。无法收回的成本一旦投入，它就跟所有未来决策无关，而且也不会成为将来生产期间经济成本的一部分。回忆一下，企业所有者使用一项资源的经济成本与机会成本是相等的。企业为某种投入支付了沉没成本后，使用这种投入的成本就为零，因为这种投入不会退款，也无法出售或租借给其他企业以收回成本。在某些情况下，投入的一部分成本可以通过退款或转租给其他企业而收回，那么，整个投入成本中，不可收回的部分就是沉没成本。

为帮助理解，这里举一个例子。假设一个建筑公司在 1 月 1 日的上午 8 点支付给一个地方政府机构 1 万美元，购买从 1 月 1 日到 12 月 31 日该公司建造新楼的年度建筑许可证。这 1 万美元的建筑许可证是每年建造新楼的总成本的一部分。为了开始这一年的生产，必须支付这 1 万美元，而一旦 1 月 1 日购买了许可证，支付的这笔成本对于接下来的一整年来说，都是沉没成本，而在接下来的这一年中，使用这张不可转让的许可证不需要付出任何的机会成本。因此，在 1 月 1 日以后，拥有这张许可证的机会成本为零，在接下来一年的决策制定中，都无须考虑这个投入。但我们在这里也需要强调的是，虽然这项沉没成本对 1 月 1 日以后的决策制定不重要，但对这个建筑公司计算年度成本和利润来说，还是很重要的：许可证的成本使利润减少了 1 万美元。

现在让我们假设，7 月 1 日那天，该建筑公司决定在接下来的一年时间里不再建造新楼。当 7 月 1 日决定停止建造时，建筑公司就需要完全忽略许可证那 1 万美元的沉没成本，因为关闭建筑工地并不会使支付的沉没成本收回。但考虑一下这种转折：如果地方建筑机构一次性退还一年中停止建造的建筑公司许可证年费的 1/4 呢？有了这个财政救助的选择，许可证的沉没成本就变为了 7 500 美元，而在一年剩余时间里许可证的经济成本就从零增长为 2 500 美元。

可避免成本（avoidable cost）与沉没成本相反，经理人如不想再投入该成本，就可以收回或避免支付该成本。可避免成本在决策制定中需要考虑，不能忽略。在前一个例子中，当建筑机构提供财政援助时，建筑许可证总成本中的 2 500 美元就变成了可避免成本。变动投入和准固定投入成本，在生产中都是可避免成本㊀。在后面的章节中你会发现，区分可避免成本和沉没成本，对于停止生产，进入新市场，或者退出已有市场的决策制定来说，都会起到非常重要的作用。

到此，我们关于生产和成本关系的讨论就结束了。表 8-1 总结了区别这三种主要生产投入的特点。从这张表以及我们的讨论中你会发现，短期生产总是既需要变动投入，也需要固定投入，有时还会需要一种或多种准固定投入。长期生产只有可避免的投入，包括变动投入和有时需要的准固定投入，但永远不会包括固定投入。

表 8-1　生产中的投入

投入类型	成本	与产出的关系	可避免还是沉没	在短期还是长期生产中使用
变动投入期	变动成本	成正比	可避免	短期和长期
固定投入	固定成本	不变	沉没	只有短期
准固定投入	准固定成本	不变	可避免	如果需要：短期和长期

8.2 短期生产

我们从最简单的短期情况入手，开始，短期生产分析——只有一种变动投入和一种固定配比投入。

$$Q=f(L, \overline{K})$$

这家企业已经选择资本水平（做了投资决策），因此资本总量是固定的。一旦资本水平是固定的，企业改变产量的唯一途径是改变雇用劳动人数。

8.2.1 总产量

假设一家企业的生产函数是 $Q=f(L,\ K)$，长期中，在 0 ～ 10 单位选择劳动与资本的数量。生产函数提供了各种可能的劳资比情况下的产量最大值（见表 8-2）。例如，从表 8-2 中可以看到，4 单位劳动和 3 单位资本可以最多生产 325 单位的产品；6 单位劳动和 6 单位资本可最多生产出 655 单位产品等。注意零资本必然导致零产量，无论劳动使用水平是多少，此外，零劳动也必然是零产量。

一旦资本水平确定了，企业在短期中，产量的改变仅依赖于改变劳动的雇用数量。假设现在资本固定在 2 单位，企业在短期中只能依赖改变劳动的使用量（变动投入）改变产量。表 8-2 中位于 2 单位资本下的列给出了全部产量，或 0 ～ 10 个工人的全部劳动产量。这一列中，$K=2$，代表在资本固定在 2 单位时的短期生产函数。

表 8-3 的 2 列是 1 列的劳动投入得出的相应总产量。因此表 8-3 的列 1 和列 2 定义了 $\overline{K}=2$ 时企业的生产函数 $Q=f\left(L,\ \overline{K}\right)$。在这个例子中，总产量（$Q$）首先随劳动投入的增长而上升，至最高点（9 个工人），然后下降。总产量最终会随工人数量增多而降低，如果经营者知道产量将下降，他们应该（明智地）不再增加雇用人员数量。例如，在表 8-3 中，经理雇用 8 人或 10 人都可以达到 314 单位的产量。很明显，生产 314 单位产品的经济有效，雇用劳动量是 8 人。

㊀ 因为准固定成本是可避免成本，经济学家有时把准固定投入称为“可避免固定成本”或者“不沉没固定成本”。而我们会一直使用比较传统的提法——准固定成本。

表 8-2　生产函数

资本量（K）

劳动量（L）	0	1	2	3	4	5	6	7	8	9	10
0	0	0	0	0	0	0	0	0	0	0	0
1	0	25	52	74	90	100	108	114	118	120	121
2	0	55	112	162	198	224	242	252	258	262	264
3	0	83	170	247	303	342	369	384	394	400	403
4	0	108	220	325	400	453	488	511	527	535	540
5	0	125	258	390	478	543	590	631	653	663	670
6	0	137	286	425	523	598	655	704	732	744	753
7	0	141	304	453	559	643	708	766	800	814	825
8	0	143	314	474	587	679	753	818	857	873	885
9	0	141	318	488	609	708	789	861	905	922	935
10	0	137	314	492	617	722	809	887	935	953	967

表 8-3　资本固定在 2 单位时的总产量、平均产量和边际产量

(1) 工人数量 (L)	(2) 总产量 (Q)	(3) 平均产量 ($AP=Q/L$)	(4) 边际产量 ($MP=\Delta Q/\Delta L$)
0	0	—	—
1	52	52	52
2	112	56	60
3	170	56.7	58
4	220	55	50
5	258	51.6	38
6	286	47.7	28
7	304	43.4	18
8	314	39.3	10
9	318	35.3	4
10	314	31.4	−4

8.2.2　平均产量和边际产量

平均产量和边际产量是从生产函数推导出的，它们可以看作同一信息的不同审视角度。**劳动平均产量**（average product of labor, *AP*）是总产量除以投入的工人数量：

$$AP=Q/L$$

在我们的例子中，平均产量，如表 8-3 的第 3 列先上升，达到最大值 56.7，以后开始下降。

劳动边际产量（marginal product of labor, *MP*）是：其他要素投入数量都不变，增加一位工人投入所带来的总产量的增加（本例中，资本量为 2 单位），即

$$MP=\Delta Q/\Delta L$$

Δ 表示变化量。边际产量与生产函数（见表 8-3）有关，这一项在该表的第 4 列给出。由于零工人的产量是零，第一位工人增加 52 单位产量；第二位增加 60 单位（即，产量由 52 提高到 112）；依此类推。注意劳动量从 9 升到 10 时，产量从 318 降到 314。这样，第 10 个工人的边际产量为负数。在本例中，边际产量首先随劳动量增加而增加，然后下降，最后为负数。这是

经济分析中常用的假定模式。

本例中，生产函数假定劳动为变动投入，一次增加一名工人。我们可以考虑增加多于一人投入的边际产量情况。在固定资本水平上，假设 20 人劳动可生产 100 单位产品，30 人劳动可生产 200 单位产品。劳动增加 10 人，产品增加 100 单位。因此，

$$MP = \Delta Q/\Delta L = 100/10 = 10$$

增加一名工人，产量增加 10 单位。

我们可以强调，我们所指的是劳动的边际产量，而不是某一个劳动者的边际产量。我们假设所有工人都一样。在这种意义上，如果我们将工人数从 8 降为 7（见表 8-3），无论哪一个工人被解雇，总产量都会从 314 降为 304。顺序是没有意义的，第三个工人都将增加 58 单位产量。

图 8-1 形象地展示了总产量、平均产量和边际产量（见表 8-3）的关系。图 8-1a 中，当工人增加到 9 以前，总产量一直上升；再增加工人，总产量下降。图 8-1b 中引入一个生产理论中的常识性假设：平均产量先升后降。当边际产量大于平均产量（在第一个工人，两者相等）时，平均产量增加；当边际产量低于平均产量时，平均产量下降。这个结果对于这个特定的生产函数并不奇怪，此外，它也存在于平均产量先增后减的任何生产函数中。

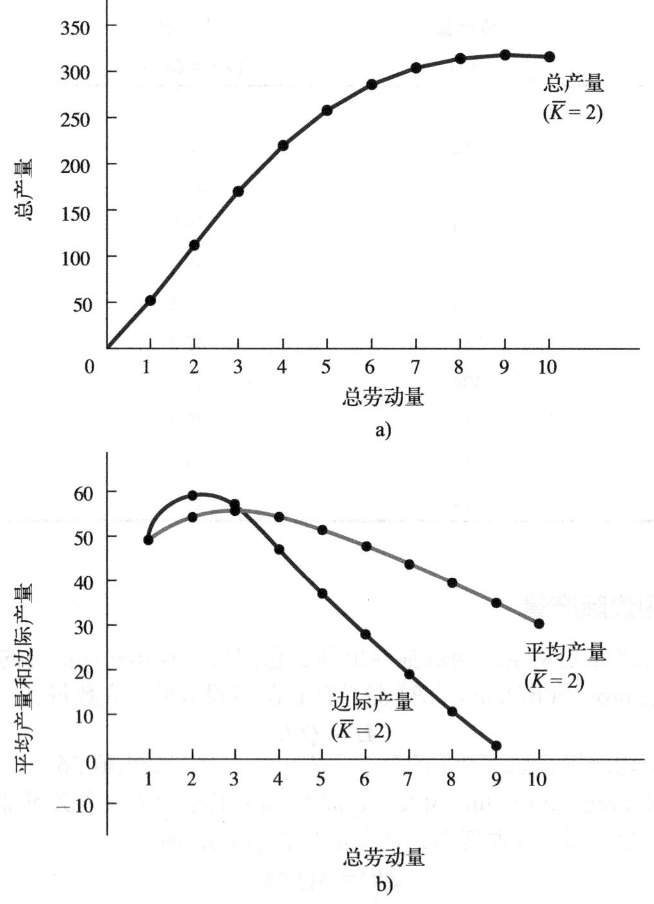

图 8-1　总产量、平均产量和边际产量（$\bar{K}=2$）

有一个例子有助于解释平均和边际的关系，当边际产量高于平均产量时，平均产量必是递增的；而当边际产量低于平均产量时，平均产量必是递减的。如果你参加了两场考试，成绩分

别是 70 和 80，你的平均分为 75。如果第三场考试成绩高于 75，边际成绩高于平均成绩，你的平均成绩会上升。反之，如果第三场考试成绩低于 75——边际成绩低于平均成绩，你的平均成绩会下降。在生产理论中，如果每增加一名工人带来的收益高于平均产量，平均产量增加；如果每增加一名工人带来的收益低于平均产量，平均产量下降。

正如图 8-1 所示，边际产量先升后降，9 个工人后为负数。最大边际产量在最大平均产量前出现。当边际产量升高，总产量以一上升速率增加。当边际产量开始下降（2 个工人后），总产量开始以一下降速率增加。当边际产量变为负数（10 个工人），总产量下降。

我们应该注意图中不易察觉的另一重要关系，平均产量与边际产量。如果允许劳动连续变化而非一个一个单位地变化，如本例所示，边际产量等于平均产量时，平均产量达到最大值。因为当边际产量高于平均产量时，平均产量必为递增；而当边际产量低于平均产量时，平均产量必为递减。因此当平均产量达到最大时，这两者必相等。

8.2.3 边际实物报酬递减法则

图 8-1b 的边际产量曲线的斜率还表示了一个重要规律：**边际实物报酬递减法则**（law of diminishing marginal product）。随着变动投入要素的数量增加，其他投入要素保持不变，总存在一点，在该点以后，变动投入的边际产量递减。当变动投入的数量与固定投入的数量相对小，且变动投入增加时，固定投入比变动投入在促进边际产量增长中的作用更大。因此，最初边际产量是增加的，然而在某一点以后，多使用的变动投入对边际产量的贡献逐渐减少。每多一单位变动投入，平均来说，就有更少的固定投入与之相配合。

为说明边际回报递减的概念，我们以 Mel 热狗的厨房为例，它是一家销售热狗、法式煎饼和软饮料的餐馆。Mel 厨房有一个煤气灶用于做热狗，一个煎锅做法式煎饼和一个软饮料自动售货机。一个人每小时可在厨房准备 15 份套餐（包括热狗、法式煎饼和软饮料），两个人每小时可准备 35 份套餐，一个人可以集中精力做煎饼和软饮料，而另一个人准备热狗。第二个人的边际产量为每小时 20 份套餐，比第一个人的多 5 份。增加第三个人会令每小时产量为 50 份。因此第三个人的边际产量为每小时 15（= 50 − 35）份。

因此，在雇用了第二个厨子之后，增加的厨子的边际产量下降。例如，第四个厨子会使套餐的总数升为每小时 60 份，其边际产量仅为 10 份。第 5 个厨子每小时再增加 5，总数为 65 份。第三、第四、第五个厨子使产量总数上升，由于厨房空间和设备数量是固定的（例如，资产是固定的），他们的边际贡献递减。Mel 可以增加厨房规模或添置厨房用具，以增加所有工人的生产力。边际报酬递减的起始点可能发生在较高的就业水平上。

厨子的边际产量甚至可以为负数。例如，增加第六个厨子使套餐数从 65 降为 60。第六个厨子的边际产量为 − 5。不要将负的边际产量与下降的边际产量混为一谈。下降的边际产量在第三个厨子时出现，但是直至第六个厨子时边际产量才为负数。显然，经理们由于总产量下降，不愿雇用第六个厨子。但虽然边际产量下降，如果要准备 35、50 或 60 份以上的食物，经理们也愿意雇用第三、第四或第五个厨子。正如我们要证明的，经理们实际上使用变动投入的位置高于报酬递减点，但不高于负边际产量点。

边际实物报酬递减法则是关于边际产量和生产率之间关系的简单描述。边际实物报酬递减是从实际生产过程中观察得来的。边际产量的递减无法证明或被数学推导，但值得注意的是，相反的事例也从未出现。这就是为什么称其为法则。

8.2.4 固定投入变动

图 8-1 所示的生产函数和表 8-3 的数据，是在表 8-2 的基础上，设定资产为 2 单位时（$\overline{K}=2$），利用生产函数得到的。我们在表 8-2 可以看到，当不同的资本量被使用时，相应劳动使用水平的总产量有变化。事实上，表 8-2 的每一列代表着一个不同的短期生产函数，每一列

对应着一个特定的固定资本水平。因为当资本改变时，产量随劳动使用水平而改变。由于总产量在每个劳动使用水平上都有变化，劳动的平均产量和边际产量在每个劳动使用水平上也有变化，资本水平的改变引发劳动总产量曲线的移动。

再一次回到表 8-2，当资本从 2 升为 3 单位时，3 个工人的总产量从 170 上升为 247。正如第 3 列所示，3 个工人的平均产量从 56.7 上升为 82.3（=247 ÷ 3）。第 3 个工人的边际产量从 58 上升为 85[$\Delta Q/\Delta L = (247-162)/1 = 85$]，表 8-4 展示了两个资本 $\overline{K}=2$ 和 $\overline{K}=3$ 水平的总产量、平均产量和边际产量。如你所见，当 $\overline{K}$ 从 2 上升为 3 单位时，*TP*、*AP* 和 *MP* 在各个劳动使用水平上都有提高。图 8-2 展示了固定资本的变化如何影响生产曲线，在图 8-2a 中，$\overline{K}$ 的上升引发总产量曲线上移，图 8-2b，$\overline{K}$ 的上升引发 *AP* 和 *MP* 的上移。注意在表 8-2 表示出了 10 种中可能构成长期规划范围的两种资本水平的短期情形。

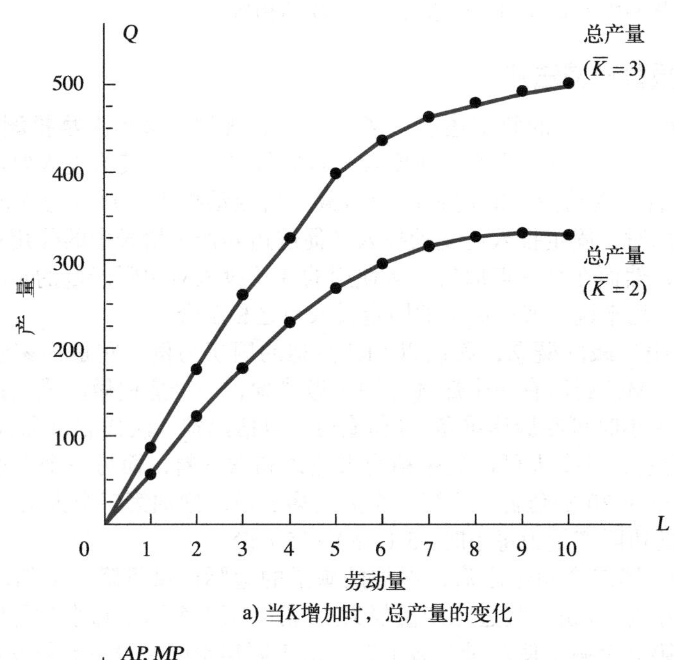

a) 当*K*增加时，总产量的变化

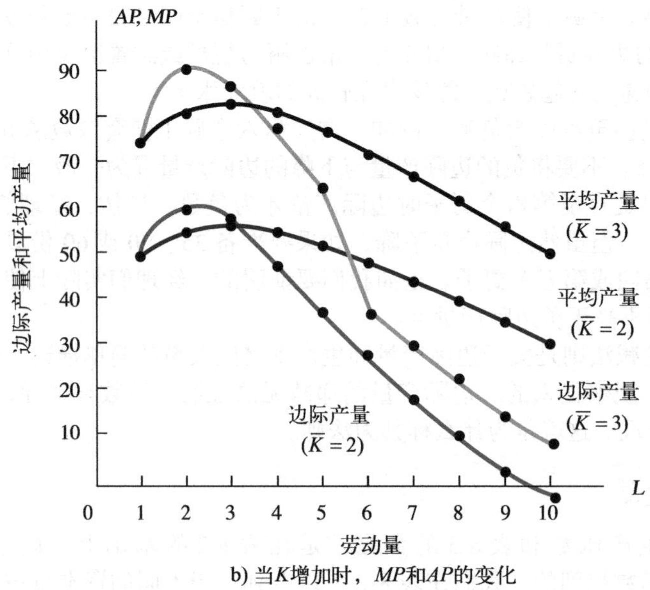

b) 当*K*增加时，*MP*和*AP*的变化

图 8-2 总产量、平均产量、边际产量曲线的变化

现在，我们已经准备好推导企业短期的成本结构。对管理者愿意生产的任意产量而言，与固定的资本相结合的经济有效的劳动量是从总生产曲线中得到的。在图 8-1 中，如果管理者希望生产 220 单位产品，生产 220 单位产品需要的总成本最低的劳动量是 4 个单位。生产 220 单位的总成本通过将劳动力价格乘以 4 得到劳动的总成本，然后将此成本加上固定投入的成本计算出来。在每一产量水平都可以这样计算短期的总生产成本。我们现在转到在短期的生产成本上去。

表 8-4 资本存量变化的效应

L	$\bar{K}=2$			$\bar{K}=3$		
	Q	AP	MP	Q	AP	MP
0	0	—	—	0	—	—
1	52	52	52	74	74	74
2	112	56	60	162	81	88
3	170	56.7	58	247	82.3	85
4	220	55	50	325	81.3	78
5	258	51.6	38	390	78	65
6	286	47.7	28	425	70.8	35
7	304	43.4	18	453	64.7	28
8	314	39.3	10	474	59.3	21
9	318	35.3	4	488	54.2	14
10	314	31.4	−4	492	49.2	4

◇专栏 8-1

使用更多更好的资本，提高了美国石油和化工行业的生产力

本章建立了一个重要的生产理论，增加企业使用的资本量会提高企业使用的其他要素的生产效率。回忆图 8-2a，将资本从 2 单位增加到 3 单位，导致了每单位劳动水平总产量增加，因为使用更多的资本导致总生产曲线上移。在使用 3 单位资本时，每单位的产量可以使用比 2 单位资本更少的劳动。增加资本数量促进了劳动的生产效率，提高了单位劳动的产量。如果使用更多蕴含先进技术的资本，生产效率还会更高。技术进步使新添置的资本设备，比企业现有的资本有更高的生产效率，因为现在使用的老的资本设备是按照先进性差一些的技术设计的。这样，购买更好的资本，提高了生产效率。这种使用更多更好的资本，来迅速提高生产效率，是原油生产和石化冶炼这两个非常重要的行业的战略。美国的石油生产企业正经历着采掘开发运营（寻找地下和海底石油的过程）和生产运营（将石油抽到地面）的高效率阶段。虽然时间、劳动、能源和钻井数量降低了，新发现和生产的原油量快速增长。为获得令人瞩目的生产效率的提高，美国的石油生产企业在 20 世纪 90 年代，大量投资于可能降低采掘和将原油抽到地面的成本的新技术。这些新技术包括增加高新技术用于采掘和生产过程。三种最重要的高新技术是三维地震、水平钻井和新深水钻井技术。

三维（3D）观测地下岩石构成，大大优于两维（2D）地震技术。即使 3D 地震分析比 2D 地震分析成本高 1 倍，采掘的成功率远远超过了 2 倍，采掘的平均成本降低超过 20%。3D 地震技术结合水平钻井技术，被称为全球定位钻头，使在新发现的油田找到更多的石油。深水钻井比陆地钻井，产量高 5 倍，越来越多被采用。现代的钻井平台技术，如采用从卫星同步读取数据，保证漂浮平台位置不变的计算机控制的推进器，使墨西哥湾深水油田的开采成为可能。

墨西哥湾一些深水油田与中东一些油田的储量一样丰富。根据《华尔街日报》，“海底1英里或更深的地方，成为20世纪30年代的中东后最大的、独立的、新的原始资源储藏地”。[㊀]

在石油化工行业，技术的进步方面同样令人瞩目，改变了从原油中获取汽油和高价值化工产品的方法和程序。在《财富》杂志的一篇文章中解释了其成功之处：“取代了深度培训的技术人员人工监控数以百计的复杂程序，这些工作，现在由计算机处理得更快、更智能、更精确……结果是更高的效率……和显著的节约。”[㊁]在一个这样的项目中，BP（由英国石油、阿莫科等公司整合而成）购买了7 500万美元的新资本，用于更新得克萨斯城的一个旧石化厂。通过给工厂添加计算机控制的数字自动系统和设备，旧厂成为一个特种化工产品的领先生产企业。增加更多（更好）的资本，增加了其他精炼资源的生产效率，降低了其中一些资源的使用量。根据《财富》的文章，总生产效率提高了55%，使BP可以重新调配10%的得克萨斯城的工人到其他BP的精炼厂，并且“工厂减少3%的电力使用量和10%的天然气使用量”。

就像我们本章解释的那样，生产效率和成本是负相关的。所有这些高新技术使石油加工更加高效，也使保证未来的能源供应，降低了成本。

8.3 短期生产成本

回忆第1章讨论过的经济成本，企业使用资源生产产品或服务的机会成本，是企业放弃使用这些资源可能获得的收益。我们建议你在继续这一节之前，花几分钟的时间，复习一下图1-1和相关的在生产产品或服务时使用要素或资源的总经济成本的度量原理。

正如在第1章提示的那样，使用生产要素的机会成本可以是显性成本，也可以是隐性成本。就像我们在第1章解释的，当企业使用非其所有，因而只能从市场上购买的这些资源时，发生显性成本。因此，向资源的所有者支付的支出，用于雇用、租用或者租赁的成本，为使用市场提供资源的显性成本。企业自身拥有的资源的机会成本，是企业所有者使用自有资源所放弃的最大收益。就像我们在第1章强调的，即使使用企业所有者自有资源，并没有发生显性的货币支付，1美元的隐性成本不少于（也不多于）使用1美元的资源的显性成本。在个人决策和商业决策中非常重要，我们提供的专栏8-2来进一步说明。

就像第1章中的解释，和图1-1的展示，在生产过程中使用要素的总经济成本是所有显性成本和隐性成本之和。在本章后面部分和接下来的章节中，尽管我们并没有明确将它们划分为两类独立的成本，当我们提及企业的成本时，既包括显性成本也包括隐性成本。在所有情形下，“成本”的意思是使用资源的全部机会成本。

◇专栏8-2

隐性成本与家庭决策

我们在本书中已经说过，使用自有要素的机会成本，等于将其出租或者卖掉再投资获取的最佳报酬。生产者决定资源的使用量基于资源的机会成本，而不考虑它是显性或隐性的问题，你不应该将机会成本特别是隐性成本看成只与生产决策有关。各种决策人，包括家庭决策人，也要考虑隐性或显性成本，以便从有限要素中获取最大收益。

㊀ 见 Steve Liesman, “ Big Oil Starts to Tap the Vast Reserves That Are Buried Far Below the Waves,” *The Wall Street Journal*, July 3, 2000, p.1.

㊁ Gene Bylinsky, “ Elite Factories: Two of American ’ s Best Have Found New Life Using Digital Technology, ” *Fortune*, August. 11, 2003.

设想户主预先支付了房产抵押。假设他中了政府奖券，决定将100 000美元用于支付房产抵押。付清抵押货款后，户主不再需要按月支付抵押金（一项显性成本）。忽略维修成本和市场价值的变化，拥有这房子的成本现在为零吗？当然不为零。通过使用他的金融要素支付抵押金，户主必须放弃将100 000美元投资于他处的收益。假设户主将其存款可以获利7.5%，交清抵押金的隐性成本（机会成本）就是每年7500美元。如果投资的利息高于抵押利息，聪明的中奖者是不会付清押金的，它会在不增加风险的前提下，将其存款，反之亦然。

另一个说明隐性成本如何影响家庭决策的例子，是关于一个来自佛罗里达州布鲁克思威尔的11岁男孩儿杰米·莱士布鲁克的。杰米在一场比赛中得到了2张去看第25届超级碗的票。杰米很快就发现这2张“免费”票实际是有机会成本的。得奖后的一天内，他的父亲已经收到了一打以上的愿为每张票支付1 200美元的请求。这孩子几乎无成本地得到这张票，而使用票就引入了隐性成本——如果杰米卖掉它们的话就会有收益。虽然我们不知道最后结果如何，但是11岁的小孩就知道使用要素时不能忽视隐性成本。

8.3.1 短期总成本

上面提到过，在短期中，某些投入要素的使用水平是固定的。无论生产水平如何，固定支出的费用必须支付，其他费用则随产量变化。**总固定成本**（total fixed cost, *TFC*）是必须支付的固定支出的总费用。**总变动成本**（total variable cost, *TVC*）是各项变动投入支出的总和。总变动成本随产量的增加而增加。**短期总成本**（total cost, *TC*）也随产量增加而增加，它是总变动成本与总固定成本之和：

$$TC = TVC + TFC$$

为表示短期经营中，产量（*Q*）与总成本的关系，我们使用一个最简单的案例。一家公司在生产中使用两种要素：资本和劳动。每期资本的总固定成本为6 000美元。在表8-5的第（2）列中，每一种可能的产量水平的总固定成本（*TFC*）都是6 000美元，包括零产量的情况。第（3）列显示了每一种可能的产量水平的总变动成本。当产量为零时总变动成本也为零，因为如果公司决定不生产，则将不使用变动投入要素，如劳动。随着产出水平的提高，更多的劳动将被雇用，正如第（3）列所示，总变动成本将升高。总成本（*TC*）是总固定成本和总变动成本之和。表8-5的第（4）列显示了各种变动产量的总生产成本，即第（2）列和第（3）列之和。

表8-5 短期总成本

（1） 产量 *Q*	（2） 总固定成本 *TFC*（美元）	（3） 总变动成本 *TVC*（美元）	（4） 总成本 *TC* = *TFC* + *TVC*（美元）
0	6 000	0	6 000
100	6 000	4 000	10 000
200	6 000	6 000	12 000
300	6 000	9 000	15 000
400	6 000	14 000	20 000
500	6 000	22 000	28 000
600	6 000	34 000	40 000

图8-3显示了与表8-5相关联的总成本曲线。总固定成本曲线在6 000美元处的水平线，表示总固定成本（*TFC*）在各产量水平上都是一致的。总变动成本起始于原点，如果产量为零，则公司没有变动成本；*TVC*随产量的增加而增长，因为生产越多，使用的资源就越多，因此使

成本增加。因为总成本是 *TFC* 和 *TVC* 之和，*TC* 曲线凌驾于 *TVC* 曲线之上，在每一产量水平的落差为 6 000 美元（*TFC*）。结果是，*TC* 和 *TVC* 平行并拥有相等的形状。

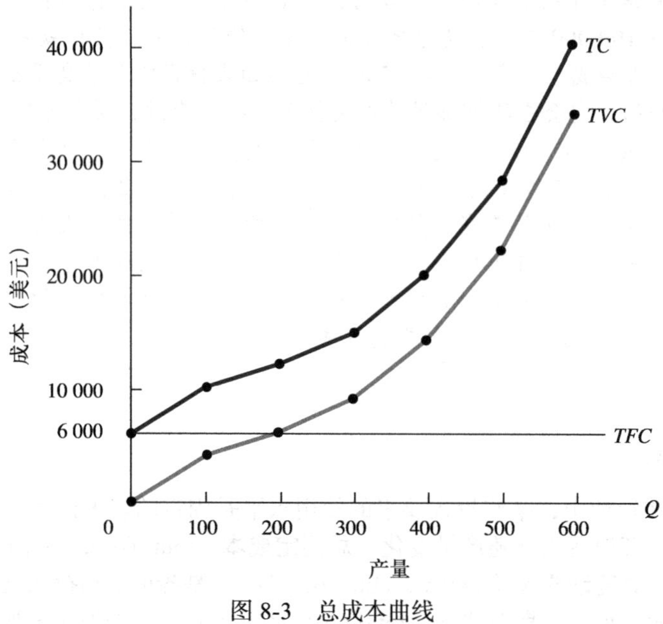

图 8-3　总成本曲线

8.3.2　平均成本和边际成本

更有效地描述公司成本结构的方式是利用短期平均成本和边际成本。表 8-6 列出了由表 8-5 的总成本数据得到的平均和边际成本。首先，设想平均固定成本，如第（2）列所示，**平均固定成本**（average fixed cost, *AFC*）是总固定成本除以产量：

$$AFC = TFC/Q$$

表 8-6　平均成本和边际成本

（1） 产量 （Q）	（2） 平均固定成本 AFC = TFC/Q（美元）	（3） 平均变动成本 AVC = TVC/Q（美元）	（4） 平均总成本 ATC = TC/Q（美元）	（5） 短期边际成本 SMC = ΔTC/ΔQ（美元）
0	—	—	—	—
100	60	40	100	40
200	30	30	60	20
300	20	30	50	30
400	15	35	50	50
500	12	44	56	80
600	10	56.7	66.7	120

平均固定成本是固定成本（本例中为 6 000 美元）除以产量得到，由于分母随产量的增加而增大，*AFC* 在相对低的产量水平时值较高；在全部的产量水平范围中呈递减趋势。如果产量持续增长，当产量非常大时，*AFC* 将接近于零。

平均变动成本（average variable cost, *AVC*）是总变动成本除以产量：

$$AVC = TVC/Q$$

表 8-5 所示的各产量水平的平均变动成本写在第（3）列。*AVC* 首先降到 30 美元，然后一直上升。

平均总成本（average total cost, *ATC*）是短期的总成本除以产量：

$$ATC = TC/Q$$

各产量水平的平均总成本列在表 8-6 的第（4）列。由于总成本是总变动成本加上总固定成本：

$$ATC = TC/Q = (TVC + TFC)/Q = AVC + AFC$$

表中的平均总成本有着与平均变动成本同样的结构。它首先递减，达到最小值 50 美元，然后递增。最小 *ATC*（介于 300 ～ 400）对应的产量水平比最小 *AVC*（介于 200 ～ 300）的大。这种结果对于如表 8-6 所示的成本是不足为奇的；正如我们即将分析的一样，它适用于一般类型的平均成本。

最后，**短期边际成本**（short-run marginal cost, *SMC*）定义为总变动成本或者总成本的单位产量变化：

$$SMC = \Delta TVC/\Delta Q = \Delta TC/\Delta Q$$

两种定义是等价的，因为当产量增加，总成本由于总变动成本的增加而增加。由于 $TC = TFC + TVC$，所以

$$SMC = \Delta TC/\Delta Q = \Delta TFC/\Delta Q + \Delta TVC/\Delta Q = 0 + \Delta TVC/\Delta Q = \Delta TVC/\Delta Q$$

短期边际成本在表 8-6 中的第（5）列列出。它是当使用的变动要素变化时，由于产量变化而引起的成本变化。例如，当产量由 0 变为 100 时，总成本和变动成本都增加 4 000 美元。单位产量成本变化是 4 000 美元除以产量的增量 100，即 40 美元。因此在该范围内的边际成本是 40 美元。由观察可知，*MC* 先下降，达到最小值 20 美元后上升。注意，边际成本最小值对应的产量水平（介于 100 ～ 200），比 *AVC* 和 *ATC* 最小值对应的产量水平低。边际成本与 *AVC* 和 *ATC* 的最小水平各自相交。我们下一步将解释这种现象的原因。

第（3）列、第（4）列、第（5）列列出的平均和边际成本的图形展示在图 8-4 中。平均固定成本没有画出，原因是它在全部产量水平上是递减的，而且与决策无关。图 8-4 的曲线描绘了我们讨论过的成本曲线的特性。3 条曲线先降后升，边际成本与 *AVC* 和 *ATC* 的最小水平各自相交。当 *AVC* 和 *ATC* 递减时，边际成本曲线低于它们；当 *AVC* 和 *ATC* 递增时，边际成本曲线高于它们。由于 *AFC* 在所有的产量水平上递减，而且 $ATC = AVC + AFC$，*ATC* 随着产量水平的增加逐渐接近 *AVC*。我们下面要介绍的是典型的平均和边际成本曲线的普遍性质。

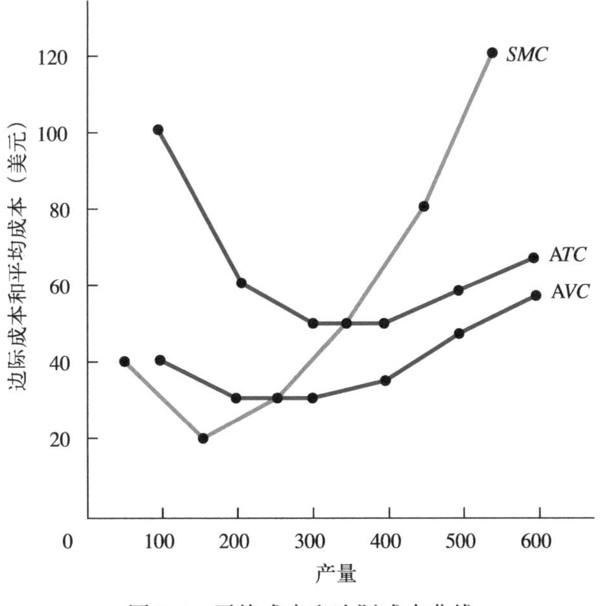

图 8-4　平均成本和边际成本曲线

8.3.3 一般短期平均成本和边际成本曲线

我们介绍的多数成本曲线的性质可由表 8-5 和表 8-6 的成本表推得。这些性质也适用于产量和成本连续，而不是离散变化的一般成本曲线。典型的短期平均和边际成本曲线见图 8-5。由图可知：

关系

（1）*AFC* 连续递减，以两坐标轴为渐近线（由 *ATC* 和 *AVC* 间的距离渐近可知）。（2）*AVC* 先降，在 Q_2 处达到最小值，然后上升。当 *AVC* 达到最小值，*SMC* 等于 *AVC*。（3）*ATC* 先降，在 Q_3 处达到最小值，然后上升。当 *ATC* 达到最小值，*SMC* 等于 *ATC*。（4）*SMC* 先降，在 Q_1 处达到最小值，然后上升。*SMC* 与 *AVC* 和 *ATC* 曲线的最小值处相交。而且，当 *AVC* 和 *ATC* 递减时，*SMC* 曲线位于它们的下方，当 *AVC* 和 *ATC* 递增时，*SMC* 曲线位于它们的上方。

通常，从成本的定义知道，边际成本在 *AVC* 和 *ATC* 曲线的最低点与它们相交。如果边际成本低于平均变动成本，每增加一单位产量增加的成本低于平均变动成本。因此，平均变动成本必然是递减的。当 *SMC* 高于 *AVC* 时，每增加一单位产量增加的成本高于 *AVC*。此时，*AVC* 是递增的。

所以，当 *SMC* 小于 *AVC* 时，平均变动成本下降；当 *SMC* 大于 *AVC* 时，平均变动成本上升。在 *AVC* 的最低点，必然 *SMC* 等于 *AVC*。同样的理由可以用来说明 *SMC* 随后交于 *ATC* 的最低点。

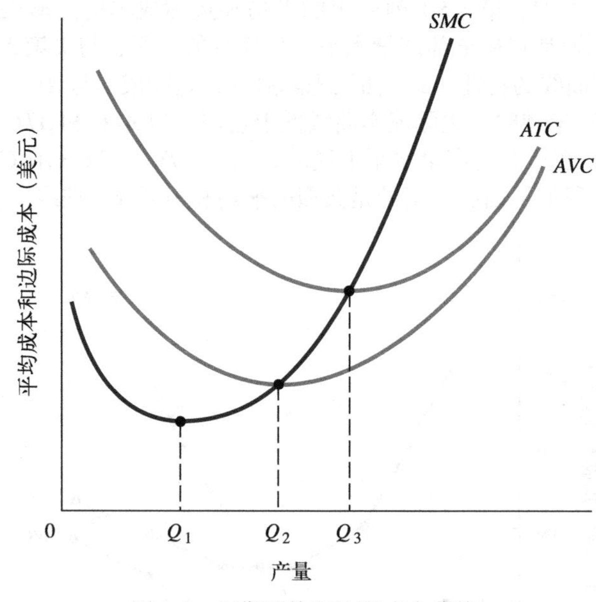

图 8-5 短期平均和边际成本曲线

8.4 短期成本函数和生产函数的关系

我们现在将较为详尽地描述，前一节所述的短期成本曲线是如何得到的。也许你会想到，一旦总变动成本（*TVC*）和总固定成本（*TFC*）得到了，其他总成本 *TC*，*ATC*，*AVC*，*AFC* 和 *SMC* 都能够从这些成本的定义中很容易推导出。总固定成本是固定投入的支出总和，总变动成本是从短期生产函数直接得到的。除了从总产量曲线得到 *TVC* 外，我们还将介绍如何从平均产量得到平均变动成本，如何从边际产量得到边际成本。

表 8-7 短期生产和短期成本

短期生产		短期总成本		
(1) 劳动量 (*L*)	(2) 产量 (*Q*)	(3) 总变动成本（美元）($TVC=wL$)	(4) 总固定成本（美元）($TFC=rK$)	(5) 总成本（美元）($TC=wL+rK$)
0	0	0	6 000	6 000
4	100	4 000	6 000	10 000
6	200	6 000	6 000	12 000
9	300	9 000	6 000	15 000
14	400	14 000	6 000	20 000
22	500	22 000	6 000	28 000
34	600	34 000	6 000	40 000

8.4.1 总成本和短期生产函数

我们将从表 8-7 的第（1）列和第（2）列所示的短期生产函数入手。如果使用 4 单位的劳动，公司能产出（最多）100 单位；如果使用 6 单位的劳动，公司的最大产量是 200 单位；依此类推。(但要记住，生产函数是要考虑技术有效的)。例如，我们考虑工资率，1 单位劳动或服务的价格（*w*），是 1 000 美元，每一给定产量水平的总变动成本就是雇用劳动量乘以工资率：

$$TVC = w \times L$$

第（3）列是不同产量水平相关的总变动成本。明显地，*TVC* 是从短期生产函数得到的。注意 *TVC* 是从特定的工资率得到的。如果工资率增长，*TVC* 在各产量水平上都增长。

为找出总固定成本是如何决定的，假设第（1）列和第（2）列的短期生产函数是得自使用了 3 单位资产的公司，雇用每单位资产成本为 2 000 美元。因此，总固定成本是

$$TFC = r \times K = 2\,000 \text{ 美元 } \times 3 = 6\,000 \text{ 美元}$$

r 表示每单位资产服务的价格。第（4）列表示每一产量水平对应的总固定成本。

短期总成本（*TC*）是总变动成本和总固定生产成本的和：

$$TC = wL + rK$$

表 8-7 的第（5）列显示了当公司的固定资产水平为 3 单位时，短期经营的每一产量水平的总成本。注意这些总成本表格与表 8-5 一致。使用本章先前所列的公式，我们能够从 *TVC* 表格很容易地得到 *AVC* 和 *SMC*，从 *TC* 表格得到 *ATC*。然而，我们能够通过关于 *AVC* 和 *AP*、*SMC*、*MP* 的关系的讨论使你对这些曲线的典型形状有更深入的理解。

8.4.2 平均变动成本和平均产量

表 8-8 再一次推出表 8-7 的第（1）列和第（2）列的生产函数。劳动的平均产量（$AP=Q/L$）写在表 8-8 的第（3）列。*AVC* 和 *AP* 的关系是，设想 4 个工人产量为 100 单位，使用 4 个工人的总变动成本是用 1 000 美元（工资率）乘以 4 个雇用工人：

$$TVC = 1\,000 \times 4$$

4 个工人的 100 单位的产量可以用 25（平均产量）乘以 4 个雇用工人：

$$Q = 25 \times 4$$

由于 *AVC* 是 *TVC* 除以 *Q*：

$$AVC = TVC/Q = (1\,000 \times 4)/(25 \times 4) = 1\,000/25 = w/AP = 40 \text{（美元）}$$

从这个例子，你可以看到 AVC 可以通过 TVC/Q 或者 w/AP 得到。很容易证明对于一个变动投入的生产函数，这个关系普遍适用。通常：

$$AVC = TVC/Q = (w \times L)/(AP \times L) = w/AP$$

在表 8-8 的第（5）列中，列有通过将各产量水平对应的平均产量除以 1 000 美元得到的平均变动成本的值。你可以看到表 8-8 中的 AVC 的计算（$AVC = w/AP$）与表 8-6 得到的值相同（$AVC = TVC/Q$）。

表 8-8 成本与生产间平均和边际关系

短期生产				短期成本（美元）	
(1)	(2)	(3)	(4)	(5)	(6)
L	Q	AP	MP	AVC	SMC
		(Q/L)	($\Delta Q/\Delta L$)	(w/AP)	(w/MP)
0	0	—	—	—	—
4	100	25	25	40	40
6	200	33.33	50	30	20
9	300	33.33	33.33	30	30
14	400	28.57	20	35	50
22	500	22.73	12.50	44	80
34	600	17.65	8.33	56.67	120

8.4.3 边际成本和边际产量

边际成本和边际产量的关系在表 8-8 也有表述。第（4）列展示了每增加 100 单位产量额外雇用的劳动而导致的边际产量。例如，为使产量从 100 增加到 200 单位，需再雇用两个工人（劳动从 4 单位增加到 6 单位），因此每增加一个工人的边际产量是 50 单位。产量从 100 单位变为 200 单位的总变动成本的变量是 2 000 美元——每个工人摊到 1 000 美元。于是，

$$SMC = \Delta TVC/\Delta Q = (1\,000 \times 2)/(50 \times 2) = w/MP = 20 \text{（美元）}$$

重复每增加 100 单位产量的计量，你可以看到，在各产量水平上的边际成本等于工资率除边际产量。这关系对于任何一个变量的生产函数都是成立的。

$$SMC = \Delta TVC/\Delta Q = \Delta(w \times L)/\Delta Q = w(\Delta L/\Delta Q) = w/MP$$

你可以证明由表 8-8 从 w/MP 得到的边际成本的值等于由表 8-5 从 $\Delta TC/\Delta Q$ 得到的边际成本的值。

8.4.4 AVC、MC、AP 和 MP 之间的几何关系

图 8-6 说明了成本曲线和生产曲线的关系。我们在图 8-6a 和图 8-6b 中分别建立了一整套典型的生产曲线和成本曲线。假设工资率是 21 美元，先考虑使用 0 ～ 500 单位劳动范围内的生产和成本曲线。

在图 8-6a 中，边际产量在该范围内高于平均产量，因此，平均产量是上升的。由于边际成本与边际产量成反比（$MC = w/MP$），而且平均变动成本与平均产量成反比（$AVC = w/AP$），MP 与 AP 皆为递增，MC 和 AVC 随劳动的增多、产量的增加（在图 8-6a 中达到点 A 和点 B）而下降。边际产量在使用 500 单位劳动（点 A）时达到最大值 9。这种水平的产量是与使用 500 单位劳动相对应的，使用的关系式是 $AP = Q/L$。由于 $AP = 6.5$，$L = 500$，Q 必为 3 250（$= 6.5 \times 500$）。因此，当产量为 3 250 时，边际产量达到最大值，边际成本此时达到它的最小值。在 3 250 的水平上，边际成本等于 2.33 美元（$w/MP = 21/9$），平均变动成本等于 3.23（$w/MP = 21/6.5$）。图 8-6a 的 A 点和 B 点对应于图 8-6b 的点 a 和点 b。

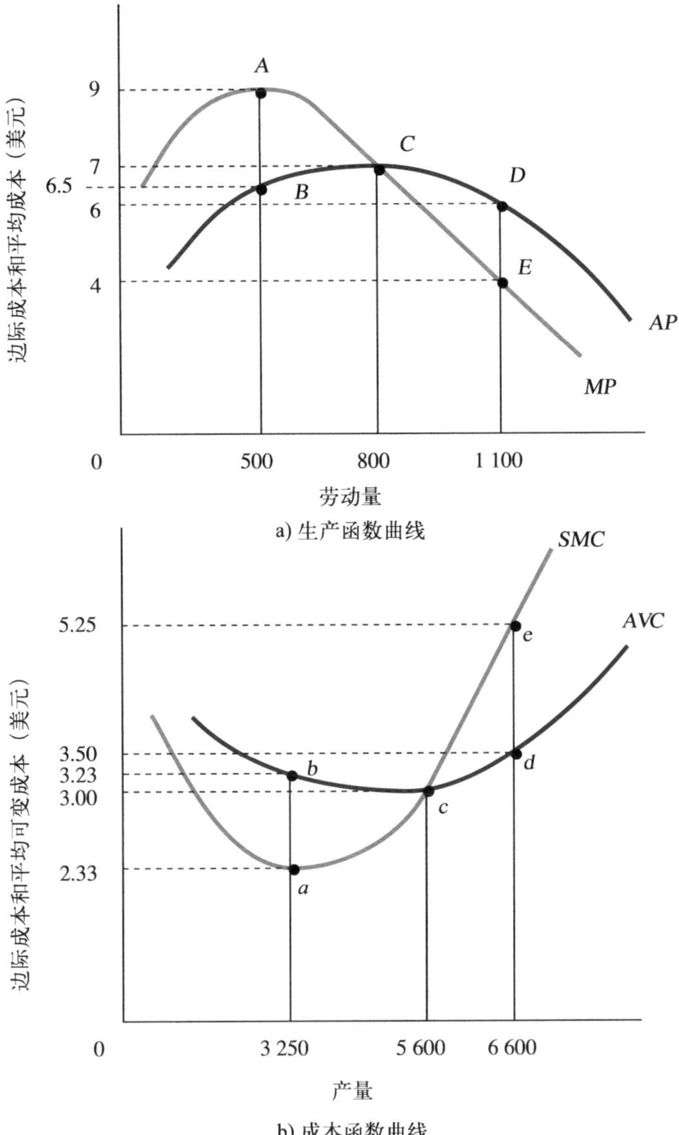

图 8-6　短期生产和成本关系

短期经营中的生产曲线与成本曲线的最重要的关系之一就是涉及边际实物报酬递减法则的效应。当边际产量首先递增时，边际实物报酬递减法则引起生产边际成本递减，总有一个转折点存在，过了此点，边际产量将递减。当边际产量开始下降时，边际成本开始上升。在图 8-6 中，边际产量在 500 单位劳动处（高于图 8-6a 的 *A* 点）开始下降。边际成本在大于 3 250 的产量水平处开始上升（大于图 8-6b 的 *a* 点）。

设想使用 500 ～ 800 单位的劳动。边际产量下降，但当边际产量高于平均产量，平均产量持续上升直到 *C* 点，在 *C* 点 $MP = AP$。平均产量在 800 单位劳动处达到它的最大值。当劳动水平为 800 单位时，产量水平为 5 600 单位（$5\,600 = AP \times L = 7 \times 800$）。因此，在 5 600 的产量水平上，边际成本和边际变动成本都为 3 美元：

$$SMC = w/MP = 21/7 = 3 \text{（美元）}$$

$$AVC = w/AP = 21/7 = 3 \text{（美元）}$$

因此，在 5 600 的产量水平上，平均变动成本达到它的最小值，等于它的边际成本。

最后，设想当劳动超过 800 单位时的成本与产量的关系。边际产量低于平均产量，平均产量持续减少但是不会变为负值。边际产量将最终变为负值，但是一个想要降低成本的经营者是不会过多雇用劳动者以致边际产量为负值的。如果边际产量为负值，经营者将减员增效，减少劳动支出。图 8-6a 的 *D* 点和 *E* 点对应于图 8-6b 的 *d* 点和 e 点。在 1 100 单位的劳动水平上，每单位劳动的平均产量是 6，总产量是 6 600 单位（$AP \times L = 6 \times 1\ 100$）。你可以验证，当产量是 6 600 单位时，边际成本为 5.25 美元，而平均变动成本为 3.50 美元。

现在，可以通过 2 个生产与成本间的基本关系式，总结关于生产与成本间的关系讨论：

$$SMC = w/MP \text{ 和 } AVC = w/AP$$

因此，下面的关系必须保持。

关 系

当边际产量（平均产量）递增时，边际成本（平均变动成本）递减；当边际产量（平均产量）递减时，边际成本（平均变动成本）递增；当边际产量等于平均产量时，*AP* 达到最大值；当边际成本等于平均变动成本时，*AVC* 达到最小值。

正如我们在第 8.2 节解释过的，当固定投入允许变化时，所有的生产曲线 *TP*、*AP* 和 *MP* 都可以变化。这自然将改变短期经营成本曲线。

8.5 本章小结

- 技术有效是在给定投入要素组合以及现有技术的条件下，一个企业生产出最大可能产量的情况下实现的。经济有效是当企业在产出一定时，成本最低的情况下达到的。生产投入可以是变动投入、固定投入和准固定投入。变动投入的使用水平可以随时调整。固定投入的使用量不可改变，即使产量为零也必须支付。准固定投入是“整体的”、不可分割的投入，如果要有产出就必须有固定量的投入；如果产量为零，则无须支付。短期生产是指在当前时段内，有一种或多种投入要素是固定的，且无论是否有产出都必须支付。长期生产是指在一个足够长的时段内，所有的固定投入都会变为变动投入。沉没成本是已经支付就无法收回的成本，即使企业不想再有这种投入。沉没成本与未来决策无关，而且也不会成为未来生产期间经济成本的一部分。可避免成本是企业可以收回或避免支付的成本，因此，在决策过程中需要考虑可避免成本。（学习目标 1）
- 用 $Q = f(L, \overline{K})$ 表示短期总产量曲线，其中 *Q* 是纵轴，*L* 是横轴。当短期生产中，资本投入固定在 $\overline{K}$ 个单位，总产量曲线给出了在不同产量下，经济有效的劳动投入量。劳动平均产量是总产量除以投入的劳动量

  $$AP = Q/L$$

  劳动边际产量是资本投入数量不变，增加一单位劳动投入所带来总产量的增加

  $$MP = \Delta Q/\Delta L$$

  边际实物报酬递减法则是指其他投入要素保持不变情况下，随着变动投入要素的数量增加，总存在一点，在该点以后，变动投入的边际产量递减。当边际产量高于（低于）平均产量时，平均产量增加（减少）。当平均产量达到最大值时，边际产量与平均产量相等。（学习目标 2）
- 短期总成本（*TC*）是总变动成本（*TVC*）与总固定成本（*TFC*）之和

  $$TC = TVC + TFC$$

  平均固定成本（*AFC*）是总固定成本除以产量

  $$AFC = TFC/Q$$

  平均总成本（*ATC*）是短期总成本除以产量

  $$ATC = TC/Q$$

  短期边际成本（*SMC*）是每单位产量变化引起的总变动成本或者总成本的变化

  $$SMC = \Delta TVC/\Delta Q = \Delta TC/\Delta Q$$

  图 8-5 的曲线描绘了我们讨论过的短期生产

成本曲线的典型特性。

- 短期生产中，当一变动投入的情况下，生产曲线和成本曲线的关系体现为以下两个等式

$$AVC = w/AP$$

$$SMC = w/MP$$

其中，w 表示变动投入要素的价格。当边际产量（平均产量）递增时，边际成本（平均变动成本）递减；当边际产量（平均产量）递减时，边际成本（平均变动成本）递增；当边际产量等于平均产量时，AP 达到最大值；当边际成本等于平均变动成本时，AVC 达到最小值。

关键词

average fixed cost（AFC） **平均固定成本** 总固定成本除以产量（$AFC = TFC/Q$）。

average product of labor（AP） **劳动平均产量** 总产量除以工人数（$AP = Q/L$）。average total cost, ATC **平均总成本**
总成本除以产量或是平均固定成本加上平均变动成本（$ATC = TC/Q = AFC + AVC$）。

average variable cost（AVC） **平均变动成本** 总变动成本除以产量（$AVC = TVC/Q$）。

avoidable costs **可避免成本** 如果企业决定不再产出，就可以回收或不再支付的投入成本。

economic efficiency **经济有效** 在给定产量情况下，成本最低的生产。

fixed input **固定投入** 使用水平不能改变，甚至生产量为零也必需的投入。

fixed proportion production **固定比例生产** 生产中只有一种投入要素比例可以用来生产产品。

law of diminishing marginal product **边际实物报酬递减法则** 其他投入要素保持不变，随着变动投入要素的数量的不断增加，总存在一点，在该点以后，变动投入的边际产量递减。

long run **长期生产** 在经营期足够长，以至于各种投入量都是变动的。

marginal product of labor（MP） **劳动边际产量** 其他要素投入数量不变，增加投入一位工人，所带来的总产量的增加（$MP = \Delta Q / \Delta L$）。

planning horizon **规划范围** 企业所有可能面临的短期情形集合，一个可能资本水平的规划范围。

production **生产** 将生产要素或资源转化成产品或服务的创造过程。

production function **生产函数** 在给定技术条件下，使用任何特定要素组合能够生产出最大产量间的关系。

quasi-fixed input **准固定投入** 对任意大于零的产出水平下，一个块状或不可分割的某一固定量的投入；如果产量为零，则不必投入。

short run **短期生产** 在经营期间内，至少有一种或两种投入要素的使用量是固定的。

short-run marginal cost（SMC） **短期边际成本** 总变动成本或者单位总成本的产量变化（$\Delta TVC/\Delta Q = \Delta TC/\Delta Q$）。

sunk cost in production **沉没成本** 一旦投入就不能再回收，即使不再希望继续使用。

technical efficiency **技术有效** 由给定的投入要素组合，实现产量最大化的生产。

total cost, TC **总成本** 总固定成本与总变动成本之和。总成本随产量的增加而增加（$TC = TFC + TVC$）。

total fixed cost（TFC） **总固定成本** 固定投入的总支出，它不随产量变化。

total variable cost（TVC） **总变动成本** 变动投入的总支出，随产量增加而增加。

variable input **变动投入** 使用水平可以随产量变化的投入。

variable proportion production **变动比例生产** 在给定产出水平下，有不止一种投入要素的组合可以生产。

概念性习题

1. “当一个经理使用技术有效投入组合，公司则是以一种经济有效方式进行生产。”评价这句话。
2. 一个公司计划每天生产 1 000 单位的 X 产

品。公司的生产工程师发现了两种技术有效的生产方式（即劳动和资本的投入组合）来达到日产 1 000 单位的目标：

	方式 1	方式 2
劳动	10	8
资本	20	25

a. 如果现有技术的生产函数是 $Q=f(L, K)$，其中，Q 是最大可能产量；L 是使用的劳动量；K 是使用的资本量。那么，$f(10, 20)=$________，$f(8, 25)=$________。

b. 如果公司每天必须支付每单位的劳动成本为 200 美元，每单位资本的成本为 100 美元，那么，哪种方式是经济有效的？

c. 如果公司每天必须支付每单位的劳动成本为 250 美元，每单位资本的成本为 75 美元。那么，哪种方式是经济有效的？

d. “无论投入要素价格是多少，只要企业使用方式 1 和方式 2 中的一种生产方式，都会实现技术有效。”请评论这句话。

3. Jetways 航空公司在纽约和迈阿密之间有一条航线，每天都有一个来回航班，用的是租用的波音 737 飞机。把该航线每天来回运送的乘客数量作为该航线的产量。请判断下列成本属于可变成本、固定成本还是准固定成本。

a. 飞机上供应的快餐和饮料；

b. 飞机消耗的燃油；

c. 飞行员的工资；

d. 波音 737 飞机每月的租赁费；

e. 每月支付给两个机场乘客值机、登机柜台的费用（机场采用预付费的形式对航班收费）。

4. 对于下述各种情况，判断经理做的是短期还是长期生产决策。简单解释说明。

a. 海上钻井平台的钻机监控人决定每天增加一趟 6 小时的班组，以便使钻机可以全天 24 小时工作。

b. 墨西哥湾的海上钻井平台的副总监选择增加 3 台机器设备。

c. 一位制造业的生产工程师制订每月的生产计划。

d. 在研究过一份未来人口出生率的人口报告之后，医院的管理者决定增加儿科病房。

5. 一个新成立的生物医学工程企业已开始生产一种带药物涂层的双金属支架，该支架是一种薄型丝网管状物，用于植入堵塞的冠状动脉来撑开血管，从而预防心脏病发作。该企业已获得美国食品和药物管理局的最终审批，支架也已经在生产当中。请判断以下成本属于沉没成本还是可避免成本。

a. 心脏支架的生物医学研发成本；

b. 进行临床试验以获得食品和药物管理局审批同意支架生产和销售的成本；

c. 操作生产设备的劳动成本；

d. 用于制造支架的涂层药物、优质不锈钢和钛原料成本；

e. 安装生产设备和培训工人操作方法的成本；

f. 申请专利的法律成本。

6. 完成下面的表格。

劳动单位	总产量	平均产量	边际产量
1	—	40	—
2	—	—	48
3	138	—	—
4	—	44	—
5	—	—	24
6	210	—	—
7	—	29	—
8	—	—	−27

7. 根据表 8-3 准确地解释使用 10 单位劳动和 2 单位资本不是经济有效的原因。

8. 下面的表格列出了各种劳动和资产组合时的总产量。

劳动单位	资本单位			
	1	2	3	4
1	50	120	160	180
2	110	260	360	390
3	150	360	510	560
4	170	430	630	690
5	160	480	710	790

a. 计算当资产固定为 2 单位时，劳动的边际产量和平均产量。当劳动的平均产量递增时，平均产量和边际产量的关系是什么？当劳动的平均产量递减时，情况又是怎样的？

b. 计算每一种资本存量的劳动边际产量。第二单位的劳动的边际产量是如何随着资本存量的增长而变化的？为什么？

9. 完成下面的表格。

产量	总成本	总固定成本	总变动成本	平均固定成本	平均变动成本	平均总成本	边际成本
100	260	—	60	—	—	—	—
200	—	—	—	—	—	—	0.30
300	—	—	—	—	0.50	—	—
400	—	—	—	—	—	1.05	—
500	—	—	360	—	—	—	—
600	—	—	—	—	—	—	3.00
700	—	—	—	—	1.60	—	—
800	2 040	—	—	—	—	—	—

10. 设想平均变动成本在一定范围的产量水平下是一定的。此时的边际成本是多少呢？平均总成本又会是怎样？

11. 假设一家公司现雇用 20 个工人，这是唯一的变动投入，工资率为 60 美元。平均劳动产量是 30，最后一个工人增加了 12 单位产品，总固定成本为 3 600 美元。
   a. 边际成本为多少？
   b. 平均变动成本为多少？
   c. 生产了多少产品？
   d. 平均总成本是多少？
   e. 平均变动成本是递增，保持不变还是递减的？平均总成本的情况如何？

12. 下面表格的前两列给出了变动投入为劳动时公司的短期生产函数，资产（固定投入）保持在 5 单位。资产的价格是每单位 2 000 美元，劳动的价格是每单位 500 美元。

劳动单位	产量单位	平均产量	边际产量	成本：固定成本	成本：变动成本	成本：总成本	平均成本：平均固定成本	平均成本：平均变动成本	平均成本：平均总成本	边际成本
0	0	× ×	× ×		____	____	× ×	× ×	× ×	× ×
20	4 000	____	____	____	____	____	____	____	____	____
40	10 000	____	____	____	____	____	____	____	____	____
60	15 000	____	____	____	____	____	____	____	____	____
80	19 400	____	____	____	____	____	____	____	____	____
100	23 000	____	____	____	____	____	____	____	____	____

   a. 完成表格。
   b. 平均变动成本和边际成本的关系如何？平均总成本和边际成本的关系如何？
   c. 平均产量和平均变动成本的关系如何？边际产量和边际成本的关系如何？

13. 设想劳动是仅有的变动投入要素，它的平均和边际产量曲线如下图所示。劳动工资是每单位 2 美元。
   a. 当公司的平均变动成本达到最小值时，使用了多少单位的劳动？
   b. 与最小平均变动成本相关联的产量水平是多少？
   c. 生产 1 单位产量的平均变动成本是多少？
   d. 设想公司使用 100 单位劳动。产量是多少？边际成本是多少？平均变动成本是多少？

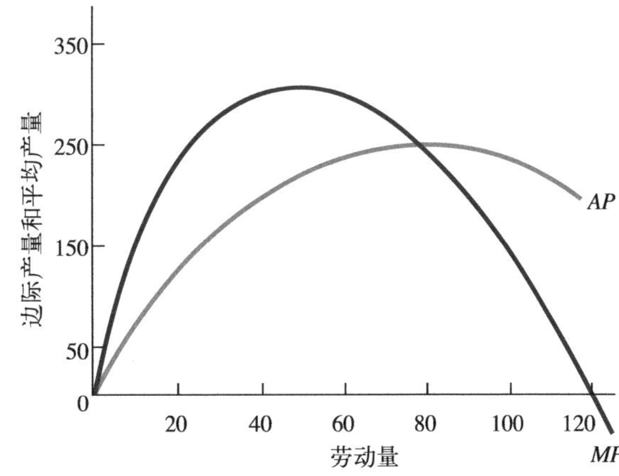

概念性习题答案

1. 这种叙述通常并不正确。所有技术有效的投入组合并不意味着经济有效。但是，所有经济有效的投入组合同时也是技术有效的。
2. a. 1 000；1 000
   b. 方式 1 的总成本（4 000 美元）比方式 2 的总成本（4 100 美元）少，选择方式 1。
   c. 方式 2 的总成本（875 美元）比方式 1 的总成本（4 000 美元）少，选择方式 2。
   d. 这句话是正确的，因为技术有效与投入要素价格无关。无论投入要素价格是多少，两种方式都是技术有效的。经济有效才与投入要素价格相关。
3. a. 可变成本。运送乘客越多，航班需要提供的快餐和饮料的量就越大。
   b. 可变成本。飞机消耗的燃油会随着乘客数量（以及他们的行李）的变化而变化，虽然每增加一位乘客所增加的燃油消耗非常小：60 美元 = 每增加一位乘客需要消耗约 40 加仑燃油 ×1.5 美元每加仑（写作本书时的价格）。
   c. 准固定成本。飞行员的数量和他们的工资不会随着航班上乘客数量的改变而改变，而且如果航空公司决定停止经营，那就不需要雇用飞行员。
   d. 固定成本。不管飞机运载多少乘客，即使停在飞机库里（即乘客为零），每个月的租赁费也是不变的。
   e. 准固定成本。大多数机场的柜台大小都是标准的：小、中、大。一旦 Jetways 选择了一个小柜台，那它就不会因每天两个航班乘客人数不同而更换柜台。因为机场采用预付费的形式对航班收费，但没有长期合约，所以如果 Jetways 停止营业，就不需要再支付任何柜台费用。
4. a. 短期决策。钻机监控人手下有一个班组（固定投入），但是计划使用更多的变动投入（工人）以增加产量（每日钻探的公尺数）。
   b. 长期经营决策。增加钻井平台的数量使得在短期经营期间内被当成固定投入的使用水平有所改变。
   c. 短期经营决策。生产运作决策通常被理解为在该生产期间内，有一些投入是不能改变的。
   d. 长期经营决策。增加儿科病房意味着在短期经营中被认定为规模不变的投入，在目前的情况下增加了。
5. a. 沉没成本。研发费一旦投入一般都是不可收回的。但是，如果该公司决定把专利卖给另一个生物医学工程企业，那么部分甚至所有研发成本可能可以收回。
   b. 沉没成本。获得食品和药物管理局审批的成本与研发成本很相似：它们一般都是沉没成本，但如果企业把生产支架的权利转卖给其他企业，就可能收回成本。
   c. 可避免成本。如果不进行生产，就不需要劳动成本。
   d. 可避免成本。与劳动成本一样，如果不进行生产，就不需要原材料。
   e. 沉没成本。如果企业后来决定停止生产，启动成本不能收回。
   f. 沉没成本。与研发成本、申请药物管理局审批成本和启动成本，申请专利的法律成本一般都是沉没成本，除非企业可以把专利权转卖给另一家企业，而且价格足以支付所有成本。
6. 填好的表格如下所示。

L	*TP*	*AP*	*MP*
0	0	—	—
1	40	40	40
2	88	44	48
3	138	46	50
4	176	44	38
5	200	40	24
6	210	35	10
7	203	29	−7
8	176	22	−27

7. 10*L* 和 2*K* 的组合不是经济有效的，原因是 314 单位的产量不是在仅使用 8 单位的劳动（2*K*）就可以得到的，这种投入水平代表着一种产量为 314 单位时更低的总成本水平。
8. a. 资本为 2 单位时：

L	*Q*	*AP*	*MP*
1	120	120	120
2	260	130	140
3	360	120	100
4	430	107.5	70
5	480	96	50

b. 边际劳动产量：

L	*K*=1	*K*=2	*K*=3	*K*=4
1	50	120	160	180
2	60	140	200	210
3	40	100	150	170
4	20	70	120	130
5	−10	50	80	100

9.

Q	*TC*	*TFC*	*TVC*	*AFC*	*AVC*	*ATC*	*SMC*
100	260	200	60	2.00	0.60	2.60	0.60
200	290	200	90	1.00	0.45	1.45	0.30
300	350	200	150	0.67	0.50	1.17	0.60
400	420	200	220	0.50	0.55	1.05	0.70
500	560	200	360	0.40	0.72	1.12	1.40
600	860	200	660	0.33	1.10	1.43	3.00
700	1 320	200	1 120	0.29	1.60	1.89	4.60
800	2 040	200	1 840	0.25	2.30	2.55	7.20

10. 如果 *AVC* 在一定产量范围内是固定的，那么 *MC* 也是固定的，就等于 *AVC*。然而由于 $ATC = AVC + AFC$，*ATC* 在这一产量范围内将呈递减状态，*AFC* 随着产量的增加而减少。

11. a. $SMC = w/MP = 60$ 美元 $/12 = 5$ 美元

    b. $AVC = w/AP = 60$ 美元 $/30 = 2$ 美元

    c. $AP = 30 = Q/L = Q/20$，因此 $Q = 30 \times 20 = 600$

    d. $AFC = TFC/Q = 3600$ 美元 $/600 = 6$ 美元；$ATC = AFC + AVC = 6$ 美元 $+ 2$ 美元 $= 8$ 美元

    e. $SMC = 5$ 美元 $> AVC = 2$ 美元；*AVC* 是递增的。$SMC = 5$ 美元 $< ATC = 8$ 美元；*ATC* 是递减的。

12. a.

L	*Q*	*AP*	*MP*	*TFC*	*TVC*
0	0	—	—	10 000	0
20	4 000	200	200	10 000	10 000
40	10 000	250	300	10 000	20 000
60	15 000	250	250	10 000	30 000
80	19 400	242.5	220	10 000	40 000
100	23 000	230	180	10 000	50 000

TC	*AFC*	*AVC*	*ATC*	*SMC*
10 000	—	—	—	—
20 000	2.50	2.50	5.00	2.50
30 000	1.00	2.00	3.00	1.67
40 000	0.67	2.00	2.67	2.00
50 000	0.52	2.06	2.58	2.27
60 000	0.43	2.17	2.61	2.78

b. 当 *MC* 比 *AVC* 小（大）时，*AVC* 递减（递增）；当 *MC* 比 *ATC* 小（大）时，*ATC* 递减（递增）。

c. 当 *AP* 递增（递减）时，*AVC* 递减（递增）。

当 MP 递增（递减）时，MC 递减（递增）。

13. a. 当 AP 达到最大值（如 $L=80$）时，AVC $(=w/AP)$ 达到最小值。
  b. 当 $L=80$，$AP=Q/L=250$，所以 $Q=250\times 80=20\ 000$。
  c. $AVC=w/AP=2/250=0.008$（美元）或者 $AVC=TVC/Q=wL/Q=2\times 80/20\ 000=0.008$（美元）。
  d. 当 $L=100$ 时，AP 近似为 240 而且 MP 等于 150。产量是 $Q=AP\times L=240\times 100=24\ 000$ 单位。$MC=w/MP=2/150=0.013\ 3$（美元）。$AVC=w/AP=2/240=0.008\ 33$（美元）或者 $AVC=TVC/Q=(wL)/Q=(2\times 100)/24\ 000=0.008\ 33$（美元）。

应用性习题

1. 在新年第一天开业的 Exquisite Portraits 公司，所有人 / 摄影师用 200 美元制作了名片，用 1 000 美元使自己的公司列入电话黄页，并用 250 美元购买了一年的经营许可证。她同时也租赁了一套专业的人像相机和照明设备，租赁协议签了 12 个月，每个月租金 1 000 美元。这个租约非常严格：她必须支付满 12 个月的租金，而且不能转租给他人。她的办公室和摄影工作室每月租金为 1 400 美元，且在每月初就必须支付。但办公室和摄影工作室没有长期租约，所以，如果她决定搬到新地址或停止营业的话，只要在月末搬离即可。营业期间，从每个月第一天开始，她一个月用于办公室照明和咖啡机的电费是不变的，为 45 美元，因为她不会关闭办公室照明，且无论每月拍摄多少照片，她喝咖啡的量是不变的。此外，每月还有摄影工作室照明产生的额外费用，而这个费用与每个月摄影时间是直接相关的。在 Exquisite Portraits 公司所有人开始自己的事业以前，她在银行工作，去年一年的月工资为 5 000 美元。请回答以下关于 Exquisite Portraits 公司成本的问题。
   a. Exquisite Portraits 公司每月的固定成本、准固定成本和变动成本各是多少？
   b. 如果 Exquisite Portraits 公司所有人打算在 8 月末关闭她的摄影工作室并不再营业，请指出她的沉没成本和可避免成本。
   c. 在 8 月末，沉没成本在她做出停止营业这个决定中起到什么作用？
   d. 如果 Exquisite Portraits 公司的沉没成本为零，她在做出自己创业的决定时会更难还是更容易？请解释原因。
2. 在经理午餐会上，两个经理争论一个问题，即“如果雇用一个新员工将引起回报递减，则经理就应该不录用他。”这段叙述正确吗？如果不正确，请解释原因。
3. 国家研究实验室的工程师们制造了一个汽车原型，它可以使用 1 加仑无铅汽油行驶 180 英里。他们估计大规模生产这种汽车的单位成本是 40 000 美元。这些工程师坚持国会应该强制美国汽车制造商生产这种高效率汽车。
   a. 能源使用高效率是否等同于经济有效？请解释。
   b. 在何种情况下，能源使用高效率高于经济有效？
   c. 如果社会目标是使用有限资源获取最大利益，那么为什么不忽视经济有效，制造节能型汽车呢？
4. 2 个季度生产的持续增长之后，加拿大 CF&D 公司的首席执行官了解到，在扩张时期，随着雇员的增多，新雇员的生产率降低，并相信新雇员或者懒惰或者处于无效的监管中，也可能两者都是。首席执行官命令商店领班裁员以提高新雇员的生产有效。
   a. 依据生产理论，详细解释为什么裁员可能无助于提高生产有效？
   b. 提供一种有别于裁员的方法以提高员工的生产有效。
5.《商业周刊》中的一篇文章警告人们提防通货膨胀。因为随着亚洲经济危机，越来越多的人担心，亚洲可能会通过对从汽车到半导体等各类商品的过度输出，将危机转嫁给别的国家。约翰 · 史密斯（通用汽车公司的主席及首席执行官）的文章列举出一些能证明经理们正担心通货膨胀的证据：“基本上讲，经济世界已经发生了变化。在今天这个时代，你不能提价。”这篇文章对经理们有如下提示：“生产率的增长可使公司的利润提高，甚至价格在下降。”使用短期生产和成本理论，对这种提示做一个评价。

6.《商业周刊》中有一篇讲述经营者的文章写道：“当他 3 年前接手这家家具工厂时……（经理）几乎立即意识到他面临一年要扔掉价值 100 000 美元的木屑的问题。几星期内，他建立了一个包括经理和工人在内的小组来解决这个问题。几个月内，他们将要扔掉木屑的价值降低到了 7 000 美元。”这是一种必要的经济有效性的转化吗？

7. 2014 年 1 月，一家位于 Sacramento 的电子器件零售商 Digital Advantage 计划在 Tacoma 新开一家门店。公司的首席执行官计划在一个新建的商场里租用一个 10 000 平方英尺的零售商店，时间是 12 个月。2014 年的租金总共是 144 000 美元，Digital Advantage 需要在每月第一天支付 12 000 美元的月租金。在这个为期 12 个月的租期中，Digital Advantage 的经理应该是把这 12 000 美元看作是可避免成本还是沉没成本？既然每月都必须支付租金以防止被商场逐出，那么，每月的租金是可避免成本还是沉没成本有什么关系？

8. Oversize Transport 公司在美国东南部提供超大型建筑设备搬运服务。最常运送的特殊卡车是 Caterpillar 740 型号的翻斗车，长约 258 英尺。Oversize Transport 公司的所有者驾驶的是公司唯一一辆 275 英尺长的牵引车，这项大型资本设备是租的，租约为 5 年，每月需要支付 5 500 美元的月租金。没有 275 英尺长的牵引车，Oversize Transport 公司就无法提供服务。一个常见的运送服务需要一天半，所以，Oversize Transport 公司用一辆牵引车的话，每个月可以提供 20 次运送服务。在什么情况下，这辆牵引车是固定成本？而又在什么情况下，这辆牵引车是准固定成本？

附录 8A　短期生产与成本函数之间关系的推导

这篇附录利用微分推导几个在短期生产和成本分析中有用的公式。我们考虑只有两个投入要素的情况，它适用于任何数量的投入要素的情况。生产函数定义：

$$Q=f(L,\ K) \tag{8A-1}$$

式中，Q 是当使用 L 单位劳动和 K 单位资产时的最大产量。这样，生产函数符合技术有效的规定。假定生产需要的投入要素数量为正：

$$Q=f(0,\ K)=f(L,\ 0)=0 \tag{8A-2}$$

如果投入量是 0，则产量也是零。在短期经营中，至少有一个投入因素是固定的。设想资产是固定的。资产的持有量固定为 $\overline{K}$ 单位，短期生产函数表述为

$$Q=f(L,\ \overline{K})=g(L) \tag{8A-3}$$

因此，$g(L)$ 是当资产固定在 $\overline{K}$ 单位时的短期生产函数。

8A.1　平均产量和边际产量

平均产量和边际产量的关系对理解生产的性质和短期成本曲线的形状起很大的作用。平均产量的定义是

$$AP=AP(L)=Q/L \tag{8A-4}$$

边际产量可定义为当变动投入劳动变化时的产量变化率：

$$MP=MP(L)\times \mathrm{d}Q/\mathrm{d}L=\mathrm{d}g(L)/\mathrm{d}L=g'(L) \tag{8A-5}$$

回忆一下本章内容，当 AP 递增（递减）时，MP 大（小）于 AP。当 AP 达到最大值时，$MP=AP$。这关系可通过将 AP 对 L 求导来证明：

$$\frac{\mathrm{d}(AP)}{\mathrm{d}L}=\frac{\mathrm{d}(Q/L)}{\mathrm{d}L}=\frac{(\mathrm{d}Q/\mathrm{d}L)L-Q}{L^2}=\frac{1}{L}(MP-AP) \tag{8A-6}$$

因此，当 MP 大（小）于 AP 时，$\mathrm{d}(AP)/\mathrm{d}L$ 为正（负）数，所以当 MP 大（小）于 AP 时，AP 上升（下降）。当 AP 的斜率为零时，它达到峰值。此时，$\mathrm{d}(AP)/\mathrm{d}L$ 为零。因此，当 $MP=AP$ 时，AP 达到最大值。

8A.2　成本关系：*ATC*、*AVC* 和 *SMC*

由定义短期总成本（TC）开始，TC 是产量水平（Q）的函数：

$$TC=TC(Q)=TVC(Q)+TFC$$

当 $TVC(Q)$ 是总变动成本，TFC 是总固定成本时，由于 $\mathrm{d}TFC/\mathrm{d}Q=0$，短期边际成本是当产

量变化时或者 TC 或者 TVC 的变化率：

$$SMC = \mathrm{d}TC/\mathrm{d}Q = \mathrm{d}TVC/\mathrm{d}Q \qquad (8A\text{-}7)$$

回想一下 TC 和 TVC 曲线是平行的，因此它们的斜率在任何产量水平下都是相等的。平均总成本，ATC 可被表述为

$$\begin{aligned} ATC &= ATC(Q) = TC(Q)/Q \\ &= TVC(Q)/Q + TFC/Q \\ &= AVC(Q) + AFC(Q) \end{aligned} \qquad (8A\text{-}8)$$

注意平均固定成本是 Q 的函数，但是总固定成本不是 Q 的函数。

回想本章中当 ATC 递增（递减）时，MC 大（小）于 ATC。当 ATC 达到最大值时，$SMC = ATC$。这可通过将 ATC 对 Q 求导证明：

$$\frac{\mathrm{d}ATC}{\mathrm{d}Q} = \frac{\mathrm{d}[TVC(Q)/Q + TFC/Q]}{\mathrm{d}Q}$$

$$= \frac{\frac{\mathrm{d}TVC(Q)}{\mathrm{d}Q}Q - TVC \times 1 + 0 \times Q - TFC \times 1}{Q^2}$$

简化为

$$\begin{aligned} \frac{\mathrm{d}ATC}{\mathrm{d}Q} &= \frac{1}{Q}\left(\frac{\mathrm{d}TVC}{\mathrm{d}Q} - \frac{TVC}{Q} - \frac{TFC}{Q}\right) \\ &= \frac{1}{Q}(SMC - AVC - AFC) \\ &= \frac{1}{Q}(SMC - ATC) \end{aligned} \qquad (8A\text{-}8)$$

因此，当 SMC 大（小）于 ATC 时，$\mathrm{d}(ATC)/\mathrm{d}Q$ 为正（负）数。当 ATC 的斜率为零时，$SMC = ATC$ 时，它达到最小值。

8A.3 生产和成本的关系

公司成本曲线的结构是由生产函数决定的。为说明成本曲线的形状是由生产函数决定的，我们现推导（1）MP 和 SMC 的关系；（2）AP 和 AVC 的关系。

8A.3.1 *MP* 和 *SMC* 的关系

回想 $SMC = \mathrm{d}TVC/\mathrm{d}Q$。由于 $TVC = wL$，w 是不变的，SMC 可被表述为

$$SMC = \mathrm{d}(wL)/\mathrm{d}Q = w(\mathrm{d}L/\mathrm{d}Q) = w\frac{1}{MP} = w/MP \qquad (8A\text{-}10)$$

SMC 和 MP 是成反比的。当短期经营中，劳动生产率升高（降低）时，SMC 降低（升高）。当投入要素的使用量在回报递减（MP 降低）的范围内时，边际成本在短期经营中上升。

8A.3.2 *AP* 和 *AVC* 的关系

回想 $AVC = TVC/Q$。再用 wL 代替 TVC：

$$AVC = \frac{wL}{Q} = w\frac{L}{Q} = w\frac{1}{AP} = \frac{w}{AP} \qquad (8A\text{-}11)$$

从 (8A-11) 的表述中，我们可以清楚地看到当平均产量升高（降低）时，平均变动成本递增（递减）。当平均产量达到最大值时，平均变动成本达到最小值。如前所述，此时，$MP = AP$。

数学练习题

1. 令生产函数为 $Q = 20K^{0.5}L^{0.5}$。假设公司在短期经营中使用 16 单位的资产。
   a. 公司的短期生产函数是 $Q =$____。
   b. 劳动的平均产量函数是 $AP =$____。
   c. 劳动的边际产量函数是 $MP =$____。
   d. 说明在各劳动使用水平上，边际产量递减。
2. 总成本（TC）和总变动成本（TVC）曲线是平行的，然而平均总成本（ATC）和平均变动成本（AVC）曲线不是平行的。
   a. 用数学方法证明 ATC 和 AVC 不是平行的。
   b. 用数学方法证明当 ATC 和 AVC 下降时，ATC 比 AVC 下降得快。当两者上升时，AVC 比 ATC 上升得快。
3. 对于问题 1 的短期生产函数，令工资为 20 美元。
   a. 推导 $AVC(Q)$ 公式。
   b. 当产量为 160 单位时，使用____单位劳动，平均产量为____，平均变动成本为____。
   c. 推导 $SMC(Q)$ 公式。
   d. 利用上一问的公式推导出的边际生产函数（MP），当产量为 160 单位时的边际产量为____，SMC 是____。证明当 $Q = 4$ 时，$SMC(Q)$ 等于用 w/MP 得出的 SMC。

第9章
Chapter9

长期生产与成本理论

■ 学习目标

学完此章节后，你将可以：

（9.1）绘制一条典型的等产量线，并讨论等产量线的特征；

（9.2）绘制要素既定支出水平的等成本线；

（9.3）应用最优化理论找出投入的优化组合；

（9.4）绘制企业的扩张线，并说明扩张线与企业长期成本结构的关系；

（9.5）根据企业的扩张线，计算长期总成本、平均成本和边际成本；

（9.6）解释以下列举的各种因素是如何影响长期成本的：规模、范围、学习以及购买经济；

（9.7）用长期和短期扩张路径来表示长期成本和短期成本曲线的关系。

无论一个企业的短期经营情况如何，管理者总能够在未来某个时点改变些什么。经济学家把未来的这个时间段称作“长期”。经理人在组织短期生产的过程中，总会面对一些很大的限制，至少有一种或多种投入是固定的。一般来说，最重要的固定投入是生产中所用的固定设备，比如机器、工具、计算机硬件设备、生产厂房、办公区域、仓库等。而在长期生产中，管理者可选择使用任何数量和种类的资产。这是长期生产和成本分析的一个基本特点。在长期生产中，经理人不会遇到资本量或其他投入错误却无法改变的情况。在本章中你会看到，在长期生产中，资源使用的灵活性通常会为企业减少成本创造机会。

长期生产分析可以产生最佳成本方案，如果经理人要想做出明智的策略性和战略性决策，就必须非常了解自己企业的长期成本结构，以及每个竞争对手的长期成本。正如我们在前一章中说过的，“企业基于短期来运作，基于长期来规划”。对于管理日常生产运作的经理人来说，必须将我们第 8 章中讨论的短期成本计算得非常准确；而对于负责长期生产规划的主管来说，必须把视野放在企业现有短期生产配置造成的限制之外，看到未来企业能够选择投入要素最佳组合的情况。

最近，美国的汽车制造商面临着关乎生死存亡的历史性挑战，福特、克莱斯勒和通用汽车公司的高层经理人研究了所有重组生产，从而降低长期成本的方法。虽然短期成本决定了三者当前的利润水平（以当时的情况来说，或者说是损失），但是在长期生产中，生产组织和成本结构调整的灵活性能使美国汽车制造商有度过危机、重新赢利的可能。这些美国汽车制造商能够度过危机，是依赖于本章将会讨论到的规模经济、范围经济、购买经济和学习经济。此外，在后面的章节中，你也会看到，竞争对手的反应（无论是美国的还是其他国家的）会很大程度上取决于那些企业的长期生产成本。在企业做出一些诸如增加新产品（如混合动力车、电动汽车），砍掉已有产品（如通用汽车的庞蒂克品牌），允许一些部门合并甚至退出，破产保护等决策时，对于长期成本的精确分析和预测是非常重要的。

在本章中，我们将分析短期生产中固定投入在长期中变成变动投入的情况。在长期生产中，我们会把所有投入视为变动投入。这种情况将比仅有劳动这一种要素投入可变时，更为复杂和有趣。需要说明的是，与固定投入不同，准固定投入不会在长期生产中成为变动投入。不管是短期生产还是长期生产，准固定投入都是不可分割的，必须以一定量的“整体”投入使用，而不会随着产出量的变化而变动；除非产量为零，则不需要准固定投入。这是因为，短期生产中准固定投入的量往往与长期生产中的投入量相同，所以，我们不把准固定投入作为长期生产决策中可选择的变动投入。[⊖]记住这个区别后，我们可以说，所有的投入在长期生产中都是变动投入。

9.1 等产量线

当有两种要素投入可变时，等产量线是一种重要的分析工具。**等产量线**（isoquant）是表示在同一产量下可能的要素组合的曲线，线上各点在技术上都是有效的，即任一种组合的产量都已达到可能的最大值。等产量线的定义说明，要素间的相互替代是可能发生的，或者在保持产量既定的情况下，资本和劳动间可以相互替代。因此，如果我们假设两种要素投入是连续的，那么要达到同一产量的要素组合数是无限的。

为了更好地理解这一点，我们可以参照第 8 章的表 8-2。该表列举了不同的劳动和资本组合所能得到的最大产量，而其中几种产量我们可以用两种以上组合得到。例如，6 单位资本和 1 单位劳动，或 1 单位资本和 4 单位劳动的最大产量都是 108 单位产品，因此这两种组合都是表示 108 单位产量的等产量线上的点。如果我们假设资本和劳动连续可分，那么将得到等产量线上更多的点。

表 8-2 上的其他要素组合也可以达到同样的产量水平：

$$Q=258\text{：}K=2, L=5 \quad \text{或} \quad K=8, L=2$$
$$Q=400\text{：}K=9, L=3 \quad \text{或} \quad K=4, L=4$$
$$Q=453\text{：}K=5, L=4 \quad \text{或} \quad K=3, L=7$$
$$Q=708\text{：}K=6, L=7 \quad \text{或} \quad K=5, L=9$$
$$Q=753\text{：}K=10, L=6 \quad \text{或} \quad K=6, L=8$$

K 和 L 的每种组合都是既定产量下多种组合中的一种。增加资本减少劳动或增加劳动减少资本都可以保持产量不变。例如，某公司生产 400 单位产品需要 9 单位资本和 3 单位的劳动，我们可以增加 1 单位的劳动并减少 5 单位的产品从而保持产量不变。又如，该公司生产 453 单位产品时 $K=3, L=7$；而 $K=5, L=4$ 时也能达到同一产量。因此，等产量线表明在同一产量时，两种要素投入是可以互相替换的。

9.1.1 等产量线的特征

现在我们来分析当劳动、资本和产量连续可分时等产量线的一般特征。图 9-1 中有 3 条等产量线。Q_1 表示产量为 100 时所有的资本和劳动的组合。如图所示，生产 100 单位产品需要使用 10 单位资本和 75 单位劳动，或 50 单位资本和 15 单位劳动，或者在 Q_1 上表示的任何一种组合。类似地，等产量线 Q_2、Q_3 分别表示产量为 200、300 时的所有资本和劳动的可能组合。每一种资本－劳动组合只能是一种产量，即等产量线不能相交。

Q_1、Q_2、Q_3 只是无数条等产量线中的 3 条。一组等产量线组成**等产量图**（isoquant map）。

⊖ 也会有例外情况发生：当产量增加时，固定的“整体”投入量最终被完全使用，而制约了产量的进一步增长。那么，企业就需要在长期生产中增加另外“一整体”的准固定投入，从而使产量能够进一步扩大。这种例外情况不是特别重要，因为这并不影响本章或本书中其他章节阐述的原理。因此，我们会继续假设当一个企业需要准固定投入时，所有产出水平都只需要“一整体”投入即可。

在等产量图中，位于右上方的等产量线表示更高的产量。因此图 9-1 中，Q_2 表示的产量大于 Q_1，而 Q_3 则大于 Q_2。

9.1.2　边际技术替代率

如图 9-1 所示，在生产相应范围内，等产量线上各点的斜率为负值。它表明如果资本的使用量减少，劳动的使用量就必须增加。因此，两种要素投入间可以相互替代，从而使产量保持不变。要素间的替代比率在理论上和实践中都具有重要意义。等产量线上一种要素被另一种要素替代的比率，即要素的**边际技术替代率**（marginal rate of technical substitution, *MRTS*）的定义如下：

$$MRTS = -\Delta K/\Delta L$$

因为 $-\Delta K/\Delta L$ 即等产量线的斜率为负值，所以其前的负号保证了 *MRTS* 为正值。

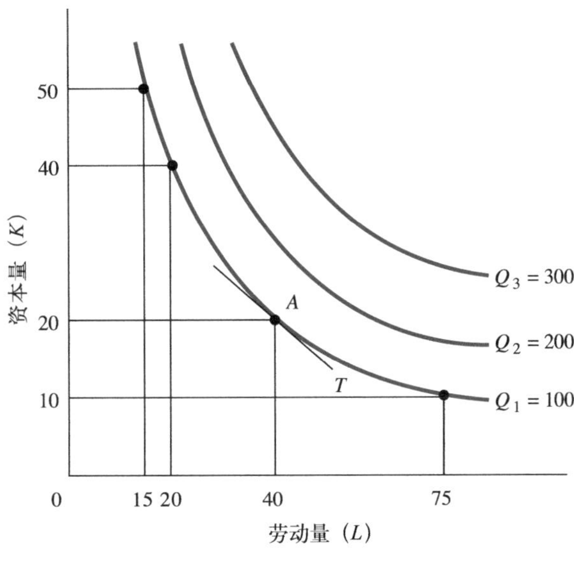

图 9-1　典型等产量线

在生产相应范围内，要素的边际技术替代率递减，即产量不变时，当越来越多的劳动替代资本时，$-\Delta K/\Delta L$ 的绝对值减小。如图 9-1 所示，如果资本从 50 减小至 40（减小 10 个单位），劳动必须增加 5 个单位（从 15 增加到 20）。换而言之，当资本相对劳动较多时，10 单位的资本仅用 5 单位的劳动替代就可保持产量不变。此时的边际技术替代率为 $-\Delta K/\Delta L = -(-10)/5 = 2$，即每增加 1 单位劳动，需减少 2 单位的资本。反之，当资本相对劳动短缺时，例如资本从 20 减少至 10（同样减少 10 单位），劳动必须增加 35 个单位（从 40 增加到 75）。此时 *MRTS* 为 10/35，表明每增加 1 单位劳动，资本的减少量不足 1/4 个单位。

因此在等产量线上随着资本的减少和劳动的增加，每增加 1 单位的劳动所能替代的资本量递减。正如图 9-1 所示，当产量线上某一点处劳动和资本的改变量趋于无穷小时，该点切线斜率的绝对值就等于 $MRTS(-\Delta K/\Delta L)$。在图 9-1 中，Q_1 上的点 *A* 的切线 *T* 的斜率的绝对值就表示该点的边际技术替代率，因此等产量线的坡度反映了资本替代劳动的比率。容易看出自上而下等产量线的坡度变缓，因此沿着等产量线，随着劳动的增加和资本的减少，*MRTS* 减小。

9.1.3　边际技术替代率和边际产量之间的关系

在等产量线上做微小移动，线上每点的边际技术替代率等于两种要素投入的边际产量的比值。其分析过程如下：

产量水平 *Q* 由 *L* 和 *K* 两种要素投入决定。既然等产量线上 *Q* 不变，对于 *L* 和 *K* 的任意变动，ΔQ 一定为零。假设等产量线上某点的资本边际产量（MP_K）为 3，劳动的边际产量（MP_L）为 6，那么每增加 1 单位的劳动，产量增加 6 单位。为保持 Q 不变，必须减少资本来抵消增加的 6 单位产量。因为资本的边际产量为 3，所以减少 2 单位资本投入就可以减少 6 单位产量。在此例中，$MRTS = -\Delta K/\Delta L = -(-2/1) = 2$。它正好等于 $MP_L/MP_K = 6/3 = 2$。

一般而言，当 L、K 变化很小时，Q 的变化就是 L 的变化量乘以 L 的边际产量，再加上 K 的变化量乘以 K 的边际产量。用方程表示为

$$\Delta Q = (MP_L)(\Delta L) + (MP_K)(\Delta K)$$

对于既定的等产量线，ΔQ 必须为零。然后用上式推导边际技术替代率，可得

$$MRTS = -\Delta K/\Delta L = MP_L/MP_K$$

依据这个等式，边际技术替代率的递减规律就很容易解释。当劳动越来越多地替代资本时，劳动的边际产量减少，这有两方面的原因：①较少的资本导致劳动边际产量曲线下移；②较多的可变要素（劳动）投入导致该点沿边际产量线下移。因此当劳动替代资本时，劳动的边际产量减少。这种情况下，出现两种力量，导致投入组合点沿边际产量线移动和曲线本身的平移，两种力量都使资本的边际产量增加。因此当劳动替代资本时，资本的边际产量增大。由上述两个结论可知，当劳动替代资本时，MP_L 减小而 MP_K 增大，故 MP_L/MP_K 即 $MRTS$ 减小。

9.2 等成本线

对于既定产量，生产厂家必须考虑生产要素间的相对价格从而使投入成本最低。分析要素购买成本的一个非常有用的工具就是等成本线。等成本线表示在总支出和要素价格确定的条件下，购买要素的各种组合。在第 9.3 节中，我们将要看到**等成本线**（isocost curve）在产量一定时确定最优的要素组合中起了重要作用。

9.2.1 等成本线的特征

假设劳动、资本的单位价格分别为 25 美元和 50 美元，经理希望知道 400 美元总开支可以购买的劳动和资本的组合。图 9-2 表示，当使用劳动价格为 25 美元，资本价格为 50 美元时，400 美元的等成本线。等成本线上的任一种要素组合需花费 400 美元，点 A 表示劳动购买量为零时的资本购买量。既然资本的单位价格为 50 美元，该经理可以购买 8 单位的资本和 0 单位的劳动。类似地，如果单位劳动成本为 25 美元，D 点给出了最大劳动购买量 16 单位。B 点和 C 点也表示总支出为 400 美元的要素购买组合，例如，在 B 点，购买资本为 300 美元 (=50 × 6)，劳动为 100 美元 (=25 × 4)，总支出为 400 美元。

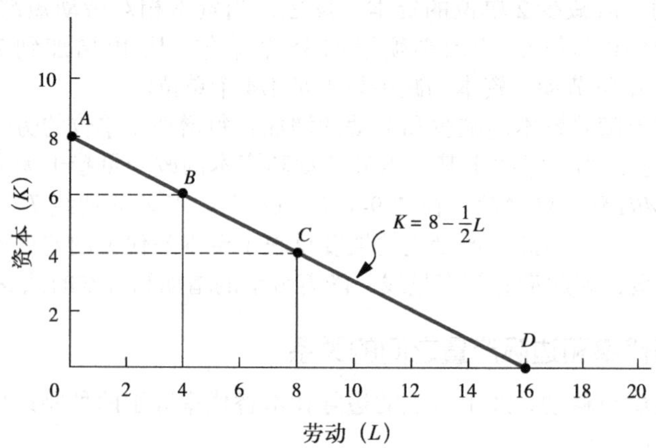

图 9-2 等成本线（w = 25 美元，r = 50 美元）

现在我们假设以 K、L 分别表示资本和劳动，它们的价格分别为 r、w，总成本为 C，则 $C=wL+rK$。总成本为劳动成本和资本成本之和：

$$C=wL+rK$$

在上例中，成本函数为 $400=25L+50K$。解方程，$K=400/50-(25/50)L=8-(1/2)L$。则一般而言，假设总支出固定为 $\overline{C}$，则公司能够选择的组合为

$$K=\overline{C}/r-(w/r)L$$

如果 $\overline{C}$ 为购买要素的总支出，则最多能购买（不购买劳动）$\overline{C}/r$ 单位资本，或最多能购买（不购买资本）$\overline{C}/r$ 单位劳动。

等成本线的斜率等于要素的价格比的相反数，即 $-w/r$。这个比率非常重要，因为它告诉经理多购买 1 单位的劳动需要放弃多少单位资本。上例中，如图所示，$-w/r=-25/50=-1/2$。如果经理想多购买 1 单位价格为 25 美元的劳动，要保持总成本不变，就必须放弃 1/2 单位价格为 50 美元的资本。如果劳动的单位价格也为 50 美元，r 不变，则等成本线的斜率为 $-50/50=-1$，这表明在同等条件下，要保持总成本不变，每增加 1 单位劳动，必须减少 1 单位资本。

9.2.2 等成本线的移动

如果等成本线表示的总支出改变，等成本线将发生平移。图 9-3 说明当总支出 $\overline{C}$ 从 400 美元增至 500 美元时，等成本线的移动情况。等成本线向外平移，新的函数用方程表示为

$$K=10-(1/2)\,L$$

由于要素的相对价格不变，则斜率仍为 $-w/r=-1/2$。K 轴截距为 10，表明在不购买劳动时，500 美元最多可购买 10 单位的资本。

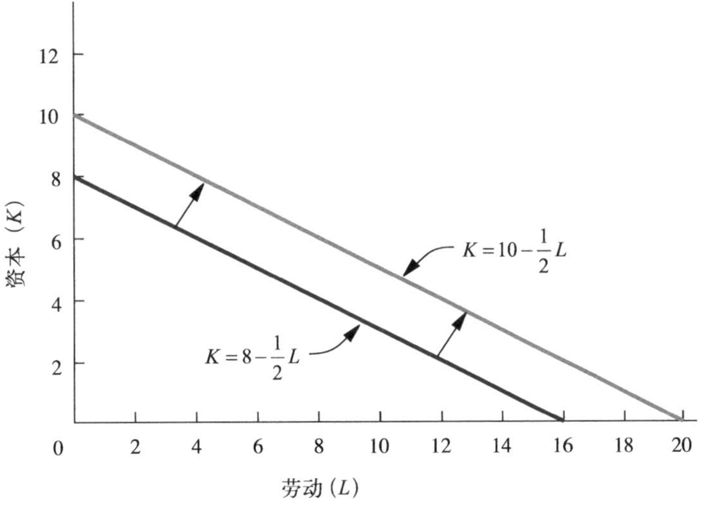

图 9-3　等成本线的移动

一般而言，在要素价格不变时，总支出增加，等成本线上移；总支出减小，等成本线下移。等成本线的条数是无限的，每一条对应于一种支出水平。

关系

投入要素价格不变，w 和 r 分别为劳动和资本的价格，对于给定总支出 $\overline{C}$，可以购买的要素组合由下面的方程给出：

$$K=\frac{\overline{C}}{r}-\frac{w}{r}L$$

9.3 投入的优化组合

我们已经知道，对于任意给定的产量，可以用不同的投入要素组合来生产，也就是等产量线。当经理希望以最低的成本生产某一特定产量时，他会选择等产量线上成本最小的点。这是有约束条件的最小化问题，可以用第 3 章中的有约束条件的最优化理论解决。

尽管一般情况下，经理都追求利润最大化，并积极寻求要素的最小成本组合，但非营利机构的经理却常有其他的目标。在公共事业单位，经理的目标是在预算范围内的产量最大化。由等成本线可知，支出一定时有多种的要素组合。当经理希望在成本一定时产量最大，他必须选择等成本线与最大的等产量线的交点处的要素组合。这也是有约束条件的最优问题，可以用第 3 章的相关理论解决。

无论经理是追求既定产量时的成本最小，还是成本一定时的产量最大，确定最优要素组合的方法是相同的。我们将首先分析产量一定时的成本最小化问题，然后再讨论给定成本下的产量最大化问题。

9.3.1 给定产量下的最小成本

求解既定产量的成本最小化问题的方法如图 9-4 所示，经理希望以最小成本生产 10 000 单位的产品。等产量线 Q_1 表示劳动和资本所有可能的组合。劳动和资本的单位价格分别为 40 美元、60 美元。

要素组合（60*L*, 100*K*）对应于等产量线上的 *A* 点。在 *A* 点，产量为 10 000，总成本为 8 400 美元。总成本等于劳动支出和资本支出的和：[⊖]

$$C=wL+rL=(40\times 60)+(60\times 100)=8\ 400\text{（美元）}$$

因为等产量线上 *B* 点位于较低的等成本线 $K''L''$ 上，所以沿着等产量线移动到 *B* 处，比在 $K'L'$ 线上 *A* 处的投入组合少，由图 9-4 中的局部放大图所示，*B* 处的要素组合为（66*L*, 90*K*），总成本为 8 040 美元 $[=(40\times 66)+(60\times 90)]$。因此，生产 10 000 单位产品，等产量线 Q_1 上 *B* 处成本比 *A* 处节约 360 美元 (=8 400 − 8 040)。

既然经理的目标是以最低成本购买能够生产出 10 000 单位产品的劳动和资本的组合，因此，他将会使目标点沿等产量线继续移动，直至到达最低的等成本线。从图 9-4 可以看出，生产 10 000 单位产品的最优点在等成本线 $K'''L'''$ 上的 *E* 点，要素组合为 90 单位劳动和 60 单位资本。$K'''L'''$ 表示总成本为 7 200 美元的所有要素组合。最优点 *E* 的要素总成本的计算公式为

$$C=wL+rK=(40\times 90)+(60\times 60)=7\ 200\text{（美元）}$$

位于点 *E* 下方的等成本线表示的产量都低于 10 000。点 *E* 是在 $w=40$ 美元，$r=60$ 美元的条件下生产 10 000 单位产品可能的成本最小的要素组合。

假设经理选择等产量线上要素组合为 40 单位资本和 150 单位劳动的 *C* 点。使用 40 单位的资本和 150 单位的劳动，那么他可以在增加资本的同时减少劳动，保持产量不变而使成本减少，直至到达 *E* 点。无论经理最初是投入了太多资本和太少劳动（例如 *A* 点)，还是太少的资本和太多的劳动（例如 *C* 点)，他总可以使要素组合沿等产量线移动到较低的成本线上，最终到达最优的要素组合点（*E* 点)。

在 *E* 点，等产量曲线与等成本线相切。我们已经知道等产量线的斜率（绝对值）为边际技术替代率，等成本线的斜率（绝对值）等于要素的价格比 w/r，因此，在 *E* 点，边际技术替代率等于要素的价格比，即存在等式：

$$MRTS=w/r$$

在产量不变的情况下使成本最小，即经理必须选择使 $MRTS=w/r$ 成立的要素组合。

⊖ 反之，如果没有资本投入，你可以用等成本线计算以 40 美元的价格投入的最多劳动投入时的成本。对 $K'L'$ 而言，当没有资本投入时，可以投入 210 单位的劳动，成本是 8 400 美元。或者没有劳动投入时，投入 140 单位资本，成本是 8 400 美元。

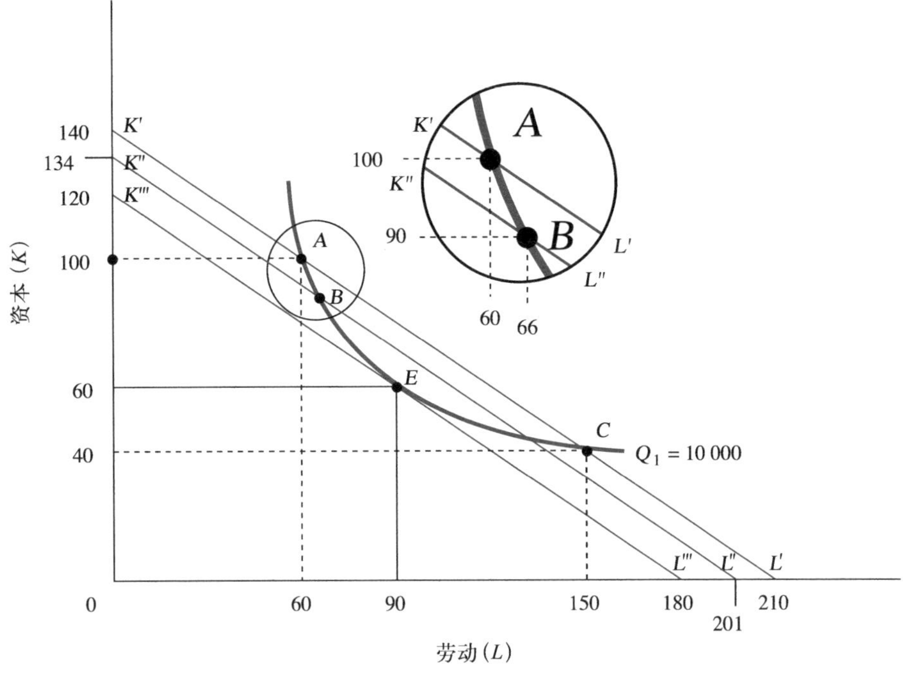

图 9-4　给定产量下成本最小的投入组合

9.3.2　成本最小化的边际产量法

求解有约束条件的两种行动 A、B 的最优使用方案，是使无论投在哪种行动上的每 1 单位的货币投入对边际得益的贡献相等。经理必须比较投入到每种行动上的每 1 单位货币的边际得益，进而确定最优投入，即该投入使单位货币投入的边际得益最大。在规划问题的最优解中，每种行动上的单位货币投入的边际得益都相等（$MB_A/P_A = MB_B/P_B$），并且满足约束条件。

在成本最小化问题中相切的条件 $MRTS = w/r$，等价于第 4 章中的边际得益相等的条件。注意到 $MRTS = MP_L/MP_K$，因此成本最小化问题用边际产量表示为

$$MRTS = MP_L/MP_K = w/r$$

对上式做数学变换，则

$$MP_L/w = MP_K/r$$

每增加 1 单位的劳动或资本的边际得益，是它们的边际产量除以各自的价格，即为花费在每种要素上的单位货币的边际产量。因此对图 9-4 的 E 点，投入到劳动上的单位货币的边际产量等于投入到资本上的单位货币的边际产量。此时 $Q = 10\ 000$ 单位。

为了说明经理怎样使用边际产量和要素价格确定成本最小的要素组合，我们先来分析图 9-4 中的 A 点。在该点，边际技术替代率大于 w/r。假设在 A 点，$MP_L = 160$, $MP_K = 80$，则 $MRTS = 2$（$= MP_L/MP_K = 160/80$）。既然等成本线的斜率为 2/3（$= w/r = 40/60$），$MRTS$ 大于 w/r，则

$$MP_L/w = 160/40 = 4 > 1.33 = 80/60 = MP_K/r$$

既然劳动的单位货币投入的边际产量大于资本的边际产量，应该用劳动替代资本。例如，每增加价格为 40 美元的 1 单位劳动可以使产量增加 160 个单位。为保持产量不变，必须减少 2 单位的资本（资本的边际产量为 80）。由于减少了 2 单位价格为 60 美元的资本，成本减少 120 美元。因为增加 1 单位的劳动而增加的产量正好与减少 2 单位资本而减少的产量抵消，总产出不变。但是劳动支出只增加 40 美元，而资本成本减少 120 美元，则生产 10 000 单位的产品总成本减少 80 美元（= 120 − 40）。

上例说明当 MP_L/w 大于 MP_K/r 时，在保持产量不变的情况下，增加劳动减少资本从而使总

成本减少。既然 Q_1 上从 A 到 E 的每种要素组合都存在 MP_L/w 大于 MP_K/r，那么就应该一直用劳动替代资本直至到达最优点 E。在此过程中，随着劳动的增加，MP_L 增加，因而边际技术替代率逐渐减小直至达到平衡。

现在我们来研究 C 点。在 C 点边际技术替代率小于 w/r，因此 MP_L/w 小于 MP_K/r，劳动的单位货币投入的边际产量小于资本单位货币投入的边际产量。因此，增加资本减少劳动可以减少总成本。假设在 C 点，$MP_L=40$，$MP_K=240$。因此 $MRTS=40/240=1/6$，小于 $w/r(2/3)$。如果增加 1 单位资本的同时减少 6 单位的劳动，产量不变，总成本减少 180 美元（这一点读者可自行证明）。要素组合沿 Q_1 继续向上移动，在到达 E 点之前，产量不变，总成本一直减小。在这种情况下，随着资本的增加和劳动的减小，MP_L 增大，MP_K 减小。

在 E 点，MP_L/w 等于 MP_K/r。现在我们可以得出如下结论：

原理

已知两种可变投入（L 和 K），其价格分别为 w 和 r，要使既定产量下成本最小，则必有：

$$MRTS=MP_L/MP_K=w/r$$

即

$$MP_L/w=MP_K/r$$

相应的等产量线（斜率为 $MRTS$）与等成本线（斜率为 w/r）相切于最优点。最优时，每种要素的单位货币投入的边际产量相等。

9.3.3 给定成本下的最大产量

正如我们早先讨论的，在许多场合，经理们都是只能花费一定数量的投入，而希望获得最大产量，这是有约束条件的最大化问题。这类平衡问题等同于有约束条件的最小化问题。换句话说，既定成本下产量最大化问题的最优解的成立条件为

$$MRTS=w/r$$

或

$$MP_L/w=MP_K/r$$

上式即为既定产量下成本最小化问题的最优解必须满足的同样条件。

分析图 9-5，等成本线 KL 表示在要素价格给定的情况下，既定的总成本可以购买的所有要素组合。假设管理人员选择等成本线上的 R 点，则使用 L_R 单位劳动和 K_R 单位资本可以生产 500 单位产品。但是管理人员可以在不增加总支出的情况下，减少劳动增加资本从而使总产量增大。

例如，从 R 沿等成本线向上移至 S 点。S 和 R 位于同一条等成本线上，因而总成本不变。S 位于较高的等产量线 Q_2，因而在不增加支出的情况下，可以使产量增加为 1 000。图 9-5 中既定成本下，使用 LE 单位劳动和 KE 单位资本可以得到的最大产量为 1 700（E 点）。在 E 点，最大产量对应的等产量线 Q_3 与等成本线相切，$MRTS=w/r$ 或 $MP_L/w=MP_K/r$ 等价于既定产量的成本最小化问题的条件。

为了说明为何既定成本的产量最大化问题中，MP_L/w 必须等于 MP_K/r，先假设最优时条件不成立。设 $w=2$ 美元，$r=3$ 美元，$MP_L=6$，$MP_K=12$，则

$$MP_L/w=6/2=3<4=12/3=MP_K/r$$

增加劳动的单位货币投入的边际产量为 3，而资本则为 4。公司追求的是在既定支出时产量最大，它就应该减少在劳动上支出的 1 美元，此时劳动和支出分别减少 1/2 个单位和 3 个单位。然后用这 1 美元去购买资本，可以使产量增加 4 个单位。最终在支出不变的情况下，产量增加 1 个单位。只要上述不等式成立，这种替代就应该继续。但是随着劳动的减少，其边际产量增加；而随着资本的增加，其边际产量下降。最终必有每种要素的单位货币投入上的边际产量相等。由上述分析我们可以得出：

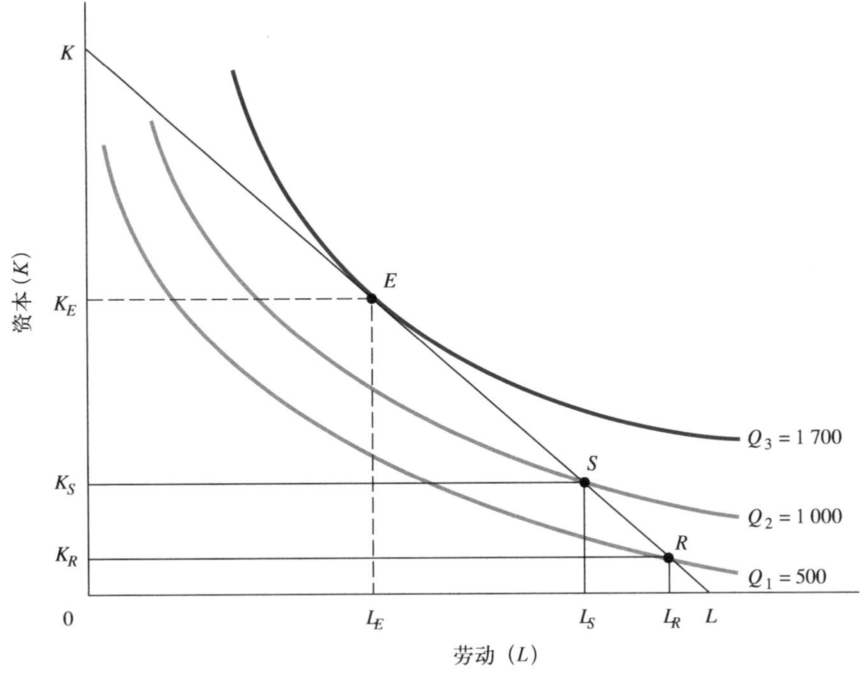

图 9-5　给定成本下的最大产量

原 理

如果有劳动和资本两种可变投入，则既定成本下产量最大化问题的最优解中，边际技术替代率（*MRTS*）等于要素价格比（*w*/*r*），等成本线与等产量线相切。这个产量最大的情形还表明每种要素的单位货币投入对应的边际产量相等。

我们现在可以确定，当经理人选择的变动投入组合可以使每种要素的单位货币投入对应的边际产量相等时，可以达到生产中的经济有效。虽然我们是从长期生产分析中推导出这个重要原理的，但是我们也必须指出，这一原理也适用于短期生产中有两种或多种变动投入的情况。

9.4　最优化与成本

在图 9-4 中我们分析了在既定产量条件下如何选择最优（成本最小）的要素组合，以及如何计算总成本。当确定了每种可能的最大产量下最优的要素组合，并计算出了总成本后，我们就可以画出总成本线。在本节，我们将分析怎样用优化点得到总成本线，以及这些点同公司成本结构间的关系。

9.4.1　扩张线

在图 9-4 中我们分析了一个优化点。该点表示在某一产量水平下最优（成本最小）的要素组合。但是正如读者所猜想的那样，对于公司所决定生产的每种产量都存在一个优化的要素组合。并且对不同的产量，要素的投入比率可能不同。为了一次能考察多个最优点，我们使用扩张线。

扩张线（expansion path）是指在要素价格不变的情况下，对应于不同产量水平的投入要素最优组合（成本最小）点的轨迹。它说明的是产量变化对要素组合的影响。图 9-6 展示了扩张线的画法。等产量线 Q_1、Q_2、Q_3 分别表示产量为 500、700、900 时，对应的劳动和资本的组合。

资本价格（r）为 20 美元，劳动价格 (w) 为 10 美元，因此等成本线的斜率为 10/20 = 1/2。

图 9-6 中 3 条等成本线 KL、$K'L'$、$K''L''$ 的斜率都是 1/2，分别表示产量为 500、700、900 时的最小成本。它们与对应的等产量线相切于最优要素组合 A、B、C 三点。在这三点，$MRTS = w/r = 1/2$。在图中，扩张线是用平滑曲线连接所有的优化点得到的。

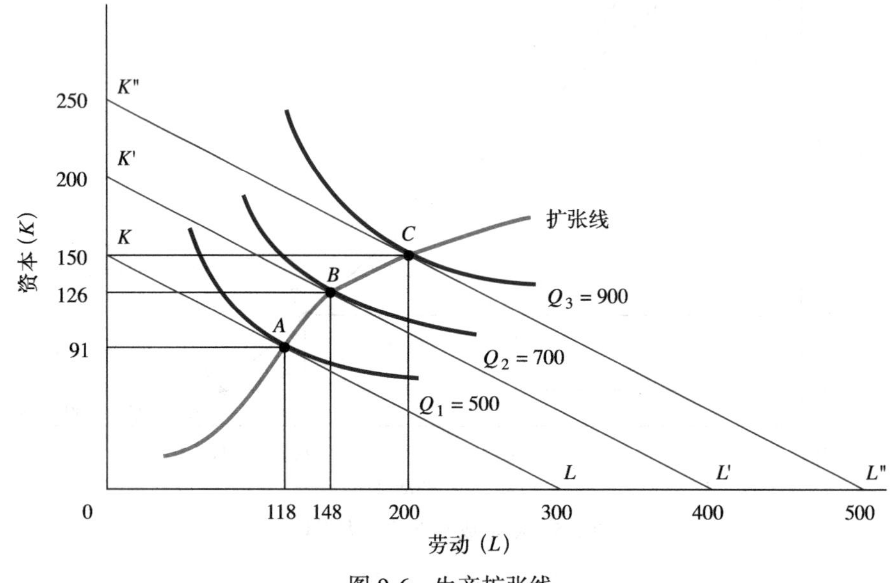

图 9-6 生产扩张线

应当注意的是，如果 KL、$K'L'$、$K''L''$ 分别代表给定的支出水平，则 A、B、C 也表示产量最大时的要素组合。我们前面已多次提到过，既定成本下的产量最大的最优条件等同于既定产量下的成本最小的条件。例如，以最小成本生产 500 单位产品，应当使用 91 单位资本和 118 单位的劳动。因而最小成本为 3 000 美元（由 K 轴截距，20 × 150 = 3 000）。同样，91 单位资本和 118 单位的劳动也是在支出为 3 000 美元（等成本线 KL）达到最大产量（500 单位）的要素组合。事实上，扩张线上其他的点也是既定产量下成本最小的要素组合，或者说既定成本下产量最大的要素组合。对于扩张线上的每一点：

$$MRTS = MP_L/MP_K = w/r$$

并且

$$MP_L/w = MP_K/r$$

因此，扩张线是边际技术替代率为常量的点的轨迹。此常量等于要素的价格比。扩张线具有特殊意义：它是在要素价格不变的情况下公司的生产扩张线。

关系

扩张线是在要素价格不变的情况下公司的生产扩张路径。其上各点都是最优的要素组合。沿扩张线，边际技术替代率等于要素的价格比。扩张线反映了产量变化对要素组合的影响。

9.4.2 扩张线与成本结构

在本章的后面小节中，将说明和强调扩张线重要应用以及它对一个公司成本结构的影响。根据扩张线，我们可以确定任意产量水平下的最小成本，因此可以说产量与成本的联系是由扩张线决定的。

从图 9-6 的讨论中我们已经知道，生产 500 单位产品的最小成本是 3 000 美元，它是由资本价格 20 美元，乘以等成本线与纵轴的交点 150 决定的。另外，我们也可以用要素的价格乘以它们的使用量，然后求和计算总成本：

$$wL + rL = 10 \times 118 + 20 \times 91 = 3\ 000\text{（美元）}$$

同样的方法，产量分别为 700、900 时的最小成本为

$$10 \times 148 + 20 \times 126 = 4\ 000\text{（美元）}$$

$$10 \times 200 + 20 \times 150 = 5\ 000\text{（美元）}$$

依次类推，扩张线上的任意产量水平，其最小成本等于要素使用量与各自价格乘积的和。稍后我们会看到，这个结论就是联系成本和产量的纽带。

◇专栏 9-1

缩小规模还是改善结构：最优投入选择应指导重组决策

一个最有争议的降低成本的策略是公司“缩减开支”，或者叫“公司重组”。管理者通过永久地解雇公司中的相当一部分员工来减小规模，在许多情况下，通过在各阶层按比例裁员的方法。

如果一个公司的雇员多于最优的劳动量，裁员将使产量不变而成本降低，因而当公司决策层宣布裁员计划时，公司以普通股的市场价格衡量的价值将相应上升，但有时投资者的热情会在管理人员开始实施裁员时减退。商业杂志记录了许多未能实现降低成本的重组计划，显然，成功的重组需要的不仅是裁员。《华尔街日报》最近报道，“尽管缩减开支变为结构不完善的警报已经响起，许多公司仍继续做出错误的决策——草率地进行各阶层等比例裁员，这些决策最终损害了公司自身的长远利益”。⊖

通过本章介绍的最优投入原理，我们可以找出这种裁员为何不能降低成本的原因。要使既定产量下成本最小，或是既定成本下产量最大，管理人员必须依据劳动的单位货币上的边际产量即 MP_L/w 决定劳动的投入量。各阶层等比例的裁员既不考虑产量，又不考虑工资，自然不能使公司的劳动投入达到最优。如果管理者希望最大限度地减少成本，他首先应当解雇具有最低 MP_L/w 的那部分工人。

看一个例子，管理者必须解雇一定数量的员工以使每月劳动成本降低 10 000 美元。管理者想在损失产量最小的情况下达到目的。他检查了 6 名员工的表现：A、B 员工是高级雇员，C、D、E、F 员工是初级雇员。下表显示了他们每月的生产力和工资。A、B 员工的工资比 C、D、E、F 多，但其边际产量也多。对于在工资上每美元的货币投入，每个高级雇员每月贡献 0.5 单位产量，而低级雇员只有 0.4 单位。因此，尽管高级雇员的工资高，但他们为公司做出的贡献也大。如果用各阶层等比例的裁员办法，管理人员会选择在每一类工人中解雇一定数量，解雇 A、C 和 D 员工，来达到减少成本的目的。这一策略节省了要求的 10 000 美元，但每月产量下降了 4 500 单位（= 2 500 + 2 × 1 000）。或者，管理者可以根据每一美元劳动上的边际产量将员工排序，然后从该序列的最小值起解雇对应的员工。这一办法是管理人员决定解雇 4 名初级工人，即 C、D、E、F 从而节省要求的 10 000 美元，同时使产量减少 4 000。按照这种方法，管理人员在使产量损失最小的情况下，达到了削减成本的目的。

工人	边际产量（MP）	工资（w，美元）	MP/w
A	2 500	5 000	0.50
B	2 500	5 000	0.50
C	1 000	2 500	0.40
D	1 000	2 500	0.40

⊖ Alex Markels and Matt Murray, “Call It Dumbsizing: Why Some Companies Regret Cost-Cutting,” *The Wall Street Journal*, *May* 14, 1996.

（续）

工人	边际产量（MP）	工资（w，美元）	MP/w
E	1 000	2 500	0.40
F	1 000	2 500	0.40

这一分析说明了重组决策应基于本章中的生产理论。没有产量和投入价格信息，投入劳动力的决策不会最优。各阶层等比例的裁员一般不会达到最优重组的目的，因为这种方法没有考虑关于每 1 美元花费上的边际产量的信息。裁员不是使公司的运行结构不完善，当管理人员裁减了错误的员工或裁减了过多的员工时，缩减开支重组会变为结构不完善。

9.5 长期成本

现在，我们说明了当多于一种要素可变时，管理者如何找到成本最小的投入要素组合，我们可以通过管理者面对的长期成本曲线推导出来。长期成本曲线的结构由通过扩张线反映的长期生产结构决定。

从生产函数推导成本函数

假定有这样一种情况：劳动的单位价格（w）为 5 美元，资本的单位价格（r）为 10 美元，图 9-7 是公司的部分生产扩张线。等产量线 Q_1、Q_2、Q_3 分别表示产量为 100、200、300 时的情况。

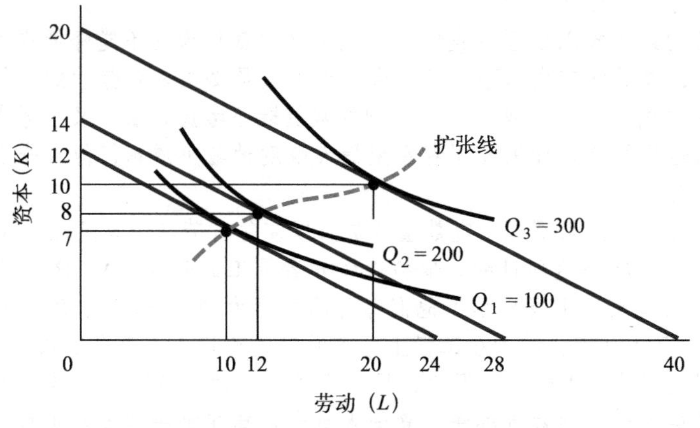

图 9-7 长期生产扩张线

对于既定的要素价格，截距分别为 12 单位资本和 24 单位劳动的等成本线，表示生产 100 单位产品的最小成本。最优要素组合为 10 单位劳动和 7 单位资本。该等成本线的斜率显然为 $-5/10(-w/r)$。如果公司要生产 100 单位产品，它应该用 50 美元 (= 5 × 10) 购买劳动，70 美元 (= 10 × 7) 购买资本，总成本为 120 美元。

与短期相同，我们定义**长期平均成本**（long-run average cost, LAC）为

$$LAC = \text{长期总成本}(LTC)/\text{产量}(Q)$$

长期边际成本（long-run marginal cost, LMC）为

$$LMC = \Delta LTC/\Delta Q$$

因此当产量为 100 时：

$$LAC = LTC/Q = 120/100 = 1.20\text{（美元）}$$

既然在长期没有固定成本，则产量为零时成本为零。因此生产第一个 100 单位的长期边际成本为

$$LMC = \Delta LTC/\Delta Q = (120 - 0)/(100 - 0) = 1.20 \text{（美元）}$$

表 9-1 的第一行是产量为 100 时最小成本的要素组合、长期总成本、平均成本和边际成本。

表 9-1　长期成本的推导

（1）	（2）	（3）	（4）	（5）	（6）
	最小成本的组合		长期总成本	长期平均成本	长期边际成本
产量	劳动（单位）	资本（单位）	（w=5 美元，r=10 美元）	LAC	LMC
100	10	7	120	1.20	1.20
200	12	8	140	0.70	0.20
300	20	10	200	0.67	0.60
400	30	15	300	0.75	1.00
500	40	22	420	0.84	1.20
600	52	30	560	0.93	1.40
700	60	42	720	1.03	1.60

再回到图 9-7，我们可以看出生产 200 单位的最小成本是使用 12 单位劳动和 8 单位资本。因此，生产 200 单位产品的总成本为 140 美元（$=5\times12+10\times8$），平均成本为 0.70 美元（=140/200）。既然生产额外 100 单位产品的总成本从 120 美元增至 140 美元，则边际成本为 0.20 美元（=20/100），这些数据显示在表 9-1 的第 2 行。

图 9-7 中，公司生产 300 单位产品使用 20 单位劳动和 10 单位资本。用上面的方法我们可以计算出总成本、平均成本和边际成本。这些数据由表 9-1 的第 2 行给出。

图 9-7 只有 3 种成本最小的要素组合。但是如果我们继续，就可以得到其他的成本最小的点，然后用同样的方法计算出总成本、平均成本和边际成本。这些数据都在表 9-1 中产量 400 ～ 700 的最后 4 行给出。

因此，在要素价格和技术不变的情况下，表 9-1 的第 4 列就是长期总成本；第 5 列是长期平均成本；第 6 列是长期边际成本。相应的总成本曲线由图 9-8a 给出。这条曲线表明，在所有要素可变的情况下，生产表 9-1 的产量的最小成本。它的形状由生产函数和要素价格确定。

该曲线反映了长期成本函数 3 个最基本的性质：第一，既然没有固定成本，因而产量为零时，LTC 为零；第二，成本与产量同向变化，即 LTC 的斜率为正，产量越高，成本越大，即资源是稀缺的，没有投入就没有产出；第三，LTC 先以递减的比率增大，后以递增的比率增大，这表明边际成本先减小后增大。

现在我们来分析图 9-8b。它是由表 9-1 推导的长期平均成本曲线和边际成本曲线。这两条曲线具有典型的 LAC 和 LMC 的性质。它们与短期的形状大致相同，但是原因不同。这一点我们可以从下面的分析看出。长期平均成本先减小，达到最小值（产量为 300）后开始增大；长期边际成本先减小，在一个较低的产量水平上（100 ～ 200）达到最小值，然后开始增大。

在图 9-8 中，边际成本与平均成本大致相交于最小平均成本处。由下面分析我们将知道，当产量和成本连续可变时，LMC 和 LAC 相交于 LAC 曲线的最低点。（图 9-8 中的不准确是因为表中数据是以 100 为单位变化。）

出现这种现象的原因与短期相同。当边际成本小于平均成本时，多生产 1 单位产品的成本小于平均成本，所以平均成本减少。当边际成本大于平均成本时，多生产 1 单位产品的成本大于平均成本，因而平均成本增大。因此，当平均成本最小时，边际成本必定等于平均成本。

图 9-9 反映了当产量和成本连续可变时长期边际成本和平均成本的基本特征。

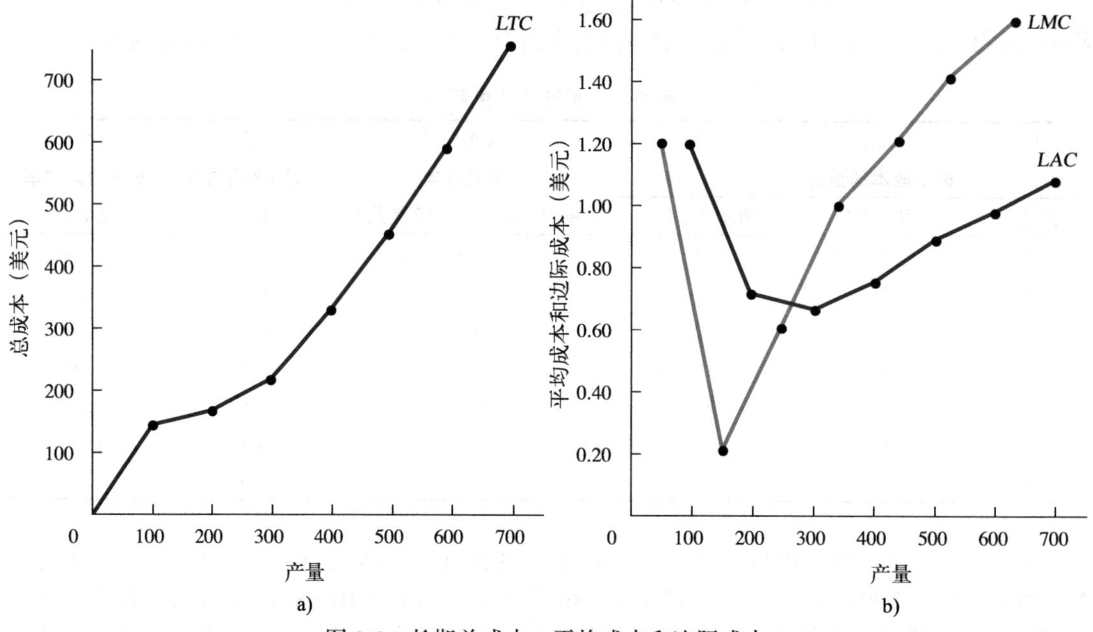

图 9-8　长期总成本、平均成本和边际成本

关 系

如图 9-9 所示，（1）长期平均成本定义式为

$$LAC = LTC/Q$$

LAC 先减小至最小值（产量为 Q_2 时），然后开始增大。

（2）当 LAC 最小时，$LAC = LMC$，长期边际成本为

$$LMC = \Delta LTC/\Delta Q$$

（3）LMC 先减小，到达最小值（产量为 Q_1 时，Q_1 小于 Q_2）后开始增大。LMC 在 LAC 减小时位于其下方，在 LAC 增大时位于其上方。

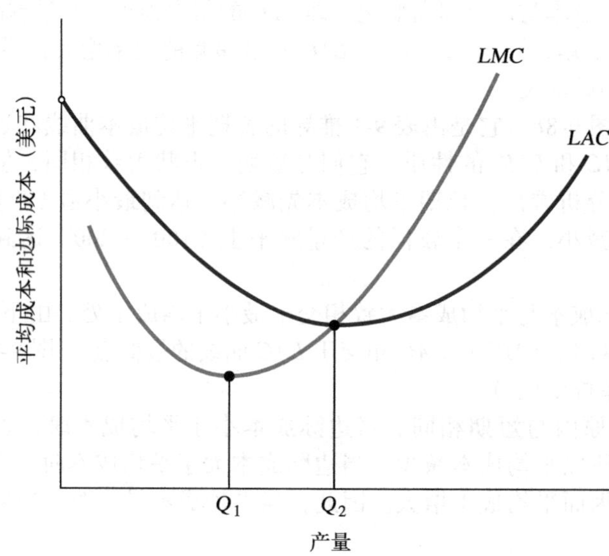

图 9-9　长期平均成本和边际成本曲线

9.6 影响长期成本的因素

在为未来做计划时，企业主和管理者会想方设法避免做出导致损失的操作或战略性决策。当管理者预见到未来市场情况产生的收益会低于长期的总成本时，他们就会长期停止生产并退出该产业，把企业的资本投入到更好的产业中去。同样，只有管理者非常肯定进入新市场产生的收益会高于长期成本时，他们才会做出增加新产品线或进入新的区域市场的决策。企业的长期生存能力以及企业的产品线、区域市场数量都取决于收益是否能高于长期成本，因此，管理者需要了解影响长期成本的因素。接下来我们会讨论影响企业长期成本结构的几个重要因素。虽然有些因素不是管理者能够直接控制的，但如果管理者想要能够预测长期成本，就必须了解影响企业长期成本的所有影响因素，包括内在因素和外在因素。最能预测未来成本的管理者就更能够做出获取最大收益的决策。

9.6.1 规模经济与规模不经济

一个企业的长期平均成本曲线（*LAC*）形状决定了规模经济和规模不经济的范围和强度。**规模经济**（economy of scale）是指产量增加而长期平均成本减少。在图 9-10 中，规模经济存在于产量从 0 到 Q_2 的区域。**规模不经济**（diseconomy of scale）是指随着产量增加，长期平均成本增加。从图 9-10 中你可以看到，规模不经济是在超出 Q_2 的区域。

规模经济和规模不经济的强度分别体现在规模经济区域内单位成本的减少和规模不经济区域内（Q_2 以外）高于最小值 LAC_2 部分（单位成本）的增加。回忆一下，我们在第 8 章中讨论过，当边际成本低于平均成本时，平均成本会下降。从图 9-10 中你可以看到，从 0 到 Q_2 的产量范围内，因为长期边际成本（*LMC*）低于长期平均成本，所以长期平均成本会下降。而当产量超过了 Q_2，长期边际成本就高于长期平均成本，所以长期平均成本会增加。

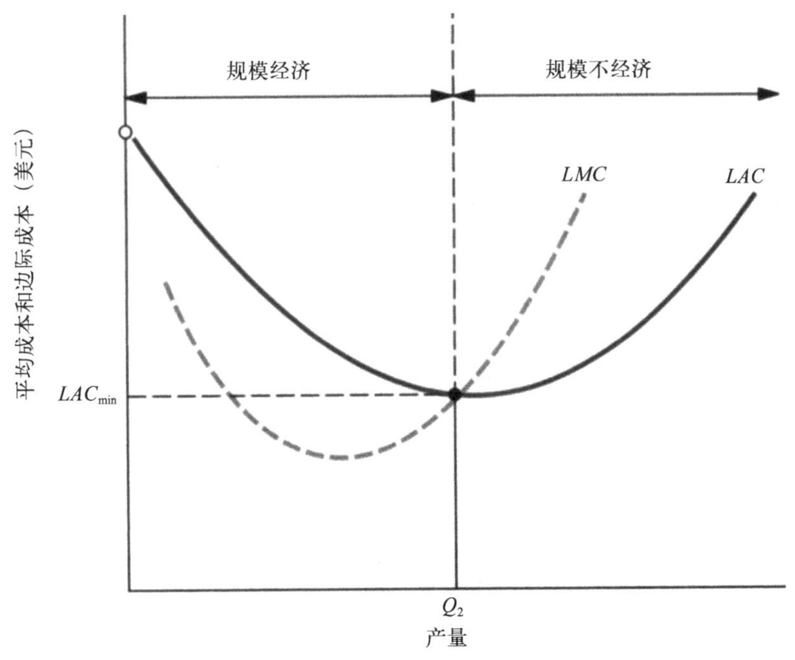

图 9-10　规模经济和规模不经济

9.6.2 规模经济和规模不经济的原因

在我们讨论规模经济和规模不经济的原因之前，我们首先要提醒你，有两个因素——技术和投入要素价格的改变——不会造成单位成本因产量增加而改变。扩张线和长期成本曲线是在技术和要素价格不变的情况下推导出来的。因此，当一个企业沿着 *LAC* 曲线扩大产量时，该企业规模经济和规模不经济的变化应该是由技术和投入要素价格以外的原因引起的。如果技术或要素价格的确有了变化，那么整个 *LAC* 曲线就会向上或者向下移动，甚至可能会改变形状，造成现有规模经济和规模不经济的区域和强度的改变。

规模经济最有可能的基本原因，是大公司在**专业化和劳动分工**（specialization and division of labor）方面有更大的优势。例如，一个汽车车闸的小型维修店 Precision Brakes 只雇用了一个技术工人，每天只有很少的顾客。唯一的技术工人需要完成车闸修理的每个步骤：把汽车移到修理区域内的液压升降机上，拆除轮胎，拆除磨损的车闸和制动盘，安装新的配件，重新安装轮胎，把汽车移下升降机，开出修理区域，甚至包括处理或从顾客处收取修理费用。随着 Precision Brakes 的顾客增多，维修店可能会通过增加技术工人人数和扩大维修区域来扩大经营。这时，一些技术工人就可以专门负责把车吊起来并拆除磨损的配件，而另外一些人则专门负责安装新配件，把车移下升降机并开出维修区域。而一个顾客服务经理可以专门处理顾客的维修单以及收取维修费用。你从这一个非常直接的例子中可以看出，大规模生产可以让企业把一个生产过程分成若干项专门的工作。而劳动分工可以让工人专注于非常简单的工作，从而增加每一项工作中工人的产量，并大大减少单位成本。

另一个可以减少单位成本的原因是企业投入一种或多种准固定投入。我们在第 8 章中讲过，在短期生产和长期生产中准固定成本的量都是固定的。随着产量增加，准固定成本会分散到更多的产品上，从而造成长期平均成本的下降。准固定成本在总成本中占的比例越大，产量增加时 *LAC* 曲线就下降得越快。比如，一个天然气管道公司的规模经济非常明显，因为管道和压气泵的准固定投入在通过管道传输天然气的总成本中所占的比例非常大。相反，一个货运公司如果要通过更长距离的运输来分摊购买牵引式货车的准固定成本，其规模经济的效应就比较小，因为变动成本汽油占运输成本的比例更大。

各种技术性因素是影响规模经济的第三个原因。第一个技术性因素是，如果在一个生产过程中，需要几种不同类型的机器，而每种机器的生产能力又不一样，则经营必须具有相当规模才能保证设备的有效配合。假设需要两种类型的机器，一个生产产品，一个做包装。前一台机器一天生产 30 000 单位产品，后一台一天包装 45 000 单位产品。要完全有效地利用每一类型的机器的生产能力，一天的产量必须超过 90 000 单位：3 台机器生产，2 台机器包装。如果不能完全有效利用每一台机器的生产能力就会造成单位产品的成本增加，因为企业在为它不需要或没有用到的机器生产能力投入。

规模经济的第二个技术性因素是固定设备的成本：购买和安装大型设备的相对费用少于安装小型机器。例如，一台印刷设备一天印刷 200 000 张报纸，但它的费用不是 10 倍于印刷 20 000 张报纸的设备——也不需要 10 倍的空间和操作工人等。因此，扩大规模将会减少单位成本。

最后一个或许也是最重要的技术性因素是：随着生产规模的扩大，生产过程和固定设备的类型也往往会有一个质的改变。举一个简单的例子：挖沟。最小的经营规模是一个工人和一把铁锹。但随着经营规模的扩大，企业并不是简单地增加工人和铁锹。在生产规模扩大到一定程度时，现代化的挖掘设备将取代铁锹和大多数的工人。而且，规模的扩大一般都会引进各种类型的自动化设备，这将有利于减少单位成本。

你或许会奇怪，长期平均成本为什么会呈上升的趋势？在所有可能的规模经济实现后，为什么成本曲线不变成水平的？*LAC* 曲线的上升主要是由于缺乏有效的管理和合理的企业结构。当企业规模发展到一定程度，高层领导者就需要将一些决策权和责任分派给较低等级的职员。而高层领导者会与日常经营活动脱节，管理效率也会下降。而管理企业需要控制和协调多种企业活动——生产、运输、财务、销售，诸如此类。要有效地履行管理职能，一个管理者必须掌握准确的信息并有一个高效的监督和控制系统。虽然信息科技不断发展使规模不经济开始的点大大提高，但大型企业的监督和控制系统的成本将会最终造成单位成本的增加。

为了避免规模不经济，一些大型企业有时会采取把经营分成两个或者更多的管理部门，这样每个部门都可以部分或完全避免规模不经济。不幸的是，部门管理者之间经常会互相竞争，争夺企业的一些紧缺资源——比如员工、差旅费、固定资产支出、办公空间以及研发费用等。这种竞争所花费的时间和精力对部门管理者来说是代价比较高的，对企业高层管理者来说也是如此，因为他们需要评估这些部门对资源的要求。当部门管理者的游说活动导致部门间投入分配不合理时，企业的总体效率就会受影响。因此，规模不经济在非常大型的企业中都是存在的。

9.6.3 不变成本：既无规模经济也无规模不经济

有些情况下，企业可能会出现既无规模经济，也无规模不经济。这些企业面对的是成本不变。当一个企业长期都是成本不变时，它的 *LAC* 曲线就是平的，而且与 *LMC* 曲线在所有产量上都相等。图 9-11 显示的是一个企业单位产品的成本恒定为 20 美元：任何产出水平上平均成本和边际成本都是 20 美元。从这个 *LAC* 曲线中你可以看到，有成本不变的企业是既无规模经济，也无规模不经济。

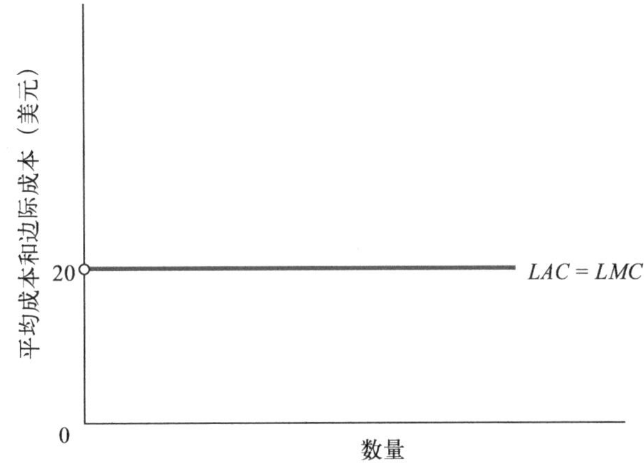

图 9-11 成本不变的特例：*LMC* = *LAC*

在现实中，真正在任何产出水平上成本都保持不变的例子是非常少见的。然而，即使企业的成本呈图 9-9 中的 U 形曲线，还是有很多企业经常把它们的成本当成成本不变来看。把 U 形成本当成成本不变来看的主要原因是为了简化数据表中成本（和收益）的计算。这种假设对于边际成本和平均成本非常接近的企业来说，可能不会对管理者的决策制定产生不利影响，但如果随着产量的增加，*LAC* 有一定量的上升或下降，那这种假设很可能会导致严重的决策失误。在本书中的大多数案例中，我们都会假设 *LAC* 曲线是图 9-9 中比较典型的形状。虽然如此，你最好也熟悉一下这里提到的这种特殊情况，因为很多企业都把它们的成本看成是成本不变。

9.6.4 最小有效规模（*MES*）

在很多情况下，一个相对合适的经营规模会让企业最大程度地实现规模经济，而规模不经济则不会出现，除非产量过大。图 9-12 展示了这样一种情况：在 *m* 点和 *d* 点之间 *LAC* 是平的，从而创造出一个长期平均成本不变的产量区间。一个企业的经济规模如果达到了 *LAC* 曲线上的 *m* 点，那它就能实现最低长期平均成本 LAC_{min}。实现规模经济的最小产量（也就是经营规模）就叫作**最小有效规模**（minimum efficient scale, *MES*），在图 9-12 中，就是 Q_{MES} 的产量水平。一个企业一旦达到了最小有效规模，在产量达到规模不经济出现的 Q_{DIS} 点以前，它都能实现最低平均成本。

企业会有各种形状的 *LAC* 曲线，而曲线形状的不同会影响到长期的管理决策制定。在有些行业，规模经济几乎可以忽略，规模不经济会十分显著，也就是说，产量稍微增加就会使 *LAC* 大幅上升。图 9-13a 就是这种类型的情况。图 9-13b 则显示了另一种情况，规模经济的区间和强度都非常大。企业如果是这种 *LAC* 曲线，为了实现尽量低的平均成本从而进入市场或在市场中生存下来，企业需要达到比较大的规模。图 9-13c 是现实生活中很多企业长期成本结构的典型：在一个比较小的产量上企业就达到了最小有效规模，然后在比较大的产量增长区间，成本保持不变，直到最后出现规模不经济。

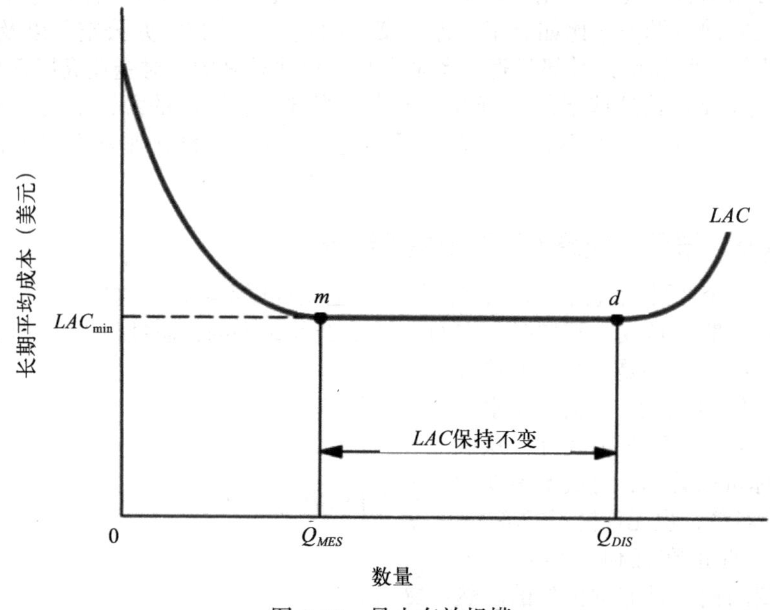

图 9-12　最小有效规模

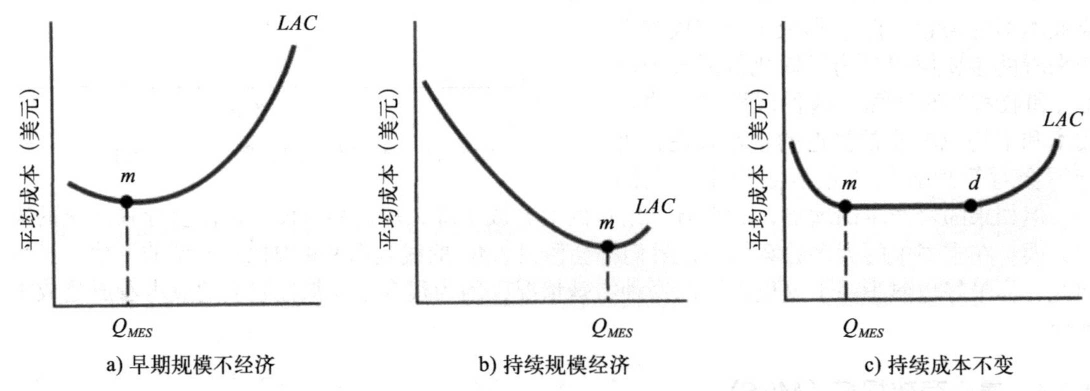

图 9-13　不同 LAC 形状的最小有效规模

在结束规模经济的讨论之前，我们要纠正很多人都有的一种想法，那就是所有企业都应该计划长期维持最小有效规模。在本书后续章节你会学到，在长期生产中，达到利润最大化的产量或经营规模可能是在长期平均成本下降、保持不变或上升的区间内——具体取决于 *LAC* 曲线的形状和市场竞争的激烈程度。要达到最优化活动水平，决策人应该忽略平均成本而重视边际成本。这里我们就先简单地下个结论，那就是利润最大化的企业不会在长期生产中一直以最小有效规模经营；更详细的我们会留到本书第四部分，讨论各种市场结构下如何达到利润最大化时再说明。

9.6.5　多产品企业的范围经济

许多公司的产品都不止一种。很多公司的投入要素都会同时生产两种或更多的产品或服务——一个果园同时种植橙子和葡萄，一口油井同时生产原油和天然气，一个汽车制造厂同时生产小汽车和卡车，商业银行用同种资产提供多种金融服务，而医院可以实施各种各样的手术或治疗。当单个企业联合生产两种或更多产品的总成本小于各自生产一种产品的企业成本之和时，就存在范围经济。经济学家们相信，范围经济的流行可能就是多产品公司在各国各行业中大量存在的最好解释。

9.6.6　多产品成本函数和范围经济

到目前为止，我们对生产和成本的分析都是围绕单产品企业来进行的。接下来我们会分析当一个企业生产两种或两种以上的产品或服务时企业的长期总成本。虽然我们这里的讨论都基于两种产品，但这种分析方法可适用于任何数量的产品。

多产品总成本函数由多产品扩张线推导而来。要为两种商品 X 和 Y 建立一个多产品扩张线，生产工程师必须建立一个更加复杂的生产函数——这个函数要为各种 X 和 Y 的产量组合提供足够的投入要素组合。对于给定的要素价格，工程师可以找到以最低总成本生产某个特定组合的 X 和 Y 时最经济的投入要素组合。在现实运作中，生产工程师会使用相当复杂的计算机运筹法则来重复计算，找出管理者希望生产的组合产量范围内最经济的投入要素组合。你作为管理者不需要经历这个过程，但它产生了一个电子表格，你可以非常简单地通过它来建立一个**多产品总成本函数**（multiproduct total cost function）：$LTC(X, Y)$。这个函数不管是以等式还是表格的形式存在，都可以计算出一个多产品企业要生产 X 单位产品和 Y 单位产品的最低总成本。

虽然也许你永远都不需要自己去推导多产品成本函数，但多产品成本函数这个概念对于定义范围经济，和解释多产品效率增长是非常有用的。设 $LTC(X, 0)$ 为单产品企业单独生产一定量的 X 的总成本，$LTC(Y, 0)$ 为单产品企业单独生产一定量的 Y 的总成本。当满足：

$$LTC(X, Y) < LTC(X, 0) + LTC(Y, 0)$$

范围经济存在。从这个数学表达式中可以看出，当一个多产品企业的生产存在范围经济时，它联合生产 X 和 Y 的总成本会低于两个不同企业分别生产 X、Y 的单独成本之和。

举个例子，Precision Brakes & Mufflers 这个企业——前面我们把它作为一个单产品企业 Precision Brakes——现在提供两种不同的服务：安装消声器和修理车闸。这个公司一天内可以修理 4 次车闸（B）并替换 8 个消防器（M），总成本为 1 400 美元：

$$LTC(B, M) = LTC(4, 8) = 1\,400 \text{（美元）}$$

一个专门做消声器替换的企业一天可以替换 8 个消声器，总成本为 1 000 美元：$LTC(0, 8) =$ 1 000 美元。而一个专门修车闸的公司一天可以修理 4 辆车的车闸，总成本为 600 美元：$LTC(4, 0) =$ 600 美元。在这个例子中，一个多产品企业同时提供车闸修理和消声器替换的服务，小于不同公司同等产量水平下的总成本：

$$LTC(4, 8) < LTC(0, 8) + LTC(4, 0)$$

$$1\,400 < 1\,000 + 600$$

$$1\,400 < 1\,600$$

因此，Precision Brakes & Mufflers 结合修理车闸和消声器替换这两种服务，实现了范围经济。

范围经济对管理者决策制定的一大影响在于增加新产品或新的服务时，所需要增加的成本或边际成本：一个企业如果已经生产了产品 X，那么它再增加生产产品 Y 时，所花费的成本就会比一个专门生产产品 Y 的单产品企业要低。你可以通过以下方法来证实这个论断的正确性：从范围经济的数学表达式两边都减去 $LTC(X, 0)$，得到的结果是

$$LTC(X, Y) - LTC(X, 0) < LTC(0, Y)$$

表达式左边表示的是已经在生产 X 产品的企业增加 Y 产品后的边际成本，在范围经济的条件下，就会比只生产 Y 产品的单产品企业耗费的成本要少。为了更清楚地说明这一点，假设只做修车闸的单产品企业 Precision Brakes 一天能修 4 个车闸。如果这个企业想增加一项消声器替

换的服务，每天替换 8 个消声器，那么它所增加的边际成本就是 800 美元：

$$LTC(4, 8) - LTC(4, 0) = 1\,400 - 600 = 800（美元）$$

而一个专门做消声器替换的企业一天替换 8 个消声器的总成本是 1 000 美元：$LTC(0, 8) = 1\,000$ 美元，比一个多产品企业每天增加 8 个消声器替换工作的成本要高得多。

从上面这个案例可以看出，范围经济使多产品企业比生产相同产品的单产品企业有了成本上的优势。在范围经济比较显著的产品市场上，管理者们应该认识到，进入新市场的往往是多产品企业，而已有的单产品企业很可能会成为多产品企业收购的对象。

9.6.7 范围经济的原因

经济学家指出了两种会产生范围经济的情况。第一种情况是，一个生产过程中会生产出几种产品，即**联产品**（joint product）。也就是说，在生产一种产品时，可以以很少成本甚至不发生额外成本来生产出另一种或多种其他产品。大多数情况下，相关产品在数量上的比例是固定的。相关产品的一个经典例子，是牛肉生产过程中的牛肉和用牛皮生产出来的皮革。其他相关产品的例子还有羊肉和羊毛、鸡和肥料、木材和木屑、原油和天然气。相关产品总会产生范围经济。但是，范围经济的情况要比相关产品多得多。

范围经济的另一种情况，也是比相关产品更常见的原因，是要素被用来**共同生产**（common or shared input）多种产品或提供多种服务。当购买一个共同的要素来生产产品 *X* 但是有剩余能力时，这个共同要素就能被用来以很低的成本或者零成本生产产品 *Y*。与专门生产产品 *Y* 的企业需要购买整个共同要素相比，已经生产了产品 *X* 的企业可以以比较低的边际成本来生产产品 *Y*。换句话说，共同要素的成本分摊到了多个产品或服务上面，从而形成了范围经济。[⊖]

形成范围经济的共同或分享的要素可能是产品生产方面的，也可能只是管理、市场营销或销售方面的。在我们提到过的 Precision Brakes and Mufflers 这个案例中，为了替换消声器而购买并安装的起重机，就几乎以零边际成本来为维修车闸服务。总之，当总成本中共同要素所占的比例越大，范围经济所节省的成本就越多。我们把范围经济的讨论总结如下：

原 理

范围经济存在的情况：（1）多产品企业联合生产两种产品的总成本小于单产品企业各自生产一种产品的成本之和：$LTC(X, Y) < LTC(X, 0) + LTC(Y, 0)$，以及（2）已经生产产品 *X* 的企业增加产品 *Y* 时所需的成本比单产品企业生产产品 *Y* 的成本低：$LTC(X, Y) - LTC(X, 0) < LTC(0, Y)$。当企业生产的是相关产品，或在生产中有共同要素时，就会形成范围经济。

◇专栏 9-2

减小的最小有效规模改变了半导体制造产业的 LAC 形状

即使是对计算机技术不太了解的人也听过摩尔定律。这个定律准确地预言了从 1958 年开始，集成电路上可容纳的晶体管数目每两年就会翻一番。预计 10 ～ 15 年内还是会保持这种飞速增长。最近，晶体管的体积已经从 130 纳米缩小到 90 纳米，而英特尔公司即将在半导体芯

⊖ 需要注意的是，比较典型的共同或分享的要素是准固定成本。企业一旦购买了固定量的且不可分割的要素来生产第一个单位的产品 *X*，在不增加要素的情况下不仅可以生产出更多的产品 *X*，也可以生产出产品 *Y*。当然，在一些情况下，当其中一种或两种产品的产量增加到一定程度以后，这个共同要素可能会被用完，那么这个多产品企业就需要再次购买这样一个不可分割的要素来扩大经营的规模和 / 或范围。正如规模经济的情况一样，当（共同要素的）准固定成本分摊到更大产量的产品 *X* 和 *Y* 上时，范围经济就会产生。

片中使用65纳米的晶体管。当然，摩尔定律对消费者来说，意味着计算能力的飞速增长，而且计算速度更快，消耗的能源更少。

但对于很多半导体厂商，比如英特尔、三星、得州仪器、超威半导体、摩托罗拉来说，这却是一件很不幸的事，因为摩尔定律让投入数十亿美元的半导体制造工厂在短短5年内就过时，而且几乎无法再使用。如果把一个50亿美元的半导体制造工厂折算到仅仅5年的生命周期，那每天的资本投入就是300万美元左右。唯一可以让半导体工厂赢利的方式就是利用大的规模经济，生产并销售非常大数量的芯片。从我们之前关于规模经济的讨论中可知，半导体制造商必须至少把产量提高到最小有效规模水平，才能使成本不至于过高。

随着技术的发展，让晶体管的体积越来越小，长期平均成本曲线不断地向下并向右移动，如下图所示。虽然芯片厂商乐于见到 *LAC* 下降，但同时他们也要面对最小有效规模随着晶体管体积的减小而不断提高。从图中可见，最小有效规模从250纳米时代的 *a* 点提高到了现在90纳米时代的 *d* 点。每个芯片制造工厂必须生产出越来越多的芯片以达到最小有效规模，从而使半导体厂商能生存下去。可以预见的是，这种生产的扩大肯定会使芯片的价格越来越低，从而使芯片制造工厂的利润也越来越低。

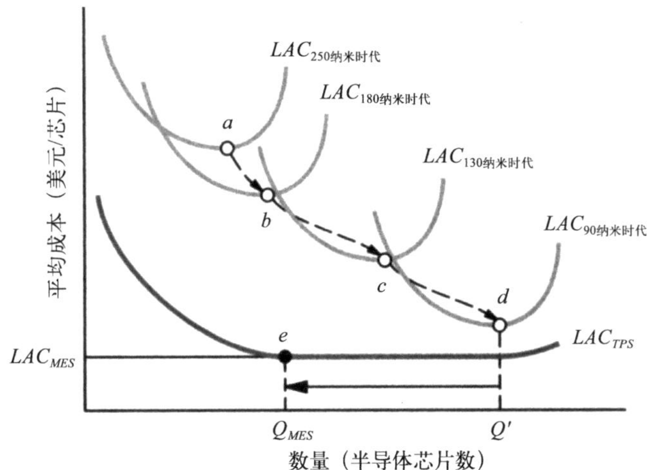

最近，一个工程顾问团队通过运用基于丰田汽车公司的精益生产理念，成功地改变了芯片制造工厂的长期平均成本结构。这些顾问表示，把丰田生产方式（TPS，精益生产系统）运用到芯片制造中，可以“使工厂的生产周期缩短67%……降低12%的成本……增加50%的产量，增加10%的生产能力，而这些都不需要额外的投入”(p. 25)。

把TPS运用到芯片生产中以后，长期平均成本曲线在所有产量上都有下降，而且有一段产量起点更低的固定成本区域。从图中的 LAC_{TPS} 可见，*LAC* 更低而且 *MES* 变小了（*MES* 从 Q' 减少到了 Q_{MES}）。芯片制造产业的 *LAC* 曲线形状改变成 LAC_{TPS} 后，这些顾问对芯片产业的竞争有以下预测：

半导体制造产业的新经济形势，使芯片制造工厂能够以比较小的生产规模赢利。这个效果对产量巨大的芯片工厂可能不太重要，但这类工厂在整个市场的份额会越来越小。这不是说对这类芯片的需要会减少。确切地说，是对于上市时间短而且成本低的芯片产品需求会增长得更快……（p. 28）

我们同意这几位顾问的观点：*LAC* 曲线的新形状使半导体厂商不管大小都能生存，从而使半导体产业的竞争更加激烈。

资料来源：Clayton Christensen, Steven King, Matt Verlinden, and Woodward Yang, “The New Economics of Semiconductor Manufacturing” *IEEE Spectrum*, May 2008, pp. 24-29。

9.6.8 购买经济

我们在讨论规模经济时强调过，要素价格的改变不是规模经济或规模不经济的原因，因为要素价格在任何一个 *LAC* 曲线上都是保持不变的。那么，当要素价格发生改变时，企业的长期成本会有什么变化？事实上，这个问题的答案取决于引起要素价格变化的因素。在多数情况下，某个企业的管理者无法控制要素价格，因为要素价格是由要素市场上的供求关系决定的。比如说，原油的全球价格下降就会导致一个石油精炼厂的 *LAC* 曲线在每个产量水平上的下降。而在某些情况下，管理者作为一个团队，可以通过扩大整个产业的产量来影响要素价格，因为产量的增加会影响对某些要素的需求和价格。我们会在第 11 章讨论成本上升产业的长期供应曲线时对这种情况进行进一步的探讨。

但是，有时候随着一个企业的生产规模扩大，这个企业的采购经理也可以获得较低的要素价格。当大规模购买原料或其他要素时，大买家可以通过数量折扣来获得更低的价格，这就是**购买经济**（purchasing economy of scale）。当企业购买要素的量是获得数量折扣的最小数量时，在与之相应的产量水平上，企业的 *LAC* 曲线就会向下移动。购买经济在广告媒体、一些原材料和能源的供应商中比较常见。

图 9-14 显示了购买经济如何影响一个企业的长期平均成本。在这个案例中，当企业产量达到 Q_T 单位产品时，长期平均成本是原 *LAC* 曲线上的 *A* 点，此时采购经理可以在一种或多种要素上获得数量折扣。当产量达到并超过 Q_T 单位时，企业的 *LAC* 在每个产量水平上都会变得更低，正如本图中 *LAC'* 那样。有时候要素供应商会在几个较高的产量水平上提供非常大的折扣，这时我们就可以预见到，*LAC* 曲线会有多次向下移动。

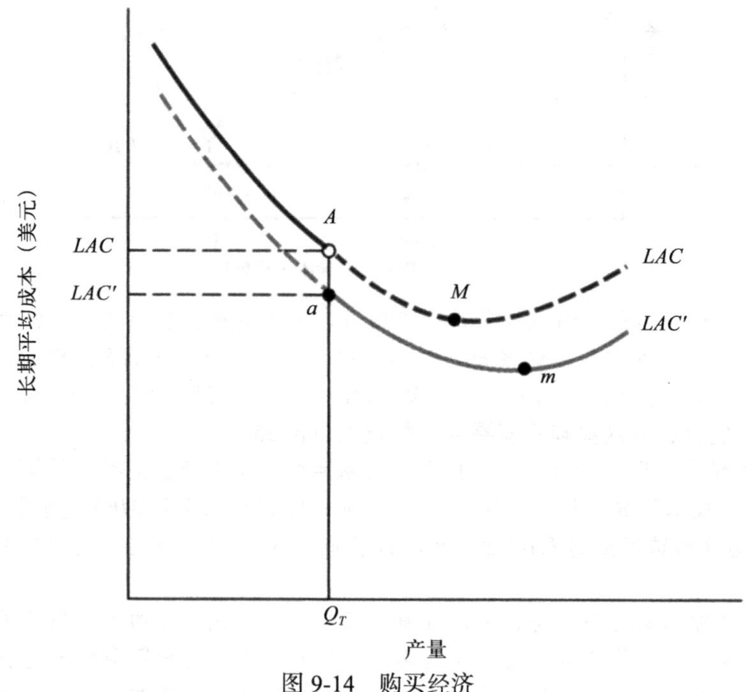

图 9-14 购买经济

9.6.9 学习经济或经验经济

经济学家和生产工程师在很多年前就发现，在某些产业中，随着企业制造某种产品（如飞机的机身、船和计算机芯片）或提供某种服务（如心脏手术和牙齿治疗）的经验愈加丰富，企业可以从减少的单位成本中获益。很明显，无论是工人、管理者、工程师还是这些产业中的要素供应商都会"在干中学""从经验中学习"。随着总的累积产量增加，**学习或经验经济**（learning or experience economy）就会使长期平均成本在每个产量水平上都往下降。

需要注意的是，学习经济与规模经济是大不相同的。在规模经济中，当企业增加产量，单位成本就会下降，*LAC* 曲线就会往向右并向下的方向移动。而在学习经济或经验经济中，随着企业的累计产量增加，整个 *LAC* 曲线在每个产量水平上都会下移。形成学习经济的原因也和规模经济不同。

对于学习经济最典型的解释便是劳动力通过不断重复某项劳动而使他们的效率不断提高，也就是说"在干中学"。但是，工程师和管理者在学习经济中也起着很重要的作用。随着生产经验逐渐丰富，设计工程师往往会找到一些使生产成本下降而不降低质量的办法，比如通过调整零件的规格，以及放宽组件配合和最后一道工序的容许偏差等。随着经验的增加，管理者和生产工程师也会找到一些新的办法来改善工厂设计，从而使生产各阶段的材料流动速度加快，也使要素的消耗量和浪费有所减少。不幸的是，学习经济和经验经济带来的成本下降都有一个限度，超过了这个限度 *LAC* 曲线就不会再随着累计产量的增加而下降了。

图 9-15a 显示了劳动者"在干中学"的能力使生产效率不断提高，从而使图 9-15b 中的单位成本在每个产量水平上都有所下降。在图 9-15a 中，平均劳动生产率是从企业刚投入生产时每个劳动者生产 10 单位产品开始的。随着累计产量从 0 增长到 8 000 单位，劳动生产率也从每个劳动者生产 10 单位产品（*s* 点）增长到了每个劳动者生产 20 单位产品（*l* 点），而从 *l* 点开始劳动生产率就不再随着经验增长而提高了。需要注意的是，产量从 0 增加到 8 000 单位所用的时间对于 *AP* 增长的量是没有影响的。在图 9-15a 中，为了简单起见，我们只展示了学习对于劳动生产率的作用。（随着劳动者学会更好地操作机器，资本的生产率也会提高，从而使图 9-15b 中的 *LAC* 进一步下降。）

作为一个战略性问题，一个行业中较早进入市场的企业，是否能通过学习经济来获得成本上的优势，取决于刚起步的企业从 *s* 点增长到 *l* 点所用的时间。我们后面会讲到，当管理者的主要目标是市场进入阻挠时，快速的学习能力也不一定是好事。在第 12 章中讨论市场进入的战略障碍时，我们会对这一点进行更详细的说明。在这里，你可以先忽略一个企业获得经验的速度。一般来说，一旦学习过程在图中的 l 点结束，新的最小有效规模（*MES*）所在的点很难预测。在图 9-15b 中，*MES* 从 500 单位产量增加到了 700 单位产量，但 *MES* 也可能提高、降低或保持不变。

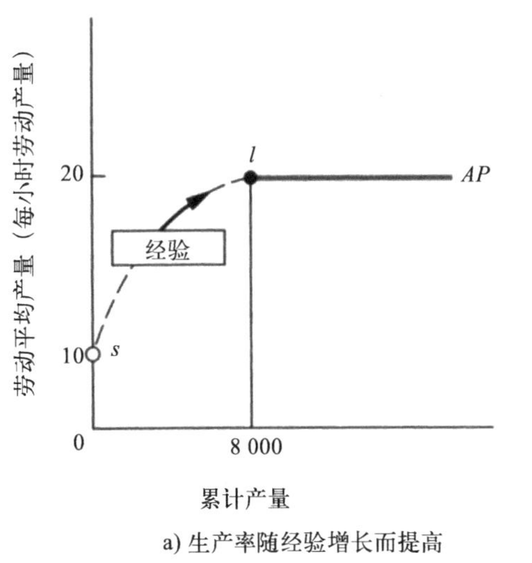

a) 生产率随经验增长而提高

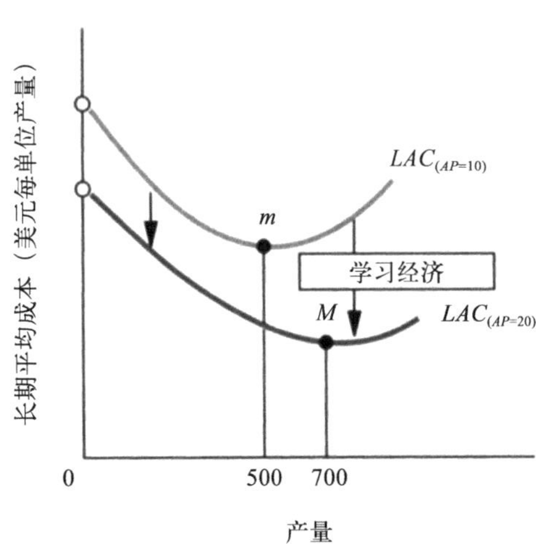

b) 生产率提高后*LAC*下移

图 9-15 学习经济或经验经济

作为管理者，你基本上需要靠生产工程师来评估并预测经验对 *LAC* 和 *MES* 的作用。管理者的职责就是利用这一信息来更好地对未来的成本做出预测，从而做出目前这个阶段能获取最大利润的关于定价和产量的决策，同时计划将来长期的市场进入或退出——这些话题我们会在本书接下来的两个部分中讨论。[㊀]

在本节中，我们探讨了影响企业长期成本结构的多种因素。虽然规模经济、范围经济、购买经济和学习经济都能降低产品或服务的总成本和平均成本，我们必须提醒你，管理者不能只为了追求其中某一种经济而增加产量。本书后面讨论如何做出利益最大化的产量和定价决策时，你会学到企业的最优定位，并不一定要求最大限度实现一个企业的规模经济或范围经济。而且，把生产规模扩大到可以实现购买经济的规模，或达到能够从学习经济中快速利用潜在生产率的做法，并不一定会带来利润。但是，你应该也已经了解，如果忽视这些影响长期成本结构的因素，那么，对长期生产成本的评估和预测很可能会是不正确的。所有这些因素都给了企业长期降低成本的机会，而这在规模和范围都确定的短期生产中是不可能实现的。

◇专栏 9-3

现实世界中的规模经济和范围经济

政府的政策制定者，专业的经济学家和产业分析师都希望了解哪些行业会受规模经济和范围经济影响。在这个专栏中，我们会简短地总结一下两个服务行业中关于规模经济和范围经济的一些基于实证研究的评估：商业银行业和人寿保险业。

商业银行业

在 20 世纪 80 年代，当州政府开始允许银行的州际活动时，州际活动最引起争论的一个结果是大型州外银行兼并或合并当地银行。根据 Robert Goudreau 和 Larry Wall 的理论，州际银行出现的主要原因是银行希望更好地利用规模经济和范围经济。[㊁]只要规模经济比较显著，大银行就将比小银行更具有成本优势。如果银行业存在范围经济，那么提供多种金融服务的银行将比仅提供少数几种金融服务的银行拥有更低的成本。Thomas Gilligan、Michael Smirlock 和 William Marshall 调查了 714 家商业银行，以确定规模经济和范围经济在商业银行业中存在的程度。[㊂]他们的结论是银行业的规模经济仅存在于相对较低的产量水平。商业银行的长期平均成本曲线类似于图 9-13c，达到最小有效规模（*MES*）的经营规模较小。因此，与大银行相比，小银行在竞争中不一定会遭受成本的劣势。

范围经济对于传统的金融服务（各种类型的存款和贷款）也是存在的。既然不是在很大产出范围内存在规模经济，Thomas Gilligan、Michael Smirlock 和 William Marshall 认为，政府政策不应当鼓励基于成本考虑的合并。同时他们还指出，由于银行业存在着范围经济，因而政府关于存贷款的管制会导致较高的成本。

人寿保险业

人寿保险公司提供三种主要服务：寿险、商业养老险、意外和疾病险。Don Segal 用美国约 120 家保险公司在 1995 ～ 1998 这几年的数据，推导出了一个多产品保险公司三种主要服务

㊀ 本书中我们没有用定量的方式来讨论学习经济，主要是因为这些计算一般都由工程师和会计人员来完成。如果你想了解更多的定量计算方法，我们推荐 James R. Martin 总结的学习经济曲线中成本节约的定量计算方法，链接如下：http://maaw.info/LearningCurveSummary.htm。

㊁ Robert Goudreau and Larry Wall, " Southeastern Interstate Banking and Consolidation: 1984-W, " *Economic Review* (Federal Reserve Bank of Atlanta), November/December 1990, pp. 32-41.

㊂ Thomas Gilligan, Michael Smirlock, and William Marshall, " Scale and Scope Economies in the Multi-Product Banking Firm," *Journal of Monetary Economics* 13(1984), pp. 393-405.

的生产成本函数。[⊖]他指出，“规模经济和范围经济可能会影响关于产量大小和产品混合的管理决策”。(p. 169) 根据他的发现，正如所预测的一样，保险公司会经历非常显著的规模经济，因为保险政策就是基于把投保者的风险集中并分摊到很多人身上这样一个原理。投保的人越多，需要赔付的比例就越小，风险也会更小。他也发现最大规模的保险公司的 *LAC* 也是在下降的，虽然幅度没那么大。这意味着美国最大的保险公司也没有达到最小有效规模。

不幸的是，Segal 指出，管理者们不能把公司规模和单位成本看作直接相关的——这是规模经济实证研究中最常见的一种统计学缺点。这是因为①大规模企业可以通过规模经济实现成本的减少，或是因为②样本中管理效率最高且成本较低的企业会增长得更快，从而发展到后来就会比那些效率低的企业规模更大。在第二种情况下，即使不存在规模经济，低成本和大规模也是直接相关的。所以，保险公司的管理者——以及每个人——在解读规模经济的数据时都需要更加谨慎。

至于范围经济就更加明显了：“有三种服务的公司总生产成本低于单个公司提供一种服务的成本之和。”(p. 184) 提供寿险、养老险、意外和疾病险的共同要素既包括劳动也包括资本，只要这些要素没有被某一种服务彻底用完或占据。可以想见，那些做寿险的保险精算师、保险业务员、管理人员和办公室文书也都可以做养老险和意外和疾病险。固定资本（办公空间和设备）和金融资本（用于理赔的货币存款）也都可以作为三种服务的共同要素。Segal 的多产品成本函数预示着美国的大型多产品保险公司具有显著的成本优势。

9.7 短期成本与长期成本函数之间的关系

现在你明白了长期生产决策如何决定长期成本结构。我们可以更清楚地说明，短期成本和长期成本之间的重要关系。就像我们在第 8 章开始时解释的那样，长期或者规划范围是所有可能的短期情形的集合，是长期规划期间可能被选择的所有固定投入量的集合。例如，在表 8-1 中，10 个投入资本那一列中，每个投入资本的水平都代表一个不同的短期生产函数，并且作为短期情形的集合，它们共同构成了企业的规划范围。在本节的第一部分，我们将向你展示了以长期平均成本曲线的形式，如何从企业可能选择的每一资本水平的短期平均成本曲线，建立企业的长期规划范围。随后，我们将探讨管理者如何利用长期决策中要素的可变性来改变短期成本，从而减少生产成本（并增加利润）。

9.7.1 规划范围中的长期平均成本

为了使问题简化，我们将继续讨论只投入劳动和资本两种要素的企业，其中，资本是反映短期不变的工厂规模（劳动在短期是可变的）。由于长期是所有可能的短期情形的集合，你可以认为长期是一本手册，手册的每一页显示了相对一个可能的工厂规模的一系列短期成本曲线。例如，假设一个管理者仅可以选择 3 个工厂规模，10、30 和 60 单位的资本。在这种情形下，企业的长期计划范围是一本 3 页的手册：第 1 页显示投入 10 单位资本的短期成本曲线，第 2 页显示投入 30 单位资本的短期成本曲线，第 3 页显示投入 60 单位资本的短期成本曲线。

长期规划范围可以通过将手册的 3 页重叠，像“拍合影”那样，将 3 个短期成本结构显示在一张图里得到。图 9-16 显示了构成本例中计划范围的 3 个工厂规模的短期平均成本曲线：$ATC_{\bar{K}=10}$，$ATC_{\bar{K}=30}$ 和 $ATC_{\bar{K}=60}$。注意，我们为了使图形尽可能简化，省略了相应的 *AVC* 和 *SMC* 曲线。

当企业希望在 0 ~ 4 000 单位任意产量生产时，管理者希望选择小规模工厂，成本结构由 $ATC_{\bar{K}=10}$ 决定，因为在投入 10 单位资本时，生产每个产品的平均成本，以致总成本都比投入 30 和 60 单位资本低。例如，当在 10 单位资本投入的工厂规模时，生产 3 000 单位的产品，平均

⊖ Don Segal, “A Multi-Product Cost Study of the U.S. Life Insurance Industry”, *Review of Quantitative Finance and Accounting* 20(2003), pp. 169-186.

成本是 0.50 美元，总成本是 1 500 美元，这比在中等工厂规模花费 2 250 美元（= 0.75 × 3 000）生产 3 000 单位产品更经济（注意：如果图 9-16 中投入 60 单位资本要素的大工厂，它的 *ATC* 曲线向左延伸到 3 000 单位，生产 3 000 单位产品的平均成本和总成本，都要高于其他两个工厂规模）。

当企业希望在 4 000 ～ 7 000 单位产量生产时，管理者将会选择中等的工厂规模（30 单位资本），因为 $ATC_{\bar{K}=30}$ 在此区间的任意产量都低于其他两个 *ATC* 曲线。同理可得，对于高于 7 500 单位产量的任意产量水平而言，管理者将选择大规模工厂（60 单位资本），成本结构通过 $ATC_{\bar{K}=60}$ 表示。在本例中，计划范围也正是企业的长期平均成本曲线，由图 9-16 中 3 个 *ATC* 曲线颜色浅一些的实线部分组成。

企业可以选择的工厂规模一般超过 3 个。当可以选择大量的工厂规模时，*LAC* 曲线变得平滑，并且成为像图 9-16 中深色的 *LAC* 曲线那样的 U 形。像图 9-16 中的一系列的切点 *r*、*m* 和 *e*，形成了一个更低的短期平均成本曲线的外包络线。因此，长期平均成本被称为“外包络线”（envelope curve）。

当我们选择以短期平均成本曲线的外包络线的形式表示企业的计划范围时，同样的关系也适用于短期和长期总成本：长期总成本曲线通常由所有短期总成本曲线构成（即是相应的短期总成本曲线的外包络线）。现在我们已经建立了短期和长期成本之间的关系，我们可以解释为什么短期成本通常都比长期成本高。

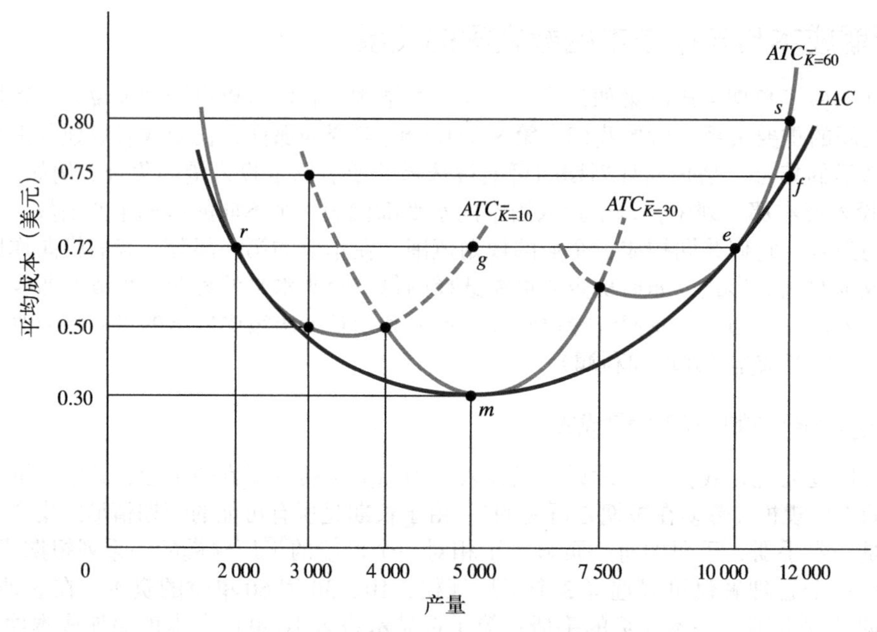

图 9-16　长期平均成本作为计划范围

9.7.2　调整期的短期成本

在长期，管理者可以选择要素任意组合，生产所期望的产量水平。就像我们在本节开始时阐述的那样，任意特定产量水平的最优劳动和资本投入数量，是使长期总生产成本最小的组合。当企业建立了最优工厂规模，并投入了最优劳动，生产期望的或者计划的产量的总成本（和平均成本）在短期和长期是一致的。换而言之，当企业在短期生产的规模（资本要素）最优时，长期和短期成本相同。然而，如果需求或者成本条件发生变化，管理者决定增加或者减少短期产量，那么，目前的工厂规模就不再是最优的了。现在管理者将希望通过调整工厂规模，达到新产量的最优水平来调整短期成本，直到的长期调整的下一个机会出现。

我们可以通过图 9-17 来说明调整短期成本的益处。管理者希望当劳动（w）单位价格为 40 美元，资本（r）单位价格为 60 美元时，生产 10 000 单位产量的总成本最小。正如前面解释的，管理者找到了最优（成本最小）要素组合点 E：$L^*=90$，$K^*=60$。从我们前面的讨论你可以知道，点 E 位于扩张线上，即我们在讨论中所指的"长期"扩张线。

我们可以通过运用短期扩张线的概念，非常容易地说明调整工厂规模（或者资本水平）的益处。**短期扩张线**（short-run expansion path）说明当资本短期固定在 $\bar{K}$ 水平，每个产量水平的成本最小（或者产量最大）的要素组合。为了避免混淆术语，我们必须强调"扩张线"通常只有长期扩张线，为了区分长期扩张线，短期扩张线通常称为短期扩张线。

假设管理者希望生产 10 000 单位产量。从图 9-16 中的规划范围可以看出，管理者决定 60 单位的资本是短期生产的最优工厂。就像前面解释的那样，一旦管理者建立 60 单位资本的生产能力，企业以短期成本结构 $ATC_{\bar{K}=60}$ 生产。这个成本结构对应于图 9-17 中的企业短期扩张线，即通过长期扩张线上点 E 的 60 单位资本水平线。只要企业短期生产 10 000 单位产量，所有企业的要素都向最优化调整，并且长短期成本相同：总成本是 72 000 美元（$=40\times90+60\times60$），平均成本是 0.72 美元（$=7\ 200/10\ 000$）。总之，当企业在短期以长期最优工厂规模生产，ATC 和 LAC 在产量水平点相切。例如，当企业短期生产 10 000 单位，投入 60 单元资本，$ATC_{\bar{K}=60}$ 是 LAC 在点 E 的切线。

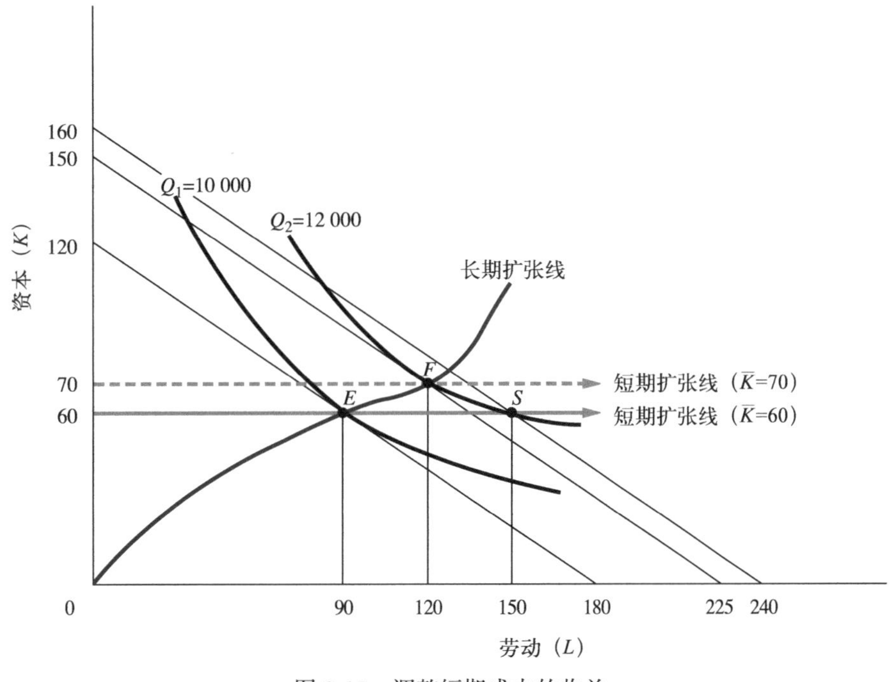

图 9-17　调整短期成本的收益

如果经理决定增加或者减少短期产量，那么短期生产成本将超过长期生产成本，因为要素水平不再是给定长期扩张线上的最优水平。例如，如果管理者短期产量增加到 12 000，那么必须采用图 9-17 上点 S 的要素组合。图 9-17 中，短期生产 12 000 单位产量的总成本是 9 600 美元（$=40\times150+60\times60$），平均成本是 0.80 美元（$=9\ 600/12\ 000$）。当然，管理者意识到点 F 对 12 000 产量而言，是一个花费更少的要素组合。这是因为组合 F 位于比 S 低的等成本线上。如图 9-17 所示，实际在要素组合点 F 上，生产 12 000 单位产量的总成本是 9 000 美元（$=40\times120+60\times70$），平均成本是 0.75 美元（$=9\ 000/12\ 000$）。在 10 000 产量以下，短期成本超过长期成本，这是因为60单位资本的工厂规模，对长期扩张线上E点以下的产量来讲太大了。

只要企业工厂继续生产12 000单位产品，下一个调整工厂规模的机会是管理者将工厂规模增加到70单位资本投入。增加资本到70单位，导致短期扩张线（如图9-17所示的虚水平线）向上移动。通过调整短期函数，管理者降低了生产12 000单位产量的短期总成本600美元（=9 600-9 000）。就像你将在第四部分看到的，企业有时可以通过调整工厂规模中的固定要素，建立一个更低的短期生产运营的成本结构来增加收益——有时可能是减少亏损。

原 理

在长期，由于管理者拥有最大限度的自由，除了固定要素在最优水平上的点之外，长期成本低于任意其他要素组合的短期成本。这样，当调整固定要素的长期机会出现时，企业的短期成本通常可以通过调整固定投入要素到最优水平而降低。

9.8 本章小结

- 在长期生产中，所有的固定投入都会成为变动投入，企业以每种投入的最优化水平运作。当劳动和资本两种投入要素可变时，等产量线是一种重要的分析工具。等产量线是表示在同一产量下可能的要素组合的轨迹。等产量线必须向下倾斜，因为如果增加了劳动的使用量，那么，生产一定产量所需要使用的资本量就会减少。要素的边际技术替代率（$MRTS$）是等产量线的斜率，在产量保持不变，衡量两种投入要素相互替代的比率。边际技术替代率可以通过两种边际产量的比率表示。因为等产量线的斜率为负值，所以其前加了一个负号，以保证$MRTS$为正值：$MRTS=-(\Delta K/\Delta L)=MP_L/MP_K$。（学习目标1）
- 等成本线表示在总支出水平$\overline{C}$和要素价格（w和r）确定的条件下，购买要素的各种组合。等成本线的方程为
$$K=\overline{C}/r-(w/r)L$$
等成本线的斜率等于要素价格比的相反数，即$-w/r$。K的截距是$\overline{C}/r$，表示当所有支出都用来购买资本（即劳动购买量为零）时，可以买到的资本量。（学习目标2）
- 当经理人选择等产量线$\overline{Q}$与等成本线切点处的要素组合，就会实现以最小总成本生产既定产量$\overline{Q}$。因为成本最小的要素组合是等产量线与等成本线的切点，两线斜率相等。通过数学公式，可以把均衡条件表示为
$$MP_L/MP_K=w/r$$
或者
$$MP_L/w=MP_K/r$$
要在花费既定的条件下使产量最大化，经理人必须选择边际技术替代率与要素价格比相等时的要素组合。而这个要素组合需要满足的条件，与上面实现成本最小化的要素条件是完全相同的。（学习目标3）
- 生产扩张线表示了不同产量下投入要素最优（或有效）组合的轨迹。扩张线是由特定的要素价格推导出来的，沿着扩张线，要素的价格比是不变的，且等于边际技术替代率。长期成本曲线由扩张线推导而来。生产某个产量的长期总成本（LTC）就等于最优的劳动L^*和资本K^*使用量和它们价格乘积之和$LTC=wL^*+rC^*$（学习目标4）
- 长期平均成本LAC定义为
$$LAC=LTC/Q$$
衡量的是产出的单位成本。长期边际成本LMC定义为
$$LMC=\Delta LTC/\Delta Q$$
衡量的是增加单位产量所增加的成本。当LAC下降（上升）时，LMC位于LAC下方（上方）。当LAC最小时，LMC与LAC相等。（学习目标5）
- 当长期平均成本LAC减少时，呈现规模经济；当长期平均成本增加时，呈现规模不经济。运作的最小有效规模（MES），是达到长期平均成本最小值所需要的最小产量。当多产品企业

联合生产 X 和 Y 两种产品的总成本小于它们各自生产的成本之和时，出现范围经济，即

$$LTC(X, Y) < LTC(X, 0) + LTC(Y, 0)$$

已经在生产 X 产品的企业，增加生产 Y 产品所需的成本比单独生产 Y 产品的最低成本还低时，即

$$LTC(X, Y) - LTC(X, 0) < LTC(0, Y)$$

当企业生产联产品，或在生产中使用共同要素时，就会形成范围经济。当大规模购买投入要素时，大买家可以通过数量折扣来获得更低的价格，这就是购买经济。当企业购买要素的量是获得数量折扣的最小数量时，在与之相应的产量水平上，企业的 *LAC* 曲线就会向下移动。随着累计产量增加，劳动者通过干中学，而使得生产率更高，学习经济就出现了。学习效应使 *LAC* 曲线下移，直到学习效应带来的所有收益都被挖掘出来。（学习目标 6）

- 长期成本和短期成本之间的关系可以总结为以下几点：① *LAC* 最小时，*LMC* 与之相交；②在某一短期 *ATC* 与 *LAC* 相切对应的产出水平上，相关的 *SMC* 与 *LMC* 相等；③对所有短期 *ATC* 曲线来说，当某短期 *ATC* 与 *LAC* 相切时，如果切点的产量小于（大于）*LAC* 最低点的产量，那么，该切点的产量都小于（大于）该短期 *ATC* 最小值的产量。因为经理人在长期运作中，选择要素上有非常大的灵活性，除了短期固定投入正好处于最优水平的产量外，在其他产量水平上，长期成本都低于短期成本。除非企业正好在长期扩张线和它目前短期扩张线的交点经营外，当长期调整的机会出现时，企业的短期成本，可以通过调整固定投入到它们的最优长期水平，而得到降低。（学习目标 7）

关键词

common or shared input **共同生产** 在达到某个折扣点，大批量要素购买者因数量折扣得到更低的要素价格，进而引起 *LAC* 曲线下移。

constant cost **成本不变** 既没有规模经济，也没有规模不经济，*LAC* 呈水平，并等于 *LMC*。

diseconomy of scale **规模不经济** 当产量增加，长期平均成本增大的区间。

economy of scale **规模经济** 当产量增加，长期平均成本减小的区间。

economy of scope **范围经济** 一起生产两种或更多产品的总成本小于各自生产一种产品的总成本之和。

expansion path **扩张线** 在要素价格不变的条件下，对应于不同产出水平的成本最小点的轨迹。

isocost curve **等成本线** 在总支出和要素价格确定的条件下，可购买要素数量的各种组合。

isoquant **等产量线** 表示能够生产某一产量的所有有效要素可能组合的曲线。

isoquant map **等产量图** 等产量线展示的图。

joint product **联产品** 在很少或者没有附加成本的情况下，在生产 X 产品时，另外一种或多种副产品被生产出来。

learning or experience economy **学习或经验经济** 当累计产量增加时，工人们因干中学变成更有生产效率，进而 *LAC* 曲线下移的结果。

long-run average cost (LAC) **长期平均成本** 长期总成本除总产量（$LAC = LTC/Q$）。

long-run marginal cost (LMC) **长期边际成本** 单位产量变动引起的长期总成本的变化量（$LMC = \Delta TC/\Delta Q$）。

marginal rate of technical substitution(*MRTS*) **边际技术替代率** 等产量线上一种要素被另一种要素替代的比率（$\Delta K/\Delta L$）。

minimum efficient scale (MES) **最小有效规模** 达到长期平均成本最低点的最小产量水平。

multiproduct total cost fumction: $LTC(X, Y)$ **多产品总成本函数** 多产品企业生产 X 单位的一种产品和 Y 单位的另一种产品时的最低总成本。

purchasing economy of scale **购买经济** 大买家在购买时通过数量折扣获得更低的价格，使 *LAC* 曲线向下移动至折扣数量。

short-run expansion path **短期扩张线** 在短期资本投入不变时，表明各种产量水平下成本最低的要素组合的水平线。

specialization and division of labor **专业化和劳动分工** 将生产分割成许多任务，工人从事其中某一专门工作，进而提高劳动效率，降低成本。

概念性习题

1. 下图为产量为 1 000 单位时的等产量线。

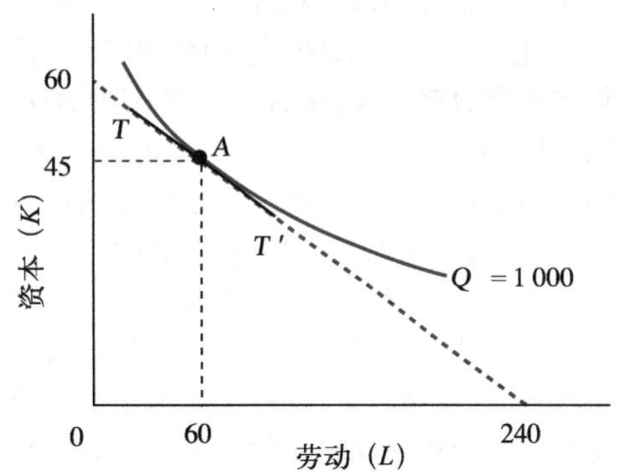

a. 图中 A 点的边际技术替代率为________。

b. 在图中的 A 点，在保持产量为 1 000 的条件下，增加 1 单位的劳动使用量需要________（增加，减少）________单位的资本使用量。

c. 如果第 45 单位资本的边际产量为 80，则第 60 单位劳动的边际产量为________。

2. 已知资本的单位价格为 50 美元。请根据下图的等成本线，回答以下问题。

a. 图中等成本线的表达式为 $\overline{K}$ =________，劳动的单位价格为________美元，该等成本线表示的总成本为________美元。

b. A 点的要素组合为________单位的劳动和________单位的资本。A 点的总成本为________美元。

c. 如 a 和 b 中的要素价格，请构造总成本为 4 500 美元的要素组合。对该等成本线，资本轴的截距为________，劳动轴的截距为________，等成本线的表达式为 $\overline{K}$ = ________。如果劳动的使用量为 40 单位，则在支出为 4 500 美元的条件下，资本的使用量为________单位。

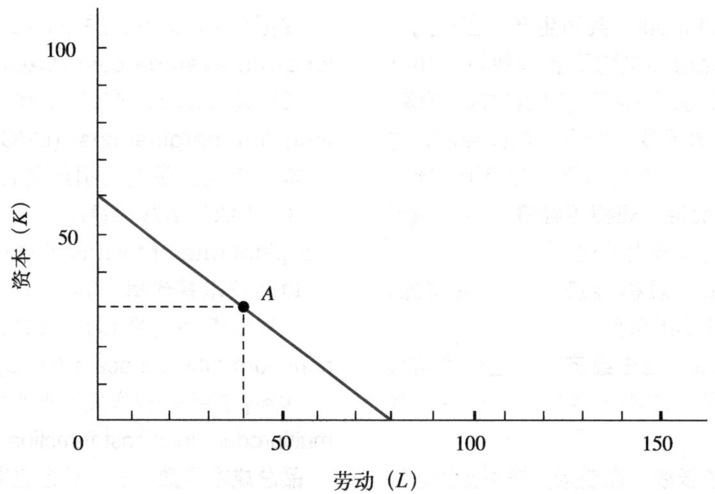

3. 下图中，劳动为每单位 100 美元，预期产量为 2 500 单位。回答以下问题。

a. 在 A 点，$MRTS$________（小于，大于，等于）要素价格比 w/r。使用 A 点的要素投入生产 2 500 单位产量的总成本为________美元。资本的单位价格为________美元。

b. 要素组合从 A 移至 B，需________（减少，增加）劳动使用量，________（减少，增加）资本的使用量。从 A 到 B，________减少，但________不变。B 点的 $MRTS$________（小于，大于，等于）要素价格比 w/r，总成本为________美元。

c. 在 C 点，经理可以使生产 2 500 单位产品的________成本________。$MRTS$________（小于，大于，等于）要素价格比 w/r。

d. 最优要素组合为________单位劳动和________单位资本。生产 2 500 产品的最小总成本为________美元。

e. 要素组合点 E 的总成本为________美元。请解释经理为何不选择 E 点进行生产。

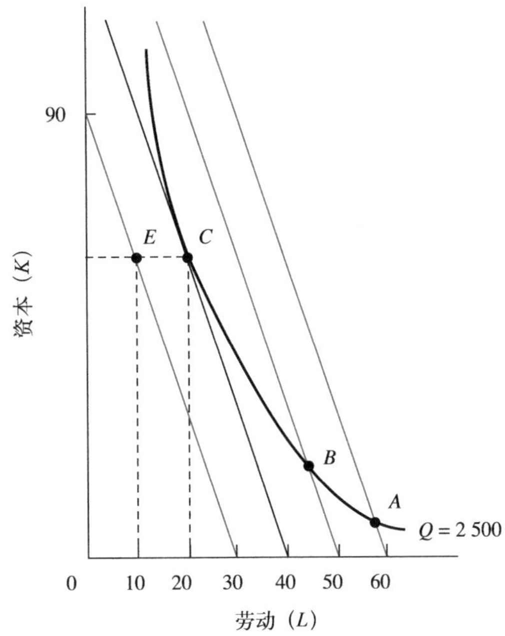

4. 假设某公司目前以 500 个工人和 325 单位资本进行生产。工资率为 25 美元，资本价格为 130 美元。最后一名工人使总产量增加 25 单位，最后一单位资本使总产量增加 65 单位。该公司是否以最优方式进行生产？请说明判断理由。如果生产方式不是最优，应怎样调整。

5. 生产扩张线或者由既定产量下成本最小的点组成，或者由既定成本下产量最大的点组成，这两种情况是等同的。请解释原因。

6. 下图给出了生产扩张线上的 5 个点。劳动的单位价格为 25 美元，资本的单位价格为 100 美元。请根据图中数据完成下表。

Q	L	K	LTC	LAC	LMC
10	____	____	____	____	____
20	____	____	____	____	____
30	____	____	____	____	____
40	____	____	____	____	____
50	____	____	____	____	____

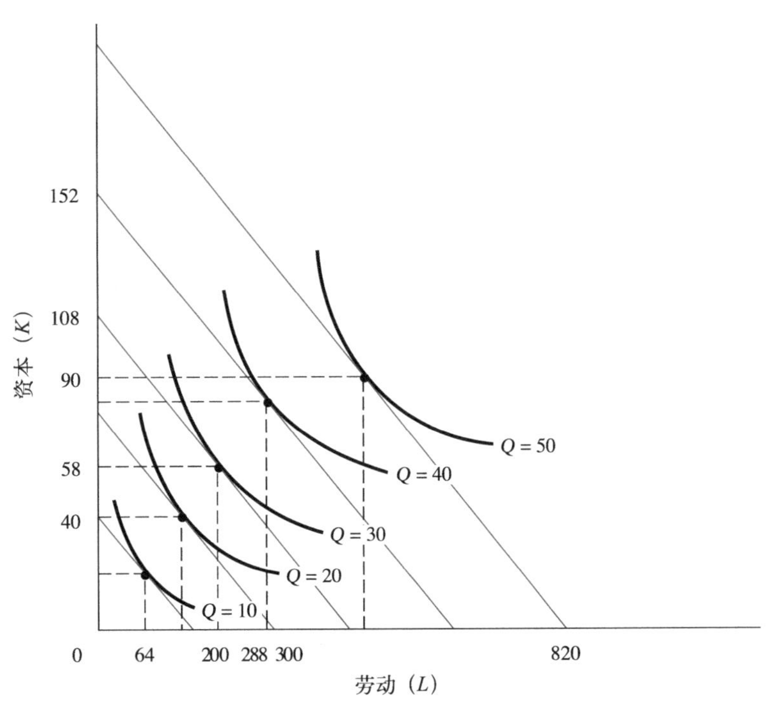

7. 在第 6 题中，产量在________到________时，存在规模经济。产量在________到________时，存在规模不经济。

8. 如图 9-11 处于不变成本的企业，计算以下成本：

a. 在产量为 200 时，长期平均成本是________美元，长期边际成本是________美元，长期总成本是________美元。

b. 在产量为 500 时，长期平均成本是________美元，长期边际成本是________美元，长期总成本是________美元。

c. 在何种生产情况下企业可以处于图 9-12 所示的长期成本不变？

9. 在第 6 题中，最小有效规模（*MES*）是________单位。*MES* 是长期生产中利润最大化的产量水平吗？

10. 一个企业计划生产两种产品：*X* 和 *Y*。当该企业使用 *L* 和 *K* 两种要素时，部分多产品扩张线的数据如下表：

多产品扩张线				多产品总成本
L	*K*	*X*	*Y*	*LTC*(*X*, *Y*)
0	0	0	0	0
1	6	4	0	
2	11	8	0	
1	10	0	6	
2	25	0	12	
1	12	4	6	
2	32	8	12	

a. 如果 *L* 和 *K* 的要素价格分别是 40 美元和 80 美元，通过计算 *LTC* (*X*, *Y*) 损失的值，建立多产品成本函数。

b. 如果企业计划在长期生产 4 单位 *X* 和 6 单位 *Y*，这个企业会产生范围经济吗？请解释。

c. 如果企业计划在长期生产 8 单位 *X* 和 12 单位 *Y*，这个企业会产生范围经济吗？请解释。

d. 对一个已经在生产 4 单位 *X* 的企业来说，增加 6 单位 *Y* 的边际成本是________，________(高于、低于、等于) 一个单产品企业生产 6 单位 *Y* 所需要的成本________。因此，生产 4 单位 *X* 和 6 单位 *Y* 时范围经济________(存在、不存在)。

e. 对一个已经在生产 12 单位 *Y* 的企业来说，增加 8 单位 *X* 的边际成本是________，________(高于、低于、等于) 一个单产品企业生产 8 单位 *X* 所需要的成本________。因此，生产 8 单位 *X* 和 12 单位 *Y* 时范围经济________(存在、不存在)。

11. 用图 9-16 回答下面的问题。

a. 如果企业用 10 单位资本生产 5 000 单位产量，平均成本是________美元，总成本是________美元。

b. 如果企业用 30 单位资本生产 5 000 单位产量，平均成本是________美元，总成本是________美元。

c. 在长期计划范围，管理者应该选择哪一个工厂规模生产 5 000 单位的产量？为什么？

12. 下图是长期和短期扩张线。继续假设劳动的单位价格是 40 美元，资本的单位价格是 60 美元。管理者正在 60 单位资本的短期生产经营中。假设管理者希望生产 8 000 单位产量。

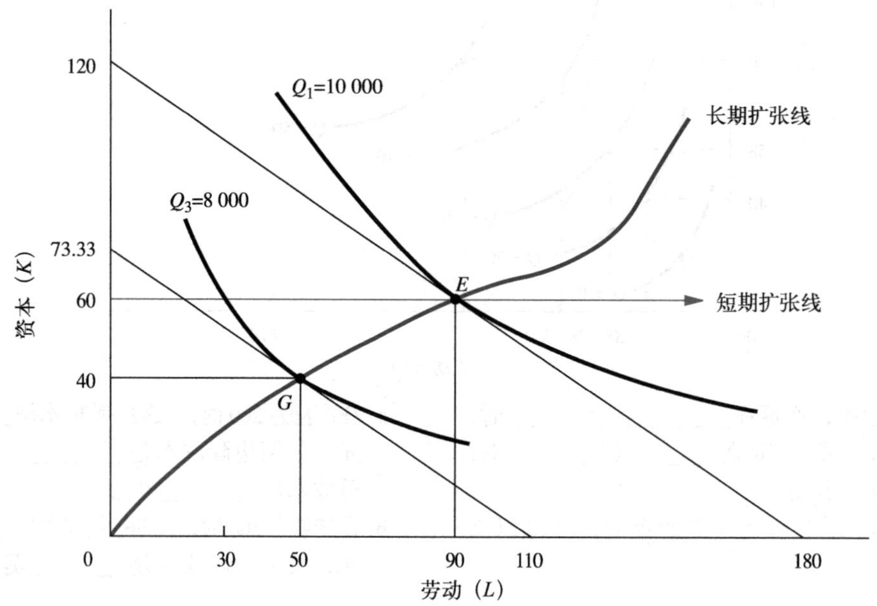

a. 在短期，成本最小的要素组合是________单位劳动和________单位资本。

b. 生产 8 000 单位产品的短期总成本是________美元，平均成本（ATC）是每单位________美元。

c. 如果计划长期继续生产 8 000 单位产品，管理者将会通过投入________单位劳动和________资本来降低产量 8 000 单位的总成本________美元。

d. 一旦 c 部分的长期调整完成后，建立新的短期扩张线。

概念性习题答案

1. a. 1/4
   b. 减少；1/4
   c. 20
2. a. $K=60-3/4L$；37.50 美元；3 000 美元
   b. 40；30；3 000 美元；$60-3/(4\times 40)=30$
   c. 90；120；$K=90-3/4L$；60
3. a. 小于；6 000 美元；33.33 美元
   b. 减少；增加；总成本；产量；小于；5 000 美元
   c. 总；最小化；等于
   d. 20；60；4 000 美元
   e. 3 000 美元。尽管 E 点的成本小于 C 点，但 E 点不能生产 2 500 单位产品。
4. 因 MP_L/w（25/25=1）大于 MP_K/r（65/130=1/2），所以管理人员使用了较多的资本和较少的劳动。要使生产最优，则需减少资本并增加劳动直至 $MP_K/r<MP_L/w$。
5. 无论是成本最小还是产量最大，最优要素组合都必须满足同样的条件，即 $MRTS=w/r$，或者说等产量线的斜率必须等于等成本线的斜率。既然生产扩张线由等成本线与等产量线的切点组成，所以等成本线上的点既是给定产量成本最小的点，又是给定成本产量最大的点。生产优化组合与管理人员的目的无关。
6.

Q	L	K	LTC	LAC	LMC
10	64	24	4 000	400	400
20	140	40	7 500	375	350
30	200	58	10 800	360	330
40	288	80	15 200	380	440
50	460	90	20 500	410	530

7. 0；30；30；50
8. a. 20 美元，20 美元，4 000 美元 ($=20\times 200$)
   b. 20 美元，20 美元，10 000 美元 ($=20\times 500$)
   c. 当生产规模报酬不变，企业处于不变成本。
9. $MES=30$ 单位，因为这是企业达到 LAC 最小值（=360 美元）时的最小产量。在这个例子中，只有一个产量与最小 LAC 相关。正如我们在讨论 MES 时说过的，生产 MES 产量水平（这个例子中是 3 单位）可能会达到利润最大化也可能不会达到。我们在第 11 章中会讲到，只有在特殊情况下，MES 产量水平才可能达到利润最大化。
10. a. $LTC(4,0)=520$ 美元 ($=1\times 40+6\times 80$)；
    $LTC(8,0)=960$ 美元 ($=2\times 40+11\times 80$)；
    $LTC(0,6)=840$ 美元 ($=1\times 40+10\times 80$)；
    $LTC(0,12)=2\ 080$ 美元 ($=2\times 40+25\times 80$)；
    $LTC(4,6)=1\ 000$ 美元 ($=1\times 40+12\times 80$)；
    $LTC(8,12)=2\ 640$ 美元 ($=2\times 40+32\times 80$)。
    b. 是。$LTC(4,6)=1\ 000$ 美元 $<1\ 360$ 美元 $=LTC(4,0)+LTC(0,6)$。
    c. 是。$LTC(8,12)=2\ 640$ 美元 $<3\ 040$ 美元 $=LTC(8,0)+LTC(0,12)$。
    d. 480 美元 [$=1\ 000-520=LTC(4,6)-LTC(4,0)$]；少于；840 美元；存在。
    e. 560 美元 [$=2\ 640-2\ 080=LTC(8,12)-LTC(0,12)$]；少于；960 美元；存在。
11. a. 0.72 美元；3 600 美元 $=0.72\times 5\ 000$
    b. 0.30 美元；1 500 美元 $=0.30\times 1\ 500$
    c. 应该选择 30 单位资本的工厂，因为这个工厂规模允许企业在其长期扩张线上经营，生产 5 000 单位总成本最小。
12. 见下图。
    a. 30；60。在图中点 H 是短期生产 8 000 单位的成本最低点。注意：你的答案中 L^* 可能跟 30 略有不同，但是 K^* 一定是 60。
    b. 4 800 美元 $=40\times 30+60\times 60$；0.60 美元 $=4\ 800/8\ 000$

c. 400 美元，是短期与长期总成本的差（LTC = 4 400 美元 = 40 × 50 + 60 × 40）；50；40

d. 因为新资本水平固定在 40 单位，新的短期扩张线在上下图 K = 40 的水平线以上。

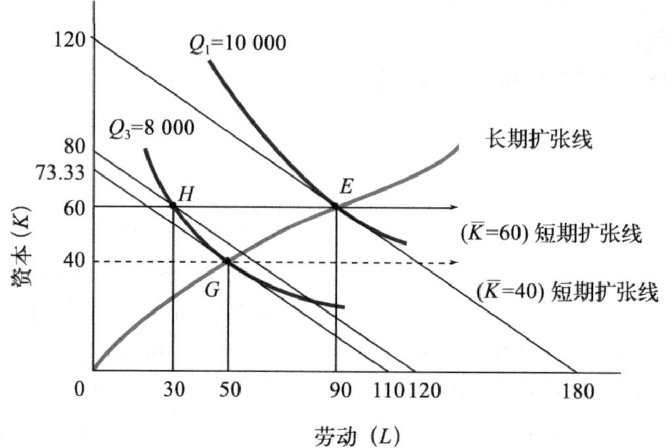

应用性习题

1. BlueStar 是一个新成立的商业航空公司。对于航空公司这个季度的高运营成本，一位航空运输顾问给 BlueStar 首席执行官的建议如下："你现在没有足够的飞机来提高运营效率。但是，在长期生产的某个时候，你会有机会增加飞机数量，从而在运送相同数量旅客时总成本会减少。"这个建议有道理吗？BlueStar 在长期运营中要如何通过增加飞机数量来降低总成本？ BlueStar 是否需要通过规模经济来使这个顾问的意见变得正确？
2. The Largo Publishing House 使用 400 个印刷工人和 200 台机器印刷图书。一个工人的工资率为 20 美元，一台印刷机的价格为 5 000 美元。最后一个工人可以多印制 20 册图书，最后一台印刷机可以多印制 1 000 册图书。该印刷公司是否以最优方式进行生产？请说明原因。若为否，生产方式应怎样调整？
3. 生产优化理论怎样应用于政府机关或非营利机构，非营利俱乐部怎样才能收取足够的会费正好维持日常经营活动？
4. 尽管已经存在高效的制衣机，MorTex 公司仍以手工缝制服装。工人工资为每天 50 美元，且每增加一个工人，产量每天可多增加 200（即边际产量为常数 200）。在生产线上安装第一台制衣机将使产量增加 1 800。目前该公司一天生产 5 400 单位服装。
   a. 公司财务部门预计每台制衣机每天的费用为 600 美元。若该公司购买一台制衣机并相应地减少一部分工人，是否能降低生产 5 400 单位产品的成本。请说明原因。
   b. 美国纺织工人正在组织一次罢工。如果罢工成功，则劳动成本增加为每天 100 美元。在罢工成功的假设下，将会如何影响 a 问中购买制衣机的决策？请解释原因。
5. 你是 Gamma 公司的一名财务分析人员。该公司正在考虑收购 Beta 公司，一家小的经营状况不好的制造业公司。你认为新的管理层能够降低生产成本从而使利润达到一个不错的水平。以下 Beta 公司的生产数据是你为说服本公司的 CEO 而收集的：

   $MP_L = 10$　　$P_L = 20$ 美元

   $MP_K = 15$　　$P_K = 15$ 美元

   请解释这些数据怎样说明生产方式不是最优，B 公司新的管理层应怎样提高生产效率。
6. 我们经常听到商业人士使用下述字眼。请指出它们相应的经济学含义。
   a. 分摊管理费用。
   b. 生产的盈亏平衡点。
   c. 批量生产的效率。
7. 某行业的生产工程师画出的生产扩张线如下图。劳动的单位价格为 100 美元。
   a. 资本的单位价格为多少？

b. 如果公司的经理决定产量为 180，则若要成本最小应分别使用多少单位的劳动和资本。

c. 在长期生产 120、180 和 240 单位产品的总成本分别为多少？

d. 该公司的初始生产规模（以购买的资本量）设计产量为 180 单位。假设短期内资本量固定。如果经理决定增大产量至 240 单位。则资本和劳动的使用量分别为多少？（提示：考虑短期内在资本固定时怎样才能增大产量）

e. 在 d 问的情况下，计算在短期经营中的平均变动成本、平均固定成本、平均成本。

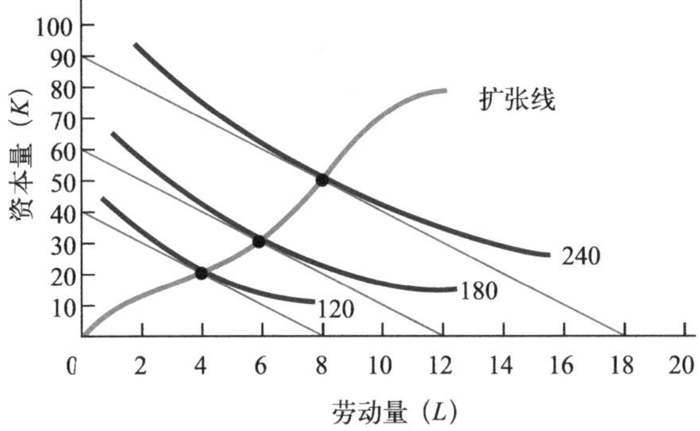

8. 面包房一般会为本地的食品店提供多种食品（面包、面圈、小松饼、蛋糕等）。在烤制食品行业存在着很大程度的规模经济，即对于面包房来说集中生产一种产品更具成本优势。然而食品店却偏好从面包房购买系列产品。那么，经理怎样组织生产，才能在生产和营销中更有效地利用食品烤制业的规模经济和范围经济的优势。

9. The Qwik Serve Walk-in 诊所一般有 3 名医生和 8 名护士为急诊病人提供 24 小时的医疗服务。诊所最近雇用了一名效率专家考察诊所的经营状况，并就如何降低成本这一问题向其咨询。专家指出，对于诊所的一些日常工作，有经验的护士可以在一定程度上代替医生，只需医生监督这些工作即可。由于医生接受过高等职业技术训练，他们的边际产量高于护士，该诊所的所长对专家雇用更多的护士代替医生的建议十分不解。在什么情况下，医院雇用较多的护士和较少的医生在经济上更有效（已知 $MP_{医生} > MP_{护士}$）？请说明原因。

10. Ross Perol 曾经极有远见地指出，北美自由贸易协定的通过，不会使美国的企业家雇用更多的墨西哥工人。事实也证明，尽管墨西哥的劳动成本很低，许多美国公司并未在墨西哥投资。请解释即使某些国家的劳动成本很低，选择这些国家投资在经济上也不一定最优的原因。

11. 在刹车修理和消声器修理过程中，需要许多工具和其他资本设备，这些可以被归类为共同生产要素。

a. 在消声器和刹车修理中，这些共同生产要素都有什么？

b. 刹车修理和消声器修理属于联产品吗？为什么是或不是？

只提供消声器维修服务的公司必须在刹车和消声器修理的共同生产要素上花费 90 万美元。消声器修理的边际成本是 50 美元。一个专门从事消声器修理的公司的长期总成本函数是

$$LTC(Q_M) = 900\,000 + 50Q_M$$

只提供刹车维修服务的公司，也必须花费 90 万美元用于刹车和消声器修理的共同生产要素。刹车修理的边际成本为 60 美元。一个专门从事刹车修理的公司的长期总成本函数是

$$LTC(Q_B) = 900\,000 + 60Q_B$$

只做消声器修理工作或只做刹车修理工作的公司花费 25 000 美元培训他们的工人做新的维修工作，并支付初步的广告费，用来通知消费者他们提供的新服务，就可以延伸他们的服务线，包括另一种类型的维修工作。

c. 写出多产品的长期总成本函数 $LTC(Q_M, Q_B)$ 的数学公式，并给出做 Q_M 消声器维修和做 Q_B 刹车维修的维修点的长期总成本。

d. 一个小公司，All Brakes and Mufflers 公司，计划每年能维修 5 000 个消声器和 4 000 个刹车。使用 c 部分的多产品成本函数，计算出 All Brakes and Mufflers 公司提供这些服务组合的长期总成本。

与 All Brakes and Mufflers 公司在同一条街上的有两个竞争对手，Just Brakes

公司和 Just Mufflers 公司，每家公司都只提供一种修理服务。

e. Just Mufflers 公司计划每年修理 5 000 个消声器。为 Just Mufflers 公司计算出修理 5 000 个消声器的总成本。

f. Just Brakes 公司计划每年修理 4 000 个消声器。为 Just Brakes 公司计算出修理 4 000 个刹车的总成本。

g. 在刹车和消声器修理服务中，你发现范围经济的证据了吗？用你在 d、e 和 f 部分的答案来给出解释。

h. 在 g 部分你发现的刹车和消声器修理市场的竞争性质有何意义？单产品公司如 Just Brakes 或 Just Mufflers 公司，有时在与多产品（同时提供刹车和消声器维修）竞争对手竞争时能够获胜，你怎么解释这一事实？

附录 9A 两种变动投入生产和成本函数关系的推导

9A.1 成本最小化

设两种投入要素的生产函数为

$$Q=f(L, K) \tag{9A-1}$$

两种投入的边际产量为 Q 对它们的偏导：

$$MP_L=\partial Q/\partial L \text{ 和 } MP_K=\partial Q/\partial K$$

首先，我们假设等产量线的斜率（绝对值）等于要素的边际产量比。生产函数取全微分：

$$\mathrm{d}Q=\frac{\partial f}{\partial L}\mathrm{d}L+\frac{\partial f}{\partial K}\mathrm{d}K=MP_L\mathrm{d}L+MP_K\mathrm{d}K$$

沿等产量线 $\mathrm{d}L$，$\mathrm{d}K$ 取值必须使 $\mathrm{d}Q=0$，则上式可变为

$$MP_L\mathrm{d}L+MP_K\mathrm{d}K=0$$
$$MP_K\mathrm{d}K=-MP_L\mathrm{d}L$$
$$MRTS\equiv-\mathrm{d}K/\mathrm{d}L=MP_L/MP_K$$

现在假设经理计划产量为一特定水平 $\overline{Q}$。问题是怎样选择 L 和 K 从而使生产 $\overline{Q}$ 的长期成本最小。给定 L 和 K 的价格为 w、r，则长期总成本为 $C=wL+rK$。有约束条件的最小化问题等同于下面的拉格朗日函数最小化。

$$\mathscr{L}=wL+rK+\lambda[\overline{Q}-f(L, K)]$$

上式中 λ 是拉格朗日乘数。拉格朗日函数是三个变量 L、K 和 λ 的函数，最小化要求下面方程组的一阶必要条件成立：

$$\frac{\partial\mathscr{L}}{\partial L}=w-\frac{\partial Q}{\partial L}=0 \tag{9A-2a}$$

$$\frac{\partial\mathscr{L}}{\partial K}=r-\frac{\partial Q}{\partial K}=0 \tag{9A-2b}$$

$$\frac{\partial\mathscr{L}}{\partial\lambda}=\overline{Q}-f(L, K)=0 \tag{9A-2c}$$

联立式（9A-2a）和式（9A-2b），则是产量为 $\overline{Q}$ 的成本最小化问题的必要条件为

$$\frac{w}{r}=\frac{\partial Q/\partial L}{\partial Q/\partial K}=\frac{MP_L}{MP_K}=MRTS \text{ 或 } \frac{MP_L}{w}=\frac{MP_K}{r} \tag{9A-3}$$

上式表明最小化问题的必要条件是等成本线的斜率等于等产量线的斜率，这就是本章中所说相切的情况，因此，条件式（9A-2a）和式（9A-2b）要求经理必须选择生产扩张线上的要素组合。换句话说，最小化的条件要求花费在每种要素上的每美元的边际产量相等。最后，为确保产量达到 $\overline{Q}$，要素组合点还应位于 $\overline{Q}$ 的等产量线上。必要条件式（9A-2c）说明了这一点。

9A.2 投入都可变时的产量最大化问题

现在某一既定成本下 C 的产量最大时选择 L、K。解有约束条件的拉格朗日函数

$$\mathscr{L}=f(L, K)+\lambda(C-wL-rK) \tag{9A-4}$$

拉格朗日方程最大化要求对 L、K、λ 的一阶偏导同时为 0：

$$\frac{\partial\mathscr{L}}{\partial L}=\frac{\partial Q}{\partial L}-\lambda w=0 \tag{9A-4a}$$

$$\frac{\partial\mathscr{L}}{\partial K}=\frac{\partial Q}{\partial K}-\lambda r=0 \tag{9A-4b}$$

$$\frac{\partial\mathscr{L}}{\partial\lambda}=\overline{C}-wL-rK=0 \tag{9A-4c}$$

联立式（9A-4a）和式（9A-4b），则既定成本下的产量最大化问题的必要条件等同于式（9A-3），即既定产量下的成本最小化问题。

因此，正如我们在本章中已经所讲，成本最小化问题和产量最大问题都要求经理选择等成本线与等产量线切点处的要素组合。因为找到 L 和 K 最优化组合的这两种方法，都会导致相同的扩展线，所以数学家们认为在成本和生产理论中存在对偶性。

9A.3 生产扩张线和最优要素使用量函数

从本章正文可知生产扩张线是边际技术替代率（常数）等于要素价格比时 L 和 K 的组合

点的集合。因此，生产扩张线可表示为

$$K^* = K^*(L^*;\ w, r) \tag{9A-5}$$

在要素价格给定为 w，r 的情况下，K^*，L^* 为最优的要素投入量。根据等式（9A-3）用 L^*，w 和 r 表示 K^* 可得到式（9A-5）。对式（9A-5）中的每个 L^*，有唯一的 K^* 与之对应。

从扩张线的表达式来看，在要素价格不变的情况下，将要素的最优使用量表示为产量的函数为

$$L^* = L^*(\overline{Q};\ w, r) \tag{9A-6a}$$

$$K^* = K^*(\overline{Q};\ w, r) \tag{9A-6b}$$

要推导最优要素使用函数可以根据成本最小化的一阶必要条件求出 L^*、K^* 的值代入式（9A-2c）:

$$\overline{Q} - f(L^*, K^*) = 0 \tag{9A-7}$$

将扩张线的表达式（9A-5）代入上式，用 $\overline{Q}$、w、r 表示 L^* 可得到 $L^*(\overline{Q};\ w, r)$，然后将 $L^*(\overline{Q}, w, r)$ 代入式（9A-5），可得到 $K^*(\overline{Q}, w, r)$。最优要素使用函数可用来推导长期成本函数。稍后，我们将以 $Q = AL^aK^{1-a}$ 为例演示推导过程。

9A.4　$Q = AL^aK^{1-a}$ 的扩张线和长期成本

设生产函数为 $Q = AL^aK^{1-a}$，$0 < a < 1$。则要素的边际产量为

$$MP_L = \frac{\partial Q}{\partial L} = aAL^{a-1}K^{1-a} \tag{9A-8a}$$

$$MP_K = \frac{\partial Q}{\partial K} = (1-a)AL^aK^{-a} \tag{9A-8b}$$

$MRTS$ 是边际产量比：

$$MRTS = \frac{MP_L}{MP_K} = \frac{aAL^{a-1}K^{1-a}}{(1-a)AL^aK^{-a}} = \frac{a}{(1-a)}\frac{K}{L} \tag{9A-9}$$

既然 $MRTS$ 为资本－劳动比 (K/L) 的函数，则在 $K-L$ 的线性空间，从起点开始 $MRTS$ 恒为常数。因此扩张线为线性函数（为什么？）。在投入价格为 w 和 r 的情况下，扩张线根据相切的条件可表示为

$$\frac{aK^*}{(1-a)L^*} = \frac{w}{r} \tag{9A-10}$$

扩张线也可表示为

$$K^* = K^*(L^*; w, r) = \frac{w}{r}\frac{(1-a)}{a}L^* \tag{9A-11}$$

从上式可以注意到，扩张线是一条从原点出发的直线。则扩张线可表示为 $K^* = mL^*$，$m = w(1-a)/ra > 0$。

现在我们来推导最优投入函数。对 L^*，将式（9A-14）代入式（9A-2c)，则：

$$\overline{Q} - f(L^*, K^*) = \overline{Q} - A(L^*)^a\left(\frac{w}{r}\frac{1-a}{a}L^*\right)^{1-a} = 0 \tag{9A-12}$$

解得

$$L^* = L^*(\overline{Q}; w, r) = \frac{\overline{Q}}{A}\left[\frac{w(1-a)}{ra}\right]^{-(1-a)} \tag{9A-13}$$

将式（9A-13）代入式（9A-11)，资本的最优投入量为

$$\begin{aligned} K^* = K^*(\overline{Q}; w, r) &= \frac{w}{r}\frac{1-a}{a}\left[\frac{\overline{Q}}{A}\left(\frac{w(1-a)}{ra}\right)^{-(1-a)}\right] \\ &= \left(\frac{w}{r}\frac{1-a}{a}\right)^{1-(1-a)}\frac{\overline{Q}}{A} \\ &= \left(\frac{w}{r}\frac{1-a}{a}\right)^{a}\frac{\overline{Q}}{A} \end{aligned} \tag{9A-14}$$

最优投入函数式（9A-16）和式（9A-17）都是单值函数，即对任意 Q，存在唯一的 L^* 和 K^* 与其对应。则长期成本函数为

$$\begin{aligned} LTC(Q; w, r) &= wL^* + rK^* \\ &= \frac{Q}{A}w^ar^{1-a}\left[\left(\frac{a}{1-a}\right)^{1-a} + \left(\frac{1-a}{a}\right)^a\right] \end{aligned} \tag{9A-15}$$

$$\begin{aligned} LAC(Q; w, r) &= \frac{LTC}{Q} \\ &= \frac{1}{A}w^ar^{1-a}\left[\left(\frac{a}{1-a}\right)^{1-a} + \left(\frac{1-a}{a}\right)^a\right] \end{aligned} \tag{9A-16}$$

$$\begin{aligned} LMC(Q; w, r) &= \frac{\partial LTC}{\partial Q} \\ &= \frac{1}{A}w^ar^{1-a}\left[\left(\frac{a}{1-a}\right)^{1-a} + \left(\frac{1-a}{a}\right)^a\right] \end{aligned} \tag{9A-17}$$

注意，对此生产函数成本是不变的：LAC、LMC 为常数（即不是 Q 的函数）且相等（$LAC = LMC$）。

数学练习题

1. 生产函数 $Q = AL^aK^b$，$a > 0$，$b > 0$。
   a. 劳动的边际产量 $MP_L =$ ________；
   b. 资本的边际产量 $MP_K =$ ________；
   c. 边际技术替代率 $MRTS =$ ________；

d. 证明此生产函数对应的等产量线为凸的[提示：证明随着 L 增大，$MRTS$ 减小（为什么？）]；

e. 长期生产扩张线的表达式为________。

2. 对第 1 题中的生产函数，设劳动价格为 w，资本价格为 r。

a. 劳动的最优使用函数 L^* =________；

b. 资本的最优使用函数 K^* =________；

c. 求下列长期成本函数的表达式：LTC、LAC 和 LMC；

d. 证明对任意 Q，当 w、r 有一个增大时，LAC 和 LMC 也增大。

3. 某公司的生产函数为 $Q=24L^{0.5}K^{0.5}$。在短期，公司固定资本量为 $\overline{K}=121$，劳动的单位价格为 10 美元，资本的单位价格为 20 美元。

a. 短期生产函数 Q =________；

b. 劳动的边际产量 MP_L =________，证明随着 L 增大，MP_L 减小；

c. 写出短期生产扩张线的方程；

d. 推导短期的 TVC、TFC 和 TC 的函数；

e. 推导 SMC、AVC、ATC、AFC。

4. 对第 3 题中的生产函数。

a. 写出长期生产扩张线的表达式；

b. 推导劳动和资本最优投入的函数式；

c. 推导长期成本函数 LTC、LAC 和 LMC；

d. 画出 LAC 和 LMC 曲线；

e. 生产达到最小有效规模（MES）的产量水平是多少？

第10章
Chapter10

生产和成本的估计

■ 学习目标

学完此章节后，你将可以：

（10.1）建立并解释三次短期生产函数的特点；

（10.2）用回归分析来估计短期生产函数；

（10.3）讨论关于成本量度的两个重要问题：通货膨胀下的数据修正，以及经济（机会）成本的度量；

（10.4）建立并估计三次函数形式的短期成本函数。

经理们使用对生产和成本函数的估计，来做出产量、定价、雇工和投资决策。第 8 章和第 9 章阐明了生产和成本的基本理论。现在我们将给你示范一些用来估计生产和成本函数的统计方法。这里我们关注短期生产函数和短期成本函数的估计。经理们需要用这些函数对企业的定价、产出和雇工做出决策。尽管长期生产和成本函数能帮助经理们做出有关投资于固定资产和设备的长期决策，但本书的绝大多数分析关注的是短期经营决策。应用回归分析来估计短期生产和成本函数，是一件简洁明了的事。然而，用来估计长期生产和成本函数的数据中有很多困难（也需要更复杂的回归方程），经理们通常只用回归分析来估计短期生产和成本函数。

我们将始于示范怎样用回归分析来估计短期生产函数。估计生产函数和相关的产量曲线（比如平均产量和边际产量）的第一步是确定**经验生产函数**（empirical production function，即所要估计方程的确切数学形式）。当我们讨论只有一种投入即劳动可变时，怎样确定一个三次方程来估计短期生产函数。你将看到三次方程具有第 8 章中讨论的理论上的短期生产函数的性质。然后，我们解释怎样估计短期生产函数的参数，并检测统计上的显著性。

在导出经验生产分析的方法之后，我们转向估计短期成本方程。三次方程也被用来估计短期成本函数。经验的成本函数分析，以简要讨论一些关于估计成本函数性质的一般问题开始，比如对通货膨胀做出调整、经济成本的度量。然后我们解释怎样估计第 8 章推导出的各种短期成本函数：平均变动成本（*AVC*）、边际成本（*MC*）和总变动成本（*TVC*）曲线。之后我们说明怎样估计和检验这些成本函数的参数。

我们必须在开始就强调，这里的目的不是教你对函数做出多少真实的估计，而是告诉你怎样使用和解释对生产和成本方程的估计。正如第 4 章所强调的，计算机会做这些涉及估计的枯燥的运算。然而你必须告诉它要估计什么。因此，你必须学会怎样选择特定的最适合于当前目的的函数。

如前所述，本章主要关注短期生产和成本的估计。但是，在本章末尾的附录中我们阐明了用来估计长期生产和成本函数的方法。如果你认为回归分析在短期函数中的应用太简单，你可以用更难的附录来解决长期函数的经验分析。

10.1 短期生产函数的规范

在叙述怎样估计短期生产函数之前，我们首先给长期生产函数确定一个恰当的函数形式。短期生产函数是在保持某些投入水平不变，而从长期生产函数推导出的。一旦固定的投入保持在一个预先确定的水平不变，并且只有一种投入可变，所要估计的生产函数就应该具有第 8 章中阐述的理论特征。

本章我们继续考虑两种可变投入（劳动和资本）的情况。这种生产函数最一般的形式是

$$Q=f(L,\ K)$$

在这种形式下，因为劳动（L）和资本（K）都是可变投入，所以可以看作**长期生产函数**（long-run production function）。在短期，当资本使用水平固定为$\overline{K}$时，**短期生产函数**（short-run production function）的一般形式表达为

$$Q=f(L,\ \overline{K})=g(L)$$

这个生产函数的数学形式，常常被称为生产函数的可估计形式。一般来说，一个函数的可估计形式（不管它是生产函数、成本函数或其他任何类型的函数），是可以用回归分析进行估计的函数形式。一个估计长期或短期生产函数适合的函数形式是**三次生产函数**（cubic production function）：

$$Q=aK^3L^3+bK^2L^2$$

对于这种生产函数形式来说，两种投入都必须为正，才会有产出。如果资本或劳动的投入等于零，就不会有产出。进一步来讲，三次生产函数的等产量线是凸的，因此，正如生产理论所要求的，边际技术替代率是递减的。（本章中所陈述的三次生产函数的所有数学上的性质，可以从本章的附录推导出。）

保持资本为$\overline{K}$单位不变（$K=\overline{K}$），**短期三次生产函数**（short-run cubic production function）是

$$\begin{aligned}Q&=a\overline{K}^3L^3+b\overline{K}^2L^2\\&=AL^3+BL^2\end{aligned}$$

式中，$A=a\overline{K}^3$，$B=b\overline{K}^2$，并且当$\overline{K}$不变时，A 和 B 都是不变的。三次短期生产函数的平均产量和边际产量分别是

$$AP=Q/L=AL^2+BL$$

和

$$MP=\Delta Q/\Delta L=3AL^2+2BL$$

正如附录 10A 所示，由于平均产量和边际产量先增加，达到最大值，然后递减，A 必须为负，B 必须为正。这就要求在以上的生产函数中，$a<0$，$b>0$。附录中也表明超过某一劳动使用水平后，边际产出开始下降，同时开始出现回报递减。这个劳动使用水平为

$$L_m=-B/3A$$

当边际产出等于平均产出，并且平均产出达到最大值时（正如第 8 章所讨论的），[1]

$$L_a=-B/2A$$

A 是负的（$A<0$），B 是正的（$B>0$），因此 L_m 和 L_a 都是正的。这些关系见图 10-1。

注意：当资本固定的水平变动时，$A(=a\overline{K}^3)$ 和 $B(=b\overline{K}^2)$ 的值都会变，三条生产曲线（TP、AP 和 MP）就会移动。[2]同时注意对于三个生产方程中的任何一个，一旦得到 A 和 B 的估计值，另外两个也已估计出来了；也就是说，为得到所有这三个方程，A 和 B 是两个仅有需要估计的参数。

---

[1] 当 AP 到达它的最大值，劳动的投入量 L_a 可以通过代数方法找到。首先，令 $AP=MP$：$AL^2+BL=3AL^2+2BL$ 或者 $0=2AL^2+BL$。解方程得到平均产量最大化时劳动的投入为 $L_a=-B/2A$。

[2] 回忆第 8 章表 8-2 和表 8-4，在给定的列中资本不变。全部边际产量和平均产量表都随资本使用的变化而改变。

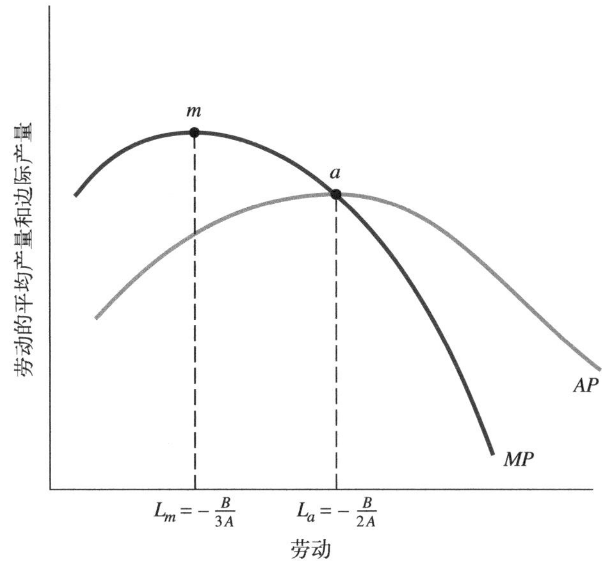

图 10-1　短期三次生产函数 $Q=AL^3+BL^2$ 的边际产量曲线和平均产量曲线

短期三次生产函数显示了第 8 章中讨论过的所有理论特征，表 10-1 对三次短期生产函数进行了总结。

表 10-1　短期三次生产函数小结

	短期三次生产函数		短期三次生产函数
总产量	$Q=AL^3+BL^2$	边际产量	$MP=3AL^2+2BL$
	式中 $A=a\overline{K}^3$	边际报酬递减	开始于 $L_m=-B/3A$
	$B=b\overline{K}^2$	平均产量递减	开始于 $L_a=-B/2A$
平均产量	$AP=AL^2+BL$	参数限制	$A<0$，$B>0$

10.2　短期生产函数的估计

现在我们已经为短期生产函数确定了一个三次形式，现在我们来讨论怎样估计这个生产函数。当资本固定时，只需要用第 4 章所讲的简单的回归分析技术，来估计短期三次生产函数。我们用一个例子来说明估计生产函数的过程。

假设一家小工厂，在资本量固定的情况下使用劳动装配一种产品。劳动量的使用（每天工作小时数）和产出（每天装配产品个数）有 40 个观测值。经理希望估计生产函数和劳动的边际产出。图 10-2 绘出了 40 个观测值的散点图。

散点图表明短期生产函数的三次函数形式是恰当的，因为这些分散的数据点呈 S 形，与第 8 章中阐述的理论上的总产量曲线相似。对于这样一条曲线，斜率先增加，然后递减，表明劳动的边际产量先增加，达到最大值，然后减少。正如第 8 章所述和图 8-3 所示，边际产量和平均产量曲线都呈倒 U 形。

由于在这种情况下，看起来估计三次生产函数形式很恰当，我们定义下面的估计形式：

$$Q=AL^3+BL^2$$

根据第 4 章讨论的程序，为进行估计，我们把三次方程变形为线性形式：

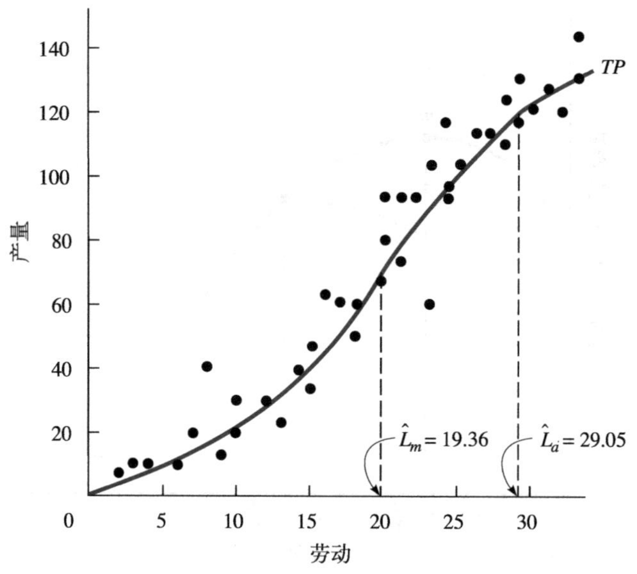

图 10-2　三次生产函数的散点图

$$Q=AX+BW$$

式中，$X=L^3$，$W=L^2$。为正确地估计三次方程，我们必须说明这样一个事实，即三次方程不包括截距项。换句话说，估计的回归线必须通过原点，也就是说当 $L=0$ 时 $Q=0$。**过原点回归**（regression through the origin）仅要求分析人员在计算机程序中规定截距项被“取消”。大多数用来做回归分析的计算机程序，为使用者提供了简单的方法取消回归项。对 40 个产出和劳动用量的观测值，使用回归程序估计三次方程，得到下面的计算机输出。

DEPENDENT VARIABLE: Q		R-SQUARE	F-RATIO	P-VALUE ON F
OBSERVATIONS: 40		0.983 7	1 148.83	0.000 1
	PARAMETER	STANDARD		
VARIABLE	ESTIMATE	ERROR	T-RATIO	P-VALUE
L3	−0.004 7	0.000 6	−7.833	0.000 1
L2	0.273 1	0.018 2	15.005	0.000 1

三次模式的 F 比率和 R^2 相当好。[⊖] 当自由度为 $k-1=1$ 和 $n-k=38$ 时，在 5% 的显著性水平下，F 的临界值是 4.1。估计的$\hat{A}$和$\hat{B}$的 p 值都很小，犯第一类错误得出错误结论的可能性不到 0.01%。从输出中得到如下参数：

$$\hat{A}=-0.004\ 7 \text{ 且 } \hat{B}=0.273\ 1$$

估计的短期三次生产函数是

$$\hat{Q}=-0.004\ 7L^3+0.273\ 1L^2$$

这两个参数的正负，理论上是正确的，即满足$\hat{A}<0$，$\hat{B}>0$。我们必须进行检验看$\hat{A}$是否显著为负，$\hat{B}$是否显著为正。计算出的 t 比可以用来检验统计的显著性：

$$t_{\hat{a}}=-7.83 \quad \text{和} \quad t_{\hat{b}}=15.00$$

两个统计量的绝对值都超过了自由度为 38 显著性水平为 5% 时的临界 t 值（2.021）。因此$\hat{A}$显

⊖ 为了说明起见，本例中假设的数据是有选择的用来符合 S 形的三次方程。在大多数真实应用中，你可能得到小一些的 F 比例、R^2 和 t 检验。

著为负，$\hat{B}$显著为正，两个估计值满足三次生产函数的理论特征。

估计劳动的边际产量是

$$\begin{aligned}\widehat{MP} &= 3\hat{A}L^2 + 2\hat{B}L \\ &= 3(-0.004\ 7)L^2 + 2(0.273\ 1)L \\ &= -0.014\ 1L^2 + 0.546\ 2L\end{aligned}$$

报酬开始递减的劳动使用水平（在 MP_L 达到其最大值后）估计为

$$\hat{L}_m = -\frac{\hat{B}}{3\hat{A}} = -\frac{0.273\ 1}{3\times(-0.004\ 7)} = 19.36$$

注意在图 10-2 中$\hat{L}_m$是总产量不再以递增的比率而开始以递减的比率增加的点。估计劳动的平均产量是

$$\begin{aligned}\widehat{AP} &= \hat{A}L^2 + \hat{B}L \\ &= (-0.004\ 7)L^2 + (0.273\ 1)L\end{aligned}$$

当 $AP = MP$ 时，平均产量达到最大值，这时估计的劳动使用水平为

$$\hat{L}_a = -\frac{\hat{B}}{2\hat{A}} = \frac{0.273\ 1}{2\times(-0.004\ 7)} = 29.05$$

正如所预料的，最大的 AP 出现在比最大的 MP 高的劳动使用水平（见图 10-2）。这个证据表明，在图 10-2 中，对数据点很适合进行生产函数的三次估计，并且具备要求的所有理论特征。

10.3 短期成本估计：有关成本量度的一些问题

回归分析的方法也可以用来估计成本函数。成本取决于产量和生产中使用的要素的价格，这种关系在数学上表达为

$$TC = TC(Q;\ w,\ r)$$

这里我们继续让 w 代表一单位劳动服务的价格，r 代表一单位资本的价格。在叙述估计短期成本函数的程序之前，我们必须讨论衡量生产成本时出现的两个重要的问题——通货膨胀的问题和经济成本的度量问题。

估计短期成本函数时，数据必须要求一种或几种投入的使用水平是固定的。在第 8 章中所采用的两种投入的生产函数的情况下，这种限制可以解释为企业的资本存量固定，而劳动的使用是可变的。在大多数情况下，经理用成本、产出和投入价格观测值的时间序列集，来估计短期成本函数。收集数据的时间期间应该足够短，以此来保证至少一种投入保持不变。比如，一位分析人员可能在企业不改变其基本厂房设备（即资本存量）的两年期间，收集每月的观测值。这样，这位分析人员可以获得关于成本产出和投入价格的 24 组观测值。当使用这种时间序列数据集时，分析人员应该注意对成本和投入价格的数据（以美元计）进行通货膨胀调整，并确保成本数据能度量经济成本。现在我们讨论这两个可能的问题。

10.3.1 通货膨胀下的数据修正

产出以物质单位表示，成本和要素价格以名义美元表示。因此**名义成本数据**（nominal cost data）将包括通货膨胀的影响。也就是说，随时间的改变，即使产出保持不变，通货膨胀也会使得名义的成本上升。这种情况绘于图 10-3 中。正如你在这幅图中所看到的，基于受通货膨胀影响的数据集所做出的估计，显示出成本上升比数据中不存在通货膨胀时更快。为精确地衡量由于产出增加导致的成本的真实增加量，必须消除通货膨胀的影响。

修正通货膨胀的影响，可以通过利用价格紧缩指数，把名义成本**紧缩**（deflating）为不变（或真实）美元数实现。为把名义成本转化为不变美元数，名义成本数据应该被所考察期间的恰当的价格紧缩指数所除。价格紧缩指数可以从由美国商务部经济分析局（www.bea.doc.gov）出版的《当代商业调查》中获取。我们将在这章稍后说明紧缩名义成本数据的处理过程。

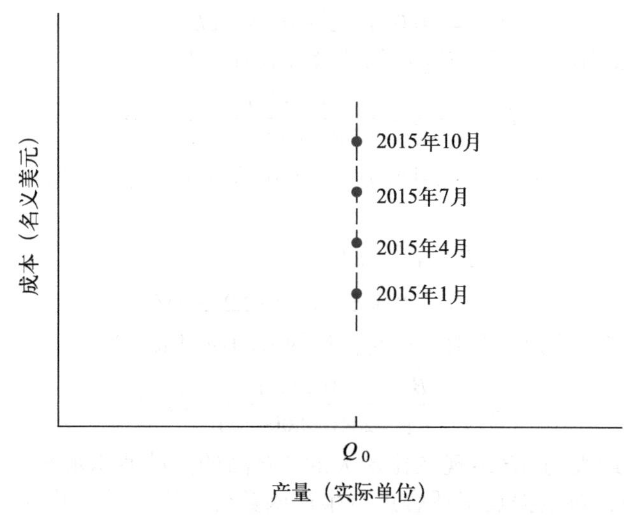

图 10-3　通货膨胀问题

通货膨胀也可以影响要素的价格，但是对于短期成本估计来说这基本不成问题。只要通货膨胀同样地影响所有的要素价格和成本（也就是说所有的要素价格和成本同比例上升），通货膨胀对成本估计的影响，就可以由于紧缩名义成本完全得到修正。例如，如果成本以及劳动和资本的价格有 4% 的增加量，即使投入要素的价格没有包括在成本方程中，把成本紧缩 4% 也会消除通货膨胀的影响。这样，由于时间序列数据集的跨度通常很短，真实的要素价格的变化不会发生或相当小，在短期成本估计中忽略要素的价格就成为一种很普遍的做法。因此，我们着重于怎样调整成本数据中的通货膨胀，而不考虑通货膨胀对要素价格的影响。

10.3.2　经济成本的度量问题

另一个潜在的麻烦问题，来自于成本的会计定义与成本的经济定义之间的差别。在第 1 章和第 8 章中我们强调过，生产中使用资源的成本是使用资源的机会成本。由于会计数据必然是基于支出而定的，机会成本可能在企业的会计记录中没有反映。为说明这个问题，假定一个企业拥有自己的机器。这台设备的机会成本是，如果机器租给另一个企业所能获得的收入。但是这个成本在会计数据中不会反映。

对于两种投入的情况，在给定的产出水平下总成本是

$$C=wL+rK$$

工资率应该反映企业劳动的机会成本，因此用于劳动的支出，wL（包括所有不是作为工资付出的附加报酬）将反映机会成本。问题在于计算企业资本的机会成本。计算资本的成本 r 时，必须反映**资本的使用成本**（user cost of capital）。使用成本不仅包括获取资本的成本，还包括①使用资本而不是出租所放弃的回报；②由于使用资本所产生的折旧费；③与持有这件特定类型的资本品伴随的任何资本利得或损失。同样，资本存量 K 的度量必须反映企业实际持有的存量。尽管这些问题很棘手，但它们不是不能克服的。所要记住的主要事情是，这种机会成本数据可能会与会计数据中报告的成本数字差别很大。

10.4 短期成本函数的估计

如同估计生产函数一样，在使用回归分析对参数进行估计之前，必须指定恰当的成本函数方程的规范。经验成本方程的规范，必须确保方程的数学特征反映第 9 章中叙述的特征和关系。图 10-4 再一次说明了通常假定的总变动成本、平均变动成本和边际成本曲线。

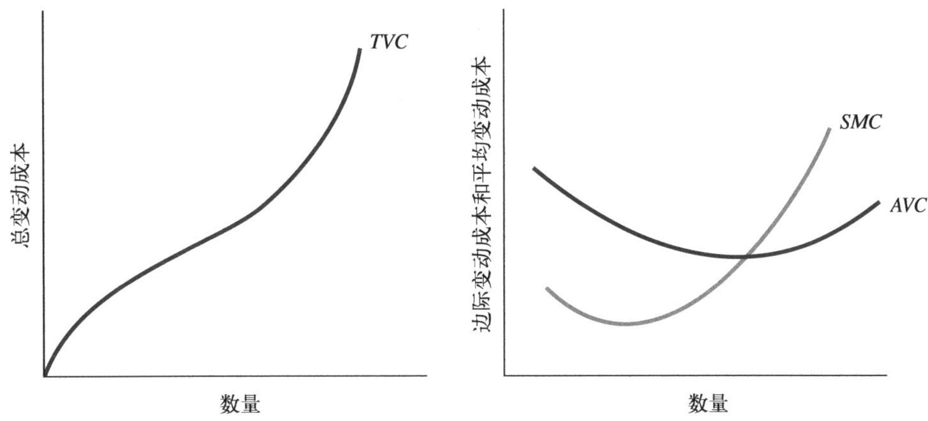

图 10-4 典型的短期成本曲线

10.4.1 典型短期成本估计

由于这三个成本曲线的任何一个的形状决定了其他两个的形状，我们就从平均变动成本曲线出发。因为这条曲线呈 U 形，我们使用二次方程的形式：

$$AVC = a + bQ + cQ^2$$

正如前面所解释的，因为在相当短的时间序列数据集所跨的期间内，要素价格（经过通货膨胀调整后）假定不变，所以要素价格没有包含在成本方程的解释变量中。为使曲线呈 U 形，a 必须为正，b 必须为负，c 必须为正，也就是说 $a>0$，$b<0$，$c>0$。[⊖]

给定平均变动成本的规范，总变动成本和边际成本的规范是显而易见的。由于 $AVC=TVC/Q$，那么：

$$TVC = AVC \times Q = (a + bQ + cQ^2)Q = aQ + bQ^2 + cQ^3$$

注意这个方程是三次规范。这一点符合图 10-4 中 S 形的曲线。

边际成本方程在某种程度上稍难推导一些。但可以看出与以上的方程所联系的边际成本方程是

$$SMC = a + 2bQ + 3cQ^2$$

如果像对于 AVC 一样，要求 $a>0$，$b<0$，$c>0$，则边际成本曲线也呈 U 形。

由于所有的三条成本曲线（TVC、AVC 和 SMC）使用了相同的参数，为获得对三条曲线的估计，只需要估计这些函数中的一个。比如对 AVC 的估计提供了 a、b 和 c 的估计值，然后可以用它们构成边际成本和总变动成本函数。总成本曲线的估计很简单，只要把不变的固定成本加到总变动成本上即可。

至于估计本身，通常用总变动成本或平均变动成本函数的最小二乘法估计就足够了。一旦得到 a、b 和 c 估计值，就必须决定参数估计是否符合假定的正负，统计上是否显著。显著性检验又可以使用 t 检验或 p 值法来实现。

使用总的或平均变动成本函数的估计，我们也可以得到平均成本最小的产出估计。记住当平均变动成本最小时，平均变动成本和边际成本相等。因此我们可以定义最小平均变动成本为当

⊖ 本章附录 10A 推导了三次成本函数的数学特点。

$AVC=SMC$ 时的产出。利用以上的平均变动成本和边际成本的规范，我们可以把这种情况写成：

$$a+bQ+cQ^2=a+2bQ+3cQ^2$$

或者

$$bQ+2cQ^2=0$$

解平均变动成本最小的产出水平 Q 得

$$Q_m=-b/2c$$

表 10-2 总结了总变动成本三次规范的数学特征。

表 10-2

	三次总变动成本函数
总变动成本	$TVC=aQ+bQ^2+cQ^3$
平均变动成本	$AVC=a+bQ+cQ^2$
边际成本	$SMC=a+2bQ+3cQ^2$
AVC 达到最低点	$Q_m=-b/2c$
参数限制	$a>0$，$b<0$，$c>0$

在估计短期成本函数之前，我们想要提出一个潜在的问题。它出现在当平均变动成本的数据集中于平均成本曲线的最低点时，如图 10-5 所示。如果使用如图所示的集中的数据点来估计平均变动成本函数，结果可能是$\hat{a}$为正，$\hat{b}$为负，t 检验法或 p 值将表明在统计上$\hat{a}$并非与零有显著区别，这个结果并不意味着平均成本曲线不是 U 形的。问题在于因为没有更高产出水平的观测值，估计就不能决定平均成本超出那个范围后是否会上升。

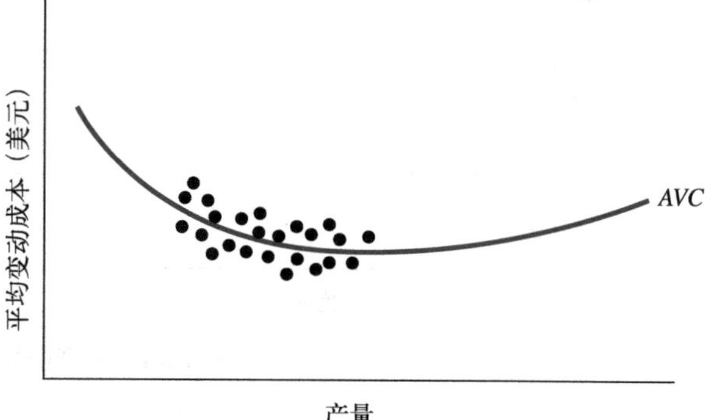

图 10-5　一个可能的数据

10.4.2　例：Rockford 公司的短期成本估计

2014 年 7 月，Rockford 公司的经理决定估计企业的总变动成本、平均变动成本和边际成本函数。从 2012 年第二季度以来 Rockford 公司的资本存量保持不变。经理收集了这一期间内关于成本和产出的季度观测值，结果数据如表 10-3 所示。

表 10-3

季度	产出	平均变动成本（美元）	季度	产出	平均变动成本（美元）
2012（Ⅱ）	300	38.05	2013（Ⅲ）	200	33.51
2012（Ⅲ）	100	39.36	2013（Ⅳ）	350	45.32
2012（Ⅳ）	150	28.68	2014（Ⅰ）	450	39.35
2013（Ⅰ）	250	28.56	2014（Ⅱ）	500	66.81
2013（Ⅱ）	400	48.03			

平均变动成本以名义（即当期）美元计量，成本数据受到通货膨胀影响。在所要估计成本的期间里，成本由于通货膨胀的影响而上升。经理决定通过紧缩名义成本来消除通货膨胀的影响。别忘了这种紧缩，涉及通过用名义成本除以一个恰当的价格指数，从而把名义成本转为不变美元成本。经理使用《当代商业调查》中公布的 GDP 隐性紧缩价格指数（可以在 www.bea.doc.gov 网站上找到）。下面的价格紧缩指数被用来紧缩名义成本数据（见表 10-4）。

表 10-4

季度	价格指数（2009 = 100）	季度	价格指数（2009 = 100）
2012（Ⅱ）	109.16	2013（Ⅲ）	113.12
2012（Ⅲ）	109.73	2013（Ⅳ）	114.03
2012（Ⅳ）	110.60	2014（Ⅰ）	114.95
2013（Ⅰ）	111.54	2014（Ⅱ）	115.89
2013（Ⅱ）	112.22		

为得到 2011 年第二季度生产的 300 件产品的平均变动成本，以不变（2000 年）美元计算，39.58 美元被隐性价格紧缩指数 109.16 除就得到 36.26 美元。

$$36.26 = 39.58/(109.16/100)$$

注意，由于《当代商业调查》中的价格紧缩指数的格式是百分比，所以有必要对隐性价格紧缩指数除以 100。对每个成本数据重复这种计算，经理得到了下面的数据集（见表 10-5）。

表　10-5

季度	产出	紧缩后平均变动成本	季度	产出	紧缩后平均变动成本
2012（Ⅱ）	300	36.26	2013（Ⅲ）	200	31.34
2012（Ⅲ）	100	37.33	2013（Ⅳ）	350	42.24
2012（Ⅳ）	150	27.10	2014（Ⅰ）	450	55.13
2013（Ⅰ）	250	26.89	2014（Ⅱ）	500	61.73
2013（Ⅱ）	400	45.10			

给定这些经过通货膨胀调整后的数据，经理估计了成本函数。前面已经说过，估计三条成本曲线中的任意一条都足以得到另外两条，因为每个成本方程都是相同的三个参数 a、b 和 c 的函数。经理决定估计平均变动成本函数如下：

$$AVC = a + bQ + cQ^2$$

于是方程的估计得到如下输出：

DEPENDENT VARIABLE: AVC		R-SQUARE	F-RATIO	P-VALUE ON F
OBSERVATIONS: 9		0.938 2	45.527	0.000 2
	PARAMETER	STANDARD		
VARIABLE	ESTIMATE	ERROR	T-RATIO	P-VALUE
INTERCEPT	44.473	6.487	6.856	0.000 5
Q	−0.143	0.048 2	−2.967	0.025 4
Q2	0.000 362	0.000 079	4.582	0.003 7

做出估计之后，经理确定估计的系数在正负上满足理论上的要求：$\hat{a}>0$，$\hat{b}<0$，$\hat{c}>0$。为确定这些系数在统计上是否显著，采用 p 值法进行检验，结果表明每个估计的显著性水平都是可接受的（所有的 t 比在比 5% 更好的显著性水平下是显著的）。

因此 Rockford 公司的估计平均变动成本函数是

$$\widehat{AVC} = 44.473 - 0.143Q + 0.000\ 362Q^2$$

它符合图 10-4 中的平均变动成本曲线形状。前面已经强调过，边际成本和总变动成本方程可以根据估计的 AVC 的参数很容易得到，不必做进一步的回归分析。在本例中：

$$\widehat{SMC} = \hat{a} + 2\hat{b}Q + 3\hat{c}Q^2$$
$$= 44.473 - 0.286Q + 0.001\ 1Q^2$$

和

$$\widehat{TVC} = \hat{a}Q + \hat{b}Q^2 + \hat{c}Q^3$$
$$= 44.473Q - 0.143Q^2 + 0.000\ 362Q^3$$

为说明估计成本方程的使用，假定经理希望算出当公司生产 350 件产品时的边际成本、平均变动成本和总变动成本。由估计的边际成本方程，350 件产品的边际成本为

$$SMC = 44.473 - 0.286(350) + 0.001\ 1(350)2 = 44.473 - 100.10 + 134.75 = 79.12 \text{（美元）}$$

这个产出水平上的平均变动成本为

$$AVC = 44.473 - 0.143(350) + 0.000\ 362(350)^2 = 44.473 - 50.05 + 44.345 = 38.77 \text{（美元）}$$

350 件产品的总变动成本为

$$TVC = AVC \times Q = 38.77 \times 350 = 13\ 569 \text{（美元）}$$

当然 350 件产品的总成本是 13 569 美元加上固定成本。

最后，平均成本最小时的产出水平计算如下：

$$Q_m = -b/2c$$

在本例中

$$Q_m = \frac{0.143}{2 \times 0.000\ \ 362} = 197$$

对于 Rockford 公司来说，平均变动成本在产出水平为 197 件时达到最小值，这时

$$\begin{aligned} AVC &= 44.473 - 0.143(197) + 0.000\ 362(197)^2 \\ &= 44.473 - 28.17 + 14.05 \\ &= 30.35 \text{（美元）} \end{aligned}$$

正如你从本例中所看到的，短期成本曲线的估计是对成本理论和回归分析的简单应用。事实上，许多企业都使用回归分析估计他们的生产成本。

10.5 本章小结

- 估计生产函数和相关的产量曲线（如平均产量和边际产量），第一步是确定经验生产函数的形式（即所要估计方程的确切数学表达式）。在一般情况下，有两种变动投入的生产函数是
$$Q = f(L, K)$$
式中，劳动是 L，资本是 K。因为劳动 L 和资本 K 都是可变投入，所以，这种形式的生产函数可以看作长期生产函数。在短期内，当资本使用水平固定为 $\overline{K}$ 时，短期生产函数的一般形式表达为
$$Q = f(L, \overline{K}) = g(L)$$
一个长期或短期生产函数的适合形式是三次生产函数
$$Q = aK^3L^3 + bK^2L^2$$
保持资本为 $\overline{K}$ 单位不变，短期三次生产函数是
$$Q = a\overline{K}^3L^3 + b\overline{K}^2L^2 = AL^3 + BL^2$$
式中，$A = a\overline{K}^3$，$B = b\overline{K}^2$。劳动的平均产量和边际产量分别是
$$AP = Q/L = AL^2 + BL$$
和
$$MP = \Delta Q/\Delta L = 3AL^2 + 2BL$$
当劳动投入超过 L_m 单位后，边际产量开始下降，这个劳动使用水平为
$$L_m = -B/3A$$
而超过 L_a 单位后，平均产量开始下降，这个劳动使用水平为
$$L_a = -B/2A$$
为了满足生产函数必备的特征，这就要求以上的生产函数中，参数满足两个限制：A 必须为负值（$A < 0$），B 必须为正值（$B > 0$）。（学习目标 1）
- 要用线性回归分析来估计三次短期生产函数形式，你必须把三次方程变为线性形式
$$Q = AX + BW$$
式中，$X = L^3$，$W = L^2$。为正确地估计三次方程，估计的回归线必须通过原点。（学习目标 2）
- 在大多数情况下，经理人用成本、产量和投入要素价格的时间序列作为观测值，来估计短期成本函数。通货膨胀对成本数据的影响必须消除。为了调整名义成本数据中的通货膨胀，名义成本数据应该被所考察期间恰当的价格指数所除。由于会计数据必然基于实际支出，不可能包括企业各种投入要素的机会成本，所以，数据收集可能会很复杂。工资率应该反映企业劳动的机会成本，必须包括所有不是作为工资付出的附加福利。资本的使用成本不仅包括获取的成本，还要包括：①使用资本而不是出租所放弃的回报；②由于使用资本所产生的折旧费；③与持有

这种特定类型资本品伴随的任何资本利得或损失。（学习目标 3）

- 一个合适的短期总变动成本函数是三次形式

$$TVC = aQ + bQ^2 + cQ^3$$

平均变动成本函数和边际成本函数分别为

$$AVC = a + bQ + cQ^2$$

和

$$SMC = a + 2bQ + 3cQ^2$$

当 $Q_m = -b/2c$ 时，平均变动成本达到最小值。为了符合成本函数的理论特性，要求函数中的参数必须满足以下限制：$a>0$，$b<0$，$c>0$。因为所有这三个成本曲线（TVC、AVC 和 SMC）都使用相同参数，只需要估计其中任意一个函数，就可以得到所有三条曲线。（学习目标 4）

关键词

cubic production function 三次生产函数 形式为 $Q = aK^3L^3 + bK^2L^2$ 的生产函数。

deflating 紧缩 通过名义成本数据除以某个价格指数来修正通货膨胀的影响。

empirical production function 经验生产函数 要估计的生产函数的数学表达式。

long-run production function 长期生产函数 所有投入要素都可变的生产函数。

nominal cost data 名义成本数据 没有进行通货膨胀修正的数据。

regression through the origin 过原点回归 截距项必须等于零的回归。

short-run cubic production function 短期三次生产函数 形式为 $Q=AL^3+BL^2$ 的生产函数。

short-run production function 短期生产函数 至少一种投入要素固定的生产函数。

user cost of capital 资本的使用成本 企业使用资本的机会成本。

概念性习题

1. 下面的三次方程是一个企业的长期生产函数：

$$Q = -0.002K^3L^3 + 6K^2L^2$$

假定企业使用 10 单位资本。

a. 劳动的总产量、平均产量和边际产量方程是什么？

b. 劳动使用水平位于何处时，劳动的边际产量开始递减？

c. 当使用 10 单位劳动时，计算劳动的边际产量和平均产量。

现在假定企业的资本使用量翻倍，达到 20 单位。

d. 劳动的总产量、平均产量和边际产量方程是什么？

e. 如果资本使用量从 10 增加到 20，劳动的边际产量和平均产量怎样？现在资本的使用量是 20，计算 10 单位劳动的边际产量和平均产量。与 c 问中的答案做比较。资本使用量的增加会如你预期的一样影响边际产量和平均产量吗？

2. 一个企业估计它的三次生产函数为下面的形式：

$$Q = AL^3 + BL^2$$

并得到如下的估计结果：

DEPENDENT VARIABLE: Q		R-SQUARE	F-RATIO	P-VALUE ON F
OBSERVATIONS: 25		0.845 7	126.10	0.000 1
	PARAMETER	STANDARD		
VARIABLE	ESTIMATE	ERROR	T-RATIO	P-VALUE
L3	−0.002	0.000 5	−4.00	0.000 5
L2	0.400	0.080	5.00	0.000 1

a. 估计的总产量函数、平均产量函数和边际产量函数是什么？

b. 参数的正负是否正确？在 1% 的水平下它们是否统计显著？

c. 劳动使用水平位于何处时平均产量达到最大值？

现在回想第 8 章中推导出的如下公式：$AP=Q/L$，$AVC=w/AP$，$SMC=w/MP$。假定劳动的工资率 w 是 200 美元。

d. 平均产量达到最大值时的产量是多少？

e. 在 d 问的产量水平下，平均变动成本和边际成本是什么？

f. 如果劳动使用量是 120，产量是什么？在这个产量水平下，AVC 和 SMC 是什么？

g. 从概念上来讲，你怎样从这一生产函数的估计中推导出相关的成本曲线？

3. 考虑一个短期平均变动成本函数估计的形式：

$$AVC=a+bQ+cQ^2$$

利用时间序列数据，计算机程序得出了如下的输出结果。

DEPENDENT VARIABLE: AVC		R-SQUARE	F-RATIO	P-VALUE ON F
OBSERVATIONS: 15		0.413 5	4.230	0.040 7
	PARAMETER	STANDARD		
VARIABLE	ESTIMATE	ERROR	T-RATIO	P-VALUE
INTERCEPT	30.420 202	6.465 900	4.70	0.000 5
Q	−0.079 952	0.030 780	−2.60	0.023 2
Q2	0.000 088	0.000 032	2.75	0.017 6

a. 参数估计值的正负是否正确？在 5% 的显著性水平下它们在统计上是否显著？

b. 你估计在什么产出水平下，平均变动成本达到最小值？

c. 估计的边际成本曲线是什么？

d. 当产出为 700 单位时，估计的边际成本是什么？

e. 估计的平均变动成本曲线是什么？

f. 当产出为 700 单位时，估计的平均变动成本是什么？

概念性习题答案

1. a. 总产量：$Q=-0.002(10)^3L^3+6(10)^2L^2=-2L^3+600L^2$

令 $A=-2$，$B=600$，

$AP=AL^2+BL=-2L^2+600L$

$MP=3AL^2+2BL=-6L^2+1\ 200L$

b. $L_m=-B/3A=-600/-6=100$ 单位劳动

c. $AP_{10}=-2(10)^2+600(10)=5\ 800$

$MP^{10}=-6(10)^2+1\ 200(10)=11\ 400$

d. 总产量：$Q=-0.002(20)^3L^3+6(20)^2L^2=-16L^3+2\ 400L^2$

令 $A=-16$，$B=2\ 400$，

$AP=-16L^2+2\ 400L$

$MP=-48L^2+4\ 800L$

e. 对于所有的劳动使用水平，边际产量和平均产量递增。如果 $K=20$ 且使用 10 单位劳动

$AP_{10}=-16(10)^2+2\ 400(10)=22\ 400$

$MP_{10}=-48(10)^2+4\ 800(10)=43\ 200$

正如所料，K=20 相对于 K=10 而言，AP_{10} 和 MP_{10} 都较高，$L_m=-B/3A=-2\ 400/48=50$。

2. a. $A=-0.002$，$B=0.40$，

$TP=-0.002L^3+0.40L^2$

$AP=-0.002L^2+0.40L$

$MP=-0.006L^2+0.80L$

b. 是，正负号正确。由于 p 值都小于 0.01，对于 1% 的显著性水平，A 和 B 在统计上都显著。

c. $L_a=-B/2A=-0.40/2(-0.002)=100$ 单位劳动。

d. $Q_{AP\max}=-0.002(100)^3+0.40(100)^2=-2\ 000+4\ 000=2\ 000$（单位）产量。

e. $AP_{L=100}=-0.002(100)^2+0.40(100)=-20+40=20$

$AVC_{Q}=_{2000}=w/AP_{L=100}=200/20=10$（美元）

$MP_{L=100}=-0.006(100)^2+0.80(100)=-60+80=20$

$SMC_{Q=2000}=w/MP_{L=100}=200/20=10$（美元）

f. $TP=-0.002(120)^3+0.40(120)^2=-3\ 456+5\ 760=2\ 304$

$AP_{L=120} = -0.002(120)^2 + 0.40(120) = -28.80 + 48 = 19.20$

$AVC_{Q=2304} = w/AP_{L=120=}200/19.20 = 10.42$（美元）

$MP_{L=120} = -0.006(120)^2 + 0.80(120) = -86.40 + 96 = 9.60$

$SMC_{Q=2304} = w/MP_{L=120=}200/9.60 = 20.83$（美元）

g. 对于所有的产出水平，重复 e 问和 f 问的过程。

3. a. 是，所有的三个系数正负号都正确。由于三个 p 值都小于 0.05，对于 5% 的显著性水平，三个系数在统计上都显著。

b. $Q_m = -b/2c = 0.079\,952/2(0.000\,088) = 454.27$

c. $SMC = a + 2bQ + 3cQ^2 = 30.420\,202 - 0.159\,904Q + 0.000\,264Q^2$

d. $SMC_{700} = 30.420\,202 - 0.159\,904(700) + 0.000\,264(700)^2 = 47.85$（美元）

e. $AVC = a + bQ + cQ^2 = 30.420\,202 - 0.079\,952Q + 0.000\,088Q^2$

f. $AVC_{700} = 30.420\,202 - 0.079\,952(700) + 0.000\,088(700)^2 = 17.57$（美元）

应用性习题

1. 你计划为你的企业估计短期生产函数，你已经收集到关于劳动使用量和产出的如下数据：

劳动用量	产出
3	1
7	2
9	3
11	5
17	8
17	10
20	15
24	18
26	22
28	21
30	23

a. 给定这些数据，三次方程看起来是一个恰当的规范吗？你可以画出散点图来帮助你回答这个问题。

b. 利用计算机和回归分析软件，估计你的企业的短期生产函数。估计的参数符号合适吗？在 5% 显著水平，它们显著吗？

c. 你估计在哪一点边际产量开始下降？

d. 计算当企业雇用 23 个工人时，总产量、平均产量和边际产量的估计值。

e. 当企业雇用 23 个工人，短期成本曲线是上升还是下降？你是怎么知道的？

2. Dimex Fabrication 公司（为一家美国主要的汽车制造商生产金属板零部件的厂商）估计它的长期生产函数是

$$Q = -0.015\,625K^3L^3 + 10K^2L^2$$

式中，Q 是每天生产的零部件数量；K 是在它的生产线上的金属板冲床的数量；L 是 Dimex 公司雇用的钣金工人每天的劳动小时数。Dimex 公司有 8 台金属板冲床正在运转。

a. Dimex 公司的总产量函数、平均产量函数、边际产量函数分别是什么？

b. Dimex 公司的经理预计劳动雇用量超过什么水平，额外劳动的边际产量开始下降？

c. Dimex 公司计划雇用 50 小时劳动，计算总产量、平均产量和边际产量。

3. Argus 公司（一家大型家电制造商）的首席经济顾问，用以下形式的平均变动成本函数估计公司生产吸尘器的短期成本函数：

$$AVC = a + bQ + cQ^2$$

式中，AVC 是每个吸尘器的平均变动成本（美元）；Q 是每月生产的吸尘器个数。每月的总固定成本是 180 000 美元。得到下面的结果。

DEPENDENT VARIABLE: AVC		R-SQUARE	F-RATIO	P-VALUE ON F
OBSERVATIONS: 19		0.736 0	39.428	0.000 1
VARIABLE	PARAMETER ESTIMATE	STANDARD ERROR	T-RATIO	P-VALUE
INTERCEPT	191.93	54.65	3.512	0.002 9
Q	−0.030 5	0.007 89	23.866	0.001 4
Q2	0.000 002 4	0.000 000 98	2.449	0.026 2

a. 估计值$\hat{a}$、$\hat{b}$和$\hat{c}$在 2% 的显著性水平下，统计上是否显著？

b. 结果是否表明平均变动成本曲线为 U 形？你是怎样知道的？

c. 如果公司每月生产 8 000 个吸尘器，估计的平均变动成本是什么？边际成本、总变动成本、总成本呢？

d. 假定公司每月生产 10 000 个吸尘器，回答 c 问同样的问题。

e. 在怎样的产出水平下，平均变动成本达到最小值？最小的平均变动成本是什么？

附录 10A 经验生产函数与成本函数关系推导

10A.1 三次生产函数

在本章中介绍了这样的三次生产函数：

$$Q = aK^3L^3 + bK^2L^2$$

这个函数形式最适于在短期而不是长期情况下的应用。当资本固定时（$K=\overline{K}$），短期三次生产函数为

$$Q = a\overline{K}^3L^3 + b\overline{K}^2L^2 = AL^3 + BL^2$$

式中，$A = a\overline{K}^3$，$B = b\overline{K}^2$。附录的这部分介绍了短期三次生产函数的数学特征。

10A.1.1 投入的使用量

为生产产品，需要投入的劳动量为 0：

$$Q(0) = A(0)^3 + B(0)^2 = 0$$

10A.1.2 边际产量

劳动的边际产量函数是

$$\frac{dQ}{dL} = Q_L = 3AL^2 + 2BL$$

边际产量的斜率是

$$\frac{d^2Q}{dL^2} = Q_{LL} = 6AL + 2B$$

为使劳动的边际产量先上升，然后下降，Q_{LL} 必须先为正，然后为负。如果 A 为负，B 为正，Q_{LL} 就会随劳动使用的增加先为正，后为负。这些就是短期三次生产函数仅有的限制：

$$A<0 \quad 和 \quad B>0$$

劳动的边际产量在劳动使用量为 L_m 单位时，达到最大值，当 $Q_{LL}=0$ 时出现这种情况。令 $Q_{LL}=0$，解 L_m 得

$$L_m = -B/3A$$

10A.1.3 平均产量

劳动的平均产量函数是

$$AP = \frac{Q}{L} = AL^2 + BL$$

平均产量在劳动使用量为 L_a 单位时达到最大值。当 $dAP/dL = 2AL + B = 0$ 时，出现这种情况，解 L_a 得

$$L_a = \frac{B}{2A}$$

10A.2 三次成本函数

三次成本函数

$$TVC = aQ + bQ^2 + cQ^3$$

可以得到第 9 章中提出的典型的 U 形平均成本曲线和边际成本曲线。由于 $AVC = TVC/Q$，

$$AVC = a + bQ + cQ^2$$

平均变动成本函数的斜率是

$$\frac{dAVC}{dQ} = b + 2cQ$$

当 $dAVC/dQ = 0$ 时，平均变动成本达到最小值。当 $Q = -b/2c$ 时，出现这种情况。为保证达到最小值，二阶导数：

$$\frac{d^2AVC}{dQ^2} = 2c$$

必须为正，这就要求 c 为正。

当 $Q=0$ 时，$AVC=a$ 必须为正。为使平均变动成本曲线有向下倾斜区域，b 必须为负。因此，短期三次成本函数的参数限制是

$$a>0,\ b<0,\ c>0$$

边际成本函数是

$$SMC = \frac{dTVC}{dQ} = a + 2bQ + 3cQ^2$$

10A.3 柯布－道格拉斯生产函数

在第 10 章中，我们使用三次规范估计生产函数。在这个附录中，我们告诉你另外一种在管理经济学中广泛应用的生产函数的非线性规范。我们将描述短期和长期的柯布－道格拉斯生产函数的数学特征，并解释怎样用回归分析法估计参数。为帮你区别柯布－道格拉斯形式和三次形式，我们将使用希腊字母代表柯

布－道格拉斯函数的参数。

10A.3.1　长期柯布－道格拉斯生产函数：

$$Q=\gamma K^{\alpha}L^{\beta}$$

1. 投入的使用量

为生产产品，两种投入都是必需的：

$$Q(0,L)=\gamma 0^{\alpha}L^{\beta}=Q(K,0)=\gamma K^{\alpha}0^{\beta}=0$$

2. 边际产量

资本和劳动的边际产量函数是

$$\frac{\partial Q}{\partial K}=Q_K=\alpha\gamma K^{\alpha-1}L^{\beta}=\alpha\frac{Q}{K}$$

和

$$\frac{\partial Q}{\partial L}=Q_L=\beta\gamma K^{\alpha}L^{\beta-1}=\beta\frac{Q}{L}$$

为使边际产量为正，a 和 b 必须为正。二阶导数：

$$\frac{\partial^2 Q}{\partial K^2}=Q_{KK}=\alpha(\alpha-1)\gamma K^{\alpha-2}L^{\beta}$$

和

$$\frac{\partial^2 Q}{\partial L^2}=Q_{LL}=\beta(\beta-1)\gamma K^{\alpha}L^{\beta-2}$$

表明，要使边际产量递减（即 Q_{KK} 和 $Q_{LL}<0$），α 和 β 必须小于 1。

3. 边际技术替代率

从第 9 章中我们知道，L 对 K 的 $MRTS$ 是 Q_L/Q_K。对于柯布－道格拉斯函数，

$$MRTS=\frac{Q_L}{Q_K}=\frac{\beta}{\alpha}\frac{K}{L}$$

首先注意 $MRTS$ 不随产量变化，

$$\frac{\partial MRTS}{\partial Q}=0$$

因此，柯布－道格拉斯生产函数是齐次的——生产函数有线性的扩张线，产出水平的变化对投入比例无影响。而且 $MRTS$ 表明柯布－道格拉斯生产函数具有等产量线为凸的特征。对 $MRTS$ 求关于 L 的导数：

$$\frac{\partial MRTS}{\partial L}=-\frac{\beta}{\alpha}\frac{K}{L^2}$$

因此 $MRTS$ 随资本为劳动所替代而递减，即等产量线为凸。

4. 产出弹性

产出弹性定义为

$$E_K=\frac{\partial Q}{\partial K}\frac{K}{Q}=Q_K\frac{K}{Q}$$

和

$$E_L=\frac{\partial Q}{\partial L}\frac{L}{Q}=Q_L\frac{L}{Q}$$

利用柯布－道格拉斯规范：

$$E_K=\left(\alpha\frac{Q}{K}\right)\frac{K}{Q}=\alpha$$

和

$$E_L=\left(\beta\frac{Q}{K}\right)\frac{L}{Q}=\beta$$

5. 生产力弹性

我们从生产函数 $Q=Q(K,L)$ 出发。假定两种投入的使用水平以相同的比例（λ）递增，也就是说 $Q=Q(\lambda K,\lambda L)$。生产力弹性（$\mathscr{E}$）的定义为

$$\mathscr{E}=\frac{\mathrm{d}Q/Q}{\mathrm{d}\lambda/\lambda}$$

考虑生产函数的全微分：

$$\mathrm{d}Q=Q_K\mathrm{d}K+Q_L\mathrm{d}L$$

并把它改写为

$$\mathrm{d}Q=Q_K K\frac{\mathrm{d}K}{K}+Q_L L\frac{\mathrm{d}L}{L}$$

由于 K 和 L 以相同比例增长，$\mathrm{d}K/K=\mathrm{d}L/L=\mathrm{d}\lambda/\lambda$。因此，

$$\mathrm{d}Q=\frac{\mathrm{d}\lambda}{\lambda}(Q_K K+Q_L L)$$

利用这种表达式，生产力弹性即

$$\mathscr{E}=Q_K\times\frac{K}{Q}+Q_L\times\frac{L}{Q}=E_K+E_L$$

对于柯布－道格拉斯生产函数来说

$$\mathscr{E}=\alpha+\beta$$

10A.3.2　估计长期柯布－道格拉斯生产函数

柯布－道格拉斯生产函数的数学特征使它成为估计长期生产函数的一种很普遍的规范。两边取自然对数后，柯布－道格拉斯生产函数（$Q=\gamma K^{\alpha}L^{\beta}$）的估计形式为

$$\ln Q=\ln\gamma+\alpha\ln K+\beta\ln L$$

前面的讨论曾经说过，$\hat{\alpha}$ 和 $\hat{\beta}$ 分别是资本和劳动的产出弹性的估计值。则估计的边际产量

$$MP_K=\hat{\alpha}\frac{Q}{K}\text{ 和 }MP_L=\hat{\beta}\frac{Q}{L}$$

显著为正，并且递减（具有理论所要求的特征）。如果对于 $\hat{\alpha}$ 和 $\hat{\beta}$ 的 t 检验和 p 值检验表明这些系数的值显著为正，并且小于 1。

生产力弹性可估计为

$$\hat{\xi}=\hat{\alpha}+\hat{\beta}$$

它提供了一种衡量规模报酬的办法。为决定 $\hat{\alpha}+\hat{\beta}$ 是否显著大于（小于）1，可以进行 t 检验。如果 $\hat{\alpha}+\hat{\beta}$ 并非显著大于（小于）1，我们就不能否定规模报酬不变的存在性。为决定 $\hat{\alpha}+\hat{\beta}$ 的和是否显著区别于 1，我们用下面的统计量：

$$t_{\hat{\alpha}+\hat{\beta}}=\frac{(\hat{\alpha}+\hat{\beta})-1}{S_{\hat{\alpha}+\hat{\beta}}}$$

式中，数值 1 表明我们在检验“与它的差别”；$S_{\hat{\alpha}+\hat{\beta}}$ 是估计系数 $\hat{\alpha}+\hat{\beta}$ 是和的标准偏差。计算 t 统计量之后，可以把它同表中的临界 t 值做比较。注意，由于计算出的 t 统计量可能为负（当 $\hat{\alpha}+\hat{\beta}$ 小于 1 时），这时需要与临界 t 值做比较的是 t 统计量的绝对值。一些统计软件可以为这种检验提供 p 值。

进行这种检验唯一的问题就是获得估计的 $\hat{\alpha}+\hat{\beta}$ 的标准偏差。如果分析人员需要的话，所有的回归软件包都可以以方差－协方差矩阵的形式[⊖]，提供回归系数 $\hat{\alpha}+\hat{\beta}$ 的方差和协方差。习惯上 $\hat{\alpha}+\hat{\beta}$ 的方差用 Var($\hat{\alpha}$) 和 Var($\hat{\beta}$) 来表示，$\hat{\alpha}+\hat{\beta}$ 的协方差用 Cov（$\hat{\alpha}$，$\hat{\beta}$）来表示。你可能还记得统计课程中的公式：

$$\text{Var}(\hat{\alpha}+\hat{\beta})=\text{Var}(\hat{\alpha})+\text{Var}(\hat{\beta})+2\text{Cov}(\hat{\alpha},\hat{\beta})$$

估计的 $\hat{\alpha}+\hat{\beta}$ 标准偏差是

$$S_{\hat{\alpha}+\hat{\beta}}=\sqrt{\text{Var}(\hat{\alpha})+\text{Var}(\hat{\beta})+2\text{Cov}(\hat{\alpha},\hat{\beta})}$$

10A.3.3　短期柯布－道格拉斯生产函数

如果在短期资本固定为 K，短期柯布－道格拉斯生产函数为

$$Q=\gamma\bar{K}^{\alpha}L^{\beta}=\delta L^{\beta}$$

式中，$\delta=\gamma K^{\alpha}$。注意如果 L 是 0，就不会有任何产出。为使产出为正，δ 必须为正。劳动的边际产量是

$$Q_L=\delta\beta L^{\beta-1}$$

为使边际产量为正，β 必须为正。二阶导数

$$Q_{LL}=\beta(\beta-1)\delta L^{\beta-2}$$

表明，如果劳动的边际产量递减的话，β 必须小于 1。因此，短期柯布－道格拉斯生产函数的参数限制是

$$\delta>0\quad 且\quad 0<\beta<1$$

10A.3.4　估计短期柯布－道格拉斯生产函数

与长期柯布－道格拉斯生产函数的情况相同，短期柯布－道格拉斯生产函数也必须通过取自然对数转化为线性形式。实际上估计的方程是

$$\ln Q=\tau+\beta\ln L$$

式中，$\tau=\ln\delta$。记住由于劳动的边际产量为正，β 必须为正；并且由于边际产量递减，β 必须小于 1，即 $0<\beta<1$。实际中通常用 t 检验法检验 $\beta>0$ 且 $\beta<1$。

10A.4　长期成本函数估计

由于两种投入的长期成本函数的一般形式是

$$LTC=f(Q,w,r)$$

而且由于对长期的估计通常要用到跨部门的数据，长期成本函数的经验规范必须把要素的价格包括在解释变量内（前面已经强调过）。我们首先想到的是，解决的办法应该是把要素的价格作为另外的解释变量加入前面写出的成本方程，并把总成本表示为

$$LTC=aQ+bQ^2+cQ^3+dw+er$$

然而这个函数不能满足成本函数的基本特征。总成本函数可以写成 $LTC=wL+rK$。如果两种投入要素的价格都加倍，产出保持不变，投入要素的用量保持不变，但是总成本加倍。让 LTC' 代表投入要素价格加倍之后总成本：

$$LTC'=(2w)L+(2r)K=2(wL+rK)=2LTC$$

前面建议的总成本函数不满足这个要求。对于给定的产出，如果要素价格加倍：

$$\begin{aligned}LTC'&=aQ+bQ^2+cQ^3+d(2w)+e(2r)\\&=aQ+bQ^2+cQ^3+dw+er+(dw+er)\\&=LTC+dw+er\end{aligned}$$

LTC' 不等于 $2LTC$。

因此，必须找到估计长期成本函数的另一种形式。普遍采用的形式是对数－线性规范（比如柯布－道格拉斯规范）。对于这种类型的

⊖ 协方差矩阵是一系列估计变量与所有估计系数的协方差，以计算机打印的矩阵形式表示。例如，在回归方程 $y=\hat{\alpha}+\hat{\beta}X$ 中，方差－协方差矩阵提供了 $Var(\hat{\alpha})$、$Var(\hat{\beta})$ 和 $Cov(\hat{\alpha},\hat{\beta})$ 的估计值。如第 4 章说明的，回归系数的方差提供了变量均值分布的离散程度的衡量。回归系数的协方差提供了点分布的信息，即两个回归系数之间的关系。

规范总成本函数表示为

$$LTC=\alpha Q^{\beta}w^{\gamma}r^{\delta}$$

利用这种函数形式，当投入要素价格加倍而产出保持不变时：

$$\begin{aligned}LTC'&=\alpha Q^{\beta}(2w)^{\gamma}(2r)^{\delta}\\&=2^{(\gamma+\delta)}(\alpha Q^{\beta}w^{\gamma}r^{\delta})\\&=2^{(\gamma+\delta)}LTC\end{aligned}$$

如果 $\gamma+\delta=1$，投入要素价格加倍，实际上是生产给定产出水平的总成本加倍——正如成本函数所要求的特征。因此，必须给建议的对数 – 线性成本函数加上这种限制，即定义 δ 为 $1-\gamma$；这样

$$\begin{aligned}LTC&=\alpha Q^{\beta}w^{\gamma}r^{1-\gamma}\\&=\alpha Q^{\beta}w^{\gamma}r^{-\gamma}r\\&=\alpha Q^{\beta}(w/r)^{\gamma}r\end{aligned}$$

参数限制是 $\alpha>0$，$\beta>0$，$0<\gamma<1$，这可以保证总成本函数为正，并且随产出和要素的价格增加而增加。

为估计以上的总成本函数，上式必须转化为自然对数形式：

$$\ln LTC=\ln\alpha+\beta\ln Q+\gamma\ln\left(\frac{w}{r}\right)+1\ln r$$

当我们估计参数 α、β、γ 时，这个公式要求 ln*r* 的系数精确地等于 1。如果我们要估计这个方程，这个值就不能得到保证。为给经验的成本函数加上这种限制，我们只有把 ln*r* 移到方程的左边，得到

$$\ln LTC-\ln r=\ln\alpha+\beta\ln Q+\gamma\ln(w/r)$$

利用对数法则，这可以改写为

$$\ln\left(\frac{LTC}{r}\right)=\ln\alpha+\beta\ln Q+\gamma\ln(w/r)$$

为获得长期成本函数的估计，需要估计这个方程。

上文已经强调过，长期成本函数的主要用途在于企业的长期投资决策。因此，一旦估计出以上的成本函数，其最重要的用途就是决定规模经济的范围。从对第 4 章中对数 – 线性函数的讨论中知道，系数 *b* 表示了总成本关于产出的弹性，也就是说

β= 总成本变化的百分比 / 产出变化的百分比

如果 $\beta>1$，成本的增加快于产出的比例（比如产出变化 25%，成本变化 50%，β 将等于 2）；这样长期平均成本就会增加。因而如果 $\beta>1$，估计就表明规模不经济。如果 $\beta<1$，总成本的增加就小于产出增加的比例，表明规模经济。进一步来讲，注意 *b* 的估计值的大小表明了规模经济或规模不经济的“程度”。最后，如果 $\beta=1$，规模报酬不变。可以用前面提到的方法对 β 的统计显著性进行检验。表 10A-1 总结了长期总成本的柯布 – 道格拉斯规范的数学特征。

表 10A-1 长期总成本的柯布 – 道格拉斯规范

长期总成本	$LTC=\alpha Q^{\beta}w^{\gamma}r^{1-\gamma}$ $=\alpha Q^{\beta}\left(\frac{w}{r}\right)^{\gamma}r$
可估计形式	$\ln\left(\frac{LTC}{r}\right)=\ln\alpha+\beta\ln Q+\gamma\ln\left(\frac{w}{r}\right)$
总成本的弹性	$\beta=\frac{\%\Delta LTC}{\%\Delta Q}$
如果 $\beta<1$	那么则存在规模经济
如果 $\beta=1$	规模报酬不变
如果 $\beta>1$	规模不经济
参数限制	$\alpha>0, \beta>0, 0<\gamma<1$

10A.5 美国电力公司长期成本函数估计

为了说明长期成本函数的估计，我们可以用表 10A.2 的 20 家私人电力公司的样本数据。每个公司的数据如表 10A-2 所示。

- 产量（Q）：总发送电量，用百万千瓦时表示。
- 资本（K）：公司拥有的实物资本存量，用百万美元表示。
- 劳动力（L)：雇员总数，用千名工人表示。
- 资本成本（r）：资本使用的成本估计，$r=q_K(i+\delta)$。其中 q_K 是单位资本获取成本，i 是实际利率，δ 是折旧率。
- 劳动力使用成本（w）：每个工人的平均年工资，用千美元表示。

就像我们上面解释的，估计长期成本需要的数据是总成本、产量和投入要素价格。由于总成本 $C=wL+rK$，我们可以通过资本使用、劳动力使用和表 10A-2 投入要素价格数据计算总成本。

函数方程可以估计为

$$\log(TC/r)=\log\alpha+\beta\log Q+\gamma\log(w/r)$$

表 10A-2 美国 20 家私人电力公司的样本数据

公司	C	Q	K	L	r	w
1	30.892 3	4.612	321.502	1.019	0.069 03	8.536 8
2	58.582 5	8.297	544.031	2.118	0.069 03	9.928 2
3	15.120 5	1.820	156.803	0.448	0.067 54	10.111 6
4	32.801 4	5.849	250.441	1.265	0.078 19	10.252 2
5	22.776 8	3.145	247.983	0.603	0.064 71	11.119 4
6	11.917 6	1.381	82.867	0.665	0.065 98	9.699 2
7	34.402 8	5.422	366.062	0.962	0.067 54	10.061 3
8	47.520 9	7.115	485.406	1.435	0.065 65	10.908 7
9	18.913 6	3.052	99.115	0.829	0.105 55	10.195 4
10	36.090 2	4.394	292.016	1.501	0.065 72	11.258 5
11	3.240 1	0.248	21.002	0.145	0.079 19	10.875 9
12	62.003 2	9.699	556.138	2.391	0.069 03	9.875 8
13	74.720 6	14.271	667.397	2.697	0.067 89	10.905 1
14	96.005 3	17.743	998.106	3.625	0.069 03	7.477 5
15	63.435 7	14.956	598.809	3.085	0.065 72	7.806 2
16	15.990 1	3.108	118.349	0.714	0.079 19	9.268 9
17	42.324 9	9.416	423.213	1.733	0.065 65	8.390 6
18	44.678 1	6.857	468.897	1.406	0.065 65	9.882 6
19	59.252 0	9.745	514.037	2.442	0.068 60	9.823 5
20	38.733 7	4.442	236.043	1.497	0.082 06	12.935 2

估计的计算结果如下[⊖]。

DEPENDENT VAR: LOG (TC/R)		F-RATIO: 324.328
OBSERVATIONS: 20		R-SQUARE: 0.974 5
	PARAMETER	
VARIABLE	ESTIMATE	STANDARD
INTERCEPT	−0.416 00	1.039 43
LOG Q	0.838 30	0.033 15
LOG (W/R)	1.054 35	0.209 39

正如我们以前展示的，系数 β 是重中之重，因为它表明规模经济或不经济。在我们的估计中 $\beta<1$，于是表明规模经济。然而，需要确定系数是不是统计显著。使用本章前面的方法，适当的统计检验为

$$t_{\hat{\beta}}=\frac{\hat{\beta}-1}{S_{\hat{\beta}}}=\frac{0.838\ 30-1}{0.033\ 15}=-4.877\ 83$$

然后我们比较这个统计检验的绝对值与 t 值。在本例中，由于我们有 $20-3=17$ 的自由度，t（95% 置信区间）的关键值是 2.110。因为 4.877 83 大于 2.110，所以 $\hat{\beta}$ 统计显著，证明规模经济。

⊖ 本书的一个使用者指出这个估计中有麻烦的地方：在对数线性函数中，γ 和 δ 的期望值应当在 0 ～ 1，在这个估计中，γ 估计为 1.054 35 > 1。然而，γ 的估计大于 1 是不显著的，在这种情况下的 t- 统计是

$$t=\frac{1.054\ 35-1}{0.209\ 39}=0.260$$

显然，0.260 < 2.110。所以，虽然惹麻烦，这些估计和所需要理论属性并不矛盾。

数学练习题

1. 为什么规定 $A>0$ 和 $B<0$ 是不适合短期三次生产函数？
2. 对于短期三次生产函数，证明 $\overline{K}$ 增加总会导致报酬开始递减处的劳动使用水平增加。
3. 考虑柯布－道格拉斯生产函数 $Q=36K^{0.5}L^{1.0}$
   a. 找出边际产量函数。
   b. 写出 $MRTS$ 的方程和产出弹性。
   c. 生产力弹性等于________，因此生产函数的特征是规模报酬________。
4. 假定长期总成本函数为 $LTC=(1/12)Qw^{0.5}r^{0.5}$。
   a. 证明投入要素价格加倍会导致 LTC 加倍。
   b. 找出总成本的弹性。长期总成本函数的特征是规模________。
   c. 令 $w=16$ 美元，$r=25$ 美元，找出 LMC 和 LAC。画出 LMC 和 LAC 曲线。这些曲线与 b 问的答案一致吗？
   d. 你对 b 问的答案与第 9 章数学练习第 4 题 d 问的答案一致吗？

在线附录 3 线性规则

此附录可在 Connect 或 Create 网站上获得。更多信息请参见前言。

第11章
Chapter11

竞争市场上的管理决策

■ 学习目标

学完此章节后，你将可以：

(11.1)讨论完全竞争市场的三个特征；

(11.2)解释为什么完全竞争市场上的企业面对的需求曲线是完全弹性，并也是该企业的边际收益线；

(11.3)求出短期利润最大化的产量，推导企业和行业供给曲线，并算出生产者剩余的数量；

(11.4)解释一个企业在长期竞争均衡时的特点，推导行业长期供给曲线，并计算经济租金和生产者剩余；

(11.5)求出变动投入在利润最大化时的使用量；

(11.6)利用估计或预测的产品市场价格、平均变动成本、边际成本，来计算企业利润最大化的产量和利润。

现在，我们开始进入实质性阶段。到现在为止，准确地说，我们已经掌握了一些工具，诸如最优化理论，需求分析和预测，以及生产和成本分析。你可能会发现它们作为单一的课题来研究就足够吸引人了，而现在，以下各章节，我们将把这些工具组合起来建立一个体系，并做出一些影响企业以及赢利的重要决策，如应该生产多少和如何制定价格等。下面，我们就来分析经理们如何做出价格和产量决策，来使企业的利润最大化。

事实证明，只要企业在市场上出售产品，该市场结构对价格和产量决策就有着极大的影响。我们在第 1 章中曾经讨论过几种市场结构的特征，市场结构决定了经理是价格决定者还是价格接受者。如果企业按给定的市场价格定价，那么这种理论上的市场结构就是完全竞争。在定价和产出决策的讨论中，我们先从完全竞争市场上作为价格接受者的企业入手，看看经理们如何做出使收益最大化的产量决策；然后，我们再讲述一些适用于作为价格制定者的经理们的重要理论。举个例子说，我们将证明做产出决策时是不必考虑固定成本的，企业即使在亏损的情况下也乐意继续生产，经理们也不会因为劳动效率的降低就不雇用工人。另外，在不存在进入壁垒的情况下，企业则可以在长期内取得零经济利润。

我们是从价格接受企业的利润最大化入手的，但是你也许会问：“又有多少企业是真正的接受者而不是制定者呢？”在最近对一个 EMBA 班的调查中，我们惊奇地发现 38 名学生中有 34 人认为他们的企业对产品的定价往往无能为力，价格是由他们无法控制的市场力量决定的。

我们在下一节中将介绍完全竞争市场的假设，虽然这个概念看起来太过狭窄，但实际上经理们所真正面对的市场与其十分接近。即使对于一个价格制定者来说，完全竞争市场中的利润最大化分析也是十分有价值的。

我们在本章和随后 4 章中，假设经理们的目标是使企业的利润最大化。以前，我们也曾提到另一些目标，如使企业销售收益或销售增长率最大化；经理利用企业的资源为自己谋利，使个人的效用最大化；另外，还可以以满足经理最青睐的社会目的为目标。在第 1 章中我们就指出这些目标将导致经理和所有者之间的利益冲突。本书的目的就是帮助你做出决策，使你向企业利润最大化努力，最终成为一名得力的经理。如果你选择了其他的目标，你个人就必须承担一定的风险。

当我们假设一个企业利润最大化时，我们指的是经济利润。经济利润（π）是企业的总收益减去总经济成本。回忆图 1-1 中，总经济成本由使用市场提供资源显性成本（向外部要素提供者支付的货币）和使用企业所有者提供的资源的隐性成本（企业所有者放弃的最好回报）组成。这样

$$经济利润 = \pi = 总收益 - 总经济成本 = 总收益 - 显性成本 - 隐性成本$$

你可能已经知道，经理们的企业利润最大化决策，正是直接运用我们第 3 章中介绍的无约束最大化原理做出的。作为价格接受者，企业的经理们需先观察价格和成本的情况，再回答以下三个基本问题：①企业应该继续生产还是关门？②如果生产，最优产量是多少？③最优投入水平又应是多少？既然在完全竞争的企业里，经理会采用市场已有的价格，定价决策自然就不存在了。

简要介绍了完全竞争市场的特征以后，我们先来分析一下经理们如何决定企业的产出和生产水平使利润最大化。我们将从短期决策入手，假设有些投入是固定的，然后讨论长期决策，令所有的投入成为变动投入。最后，我们讨论经理如何决定投入利用水平来优化利润。那时，我们会看到产出和投入决策的结果是不谋而合的。

11.1 完全竞争市场的特征

完全竞争市场的重要特征是，完全竞争市场中的企业都是价格接受者：每个企业都采用市场既定价格销售产品，这个价格是由供给和需求的交点决定的。这种价格接受行为是完全竞争市场的特点。在其他市场结构（垄断、垄断竞争和寡头垄断）中，企业享有一定的价格制定权。下面特征定义了**完全竞争**（perfect competition）。

（1）完全竞争市场企业是价格接受者，相对于整个市场而言，每个企业的规模都微乎其微，不能通过改变自己的产量，对产品或服务的价格施加影响。当然，如果所有的生产者同时行动，改变产量，这时才会影响市场价格。但是，如果完全竞争程度较高，单个生产者的规模太小，以致单个企业的变化往往被忽视。

（2）所有企业生产同质或者完全标准化的商品。在完全竞争市场中，每个企业所生产的产品都与其他企业完全相同。这就决定了购买者根本不在乎产品是哪家企业生产的。所有真实的或想象的产品差异都会被排除掉。

（3）企业进出完全竞争市场不受任何约束。没有任何障碍阻止新企业进入市场，也没有任何障碍阻止现有企业离开市场。

虽然称为“竞争”，但是完全竞争市场中的企业不会意识到它们之间的任何竞争，也就是说，企业间没有任何直接竞争存在。理论上的完全竞争概念与通常接受的竞争概念正相反。因为在完全竞争市场中所有企业生产同样的产品，面临市场决定的价格，竞争企业的管理者没有任何动机去打败对手，获得更多销售，因为每个企业都可以出售它希望出售的所有商品。当

然，价格接受企业也不会以任何价格策略来竞争。

虽然没有完全满足完全竞争市场的三个既定特征的市场，也常常与完全竞争市场非常接近，其中的企业行为类似于完全竞争者。在本章介绍中的 EMBA 课程调查显示，管理者并没有在完全竞争市场运作，但是他们面临着大量在市场上生产接近于同质产品的企业，很少的进入限制，因此也认为他们是价格接受者。在第 11.2 节和第 12 章，我们将向你展示管理者面临的竞争程度，反映在企业面临的需求曲线的弹性上。本章介绍的利润最大化的决策，甚至可以应用于并非处于完全竞争的企业。

11.2 价格接受型企业所面临的需求

假设你拥有并管理着一个专产柑橘的小果园，你的企业将这些柑橘加工成冷冻浓缩橙汁出售。在各种生产水平上，你都希望能找出浓缩橙汁的最优价格，也就是你的企业所面临的需求表。在查阅了《华尔街日报》以后，你发现市场上浓缩橙汁的既定价格为每磅 1.20 美元。你准备卖掉 50 000 磅，而相对市场上成千万磅的总销售量而言，你的产量就显得微乎其微了。在此基础上，你认识到购买者不会在乎是谁生产了这些浓缩橙汁，因为所有的产品是完全相同的。

突然，你感到豁然开朗了：实际上，只要以市场现价每磅 1.20 美元卖出，你想卖多少就卖多少。即使把产量提高 10 倍，即 500 000 磅橙汁，你仍可以为它们找到买主。这是因为，你的产出本身还不足以对供给量产生任何看得见的影响。事实上，如果你为了提高销量而降低价格，倒是不必要地牺牲收益；同样，你也意识到不能将定价超过 1.20 美元，因为购买者可以轻易地从其他成千上万的柑橘商那里买到与你一模一样的浓缩橙汁。

经过以上推理，你发现你的柑橘园所面临的需求曲线正如图 11-1 所示，是一条保持在每磅浓缩橙汁 1.20 美元的水平线。不论你生产多少，浓缩橙汁的需求价格总是每磅 1.20 美元。这意味着每增加 1 磅销售量，总收益就会增加 1.20 美元，因此，1.20 美元也就是每磅浓缩橙汁销售量的边际收益。柑橘生产者所面对的需求曲线又是边际收益线。

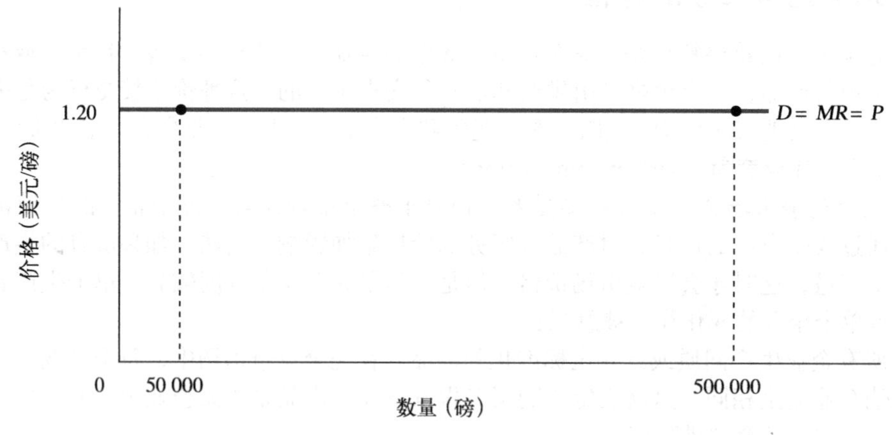

图 11-1 一个柑橘生产者所面临的需求和边际收益曲线

我们可以将以上的论述推广到任何一个在完全竞争市场中的价格接受企业。当市场中存在着大量的相对小生产者，生产着同一产品，则每个单一企业经理所面临的需求曲线都是一条水平线，其价格由市场供求曲线的交点决定。另外，这条水平需求线也是经理的边际收益线。

图 11-2 说明了价格接受企业需求的推导过程。注意，在图 11-2a 中，正如需求法则所要求

的那样，市场的需求曲线 D 是下倾的；而图 11-2b 却显示出单个价格接受企业面对的需求曲线是水平的。回顾一下，需求价格是购买者对一定数量的商品愿意偿付的最高价格，在这里，不论企业处于怎样的产出水平，需求价格都将恒定在 P_0。正如图 11-2b 所示，每增加 1 单位的销售量，总收益就增长 P_0，P_0 就是企业在所有产出水平上的边际收益。

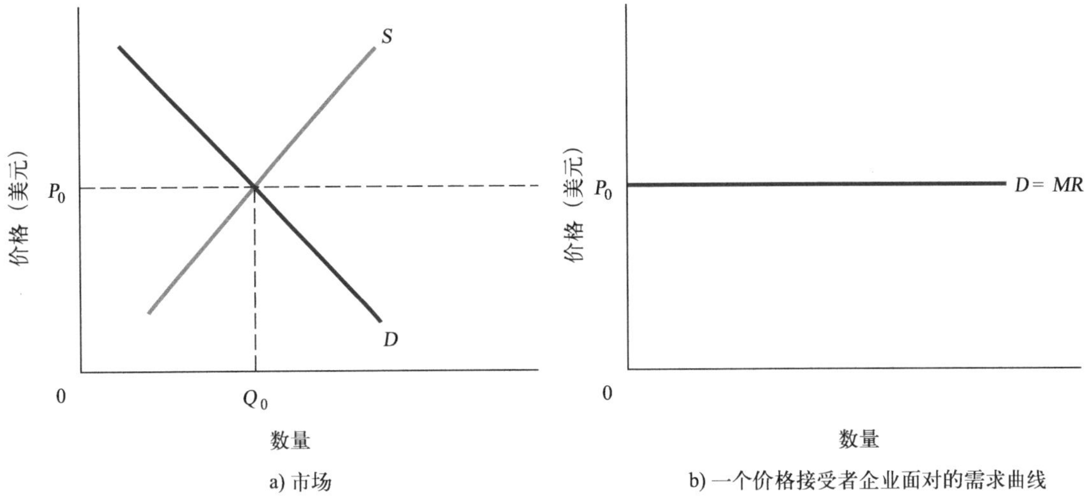

图 11-2　价格接受企业需求曲线的推导

在完全竞争市场中，单个价格接受企业所面对的水平需求线，一般被称作**需求完全弹性**（perfectly elastic demand）。点需求弹性的计算公式为 $E = P/(P - A)$，其中，A 是需求曲线的截距价格。任何既定的价格水平上，随着需求曲线趋于平坦，$|P - A|$ 逐渐减小，E 逐渐增大；当需求曲线达到水平极限时，$P - A = 0$，而 $|E| = \infty$，所以我们称水平需求为完全弹性。

从另一个角度看，行业中其他企业都销售同一产品，所以完全竞争企业的产品就存在大量的完全替代品。替代品越接近，产品的需求弹性越大，完全竞争企业的产品拥有许多完全替代品，所以具有需求完全弹性。其中存在这样的关系，即完全竞争企业面临着很多完全替代品，成为需求完全弹性。

我们再强调一次，完全竞争企业面临完全弹性（水平）的需求，并不意味着需求法则不适用于这种市场结构，产品的市场需求的确是下倾的。

 **关系**

单个完全竞争企业的经理所面临的需求曲线是水平（完全弹性）的，需求价格由市场供求曲线的交点确定。因为对其而言，边际收益等于销售价格，完全竞争企业的需求曲线，也同时是边际收益线（即 $D = MR$），企业可以以市场价格出售它愿意出售的任何数量，每增加 1 单位的销售量，总收益就会增加 P。

11.3　短期利润最大化

现在，我们转而讨论完全竞争行业中，一个价格接受企业的经理人所面对的短期产量决策。回顾在短期运行期间，企业使用一种或多种固定投入和任意数量的变动投入，这固定成本是沉没成本，即使企业停产也必须支付。可变成本随着产量的增加而增加，当经理人决定停产

时，可以避免。[㊀]

在短期内，经理必须决定两件事情。第一，在此期间，是继续生产还是关门。如果**关门**（shut down），经理决定不进行生产，产出为零，也不会有任何变动投入（也不会有准固定投入）。这时，企业只需要支付不可避免的固定成本。若选择生产而不是关门，经理就只会考虑要生产出一定量的产品或提供一定量的服务需要投入多少可避免的可变成本。在这个小节中你会学到，只有当生产出的产品所带来的总收益超过生产的总可变成本，经理才会选择生产。

如果经理的第一个决策是生产而不是关门，那么第二个需要做出的决策就是选择产出的最优水平。用第3章中的术语来讲，生产的最优水平就是使企业净利润最大的产量水平。企业的净利润也叫经济利润（π）。后面我们会讨论到，在有些情况下，企业宁愿亏损（利润为负），也要继续生产，而不选择关门。这时，经理就需要采用使企业亏损最小化的产出水平，而亏损最小化等价于利润最大化，所以，不论利润是正还是负，最优生产水平的决定原则是完全相同的。正因如此，最优生产水平的决定原则也适用于以亏损最小化为目标的企业，我们在推导该原则时只涉及利润最大化。

在本节中，我们会首先讨论当企业能够获得正常利润时的产出决策。我们通过边际分析来找出能使企业利润最大化的产出水平。然后我们将给出在何种条件下企业应该选择关门。接着我们会回到第3章中的一个中心主题：在做出最优化决策时，沉没成本、固定成本和平均成本都是无关的。最后，我们会推导出一个有竞争力的价格接受型企业的供给曲线。

11.3.1 产出决策：正经济利润

图11-3中是一组典型的短期成本曲线——短期边际成本曲线（*SMC*）、平均总成本曲线（*ATC*）和平均变动成本曲线（*AVC*）。（为方便起见，我们忽略了平均固定成本。在第3章中我们强调过，并且在这一节中我们将再次证明固定成本与制定决策无关。）假设市场决定的价格（边际收益）为每单位36美元。企业为了使利润最大化，应该生产多少产量？

管理者经常犯的一个错误，是选择会为企业带来最大利润边际，而不是最大利润的产量水平。**利润边际**（profit margin）是价格与平均总成本的差值（$P-ATC$）。如果所有单位产品出售的价格一样，那么利润边际就与平均利润相等。[㊁]**平均利润**（average profit）就是总利润除以产量（π/Q），表示的是每单位产品产生的利润。平均利润与利润边际相等，通过一点简单的代数运算就可以得出：

$$\text{平均利润}=\pi/Q=(P-ATC)\ Q/Q=P-ATC=\text{利润边际}$$

平均利润和利润边际的关系在长期生产中也成立，只是LAC会由ATC代替。

使利润边际（$P-ATC$）达到最大化的产出水平不会使利润（$TR-TC$）达到最大化，只有一个例外。[㊂]因此，想要实现利润最大化的经理在做决策时应该忽略利润边际（或单位利润）。假设一个公司的成本如图11-3所示，该公司经理选择了生产400单位产量（图11-3a），因为经理

㊀ 企业有时也会投入准固定成本；准固定成本不随产量的改变而改变，但企业管理者如果打算停止生产（不管是短期还是长期），准固定成本是可以避免的。如果存在准固定成本，那么总的可避免成本就是总的可变成本和准固定成本之和。为了使我们在这一章以及本书后面部分中的讨论尽可能简洁，除非特别说明企业投入了准固定成本，否则我们都假设总的可避免成本只包括总的可变成本。

㊁ 把所有出售的单位产品都定为相同价格的行为叫统一定价。在第14章中，我们会讨论到一些定价技巧，其中包括给不同单位数量的相同产品或服务定不同的价格。在这种情况下，利润边际就会因为出售的产品数量不同而有所变化，与平均利润也就不在相等。

㊂ 当且只有当市场价格等于最小平均总价格（$P=$最小ATC）也等于边际成本（$P=SMC$）时，利润边际和总利润才可能同时最大化。

发现此时价格和平均成本的差——利润边际最大（也就是 *ATC* 最小的点）。图 11-3a 中，*F* 点和 *N* 点之间的垂直距离显示了在产量为 400 单位时利润边际（平均利润）为 20 美元 (=36－16)。通过观察可知，20 美元肯定是最大利润边际，因为每单位产品出售的价格是不变的 36 美元，而平均总成本在 400 单位时达到其最小值 16 美元（点 *N*）。

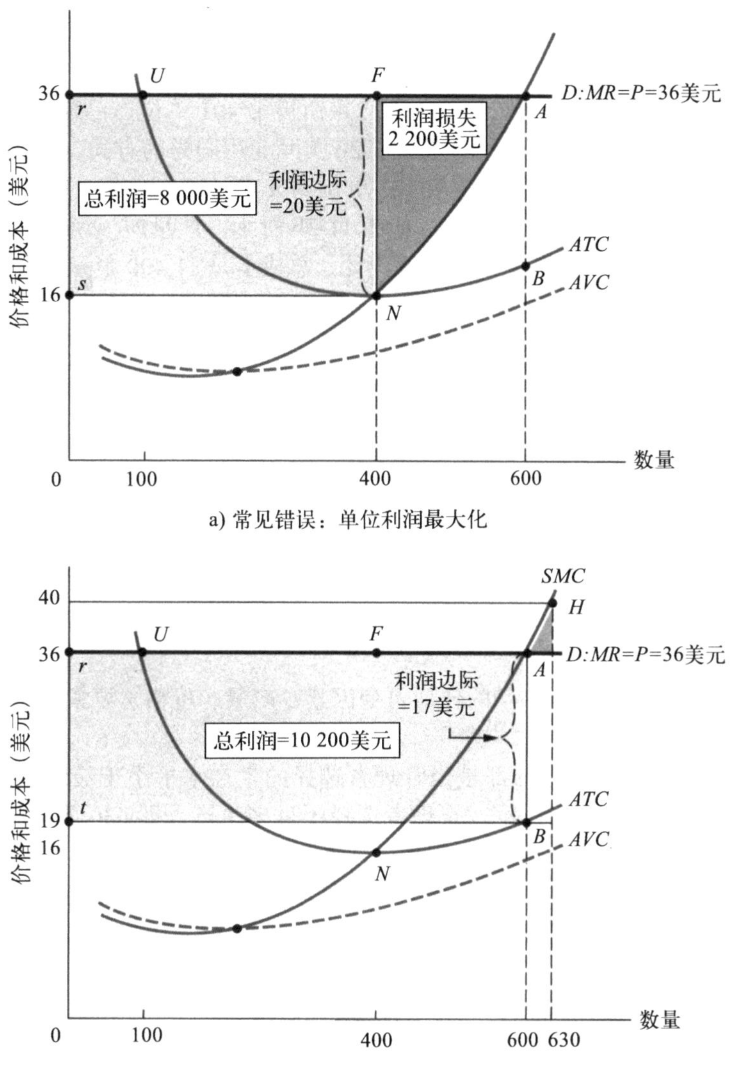

b) 正确决策

图 11-3 利润最大化：$P = 36$ 美元

让我们来算一算当经理错误地选择生产 400 单位产量时获得的利润。从图 11-3a 可知，产量为 400 单位时，总收益是价格乘以销售量（36×400），为 14 400 美元，生产的总成本是平均成本乘以数量（16×400），为 6 400 美元。那么当该公司生产 400 单位产品并达到利润边际最大化时，所获得的利润仅为 8 000 美元（$= 14\,400 - 6\,400$）。[⊖]但获得 8 000 美元的利润有什么不对吗?

答案很简单：正如图 11-3b 所示，当公司达到 600 单位产量时可以获得更多利润——准确

⊖ 请注意，总成本也可以通过利润边际（平均利润）乘以数量来计算：8 000 美元 $= 20 \times 400$。

地说是 10 200 美元。当生产从 400 单位扩大到 600 单位时，总利润（π）上升而利润边际（平均成本）下降。很多首席执行官对此结果感到困惑。你几乎每天都能在商业新闻中看到经理人在吹嘘提高了利润边际或做出这样的承诺。现在让我们采用第 3 章中边际分析的逻辑来分析这一情况。

让我们回到图 11-3a 中企业生产并销售 400 单位产品的 *N* 点。假设经理增加 1 单位产量。因为这是一个价格接受型企业，价格等于边际收益（*P*=36 美元=*MR*），所以以 36 美元的价格出售第 401 单位产品使总收益增加 36 美元。而生产第 401 单位产品的短期边际成本大约是 16 美元，因此成本增加了 16 美元。经理选择生产并销售第 401 单位产品使收益增加了 36 美元而成本仅增加了 16 美元，因此企业利润增加了 20 美元。用同样的方式，只要 *MR*（=*P*）大于 *SMC*，该公司经理可以一直增加产量。从 401 单位到 *A* 点的 600 单位，每单位产品的对总利润的贡献都是 *P* 和 *SMC* 之间的差。因此，如图 11-3b 所示，产量应该增加到 600 单位，此时 *MR*=*SMC*=36 美元。此时，总收益是 21 600 美元，总成本是 11 400 美元（=19×600）。因此，最大可能利润为 10 200 美元（=21 600－11 400）。在图 11-3a 中，*MR* 和 *SMC* 之间的灰色阴影表示的是当产量只有 400 单位而不是 600 单位时的利润损失。我们可以把这段非常重要的讨论用一个原理概括。

原理

管理者不能在同一产出水平上同时使利润和利润边际最大化。因此，在制定最优决策时，管理者不应考虑利润边际（平均利润）。在短期生产中，当企业的 *MR*（=*P*）=*SMC* 时，企业就能实现利润最大化。

这个原理可用来选择最优化水平的任何可变因素：产量、价格、要素使用、广告预算、研发费用，等等。

到目前为止，我们一直关注的都是当管理者选择的生产水平小于最优化产量时利润的损失。现在我们假设，如图 11-3b 所示，管理者选择了过多生产，即 630 单位产量。可以看到，在 630 单位产量时，边际收益（价格）低于边际成本：价格是 36 美元，生产第 630 单位产品的边际成本是 40 美元（点 *H*）。管理者可以通过减少 1 单位产量来降低企业成本 40 美元（生产第 630 单位产品所需的额外成本）。减少这一单位产品的销售收益损失仅为 36 美元，因此企业的利润将增加 4 美元。用同样的方式，只要 *MR*(=*P*) 小于 *SMC*，管理者就可以一直减少产量（回到点 *A*）。图 11-3b 中的阴影区域是生产 630 单位产量而不是 600 产量所造成的利润损失。管理者通过选择 *MR*（=*P*）=*SMC* 时的产出水平获得最大利润。这个规则是第 3 章介绍过的无约束最大化规则（*MB*=*MC*）。

图 11-4 显示了图 11-3 中的总收益（*TR*）、总成本（*TC*）和利润（π）曲线。注意在图 11-4a 中，*TR* 是斜率为 36 美元（= *P*=*MR*）的直线，因为每个额外的销售都增加 36 美元的收益。在图 11-4b 中第 401 单位利润的斜率是 20 美元，这可以从前面生产第 401 单位产量的讨论中得到。在 600 单位，即利润曲线的顶点（点 *A'*）利润曲线斜率为 0 时，利润达到最大 10 200 美元。图 11-4 中点 *U* 和点 *V*（100 单位和 950 单位）有时被称为**盈亏平衡点**（break-even point），因为此时总收益等于总成本，企业利润为 0。

由于生产 600 单位的总成本是 11 400 美元，其中包括企业所有者提供资源的机会成本（隐性成本），如果企业所有者生产 600 单位产量，可以比他们将资源用于其他最好选择多赚取 10 200 美元。10 200 美元是经济利润，是企业所有者超过他们其他最好选择的回报。

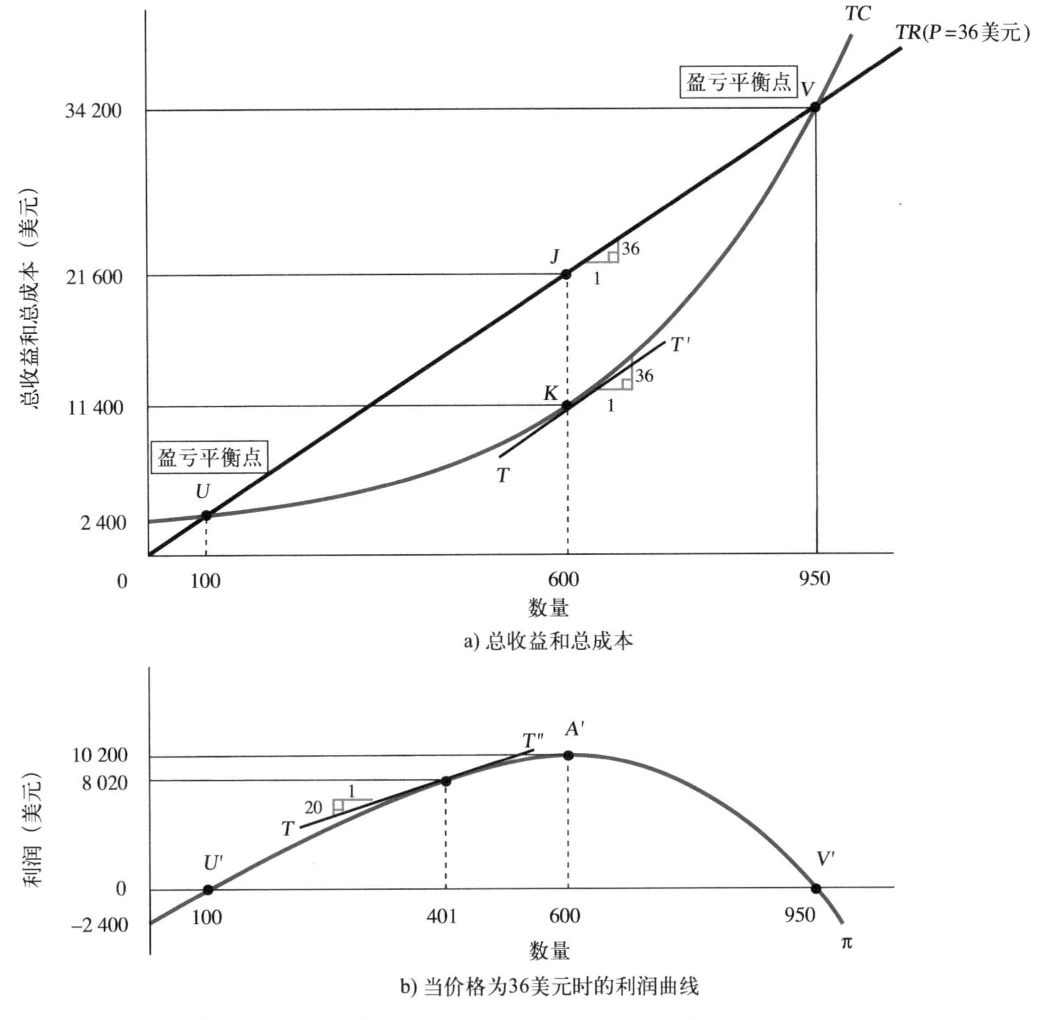

图 11-4　利润最大化：$P = 36$ 美元

◇专栏 11-1

Chevron 致力扩大利润边际：它是否可以实现利润最大化

在本章前面部分我们说过，经理们有时会错误地把增加利润边际或利润边际最大化当成他们决策制定的主要原则之一。可能是因为这些经理们把利润最大化和利润边际最大化当成一致的了。但这两者并不是一致的。

在最近《华尔街日报》[⊖]的一次采访中，雪佛龙（Chevron）公司的执行副总裁 Mike Wirth 宣布，雪佛龙目前正致力扩大（利润）边际，通过把原油提炼为汽油、柴油、航空煤油以及其他高价值产品获益。正如你在图 11-3 中所见的那样，利润边际最大化（也就是每单位产品利润或平均利润最大化）在大部分情况下，与利润最大化和企业价值最大化目标是不一致的。在这个专栏中我们会通过分析，雪佛龙扩大利润边际的计划强调基于提高利润边际，而不是利润的管理决策错误。虽然《华尔街日报》上的文章并没有提供所有我们想要的数据，但我们也可以

⊖　此专栏内容基于以下在线文章：Jessica Resnick-Ault, “Chevron Focuses on Refineries”, *WSJ.com*, *May* 13, 2009。

给你大概地展示一下，为什么雪佛龙的管理层只能选择利润边际最大化，或者利润以及雪佛龙股价最大化——两者不可兼得。

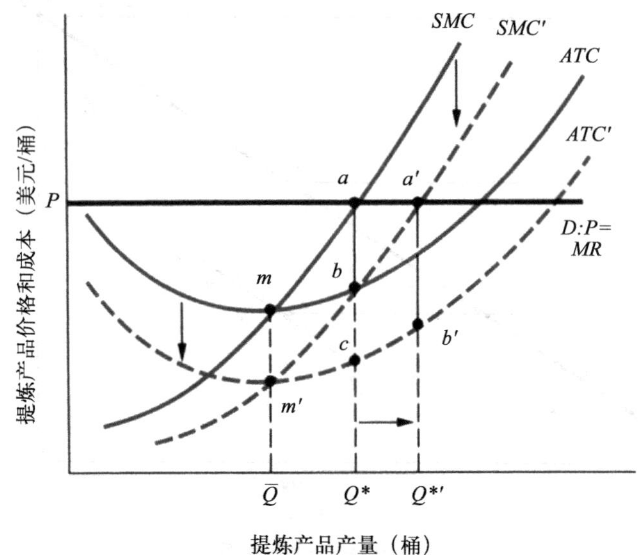

为了以最简单的形式表示多种提炼产品，图中水平轴上用桶数来表示产量，而每一桶都是多种产品的混合，比如汽油、柴油、航空煤油等。当然，现实中提炼厂不会把这些不同产品都混在一起用42加仑的桶装，但这么假设能简化我们的供求曲线。在提炼过程中，提炼设备可以改变提炼后混合物的比例，从而使产品产生最大收益。我们这里不考虑雪佛龙是如何选择最优混合比例的；我们只是假设雪佛龙做出了最优决策。因为雪佛龙销售产品的市场非常接近完全竞争市场，雪佛龙的需求曲线非常有弹性，是水平的（见图）。纵轴线上每桶提炼产品的价格就等于以市场决定的价格。[㊀]图中也显示短期成本曲线是一个典型的U形曲线。

在雪佛龙决定追求更高的提炼利润边际之前，我们假设它原来的产量决策是正确的，即在a点，当$P=SMC$时实现了利润最大化。在Q^*点，雪佛龙的最初利润边际就等于图中a点和b点之间的直线距离。

现在，我们来看当雪佛龙的管理层决定增加利润边际时会发生什么变化。作为增加利润边际的一个手段，《华尔街日报》那篇文章报道说雪佛龙正在重组成本结构，通过长期投资来降低生产成本（回忆一下我们在第9章中关于这种做法的讨论）。雪佛龙进行了一项长期投资，通过升级它的提炼厂来获取最大产能，从而降低成本。这一项称之为“提炼厂可靠性”的努力使提炼厂资本的产能比去年同期提高了6.6%，使每天的产量增加了60 000桶。你在第8章中已经学到过，提炼厂生产率的提高可在每一产出水平上使生产成本降低。在图中，我们把雪佛龙的“提炼厂可靠性”项目的效果体现在下移的ATC'和SMC'上。[㊁]

现在你就可以清楚地看到为什么雪佛龙不能同时实现利润最大化和P与ATC之间距离的最大化。如果公司继续生产Q^*桶的提炼产品，因为单位产品成本降低，利润边际的确会有增长。图中，P和ATC'之间的垂直距离（即a点到c点的距离）已经大于实施“提炼厂可靠性”项目来降低生产成本之前的距离（即a点到b点的距离）。Wirth先生宣称通过降低成本和提高利润

㊀ 比如说，假设每个42加仑的桶中都包括24加仑的汽油，16加仑航空煤油和2加仑无用油状物。另外，也假设汽油和航空煤油的市场价格分别是3美元每加仑和2美元每加仑。那么这样一桶混合物的价格就是104美元，这是汽油和航空煤油按市场价出售时每一桶产品的收益（$104美元=3\times24+2\times16$）。

㊁ 理论上来说，ATC达到最小值时其数量可能会上升、下降，也可能保持不变。为方便起见，我们把ATC下移时使ATC'的最小点保留在Q上不变。

边际，雪佛龙在 Q^* 产量上获得的利润会更多。他这么说是对的。但这里还有一个问题需要我们讨论：虽然雪佛龙成功实现了从相同数量的提炼产品中获得更多的总利润，但该公司在用利润边际做出产量决策这一点上却是错误的。由于边际生产成本的减少，雪佛龙必须增加它的提炼产品产量来实现利润最大化——使这种增长会使利润边际减少。你从图中可以清楚地看到，新的利润最大化产量要更高一些，为 $Q^{*\prime}$ 点，此时在 a' 点 $P = SMC'$。在 $Q^{*\prime}$ 产出水平上，利润边际就是 a' 点和 b' 点之间的距离，要大于 Q^* 产出水平时的利润边际（即 a 点与 c 点之间的距离）。

《华尔街日报》的报道没有告诉我们雪佛龙是否利用它的低边际成本来扩大提炼厂的产量，但不难想象，雪佛龙的生产经理们肯定不愿意扩大生产，而其他一些发现当产量从 Q^* 增加到 $Q^{*\prime}$ 时，利润边际缩小，经理会为存在的风险感到不安。实际上，如果像 Wirth 先生建议的那样，雪佛龙的管理层都致力于利润边际的上升，那经理们很可能会把产量从 Q^* 减少到 $\overline{Q}$，从而使事情变得更糟。这样做，会使雪佛龙的利润边际最大化，但会使企业的利润和价值减少。当然，我们无法从《华尔街日报》这篇报道中得知雪佛龙后面的决策是什么，但文章中的信息也足够我们列出雪佛龙经理们可能会面临的问题和困难，如果他们只关注利润边际的话。雪佛龙的“提炼厂可靠性”项目并不是一个错误；它使成本降低而利润增加。这里的错误在于（如果有错误的话）让利润边际影响产量决策。

你从这个专栏和图 11-3 中可知，企业不可能同时（也就是在同一个产出水平上）实现利润最大化（$TR - TC$）和利润边际最大化（$P - ATC$）。㊀因此，经理们在做产量决策时应该忽略利润边际。我们目前没有任何关于经理错误地增加利润边际，造成企业价值损失的研究或数据，但考虑到很多经理人都想要获得更大的利润边际，我们怀疑企业价值的损失是非常巨大的。

11.3.2　产出决策：亏损经营或关闭

有时候，一个竞争性企业的产品价格在所有产出水平上，都低于平均成本（$P < ATC$）。这意味着不论企业生产多少产品，总收益（$P \times Q$）都会小于总成本（$ATC \times Q$），进而导致亏损。在这种情况下，经理人必须选择产量（不生产还是生产）这样可以将损失降到最小。很明显，如果企业关门，停止生产，收益为零，没有变动成本，但是还是要支付固定要素的成本：

$$\pi = TR - TVC - TFC = 0 - 0 - TFC = -TFC$$

很明显，如果生产一定数量的产量，会导致比总固定成本小一些的损失，管理者就应该生产一定产量，而不是关门。

当企业短期面临损失时，只要价格超过平均可变成本（$P > AVC$），企业在 $P = SMC$ 点决定的产量，损失最小，而不是根本不生产时最小。这是因为企业获得的收益即使不能支付所有成本，至少也可以支付所有的变动成本。一般来说，只有生产所带来的收益能支付所有停产就可以避免的成本时（总收益必须足够支付总的可避免成本㊁），管理者才会选择继续生产。这一原则在短期和长期生产中都适用。接下来我们会先看一下短期生产的情形，并在本章后面部分讨论长期生产的情形。

当总收益超过总变动成本（$TR > TVC$）——或者说当价格大于平均可变成本时（$P > AVC$），企业获得的收益足以支付所有变动成本，并且，还有剩余收益用于支付部分固定成本。因此，生产带来的损失一定小于总固定成本，比产量为零时损失所有固定成本要好得多。下面考虑一下相反的情形，即总收益不足以支付总变动成本（$P < AVC$）。在这种情况下，企业如果决定生

㊀ 这里只有一种可能性非常小的例外情况：当市场价格正好与最小平均价格相等时，那么价格就等于边际成本，所以在同一产出水平上会同时实现利润最大化（等于零）和利润边际最大化。

㊁ 之前我们已经提过，如果企业有准固定投入，那么总的可避免成本就包括总的可变成本和总的准固定成本。因此，只有当总收益能支付总的可变成本和总的准固定成本时，这类企业才会选择生产而不是停产。除非特别说明企业有准固定成本，否则我们都假设总的可避免成本就等于总的可变成本。

产，它的损失将比固定成本要多，因为增加了部分无法通过收益弥补的变动成本。可见，这比停产并仅仅损失总的固定成本要好得多。因此，当总收益低于总的可变成本（$TR<TVC$）或当价格低于平均变动成本（$P<AVC$）时，企业应该关门，什么都不生产。

当价格等于平均变动成本（$P=AVC$）时，损失在两种决策中没有差别，管理者认为在 $P=SMC$ 时决定生产的产量，和根本就不生产没有什么不同。为了解决这种无差别带来的困惑，我们也可以假设当 P 与 AVC 相等时，管理者选择生产而不是关门。我们可以将管理者是否生产的决策总结成如下原理。

原 理

在短期，只要总收益大于或等于总变动成本（$TR \geqslant TVC$），或者价格大于或等于平均变动成本（$P \geqslant AVC$），企业的管理者将选择在 $P=SMC$ 时的产量生产，而不是关门。如果总收益低于所有可避免成本，或者说价格低于平均变动成本（$P<AVC$），管理者将选择关门，什么都不生产，这时损失等于总固定成本。

图 11-5 说明了经理是生产还是关门的决策。假设市场价格为 10.50 美元。在各产出水平上，这个价格都低于平均成本（$P<ATC$），所以企业一定会亏损。如果经理最终决定不关门，而继续生产，则企业在 $MR(=P)=SMC=10.50$ 美元时生产 300 件产品。在该产量上，总收益为 3 150 美元（$=10.50\times300$），总成本为 5 100 美元（$=17\times300$），企业获得的（负）利润为 $-1\ 950$ 美元（$=3\ 150-5\ 100$）。如果不生产，损失大于 1 950 美元，经理就应该选择生产，产量为 300 件。

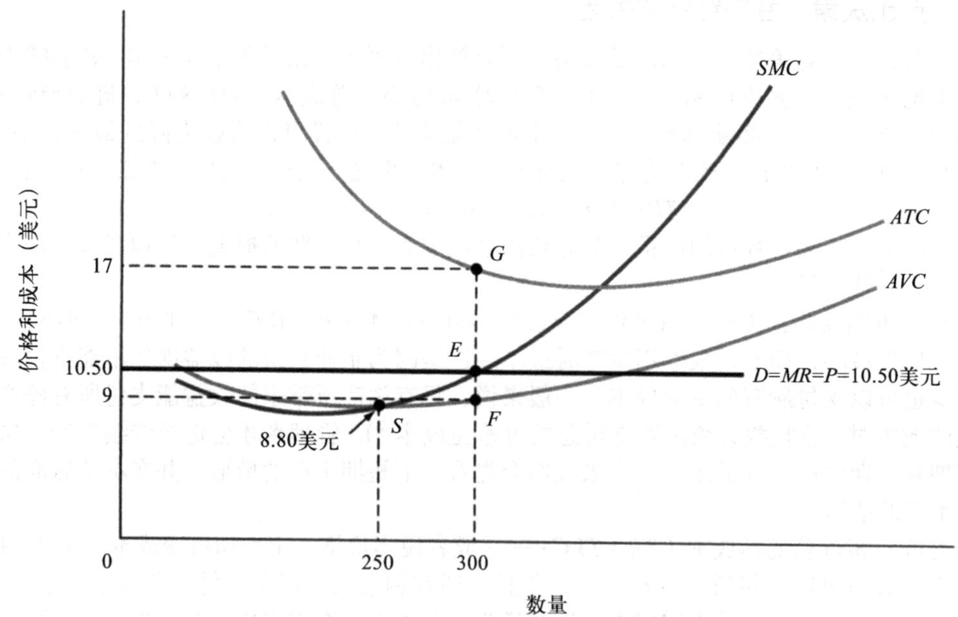

图 11-5 短期亏损最小化：$P=10.50$ 美元

根据公式 $TFC=AFC\times Q$ 和 $AFC=ATC-AVC$，我们可以计算出总固定成本（$Q=0$ 时的损失）。图 11-5 给出了 $Q=300$ 时，$AFC=8$ 美元（GF 间的距离，即 $17-9$），则 $TFC=8\times300=$ 2 400 美元。很明显，经理应该决定生产 300 单位，亏损 1 950 美元，而不是关门，关门亏损 2 400 美元。

生产 300 件时，价格（10.50 美元）比平均变动成本（9 美元）多 1.50 美元，则在该水平上，总收益（3 150 美元）也就比总变动成本（9×300＝2 700 美元）高出 450 美元（＝3 150－2 700）。支付了全部变动成本后，所盈余的 450 美元收益便可用来抵偿部分固定成本（2 400 美元），未被抵偿的那部分固定成本就是企业的亏损额（2 400－450＝1 950 美元）。

现在你可以看到，在短期，当价格低于最小平均变动成本时，企业将关门。正因为此，平均变动成本最低价格被称为**关门价格**（shutdown price）。在图 11-5 中，企业的关门价格是 8.80 美元。如果价格大于或 8.80 美元，企业应该在 $P=SMC$ 处生产。如果价格低于 8.80 美元，企业应该关门。

11.3.3　沉没成本、固定成本和平均成本的不相关性

回顾一下，想要达到最优决策水平的决策制定者，必须比较决策的边际收益和边际成本，而完全不要考虑与决策无关的沉没成本和固定成本。此外，平均成本对于实现最优化没有任何帮助；只有边际成本才有助于找到最优化水平。我们接下来会分析在短期生产中，价格接受型企业的经理们要找到利润最大化生产水平，除边际成本以外的各类成本都是不相关的。而在学习下一章时你会发现，我们这里的讨论，对于价格设置型企业的经理们也同样适用。

我们先从第 3 章和第 8 章已经讨论过的沉没成本开始。沉没成本是在先前已经支付了并无法收回的成本。虽然说沉没成本在决策制定中不具有相关性，但这并不意味着沉没成本在任何决策中都不重要。在企业没有投入沉没成本之前，经理在做决策时，会把现在的沉没成本看成可避免成本，因此，那时沉没成本是制定决策的边际成本的一部分。只有当沉没成本支付并无法收回以后，它对当前和未来的决策制定才不具相关性。让我们一起来回忆一下，第 8 章中建筑公司购买建筑许可证所投入的沉没成本这个案例。1 月 1 日购买了许可证以后，一年剩下的时间里这个沉没成本就不再具有决策相关性。事实上，在这一年的剩余时间里这个许可证的经济成本都是零。沉没成本已经成为一种无法收回的历史成本，因此不再具有相关性。

在第 3 章中，我们也强调了平均成本对找到最优行动水平不具有相关性。而在这里，不具有相关性的平均成本有三种衡量标准：平均总成本、平均可变成本和平均固定成本。虽然平均成本的这几个衡量标准对于计算总成本肯定非常有用（平均成本乘以产量等于总成本），要达到最优产量的决策只与边际成本有关（$P=SMC$），而与平均成本无关。正如我们在图 11-3a 中看到的，选择平均总成本（ATC）最小化以及利润边际（$P-ATC$）最大化，一般情况下都不能实现利润（π）最大化。

现在，你应该确信在做产量决策时，最好不要考虑 ATC，但你可能会认为平均可变成本（AVC）对于决策制定是很有用的：关门规则就会比较价格和平均可变成本。这不意味着 AVC 在制定最优化产量决策时是有用的吗？但准确来说，关门规则只适用于是否要生产的问题。当管理者决定生产时，关门规则对于找到最优化产量水平就不再有用。因此，AVC 对于是否要生产的决策制定是有用的，但对找到最优化产量水平是不相关的。当企业决定生产以后，经理们就必须了解边际成本（以及边际收益）来达到利润最大化或损失最小化的最优化产量水平。

为了使你更深刻地理解固定成本与决策无关的原因，先提醒你一下，边际成本是不受固定成本影响的。在第 8 章中我们曾介绍过，U 形的边际成本曲线是由 S 形的总变动成本曲线，或倒 U 形的边际产量曲线决定的。例如，在图 11-5 中，不论固定成本怎样变化，都不会对边际成本曲线有丝毫影响。即使固定成本翻番，SMC 也不会移动或改变形状，而且，边际收益仍然会和边际成本相交在原产出水平上。不论有多少固定成本，300 件的产量始终是价格为 10.50 美元时利润最大化（亏损最小化）的产出水平。

假设某企业的 SMC 和 AVC 曲线正如图 11-5 所示，我们选择 5 种不同的固定成本水平，通过分别检验其关门决策，来说明固定成本并不会影响企业决定是生产还是关门。保持价格 10.50 美元不变，表 11-1 给出了每种固定成本水平上的有关收益、成本、利润的情况。首先

我们注意到，不论哪种固定成本水平，最优生产水平都是300单位，这是因为此时*SMC*等于10.50美元。表11-1显示在所有情况中，总收益为3 150美元，总变动成本为2 700美元，支付了变动成本以后，450美元的盈余将用于抵偿固定成本。

表11-1 固定成本的无关性

(1) 总固定成本（美元）	(2) 价格（美元）	(3) 产量	(4) 总收益（美元）	(5) 总变动成本（美元）	(6) 偿付变动成本后的剩余收益（美元）	(7) Q=300时的利润（损失）（美元）	(8) Q=0时的利润（损失）（美元）
200	10.50	300	3 150	2 700	450	250	−200
2 400	10.50	300	3 150	2 700	450	−1 950	−2 400
3 000	10.50	300	3 150	2 700	450	−2 550	−3 000
10 000	10.50	300	3 150	2 700	450	−9 550	−10 000
100 000	10.50	300	3 150	2 700	450	−99 550	−100 000

当固定成本只有200美元时，因为收益超出成本，经济利润就大于零。显然，经理会选择生产赢利，而不会决定停产，让固定成本白白损失。就其他四种情况而言，收益在支付了变动成本后，不足以抵偿固定成本，利润就变成为负值。第（7）列、第（8）列分别是企业生产300件（$P=SMC$）时的损失和不生产损失的固定成本。

在各种企业亏损的情况下，生产300件时的损失都比关门的损失要少450美元。不论总固定成本有多高，都是这样。所以，固定成本水平对企业的生产决策并无作用。我们现在将价格接受型企业短期产量决策总结成如下原理。

原 理

①平均变动成本决定是否生产：当价格低于*AVC*最小值时，企业就停止生产——关门。②边际成本决定生产产量：如果$P \geqslant AVC$最小值，企业就按$SMC=P$的产出水平生产。③平均成本决定企业生产的盈亏状况：如果企业选择生产，利润等于*P*和*ATC*的差与产量的乘积。

11.3.4 企业和行业的短期供给

用我们前面讨论导出的概念，我们可以得出单个企业在完全竞争市场的短期供给曲线。

图11-6说明了整个推导过程。在图11-6a中，*a*、*b*、*c*三点分别是企业在价格为5美元、9美元、17美元时，利润最大化的均衡点。也就是说，高于平均变动成本的那部分边际成本曲线，代表了在每一种价格水平上企业愿意并能够供给的量，这就是供给的定义。图11-6a中所示的三种产出水平80、110和170，即为图11-6a中在5美元、9美元和17美元三种价格下的供给量，而对于市场价格小于最小平均变动成本的情况，供给量为0。

当行业中所有企业改变产量，只要投入要素价格不变，行业的供给曲线可以通过每个生产者的边际成本曲线水平相加得到。比如，如果行业有100个与图11-6a完全相同的企业，价格为5美元的行业供给数量是8 000单位，价格为9美元的供给数量是11 000单位，价格为17美元的供给数量是15 000单位。企业短期的供给曲线*S*向上倾斜，所以，一个竞争行业的供给曲线S_{SR}也一定是向上倾斜的[⊖]。我们应该注意到，任何企业边际成本曲线的改变，都移动了企业以致行业边际成本曲线。对任意行业产量而言，短期行业供给曲线S_{SR}的供给价格等于行

⊖ 如果行业内所有企业同时扩大生产，那么使用的要素中一定有一些有显著的增长。所以这些要素的价格会上扬，导致所有公司的成本都上升，边际成本也上升。在这种情况下，行业短期供给曲线S_{SR}某种程度上将会比要素价格稳定时斜率更大，更缺乏弹性。

业内每个企业的供给价格。例如，在 *B* 点，9 美元是生产 11 000 单位的边际成本。行业的第 11 000 单位的产品，是行业内 100 个企业中一个企业的第 110 个单位的边际成本，不管是哪个企业生产的。于是，短期行业供给曲线也是行业边际成本曲线。

关系

在完全竞争市场上，单个价格接受型企业的短期供给曲线，即是高于平均变动成本最小点的那部分边际成本曲线。若市场价格低于最小平均变动成本，则供给量为零。将某竞争性行业中所有单个企业的供给曲线水平相加，可以得到行业总的短期供给曲线。完全竞争行业的短期供给曲线斜率往往是大于零的。沿行业供给曲线的供给价格，给出了行业中每个企业生产的边际成本。

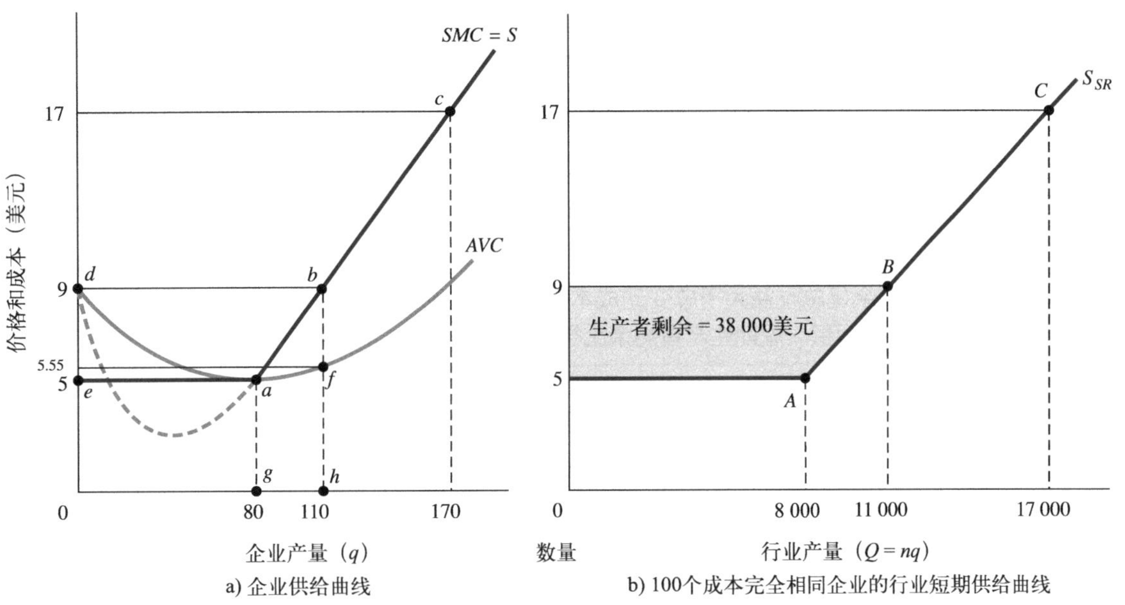

图 11-6　某企业和行业的短期供给曲线

11.3.5 短期竞争均衡下的生产者剩余和利润

在第 2 章我们讨论生产者剩余时，并没有区分短期和长期供给曲线。在图 2-6 中，供给曲线 S0 既可以表示短期供给曲线，也可以表示长期供给曲线。无论短期，还是长期，生产者剩余的衡量方法都是相同的，但是短期生产者剩余与长期不同。在本节中，我们将解释为什么在短期竞争均衡中，市场价格和短期行业供给线之间的部分，衡量的是所有在短期竞争均衡下的企业的生产者剩余，我们将这个生产者剩余与短期利润联系起来。在第 11.4 节，当我们推导出长期行业供给曲线的时候，我们将解释当所有企业长期经济利润为零时，谁得到了生产者剩余。

如前所述，无论是短期分析还是长期分析，生产者剩余都等于供给的产量范围内，供给曲线与市场价格之间的面积。对提供的任意单位产品而言，收益高于供给价格（生产者愿意提供该单位产品的最低价格）表明与消费者交换的净收益。像我们在短期企业和行业供给曲线的推导中所展示的，每单位产量的供给价格等于其短期的边际成本。例如，在图 11-6a 中，生产第 110 单位的边际成本是 9 美元，即用于生产第 110 单位产品所需要增加的变动投入成本。很显然，经理不会以低于变动投入成本 9 美元的价格，供应第 110 单位的产品。

将每单位市场价格和供给价格（*SMC*）之间的差值加总，得到短期企业的总生产者剩余，即总收益与总变动成本的差值：

$$生产者剩余 = TR - TVC > \pi$$

因此，生产者剩余大于短期经济利润，差值为总固定成本。

在图 11-6a 中，假设市场价格是 9 美元，一个企业供应第 110 单位产品。这个企业的总生产者剩余是 380 美元（四舍五入的 50 分忽略不计），为 110 单位产量区间，总收益和总变动成本之间的差值。

$$\begin{aligned}生产者剩余 &= TR - TVC = 9 \times 110 - 5.55 \times 110 \\ &= 990 - 610 = 380（美元）\end{aligned}$$

或者，也可以通过计算 110 单位产量内，供给曲线和市场价格之间的面积得到等价的 380 美元。因为在图 11-6 中，*a* 点以上 *SMC* 恰好为线性，生产者剩余可以简单通过计算梯形 *edba* 面积得到，[⊖]而不必采用微积分。

$$\begin{aligned}生产者剩余 &= 梯形\ edba\ 面积 = 高 \times 平均底边长 \\ &= (9-5) \times (80+110)/2 = 380（美元）\end{aligned}$$

对行业而言，总生产者剩余是图 11-6b 中 S_{SR} 以上，9 美元以下的面积。因为行业内有 100 家与图 11-6a 成本相同的企业，图 11-6b 中的阴影面积是 3 800 美元，就是单个企业生产者剩余的 100 倍（$=100 \times 380$）。

关 系

短期生产者剩余是总收益大于总变动成本的部分，也是在供应的产量区间，短期供给线以上，市场价格之下的面积。短期生产者剩余比经济利润多，多一个总固定成本。

这总结了我们关于竞争价格接受企业短期利润最大化产量决策的分析。现在我们将分析当所有投入，即所有成本都是变动的情况下，价格接受企业长期利润最大化的产出决策。

11.4 长期利润最大化

就短期而言，因为企业使用的有些投入是固定的，所以经理在做出生产决策时就受到一定限制。经理一般认为，短期内比较有代表性的关键固定投入就是企业的厂房和设备。而在长期内，所有的投入都是变动的。经理就可以选择采用最佳的工厂规模（资本量）有效地达到使利润最大化的产出水平。这种选择，即我们经常所讲的“运作规模”。运作规模虽然在短期内固定不变，可是就长期来讲，它可以作为经济保障条件而变化。

长期决策也可以看作企业进入某行业的规划阶段。在该阶段内，企业尽力去决定要建立多大的生产体系，即最优的运作规模。一旦计划最后敲定（一定规模的工厂已经建成），企业就在短期内运作。前面我们讲过，完全竞争的一个基本特征就是企业可以自由进出行业。在这一节里，新企业的进入（只有在长期内才有可能），将在对竞争性企业的长期分析中起到举足轻重的作用。

11.4.1 企业利润最大化的长期均衡

假设某竞争性行业中的企业可以取得经济利润，某实业家正考虑进入该行业。在了解了长期的成本和产品价格后，这位未来的进入者也期望取得同样的经济利润。因为所有的投入均为

⊖ 注意，梯形面积 *edba* 是长方形 0*dbh*（$=TR$）减去多边形 0*eabh*（$=TVC$）所剩的面积。多边形 0*eabh* 实际上等于 *TVC*，因为长方形 0*eag* 的面积给出了前 80 单位的 *TVC*，梯形 *gabh*（在 *SMC* 以下的区域）给出了剩下 30 单位的 *TVC*。

可变，进入者可为新的企业选择适当的规模。下面，我们将用图形来解释这个决策。

图 11-7 中，*LAC* 和 *LMC* 分别是长期的平均成本和边际成本曲线。企业的需求 *D* 是完全弹性的，代表了均衡价格（17 美元），也等于企业的边际收益。只要价格高于长期平均成本，企业就可以赢利。所以，图 11-7 中介于 20 ～ 290 的产出水平都可以获得经济利润。这里的 *B* 点和 *B′* 点有时也称为盈亏平衡点。在这两点上，价格等于长期平均成本，经济利润为零，企业的所有者只能取得正常利润（或正常回报率）。

当边际收益等于长期边际成本时（点 *S*），产量为 240 件，利润达到最大，企业便希望将产量定在 240 件上。在这种情况下，企业不会选择生产 140 件，即长期平均成本的产出水平最低点 *M*。在 *M* 点上，边际收益超过边际成本，企业就可以通过增加产量利润。图 11-7 中，*S* 点的产量为 240 件，总收益（价格 × 数量）等于 4 080 美元（= 17 × 240），也就是矩形 0*TSV* 的面积，而总成本（平均成本 × 数量）是 2 880 美元（= 12 × 240），等于矩形 0*URV* 的面积，这样，我们就可以得出总利润为矩形 *UTSR* 的面积，等于 1 200 美元 [= (17 − 12) × 240]。

因此，企业便规划在长期边际成本等于价格的规模（或工厂的大小）上经营，这是赢利最大的情况。不过，我们将要证明环境会有所改变。如果图 11-7 中的企业能够自由进入行业，其他进入者也可以考虑进入。这会使市场价格降低，下面我们就来解释这个过程。

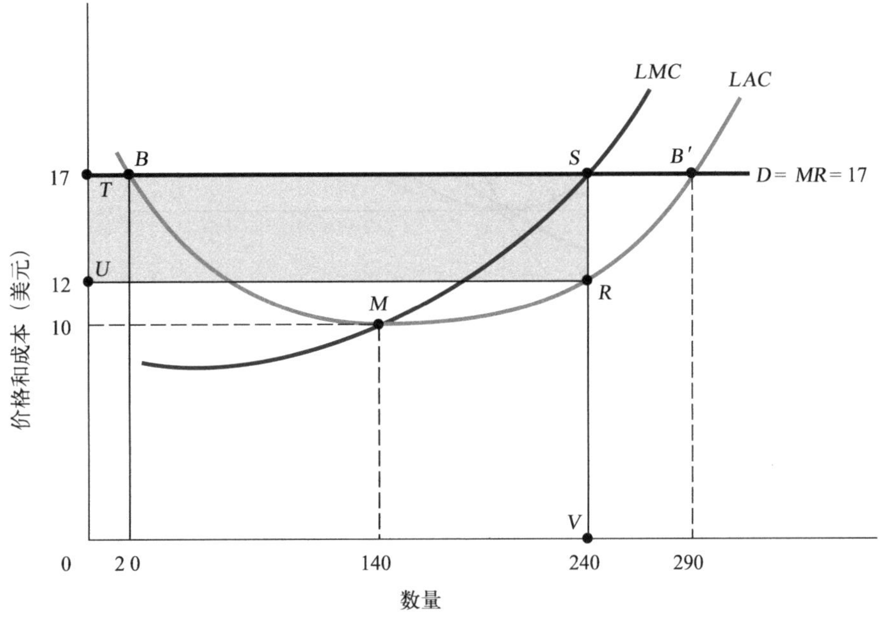

图 11-7 长期利润最大化均衡

11.4.2 行业的长期竞争均衡

虽然当 *MR* = *LMC*（见图 11-7）时，单个企业便达到了利润最大化的长期均衡；但对于整个行业而言，只有不再吸引新企业进入，同时也不会阻碍原有企业退出时，才可以达到长期均衡。如果行业中存在经济利润或经济损失，就会出现诱使企业进入或退出的力量。

经济利润吸引新企业进入该行业，进而增加了全行业的供给，这种供给的增加将导致价格下降。为了保持利润最大化，当价格降低时，行业中的全部企业都会对自己的产出水平进行调整。新企业继续进入，价格还会再下降，现有的企业必须不断调整产出，直到所有的经济利润消失殆尽。这时，行业不再对新的进入者有任何吸引力，行业中的所有企业只能获得正常回报率。

经济损失也会促使已有的企业逐渐退出（离开）该行业，整个行业的供给量也随之减少，供给减少导致了价格上升。为了继续满足利润最大化，企业必须根据价格的上升调整各自产出水平。只要有经济损失，现有的企业就会继续退出该行业，直到经济损失全部消除，此时，企业所得的经济利润为零，取得正常回报率。

长期竞争均衡（long-run competitive equilibrium），不仅需要所有的企业达到利润最大化，还要求它们的经济利润为 0。㊀当价格等于边际成本（$P=LMC$）时，企业的利润最大；而当价格等于平均成本（$P=LAC$）时，企业就不再进入或退出该行业。所以，只有在价格等于最低点 LAC 时，即 $LMC=LAC$ 点上，这两个条件才可以同时满足。

图 11-8 表示了一个达到长期竞争均衡的典型企业。㊁图中的长期成本曲线与图 11-7 类似，不过二者的区别在于：图 11-7 中，企业处于利润最大化均衡，但是整个行业还没有达到零利润均衡；而在图 11-8 中，不仅企业利润最大化（P 等于 LMC），而且由于经济利润为零（$P=LAC$），行业也达到了长期竞争均衡。

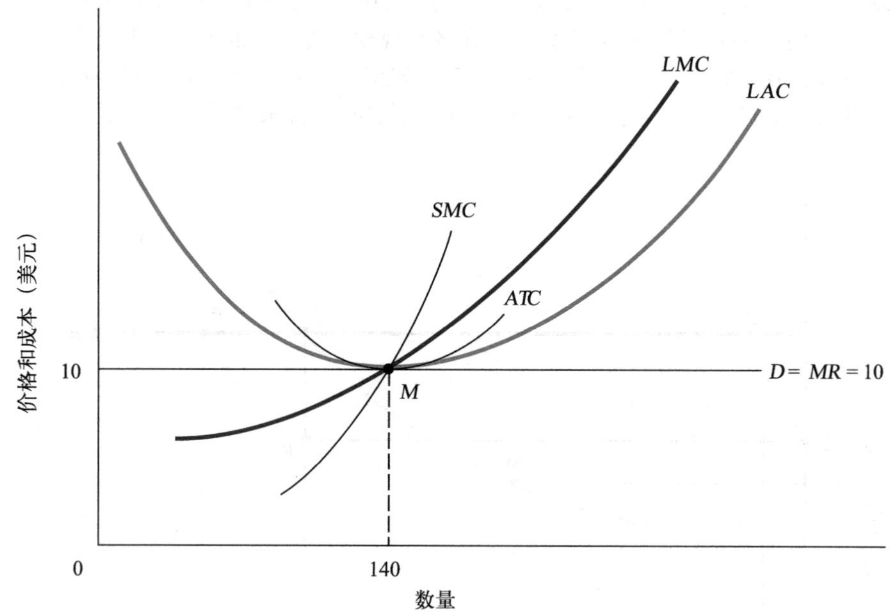

图 11-8 完全竞争行业中企业的长期均衡

点 M 即长期均衡点，此时价格为 10 美元，产量是 140 件。行业中的每个企业既不会赢得经济利润，也没有任何经济损失。由于该行业的回报率等于企业其他最优选择的正常回报，就不会引起未来的进入；同样，企业也不会选择离开该行业。企业的数量就此固定，各自在短期边际（SMC）和平均成本（ATC）所代表的规模上运营。我们下面就来总结长期竞争均衡的原理：

 **原理**

达到长期竞争均衡时，所有企业处于利润最大化（$P=LMC$）；而且因为经济利润为零

㊀ 经济学家、立法委员和政治分析家有时将企业所有者提供的资源的成本称为“正常利润”。生产的总经济成本等于显性成本加上隐性成本。这样，当经济利润为 0 时，企业所有者赚取的是足够的会计利润（总收益减去总显性成本），足以与用自有资源于其他最好选择的回报相抵。当经济利润为 0 时，我们可以说企业赚取的是正常利润，或者获得正常回报率。

㊁ 我们假设行业内所有的企业成本曲线相同。例如，图 11-7 和图 11-8 展示了典型企业的成本曲线。然而假设实际上是为了简化理论分析，不假设所有企业成本曲线相同，也不会影响结论。

（$P=LAC$），对于企业而言，并没有任何原因促使其进入或离开该行业。通过企业进出行业的行为，市场可以调节产出使 $P=LMC=LAC$，也就是 LAC 的最小点，这时，企业就达到了长期竞争均衡。

11.4.3　完全竞争行业的长期供给

在短期内，行业中的资本量和企业数目固定不变，价格上涨将导致行业产量的升高。产量增长的同时，各企业更大强度地利用固定资产，也就是说，企业是通过雇用更多的变动投入来增加产量的。正如我们以前讨论过，短期的行业供给曲线往往是上倾的。

就长期而言，当新企业的进入成为可能，企业对价格上涨的反应便开始了一个新的方式：整个行业对价格上涨进行供给调整，直到进入或退出导致零经济利润。这就意味着，在长期行业供给曲线上的所有点，经济利润必须为零。

为了导出长期内的行业供给曲线，我们首先要区分两种行业类型：①成本递增行业；②成本不变行业。如果当某行业中所有企业扩大生产而使投入量增加时，某种投入的价格便会提高，该行业就是**成本递增行业**（increasing-cost industry）。例如，在个人计算机行业，若生产扩大了 15%，很多专用原材料（像微处理器芯片、RAM、磁盘驱动器等）的价格就会增长，使所有企业的边际成本曲线和平均成本曲线上移。相反，如果当行业的产量和投入量均增长时，全部投入的价格仍保持不变，这就是一个**成本不变行业**（constant-cost industry）。[⊖]举个例子说，瑞典芜菁甘蓝种植行业实在太小，它对化肥、农业劳动力和机械等投入的使用，并不能影响到这些投入的价格。所以，该行业就可能是一个成本不变行业。

图 11-9 表现了在成本不变行业中，代表性企业（见图 11-9a）和整个行业长期供给曲线（见图 11-9b）之间的联系。在行业各产出水平上，长期的供给价格一直是 10 美元。这个结果也符合经济利润为零的长期均衡条件。因为新企业的进入经常会使价格回复到经济利润为零的那一点（图 11-9 中点 M）上，不论行业的产出水平如何，长期的供给价格一定等于最小长期平均成本 10 美元。由于此行业是成本不变行业，产量的扩大不会使最小 LAC（点 M）上升。所以，长期的供给价格是不变的，它等于 LAC 和 LMC 的最小值。因为供给价格不变，所以对成本不变行业而言，S_{LR} 是平的，或者称完全弹性。

例如，当新的企业进入，行业的产量由 28 000 件扩大到 105 000 件，每个（新的和旧的）企业最后都会以 10 美元最低 LAC（和 LMC）生产 140 件产品。长期内，单个企业的产量（q）并不会增加；行业产量（$Q=nq$）扩大了，因为行业中企业的数目增加了，每个新企业会生产 140 件。当生产 28 000、105 000 和 140 000 件时，企业数量分别为 200、750 和 1 000 家，行业都达到长期均衡。例如在点 A，200 家企业（n）每家都生产 140 单位（q），行业总产量（Q）等于 28 000（$=nq=200\times140$）。最后，在 S_{LR} 上的所有点（像 A、B、C）上，经济利润均为零。于是，长期供给价格 10 美元，给出了行业不同产量下的长期平均成本和边际成本：$P=10$ 美元 $=LAC_{\min}=LMC$。

下面我们来考虑成本递增行业。图 11-10 说明了该行业中，一个典型企业（见图 11-10a）和整个行业长期供给曲线（见图 11-10b）之间的联系。作为一个成本递增行业，当扩大产量时，原材料价格上升，导致图 11-10a 中的长期平均成本曲线上移。LAC_A、LAC_B、LAC_C 分别是在行业产出水平为 28 000、105 000 和 140 000 件时所对应的逐渐升高的长期平均成本。举个例子，当行业产量由 200 家企业生产 28 000 件增长到生产 105 000 件时，投入价格上涨，将最小 LAC 上升到点 M'（见图 11-10a）。此时，行业中每家企业仍然生产 140 件，但企业数目变为 750 家，

⊖ 理论上存在成本递减行业，要素价格可能随行业产量上升而下降。成本递减行业极其少见，我们在本文中不予考虑。

他们以 15 美元的平均成本生产出的全行业总产量为 105 000 件产品。[⊖]和成本不变行业一样，该种行业的长期供给曲线上所有点的经济利润也为零。同样，当行业产量由 105 000 件提高到 140 000 件时，投入价格进一步增长，最小 *LAC*（和 *LMC*）达到 *M″*。在点 *C* 处，全部 1 000 家企业各自生产 140 件产品，平均成本变为每件 17 美元，企业获得零经济利润。而在成本不变行业，S_{LR} 也给出了每一单位行业产量 *LAC* 和 *LMC* 的最小值。例如，生产第 140 000 单位的长期边际成本是 17 美元，平均成本也是每单位 17 美元。

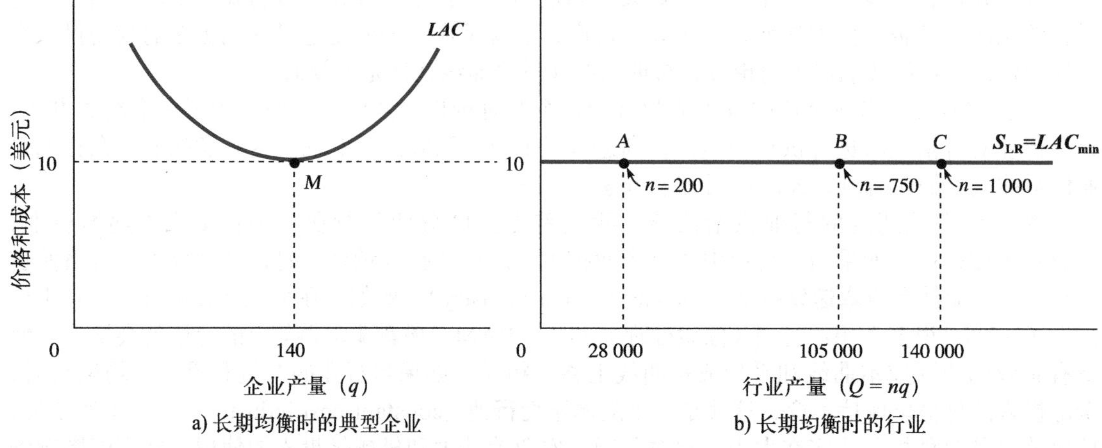

图 11-9　成本不变行业的长期行业供给

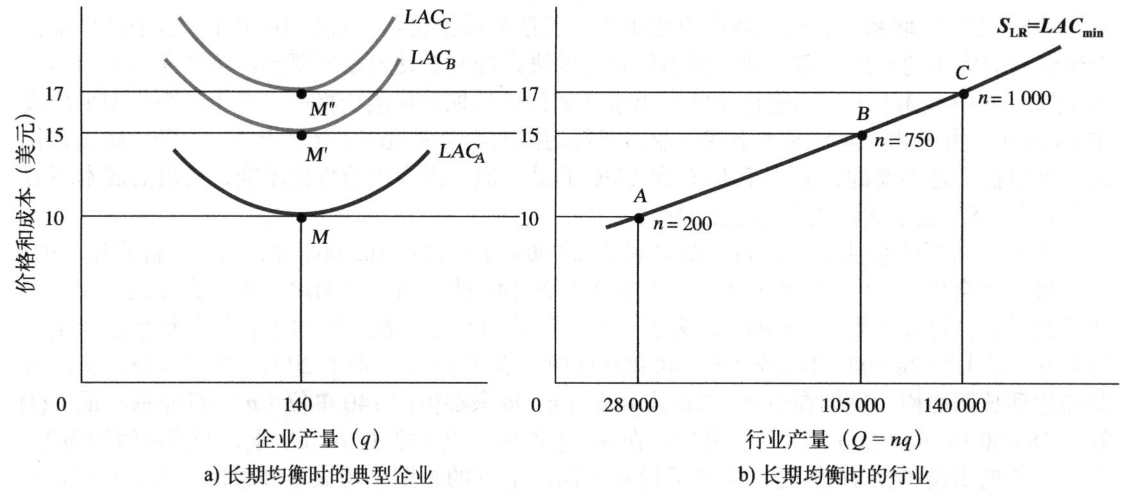

图 11-10　成本递增行业的长期行业供给

关 系

对成本不变行业和成本递增行业而言，长期供给曲线给出了不同行业产量下的供给价格，使行业达到长期竞争均衡。行业内每个企业在长期供给曲线上所有点的经济利润都为零。对成本不变行业和成本递增行业而言，长期行业供给价格给出了所有企业长期平均成本的最小值

⊖　在图 11-10 中，我们假设稍高的 *LAC* 曲线 LAC_B 和 LAC_C 上的最小点仍然保持 140 件的产量。实际上，*M′* 和 *M″* 也都可能大于或小于 140 件的产量；在本例中，我们只简单调整图 11-10b 中点 *B* 和点 *C* 的企业数量。

（LAC_{min}）和长期边际成本。根据是成本不变行业还是成本递增行业，决定长期行业供给曲线是平的，还是上倾的。

不论其所在行业是成本不变还是成本递增，具有完全竞争特征（尤其是低进入壁垒和产品同一）的企业经理们应该预见到，在长期内经济利润终会因新企业的进入而丧失；同样，短期的损失也将随着许多企业在长期内退出该行业，产品价格上升而得到扭转。如果企业在成本递增行业中运作，经理们还应预见到新企业的进入将促使投入的价格上涨。

◇专栏 11-2

政府财政补贴威胁全球半导体市场复苏[⊖]

今天，半导体是所有电子或数字产品都不可或缺的必要组成部分：iPhone、BlackBerry、*MP*3 播放器、手机、摄像机、个人计算机的固态驱动器，以及电动汽车的智能基础设施和控制等。作为现实中一个几乎处于完全竞争的行业，全球的半导体产业都已经习惯了繁荣与萧条的循环。在享受了 2002 年至 2007 年年初历史上最赚钱的存储和逻辑芯片生产时期之后，到 2008 年年底，全球整个半导体行业都面临着产能严重过剩的问题。半导体需求急剧减少，芯片价格也大幅下降。2007 年和 2008 年的经济损失是这个行业有史以来最严重的。

在 2009 年年初，随着该行业继续面临损失，很多首席执行官和行业分析师都被警告，芯片生产供给过剩。在以前的萧条期，这个行业的表现与完全竞争理论预测的一样：很多芯片生产商破产而退出这个行业，而支撑下来的企业继续减产直到芯片价格回升到可以获利的水平。这种萧条期一般会持续 6 ～ 18 个月，但以前总能解决这个行业产能过剩的问题。

有些行业分析师担心 2007 年的萧条与以前不一样，有可能无法自我调节走出萧条。中国香港地区 Merrill Lynch 全球芯片研究所负责人 Daineil Heyler 认为，到 2008 年下半年，情况已经变得“令人绝望”。另一位专家预测说，中国台湾地区每一家芯片制造商都有可能会倒闭（占全世界芯片供应的 25%），而且就算这样，可能还会存在供应量大于需求量的问题。

因此，政府的财政补贴开始了。中国最大的芯片制造厂商拿到了 1.7 亿美元的援助资金。德国的 Saxony 州提供了 Qimonda 价值 2.06 亿美元的支持。在韩国，Hynix 半导体公司从一个国有银行财团那里拿到了将近 6 亿美元的新贷款。Bruce Einhorn 在《商业周刊》上发了以下评论：“如果其他国家和地区为本地企业持续提供财政援助，其他芯片厂商就会面临一个严峻的问题：它们必须选择是参与这种不公平的竞争，还是退出这个行业。”

在这个专栏中，我们会运用本章中讨论的长期竞争均衡理论来回答两个问题：（1）在 2007 年、2008 年，是什么导致半导体产业不能自己调整并结束该行业史上最长的萧条期？（2）政府对这些芯片制造商的补贴是帮助全球半导体产业恢复，还是在阻碍恢复？

第一个问题的答案是“很可能没有什么东西导致这种结果”。这次的损失这么大，而且这么持久的原因是因为之前的繁荣期有大量资金流入这个行业，建立了新的工厂和制造厂。当萧条期来临时，半导体生产商没有别的更好的选择，只能继续以极低的价格生产，因为他们可以获得足够的收益来支付可变成本。然而，芯片价格在半导体制造商停产之前就会下降到低于平均成本，因为固定成本占芯片总成本的一大部分——70%。

图中是一个组装工厂的典型短期成本曲线，以及当晶片市场决定价格为 200 美元 / 晶片时该工厂的需求曲线。在短期内，这个工厂没有停产，而是继续以每天 2 000 片晶片的产量进行

⊖ 此专栏内容主要来自以下文章：Bruce Einhorn, “Chipmakers on the Edge”, *BusinessWeek*, January 5, 2009, pp. 30-31; Evan Ramstad, “Memory Chips Signal Sector Getting Set for Recovery,” *The Wall Street Journal*, April 27, 2009, p. B1.

生产，从而使损失达到最小。在每天生产2 000晶片的产出水平上，平均成本是500美元，所以该工厂生产一片晶片的损失是300美元，每天总的损失量是600 000美元（=300×2 000）。虽然这也是一笔很大的损失，但如果该工厂选择停产并损失所有固定成本，那么平均每天损失的量就是700 000美元（=350×2 000），所以继续生产损失要少一些。

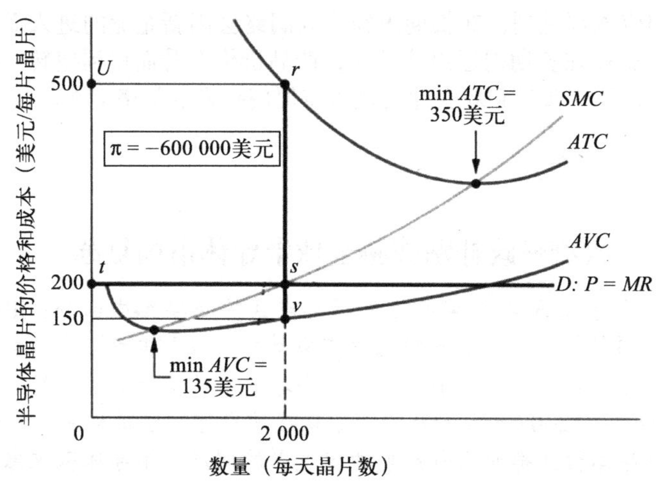

请注意，在该厂的成本结构中固定成本的比例较大，一般的半导体企业都是如此。每天总成本是100万美元，其中总的可变成本是300 000美元，总的固定成本是700 000美元。从图中可知，固定成本相对于可变成本来说比例太大，因此芯片价格在下降到最小*ATC*（收支平衡的价格是350美元）之后，还要下降很多才能到最小*AVC*（关闭价格是135美元）。因为2002～2007年史无前例的繁荣，把芯片价格推到了有史以来的最高水平，所以要芯片价格下降到需要停产的价格所需时间较长也就不奇怪了。⊖

下面我们讨论第二个问题。你会发现政府补贴对于生存下来的企业实现利润来说是不必要的。虽然要解决这个行业产能过剩的问题需要的时间比以前要久一些，但这总会使芯片价格上升到可以赢利的程度，所以，我们没有什么特殊理由相信均衡过程没有在很好地进行。如果半导体市场确实在向着一个新的长期均衡移动，那么政府补贴就会减缓，而不是加快解决产能过剩的速度。波士顿Avian Securities的首席研究分析师Avi Cohen非常好地表达了这一观点，没有人想要“政府补贴那些竞争力不强的企业。供应量永远都不会减少”。

正如我们的理论所预测的那样，2010年全球的半导体销售额急剧回升，全球芯片销量增长了32%。竞争性的市场力量以其以往可预测的方式，将半导体产业从低迷状态转变为进入盈利周期。如果政府在2008年就停止对芯片制造商的补贴，那么，很可能在2009年就会开始复苏。不管怎样，只要全球半导体市场仍然是一个完全竞争的产业，我们就可以确信繁荣和萧条的周期会不断重演。

11.4.4 经济租金和长期竞争均衡下的生产者剩余

到目前为止，在我们长期行业供给曲线的推导中，我们假设所有企业生产成本相同，当经济利润为正时，这些相同的企业可以自由进入市场。然而，当企业雇用的生产资源质量不同，导致生产力不同时，则企业成本也不相同。这个资源生产力差异导致较好的资源获得较高报酬。在行业长期供给曲线上倾时，这些额外的支付在决定谁得到生产者剩余中起着非常重要的

⊖ 半导体产业的萧条期往往比其他行业长，这是因为半导体行业资本设备的高度专业性极大限制了用于其他产业的可能。这就使资金退出半导体产业需要很长的一段时间，也延长了行业达到一个新的长期竞争均衡的时间。

作用。因为成本不变行业没有生产者剩余，本节的讨论仅限于行业供给上倾的情况。

使用相对较高质量资源的企业，相对于使用较低质量资源的企业，有较低的 *LAC* 和 *LMC* 曲线。考虑以下的例子，因为企业有优秀的生产资源，故而带来成本优势。一个拥有大量接近于地表的石油储备的石油企业，会比其他需要在近海深水中钻井取油企业的生产成本低得多。一个有饲养动物用的合成生长激素专利的企业，会比那些依赖更昂贵的替代流程的企业以更低的成本生产生长激素。一个雇用了更有经验或者更有天赋的机械师的航空公司，会比那些没有雇用有天赋的机械师的航空公司更具维护成本的优势。即使一些企业比竞争对手有更低的成本，所有企业在长期竞争均衡中经济利润却都为零。这个结果可能让你吃惊，你可能认为有较低生产成本的企业至少会赚一些经济利润，如果较高成本的竞争企业可以盈亏平衡的话（赚到零经济利润）。然而对一个长期竞争均衡的行业而言，你可能大部分时间都错了。

出现这个令人吃惊的结果，是因为有较低成本的企业会支付溢价，或者额外的款项来留住优秀的资源，超过了其他企业付给一般资源的价格。经济学家称这种额外的费用为**经济租金**（economic rent）。经济租金是向优秀（因此更有生产力）的资源支付的超过其最佳替代雇用机会（其机会成本）的款项。其他企业同样竞争优秀的生产资源，竞争将导致低成本的企业向优秀资源的所有者支付可观的回报。最终导致经济租金的竞价越来越高，直到使用优秀资源的企业长期竞争均衡的经济利润为零。㊀

我们可以用一个例子非常好地说明经济租金的概念。假设你是一名资深的建筑工程监理，为中档建筑商工作。你在组织管理各分包商，如水泥工人、木匠、泥水匠、管道工和油漆工等时，体现出了特殊才能。你可以比行业中典型的监理建成一座房屋节省 10% 的时间，所节省的时间使整个建筑的平均成本降低了。与其他建筑商相比，你的卓越的才能有效地降低了建筑成本 75 000 美元。假设一个经验丰富的建筑监理年薪 100 000 美元，你的年收入也如此。

在你所在的房屋建筑业市场中达到了长期均衡，其他每个建筑商的经济利润都为零。然而，你的企业每年赚 75 000 美元经济利润。你对 75 000 美元经济利润承担完全责任，因为你的公司除了你的卓越技能外，其他方面都与其他企业相同。你可以到行业里任何一家企业就职，为该企业多赚取 75 000 美元经济利润。假设你知道，其他企业知道，雇你的企业也知道。

现在你知道了，或者你以前就知道，你应该要求加薪 75 000 美元，到 175 000 美元，因为你知道你会降低他们的成本。即使你不要求雇主增加工资，其他企业知道你的降低成本的能力后，会试图抬高工资吸引你离开。

你的雇主或者在市场上其他的老板，实在别无选择。企业可以给你加薪 75 000 美元，让所有的经济利润都归入你的腰包，也可以拒绝给你这多余的 75 000 美元，任凭你投奔他人或自立门户。在你走后，你原来的雇主就会发现，他的成本在你离开后增加了 75 000 美元，结果经济利润为零。这样，市场上所有的企业，不论是否以 175 000 美元雇用你，都将只获得正常利润。而你，由于你超人的技能，可以取得额外的奖励 75 000 美元，当然这就是经济租金。而其他挣 100 000 美元的监理的经济租金为零。

对于任何资源，如果在抵消了它的机会成本后，仍可以使长期竞争均衡的企业取得经济利润的话，我们都可以对其进行上述的分析，资源的回报将会如上例那样升高。所以，一旦经济租金作为企业使用优秀资源的成本被包括在内，企业的经济利润就会为零。上面的例子只讲到了经理的特殊技能，实际上，像优良的土地、很好的地理位置、优秀的手工技能或优良的资本（那些不会被轻易复制）等资源都可以为其所有者带来经济租金。

如前所述，经济租金在理解长期生产者剩余时扮演着重要的角色。在我们关于短期行业

㊀ 短期也有租金，因为企业供给一些单位的价格超过了生产这些单位要求的额外资源的机会成本。短期赚到租金是由于固定投入通常被经济学家视为“准租金”，以区别是长期成本的经济租金。由于准租金短期正好等于生产者剩余，我们在本书中将短期准租金称为生产者剩余。

供给曲线的讨论中，我们向你展示了 S_{SR} 以上市场价格以下的区域是短期生产者剩余。这一剩余区域等于总收益减去行业内所有企业的总变动成本。然而，在长期均衡时没有经济利润，因为所有企业都面临资源成本（包括支付经济租金），资源成本正好等于它们的收益。那么，在什么情况下我们可以把上斜的长期行业供给曲线之上和市场价格之下的部分称为长期的生产者剩余呢？

为了回答这个问题，我们将图 2-6 中的供给和需求曲线复制成图 11-11。为了便于演示，供给曲线现在是行业的长期供给曲线 S_{LR}。在 S_{LR} 的每一点上，行业内的企业经济利润为零。结果长期生产者剩余（三角形 vwA），衡量的是支付给生产中的优秀要素的经济租金。换而言之，所有生产者剩余在长期都进入资源提供者的口袋里，没有生产者剩余进入市场上提供产品的企业里。在图 11-11 中，资源提供者赚到 16 000 美元经济租金。而完全竞争性产品供应商根本没有赚到经济利润。我们现在将经济租金和长期生产者剩余的讨论总结成以下关系：

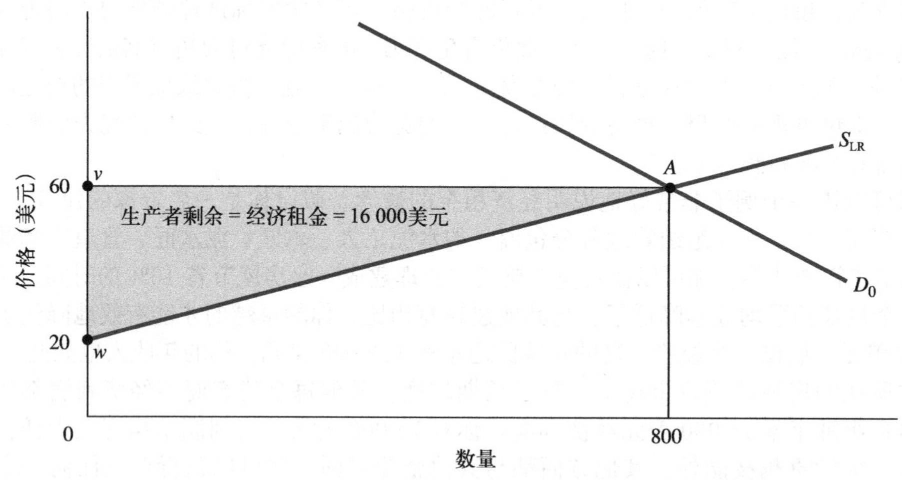

图 11-11　长期竞争均衡时的经济租金

关系

在长期竞争均衡时，雇用优秀生产力资源的企业经济利润还是为零，因为使用资源所得的潜在经济利润以租金形式付给了资源所有者。在成本递增行业，所有长期生产者剩余都被用作经济租金，支付给了资源提供者。

11.5 利润最大化的要素投入量

到现在为止，我们以产出决策形式分析了企业的利润最大化决策。可是，正如前言所讲，我们还可以从投入方面讨论利润最大化。当然，在我们决定了利润最大化的产出水平后，就自然得到了最具经济效率的企业投入量。第 8 章、第 9 章中讲过，成本函数与生产函数是直接联系的。所以，当我们决定了一个利润最大化产出水平时，也就得到了生产过程中各种投入的成本最小化用量。然而，我们也可能直接从投入决策找到利润最大化的均衡点。这样，我们就可以研究竞争性企业对投入或生产要素的需求理论了。

11.5.1 边际生产收益与雇用决策

选择使利润最大化的投入量时，采用的原则很简单，直接利用第 3 章中的无约束最大化理论。只要增加一单位投入（或生产要素）带来的收益高于成本，企业就应该扩大用量；反之，企业就不应提高投入的用量。

我们称增加一单位投入量所增长的收益为该投入的**边际生产收益**（marginal revenue product，MRP），该投入的边际生产收益等于该产品的边际收益和该投入边际产量的乘积：

$$MRP = \Delta TR/\Delta I = MR \times MP$$

式中，I 表示某种投入的用量水平。

对竞争性企业而言，某投入边际收益等于产品价格（即完全竞争企业的边际收益）和该投入的边际产量的乘积：

$$MRP = P \times MP$$

例如，一单位追加投入（如劳动）边际产量为 10，产品的售价为 5 美元，这一单位投入的边际生产收益就等于 50 美元（$P \times MP = 5 \times 10$）。换句话说，雇用额外的劳动使产量增加 10，产品单价为 5 美元，那么，雇用这个额外劳动增加的收益就是 50 美元。

正如第 8 章所讲，“典型”的边际产量曲线为先上升，达到最高点后再下降，所以，*MRP*（只是价格与边际产量的乘积）曲线也是先升后降的。在边际产量为负的投入水平上，边际生产收益也小于零。

经理决定雇用的投入量取决于边际生产收益和投入的边际成本。假设经理愿意无论使用多少投入，都可以以不变的价格得到。

图 11-12 说明了一个连续变动投入的一般规律。此例中，劳动是唯一的变动投入，图中只画出了 *MRP* 线下降的部分。在相应范围内，各投入水平上的 *MRP* 由 *MP* 曲线和产品市场价格相乘得出。所以，如果在投入量为 $\bar{L}$ 时的边际产量是 $\overline{MP}$，$\bar{P}$ 表示产品价格，那么，$\overline{MRP} = \bar{P} \times \overline{MP}$。这意味着第 L 名工人创造了 $\overline{MRP}$ 的收益。如果工资率为 w_1，经理就会雇用 L_1 名工人。此时，工人数不会低于 L_1，因为在此之前，多雇一名工人带来的收益都超过成本；同样，工人数也不能高过 L_1，因为增加的成本多于收益。如果工资率降到 w_2，经理就会将工人数扩大到 L_2。因此，若劳动是企业唯一的变动成本，经理会通过雇用一定数量的工人使利润最大化（或损失最小化），此时，劳动的边际生产收益等于工资率：

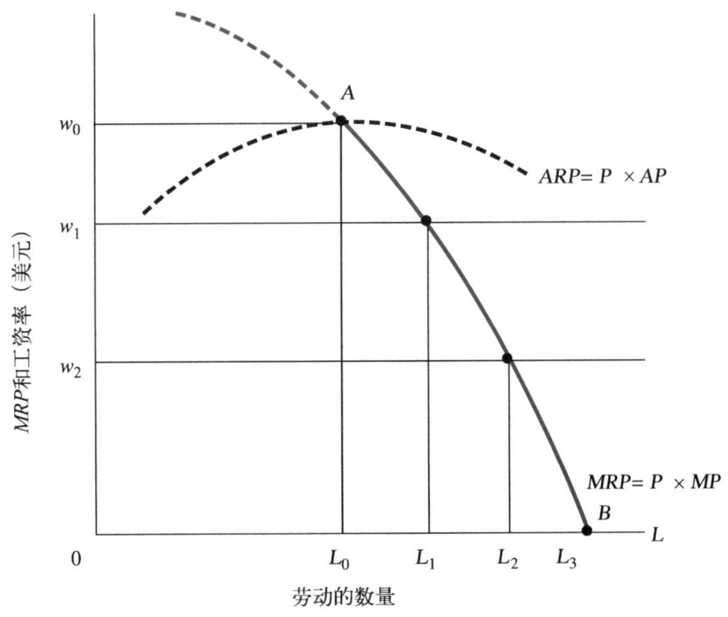

图 11-12　利润最大化的劳动力需求

$$MRP = w$$

此结果适用于任何变动投入。[⊖]

 **原 理**

如果增加一单位变动投入的 *MRP* 大于其价格，该单位投入就应该被雇用。如果增加一单位变动投入的 *MRP* 小于其价格，它就不应被雇用。若该变动投入的用量是连续变动的，经理就应该选定投入量，使：

$$MRP = 投入价格$$

我们知道，以利润最大化为目标的完全竞争性企业选定 $P = SMC$ 时的产出水平，以上原理便等价于这种情况。第 8 章中讲过，任何产出水平上的成本最小化要求：

$$SMC = w/MP$$

而利润最大化的产出水平条件是

$$P = SMC$$

当只有一种投入是变动的，从成本最小化情况入手，我们得到

$$P = SMC = w/MP$$

$$P \times MP = w$$

上式给出了利润最大化的投入用量。所以，同样以利润最大化为目标的情况下，产出决策的均衡条件 $P = SMC$ 与投入决策的均衡条件 $MRP = w$ 是完全等价的。他们都得出了同样的产出水平和投入用量水平。

11.5.2 平均生产收益与关门决策

现在我们想更精确地找出经理能够实际操作的 *MRP* 范围。显然，经理不会在 *MRP* 小于零时还增加雇工。此时，再雇用工人将减少总收益。而且，我们将证明如果工资率超过了劳动的平均生产收益，经理就会停止经营（即不雇用工人）。劳动的**平均生产收益**（average revenue product，ARP）是每个工人创造的平均收益，$ARP = TR/L$，很容易看出，*ARP* 可以由价格与平均产量相乘得出

$$ARP = TR/L = PQ/L = P(Q/L) = P \times AP$$

为什么当 $w > ARP$ 时，经理会选择关门呢？ $MRP = w$，这是利润最大化的充分条件，假设在此雇用水平上，$ARP < w$，即

$$w > ARP$$

将 $ARP = TR/L$ 代入以上不等式，得到

$$w > TR/L$$

不等式两边同时乘上 L：

$$wL > TR \quad 或 \quad TVC > TR$$

可见，当 $w > ARP$ 时，总变动成本超过了总收益。从以前的分析中，你应该知道如果总收益不能抵偿所有的变动成本，经理就会选择关门。所以，如果平均生产收益小于工资率时，企业不会雇用任何劳动。在图 11-12 中，如果竞争企业的工资率在超过 w_0 的 *A* 点，就会关门。

⊖ 就像说明的那样，我们没有包括斜率为正的 *MRP* 曲线，因为这一部分与投入决策不相关。如果工资等于 *MRP*，并且 *MRP* 是增加的，管理者将增加投入，这些投入的边际收入将大于工资。因此，这个水平的要素使用不是利润最大化的。

图 11-12 中，企业对劳动的需求即为投入量从 L_0 到 L_3 所对应的范围（点 A、B 之间）。为了利润最大化，经理把劳动用量定在 $MRP=w$ 的水平上。若工资率超过图 11-12 中的 w_0，而投入量水平仍满足 $MRP=w$，此时的工资率便超过了平均生产收益（$w>ARP$）最高点，企业就会关门，根本不雇用任何工人。总之，在高于点 A 的所有点上，企业都会关门。低于点 B 时，MRP 是负的，经理也永远不会雇用超过 L_3 单位的劳动。我们现在就将以上的讨论总结成原理：

原 理

如果完全竞争企业，变动投入要素价格高于 ARP（$=P\times AP$），那么只有关门，并且不雇用任何变动要素才会使企业损失最小。

在结束雇用决策的讨论前，我们要解释当多于一个变动要素时，企业的雇用决策尽管在数学上更复杂，仍然与单一可变要素基本相同。对每个变动要素，管理者通过雇用 MRP 等于价格时的要素量使利润最大化。例如，如果企业用劳动和资本两个变动要素，管理者通过如下要素投入水平使利润最大化：

$$MRP_L=w$$
$$MRP_K=r$$

由于每种要素的边际产量都因另一种要素的使用量变化而变化。这些条件必须同时满足。[⊖]

11.6 利润最大化产出决策的实施

尽管对经理来说，懂得利润最大化的基本原理是十分重要的，但更重要的是，他们要懂得如何应用这一原理使得企业利润达到最大化。经理应该能够用根据经验估计或者预测得出的相关变量和方程，最终决定能使得企业利润最大化的决策变量的实际值。前面你已经花了很长的时间学习估计各种需求、供给和成本函数，现在你将要学习如何利用这一掌握的技巧去回答一个对经理来说至关重要的问题，即如何在实际情况下应用利润最大化原理做出利润最大化的产出决策。

首先我们将介绍在一般情况下，经理是如何决定最优状况的，在这里，变量和函数的估计值是给定的。然后我们将举例说明，企业可以怎样使用这一方法来决定产出和投入的最优水平。

11.6.1 实施的一般原则

我们强调了经理在决定利润最大化产出水平时，必须回答的两个问题。这两个问题以及从理论分析中可以得知的答案归纳如下。

- 企业是应该继续生产还是应该关门？答案是：只要市场价格高于或等于最低平均变动成本，即 $P\geqslant AVC_{\min}$，就应该继续生产；否则应该关门。
- 如果继续生产，应该生产多少？答案是：产出水平应该是使得市场价格（也就是边际收益）等于边际成本（$P=SMC$）的那一点。

根据这两条规则，经理必须首先估计或者预测企业产品的市场价格、平均变动成本函数

⊖ 替换关系式 $MRP_L=P\times MP_L$ 和 $MRP_K=P\times MP_K$ 到利润最大化的条件之后，可以看到使利润最大化的劳动和资本也是经济有效的（位于扩张线上），因为它们也满足条件 $w/r=MP_L/MP_K$。当利润最大化的全部要素组合位于扩张线上时，扩张线上只有 1 个要素组合使利润最大——在利润最大化时相应的等高线上的要素组合。

以及边际成本函数。按照以下所解释的步骤，就能找到利润最大化产出水平和企业能获得的利润。

1. 步骤 1：预测产品价格

通常情况下，产出决策都是为将来某一时期制定的，比如，下星期、下个月、下个季度等等。所以要决定是否继续生产和生产多少，经理必须能预测到产品的售价。这里要记住的是，在完全竞争环境里，企业面对的不是向下倾斜的需求曲线，而仅仅是给定的市场价格。在第 7 章里，我们已经介绍过两种预测产品价格的统计方法——时间序列预测方法和计量经济学的预测方法。

2. 步骤 2：估计平均变动成本（AVC）和边际成本（SMC）

正如第 10 章里所强调的，三次方程适合用来估计短期成本曲线，因此，平均变动成本函数可以写成如下形式：

$$AVC = a + bQ + cQ^2$$

同样根据第 10 章中的证明，与这一平均变动成本对应的边际成本函数是

$$SMC = a + 2bQ + 3cQ^2$$

3. 步骤 3：检验关门规则

当 P 小于 AVC 的时候，企业选择关门，遭受的损失将比选择在 $P = SMC$ 的那一点继续生产遭受的损失要小。AVC 曲线的最低点 $AVC_{\min}$，就是决定是否应该关门的市场价格 P 的关键点。只要 P 高于或等于 $AVC_{\min}$，企业就应该继续生产而不是关门。在第 10 章中我们曾指出，平均变动成本曲线最低点是在 $Q_m = -b/2c$ 的地方取得的，因此把 Q_m 代进平均变动成本函数里，就可以得到 AVC 曲线的最低点：

$$AVC_{\min} = a + bQ_m + c(Q_m)^2$$

如果预测市场价格高于或等于最低平均变动成本（$P \geqslant AVC_{\min}$），企业应该在 $P = SMC$ 那一点上继续生产；反之，如果预测市场价格将会低于最低平均变动成本（$P < AVC_{\min}$），企业就应该选择在短期内关门，此时遭受的损失是总固定成本。

4. 步骤 4：如果 $P \geqslant AVC_{\min}$，找出满足 $P = SMC$ 的产出水平

在完全竞争的环境下，如果 $P \geqslant AVC_{\min}$，企业应该选择能够使得 $P = SMC$ 的那个产出水平。也就是说，如果企业决定在短期内继续生产，经理就应该选择能满足 $P = SMC$ 的产量。在成本函数是三次方程的情况下，利润最大化或者损失最小化要求：

$$P = SMC = a + 2bQ + 3cQ^2$$

解出这一方程，找到 Q^*，就是企业的最优产出水平。如果 P 小于 AVC，最优产出水平是零。

5. 步骤 5：计算利润或损失

一旦经理已经决定生产多少产品，那么总利润或者损失的计算就很简单，利润（损失）等于总收益减总成本。对于竞争企业，总收益等于市场价格乘以出售的数量；总成本是总变动成本和总固定成本的加总，总变动成本又等于平均变动成本乘以出售的数量。因此，总利润（损失）就等于：

$$\begin{aligned}\pi &= TR - TC \\ &= (P \times Q^*) - [(AVC \times Q^*) + TFC] \\ &= (P - AVC)Q^* - TFC\end{aligned}$$

如果 $P < AVC_{\min}$，企业应该关门，$\pi = -TFC$。

为了说明如何应用以上的 5 个步骤找出利润最大化产出水平和如何预测企业的利润，我们

现在来看一个假设的在完全竞争市场中的企业。

11.6.2　例：花花公子服装利润最大化

我们以假设的花花公子服装公司作为例子。花花公子服装公司是生产中档价位的男士衬衫的服装生产商，是众多的生产同类产品的许多企业中的一家，而且在这一市场上所有企业都没有做大规模的促销活动。

1. 价格预测

假设在 2015 年 12 月中旬，花花公子服装公司的经理要准备公司 2016 年第 1 季度的生产计划。他想预测 2016 年第 1 季度衬衫的批发价格，这个价格将最终被用于花花公子公司的生产决策。经理要求市场预测部门预测价格。市场研究人员运用和第 7 章相似的预测方法，提供给经理建立在对 2016 年第 1 季度经济情况三种不同假设基础上的三个批发价格。

高 = 20 美元
中 = 15 美元
低 = 10 美元

2. 平均变动成本与边际成本的估计

花花公子服装公司的经理选择了三次函数作为短期成本函数，并以此为基础估计平均变动成本和边际成本曲线。选用 2010(Ⅰ) 至 2015(Ⅳ)6 年的时间序列数据（在这一期间花花公子服装公司的规模没有发生变化），估计出平均变动成本函数如下：

$$AVC = 20 - 0.003Q + 0.000\,000\,25Q^2$$

所有的系数估计值都有正确的符号并且统计显著。这一平均变动成本函数将帮助我们决定是继续生产还是关门。我们将在讨论花花公子服装公司的经理如何估计边际成本函数之后继续研究这一决定。

正如我们在第 10 章中的解释和在前面部分的回顾，在平均变动成本函数中估计出的参数可以用来得到其对应的边际成本函数：

$$SMC = a + 2bQ + 3cQ^2$$

式中，a、b 和 c 分别是 AVC 函数中的系数估计值。根据上面给出的平均变动成本的估计函数，可得到其对应的衬衫的边际成本函数如下：

$$SMC = 20 + 2(-0.003)Q + 3(0.000\,000\,25)Q^2$$
$$= 20 - 0.006Q + 0.000\,000\,75Q^2$$

有了价格预测值、平均变动成本和边际成本曲线的估计，现在经理就可以回答有关生产的两个问题了：①公司是应该继续生产还是应该关门？②如果继续生产，应该生产多少？我们现在就来看一看花花公子服装公司的经理是如何回答这两个问题以及如何计算公司的预测利润的。

3. 关门决定

由于估计得到衬衫的平均变动成本是

$$AVC = 20 - 0.003Q + 0.000\,000\,25Q^2$$

当 AVC 取得最小值时：

$$Q_m = -(-0.003)/2(0.000\,000\,25) = 6\,000$$

把这个产出水平代回平均变动成本函数，得到平均变动成本的最小值是

$$AVC_{\min} = 20 - 0.003(6\,000) + 0.000\,000\,25(6\,000)^2 = 11\text{（美元）}$$

所以，平均变动成本在生产 6 000 件时最小值为 11 美元。然后经理把这一最小变动成本与前面得到的 2016 年第 1 季度价格的 3 个预测值做比较。对高水平预测结果 20 美元来说：

$$\hat{P}_{2016(I)} = 20\text{ 美元} > 11\text{ 美元} = AVC_{min}$$

这时公司应该继续生产以使得利润最大化或者损失最小化。类似地，对时间序列预测结果 15 美元来说：

$$\hat{P}_{2016(I)} = 15\text{ 美元} > 11\text{ 美元} = AVC_{min}$$

这时公司也应该继续生产。但是，如果市场决定的衬衫价格是 10 美元的话，则公司就应该停止生产（产量为零），这是因为：

$$\hat{P}_{2016(I)} = 10\text{ 美元} < 11\text{ 美元} = AVC_{min}$$

在这种情况下，总收益不足以弥补生产所发生的所有变动成本，公司应该停止生产以减少损失，此时的总损失只是固定成本。因此，只有在价格是 20 美元或 15 美元的时候，经理才需要决定生产多少产品。

4. 产出决定

根据花花公子服装公司估计的边际成本函数，利润得到最大化或损失最小化时应有：

$$P = SMC = 20 - 0.006Q + 0.000\,000\,75Q^2$$

首先考虑高水平预测结果的情况。使得预测价格 20 美元等于边际成本，解方程：

$$20 = 20 - 0.006Q + 0.000\,000\,75Q^2$$

可求出价格为 20 美元时衬衫的最优产量。令方程的两边同时减去 20，提取公因子 Q：

$$0 = Q(-0.006 + 0.000\,000\,75Q)$$

这个方程有两个解，$Q=0$ 或 $Q=8\,000$ 都可以使右边等于 0。又因为花花公子服装公司的经理已经决定预测价格比 AVC_{min} 高，应该继续生产，因此经理可以得出结论，利润最大化的产出水平是 8 000 件。

同理，如果用时间序列模型的预测结果 15 美元，经理也可以通过令预测价格等于边际成本求出最优产出水平：

$$15 = 20 - 0.006Q + 0.000\,000\,75Q^2$$

也就是

$$0.000\,000\,75Q^2 - 0.006Q + 5 = 0$$

因为这个方程的左边不能分解因式，所以解这一方程就不像前面那样简单了。二次方程的求解公式是：[⊖]

$$Q = \frac{-(-0.006) \pm \sqrt{(0.006)^2 - 4(5)(0.000\,000\,75)}}{2(0.000\,000\,75)} = \frac{0.006 \pm 0.004\,583}{0.000\,001\,5}$$

得出这一方程的两个解是 $Q=945$ 和 $Q=7\,055$。

分别计算这两个解代表对应的平均变动成本，最终决定哪个解才是最优解：

$$AVC_{Q=945} = 20 - 0.003(945) + 0.000\,000\,25(945)^2 = 17.39\text{（美元）}$$

$$AVC_{Q=7\,055} = 20 - 0.003(7\,055) + 0.000\,000\,25(7\,055)^2 = 11.28\text{（美元）}$$

因为预测价格 15 美元比 17.39 美元低，因此经理不会选择 $Q=945$ 的产量。如果价格预测为 15 美元，经理会选择生产 7 055 件，此时 AVC 是 11.28 美元。下面我们来考虑在每一最优产出水平下花花公子服装公司的利润或损失。

5. 总利润或损失计算

对一个处于竞争环境的公司来说，总收益就是产品的价格乘以出售的数量，总成本等于总变动成本和总固定成本的和；而总变动成本又等于平均变动成本和出售的数量的乘积。因此总利润（总损失）就是：

⊖ 对 $A+BX+CX^2=0$ 这样形式的方程，两个解 X_1 和 X_2 为 $X_1,\ X_2=\dfrac{-B\pm\sqrt{B^2-4AC}}{2C}$。如果你习惯于方程的另外一种表示方式，$AX^2+BX+C=0$，那么解的分母是 $2A$（代替 $2C$）。

$$\pi = TR - TC$$
$$= (P \times Q) - [(AVC \times Q) + TFC]$$

在这里，经理预计 2016(I) 衬衫部门的总固定成本是 30 000 美元，总收益和总变动成本的值则由价格的预测值和对应的最优产出水平决定。下面我们来看看花花公子服装公司的经理是怎样计算三个价格预测水平分别对应的利润（损失）。

（1）高水平预测结果（$P = 20$ 美元）

在这种情况下，最优产出水平是 8 000 件，此时的平均变动成本是

$$AVC_{Q=8\,000}=20 - 0.003(8\,000) + 0.000\,000\,25(8\,000)^2 = 12 \text{（美元）}$$

利润是

$$\pi = (20 \times 8\,000) - [(12 \times 8\,000) + 30\,000] = 34\,000 \text{（美元）}$$

也就是说，如果 2016 年第 1 季度的衬衫价格是每件 20 美元，公司就应该生产 8 000 件衬衫，总利润是 34 000 美元，这是这一价格水平下所能获得的最大利润。

（2）中水平预测结果（$P = 15$ 美元）

在这种情况下，最优产出水平是 7 055 件，此时的平均变动成本是

$$AVC_{Q=7\,055} = 20 - 0.003(7\,055) + 0.000\,000\,25(7\,055)^2 = 11.28 \text{（美元）}$$

利润

$$\pi = (15 \times 7\,055) - [(11.28 \times 7\,055) + 30\,000] = -3\,755 \text{（美元）}$$

也就是说，当价格是 15 美元的时候，公司的衬衫部门将在 2016 年的第 1 季度损失 3 755 美元。值得注意的是，此时公司仍然应该继续生产，因为 3 755 美元是这一价格水平下的最小损失。如果公司停止生产，遭到的损失将是总固定成本 30 000 美元，要远远大于 3 755 美元。

（3）低水平预测结果（$P = 10$ 美元）

这种情况下公司应该选择关门，即选择产量 $Q = 0$。这时的损失等于 $-TFC$：

$$\pi = (10 \times 0) - (0 + 30\,000) = -30\,000 \text{（美元）}$$

此时，30 000 美元是这个价格水平下的最小损失。

上面我们以花花公子服装公司的产出决策过程为例子，说明了在完全竞争市场中企业的经理应该如何决定最优产出水平。这里用到的三个不同价格预测结果说明了我们提出的企业短期决策规则：

- 当 $P \geqslant AVC$ 时，继续生产，如果 $P > ATC$，利润为正。
- 当 $AVC \leqslant P < ATC$ 时，继续生产，此时损失比总固定成本小。
- 当 $P < AVC$ 时，停止生产，此时损失等于总固定成本。

花花公子服装公司的利润最大化（损失最小化）决策见图 11-13。边际成本曲线、平均变动成本曲线和平均总成本曲线分别代表先前得出的估计函数。在图 11-13a 中，价格等于 20 美元（$= MR$）。由图中可以看到，SMC 产量等于 8 000 的时候等于 20 美元，而当 $Q = 8\,000$ 时，$AVC = 12$ 美元，$AFC = 30\,000/8\,000 = 3.75$（美元）。因此 $ATC = 12 + 3.75 = 15.75$（美元）。利润 $=(P - ATC)Q = (20 - 15.75) \times 8\,000 = 34\,000$（美元）。

图 11-13b 中显示的是当 $P = MR = 15$ 美元时损失最小的情形。如图中所示，产量 Q 为 945 或 7 055 的时候都能使 $SMC = 15$ 美元。但 945 是不适合的，因为这时价格低于平均变动成本；于是公司选择产量 7 055，这时 AVC 低于 15 美元。由图中可以看出，不论产量是多少，平均总成本都比 15 美元高，所以公司不可能有经济利润。当产量为 7 055 时，平均变动成本是 11.28 美元，总变动成本是 79 580 美元（$= 11.28 \times 7\,055$）。公司可以用总收益中的 105 825 美元（$= 15 \times 7\,055$）支付变动成本，剩下的 26 245 美元可以弥补部分的固定成本。因此公司的损失是 3 755 美元（$= 30\,000 - 26\,245$），也就是固定成本中没有被弥补的部分。

从图中还可以看到，在产量取 6 000 时，平均变动成本取得最小值 11 美元。因此如果价格跌至 11 美元或更低的水平，公司就应该停止生产。

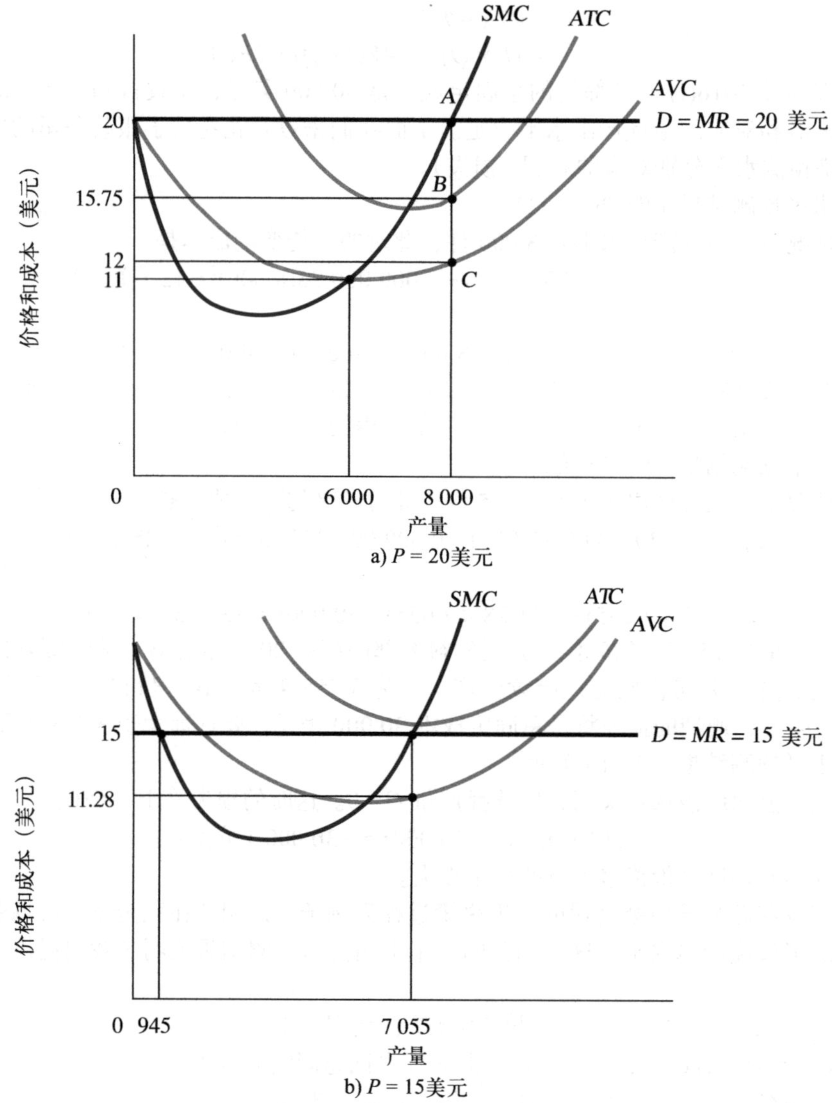

图 11-13 花花公子服装公司的利润及损失

11.7 本章小结

- 当市场具备以下三个特征时，完全竞争就发生了：①企业是价格接受者，每个企业相对于整个市场而言，规模都微乎其微，不能通过改变自己的产量对市场价格施加什么影响；②所有企业生产同质的，或者完全标准化的商品；③企业进出完全竞争市场，不受任何约束。(学习目标 1)
- 一个完全竞争市场上的企业，其面对的需求曲线是完全弹性的，或者说和市场决定的均衡价格同一水平，并且，边际收益等于竞争企业的价格。所以，一个完全竞争市场企业面对的需求曲线也同时是边际收益线：$D = MR$。价格接受企业以市场价格可以出售他愿意出售的所有商品。(学习目标 2)
- 在短期里，经理人必须做两个决策：①继续生产还是关门；②如果继续生产，那么生产多少？当利润是可能时，$P = SMC$ 是实现利润最大化的产量。只要总收益 TR 至少能够支付总的可避免成本，企业就不要停产。这里没有准固定成本，意味着 $TR \geqslant TVC$，没有准固定投入时，可避免成本就等于变动成本。（本书中，如果没有特别指明，则不考虑准固定投入）。如果总收益不能抵扣总变动成本（$TR<TVC$，或等效 $P<AVC$），企业应该关门，停止生产，损失仅仅是总固定投入 TFC。当一个企业选择继续生产，只有边际成本会对确定利润最大化的产量有影响。所以，经理人在做生产决策时，必须忽略边际利润、固定成本、沉没成本、平均成本。企业的短期供给曲线是高于平均变动成本曲线最低点的那部分边际成本曲线。若市场价格低于最小平均变动成本，则供给量为零。将某行业中所有单个企业的供给曲线横坐标相加，可以得到行业的短期供给曲线。行业短期供给曲线斜率始终向上翘，沿着行业供给曲线的供给价格，给出了行业中每个企业生产的边际成本。短期生产者剩余是总收益大于总变动成本的部分，也是在供给的产量区间，短期供给线以上，市场价格之下的面积。短期生产者剩余比经济利润多一个总固定成本。（学习目标 3）

- 达到长期竞争均衡时，所有企业处于利润最大化均衡（$P=LMC$），因为这时经济利润为零（$P=LAC$），没有任何激励促使企业进入或离开该行业。在达到长期竞争均衡时，$P=LMC=LAC$，达到 LAC 曲线的最低点。行业长期供给曲线，对成本不变行业是水平的；对成本递增行业是上翘的。在成本不变的行业中，行业产量增长时，投入要素的价格仍保持不变，LAC 曲线上的最低点也保持不变。因为长期的供给价格等于 LAC 的最小值，所以行业长期供给曲线是完全弹性的，或者说是水平的。在成本递增行业中，行业扩大生产时，投入要素的价格便会提高，使得 LAC 最小值上升，进而长期供给价格提高，因此，行业长期供给曲线是上翘的。不论是成本不变的行业，还是成本递增的行业，在长期供给曲线上的每一点，行业内的每个企业经济利润都为零，对行业内每个企业来说，长期供给价格等于 LAC 的最小值和 LMC。经济租金是资源机会成本的超出部分，付给优秀资源的所有者。在长期竞争均衡时，雇用优秀资源的企业只会获得一个正常的利润，雇用优秀资源的潜在经济利润，以经济租金的形式付给了资源所有者。（学习目标 4）
- 因为利润最大化水平的要素投入量会生产出利润最大化的产量，所以，我们不管是选择产量，还是投入量，都会达到同样的最优化生产决策和利润水平。增加一单位投入量的边际生产收益（MRP）是增加单位投入量所增长的收益。对变动投入劳动来说，$MRP=\Delta TR/\Delta L=P\times MP$。当经理人选择生产而不是关门时，通过以下规则可以确定最佳投入量。如果增加 1 单位变动投入的 MRP 大于（小于）其价格，该单位投入就应该（不应该）被雇用。如果该变动投入的用量是连续变动的，经理人就应该选定投入量，使 MRP 等于其投入价格。劳动的平均生产收益（ARP）是每个劳动者创造的平均收益：$ARP=TR/L$。ARP 可以由价格与平均劳动产量相乘得出：$ARP=P\times AP$。如果变动投入要素的价格（即工人的工资率）高于 ARP 的最高点，那么，只有关门，并且不雇用任何变动要素，才会使企业损失最小。（学习目标 5）
- 可以运用以下五个步骤，求解利润最大化产出水平和企业能获得的利润：①预测产品价格；②估计平均变动成本 AVC 和边际成本 SMC；③检验关门规则；④如果 $P\geqslant AVC_{min}$，找出满足 $P=SMC$ 的产出水平；⑤计算利润或损失。（学习目标 6）

关键词

average profit **平均利润** 总利润除产量，它用来测量单位产品的利润，当所有产品都按同一价格出售时，相当于利润边际。

average revenue product（ARP） **平均生产收益** 每个工人创造的平均收益。

break-even point **盈亏平衡点** 在 $P=ATC$ 时的产出水平，这时利润等于零，图 11-4 的 V 和 U 点。

constant-cost industry **成本不变行业** 投入要素价格在行业内所有企业的产出扩大时仍保持不变的行业。

economic rent **经济租金** 超过资源机会成本

的多余报酬。

increasing-cost industry 成本递增行业 投入要素价格随行业内所有企业的产出扩大而上涨的行业。

long-run competitive equilibrium 长期竞争均衡 所有企业按 $P=LMC$ 生产，经济利润为零（$P=LAC$）。

marginal revenue product, MRP 边际生产收益（$MRP=\Delta TR/\Delta L$） 当企业多雇用一单位投入时所增加的收益。

perfect competition 完全竞争 满足以下三个条件的一种市场结构：①所有企业都是价格接受者；②所有企业生产一种同质产品；③进出市场自由。

perfectly elastic demand 需求完全弹性 在完全竞争市场上价格接受企业面对的水平的需求（$|E|=\infty$）。

profit margin (or average profit) 利润边际（或平均利润） 价格和平均成本之间的差值：$P-ATC$。利润边际与制定最优产量决策无关。

shut down 关门 企业不再生产，但固定投入仍需支付。

shutdown price 关门价格 在短期低于企业关门点（AVC 最小值）的价格。

概念性习题

1. 下面两图的左图是完全竞争市场中市场的需求和供给曲线，请在右图中画出完全竞争企业在该市场上销售产品时所面临的需求曲线。请问：

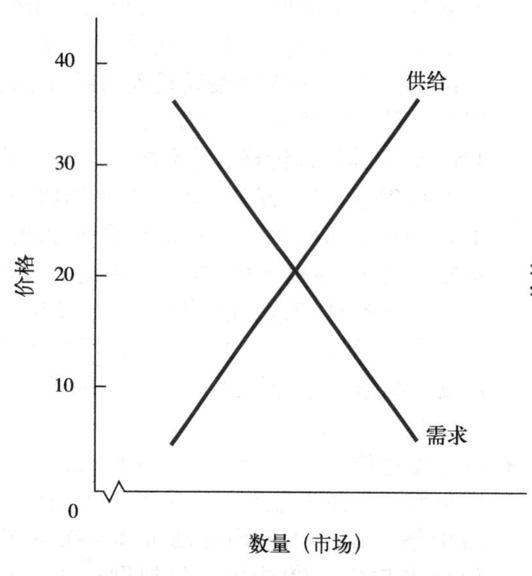

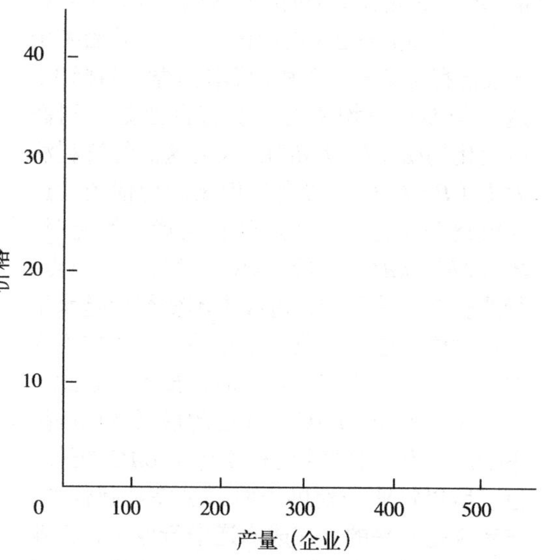

   a. 产量为 200 件时，企业的需求价格弹性是多少？400 件时呢？

   b. 企业销售第 200 件产品时可以取得多少边际收益？400 件呢？

2. 请利用下图中价格接受企业的成本曲线回答下面的问题。

   a. 假设产品单价为 7 美元，试画出边际收益曲线。为了使利润最优，企业应该生产________件产品。

   b. 在该产出水平上，平均成本为________美元，总成本为________美元。

   c. 企业创利________美元。

   d. 在________单位产量，利润边际（平均利润）最大。为什么这个结果与 a 的答案不同？

   e. 若价格降为 3 美元，试画出新的边际收益曲线。这时，为了使利润最优，企业应该生产________件产品。

   f. 此时，总收益和总成本分别为________美元和________美元，企业亏损________美元。

   g. 总变动成本为__________美元，其中，有________美元用于抵偿固定成本。

h. 当价格低于________美元时，企业就不会生产任何产品。请做出解释。

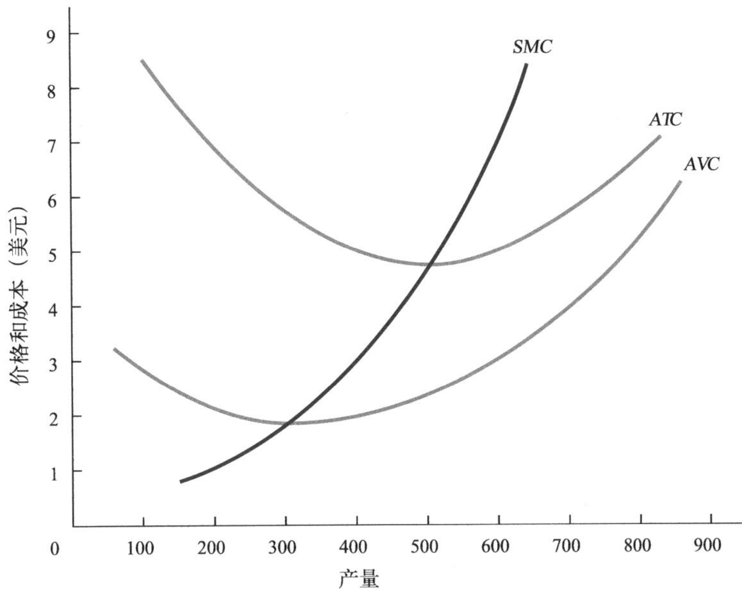

3. a. 若在完全竞争行业中市场价格为 12 美元，某企业的当前产量为 50 件，短期边际成本为 15 美元，平均成本为 14 美元，平均变动成本为 7 美元。企业是否已经达到利润最大化？你判断的依据何在？如果不是，企业又应该怎么做呢？

   b. 设想行业中的另一个企业，它所面临的市场价格为 25 美元。该企业的产量为 10 000 件，正好是平均成本最低点，平均成本为 25 美元。企业是否已经达到利润最大化？你判断的依据何在？如果不是，企业又应该怎么做呢？

   c. 再设想竞争行业中的一个企业，它所面临的市场价格为 60 美元。该企业目前的产量为 100 件，短期边际成本是 50 美元，平均成本为 95 美元，平均可变成本为 10 美元。此外，企业还有 7 000 美元（也就是每单位产品 70 美元）的准固定投入。企业是否已经达到利润最大化？你判断的依据何在？如果不是，企业又应该怎么做呢？（提示：你需要计算总的可避免成本。）

4. 下图是一个价格接受企业的成本和利润曲线，市场决定的价格是 225 美元。填充图中 a ～ e 的值。

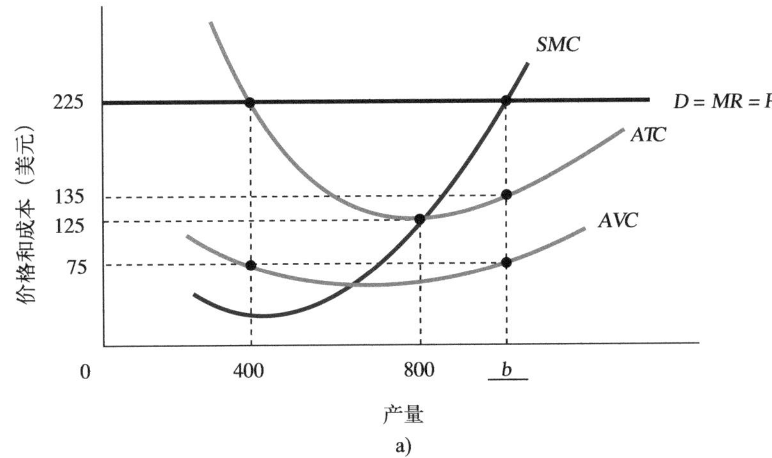

a)

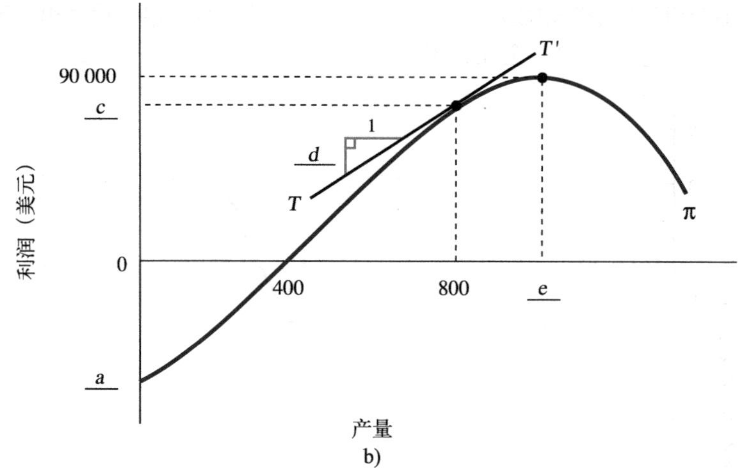

b)

5. 一个完全竞争企业面临着一个市场价格为 25 美元的产品。

（1）数量	（2）总成本	（3）平均总成本	（4）边际成本	（5）边际收益	（6）利润率	（7）
0	1 000					
100	2 000					
200	3 300					
300	4 800					
400	7 000					
500	9 600					

a. 公司的总成本已在上表中给出，在第 3 和第 4 列中填写平均总成本和边际成本。
b. 在第 5 和第 6 列中填写边际收入和利润率。
c. 该竞争企业应生产多少产量？请做出解释。
d. 将第 7 列标为“总利润”并填写相应的数值。你 c 部分的答案是正确的吗？请做出解释。
e. 假设该公司的产品需求下降，市场价格下降到 14 美元。该公司应该关停吗？如果不关停，公司应该生产多少产量？请做出解释。

6. 下图是某完全竞争企业的长期平均成本和边际成本曲线。产品价格为 40 美元。
a. 企业的产量和经济利润分别是多少？
b. 当行业达到长期竞争均衡时，价格和该企业的产量将变为多少？这时企业的经济利润又是多少？

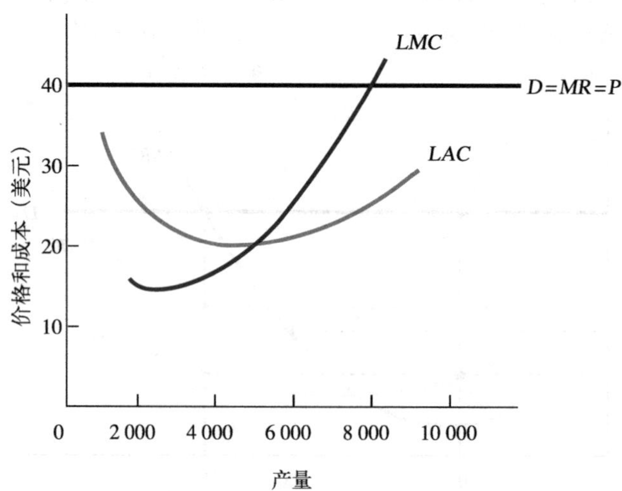

7. 假设某完全竞争行业处于长期竞争均衡。那么，若（消费）替代品的价格下降，短期内，对下列各曲线或参量有什么影响。
a. 市场需求曲线；

b. 市场供给曲线；
c. 市场价格；
d. 市场产量；
e. 企业产量；
f. 企业利润。
这些曲线或参量长期内又会发生什么？

8. 行业的供给曲线表明了供给价格和行业产量之间的关系。
   a. 成本不变行业的长期供给曲线是水平的，为什么价格会保持不变呢？
   b. 成本递增行业的长期供给曲线是上倾的，为什么此时供给价格会随着行业产量的提高而上升？

9. 下图是长期的行业供给曲线（S_{LR}）和竞争行业需求曲线（D）。

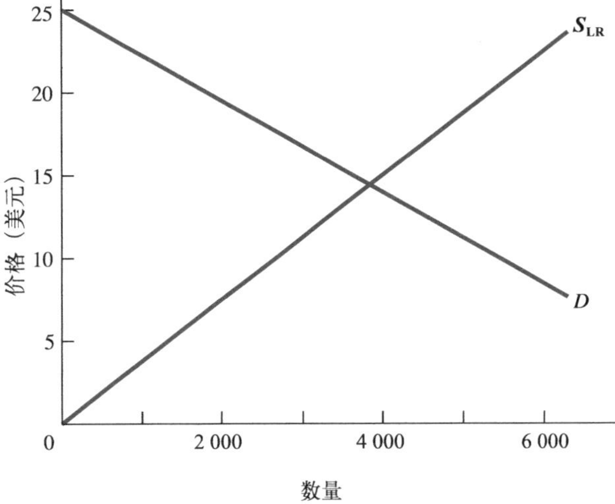

   a. 在长期竞争均衡时，行业将生产________单位产品，市场出清价格是每单位________美元。
   b. 在长期均衡时，行业的均衡产量是________，长期平均成本是________。
   c. 假设行业内公司使用的资源的质量和生产力是不同的。“即使企业有高生产力的投入使其生产成本比竞争对手低，行业内所有企业赚的经济利润是相同的”的陈述对吗？请解释。
   d. 长期竞争均衡时行业总生产者剩余是________美元。
   e. 每个行业内的企业赚得的经济利润等于________美元，高质量的资源赚到的经济租金是________美元。
   f. 如果所有行业使用的资源都是同质的（生产力相同），长期行业供给曲线会是什么样子？均衡时产生多少生产者剩余？有多少经济租金要付给企业所使用资源的所有者？

10. 试想某完全竞争企业的总固定成本为 50 美元，市场决定的价格为每单位 2 美元。劳动力是唯一的变动投入，工资率为每人 10 美元。请利用下面的表格回答问题。

(1) 人数	(2) 产量	(3) 边际产量	(4) 边际生产收益	(5) 边际成本	(6) 利润
1	5	____	____	____	____
2	15	____	____	____	____
3	30	____	____	____	____
4	50	____	____	____	____
5	65	____	____	____	____
6	77	____	____	____	____
7	86	____	____	____	____
8	94	____	____	____	____
9	98	____	____	____	____
10	96	____	____	____	____

   a. 计算出各水平上的劳动边际产量，并填入列（3）。
   b. 计算出各水平上的劳动边际生产收益，并填入列（4）。
   c. 为了使利润最大，经理应雇用多少劳动？为什么？
   d. 将算出的边际成本填入列（5）。
   e. 为了使利润最大，经理应决定生产多少单位的产品？为什么？
   f. 计算出在各劳动水平上所能获得的利润，并填入列（6）。
   g. 你对 c 和 e 的回答是否确定使利润最大了？经理选择劳动力投入量还是产量，对达到利润最优究竟有没有影响？为什么？
   h. 当工资率为 20 美元时，经理应该雇用多少人？企业利润如何？这时该投入水平的边际产量是大于还是小于平均产量？为什么？

11. 一个处于完全竞争市场中的企业的经理估计

该企业的平均变动成本是

$$AVC = 10 - 0.03Q + 0.000\,05Q^2$$

总固定成本是 600 美元。

a. 相应的边际成本函数是什么？

b. 产量为多少的时候 AVC 取得最小值？

c. AVC 的最小值是多少？

如果该企业产品的预测价格是每件 10 美元：

d. 短期内企业应该生产多少件产品？

e. 企业的利润（亏损）是多少？

如果预测价格是每件 7 美元：

f. 短期内企业应该生产多少件产品？

g. 这时企业的利润（损失）多大？

如果预测价格是每件 5 美元：

h. 短期内企业应该生产多少件产品？

i. 这时企业的利润（损失）多大？

概念性习题答案

1. 该企业的需求函数是一条在 20 美元上的水平线，这也正是左图中供给和需求曲线的交点。

   a. 该企业的需求在任一产量上均为完全（无穷）弹性。

   b. 在任一个产出水平上 $MR = 20$ 美元。

2. a. MR 是一条在 7 美元上的水平线；600

   b. $ATC_{600} = 5$ 美元；$TC_{600} = 5 \times 600 = 3\,000$（美元）

   c. $TR_{600} = 7 \times 600 = 4\,200$（美元），所以 $\pi = TR - TC = 4\,200 - 3\,000 = 1\,200$（美元）

   d. 500。生产 500 单位并没有使利润最大化，因为在 500 单位上 $MR(=P) > SMC$。注意生产 500 单位的利润是 1 100 美元 $[=(7-4.80)\times 500]$，小于最大利润 1 200 美元。

   e. MR 是一条在 3 美元上的水平线；400

   f. $TR_{400} = 3 \times 400 = 1\,200$(美元)；$TR_{400} = ATC_{400} \times 400 = 5 \times 400 = 2\,000$（美元）；损失 = 800 美元。

   g. $TVC_{400} = AVC_{400} \times 400 = 2 \times 400 = 800$(美元)；$TR - TVC = 400$ 美元用于补偿固定成本。

   h. 1.90 美元。当 $P < 1.90$ 美元时，企业关门所造成的损失要少于按 $MR = SMC$ 生产时的损失。

3. a. 企业并未达到最优产量。在现在的产出水平上（50 件）$P(=MR) = 12$ 美元 $< SMC = 15$ 美元，企业可以减少产量来增加利润，直到 $P = SMC$（但产量不能减少到零，因为 $P \geqslant AVC$）。

   b. 当 ATC 在其最低点时，$ATC = SMC$，所以，在当前产出水平（10 000 件）上，P (= 25 美元) = SMC(= 25 美元)。此时企业达到了利润最大化；其他任何产出水平都会降低企业的利润。

   c. 总收益 = 6 000 美元（= 60 × 100）。总的可避免成本 = TVC + 总的准固定成本 = 10 × 100 + 7 000 = 8 000（美元）。因为总收益小于总的可避免成本（6 000 < 8 000），所以该企业应该关闭（$Q^* = 0$），损失的只有不可避免的固定成本。总的固定成本等于 1 500 美元 [=(95 − 70 − 10) × 100]，所以企业关闭时 $\pi = -1\,500$ 美元。

4. 图中 a ～ e 的值为：

   a. −60 000 美元。当产量为 0 时，利润等于 $-TFC$。400 单位的 TFC 可以通过给定的 ATC 和 AVC 计算：60 000 美元 = $(ATC - AVC) \times 400 = (225 - 75) \times 400$。

   b. 1 000。这是利润最大产量，因为在图中此产量 $P = MR = 225 = SMC$。在利润图中，90 000 美元是利润曲线最大值。因为利润边际或者平均利润在此产量下是每件 90 美元（$= P - ATC = 225 - 135$），为了使总利润达到 90 000 美元，必须生产 1 000 件。

   c. 80 000。这是生产 800 件的利润。因为利润边际即平均利润是每件 100 美元，总利润一定等于 80 000 美元。

   d. 100。800 件时，利润曲线的斜率等于 $MR - SMC$。因为 $MR = 225$ 美元，$SMC = 125$ 美元，生产 800 单位会使利润增加 100 美元。

   e. 与上面 b 答案相同。

5. a 和 b 部分答案请见下表。

(1) 数量	(2) 总成本	(3) 平均总成本	(4) 边际成本	(5) 边际收益	(6) 利润率	(7) 总利润
0	1 000	—	—	25	—	-1 000
100	2 000	20.00	10	25	5.00	500
200	3 300	16.50	13	25	8.50	1 700
300	4 800	16.00	15	25	9.00	2 700
400	7 000	17.50	22	25	7.50	3 000
500	9 600	19.20	26	25	5.80	2 900

c. 公司应该增加产量，直到它达到边际收益超过边际成本的最终产出水平。在产量为 400 个单位时，$MR=25$ 美元 >22 美元 $=MC$。产量进一步增加，将导致边际成本超过边际收益，从而导致总利润减少。

d. 是的，在第 7 列中可以清晰地看到，利润最大化的数量确实是 400 个单位，3 000 美元是利润总额的最大值。请注意，在第 6 列的利润率（或单位利润）在 400 个单位产量时并没有最大化。管理者在决定其产出水平时，不应关心利润率最大化。

e. 当价格降到 14 美元时，在每一个产出水平上，价格都低于平均总成本，因此，该公司在短期内亏损不可避免。由于价格大于平均可变成本（在 $Q=200$ 时，$AVC=11.500$），该公司不应该关停。该公司只生产 200 个单位的产出，损失 500 美元，可以最大限度地减少损失，而如果关停的话，则会损失 1000 美元。

6. a. 企业的需求（$=MR=P$）是在 40 美元上的一条水平线。当 LMC 等于 40 美元，企业的产量为 8 000，经济利润 $=(P-LAC)Q=(40-25)8\ 000=120\ 000$（美元）。

b. $P=$ 最小 $LAC=20$ 美元，经济利润 $=0$。

7. a. 如果某替代品的价格下降，市场需求便减少。

b. 最初的市场供给将不受影响。

c. 市场供给不变而需求减少，市场价格将下降。

d. 市场产量会下降。

e. 达到利润最大化的企业会减少产量。

f. 在原有的价格上，经济利润为零，现在，企业产生了经济损失。

长期内，由于这种损失，企业会选择退出。这会减少市场供给，进而提高市场价格。这种退出将会继续，直到市场重新恢复平衡，也就是，直到每个企业只能得到正常回报。

8. a. 行业的产量不会影响任何投入的价格，所以也影响不到成本。在长期竞争供给曲线的每一点上，价格都等于各企业的最小长期平均成本，而这些都不会随行业产量而变化。

b. 当企业产量上升时，某些投入价格也会上升，这样，成本就增加了。在长期竞争供给曲线的每一点上，价格都等于各企业的最小长期平均成本，该值随行业产量增长而上升，所以长期竞争供给曲线是上倾的。

9. a. 4 000；15 美元（供给和需求的交点）。

b. 在 $Q=4\ 000$，$LMC=15$ 美元；$LAC=15$ 美元。

c. 这个陈述是对的，因为在长期竞争均衡中，所有企业得到同样的经济利润：0。任何由高质量投入要素带来的成本优势成为经济租金，支付给高质量资源的所有者。

d. 30 000 美元（$=0.5\times4\ 000\times15$），是市场价格 15 美元以下，SLR 以上，0 ～ 4 000 的面积。

e. 0 美元；30 000 美元（所有生产者剩余都在要素提供者，所以经济租金等于全部生产者剩余）。

f. 如果所有的要素质量都相同，那么所有企业都有同样的成本，长期行业供给曲线是平的。成本不变行业经济租金为零。

10. a 和 b. 你的数据表应该是下面这样的。

(1) 人数	(2) 产量	(3) 边际产量	(4) 边际生产收益（美元）	(5) 边际成本（美元）	(6) 利润（美元）
1	5	5	10	2	-50
2	15	10	20	1	-40
3	30	15	30	0.67	-20
4	50	20	40	0.50	10
5	65	15	30	0.67	30
6	77	12	24	0.83	44
7	86	9	18	1.11	52
8	94	8	16	1.25	58
9	98	4	8	2.50	56
10	96	-2	-4	—	42

c. 雇用 8 名工人时利润达到最大化。因为如果劳动多于 $8L$，$MRP < w(=10$ 美元$)$，则利润下降；如果劳动少于 $8L$，$MRP > w$，这时，增加劳动会使利润上升。

d. 见上表第（5）列。

e. 94，如果通过雇用第 9 名工人来增加产量的话，$MR(=2$ 美元$)$ 就会小于 SMC。

f. 见上表第（6）列。

g. 在 $8L$ 或 $94Q$ 时，企业都会达到最大利润 58 美元。经理选择 L 或 Q 来使利润最大化其实无关紧要。$MR = SMC$ 和 $MRP = w$ 在做利润最大化决策时是等价的。

h. $6L$；$\pi = -16$ 美元；$MP_6 = 12 < 12.83 = AP_6$。如果 $AP < MP$，短期内，企业就会关门。

11. a. $SMC = 10 + 2(-0.03)Q + 3(0.000\ 05)Q^2 = 10 - 0.06Q + 0.000\ 15Q^2$

b. $Q_{min} = -(-0.03)/2(0.000\ 05) = 300$ 件

c. $AVC_{min} = 10 - 0.03(300) + 0.000\ 05(300)^2 = 5.50$（美元）

d. $P = 10$ 美元 $> AVC_{min} = 5.50$ 美元；$SMC = P$，即 $10 - 0.06Q + 0.000\ 15Q_2 = 10Q^* = 0.06/0.000\ 15 = 400$ 件

e. $AVC_{400} = 10 - 0.03(400) + 0.000\ 05(400)^2 = 6$（美元）；$TVC^{400} = AVC \times Q = 6 \times 400 = 2\ 400$（美元）；$TR = P \times Q = 10 \times 400 = 4\ 000$（美元）；$\pi = TR - TVC - TFC = 4\ 000 - 2\ 400 - 600 = 1\ 000$（美元）

f. $P = 7$ 美元 $> AVC_{min} = 5.50$ 美元；$SMC = P$，即 $10 - 0.06Q + 0.000\ 15Q_2 = 7$；解方程 $0.000\ 15Q_2 - 0.06Q + 3 = 0$ 得

$$Q^* = \frac{0.06 + \sqrt{0.001\ 8}}{0.000\ 3}\ (\text{件})$$

g. $AVC = 10 - 0.03(341) + 0.000\ 05(341)^2 = 5.58$（美元）

$\pi = TR - TVC - TFC = 7 \times 341 - 5.58 \times 341 - 600 = -116$（美元）

h. $P = 5$ 美元 $< AVC = 5.50$ 美元；$Q^* = 0$ 件

i. $p = -TFC = -600$ 美元

应用性习题

1. "午夜时分"是本地的一家夜总会，去年赢得了 100 000 美元的会计利润。夜总会的所有者已经在其中投入了 1 000 000 美元，但今年，他决定关掉这家夜总会。下面，请你谈一谈自己对夜总会行业的经济利润（和回报率）的了解。
2. Redstone Clayworks 是一家位于 Sedona 的小公司，生产陶火盆。陶火盆可放在天台上做摆饰或用来取暖。Redstone 是世界范围内为家得宝、Lowe's、Front Gate 和其他高端家居连锁店提供陶火盆的 53 家供货商之一。虽然这些零售商为了打响自己的陶火盆品牌而做了很多很好的营销工作，但消费者对于品牌却不太在乎：陶火盆就是陶火盆，谁卖的都一样。下表是 Redstone 生产成本的数据。

(1) Q	(2) TC	(3) TFC	(4) TVC
0	5 000	5 000	0
100	10 000	5 000	5 000
200	19 000	5 000	14 000
300	27 000	5 000	22 000
400	38 000	5 000	33 000
500	50 000	5 000	45 000
600	66 000	5 000	61 000
700	84 000	5 000	79 000
800	104 000	5 000	99 000
900	126 000	5 000	121 000
1 000	150 000	5 000	145 000

a. 在 Excel（或其他任何电子表格软件）中键入以上表格。然后用合适的公式在你的表格中添加 4 列数据：平均固定成本（*AFC*）、平均可变成本（*AVC*）、平均总成本（*ATC*），以及短期边际成本（*SMC*）[验算：当 *Q*＝400 时，*SMC*＝110 美元]。

全世界对陶火盆的供求曲线在单位产品价格为 190 美元时相交。

b. 运用合适的公式在你的表格中再增加两列数据：总收益（*TR*）和边际收益（*MR*）[验算：当 *Q*＝400 时，*MR*＝190 美元]。

c. 运用合适的公式在你的表格中再增加 3 列数据：利润（*PROF*）、平均利润（*AVGPROF*）和利润边际（*PROFMARG*）[验算：当 *Q*＝400 时，*AVGPROF*＝95 美元]。

d. 如果 Redstone 的经理喜欢实现平均成本最小化，公司应该生产多少个陶火盆？生产多少个陶火盆才能使利润边际最大化？

e. Redstone 的经理被解雇了，现在你是 Redstone 的经理了。你会选择生产多少个陶火盆？为什么？

f. 现在把你表格中的总固定成本乘以 3，增加到 15 000 美元。这对你在第 e 题中做出的生产决策有何影响？请解释原因。

g. 假设一个国会环境保护委员会宣布说，陶火盆产生的温室气体对全球气候变暖有重大影响。这让全世界对陶火盆的需求都大幅下滑，而陶火盆的价格也降到了 65 美元。这对你在第 e 题中做出的生产决策会产生何种影响？请解释原因。[注：把总固定成本改回原来 5 000 美元。]

3. All City Realtors 的经理想雇用一些房地产经销商来销售 RTC（Resolution Trust Corporation）的房产，并希望借此摆脱储蓄和借贷行业。RTC 付给销售这些房屋的佣金固定为每套 2 000 美元，而不像习惯的那样是以房屋的实际售价为基础的。经理就销售这些国有房产的经销商数量制定了以下的边际产量表。

房地产经销商数目	边际产量（增加的年销售量）	边际生产收益
1	20	____
2	17	____
3	15	____
4	12	____
5	8	____
6	4	____

a. 请完成上表中的空格，建构一个边际生产收益的表。

b. 如果 All City Realtors 的经理必须付给这些经销商 32 000 美元的年薪才可能让他们专职销售 RTC 的房产，那经理应该雇用几名经销商？为什么？

c. 如果工资率下降到每年 18 000 美元，那经理又该雇用几名经销商呢？

d. 假设 RTC 将佣金提高到每套房 3 000 美元，那现在雇用每名房地产经销商的边际生产收益又是多少？

e. 若售出一套房子，RTC 就会付 3 000 美元佣金，当工资率为 30 000 美元时，经理应该雇用几名经销商？

4. “蜜蜂农场”是一家中型的蜂蜜生产商，其经营的市场基本满足竞争性市场的要求。不过，蜂农们可以按比无人为影响的价格更高的支持价格销售产品。而蜜蜂农场的场主和其他一些蜂蜜制造商却经常抱怨，就算以支持价格销售，他们也无利可图。请对此做出解释。另外，请再解释一下为什么长期内即使是更高的支持价格也不会对这些蜂农有任何帮助。

5. 保险经理根据他们销售的保险单取得佣金。很多州都对保险率进行了规定，那么，究竟是高保险率还是低保险率会提高代理人的收益呢？请做出解释，并区分短期和长期情况。

6. 若某行业满足完全竞争的全部假设，为什么说该行业中的企业对技术改良和研究开发没有任何动力？在竞争性行业中，怎样的条件才会激发研究和开发呢？
7. 在最近的一次董事会上，总裁和CEO就该不该关闭企业在迈阿密的工厂争得热火朝天。迈阿密厂现在每月亏损60 000美元。企业的总裁主张，至少在为生产设备找到买主以前应该继续经营，他的依据是每月迈阿密厂的固定成本就有68 000美元。CEO正是在这一点上做文章，指责总裁在做出关门决策时考虑了固定成本，他说，“谁都知道固定成本不起任何作用！”
   a. 短期内，迈阿密厂是应该关门还是继续亏损经营？
   b. 你将如何对错误的一方解释他错误的原因？
8. 假设你拥有一家房屋改建公司，你现在有短期利润。房屋改建行业是成本递增行业。长期内，你认为以下变量将会如何变化并给出解释：
   a. 你企业的生产成本？为什么？
   b. 你房屋改建服务的价格？为什么？
   c. 房屋改建的回报率？为什么？
9. 纽约城公园管理局将大都会艺术博物馆内某些热狗手推车的年管理费提高了一倍，达到288 000美元，这些手推车拥有特许执照，可以在大都会以南地区销售食品。为什么会有人愿意为一个手推车执照付出300 000美元呢？谁又获得了这些显然会盈利摊位的经济租金？手推车主可能获得的经济利润会是多少呢？
10. 大城市中的杂货店和加油站看起来很像是完全竞争市场——销售者数目众多，单个企业规模较小，是价格接受者，销售的产品也很类似。
    a. 为什么我们主张这些市场并不是完全竞争的呢？
    b. 每个企业的需求曲线能否不是完全弹性的？
    c. 你认为杂货店和加油站的长期获利性如何？
11. 一群刚毕业的工商管理硕士正在咖啡间里讨论，一位年轻的主管人员说，“公司在巴西分部最大的损失是已经投入的部分（即固定成本）。”有一些人不同意这种说法。在什么情况下这句话是对的？什么情况下是错的？为什么？
12. 2009年夏，欧洲的奶农在位于布鲁塞尔的欧盟总部前抗议牛奶的价格太低。这是因为欧盟减少了农业补贴，而使农产品价格更多地由市场决定。《华尔街日报》报道说奶农要求“牛奶有一个‘公平的’价格，至少能在支付生产成本的基础上，还要有一定的利润边际”。欧盟的农业专员回应说：“奶农们应该做的是少生产一些。”
    a. 虽然在经济学中没有“公平的”价格这样的概念，市场决定的价格要怎么样才会被认为是经济意义上的“公平”呢？
    b. 为什么奶农们不采取那位农业专员的建议来少生产一些牛奶呢？
13. EverKleen公司是亚特兰大的一家每周提供游泳池维护服务的公司。除了EverKleen以外，还有许多公司也提供这种服务。这种服务是标准化的，每家公司都提供清洁和保持水池中化学物质的恰当水平的服务。服务的合同在夏季签订，为期4个月，4个月服务合同的市场价格是115美元。

    EverKleen公司的固定成本是3 500美元。经理根据过去2年的数据，估计边际成本函数是

    $$SMC = 125 - 0.42Q + 0.002\,1Q^2$$

    式中，SMC 的单位是美元；Q 是每年夏季提供的服务数量，每一个估计系数在5%的水平上统计显著。
    a. 根据给出的边际成本函数，请写出EverKleen公司平均变动成本函数。
    b. AVC 在哪一个产量水平取得最小值？AVC 的最小值是多少？
    c. EverKleen公司应该继续提供服务还是停止？为什么？
    d. EverKleen公司的经理找到了两个似乎最优的产量水平，这两个产量水平是多少？哪一个是真正的最优？
    e. EverKleen公司的预计利润（或亏损）是多少？
    f. 如果EverKleen公司的固定成本上升到4 000美元，这将如何影响最优产量水

平？为什么？

14. 航空公司行业专家普遍认为，因为美国航空公司市场的“高度竞争性”，一般很难通过提高机票价格把上涨的燃油价格转移到乘客身上。
   a. 你认为造成美国航空公司市场“高度竞争性”的原因是什么？
   b. 接受美国航空公司市场“高度竞争性”的前提，分析当燃油价格上涨时，在短期和长期提高机票价格的困难有哪些？

15. 沃伦 · 巴菲特是一个具备商业和投资敏锐度的传奇人物，因其出生于内布拉斯加州的奥马哈（Omaha），而经常被称为“奥马哈的先知”。作为世界上最富有的投资家，企业的高层经理对于巴菲特表示愿意分享的任何见解或意见都非常感兴趣。解释下面巴菲特先生的话。（引自 *The Wall Street Journal, September* 23, 2002）㊀
   a. “一个商品世界里，你不能是高成本生产者。”
   b. “有时候，作为一个低成本生产者，也不是什么好事。”

附录 11A　价格接受型企业利润最大化的数学推导

本附录描述了完全竞争企业在面临市场决定的价格时，其经理为了追求利润最大化而做出的产量和投入量的决策。我们将首先利用最一般化的成本函数来检验利润最大化的产出决策，然后再采用二次的成本函数。接下来，推导出当经理选定一种和两种变动投入量时的利润最大化条件。

11A.1　企业选择产量水平

假设企业决策为短期的，那么有些成本就是固定不变的。我们用 $\overline{P}$ 来表示市场决定的价格。企业的总收益为

$$R(Q)=\overline{P}Q$$

企业的利润函数为

$$\pi=\overline{P}Q-TVC(Q)-TFC \qquad (11A\text{-}1)$$

$TVC(Q)$ 即总变动成本，TFC 则表示总固定成本。

要利润最大化，一阶导数必须满足：

$$\frac{d\pi}{dQ}=\overline{P}-\frac{dTVC}{dQ}=0 \qquad (11A\text{-}2)$$

利润最大化时均衡产量的二阶导数：

$$\frac{d^2\pi}{dQ^2}=-\frac{d^2TVC}{dQ^2}<0 \qquad (11A\text{-}3)$$

因为，式（11A-2）中，$dTVC/dQ$ 就是边际成本（SMC），那么，最优产量就需要价格等于边际成本：$\overline{P}=SMC$。二阶条件则表示在利润最大化均衡时，边际成本必须为上倾的：$d^2TVC/dQ^2>0$。从公式（11A-2）中，可得出利润最大化的产量 Q^*。

如果在产量为 Q^* 时，

$$\pi=\overline{P}Q^*-TVC(Q^*)-TFC>0$$

企业就取得经济利润。如果，

$$\pi=\overline{P}Q^*-TVC(Q^*)-TFC<0$$

企业便会亏损。这种情况下，若

$$|\overline{P}Q^*-TVC(Q^*)-TFC|<TFC$$

企业就应该生产为 Q^*，价格高于平均变动成本

$$\overline{P}>TVC(Q^*)/Q^* \qquad (11A\text{-}4)$$

损失要低于固定成本，如果关门停产，企业就会损失所有的固定成本。如果产量为 Q^* 时，价格比平均变动成本更低，企业就应该选择关门。那样，企业只会失去所有的固定成本，而不是它的固定成本再加上部分变动成本。

因为式（11A-3）中的二阶导数要求边际成本是递增的，企业的短期供给曲线也一定是上倾的，价格越高，价格等于边际成本所决定的产量就越大。另外，从式（11A-4）中可知，当价格低于平均变动成本时，企业就不会生产，那么，在小于最小 AVC 的价格水平上，供给量为零。

下面是不那么一般化的方法。令总变动成本函数为三次方程：

$$TVC(Q)=aQ+bQ^2+cQ^3$$

a、b、c 均大于零。我们还假设市场决定的价格为。利润函数为

$$\begin{aligned}\pi&=\overline{P}Q-TVC(Q)-TFC\\&=\overline{P}Q-aQ+bQ^2-cQ^3-TFC \qquad (11A\text{-}5)\end{aligned}$$

计算利润最大化时，先要对式（11A-5）求导，

㊀ Martha Brannigan, “Airlines to Lobby Government For More Aid as Losses Mount” *The Wall Street Journal*, May 13, 2009.

再令导数为零：

$$d\pi/dQ=\overline{P}-(a-2bQ+3cQ^2)=0 \quad (11A\text{-}6)$$

因为 $SMC=dTVC(Q)/dQ=a-2bQ+3cQ^2$，价格在利润最大化均衡点上与边际成本相等。最大化时二阶导数为

$$d^2\pi/dQ^2=2b-6cQ<0 \quad (11A\text{-}7)$$

解式（11A-7）中的 Q，可知最大值必须满足：

$$Q>b/3c \quad (11A\text{-}8)$$

为了得到利润最大化的产出水平，我们需要求解式（11A-6）变形后的二次方程：

$$(\overline{P}-a)-2bQ+3cQ^2=0$$

一般你会求得两个 Q^* 值。使利润最大化的 Q^* 是二阶导数满足式（11A-8）的那一个，只有这样，才能保证在该产量上边际成本是递增的，一般是两个解中较大的那个。当总收益超过总变动成本，即满足：

$$\overline{P}>AVC(Q^*)=TVC(Q^*)/Q^*=a-bQ^*+cQ^{*2}$$

时，企业生产 Q^*，利润（亏损）为

$$\pi=\overline{P}Q^*-aQ^*+bQ^{*2}-cQ^{*3}-TFC$$

如果 $P<AVC(Q^*)=a-bQ^*+cQ^{*2}$ 企业就应该关门，停止生产，这样只会损失掉全部的固定成本。

11A.2 企业选择投入要素用量

我们先假设企业为了达到利润最大化，将对一种变动投入——劳动（L）的用量进行选择。所有其他的投入（$\overline{K}$）均是固定的。产品价格为 $\overline{P}$。正如第 8 章的附录 8A 中所推导的那样，设短期生产函数：

$$Q=f(L,\overline{K})=g(L)$$

企业通过选择 L，使下面的利润函数达到最大：

$$\pi=\overline{P}g(L)-wL-TFC \quad (11A\text{-}9)$$

上式中，w 表示劳动的工资率，TFC 则是偿付固定投入的固定花费。利润最大化要求：

$$d\pi/dL=\overline{P}(dQ/dL)-w=0 \quad (11A\text{-}10)$$

因为 $dQ/dL=MP_L$ 是劳动的边际产量，则式（11A-10）还可以表示为

$$MP_L\times=\text{边际生产收益}=w$$

从式（11A-10）中，可求得 L^*，则 $Q^*=g(L^*)$。

如果在 L^* 投入时，$MRP<ARP=g(L^*)/L^*$，总收益就会超过总变动成本（$PQ^*>wL^*$），企业便继续生产，利润（损失）为

$$\pi=\overline{P}g(L^*)-w-TFC$$

相反，如果 $MRP=w>\overline{P}Q^*/L^*$，总收益就低于总变动成本（$\overline{P}Q^*<wL^*$）。在这种情况下，企业就会选择关门，只会失去所有的固定成本，而不用多失去一部分变动成本。

现在我们假设企业没有固定投入，两种变动投入 L 和 K，产量为 Q。L 和 K 的价格分别为 w 和 r。生产函数为

$$Q=f(L,K)$$

产品价格仍然为 $\overline{P}$。利润函数为

$$\pi=\overline{P}f(L,K)-wL-rK$$

既然企业通过选择 L 和 K 的水平来使利润最大化，一阶均衡条件为

$$\overline{P}(dQ/dL)-w=0 \quad (11A\text{-}11a)$$

$$\overline{P}(dQ/dK)-r=0 \quad (11A\text{-}11b)$$

从式（11A-11a）和式（11A-11b）可以解出利润最大化的水平 L^* 和 K^*；最优的产出水平为 $Q^*=f(L^*,K^*)$。我们可以将 Q^* 代入上面的利润公式中得到利润最优水平。

式（11A-11a）和式（11A-11b）还能改写为

$$\overline{P}MP_L=MRP_L=w \quad (11A\text{-}12a)$$

$$\overline{P}MP_K=MRP_K=r \quad (11A\text{-}12b)$$

在达到均衡时，每种投入的边际生产收益等于各自的价格。

第12章
Chapter12

具有市场力企业的管理决策

■ 学习目标

学完此章节后，你将可以：

(12.1) 定义市场力，描述如何用价格弹性、需求交叉弹性和勒纳指数来度量市场力；

(12.2) 解释对于长期中的市场力，为什么进入壁垒是必要的，并讨论进入壁垒的主要类型；

(12.3) 求出垄断企业利润最大化的产量和价格；

(12.4) 求出垄断企业利润最大化的投入使用量；

(12.5) 求出在垄断竞争条件下，利润最大化的价格和产量；

(12.6) 利用经验估计或预测的需求、平均变动成本和边际成本，来计算垄断企业或垄断竞争企业实现利润最大化的产量和价格；

(12.7) 在给定总产量的多工厂企业中，选择各工厂的生产水平，使生产总成本最小化。

很多年以来，百货商店销售的“特级”品牌咖啡与一般品牌咖啡的价格非常接近，而“咖啡店”以前都是开在路边的，大部分是为疲倦的卡车司机提供服务的。但是，每个人都知道，星巴克成功地改变了咖啡的“商品化”特征，赋予了咖啡新的与众不同的味道：卡布奇诺、拿铁和摩卡等咖啡开始在设计成意大利咖啡馆一样的地方售卖。虽然星巴克绝对算不上纯粹的垄断商，但它在这个专门化的咖啡市场上，却是多年都占据主导地位。由于星巴克具有强大的市场力，它可以给自己的咖啡豆和特色饮料制定较高的价格，从而在很多年里都获得了非常可观的利润。然而，时代发生了变化，星巴克也有了很多竞争对手。被特色咖啡的经济利润所吸引，而且没有什么进入壁垒，Second Cup、Dunkin' Donuts，甚至包括麦当劳这些公司，都已经让星巴克的市场力和利润率大大减小。虽然有些分析家认为，这是因为星巴克在世界范围内连锁店开设得太多，但更大的问题在于星巴克没有能力阻止新的企业进入市场。你在本章会学到，如果没有某些形式的市场进入壁垒，一个企业要获得持续的市场力是不可能的。

市场力（market power）是完全竞争企业不具备的，它使长期获利成为可能。市场力是指价格设置型企业提高价格而不损失全部销售量的能力。[⊖]和第 11 章讨论的完全竞争时价格接受

⊖ 在一些其他课程或教材中，你可能会发现“市场力”和“垄断力”常被混用，好像这两个词的意思是完全一样的。但严格来说，它们的意思并不相同。在本书中，当我们提到价格设置企业提高价格的同时不会损失所有销量时，我们将使用“市场力”，而不是“垄断力”一词。在第 16 章中，我们会进行解释，“垄断”是一个法律上的概念，与“市场力”这一经济领域的概念是有很大差异的。

型企业不同，价格设置型企业并不在市场上与很多家企业一起销售标准化或同质化的商品，因此，价格设置型企业并不面对完全弹性（水平）的需求曲线。因为其产品与竞争对手的产品有所不同，或许因为该地域市场只有一个（或几个）该类产品的销售商，具有市场力的企业面临着向下倾斜的需求曲线。除了价格接受型企业外，垄断企业、垄断竞争企业和寡头垄断企业等所有其他企业，都或多或少地拥有些市场力。

当具有市场力的企业提价时，销售额尽管不会缩减到零，但也会因为需求法则而有所下降。一个企业的价格变动对其销售量的影响，在很大程度上取决于该企业市场力的大小。不同企业拥有的市场力是不同的。拥有市场力大的企业可以在很大范围内控制价格，实现垄断，像辉瑞制药公司治疗关节炎的药物 Celebrex；也可以是面临强烈的竞争而只拥有很少市场力的企业，比如在大购物中心里的鞋店或者服装店。

本章重点讲述价格设置型企业的经理们如何选择价格、产量和要素投入量，来使企业的利润达到最大化。对于本章所讨论的企业类型（具有市场力的企业制定价格时，不必过多考虑竞争对手的反应），利润最大化决策可直接使用 $MR = MC$ 的原则。但是，在下一章对寡头企业的讨论中，我们会学到，当寡头企业的需求和边际收益受到其竞争企业决策的影响时，情况就复杂多了。当竞争对手的行为可以影响你的决策效果时，决策制定的复杂性就要求运用下一章的战略决策工具。至此，你应该了解，本章中讨论的决策制定规则比第 13 章中寡头企业的决策制定规则要简单得多，因为对垄断型企业来说，没有竞争企业；对具有垄断性竞争优势的企业来说，也只会面对相对弱小的竞争对手，在制定决策时也几乎可以忽略。

本章首先介绍衡量市场力的一些方法，要比“很大”或者“有限”等词更准确。然后讨论决定市场力大小的一些因素，以及为什么有些企业的市场力比其他企业高得多。

本章将主要讨论垄断原理。当一个企业生产销售的产品或服务，在市场中没有近似的替代品时，或者其他竞争企业由于某些竞争壁垒的存在而无法进入该市场时，**垄断**（monopoly）就产生了。垄断企业拥有比其他市场类型的企业都强的市场力。尽管现实情况下不存在真正意义上的垄断，并且绝大多数可能的垄断都会受到政府的管制，很多企业，无论大小，都因为它们所卖的产品没有多少相近的替代品而拥有相当的市场力。垄断理论为所有拥有市场力的企业的管理者提供了基本的分析框架，可以分析如何决策以实现利润最大化（除了前面提到过的高度依存关系的寡头企业以外）。

在这一章的末尾，我们将简要地讨论企业在**垄断竞争**（monopolistic competition）市场中的销售行为。在垄断竞争的情况下，市场由大量的小企业构成，它们生产类似但不完全相同的产品，所以它们具有一定程度但并不大的市场力。垄断竞争的特点是该行业的进入壁垒十分薄弱，离开也很容易，例子则是绝大多数的零售商、批发商和小的生产企业。

当然，垄断和垄断竞争是迥异的市场结构，但是这两种市场结构中的企业都拥有一定程度的市场力。在这两种情形下，管理者运用完全相同的分析方法在斜率为负的需求曲线上选择利润最大的点。正如我们即将在本章里向你介绍的那样，垄断和垄断竞争在短期内实际上没有区别，尽管在长期两种市场结构导致的结果有些区别。为了方便起见，我们将在一个章节内解释两种市场结构下的决策。

12.1 市场力的度量

尽管我们还没有给出精确的方法来度量一个企业的市场力，但你或许已经发觉市场力的大小与替代品的可获得性相关。一个企业产品在市场中的可替代性越强，该企业的市场力越小。但是，目前还没有一个市场力度量能被经济学家、政治家和法律界人士共同接受而作为唯一的度量标准。经济学家们倾向于使用多个因素来共同决定市场力，在反托拉斯案例中经常要求对市场力进行客观公正的度量，因此这些度量市场力的方法被广泛地使用。

如果不明确定义企业所在的市场范围，任何一种度量市场力的方法都不能准确地度量市场力。这一节首先讨论如何界定企业的市场范围——识别竞争产品和竞争地理区域，然后讨论市场力的一些度量方法。

12.1.1 市场界定

市场界定（market definition）就是在一定的地理区域内识别所有的竞争厂商和竞争产品及服务。市场界定一定要足够大，以包括所有的竞争者。从定义可以看出，正确地定义市场需要从产品和地理两个方面来考虑市场竞争。尽管正确定义市场的方法论，主要是那些处于联邦或州反托拉斯诉讼案件中的公司感兴趣，尤其是那些在市场中处于不合法的垄断地位，或是正在进行市场力合并计划的公司。这些公司的决策者必须知道如何正确定义市场，才能正确地估计它们拥有的市场力。下面我们要讨论的是一些决定适当产品范畴及其地理范畴的原则。

一个正确定义的市场必须能够包括所有消费者认同的可以相互替代的产品及服务。如果决策者不能很好地定义消费者认可的所有该产品的替代品，那么，他就有可能过高地估计自己拥有的市场力。如果可口可乐的首席执行官认为该公司在可乐软饮料市场中占有垄断地位，他就会错误地认为可口可乐公司在该方面拥有无与伦比的巨大的市场力。事实上，虽然可口可乐公司的糖浆配方毫无疑问是高度商业机密，但绝大多数的消费者认为其他公司生产的软饮料，以及许多种非碳酸饮料，例如冰茶和“给他力”（Gatorade），都可以作为可口可乐的替代品。

市场的地理范畴也必须足够大。只要某个厂商的存在使得其他厂商在提价时不得不牺牲其销售数量，该厂商就必须被包括在市场内。两份统计资料能够为描绘市场的地理范畴提供帮助：一个是市场外部消费者（买方）的百分比；一个是市场外部厂商（卖方）的百分比。如果市场包括所有活跃的厂商和消费者，那么这两个百分比都会很小。有时描绘市场的这两个指标，我们可以称为外部的少许输入（LIFO）和内部的少许输出（LOFI）。

正如前面提到的，经济学家已经推导出一些估计市场力的方法，下面我们将只对一些重要的方法进行讨论。

12.1.2 需求弹性

估计厂商拥有的市场力水平的一种方法是估计厂商的需求曲线的弹性。回顾第 6 章的内容，我们可以知道，需求弹性与厂商在不减少销售量的基础上能够提价的能力是反向相关的。在价格水平上升时，需求的弹性越小，与此对应的需求量的减少率越小；否则需求的弹性越大，与此对应的需求量的减少率越大。厂商生产的产品可获得的替代品的种类数量越多，需求弹性就越大；消费者认可该产品的替代品的种类越少，产品需求弹性就越小。

虽然厂商拥有的市场力随着需求弹性的减少而增加，但这并不意味着拥有市场力的厂商必须选择在需求缺乏弹性的区域进行生产。另一种说法是，市场力并不意味着厂商一定要在 $|E| < 1$ 处进行生产，而宁愿随着需求弹性的减少，使拥有的市场力水平增加。在本章的后面我们将会证明垄断厂商一般选择在需求富有弹性的区域生产和销售。

关系

厂商拥有的市场力与需求弹性反向相关，随着需求弹性的减小，厂商拥有的市场力水平增加。消费者认可的该产品的替代品种类越少，需求弹性越小，市场力水平越高。当需求是完全弹性的（需求曲线是一条水平线），厂商拥有的市场力为零。

12.1.3 勒纳指数

另一种估计市场力水平的方法是，估计价格水平与完全竞争条件下价格的偏离范围。以推导出该方法的 Abba Lerner 命名的**勒纳指数**（Lerner index）是对价格高出边际成本的比率，即

$$\text{勒纳指数} = (P - MC) / P$$

当企业是价格接受者时，价格就等于边际成本，所以在完全竞争条件下勒纳指数为零。勒纳指数的值越高，市场力水平越高。

勒纳指数与需求弹性是相关的。在达到利润最大化均衡时，边际成本等于边际收益。从第 6 章的内容我们可以知道，$MR = P(1 + 1/E)$，所以勒纳指数可以用下式表示：

$$\text{勒纳指数} = (P - MR) / P = [P - P(1 + 1/E)] / P$$
$$= 1 - (1 + 1/E) = -1/E$$

上式使我们可以很容易地看出，需求弹性越小，勒纳指数越高，市场力水平越高。也就是说，勒纳指数显示的结果与前面讨论的市场力与需求弹性反向相关是一致的。

关系

勒纳指数 $(P - MC)/P$，是对价格高出边际成本的相对比率的度量。在完全竞争条件下，勒纳指数等于零，该指数的增加表示市场力水平的增加。该指数可以表达为 $-1/E$，意味着该指数和市场力都是与需求弹性反向相关的，即需求弹性越小，勒纳指数和市场力水平越高。

12.1.4 需求交叉弹性

虽然交叉价格弹性不能直接测量市场力，但它仍是度量市场力的一个指标。交叉价格弹性是指当某种产品的价格发生变化时，由此引起的购买另一种产品数量变化的灵敏度。它表明了消费者是否认可两种产品之间是替代关系。一个正的、较大的交叉价格弹性意味着消费者认为两种产品之间的可替代性比较强，这时厂商拥有的市场力较弱。如果厂商生产的产品与其他产品之间都不存在较高的交叉价格弹性，那么该厂商就会拥有比较高的市场力。

需求的交叉价格弹性一般用于在反托拉斯案例中，以帮助判断对于某特定公司的产品而言，消费者是否意识到市场中存在该产品的替代品。反托拉斯的检查员们使用交叉价格弹性来判断两种产品之间是否存在竞争关系。例如，反托拉斯的检查员们希望知道耐克公司独家生产的运动鞋所拥有的市场力。耐克公司花费大量金钱用于做广告，从而在运动鞋市场中建立了卓越的地位。为了解其他产品对耐克鞋的竞争性，可以通过计算竞争者产品的价格变化来反映耐克鞋需求数量变化的交叉价格弹性。反托拉斯的检查员们从中可以知道，消费者是否认为在运动鞋市场中存在耐克公司的真正竞争者。

关系

如果消费者认为两种产品是可替代的，那么需求的交叉价格弹性为正。产品的交叉价格弹性越高，替代性越强，生产这两种产品的公司拥有的市场力就越弱。

以上是为数不多的测量市场力的方法。在审讯合并和收购方案的过程中，反托拉斯法庭和法院有时应用这些度量方法的组合，其中包括集中度和市场占有率。但是，到底交叉价格弹性多高或需求价格弹性多低就构成“过大的”市场力也不总是很清楚的。如果你被卷入了这类听讯之中，你必须清楚地衡量市场力中遇到的问题。专栏 12-1 阐明了理解市场构成和决定市场力的困难性。

◇专栏 12-1

微软垄断吗

在最近微软反托拉斯法起诉案中，一些最有争议的问题源于微软是否垄断个人计算机操作系统市场。即使微软的确垄断它的 Windows 操作系统，它有足够的市场力损害消费者吗？即使它有足够的市场力损害消费者，消费者会受益于把微软拆分成两个小公司吗？不要认为我们能在或短或长的时间内用很简短的说明就可以确切地回答这些问题。我们无法做到这点，但我们可以概括大量经济学家的意见来说明这些非常复杂而有趣的问题，这些意见被各种各样的商业新闻出版物所报道。

Alan Reynolds（休斯敦研究所经济研究主任）

通常微软 Windows 被报道为"占据超过世界个人计算机的 90%"。如果它意味着微软占据了除了 10% 以外的全部操作系统的市场，那么这个比例令人担心。为了评价有关市场占有率的报道的有用性，我们一定要考虑用于计算市场占有率的市场的定义。正如我们强调过的，恰当的市场的定义应该涵盖所有消费者会用于替代的产品。Reynolds 批驳司法部操作系统的定义太过狭隘，导致 Windows 在操作系统的市场份额高涨。

司法部在微软一案中定义市场为"使用英特尔微处理器的个人计算机"。Reynolds 指出这个狭义的微软竞争于其中的市场定义，排除了像苹果计算机这样不用英特尔微处理器的竞争对手；太阳微系统工作站；任何用于商务网络的操作系统（如 Solaris 和 UNIX）；应用在便携式笔记本计算机中的操作系统。简而言之，Reynolds 认为司法部通过排除很多微软 Windows 操作系统的自然竞争对手的方式，把微软置于不利地位。Reynolds 也指出在高科技行业企业占据主导地位是很正常的：Quicken 占据 80% 的家用财务软件市场份额；网景一度拥有 90% 的浏览器市场份额；英特尔占据 76% 的微处理器市场。

Richard Schmalensee（MIT 经济学家，微软专家见证人）

在他作为微软专家见证人期间，Schmalensee 提出了极具洞察力的见解：微软可能实际上拥有操作系统的绝大部分市场，但是它并没有很大的市场力，并不是有害的垄断。Schmalensee 计算指出，如果微软是个因为面临很弱或者没有市场竞争而拥有强大市场力的垄断企业，Windows 98 的价格会在 900 ～ 2 000 美元。司法部的代理人对他的计算结果表示惊讶，询问 Schmalensee 是否认为 2 000 美元的价格相对于微软实际上的利润最大化的 Windows 价格有意义。"当然没有，因为微软面临长期竞争。这就是问题所在。"正如我们在文中指出的，垄断者拥有的市场力依赖于相近的替代品。Schmalensee 解释，不仅 Windows 98 面临将来新进入者的潜在竞争，而且它还必须与两种极为成功和广泛应用的产品竞争：Windows 3.1 和 Windows 95。也许消费者从所谓的微软的垄断中保护自己的最好方法就是拥有 Windows 的以前版本。

Franklin Fisher（MIT 经济学家，微软专家见证人）

"微软致力于反竞争行为，除了它限制竞争的后果，没有令人瞩目的正当经济理由，"引于 Franklin Fisher，在反托拉斯问题中垄断方面的专家[⊖]。政府介绍了大量的微软内部的备忘录和战略文件。在这些文件中描述了一个企业用尽所有办法去打倒它的竞争对手的图画。在一封微软所有最高执行官中转发的电子邮件的主题是破坏竞争对手的软件语言，"破坏是我们最好的技巧……破坏总是比正面冲突好得多的技巧。它可以让竞争混乱；他们不知道该朝谁开火。"对我们而言，微软用来打击它的竞争对手的手段实在凶残，我们怀疑如果审判包括辉瑞、本田、美国银行或者其他利润最大化的企业，这样的备忘录也会曝光。

经济学人（英国商业新闻杂志的编者论）

在编者论中，经济学家表明了一种担心：在新经济中，许多高科技市场经历着网络外

⊖ Niles Lathem, "Feds Wrapping Up: MIT PROF:MSFT Has Monopoly" New York Post, January 6, 1999.

延——增加了单个企业占据一个市场的可能性。一旦一个主导企业建立了一个大的“固化的”基础客户群——它的高科技品牌的使用者，消费者可能开始被锁定，创造了一种通过封锁新企业和新技术的垄断。对于负责防止新的垄断和打破原有垄断责任的反托拉斯机构而言，不断的产品升级和计算机产品价格的下降，实质很难证明消费者在高科技市场被“不正当的垄断”所损害。因而，经济学家担心微软可能消灭革新，并且给高科技的消费者和新经济带来严重损害。

富兰克林·费雪（Franklin Fisher）认为，微软的商业行为是它运用市场力去维持它的市场主导地位的证据。“令人瞠目的电子邮件和管理层文件已经描绘出一个企业看来已经准备为保护 Windows 的垄断而做几乎任何事情……就像微软的例子，当一个垄断者的行为给以创新为竞争的主要定义的市场的创新以打击时，关于反托拉斯法干预的争论很令人瞩目。”

Gary Becker（芝加哥大学诺贝尔奖经济学家）

司法部提议将微软拆分为两个独立企业：一个操作系统公司（Windows）和应用公司（微软办公软件、互联网浏览器和其他微软应用软件）。DOJ 认为需要拆分来鼓励更快的技术革新。Becker 看到司法部的论断中有两个问题：首先，经济学家并不肯定竞争比垄断能够更促进革新。Becker 援引 Joseph Schumpeter（1883—1950）关于这个问题的最早思考：垄断市场比竞争市场创新的比例更高。根据 Schumpeter 的论述，垄断刺激了更多的技术革新，因为他们不必担心竞争者会很快地模仿他们的革新从而导致他们的利润下降。

Becker 也指出，司法部没有提供任何量化的证据能够说明微软在操作系统的主导地位减慢了计算机行业的技术进步：

> 政府及其专家们指证，一些潜在的革新被认为由于微软的激进的行为而被阻止。即使这些例子确实，政府也没有考虑是否有其他的革新是因为主导的视窗平台的市场中新的软件的应用而带来的。

在过去的 40 年里，计算机 - 互联网行业发生了巨大的技术革新。Becker 指出，这样的进步使微软现在比过去 20 年间建立它在 Windows 操作系统的强有力地位的进程缓慢。也许在法庭上抱怨的微软的对手希望司法部保护他们免于竞争而不是促进竞争？

正如我们在这篇文章的开始提到的，我们希望我们能够给你所有这些问题的答案，但是我们不能。实际上，对卷入这个案子的所有企业而言，确实很难判断。结果，审判的法官 Tomas Penfield Jackson 判微软非法垄断有罪，并且要求微软拆分为两个公司。后来，美国法院撤销了拆分的要求，并且将 Jackson 从此案中调离。2001 年 11 月，微软和司法部达成了惩罚决议，并且在 2002 年 11 月由此案的新法官 Colleen Kollar-Kotelly 修正。很明显，实际证明非法垄断的问题非常具有挑战性。你可以找出你自己的答案并且与你的老师和同学讨论你的推理。现在，判决超过 15 年之后，反垄断学者、经济学家和律师们，还在继续就这一具有里程碑意义的反垄断案件中的判决进行辩论。

资料来源：Alan Reynolds, “U.S. v. Microsoft: The Monopoly Myth,” *The Wall Street Journal*,Apr.4, 1999; “Big Friendly Giant,” *The Economist*, Jan. 30, 1999; John R. Wilke and Keithe Perine, “Final Government Witness Testifies Against Microsoft in Antitrust Trial,” *The Wall Street Journal*, Jan. 6, 1999; “Lessons from Microsoft,” *The Economist*. Mar.6, 1999; Gary S. Becker, “Uncle Sam Has No Business Busting Up Microsoft,” *Business Week*, June 19, 2000; Don Clark, Mark Wigfield, Nick Wingfield, and Rebecca Buckman, “Judge Approves Most of Pact, in Legal Victory for Microsoft,” *The Wall Street Journal*, Nov.1, 2002。

12.2 进入壁垒

由于新厂商进入市场会增加替代品的数量，从而削弱目前的市场力，所以只有当存在比较强的进入壁垒时，市场中的厂商才能拥有较高水平的市场力。**强进入壁垒**（strong barrier to entry）是指：当市场内的厂商已经获得经济利益时，外部厂商进入该市场存在着很大的障碍。这种强进入壁垒阻碍了新产品或替代产品的进入，从而保证了市场内厂商的利润。

强进入壁垒的一个例子是，政府将有线电视的特许经营权只出售给一家光缆公司。这家公司受到保护，其地位接近垄断，使得其他公司无法分享经济利润。需要注意的是，它只是“接近”垄断地位，虽然它是市里唯一一家经营有线电视的公司，但仍存在潜在的竞争者。这些潜在的竞争者可能是广播、卫星接收站、无线电视、杂志、书籍和影碟出租等诸如此类的娱乐形式。所以，对于有线电视市场来讲，该公司是垄断者，但对于整个娱乐市场而言，它就不是垄断者了。我们需要明确的是，当通过禁止其他公司进入市场来保护该公司时，政府通常也就是被保护公司的管理者。

弱进入壁垒一般存在于大多数的零售市场中。由于市场外部的其他公司进入零售市场非常容易，而且这些零售商店销售的商品一般都存在着许多替代品，所以零售店一般无法拥有较强的市场力。产品的替代品不是完全替代品，因为其他公司不可能在相同的地点销售完全一样的产品。但是，其他公司可以生产相近的产品。所以，没有零售店能够获得较强的市场力，因为它不可能把价格提得比竞争对手高很多，而同时又不产生较大的销售量损失。

本章中我们将集中讨论是因为市场的供求情况而产生的结构性进入壁垒，而在第 13 章中我们会探讨一些策略性进入壁垒，这种壁垒是通过改变一些潜在竞争对手对于市场利润率的看法而建立起来的。

12.2.1　政府设置的壁垒

当一个政府机构或委员会能够在特定市场上限制合法运作的公司数量时，可能会产生最有效且最持久的进入壁垒。通常情况下，这种进入壁垒，是通过要求企业持有政府签发的许可证和经营执照，以合法供应特定市场的商品或服务来实现的。然后，通过严格限制这些许可证和经营执照的数量，政府可以限制受保护市场的供给，并有效地人为保持一个较高的价格。政府机构给出的限制进入市场的原因，经常是强调政府有必要促进消费者安全、环境质量、劳动力的工作环境，以及高效生产工艺和技术的应用。当许可证阻碍新公司的进入，而政府机构认识到价格可能会更高时，它们可能会选择调节行业价格。

一些由政府设置壁垒的例子，包括美国联邦通信委员会（FCC）给广播电台、电视台颁发经营许可证，地方政府授予各种公用设施，如电力、自来水、有线电视和本地电话服务的独家特许经营权。政府创造垄断专营权时（如公用事业），垄断企业几乎都是受政府价格管制的。在授权和经营许可的其他例子中，如理发店、美甲沙龙、按摩师、房产建筑商以及出租车，有大量公司被授予许可证，那么政府就依赖于竞争对手公司之间的竞争，来保持价格“公平”，而不是直接的价格调整。你可以预见到，如果政府设置的进入壁垒具有高度的市场力，由此产生受保护的未来利润流，将会把新公司为了在这样的市场中运作而愿意支付的价格抬高。专栏 12-2 分析了纽约市出租车的管制，显示政府颁发的许可证的价值，会因为规则修改、允许新竞争者进入一个受保护的市场而降低。

另一个政府设置的、潜在有效的竞争障碍是专利法。专利法允许个人申请和获得专有权利，来制造特定类型的产品（产品专利），或通过指定的过程制造商品或服务并具备绝对的成本优势（过程专利）。然而，持有任何一种专利，并不一定会创造可观或持久的市场力，因为在产品专利情况下，专利并不阻止竞争对手生产密切相关的替代品；在过程专利的情况下，专利也不阻止竞争对手用完全相同的过程进行生产。许多年前，国际商业机器公司（IBM）拥有生产其专利个人计算机的专有权。IBM 个人电脑是个人电脑买家的事实上的标准，使得 IBM 成为占主导地位的 PC 制造商（但不是一个纯粹的垄断者）。IBM 具有专利的个人电脑的经济价值，迅速被竞争对手所削弱：竞争对手制造出所谓的“IBM 克隆”个人电脑，为了避免触犯专利法，而在表面上使用了不同的电路，但所有的软件应用程序操作起来，就像是一台 IBM 个人电脑。随着几十个竞争对手制造商生产出与 IBM 兼容的个人电脑，个人电脑市场变得越来越饱和，IBM 在个人电脑方面的利润不断下降，最终 IBM 退出了个人电脑市场。专利地位并没有为 IBM 创造一个持久的垄断地位，但 IBM 持有的专利确实减缓了竞争对手的进入，也给了一些买家一个理由去支付 IBM 所定下的更高的价格。

12.2.2 规模经济

在与产品需求相关的生产量范围内，如果厂商的长期平均成本曲线是呈下降趋势的，那么规模经济会产生很强的进入壁垒。因此，如果一个新厂商想进入这种类型的市场，为了降低成本，它必须以较大规模进入，才能和目前已经在市场中的厂商保持一致的成本水平。以大规模进入市场这个要求本身并不是进入壁垒，但如果产品需求的规模比较小，则相对而言进入壁垒比较强。

假设在某行业内有 4 家厂商，每家的年产量为 200 000 件产品，在这个领域内存在着较强的规模经济效应，在目前的价格水平下，整个市场的年销售量恰好为 800 000 件。所以，除非价格水平产生大幅下降，否则，即使其他厂商可以得到融资支持，从而达到年 200 000 件的生产水平，市场也没有多余的空间可以让这些厂商进入。即使新厂商以年 50 000 件的生产水平进入市场，由于规模经济的存在，新厂商的单位成本也远高于市场中已经存在的竞争者的成本，也就是说市场中不存在允许新厂商以与竞争者相同的成本进入市场的空间。在这种情况下，规模经济产生了进入壁垒。

12.2.3 要素壁垒

市场力的一个重要影响因素——主要是由于历史原因——是对生产该产品的原材料供应的控制。假若一个（或几个）公司控制了某一产品的所有已知原料，则这个公司就能够拒绝以低价格将原材料出售给竞争对手。由于其他公司无法生产该种产品，该公司就处于垄断地位了。许多年以来美国铝业公司（Alcoa）控制了北美几乎所有的铝矾土矿。对原材料的控制，加上拥有生产专利权，使得美国铝业公司在当时获得了绝对垄断的地位。在第二次世界大战以后，联邦法院才打破了其在制铝业中的垄断地位。在历史上还有过其他类似的例子，但目前很少存在由于控制原材料而产生的拥有可观市场力的案例。

12.2.4 品牌效应

随着时间的流逝，老公司一般都会在产品需求方建立起消费者对其产品的忠诚感，而那些新进入市场的公司则很难击败这种忠诚感。例如，新公司的售后服务及维修保障能力可能不为人所知；同时，消费者的购买偏好也会受长期广告战的影响，比如品牌商标能够保证消费者一旦发现产品有瑕疵或与广告宣传不符时可获得补偿。即使从技术的角度上来说，规模经济的影响并不那么重要，但新公司在短时间内也很难建立起市场销售渠道或击败消费者对老公司的偏好。通过消费者偏好维持厂商垄断地位的经典案例是浓缩柠檬汁市场。Realemon 果汁在消费者群体中建立了强烈的品牌效应，以至于竞争对手明显不能存在于市场中。到了后来，法院不得不强迫 Realemon 出售其商标给其他的竞争者。

广告在进入壁垒中的作用，很长时间以前就引发了人们的争执。一些人坚持广告可以通过加强消费者偏好而建立起进入壁垒，另一部分人考虑如果不增加广告，那么在进入已经形成的市场时将会是极其困难的。已确立垄断地位的公司防止其他公司进入的方法，可以是让政府禁止公司做广告。老公司的声望使得对它的产品的需求继续存在，然而不通过广告，新公司是无法让公众了解其产品的，所以广告是新公司用以打败老公司的手段。在进入市场的过程中，广告的效果仍是众多经济学家争论的话题之一。

12.2.5　消费者锁定

就某些产品或者服务而言，消费者可能发现转到其他品牌代价高昂——无论是现有竞争对手的品牌或者新进入厂商的产品或服务的品牌。消费者的**转换成本**（switching cost）在包括安装或入会费，寻找可能替代品及其价格的成本，以及学习如何使用新的或者不同产品或服务的成本等情形下发生。当很高的转换成本使以前的消费决策变更代价过于昂贵，以至于竞争对手并不认为他们能够说服很多消费者转变他们的消费决策，那么**消费者锁定**（consumer lock-in）的情形就发生了。当然消费者锁定使那些原本想进入有利可图的市场的厂商打消了念头，因而保障了现有企业免于新的竞争。高转换成本可以是自然形成的，也可以是企业战略性地位创造消费者锁定壁垒而设计的产品和服务的高转换成本。

消费者锁定当然能够创造很强的进入壁垒，但是高额垄断利润也创造了潜在进入者找到克服消费者锁定的强烈的动机。比如，当微软决定以它的 Money Program 进入家庭财务软件市场时，Quicken 不得不产生从 Quicken 转换到 Money 的成本。微软通过设计它的 Money Program 兼容存储在 Quicken 专有格式下的财务数据文件，以便转换者不必重新输入他们的财务数据来克服消费者锁定。微软的软件中也使用了相似的命令，并且为消费者从 Quicken 转移过来提供特殊帮助的菜单。这样通过降低消费者面对的转换成本，微软克服了消费者锁定壁垒，成功地结束了 Quicken 的垄断。

12.2.6　网络外部性

对于大部分的产品而言，你消费的某个产品的功用不受消费者群大小的影响。不管是另外 10 个人，还是 1 000 万人购买跟你一样的产品，产品对你的价值或你获得的利益都是不变的。然而，与这种“正常”情况相对的是，有一些特殊产品和服务对你的功用，会随着消费者数量的改变而改变。换句话说，越多的人购买这种产品，那么这种产品对你的价值就会增加。[⊖]这一类产品就具有**网络外部性**（network externality）或**网络效应**（network effect）。有些产品或服务具有网络效应，比如手机、互联网接口服务、计算机操作系统（如微软 Windows 系统或苹果的 OS X 系统）、电子邮件、求职或交友公司、在线拍卖网站等。

造成网络外部性的可能原因有两个。首先，如果产品或服务的有用性需要通过与其他消费者联系来实现，那么这种产品或服务就很有可能具有网络外部性。比如，随着手机网络中的用户越来越多，那么对你而言，手机的有用性就会增加。大部分人用手机是用来拨打或接听别人的电话，所以如果通过手机你能联系到的人变得更多了，那么你手机的价值也就更高了。而一个在线交友网站的用户越多，那么对想找到伴侣的单身人士来说，这个网站的价值就越高。而一个大型的输电网对个人用户来说，也比小型输电网更有价值，因为如果输电网遇到天灾（比如飓风、野火、洪灾等）而停止供电，那么一个大型输电网会更快地得到修复并恢复运行。其次，如果某种商品的补充性商品对购买了那种商品的消费者来说非常重要，那么这种商品就会具有网络外部性。比如说，随着苹果计算机用户的增长，软件公司会推出更多苹果计算机的软件，从而使苹果计算机用户更加满意，并进而增加苹果计算机的需求。修理或检修服务对很多产品来说是非常重要的。消费者会认为，如果某个产品的用户越多，那么厂家就会提供更好的服务或电话支持。如果微软 Word 软件和 Corel 的 Word Perfect 软件中存在同样的错误，那么前者很可能会更快得到修正，因为 Word 的用户群数量更大。而且，即使微软没有很快修正错误，网上也会有很多使用 MS Word 的博主提供免费的替代方案。

本书中我们讨论网络外部性，主要是为了说明进入壁垒的问题。网络效应会让新的企业难以进入一个已被其他公司占领较大份额的市场。因为产品的价值取决于用户使用量的多少，所

⊖ 也可能有这么一种情况：产品对一个消费者的功用与该产品的总消费者人数成反比。这种情况有时被称为“虚荣效应”或负向网络外部性。因为这种负向网络外部性不可能形成进入壁垒，因此本书中我们对此不加以讨论。

以，一个小型企业很难进入市场并与之竞争。购买者都会希望成为占有市场较大份额的公司所拥有的大规模消费者群的一部分。

回忆一下我们在第 1 章（以及专栏 1-4）中讨论经理人常犯的错误，我们强烈警告经理人不要做出以扩大市场份额为目的的决策。一般来说，市场份额最大化并不等于利润和企业价值的最大化。但是，我们也指出了网络外部性是一个例外。在一个具有网络效应的产业中，A 企业的降价可以从对手企业那里赢得很多用户，从而开始一个自我增强或滚雪球的过程。A 企业一开始市场份额的上升，使它的用户网络得以扩大，从而让更多购买者转向购买自己的产品，进一步扩大 A 企业的网络规模等，直到市场完全向 A 企业倾斜。在这种情况下，利润最大化的价格就会低于没有网络外部性的利润最大化价格。扩大的市场份额可以实现更高的利润。

因此，如果网络外部性非常显著，那么一个消费者群巨大的占据大市场份额的公司就设立了一个很难克服的进入壁垒。购买者会更重视企业的大规模消费者网络，一般不愿意转向一个刚进入市场企业的产品，因为后者的用户群太小了，不具吸引力。

12.2.7 沉没成本的进入壁垒

我们要讨论的最后一个结构性进入壁垒，即沉没成本，可以被看成一种进入壁垒的一般形式，可以包括我们前面讨论的其他进入壁垒。你可以想象经理人会做两个决策。第一个决策是是否要进入一个市场，如果答案为肯定的话，第二个决策就是决定定价和产量，以使企业进入市场后能获得最大利润。一个企业因为要进入市场而使用了“启动成本”之后，这些成本就是企业必须支付的沉没成本，也是进入成本。也就是说，进入市场的成本是做出进入市场这一决策引起的沉没成本。因为这些进入成本是沉没成本，所以不是一个已经进入市场、占有市场份额企业的经营成本。所有进入市场的沉没成本都应该忽略，因为它们不影响利润。但是，如果进入成本太高，而管理者认为进入市场所获得的利润可能比进入成本低的话，进入成本就成了一个进入壁垒。

这里举一个简单的例子。假设在长期均衡中，市场上已有的一个企业，每个月的利润是 1 200 美元。如果你进入市场，一个新的长期均衡建立，你的企业和其他企业每个月都能达到 1 000 美元的利润，那么你应该会考虑进入市场。而如果进入市场不需要沉没成本，那么你肯定会进入这个市场。这个决策制定起来很容易，因为如果一个月的利润变为负数，你随时就可以退出市场。而另外一种情况下，假设你要进入市场，就必须一次性投入 50 000 美元不可分割的沉没成本——如果你决定退出市场，这 50 000 美元就完全收不回来了。现在进入成本很高，你会怎么做？为了让事情简单些，我们会忽略货币的时间价值（也就是说，假设你的贴现率为零）。如果你能确定这个市场至少能存在 50 个月，你就可以选择进入市场。在这个简单的案例中你会发现，进入市场的沉没成本越高，那么市场营利性也必须越高，这样进入市场才是值得的。因此，进入市场的高沉没成本也可以是一种进入壁垒。

你现在应该发现了，我们之前讨论的一些进入壁垒，也可能要一个企业支付一定量的沉没成本才进入市场。规模经济可能会变成一个进入壁垒：如果一个企业必须支付一笔沉没的启动成本，来获取一个大型生产设备，才能生产出与已进入市场的企业相同数量的产品。另一个例子是，在你建一个工厂之前，你可能需要先花钱做一个环境影响的研究。如果一些必要的投入是受限制的，或者存在专利、许可证、广告、转换成本或网络外部性，那么一个想要进入市场的企业就必须支付这些成本以克服壁垒。如果克服一个结构性壁垒的是沉没成本，且高于进入市场的营利性，那么沉没成本就可以成为一种进入壁垒。

尽管存在进入壁垒，厂商也有可能丧失或已经丧失其拥有的市场力。即使强进入壁垒也能被突破，一个垄断者在保卫其垄断地位从而使其他厂商进入无效的过程中，可能会变得自鸣得意。这使得成本增加，迫使销售价格水平上升，结果是允许新的更有效率的厂商进入市场。一些潜在的进入者可能会挖空心思去降低成本；或是如前所述，围绕着专利下功夫；或是想办法击败老厂商建立的消费者忠诚度，这样进入壁垒就不能彻底地保护老厂商已经拥有的市场力了。

◇专栏 12-2

钻石是永恒的，而进入壁垒不是

自1937年奖章（出租车牌照）项目实行以来，纽约一直通过严格限制牌照颁发的数量，控制着出租车市场的进入。㊀一个出租车牌照，给所有者一辆出租车的经营权，时间不是一年，而是永远。在大多数年份中，一辆新出租车要进入纽约市场的唯一方式，就是从另一个出租车的车主那里购买一个已有的牌照。纽约一个出租车牌照的市场价格，几年前曾达到100万美元。出租车牌照高昂的市场价格并不出人意料，因为买家会理性地将牌照价格，抬高到大约相当于他们所估计的在纽约永远经营出租车的未来利润流的现值。世界上许多其他大城市也实施了类似纽约的牌照制度。可以说，现在全球的出租车牌照比钻石更有价值，但不像钻石，牌照并不是真的"永恒"。

巧合的是，在1938年，纽约建立世界上第一个出租车牌照系统的第二年，著名的钻石公司戴比尔斯公司，推出了非常成功的广告宣传，也是"钻石是永恒的"的这一表达的起源，而且，也许永久地将普通钻石变成了永恒的爱情的象征。出租车管制制度批评者，有时会将拥有纽约出租车牌照比喻为拥有一颗非常大的钻石。然而，这个比喻是一个错误，因为在过去的一年中，纽约出租车牌照的市场价格下降了约170 000美元——即使钻石价格持续上涨。此外，芝加哥的牌照平均价格下降了17%，波士顿下降了20%，而费城的牌照价格目前看来是一个自由落体，且没有底价。经过这么多年稳定的价格上涨，为什么现在出租车牌照的价格下降了？

要知道为什么牌照价格会下跌，你需要明白，防止更多出租车进入市场的"永远的"保护，只会持续到一些聪明的企业家发现了另一种不需要购买牌照就能进入出租车市场的方式。而这正是目前世界各地出租车市场发生的事情。

大城市的出租车一直都在跟其他种类的汽车服务竞争。在纽约，配有牌照的亮黄色出租车会与所谓的"电召车"竞争。法律把电召车与牌照出租车在很多方面区别开来，但其中有两个区别是尤其重要的：①电召车不需要购买牌照；②电召车不允许搭载在街头招手叫车的乘客。只有牌照出租车可以合法地在街上搭载招手的乘客。电召车被限制只服务于"预定"的乘客，通常是通过无线电来调度行程。正是这第二个法律上的区别，导致政府现在不能保护牌照拥有者免于竞争。近日，法院和法官已经裁定，除了使用无线调度，乘客也可以合法地通过智能手机应用程序来预订叫车，这个过程被称为"虚拟招手"或"在线招手"。

现在，我们看到了一个新的电召车公司形式。由于App的汽车服务企业，如Uber、Lyft和Gett，越来越多地从牌照出租车那里抢走了乘客。由于以下几个原因，许多技术娴熟的乘客更喜欢基于App的汽车服务。基于App的汽车服务易于使用：乘客在智能手机上输入他们的当前位置和目的地，就可以在线招手叫车，然后第一个到达的App汽车司机就得到了这个单子。车费会从与乘客账户关联的信用卡中自动结算，乘客可以选择为司机的服务进行五星打分，而这会提升服务质量。对牌照出租车来说更糟的是，基于App的汽车服务企业发起了价格战，导致基于App的汽车服务车费有时会低于牌照出租车费用。

你可能已经预测到，出租车牌照所有者正在法庭上战斗，要求停止这些基于App的汽车服务进入市场。对他们来说不幸的是，智能手机叫车的新技术现在看来是不可阻挡的，而牌照的价格似乎注定要继续下跌。即使政府设置的进入壁垒，也不能保证"永远"。当进入壁垒创造了大量的受保护的经济利润，那么，新的进入者找到方法进入这个市场，只是一个时间的问题。

资料来源：Anne Kadet, "Car-App Car Services Compete for Passengers with Low Fares: A Luxury Car Service is Now Cheaper than a Taxi," *The Wall Street Journal*, October 10, 2014; Joshua Brustein, "Uber's Fare War on New York Taxis Puts Million-Dollar Medallions at Risk," *Bloomberg Businessweek*.com, July 7, 2014.

㊀ 纽约市的出租车和轿车委员会发出了13 437个出租车牌照，这个数字自1937年以来并没有多大的变化。

12.3 垄断下的利润最大化：价格与产量决策

现在，我们来讨论在完全垄断条件下厂商的利润最大化决策。需要记住的是，这类垄断决策的原则是：必须在较大范围内能被所有拥有市场力的厂商应用。垄断厂商的经理们以市场需求曲线作为厂商自己的需求曲线。为了与完全竞争条件下相同，我们假设决策者期望利润最大化。所以，垄断厂商的决策者在市场需求曲线中选择使其利润最大化的一点进行生产。实际上，如果它们真的这样做了，那么在决定产品价格水平时，价格就不会与产出量无关。决策者必须在市场需求曲线中选择价格与产量的组合情况来达到他们的目的。

例如在图 12-1 中，如果决策者选择了单位价格为 14 美元，垄断厂商只能售出 900 单位的产品（消费者会购买）。同样，如果厂商希望售出 900 单位的产品，则该种产品的最高售价能够达到 14 美元。所以，当垄断者能够同时选择价格水平和产量时，这两个变量不是无关的。

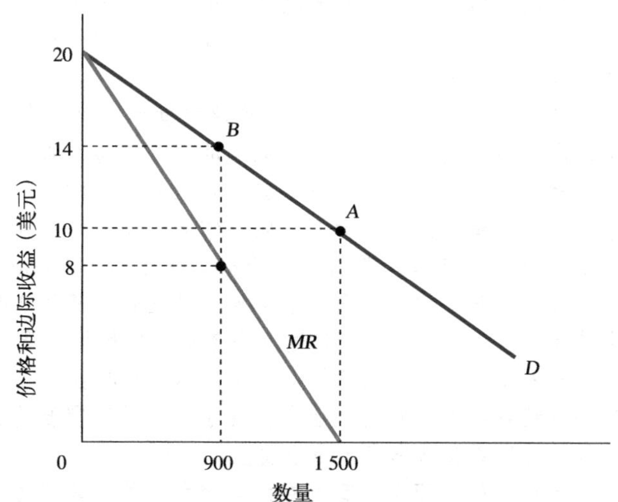

图 12-1 垄断厂商面临的需求和边际收益曲线

在实际情况中，一些垄断者只决定价格水平，而让市场需求来决定售出的产品数量；而另一些垄断者则决定产品的生产数量，然后以市场允许的最高售价来出售产品。我们考虑一个电力公司的例子，电力的单位价格是每千瓦小时 10 美分，而提供的数量则由消费者愿意在此价格水平上购买的数量决定。所以该电力公司可以很容易地确定其供给函数，并且能够比较正确地估计出在不同价格水平下应该提供的电力数量。

与此类似的是，汽车制造商可能决定在某一年份内，生产某种型号的汽车 300 000 辆，同时，制造商以目前市场需求所决定的最高可能售价出售这些汽车。所以我们可以确定的是，制造商能够正确估计市场对其产品的需求和能够出售这些汽车的大致平均价格。

给定垄断厂商面临的需求曲线，选择价格来达到利润最大化和选择产量来达到利润最大化是一样的。为了与我们在讨论完全竞争条件下的利润最大化的过程保持一致，我们考虑垄断厂商选择产量来实现利润最大化的情况。

利润最大化的基本原则，是通过生产和销售使边际成本等于边际收益的产量来实现利润最大化。在这一点上，垄断厂商与竞争厂商是相同的。只要扩大产出量带来的边际收益大于边际成本，决策者就可以通过扩大产出量的手段来增加利润；反之，当边际效益小于边际成本时，决策者应该考虑缩减产出量。垄断条件与完全竞争条件的根本差异是，垄断情况下的边际收益不等于价格。

原 理

垄断厂商会在市场需求曲线上选择达到利润最大化的点。如果边际收益大于边际成本，厂商会增加生产量；反之，如果边际收益小于边际成本，厂商不会生产那么多的产品。

12.3.1 垄断厂商面临的需求和边际收益

垄断厂商面临的需求曲线通常是向下倾斜的，所以如果他们想出售更多的产品，就必须降低售价。如图 12-1 展示和第 6 章讨论过的那样，除了第一件产品之外，其余每件产品出售带来的边际效益都低于其售价。回想一下边际收益的定义，即每多出售一件产品给厂商带来的总收益的增加，用公式表示是：$MR=\Delta TR/\Delta Q$。图 12-1 所示，如果厂商以单位价格 14 美元的水平出售 900 件产品，从边际收益曲线中我们可以看出，第 900 件产品带来的边际或额外收益为 8 美元。这意味着通过降低售价的手段使销售量从 899 件增加到 900 件产品，给厂商带来的收益只有 8 美元，而不是第 900 件产品的售价 14 美元。原因是，厂商为了售出第 900 件产品降低了 899 件产品的售价，而后者本应以更高的价格出售的。

虽然我们已经在第 6 章中对边际收益 *MR* 和价格 *P* 之间的关系进行了技术方面的分析，但仍可以就边际收益 *MR* 低于价格 *P* 的原因给出一些直观的例子。设想你管理着一个小的家电商店，每天以 50 美元的单价售出 20 台收音机。你希望增加收音机的销售量，于是某天，你将售价降到 49 美元。在下降的价格水平下，当然收音机的销售量有了增加，当天售出 21 台，也就是说你以每台 49 美元的代价多售出了一台。与前一天的销售额相比，你发现以前你的收益是 1 000 美元（$=50\times20$），而现在的收益是 1 029 美元（$=49\times21$），即收益增加了 29 美元。但多出售的一台收音机的价格是 49 美元，另外的 20 美元哪里去了？是有人偷走了吗？事实是，为了售出这额外的第 21 台收音机，你将本可以用 50 美元卖出的 20 台收音机的售价降低了 1 美元，这 1 美元的价格减少构成了“丢失的”20 美元。

图 12-1 展示了线性需求曲线条件下的需求和边际收益的关系。当需求是线性的，边际收益像需求曲线的 2 倍那样陡，因此位于需求曲线和纵轴之间。当边际收益 *MR* 是正值，产出量在 0 ～ 1 300 件，需求是富有弹性的；而当边际收益 *MR* 是负值，产出量大于 1 300 件时，需求是缺乏弹性的；另外，当边际收益 *MR* 为 0 和产出量为 1 300 件时，需求是单一弹性的。

关 系

市场需求曲线就是垄断厂商面对的需求曲线。由于垄断厂商要售出更多的产品，必须降低价格，除了第一件产品之外，其余每件产品出售带来的边际收益都低于其售价。当边际收益 *MR* 是正值（负值）的时候，需求是富有弹性的（缺乏弹性的）。对于一个线性市场需求来说，垄断厂商的边际收益也是线性的，其纵轴截距与需求曲线相同，而斜率是它的 2 倍。

12.3.2　例：西南皮革制品设计公司的利润最大化

西南皮革制品设计公司是一家专门设计、生产女用时尚皮带的公司。它的最初设计有时被其他生产皮革制品的竞争对手所模仿，但西南公司的商标是经过注册的，因此能够部分地防止其产品受到整体上的仿造。如果仿造者能够生产出与其设计式样完全一致的皮带以及商标等物，西南皮革制品公司所拥有的市场力就不存在了。

表 12-1 展示了西南皮革制品设计公司的决策者所面对的需求和成本情况。第（1）列给出的是以 1 000 件为间隔，离散增长的皮带产出量，总数为 1 000 ～ 9 000 件；第（2）列给出的是相应产品单位价格水平；第（3）列是每种产出量水平下的总收益（用单价乘以数量）；而每种产出情况下的总生产成本显示在第（4）列；决策者用总收益减去总成本，计算出每种生产水平下的利润（或亏损），在第（7）列显示。通过对第（7）列的研究我们发现，最大利润（56 020 美元）发生在西南公司以单位产品 18.92 美元的价格生产并出售 6 000 件产品的时候。

表 12-1　西南皮革制品设计公司利润最大化

（1）产出（Q）	（2）价格（*P*，美元）	（3）总收益（$TR=PQ$，美元）	（4）总成本（*TC*，美元）	（5）边际收益 $MR=\Delta TR/\Delta Q$（美元）	（6）边际成本 $SMC=\Delta CT/\Delta Q$（美元）	（7）利润（π）（美元）
0	40.00	0	40 000	—	—	−40 000
1 000	35.00	35 000	42 000	35.00	2.00	−7 000
2 000	32.50	65 000	43 500	30.00	1.50	21 500

（续）

（1）产出（Q）	（2）价格（P，美元）	（3）总收益（TR = PQ，美元）	（4）总成本（TC，美元）	（5）边际收益 MR = ΔTR / ΔQ(美元)	（6）边际成本 SMC = ΔCT / ΔQ(美元)	（7）利润（π）（美元）
3 000	28.00	84 000	45 500	19.00	2.00	38 500
4 000	25.00	100 000	48 500	16.00	3.00	51 500
5 000	21.50	107 500	52 500	7.50	4.00	55 000
6 000	18.92	113 520	57 500	6.02	5.00	56 020
7 000	17.00	119 000	63 750	5.48	6.25	55 250
8 000	15.35	122 800	73 750	3.80	10.00	49 050
9 000	14.00	126 000	86 250	3.20	12.50	39 750

如果应用边际收益 - 边际成本法，西南公司的决策者也可以得到同样的结论。在表 12-1 的第（5）、第（6）列分别给出了相应生产水平下的边际收益和边际成本。在售出 6 000 件产品以前，多出售产品的边际收益一直大于多生产产品的边际成本；而在售出 6 000 件产品以后，出售下一个 1 000 件产品的边际收益为每件 5.48 美元，生产的边际成本为每件 6.25 美元，很明显地，如果继续将产量和销量从 6 000 件增长至 7 000 件，利润将会减少。也就是说，利润随着产销量的增加而增长，直到达到 6 000 件；在此之后，利润开始下降。这与用总收益减去总成本而得到的结论是一致的：即产出量在 6 000 件时，利润水平达到最大。

表 12-1 的例子可以用图 12-2 来更确切地反映。由于边际收益和边际成本是多一单位产品带来的收益和成本变化，而产出量是以 1 000 件为间隔离散变化的，所以我们以 1 000 件的间隔中点来绘制这些值。例如，售出第一个 1 000 件的边际收益是每件 35 美元，则我们将这个 35 美元的边际收益绘制在产出量在 500 件的位置上。类似地，对于每一种水平下的边际收益和边际成本我们都做出这样的修改。

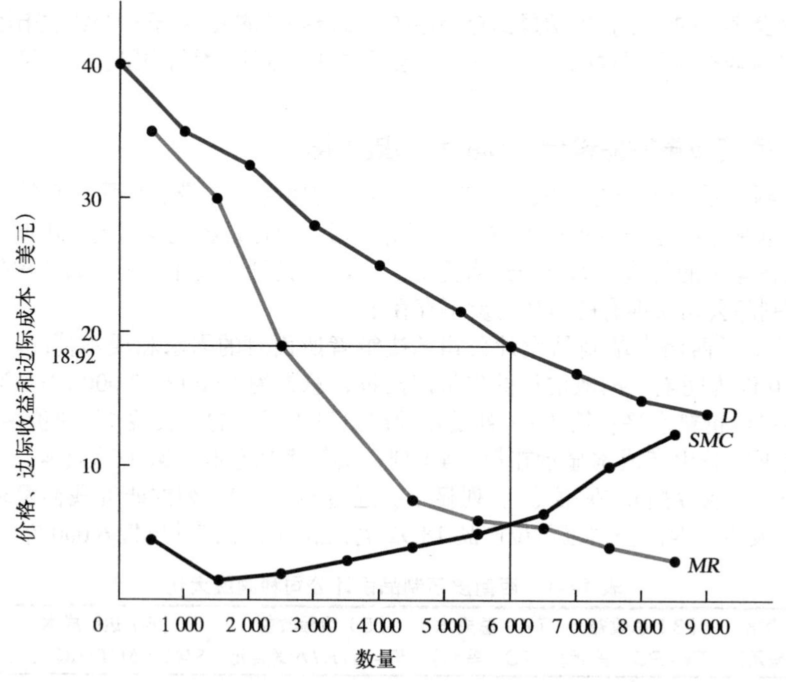

图 12-2 西南皮革制品设计公司实现利润最大化：选择产出量

在图 12-2 中，产出量达到 6 000 件的水平时，边际收益和边际成本相等，两条线产生交点。正如表中显示，该点是利润最大点。需求曲线显示西南公司此时的价格水平应为每件 18.92 美元。

现在，我们将某垄断厂商在特定数值下的利润最大化，转化为对短期内垄断厂商生产的更一般性的图解分析。在这个案例中，为了分析方便，我们假设产出和售价都是连续变化的。

12.3.3 短期均衡：利润最大化或亏损最小化

垄断者像完全竞争者一样，在生产并出售产品时，力求达到总收益和总成本之间的正差异最大，由此来获得利润的最大化；或者，在生产并出售产品时，力求达到总收益和总成本之间的负差异最小，由此来获得亏损的最小化。在总收益超过总可避免成本时，边际收益等于边际成本的一点就是利润最大化或亏损最小化点。正如在完全竞争厂商的条件下，如果单位价格水平低于平均可变成本，决策者会在短期内停止生产。[⊖]我们首先讨论利润最大化，然后再讨论亏损最小化。

短期均衡的位置可以很容易用图来解释。图 12-3 中展示的是一个垄断厂商的相关成本和收益曲线。由于平均变动成本和平均固定成本不必在此解释，因此在图中省略。需要注意的是，需求是一条向下倾斜的市场需求曲线。边际收益同样也是一条向下倾斜的曲线，并且总是位于需求曲线的下方，二者在纵轴的截距相同，而垄断厂商面临的短期成本曲线源于第 8 章中描述的式样，并且是典型假设的形式。图 12-3 描述的状态是单位价格水平高于平均总成本，垄断厂商从而获得了经济利润。

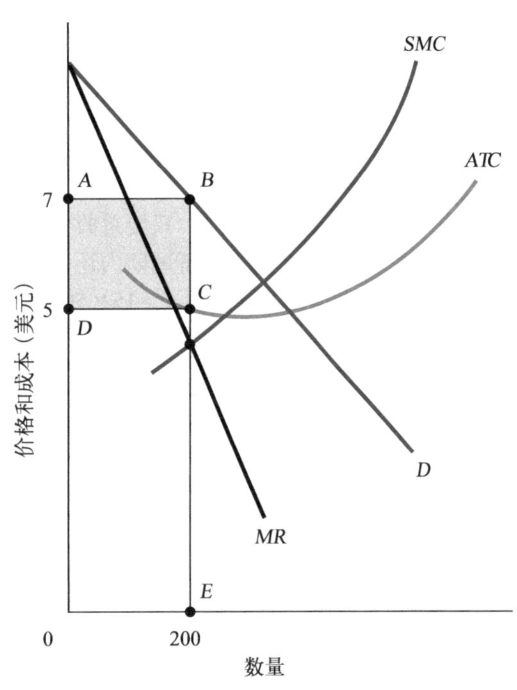

图 12-3 垄断条件下短期利润最大化

垄断厂商通过生产 200 件产品而使边际收益等于边际成本，即 $MR = MC$，从而实现利润最大化。从需求曲线中可知，垄断厂商此时设定的价格水平应为每件 7 美元，所以，总效益为 1 400 美元（$=7\times200$），也就是矩形 0*ABE* 围起来的面积。生产 200 件产品的平均总成本为 5 美元，因此生产 200 件产品的总成本为 1 000 美元（$=5\times200$），即矩形 0*DCE* 围成的面积。经济利润为 *TR* 减去 *TC* 的值 400 美元（1 400 − 1 000），即阴影面积 *ABCD*。由于在均衡点产量为 200 件时，单位价格高于平均总成本，垄断厂商获得了经济利润。但问题并不总是如此。

人们通常认为垄断厂商总是能够获利。如果厂商产生了亏损，垄断厂商只要提高价格就可以了。事实上，所有垄断厂商都能获利，这只不过是人们的误解。图 12-4 就显示了一个垄断厂商在短期内产生亏损时的情况。在产出量达到 50 件时，边际成本等于边际收益，而需求曲线显示此时的售价应为每件 75 美元，则总收益为 3 750 美元（$=75\times50$），即矩形 0*DCE* 的面积。由于平均总成本为每件 80 美元，则总成本为 4 000 美元（$=80\times50$），即矩形 0*ABE* 的面积，此时厂商产生了 250 美元的亏损（$=4\ 000-3\ 750$），即阴影面积 *ABCD*。

⊖ 当企业使用准固定投入时，企业的总可避免成本包括总变动成本（*TVC*）和总准固定成本（*TQFC*）。这样，只有当总收益能抵消总变动成本加总准固定成本（$TR \geqslant TVC + TQFC$）时，或者等效为，当价格能够等于平均变动成本加平均准固定成本（$P \geqslant AVC + AQFC$）时，具有准固定成本的企业应当继续生产，而不是关门。除非我们特别提到企业使用准固定投入，我们为了问题的简单化，假定总可避免成本是指总变动成本（即 $TQFC=0$）。专栏 12-2 分析了当企业具有准固定成本时的定价决策。

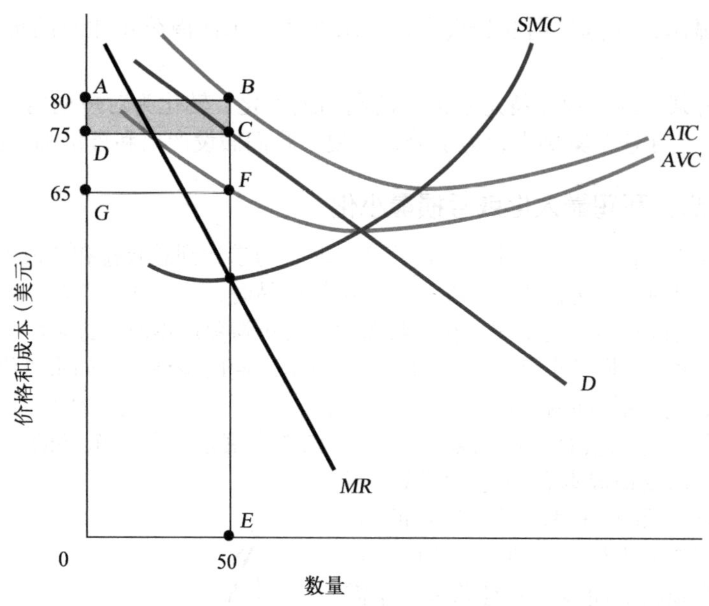

图 12-4　垄断条件下短期亏损最小化均衡

由图 12-4 我们可以知道，只要总收益（0*DCE* 的面积）大于总变动成本 3 250 美元（=65×50，即矩形 0*GFE* 面积），垄断厂商短期内还是会继续生产，因为超出的部分可用于抵偿固定成本。由于本例中固定成本为 750 美元（=15×50），即 *ABFG* 部分面积，比起停产来说，厂商继续生产并销售 50 件产品，亏损额会减少。如果厂商完全停产，则会损失全部固定成本 750 美元。

假如需求减少到整个曲线位置一直处于 *AVC* 以下，无论何种价格水平，垄断厂商的销售都不能弥补其变动成本，厂商就应该停产，从而只亏损固定成本部分。这与完全竞争情况下的停产原则是一致的。

我们应该注意的是，垄断厂商决不会选择在需求缺乏弹性时进行生产和销售。由于边际成本总是正的，因此只有当边际收益为正时二者才可能相等，而如果需求缺乏弹性，边际收益则为负值，所以，垄断厂商总会选择位于需求富有弹性的部分，见表 6-4。

在短期，垄断厂商和完全竞争厂商的最大区别是他们的需求曲线的斜率不同，二者都有可能获得纯利润，也都有可能发生亏损。

关系

在短期内，如果总收益至少大于企业的总的可避免成本，或者说总的可变成本（$TR \geq TVC$），那么一个垄断企业的经理就不会选择停产，而是选择生产 $MR = SMC$ 时的产量。而该点的价格水平由需求曲线给出。如果总收益低于总的可避免成本，或者说总的可变成本（$P < AVC$），那么经理就会选择停止生产，以使亏损的部分只是固定成本。

12.3.4　长期均衡

市场中如果只存在着一个厂商，则称其为垄断厂商。这个定义表明进入这个市场的大门是关闭的。因此，即使短期内垄断厂商获得了经济利润，新的厂商也不能进入市场来分享这些潜在的利润。所以，经济利润在长期内也不会消失，这与完全竞争条件下的情况不一样。但垄断厂商会在需求条件许可的情况下调整其资产规模，从而力求在长期内实现利润最大化。

很明显，在长期范围内垄断厂商也需要达到长期边际收益等于长期边际成本的产量这一

点，因此必须选择能够实现这一目标的资产规模。利润等于产量乘以价格水平与长期平均成本之间的差异，即

$$\pi = P \times Q - LAC \times Q = Q \times (P - LAC)$$

新来者不能进入该领域内，也就不能分走利润，即其他厂商的进入不能改变垄断厂商面临的需求曲线。

除新厂商进入外，需求条件也会因为一些其他原因而改变，需求和边际收益的变化同时会引起短期和长期最优产出水平的变化。假设由于消费者收入的变化，需求曲线确实改变了，则在短期内，决策者会将产出水平调整到新的边际收益曲线与边际成本曲线的交点（如果价格 P < 平均变动成本，厂商将决定停产）。这个短期内的产量调整的完成，不需要对其最佳资产规模进行调整。回顾第 9 章的内容，可知产生成本最小的资产规模是随着产出量水平的变化而变化的。如果不存在一个使得长期平均成本小于单位价格的资产规模，垄断厂商在长期内会停止生产，并最终退出该市场。

原 理

垄断厂商的决策者通过选择一个能够使边际收益等于长期边际成本的产出水平（$MR = LMC$），来达到利润最大化的目的，除非因为单位价格小于长期平均成本（$P < AVC$），而迫使厂商退出市场。在长期范围内，决策者可以调整资产规模达到最优水平，这时，在利润最大化对应的产出量水平上，短期平均成本曲线正好切于长期平均成本曲线。

这个原理可以用图 12-5 来展示。长期内利润最大化对应的产出量水平是 350 件，即 $MR = LCM$ 点。因此在长期范围内，决策者可以调整其资产规模，以使这 350 件产品能够在尽可能低的总成本水平下生产。在图 12-5 中，最优资产规模分别对应着短期平均总成本 ATC_1 和边际成本曲线 SMC_1 可知，生产 350 件产品的平均成本为每件 50 美元，决策者会在价格水平为 55 美元的时候，售出这 350 件产品，以实现利润最大化的目的，长期利润为 1 750 美元 [$Q \times (P - LAC) = 350 \times (= 55 - 50)$]，即矩形 $ABCD$ 围成的面积。通过这些论证，这就是在给定收益曲线和成本条件下的利润最大化的点。

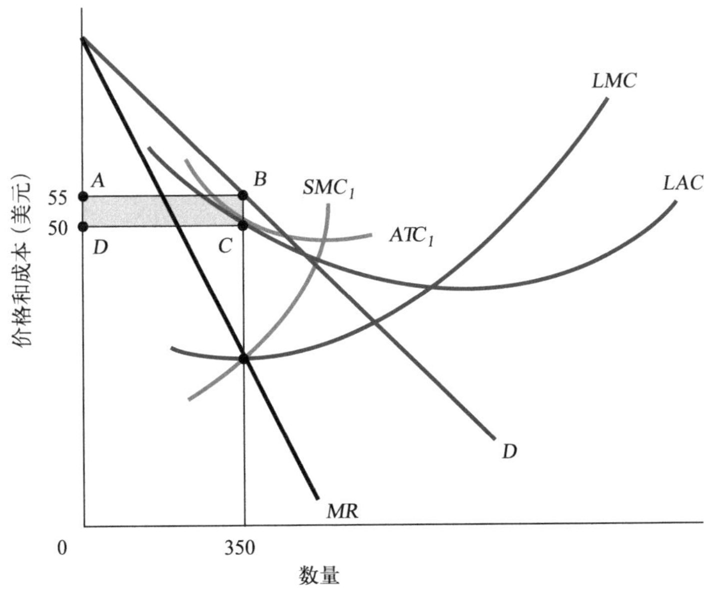

图 12-5　垄断下的长期利润最大化

◇专栏 12-3

不锈钢生产商的准固定成本和定价决策

Universal 不锈钢产品公司是一个资金密集型的特殊钢生产商，具有一定的市场力（特殊不锈钢不是同质商品）。据《华尔街日报》的一篇报道[⊖]，该公司的首席执行官在 30 天内两次对产品进行了提价。这位首席执行官说，价格的上涨是对不锈钢产品需求下降的一种直接应对性措施。提价是应对需求下降的最佳方法吗？答案很简单：不是。在这个专栏中，我们会探讨 Universal 和其他一些不锈钢生产商用提价来应对需求下降时的一些错误认知。

不锈钢生产公司首席执行官错误认知的根源在于他误解了固定成本（不锈钢产业中的固定和准固定成本）在决策制定中扮演的角色。我们在第 3 章、第 11 章，以及这一章中都强调过，“常规”的固定成本在决策制定中是不相关的。经理们不应该把分摊固定成本到更多单位产量上，作为生产或价格决策制定的目标。而且，企业决定在短期内关闭（或长期退出）是比较收益和可避免成本后决定的：当总收益大于总的可避免成本时，继续生产；否则就关闭（或长期退出）。固定成本即使在产量为零时也必须支付，因此，固定成本在作短期关闭决策，或定价、产量决策时都不具有相关性。与之不同，准固定成本可能会相关，但仅限于制定短期关闭决策。我们在第 11 章和本章中都解释过，因为产量为零时准固定成本可以避免，所以一个企业的可避免成本，既包括可变成本也包括准固定成本。因此，对于一个投入准固定成本的不锈钢生产商来说，只有当总收益高于总的可避免成本（可变成本与准固定成本之和）时，才会选择短期内进行生产。你会发现，为了在短期内进行生产，而不是关闭，准固定成本的存在，使总收益需要达到的量增加了（也就是提高了关闭价格）。

《华尔街日报》引用了几位首席执行官解释的提高特殊钢价格的原因，其中一位的提价理由如下：

> **与近年来的提价不一样，这次提价明显不是因为全球需求量增加，而是为了把固定成本分摊到严重下降的需求上去。**

换句话说，需求降低使售出的不锈钢数量减少，而这种产量的下降就使平均固定价格升高，因为固定成本可以分摊的钢产量变少了。图中是一个拥有一定市场力的不锈钢生产商需求曲线，在需求下降导致损失之前，也获得了一定利润。原来的需求和边际收益条件（以 *DA* 和 *MRA* 表示）要求在需求 *a* 点决定价格，从而使利润在需求减少前达到最大（$SMC=Q_A^*$ 点处的 *MRA*）。（注意 *a* 点稍微高于 *ATC*，使这个不锈钢企业能获得一定利润。）当需求下降到 *DB* 且造成边际收益也下降到 *MRB* 时，新的优化价格是在 *DB* 上的 *b* 点处（$SMC=Q_B^*$ 点处的 *MRB*）。你可以看到，从 *a* 点移到 *b* 点，因为价格和产量都下降了，所以必会使总收益减少。即使需求下降后，企业的价格还不变（见 *f* 点），总收益也还是会下降。不管是在 *f* 点还是 *b* 点，因为价格低于平均成本，所以利润都已为负。

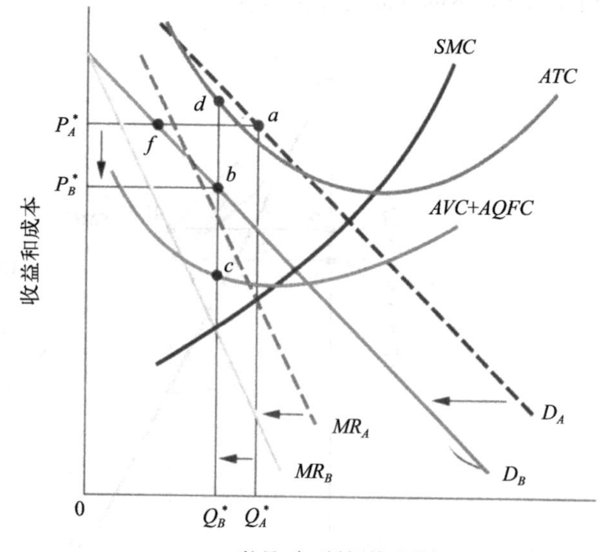

那么当需求减少以后，不锈钢生产商应该怎么做呢？至少有一个错误已经犯了，那就是提高不锈钢价格。可能还会犯第二个错误：继续生产不锈钢而不是停止生产。我们首先来看提价。在需求减少的情况下提高定价（也就是说，把价格定在 *DB* 上 *f*

⊖ 此专栏内容基于以下文章：Robert Guy Matthews, “Fixed Costs Chafe at Steel Mills”, *The Wall Street Journal*, June 10, 2009, p. B2.

点上方某个点）会有几个不好的效果。把价格沿 *DB* 定在 *f* 点的上方，而不是比较低的 *b* 点，只会在不锈钢需求减少时增加销售损失。全球经济衰退使不锈钢需求曲线左移，关于这一点，管理层无能为力。但是，你也可以从图上清楚地看到，管理层决定提价，使事情变得更糟了。不仅可以分摊固定成本的不锈钢产量少了（在任何情况下，这都是完全不相关的）而且不锈钢的需求是有弹性的，因此，提高价格也就是总收益减少了！具体来说，因为需求在 *b* 点上是有弹性的，所以错误地把价格定在 *f* 点以上，而不是 *b* 点的话，总收益就会有不必要的损失。[⊖]

关于第二个停止生产的问题，由于不锈钢生产过程中需要大量的准固定成本，所以首席执行官必须要能够分清固定成本和准固定成本。在 Universal 的设备当中，一个巨大的鼓风机充当预热器，把 2 300 华氏度的气体送到融化钢铁的巨大钢包当中。即使没有生产钢时，预热器还是要继续工作，一是防止给钢包保温的耐火砖熔化，二是减轻开关马达所带来的损失。而那个巨大钢包不管是生产一炉还是十炉不锈钢，都得持续工作运行。

从上面关于不锈钢生产描述当中，我们可以很清楚地看到，使那个巨大预热器运转的是准固定成本：要生产第一吨钢就必须要有这个“鼓风”，而随着产量增加，这个“鼓风”的量是不变的。与“常规”固定成本不同，如果企业停止生产，那么使预热器运转的准固定成本就是可避免的。除非下降的总收益高于所有可变成本和使预热器运转的准固定成本之和，否则这个企业就应该在短期内关闭，只损失固定（不可避免的）成本。根据那篇文章报道，不锈钢生产商在短期内还在继续生产，所以我们推测，总收益足以支付所有可避免成本。我们把这个情况表现在图中了。在 *b* 点，新的价格 P_B^* 高于“*AVC*+*AQFC*”曲线上 *c* 点，即高于平均可变成本（*AVC*）和平均准固定成本（*AQFC*）之和。

接下来我们分析，为什么提高价格可能会导致企业错误地做出关闭决策。基于我们建立的图，最优价格超过了平均可避免成本（即 *b* 点在 *c* 点之上），所以销售价格为 P_B^* 的 Q_B^* 吨钢所获得的总收益，的确可以支付所有可避免成本。但是，因为首席执行官做出了错误定价决策，使价格高于 *DB* 上的 *f* 点，所以我们不能确定，错误价格下的总收益是否足够支付短期内继续生产的成本。虽然《华尔街日报》上的文章没有告诉我们这一信息，但从这个专栏当中你可以看到做出错误的定价决策，可能会导致企业短期内不必要地关闭，并带来比最小可能损失更大的损失。

我们可以把这一非常复杂的专栏总结为两点：第一，一般来说，当你的产品需求下降，如果你的目标是利润最大化的话，提高价格不是最佳应对措施。我们不禁怀疑为什么 Universal 不锈钢产品公司的首席执行官会两次做出这种决策。可能是因为第一次提价没有带来总收益的上升或平均固定成本的减少，所以他又进行了第二次提价。第二，错误地把价格定得高于最优价格会导致总收益减少，而这可能会导致管理者错误地做出关闭决策。

资料来源：Robert Guy Matthews, “Fixed Costs Chafe at Steel Mills,” *The Wall Street Journal*, June 10, 2009, p. B2.

12.4　利润最大化时投入要素量

我们已经讨论了垄断条件下利润最大化时的产出决策。与完全竞争情况类似，垄断厂商也可以通过选择最优投入要素的使用水平来实现利润最大化。选择最优投入要素的使用水平产生的结果，与选择最优产出水平时的产出量、价格水平和利润水平是一致的。现在我们讨论在只有一种可变要素情况下的垄断厂商的投入决策。

垄断厂商进行投入决策时应用的分析原理与完全竞争条件下相同。但由于垄断情况下单位价格水平并不等于边际收益，$P \times MP$ 不能作为边际收益的正确量度。**边际生产收益**（marginal revenue product，*MRP*）的定义是，由于多使用了一个单位投入要素量而带来的收益的增加。

⊖ 如果你认为我们故意使 *b* 点的需求具有弹性，那我们要提醒你，需求曲线上利润最大化的点的需求永远都不可能是不具有弹性的，因为 *SMC* 不可能为负，所以 *MR* 与 *SMC* 相交之处那一点上 *MR* 也不可能为负（需求不可能不具弹性）。

假设一个垄断厂商额外多使用了一个单位的劳动量，该劳动的边际产量引起了产出量的增加。厂商必须降低产品的价格才能售出这额外的产出，每一额外单位的产出都使总收益增加，其变化数额就等于边际收益（*MR*）。所以，每一额外单位的劳动引起的总收益的增加部分，就等于边际收益乘以劳动的边际产量，即

$$MRP = \Delta TR / \Delta L = MR \times MP$$

例如假设第 10 个单位的劳动带来的产出量的增加为 20 个单位（$MP = 20$），为了售出这额外的 20 个单位的产品，垄断厂商必须降低售价。假设边际收益为每单位产品 5 美元，则由于引入第 10 个单位的劳动而带来的额外收益是这 20 件生产并售出的产品带来的收益，即 100 美元（$= 5 \times 20$）。也就是说，第 10 个单位的劳动的边际生产收益为 100 美元。

回顾在完全竞争条件下的例子，边际收益是用价格水平（$= MR$）乘以劳动的边际产量来度量。另外，完全竞争条件下的 *MRP* 由于边际产量的降低而降低。对于一个垄断厂商而言，边际生产收益随着投入要素使用的增加而降低，这不仅仅因为边际产量降低，同时也因为边际收益随着产出量的增加而降低。

图 12-6 展示了 *MRP* 低于 *ARP* 且为正的部分，该部分以实线表示，反映了垄断厂商对单一可变投入要素的需求。就像完全竞争厂商那样，当工资率超过平均生产收益（$w > ARP$）而要素利用率 $MRP = w$ 时，垄断厂商停止生产并不再雇用工人。假设工资率为 45 美元，为了实现利润最大化，垄断厂商在此工资水平下必须投入 400 单位的劳动。为了弄清为什么该点是劳动要素的最优水平，假设厂商最初仅投入了 300 单位的劳动。这时投入第 301 个单位的劳动给总收益带来的增加稍稍低于 58 美元，而增加的成本仅为 45 美元。很明显，第 301 个单位的劳动增加了利润，大小是 13 美元（$= 58 - 45$）。垄断厂商应该继续投入劳动，直到 $MRP = w_1 = 45$ 美元，即位于图 12-6 中的 A 点。如果厂商错误地投入了多于 400 单位的劳动，如 500 单位，则最后 1 个单位的劳动带来的边际收益（第 500 个单位的边际收益为 30 美元）低于边际成本 45 美元，因此如果真的雇用了第 500 个单位的劳动，利润将会减少。如果取消对第 500 个劳动单位的雇用，成本降低 45 美元，而收益只降低 30 美元，所以减少 1 单位的劳动投入，使利润增加了 15 美元。类似地，每 1 单位劳动的减少都会带来利润的增加，直至劳动要素的使用到达 400 个单位的水平。

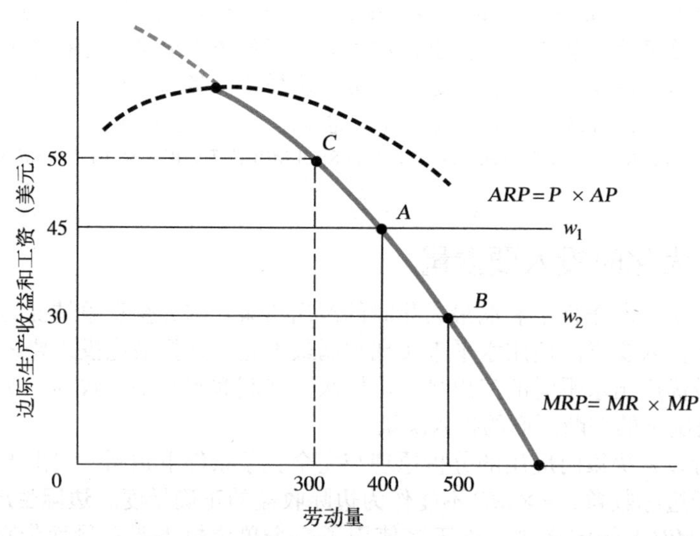

图 12-6　垄断条件下厂商对劳动力的需求

如果工资率水平下降到每单位 30 美元（由水平线 w_2 表示），则垄断厂商应该雇用 500 个单位的劳动（位于图中的 *B* 点），从而实现垄断利润的最大化。类似地，在工资率水平为 58 美元

时，垄断厂商应该雇用 300 个单位的劳动（位于图中的 C 点）。所以，在一定范围内，MRP 曲线就是垄断厂商对单一可变投入要素的需求曲线。

现在我们知道垄断厂商决不会选择可变投入要素的平均生产收益小于边际收益的投入水平（$ARP < MRP$）。如果在投入要素的使用水平位于 w 的位置（$MRP = w$），有

$$MRP > ARP$$

于是有

$$w > PQ / L$$

即

$$wL > PQ$$

这意味着总变动成本大于总收益，追求利润最大化的垄断厂商将不会雇用可变投入要素，即停止生产。

原 理

当只存在一种可变投入要素时，垄断厂商实现利润最大化的手段是在雇用可变投入要素时，使得要素的边际生产收益 MRP 等于要素的给定价格。所以，在 MRP 曲线上就有一段是垄断厂商对单一可变要素的需求曲线，这一段是当 $ARP > MRP$ 时，MRP 斜向下的正的部分。

正如完全竞争企业那样，具有市场力企业的管理者投入两个或者更多变动要素，通过选择要素水平使所有要素的边际生产收益同时等于该要素的价格，而使利润最大化。

回顾价格接受型企业的情况，利润最大化实现的条件是劳动要素的边际生产收益等于工资率（$MRP = w$），这个条件等价于另一个实现利润最大化的条件，即产品价格等于边际成本（$P = SMC$）。“等价”的意义是，无论厂商选择 Q 还是 L 作为实现利润最大化的手段，相同条件下得到的产出量、劳动的投入量和利润水平都是相同的。下面我们将要证明，对于一个垄断厂商而言，利润最大化的实现条件 $MRP = w$ 与 $MR = SMC$ 这个条件等价。

如果垄断厂商选择了产出量水平来达到利润最大化，则最优产出量应处于这一点：

$$MR = MC$$

通过第 8 章的结论我们可以知道：

$$SMC = w / MP$$

这里的 MP 是劳动的边际产量；w 是劳动的价格。用上式中 SMC 的表达式来代替利润最大化的实现条件 $MR = SMC$，有

$$MR = w / MP$$

或者是

$$MR \times MP = w$$

$$MRP = w$$

这样，利润最大化的两个实现条件得到了统一，$MR = MC$ 可以推出 $MRP = w$，反之亦然。

关 系

对于一个垄断厂商来讲，利润最大化的一个实现条件“要素劳动的边际生产收益等于投入要素的价格（$MRP = w$）”与另一个实现条件“边际收益等于边际成本（$MR = MC$）”是等价的。所以，无论厂商是选择 Q 还是 L 的水平作为实现利润最大化的手段，得到的产出量、价格、要素投入量和利润水平都是相同的。

12.5 垄断竞争

在本章的开头我们指出，垄断的一般模型对于其他类型市场中企业的行为分析也是有用的。在这些市场中，企业拥有一定程度的市场力，但并不是完全的垄断者。处于这类市场中的企业面临着向下倾斜的需求曲线。它们也以与垄断者相同的方式试图达到利润最大化：边际成本 = 边际收益（$MR = MC$）。在中间这些市场，拥有最大市场力的企业（垄断）与最小市场力的企业（完全竞争）之间做出利润最大化的决策就有些复杂了。在本节中，我们分析在所有非完全竞争的企业中拥有较小市场力的企业：垄断竞争的市场结构。

垄断竞争的市场有如下的特征：①企业数量多而规模相对较小；②产品相类似但又彼此有差别；③企业在市场上的进入和撤出不受限制。垄断竞争与完全竞争的差别仅在于：在垄断竞争条件下企业生产有差异的产品；垄断竞争与垄断的主要差别在于：在垄断竞争条件下企业可以自由进出市场。所以，正如其名称所揭示的，垄断竞争拥有垄断与完全竞争的双重特征。

垄断竞争下的产品差异使得企业的需求曲线不可能成为水平线。产品之间或多或少都会有差别，尽管这些差别很小，但这使得它们相互之间不能作为完美的替代品。比如，某一个城市中的许多加油站之间，就是较好的但非完美的替代品。汽车可以在任何一个加油站加油，但是各个加油站的地点却不一样，而且个人的喜好也不尽相同，有些人喜欢用德士古牌子的汽油，而有些人喜欢用埃克森牌的，有些人喜欢 Joe 的服务，而有些人喜欢 Julie 的服务。这类的差别特征还有很多很多。最重要的一点是尽管这些产品相似，但它们是有差异的，因此单个企业只能拥有较小的市场力。

我们先研究一下 Edward Chamberlin 在 20 世纪 30 年代提出的垄断竞争的原始模型及理论。[⊖] 因为市场上的厂商出售有细微差别的产品，这些厂商面临着向下倾斜的需求曲线，需求曲线相对有弹性，但并非呈水平状。任何企业可以稍微提高价格而不会导致其销售量全部损失；也可以稍微降低价格，但不足以赢取整个市场。在 Chamberlin 最初提出的假设下，单个企业的产出相对于整个市场的销售来说数量很小，所以单个企业的价格与产出决策不会为市场中的其他企业所察觉，企业之间是独立运作的。

你将发现，垄断竞争的理论实际上是一种长期理论。在短期内，垄断竞争与垄断没有实际差别；而从长期来看，由于市场的进入与撤出不受限制，垄断竞争的理论与完全竞争的理论极为相似。

12.5.1 短期均衡

给定需求曲线、边际收益曲线和边际成本曲线，垄断竞争者将使边际收益等于边际成本，以此来达到利润最大或损失最小。图 12-7 说明了垄断竞争市场中企业利润最大化的短期均衡，产出位于 Q，售价为 P 时达到利润最大化。

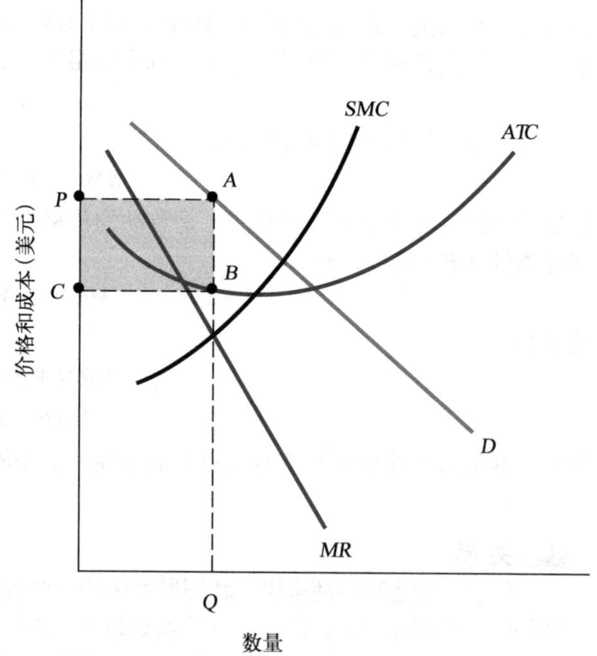

图 12-7 在垄断竞争中的短期利润最大化

在图示的情况下，企业将得到图中阴

⊖ E.H.Chamberlin, *The Theory of Monopolistic Competition* (Cambridge, MA: Harvard University Press, 1933).

影 *PABC* 所示的经济利润。和完全竞争和垄断的情况一样，如果需求曲线位于 *ATC* 与 *AVC* 之间，短期内企业将会有损失；如果需求曲线处于 *AVC* 之下，企业将会关闭。

在这个原始形式中，考虑短期情况，垄断竞争中基本没有竞争，实际上图 12-7 与垄断的短期均衡图示是完全一样的；而在长期中，如果进入市场不受限制，垄断将无法维持，一旦企业在短期内有经济利润，其他企业都会不断进入市场并生产同样的产品，直到所有的经济利润消失。

12.5.2　长期均衡

垄断竞争中企业的短期均衡类似于企业处于垄断中的情况，而企业的长期均衡状态却与完全竞争下的情况联系得更加紧密。由于进入市场不受限制，所有的经济利润在长期内必然会减少，产出将位于价格等于长期平均成本的水平上。此时，企业面对的需求曲线正好切于长期平均成本曲线。垄断竞争下的长期均衡与完全竞争情况下的长期均衡的差别仅在于，垄断竞争下达到长期均衡的企业的需求曲线与长期平均成本曲线的切点并不是最小平均成本点。由于垄断竞争条件下企业所面对的是一条向下倾斜的需求曲线，所以上述切点必然位于长期平均成本曲线的下降部分。这样一来，垄断竞争下的长期均衡产出就要少于完全竞争的长期均衡产出。

上述长期均衡情况见图示 12-8。*LAC* 与 *LMC* 分别是垄断竞争下典型厂商的长期平均成本曲线和长期边际成本曲线。给定最初的需求曲线 D_m，需求位于 *LAC* 之上并且有较大量的产出，企业将会有大量的经济利润。如果该企业有赢利，那么处于同一市场上的其他厂商也会有经济利润。这种利润将会吸引新的企业进入市场。新的企业出售的产品虽与现有企业的产品并不完全同质，但也是十分相似的。因此，随着新的企业的进入，替代品的数量将会增加，企业所面临的需求曲线将会左移，而且有可能变得更加有弹性（但不会变成完全弹性）。只要有经济利润，市场进入就会不断持续，持续的市场进入将使市场上每个企业的需求曲线左移，直到如图 12-8 中的需求曲线 *D*。长期需求曲线 *D* 与长期平均成本曲线 *LAC* 相切，切点对应的价格为 *P*，产出为 $\overline{Q}$。

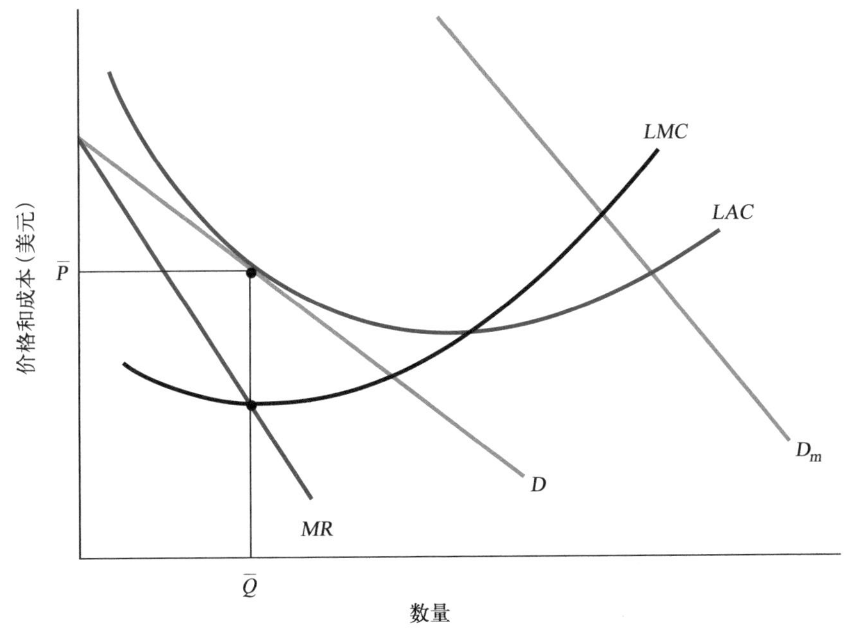

图 12-8　垄断竞争下的长期均衡

在这样一个均衡状态下，厂商无论提高价格还是降低价格都会导致损失。因为在这样一个市场上不再有经济利润，所以市场进入也会停止。

如果太多的厂商进入市场，每个厂商的需求曲线会被拉动太多而低于长期平均成本曲线 *LAC*，厂商会遭受损失，并开始退出市场。于是需求曲线又会被拉回到与 *LAC* 相切的位置。垄断竞争市场中的市场自由进出必然会引致需求曲线相切于 *LAC* 的均衡状态，这时价格等于平均成本，厂商不会有经济利润，但会有正常的利润。

图 12-8 中的均衡状态也可以用长期边际成本曲线 *LMC* 与边际收益曲线 *MR* 相交来描述。只有在 $\overline{Q}$ 的产出水平下，厂商可以避免遭受损失，因此这个产出量是最优的。而要达到最优的产出必须要求边际成本等于边际收益，所以在 $\overline{Q}$ 的产出水平必然会有 $MR = LMC$。

关系

当每个生产商的需求曲线与长期平均成本曲线相切时，垄断竞争的市场达到长期均衡。不受限制的市场进入和撤出导致了这种均衡。在均衡的产出水平下，价格等于长期平均成本，而且边际收益等于长期边际成本。

在结束我们对垄断竞争的探讨之际，需要简要说明两点。首先，根据这里提出的原始模型，企业在做出决策时是相互独立的，忽略了市场上其他企业的行动。现实中，也许是因为接近的原因，当企业面临着来自紧密相关企业的竞争时，无法独立地做出决策。实际上，它们很可能表现出极大的相关性和激烈的竞争。我们将在第 13 章中用更长的篇幅来讨论这种可能性。然而，这种对假设的改动并不会影响该理论长期零利润的结论。

一旦缺少政府对于市场进入的限制，处于垄断竞争中的厂商对于竞争抢走其利润的事实将无可奈何。即便厂商们达成固定价格协议，新的企业还是会进入市场。虽然均衡价格也许会高于没有固定价格协议时的情况，但每个企业都会发现自己的需求减少、销售减少，直到价格等于平均成本、经济利润为零。

其次，我们强调过，在垄断竞争条件下，长期内经济利润会由于竞争而不复存在。通常这是正确的，但这并不排除精明的决策者通过富有开创性的决策，将这种情形推后发生的可能性。处于垄断竞争市场中的厂商可以，并且的确会通过广告和致力改进产品质量，来延长它们获取经济利润的时间。那些拥有成功的营销战略的决策者有时甚至能够长时间地获利，然而，成功的营销战略很容易被出售类似产品的竞争者所模仿。这样一来，在垄断竞争条件下，无论决策者采取什么样的策略，在长期内经济利润减少的趋势总是非常强的。

◇专栏 12-4

燃油价格对冲：这能改变一张利润最优的机票价格吗

当公司需要大量的关键投入要素时，为了防止这种关键投入价格大幅上涨，很多公司都会采用“对冲”这种金融手段。虽然有关对冲的细节涉及颇为复杂的金融工具，如金融衍生产品、期货合同、看涨 / 看跌期权等，但是，对冲投入价格的基本原则却并不难以理解，只要你记住：对冲是一种保护企业不受投入要素价格上涨影响的保险形式。对冲降低了获得一种要素的成本，但没有降低使用一种要素的成本。[⊖]不管是什么时点，使用一种投入要素的成本都是这时

[⊖] 你在第 8 章中已经学到，使用一种投入要素的成本是企业放弃自身使用该投入要素，而把其出售、出租、或租赁所获得的机会成本。即使获得一种投入要素的成本是零，使用该投入要素的成本则是其当前的市场价格。我们回顾一下专栏 8-2 中 Jamie Lashbrook 的例子。他免费获得了两张超级碗的票，而他认识到使用这两张票的成本是每张票 1 200 美元，也就是其他超级碗“粉丝”购买他这两张票愿意支付的价格。

在要素市场上出售这种投入的价格。因此，当前制定有关价格和产量的决策时，需要考虑的应该是使用投入时的要素价格，而不是通过对冲形成的价格。理解这个区别对经理人来说非常重要，但是，很多经理人和企业分析师对要素的对冲价格在企业利润和价值最大化中所扮演的角色都不大清楚。

以西南航空公司为例。西南航空在过去的 20 年中一直非常积极地做燃油对冲交易。很多航空公司的行业分析师都认为，西南航空成功的燃油对冲操作使其能够比其他未做燃油对冲，或者做了也不甚成功的竞争企业收取更低的飞机票价。如果一次燃油对冲操作顺利，西南航空的存储量就会非常巨大。西南航空公司每年一般都会消耗 10 亿加仑的燃油。在最近的一年中，燃油价格大幅上涨，西南航空的燃油对冲项目可以使其以每加仑 1.98 美元的价格采购燃油，而其竞争对手，美国航空公司，需要支付 2.74 美元。因为这次成功的对冲操作，在当年西南航空公司的财务报告中，对冲项目显示获得了巨大利润。但是，我们必须强调燃油的对冲价格完全不影响来自乘客的经济利润。事实上，所有航空公司每加仑燃油的成本都是相同的，因为它们面对的都是燃油市场当前的价格。在制定决策时，只有飞机票价可以覆盖航班所有（可避免的）变动成本时，西南航空以及其他航空公司才会确定开航线。计算燃油的变动成本时，使用的是飞行时燃油的价格，而不是获得燃油时的历史价格。另外，在确定机票价格时，西南航空以及其他具备市场力的航空公司，都会根据 $MR = MC$ 的规则来找到它们各自需求曲线利润最优的价格。在制定利润最大化决策时，是当前的燃油价格，而不是对冲价格，决定了开一个航线的边际成本。因此，机票价格不会受对冲燃油价格的影响，虽然成功的对冲交易的确会增加航空公司的利润，但这部分利润要归功于燃油对冲交易。

作为一个投入要素价格对冲的警告，我们需要强调，不是所有的对冲都会成功，因为投入要素价格的变化是很难准确预测的。原油价格意外下跌造成燃油价格下降时，西南航空公司在燃油对冲项目上已经有数次损失惨重。[⊖]投入要素价格大幅上涨时，对冲可以增加企业价值；但当投入要素价格下降时，对冲也会给企业造成负担。无论怎样，如果想要通过生产产品或服务实现利润最大化，经理人一定要用投入要素实际的市场价格来制定产量和定价决策。

12.6 利润最大化产量与价格决策的实施

如果企业的经理对价格有一定的控制力，那他们就应该了解具有市场力企业利润最大化的理论基础，以及怎样利用对企业产品需求的经验预测和成本公式，来决定使企业利润最大化的价格和产出水平。本节正是描述了如何利用经验分析来得出最优的价格和产量。我们用本节的大部分篇幅检验垄断企业的价格和产出决策。不过，正如我们以前所强调的，垄断企业的决策过程只要在需求和边际收益方面略做改动，来弥补市场结构的差异，就可以适用于任何具有市场力的企业。

我们首先总体描述经理们如何能够决定最优条件。这个描述给出了在要估计变量和方程的数值是可得的情况下的一种模型。然后我们举例说明企业如何运用这种方法决定最优产量。

12.6.1 实施的一般原则

一个经理在寻找最大利润的价格和产量时必须回答两个问题。这两个问题和进一步的理论分析总结如下：

⊖ 例如，在 2008 年，虽然西南航空公司报告说公司是在盈利，但其燃油对冲项目的季度损失是 2.47 亿美元。

- 企业应该生产还是关门？只要市场价格超过最小平均可变成本就要生产：$P \geqslant AVC_{\min}$，否则关门。
- 如果生产，应该生产多少，价格为多少？为保证利润最大化，在边际收益等于边际成本（$MR = SMC$）点上决定产量，并以此产量按需求曲线决定价格。

为了按照这些原则决定最优价格和产量，经理需要估计或者预测企业所生产的产品的市场需求函数、反需求函数、边际收益函数、企业的平均可变成本函数和企业的边际成本函数。我们现在开始下面的步骤，来寻找拥有市场力的企业利润最大化的价格和产量。

1. 第 1 步：估计需求函数

为了决定最优的产量水平，经理必须先估计边际收益函数。因为边际收益是从需求函数中得到的，经理就得由需求函数入手。若需求函数是线性的，那么，垄断者所面对的经验需求函数可以写为

$$Q = a + bP + cM + dP_R$$

上式中，Q 代表产量；P 代表价格；M 代表收入；P_R 则代表相关消费品的价格。第 7 章中谈到，为了得到某时期估计的需求曲线，经理必须要预测 M 和 P_R 两个外生变量在该时期的值。一旦估测出了经验需求方程，M 和 P_R 的预测值（用 $\hat{M}$ 和 $\hat{P}_R$ 来表示）就可以代入该方程，需求函数便表示为

$$Q = a' + bP$$

式中，$a' = a + c\hat{M} + \mathrm{d}\hat{P}_R$。

2. 第 2 步：求需求函数的反函数

在从需求函数中推导出边际收益之前，我们必须先把需求函数表示成价格为产量的函数形式 $P = f(Q)$。只要从第一步中估计的需求方程里解出 P，就可以得到上面的函数

$$P = (-a' + Q) / b = A + BQ$$

式中，$A = -a' / b$；$B = 1 / b$。以这种形式表示的需求方程即称为逆需求函数。这样，需求函数便表示为可以直接求出边际收益的形式。

3. 第 3 步：求边际收益

当需求为 $P = A + BQ$ 时，边际收益就等于 $MR = A + 2BQ$。利用逆需求函数，我们可以将边际收益函数写成

$$MR = A + 2BQ = \frac{-a'}{b} + \frac{2}{b}Q$$

4. 第 4 步：估计平均变动成本（AVC）和边际成本（SMC）

我们在第 10 章中，详细介绍过估计三次成本方程的经验技巧。在垄断企业估计 SMC 和 AVC 时，并没有任何不同。若 TVC 表示为三次方程，AVC 和 SMC 一般可以写为

$$AVC = a + bQ + cQ^2$$

$$SMC = a + 2bQ + 3cQ^2$$

若你希望回顾具体的推导过程，可以参阅第 10 章或第 11 章的内容。

5. 第 5 步：找出 $MR = SMC$ 时的产出水平

为了求得使利润最大化（亏损最小化）的产出水平，经理令边际收益等于边际成本，求解 Q：

$$MR = A + 2BQ = a + 2bQ + 3cQ^2 = SMC$$

从上式中解得企业的最优产出水平 Q^*，如果 P 小于 AVC，此时的最优产量为零。

6. 第 6 步：最优价格

一旦我们从第 5 步中得到最优产量 Q^*，将 Q^* 代入逆需求公式中就可得到最优价格 P^*：

$$P^* = A + BQ^*$$

只有当价格超过平均变动成本时，这里得出的价格和产量才是最优的。

7. 第 7 步：检验关门法则

对于任何企业而言，不论它有没有市场力，如果价格低于平均变动成本，企业就应该关门（$Q^*=0$），这是因为，不生产的损失比生产任何产量时都要低。经理会这样计算 Q^* 时的平均变动成本：

$$AVC^* = a + bQ^* + cQ^{*2}$$

如果 $P^* \geqslant AVC^*$，垄断者就会生产 Q^* 件产品，并以 P^* 的价格销售。如果 $P^* < AVC^*$，垄断者在短期内便选择关门。

8. 第 8 步：计算利润或亏损

不论企业是垄断者、寡头还是完全竞争者，经理都会采用同样的方法计算利润或亏损。总利润或亏损为

$$\pi^* = TR - TC = (P^* \times Q^*) - [(AVC^* \times Q^*) + TFC]$$

当 $P < AVC$ 时，企业就关门，此时，$\pi^* = -TFC$。

为了说明如何利用上述各步骤来求得利润最大化价格和产出水平并预测利润，我们下面假设一个拥有一定市场力的企业。

12.6.2 例：Aztec 电子公司的利润最大化

因为拥有专利，Aztec 电子公司在高级无线立体声耳机市场拥有很强的市场力。在 2015 年 12 月，Aztec 的经理希望得到 2016 年其无线立体声耳机的利润最大化的价格和产量。

1. 需求和边际收益的估计

耳机的需求被表示为耳机价格、购买者收入和立体声调音器（一种互补产品）价格的线性函数：

$$Q = f(P, M, P_R)$$

利用 2005 ～ 2015 年的数据，我们可以估计出需求函数的线性形式，结果为

$$Q = 41\,000 - 500P + 0.6M - 22.5P_R$$

上式中，产量（Q）以销售件数计算，平均家庭年收入（M）和两个价格（P 和 P_R）则以美元计算。上述每个估计的参数都是期望的正负号，并在 5% 的水平上通过了统计显著性检验。R_2 和 F 检验值都很高，说明这个线性模型在解释需求量的变化时是很有效的。

经理从经济咨询公司取得了 2016 年收入和互补品的预计价格，分别为 45 000 美元和 800 美元。利用这些数字（$\hat{M}=45\,000$ 和 $\hat{P}_R=800$）估计（预测）2016 年的需求函数为

$$Q = 41\,000 - 500P + 0.6 \times 45\,000 - 22.5 \times 800 = 50\,000 - 500P$$

再解出 P，得到该估计（经验）需求函数的逆函数：

$$P = 100 - 0.002Q$$

从逆需求函数中，Aztec 电子公司的经理求出边际收益的估计函数：

$$MR = 100 - 0.004Q$$

图 12-9 表示了 Aztec 电子公司的估计线性需求和边际收益曲线。

2. 平均变动成本和边际成本的估计

利用短期二次函数形式（正如第 10 章中所讲），Aztec 电子公司的经理可以估计出企业的平均变动成本函数：

$$AVC = 28 - 0.005Q + 0.000\,001Q^2$$

上式中，AVC 以美元计算，Q 以销售件数计算。有了估计的平均变动成本函数，就能得出边际成本函数：

$$SMC = 28 - 0.01Q + 0.000\,003Q^2$$

正如你所见，不论企业是价格接受者还是价格制定者，其成本函数的规范和估计是完全相同的。

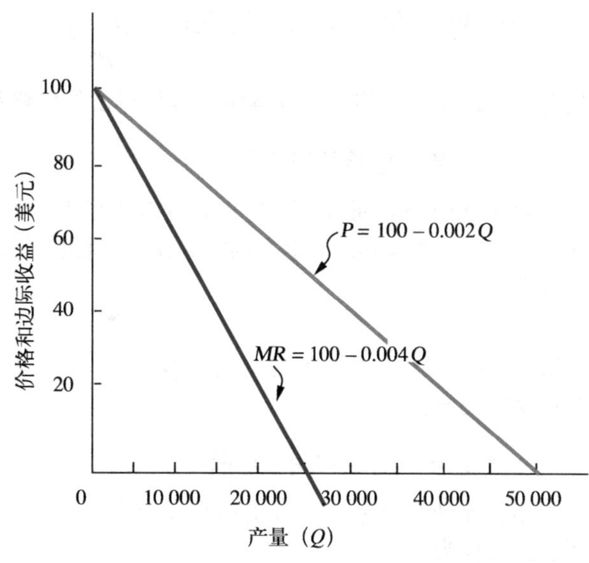

图 12-9 Aztec 电子公司的估计线性需求和边际收益曲线

3. 确定产量

一旦 Aztec 的经理得到了估计的边际收益和边际成本函数，就可以令这两个函数方程相等，解出最优的产出水平 Q^*。令 MR 等于 SMC 就得到下面的表达式：

$$100 - 0.004Q = 28 - 0.01Q + 0.000\,003Q^2$$

从这个等式中求 Q，Aztec 的经理可以找到两个解：$Q = 6\,000$ 和 $Q = -4\,000$。$Q = -4\,000$ 是一个无效解，负产量是不可能的，最优的产出水平就是 $Q^* = 6\,000$。也就是说，如果企业决定生产而不是关门，2016 年使利润最大化（亏损最小化）的无线立体声耳机的产量是 6 000 件。

4. 确定价格

Aztec 的经理得出了最优产量以后，只要在垄断者的需求曲线上找出这个产量所对应的价格，就可以决定利润最大化的价格。也就是将最优产量 Q^* 代入逆需求函数中，求出最优价格。此例中，$Q^* = 6\,000$，代入逆需求函数，得到最优价格 P^* 为

$$P^* = 100 - 0.002 \times 6\,000 = 88\ （美元）$$

因此，在 2016 年，Aztec 为一套无线立体声耳机的定价是 88 美元。

5. 关门

为了检验 Aztec 在 2016 年是否应该关门，经理将最优价格 88 美元与生产 6 000 件产品的平均变动成本进行比较。计算得出，这 6 000 件的平均变动成本为

$$AVC^* = 28 - 0.005 \times 6\,000 + 0.000\,001 \times 6\,000^2 = 34\ （美元）$$

如果在 2016 年以上预测都是正确的话，因为 88 美元高于 34 美元，所有的变动成本都会被抵偿，所以经理就应该继续经营工厂而不用关门。从另一方面看，Aztec 电子公司 2016 年的预期总收益为 528 000 美元（= 88 × 6 000），估计总变动成本为 204 000 美元（= 34 × 6 000），总收益大于总变动成本（$TR > TVC$），经理不会决定停产。

6. 总利润或损失的计算

只要经理估计出总收益和所有的成本，就能够直接计算利润或亏损了。Aztec 公司的经理现在有 2016 年的估计价格和平均变动成本，可是求出利润还需要有总固定成本。根据上年的数据，他估计 2016 年总固定成本将是 270 000 美元，那么，算出利润为

$$\pi = TR - TVC - TFC = 528\ 000 - 204\ 000 - 270\ 000 = 54\ 000\ (\text{美元})$$

图 12-10 展示了 2016 年估计方程和使利润最大化的价格和产量。在 A 点上，$MR = SMC$，最优产出水平为 6 000 件（$Q^* = 6\ 000$）。在 B 点上，销售 6 000 件所对应的价格，也就是最优价格为 88 美元。C 点上，ATC 为 79 美元，计算过程如下：

$$ATC = TC / Q = (204\ 000 + 270\ 000) / 6\ 000 = 79\ (\text{美元})$$

阴影的矩形部分即代表了 Aztec 公司的总利润。

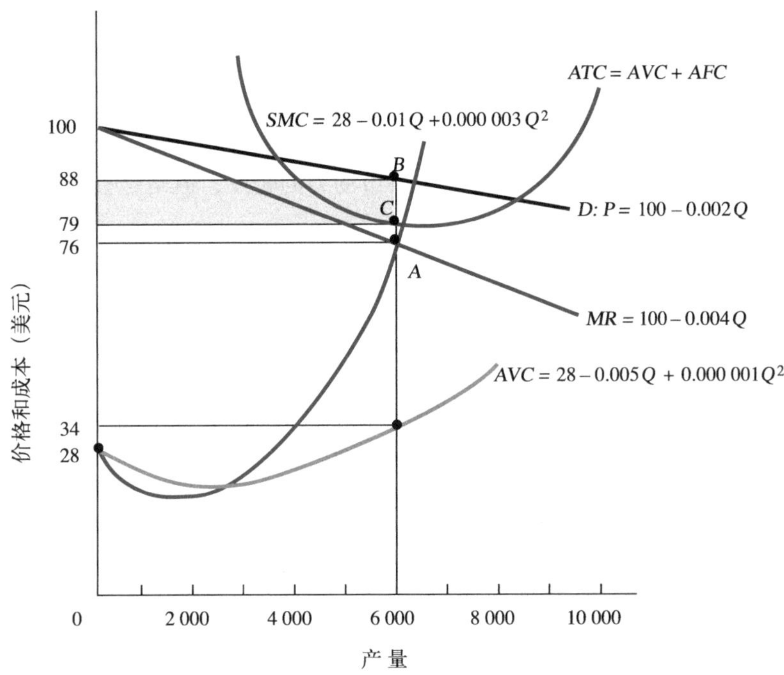

图 12-10　Aztec 电子公司的长期利润最大化

7. 企业损失

现在假设人均国民收入降低了，导致 Aztec 所面临的需求下降：

$$P = 80 - 0.002Q$$

所以边际收益变为

$$MR = 80 - 0.004Q$$

平均变动成本和边际成本则保持不变。

为了决定在新的需求条件下求出最优产出水平，经理令新估计的边际收益和边际成本方程相等，解出 Q^*：

$$80 - 0.004Q = 28 - 0.01Q + 0.000\ 003Q^2$$

我们又得到两个解：$Q = -3\ 167$ 和 $Q = 5\ 283$。略去负的产量，最优水平为 $Q^* = 5\ 283$。将该值代入逆需求方程，得出最优价格为：

$$P^* = 80 - 0.002 \times 5\ 283 = 69.43\ (\text{美元})$$

为了决定在需求降低的情况下是否应该继续生产，经理在新的产出水平上计算平均变动成本，并与价格比较：

$$AVC = 28 - 0.005 \times 5\ 283 + 0.000\ 001 \times 5\ 283^2 = 29.49\ (\text{美元})$$

很明显，如果 Aztec 在 2016 年继续生产，总收益仍会抵偿所有的变动成本，因为

$$P=69.43\text{ 美元}>29.49\text{ 美元}=AVC$$

Aztec 的利润或损失为

$$\pi=TR-TVC-TFC=69.43\times5\,283-29.49\times5\,283-270\,000=-58\,997\text{（美元）}$$

虽然预计会损失 58 997 美元，Aztec 还是应该继续生产。关门要损失全部的 270 000 美元固定成本，而继续生产仅亏损 58 997 美元，明显比关门要强。

12.7 多工厂企业

到目前为止，在我们关于利润最大化决策的讨论中，我们假设管理者只有一家工厂在生产企业的产品。然而，很多企业不止在一家工厂生产。我们现在向你展示企业如何在多工厂之间分配产量。虽然我们这里的讨论专注于一个有市场力的企业，但是这里的规则适用于所有企业，无论其有无市场力。

当企业不止在一个工厂生产时，不同的工厂会有不同的成本条件，企业所面临的问题，就是如何在这些工厂中分配企业的生产资源，以达到总成本最小化。

简单地说，就是我们假设这里只有 A 和 B 两个工厂，生产希望的总产量水平（Q_T）450 单位，但是边际成本不同

$$MC_A>MC_B$$

其中工厂 A 生产 160 单位（Q_A），B 生产 290 单位（Q_B）。在这种情况下，经理应该将生产任务从成本较高的 A 工厂转移到成本较低的 B 工厂。只要 B 工厂生产的边际成本低，总成本就可以通过转移生产降低。例如，假设 $MC_A=25$ 美元（对工厂 A 的第 160 单位而言），$MC_B=10$ 美元（对工厂 B 的第 290 单位而言）。从工厂 A 转移一个单位的产量，将降低企业的总成本 25 美元。在工厂 B 多生产单位的产量，仅增加成本 10 美元，仍然可以保障 450 单位的产量。然而，你可以看到，生产 450 单位产量的总成本降低了 15 美元。这样企业为了降低成本，将一直从工厂 A 转移产品到工厂 B 生产，直到 $MC_A=MC_B$。等式成立的原因是 MC_A 随工厂 A 的产量降低而下降，MC_B 随工厂 B 产量增加而上升。这样我们得出：为了使生产 450 单位产品总成本最小，必须使两个工厂的边际成本相等。

原 理

一个用两个工厂生产的企业 A 和 B，它们的边际成本分别为 MC_A 和 MC_B，当经理将生产在两个工厂之间分配，使得它们的边际成本相等，即：$MC_A=MC_B$ 的时候，企业产量 $Q_T(=Q_A+Q_B)$ 的总成本最小。

这个总产出的决定很简单，简单加总所有工厂的边际成本曲线就是这个企业的**总边际成本曲线**（total marginal cost curve，MC_T），这个总边际成本曲线等于边际收益，这样可以决定利润最大化的产量和价格，产出在工厂之间分配，使各工厂之间的边际成本都相同。

两工厂的案例展示在图 12-11 上，企业面对的需求是 D，边际收益是 MR，工厂 A 和 B 的边际成本曲线分别为 MC_A 和 MC_B，企业的总边际成本曲线就是 MC_A 和 MC_B 的横坐标加总，用 MC_T 表示。当产出水平为 175 个单位价格为 45 美元时，即 MC_T 等于边际收益时利润最大，这时总边际成本是 20 美元。边际成本相等要求工厂 A 生产 50 个单位，而工厂 B 生产 125 个单位，加起来是 175 个单位，因为 MC_T 是 MC_A 和 MC_B 和的横坐标之和。这样的分配使得生产 175 个单位时，各工厂的边际成本相等，总成本最小。

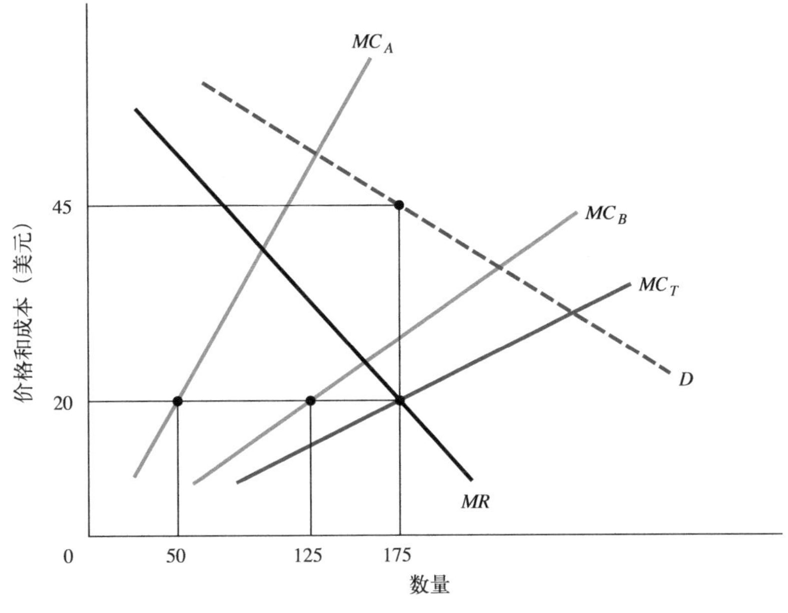

图 12-11　一个多工厂企业

为了进一步解释产出在多工厂之间的最优分配原理，我们用具体的数字来说明，你将会看到，在一定程度上计算要比一个工厂的情况复杂，但原理是相同的：经理将产量定在边际收益等于边际成本的水平上，以达到利润最大化。

企业的多工厂生产

有一定市场力的企业，在两个工厂组织生产，在进行生产决策的时候，经理所要决定的不只是生产多少，还有如何将生产任务在两个工厂之间分配。

生产部门可以提供给经理的两个工厂的边际成本，为简单的线性函数：

$$MC_A = 28 + 0.04Q_A \text{ 和 } MC_B = 16 + 0.02Q_B$$

注意，所估计的工厂 A（1998 年成立）的边际成本要比工厂 B（2005 年成立）的边际成本在每个产出水平上都高，工厂 B 更有效率。

总边际成本函数的方程（MC_A 和 MC_B 的横坐标加总），可以从以下的步骤中得到，首先从上面两个边际成本函数中求逆函数：

$$Q_A = 25MC_A - 700$$

和

$$Q_B = 50MC_B - 800$$

$Q_T (= Q_A + Q_B)$ 可以从上面两个公式的相加中得出，记住，这个简单的加总要求：$MC_A = MC_B = MC_T$，也就是

$$Q_A = 25MC_T - 700$$

和

$$Q_B = 50MC_T - 800$$

将这两个边际成本反函数公式加总，得到总边际成本函数的反函数：

$$Q_T = Q_A + Q_B = 75MC_T - 1\,500$$

将该式反过来表示，会得到下面的总边际成本公式：

$$MC_T = 20 + 0.013\,3Q_T$$

工厂 A 和 B 的边际成本函数以及相关的总边际成本函数在图 12-12a 中表示，它表示当 $MC=40$ 美元，$Q_A=300$（点 A），$Q_B=1\,200$（点 B）时：$Q_T=Q_A+Q_B=1\,500$（点 C）。这样当要生产 1 500 个单位产品时，经理应合理分配生产，工厂 A 生产 300 个单位，工厂 B 生产 1 200 个单位，这样在两个工厂之间分配生产任务，使得生产 1 500 个单位产品的总成本最小。

注意，当 Q_T 少于 600 个单位时，工厂 A 关闭，只有工厂 B 在生产，只有企业将总产量提高到 600 或更多（点 K），工厂 A 的边际成本才不会高于工厂 B 的边际成本。当产出在 0 ～ 600 时，MC_B 就是相应的总边际成本曲线，因为 $Q_A=0$。总产出水平大于 600 单位时，企业的两个工厂都会生产，MC_T 就是总边际成本函数。

假定估计的企业需求函数为

$$Q_T=5\,000-100P$$

逆需求函数为

$$P=50-0.01Q_T$$

边际收益为

$$MR=50-0.02Q_T$$

令边际收益等于边际成本

$$50-0.02Q_T=20+0.013\,3Q_T$$

解出 Q_T，这个企业利润最大时的总产出为 $Q_T^*=900$，在这个产出水平下，边际收益和总边际成本都是 32 美元，即图 12-12b 上的 E 点，为了使 900 个单位的生产成本最小，这个企业应在工厂 A 和 B 之间分配生产任务，使得这两个工厂的最后一个单位产品的边际成本都是 32 美元。

$$MC_A=28+0.04Q_A=32，MC_B=16+0.02Q_B=32$$

这样对于工厂 A，$Q_A^*=100$，工厂 A 生产 100 个单位的产品，工厂 B，$Q_B^*=800$，工厂 B 生产 800 个单位的产品。

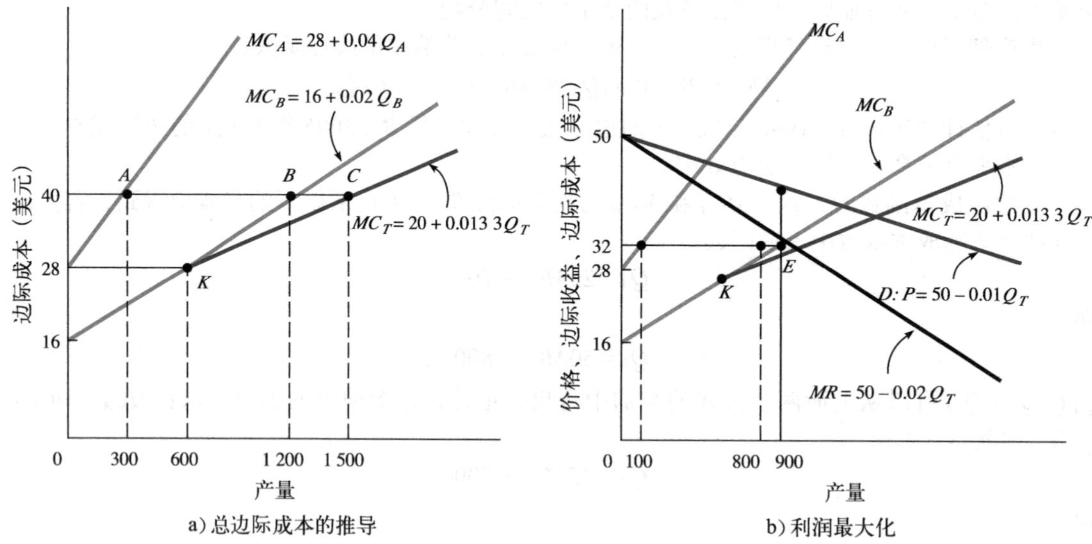

图 12-12 企业多工厂生产

现在假设需求下降，一个新的需求预期为

$$Q_T=4\,000-100P$$

相应的边际收益公式为

$$MR = 40 - 0.02Q_T$$

该企业利润最大化时的产出（当 $MR = MC_T$）下降为 600，在这个产出水平下，边际收益和边际成本都是 28 美元，令 $MC_A = MC_B = 28$ 美元，经理发现工厂 A 的产量 $Q_A^* = 0$，工厂 B 的产量 $Q_B^* = 600$，在这个新的（更低的）需求下，工厂 A 被关闭，工厂 B 生产所有的产品。你可以证明，如果需求进一步下降，该企业仍然只有工厂 B 生产，所以当产出水平为 600 或更低时，总边际成本为 MC_B。

实际上，总边际成本函数在图中的点 K 处有一个“折点”。点 K 处的折点表明总产出水平低于这一点时，高成本的工厂将被关闭。当低成本工厂的边际成本等于高成本工厂边际成本的最低水平时，会产生一个折点，使得多一个工厂进行生产有利可图。令低成本工厂的边际成本等于高成本工厂的边际成本的最小值，可以得出折点处的产出：

$$MC_B = 28 = 16 + 0.02Q$$

这样当 Q 超过 600 时，高成本工厂开始生产。

前面的讨论和例子，表明一个经理如何在两个工厂之间分配生产任务，使得在利润最大化的产出水平下成本最小。边际成本相等的原理，在 3 个或更多工厂的情况下是同样的：所有生产工厂的边际成本都是相等的，唯一复杂的是总边际成本的推导。

一旦得出了总边际成本公式，无论是将每个工厂的边际成本从图上几何加总得到，还是从数学上解出，经理都可用该总边际成本来找到利润最大化的总产出。

 **原 理**

一个拥有 n 家工厂的经理，只要这家企业在维持总产出水平下，并将生产任务在 n 家工厂中分配，使得：

$$MR = MC_T = MC_1 = \cdots = MC_n$$

可以使得他的利润最大化。

12.8　本章小结

- 市场力是指完全竞争市场企业所不具备的，是提高价格而不完全损失销售量的能力。具有市场力的企业面对的需求曲线向下倾斜，也就是说，价格设置型企业具有市场力。当一个企业生产和销售的某种产品或服务在市场上没有相近的替代品，并且其他新的企业也无法进入该市场时，垄断就产生了。如果市场由大量的小企业构成，它们生产类似，但稍有不同的产品，因此，它们具有一定程度、但不是很大的市场力，这种情况下，垄断竞争就产生了。垄断竞争行业的特点是进出市场都比较容易。在这两种市场结构中，企业在设定价格时都不需要考虑竞争对手报复性的定价：垄断企业没有竞争对手，而垄断竞争企业的竞争对手都相对较小而不重要。一个企业拥有市场力的程度与其需求价格弹性正好相反。企业的需求弹性越小（大），企业拥有的市场力越大（小）。勒纳指数是通过计算价格高出边际成本的比率来衡量市场力的。这个比率与需求弹性的绝对值呈反比：$(P - MC)/P = -1/E$。如果消费者认为两种产品之间有替代，那就意味着需求交叉价格弹性是正值。交叉需求弹性越大，意味着这两种产品之间的可替代性越强，这两个企业拥有的市场力就越弱。（学习目标 1）
- 只有当新企业进入有较强壁垒的市场时，市场中的企业才能拥有较高水平的市场力。七种主要进入壁垒的类型为：规模经济、政府设置的壁垒、基本要素壁垒、品牌效应、消费者锁定、网络外部性、沉没成本。（学习目标 2）
- 在短期内，如果总收益至少大于企业的总可避免成本，或者说总变动成本（$TR \geqslant TVC$），那么，一个垄断企业的经理人就不会选择停产，而选择 $MR = SMC$ 时的产量。该点的价格水平由需求曲线给出。如果总收益低于总变动成本（或者等效为 $P < AVC$），那么，经理人就会选择停止生产，以使亏损的部分只是固定成本。在长期生产中，垄断企业通过选择一个能够使边际收益等于长期边际成本的产出水平，$MR = LMC$，来达到利润最大化，除非价格小于长期平均成本（$P < LAC$），企业退出该行业。（学习目标 3）

- 对具备市场力的企业来说，边际生产收益（MRP）就等于边际收益乘以劳动的边际产量：$MRP = MR \times MP$。当只有一种可变投入要素，如劳动，具有市场力的企业实现利润最大化的手段是在使用可变投入要素时，使得劳动要素的边际生产收益 $MRP = w$。相应的 MRP 曲线向下倾斜且为正，在此范围，$ARP > MRP$。无论经理人是选择 Q 还是 L 的水平，作为实现利润最大化的手段，得到的产量、价格、要素投入量和利润水平都是相同的。（学习目标 4）
- 在短期均衡时，垄断竞争与垄断没有多大差别；垄断竞争市场的长期均衡，是在每个生产者的需求曲线和长期平均成本曲线相切实现时实现。是不受限制的市场进出导致了这种均衡。在均衡的产出水平下，价格等于长期平均成本，而且边际收益等于长期边际成本。（学习目标 5）
- 我们可以通过以下八个步骤，来求出垄断企业和垄断竞争企业实现利润最大化的价格、产量、和利润水平：①估计需求函数；②求需求函数的反函数；③求边际收益；④估计平均变动成本 AVC 和边际成本 SMC；⑤求出 $MR = SMC$ 时的产出水平；⑥求出利润最大化时的价格；⑦检验关门法则；⑧计算利润或亏损。（学习目标 6）
- 如果一个企业用两个工厂 A 和 B 生产，经理人需要将生产任务在两个工厂之间分配，使得它们的边际成本相等，$MC_A = MC_B$。当 $MR = MC_T$ 时，企业达到最优总产量。为了达到利润最大化，这家企业需要将总产出在两家工厂之间分配，使得：$MR = MC_T = MC_A = MC_B$。（学习目标 7）

关键词

consumer lock-in **消费者锁定** 由于转换成本很高，导致消费者转换消费决策的代价昂贵。

Lerner index **勒纳指数** 通过用价格对边际成本的相对偏离来衡量市场力的一个比率 $(P-MC)/P$。

marginal revenue product（MRP） **边际生产收益** 增加单位投入要素带来的总收益的增加，也等于边际收益乘以边际产量 $MRP = MR*MP$

market definition **市场界定** 即在特定的地理区域内，争夺消费者的所有厂商和产品的集合。

market power **市场力** 所有价格设置型企业提高产品的价格，而不会失去其全部的销售量的能力，价格设置型企业的需求曲线斜向下。

monopolistic competition **垄断竞争** 由大量生产并销售相似产品的企业组成的市场，同时该市场的进入壁垒也非常薄弱。

monopoly **垄断** 指公司生产的某种产品没有接近的替代品，而且，其他公司由于这个市场存在着强进入壁垒，而不能涉足该领域。

network externality **网络外部性** 当消费者使用产品或服务的价值因有更多消费者的使用而升高。

strong barrier to entry **强进入壁垒** 指新公司很难进入一个有经济利润市场的一种状态。

switching cost **转换成本** 消费者转向消费不同的产品或服务时发生的成本。

total marginal cost curve（MC_T） **总边际成本曲线** 所有工厂的边际成本曲线横坐标相加，它给出了总产量增加时带来的总成本增加。

概念性习题

1. 比较下列各组企业的市场力并解释。
   a. 美国银行和得克萨斯州的 Pecos 第一国民银行。
   b. 20 世纪 70 年代以前的三大美国汽车生产

商与 20 世纪 70 年代后的这三家企业。

c. 一个地方电话公司与同一地方的电力公司。

2. 请解释市场进入的投入壁垒随着当今国际市场的日益扩张有可能降低的原因。

3. 下面的产品会存在消费者锁定或者网络外延（或者都存在）进入壁垒吗？解释原因。

a. 牙膏

b. 黑胶系列唱片

4. 假设一个垄断者有如下需求表：

价格（美元）	数量
20	200
15	300
10	500
5	700

a. 计算每个价格数量组合的总收益。

b. 计算每减少 1 个单位价格的边际收益。

c. 如果价格从 20 美元调整到 15 美元，需求是富有弹性还是缺乏弹性？相比以 20 美元的价格出售 200 件商品，企业降价将有多大损失？企业以 15 美元的价格多出售 100 件商品将增加多少收益？比较这两种变化，然后比较这些变化的 *MR*。

d. 假设价格由 15 美元变化到 10 美元，问题同 c。

5. 下图所示为一个垄断者的需求曲线与边际收益曲线：

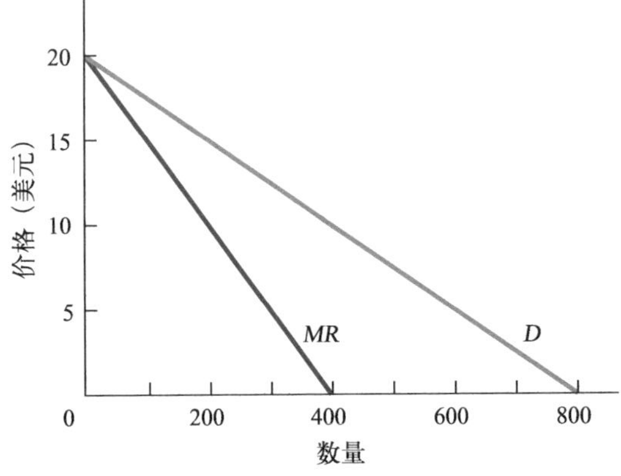

a. 如果企业想卖出 200 件商品，应该定价多少？

b. 如果企业定价为 15 美元，将有多大销售量？

c. a 与 b 之间的边际收益是多少？需求富有弹性还是缺乏弹性？

d. 如果企业定价为 10 美元，销售量是多少？需求弹性有多大？

6. 一个垄断者面临着如下的需求与成本表：

价格（美元）	数量	总成本（美元）
20	7	36
19	8	45
18	9	54
17	10	63
16	11	72
15	12	81

a. 这个垄断者应当生产多少？

b. 企业应当如何定价？

c. 企业可能赚到的最大利润是多少？

7. 下图所示是一个垄断者短期的需求、边际收益、成本曲线：

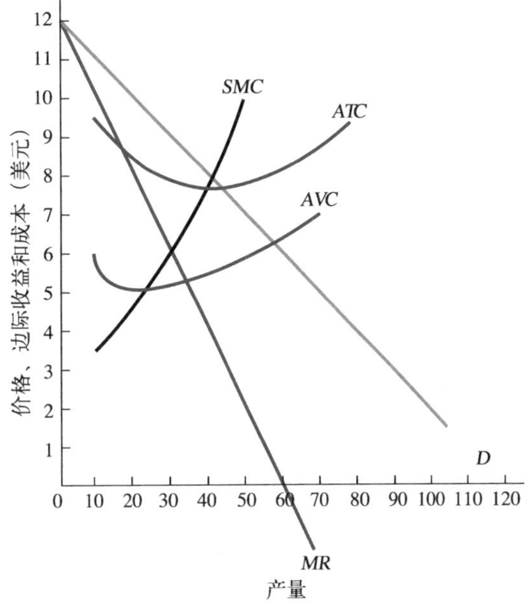

a. 价格为______美元时利润最大。

b. 利润最大时产出为______。

c. 在最优产出水平，总收益为______美元，总成本为______美元，利润为______美元。

d. 如果经理错误地把价格定为 10 美元并且售出了 20 单位产品，产生的利润边际（$P-ATC$）会比 c 中以最优价格出售的利润边际多还是少？（注意：当 20 单位产品售出时，平均成本是 8.75 美元。）用边际分析解释原因。

8. 请解释为什么利润最大化的垄断决策者总是在

需求曲线有弹性的部分生产和销售。如果成本为零，决策者将会生产多少产量？请解释。

9. 下图所示为一个垄断者的需求、边际收益、短期成本曲线：

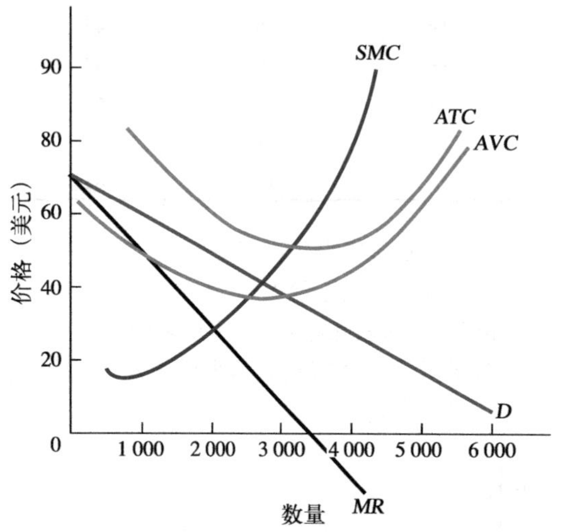

a. 企业应当生产多少？定价多少？

b. 企业的利润（损失）是多少？

c. 总收益是多少？总变动成本是多少？

d. 如果短期内企业关闭，其损失是多少？

10. 考虑有如图所示需求、成本曲线的垄断企业。假设企业短期内以最优产出规模运作，设备设计生产能力为 400 件。

a. 产出应是多少？

b. 价格为多少？

c. 利润为多少？

d. 如果企业可以改变设备规模并进入长期生产，产出和价格又是多少？

e. 利润会增加吗？如何得知？

f. 绘出新规模下的短期平均成本和边际成本曲线。

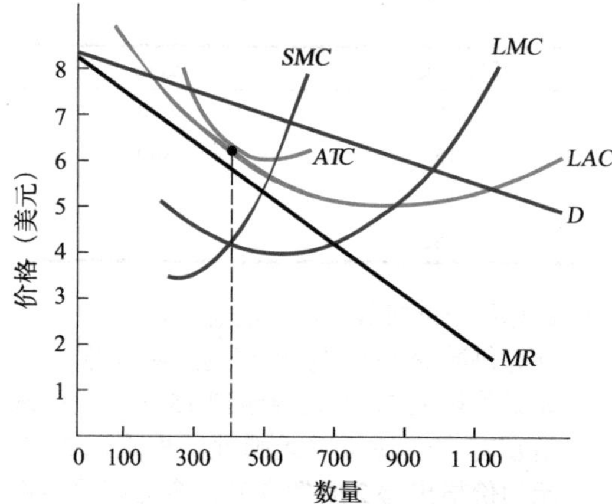

11. 在下表中，第（1）列与第（2）列构成了一个垄断者的生产函数，该垄断者仅有劳动一个投入变量；第（2）列与第（3）列构成了该垄断者在此产出范围内所面对的需求函数。

（1）劳动	（2）数量	（3）价格（美元）	（1）劳动	（2）数量	（3）价格（美元）
9	50	21	13	190	17
10	100	20	14	205	16
11	140	19	15	215	15
12	170	18			

a. 求出此范围内的 *MP*、*MR* 和 *MRP*。

b. 如果工资率是 60 美元，决策者将雇用多少劳动？为什么？如果工资率降到 40 美元呢？

12. 下图所示为一个垄断者的平均生产收益与边际生产收益。

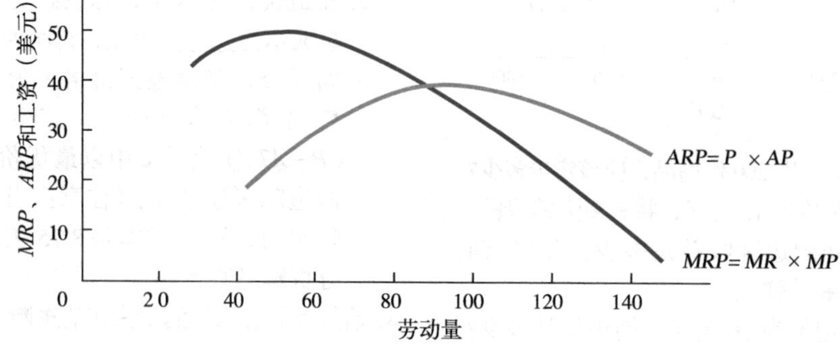

a. 如果工资为 20 美元，厂商将雇用多少劳动？
b. 如果工资为 10 美元，厂商将雇用多少劳动？
c. 如果工资为 40 美元，厂商将雇用多少劳动？

13. 描述垄断竞争的特点：
a. 垄断竞争与垄断有何相似？
b. 垄断竞争与完全竞争有何相似？
c. 短期均衡有什么特征？
d. 长期均衡有什么特征？
e. 怎样得到长期均衡？

14. 下图所示为一个垄断竞争企业的长期平均成本和边际成本曲线：

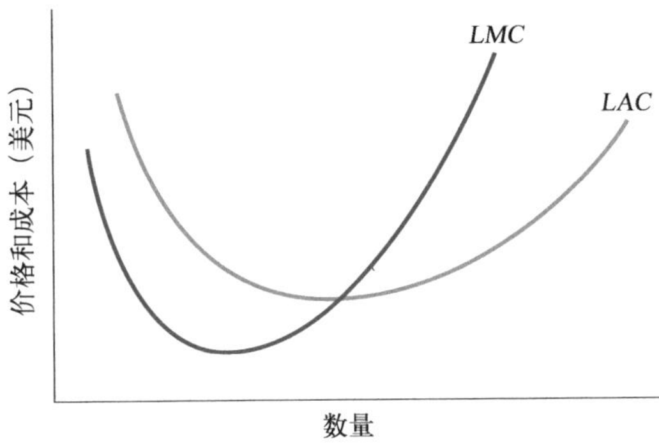

a. 假设企业短期运营并且有赢利，画出需求曲线和边际收益曲线，标出产出和价格。
b. 让企业达到长期均衡。准确画出新的需求曲线和边际收益曲线，标出产出和价格。
c. 为什么 $MR=LMC$ 时的产出水平与 LAC 与需求曲线相切时的产出水平一样？
d. 对比该企业长期均衡的产出、价格与企业处于完全竞争下的情况。

15. 垄断企业的经理对该产品的市场需求函数有如下的估计：

$$Q=2\ 600-100P+0.2M-500P_R$$

这位经理从某个专门从事计量经济预测的公司得到了 2017 年对 M 和 P_R 的预测，分别为 20 000 美元和 2 美元。那么在 2017 年，
a. 预测的需求函数是什么？
b. 逆需求函数是什么？
c. 边际收益函数是什么？

16. 对于问题 15 中的企业，经理对平均变动成本函数做出以下估计：

$$AVC=20-0.07Q+0.000\ 1Q^2$$

式中，AVC 以美元计算，Q 表示销售的件数。则，
a. 估计的边际成本函数是怎样的？
b. 2017 年的最优产量水平是多少？
c. 2017 年的最优价格为多少？
d. 试检验企业短期内究竟应该生产还是关门。

另外，经理预计 2017 年的固定成本为 22 500 美元。

e. 2017 年企业的利润或损失为多少？

17. 一个垄断企业的反需求方程是 $P=100-2Q$，企业长期生产成本不变，$LAC=LMC=20$ 美元。

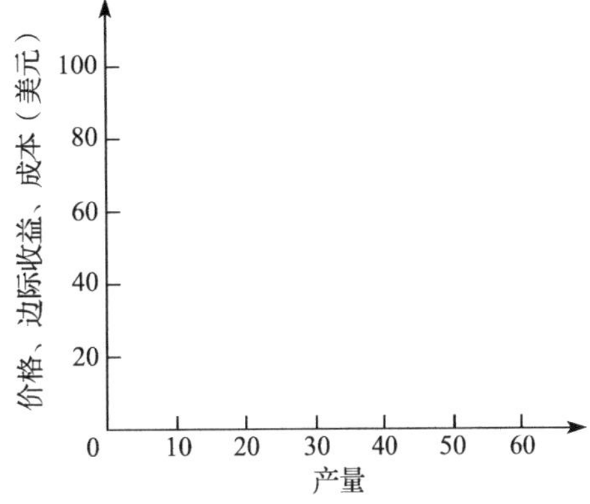

a. 在上图中，画出该垄断企业所面临的需求曲线和成本曲线，并对需求曲线 D、LAC 和 LMC 分别进行标记。
b. 在上图中，画出该垄断企业所面临的边际收益曲线，并对曲线进行标记。
c. 找到利润最大化时的价格和产量，并在需求曲线上用 A 点进行标注。
d. 该垄断企业可以获得的最大利润额是多少？

现在假设公司的固定成本增加到每单位 40 美元（$LAC'=LMC'=40$ 美元）。

e. 在上图中，画出该垄断企业所面临的新的成本曲线，并对 LAC 和 LMC 进行标记。
f. 在成本增加之后，管理者是应该提高还是降低价格来实现利润最大化？价格应该定为多少？在需求曲线上用 B 点标注利润最大化的点。
g. 在成本增加之后，该垄断企业可以获得的最大利润额是多少？

18. 在下图中，D 表示 Allclean 公司的洗碗机面临的需求。企业在两家工厂生产，MC_1 和 MC_2 是他们的边际成本曲线。

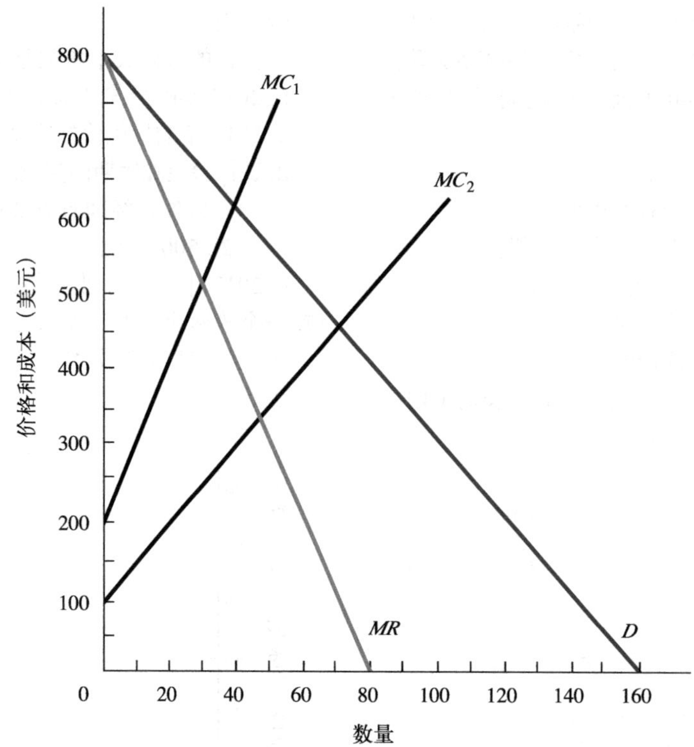

a. 企业应该生产多少洗碗机？

b. 企业应该定价多少？

c. 为了使利润最大化，产量应如何在两家工厂之间分配？

19. 假设企业有两个工厂，A 和 B，边际成本函数为

$MC_A = 10 + 0.01Q_A$ 和 $MC_B = 4 + 0.03Q_B$

a. 找出反边际成本函数。

b. 设 $MC_A = MC_T$，且 $MC_B = MC_T$，找到 $Q_A + Q_B = Q_T$ 的代数和。

c. 用 b 中水平和的反函数得到用总产量（Q_T）的函数表达的总边际成本（MC_T）。

d. 在多少产量以上时，企业会用两个工厂生产？（提示：找到 MC_T 弯折点的产量。）

e. 如果企业的经理希望以最小可能的总成本生产 1 400 单位，应该每家工厂生产 700 单位吗？为什么？如果不是，那么应该如何分配产量？

f. 画出 MC_A、MC_B 和 MC_T。用你的图形检验你用代数推导出的总边际成本，并检验上题的答案。

20. 假设在上题中，企业面临的需求函数是 $Q = 4\ 000 - 125P$。

a. 写出反需求函数的等式。

b. 找到边际收益函数。

c. 为使利润最大化，经理应该生产多少产量？应当收取什么价格？

d. 经理应该在工厂 A 和工厂 B 之间如何分配产量？现在假设需求减少为 $Q = 800 - 80P$。

e. 为了使利润最大化，经理又应该生产多少单位？

f. 经理应该在工厂 A 和工厂 B 之间如何分配产量？

概念性习题答案

1. a. 很奇怪，规模比较小的得克萨斯州 Pecos 第一国民银行在地区内的替代者较少，因此比大规模的美国银行有更大的市场力，美国银行在世界范围内与其他大型国际银行进行竞争。

b. 20 世纪 70 年代以前美国汽车市场来自国

外的竞争并不厉害，因此三大汽车生产商现今的市场力较小。

c. 尽管地方电话公司可能有更好的替代者从而市场力较弱，但是这二者几乎拥有相同的市场力，因为二者都是统一规范管理的。

2. 随着国际市场的扩张，新的原材料供应源进入国际市场，使得单个企业很难控制原材料市场。

3. a. 都不是牙膏的进入壁垒。尽管消费者可能对某一品牌忠实，但他们不会因为寻找或者学习如何使用其他品牌而发生高的转换成本。并且，用佳洁士牙膏刷牙并没有增加其他用佳洁士刷牙的消费者的价值。

b. 长时间唱片系列套册拥有消费者锁定问题，因为你不能用 CD 唱机播放长时间唱片系列套册。转换成音频很贵。如果消费者喜欢与朋友交换长时间唱片系列套册可能也存在网络外延。

4. a 和 b

P（美元）	Q	$TR(=PQ)$（美元）	$MR(=\Delta TR/\Delta Q)$（美元）
20	200	4 000	—
15	300	4 500	500 / 100 = 5
10	500	5 000	500 / 200 = 2.50
5	700	3 500	−1 500 / 200 = −7.50

c. 需求有弹性。损失 $5\times200=1\ 000$（美元）；赢利 $15\times100=1\ 500$（美元）；增加的收益比损失少 500 美元。除以增加的销售，$MR=500/100=5$（美元）。

d. 需求有弹性。损失 $5\times300=1\ 500$（美元）；赢利 $10\times200=2\ 000$（美元）；增加的收益比损失少 500 美元。除以增加的销售，$MR=500/200=2.50$（美元）。

5. a. 15 美元

b. 200 件

c. $MR=10$ 美元；有弹性（因为 $MR>0$）

d. 400 件。因为 $MR=0$，$E=-1$

6. a. $Q^*=9$。应当生产 9 件，此时对 TR 的增加多于 TC（$MR>SMC$），但是如果生产 10 件将减少收益（$SMC>MR$）。

b. $P^*=18$ 美元

c. $\pi=18\times9-54=108$（美元）

7. a. 9 美元

b. 30

c. 270 美元；240 美元；30 美元

d. 当 $P=10$ 美元时售出 20 单位产品，$ATC=8.75$ 美元，所以利润边际为 1.25 美元（$=10-8.75$），比 P^* 时的利润边际（1 美元 $=9-8$）要高。所以，把价格从 9 美元提高到 10 美元使总利润从 30 美元降到 25 美元（1.25×20）。利润下降的原因可用边际分析方式进行分析：产量从 Q^* 左移到 Q 使 MR 超过 SMC。因此，产量下降到低于 30 单位使总收益下降的量多于总成本下降的量，因此在价格高于 9 美元时利润会下降。

8. 追求利润最大化的垄断管理者以 $MR=MC$ 的水平生产。一般来说，$MC>0$，所以 $MR>0$，因此垄断厂商在需求曲线的有弹性部分运营。垄断生产者永远不会在需求曲线的无弹性部分运营。当需求无弹性时，$MR<0$，企业可以通过减少产出来增加 TR、降低 TC，从而增加赢利。如果成本为零，$MC=0$，垄断厂商以 $MR=0$ 的水平生产。当 MR 为零、TR 最大时，需求完全弹性。

9. a. 2 000 件；$P=50$ 美元

b. 利润 $=(P-ATC)Q=(50-60)\,2\ 000=-20\ 000$（美元）

c. $TR=50\times2\ 000=100\ 000$（美元）；$TVC=AVC\times Q=40\times2\ 000=80\ 000$（美元）

d. 损失 $TFC=TC-TVC=60\times2\ 000-80\ 000=40\ 000$（美元）

10. a. $Q^*=500$（$MR=SMC$）

b. $P^*=7$ 美元

c. $\pi=Q(P-ATC)=500\times(7-6)=500$（美元）

d. $Q^*=700$，$P^*=6.50$ 美元（$MR=LMC$）

e. 当 $Q=500$，$MR>LMC$；企业增加产出，对 TR 的增加要超过对 TC 的增加，因此赢利增加。

f.

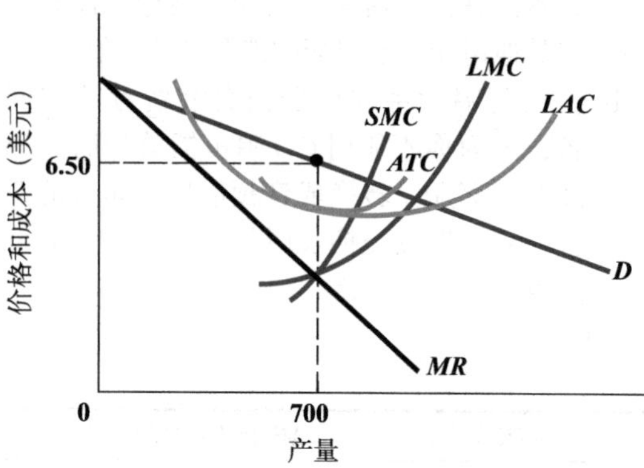

11. a.

L	Q	P（美元）	MP	MP	MRP
9	50	21	—	—	—
10	100	20	50	19.00	950
11	140	19	40	16.50	660
12	170	18	30	13.33	400
13	190	17	20	8.50	170
14	205	16	15	3.33	50
15	215	15	10	−5.50	−55

b. 如果工资率是 60 美元，管理者将雇用 13 名劳动力。雇用 13 名劳动力时对 TR 的贡献大于 TC ($MRP > w$)；雇用第 14 名劳动力将降低利润（$MRP < w$）。如果工资率降到 40 美元，第 14 名劳动力对 TR 的贡献大于 TC，所以应当雇用。无论工资率如何，企业不能雇用超过 14 名的劳动力，因为如果雇用，MP 就为负值。

12. a. $MRP = 20$ 美元，$L = 120$

b. MRP = 10 美元，$L = 140$

c. 0 ($MRP = 40$ 美元，ARP 小于 MRP)

13. a. 垄断竞争与垄断的相似之处在于，两种形式的企业都拥有市场力（都面临向下倾斜的需求曲线）。但垄断者的市场力来源是基于企业是市场上唯一的卖家的事实；而垄断竞争者之所以拥有市场力，是因为企业生产有差异的产品，也就是说竞争对手的产品并不是完美的替代品。

b. 垄断竞争与完全竞争的相似之处在于，两种形式的市场上都有许多企业，而且企业进入和退出市场都不受限制。

c. 短期内，垄断竞争的生产者以 $MR = SMC$ 的产出水平生产，同时该产出水平的价格大于等于 AVC。如果 $P < AVC$，企业将关闭。短期内，垄断竞争者可以和其他企业一样赚取正的、零或负的经济利润。尽管市场力的来源不同，但垄断竞争的短期分析与纯垄断完全相同。

d. 长期内，垄断竞争的生产者以 $MR = LMC$ 的产出水平生产，价格与该产出水平相关联，同时经济利润为零（亦即，$P = LAC$）。因此，长期内，垄断竞争者的需求曲线与其 LAC 曲线相切。

e. 垄断竞争市场不受限制的市场进入和撤出将使得长期内经济利润为零。如果一个企业短期内赢利，持续的市场进入将增加企业产品替代品的数量，企业的需求会下降并更有弹性，市场进入将不断持续，直到经济利润为零。短期内的损失将会导致企业撤出市场，这将减少仍存在于市场上的厂商产品的替代品。当没有任何激励能刺激市场进入或撤出时，也就是说当经济利润为零时，市场达到长期均衡。

14. a. 短期内，伴随需求曲线 D_S 和边际收益曲线 MR_S，垄断竞争将生产 Q_S，定价 P_S。

b. 长期内，需求曲线为 D_L，企业将生产 Q_L，定价 P_L。

c. 为了该企业利润最大化，MR_L 必须等于 LMC。如果切点外 $MR_L \neq LMC$，企业将会改变产出，那么 $P_L = LAC$ 的点将达不到均衡。

d. 长期内，对于垄断竞争的企业来说，其均衡价格要高于完全竞争的情况（$P > \min LAC$），而产出水平要低于完全竞争的情况（$Q < Q_{\min LAC}$）。

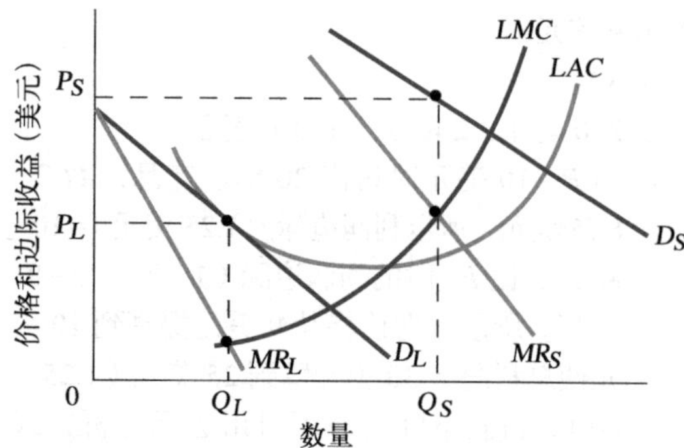

15\. a. $Q=2\ 600-100P+0.2M-500P_R=2\ 600-100P+0.2\times 20\ 000-500\times 2=5\ 600-100P$

b. $P=56-0.01Q$

c. $MR=56-0.02Q$

16\. a. $MC=20-2\ (0.07)\ Q+3\ (0.001)\ Q^2=20-0.14Q+0.000\ 3Q^2$

b. 令 $MR=SMC$ ：$56-0.02Q=20-0.14Q+0.000\ 3Q^2$。解得 $Q^*=600$ 件。

c. $P^*=56-0.01Q^*=56-0.01\times 600=50$（美元）

d. 企业应该生产。因为 $Q^*=600$，$AVC=20-0.07\ (600)+0.000\ 1\ (600)^2=14$（美元），所以 $P^*=50$ 美元 $>AVC=14$ 美元。

e. $TR=P^*\times Q^*=50\times 600=30\ 000$（美元）；$TVC=AVC\times Q^*=14\times 600=8\ 400$（美元）；$\pi=TR-(TVC+TFC)=30\ 000-8\ 400-22\ 500=-900$（美元）

17\. a 和 b 部分中的需求、边际收益和成本曲线如下图所示。注意，因为成本不变，所以 *LAC* 和 *LMC* 是重合的。

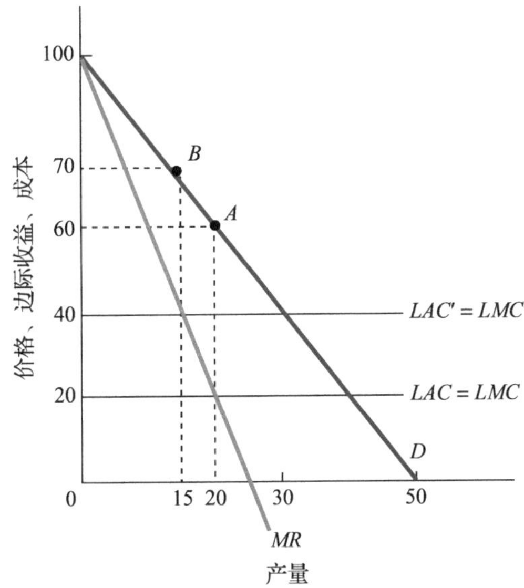

c. 产量等于 20 时 $MR=MC$。利润最大化的价格是 60 美元。见上图 *A* 点。

d. 最大利润发生在 *A* 点，为 800 美元（$60\times 20-20\times 20$）。

e. 在上图中，$LAC'=LMC'$，较高的（不变的）每单位成本是 40 美元。

f. *B* 点显示的新的利润最大化的价格是 70 美元，所以管理者应将价格提高 10 美元。

g. 成本上升后，最大利润为 450 美元（$=70\times 15-40\times 15$）。

18\. a. $MC\Rightarrow Q_T=50$ 洗碗机 / 周

b. 当 $Q_T=50$ 时（依需求曲线），$P=550$ 美元

c. $MR=MC_T=MC_1=MC_2\Rightarrow Q_1=10$，$Q_2=40$

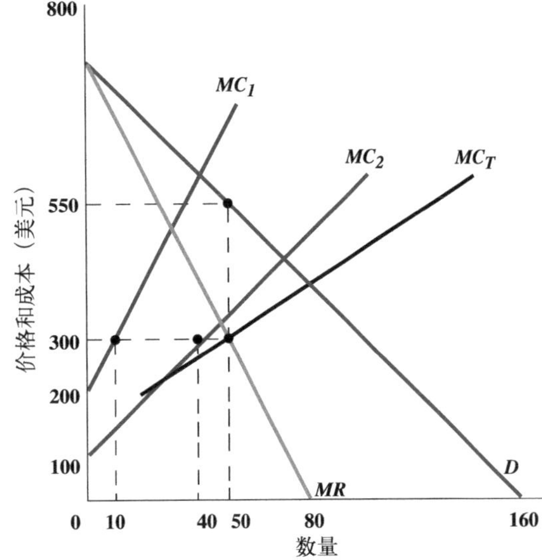

19\. a. $Q_A=-1\ 000+100MC_A$

$Q_B=-133.33+33.33MC_B$

b. $Q_T=(-1\ 000-133.33)+(100+33.33)\ MC_T=-1\ 133.33+133.33MC_T$

c. $MC_T=8.50+0.007\ 5Q_T$

d. 弯折点发生在低成本的工厂的 *MC* 等于高成本工厂的 *MC* 最小值：$4+0.03Q=10$。所以 $Q=200$ 时，*MC* 弯折。当总产量大于 200 时，两家工厂都生产。

e. 当每家工厂生产 700 单位时，$MC_A=17$ 美元 $<MC_B=25$ 美元。因此，经理应该在工厂 *A* 生产更多，在工厂 *B* 少生产，知道 $MC_A=MC_B$。为找到生产 1 400 单位的最小成本，将 1 400 带入 MC_T：$MC_T=8.50+0.007\ 5\times 1\ 400=19$ 美元现在找到 Q_A 和 Q_B，使 $MC_A=MC_B=19$ 美元。用 *MC* 的反函数：

$Q_A=-1\ 000+100\times 19=900$

$Q_B=-133.33+33\times 19=500$

注意 $Q_A+Q_B=1\ 400$

f. 见下页图。

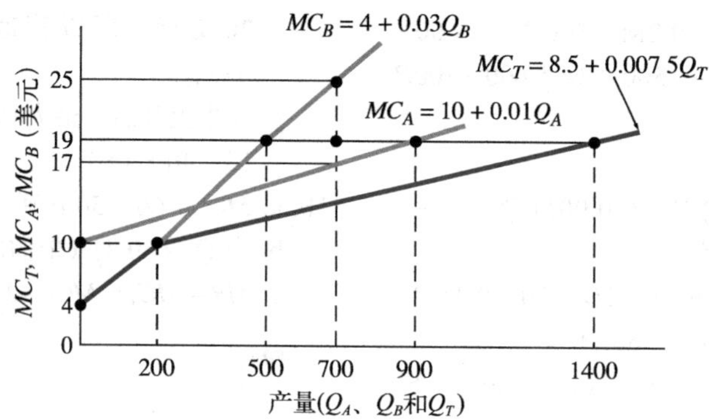

20. a. $P = 32 - 0.008Q$

  b. $MR = 32 - 0.016Q$

  c. 令 $MR = MC_T$：$32 - 0.016Q = 8.5 + 0.007\,5Q \Rightarrow Q_T^* = 1\,000$；$P^* = 24$ 美元 $= 32 - 0.008 \times 1\,000$

  d. MC_T 在 1 000 单位时 = 16 美元。令 $MC_A = MC_B = 16$，$Q_A^* = -1\,000 + 100 \times 16$，$Q_B^* = -133.33 + 33.33 \times 16 = 400$，注意 $Q_A^* + Q_B^* = Q_T^*(600 + 400 = 1\,000)$

  e. 当 $Q_T < 200$ 时，$MC_T = MR$ 就是 MC_T 的弯折点。这样只有工厂 B 生产；工厂 A 应该关门。$MC_B = MR$，找到 Q_B。为了得到 MR，找到供给和需求的反函数：

$$P = 10 - 0.012\,5Q$$
$$MR = 10 - 0.025Q$$
$$MR = MC_B \Rightarrow 10 - 0.025Q_B = 4 + 0.03Q_B \Rightarrow Q_T^* = 109\text{（单位）}$$

  f. $Q_A = 0$，$Q_B = 109$（见 e 部分）

应用性习题

1. 因为经济衰退引起的高失业率和汽油的高价格，2008 年夏天，路上、桥上和隧道里的汽车数量急剧减小。据《华尔街日报》（2009 年 4 月 28 日）报道，过桥费、隧道通行费的减少给很多城市的收益带来了很严重的问题。在纽约，过桥和穿行隧道车辆从 2008 年 1 月的 2 360 万辆减少到了 2009 年 1 月的 2 190 万辆。“这个下降带来了一个挑战，因为养路费是用来补贴 MTA 地铁的，而地铁是很多人不开车时的主要出行方式。”[⊖]为了获得更高的养路费，MTA 把它控制的 9 条交叉口收费提高了 10%。

  a. MTA 是纽约城的垄断企业吗？你认为 MTA 有很强的市场力吗？请解释原因。

  b. 如果让另一辆车过桥或穿行隧道的边际成本几近于零，MTA 应该怎么定养路费的价格来使企业的利润最大化？如果是为了使养路费收益达到最大化呢？这两个目标之间有什么联系？

  c. 随着对桥和隧道的需求变小，以下哪个是调整过路费的最优方法？提高过路费、降低过路费还是使过路费保持不变？请解释原因。

2. QuadPlex 电影院是爱达荷福尔斯的唯一一家电影院。离它最近的竞争者 Cedar Bluff Twin 电影院，在 35 英里外的波卡特洛，这样一来 QuadPlex 电影院就有一定的市场力。虽然有市场力，该电影院目前正遭受损失。在与电影院所有者的一次谈话中，电影院的经理提出了如下建议：“因为 QuadPlex 是本地垄断，我们应当提高票价来获取足够利润。”

  a. 试评论这一战略。

  b. QuadPlex 电影院的市场力能够如何度量？

  c. 长期内 QuadPlex 应当考虑什么样的选择？

3.《埃尔多拉多星报》（简称《星报》）是新墨西哥州埃尔多拉多（El Dorado）唯一一份报纸。虽然《星报》得和《华尔街日报》《今日美国》《纽约时报》这样的全国性报纸竞争，但是《星报》为读者提供他们感兴趣的本地消息，如本地新闻、天气、体育赛事等，它的收益和成本表如下：

⊖ Douglas Belkin, “Commutes Speed Up as Fewer Drive” *The Wall Street Journal*, April 28, 2009.

每日报纸数量（Q）	价格（美元）（TR）	每日总成本（美元）（TC）	每日报纸数量（Q）	价格（美元）（TR）	每日总成本（美元）（TC）
0	0	2 000	5 000	0.70	2 700
1 000	1.50	2 100	6 000	0.60	2 890
2 000	1.25	2 200	7 000	0.55	3 090
3 000	1.00	2 360	8 000	0.45	3 310
4 000	0.80	2 520	9 000	0.40	3 550

a. 用微软的 Excel（或任何其他表格软件）制作上面的表格，输入给出的产量、价格和成本的数据。

b. 在你的表格中用合适的公式计算出三列数据（列 4, 5, 6）：总收益、边际收益（MR）和边际成本（MC）。（验算：当 $Q=3\ 000$ 时，$MR=0.50$ 美元，$MC=0.16$ 美元）。《埃尔多拉多星报》的经理应该把报纸价格定为多少？每天应当销售多少报纸以使利润最大化？

c. 在 b 问中你回答的定价和产量水平上，《埃尔多拉多星报》能获得最大收益吗？这是你所期望的吗？请解释原因。

d. 用合适的公式再计算出两列数据（列 6 和 7）：总利润和利润边际。《星报》可获得的最大利润是多少？最大利润边际是多少？利润和利润边际是否能在需求曲线的同一点上都实现最大化？

e.《星报》的总固定成本是多少？制作一个表格，把固定成本增加到 5 000 美元。那么，经理又应该把报纸价格定为多少？短期内应当销售多少报纸？长期内《星报》的所有者该采取什么措施？

4. Tots-R-Us 是位于华盛顿特区外附近的唯一一家托儿中心。Tots-R-Us 的赢利状况很好，但是所有者明白新的托儿中心很快就会了解到这一高利润市场并开始进入。该所有者决定立即花费大量预算做广告来降低弹性。那么所有者是否应该等到新的对手真正进入市场再行动？解释广告如何能够使得 Tots-R-Us 在不鼓励市场进入的前提下将价格保持在平均成本之上？

5. 联邦贸易委员会的反垄断机构正在审查你的公司与另一家竞争企业的合并，联邦贸易委员担心同一行业的两家竞争企业合并会提高市场力。在即将举行的听证会上，你将说明你的公司并没有因为这次合并而增加市场力。你能否这样做？在听证会上你将出示什么证据呢？

6. 你拥有一家小银行，你所在州的州政府正在考虑允许开展州际的银行业务。你反对州际银行业的开展，因为这样一来，诸如纽约银行、芝加哥银行和旧金山银行这样的大银行可能会在你所在的地区设立分支机构。开展州际银行业的支持者们认为竞争会为消费者带来好处，而你却担心规模经济最终会使得你目前赢利的银行倒闭。解释为什么规模经济能够在长期内迫使你的银行倒闭（如果显著的规模经济确实存在）。

7. Harley-Davidson 摩托车公司对“hog”这个词拥有版权，这个词被用来代表其发动机的声音。为什么企业会希望对这样平凡的事物拥有版权？

8. 根据《华尔街日报》报道，企业正在不断推动消费者使用电子方式支付。无数银行都降低了它们在线账单支付的月费，而很多商家也在激励消费者在线支付。对各企业来说，这样做除了直接的成本节约以外（比如邮寄成本和管理成本），还有什么原因可以解释企业对在线支付的这种兴趣吗？

9. 即便处于垄断竞争市场上的企业成功地串通价格，只要市场进入不受限制，经济利润还是会被竞争瓜分殆尽。达到长期均衡时，固定价格协议下的价格与没有固定价格协议的价格相比是高还是低？解释原因。

10. 阿里巴巴公司（Ali Baba Co.）是某种特殊的东方地毯的唯一供应商。对这种地毯的需求预计为

$$Q=112\ 000-500P+5M$$

式中，Q 表示地毯产量；P 表示地毯价格（美元 / 每件）；而 M 则表示消费者的人均收入。阿里巴巴公司的估计变动成本函数为

$$AVC = 200 - 0.012Q + 0.000\,002Q^2$$

消费者的人均收入预计为 20 000 美元，另外，固定成本为 100 000 美元。

a. 为了达到利润最大化，企业应该生产多少地毯？

b. 地毯的利润最大化价格是多少？

c. 企业销售地毯最多可以取得多少利润？

d. 如果消费者人均收益变为 30 000 美元，请回答上面 3 个问题。

11. Leona Williams 医生是一位知名的整形外科医生，并被誉为是鼻骨修复手术界最优秀的医生之一。她在该市场上具有相当强的市场力，她工作的市场上的需求预计为

$$Q = 480 - 0.2P$$

式中，Q 表示每月鼻骨手术的数量；P 则表示一次手术的价格。

a. Williams 医生手术的逆需求函数是什么？

b. 边际收益函数是什么？

鼻骨修复手术的平均变动函数估计为

$$AVC = 2Q^2 - 15Q + 400$$

式中，AVC 表示平均变动成本（以美元为单位），Q 表示每月手术的数量。这位医生的固定成本为每月 8 000 美元。

c. 如果这位医生希望使利润最大化，则每月应完成多少手术呢？

d. Williams 医生每次鼻骨手术应该收多少钱呢？

e. 她每月的利润又是多少？

12. 一个公司有两个工厂，分别位于密歇根州和得克萨斯州。该企业已决定生产 500 单位产品来使利润最大化。目前该企业在密歇根的工厂生产 200 单位产品，得克萨斯的工厂生产 300 单位产品。在这种分配比例下，密歇根工厂生产的最后一单位产品会使总成本增加 5 美元，而得克萨斯工厂的最后一单位产品会使总成本增加 3 美元。

a. 这个企业达到利润最大化了吗？如答案为肯定，请回答原因；如答案为否定，请指出企业需要怎么做？

b. 如果企业在密歇根工厂生产 201 单位产品，在得克萨斯工厂生产 299 单位产品，企业总成本会增加（减少）多少？

13. 在最近一次收益分配的股东远程电话会议上，CEO 汇报并讨论每股季度收益。可口可乐的 CEO 穆泰康（Muhtar Kent）说，要从竞争对手百事手中“赢得”市场份额。然而，2011 年糖价的上涨，迫使可乐将软饮料的价格要提高 3% ～ 4%。如果百事的软饮料不涨价的话，这可能会使可乐的市场份额减少。《华尔街日报》(2011 年 4 月 27 日）报道说，为了继续在市场份额争夺战中赢得胜利，穆泰康计划把软饮料的价格维持在较低水平，而把果汁、运动饮料等其他种类的价格不成比例地上提。《华尔街日报》表示说“赢得市场份额可能需要付出过大的财务代价”。[㊀]讨论为什么可乐公司为了赢得市场份额的定价策略，在实际上可能会减少可乐公司的利润和每股收益。

14. 在《华尔街日报》一篇题为“Sparing Fliers Even Higher Airfares”的文章中，Scott McCartney 称，西南航空公司的燃油对冲，使所有航空公司的乘客享受到了更低的机票价格，“没有（燃油对冲）这个意外收获，(西南航空公司）相比去年很可能会提高机票价格”。[㊁]其他航空产业分析师也称，西南航空公司不收行李运送费用（Bags Fly Free)，主要是因为西南航空燃油对冲的成功。评论这两个论断。(提示：在回答这个问题前，请阅读专栏 12-4。)

15. 由纳税人大量补贴的全国客运铁路 Amtrak，每年都会出现巨大亏损。最近，Amtrak 的官员表示，有信心通过“像运营一个企业一样运营这条铁路”，来扭转亏损局面。具体来说，Amtrak 的管理者计划提高票价，以“削减成本和提高收入”。如果这个方式能行得通，那么，Amtrak 必须要有一个什么样的需求弹性？提高票价对 Amtrak 的成本会产生什么影响？

16. Tampa Bay Buccaneers 的老板发现，季度赛的门票需求在稳步下降，这很可能是因为球队的成绩在全国足球联赛 32 支球队中排名接近末尾。球队老板正在考虑降低季度赛门票价格。通过画图分析来展示，当垄断型企业的需求减少时，必须降低价格来实现利润最大化。

㊀ John Jannarone, “The Price of Coke’s Market Share” *The Wall Street Journal*, April 27, 2011.

㊁ Scott McCartney, “Sparing Fliers Even Higher Airfares,” *The Wall Street Journal*, June 6, 2006.

附录 12A　垄断企业利润最大化的数学推导

本附录将推导垄断企业决策者以利润最大化为目的的关于产出、价格或投入要素使用量的选择过程。

12A.1　垄断企业选择产出和价格

假设企业处于短期运营，因此部分成本是固定的。令垄断者面对的需求曲线为

$$P = P(Q)$$

所以总收益为

$$R(Q) = P(Q)Q$$

垄断者利润函数为

$$\pi = R(Q) - TVC(Q) - TFC \quad (12A\text{-}1)$$

式中，$TVC(Q)$ 是总可变成本；TFC 是总固定成本。

利润最大化的一阶必要条件：

$$d\pi / dQ = dR / dQ - dTVC / dQ = 0 \quad (12A\text{-}2)$$

在均衡产量处，利润最大化的二阶条件是

$$d^2\pi / dQ^2 = d^2R / dQ^2 - d^2TVC / dQ^2 < 0$$

因为在式（12A-2）中 dR/dQ 是边际收益；dC/dQ 是边际成本；而利润最大化的产量要求边际收益等于边际成本，即 $MR = SMC$。解式（12A-2）求出均衡产出 Q^*，均衡价格为 $P^* = P(Q^*)$

如果：

$$\pi = P(Q^*)Q^* - TVC(Q^*) - TFC > 0$$

企业有经济利润。如果：

$$\pi = P(Q^*)Q^* - TVC(Q^*) - TFC < 0$$

企业有损失。当价格大于等于平均变动成本：

$$|P(Q^*)Q^* - TVC(Q^*) - TFC| \leqslant TFC$$

企业应当生产 Q^* 而不是关闭。这时企业的损失将小于等于总固定成本，即

$$P(Q^*) \geqslant TVC(Q^*) / Q^*$$

如果企业关闭不生产将损失整个固定成本。如果 Q^* 的产出价格低于平均可变成本，企业关闭不生产，企业将只损失固定成本，否则，将损失固定成本加上收益未能弥补的变动成本。

接下来，我们证明利润最大化的价格和数量一定位于需求曲线的富有弹性部分。因为：

$$MR = dR / dQ = P(Q) + Q(dP / dQ) =$$

$$P[1 + (Q / P)(dP / dQ)] = P[1 + (1 / E)]$$

这里，E 是需求弹性，在均衡状态下：

$$MR = P[1 + 1 / E] = MC \quad (12A\text{-}3)$$

因为 MC 和 P 必须为正，需要 $(1 + 1 / E) > 0$，因为 $E < 0$，所以 E 的绝对值大于 1：$|E| > 1$。因此，均衡价格 P^* 和数量 Q^* 一定位于需求曲线的富有弹性部分。

稍特殊一点的情况，假设需求函数为线性函数：

$$P(Q) = a - bQ$$

式中，a、b 为正。令总变动成本函数为三次函数：

$$TVC(Q) = dQ - eQ^2 + fQ^3$$

式中，d、e、f 为正，则利润函数为

$$\pi = PQ - TVC(Q) - TFC = aQ - bQ^2 - dQ + eQ^2 - fQ^3 - TFC \quad (12A\text{-}4)$$

为达到利润最大化，将式（14A-4）求导并令其为零：

$$d\pi / dQ = (a - 2bQ) - (d - 2eQ + 3fQ^2) = 0 \quad (12A\text{-}5)$$

因为 $MR = a - 2bq$，$SMC = d - 2eQ + 3fQ^2$，利润最大化均衡时 $MR = SMC$。最大化的二阶条件：

$$d^2\pi / dQ^2 = -2b + 2e - 6fQ < 0 \quad (12A\text{-}6)$$

或者从式（12A-6）中解出最大化的 Q，必然有

$$Q > (e - b) / 3f \quad (12A\text{-}7)$$

为得到利润最大化水平的 Q^*，解式（12A-5）：

$$(a - d) - (2b + 2e)Q - 3fQ^2 = 0$$

一般在求解二次方程式时，会得出两个 Q^* 值。利润最大化的 Q^* 应该满足式（12A-7）中的二阶条件，以保证在此 Q^* 值边际成本曲线从下方穿过边际收益曲线。这应该是两值中较大的一个解。为得到均衡价格，将 Q^* 代回需求函数：

$$P^* = a - bQ^*$$

如果总收益等于或超出总变动成本，即如果 $P(Q^*) \geqslant TVC(Q^*) / Q^*$，则利润或损失为

$$\pi = aQ^* - bQ^{*2} - dQ^* + eQ^{*2} - fQ^{*3} - TFC$$

12A.2　垄断者选择投入要素使用量

现在假设决策者选择控制单一投入变量 L 来达到利润最大化，所有其他投入均为固定值。令生产函数为第 8 章后数学附录中的短期情况：

$$Q = f(L, K) = g(L)$$

需求反函数为

$$P = P(Q) = P[g(L)]$$

企业调整 L 使以下利润函数最大化：

$$\pi = P[g(L)]g(L) - wL - TFC \quad (12A\text{-}8)$$

式中，w 是付给单位劳动的工资；TFC 是固定

投入的固定花费。利润最大化要求：

$$d\pi / dL = (dP / dQ)(dQ / dL)\, g(L) + P(dQ / dL) - w = 0 \qquad (12A\text{-}9a)$$

或

$$(dQ / dL)[(dP / dQ)Q + P] = w \qquad (12A\text{-}9b)$$

dQ / dL 为边际产量，$[(dP / dQ)Q + P]$ 是边际收益，式（12A-9b）也可以表示为

$$MP \times MR = \text{边际生产收益} = w$$

可以从式（12A-9a）或式（12A-9b）中解出 L^*；然后可以解出 $Q^* = g(L^*)$，$P^* = P(Q^*)$。

如果在 L^* 水平，$MRP \leqslant ARP = P[g(L^*)] / L^*$，企业将生产，其利润或损失将是

$$\pi = P[g(L^*)]\, g(L^*) - wL^* - TFC$$

然而，如果 $MRP = w > P^*Q^* / L^*$，总收益将少于总可变成本，即 $wL^* > P^*Q^*$。在此情况下企业将关闭，仅损失其全部固定成本，否则将损失其全部固定成本加上未被收益弥补的变动成本。

现在，假设企业应用两个变动投入 L 和 K，而且任何投入都不固定。L 与 K 的价格分别为 w 和 r。生产函数为

$$Q = f(L, K)$$

需求反函数为

$$P = P(Q) = P[f(L, K)]$$

利润函数为

$$\pi = f(L, K)\, P[f(L, K)] - wL - rK$$

为实现利润最大化，企业投入 L 和 K 的水平，满足这样的一阶均衡条件：

$$P[f(L, K)](\partial Q / \partial L) + Q(dP / dQ)(\partial Q / \partial L) - w = 0 \qquad (12A\text{-}10a)$$

$$P[f(L, K)](\partial Q / \partial K) + Q(dP / dQ)(\partial Q / \partial K) - r = 0 \qquad (12A\text{-}10b)$$

解方程可以得最优投入水平 L^* 和 K^*，然后求得最优产出水平和产品价格：$Q^* = f(L^*, K^*)$ 和 $P^* = P[f(L^*, K^*)]$ 将结果带入上面的利润方程，即得到最大的利润水平。

式（12A-10a）和式（12-10b）还可以改写成

$$(\partial Q / \partial L)(P + Q dP / dQ) = MP_L \times MR = MRP_L = w \qquad (12A\text{-}11a)$$

$$(\partial Q / \partial K)(P + Q dP / dQ) = MP_K \times MR = MRP_K = r \qquad (12A\text{-}11b)$$

这样，在均衡时，每种投入要素的边际生产收益等于其价格。

12A.3 多工厂企业的分配决策

为了利润最大化，多工厂企业应当在各工厂边际成本的横坐标之和等于边际收益的产出水平上组织生产。每个工厂都会在与其他工厂边际成本相同的水平下生产。

假设企业有 A、B 两个工厂，他们的总成本函数为 $C_A(Q_A)$ 和 $C_B(Q_B)$，企业的总收益函数为 $R(Q_A + Q_B) = R(Q)$ 公司利润函数为

$$\pi = R(Q) - C_A(Q_A) - C_B(Q_B)$$

利润最大化需求

$$\frac{\partial \pi}{\partial Q_A} = \frac{dR}{dQ} - \frac{dC_A(Q_A)}{dQ_A} = 0$$

$$\frac{\partial \pi}{\partial Q_B} = \frac{dR}{dQ} - \frac{dC_B(Q_B)}{dQ_B} = 0$$

将方程组联立求解，可得当 $MR = MC_A = MC_B$ 时，利润最大化，这时在两个工厂中 MC 都相同并等于 MR。

第13章
Chapter13

寡头垄断市场的战略决策

■ 学习目标

学完此章节后，你将可以：

(13.1) 用上策、下策、纳什均衡和最优反应曲线的概念来做出同步决策；

(13.2) 用反推法做出顺序决策，判断是先发优势还是跟进优势，并用可信的承诺来获得先发优势或跟进优势；

(13.3) 理解并能解释为什么重复决策时，有时可以实现合作。讨论能实现合作的四种促进实践类型；

(13.4) 解释通过限制价格或扩张生产能力来设置进入壁垒为什么很难，但不是不可能。

现在我们来研究一些新的企业决策问题。在这些新的企业决策问题中，只有几家企业，却生产大部分或者全部市场需要的产量。当市场中只有少数几家企业竞争时，一家企业的价格战略会给市场中其他企业的销量带来显著影响。的确，在只有相对数量较少的企业竞争的市场上，任何一项决策（比如价格、产量、广告决策以及生产扩张、增加研发的决策）都会影响企业自身和其他所有企业的利润。在只有少数卖家的市场，其中的任何一家企业的利润都依赖于所有在同一市场中竞争的其他企业，所有企业都相互依赖。考虑以下销售乃至利润都相互依赖的竞争企业的例子。

- 美国航空公司（American Airlines）就是否在今年夏季对欧洲航线全面下调票价进行争论，票价的下调可以显著地增加其度假旅游业务的利润，但是如果Delta公司、联合航空（United）和其他一些大型的海外航空公司跟随下调价格，结果将会是一场巨大的价格战，最终所有参与者都将遭受损失。
- 可口可乐可能正为一项昂贵的新的广告攻势做准备。它的广告代理商宣称，新的广告会极为有效。但是，百事会如何反应呢？它会以更昂贵的广告攻势反击，还是继续以前的做法呢？百事的反应会对可口可乐的决策产生巨大的影响。
- 在一个更小的市场上，乔氏比萨饼（Joe's Pizza）速递——一个在市区商业地带的成功餐馆，想在新近开发的郊区开一家新的餐馆。但是，必胜客（Pizza Hut）和达美乐（Domino）会不会在以后的几年里进入这个新的郊区呢？由于这个地区的需求不能够支持多于一家的比萨饼店，如果这种情况出现，乔氏将会损失很多钱。乔氏该怎么办？

这些商业决策与先前几章讨论的不同。在那里，经理们决定价格或给定需求时，不必考虑竞争对手对决策的反应。在以上的例子中，经理们知道他们的决策会影响到对手的销售情况，而做出决策后，对手会对这些决策做出反应。经理们的销售和利润状况也依赖于对手的反应，但对手实际上将如何反应是不为这些经理们所知的。为了做出最好的决策，即使他们几乎从来无法确切知道竞争对手的反应将会是什么，这些经理们一定会站在他们竞争对手的角度上预测或者推测对手的反应。

成功的经理人一定要学会如何预期市场中其他竞争对手的行动和反应。在本章里，我们将会向你展示在给定他们预计的竞争对手决策的情况下，经理需要怎样成功预测竞争对手的反应，做出利润最大化的决策。**战略行为**（strategic behavior）是企业为了计划和反应竞争对手的行动而采取的行动，和使对方相信的行动威胁。在企业的销售和利润都相互依存的市场中，知道并预期其他企业的潜在动向和对抗手段对经理们是至关重要的。

经济学家们通常称市场中有几个相对大的企业，拥有中等到显著的市场力，更重要的是，意识到相互依存的市场为**寡头市场**（oligopoly）。每个企业都知道自己的行为或者变动会对其他企业有影响，其他企业采取行为，或者变动又会影响到自己的销售收入。但是没有一家企业真正知道其他企业将如何反应。

将这样的情景应用于以上的例子中：美国航空公司在决定减价之前，要考虑它的对手将如何反应；可口可乐公司不知道当它采用新一轮的广告攻势后百事会如何行动，或者百事的反应带来的后果；乔氏比萨速递公司的所有者则考虑，如果比萨速递进入新的郊区，比萨饼的大连锁店将怎么做。我们将在这一章里，分析在寡头市场中的经理们，对竞争对手的反应不确定时如何决策；而这些反应又影响他们自己的销售和利润，因此一定要在形成决策时加以考虑。我们现在总结寡头市场相互依存的原理如下。

原 理

相互依存的寡头市场，其特征来源于市场中企业的数量足够小，以至于任何一家企业的价格和产量决策都会影响市场中所有其他企业的需求和边际收益。

本章是通过介绍一些寡头市场上管理者制定决策的真知灼见来讨论寡头垄断的。正如你将要看到的，对于战略行为的研究，和对于诸如象棋、扑克、桥牌或者跳棋等游戏参与者的游戏战略的研究，是十分相像的。这就是为什么这一经济分析领域中的重要理论被称之为“博弈理论”。在本章，我们将使用博弈理论展示寡头企业的管理者们如何尝试揣测竞争对手的反应，做出对自己最有利的决策。你会发现，在寡头市场上，决策制定通常的结果是：每个企业在期望其竞争对手所做决策的基础上做出自己的最好决策，但是这种“非合作”的决策制定，导致所有企业的利润都更低了。非合作寡头结果通常对消费者有益，而对只得到更低利润的寡头而言，却是不好的结果。

我们也将验证一些达到寡头合作的方法。当你结束这章时，你会明白为什么寡头企业可能希望合作战略，他们有时，当然不是总是，能够在做决策时合作。我们必须提醒你，本章开头提到的很多公开形式或者直接的合作，法律上也叫“共谋”，在美国和许多其他国家都是非法的。例如，美国航空公司的首席执行官可以给 Delta 的首席执行官打电话，制定出两个公司的协议价格。但是，在美国锁定价格是违法的。如果像上面说的那样，企业的行政长官会被罚款，甚至被送到监狱。我们也会向你展示，有时在寡头市场如何达成共谋，而又不会被诉诸法律，以及为什么价格固定协议通常不会持续很久。

13.1 同步决策

正如在介绍时强调的，寡头市场的“少数企业”导致每个企业的需求和边际收益情况，乃至企业的利润都依赖于寡头市场中每个竞争对手的价格决策、生产决策、扩张决策等。相互依存和战略行为的结果，使决策复杂而不确定。当每个企业都在努力预测其他企业的决策时，经理们必须学会战略地思考，以便能做出最好的决策。

也许你在想，“是的，相互依存使决策复杂烦乱。作为经理，我应该在这种情形下怎样做呢？我该如何做出决策策略？”我们不能给出一套遵循的规则。决策策略的艺术是从经验中学习。

然而，我们能够介绍给你一种决策策略的思考工具：博弈论。**博弈论**（game theory）提供一个在相互依存情况下如何进行战略决策的指导工具。这个理论大概是 50 多年前，为战略决策提供一个系统方法而发展起来的。在过去 20 年里，它日益成为经济学家分析寡头行为的重要工具，对管理者进行商业决策也变得日益有用。不幸的是，学习博弈论的原理并不能保证你总能胜过对手，或者利润更大。在商业决策的现实世界，竞争对手的管理者也会试图预测你的行动，并且对抗你的决策策略的战略思考者。并且在战略思考者做出最后的决策时，很多无法预计的，甚至是不知道的因素，经常都同样重要，这使胜出的确定性更小。博弈论只能为你提供一些像寡头经理们所面对的战略决策情形下通用的理论或者指导。

你可能认为“博弈”一词是指有趣行为或者娱乐，但是经理们不一定会发现寡头战略博弈很有趣。对博弈理论者——研究战略行为的经济学家——而言，**博弈**（game）是为了个体利益最大化，而不是群体利益最大化情形下的决策。在寡头博弈里，博弈的参与者是寡头企业的经理们。寡头博弈的收益是单个企业的利润。

在本节，我们将通过说明一些基本的决策策略原理为你说明战略思考，这些原理能帮助你在经理们通常面对的价格、产量、广告投入、产品样式、质量等同步决策中的某种战略情形下，做出更好的决策。在寡头市场，当经理们必须在无法知道竞争对手的决策情况下，做出自己的决策时，**同步决策博弈**（simultaneous decision game）发生。当经理们与竞争对手完全同时决策，而又互不知道对方决策的情形下出现同步决策。然而，决策不必为了“同步”而同时做出，只是经理们在做自己的决策时不知道竞争对手的决策而已。如果你在做自己的决策之前得知竞争对手的选择，那么你是在做我们将在本章下一节讨论的顺序决策博弈。

正如你所怀疑的，在不知道竞争对手所作决策的情况下做出自己的决策，是经理们面对的一个相当普遍却恼人的事。比如，因为要赶在出版商的截止期限前，两个相互竞争的服装零售商必须在 7 月 1 日星期五做出是否要在当地报纸上做昂贵的整版广告的决定，以便让买主注意到从 7 月 4 日星期一开始的降价。两家的经理都宁愿省下昂贵的广告费用，因为他们知道买主期望两家店都会有节假日的降价，即使两家店都没有做广告，人们也会在 7 月 4 日在两家店购物。

除非他们告诉对方，或者报社有人透漏消息给他们，两家的经理在做出同步决策很长的时间内，直到星期一早上，都不会知道对方是否做了广告。就像我们上面提到的，在不知竞争对手下一步的行动的情形下做决策，是经理们经常面临的情况。本章开头描述的战略决策都可以是同步决策博弈。

为介绍寡头博弈的概念，我们先从经济博弈的原型开始，它根本不涉及寡头行为，这个广为人知并且被广泛研究的同步决策博弈，有许多寡头决策的基本元素。这个博弈就是“囚徒困境”。

◇专栏 13-1

博弈论如何应用在商业决策中

“博弈论很热，它能被用来分析每一件事情，从棒球比赛到 FCC 竞价拍卖。”这是《华尔街日报》一篇文章“让博弈论进入实践”的开头，作者是 F. 威廉 · 伯纳特。[⊖]

伯纳特指出，博弈论帮助管理者注重竞争者、消费者和供应商的反应，并侧重如何通过影响他们的选择，即短期行为来提升长期利益。描述完我们前文也讲过的价格困境后，他指出一

⊖ F. William Barnett, “Making Game Theory Work in Practice,” *The Wall Street Journal*, Feb.13, 1995。

种均衡，就如我们所说的表 13-1 中 D 栏结果，对所有参与者都是缺乏吸引力的。

有一些前提条件：考查的数目，集中程度，以及参与者的规模分布。例如，有四个以下参与者的行业最有潜力用博弈论，因为首先每个竞争者都是足够大的，他们从整个行业状况改善中获利，要比牺牲他人提升自己的获利大得多（把蛋糕做大而非在小蛋糕占有更多份额）。其次，竞争者少时，各种不同的行动与反应组合，容易被想清楚。

看一看你的市场份额战略吧，小公司比大公司有优势，后者更关心全面状况。伯纳特举例说明 KiWi 航空公司，占有很小市场份额，能将纽约至亚特兰大的机票降至 7.5 折，而不会招致 Delta 和 Continetal 的反应。同时他也指出，大公司有规模经济和范围经济，如频繁飞行，这些小公司是无法企及的。

认清购买决策的性质，例如，全行业内每年只有几桩生意，那很难避免激烈的竞争，仔细了解你对手的收益成本结构，对那些固定成本比例偏高的企业，相比那些变动成本较大的企业，它们会不遗余力地竞争。

检验企业的相似性。当竞争者有相似的成本和收益结构，他们也会采取相似的行动。挑战在于找出占有最大市场份额的价格，然后运用非价格竞争——分配和服务，进行竞争。最后分析需求性质。在需求较为稳定或稳定增长的市场中，创造价值的最好机会是最温和的战略。

伯纳特先生总结道："有时博弈论能把整个蛋糕做大。但那些对他们行业缺乏基本了解的人，博弈论永远只是理论。"如我们前文所说，从经验中学战略决策是最好的学习。

13.1.1 囚徒困境

下面这个故事很好地解释了这个名词。假设像盗窃汽车这样重案的两个嫌疑犯，比尔和简，被警察局逮捕，并进行审讯。嫌疑人知道警察缺乏足够证据，无法指控他们有罪，除非他们中的一个招供。如果他们都不招供，警察只能给他们一个轻的判决——也许是破坏罪。于是，警察将两人隔离，并同时给予两人下列条件（他们知道彼此处境相同），即如果其中一个招供并说出证据，他将被判 1 年刑，而另一人被判 12 年；如果两人同时招供，他们都被判 6 年；若谁都不招供，他们将同时被判 2 年。这样，每个囚徒就面临 1 年、2 年、6 年、12 年四种情况，取决于对方的选择。

表 13-1 是表示四种可能性的**收益矩阵**（payoff table）。收益矩阵表是每种参与者可能做出决策的组合表，表明在每种决策组合下，每个参与者得到的结果或收益。表 13-1 四个单元格里的每个格都代表四种比尔和简可能行动组合中的一种结果。比如，收益矩阵中格 A 和 D 分别表示比尔和简都不招供和都招供的收益，格 B 和 C 表示一个招供而另一个不招供的结果。在每个格里，两个嫌疑犯每个被判的年限以一对用逗号分割的数字表示。第一个以黑体显示的数字是简被判的时间，另一个是比尔的被判年限。[⊖]两个人都知道收益矩阵，而且也知道对方知道收益矩阵。在决定同步决策博弈的结果时，这种收益矩阵**共识**（common knowledge）起到很关键的作用。因为嫌疑犯是同步决策，所以他们不知道对方做了什么决策。

表 13-1 囚徒困境：上策均衡

		比尔	
		不招供	招供
简	不招供	A **2年**，2年	B **12年**，1年
	招供	C **1年**，12年	D **6年**，6年

⊖ 本章我们始终遵循以**行博弈者收益**（payoff to row player）及列博弈者收益的形式列出收益矩阵每格收益的惯例。

警察设计出导致比尔和简都招供的情景，他们会在 D 格结束。为了说明，假设你是比尔，你知道简会在招供和不招供当中抉择。如果简不招供，比尔会因为招供而得到轻一点的判决。如果简招供，比尔仍然可以通过招供得到比 12 年轻的 6 年刑期。因此对比尔而言，招供总能得到比不招供更好的结果——无论简如何做，比尔都能得到更轻的宣判。比尔唯一理性的做法就是招供。警察当然希望比尔理性思考，所以当他招供时，他们并不吃惊。并且他们出于同样的原因期望简也招供：无论简怎样预期比尔的行动，招供对简而言都是最好的选择。所以可能比尔和简都招供，都被判 6 年。

囚徒困境说明了一种用上策的概念预测战略博弈结果的方法。在博弈论里，**上策**（dominant strategy）是无论对手做何种决策都能获得更好结果的战略。在囚徒困境里，招供是每个嫌疑犯的上策。自然地，理性决策者应该通常采用上策。这样引出下面的战略决策原理：

原 理

无论对手做何种决策，自己都能获得更好结果的策略是上策，一个理性的决策者总会选择采用上策，并且预计如果对方有上策，也会采用上策。

有时在收益矩阵中寻找上策很难，尤其是较大的收益矩阵。一种有用的找到上策的简单方法是用表 13-1 的收益矩阵。让我们从简开始：对每列而言（即比尔可能做的每个决策）找到自己能做的更好的决策，并且用铅笔在那个格里写上“*J*”。按照这个办法，你在格 C 和格 D 上写了两个“*J*”。比尔也按照同样的程序：对每行而言（即简可能做的每个决策）找到自己能做的更好的决策，并且用铅笔在那个格里写上“*B*”。按照这个办法，你在格 C 和格 D 上写了两个“*B*”。因为所有的“*J*”都在一行里，所以招供就是简的上策。类似地，比尔的上策也是招供，因为所有的“*B*”在一列里。

就像现在你能看到的，一旦上策找到，很容易预测当双方都有上策时的博弈结果。博弈理论家称这样的结果为**上策均衡**（dominant-strategy equilibrium）。当双方都有优势战略时，博弈结果可以高置信度地被预测出来。上策均衡的内在动力是所有决策者都有上策（并且知道上策），经理们能够很有把握地预测竞争对手的行动的事实。囚徒困境的一个重要的特点有助于理解寡头博弈的结果，是由于有欺诈的动力而不太可能实现合作。为了说明这点，在他们实施犯罪之前，比尔和简约定都不招供。让我们再一次设身处地，比尔考虑简会遵守诺言不招供，他有动机违背诺言，因为这样他可以一年而不是两年才出狱。如果你认为比尔不会信任简，那么假设比尔预计简会招供。当他预计简会违背诺言招供时，他的最好的决策也是违背诺言而招供。如果没有什么手段使他们遵守诺言不招供，比尔和简都可能违背诺言招供。

尽管两个嫌疑犯都选择无论对方做何种选择对自己更有利的上策，他们都会以格 D 结束，都不如他们合作不招供。这个矛盾的结果使囚徒的困境在经济学里被研究最多，因为它反映了寡头市场合作的困难本质。我们现在总结囚徒困境的实质。

关 系

当所有竞争对手都拥有上策，并且是上策均衡，且都不如合作决策结果好时，囚徒困境产生。

我们将在本章的后面部分，介绍管理者面对囚徒困境时可能会达成合作的结果，那时，不是只有一个决策机会，而是他们未来将多次重复决策，我们将在第 13.3 节中更深入地讨论重复决策的“合作”和“欺骗”。此前，我们将继续讨论管理者只有唯一机会做决策。

与囚徒困境博弈相比，大多数战略情况没有上策均衡。我们现在讨论当一些或者全部企业都没有上策时，寡头经理们如何做同步决策的其他方法。

13.1.2 单方上策决策

在囚徒困境情形下，所有企业都有上策，并且经理们会采用他们上策的理性决策，即便这样的结果，不如企业在做决策时合作。如果只有一家企业有上策，竞争对手的经理们知道那家企业会采用上策。知道竞争对手的决策，也就可以告诉你该如何做。我们用下面的例子说明知道竞争对手将采取的行动的价值。

比萨城堡和比萨宫殿几乎并排位于一所大学的街对面。由于城堡和宫殿的产品几乎完全一样，它们主要的竞争手段就是价格。为了简单起见，假设每家比萨店都只能在两个价格中选取一个作为比萨的价格：10 美元的高价和 6 美元的低价。显而易见，每家的利润都依赖对方的价格。你会再一次看到寡头竞争的相互依存。

表 13-2 表示城堡和宫殿的收益矩阵。如果都定价 10 美元，每家都有如表中格 A 显示的 1 000 美元的周利润。如果都降价到 6 美元，销量增加一些，双方都会维持自己的市场份额；并且由于低价，每家的利润如格 D 显示，降到 400 美元。然而如果任一家降价到 6 美元，而另一家维持高价 10 美元，低价的企业会抢走对方大部分生意。对比格 *B* 和 *C* 显示，当城堡定价高于宫殿时，城堡的损失小于宫殿价格高于城堡时宫殿的损失：当城堡价格高于宫殿时，城堡的周利润是 500 美元，而宫殿价格高于城堡时，宫殿的周利润只有 300 美元。造成这种差异的原因是城堡采用，而宫殿不用的战略，每当价格高于对方，就提供免费的软饮料。

表 13-2 比萨定价：单方上策

		宫殿的价格	
		高 (10美元)	低 (6美元)
城堡的价格	高 (10美元)	A 1 000美元，1 000美元	B 500美元，1 200美元
	低 (6美元)	C 1 200美元，300美元	D 400美元，400美元

如你能从表 13-2 中得出的，城堡没有上策。然而，城堡的经理（宫殿的经理也是）看到宫殿有上策：6 美元低价。知道宫殿的经理会理性地选择定价在 6 美元，城堡的经理可能会决定定高价 10 美元（没有免费软饮料）。这样，格 *B* 是同步博弈决策的结果。我们建立另一个同步决策的原理。

原 理

当一个企业没有上策，但是至少竞争对手里有一个有上策，企业的经理能有把握地预测竞争对手会采用他们的上策。那么，知道有上策的竞争对手很可能采取的行动，经理也就可以选择对自己更有利的战略。

13.1.3 连续排除下策

当决定在同步决策情形下如何决策时，经理们应该排除对**下策**（dominated strategy）的考虑：因为至少有一个别的更好的战略，无论竞争对手做出何种决策都可以提供更高的收益。用排除下策决策的战略是要求经理们排除所有的下策：那些能在第一轮寻找中就被鉴别出来和在以后筛选中显示的下策。**连续排除下策**（successive elimination of dominated strategy）是反复的决策过程，经理们在第一轮排除最初的收益矩阵中的下策。第一轮排除产生了新的收益矩阵，简化的收益矩阵，有更少的决策供经理考虑。然后，在第一轮剩下的战略中，又可以用同样的方式再排除，建立新的可供考虑的新简化收益矩阵。这样的过程一直持续到最终收益矩阵中没有下策存在。

我们以城堡和宫殿面临的复杂一些的比萨价格问题来说明排除的程序。考虑新的更大的收益矩阵（见表 13-3），城堡和宫殿的经理们可以选择将比萨定价为：高 10 美元，中 8 美元，低 6 美元。在初始的收益矩阵表 13-3 的 A，城堡和宫殿都没有上策。然而，两家的经理们都有不会选择的下策。宫殿永远也不会选择高价，因为无论它认为城堡怎样定价，高价对宫殿都不是好的选择。类似地，城堡永远不会选择中间价。两个下策，宫殿的高价和城堡的中间价，应该从初始收益矩阵 A 中去掉。⊖

表 13-3 比萨定价：连续排除下策

a) 初始收益矩阵

城堡的价格 \ 宫殿的价格	高 (10美元)	中 (8美元)	低 (6美元)
高 (10美元)	A 1 000美元，1 000美元	B 900美元，1 100美元	C 500美元，1 200美元
中 (8美元)	D 1 100美元，400美元	E 800美元，800美元	F 450美元，500美元
低 (6美元)	G 1 200美元，300美元	H 500美元，350美元	I 400美元，400美元

每周的利润收益（以美元计）

b) 简化收益矩阵

城堡的价格 \ 宫殿的价格	中 (8美元)	低 (6美元)
高 (10美元)	B 900美元，1 100美元	C 500美元，1 200美元
低 (6美元)	H 500美元，350美元	I 400美元，400美元

c) 唯一解

城堡的价格 \ 宫殿的价格	低 (6美元)
高 (10美元)	C 500美元，1 200美元

在经理们去掉两个下策之后，表 13-6b 中所示的简化的收益矩阵有两行两列。在排除下策之后，两个企业都有上策，城堡的上策是高价，而宫殿的上策是低价。两个比萨企业都想采用它们最新发现的上策，它们会停留在格 C 上，城堡每周赚 500 美元利润，宫殿每周赚 1 200 美元。格 C 也可以通过进行第二轮排除找到。在 B 里，城堡的低价和宫殿的中间价都是下策，都会在再度简化时排除，得到 C 中的唯一方案。

我们希望能够告诉你，每次应用连续排除下策时，你将会发现一对上策。然而，我们能够告诉你的是排除下策通常可以简化决策问题，即便无法完全像城堡和宫殿问题那样得到彻底解决。我们总结这些讨论如下。

原 理

在没有上策均衡的同步决策中，经理们可以通过排除所有可能存在的下策来简化决策，重复排除过程，直到没有下策。

⊖ 我们前面讨论的寻找上策的方法，即在每种对手的可能决策情况下，在博弈者的最好决策旁画记号，这种方法也可能找到下策。对位于收益矩阵行上的博弈者而言（称其为 Rowe），如果有一行没有 R 的标记，那么这行就是下策。类似地，在收益矩阵列上的博弈者（称其为 Collum），如果一列没有 C 的标记，那么这列就是下策。

当某战略优势存在时，无论是上策还是下策，它为经理们提供了同步决策的有力工具。敏锐的战略决策经理通常首先寻找上策，如果没发现上策，就接着寻找下策。不幸的是同步决策常常没有为经理们提供上策和下策。在缺少任何形式的战略优势的情况下，经理们必须用一种不同的，但相关的概念来指导同步决策，这个概念就是纳什均衡。有时，但也并不是总是可以指导经理们做同步决策。

13.1.4 纳什均衡：相互做最好决策

当无法通过清晰有利的战略优势规则制定同步决策时，决策者必须找到其他方法来做出战略决策。我们现在要讨论一种经常被博弈理论家用来解释在同步决策时，决策者如何做出最好的决策的方法。这种解决同步决策的方法被称为纳什均衡，纳什均衡取名于 20 世纪 40 年代首先提出这种方法的博弈论家约翰 F. 纳什（John F. Nash），他毕生的事业成为电影《美丽心灵》的素材。

纳什均衡用来指导经理们的基本思想是，在经理们确信竞争对手的行动时，他们会选择使自己收益最高的战略。为了达到这一点，经理们必须正确预计竞争对手的行为。除非经理们正确预计了竞争对手的行为，否则，他们将做出错误的决策。所以，经理们只有确信他们正确预计了竞争对手的行为时，他们才会相信他们做出了对自己最有利的决策。那么，经理们如何正确预计竞争对手的行为，以便他们可以选择应对竞争对手的最好的决策？

就像我们刚才提到的，每个竞争对手都在试图正确地完成同样的事：在确信它的所有竞争对手的行动后，做出对自己最有利的决策。为了达到这样的结果，他们必须相信他们正确预计了彼此的行动；否则他们不会相信自己在做对自己最有利的决策。然而，战略思考的经理们不会满意他们的正确预测，除非预计的每个竞争对手的行动都是那个竞争对手的最好的决策，是建立在其预计的竞争对手将要采取的行动的基础上的。这一讨论建立了如下的关系。

关 系

为了所有在寡头市场中的企业正确预测彼此的决策，全部企业必须在给定他们预计竞争对手的行动时，独自选择最好的行动。同样地，竞争对手的预计也是他们认为正确的预计。

随之而来，敏锐的战略经理们将会从收益矩阵相互寻找最好决策：在收益矩阵中的格子里，所有的经理们在确信其他经理们的行动后，做出他们能够做出的最好决定。战略思考者意识到，只有相互最好的决策，才能够导致对竞争对手决策的相互正确的预计，这确保了所做的决策是实际上能做的最好决策。这是**纳什均衡**（Nash equilibrium）微妙而复杂的本质，我们正式定义其为所有经理在竞争对手选择他们行动的情况下，选择自己最好的行动的一系列的行动或决策。收益矩阵中可能包含多于一个的纳什均衡，有些则没有。就像你马上就会看到的，纳什均衡的概念在收益矩阵只有一个纳什均衡时才有帮助。

纳什均衡允许所有的经理们给定其他经理们的最好决策时，为自己做最好的决策，我们必须强调经理们在选择一系列纳什行动时，并没有合作。他们选择纳什决策的原因并不是他们想互相帮助，以做得最好，只是因为他们知道，除非他们正确地预计了竞争对手的决策，否则他们不可能做出最好的决策，并且就像上面我们解释的，除非经理们正确预计竞争对手的下一步做法，否则他们不可能单独做出对他们最有利的决策。

我们期望你非常了解如何解释每个与纳什均衡格结合的决策或行动。在纳什均衡格里，经理们把自己的决策看成他们应该采取的行动，以达到对自己最有利的结果，这种结果建立在他们相信或者预期对方要达到的最有利的结果的基础上。因为竞争对手的行动还没实施，这些行动必须被看成经理相信、期望、预计或者期望他们采取的行动。“相信”、“期望”、“预计”和“期望他们”这些词都反映了同步决策的根本问题：经理们无法提前知道竞争对手实际会采取什么行动。而这种纳什均衡格决策的解释像我们早些提到的那样，是很微妙的，你需要在本章剩下的篇幅里提醒自己这种解释。

由于所有纳什均衡里的决策都是相互最好决策，没有一个公司能够独自找到一个不同的，能更多受益的决策。纳什均衡的这种特点或条件，被称为**战略稳定性**（strategic stability），它为战略决策者很可能以纳什均衡决策对作为决策提供了根本理由。如果他们不选择纳什均衡的决策，那么至少有一个经理能够选择一种不同的行动，而且不改变其他经理们的行动，并且比现在更好。当一个企业单方面的决策变化能够使那个企业更好，战略思考的经理们就不能理性地相信或者预计会采纳纳什均衡格。比如在两方的博弈中，只有一对纳什均衡，对双方而言有战略意义。正如你现在认识的，战略上敏锐的经理们可能采用纳什决策的原因是一系列微妙的推理。我们现在可以总结选择纳什均衡系列行动成下面原理。

 **原 理**

纳什决策可能被选择的原因是纳什系列决策是相互的、最好的、拥有战略稳定性的决策。没有企业仅仅改变自己的决策就可以更好。非纳什均衡不可能被选择的原因是至少有一个企业可以仅仅改变自己的行为就会更好。

尽管战略稳定性为选择纳什均衡决策提供了驱动因素，但现实中，达到纳什均衡可能困难，而且不确定。在很多战略决策收益矩阵里，可能有两个或者更多的相互最好的格。[⊖]总之，很难预计决策者如何从多个纳什均衡里选择一个，我们无法给你指导，给你任何规律，以便从多个互相最好的决策中选择最好决策。我们必须再一次强调，在很多战略决策情形里，博弈论无法告诉你怎样做出最好的决策。并且，即使博弈论能够提供给你如何做出最好决策的规律，这些规律也只告诉你，假设你的竞争对手像你一样看待收益矩阵，一样战略地思考时的最好决策。实际决策结果可能，并且经常与互利最好决策不同。因为经理们计算收益不同，或者他们并不确切知道收益矩阵中各自是多少。当然也可能一个或者更多的决策者没有认识到微妙的纳什决策的战略逻辑。不幸的是，我们没法向你保证每个做战略决策的管理者都读了并且理解这一章，战略失误就会发生。

13.1.5 纳什均衡的一个案例：超级保龄球广告

为了说明纳什均衡结果的相互最好的性质，我们现在考虑可口可乐和百事为即将到来的超级保龄球比赛的广告决策。正如你能够从表 13-4 的收益矩阵中看到的，可口可乐公司找到了一个比百事的更有效的广告代理：在每个格里，可口可乐得的收益都比百事的大。超级保龄球广告对销售和利润的影响持续 6 个月，所以表 13-4 的收益反映了自从一月开始的保龄球比赛的前半年的利润（单位是 100 万美元）。

表 13-4 超级保龄球广告：单一纳什均衡

		百事的预算：低	百事的预算：中	百事的预算：高
可口可乐的预算	低	A 60美元，45美元	B 57.5美元，50美元	C 45美元，35美元
	中	D 50美元，35美元	E 65美元，30美元	F 30美元，25美元
	高	G 45美元，10美元	H 60美元，20美元	I 50美元，40美元

半年利润的收益（以100万美元计）

⊖ 博弈论专家已经证明在相当普遍的情形下，用修改后的均衡概念，所有的同步决策博弈都有至少一个纳什策略均衡。这些情形的特点和纳什均衡的延伸定义，要求比我们所希望这种介绍性的策略决策有更深入的讨论。

即使有了很好的广告代理，可口可乐公司却没有上策：如果百事选择低预算，可口可乐的最好选择是低预算；如果百事选择高预算，可口可乐的最好选择是高预算。同时也要注意到，每个可口可乐的最好预算行动都各有一个百事的最好行动对应，所以可口可乐也没有任何下策。

在收益矩阵中横向看，你能确认当可口可乐在超级保龄球广告中选择低、中和高的预算时，百事对应于可口可乐的最好的行动是中、低和高。因为百事没有无论可口可乐怎样做都最优的行动，所以百事也没有上策。并且因为每个百事的三个预算选择都会成为可口可乐能够做得最好的行动之一，百事和可口可乐一样也没有下策。这样百事和可口可乐既没有上策也没有下策。

在检验了表 13-4 收益矩阵中的每个单元格之后，你能确认唯一的纳什均衡对行动是格 I（高、高），可口可乐半年的利润是 5 000 万美元，百事是 4 000 万美元。[⊖]即使这是百事和可口可乐的相互最好的决策，这唯一的纳什均衡并没给可口可乐和百事可能的最高收益。它们可以通过在广告决策中合作，达到比纳什均衡更好的结果。在表 13-4 中，你能看到可口可乐和百事可以通过同意在超级保龄球赛中选择低广告预算获得更好的收益。在格 A（低、低）中，可口可乐半年的利润是 6 000 万美元和百事的是 4 500 万美元，每个公司都比纳什均衡结果好。

为什么可口可乐和百事不选择格 A，达成合作而增加各自的利润呢？你可以考虑纳什均衡战略稳定性来很有把握地回答这个问题。在格 A，可口可乐或百事在除了纳什均衡格（高、高）之外的其他所有格，或者在一些格，即使对方不改变广告水平，两个公司都会因为自己改变广告水平而增加利润。在格 A（低、低），两家的经理都知道，如果可口可乐决定用低预算，百事能够独自把广告预算增加到中等而增加它的利润。所以如果百事相信可口可乐将要选择低预算，那么，可口可乐相信百事会选择低预算是很愚蠢的。

就像我们早些解释的，没有经理能够相信关于竞争对手决策的估计是正确的，除非预计的行动是竞争对手认为给定它的竞争对手的行动中最好的决策。双方经理都正确期望对方的行动，才会有相互最好的决策。相互最好决策也会是相互正确的或者可信的决策，相互正确的或者可信的决策也会是相互最好决策。

纳什均衡对决策的战略稳定性，足以驱使其作为经理们面临同步决策的一种预计手段。博弈理论家期望当收益矩阵中只有一个纳什格时，大多数经理们会选择纳什决策格。当收益矩阵中包含多于一个纳什均衡格，总而言之无法预计。

原 理

当经理们面临只有一个纳什均衡决策的同步决策情形时，可以期望竞争对手会做纳什均衡决策。如果有多个纳什均衡，通常没有办法预计可能的结果。

在结束我们关于纳什均衡的讨论之前，我们需要解释上策均衡和纳什均衡。在上策均衡里，无论竞争对手如何选择，企业都会选择的最好决策。在纳什均衡里，两个企业都是在给定他们相信竞争对手将要做的选择的情况下，做出自己的最好选择。因为经理们相信竞争对手有上策而选择上策，上策均衡也是一个纳什均衡：经理们相信竞争对手会选择上策。所以所有的上策均衡都是纳什均衡，但是均衡可以并且经常在没有上策或下策时发生，就像我们刚才介绍的超级保龄球比赛广告博弈那样。你现在能够通过证明，（招供、招供）是两个嫌疑人在推断另一个将要采取的行动后做的最好的决策，来说明在囚徒困境中的上策，即表 13-1 中的格 D 也是纳什均衡。

⊖ 我们前面讨论过通过标记各自最好决策，从而找到上策和下策，也是发现纳什均衡对的方法。从表 13-4 的每列找到可口可乐的最好决策，用铅笔在那个里写上 *C*。从每一行中找到百事的最好决策，用铅笔在那个里写上 *P*。按照这个程序，在表 13-4 中找到 *C* 的格是 *A*，E 和 I、*P* 的格是 B、D 和 I。像格 I 这样，包含 *C* 和 *P* 内的，是纳什均衡。

关系

所有的上策均衡都是纳什均衡，但纳什均衡可以在没有上策或下策时发生。

◇专栏 13-2

纳什先生去好莱坞

好莱坞有麻烦了，真正的大麻烦。太多的电影明星进入了令电影制造商厌恶的精英俱乐部。被一些制片商称为“2 500 万美元片酬俱乐部”的讨厌的俱乐部，2000 年还只有两个成员：Mel Gibson 和 Adam Sandler。最近付给 Gibson 和 Sandler 破纪录的 2 500 万美元单部影片片酬的哥伦比亚制片和新干线电影，希望他们保密，因为一旦其他的制片商和演员得知此事，更多的演员会要求并参加该俱乐部。顶级明星的片酬新纪录使好莱坞利润急剧下降。根据市场分析，导致动作电影行业利润下降的主要原因是飙升的制造成本；演员的片酬占据制造成本的一大块。迪士尼的主席 Joe Roth 担心缺少对片酬的合作控制，会让整个电影行业一团糟，每个大明星都会争取 2 500 万美元片酬。更令人担忧的是，片酬 3 000 万美元的俱乐部很快就会出现，开始新一轮追逐。

你可能会奇怪，为什么最大的四五家电影制造商不合作控制演员的片酬。毕竟，如果所有制片商都同意每部影片给顶级明星的片酬不超过 2 000 万美元，电影制造商不用担心大明星会拒绝 2 000 万美元的片酬。那么，为什么好莱坞的制片商要竞相提高片酬呢?

我们可以应用囚徒困境的概念来说明制片商的片酬决策，片酬 2 000 万美元是保持现状，2 500 万美元是提高片酬。为了简化问题，我们假设在好莱坞只有哥伦比亚制片和新干线电影两家制片商。两家公司竞相雇用大牌明星以保证巨额利润。假设好莱坞只有六个这样的大牌明星。每个制片商今年都要出六部电影，每部电影都会用一个顶级明星，付 2 000 万美元还是 2 500 万美元，取决于每家制片商的决策。另外假设制片商一旦拍摄出影片，就能在当年赚取影院和电视收益。哥伦比亚制片和新干线电影在自己决策时，不知道对方的决策，所以这是同步决策。

下面的收益矩阵表明了每家公司在各种情况下的收益。在格 A，两家公司都坚持 2 000 万美元片酬的上限，均分六个明星：哥伦比亚制片和新干线电影各有三个。它们并不希望合作分享六个明星，只期望当付出同样片酬时，有同样的市场份额。保持低成本和平分六个顶级明星，每家制片厂都可以通过今年的六部电影赚取 1 亿美元的利润。在格 D，制片商都决定提高片酬到 2 500 万美元，期望平分大牌明星。每家每年的利润只有 8 500 万美元，因为制造成本多了 1 500 万美元（=3×500 万）。

		新干线电影	
		保持片酬不变 (2 000万美元)	提高片酬 (2 500万美元)
哥伦比亚制片	保持片酬不变 (2 000万美元)	A 1亿美元，1亿美元	B 5 000万美元，1.5亿美元
	提高片酬 (2 500万美元)	C 1.5亿美元，500万美元	D 850万美元，850万美元

每年利润的收益（以百万美元计）

格 B 和 C 说明当有一家保持片酬不变，而另一家提高片酬。提高片酬的制片商期望吸引所有六个顶级明星，而保持片酬不变的制片商雇不到六个顶级明星，只好雇用不能产生那么多利润的演员。格 B 和 C 反映了一家制片商得到全部六个顶级明星的优势（1.5 亿美元的年利润）和另一家雇不到大牌明星的劣势（年利润 5 000 万美元）。

就像我们在囚徒困境博弈中讨论的那样，哥伦比亚制片和新干线电影都有上策：提高片酬。

上策均衡在格D，它同时是稳定的，也是这个博弈的唯一的纳什均衡。当两家公司都选择它们的上策格D，它们都不如格A的选择，保持片酬。然而格A不是稳定的，因为如果相信对方会保持片酬，两家公司都能单方面通过提高片酬增加利润。并且，就像我们在本章中一直强调的，理性的决策者不会相信竞争对手不会做对他们自己最有利的行动。因为在格A，两家公司都没有做出在给定期望对方的选择后对自己最有利的选择，格A不会被理性的决策者选择。

好莱坞选择片酬的囚徒困境模型，为从其他角度看来不理性的行为提供了一个很有说服力的解释：制片商因为增加制造成本而有所损失，但是，它们仍然提高顶级明星的片酬。我们不能确定这个传言的真实性，我们已经得知可靠消息，好莱坞秘密炮制的片酬最高的明星是“向纳什欢呼”。但也听到电影制片厂有与这个稍微不同的呼声。

资料来源：This Illustration is based on Tom King, “Hollywood Raises Salaries Past the $20-Million Mark,” *The Wall Street Journal*, Jan.7, 2000。

13.1.6 最优反应曲线和连续决策选择

到目前为止，我们假设经理们只面临两个或三个不连续的决策选择，每个都以收益矩阵中的一行或一列表示。在很多决策里，行动或战略是连续的。(回忆在第4章，我们关于连续和不连续决策变量的讨论。) 当经理们做价格决策时，他们很少把价格看成低或者高。实际上他们从一个连续的价格序列选取。经济学家开发了一个称为最优反应曲线的工具，来分析解释当决策是连续时的同步决策。企业的**最优反应曲线**（best-response curve）表明建立在其期望竞争对手将要采取的行动上的最好的决策 (通常是利润最大的)。

尽管我们能选择产量、广告、产品质量或者其他非价格竞争，为了说明最好反应曲线的概念，我们用两个寡头航空公司价格竞争的例子。Arrow航空公司和Bravo航空公司，是仅有的提供从内布拉斯加的林肯到科罗拉多的科罗拉多泉城客运的航空公司。Arrow和Bravo的经理们正打算制定即将到来的四天圣诞节期间，旅行高峰的往返客运机票价格。当制定价格时，谁都不知道对方的定价，所以这是个同步决策。

因为Arrow有更新更舒适的喷气机，而使两家的产品存在差异。两家航空公司经理都知道下面的需求函数 (航线需求是共识)：

$$Q_A = 4\,000 - 25P_A + 12P_B$$

$$Q_B = 3\,000 - 20P_B + 10P_A$$

式中，Q_A和Q_B是往返票的总销量，P_A和P_B是所定价格。

经理们在圣诞节几个月前制定价格决策，而价格一旦确定，就不能改变，这样，在价格决策时，所有圣诞节期间的成本都是可变成本。为了简化问题，我们假设对航空公司而言，长期成本是不变的 (以便边际成本和平均成本相等)，即使我们知道航空公司并没有真正的成本不变。[⊖]因为Arrow用新的更省燃油的飞机，Arrow的成本比Bravo低：

$$LAC_A = LMC_A = 160\text{ 美元}$$

$$LAC_B = LMC_B = 180\text{ 美元}$$

*A*的往返客运平均成本是160美元，也是它的往返客运边际成本。Bravo的机型老，往返客运平均和边际成本是180美元。

为了帮助做出同步价格决策，每家航空公司都需要知道在预计竞争对手的定价后，做出自己最好的决策。为了更好地解释做同步价格决策时的相互依存，两家公司的经理都需要知道自己

⊖ 多运送一名乘客额外要求增加极少的燃油和其他事项，所以边际成本大大低于平均成本；实际上，坐在空位子上的乘客的边际成本为零。因为*LMC*小于*LAC*，航空公司的长期平均成本随着乘客数量增加而减少。在这个航空公司的例子中，让平均成本减少会更实际，但只会使图形分析更加复杂，却对你理解反应曲线没有任何益处。

和对方的最优反应曲线。为了描绘最优反应曲线，两家公司的经理必须知道自己的和对方的需求和成本情况。现在我们将向你展示 Arrow 如何描绘它的最优反应曲线，在本例中是一条直线。

假设 Arrow 相信 Bravo 会把价格定在 100 美元。Arrow 的需求通过 100 美元代入 Bravo 的价格得到需求函数（航线需求是共识）：

$$Q_A = 4\,000 - 25P_A + 12 \times 100 = 5\,200 - 25P_A$$

按照第 12 章（第 12.6 节）提出的步骤，Arrow 的经理能够导出 Arrow 的反需求和边际收益函数：

$$P_A = 208 - 0.04Q_A$$

$$MR_A = 208 - 0.08Q_A$$

然后令 $MR_A = LAC_A$，当 Bravo 的定价是 100 美元，Arrow 发现销量是 600 时，利润最大。

$$208 - 0.08\,Q_A = 160$$

$$Q_A^* = 600$$

当 Arrow 认为 Bravo 定价 100 美元时，Arrow 的最好价格是通过将 $Q_A^* = 600$ 带入反需求函数得到价格是 184 美元（$=208 - 0.04 \times 600$）。

当 Bravo 定价 100 美元时，找到 Arrow 的最好价格，位于 Arrow 航空公司最优反应曲线上仅仅一个点，如图 13-1b 的一点（点 *R*）。重复所有 Bravo 可能的定价，Arrow 可以描绘出完整的最优反应曲线。对于任何 Bravo 可能的定价，Arrow 的最优反应曲线，在图 13-1b 的 BR_A，给出了 Arrow 利润最大化的定价。

你很可能会关心，描绘最优反应曲线要求那么多计算，如图 13-1a，一定要重复每个 Bravo 的定价。然而，最优反应曲线，当需求和边际成本曲线都是直线时，就像这个例子，相当容易描绘，因为最优反应曲线也是直线。[⊖] Arrow 的经理只需要找到两个 Bravo 定价时的最好价格，过这两点的直线就是 Arrow 的全部最优反应曲线。

为了加以说明，假设现在 Arrow 期望 Bravo 的定价是 200 美元，你自己可以证明最好反应是定价 208 美元。在图 13-1b 中画出点 *S*，穿过点 *R* 和 *S* 的直线就是 Arrow 的最优反应曲线 BR_A。

图 13-2 是 Arrow 和 Bravo 的最优反应曲线。两家航空公司的经理都会在最优反应曲线的交点处定价，因为交点是相互最好价格。在 *N* 点，如果 Bravo 定价在 218 美元，Arrow 的价格 212 美元会使其利润最大。若 Arrow 定价 212 美元，Bravo 定价 218 美元会使其利润最大。在 *N* 点没有一个航空公司

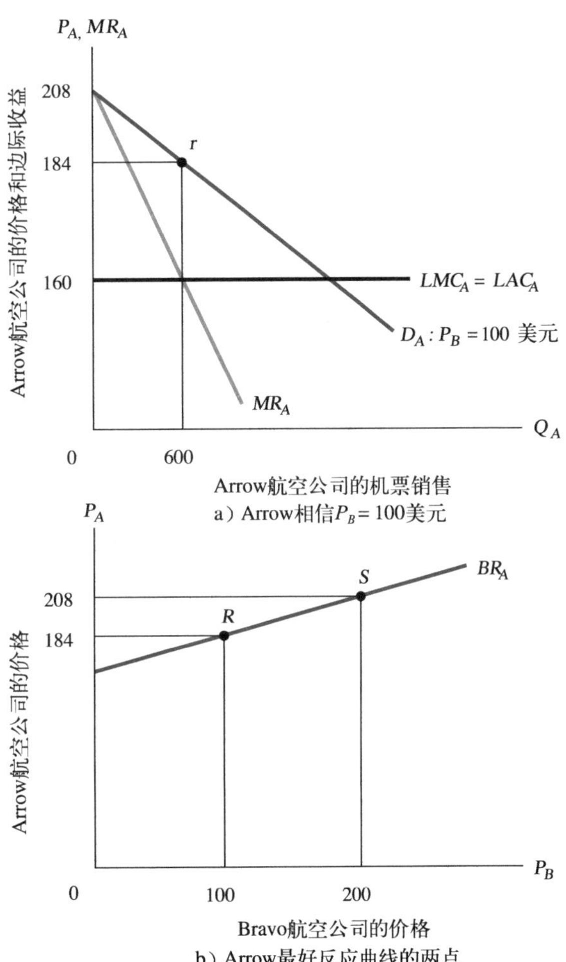

图 13-1　推导 Arrow 航空公司最优反应曲线

⊖ 当需求或者边际成本是曲线，或者都是非线性时，微积分可以用于推导最优反应曲线。在本章的附录里，我们将向你展示如何用微积分推导最优反应曲线。

可以仅改变自己的决策而使自己利润增加。*N* 点是稳定的，此时的价格是纳什均衡。

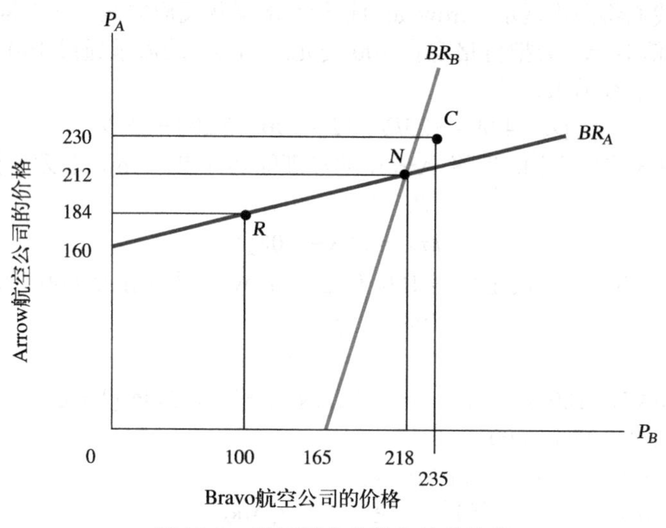

图 13-2 最好反应曲线和纳什均衡

当两家航空公司的圣诞节定价在纳什均衡点，Arrow 卖出 1 316 张往返机票，Bravo 卖出 760 张：

$$Q_A = 4\,000 - 25 \times 212 + 12 \times 218 = 1\,316$$

$$Q_B = 3\,000 - 20 \times 218 + 10 \times 212 = 760$$

在纳什价格，Arrow 航空公司赚取的利润是 68 432 美元 [=(212－160) × 1 316]，Bravo 的利润是 28 880 美元 [=(218－180) × 760]。

我们想再次强调，纳什均衡点 *N* 被选择不是因为经理们是以一种合作的方式制定出了价格。*N* 点的价格会被采纳的原因是，双方的经理清楚地知道他们相互依存，知道他们不能独自达到最好的决策，除非他们正确预计对方的定价。只有当对方也制定他们的最好价格时，对对方的定价估计才可能正确。

N 点的价格允许双方在给定对手定价时最有利，这并不意味着没有其他的价格组对双方更好。实际上，图 13-2 的 *N* 点很接近囚徒困境的格 D，两个公司都不如合作定出更高的价格组，获利更多。

为了确认 Arrow 和 Bravo 合作定价可以获得更高的利润，我们现在让你证明图 13-2 的 *C* 点，Arrow 定价 230 美元，Bravo 定价 235 美元，对双方而言都是更有利。*C* 点并不是独一无二的，有很多价格组合，都可以增加双方的利润。航空公司并不会以这样的价格组合结束，因为这样的价格组合，对在公司之间没有合作时，没有稳定性。没有航空公司能够阻止对方在合作协议（在 *C* 点定价）欺诈。两家航空公司都有在合作协议定价于 *C* 点时的欺诈动机，因为都可以独自降低价格增加利润。

就像我们将在本章后面向你介绍的，为什么经理们很少成功地共谋高价的原因。欺诈企业单方面秘密降低价格会增加利润，除非像后面你将看到的。所有公司都欺诈。你将再一次看到相互依存在寡头市场价格决策中的关键作用。我们以下面的原理结束这一节的讨论。

原 理

当决策选择是连续的，最优反应曲线可以给经理们提供在预计对方的定价后，利润最大化的价格。最优反应曲线的交点就是纳什均衡点。

13.2　顺序决策战略

与同步决策相比，一些决策过程要求一个企业先行决策，然后，竞争对手在知道了第一个企业的行动后，做出自己的决策。这样的决策叫作**顺序决策**（sequential decision）。比如，一个潜在的市场进入者首先要决定是进入，还是不进入，在给定潜在进入者的决策后，现有企业据此做出调整价格和产量的决策，来使自己的利润最大化。在另外一种顺序决策里，一个企业首先制定价格、产量或者广告决策，接着做决策的企业知道第一个企业的决策。就像我们将在这一章里向你阐述的，决策的顺序有时（并不总是）形成顺序决策的先入或者跟进优势。

尽管决策时间不同，顺序决策仍然包含战略相互依存。顺序决策跟时间关联：今天经理能做的最好决策依赖于对手明天的反应。战略思维敏锐的经理们必须提前预计对方的未来决策。现在的决策建立在经理们相信竞争对手在未来的行动。你可以说经理跳到时间前面，然后回到现在。做顺序决策就像做同步决策，要求站在对手角度，预计其决策已为自己做出最好决策。再一次，寡头决策包含战略相互依存。

13.2.1　顺序决策

顺序决策可以使用收益矩阵，我们这里会用一个更简单的方法——决策树。**决策树**（game tree）是用决策点表明企业的决策，每个从决策点延伸出的分支是企业可能在**决策点**（decision node）采取的行动。决策的顺序通常是沿着分支从左至右，直到得到最后每个决策路径的收益。决策树相当容易理解，所以现在让我们来看个例子。假设表 13-2 比萨价格决策是顺序决策。城堡比萨首先在决策点 1 决策，宫殿比萨随后在以 2 表示的两个决策点中的一个做价格决策。图 13-3a 标明了顺序决策的决策树。

在这个例子中城堡首先决策，用最左端的决策点 1 表示。城堡既可以选择上面分支的高价，也可以选择下面分支的低价。接着，宫殿要选择高价还是低价。由于宫殿第二个选择，它知道城堡的选择。城堡的决策要有两个决策点，每个都用 2 表明：分别是当城堡选择高价和低价时，宫殿的选择。四种可能决策收益结果在宫殿决策分支的末端表示。这些收益与表 13-2 一致。

由于城堡首先决策，当它做价格决策时不知道宫殿的价格。城堡比萨的管理者应该如何制定它的价格决策呢？就像同步决策，城堡的管理者试图通过假定宫殿会采取收益最大的决策来预计宫殿的决策。于是，城堡的管理者把自己放在宫殿的角度上考虑到将来的情形："如果我定高价，宫殿会定低价获得最大收益：1 200 美元比 1 000 美元好。如果我定低价，宫殿也会定低价得到最好收益：400 美元比 300 美元好。"在这种情形，无论城堡怎样定价，宫殿都有上策：低价。图 13-3 用浅灰色分支标明宫殿的最好决策。

知道宫殿的上策是低价后，城堡预计宫殿会在城堡的两种可能决策中都采用低价。那么，城堡的管理者会选择定高价，获得 500 美元利润，因为 500 美元比低价赚 400 美元的利润高。这种考虑未来决策，以便做出目前最好决策的过程被称为向后推论方法，或者更简单，顺序决策**反推法**（roll-back method）。

顺序决策反推法的决策是纳什均衡：给定城堡预计宫殿的决策，城堡获得最高的收益；给定宫殿预计城堡的决策，宫殿做出它最好的决策。然而我们必须强调，由于宫殿后做决策，并不需要期望或预测城堡的决策；在宫殿做决策时已经知道城堡的决策。完整的比萨定价决策反推解，参照均衡决策路径，在图 13-3b 中用加上箭头的连续的淡颜色分支表明：城堡高价，宫殿低价。另外，反推法均衡决策路径是唯一的，一个决策树只有一条这样的路径，因为向回推导决策树，要求每个决策点只有一个最好决策。[⊖]我们用一个原理总结这个重要的概念。

⊖　博弈论专家把通过反推法找到纳什均衡路径的办法称为子博弈最好均衡路径，因为最好决策是在决策树的每个决策点或者"子博弈"中做出。

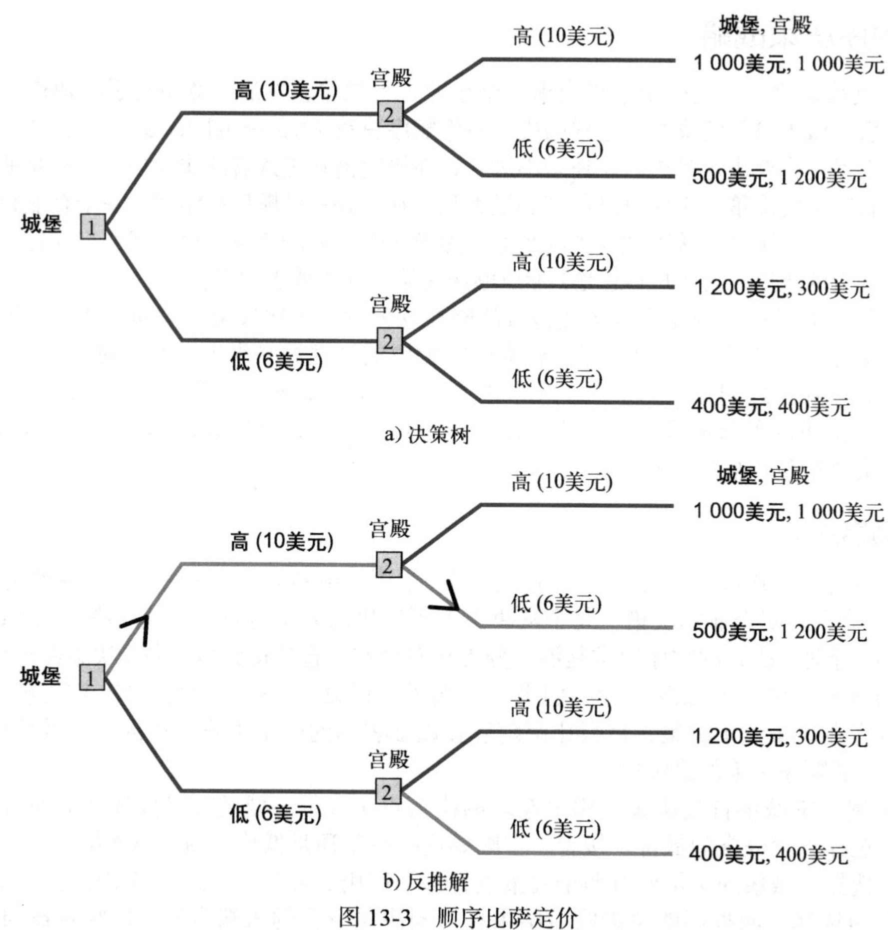

图 13-3 顺序比萨定价

原 理

当企业顺序决策时，管理者们用反推法沿决策树逆推得到对他们最好的决策。反推法得到唯一的一个，也是纳什均衡路径：每个企业在给定对手做出决策的基础上，选择对自己最有利的决策。

13.2.2 先发和跟进优势

你可能已经猜到的，顺序决策可能依赖哪个企业先做选择，哪个跟着做。有时你可以通过第一个做决策影响竞争对手的决策，从而获得更大的收益。让对手确切地知道你现在的行动（率先行动常常，但不总是，实现目的），如果随后对手选择对你有利的行动，就可以增加收益。在这种情形下，**先发优势**（first-mover advantage）通过率先行动，或者在顺序决策情况下第一个采取行动而获得。

在其他情形下，企业通过让竞争对手率先行动、承诺行动，让后面行动的企业知道自己的行动来获得更高的收益。当向先行动的对手做出反应可以获得更大收益时，在顺序决策的第二个行动的企业拥有**跟进优势**（second-mover advantage）。

你怎样能说出一个顺序决策有先发优势、跟进优势还是都没有优势（决策顺序根本不重要）呢？最简单的办法，通常是唯一的办法，是找出两种顺序的反推解。如果作为率先行动的人收益增加，那么存在先发优势。如果随后行动使收益增加，那么存在跟进优势。如果决策顺序改变并不能增加收益，那么当然顺序不重要。我们现在用一个存在先发优势的决策来举例说明。

假设巴西政府授予两家企业，摩托罗拉和索尼，共享在巴西移动电话服务的独占权。摩托罗拉和索尼可以为其希望的客户数量提供服务，但市政府限制移动电话每年每个消费者的最高服务价格是 800 美元。两个公司都知道每个方案允许的最高价格是 800 美元。

摩托罗拉和索尼都能提供模拟和数字电话。然而，摩托罗拉在模拟技术上有优势，索尼在数字技术上有优势。它们每个消费者的成本不随消费者数量而变化，如表 13-5 所示。

表　13-5

	摩托罗拉 393	索尼
年模拟服务成本（美元）	250	400
年数字服务成本（美元）	350	325

摩托罗拉和索尼的需求预测家一起工作来估计巴西移动电话的总需求。他们发现巴西人并不在意他们购买的技术，但是如果摩托罗拉和索尼没有就提供同样的技术达成一致，总销量就会受影响。单一技术的原因是两种技术可能不兼容：模拟电话和数字电话的用户可能无法交流。（摩托罗拉和索尼能解决这个问题，但需要花费几年时间。）需求估计显示，每年 800 美元的价格，如果摩托罗拉和索尼能够提供同样的技术，总计 50 000 巴西人会登记移动电话服务，如果摩托罗拉和索尼提供不同的技术，只有 40 000 人会登记。摩托罗拉和索尼希望平分市场份额：选择同样的技术，每家有 25 000 客户；选择不同的技术，每家有 20 000 客户。

你可以从图 13-4 中收益矩阵看出，摩托罗拉和索尼如果采用同样的技术会比采用不同的技术都有更高的利润：格 A 和 D 比格 B 和 C 都好。如果同步技术决策，格 A 和 D 都是纳什均衡格，博弈理论家无法预计结果。摩托罗拉当然期望结果是 A，因为它在模拟技术有优势，如果索尼也选择模拟技术，它会销售出更多的模拟电话服务。摩托罗拉如何诱导索尼选择模拟技术，最终导致结果 A 呢？

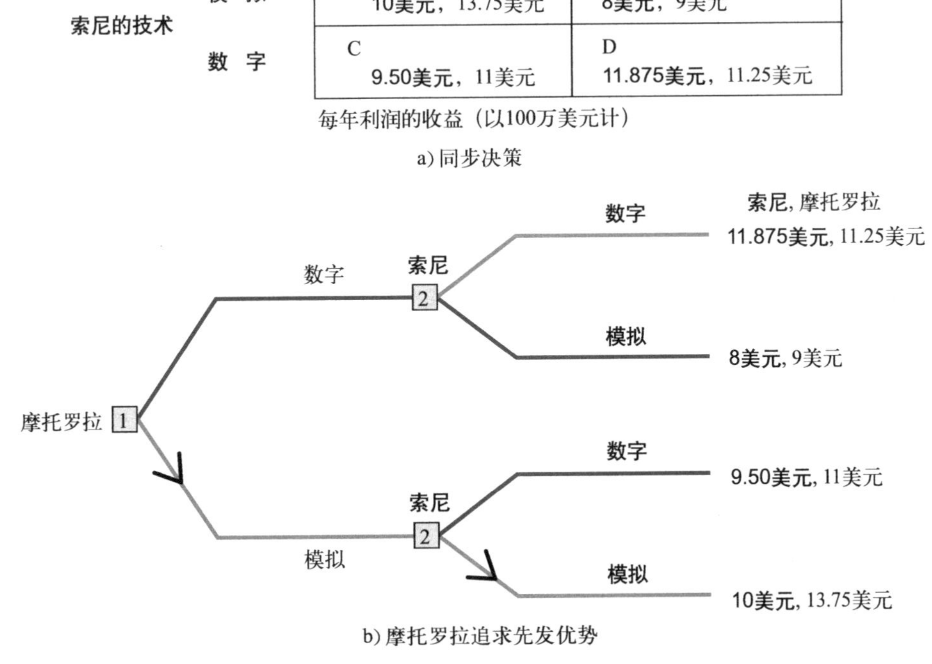

图 13-4　技术选择的先发优势

聪明的摩托罗拉经理看到，如果摩托罗拉率先选择（模拟）技术，格 A 就是预计的结果。为了说明为什么格 A 是可能的结果，我们转到说明摩托罗拉先行动的决策树 13-4b。为了找到这个顺序博弈的解，摩托罗拉经理得采用反推法。首先，这位经理找到索尼的两个决策点中最好的决策。摩托罗拉选择数字的决策点，索尼的最好选择是数字，即格 D 的结果。在摩托罗拉选择模拟的决策点，索尼的最好决策也是模拟，即格 A 的结果。然后反推摩托罗拉的决策，摩托罗拉知道如果它选择数字，那么当索尼也做它最好选择——数字时，收益是 1 125 万美元。如果摩托罗拉选择模拟，当索尼也做最好选择模拟时，收益是 1 375 万美元。反推分析表明当索尼后做选择时，摩托罗拉选择模拟最好。这条纳什均衡路径在 13-4b 中用淡颜色有箭头的分支表示。

为了拥有先发优势，摩托罗拉必须有比跟进更高的收益。在这个博弈里，摩托罗拉实际上拥有先发优势，因为反推分析表明摩托罗拉在索尼先行动时只有 1 125 万美元收益。（你会在概念性问题 13 里证明这个问题。）这样，在这个选择移动电话技术的博弈里，摩托罗拉有先发优势。我们总结先发和跟进优势为如下陈述。

关系

当做顺序决策时，为了决定决策顺序是否能够提供优势，反推法可以在决策树的每个顺序决策结果中应用。如果行动顺序导致收益增加，那么先发或者跟进优势存在。如果收益相同，那么行动顺序不产生优势。

你可能已经注意到，我们没有讨论摩托罗拉如何在选择移动电话技术的博弈中，获得了率先行动的地位。决定企业行动先后顺序的因素可能很复杂，难于预计，尤其当两家企业都意识到先发（或者跟进）提供了优势时。我们现在检验几个企业可能用来改变博弈结构，获得优势的战略行动。

13.2.3 行动策略：承诺、威胁和约定

我们已经强调过了，战略决策要求你站在对手的角度预计他们对你的决策的反应。我们现在希望你超越对手的反应而采取行动，操纵你的对手的反应。我们现在将要介绍三种能让经理们得到通常损害对手，对己方更好的结果的行动。这些**战略行动**（strategic move）是承诺、威胁和约定。

这三种战略行动，在多数情况下都要在对手决策前采用，可以单独或联合使用。只有对手相信采用战略行动的企业会真正实施承诺、威胁和约定，战略行动才达到了期望的效果。对手会漠视不可信的战略行动。当企业宣称要采取战略行动是企业最大利益所在时，战略行动是**可信的**（credible）。让战略行动可信并不容易，我们无法给你在任何情形下都有效的规则。然而，我们会在下面的讨论中给你基本的战略行动思想。[⊖]我们首先讨论无条件的承诺，然后转到有条件的威胁和约定。

经理们通过宣称，或者向对手用其他办法演示，无论对手采取什么样的行动，他们都将把自己与采取一个特别的行动或者特殊的决策联系起来。**承诺**（commitment）是采取承诺的企业为了增加自己的收益而采取的无条件的行动。承诺只有在对手相信承诺的企业真正把自己与特定的决策或行动锁定才会有效。换句话，就像其他的战略行动，承诺为了产生战略价值，必须

⊖ 为了得到更丰富深入的策略行动在商业实践中的应用，我们推荐你读两本在这个问题上我们最欣赏的书：Avinash Dixit 和 Barry Nalebuff, *Thinking Strategically: The Competitive Edge in Business, Politics*, and *Everyday Life* (New York: W.W.Norton,1991) 和 John MacMillan, *Games Strategies, and Managers* (New York: Oxford University Press, 1992)。

是可信的。

总的来说，企业的承诺只有在无法逆转时才是可信的。如果后来出现其他对承诺企业而言是最好决策的其他决策，对手会期望承诺企业如果能够放弃的话，会放弃它的行动。对手只有在承诺非常昂贵，或者承诺企业无法取消其行动时，才会相信承诺不可逆转。简而言之，只有可信的承诺，那些不可逆转的，才会成功改变对手，相信承诺企业将要采取的行动。

为了说明可信的事实能够增加获利性，假设摩托罗拉和索尼根据收益矩阵 13-4a 同时做出数字和模拟技术的选择。结果，由于有两个纳什均衡格 A、D 而使企业难于预计。然而，摩托罗拉的经理决定在做同步决策前，通过在巴西建造只能为模拟电话生产和服务的工厂，来实施模拟技术。两家企业都知道，把摩托罗拉的新工厂转换成生产数字电话的成本是巨大的，所以索尼认为摩托罗拉的行动是不可逆转的。这样摩托罗拉的战略行动是可信的承诺，因为索尼相信摩托罗拉的行动不可逆转。

摩托罗拉的承诺使同步决策情形图 a 变成顺序决策图 b。摩托罗拉通过它的可信的承诺，抓住了先发优势，保证了格 *A* 的结果。我们现在建立下面原理。

原理

企业通过采取无条件，无法逆转的行动来使承诺可信。可信的承诺给顺序博弈中率先行动的企业先发优势，操纵对手随后的决策来改善他们自己的获利性。

相对于无条件的承诺，威胁和约定都是有条件的决策或行动。**威胁**（threat），无论是直接的，还是心照不宣的，都用有条件的陈述方式，“如果你采取行动 A，我会采取你不期望的或者昂贵的行动 *B*。”威胁的目的是操纵对手对实施威胁的企业其行为可能性的看法，以增加威胁企业收益的行为。比如，已经在一个市场中提供产品或服务，取得利润的企业可能会通过威胁，“你要是进入这个市场，我会降价使你亏损”，来阻止新企业进入有利可图的市场。

威胁在改变竞争对手的决策上并不总能成功。为了成功威胁以改变对手的行为，一定要使竞争对手相信威胁会被实行。按照我们关于可信的战略行动的讨论，在宣称要按照威胁行动的威胁，体现了企业的最好利益时，才是可信的。

再思考图 13-4a 的同步决策。假设在同步决策做出之前，摩托罗拉威胁索尼说：“如果你的移动电话采用数字技术，我们将采用模拟技术。”在威胁之前，摩托罗拉想让索尼认为：“因为如果我们选择数字，摩托罗拉会选择模拟，那么我们也选择模拟，因为对我们而言，格 A 比 C 好。”然而摩托罗拉的威胁不会让索尼这么想。不像上面的推理，索尼更有可能这么想，“摩托罗拉的威胁不可信：如果我们选择数字，摩托罗拉的最好选择也是数字，所以摩托罗拉不会像威胁的那样行动。”像你所看到的，摩托罗拉的威胁被忽略，而没有战略价值。只有可信的威胁有作用。

约定（promise）和威胁类似，也是有条件的，只有可信的战略行动才能影响战略决策。约定采取有条件的陈述形式，“如果你采取行动 *A*，我会采取你期望的，对你有利的行动 *B*”。比如，一个对手可能约定其他对手，如果他们不进行消费者期望的昂贵的产品改进，它也不会。约定，像承诺和威胁一样，为了影响对手的决策，一定要可信。我们总结战略行动（承诺、威胁和约定）的讨论成一个原理。

原理

经理们采取战略行动，通过使对手处于战略劣势，来操纵对手的决策，以增加自己的利润。只有可信的战略行动有效；竞争对手忽视任何不足以使其相信的承诺、威胁和约定。

我们不能夸大学习使用策略行动的价值。商业新闻里关于聪明或者成功的经理们的故事，经常是经理们如何使用可信的承诺、威胁或者约定，来获得更有利的结果。我们现在讨论最重要的战略行动之一：阻止新的对手进入有经济利润的市场的行动。

13.3 在重复决策中的合作战略

就像你知道的，寡头追逐其各自的利益，经常是以比合作更差的情况结束。这种情况就好比分蛋糕，每个人都想得到更大的一块，但是在争斗中，有些蛋糕掉在桌子和地上，结果是每个人分的蛋糕都小了。存在所有人都喜欢的解决方案，但是难于达到。即使那个喜欢的方案某种程度上达到了，比如图 13-1 囚徒困境的格 A，或者航空公司例子（见图 13-2）的点 C，竞争对手有很强的动机改变他们的行动，这样会导致非合作的纳什均衡：囚徒困境的格 D，或者航空公司例子的点 N。当寡头企业各自的决策使每个企业都比非合作的纳什均衡结果好时，**合作**（cooperation）发生了。

我们现在已经确认，当囚徒困境决策只有一次时，管理者几乎没有机会达成合作的可能。然而，在很多例子中，决策包括重复对价格、产量、广告、进入和其他战略的决策。同一企业一再重复的战略决策，称为**重复决策**（repeated decision）。重复战略决策为管理者提供了一次决策无法提供的机会来惩罚欺诈者。这个惩罚欺诈者的机会可能会完全改变战略决策的结果。

13.3.1 一次性囚徒困境决策

囚徒困境现象，就像我们在前面章节里解释的，总有一系列的决策，使每个企业比他们都选择上策，以非合作的纳什均衡作为结果，要有更高的收益。[⊖]合作在各种囚徒困境决策中都是可能的。

合作并不在一次性囚徒困境决策时发生，合作的决策具有战略不稳定性。如果一个企业相信它的对手要在同步决策中选择合作，那么这个企业可以通过不合作来增加企业的利润。为了讨论合作简便起见，博弈理论家称不合作为**欺诈**（cheating）。然而我们必须强调，“欺诈”并不意味着寡头企业做了任何公开的或秘密的合作承诺。如果一个企业预计对手会做合作的决策，它会有选择不合作的欺诈动机。所有的寡头管理者都知道这一点，于是选择不合作。欺诈的动机使一次性决策的合作具有战略不稳定性，当决策重复发生时，可能出现合作。

我们可以用价格困境的例子，来说明合作的可能性和欺诈的利润动机。假设两个企业，英特尔和 AMD，占据了个人计算机高速微处理芯片的批发市场。英特尔和 AMD 同时制定价格。现在，我们把它当成一次性同步价格决策，被制定的价格在一个星期内有效。（在下一节，我们将重新考虑每星期都重复这个决策。）表 13-6 显示了把高速计算机芯片定高价或低价的利润收益。你可以从收益表中证明囚徒困境的存在。

表 13-6 英特尔和 AMD 的价格囚徒困境

		AMD的价格	
		高	低
英特尔的价格	高	A：合作 **5美元**，2.5美元	B：AMD欺诈 **2美元**，3美元
	低	C：英特尔欺诈 **6美元**，0.5美元	D：不合作 **3美元**，1美元

得益矩阵中的得益式每周赢利（以100万美元计）

⊖ 为了简化起见，我们继续坚持在我们的讨论里只有一个纳什均衡。博弈论专家目前还不能提供对多纳什均衡有用的指导。

当非合作的半导体芯片价格确定时，由于价格决策只有一次，两个企业都会选择低价，在格 D 结束。就像每个囚徒困境博弈，两个企业合作比选择自己的上策纳什均衡行动要好。英特尔和 AMD 都能选择高价，都能在格 A 合作，赚取比不合作的格 D 更高的利润：英特尔多赚 200 万美元（=500 万 − 300 万），AMD 多赚 150 万美元（=250 万 − 100 万）。

合作的问题，就像我们前面所强调的，是在格 A，英特尔和 AMD 做出的决策不具有战略稳定性。两家企业都担心如果我决定合作定高价，而另一个企业会欺诈。比如，如果 AMD 预计英特尔会合作定高价，AMD 可以通过欺诈在格 B 定低价：AMD 通过欺诈比合作多赚 50 万美元（=300 万 − 250 万）。类似地，英特尔也可以对 AMD 欺诈而不合作，多赚 100 万美元（=600 万 − 500 万）。

假设英特尔和 AMD 的管理者们告诉彼此，他们会定高价。这当然很牵强，因为这样的对话是非法的。因为我们这里只是为了解释为什么这样的协议不能达到合作的目的，所以让我们继续检验这个假设的场景。如果同步价格决策是一次性的，两个企业都不会遵守协议。让我们站在 AMD 的管理者的角度上去看，她是怎么看待 AMD 定高价的。如果 AMD 合作定高价，她会明白英特尔有很好的理由欺诈：当英特尔相信 AMD 会信守承诺，英特尔欺诈可以更好（格 C 比格 A 利润高 100 万美元）。另外，她想，“英特尔欺诈的代价是什么？”她不会知道英特尔是否欺诈了，直到对手已经完成定价（同时）。在那个时候，英特尔的管理者不会在意自毁名誉，因为这是一次性的，博弈结束了。当她意识到英特尔的管理者会跟她关于欺诈的动机的想法完全一样时，达到合作的结果的希望消失了。他没有办法相信她不会欺诈，她也预计他会欺诈。她能做得最好的，就是当他欺诈时，她也欺诈。所以合作的机会因为担心欺诈而消失。

尽管合作在各种囚徒困境里都是可能的，寡头企业有理由相信，当决策是一次性的时，对手会欺诈。在一次性决策里，没有可行的方法让对手相信他们不会欺诈。当没有以后的决策时，竞争对手知道他们收益最大化只有一次机会，欺诈的决定对欺诈的企业似乎是没有成本的，因为他期望对手无论他怎样决定都会欺诈。另外，他们不用担心任何欺诈决策的成本，因为这是一次性的。我们关于一次性囚徒困境的讨论建立了如下原理。

 **原 理**

合作在各种囚徒困境里都是可能的，当决策是一次性时，合作具有战略的不稳定性。在一次性囚徒困境里，欺诈没有对将来的影响，于是企业都预测对手会欺诈，欺诈成为每个企业最好的反应。

13.3.2 重复决策惩罚欺诈

欺诈在一次性同步决策中没有办法被惩罚，但在重复决策中代价昂贵。法律制裁或罚款处罚欺诈，在大多数国家通常是非法的，**惩罚欺诈**（punishment for cheating）通常由企业采用惩罚性价格，达到非合作的纳什决策——合作过程每个人都想要避免的决策。

为了说明惩罚性决策如何惩罚对手的不合作行为，假设 AMD 和英特尔重复价格决策。假设 AMD 和英特尔每星期一早，将其计算机芯片的批发价格在互联网公布，管理者们期望一直这样下去。[⊖]表 13-5 显示重复价格决策每周的收益，在这个假设的例子里，这些收益不随时间变化。一直到现在，AMD 和英特尔每周合作决策定价在格 A。现在为本周（称为第一周）AMD 的管理者决定欺诈定低价。这样在第一周，英特尔和 AMD 得到表 13-5 格 B 的利润。英特尔的管理者可以通过在下一周，即第二周，通过降低它的价格来惩罚 AMD。英特尔报复性

[⊖] 博弈论专家研究了各种重复决策：永远重复博弈和重复一定或有限次数博弈。他们甚至根据是否知道博弈结束区分有限博弈。这样微小的差异是很重要的，因为他们能够影响合作的可能性，因而影响重复搏弈的结果。为了使我们的讨论尽可能简单而有意义，我们把分析限制在经理们相信博弈会永远重复下去。

的低价，AMD 无法避免在第二周被惩罚。在第二周，AMD 可以定低价，停留在格 D，或者定高价，在格 C；两个决策都会惩罚到 AMD。当然我们预计 AMD 会在第二周选择定低价，因为，格 D 使 AMD 在英特尔的报复性降价中损失最小。

接着上面的讨论，英特尔可以在第一周做一个可信的威胁：如果对手第一周欺诈，他会在第二周报复性降价，因为降价是英特尔在第二周对欺诈的最好的反应。你可以从收益表中（见表 13-5）看到，英特尔的利润因为报复性降价而从每周 200 万美元，增加到取决于 AMD 第二周价格决策的 300 万美元，或者 600 万美元。你自己也可以证明，AMD 也可以就英特尔的欺诈，做出报复性降价的可信的威胁。

不像一次性决策那样，在重复决策里，欺诈可以在后面的回合中受到惩罚。通过做出惩罚的可信的威胁，战略敏锐的管理者们有时，但不总是能够达到在囚徒困境中的合作。我们现在准备检验，惩罚如何能够用于达到在重复决策中的合作目的。

13.3.3 合作决策

回顾第 1 章，管理者们应该做出使公司价值（现值）最大化的决策，即目前和将来预期利润的折现值之和。合作的决策，等同于不欺诈的决策，影响企业的未来现金流。因而，企业必须计算欺诈对企业现值的影响。如果欺诈成本超过欺诈收益的现值，合作将会增加企业的价值。相反，如果欺诈收益超过欺诈成本的现值，欺诈将会增加企业的价值。当寡头市场中，所有的企业都选择不欺诈时，合作达成。

图 13-5 显示了企业在被抓住前，N 次欺诈；被抓住后，在 P 期受到报复性降价惩罚的未来收益和成本。㊀在 N 次欺诈里的收益（B_1，B_2，…，B_N）是欺诈而不是合作，导致的利润的增加：$\pi_{\text{欺诈}}-\pi_{\text{合作}}$。为了简化，我们假设收益，即欺诈的利益和成本，在所有的重复决策中不变。当然，欺诈的利益和成本在未来发生，所以必须用正确的折现率为欺诈企业折现。当折现率是 r 时，欺诈利益的现值是

$$PV_{\text{欺诈的收益}}=\frac{B_1}{(1+r)^1}+\frac{B_2}{(1+r)^2}+\cdots+\frac{B_N}{(1+r)^N}$$

式中，$B_i=\pi_{\text{欺诈}}-\pi_{\text{合作}}$，$i=1$，…，$N$。每期欺诈被发现并持续 P 期的成本，是报复性降价，即非合作纳什均衡导致的利润损失：$\pi_{\text{合作}}-\pi_{\text{纳什}}$。欺诈的成本，就像欺诈的收益，在未来发生，必须折现。P 期惩罚的成本的现值（折现率每期是 r）计算如下

$$PV_{\text{欺诈的成本}}=\frac{C_1}{(1+r)^{N+1}}+\frac{C_2}{(1+r)^{N+2}}+\cdots+\frac{C_P}{(1+r)^{N+P}}$$

式中，$C_i=\pi_{\text{合作}}-\pi_{\text{纳什}}\ i=1$，…，$P$。我们建立如下原理。

原 理

当欺诈成本的现值大于欺诈利益的现值时，合作（决定不欺诈）可以使企业价值最大化。当寡头市场中所有企业都决定不欺诈时，合作达成。

13.3.4 惩罚欺诈的引发策略

在重复决策中，惩罚本身成为一种策略。我们现在将要讨论被广为研究的一系列策略，在

㊀ 图 13-5 中的模型显示的成本和收益的趋势是假设企业决定在第一周欺诈，如果它做的是合作决策而非欺诈决策，可以得到第一周的合作收益。模型也假设在惩罚结束后（$N+P$），没有其他欺诈的成本。图形也描述了在每一期欺诈的成本和收益都相同。其他成本和收益的模型也可能存在。图 13-5 提供了一个一般性的设计欺诈成本收益的方法。

博弈论里称为引发策略。管理者们通过在连续重复决策中选择开始合作，持续合作，直到对手欺诈，来实施**引发策略**（trigger strategy）。欺诈的行为引发了在下一次重复决策中的惩罚阶段，可能持续一个或多个时期，持续时间的长短取决于引发的构成。企业在开始时可以公开向它的竞争对手宣称，它打算实施引发策略。或者，在促成合作的企图是违法的情况下，企业可以秘密地执行引发策略，并且希望竞争对手意识到它们的行动，并且选择合作。

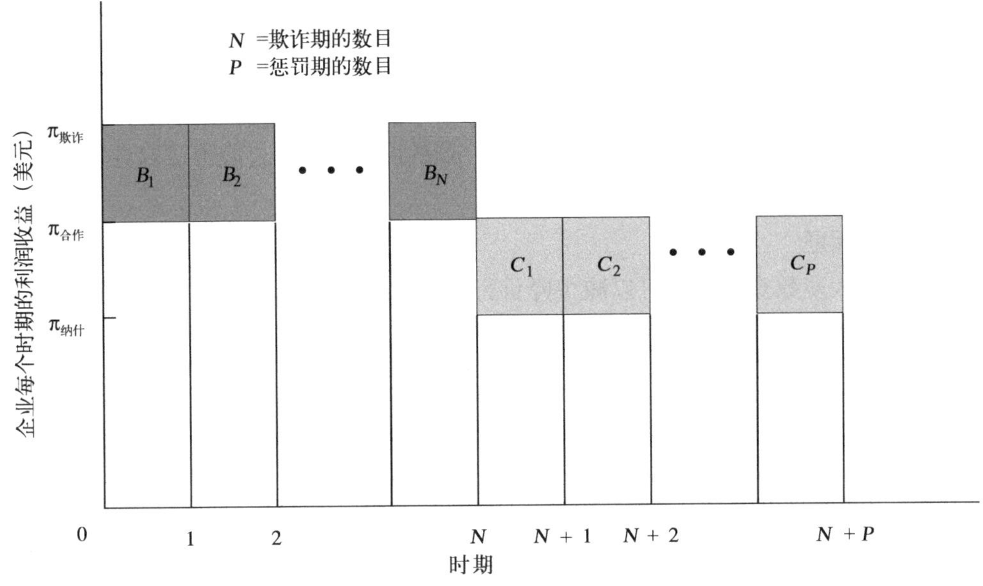

图 13-5　企业的欺诈成本和利益

有两个引发策略是博弈论家非常关注的，针锋相对策略和严厉惩处策略。在**针锋相对策略**（tit-for-tat strategy）里，欺诈引发下一轮的惩罚，惩罚直到欺诈结束，导致下一决策期重新合作。换句话说，如果企业 B 在上一轮欺诈，企业 A 这一轮也会欺诈；如果企业 B 上一轮合作，企业 A 这一轮也会合作。因此成为“针锋相对”。针锋相对实施起来很容易，对手也容易明白。针锋相对策略对欺诈的惩罚不如严厉惩处策略严重。在**严厉惩处策略**（grim strategy）下，欺诈引发下一轮的惩罚，并且惩罚会永远持续下去，即便欺诈者在下一轮做出合作决策。这是真正的严厉！

很多重复博弈的实践研究已经开始研究决策者实际上如何行事，如何决定哪种惩罚策略使合作更可能发生。在有名的策略“锦标赛”上，密歇根大学的 Robert Axelrod 邀请博弈论专家为重复囚徒困境博弈谋划策略。[㊀]有无数策略被提交，计算机被用来抽取不同的策略，重复上百次囚徒困境决策。在大多数时间胜出的策略都是简单而非复杂的或聪明的策略。出乎很多博弈理论家的意料，针锋相对策略是最有利的策略，因为它能够在寡头竞争开始并维持合作。其他的实践研究和其后的策略竞赛都确认了针锋相对策略在重复决策中是最有利的策略。最终，博弈理论家，或者寡头企业的管理者们，可能会发现重复决策中更好的策略。但是直到现在，针锋相对策略是赢家。

13.3.5　促进合作的价格实践

合作通常会增加利润和寡头企业的价值，这样寡头企业的管理者通常采用一些在竞争中促进合作发生的商业技巧或方法，这些技巧被反托拉斯官员称为**促进实践**（facilitating practice），

㊀ 参见 Robert Axelrod, *The Evolution of Competition* (New York, Basic Books, 1984)。

通过降低欺诈的收益或者增加欺诈的成本来鼓励合作。有时，这两方面可能会同时实现。你可能知道其中的一些实践，因为它们通常是合法的，它们可能增加合作赚取较高利润的机会。[⊖]有很多商业实践和技巧可以帮助或者鼓励寡头市场的合作行为，我们这里的讨论将集中于四种打消或者限制不合作降价的价格实践：价格跟进、销售价格保证、公开价格和价格领导。

1. 价格跟进

从我们前面讨论的内容你可以知道，管理者采取任何减少欺诈得益的行动都会使合作更有可能发生。也许最有效的减少不合作的降价得益的方法是做**价格跟进**（price matching）战略承诺。通常在广告里，一个企业公开宣布会跟进对手所做的任何降价。价格跟进表明了一个战略承诺，因为任何企业不履行在公众中宣称跟进竞争对手的降价会招致严重的法律成本和商誉损失。这样，当竞争对手让自己迅速跟进任何其他企业的降价时，通过降价窃取竞争对手客户的收益很大程度上消失了。

2. 销售价格保证

另外一种对大多数寡头企业可以减少降价行为的方法，也是较好的方法，是所有竞争对手都同意向顾客提供**销售价格保证**（sale-price guarantee）。你的企业通过向今天从你那里购买了一个商品的顾客保证，他们将收到在购买之后未来特定期限内，比如 30 天的销售价格保证。这种对未来更低价格的保险对企业降价而言是很昂贵的。例如，通过 30 天销售价格保证政策，管理者今天降价不仅损失了今天的销售收入，也损失了过去 30 天销售出去的销售收入。销售价格保证阻止向更多客户降价。

3. 公开定价

当寡头企业管理者们能够以低成本实现相互监督，就很容易快速发现欺诈者，从而使其只得到很少的收益。正因为此，寡头经理们通常会通过**公开定价**（public pricing）的方法让顾客知道它们的价格，更重要的是让竞争对手知道该价格。为了加强公开价格的效果，价格一定要及时、有效。不是最新的价格或者没反应实际交易的价格（目录价格减去任何协议折扣），对迅速发现不合作的降价帮助不大。正如在图 13-5 中你看到的，迅速发现擅自降价可以缩短降价者的收益（在图 13-5 中的 N 降低），及早发现也加速了惩罚性降价的实施。两方面的影响可减少擅自降价增加企业价值的可能性。

寡头企业的经理们找到了很多简单而有创意的方法，使价格信息更公开。例如，寡头经理可能把价格在互联网上公布，不仅是为了方便买主，更重要的是可以很快抓住并惩罚降价者。寡头企业也会形成行会，或者其他形式的组织，来监督价格，甚至在行会刊物或者网页上刊登会员的价格。

4. 价格领导

我们最后希望谈到的促进合作定价的方法是价格领导。**价格领导**（price leadership）是当一个寡头企业（领导者）制定了一个它认为会使行业利润最大化的价格后，其他企业（跟随者）通过制定相同的价格合作。一旦价格领导者制定了一个价格，行业内所有的企业通过广告和其他的市场营销手段竞争销售量。除非价格领导者改变价格或者一个或更多企业破产，否则价格不变。这种安排并不要求达成企业间遵从价格领导者的外在的约定，市场的跟进企业默许同意约定。因此，价格领导并不是通常的非法达成合作定价。

价格领导在一些行业非常普遍。以前是钢铁行业的特点。现在，在轮胎、石油、香烟和银行业都存在。寡头市场的任何一个企业都可以成为价格领导者。它通常可以是市场中的主导企

⊖ 这里讨论的促进实践并不被美国的反托拉斯法禁止，然而，反托拉斯官员可以针对企业致力于此类的实践或者其他商业实践，采取反托拉斯的法律行动，条件是他们认为这样的实践“严重有损于竞争”。

业，也可能只是一个以良好判断力而闻名的企业。也可能存在这样的情况，最有效的，也就是说成本最低的企业是价格的领导者，尽管它可能不是最大的企业。在很多情况下，竞争企业会在认为价格领导的行为准确快速地反映了市场条件时，才会一直跟随价格领导。现在我们将注意力转向与价格领导截然对立的，通常是非法的使用明确的价格固定协议达到合作定价。

◇专栏 13-3

怎样避免价格战且不违法

在很多情况下，当竞争对手降价，管理者的最好战略反应是报复性降价。连续的重复降价，通常称为“价格战”，能够导致所有企业都比不卷入价格战时要差。就像我们本章介绍给你的，如果管理者们能够找到一种方法合作定价，他们就会避免进入一种低价、低利的境地，相反，可以达到更高的价格和利润。在全球化和市场自由化的驱使下，市场的竞争性更强，价格战更平常。实际上，价格战非常平常，以至于大多数管理者在他们的职业生涯中都会遇到价格战。

价格战使寡头企业处于我们这章和上章讨论过的囚徒困境的非合作格 D 的情形。如果企业找到合作的方法，价格战可以避免，就像格 D 可以避免一样。就像我们已经强调过几次的，公开协议合作价格，即“共谋”和“固定价格”，在美国和很多其他国家，尤其是欧洲，都是非法的，是非法的价格固定。暗中合谋（没有公开交流的协议）也是非法的，但是更难发现和证明。就像我们在正文中提到的，在美国对固定价格的惩罚相当严厉。除了面临高额罚款，CEO 会因价格固定罪被送入监狱。

所以价格战存在一个问题：报复性价格能导致代价昂贵的价格战，而试图制定合作价格通常来说是非法的。管理者们能做什么，不会因为试图固定价格送他们进监狱，来避免价格战呢？在 Akshay Rao，Mark Bergen 和 Scott Davis 在《哈佛商业评论》上最近的一篇文章，为商业管理者提供了一些关于如何避免价格战，当价格战无法避免时，如何打败对手的可行的建议。[⊖]我们将要讨论几条避免价格战的战略。

- 采用价格跟进战略，并且宣扬它，使你的对手相信你跟进降价的承诺不能（轻易）改变。如果对手预期你会跟进降价，他们不太会开始价格战。如果他们期望你会跟进价格上涨，他们更可能期望你通过跟进他们的涨价而合作。
- 让你的竞争对手确实知道你的低成本优势。回忆当价格低于平均可变成本时，企业停止销售，关门。如果对手知道你有低的可变成本，他们会担心价格战。实际上，很难让对手相信你的可变成本低，对手可能会认为你在提供错误的成本信息，来阻止他们降价。
- 如果你能够通过增加产量或者服务质量维持销售，不要用降价来报复。在消费者非常关注质量的细分市场，如果消费者需要高品质的产品或服务，即使对手的价格低一些，你也可以维护你的顾客群。当消费者认为价格是衡量产品质量的手段时，降价会对企业的高品质形象造成永久的损害。
- 努力与对手交流，表明你更倾向于非价格竞争方式。非价格竞争包括通过广告和产品质量使你的产品与对手的不同。

这些是在 Rao、Bergen 和 Davis 的文章中讨论的一些实际（而合法）的避免价格战的方法。我们同意这些作者的意见，避免价格战是最有利的战略。我们必须承认，作为消费者，我们相当喜欢价格战。我们给你的建议却是，避免价格战，但别去进监狱！

⊖ Akshay R. Rao，Mark E. Bergen 和 Scott Davis, “How to Fight a Price War,” *Harvard Business Review*, Mar.-Apr. 2000, pp107-116.

13.3.6 明确的价格固定协议和卡特尔

各种促进实践可以为达到合作提供有效的方法，寡头市场的经理们有时采用明确的价格固定协议，通过限制竞争驱动价格上涨。参加这样的协议的企业或国家称为价格固定**卡特尔**(cartel)。它可能采取公开共谋的形式，成员企业就价格和其他市场变量签署协议，或者是成员间秘密共谋。最著名的一个卡特尔是 OPEC（石油输出国组织），是世界主要石油出产国的联合会。在过去的一个世纪里，通常是国际范围的卡特尔，试图提高农产品（比如橡胶、茶、柠檬酸、赖氨酸、可可和咖啡）和矿产资源（比如铁矾土、锡、铜、铀和钻石）的价格。[⊖]现在，我们来解释两个加入卡特尔协议可能不是很明智的管理决策的原因。

我们从避免卡特尔的最显而易见的理由开始：在大多数国家，参加卡特尔是非法的，如果被起诉，你将面临个人罚款，还可能要入狱。所有在行业竞争者之间明确的协议，都实际上或者潜在导致更高的价格，这在美国、加拿大、墨西哥、德国和欧盟是非法的，并被严厉查处。没有经理或者高管是凌驾于法律之上的。思考一下 Alfred Taubman，前 Sotheby 艺术拍卖所的主席，因 2002 年与竞争对手拍卖所 Christies's International 共谋固定艺术拍卖的销售佣金而被诉有罪。联邦法官 George Daniels 宣判 78 岁的商业巨贾（他个人财富入狱前估计为 7 亿美元）在联邦监狱服刑 1 年零 1 天。法官还处罚 Taubman 个人 750 万美元的罚款，再加上另外 1.86 亿美元，从 Taubman 个人财产中支付他罪行引发的大量国内诉讼。我们可以告诉你关于价格共谋的更多的故事，但是你可能猜到了，他们都是以惨痛的商业罪行结束。

即便你认为，你可以共谋固定价格而不被抓住，你也应该知道另外一个更值得注意的避免卡特尔的理由：历史上大多数卡特尔都没有涨太多价，或维持很长时间。卡特尔会破裂的趋势可以用本章阐述的概念来解释。就像我们在讨论囚徒困境时强调的，每个企业单方面降价以增加利润的机会，使它们无可避免地导致非合作纳什均衡和更低的利润。协议里高价产生高利润是缺少战略稳定性的。卡特尔成员中的一个企业，如果是只有这个成员降低，是能够获得更高额利润的。但当所有的卡特尔成员都如此时，价格迅速下降，每个卡特尔成员结果都获利更少。

再看图 13-5 英特尔和 AMD 面临的微处理器定价问题。假设现在两家达成一项秘密价格固定协议，将他们计算机芯片的价格定在高位。那么，格 A 是卡特尔共谋所在。从前面我们的讨论你知道格 A 并不是战略稳定的。如果它是唯一这样做的一个企业的话，降价企业都可以增加利润（见格 B 和格 C)。所有的卡特尔企业都有欺诈的动机，所有企业最终都可能这样做。一旦英特尔和 AMD 发现对方的欺诈行为，他们会向所有卡特尔那样：破裂。背弃所有的合作主张后，大面积降价爆发，可能导致成本高昂的价格战——表 13-5 格 D 所示的非合作定价情形。

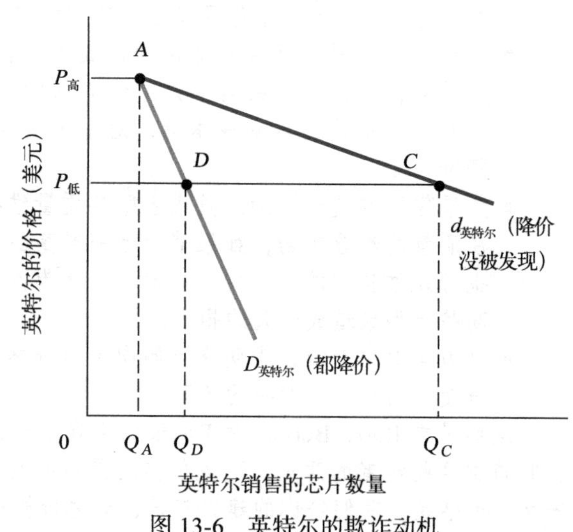

图 13-6 英特尔的欺诈动机

在我们结束卡特尔欺诈的讨论前，我们将更详细一些地解释为什么卡特尔的收益矩阵，像表 13-5 那样，它是相信卡特尔破裂的基础，毕竟表 13-5 的收益矩阵使英特尔和 AMD 想要欺诈。卡特尔为什么面对的收益矩阵是战略不稳定的？我们可以通过图 13-6 的

⊖ 关于国际价格固定卡特尔的令人着迷的详细研究见 John M. Connor, Global Price Fixing: *Our Customers Are the Enemy* (Boston: Kluwer Acadamic Publishers, 2001)。

帮助来说明这个问题，它说明了为什么英特尔很可能欺诈，而不需要借助特别的价格和数量的手段。尽管图 13-6 展示了为什么英特尔想要欺诈，类似的图也用于解释 AMD 欺诈的动机。

图 13-6 仅显示了英特尔的价格决策，点 A 表示当英特尔和 AMD 都支持卡特尔协议定价在高位的情形（也是表 13-5 的格 A）。当两个企业都定高价时，英特尔销售 Q_A 微程序处理器。在这一点，英特尔相信如果它秘密欺诈，降价到 $P_{低}$，AMD 没有发觉，因而不降价跟进的话，它可以使销售量增长巨大。在这些条件下，英特尔相信不被跟进的降价将会使其销量增加到 Qc（表 13-6 的格 C）。换而言之，英特尔相信如果 AMD 不发现它降价，会使英特尔沿着具有相当弹性的需求点 A 到点 C。当然，这样的降价不会很久不被注意到，因为其他企业会注意到自己销售量下降。

一旦 AMD 发现英特尔在卡特尔协议定高价上存在欺诈，AMD 的最好反应是也降价，也许与英特尔的降价幅度一样。注意，当 AMD 跟进英特尔的降价，英特尔的需求弹性较差，因为不会有多少 AMD 的购买者会转向英特尔。那么，英特尔停止沿着弹性较差的需求曲线下移，在图 13-6 中从 A 点到 D 点。在点 D，两家企业都背弃了卡特尔价格固定协议，卡特尔无法为两家企业增加利润。从以上的讨论你可以看到，不需要收益数据的比较，卡特尔成员确实有在价格固定协议中欺诈的动机，并且也常这么做。

13.3.7　默许共谋

寡头间一个不是那么极端的合作形式是默许共谋——没有明确的勾结协议。我们在讨论价格领导时曾经提到过，价格实践有时会促成合作，可能没有任何明确的协议的价格领导者。企业尝试过许多其他形式的默许共谋。例如，制造商可能会在还未会晤的情况下，自行限制其对某一特定地区或者国家的销售。一个企业的市场区域可以通过与其竞争对手的关系改变中得到明确。与试图为了垄断一个市场而形成的卡特尔不同的是，默许共谋是不被划归为非法的。然而，当相关的证据被发现的时候，默许共谋会被认为是非法行为。

默许共谋的出现，是由于在寡头市场的所有或者大部分企业都意识到它们是相互依存的，并且明白非合作的结果。寡头企业的经理们希望避免法律风险，知道制定明确合作协议要被抓（就像 Alfred Taubman）。或者当行业有大量的公司，很难组织合作。这两种情形下，默许共谋提供了一个达到合作的替代方法，这样通常不太容易导致非法共谋的结果。默许共谋可能是很多重复决策的结果，寡头经理们最终认识到非合作决策会遇到对手的报复性非合作决策，每个人都放弃了欺诈——直到至少有一家企业雇用了一个新的经理！

◇专栏 13-4

OPEC 配额欺诈是回事吗

当 2008 年 7 月每桶石油价格升至 147 美元，OPEC 的石油部长开始连续减低卡特尔的配额，以防止石油价格毁在历史上最糟糕的全球经济衰退中。在下滑之前，原油价格下降了 40 美元。Sanford C. Bernstein 石油分析师 Neil McMahon 评论说：OPEC 正逐渐成为一个不相干的组织[⊖]。市场似乎也证明了这一点。在 2008 年 12 月，沙特石油部长 Ali al-Naimi 宣布 OEPEC 每天减少产量 220 万桶，石油市场上的代理们并不相信减产的承诺是可信的，石油价格继续下落。

OPEC 在 1982 年开始石油生产的配额制度，为了控制（或是说某种程度上）全球的原油供给和全球的原油价格，OPEC 的统一计划委员会为每个成员国设置每天原油的最大产量（即配额）。配额根据 OPEC 希望的目标价格变化和响应全球需求及供给条件的变化而随时调整。然

⊖ See the article by Stanley Reed, "Does OPEC Still Matter?" *BusinessWeek*, January 5, 2009, p.32.

而，OPEC 的领导在如何设置每个成员国的配额是不清楚的，在成员国分配配额的时候，每个成员国的生产能力似乎担当了更重要的角色。OPEC 成员国生产并销售的数量多于它的配额，通常被称作“欺诈”。OPEC 最为卡特尔组织的成功就在于始终追踪成员国的能力并控制欺诈。

正如在本章我们已经向你说明的，欺诈是卡特尔成员战略决策可预期的结果，无论他们是企业的经理，还是国家的石油部长。每个国家都知道，如果所有的成员都忠诚于各自的配额，卡特尔总的收益和利润都要高，高于在欺诈广泛发生引起石油产量过剩，价格下降时的收益和利润。但是，所有成员遵循他们的配额存在战略的不稳定性，因为，每个成员都知道，通过悄悄地单方面降低石油价格（即移到我们囚徒困境中的格 C 和 D)，能够增加销售和利润。所有 12 个成员国都知道：单方面的欺诈能够赢利，并且，他们也是预计卡特尔的每个成员最终也是想悄悄欺诈。因此，每个成员国知道，如果其他成员国决定欺诈，那么，降低价格，出售更多的石油是最好的响应。除非世界的石油需求增加，由于一个或多个其他成员的悄悄欺诈而获得更多的市场份额，那些合作的成员国就会产生销售量的损失。一旦合作的成员国相信，那些损失的销售是到了欺诈的国家，历史表明，那些国家也同样会开始欺诈。

下面的表格是每个 OPEC 成员国各自目标配额。每个国家的百分数是 1986 ～ 2004 年，平均对配额的欺诈。这些欺诈的数值是 Dibooglu 和 AlGudhea（2007）在他们 OPEC 欺诈的经验研究上计算出来的[⊖]。这里欺诈的测量是通过每个国家每个月实际生产数据和配额制度允许产出水平之间差的百分比，计算出来的。粗略地看这张表，相信几乎每个 OPEC 成员国，平均来说，都是欺诈者。平均来说，仅仅印度尼西亚不是欺诈者。相对于印度尼西亚的生产能力，这个合作者的行为更像是由于国内的原油的高需求造成的。2008 年，印度尼西亚退出 OPEC，因为她已经成了石油的净进口国。根据这些数据，我们有趣地注意到：在 OPEC 的成员中，伊朗和委内瑞拉是欺诈最少的国家。这些统计，似乎还可以支持在 OPEC 欺诈是广泛存在的倾向。

OPEC 石油配额和欺诈

OPEC 成员国	配额[①]（每天 1 000 桶）	1986 ～ 2004 年平均欺诈百分比[②]
阿尔及利亚	853	3.0
安哥拉	1 900	na[③]
厄瓜多尔	520	na[③]
印度尼西亚[④]	1 385	−1.7
伊朗	3 917	1.0
伊拉克[⑤]	2 261	na
科威特	2 141	3.8
利比亚	1 431	2.9
尼加拉瓜	2 198	3.5
卡塔尔	692	5.0
沙特阿拉伯	8 674	4.1
阿联酋	2 444	17.6
委内瑞拉	2 333	1.9
OPEC（总）	30 749	3.4

① 2000 年 10 月 31 日配额。数据来源：美国能源部能源信息管理局。

② 1986 ～ 2004 年，实际产量和配额之间平均偏差的百分比，参见 Dibooglu 和 AlGudhea，表 1P 294。

③ 1986 ～ 2004 年，有三个成员的平均偏差没有计算。安哥拉和厄瓜多尔不再是 OPEC 每年配额的成员国。

④ 印度尼西亚成了原油的净进口国，2008 年离开了 OPEC。

⑤ 伊拉克由于战争，是唯一没有超过配额的 OPEC 成员。

⊖ The empirical analysis discussed in this Illustration is from the study by Sel Dibooglu and Salim N. AlGudhea, “All Time Cheaters versus Cheaters in Distress: An Examination of Cheating and Oil Prices in OPEC,” *Economic Systems* 31, 2007, pp. 292-310.

Dibooglu 和 AlGudhea 应用颇复杂的计量经济学的方法，来探讨在表中广泛存在的欺诈，研究实际上已经削弱的 OPEC 是否有能力通过配额来影响世界石油的价格。一个重要的问题应当被注意，沙特阿拉伯，这个世界上最大的石油输出国，真的是通过吸收欺诈造成过多产量来实现配额制度的执法者吗？如果是，由于其他国家广泛欺诈能通过沙特阿拉伯减少自身的产出水平来抵消，足以稳定 OPEC 的总产量。依靠沙特阿拉伯，或为了某种原因的其他 OPEC 国家，通过来回变换产量的角色，因此使得 OPEC 承诺限制产量在公开宣布的配额内变得可信，那么，配额还是这么一回事。

在早期考察这个问题时，Griffin 和 Neilson 发现，沙特阿拉伯通常容忍其他 OPEC 成员少量的欺诈，而当发觉欺诈太多时，才大量地减少产量[⊖]。换句话说，沙特阿拉伯在惩罚成员国欺诈时，采取的是针锋相对策略："如果你今天大量地超出你的生产配额，那我每天会更大地欺诈。"当其他 OPEC 成员的欺诈水平足够惊人，触发了沙特阿拉伯在国际市场上注入大量的沙特原油，使原油价格急剧下降来惩罚欺诈国，结果是所有原油生产者痛苦不已。

你可能会想，沙特阿拉伯针锋相对的惩罚可以防止 OPEC 成员欺诈。但是，正如表中的数据表明，欺诈是通常而广泛的。也许，这些欺诈国并不认为沙特阿拉伯的威胁是可信的，因为在惩罚期间，沙特阿拉伯针锋相对的惩罚也伤害了沙特自己的营利性。当然，沙特石油部长为了通过建立针锋相对惩罚者的威信，达到长期的合作，在短期内可以接受合理的利润损失。在 Griffin/Neilson 和 Dibooglu/AlGudhea 两个研究中，明显地建议沙特对于欺诈要有一个相对高的触发水平。在低水平上的欺诈，沙特阿拉伯就扮演一个来回变动的产量的角色，让配额是那么回事；在高水平欺诈时，沙特阿拉伯展现为一个针锋相对的欺诈者行为，配额就不是那么一回事。

在所有这里关于 OPEC 欺诈的讨论中，你一定不要以为对于 OPEC 的一系列限制中就没有什么事情可做了，一切对 OPEC 原油替代品的可得性有关的事都可以做。即使当 OPEC 成员国在配额的框架内完全合作，全球仍然有 60% 的原油来自非 OPEC 国家。挪威、墨西哥、俄罗斯是石油大输出国，他们经常在 OPEC 消减产量时，乘机通过扩大出口来获取市场份额。也许，对 OPEC 的最大威胁是长远的运作。居高不下的原油价格刺激了投资寻找替换能源，如天然气、煤、核能、太阳能，甚至风能。

13.4　进入限制战略

寡头企业的管理者有时采取一些其他的定价和生产战略行为，阻止新对手与他们竞争。**进入限制战略**（strategic entry deterrence）是现有企业采取阻止进入战略，来劝阻或阻止新企业的进入市场。这种战略产生的壁垒与前面第 12 章所讲的依赖于结构壁垒有些不同——经济规模和范围经济、要素壁垒、政府壁垒、品牌忠诚度、消费者锁定和网络外延——这些壁垒通过改变市场的基础成本或收益情况，致使新企业无利可图，从而封锁了新企业的进入。阻止进入战略是现有企业改变潜在进入者对现有企业在他们进入后的行为（主要是价格和产量行为）的想法的结果。

在特定市场中的企业，可能会赚到经济利润，而新企业进入会削减这部分利润，甚至使之丧失。于是经理们努力减少新企业进入的可能性。这些行动是战略行动，承诺、威胁和约定，用来改变潜在进入者在进入市场之后可能赚取的利润。就像所有的战略行动，进入限制战略只在它们可信时才会成功。本节讨论两种用来操纵潜在进入者对进入的利润的预期的战略：在新企业进入前降低价格和在新企业进入前增加生产能力。

⊖ See James Griffin and W.S. Neilson, "The 1985-1986"Oil Price Collapse and Afterwards: What Does Game Theory Add?" *Economic Inquiry*, 2004, pp.543-561.

13.4.1 限制定价

在特定情况下，寡头或垄断者可能做出可信的承诺，使定价低于利润最大化水平，以此来阻止新企业的进入，这种战略称为**限制定价**（limit pricing）。为实施承诺这种战略，现存企业必须能够做出即使新企业进入后，它也会连续使定价低于利润最大化水平的可信的承诺。如果潜在的进入者认为现有企业的低价只是为了吓走新企业，当新企业决定无论如何都要进入时，现有企业很可能提高价格，那么，潜在进入者没有看到可信的承诺，会继续进入。

我们可以用一个例子说明价格限制。在年初，星星咖啡是在有名的圣弗朗西斯克购物中心的唯一的咖啡店。作为垄断者，它通过平均每杯卖 4 美元的价格获得最大利润（因为咖啡店卖很多不同规格的咖啡，我们只好考虑卖出的每杯平均价格）。黑豆受星星咖啡经济利润的吸引，想要在购物中心开店，与星星竞争。星星咖啡的经理知道潜在竞争者，她希望阻止黑豆的进入。她愿意考虑把价格降到每杯 3 美元，并且如果她认为价格限制战略会阻止黑豆进入的话，低价会在这年持续。为了承诺低价，她明智地要求购物中心的所有者与其签署一个不可逆转的合同，合同要求星星咖啡全年价格保持不变，她选择星星咖啡的价格固定在 1 月 1 日生效。然后她将签好的合同贴在咖啡店的前窗，以便顾客可以看到，更重要的是，让黑豆的经理看到。黑豆的经理在看到那份合同，得知星星从 1 月 1 日的价格后，会做出进入还是不进入购物中心的决策。

图 13-7 表示这一年开始星星咖啡面临的顺序决策。1 月 1 日（图 13-7 中的 a 点），星星咖啡做出价格决策，然后黑豆做出一次性决策，进不进入购物中心。黑豆的决策依赖于星星在这年剩下的时间的承诺行动：要么利润最大价格，P^*，要么限价 P_L，用点 b 或 c 表示。

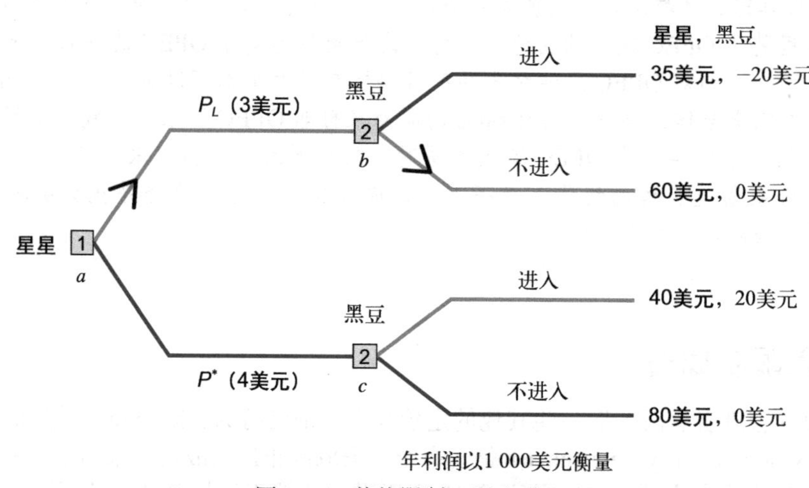

图 13-7　价格限制：阻止进入

图 13-7 的收益是各种决策组合的年利润。星星的最好利润 80 000 美元，在定价每杯 4 美元，并且黑豆不进入时产生。当星星实行限价每杯卖 3 美元，并且黑豆不进入，星星只有 60 000 美元的利润。在黑豆选择不进入的两种情况下，黑豆没有利润。

当黑豆选择进入，利润结果取决于星星定价在 4 美元还是 3 美元。在进入限制价格 3 美元，黑豆不能与星星竞争，年亏损 35 000 美元。[⊖] 如果星星定价 4 美元，黑豆的年利润是 20 000 美元，星星的年利润是 40 000 美元。

当战略思考时，星星的经理并不笨。并且，虽然她不认识黑豆的经理，她假设他也不笨。在图 13-7 的决策点 a，星星的经理决定是要承诺限制价格 P_L，还是高价 P^*。运用反推法，她认为黑豆会选择在点 b，不进入，和点 c 选择进入。在图 13-7，黑豆在点 b 和 c 的决策用淡颜

⊖ 定价 3 美元时，为了让黑豆亏损，而星星有赢利，星星必须比黑豆有成本优势，也许是因为规模经济，或者是要素便宜，或者有更好的技术。总之，价格限制只有在现有企业比新入企业有成本优势时才能成功。

色表示。反推回决策点 a，星星的经理选择限制价格战略（定价 3 美元），因为给定黑豆在点 b 和 c 的最好行动，她预计会通过定价在 P_L，赚取 60 000 美元利润，多于定价在 $P*$，赚 40 000 美元利润。

在本例中，限制价格成功地阻止了进入，因为星星咖啡的经理找到了定价在 3 美元的可信的承诺。然而，实施限制价格在现实中有困难。通常，现有企业在进入发生后放弃限制价格，转向当两个企业同时做价格决策时，相互最好的纳什均衡价格更有利可图。换句话说，当进入发生，现有企业的最好价格是在两个企业的最优反应曲线的交点，两个企业都比现有企业坚持价格 P_L 有更多利润。这样，在 P_L 不是不可逆转的决策情况下，如果进入发生，现有企业放弃限制价格，制定纳什均衡价格对其最有利。让我们假定在这个例子中，星星咖啡和黑豆的交点是在纳什价格 P_N 3.50 美元。

为了说明这个问题，我们把咖啡店的例子修改一下，去掉星星咖啡做一个不可逆转的合同 P_L 的能力。（星星咖啡的法律部门发现加州的购物中心不能合法的控制零售价格。）现在缺少在决策点 a 维持价格的可信的承诺，星星的初始价格决策是可逆转的：星星可以在黑豆做出进入决策后改变它的价格。图 13-8 是星星不能不可逆转地选择限制价格每杯 3 美元。另外两个点 d 和 e 表示在黑豆进入条件下，星星可以改变它的价格。还需要注意的是因为黑豆用了几天的时间尝试进入战略（点 b 和 c），在 P_N 点如果定价在 3 美元而不是 4 美元的话，星星的利润稍微减少了（准确地说减少 2 000 美元）。

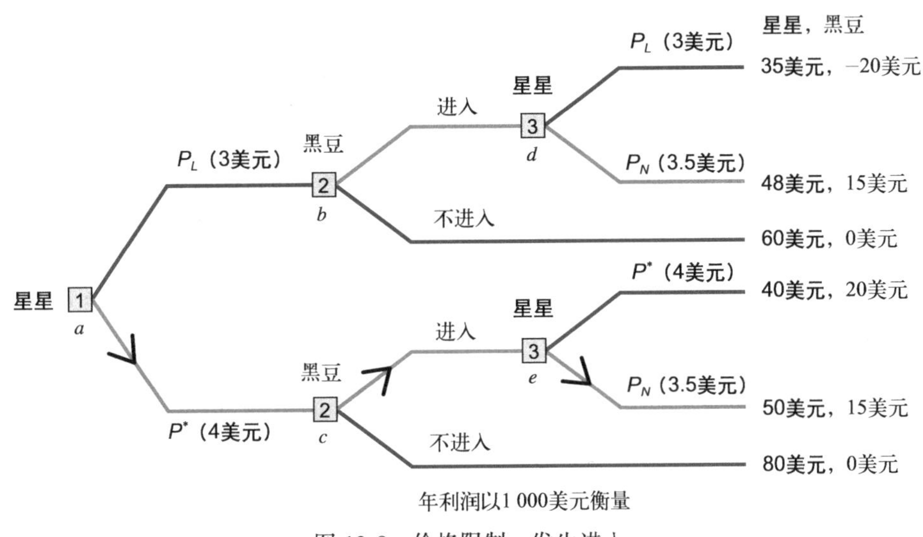

图 13-8　价格限制：发生进入

在决策点 d，星星既可以继续限制价格（P_L=3 美元），也可以把价格提高到更有利可图的纳什价格（P_N=3.50 美元）。就像我们上面讨论过的，现在黑豆相信星星会在黑豆进入后放弃限制价格，因为对星星而言，P_N 比 P_L 更有利。这种情况的限制价格不能阻止进入。黑豆预计星星会在黑豆进入后，选择它的最好价格 P_N，这样黑豆选择进入获得最好利润。完成反推分析后，你会看到星星在年初选择利润最大的价格 $P*$。

许多经济学家，博弈理论家和政府反托拉斯官员认为，进行限制价格很少奏效，因为现有企业很难做出可信的限制价格承诺。你无疑意识到，我们的限制价格成功的例子采用了一个相当不可能的，虽然不是完全牵强的，建立可信的承诺的办法。另一种使承诺（或者是可信的威胁和约定）可信的办法是建立一个从不改变主意（或屈服于威胁或食言）的强硬的形象。博弈理论家建议树立一个非理性，甚至疯狂的形象，也会使战略行动可信。当然，我们并不是说疯狂会使你作为经理人得到提升，但是一个看似疯狂的人可能比看起来要聪明得多。

13.4.2 生产能力扩张限制进入

在一些情况下，现有企业经理很可能通过把价格降到进入这个市场无利可图的水平，来阻止新企业进入。为了使报复性的降价可信，降价的威胁是一个好决策，但一定要是现有企业在新企业决定进入前做出。但是在大多数情况下，对进入最好的反应是接纳新企业，现有企业减少产量，使价格不会在新企业进入后降得太厉害。这样，现有企业要成功地通过威胁阻止进入变得很困难。

现有企业有时不总是可以通过增加工厂能力，来使其对进入者的报复性降价可信。当增加生产能力时，使现有企业边际生产成本降低，现有企业对新进入者最好的反应是增加产量，这样为了卖出更多的产品必须降价。如果潜在的进入者相信降价使进入无利可图，并且他们相信生产能力扩张无法改变以接纳新进入者，那么现有企业能够运用**生产能力扩张限制进入**（capacity expansion as a barrier to entry）。

我们可以用以前星星咖啡的例子来说明生产能力限制进入的本质。假定已经在购物中心的唯一的咖啡店——星星咖啡店收取垄断价格，每杯 4 美元，年利润 80 000 美元。自然地，星星咖啡会阻止黑豆进入这个有利可图的市场。假设星星试图威胁黑豆，如果黑豆进入，星星会把价格从每杯 4 美元降到 3 美元。星星的降价威胁能够阻止黑豆的进入吗？

考虑图 13-9a 表示的战略决策情形，当黑豆先决定是否要进入市场，然后星星选择它的最好价格，3 美元或者 4 美元。就像你在 A 中看到的，星星威胁每杯 3 美元是不可信的：如果黑豆进入，星的最好反应是每杯 4 美元，每年赚 40 000 美元。

作为一种如果黑豆进入就降价的可信的威胁，星星咖啡的经理决定投资扩大提供咖啡的能力。星星咖啡的经理得到购物中心的许可，自己出资重新装修。装修费不会由购物中心支付，星星也不会离开购物中心再出资装修。重新装修项目增加了在店前面的人行道座椅，增加了 25% 的座位。另外在店里增加两个煮咖啡的机器。这些增加提供咖啡服务能力的投资，使星星比其在没有被威胁到垄断地位的最优座位数和煮咖啡能力要多。实际上，如果黑豆不进入市场，这些富余生产能力不会被使用。

我们必须再次强调，增加的生产能力是沉没的，星星没有机会改变其生产能力，以至于边际成本降低的承诺。在本例中，扩张能力的成本大部分都是沉没成本。增加的两台煮咖啡机器不是沉没成本，新添的人行道座椅当然是沉没成本，它占了扩张能力成本的绝大部分。

投资后的生产能力收益在图 13-9b 中表示。正如你能看到的，星星每个结果的利润都少了，因为它比 a 要多付座位能力和煮咖啡机器。然而，拥有富余生产能力和更低的边际成本，当黑豆进入后，星星降低价格到 3 美元，卖出更多的咖啡：每年 34 000 美元的利润多于 31 000 美元。

投资更大生产能力有战略价值，因为在由富余生产能力的情形下，星星对黑豆进入的最好反应是降价到 3 美元，增加服务的顾客数量。而当黑豆不进入时，星星可能看起来更好的办法是改变富余生产能力的投资，继续每杯 4 美元的价格。星星不能这样的原因是：大部分富余生产能力的投资都是沉没的，无法逆转。实际上，正是这种对生产能力的投资无法逆转，才使星星的降价威胁可信，于是阻止了黑豆的进入。

一旦星星咖啡的经理发现对富余生产能力的投资，能使报复性降价的威胁可信，经理会抓住博弈的先机，在黑豆决定进入与否之前，做出扩大生产能力的决策。通过生产能力的扩张，星星采用一旦进入就降价的可信威胁，有效地改变了收益。这样，黑豆将面临 *B* 的战略情形，进入被阻止。

我们必须再一次强调，尽管进入被阻止了，星星由于有富余生产能力，导致其作为垄断者的利润减少。有富裕生产能力当然会增加一个企业的成本，减少一些利润。但是与限制价格战略相比，拥有闲置生产能力可能是一种并不昂贵（更有利的）办法使企业进入。选择哪种战略，取决于期望的富余生产能力的相对利润与限制价格的利润的比较。如果价格缺乏弹性，产量的细微增加都会导致大幅降价，在本例中，需要的闲置生产能力很少，生产能力扩张是封锁进入的成本更低的方法。

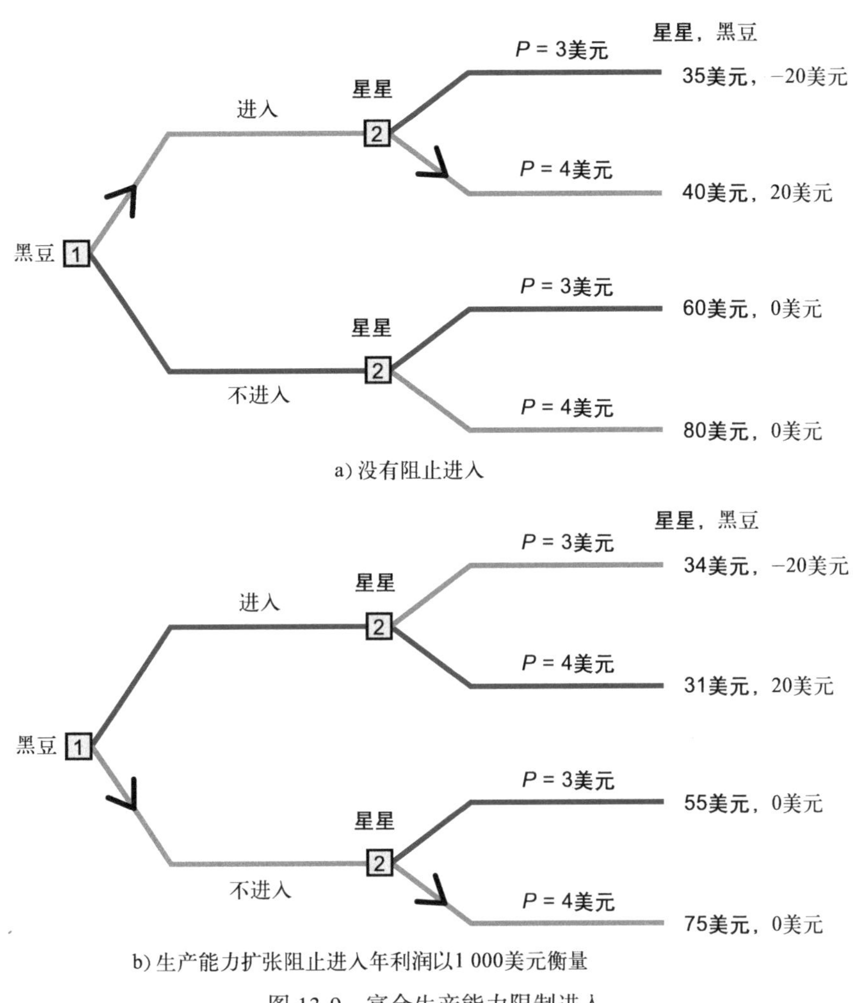

图 13-9　富余生产能力限制进入

13.5　本章小结

- 经理们在无法知道竞争对手决策的情况下，必须做出自己的决策，这样就会发生同步决策博弈。无论对手作何种决策，你都能获得最好结果的策略是你的上策。所有决策者都有上策并采纳上策时，实现上策均衡。当所有竞争对手都有上策且处于上策均衡，但结果不如合作决策的结果好时，囚徒困境就发生了。无论竞争对手做出何种决策，对于你来说都是最差的那个决策是你的下策。因此，下策永远不会被选择，在决策过程中需要被忽略或排除。在第一轮排除下策后，另一个策略成了下策，就需要继续排除，直到最后得益矩阵中没有下策。纳什均衡是所有经理在预期竞争对手选定行动后，选择自己最好的行动的一组行动或决策。在纳什均衡中，没有一个公司能够独自找到一个不同的、能获得更多受益的决策，这是纳什均衡的一个特点，被称为战略稳定性。所有的上策均衡都是纳什均衡，但纳什均衡可以在没有上策或下策的情况下发生。最优反应曲线是用来分析解释当决策是连续，而不是离散时的同步决策。企业的最优反应曲线是基于期望

竞争对手做出最好决策（通常是利润最大的）的基础上，所采取的最好决策。最优反应曲线的交点就是纳什均衡点。（学习目标 1）

- 顺序决策是指有一个企业先行决策，然后竞争对手再做出自己的决策。决策树可以用来分析顺序决策。经理人用反推法沿决策树逆推，得到对他们来说最好的决策，从而得到一个唯一的路径，也叫纳什均衡路径。如果作为率先行动的人收益增加（与随后行动获得的收益相比），那么，存在先发优势。如果随后行动使收益增加（与率先行动获得的收益相比），那么，存在跟进优势。经理人可以通过战略行动来取得更好的成果。有三种战略行动：承诺、威胁和约定。只有可信的战略行动才有效；竞争对手对于任何不足以使其相信的承诺、威胁和约定，都不予理睬。（学习目标 2）
- 在重复博弈中，当同一些企业一再做出重复决策时，经理人就有机会惩罚作弊的对手，而通过可信的惩罚，竞争对手间有可能实现囚徒困境中的合作。当作弊成本的现值大于作弊利益的现值时，合作将会增加企业的价值。有一种被广为研究的惩罚策略，称为引发策略。经理人通过开始选择合作，随后选择持续合作，直到发现对手有作弊，来实施引发策略。作弊行为“引发”了在随后重复决策中的惩罚阶段，可能持续一次或多次。非常受关注的两个引发策略是：以牙还牙策略和严厉惩处策略。合作通常会增加利润，所以，经理人通常会采用一些促进合作发生的策略技巧或方法，这些技巧被称为促进实践。四种促进实践是：价格跟进、销售价格保证、公开价格和价格领导。卡特尔在企业间采取公开的共谋，用明确的价格协议驱动价格上涨，这是寡头企业合作的最极端形式。因为卡特尔的定价方式往往是缺少战略的稳定性的，要维持卡特尔价格协议是十分困难的。寡头间的一个不是那么极端的合作形式是默许共谋。默许共谋没有明确的勾结协议或者其他的促进实践。（学习目标 3）
- 进入限制是现有企业采取阻止竞争对手进入市场的策略，来劝阻或阻止新企业进入市场。有两种策略行动：限制价格和扩张生产能力。可以通过这些策略行动，来操纵潜在进入者对进入利润的预期。如果使用价格限制，企业会试着做出令对手可信的承诺，让定价足够低，使其对进入新市场感到沮丧。价格限制在操作上很难有效，因为潜在的进入者可能相信，如果竞争企业直接进入，现有企业实际上将提高价格。要实现价格限制的挑战关键，在于成功地设定一个价格，使新进企业无法获利。有时，现有企业可以通过不负责任地增加工厂能力，来使竞争对手相信价格下降的威胁。当增加生产能力可以使现有企业边际生产成本降低时，现有企业对新进入者最好的反应是增加产量，这样，为了卖出更多的产品，必须降价。（学习目标 4）

关键词

best-response curve **最优反应曲线** 是表明建立在其期望竞争对手将要采取的行动上的最好的决策（通常是利润最大的）曲线。

capacity expansion as a barrier to entry **生产能力扩张限制进入** 现有企业为了使潜在企业进入后的降价威胁可信，扩张生产能力的策略。

cartel **卡特尔** 一群企业或国家参加为了提高价格限制竞争的公开协议。

cheating **欺诈** 管理者做不合作的决定。

commitment **承诺** 为了增加承诺企业的收益而采取的无条件行动。

common knowledge **共识** 所有决策者都知道收益矩阵，并且他们也相信所有其他的决策者也都知道收益矩阵的情况。

cooperation **合作** 寡头企业各自的决策使每个企业都比非合作的纳什均衡结果好。

credible **可信的** 企业宣称要采取战略行动是企业最大利益所在的策略行动。

decision node **决策点** 决策树中用方框表示决策制定的点。

dominant strategy **上策** 即无论对手做何种决策，都能获得最好结果的战略，也叫占优策。

dominant-strategy equilibrium **上策均衡** 都有上策并实施上策。

dominated strategy **下策** 因为至少有一个无论竞争对手做出何种决策，都可以提供更高的收益的其他战略，从而永远不会被选择的战略。

facilitating practice **促进实践** 鼓励合作定价行为方法，通常是合法的。

first-mover advantage **先发优势** 一个企业可以通过先做决策来增加收益。

game **博弈** 当人们为了获得更大的各自利益而相互竞争的决策过程。

game theory **博弈论** 涉及相互依存的情形下做决策分析的指导或者工具。

game tree **决策树** 标明顺序决策的结构和收益的图。

grim strategy **严厉惩处策略** 欺诈引起永远惩罚的引发策略。

limit pricing **限制定价** 为了防止进入，现有企业承诺定价在利润最大化价格以下。

Nash equilibrium **纳什均衡** 所有经理在给定竞争对手选择他们行动的前提下，选择自己最好的一系列的行动。

oligopoly **寡头市场** 一个包括几家相对大企业的市场，每家企业都拥有举足轻重的市场份额，并且都确认它们之间的相互依存性。

payoff table **收益矩阵** 每个参与者可能做出决策的组合表，并表明在每种决策组合下每个参与者得到的结果或收益。

price leadership **价格领导** 一个领导企业制定行业利润最大化价格，跟随企业通过制定同样价格合作。

price matching **价格跟进** 跟进任何对手的降价行为的策略承诺。

promise **约定** 采取“如果你采取行动 A，我会采取你期望的行动 B”的有条件的策略行动。

public pricing **公开定价** 通过将价格信息变成公众知识的方法告知购买者。

punishment for cheating **惩罚欺诈** 做报复性决策，使对手回到非合作的纳什结果。

repeated decision **重复决策** 同样的企业不断做决策。

roll-back method **向后反推法** 通过考虑将来决策来推理现在最好决策，从而找到纳什解的方法。

sale-price guarantee **销售价格保证** 企业承诺给今天购买产品的顾客未来规定期间内的销售价格。

second-mover advantage **跟进优势** 一个企业可以通过第二个做决策来增加收益。

sequential decision **顺序决策** 一个企业先做决策，然后对手做决策的决策。

simultaneous decision game **同步决策博弈** 企业必须在不知道竞争对手的决策的情况下做出自己决策的情形。

strategic behavior **战略行为** 公司对竞争对手的竞争所做的计划、反应等行动。

strategic entry deterrence **进入限制策略** 现有企业为阻碍新企业进入其市场而采取的策略行为。

strategic move **战略行动** 三种可以使对手处于不利地位的行动：承诺、威胁或者承诺。

strategy stability **战略稳定性** 在纳什均衡格里，没有决策者仅仅改变自己的决策就可以改善自己的收益。

successive elimination of dominated strategy **连续排除下策** 不断排除下策，简化收益矩阵，减少供经理考虑的决策数量的过程。

tacit collusion **默许共谋** 没有协议的竞争企业间的合作。

threat **威胁** 采取“如果你采取行动 A，我会采取对你昂贵的行动 B”的有条件的策略行动。

tit-for-tat strategy **针锋相对策略** 欺诈引发惩罚，直到欺诈结束重新合作的引发策略。

trigger strategy **引发策略** 欺诈引发一定时期的惩罚策略。

概念性习题

1. 解释下面每个关于在管理决策中战略思考的角色的论述正确与否。

   a.“在完全竞争市场中的企业，管理者为了做出更有利的决策，需要设想对手的决策。”

b. “寡头行业经理们的战略思考鼓励理性决策，这会增加行业的利润。”

c. “尽管具有利润相互依存的特点，寡头经理们有与完全竞争者、垄断者和垄断竞争者相同的目的。”

2. 评价下面陈述：“在同步决策中，所有的参与者都知道各种决策的收益，但是他们仍然不完全掌握所有为了决策想要的消息。”

3. 在下面每个收益矩阵中，两个决策者，盖茨和戴尔，必须做出是否合作的同步决策。逐一解释为什么或者为什么不表示盖茨和戴尔的囚徒困境。

a.

		盖茨	
		不合作	合作
戴尔	不合作	75美元，75美元	600美元，50美元
	合作	100美元，300美元	400美元，400美元

b.

		盖茨	
		不合作	合作
戴尔	不合作	100美元，100美元	300美元，200美元
	合作	200美元，300美元	500美元，500美元

c.

		盖茨	
		不合作	合作
戴尔	不合作	100美元，100美元	600美元，50美元
	合作	50美元，600美元	500美元，500美元

4. 小和大两个公司竞争价格，每家都可以选择低价或者高价。下面的收益矩阵表示四种决策情形下每家的利润（100万美元）。

a. 小公司有上策吗？如果有，是什么？为什么？

b. 大公司有上策吗？如果有，是什么？为什么？

c. 可能的决策对是什么？每家的收益是多少？

		大公司	
		低　价	高　价
小公司	低　价	200美元，500美元	600美元，600美元
	高　价	0美元，1 500美元	400美元，1 000美元

5. 证明下面陈述：“表13-2的囚徒困境的解等同于下策排除法找到的解。”

6. 用连续排除下策法找到下面可口可乐和百事广告决策博弈的解。

		百事的广告预算		
		低	中	高
可口可乐的广告预算	低	A 400美元，400美元	B 320美元，720美元	C 560美元，600美元
	中	D 500美元，300美元	E 450美元，525美元	F 540美元，500美元
	高	G 375美元，420美元	H 300美元，378美元	I 525美元，750美元

每年利润收益（以100万美元计）

a. 可口可乐在初始收益矩阵中有下策吗？如果有，什么是其下策，为什么是下策？如果没有，为什么？

b. 百事在初始收益矩阵中有下策吗？如果有，什么是其下策，为什么是下策？如果没有，为什么？

c. 在第一轮中排除在初始收益矩阵中的下策后，描述在简化的收益矩阵中可口可乐和百事面临的战略形势。

d. 这个广告决策问题的可能结果是什么？

e. 百事在可口可乐和百事都选择高广告预算时有最好的收益。解释为什么百事不会选择高广告预算。

7. 通过解释下面决策组合的战略稳定性来证明其是纳什均衡。

a. 表13-1囚徒困境的格D。

b. 问题 4c 中大小公司的决策组合。

c. 问题 6d 中可口可乐和百事的决策组合。

8. 按照图 13-1a 说明的程序，证明当 A 相信 B 的往返机票价格为 200 美元时，A 的最好选择是 208 美元。

9. 详细解释为什么 A 和 B 不可能选择图 13-2 点 R 的价格组合。不要简单说点 R 不是最优反应曲线的交点。

10. 在图 13-2 中，点 C 时，A 和 B 都有更大利润。点 C 要求合作：A 每张往返机票价格为 230 美元，B 为 235 美元。

 a. 在这样的价格下，每家航空公司的利润是多少？更高的价格增加了 A 的利润吗？更高的价格增加了 B 的利润吗？

 b. 假设 A 单方面欺诈，降价为 229 美元，B 遵守协议，保持 235 美元。计算 A 的利润。欺诈增加了 A 的利润吗？

 c. 假设 B 单方面欺诈，降价为 234 美元，A 遵守协议，保持 230 美元。计算 B 的利润。欺诈增加了 B 的利润吗？

11. 在企业 A 和 B 的经理们必须同时做出价格决策。下面的需求和长期成本情况是经理们的共有知识：

$$Q_A = 72 - 4P_A + 4P_B \text{ 和 } LAC_A = LMC_A = 2$$

$$Q_B = 100 - 3P_B + 4P_A \text{ 和 } LAC_B = LMC_B = 6.67$$

下图是 B 的最优反应曲线，BR_B，只有 G 点在 A 的最优反应曲线上。

 a. 通过当企业 A 相信企业 B 将要定价 60 美元，找到企业 A 的最好反应曲线的另一点。在图中画出这个价格组合，记为 H，画出 A 的最优反应曲线，标为 BR_A。

 b. 你期望的 AB 的定价是多少？为什么？把这点在图中标为 N。

 c. 计算每个企业在 N 点的利润。

 d. 详细解释为什么经理们不会选择图中的点 H。

 e. 设想两个企业的经理同意合作，定价 $P_A = 45$ 美元，$P_B = 60$ 美元，在图中标为 C 点。比较两个企业在 C 点的利润。那个企业在 C 点比 N 点利润更大？为什么你不把 C 点作为问题 b 的回答？

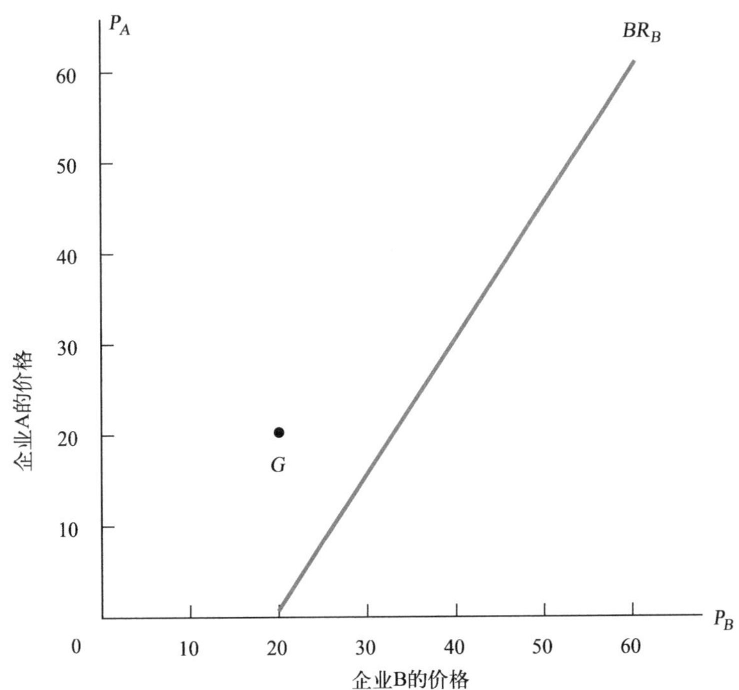

12. 用城堡和宫殿在表 13-2 中的收益矩阵，画出宫殿先做决策的顺序决策决策树。

 a. 用反推法找到均衡决策路径。在你的决策树上标明决策路径。

 b. 问题 a 的决策结果是纳什均衡吗？解释为什么是或不是？

13. 在图 13-4 的技术选择决策博弈中，画出当索尼先决策的决策树。用反推法找到博弈结果。索尼有先入优势吗？并解释。

14. 在考虑问题 13 技术选择决策博弈，索尼在摩托罗拉之前选择移动电话技术。摩托罗拉在两个公司都采用模拟技术为移动电话服务时，利润最大。摩托罗拉考虑以下的战略行动：
    a. 摩托罗拉在索尼决策前威胁，“如果你（索尼）选择数字，那么我们选择模拟。”这个威胁能完成摩托罗拉的目的，让两个公司都用模拟技术吗？解释为什么是或为什么不。
    b. 摩托罗拉在索尼决策前宣称，“如果你（索尼）选择模拟，那么我们也会选择模拟。”这是战略约定吗？为什么？这个宣称能完成摩托罗拉的目的，让两个公司都用模拟技术吗？解释为什么或为什么不。
15. 在双头寡头市场中的两个寡头，Alpha 和 Beta，在每月第一天选择他们产品的价格。下面的月度收益表是根据他们的决策而来。
    a. Alpha 和 Beta 面临囚徒困境吗？为什么是或不是？
    b. 合作的结果是什么？什么是非合作的结果？
    c. 哪个格表示了在价格决策中欺诈？并解释。
    d. 如果 Alpha 和 Beta 只做一次价格决策，他们会选择合作的结果吗？为什么？

		Alpha的价格	
		高	低
Beta的价格	高	A 200美元，300美元	B 50美元，350美元
	低	C 300美元，150美元	D 75美元，200美元

收益单位：每月1 000美元

16. 在每周 AMD 和英特尔的半导体芯片决策中，根据表 15-1，证明如果英特尔欺诈，AMD 能够做出可信的报复性降价威胁。
17. 在问题 15 的价格决策中，Alpha 能做出以报复性降价惩罚 Beta 的可信的威胁吗？Beta 能做出报复性降价的可信的威胁吗？
18. 问题 15 中 Alpha 和 Beta 每月第一天重复价格决策。假设他们前几个月都合作，但是现在 Beta 的经理正在决定是要欺诈，还是接着合作。Beta 的经理认为 Beta 可以欺诈两个月不被发现，但是之后会被惩罚两个月。惩罚结束后，Beta 的经理期望会回到合作。Beta 的经理用每月 2% 的折现率计算现值。
    a. 每月 Bate 从欺诈中获利（未折现）多少？欺诈获利的现值是多少？
    b. 每月 Bate 的欺诈成本（未折现）是多少？欺诈成本的现值是多少？
    c. Beta 会合作还是欺诈？并解释。
    d. 假设 Beta 以每周 30% 的折现率计算未来获利和成本。Beta 会选择合作还是欺诈？
19. 就下面每一事件，解释为什么在前面问题中 Beta 更倾向于合作还是欺诈。
    a. Beta 在被 Alpha 抓住以前能够欺诈超过两个月。
    b. Alpha 宣布它会跟进任何 Beta 的降价，而且是马上跟进。
    c. Alpha 雇用了一名新的首席执行官，他有着无情跟进对手降价的名声，即使对方已经开始合作价格。
    d. Alpha 改变了它的产品设计，使其比 Beta 更受某些顾客的欢迎。

概念性习题答案

1. a. 错。完全竞争不需要知道其他对手的决策，因为他们太小不足以影响其他企业的利润。
   b. 错。战略思考包括理性制定决策，经理们运用战略思考做出在他们预计竞争对手的决策的基础上使自己利润最大化的决策。这通常并不能使行业利润最大。
   c. 对。任何市场形式的经理都追求利润最大化。
2. 对。尽管他们知道采取一些行动的收益，但他们不知道对手要采取什么战略或行动。
3. a. 不是囚徒困境。两家的经理都没有上策。
   b. 不是囚徒困境。两家的经理的上策都是合作而不是不被期望的不合作结果。这里没有囚徒困境；上策均衡是盖茨和戴尔单独能做得最好的。
   c. 是囚徒困境。戴尔和盖茨都有上策，上策均衡使他们比合作的结果差。
4. a. 对小公司而言，低价是上策，因为小公司无论大公司怎样选择都有更多利润。
   b. 大公司没有上策。如果小公司选择高价，大公司低价利润更多。如果小公司选择高价，大公司高价利润更多。

c. 小公司会被期望定低价，这是它的上策。大公司会定高价，因为大公司知道小公司的上策是低价，高价是大公司的最好的决策，因为它相信小公司很可能采取上策，定低价。两个企业最后每家都赚 600 美元利润。

5. 在囚徒困境情形中，每个嫌疑犯都有上策：招供。那么不招供永远不会被选择，所以这是两个嫌疑犯的下策。从囚徒困境的收益矩阵排除不招供的行和列，剩下的就是唯一的上策均衡：(招供、招供)。

6. a. 是的，在初始收益矩阵中，可口可乐的下策是高。无论百事选择高、中等还是低，可口可乐的战略选择永远不是高。

b. 是的，在初始收益矩阵中，百事的下策是低。无论可口可乐选择高、中等还是低，百事的战略选择永远不是低。

c. 简化的收益矩阵由删除可口可乐的高列和百事的下策低列组成。在简化的收益矩阵中，只有百事有上策（中等）。

d. 百事和可口可乐的可能的决策对式（中等、中等）。

e. 百事不可能选择高广告预算，因为高是可口可乐的下策，百事不会愚蠢到相信可口可乐会选择高。

7. a. 在格 D，简和比尔都不会因为单独改变决策而增加收益。当比尔招供时，简最好的结果也是招供。如果她独自决定不招供，在比尔招供时，她要被判 12 年而不是 6 年。她不会因为独自改变决策而有好处。在格 D 简也招供时，比尔独自改变决策不招供，只会使他更差。格 D 是战略稳定的，因为简和比尔在给定对方的决策时，都没有动机改变决策。

b. 小和大的可能的决策对（低，高）是战略稳定的，因为大选择高时，小独自选择高会使小更差（收益从 600 美元降到 400 美元），大独自改变决策，选择低会使大更差（收益从 600 美元降到 500 美元）。

c. 可口可乐和百事的决策对（中等，中等）可以通过排除原始收益矩阵的下策得到，是战略稳定的，因此也是纳什均衡。两个可乐公司都不能通过独自改变决策而改善收益情况。当百事选择中等广告预算，可口可乐不会比纳什均衡 450 美元更好。当可口可乐选择中等广告预算，百事不会比纳什均衡 525 美元更好。

8. 把 $P_B = 200$ 美元代入企业 A 的需求方程，得到 $Q_A = 6\,400 - 25P_A$ $[= 4\,000 - 25P + 12 \times 200]$。接着变换得到反函数，$P_A = 256 - 0.04Q_A$，于是 $MR_A = 256 - 0.08Q_A$。然后从 $MR_A = LMC_A$ 解出 Q_A：$256 - 0.08Q_A = 160$，这样 $Q_A = 1\,200$。企业 A 对企业 B 定价 200 美元的最好反应是 208 美元 $[= 256 - 0.04 \times 1\,200]$。

9. A 没有理由定价在 184 美元，因为 184 美元只是在 B 选择 100 美元时，对 A 有利的决策。因为点 R 不再 B 的最好反应曲线上，B 对 A 的定价 184 美元的最好反应是制定其他不是 100 美元的价格（在这种情形下，高于 100 美元）。所以，如果 B 不定价在 100 美元，A 没有理由定价在 184 美元。

10. a. $Q_A = 4\,000 - 25 \times 230 + 12 \times 235 = 1\,070$；$Q_B = 3\,000 - 20 \times 235 + 10 \times 230 = 600$；$\pi_A = (230 - 160) \times 1\,070 = 74\,900$（美元）；$\pi_B = (235 - 180) \times 600 = 33\,000$（美元）。两家航空公司在点 C 比点 N 利润都高。

b. $Q_A = 4\,000 - 25 \times 229 + 12 \times 235 = 1\,095$；$\pi_A = (229 - 160) \times 1\,095 = 75\,555$（美元）。是的，欺诈增加 A 的利润。

c. $Q_B = 3\,000 - 20 \times 234 + 10 \times 230 = 620$ $\pi_B = (234 - 180) \times 620 = 33\,480$ 美元。是的，欺诈增加 B 的利润。

11. a. 把 $P_B = 60$ 美元代入企业 A 的需求方程，得到 $Q_A = 312 - 4P_A$。接着变换得到反函数，$P_A = 78 - 0.25Q_A$，于是 $MR_A = 78 - 0.5Q_A$。然后从 $MR_A = LMC_A$ 解出 Q_A：$78 - 0.5Q_A = 2$，这样 $Q_A = 152$。企业 A 对企业 B 定价 60 美元的最好反应是 40 美元 $[= 78 - 0.25 \times 152]$。点 H 和 BR_A 如图所示。

b. 在同步决策中，当需求和成本是共有知识，经理们能够通过 BR_A 和 BR_B 的交点找到纳什价格，即图中 N 点。点 N 允许给定对手的价格，每个企业做得最好。

c. $Q_A = 72 - 4 \times 30 + 4 \times 40 = 112$；$Q_B = 100 - 3 \times 40 + 4 \times 30 = 100$；$\pi_A = (30 - 2) \times 112 = 3\,136$（美元）；$\pi_B = (40 - 6.67) \times 100 = 3\,333$（美元）。

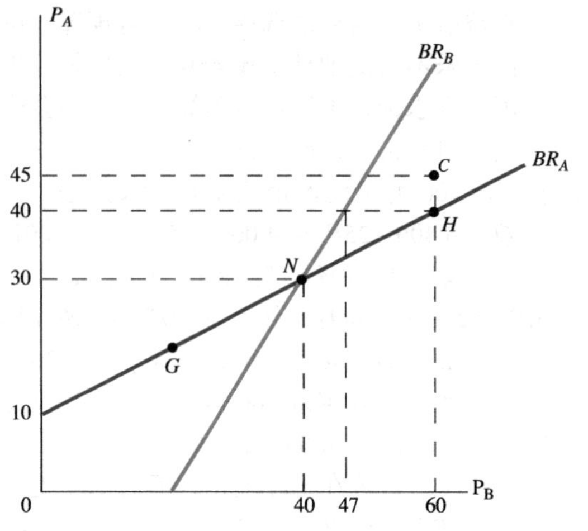

d. 经理 A 不相信经理 B 会在 A 定价 40 美元时，定价 60 美元。两家的经理都知道，经理 B 对 A 的定价 40 美元的最好反应是降价到大约 47 美元。

e. $Q_A = 72 - 4 \times 45 + 4 \times 60 = 132$；$Q_B = 100 - 3 \times 60 + 4 \times 45 = 100$；$\pi_A = (45 - 2) \times 132 = 5\,676$（美元）；$\pi_B = (60 - 6.67) \times 100 = 5\,333$（美元）。两个企业在点 C 都比在点 N 好。由于企业在做同步决策，不能合作，点 C 不会被选择，点 N 是期望的结果。

12. a. 决策树和决策路径如下所示。

b. 是的，在决策树上表示的均衡决策路径是纳什均衡，因为城堡和宫殿都在对方决策一定时，做得最好。对方决策一定时，没有企业有动机改变决策。

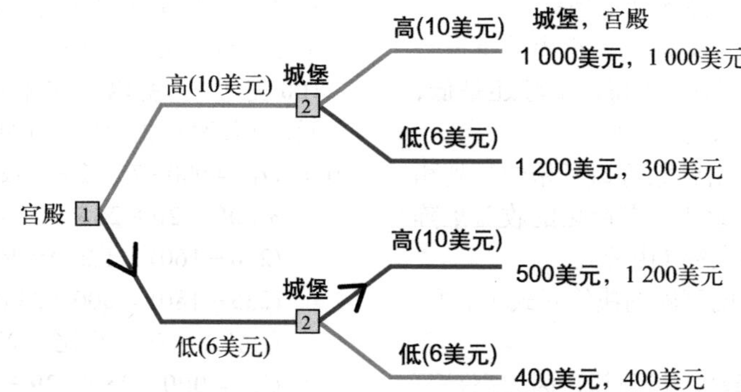

13. 当索尼先行动的技术选择博弈如下所示。决策路径以有箭头的浅灰色标注。解是（数字、数字）。因为索尼先行动时，利润更大（1 187.5 万美元 > 1 000 万美元），它有先入优势。

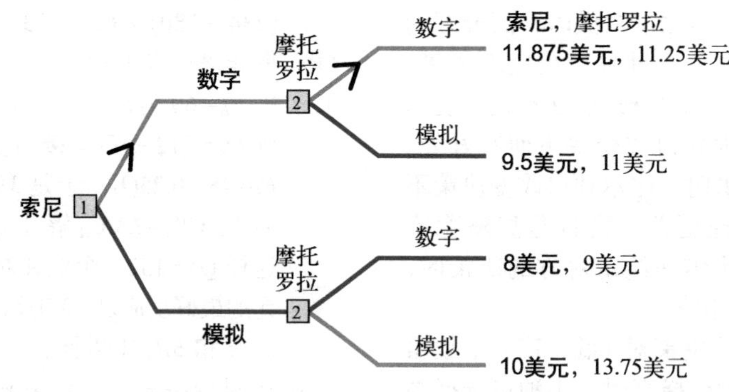

14. a. 否。索尼漠视摩托罗拉的威胁，因为它不可信：如果索尼选择数字技术，摩托罗拉的最好选择也是选择数字技术。

b. 否。摩托罗拉的陈述不是战略约定，因为它不改变博弈。索尼已经知道如果索尼选择模拟，摩托罗拉也会选择模拟，所以约定没有向索尼提供任何它没有的信息。索尼漠视这个摩托罗拉的陈述，博弈以两个企业选择数字技术结束。

15. a. 是的。Alpha 和 Beta 都有上策（定低价），这会导致利润不如合作结果（定高价）。

b. 合作的结果是格 A，两个公司都定高价。非合作结果是格 D，纳什均衡。在格 A，两个企业都比不合作的纳什均衡格 D 好。

c. 当 Alpha 通过当 Beta 定高价时，自己定低价欺诈：格 B 是 Alpha 对 Beta 欺诈的格。当 Beta 通过当 Alpha 定高价时，自己定低价欺诈：格 C 是 Beta 对 Alpha 欺诈的格。所以格 B 和 C 是欺诈发生的格。

d. 在格 A 的合作结果不可能在一次合作时发生。在一次性决策，没有办法惩罚欺诈，欺诈没有对将来的影响。所以，两个企业都预计对方欺诈定低价。记住，定低价是一次性决策的上策；无论对手决定怎样做，都是最好的决策。

16. 只有在英特尔欺诈后降价是 AMD 最好的决策时，AMD 才可能对英特尔做出报复性降价的可信的威胁；即当英特尔欺诈后降价可以增加 AMD 的利润。在表 13-1 格 C 表示英特尔欺诈的情形。因为 AMD 可以通过降价把结果移到格 D，把他的每周利润从 50 万美元增加到 100 万美元，所以 AMD 的降价威胁是可信的。

17. 因为 Alpha 可以通过降价，把结果从格 C 移到 D，使每月利润从 15 万美元增加到 20 万美元，Alpha 的威胁是可信的。因为 Beta 可以通过降价，把结果从格 B 移到 D，使每月利润从 5 万美元增加到 7.5 万美元，Beta 的威胁是可信的。

18. a. 每月 100 000 美元 (= 300 000 − 200 000)

$PV_{欺诈利益} = 194\ 156$ 美元 $= 100\ 000/(1+0.02) + 100\ 000/(1+0.02)^2 = 98\ 039 + 96\ 117$

b. 每月 125 000 美元 (= 200 000 − 75 000)

$PV_{欺诈成本} = 233\ 271$ 美元 $= 125\ 000/(1+0.02)^3 + 125\ 000/(1+0.02)^4 = 117\ 790 + 115\ 481$

c. 因为 $PV_{欺诈成本} > PV_{欺诈利益}$，Beta 会选择合作不欺诈。

d. Beta 会选择欺诈，因为用 30% 的折现率降低了欺诈成本的现值（相对于欺诈利益），足以使欺诈的决策最优：

$PV_{欺诈利益} = 136\ 095$ 美元 $= 100\ 000/(1+0.03) + 100\ 000/(1+0.03)^2 = 76\ 923 + 59\ 172$

$PV_{欺诈成本} = 100\ 662$ 美元 $= 125\ 000/(1+0.02)^3 + 125\ 000/(1+0.02)^4 = 56\ 896 + 43\ 766$

$$PV_{欺诈利益} > PV_{欺诈成本}$$

19. a. 不太可能合作。欺诈利益因为持续的时间长而使现值增加（N 变大）。

b. 很可能合作。只要 Beta 相信 Alpha 随时跟进降价的承诺，Beta 会认为格 C 使不可能的结果。这样，Beta 会认为它的欺诈会直接导致格 D。因为欺诈没有好处，所以 Beta 会选择合作。

c. 很可能合作。Beta 会期望惩罚超过两个月；就是 P（惩罚的期数）被期望延长。

d. 可能增加或减少合作的可能性。产品差异化同时降低欺诈利益和欺诈成本。如果 Alpha 的新产品设计降低的 $PV_{欺诈利益}$多于降低的 $PV_{欺诈成本}$，那么增加产品差异化会使 Beta 更可能合作。

应用性习题

1. 如果顾客同时购买一包薯条和一杯软饮料，麦当劳公司的巨无霸的价格将从 75 美分降到 55 美分。《华尔街日报》报道称，公司希望新的降价可以提升其在美国的销售量。但是它没有。在 2 周内销售下降了。应用你学的博弈论知识，什么导致了麦当劳政策的失败？

2. 最近国内知名的报业辛迪加专栏作家大卫·博德报道两个实证理论家的发现。这些学者发现投票人避开了政客们的“消极竞争”。许多人甚至因为这个而不投票。然而，政治家们注意到，敦促候选人去保持积极是没有用处的。保持积极的破坏作用在对手反击的时候就显现出来了。从战略决策的角度解释这个困境。

3. 世界最大的个人计算机制造商戴尔公司对竞争对手的行动非常敏感。解释为什么戴尔常常对惠普和 Gateway 关于价格、产品设计和广告决策比对苹果计算机这三类决策反应更快，更充分。

4. 一些州的法律限制大多数商品在星期天销售。消费者大体上是反对这一法律的，因为他们发现星期天下午是一个购物的好时间。矛盾的是，零售联合会却经常支持这一法案。探讨销售商支持这一法律的原因。

5. Tomas Schelling 是核战略和武器控制专家，他在《冲突的战略》(哈佛大学出版社，剑桥，

1960）里写道，“限制相反的结果取决于把自己限制住的程度。”用战略承诺解释这一陈述。

6. 很多经济学家辩论道，在寡头市场比其他市场结构有更多的研究、开发和革新。为什么这个结论可能是正确的？
7. 在美国2000年的总统竞选中，戈尔被他的战略专家建议，等到布什宣布他的副总统竞选伙伴后再决定自己的竞选伙伴。在什么情况下，戈尔让他的竞争对手先行动会有助于他获得更多的选票支持？这是什么战略情况？
8. 当Robert Crandall作为美国航空公司的18年首席执行官退休时，在《新闻周刊》（1998年6月1日）的一篇文章中他被描述成，“强硬的人”。其他在Crandall任职期间获得的绰号有毒牙、屠夫鲍博和讨厌的罗伯特。《新闻周刊》指出，Crandall与雇员和竞争对手“尖刻的语言，决不低头和毫不留情”的行事方法已经在美国公司里过时了。在战略决策的情况下，为什么Crandall的管理风格为美国航空公司获得了优势？
9. OPEC的秘书长Ali Rodriquez指出，OPEC国家用未来供给调整石油太高的高价比太低的低价容易。评价这段陈述。
10. 一所教堂的公告板上有如下建议：“过每一天都像你的最后一天。”严格按照字面意义，这个建议鼓励“坏的”行为吗？并解释。
11. 在1999年Mercedes-Benz USA采用新价格战略，它自己称为NFP（不杀价过程），以减少消费者和新车代理商的讨价还价。《纽约时报》的一篇文章（1999年8月29日）报道说，一名新泽西的Mercedes代理商因为拒绝执行Mercedes的不还价政策而遭解雇。那个新泽西的Mercedes代理商声称他认为NFP是非法的。为什么Mercedes的NFP政策会是非法的呢？你能解释为什么新泽西的代理商不希望执行NFP政策吗？
12. 假设两个相互竞争的营业处，Depot和Staples都采用价格跟进政策。如果消费者能够找到比他们所卖产品更便宜的价格，他们保证跟进低价。解释为什么这可能不是对消费者有利的消息。
13. 最近国内最大的电器零售商开始一个全国范围的电视广告活动，掀起“今天买回家”活动的序幕，这个活动旨在鼓励电器消费者即期购买，而不是期待更低的价格而推迟购买。例如，“今天买回家”活动向购买等离子电视的顾客保证，他们将得到公司未来30天的任意销售价格。
    a. 你认为这样的政策会增加电器的需求吗？请解释。
    b. 其他什么原因可以解释为什么开展这一活动？你认为其他大家电商店会跟进吗？为什么？
14. Advanta公司在考虑向他的信用卡用户在没有用卡和关闭账户期间收取费用，它首先通过预先公布它的计划表明它提高费用的意图。公司对持卡人说明它不会马上收取费用，但是保留这么做的权利。一位持卡人担心地对《华尔街日报》说，“我希望其他信用卡公司不要跟着做”。很明显，根据一位信用卡行业分析，持卡人有充分的理由担心：“每个人在考虑，但是每个人都害怕。问题是，谁敢做第一个和第二个？有了第二个，人们就会一窝蜂这么做。”
    a. 如果Advanta相信提高费用有利可图，为什么推迟实施高价，减少高价带来的利润？
    b. Advanta的对手等待其率先实施提高费用而后采取行动，来保证跟进优势吗？请解释。还有其他原因使对手等待提高费用吗？
    c. Advanta公司可能尝试成为消费信用卡行业的价格领导者吗？
15. 经济学家认为恐怖分子行为是理性的：如果国家A（America）增加安全力度，而国家B（Britain）仍然自满，恐怖分子将会集中袭击防卫较差的国家B。假设下面的收益矩阵表明了美国和英国决策的净收益，是维持年花费最优水平（两个国家花费比例相同），还是增加年花费10%。表中收益矩阵衡量了反恐行动的净收益（美元），即财产没有被破坏，没有人员死亡的价值减去反恐的花费。
    a. 反恐政策分析家认为，反恐战争联盟在每个国家选择减少恐怖分子袭击自己国家生命和财产事件行动上的花费，面临囚徒困境。在收益矩阵中，填充格B和格C，使其构成囚徒困境。

		英国的反恐花费	
		100美元(每人)	110美元(每人)
美国的反恐花费	高100美元	A 1 000美元，1 000美元	B ____ 美元，____ 美元
	低110美元	C ____ 美元，____ 美元	D 800美元，800美元

年净收益（100万美元）

b. “当所有国家在反恐上花费越来越多时，可能实际上对他们的努力而言，最终结果并不好”。用你在 a 中建立的收益矩阵评价这一陈述。

16. 堪萨斯的两个最大的快餐连锁店在为工作日的早餐客户竞争。两家连锁店，Golden Inn 和 Village Diner，每家都向工作日的早餐顾客提供“早餐俱乐部”会员卡，该卡为顾客在早上 6 点到 8 点半之间提供早餐。会员能免费享受 20 个工作日的早餐。Golden Inn 提供中等但是很好吃的早餐，Village Diner 提供选择更多，据说也很好吃的早餐。早餐俱乐部会员的需求函数如下。

$$Q_G = 5\ 000 - 25P_G + 10P_V$$

$$Q_V = 4\ 200 - 24P_V + 15P_G$$

式中，Q_G 和 Q_V 是每月会员卡的销量；P_G 和 P_V 是俱乐部会员的价格。两家店的长期生产成本不变，为

$$LAC_G = LMC_G = \text{每个会员 50 美元}$$

$$LAC_V = LMC_V = \text{每个会员 75 美元}$$

最优反应曲线分别是

$$P_G = BR_G(P_V) = 125 + 0.2P_V$$

$$P_V = BR_V(P_G) = 125 + 0.312\ 5R_G$$

a. 如果 Village Diner 每个早餐俱乐部会员收 200 美元，找到 Village Diner 的需求、反需求和边际收益函数。在给定 Village Diner 收取 200 美元时，什么是 Golden Inn 的利润最大化价格？通过数学方法证明这个价格可以通过上面给出的最优反应曲线获得。

b. 找出两家快餐的纳什均衡价格。在纳什均衡下，每家会卖出多少早餐俱乐部会员卡？每家的利润是多少？

c. 如果 Golden Inn 和 Village Diner 定价分别是 165 美元、180 美元，他们的利润是多少？与纳什均衡时的利润比较。为什么你不期望他们会定价在 165 美元和 180 美元？

17. 三星想要阻止惠而浦进入高价位侧开洗衣机市场。侧开洗衣机清洁效果更好，并且更省水。尽管侧开洗衣机成本比顶开洗衣机高，三星无疑作为唯一为高阶层消费者生产侧开洗衣机的企业，肯定赚取了经济利润。下面的收益矩阵表明三星和惠而浦的价格和进入决策下的年利润（单位：100 万美元）。

a. 三星能通过威胁降价到 500 美元而阻止惠而浦进入侧开洗衣机市场吗？为什么或为什么不？

		三星	
		P = 500美元	P = 1000美元
惠而浦	不进入	0美元，20美元	0美元，34美元
	进入	−5美元，15美元	17美元，17美元

假设三星的经理决定在惠而浦做是否进入决策前，进行一项额外生产能力的投资。额外生产能力增加了三星的总生产成本，但是降低了它的边际生产成本。投资后的收益矩阵如下。

		三星	
		P = 500美元	P = 1 000美元
惠而浦	不进入	0美元，16美元	0美元，24美元
	进入	−6美元，14美元	12美元，12美元

b. 三星能阻止惠而浦进入侧开洗衣机市场吗？为了使战略行动成功，对额外生产能力的投资必须怎样？并解释。

c. 当三星先做是否要为额外生产能力投资的行动时，画出决策树。用反推法找到纳什均衡路径。每个公司的利润是多少？（提示：决策树会有三个顺序决策：三星先决策是否要投资于额外生产能力，惠而浦决策是否要进入，和三星决策是否降价？）

附录 13A 连续同步决策最优反应曲线的推导

经理们在选择行动或战略时，对于连续而非间断的决策变量的同步决策，可以采用最优反应曲线来分析和解释战略决策。在本附录里，我们将向你展示，当两个企业同时决策时，如何推导出最优反应曲线。我们首先检验两个经理选择产量达到相互最好的结果，于是相应地，最优反应曲线给出每个给定对手的产量，每个公司的最好产量。然后我们导出当经理们选择给定对手价格，经理们选择他们的最好价格的最优反应曲线。

13A.1 当企业选择数量时的最优反应曲线

假设两个企业 1 和 2，生产同质产品，产品的线性反需求函数是

$$P=a+bQ=a+bq_1+bq_2 \quad (13A\text{-}1)$$

式中，P 是商品的价格，Q 是总产量，q_1 是企业 1 的产量，q_2 是企业 2 的产量，并且 $Q=q_1+q_2$。价格截距 a 是正的，反需求函数的斜率参数 b 是负的。

规模报酬不变表现特征是长期成本，于是成本假设为不变且两个企业相等。让 c 表示两个企业的长期边际和平均成本；这样每个企业的成本可以表示为

$$C_1(q_1)=cq_1 \text{ 和 } C_2(q_2)=cq_2 \quad (13A\text{-}2)$$

为了保证生产的产品数量是正的（就是边际成本低于需求的截距），c 被限定要小于 a（$c<a$）。共有知识普遍：两个企业都知道产品的市场需求，并且也知道自己和对手的成本（他们都知道对方知道）。

两个企业的利润函数是

$$\pi_1=Pq_1-C_1(q_1)=[a+b(q_1+q_2)]q_1-cq_1 \quad (13A\text{-}3a)$$

$$\pi_2=Pq_2-C_2(q_2)=[a+b(q_1+q_2)]q_2-cq_2 \quad (13A\text{-}3b)$$

两个企业都在对手产量一定时，选择各自的数量使各自的利润最大化。利润最大化分别要求企业 1 和 2：

$$\frac{\partial\pi_1}{\partial q_1}=a+2bq_1+bq_2-c=0 \quad (13A\text{-}4a)$$

$$\frac{\partial\pi_2}{\partial q_2}=a+2bq_2+bq_1-c=0 \quad (13A\text{-}4b)$$

表明给定对手产量的最优反应曲线的方程是通过利润最大化的先决条件得出的。解式（13A-4a）和式（13A-4b），分别得到企业 1 和 2 的最优反应曲线：

$$q_1=BR_1(q_2)=\frac{c-a}{2b}-\frac{q_2}{2} \quad (13A\text{-}5a)$$

$$q_2=BR_2(q_1)=\frac{c-a}{2b}-\frac{q_1}{2} \quad (13A\text{-}5b)$$

企业 1 的最优反应曲线 $BR_1(q_2)$ 在给定企业 2 的产量时，得出企业 1 的利润最大产量。企业 2 的最优反应曲线 $BR_2(q_1)$ 是相对于企业 1 的产量，企业 2 的利润最大产量。为了方便画出两个企业的最优反应曲线，我们找到企业 2 的反最优反应曲线，$q_1=BR_2^{-1}(q_2)=(c-a)/b-2q_2$。图 13A-1 显示两个企业的最优反应曲线。

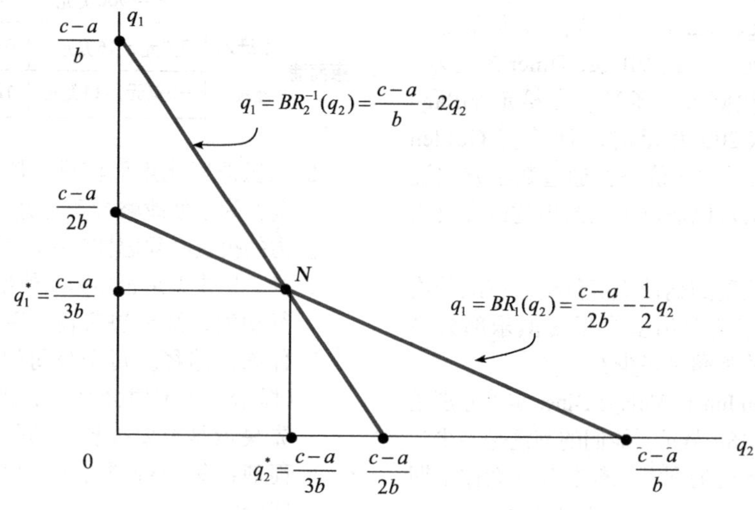

图 13A-1 当企业选择产量时的最好反应曲线

当两条最优反应曲线相交时，图 13A-1 的交点 N 是纳什均衡。纳什双寡头均衡可以通过把一个最优反应曲线代入另一个得到

$$q_1^* = (c-a)/3b \text{ 和 } q_2^* = (c-a)/3b \quad (13A\text{-}6)$$

这样双寡头的产量是

$$Q^*_{\text{双寡头}} = q_1^* + q_2^* = 2(c-a)/3b \quad (13A\text{-}7)$$

双寡头的产品价格是

$$P^* = a + b(Q^*) = 2(c+a)/3 \quad (13A\text{-}8)$$

式（13A-1）和式（13A-2）里提出了需求和成本条件，在完全竞争市场里的产量是 $Q_C=(c-a)/b$，在垄断市场里的产量是 $Q_M=(c-a)/2b$。这样，完全竞争产量大于双寡头的产量：

$$Q_C > Q_{\text{Duopoly}} > Q_M \quad (13A\text{-}9)$$

价格也随之有如下关系：

$$P_M < P_{\text{Duopoly}} < P_C \quad (13A\text{-}10)$$

13A.2　当企业选择价格时的最优反应曲线

现在我们检验双寡头企业 A 和 B，生产两种产品，分别是 A 和 B 时的选择价格，而不是产量的同步决策。假设产品 A 和 B 是非常接近的替代品。两种产品的线性替代函数是

$$Q_A = a + bP_A + cP_B \quad (13A\text{-}11a)$$

$$Q_B = d + eP_B + fP_A \quad (13A\text{-}11b)$$

式中，参数 a 和 d 是正的，b 和 e 是负的（因为需求法则），c 和 f 是正的（因为替代品）。

再次考虑规模报酬不变的长期成本，成本假设不变。然而在本例，我们让两个企业的成本不同。让 C_A 和 C_B 分别代表企业 A 和 B 的长期边际和平均成本。

$$C_A(Q_A) = c_A Q_A \text{ 和 } C_B(Q_B) = c_B Q_B \quad (13A\text{-}12)$$

企业 A 和 B 的利润函数是

$$\pi_A = P_A Q_A - C_A(Q_A) = (P_A - c_A)(a + bP_A + cP_B) \quad (13A\text{-}13a)$$

$$\pi_B = P_B Q_B - C_B(Q_B) = (P_B - c_B)(d + eP_B + fP_A) \quad (13A\text{-}13b)$$

每个企业利润最大化的首要条件是

$$\frac{\partial \pi_A}{\partial P_A} = a + 2bP_A + cP_B - bc_A = 0 \quad (13A\text{-}14a)$$

$$\frac{\partial \pi_B}{\partial P_B} = d + 2eP_B + fP_A - ec_B = 0 \quad (13A\text{-}14b)$$

解式（13A-14a)，得出 A 的最优反应曲线

$$P_A = BR_A(P_B) = (bc_A - a)/2b - cP_B/2b \quad (13A\text{-}15a)$$

$$P_B = BR_B(P_A) = (ec_B - d)/2e - fP_A/2e \quad (13A\text{-}15b)$$

企业 A 的最优反应曲线 $BR_A(P_B)$ 在给定企业 B 的价格时，得出企业 A 的利润最大价格。企业 A 的最优反应曲线是图 13A-2 中的 $BR_A(P_B)$。企业 B 的最优反应曲线 $BR_B(P_A)$ 是相对于企业 A 的价格，企业 B 的利润最大价格。企业 B 的反最优反应曲线，$P_A = BR_B^{-1}(P_B) = (ec_B - d)/f - 2eP_B/f$，如图 13A-2 显示。

把一个最优反应曲线带入另一个得到的交点，是纳什均衡价格：

$$P_A^N = \frac{2e(bc_A - a) + c(d - ec_B)}{4be - cf} \quad (13A\text{-}16a)$$

$$P_B^N = \frac{2e(ec_B - d) + f(a - bc_A)}{4be - cf} \quad (13A\text{-}16b)$$

在图 13A-2 的 N 点，最优反应曲线交点是纳什均衡。每个企业都在给定对手的行动下，做它所能做到最好的。

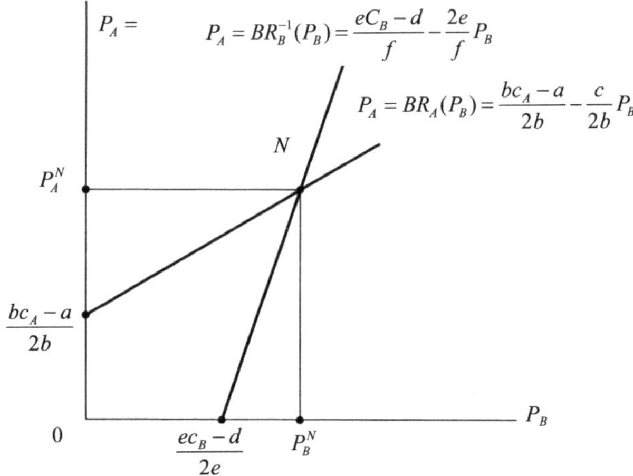

图 13A-2　当企业选择价格时的最好反应曲线

数学练习题

1. 在式（13A-1）和式（13A-2）的需求和成本情况，推导出产量和价格在完全竞争和垄断市场下的产量和价格，分别证明式（13A-9）和式（13A-10）的产量和价格关系。
2. 史密斯和琼斯医生是眼科竞争对手，他们打算进入奥尔良的中等大小的社区激光矫正视力外科手术市场。史密斯和琼斯是用同样的激光技术，面临长期不变成本，每个患者1 000美元（$LMC = LAC = 1\ 000$ 美元）。为了做计划，医生假设所有的患者两只眼睛都矫正，于是1 000美元的成本是每个患者矫正两只眼睛。两个医生知道彼此都要进入该市场，并且他们都知道激光视力外科手术的（反）市场需求函数是

$$P = 7\ 000 - 2Q$$

式中，$Q = q_S + q_J$，q_S 和 q_J 分别是史密斯和琼斯医生的每年治疗的患者数量，每个医生会选择诊所的大小，于是就决定了在不知道竞争对手的决策时，每年他们希望治疗的患者数量。需求和成本情况是共有知识。

   a. 计算推导出最优反应曲线。
   b. 画出两条最优反应曲线，并表明数轴含义和反应曲线。
   c. 如果史密斯医生期望琼斯医生每年治疗500名患者，史密斯医生的最优反应是什么？如果琼斯医生期望史密斯医生每年治疗750名患者，琼斯医生的最优反应是什么？
   d. 找到纳什均衡。在纳什均衡条件下，每个医生每年的利润是多少？
   e. 如果史密斯和琼斯医生同意每年都只治疗750名患者（每年总共有1 500名患者），每个医生的年利润是多少？为什么他们不这么做呢？
   f. 如果史密斯和琼斯医生合并，成为社区的一个垄断者，他们每年会治疗多少患者？收取的价格是多少？利润是多少？
   g. 假设长期市场是完全竞争，而不是垄断。会有多少患者被治疗？患者需要在完全竞争市场情况付多少治疗费？每个医生的利润是多少？
3. 两个企业 A 和 B，分别生产产品 A 和 B。两种产品的线性需求分别是

$$Q_A = 100 - 4P_A + 1.5P_B$$
$$Q_B = 120 - 2P_B + 0.5P_A$$

生产成本不变，但不相等

$$LAC_A = LMC_A = 2 \text{ 美元}$$
$$LAC_B = LMC_B = 3 \text{ 美元}$$

   a. 计算推导出最优反应曲线。
   b. 画出两条最优反应曲线，并表明数轴含义和反应曲线。
   c. 如果企业 A 期望企业 B 定价在20美元，企业 A 的最优反应曲线是什么？如果企业 B 期望企业 A 定价在36美元，企业 B 的最优反应曲线是什么？
   d. 纳什均衡的价格和数量是多少？
   e. 每个企业在纳什均衡的利润是多少？
   f. 如果企业 A 和 B 分别定价在22美元和35美元，每家企业的利润是多少？它们为什么不选择这些价格？

第14章 Chapter14

高级定价技巧

■ 学习目标

学完此章节后，你将可以：

（14.1）解释为什么单一定价不能得到最大可能的总收益，以及差别定价如何产生更多收益；

（14.2）解释如何用一级差别定价来获取比单一定价更大的收益和利润；

（14.3）解释如何用两部定价或递减分段定价来实现二级差别定价；

（14.4）解释如何来实践三级差别定价；

（14.5）一个企业销售消费相关的多种产品，为实现利润最大化，应怎样确定价格；解释企业捆绑两个或更多产品以一个价格来出售时，是如何能够赢利的；

（14.6）理解为什么成本加成定价法往往不能实现利润最大化。

当你读完本书的前述章节，我们知道你可能对掌握管理经济学的高级题目有了一定的理解力。很多时候，在你还没学完本书所有章节时，你这学期的管理经济学课程就要结束了。因此，你可以仅仅了解最后三章的部分内容，其中的部分话题也可能会出现在诸如财务、市场营销、生产管理和对企业的监管等其他课程中。

本章我们将展示：如何面对的更复杂的情形下的价格决策。特别是我们到现在仅仅考虑了一个相对简单的企业。这个企业只有生产一种产品，在一个市场上销售，通过边际收益等于边际成本确定单一的价格。尽管简单的模型便于洞察企业的决策过程，这通常并不是真实世界的企业或公司面临的情形。在本章，我们将运用前四部分的概念和原理，解决一些真实世界通常面临的复杂的价格决策。你将会看到，当企业面临不同的价格，而不是单一价格，对售出的每个产品的价格也不统一，生产的产品在消费过程中是相关的多产品时，应用变的有趣而有挑战性。这些复杂性为企业创造了比遵循以前章节介绍的简单的定价原理赚取更高利润的宝贵机会。

只要特定定价技术要求的条件满足，无论是垄断、垄断竞争或者是寡头垄断企业的经理都可以运用本章描述的定价技术增加利润。当然，采用复杂的定价技术的原因是增加利润。当使用得当时，差别定价和多产品定价将会增加利润，增加的利润通常是可观的。

就像我们在本章中将会向你展示的，这些更有挑战性的定价情形，可以应用本书第 1 ～ 14 章中提出的概念和原理。我们关于这些定价技术的讨论将会专注于基础知识，因为完全探讨这些技术，超越了管理经济学这一门课程的范围。你可以通过学习企业组织或者高级微观经济学等课程，来学习本章介绍技术的更复杂的变化。

14.1 差别定价：获取消费者剩余

到目前为止，我们已经探讨了企业产品只有一种价格的情况。有时，企业同一种产品要价却不同。例如，药店可能对老年市民收取比“常规”价格更低的药价，航空公司通常对商务旅行者收取比休闲旅行者更高的机票价格，沃尔玛给大宗购买者低价等。换言之，我们一直只专注单一定价，这种最简单的定价。**单一定价**（uniform pricing）是企业对出售的每单位产品都收取相同的价格，无论买者是谁，或者他们选择买多少。在本节，我们将先解释为什么企业希望尽可能避免单一定价，然后，我们介绍比单一定价更有利可图的差别定价。我们会简单解释差别定价不是总行得通，企业可能被要求以同样售价出售所有的产量。

14.1.1 单一定价的问题

单一定价的问题考虑的是当企业以同样价格出售所有的产品时，产生了消费者剩余。回忆第 2 章，消费者剩余是在需求曲线以下，市场价格以上，在市场上所销售的产量范围所包围的区域。对所销售的每一单位产品收取同样价格，导致所销售的每一单位产品都产生消费者剩余（除了最后销售的那一单位）。有洞察力的市场经理认为，存在任何消费者剩余都是定价过低的表现。然后他们会修改价格方案，将消费者剩余从买者手中攫取，有效地将消费者剩余转换为企业的利润。这个过程称为**获取消费者剩余**（capturing consumer surplus）。

图 14-1 说明了价格设置型企业获取单一定价产生的消费者剩余的机会。假设有市场力的企业面对着的需求曲线为 D，生产成本不变，于是，各产量水平的边际成本和平均成本都是 4 美元。如果企业采取单一定价，经理通过应用 $MR = MC$ 原理，对销售的 3 000 单位产量的每一单位产量都卖 7 美元（点 U），使利润最大化。对销售出去的第 3 000 单位而言，单一定价 7 美元，是买者能够为这一特定单位产品支付的最高价格。然而，对其他 2 999 单位产品而言，消费者愿意支付比 7 美元更多。如你在第 2 章学到的，当消费者购买产品时支付的价格低于他们愿意支付的最高价格时，消费者得到了消费者剩余。单一定价 7 美元带来的总消费者剩余是 4 500 美元（$= 0.5 \times 3\,000 \times 3$），是三角形 abU 的面积。如果生产者能够找到一种方法，收取所销售的 3 000 单位的每一单位产品的需求价格，从消费者那里拿走所有的消费者剩余，总收益就会增加 4 500 美元。只要获取消费者剩余是无成本的，获取消费者剩余增加了生产和销售 3 000 单位的利润 4 500 美元。abU 区域只是单一定价导致收益和利润的部分损失。

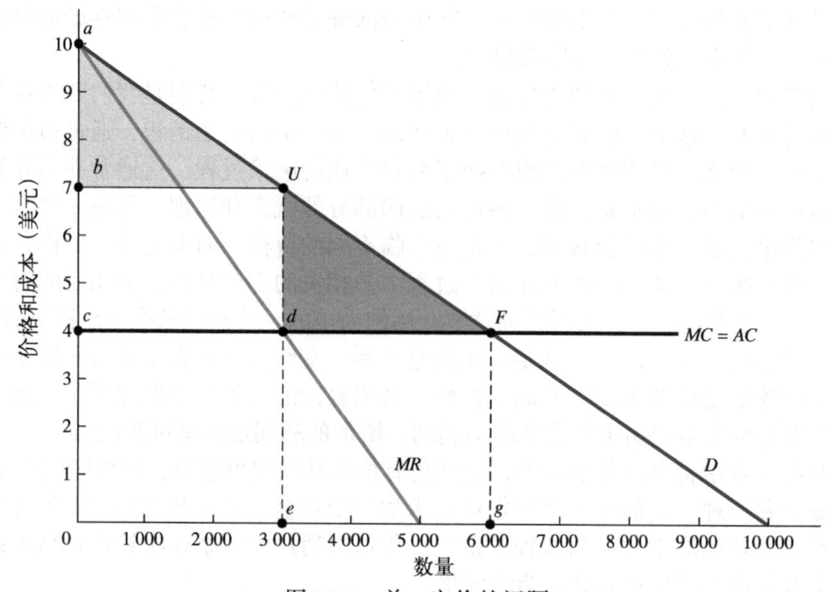

图 14-1 单一定价的问题

单一定价导致的收益和利润的损失，超过在需求曲线上 U 点售出的 3 000 单位产品产生的。需求曲线上点 U 到点 F 部分（3 001 ～ 5 999 单位）的需求价格都超过生产这些单位产品的边际成本 4 美元。因为购买者愿意支付比生产这些单位产品更高的价格，就像以前谈到的，只要企业有办法收取需求曲线上点 U 到点 F 之间每一单位的需求价格，企业就可以赚取等于阴影三角形 UdF 的额外的利润。有时市场人士把图 14-1 中损失的两个阴影三角形，称为单一定价的“不幸”。在 14.2 节中我们会向你展示，用被称为一级或者完全差别定价的做法，获取这两个三角形每一点消费者剩余，实际上是不可能的。然而，其他形式的差别定价，被广泛用于获取部分由单一定价带来的消费者剩余。我们这里需要提及的是，尽管单一定价的“不幸”通常在绝大多数情况下发生，也有这种情况，就是差别定价技巧可能实际上增加了与单一定价有关的总消费者剩余。你可以在微观经济学或者企业组织等高级课程中学到这些特殊情形。我们这里只是讨论到用于获取单一定价带来的消费者剩余的差别定价的各种类型。

14.1.2　差别定价的类型

经济学家和企业经理人一直意识到，如果能够把购买者分成需求弹性不同的群体，就同一产品，企业可以收取不同的价格，以赚取高于单一定价的利润。1920 年，在“歧视”（discrimination）一词带有鄙视含义的几十年前，经济学家 A. C. Pigou 称这种定价实践为**差别定价**（price discrimination）。大多数市场经理都避免使用“歧视”一词，而是用不同的名字称呼这种实践，例如收入管理、产出管理或者市场细分。无论你叫它什么，对同一产品或服务收取不同的价格是为了获取消费者剩余，将它变成企业的利润。

对于同样的产品，当企业对不同的数量或不同的市场收取不同的价格时，就是实行差别定价。在定义差别定价时，有两个关键点必须仔细检查。如果消费者认为产品不一致，他们会认为产品价值不同，形成不同的需求曲线，不同的产品市场。很显然，“不同产品价格不同”无法说明差别定价的存在。通常，时间的选择和质量的细微差异也使产品不同。例如，在 Bern 牛排馆提供的午餐和晚上的正餐就不一样。即使午餐和晚餐的菜单都一样，晚餐的体会不同。午餐的目的可能是谈论生意，或者是从工作中出来，短暂休息一下，同时补充养分（没有酒）；而晚上的正餐则想要跟朋友或家人在轻松的社交谈话中度过（有酒水）。同时在很多时候，午餐和晚餐的进餐体会也不同。晚餐的肉类比例更大一些，而服务生在时间较长的晚餐中，也会更加殷勤侍应——晚餐小费多多了！很显然，午餐和晚餐的进餐体验是不同的，所以是不同的产品。其次，差别定价存在于两种产品所有成本必须相同时。如果成本不同，一个追求利润最大化 $MR = MC$ 原理的经理人会收取不同的价格。这不是差别定价。当产品不同时，成本差异常常很细微而不易察觉。一个靠近布希公园的汽车旅馆向军人家庭提供 10% 的折扣。根据汽车旅馆的老板说，军人家庭常常按时入住和离开，他们的孩子不像一般人家的孩子那么容易带来麻烦。因为军人家庭成本与普通市民家庭不同，这个价格差异也不是差别定价。⊖

有时两种产品的价格差异远大于两种产品的成本差异比例。这种情况称为差别定价的一种情形，因为价格的差异不能充分被成本的差异所解释。为了涵盖这种差别定价的情形，概括出价格差异的定义，经济学家称当价格与边际成本的比（P / MC）因为产品不同而不同时，两种产品 A 与 B 之间的差别定价存在：$P_A / MC_A \neq P_B\ MC_B$。在我们汽车旅馆的例子中，如果向军人家庭提供汽车旅馆房间的边际成本正好比市民家庭低 10%，这里就没有差别定价。如果向军人家庭提供房间的成本差异只有 5%，那么 10% 的价格差异不可能完全由成本差异解释，所以汽

⊖ 为了技术上的完整性，我们必须指出：当针对不同的购买者或不同的出售数量，造成成本不一样，而企业仍然收取一样的价格时，也是差别价格。希望利润最大化的企业通常不采取这样的差别价格，而政府机构或由政府监管的企业常常采用。以美国邮政服务为例，不管对不同类型的消费者提供服务的成本有多大的不同，投递平信都收取同样的费用。例如，为农村客户服务要比为都市客户服务成本高得多，但所有的客户都付同样的价格。

车旅馆是在采用差别定价。

14.1.3 有利可图的差别定价的条件

正如你可能预见的那样，企业能够实行有利可图的差别定价是有一定条件的，否则价格设置型企业也不会采用单一定价。首先，企业必须具备一定的市场力。因为垄断者、垄断竞争者和寡头垄断者都有市场力，如果他们可以达到其他必要条件的话，他们能够实施有利可图的差别价格。其次，企业必须能够以成本有效的方式发现和区分市场。如果在低价子市场的购买者能够到高价子市场转卖产品，差别定价就不会持续很久。**消费者套利**（consumer arbitrage，低价市场上的购买者在高价市场转卖产品）将会很快在市场上形成单一的价格。不容易买卖的产品和服务比容易交易的产品和服务，更可能体验差别定价。例如，大家知道医师、牙医、会计师和律师采用“计算尺”对高收入者收取高价，对低收入者收取低价。很显然，病人因为阑尾手术或者离婚所支付的较低的价格，是无法向被收取高价的购买者转让的。最后，单个消费者或者消费者群体之间的需求函数一定不同。正如我们后面将会说明的，这个陈述可以更具体，需求价格弹性一定不同。我们现在建立以下原理：

原 理

当产品的价格与边际成本之比（P/MC）不同时：$P_A/MC_A \neq P_B\ MC_B$，存在差别定价。为了使差别定价有利可图，需要具备三个条件：（1）企业必须具备某种程度的市场力，（2）一定要能以成本有效的手段来防止低价市场与高价市场之间的转卖，（3）需求价格弹性在购买者或购买群体之间不同。

下面一节将讲述各种类型的差别定价，经理论解释后，每种类型都能存在并设置。我们从一级差别或称完全差别定价开始分析。一级差别定价使企业攫取全部消费者剩余，这在单一定价时得不到的。正如前面所提到的，在实践操作中，一级差别定价是最困难的差别定价。二级差别定价，在某种意义上接近一级差别定价，实际运用起来就容易得多。我们将讨论两种常用的二级差别定价：批发定价和两部定价。三级差别定价是我们要讨论的最后一种类型。尽管三级差别定价的例子在现实世界里很容易发现，分析起来也有趣，但一般不如二级差别定价那么普遍。

14.2 第一级（完全）差别定价

在**第一级差别定价**（first-degree price discrimination）下，企业逐个检查每个人的需求，对每个消费者收取他愿意为每单位产品支付的最高价格。每单位产品都收取需求价格（即最高价格），有效地将每一点消费者剩余转移到差别定价企业，成为经济利润。而第一级差别定价的“完全”，实际上是就得到所有消费者剩余而言的，达到这种定价的完全几乎是不可能的。为了知道每单位售出产品的最高可能价格，企业必须拥有极大量、极端准确的每个消费者的数据。当然，购买者会试图隐藏或者错误表达他们对某产品所愿支付的真实意愿。

第一级差别定价的成功例子非常难找。也许最接近的情形发生在拍卖场，或互联网的拍卖网站。虽然拍卖方法不同，拍卖的基本目的通常都是为拍卖品找到出价最高的买主，从那个买主那里得到最大可能的支付价格。一个成功完成这两项任务的拍卖，将消费者剩余从买主那里转移到卖家（和拍卖者）。试图达成差别定价的例子，在大部分可以讨价还价的零售市场见到。例如，汽车销售代表通过了解潜在的购买者的收入，购买者现在是否有旧车或者坏车来估计每个消费者愿意支付多少钱买车。卖黄牛票的人寻找富裕程度和球队忠诚度的特征。一个到达体育馆时穿戴着有球队的标志的衣服和帽子，戴着 24K 金的迈阿密大学的班级戒指，前臂有球队吉祥物的刺青，急于在开球之前找到球票的潜在的买票人，当然会比那些避免暴露太想买票（即高需求价格）的购买者要支付多得多的价格。

为了说明第一级差别定价，我们假设在前节中讨论的企业希望避免单一定价，而实行完全差别定价。图 14-2 复制了企业的需求和成本情况。为了简化问题，我们进一步假设每个消费者只买一单位的产品。例如，在价格为 7 美元（点 U）时，3 000 个消费者每人都买一个单位的产品。企业知道它们面对的需求曲线就是 D，并且希望以每单位的需求价格（购买者愿意支付的最高价格）出售产品的。当以需求价格出售每单位产品时，企业的边际收益曲线不再是在图 14-1 中标为 MR 的曲线。在完全差别定价时，边际收益曲线就是企业面对的需求曲线 D，因为每单位售出的产品都为总收益增加 P 美元。于是，在图 14-2 中 $D=MR$。因为需求和边际收益相等对于理解完全差别定价很关键，我们必须在继续分析之前仔细检验这一关系。

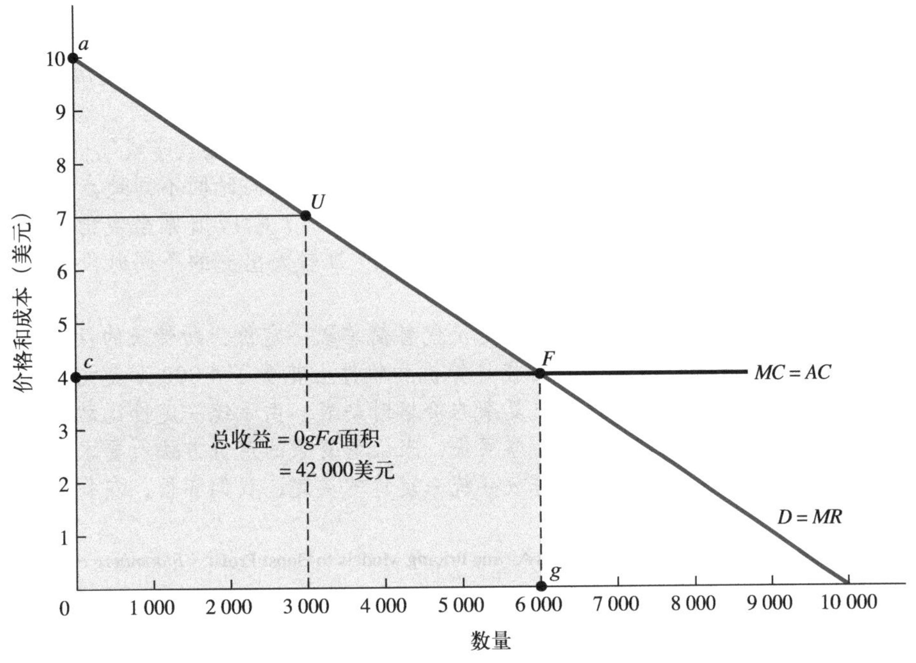

图 14-2　第一级（完全）差别定价

在完全差别定价下，第 3 000 单位销售为总收益增加 7 美元（需求价格）。然而，在单一定价（见图 14-1）时，第 3 000 单位只为总收益增加 4 美元，因为销售从 2 999 增加到 3 000，要求企业在第 2 999 单位需求价格的基础上，再降一点价。对于这个线性需求曲线而言，第 2 999 单位的需求价格是 7.001 美元（$=10-0.001\times2999$）。[⊖]从企业的观点来看，单一定价的问题现在很清楚了：销售第 3 000 单位，要求所销售的每一单位产品都降价 0.001 美元（1/10 美分），并不只是增加的那一单位产品。用一点数学，你可以证明要出售第 3 000 单位的产品，减少了大约 3 美元（$2\,999\times0.001$）对总收益的贡献。于是，销售第 3 000 单位的产品的边际收益只有 4 美元（$=7-3$），明显少于它的价格 7 美元。完全差别定价通过对每单位的售价不同，来避免这种收入损失。

为了探讨第一级差别定价的最大化利润，企业将会对卖出的每额外单位的产品讨价还价，直到达到 6 000 单位，$MR=MC$ 时的产量水平。超过 6 000 单位的产品的销售，价格只能低于产

⊖　基于第 2 章和第 6 章的内容，你可以确认在图 14-1 和图 14-2 中 D 的反需求方程是 $P=10-0.001Q$。

品的生产成本。在点 F，完全差别定价企业收取 6 000 个不同的价格（每个消费者只买 1 单位产品），使企业可能得到总收益等于图 14-2 中带阴影的梯形 $0gFa$ 的面积。完全差别定价企业的总收益是 42 000 美元 [=6 000× (10+4)/2]。生产 6 000 单位的总成本是 24 000 美元（=6 000×4），企业赚得 18 000 美元（=42 000−24 000）经济利润，即图 14-2 中三角形 acF 的面积。第一级差别定价很显然，卖主的目标是与每个个体消费者讨价还价。然而，完全差别定价几乎不可能实现，即使他们可以以很低的成本找到并区分低价和高价买主，大多数企业并不准确知道售出产品每一单位的买主的需求价格。第二级差别定价对买者的偏好的信息要求，就少得多了。

◇专栏 14-1

灰狗汽车公司用动态定价替代统一定价

在对基本需求曲线不做任何变化的情况下，企业会使用各种价格歧视的方法，来获得更多的消费者剩余，从而增加收入和利润。例如，灰狗汽车公司（Greyhound）决定用 20 世纪 80 年代由数学家为美国航空公司设计的定价系统，来取代其原来的统一定价方案。这种定价技术被称为“动态定价”，因为数学模型会根据不同时间的需求变化，来调整汽车或飞机的票价。

动态定价是一个复杂的过程，从根本上说，是通过改变不同时间不同地点的票价，来接近一级价格歧视。灰狗的首席执行官 Tim O’Toole 解释说，“7 月 17 日乘坐灰狗的费用将不会与感恩节后的价格相同。”O’Toole 也应该提到，7 月 17 日当天出发的不同时段的票价也是不同的。

为了让你对于用价格歧视模型，如动态定价代替简单统一定价，所带来的巨大价值有一个大致的概念，彭博新闻社报道，灰狗公司在计算机和软件上花费了 4 000 万美元，用来预测随时间变化的最佳车票价格，并据此计算出复杂的价格时刻表。由于统一定价比动态定价实行起来要容易太多，因此动态定价必须要用丰厚回报，来证明复杂的定价方法所要求的昂贵的技术投资是有必要的。没有一家航空公司后悔放弃统一定价的决定，我们相信，灰狗公司也永远不会回到统一的定价模式。

资料来源：Andrea Rothman, “Greyhound Taps Airline Pricing Models to Boost Profit,” *Bloomberg.com*, May 20, 2013.

14.3 第二级差别定价

当一个消费者一次购买多于一个单位产品或服务时，消费额外单位的边际价值随着消费数量的增多而下降。**第二级差别定价**（second-degree price discrimination）通过购买数量增加，降低平均价格来应对边际价值的下降。为此，第二级差别定价只对一定时间内，消费者会购买多个产品和服务时有效。例如，你可能注意到，百思买（Best Buy）从不对冰箱提供数量折扣，但是经常提供 DVD“花一个的价钱买两个”的数量折扣。

在第一级差别定价中，企业有每个消费者的完全的需求信息，这允许它们据此对消费者愿意支付的价格进行分类，对每单位出售的产品收取最高价。在下一节第三级差别定价中，企业不知道每个消费者的需求，但是知道不同消费者群体的需求，对不同群体收取不同价格。第二级差别定价与第一级和第三级差别定价差异很大，因为企业在销售之前对个人或者群体需求一无所知。第二级差别定价执行者只知道购买量少的人边际价值高，购买量大的人边际价值低。于是，购买量少的人会比购买量大的人价格弹性小。

在这种情况下，向购买量少的那些价格弹性较低，边际价值较高的人收取高一些的价格；而向购买量大，价格更敏感的买者收取较低的价格很有道理。不幸的是，当消费者进到商场，第二级差别定价的制定者并不知道消费者计划，买少一点还是多一点。只有当消费者完成购买，选择了买少一点还是买多一点时，企业才知道购买者是相对价格不那么敏感的买者（即少量 / 高边际价值），还是相对价格敏感的购买者（即大量 / 低边际价值）。因为企业不能在销售交易之前决定其是价格敏感高，还是价格敏感低，企业必须向所有的消费者提供相同的价格表。即使价格表对所有的购买者都是一样的，消费者自己会决定选择不同的价格类别，购买多少：量少的买者花高价，量大的买者花低价。实施第二级差别定价比其他类型的差别定价要求更少的信息，这减少了企业获取消费者剩余的能力。就像你将会看到的，消费者将会在第二级差别定价下，保持一部分消费者剩余，但是比单一定价时消费者剩余少。

现在考虑一下家得宝的内墙油漆的定价决策。家得宝知道一些购买者只是油漆他们家的一两个房间。这些买得少的购买者，因为买得这么少，额外 1 加仑油漆的边际价值会非常高。并且他们买这么少的油漆，他们对于油漆的价格相对不敏感。家得宝还知道其他的购买者会油漆他们家的每个房间，会买很多加仑油漆。这些买得多的购买者的边际价值相对较低，与买得少的购买者相比，对油漆的价格更敏感。很显然，家得宝的员工没有办法在销售交易完成前，鉴别出谁是购买量大或小的购买者，所以他们必须对所有油漆的购买者提供同样的价格表——设计成买的多，价格低的价格表。这样，家得宝的消费者自己选择是低价还是高价群体。

有许多方法设计购买量大价格低的价格表。现在，我们将探讨最常用的方法中的两个：两部定价和递减分段定价。在这些定价类型中，企业为所有购买者设计了一个通用的价格结构，让购买者自己决定买多少量，付多少钱。

14.3.1 两部定价

两部定价（two-part pricing）使平均价格随着消费者购买数量的增加而降低。这个下降的价格是通过收取固定的想要买多少就买多少的权力的入门费，和购买的每单位费用得到的。于是，q 单位产品的总花费（TE）是固定的入门费（A）加上以单位费用（f）乘以购买的数量（q）计算得到：

$$TE = A + fq$$

平均价格（或者单位价格）等于总费用除以购买的数量：

$$p = \frac{TE}{q} = \frac{A + fq}{q}$$
$$= \frac{A}{q} + f$$

最后的价格表达式清楚地表明：当消费者购买数量增加时，产品价格下降，因为固定入门费被更多单位的产品分摊。企业设定入门费和用量费的价格，购买者自己通过选择他们希望购买的数量来决定他们要支付的价格。注意，所有的购买者面对的是相同的价格表，或者价格公式。然而，通过自我选择过程，购买数量多的比购买数量少的消费者支付的价格低。

找到利润最大价值的 A 和 f 非常复杂。为了便于分析，我们设计两部定价法两种简单的情形。首先，我们向你展示：当所有的消费者对产品有同样的需求，企业知道有关消费者需求的一切信息（即知道需求方程）。在这个特例中，正如第一级差别定价那样，两部定价法能获取全部消费者剩余。其次，我们会向你展示：如何将两部定价法向两个不同消费者群体（群体内是相同消费倾向的消费者）延伸，同时企业也是知道这两个消费者群体需求的一切信息（即知道这两个需求方程）。在第二个情况下，对两个群体的购买者用一个单一的，或者一样的两部定价法并不能获取这两个群体全部的消费者剩余。这个例子允许消费者需求有所不同，它比第一种情况更接近两部定价的现实应用。

在继续探讨之前，我们要提到当企业向所有购买者提供多重两部定价法，而不是单一定价时，价格计划更加复杂。通过让消费者“认购”他们喜欢的多重定价计划，企业可以利用消费者自己选择的价格计划，来向弹性较小的消费者收取较高的价格，向更有弹性的消费者收取较低的价格。例如，手机电话公司经常提供一系列的通话计划。在计划 1 中，消费者须支付较高的月费，来购买以较低的单位分钟话费价格（有时为 0）的所有通话权力。电话公司也提供替代方案。计划 2 允许消费者支付低入门费（有时为 0），而相当高的单位话费价格。电话公司让消费者自己选择，如何计算自己的账单。方案选择也是另一个自我选择的过程。电话公司设计了两个计划的值 A_1，A_2，c_1 和 c_2，于是，他们可以为每类购买者量身定做两部定价的结构，以比采用单一两部定价法获取更多的消费者剩余。找到多重两部定价菜单的最优的入门费和用量费相当复杂，因此，在本书中我们不涉及多重两部定价计划。[⊖]

1. 所有的消费者都相同

让我们考虑当所有消费者有相同的需求，企业准确地知道这种需求时，如何设计两部定价计划。我们可以用一个例子最好地说明这个定价实践。假设你是北谷高尔夫俱乐部的新经理，北谷高尔夫俱乐部是仅向退休的几乎天天打高尔夫的老年市民提供服务的私人俱乐部。北谷只有有限的竞争对手，因为，最近的竞争对手的高尔夫球场，也有 25 英里之遥。俱乐部的成员由 100 位老人组成，他们在北谷打高尔夫有相同的需求曲线。基于外部咨询公司的市场研究，你知道每个打高尔夫的人的年度（反）需求方程是 $P_{SR}=125-0.5Q_{SR}$。图 14-3 展示了需求曲线。

就像很多高尔夫俱乐部一样，北谷高尔夫俱乐部也有固定和可变成本，固定成本比可变成本高得多。维护高尔夫球场的固定成本是外包给高尔夫球场草皮培育和维护的专业公司。草皮公司每年收取北谷 800 000 美元。其他固定成本，如租用 100 辆高尔夫球车和其他固定的经常性管理费用是每年 200 000 美元。这样，不管打多少局高尔夫，北谷每年固定成本花费是 100 万美元。每局高尔夫的变动成本，包括为高尔夫球车电池充电的成本，每局球场的少量磨损和破损，以及少量的“管理”人力费用。每局的平均可变成本是稳定的，每局高尔夫 10 美元。因为平均变动成本是不变的，边际成本等于平均变动成本，如图 14-3 所示（$SMC=AVC=$ 10 美元）。

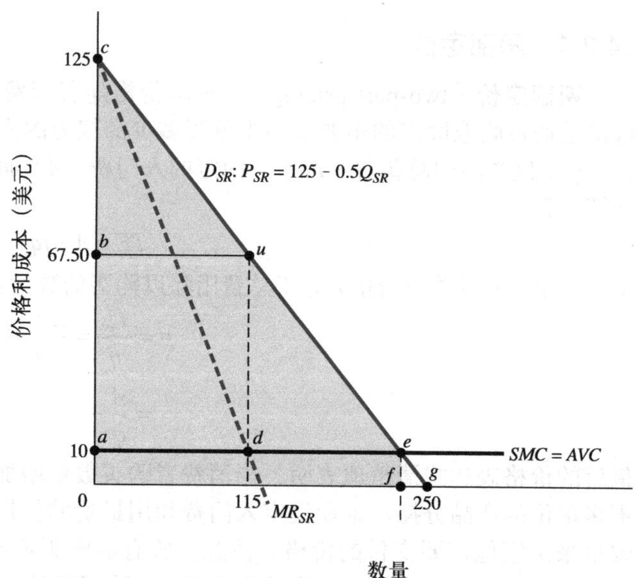

图 14-3　100 个相同偏好老年高尔夫爱好者每个人的反需求曲线 $P_{SR}=125-0.5Q_{SR}$

北谷的所有者因为亏损，最近解雇了以前的经理。被解雇的经理采用单一定价，每局高尔夫收取 67.50 美元（即“草地费”）。如图 14-3 所示，当面对单一定价每局 67.50 美元时，100 个老年俱乐部成员都选择每年打 115 局（点 U）。在单一定价计划时，年总收益是 776 250 美元，是这 100 个打高尔夫的人，每人每年花 7 762.50 美元（$=67.50\times115$）在草地费上的总和。每年打 11 500 局（每人打 115 局），总可变成本是 115 000 美元（$=10\times11\ 500$）。在这个单一定价计划下，北谷

⊖ 可以在 Dennis W. Carlton 和 Jeffrey M. Perloff 的 *Modern Industrial Organization*，第 4 版（Pearson/Addison Wesley, 2005）第 344 ～ 349 页找到一个针对双重两部定价计划的出色的数学处理。

的前任经理每年亏损 338 750 美元（= 776 250 − 115 000 − 1 000 000）。你自然想保住你的新工作，所以你决定找到一个办法增加高尔夫俱乐部的利润。增加广告不太可能强烈刺激需求——广告不会创造新的打高尔夫的人，也不会鼓励老人们比现在增加很多打球的次数。所以你决定你迅速增加利润的最大希望，是找到一个更好的定价策略。

分析图 14-3 中的需求和边际收益曲线后，你能看出，实际上，你的前任经理在北谷实施的是单一定价：利润最大化的单一价格是每局 67.50 美元。然而，你最近学习了管理经济学课程，你知道单一定价，给你的成员的口袋里留下了很多消费者剩余。因为你知道每个成员的需求，你意识到你可以成功地实施完全差别定价。不幸的是，第一级差别价格要求对出售的每局的草地费都要讨价还价。但是，如果你能忍受所有这些讨价还价，你可以收到打高尔夫的人愿意为每局支付的最高价格。因为你工作的薪水不错，你决定用讨价还价的方式实施完全差别定价。

当你为每局收取最高的草地费讨价还价时，你明白北谷的边际收益曲线（MR_{SR}）与需求曲线相同（D_{SR}）。你发现向打高尔夫的人继续推销的最佳局数，直到点 e（$MR_{SR} = SMC$），每人每年购买 230 局。通过每局获取最高的草地费，你可以从打高尔夫的人那里收到 15 525 美元 [= 230 ×（125 + 10）/ 2]，即图 14-3 中的阴影梯形 $0cef$ 的面积。对这 100 个相同偏好高尔夫爱好者，年总收益是 1 552 500 美元（= 15 525 × 100）。如图所示，100 个人，每人每年打 230 局，总计每年 23 000 局。因为可变成本是每局 10 美元，总可变成本是 230 000 美元（= 10 × 23 000）。通过完全差别定价，你将北谷的利润增加到 322 500 美元（= 1 552 500 − 230 000 − 1 000 000）。

尽管你预期所有者会很高兴地看到北谷不再亏损，而是赚到了正的经济利润，你希望能找到一个办法，避免为 23 000 局的每一局草地费与老人们讨价还价。经过仔细思考，你意识到可以通过设计优化两部定价来赚到完全一样的利润。而且，这个两部定价计划将会获取全部消费者剩余，而不必因为草地费而讨价还价！你安排了一个与北谷高尔夫俱乐部所有者的会议，来演示你的新的定价计划，以获得批准。

你在与所有者的会议中，以解释在你的新定价计划，成员可以以每局 10 美元的草地费（f）想打多少局，就打多少局。然而，为了享有这样“低”的草地费，俱乐部成员必须还支付俱乐部会员“高”年费（A），每年 13 225 美元。听到你的计划后，所有者当即威胁要开除你。当然，他争辩道，没有人会为了在北谷打球而支付 13 225 美元的会员年费。幸运的是，你能够让他信服你的定价计划会奏效。在一个信封背面，你画出了图 14-3（在经济学中学会如何画图的益处！）。用这个图，你仔细地解释了消费者剩余，向所有者展示每局 10 美元的草地费，在北谷每个打高尔夫的人每年享受 13 225 美元（= 0.5 × 230 × 115）的消费者剩余，即三角形 ace。于是老人们会愿意支付 13 225 美元会员年费，以得到支付低草地费的特权。这样你说服了所有者，得到实施两部定价计划的许可。

在你的两部定价计划中，年度总收益是 1 552 500 美元，是所有会员年费的总和 1 322 500 美元（= 13 225 × 100）和总草地费 230 000 美元（= 10 × 230 × 100）。年利润将是 322 500 美元（= 1 552 500 − 230 000 − 1 000 000）。这个优化设计的两部定价计划与完全差别定价产生的利润一样。这个优化设计，包括将用量费设为与边际成本相同（$f^* = SMC$），以及将入门费设计等于一个打高尔夫的人的消费者剩余（$A^* = CS_i$）。

我们这里必须强调，即使利润完全与完全差别价格一致，两部定价却是第二级形式的差别定价。不必就 23 000 局逐局讨价还价，每个高尔夫消费者都面临相同的价格表：每个打高尔夫的人支付会员年费 13 225 美元和不必讨价还价的每局草地费 10 美元。在两部定价中，就像我们以前解释的，每个打高尔夫的人自己选择打多少局，来确定他要支付的价格。在这个特例中，所有的打高尔夫的人假设都相同，所以他们都会选择每年打 230 局。每局的平均价格是 67.50 美元 [= (13 225 + 10 × 230) / 230]。我们现在可以用一个原理总结这个讨论。

原 理

当所有的消费者对一种产品有相同的需求时（准确的知道需求），经理可以通过两部定价法，将用量费等于边际成本（$f^* = SMC$），入门费等于这些购买者中一个的消费者剩余（$A^* = CS_i$），来获取全部消费者剩余。

2. 两群相同偏好的消费者

当存在两群或者更多购买者群体，群体内的消费者有相同的需求偏好（并企业知道他们的需求）时，两部定价也可以被采用。在这种情况下，找到 f 和 A 的优化值有些复杂，我们可以继续北谷高尔夫俱乐部的例子来更好的说明这一程序，你还是新任经理。现在你希望找到两群打高尔夫的人的 f^* 和 A^*，而不是一个相同偏好的高尔夫群体。

北谷的所有者决定不解雇你了，因为你用两部定价代替单一定价的草地费使俱乐部赢利了。但是现在，所有者期望你进一步改善利润状况。一个没有退休，而且大多在周末打高尔夫球的北谷居民向你抱怨，会员年费太高了（13 225 美元），她不会考虑在北谷俱乐部打球。就像其他周末打球的北谷社区人一样，她开车到有段距离的北谷的竞争对手那里打球。你现在意识到北谷完全忽略了另一群打高尔夫的人，如果更有吸引力的定价计划出台，他们就会在北谷打球。为了确定向这群打球的人提供服务的赢利性，你雇用了一家市场调查所来估计未退休的周末打球者的需求。市场咨询专家估计有 100 个这样的"周末"打球者，他们也有相同偏好的需求曲线。市场咨询师确定，每个周末打球者的年度（反）需求方程是 $P_{WK} = 120 - Q_{WK}$，如图 14-4b 所示的 D_{WK}。

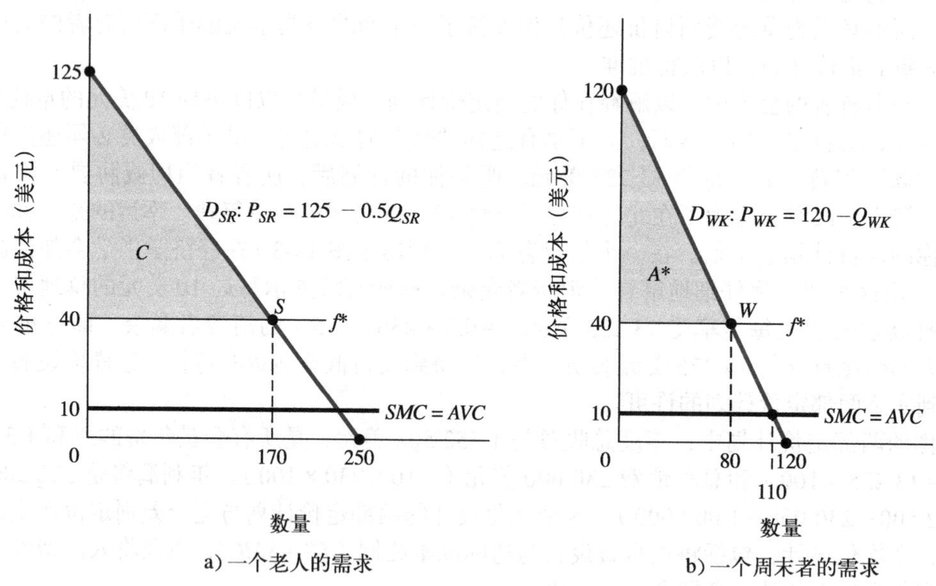

图 14-4 北谷高尔夫俱乐部的需求：老人和周末打球者群体

你现在可以看出，为什么没有周末者在北谷打球了。当草地费是每局 10 美元时，每个周末者每年会打 110 局。以这个打球的比例来计算，一个周末打高尔夫球的人，最多愿意付会员年费 6 050 美元（$= 0.5 \times 110 \times 110$）——在 110 局之内，$D_{WK}$ 以下，SMC 以上的面积。目前的会员年费（13 225 美元），超过了一个周末打高尔夫球的人的消费者剩余，没有周末者会加入俱乐部。

为了从两群消费者中都得到消费者剩余，老人和周末者必须付不同的成员费。然而，设立不同的会员费不会可行，因为每个打高尔夫的人都会声称属于低价会员费的群体。（你不能迫使申请者如实显示他们是退休的老人，还是主要在周末打球。）因此，两群人的会员费一定得相同。不仅会员费相同，而且不能高于群体内打高尔夫个人的最低的消费者剩余，否则，低消费者剩余的高尔夫爱好者就不会加入。

为了吸引两群打球的人都加入俱乐部，你让两群人的会员费都等于周末打高尔夫球的人的消费者剩余。这样会获得周末打高尔夫的人的全部消费者剩余，老人们还保留一部分消费者剩余。对任意特定草地费（f）和一个周末打球者的打球数量（Q_{WK}）而言，会员年费（A）是

$$A = 0.5Q_{WK}(120 - f)$$

现在我们转到找到最优的草地费。为了找到利润最大的草地费，你需要知道与草地费变化相关的边际收益和边际成本。

为了找到边际收益，你用会员费和草地费的总和表示总收益：

$$TR = [200\,(0.5Q_{WK}(120 - f))] + [f(100Q_{SR} + 100Q_{WK}]$$

上面表达式的第一项，表示从 200 个成员支付的会员费中收取的总收益，会员费等于周末打高尔夫球的人的消费者剩余。第二项表示向 100 个每年打 Q_{SR} 局高尔夫的老年人和 100 个每年打 Q_{WK} 局周末高尔夫的人收取的草地费。由于提高 1 美元草地费带来的总收益的增长 MR_f，等于会员费和草地费变化之和。进行一些枯燥的代数运算之后，你发现边际收益是草地费的线性函数：

$$\begin{aligned} MR_f &= N_{SR}(a_{SR} - a_{WK}) - [b_{WK}(N_{SR} - N_{WK}) - 2N_{SR}b_{SR}]f \\ &= 100\,(250 - 120) - [(-1)\times 0 - 2\times 100\times(-2)]f \\ &= 13\,000 - 400f \end{aligned}$$

式中，N_{SR} 和 N_{WK} 分别是老年人和周末的打球人数，需求参数 a_{SR}，a_{WK}，b_{SR} 和 b_{WK} 是从两群体的需求方程得到的：[⊖]

$$Q_{SR} = a_{SR} + b_{SR}P_{SR} = 250 - 2P_{SR} \text{ 和 } Q_{WK} = a_{WK} + b_{WK}P_{WK} = 120 - P_{WK}$$

为了找到改变草地费的边际成本 MC_f，将总可变成本表达为 $AVC\,(N_{SR}Q_{SR} + N_{WK}Q_{WK})$。那么用 Q_{SR} 和 Q_{WK} 的需求方程带入，并且老年人和周末打球的人都付同样的草地费（$P_{SR} = P_{WK} = f$），你可以将总可变成本用草地费表示如下：

$$TVC = AVC\,[100\,(250 - 2f) + 100\,(120 - f)]$$

从上式可以得到，由于草地费每增加 1 美元（$\Delta TVC/\Delta f$），总变动成本增加量是不变的，等于 3000 美元：

$$\begin{aligned} MC_f &= c(N_{SR}b_{SR} + N_{WK}b_{WK}) \\ &= 10[100\times(-2) + 100\times(-1)] \\ &= -3\,000 \end{aligned}$$

我们必须强调 SMC（10 美元）和 MC_f（$-3\,000$ 美元）之间的差异。多打 1 局高尔夫增加的总成本是 10 美元。降低草地费 1 美元导致总成本增加 3 000 美元，因为老年人和周末打高尔夫的人多打 300 局高尔夫球，因此增加 3 000 美元（$=300\times 10$）变动成本。

当边际成本和变动成本不变时，就像北谷的例子，在两个或者多个群体内消费者相同的群体中，利润最大化的用量费总是超过不变的边际成本（SMC）。为了表明在本例中 f 一定超过 10 美元，假设你开始让草地费等于边际成本（f= 10 美元）。用上面的 MR_f 的方程，增加草地费 1 美元，边际收益增加 9 000 美元（$= 13\,000 - 400\times 10$）。于是草地费增加 1 美元，利润增加

⊖ 见本章最后的数学附录关于两个群体内相同的购买者在不变成本时的两部定价的数学解推导。一般的非线性需求和成本结构数学解非常复杂，本书不会涉及这种情况。

12 000 美元，因为总收益增加 9 000 美元，而成本减少 3 000 美元。作为北谷的经理，你会一直提高草地费，直到 $MR_f = MC_f$。令边际收益等于边际成本，解出利润最大化的草地费，你发现 40 美元是利润最大化的草地费：

$$MR_f = MC_f$$
$$13\ 000 - 400f^* = -3\ 000$$
$$f^* = 40 \text{ 美元} = -16\ 000 / -400$$

在图 14-4 中的点 S 和点 W 表明每类高尔夫球者打球的局数，可以计算如下：

$$Q_{SR}^* = 170 = 250 - 2 \times 40 \text{ 和 } Q_{WK}^* = 80 = 120 - 40$$

最优的会员年费等于每局付 40 美元的周末打球的人的消费者剩余。这样你确定年费是 3200 美元（$= 0.5 \times 80 \times 80$），是图 14-4b 中的阴影三角形 A^* 的面积。

现在我们来计算北谷以较低的会员费吸引周末和老年打球的人来后的利润。年度总打球的局数从 34 000 降低到 25 000（$= 100 \times 170 + 100 \times 80$）。俱乐部的年利润是 390 000 美元：

$$\begin{aligned}\text{利润} &= \text{总会员费用} + \text{总草地费} - TVC - TFC \\ &= (200 \times 3\ 200) + (25\ 000 \times 40) - (25\ 000 \times 10) - 1\ 000\ 000 \\ &= 390\ 000\ (\text{美元})\end{aligned}$$

在新的两部定价计划下，俱乐部比高会员费，低草地费，而没有周末打球者那时候，多赚 67 500 美元（$= 390\ 000 - 322\ 500$）。

在这个例子中，北谷高尔夫俱乐部选择服务老人和周末打球者两个群体的客户，比设立最高可能的入门费，获取全部（也仅限于）打高尔夫的老年人的消费者剩余的完全差别价格，获利更多。然而，有时服务于少量购买者的群体，或者消费者剩余低的购买者，可能导致利润降低。这样你必须确保，降低入门费来服务更多购买者群体，实际带来了更高的利润。这一讨论建立了以下的原理。

原 理

两个群体内购买者有相同偏好的需求曲线，企业向每个群体收取相同的入门费和用量费是有利可图的。最优的用量费是 $MR_f = MC_f$，最优入门费等于消费者剩余较低群体里单个消费者的消费者剩余。服务于两个群体并不总是增加利润，因为服务于一个群体时，可以收取较高的入门费，并且从单个群体中获取全部的消费者剩余。

两部定价不仅对希望增加利润的企业是非常有价值的，我们在第 16 章会向你展示，政府管理机构经常使用入门费和用量费来管理公共事业，如水、电、天然气、电视和本地电话服务。学习如何设计实施两部定价，对公共事业和州政府以及联邦管理机构都很有价值。用于企业和管制公共事业的另一种两部定价形式，递减分段定价，我们将在下面简要介绍。

14.3.2 递减分段定价

另一种常见的两部定价形式是递减分段定价，在购买数量不连续的依次分段中，提供数量折扣。由于额外单位产品的价值，随着消费者购买数量的增加而降低，递减分段定价鼓励消费者比面对单一价格时，购买的数量更多。所有的消费者面对同样的价格表，购买更多的人会达到更低价格区段。很显然，分段定价只有在个人 1 次购买多于 1 单位产品和服务时才有意义。与不变的用量费（f）相比，在递减分段方案中，边际价格只有在特定销售数量区间才是不变的。并且，正如名字所示，边际价格在通过每个区段的起点后降低。

图 14-5 说明了一个 5 段递减定价计划，在同样的需求和成本条件下，可以产生比单一定价更高的利润。本例中，假设很多相同偏好的购买者有图 14-5 中 D 那样的需求曲线。如果企业实行单一定价，利润最大化的价格是每单位 7 美元，30 单位被购买（点 U），就是 $MR=MC$ 时的产量。单一价格 7 美元时，企业从购买 30 单位的每个消费者那里共赚到 90 美元 $[=(7-4)\times 30]$ 利润，这个利润在图中由长方形 $b+d+e$ 之和构成的阴影面积。现在，让我们看看 90 美元的利润如何与递减分段定价的利润相比较。

所有的购买者都用一个共同的递减分段价格表表示。一个消费者购买 q 单位产品时，总花费

$$
\begin{aligned}
TE(q) &= 0 + 9q & \text{当}q\leqslant 10\text{时（区段1）}\\
&= 90+8(q-10) & \text{当}q\leqslant 20\text{时（区段2）}\\
&= 170+7(q-20) & \text{当}q\leqslant 30\text{时（区段3）}\\
&= 240+6(q-30) & \text{当}q\leqslant 40\text{时（区段4）}\\
&= 300+5(q-40) & \text{当}q>40\text{时（区段5）}
\end{aligned}
$$

对购买的头 9 个单位而言，购买者的需求价格（保留价格）超过了第一个区段的价格（9 美元），所以购买者在区段范围内享受到消费者剩余。如果全部单位的价格都是 9 美元，购买者只会买 10 个单位。但是在 11 ～ 20 单位，价格降到 8 美元。像你从图上看到的，用需求曲线表示的这些单位的价值超过 8 美元，消费者会多买 10 个单位。连续降低每个区段的价格，消费者继续购买更多单位，直到购买的最后一个单位的价值等于最后一个区段的最低价格 5 美元。于是，每个消费者选择购买 50 单位的产品。在购买的最初的 10 个单位中，企业赚到 50 美元利润（$a+b$ 面积）；在购买的第二个 10 单位的区段，企业赚到 40 美元利润（$c+d$ 面积）；如此这般，直到第 5 个区段，利润是 150 美元。你可以从图 14-5 中看到的，企业通过实行分段定价计划，而不是单一定价 7 美元，多得到 a、c、f 和 g 面积利润。

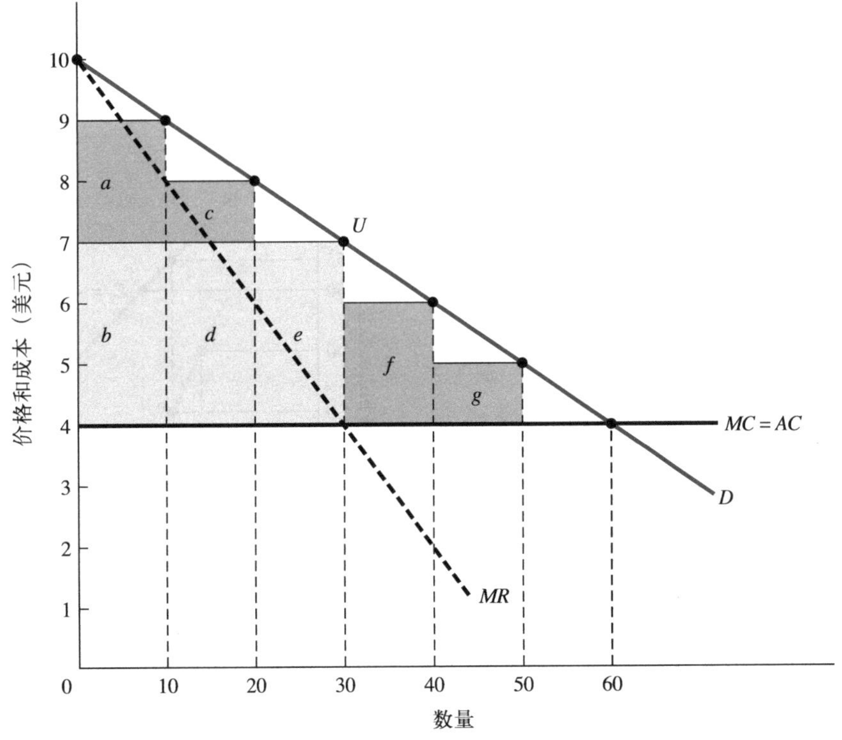

图 14-5　5 段的分段定价

14.4 第三级差别定价

本章我们最后介绍的差别价格类型是第三级差别价格。当企业既能够发现，又能够区分两个或多个群体，或者消费者的子市场，可对完全相同的产品收取不同价格。与第一级差别价格相比，子市场的每个消费者支付同样的价格。于是，第三级差别价格者并不为了获取全部消费者剩余而讨价还价，于是，所有子市场的购买者，最后都保留一些他们的消费者剩余。与第二级差别价格相比，第三级差别价格不依赖于自我选择产生不同价格。因为他们可以从不同的子市场中辨识消费者，他们可以对不同群体的消费者收取不同价格。

电影院收取成人比孩子更高的票价，药店向老年人收取比非老年人低的药价，微机公司收学生比其他买者低的价格，都是第三级差别价格的例子。在每个例子中，差别价格企业能以可操作的、合法和低成本的方式辨识消费者类型。在很多情形下，消费者辨识可以简单要求看驾照上的年龄，或者看学生证是否注册。一旦消费者被分成不同子市场，差别价格企业会收取弹性较小的子市场比富有弹性的子市场高的价格。就像我们将要简单介绍的，当子市场间的价格弹性不同时，对不同群体收取不同价格，会比向两个子市场收取同样价格利润更多。换言之，一个电影院可以通过以下方法：①向弹性低的成人子市场收取相对高的票价，向更富有弹性的孩子子市场收取相对低的票价；比②向所有看电影的人收同样的票价，能获得更多的利润。

14.4.1 为使收益最大化在两市场分配销量

为使利润最大，实行第三级差别价格的企业必须决定，如何在不同的子市场优化分配总销量，以产生最高收益（相应的最高利润）。为了看到如何完成这个目标，假设只有两个子市场，子市场 1 和子市场 2。图 14-6 显示了每个市场的需求和边际收益曲线。现在我们进一步假设出于某种原因，经理希望在两个市场销售 500 单位。经理如何在两个市场上分配销量，从销售 500 单位产品中得到最大化的总收益呢？

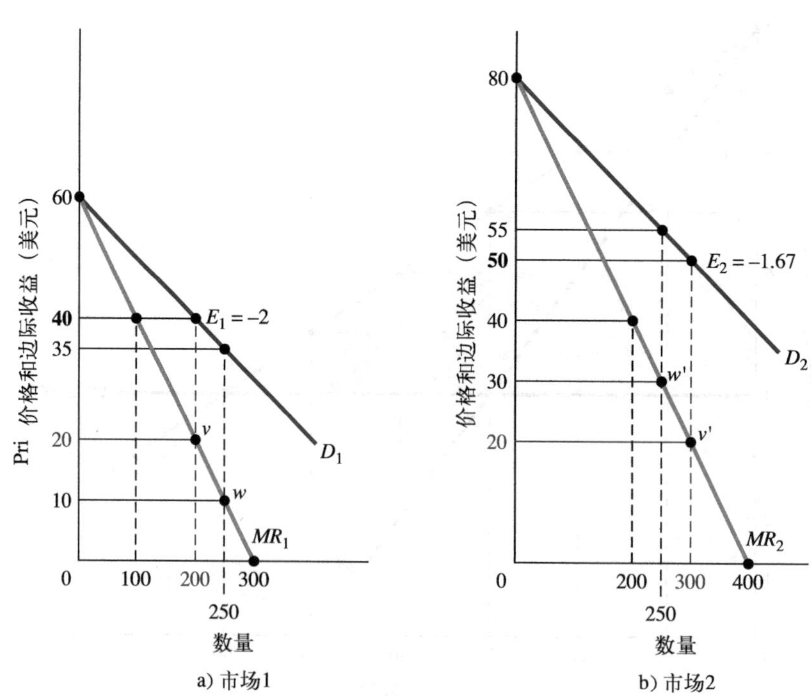

图 14-6 在两市场分配销量：边际收益相等原理

图 14-6 显示了在市场 1 和 2 之间分配 500 单位的两种可能方案。首先，假设在每个市场平均分配 250 单位，图中的 w 和 w'。当每个市场的 250 单位都售罄时，你可以从图 14-6a 和图 14-6b 中看到

$$MR_1 = 10 \text{ 美元} < 30 \text{ 美元} = MR_2$$

这个分配并没有使利润最大化，因为经理可以通过减少从较低的边际收益的市场 1 中销售的数量，增加较高边际收益的市场 2 的销售数量。特别是减少市场 1 的 1 单位产品后，市场 1 总收益降低 10 美元。为了保证总销量是 500 单位，经理必须在市场 2 多卖 1 个单位，增加了 30 美元市场 2 的总收益。现在你可以看到从低边际收益的市场 1 移动 1 个单位的到高边际收益的市场 2，导致总收益增加 20 美元（=30－10）。

为了使 500 单位总收益最大化，经理会继续从边际收益较低的市场向高边际收益较高的市场移动产品，直到两个市场边际收益相等。注意图 14-6 中，当 Q_1 是 200 单位，Q_2 是 300 单位时（点 v 和 v'），两市场的边际收益相等，这样分配 500 单位的销量，使企业的总收益最大化。你可以通过需求曲线看出，市场 1 和 2 之间理想的销量分配，可以通过在市场 1 价格收取 40 美元，在市场 2 价格收取 50 美元。

经理使总产量在两子市场按 $MR_1 = MR_2$ 分配时，[⊖]总收益最大。这样建立以下原理，有时称为等边际收益原理：

原 理

经理在两个不同市场上出售一定量的产出，并且给定的产量售罄，应按 $MR_1 = MR_2$ 来分配销售，以达到售出所有商品利润最大化的目的。这也是等边际收益原理。

尽管在两个市场上的边际收益是相同的，它们的售价却不同。就像我们前面讲过的，需求弹性小的市场上的价格高一些，需求弹性大的市场上的价格低一些。在富有弹性的市场上，价格提高会导致销量大幅度下降，在弹性小的市场上，价格提高销量只会小幅度下降。

这个可以被解释为："两个市场上的价格为 P_1 和 P_2，E_1 和 E_2 表示相应的价格弹性。像第 6 章所讲，边际收益可以表示为

$$MR = P(1 + 1/E)$$

如前所述，如果经理按 $MR_1 = MR_2$ 分配产品，他们可以增加收益，也就是

$$MR_1 = P_1(1 + 1/E_1) = P_2(1 + 1/E_2) = MR_2$$

回忆第 12 章，有市场力的企业一定在需求弹性的区间定价，使利润最大化。于是 MR_1 和 MR_2 都必须是正的，也就是 E_1 和 E_2 都必须绝对值大于 1（即每个市场需求必须是富有弹性的）。现在假设市场 1 的价格较低（$P_1 < P_2$），在市场间的销量分配满足边际收益相等原理（即 $MR_1 = MR_2$）。那么通过方程变换得到

$$P_1 / P_2 = (1 + 1/E_2)/(1 + 1/E_1) < 1$$

因为（$1 + 1/E_2$）<（$1 + 1/E_1$），一定可得出

$$|1/E_2| > |1/E_1|$$

所以

$$|E_1| > |E_2|$$

⊖ 这个情况并不奇怪，因为这只是第 3 章限制优化的另一个应用。如果经理在只有有限单位可供销售的约束下，希望使总收益最大化，应该按照两市场每单位边际收益相等的方式分配销量。在市场 1 出售 1 单位的边际成本是在市场 2 无法再销售的这单位的边际成本（$MC_1 = MC_2 = 1$）。

较低价格的市场必须有较大的弹性。因此，如果一个企业进行第三级差别定价，它会在有较高需求弹性的市场上制定较低的价格。再看一下图 14-6 的两个市场 1 和 2。市场 1 收取较低的价格 40 美元，这一价格的点弹性是 −2 [= 40 / (40 − 60)]。在市场 2，收取较高的价格 50 美元，价格弹性是 −1.67[= 50 / (50 − 80)]。就像期望的那样，在市场 2 消费者支付较高的价格，需求弹性小。

原 理

在两个独立的市场 A 和 B，进行差别定价的经理，在给定的产出条件下，可以通过高弹性市场收取较低价格和低弹性市场收取较高价格来增加总收益。如果：$|E_A| > |E_B|$，那么：$P_A < P_B$。

14.4.2 第三级差别定价下的利润最大化

到目前为止，我们一直假设实行差别定价的企业，在给定的产出水平下，于不同的市场上进行产品销售分配来增加收益。现在我们来讨论一个经理如何决定利润最大化的总产出水平。一旦总产量决定了，经理仅仅需要运用边际收益相等原理，来找到市场间销量的最优分配，以及在不同市场上收取的最优价格。

你也许会想到，经理令边际收益等于边际成本来增加利润，这个企业的边际成本曲线与没有差别价格的企业是相同的。第三级差别价格企业的边际成本，与两个市场的总产量有关（$Q_T = Q_1 + Q_2$），不依赖于产量如何在两个市场间分布——只有总收益依赖于销量分布。因此，我们必须推导出将边际收益与总产量 Q_T 相关的曲线，产量根据等边际收益原则在市场间分布。这种特殊的边际收益称为**总边际收益**（total marginal revenue，MR_T），因为它给出了当差别价格企业增加总产量（Q_T），并且在两个市场分配额外的产量，以达到等边际收益时，在两个市场（即 $TR_1 + TR_2$）的联合收益的变化。在利润最大化总产量时，总边际收益等于边际成本（$MR_T = MC$）。

总边际收益曲线就是每一市场上的边际收益的横坐标水平加总。水平加总既可以通过图形，也可以通过数学方法得到。就像你会看到的，水平加总在推导 MR_T 的过程中，执行等边际收益原理。我们现在向你展示如何通过作图法，推导出总边际收益曲线，在本节的后部分我们将说明用数学方法找到 MR_T 的方程。

1. 利润最大化：图形解

为了方便，图 14-6 中的边际收益曲线 MR_1 和 MR_2 一起显示在图 14-7a 中。（相应的需求曲线没有显示，是因为在推导 MR_1 和 MR_2 水平加总时不相关。）在图 14-7b 中显示总边际收益曲线 MR_T 是加总边际收益几个不同值——80 美元、60 美元、40 美元、20 美元和 0 美元时的 Q_1 和 Q_2，得到 Q_T：

点 i：$MR_T = 80$ 美元，$Q_T = 0 = 0 + 0$

点 k：$MR_T = 60$ 美元，$Q_T = 100 = 0 + 100$

点 l：$MR_T = 40$ 美元，$Q_T = 300 = 100 + 200$

点 m：$MR_T = 20$ 美元，$Q_T = 500 = 200 + 300$

点 n：$MR_T = 0$ 美元，$Q_T = 700 = 300 + 400$

例如，如果企业总共生产 300 单位产品，总边际收益曲线是 40 美元，因为企业会为了使利润最大化，在市场 1 销售 100 单位，在市场 2 销售 200 单位。在图 14-7a 中 100 单位产量时，MR_1 等于 40 美元，200 单位产量在市场 2 中，MR_2 也等于 40 美元。这与第 300 单位在市场 1

还是市场 2 售出的无关；企业的边际收益是 40 美元（也是图 14-7b 中的点 l)。这 300 单位是使两个市场的边际收益相等的唯一的分配。在图 14-7b 中的其他任何总产量的总边际收益都是以同样的方式得到。[㊀]

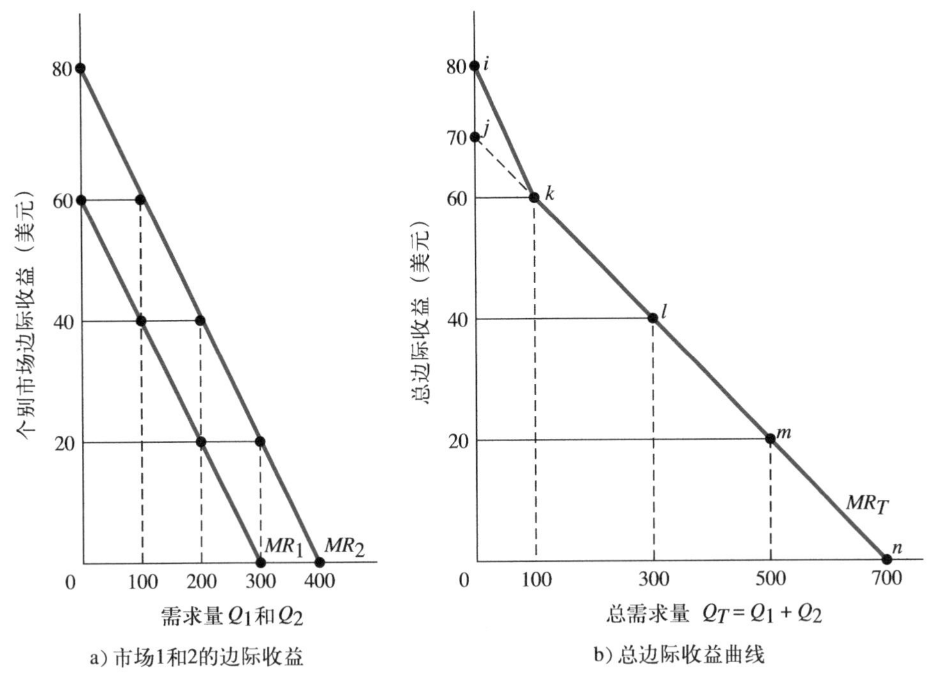

a) 市场1和2的边际收益　　b) 总边际收益曲线

图 14-7　推导总边际收益曲线（MR_T）：水平加总

现在我们可以用 MR_T 找到企业利润最大化的总产量。为了了解这个决策如何做出的，看表明所有的需求和边际收益关系的图 14-8。假设企业面临不变边际成本和平均生产成本，每单位 20 美元，如图 14-8b 表示。总产量取决于总边际收益等于边际成本时，即在 500 单位（点 *m*）$MR_T = MC = 20$ 美元。500 单位分配在 1 和 2 两个市场中，使两个市场的边际收益都等于 20 美元。这个分配的结果是市场 1 卖 40 美元（点 *r*），市场 2 卖 50 美元（点 *s*），市场 1 和 2 的销量分别是 200 单位和 300 单位。

通过在不同的市场收取不同的价格，企业在市场 1 的总收益是 8 000 美元（$=40 \times 200$），市场 2 的总收益是 15 000 美元（$=50 \times 300$），总收益是 23 000 美元。因为生产 500 单位的总成本是 10 000 美元（$=20 \times 500$），差别价格企业的利润是 13 000 美元。

为了证实收取两种不同的价格，比对两群消费者收取单一价格产生更多的收益和利润，我们现在计算当企业出售的 500 单位都是相同价格时，总收益是多少。[㊁]当子市场 1 和 2 作为一个市场时，市场需求是 D_1 和 D_2 水平加总，以得到市场需求曲线，如图 14-8b 所示。如果企业向所有的消费者收取单一价格 45 美元，它能售出 500 单位，产生总收益 22 500 美元（$=45 \times 500$）。生产 500 单位的总成本还是 10 000 美元，与差别价格时没有区别。利润下降到 12 500 美元，这样企业会使收益和利润减少 500 美元。

㊀ 当水平加总两个线性边际收益曲线时，总边际收益也是线性的。因此，你可以通过找到两点，例如图 14-7 中的点 *k* 和点 *n*，画一条线通过这两点，便迅速画出了 MR_T 的图形。

㊁ 注意，当企业选择收取消费者单一价格时，利润最大化产量水平也是 500 单位。因为两个市场需求曲线水平相加构成总需求曲线时，图 14-8b 的 MR_T 也是企业的边际收益曲线。

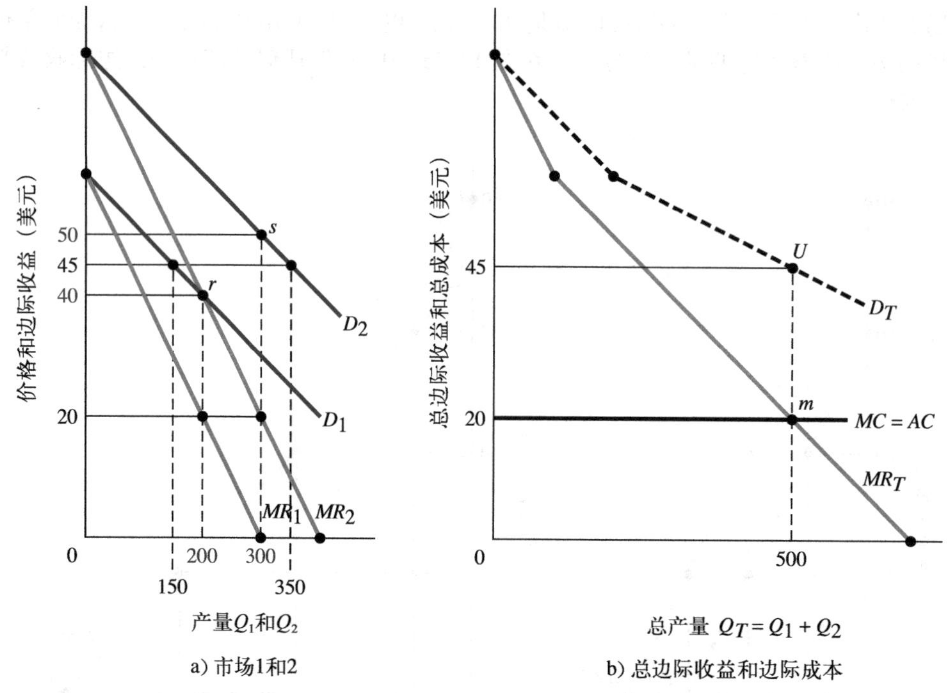

a) 市场1和2　　b) 总边际收益和边际成本

图 14-8　第三级差别价格的利润最大化

我们现在总结两市场定价问题的讨论，将我们的结果拓展到 n 个独立的市场：

 **原 理**

预期在 n 个分离的市场中销售其产品，管理者可以实现利润最大化，如果该企业生产的全部产品的总数量分配到 n 个市场中能够实现：

$$MR_T = MR_1 = \cdots = MR_n = MC$$

在每个市场中的执行价格，则是由 n 个市场各自的需求函数决定的。

2. 利润最大化：代数解

现在，我们向你展示在图 14-8 中图形，表示的第三级差别价格问题的代数解。这两个市场的需求曲线为

$$\text{市场 1：} Q_1 = 600 - 10P_1 \qquad \text{市场 2：} Q_2 = 800 - 10P_2$$

求解变换得到以上两市场的逆需求函数：

$$\text{市场 1：} P_1 = 60 - 0.1Q_1 \qquad \text{市场 2：} P_2 = 80 - 0.1Q_2$$

与该逆需求函数相对应的边际收益函数公式为

$$\text{市场 1：} MR_1 = 60 - 0.2Q_1 \qquad \text{市场 2：} MR_2 = 80 - 0.2Q_2$$

为了得到总边际收益公式 $MR_T = f(Q_T)$，我们首先变换得到两个市场的逆边际收益公式：

$$\text{市场 1：} Q_1 = 300 - 5MR_1 \qquad \text{市场 2：} Q_2 = 400 - 5MR_2$$

对任意给定的总产出水平，都有

$$MR_1 = MR_2 = MR_T$$

这样：

$$市场1: Q_1 = 300 - 5MR_T \qquad 市场2: Q_2 = 400 - 5MR_T$$

既然，$Q_T = Q_1 + Q_2$，总边际收益的逆向公式可以通过相加而得：

$$Q_T = Q_1 + Q_2 = 300 - 5MR_T + 400 - 5MR_T = 700 - 10MR_T$$

再反向变换，我们就得到了银河制造厂的总边际收益函数：

$$MR_T = 70 - 0.10Q_T = 20 = MC$$

我们解出 Q_T 得满足利润最大化的产出水平为 500。为了实现 500 个单位产品在两个市场中的理想分配，两个市场的边际收益必须都等于 20 美元来分配销售量。经理必须对以下两个方程求解：

$$市场1: 20 = 60 - 0.2Q_1 \qquad 市场2: 20 = 80 - 0.2Q_2$$

求得结果为在市场 1 中销售 200 个单位，在市场 2 中销售 300 个单位。将最优数量代入两个市场的需求方程可以找到每个市场各自的销售价格。就像我们在上面图形解找到的最大化的利润发生在市场 1 中按 40 美元的价格售出 200 个单位，在市场 2 中按 50 美元的价格售出 300 个单位的产品。

◇专栏 14-2

差别定价有时很困难

在第三级差别定价的理论讨论中，我们有两个要点：①企业必须依据需求弹性来划分市场；②企业必须能够分离市场，以便阻止高价市场的购买者到低价市场采购。我们所用到的一些案例都是相对容易划分的。例如，在电影院，阻止成年人拿着低价的儿童票进入就相对容易，且成本较低。而在有些情况下，分离市场却相对困难，或者成本很高。如果分离市场是不可能的，或十分昂贵的，差别定价策略就会不再能增加赢利。此时，垄断厂商将对所有消费者收取单一价格。

航空市场是人们最频繁引用来说明分离市场困难的例子。航空公司试图向休闲的乘客收取低于商业旅客的费用，这已不再是什么秘密。而西北航空公司为此所做的努力，说明了分离市场的困难。

《华尔街日报》曾报道，西北航空公司会引入一种新的优惠票，给一起旅行的两个或两个以上旅客以 20% ～ 40% 的折扣。

《华尔街日报》还指明，这一改变不仅将会刺激家庭旅行，而且还可以消除商业旅客使用特价优惠票的现象。过去，许多商业旅客会在票价降低到 50% 以下时购买往返票，然后丢弃返程票，或者晚些时使用。西北航空公司在计划解除或终止它的另外一些用于吸引休闲旅客的低价票。绝大多数商业旅客都独自一个人飞行，不再可能利用这新型的要求两人以上团队旅行的低价票。西北航空公司的老板预计商业旅客不会指责这类低价票。他还说，一旦该计划得以推广实施，将使航空公司可以向那些对价格最敏感的顾客提供具有吸引力的服务，也可以让基本的优惠票继续随着商务票而上升。

上述推断在某些方面有些理想化，《华尔街日报》指出组成团队的商业旅客可以绕过现行限制获得优惠。一家旅行社的经理说："组成团队的商业旅客一起参加公司会议，或是集会，可以节省上千美元。"一位航空业的官员表示忧虑，他认为旅行社很可能会将相同地方互不相识的旅客组成团队。显然，确实有许多办法可以击败航空公司实行有效差别定价的企图。

但西北航空公司正了解到问题所在，并努力使混合购买行为变得困难。旅客被要求一起登记其飞行安排，一起检票，遵照相同的飞行路线，以便确认给予团队折扣。这类票是不退票的，需要过一个周六的晚上，并要提前两周预订。这样的做法使商业旅客很难遵从。当然，这类本用来剔除商业旅客的一些规定，也会打击许多休闲旅客的积极性。而这些人恰恰是新的折扣方式所要吸引的对象。很明显，单身的休闲旅客就被排除在外。

正如你所看到的那样，分离市场的难题——阻止高价市场的顾客到低价市场采购，对于想要成为差别定价实行者的人来说，是一件十分具有挑战性的工作。对航空业而言，如果顾客来购票时，拿着标名“商业旅客”和“休闲旅客”的牌子，区分市场可能会容易些。如前所述，在某些市场中，如果从低价购买者中分离出高价购买者十分困难，或过于昂贵的话，差别定价将不再有利可图。

资料来源：Brett Pulley, “Northwest Cuts Fares to Boost Leisure Travel,” *The Wall Street Journal*, Jan. 12, 1993.

14.5 多产品企业的定价方法

许多公司的生产线都生产几种不同的产品，或者至少几种不同的式样。很多提供服务的公司也经常提供各种水平或不同组合的服务：基础服务、优质服务、超级服务等等。我们在讨论范围经济时提到过，很多产业主要是由多产品企业组成的，因为多产品节约生产成本的量会很明显。在这一节中，我们会先阐述，如果你经营着一家销售消费相关[⊖]（无论是替代品还是互补产品）的多产品或多服务企业，要如何做出利润最大化的定价决策。你会发现，要找到实现利润最大化多产品 / 服务的定价和数量，你必须考虑企业每个产品的需求，以及企业其他产品的价格之间的相互关系。虽然这个过程计算起来非常困难，但我们会证明，边际收益等于边际成本的基本原理，也是做出最优定价决策的关键。然后，我们会讨论一种非常常见的定价技巧，那就是把两种或多种产品或服务捆绑销售。我们会阐释捆绑销售会增加利润的原因，以及什么样的产品和服务捆绑销售，才能获得更多利润。

14.5.1 在消费中相关的多产品

对一件商品的需求不仅依赖于其自身的价格，而且还与相关商品的价格、消费者的收入、偏好等有关。为了简便，我们忽略其他因素，得出以下需求函数形式：

$$Q_X=f(P_X,\ P_Y)$$

式中，Q_X 是对商品 X 的需求量；P_X 是商品 X 的价格；P_Y 是一种相关商品 Y（替代品或补充品）的价格。

到目前为止的讨论中，我们将 P_Y 视为已给定的。也就是说，我们假定 P_Y 是由企业外部决定的参数。因此，企业将通过为商品 X 选取适当水平的产量和价格来使利润最大化。然而，如果问题是企业两种产品都生产，相关产品 Y 的价格就不再是管理者的控制以外的了。

为了实现利润最大化，相关商品的产出水平和价格必须共同决定。对于一个有两个产品的企业，利润最大化的条件仍然保持相同：

$$MR_X=MC_X \text{ 和 } MR_Y=MC_Y$$

但是，X 的边际收益将取决于 X 和 Y 的销售量，Y 的边际收益也如此。MR_X 和 MR_Y 这两个边际收益的相互依赖性，要求上面设定的边际条件必须同时得到满足。（注意在本节中产品在生产上并不相关，所以 MC_X 和 MC_Y 只分别取决于 X 和 Y 的产出量。）当这些产品必须被一起使用时，消费者一般会一起购买，这类的产品称为**消费互补**（complements in consumption）。另一种情况，企业销售互相替代的产品，称为**消费替代**（substitute in consumption），购买者通常只要买企业产品中的一种。在这两种情况中，边际收益都是互相依赖的。

⊖ 本节我们会只讨论在消费时相关的多种商品定价策略。但是，商品也可能是在生产时相关。生产相关的多种商品定价方式请见在线话题 3。

原 理

当一个企业生产两种产品 X 和 Y，它们在消费过程中是相关的，或者替代，或者互补。为了利润最大化，多产品企业的决策者通过生产和销售 X 和 Y 产品的数量：

$$MR_X = MC_X \text{ 和 } MR_Y = MC_Y$$

同时满足。利润最大化的价格 P_X 和 P_Y，是通过将最优水平的 X 和 Y 代入需求函数并求解 P_X 和 P_Y 得到。

为了说明一个管理者如何在这些情况下实现利润最大化，我们将用另一个假定的例子。在这个例子中，我们将看到一个生产消费替代产品的企业。但是，同样的方法也适用于生产消费互补产品的企业。

以 Zicon 制造厂为例。Zicon 制造厂生产两种类型的汽车真空吸尘器。一种记为 X 的产品，可插入香烟打火机；另一种记为 Y 的产品，配有可充电电池。假设除了表面上的消费替代性之外，两种产品之间并没有其他相关性。Zicon 的管理者决定利润最大化时两种产品的产出水平和价格。

应用本书中第 7 章介绍的方法，这两种产品的需求函数预测如下：

$$Q_X = 80\,000 - 8\,000P_X + 6\,000P_Y \text{ 和 } Q_Y = 40\,000 - 4\,000P_Y + 4\,000P_X$$

解这两个预测需求函数方程，管理者可能得到价格是两个需求数量的需求反函数：㊀

$$P_X = 70 - 0.000\,5Q_X - 0.000\,75Q_Y \text{ 和 } P_Y = 80 - 0.001Q_Y - 0.000\,5Q_X$$

每种产品的总收益函数为

$$TR_X = P_XQ_X = 70Q_X - 0.000\,5Q_X^2 - 0.000\,75Q_Y Q_X \text{ 和 } TR_Y = P_Y Q_Y = 80Q_Y - 0.001Q_Y^2 - 0.000\,5Q_XQ_Y$$

两种产品的总收益通过将两种产品的收益加总得到：$TR = TRX + TRY$。每种产品的联合边际收入函数为㊁

$$MR_X = 70 - 0.001Q_X - 0.001\,25Q_Y \text{ 和 } MR_Y = 80 - 0.002Q_Y - 0.001\,25Q_X$$

生产经理得到了总成本的估计函数

$$TC_X = 7.5Q_X + 0.000\,25Q_X^2 \text{ 和 } TC_Y = 11Q_Y + 0.000\,125Q_Y^2$$

边际成本函数为

$$MC_X = 7.5 + 0.000\,5Q_X \text{ 和 } MC_Y = 11 + 0.000\,25Q_Y$$

为了确定利润最大化时的产出，Zicon 的经理令两产品的 MR 等于 MC：

$$70 - 0.001Q_X - 0.001\,25Q_Y = 7.5 + 0.000\,5Q_X$$

$$80 - 0.002Q_Y - 0.001\,25Q_X = 11 + 0.000\,25Q_Y$$

同时解方程求 Q_X、Q_Y，利润最大化时的产出为 $Q_X^* = 30\,000$，$Q_Y^* = 14\,000$。最后，将产量代入价格函数，Zicon 的经理发现 X 和 Y 利润最大价格为

$$P_X^* = 70 - 0.000\,5 \times 30\,000 - 0.000\,75 \times 14\,000 = 44.50 \text{（美元）}$$

$$P_Y^* = 80 - 0.001 \times 14\,000 - 0.000\,5 \times 30\,000 \times = 51 \text{（美元）}$$

㊀ 一种同时解这两个方程的方法是替代。首先，从一个需求方程解出用 Q_X 和 P_Y 表示的 P_X，从另一个需求方程中用 Q_Y 和 P_X 表示的 P_Y。将 P_Y 的方程代入 P_X 的方程，反之亦反。这两个方程可以解出用 Q_X 和 Q_Y 表示的 P_X 和 P_Y。本章末的数学附录中展示了如何运用数列寻找线性反需求曲线。

㊁ 就像几次提醒过的，线性需求函数的边际收益曲线与线性需求函数有同样的截距，并且两倍于线性需求函数的斜率。在这个相互依赖的需求曲线上，为了反映销售 1 单位的商品对其他商品价格的影响，必须在边际收益方程中加入此项。MR_X 和 MR_Y 的截距分别是（$70 - 0.000\,75Q_Y$）和（$80 - 0.000\,5Q_X$）。另一项反映 MR_X 和 MR_Y 相互依存的分别是 $-0.000\,5Q_Y$ 和 $-0.000\,75Q_X$。这样，

$$MR_X = (70 - 0.000\,75Q_Y) - 2\,(0.000\,5)\,Q_X - 0.000\,5Q_Y = 70 - 0.001Q_X - 0.001\,25Q_Y$$

和

$$MR_Y = (80 - 0.005Q_X) - 2\,(0.001)\,Q_Y - 0.000\,75Q_X = 80 - 0.002Q_Y - 0.001\,25Q_X$$

本章末数学附录中提供了两种商品的线性需求和边际收益的通用代数解。

销售最优数量 X 和 Y 的总收益是 TR_X 和 TR_Y 的和，为 2 049 000 美元：

$$TR_X + TR_Y = 44.50 \times 30\,000 + 51 \times 14\,000 = 2\,049\,000 \text{（美元）}$$

生产最优数量 X 和 Y 的总成本是 TC_X 与 TC_Y 之和，为 628 500 美元：

$$TC_X + TC_Y = 7.5\,(30\,000) + 0.000\,25\,(30\,000)^2 + 11\,(14\,000) + 0.000\,125\,(14\,000)^2 = 628\,500 \text{（美元）}$$

管理者期望 Zicon 制造厂获利 1 420 500 美元（= 2 049 000 − 628 500）。

◇专栏 14-3

打印机和墨盒：互补多产品定价

当一个公司出售两种（或更多）相关产品，替代品或互补品，一种产品的价格会影响另一种产品的需求。因此，一个经理必须选择产品价格，同时使得两种产品的边际收益等于边际成本。虽然你可能会发现对这个规则的讨论很乏味，因为需要复杂的计算来同时解决边际条件。但我们想你该知道，不管复杂与否，这条规则可以给经理们提供一个方法以得到相当的利润。吉列——剃须刀架及刀片的生产商，在半个世纪以前就明白了这个道理，并创造了巨大的财富。他们将剃须刀架的价格设定的很低，以推动其高利润率的刀片的需求。[㊀]今天，仍然有很多产品的生产商利用产品互补来确定价格，以增加利润。

《华尔街日报》最近报道，虽然打印机价格大幅下降，但生产商们依然可获得超额利润[㊁]。惠普、爱普生和佳能的经理们发现了多产品价格的规律，如本章讨论的互补品。打印机的互补品是打印墨盒、喷墨墨盒和激光墨盒、在互补品市场上获得巨额利润。计算机打印机几乎和手提计算机一样流行：大约有 1 亿台打印机在全球被使用，在《华尔街日报》的文章中，所罗门兄弟公司的分析员，John B. Jones 估计惠普拥有近一半的打印机市场，从全球范围的喷墨及激光墨盒业务中，赚取了 34 亿美元的惊人利润。

替换墨盒市场巨额赢利的战略事实，是管理经济学中一些工具的直观应用。首先，因为这两种产品，打印机和替换墨盒是公司的互补品，可以降低打印机的价格，提高替换墨盒的价格。《华尔街日报》报道打印机的毛利率为 30%，而替换墨盒的毛利率达 70%。一个惠普的管理人员在评价公司的价格政策时说："我们的价格市场可以承受。"当然，对任何有市场力的公司这句话都是正确的，但惠普降低了互补品—打印机的价格，很聪明地推动了"市场承受能力"。开发打印机替换墨盒业务战略的第二部分，包括减缓或阻止对手进入替换墨盒业务市场，以保证长期的利润，大的打印机生产商设计的打印机墨盒不再是简单的塑料盒子装着墨粉或上色剂。工程师们有意识地将墨盒设计成需要一些或全部计算机技术，才能在打印机上工作。这样做，打印机的墨盒可以被专利法保护，阻止其他公司生产克隆墨盒。很明显，如果长期利润是管理者的目标，战略的第二部分和第一部分同样重要。

非常有趣的是惠普、佳能、爱普生都在起诉 Nu-Kote Holding——一个 Dallas 供应商，提供一般的替换墨盒是侵权行为，反过来 Nu-Kote 也在起诉这三家公司，涉嫌串谋提高替换墨盒价格。对我们来说，也许 Nu-Kote 将拓展其诉讼资源打赢侵权官司，不让任何串通阴谋继续提高他们产品价格的行为得逞是明智的。

㊀ 金吉列发明了一次性刀架和刀片，但它并没有因此而获得销售利润。它卖掉了此设计和名称的专利权，是该专利权的新拥有者设计了低价格剃须刀架，高价格刀片的战略。由于这一战略的广泛应用，吉列的新拥有者成功地获得了经济效益。

㊁ Lee Gomez, "Industry Focus: Computer-Printer Price Drop Isn't Starving Makers," *The Wall Street Journal*, Aug.16, 1996.

14.5.2　多产品捆绑

多产品企业经常使用的一个定价方法是把两个或更多的产品捆绑起来以一个价格销售。比如说，迪士尼乐园让你买一张门票，就可以玩所有的项目，而不是玩每个项目都要单独买票。大多数计算机厂商都会将计算机、软件和一个监视器捆绑销售。而软件公司也会提供多种办公软件，捆绑而成的“办公套装”，可能会包括文字处理、表格、数据库、演示工具等。但是，也不是所有捆绑销售都能带来更高的利润。最近，有一些航空公司开始“解绑”航班和行李服务，向乘客收取行李服务的费用。

如果一个多产品企业只允许消费者捆绑购买它们的不同产品，这种做法准确地说，应该被称为“纯捆绑”。但是，多产品企业经常会既提供捆绑销售，也提供单独购买的形式，这种做法被称为“混合捆绑”。在混合捆绑的情况下，消费者既可以购买捆绑产品，也可以分别购买单个或多个产品。[㊀]两种形式的捆绑销售都可以通过获取消费者剩余，从而获得更多利润，类似于差别定价。事实证明，如果差别定价可行，那么对不同购买者收取不同的价格可以比捆绑销售获取更高的利润。但是，正如我们在前面所解释的那样，差别定价并不总是可行的。因此，当企业不能区分高支付意愿消费者和低支付意愿消费者，以向他们收取不同价格时，捆绑销售就为获取更多消费者剩余提供了一种方式。要使捆绑销售增加利润，必须满足几个需求条件。下面我们来简要解释一下这些条件。

为了表明产品捆绑的好处，我们一起来看一个例子：Crystal Channel 是为一个小型社区提供数字有线电视服务的地方垄断服务商。针对该公司对提供服务小区进行的市场分析显示，有两种类型的有线电视用户：家庭型用户和成人型用户。家庭型用户主要对播放 G 或 PG 类电影、教育型节目、一些体育新闻的频道感兴趣，偶尔也会收看一下成人类频道。而成人型用户主要对播放成人情节“电影”、新闻分析型节目，以及综合体育新闻的频道感兴趣，偶尔也会观看家庭类频道。市场调查显示该社区约有 2 000 户家庭型用户和 2 000 户成人型用户。不幸的是，这个研究没有提供 Crystal Channel 区别家庭型用户和成人型用户的方式，否则就可以实施差别定价。（你会在概念性习题第 10 题中学到，如果能区别家庭型用户和成人型用户，差别定价比捆绑销售家庭类频道和成人类频道能产生更多利润。）为了使事情尽量变得简单，我们假设 Crystal Channel 的总可变成本为零，它所有成本都是固定成本。因此，Crystal Channel 经理实现了收益最大化，也就等于实现了经济利润最大化。

表 14-1 中是每一种用户的需求价格。从表中可知，家庭型用户愿意每月最多支付 100 美元来收看家庭类频道，以及每月最多 50 美元来收看成人类频道。因此，对家庭型用户来说，捆绑两个类型频道的需求价格等于两个频道分别的需求价格之和：150 美元（= 100 + 50）。[㊁]成人型用户愿意每月最多支付 100 美元来收看成人类频道，25 美元来收看家庭类频道。对于成人型用户来说，对两种类型频道捆绑的需求价格是 125 美元（= 100 + 25）。

表 14-1　家庭类频道和成人类频道的需求价格（月订阅费）

用户数量	用户类型	只看家庭类频道（美元）	只看成人类频道（美元）	家庭类频频道和成人类频道捆绑（美元）
2 000	家庭型	100	50	150
2 000	成人型	25	100	125

㊀ 在本书中，我们的分析只限于纯捆绑，因为分析混合捆绑比较复杂而且需要更多篇幅来进行说明。如果你想对纯捆绑和混合捆绑有一个完全的了解，请参见以下图书：Lynne Pepall, Daniel J. Richards, and George Norman, *Industrial Organization: Contemporary Theory and Practice*, third edition, Thomson/South-Western, 2005.

㊁ 我们这里假设家庭型频道和成人型频道的支付意愿是独立的，也就是说，捆绑产品的支付意愿等于两种产品需求价格之和。如果家庭型频道和成人型频道对用户来说是互补品，或替代品的话，那么，这两种类型频道捆绑之后的需求价格就会分别大于，或小于两种频道需求价格之和。比如说，如果两种类型频道有重合或包含一些相同频道，那么，对这两种频道捆绑的需求价格就会小于对两种类型频道需求价格之和。

为了通过捆绑多种产品或服务来增加利润，对单个产品或服务的需求必须满足两个条件。首先，不同消费者类型对多种产品必须有不同的口味，这样可以使消费者对每一种产品都有不同的需求价格。从表 14-1 中我们可以看到，家庭型用户和成人型用户对于不同类型频道的确有不同的需求价格。其次，对两种产品或服务的需求价格必须与消费者类型呈负相关（反比）。在这个例子中，一种消费者类型对其中一种类型产品的需求价格高，对另一种类型产品的需求价格就必须是最低。从表 14-1 中你可以看到需求价格和用户类型之间呈负相关：家庭型用户对家庭类频道的需求价格最高（100 美元），而对成人类频道的需求价格最低（50 美元）；而成人型用户对家庭类频道的需求价格最低（25 美元），而对成人类频道的需求价格最高（100 美元）。

在差别定价不可行的情况下，把捆绑作为获取消费者剩余的手段，可以很好地解释上面两种使捆绑获利的条件。我们在本章开始讨论过，产品或服务定价越接近需求价格，你就可以获取更多消费者剩余，并将之转化为利润。当消费者品位不同时，多产品的需求价格就会不同。把产品捆绑起来会减少不同购买者需求价格之间的变量，可以使定价更接近每位消费者对捆绑产品的需求价格，从而获取比单个产品价格所能获取的更多消费者剩余。从表 14-1 可知，不管是家庭类频道还是成人类频道，定一种价格而要获取所有类型消费者的消费者剩余是不可能的，因为不同类型消费者对同一产品的需求价格不同。对于家庭类频道，需求价格的差别是 75 美元（= 100 − 25），而对于成人类频道，需求价格的差别是 50 美元（= 100 − 50）。但是请注意，当两种频道捆绑后，需求价格的差别就减少到了 25 美元（= 150 − 125）。通过简单的数学运算，捆绑减少了不同需求价格之间的差别，因此捆绑产品的定价可以比单种频道分别定价更接近两种消费者的需求定价。

在对两种类型频道进行单独定价时 Crystal Channel 会考虑三种方法：（1）根据该频道最高需求价格定价；（2）根据该频道最低需求价格定价；（3）捆绑两种类型频道并收取单一价格。在第一种方法中，Crystal Channel 经理把两种类型频道价格都定为每月 100 美元，吸引 2 000 用户订家庭类型频道，以及 2 000 用户订成人类型频道。此时每个月产生的总收益是 400 000 美元（= 100 × 2 000 + 100 × 2 000）。如果根据第二种定价方法，经理把每月家庭类频道价格定为 25 美元，而把成人类频道价格定为 50 美元，这样就能吸引 4 000 用户同时订两种类型频道。此时，每个月产生的收益是 300 000 美元（= 25 × 4 000 + 50 × 4 000）。所以，如果没有捆绑的话，Crystal Channel 经理在给单种产品定价时显然会选择第一种定价方法。

下面我们来看第三种定价方法：把家庭类频道和成人类频道捆绑起来，定价为每月 125 美元，吸引 4 000 用户购买。捆绑定价所带来的每月总收益是 500 000 美元（= 125 × 4 000），高于前两种定价方法带来的收益。从这个例子可知，捆绑两种类型频道使不同类型消费者的需求价格之间的变量减小，从而使 Crystal Channel 能把更多的消费者剩余转化为经济利润。我们可以把捆绑定价的讨论用以下原理概括：

原理

当差别定价不可行时，捆绑多种产品并进行单一定价，可以比多产品单独定价获取更高的利润，但须满足两个需求条件：①不同消费者类型对捆绑中的不同产品必须有不同的需求价格；②多种产品或服务的需求价格必须与消费者类型呈负相关。

14.6 成本加成定价

现在已经很明白了，具有市场力的企业短期定价决策，是以边际收益等于边际成本时企业利润最大（或亏损最小）为依据的。那么，为什么一些企业采用其他的技巧和单凭经验的方法制定产品价格？对管理者的调查报告了管理者选择其他的定价方法的原因。一些管理者认为难度太大，或者对他们的企业而言，不可能得到可信的需求和边际成本函数的估计。其他企业长期以来建立了将定价（和产量）决策交由具有丰富行业经验的高管来决定的传统。他们对市场情况的知识和感觉，大概可以让他们通过其判断力和市场经验做出最优的定价决策。

一种比较流行的替代的定价方法，称为成本加成定价法。本节我们将详细介绍采用成本加成定价的经理将不会使利润最大化。专栏 14-4 将详细讨论为什么这个有缺点的定价方法，依然在一些企业非常根深蒂固地存在着。很多高度发展的企业，现在已经放弃了成本加成定价，并且正着手实施和改善它们估计和预测技术，来形成更精准的边际收益和边际成本的知识。因为这个技术简单的魅力，可能使你着迷，以及一些高管仍然坚信成本加成定价，所以，我们认为，你应该明白成本加成定价的缺陷。你可能觉得我们在一章高级定价技巧中涵盖一个过时的错误的定价方法很奇怪。我们在宝贵的教材空间和教学时间里涵盖这个内容，是因为我们知道，如果高管们仍然沿用这个错误的技术，那么，你的企业是无法采用本章的高级定价技巧的。

采用**成本加成定价**（cost-plus pricing）方法的企业把平均成本（*ATC*）加上一定比例的 *ATC* 作为毛利，就得到了其产品的价格：

$$P=ATC+(m\times ATC)$$
$$=(1+m)\,ATC$$

式中，m 是成本的毛利率。注意利润边际（我们在第 11.3 节讨论过，等于（$P-ATC$）可以通过毛利率乘以平均成本计算：$P-ATC=m\times ATC$。举个例子说，如果毛利率为 20%，平均成本为 40 美元，价格便等于 48 美元（$=1.2\times ATC$）。利润边际，或者单位利润，是 8 美元（$=0.2\times 40$）。就像我们在第 11 章里讨论利润边际时强调的，当制定利润最大化决策时，管理者应该忽视利润边际。我们一会儿再回到这个重点。

实践和理论缺陷

成本加成定价的基本概念容易让人觉得简单，并且一些管理者选择使用这个技巧，但并没有认识或者明白它的缺陷。成本加成定价具有天生的实践和理论缺陷问题。

1. 成本加成定价法的实践问题

在市场营销课程上，经常被掩盖的两个实践性问题，使成本加成定价法实施复杂化。第一个问题是选择平均成本（*ATC*），第二个问题是选择合适的毛利率（m）。

因为成本将随着不同的产出水平变化，决定 *ATC* 后乘以 $1+m$，要求企业首先明确产量水平，然后决定 *ATC* 的值，再计算价格。企业一般假设一个标准产量，这个产量是企业生产能力的一个百分比。然而，不考虑主要的需求条件（与成本加成定价无关的特征）计算出来的成本加成价格，它通常（缺少极好的运气）不会等于与 *ATC* 相对应的产量的需求价格。结果，实际（或者实现的）利润边际与目标不一致。

这个问题的实质表现在图 14-9 上，它展示了企业面临的平均成本曲线（*ATC*），主要的需求和边际收益条件（*D* 和 *MR*），在选择 *ATC* 时不考虑这一点。假设管理者认为企业将生产 5 000 单位，这意味着平均成本是每单位 20 美元（点 *A*）。进一步假设企业已经采用了在平均成本基础上 50% 的毛利率（$m=0.5$），因此，管理者每单位定价为 30 美元（$=1.5\times 20$），并且期望的利润边际为 10 美元（$=30-20$）。如果事情按照原计划进行，企业将获利 50 000 美元（$=10\times 5\ 000$）。然而，因为价格的制定没有考虑现存的需求条件（图 14-9 中的 *D* 和 *MR*），不可能以 30 美元的价格销售 5 000 单位。给定现实的需求 *D*，只有 4 000 单位可以以 30 美元的价格出售（点 *C*）。而管理者可能欣喜地发现比原来预计更高的利润边际 12 美元（$=30-18$），企业的实际利润只有 4 800 美元（$=12\times 4\ 000$）而不是预期的 5 000 美元。

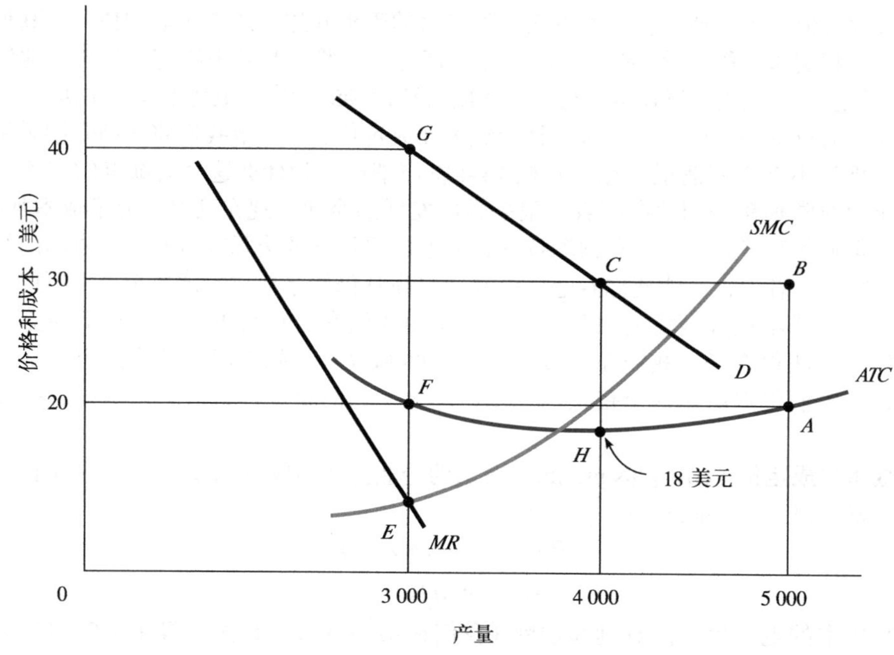

图 14-9　成本加成定价的实践问题

尽管我们在决定平均成本时遇到了一些困难，但选择毛利率其实是一项更为麻烦的事情。最近的研究建议，企业选择可以达到利润边际的毛利率以产生“公道”的投资回报。当然，像我们在第 1 章强调的那样，企业所有者不仅想得到“公道”的利润，他们想赚取可能的最大利润，使企业的价值最大。利润边际（或者平均利润）在制定利润最大化的决策中不起作用（见第 11.3 节的讨论），因此，沿用主观原则，或者历史范例来选择毛利率不太可能得到最大化的利润。例如图 14-9 中，一位市场营销专家使用成本加成定价方法在猜测企业将生产 3 000 单位（令 $ATC=20$ 美元）后，猜测要求的毛利率为 1.0，从而得到点 G。这两个成本加成定价法遇到的实践问题，实际上与理论问题紧密相关。

2. 成本加成定价法的理论问题

无论是成本加成定价，还是一些其他的定价原则，任意一个定价方法如果在数学上无法使边际收益等于边际成本的话，用其来寻找利润最大化的价格和产量是不可靠的。换言之，一个制定决策的原则或者方法不满足理论要求，通常就不会在实践中产生最优的决策。成本加成定价有两个概念问题限制了成本加成定价与 $MR=MC$ 等价。

从第 3 章你可以知道，做任何最优决策时应该使用边际。因为成本加成定价使用平均成本而不是边际成本，它通常无法给出利润最大化的价格。在不变成本的特殊生产条件中，这个问题可以克服，即平均成本不变，并且等于边际成本（$AVC=SMC$）。我们一会儿将讨论这个特例。

另外一个概念问题是，因为成本加成定价并没有考虑到最近的需求情况，就像刚刚解释的那样，在应用成本加成定价法中带来的实际问题。运用 $MR=MC$ 的定价方法，需求情况直接由边际收益函数体现，而成本加成定价并未体现这些信息。忽视需求情况的确简化了价格决策，但缺乏需求的信息，采用成本加成定价法找几乎不可能到最优或者利润最大化的价格，除非运气极佳。

仅仅成本加成的理论问题，就使其成为制定价格决策的糟糕的选择。再加上实施这一技术的实践问题，现在你应该确信至少一件事情：利润最大化的企业不会采用成本加成定价方法。

◇专栏 14-4

成本加成定价法死得“不是时候”

“死得不是时候”是指一个人或者一个东西死得太快，或者过早夭折。即使成本加成定价法现在在市场营销课本中正式退出（在管理经济学课本中早就寿终正寝了），我们认为这个有缺陷的定价技巧退出得太晚了。直到 20 世纪 90 年代初，这个简单的定价方法被市场经理以及一些商学院的市场和经济学教师广泛接受。即使在商学院已经不被看好，很多企业仍然沿用这个技术（一位专家㊀指出：占美国企业的 60%）。

下面是一个“成本加成定价法”退出得太晚的例子。2001 年，Donald Washkewicz 成为 Parker Hannifin 公司的首席执行官，然后，他发现这个大型零件生产商（收益超过 94 亿美元）竟然使用同一种定价策略给超过 800 000 种不同零件定价，这对他来说是不可思议的。㊁你可能猜到了，Parker Hannifin 一直用的就是成本加成定价法。经理们计算出生产成本以及物流的价格，然后再加上一个合理的利润 35%。那时 Washkewicz 先生突然有了一种“顿悟”：价格应该由消费者愿意付的价格来决定，而不是由生产成本决定。Parker Hannifin 定价问题的一大原因，是该公司在 20 世纪 90 年代花大价钱购买的主要用于计算价格的计算机程序：经理们只要输入每一种产品的成本细节，软件就会计算出产品的定价。Washkewicz 先生聘请市场营销顾问设计了一种新的定价系统，不再使用老式的成本加成定价方式，而是基于需求方愿意支付的数据。使用了新的定价系统以后，公司数万产品价格都有了 3% ～ 60% 的不同幅度上升。弃用成本加成定价法的结果是：公司利润从 1.3 亿美元增长到了 6.73 亿美元，资本报酬率从 7% 提高到了 21%。可见，在经理们基于 35% 的“健康”边际定价下，Parker Hannifin 的股东们这么多年真的损失了一笔不小的财富。

Ronald Baker 在他的有意思的新书《有目地的定价：建立和获取价值》中提出了他对成本加成定价所有欢迎的洞见。㊂在题为《成本加成定价的墓志铭》的文章中，Baker 列举了他从“很多企业领导人”那里得到的一些使用这个有缺陷的定价技巧的原因。这些“原因”和“理由”都见解深刻，所以我们在这里列出一些 Baker 书中提到的（2006，第 88 页）：

1. 尽管它是使利润最大化的次优方法，它很容易计算。
2. 这个方法我们用得很好，为什么要改变呢？
3. 高于“合理”的价格会吸引竞争者。
4. 市场份额的神话：总收益的增长是利润增长的通路，高价会降低销量。
5. 一些高管认为，超常的利润或者外快是邪恶的或者是不道德的。
6. 它有助于避免政府监管和反托拉斯诉讼。

上面每个陈述都值得开展课堂讨论，我们希望你的老师将会有时间在课堂上讨论其中的一个或者更多。正如 Baker 对它的恰如其分的评价，“做了一次蠢事，仅仅是愚蠢。做两次，就是一种哲学了”。

我们不认为，优秀的经理人是通过学习商学院的课程（包括本门课程）创造的，但是学习管理经济学，或者市场营销，应该至少打消你在单位成本上加上一个“合适”的比例定价的念头。成本加成定价法死得“不是时候”只是因为它的没落来得太晚，让企业的所有者损失了这么多利润。

㊀ Thomas Nagle, a pricing consultant at the Monitor Group, quoted in Timothy Aeppel, “Changing the Formula: Seeking Perfect Prices, CEO Tears Up the Rules,” *The Wall Street Journal*, March 27, 208, P. A1.

㊁ Appeal, P. A1.

㊂ Ronald J Baker, *Pricing on Purpose*: *Creating and Capturing Value* (Hoboken, NJ: John Wiley & Sons, Inc., 2006).

14.7 本章小结

- 单一定价是指企业对出售的每单位商品都收取相同的价格。因为它会产生太多的消费者剩余，经理人希望避免单一定价。市场经理会尝试设计一个定价系统，把消费者剩余变成企业利润。为了攫取消费者剩余并把它转化为经济利润，差别定价就是一种对相同的商品设定不同价格的技巧。在两个分割的市场 A 和市场 B 之间，当商品的价格与边际成本之比不同时，$P_A / MC_A \neq P_B MC_B$，存在差别定价。为了使差别定价有利可图，需要具备三个条件：①企业必须具备某种程度的市场力；②一定要能以成本有效的手段来防止高低价市场间的套利；③在不同市场间，需求价格弹性必须不同。（学习目标 1）
- 在一级差别定价下，企业对每个消费者收取他愿意为每单位商品支付的最高价格，有效地获取了全部消费者剩余。一级差别定价很难实行，因为企业必须拥有每个消费者准确的需求数据，需要就售出的每一单位商品，与每一个买主进行价格协商。（学习目标 2）
- 二级差别定价是随着购买数量增加，来降低平均价格，来应对边际消费者的评介不断下降，通过选择购买多少，由消费者自己决定付什么价格。本章讨论了两种方法：两部定价和递减分段定价。根据两部定价，企业向消费者收取固定的入门费 A，再让消费者以不变的单位价格 f 来购买任意数量的商品。购买 q 单位商品的总花费 $TE(q)$ 是：$TE(q)=A+fq$。平均价格等于总费用除以购买的数量：$p=TE(q/q=(A/q)+f$。当消费者购买数量 q 增加时，产品价格 p 下降，给了消费者一个数量折扣。确定 A 和 f 的最佳值是一个复杂的任务。递减分段定价是在购买数量不连续的依次分段中，提供数量折扣。递减分段定价鼓励每个消费者比面对单一价格时，购买更多的数量。（学习目标 3）
- 当一个企业在两个区分的市场，市场 1 和市场 2，上出售商品，用三级差别定价的方式在两个市场上分配销量，使 $MR_1 = MR_2$。这样可以达到企业总收益 $TR_1 + TR_2$ 最大化。在每个市场收取的价格是：越富有弹性的市场收取的价格越低；越缺乏弹性的市场收取的价格越高。（学习目标 4）
- 一个企业生产商品 X 和商品 Y，当生产和销售水平达到 $MR_X = MC_X$ 和 $MR_Y = MC_Y$ 时，企业实现利润最大化。当商品 X 和商品 Y 是在消费过程中相关，（无论是替代还是互补），MR_X 不仅仅是 Q_X 的函数，也是 Q_Y 的函数。MR_Y 也一样。因此，上面设定的边际条件必须同时满足。多产品企业经常使用的一个定价方法是把两种，或更多种产品捆绑起来，以一个价格整体销售。要使捆绑销售能够赢利，必须满足两个条件：①不同类型的消费者对多种产品必须有不同的品味，这样使得这些消费者之间，对捆绑中的每一种商品都有不同的需求价格；②这两种商品的需求价格在不同消费者类型间，呈负相关。（学习目标 5）
- 采用成本加成定价法的企业，把平均成本 ATC 加上 ATC 的一定比例作为毛利，就得到了他们产品的价格：$P=(1+m)ATC$。式中，m 是单位成本的毛利率。由于成本加成法面对着实践和理论问题，利用成本加成法的经理人将无法实现利润最大化。成本加成定价法实施困难的两个实践问题是：①选择正确的平均成本 ATC 取决于企业最终销售的产量，而 ATC 随着产量的改变而改变；②单位毛利率 m 通常是管理者认为“公道”的水平上随意设定的。从概念上讲，成本加成定价使用平均成本而不是边际成本，它通常无法给出利润最大化的价格。另外一个概念问题是，成本加成定价并没有考虑到当前的需求条件。（学习目标 6）

关键词

bundling　捆绑销售　将两个或更多的产品，以一个价格作为整体销售。

capture consumer surplus　获取消费者剩余　设计定价机制，将消费者剩余转化为经济利润。

complements in consumption　消费互补　消费时需一起使用，并一起购买的产品。

consumer arbitrage **消费者套利** 低价买者向高价市场转卖产品时，最终形成单一价格。

cost-plus pricing **成本加成定价法** 一种将平均成本加上 ATC 的一定比例（m）作为毛利率来定价的方法。

first-degree price discrimination **第一级差别价格** 每单位产品都卖到消费者愿意支付的最高价格，使企业获取全部消费者剩余。

price discrimination **差别定价** 为了获取更多的消费者剩余，对于同样的商品或服务，对不同的顾客收取不同的价格。

second-degree price discrimination **第二级差别价格** 企业向大宗购买者提供低价，使买者通过选择买多少来决定支付的价格。

substitutes in consumption **消费替代** 产品是替代的，购买者仅仅购买其中的一种产品。

total marginal revenue **总边际收益（MR_T）** 当增加的总产量 Q_T 被分配到两个市场中来维持边际收益相等时，导致 TR_1+TR_2 的增加。

two-part pricing **两部定价** 第二级差别定价的一种形式，收取固定的入门费（A），获得以不变的单位费用（f）愿意购买多少就买多少的权力。

uniform pricing **单一定价** 每单位的产品都收取同一价格。

概念性习题

1. 假设图 14-1 的企业为其产品确定了单一价格。
   a. 单一定价后企业能够赚取的最大利润是多少？
   b. 如果企业销售 6 000 单位产品，每单位产品并能够收取需求价格，企业能够赚取的最大利润是什么？
   c. 计算 a 与 b 的差异，展示差异就是图 14-1 中两个阴影三角形的面积之和。
   d. 解释为什么 c 中的利润的差异可以被解释为“获取”消费者剩余。
2. 在北谷高尔夫俱乐部，每个老年高尔夫会员的需求是图 14-3 中的 D_{SR}。北谷每年的固定成本是 500 000 美元，变动成本稳定在每局 30 美元。
   a. 如果北谷的经理向所有老年成员收取单一的草地费，利润最大化的草地费是每局____美元。在此单一定价计划下，北谷的年总收益是____美元，总变动成本是____美元。北谷单一定价时的利润是每年____美元。
   b. 如果经理想用两部定价计划，利润最大化的草地费是每局____美元，年会员费是____美元。两部定价计划带来的年利润是____美元。
   c. 单一定价计划和两部定价计划哪个为北谷的所有者带来更高的利润？你期望的价格计划更有利可图么？为什么？
3. 假设在问题 2 的北谷高尔夫俱乐部有第二群群内相同的人，这群在周末打球的人希望在北谷打球。周末打球的人的相同的需求虚线是图 14-4b 中的 D_{WK}。假设成本结构与问题 2 相同。经理设计了优化的两部定价方案给这两群打高尔夫的人。
   a. 优化的每局草地费是____美元。
   b. 对于老年高尔夫爱好者最优的年费是____美元，对于周末高尔夫爱好者最优的年费是____美元。
   c. 在两部收费制下，北谷高尔夫俱乐部的年利润是____美元。
4. 在图 14-5 中，下降的 5 个定价区段可以表示为 5 个连续的两部定价计划。
   区段 1：$A_1=$____ $f_1=$____。
   区段 2：$A_2=$____ $f_2=$____
   区段 3：$A_3=$____ $f_3=$____。
   区段 4：$A_4=$____ $f_4=$____。
   区段 5：$A_5=$____ $f_5=$____。
5. 用图 14-6 证明，同样计算 500 单位的销量，总收益在点 v 和 v' 高于点 w 和 w'。
6. 一家既为商务出差人，也为外出旅游的游客提供服务的旅店希望采用差别价格。旅店的经理可以通过旅行者入住旅店时，是否带有孩子来准确地鉴别和区分子市场。如果旅行者没有带小孩，那么他们必须支付“商务”价格；如果他们有一个或者更多的小孩，他们支付“假期”价格。在下面的图中，D_B 表示出差人的需求曲线，D_V 表示外出旅游的游客需求曲线。该旅店希望采用价格差别的政策。

a. 在图中画出总边际收益曲线，并标注 MR_T。

b. 为实现利润最大，该旅店应入住多少出差人？又该入住多少旅游者？

c. 旅店应为两种顾客分别制定一个什么样的价格？又能从两类顾客中分别赚得多少收益？

d. 计算每个子市场的价格弹性。这些价格弹性如预期那么大么？请解释。

e. 实行差别价格后旅店的利润是多少？

f. 如果旅店为所有的顾客都只提供一种价格，该价格应为多少？旅店共能赚得多少收益？利润是多少？

g. 差别定价比单一定价更有利可图吗？

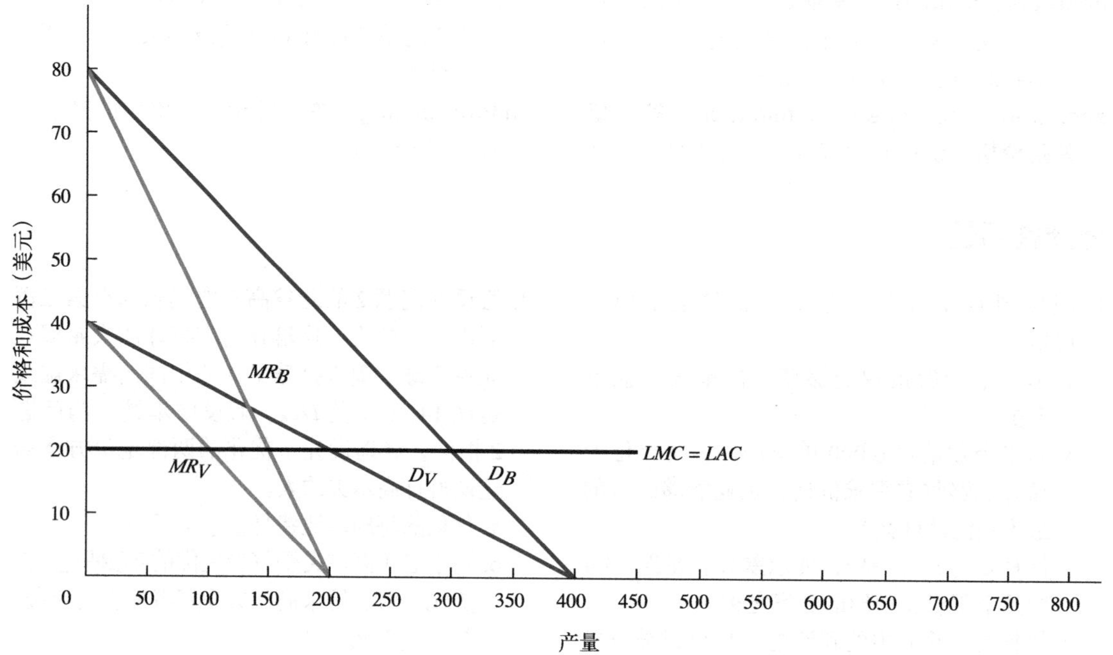

7. 某经理要面对两个不同的市场。预计两个市场的需求函数分别是

$$Q_A = 1\,600 - 80P_A$$

$$Q_B = 2\,400 - 100P_B$$

a. 求边际收益函数的逆函数。

b. 求总边际收益函数。

c. 画出 MR_A、MR_B 和 MR_T 的图。检查所画的图是否与计算出的总边际收益相符。

d. 如果该经理总共有 650 个单位的商品要卖，他应如何在两个市场中分配这么多商品，实现收益最大？

8. 假设问题 7 中的经理决定采用价格差别政策，预计边际成本函数为

$$LMC = 4.5 + 0.005Q$$

a. 该经理应生产和销售多少单位的产品？

b. 该经理应如何在这两个市场之间分配利润最大化的销量？

c. 该经理应分别为这两个市场制定一个什么样的价格？

d. 比较在 c 中计算出来的价格，哪一个市场的产品需求更具弹性？

9. 再来看 Zicon 制造公司，一家生产在消费中可相互替代产品的企业。假设生产经理将估计的总成本和边际成本函数改变成

$$TC_X = 27Q_X + 0.000\,25Q_X^2 \text{ 和}$$

$$TC_Y = 20Q_Y + 0.000\,125Q_Y^2$$

$$MC_X = 27 + 0.000\,5Q_X \text{ 和 } MC_Y = 20 + 0.000\,25Q_Y$$

a. 分别计算两种产品利润最大化的产量和价格。

b. Zicon 的利润是多少？

10. 再回到 Crystal Channel 面临的捆绑定价问题。在 a ～ c 问题中，假设经理现在不仅知

道表 14-1 中显示的需求价格信息，而且也知道如何判断家庭型用户和成人型用户。

a. 面对家庭型用户，Crystal Channel 应该对两种类型频道如何定价才能实现收益最大化和利润最大化？那成人型用户呢？在这种定价方式下，每个月产生的总收益会是多少？

b. 请解释为什么 a 问中的价格代表了差别定价并判断这种差别定价的类型。

c. a 问中用差别定价方式所产生的总收益是否超过了捆绑两种类型频道并定价为 125 美元所带来的总收益？请解释原因。

现在假设家庭型用户的需求价格不变（家庭类频道为 100 美元，成人类频道为 50 美元），但成人型用户对家庭类频道的需求价格变为 125 美元，对成人类频道的需求价格变为 150 美元；Crystal Channel 无法区别两类用户，因此无法实行差别定价。

d. 现在需求价格是负相关的吗？请解释原因。

e. Crystal Channel 应该对家庭类频道和成人类频道如何分别定价？每个月产生的总收益会是多少？

f. 捆绑两种类型频道后 Crystal Channel 应该对捆绑产品定价多少？每个月产生的总收益会是多少？

g. 比较 e 和 f 中的总收益。捆绑定价使总收益增加了吗？请解释原因。

概念性习题答案

1. a. 在单一价格下，利润最大化的销售数量是当 $MR=MC$ 时，即图 14-1 中的 3 000 单位。收取统一价格 7 美元使利润最大。在点 U 的利润是 9 000 美元 $[=(7-4)\times 3\,000]$。

   b. 如果企业可以收取 6 000 单位每单位的需求价格，总收益是需求曲线 D 下，0～6 000 单位的面积（即梯形 $0aFg$），即 42 000 美元 $[=6\,000\times(10+4)/2]$。生产 6 000 单位的总成本是 24 000 美元（$=4\times 6\,000$）。利润是 18 000 美元（$=42\,000-24\,000$）。

   c. 利润差值为 9 000 美元（$=18\,000-9\,000$）。在图 14-1 中，每个阴影三角形的面积都是 4 500 美元（$=0.5\times 3\,000\times 3$），所以两块面积的和等于以需求价格定价而不是单一价格 7 美元带来的利润收益。

   d. 阴影三角形的面积是买者损失的消费者剩余和当企业向单一价格 7 美元下能售出的 3 000 单位的每一单位收取需求价格获得的。灰色阴影三角形是如果企业能够被说服生产和销售在需求曲线上 U 和 F 之间额外的产量，而且单一售价等于边际成本 4 美元，所能产生的消费者剩余。如果企业有能力收取 UF 之间的需求价格，如果企业真这样做就拿走了本来是消费者剩余的部分。

2. a. $f^*=77.50$ 美元（在 95 局时，$MR_{SR}=MC$）；$TR=736\,250$ 美元 $=77.50\times 95\times 100$；$TVC=285\,000$ 美元 $=30\times 95\times 100$；$\pi^*=-48\,750$ 美元 $=TR-TVC-TFC=736\,250-258\,000-500\,000$。

   b. $f^*=$ 每局 30 美元；$A^*=9\,025$ 美元；$\pi^*=402\,500$ 美元 $=(902\,500+30\times 9\,500)-30\times 9\,500-500\,000$。

   c. 两部定价产生更多利润，因为它避免了单一定价的不幸，获取了全部消费者剩余。在单一定价下，一些消费者剩余仍在打高尔夫球的老人口袋里。

3. a. 注意到 $MR_f=13\,000-400f$，并且 $MC_f=-9\,000=30[100\times(-2)+100\times(-1)]$。这样令 $MR_f=MC_f$，$\Rightarrow f^*=55$ 美元。

   b. 2 112.50 美元 = 低需求群体（周末打球者）的消费者剩余；2 112.50 美元。两群体必须收取同样的会员费；否则所有的打高尔夫的人都会说自己属于低会员费的那类。

   c. 因为每年会打 20 500 局 $[=100\times(140+65)]$，$\pi^*=435\,000$ 美元 $=200\times 2\,112.50)+55\times 20\,500-30\times 20\,500-500\,000$。

4. 区段 1：$A_1=0$，$f_1=9$ 美元。
   区段 2：$A_2=10$，$f_2=8$ 美元。
   区段 3：$A_3=30$，$f_3=7$ 美元。
   区段 4：$A_4=60$，$f_4=6$ 美元。
   区段 5：$A_5=80$，$f_5=5$ 美元。

5. 当 $Q_1=250$，$Q_2=250$，即分别为点 w 和点 w' 时，总收益等于 22 500 美元 $=35\times 250+(55\times$

250)。当 $Q_1=200$，$Q_2=300$，即分别为点 v 和点 v' 时，总收益等于 23 000 美元 $=40\times200+50\times300$。

6. a. 见下图标为 MR_T 的黑色虚线。

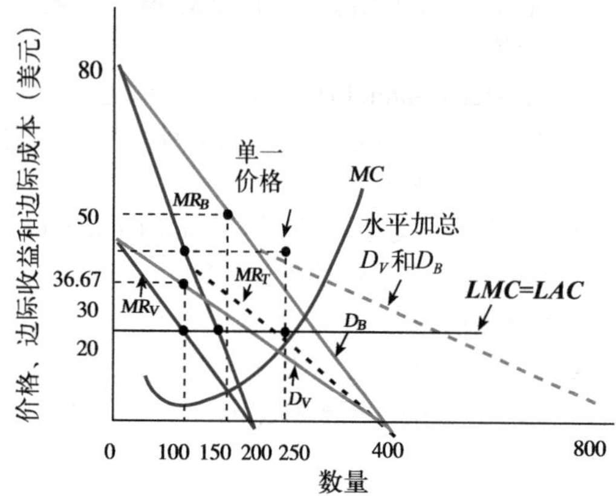

b. 当 $MR_T=MC=20$ 美元，总量为 $Q_T^*=250$ 时，利润最大。对于商务市场：$MR_B=20$ 美元⇒ $Q_B=150$ 个商务旅行者。对于休假市场：$MR_V=20$ 美元⇒ $Q_V=100$ 个休假旅行者。

c. 从它们相应的需求曲线，$PB=50$ 美元，$PV=30$ 美元。休闲旅行者带来的收益是 3 000 美元 $=30\times100$，商务旅行者带来的收益是 7 500 美元 $=50\times150$。总收入是 10 500 美元。

d. $EB=50/(50-80)=-1.67$；$EV=30/(30-40)=-3.0$；是，高价是 50 美元，在弹性较小的市场，低价是 30 美元，在更有弹性的市场。需求在两个市场都如预期那样富有弹性。

e. $\pi=10\,500-[(100+150)\times20]=5\,500$（美元）

f. 你必须将两条需求曲线的横坐标加总，从上面读出 250 单位的价格。精确的答案是 36.67 美元，如果你的图是精确地画出的，你应该得出近似的答案。如果只提供一种价格，总收益为：9 167 美元 $=36.67\times250$。利润是 4 167 美元 $=9\,167-5\,000$。

g. 差别定价比单一定价利润大（5 500 美元 > 4 167 美元）。

7. a. 首先解出需求：

$P_A=20-0.012\,5Q_A$　　$P_B=24-0.01Q_B$

然后求出边际收益：

$MR_A=20-0.025Q_A$　　$MR_B=24-0.02Q_B$

最后求其逆函数得：

$Q_A=800-40MR_A$　　$Q_B=1\,200-50MR_B$

b. 令 $MR_A=MR_B=MR_T$ 将 Q_A 和 Q_B 相加得：

$$Q_T=Q_A+Q_B=(800-40MR_T)+(1\,200-50MR_T)=2\,000-90MR_T$$

接着将其逆转得：$MR_T=f(Q_T)$：

$$MR_T=22.22-0.011\,1Q_T$$

c. 请看下图：

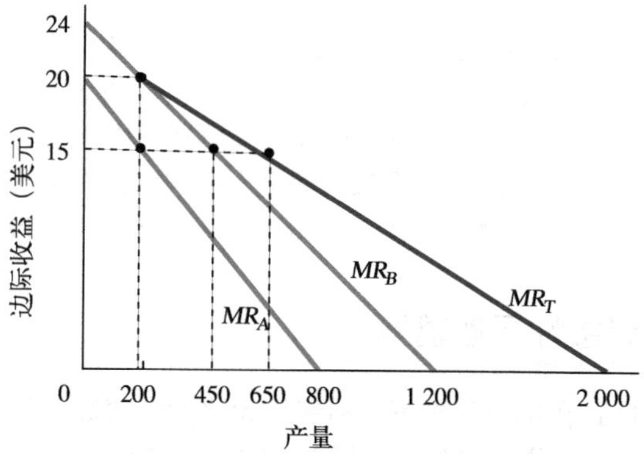

d. $MR_T=22.22-0.011\,1\times650=15$（美元）

令 $MR_A=MR_B=15$ 美元，

$Q_A=800-40\times15=200$

$Q_B=1\,200-50\times15=450$

注意：$Q_A+Q_B=200+450=650$

8. a. 令 $MR_T=MC$，　即：$22.22-0.011\,1Q=4.5+0.005Q\Rightarrow Q_T^*=1\,100$ 个单位

b. $Q_T^*=1\,100$，$MR_T=10$，所以利润最大化时在两个市场上分配产品使得：

$MR_A=MR_B=10$

$Q_A=800-40\times10=400$

$Q_B=1\,200-50\times10=700$

注意：$Q_A^*+Q_B^*=Q_T^*$，或者 $400+700=1\,100$

c. $P_A^*=20-0.012\,5Q_A^*=20-0.012\,5\times400=15$（美元）

$P_B^*=24-0.01Q_B^*=24-0.01\times700=17$（美元）

d. $E_A=P/(P-a)=15/(15-20)=-3$

$E_B=P/(P-a)=17/(17-24)=-2.43$

注意：在利润最大化的等式中，较高的价格（$P_B=17$ 美元）在需求弹性较低的市场（$E_B=-2.43$）中得到。

9. a. 设利润最大化时 $MR=MC$，$70-0.001Q_X-0.001\,25\,Q_Y=27+0.000\,5Q_X$

$80-0.002Q_Y-0.000\,125Q_X=20+0.000\,25Q_Y$

联立两式解得：$Q_X^*=12\,000$ 和 $Q_Y^*=20\,000$

$P_X^* = 70 - 0.000\,5 \times 12\,000 - 0.000\,75 \times 20\,000 = 49$（美元）；

$P_Y^* = 80 - 0.001 \times 20\,000 - 0.000\,5 \times 12\,000 = 54$（美元）

b. TR_X=588 000 美元=49×12 000；TR_Y=1 080 000 美元=54×20 000；TC_X=360 000 美元；TC_Y=450 000 美元；$\pi = TR_X + TR_Y - TC_X - TC_Y$=858 000 美元

10. a. 在这个例子中收益最大化等于利润最大化。要达到收益最大化和利润最大化，Crystal Channel 应该收取家庭型用户对两种频道的需求价格，即家庭类频道 100 美元，成人类频道 50 美元。Crystal Channel 应该收取成人型用户对两种频道的需求价格，即家庭类频道 25 美元，成人类频道 100 美元。总收益=550 000 美元=(100×2 000+50×2 000)+(25×2 000+100×2 000)。

b. 这属于第一级差别定价，因为两种类型用户当中的每个家庭都支付了家庭和成人两种频道的需求价格（即他们愿意支付的最大价格），所以 Crystal Channel 获取了所有用户的消费者剩余。

c. 捆绑销售的每月总收益为 500 000 美元（=125×4 000），这比 a 问中第一级差别定价情况下产生的总收益要低。第一级差别定价比捆绑定价的利润率更高，这是因为第一级差别定价能获取所有的消费者剩余，而在捆绑定价的情况下，家庭型用户的需求价格是 150 美元，但实际定价只有 125 美元，所以有部分消费者剩余没有获取。

d. 不是，现在需求价格是正相关的而不是负相关。家庭型用户对家庭类频道和成人类频道的需求价格都是最低的，而成人型用户对两种频道的需求价格都是最高的。

e. Crystal Channel 应该给家庭类频道定价 100 美元，给成人类频道定价 50 美元。总收益=600 000 美元（=100×4 000+50×4 000）。

f. 捆绑定价 150 美元可以产生最高收益：总收益=600 000 美元（=150×4 000）。

g. 捆绑价格产生的总收益与两种频道分别定价产生的总收益相等。只有在需求价格负相关的情况下（这里不存在，见 d 问），捆绑价格销售才能比单独定价销售产生更多的收益。

应用性习题

1. STIHL 公司为专业人士、商业人士、农场和一般消费者市场制造汽油驱动的链锯。为了“更好地服务”客户，STIHL 提供 4 种不同质量的产品线及相应的价格区间：偶尔使用、中度使用、专业和园艺家。在什么情况下，提供多种质量产品是差别价格？这是哪种差别价格——第一级、第二级还是第三级差别价格？解释这一实践为什么能够增加 STIHL 的利润。
2. 差别价格听起来像社会上的“坏”事。你能想出为什么差别价格可以被看作“好”事的一些理由吗？
3. 在 20 世纪 90 年代，2001 年 9 月 11 日之前很久，航空公司声称，出于强烈的飞行安全的考虑，开始要求有照片的身份证明来检查行李和登机。你认为航空公司实施这一政策是为了他们预见到了恐怖主义对航空业的威胁吗？什么可能是航空公司早早实行有照片的身份证的更为可信的原因？
4. 一些产品和服务面临着更多的全球竞争，差别价格的结果可能会是什么？你认为差别价格是会促进还是阻止差别价格？你能够从自己的经历中给出任何例子吗？
5. “递减分段定价是完全差别价格的粗糙形式。”在什么情况下，这一陈述正确？在哪种重要情形下是错的？
6.《金融先驱报》是专门写公司财务新闻的周报。许多商人和学生都会购买这份报纸。某市场调查公司估计，其需求函数和边际收益函数是线性的，如下图所示：MR_B 是估计的商人读者的边际收益曲线，MR_S 是估计的学生读者的边际收益曲线。《金融先驱报》的印刷部门估计印报纸的边际成本函数是线性的（如下图所示）。图中的数量是以每周 1 000 份为单位的。

   a.《金融先驱报》每周印多少份报纸？

b. 该报应卖给商人读者多少份？卖给学生读者多少份？

c. 卖给商人读者的报纸应该定什么价格？卖给学生读者的报纸应该什么价格？

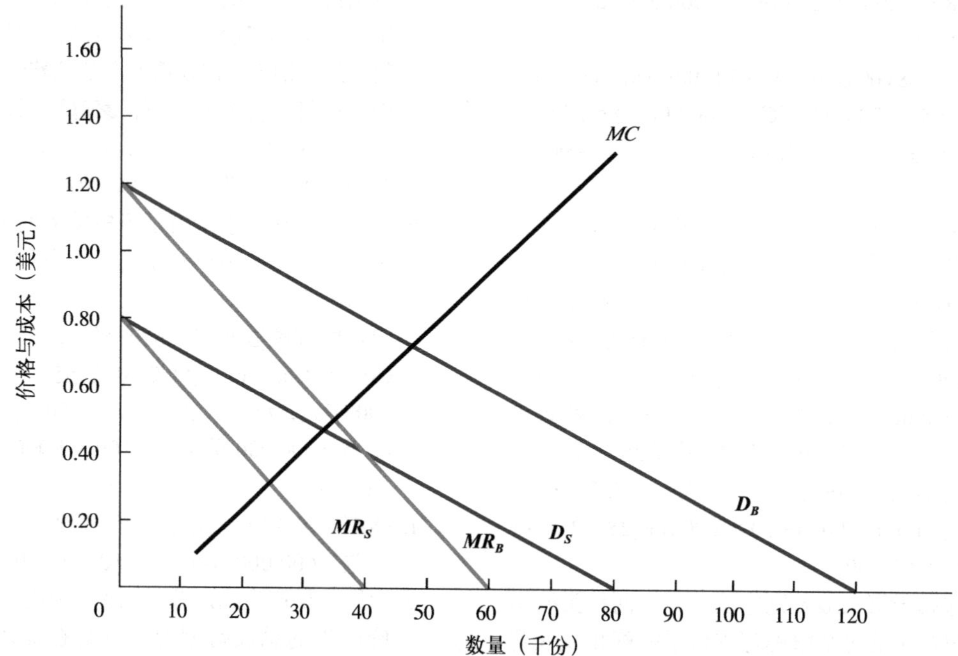

7. EZ 夏普工业公司生产利刃 ™ 系列钻石研磨的家用厨具磨具。EZ 夏普拥有其独特设计的专利，并且如果能明智的确定利刃系列的价格，它就可以赚取稳定的经济利润。EZ 夏普出售两种类型的利刃磨具：属于基本的传统类型和声控磨具转速的专业类型。
两种类型的短期磨具的生产成本都不变：$AVC=SMC$。EZ 夏普的不变生产成本估计为

$$20\text{ 美元}=AVC_C=SMC_C$$
$$30\text{ 美元}=AVC_p=SMC_p$$

式中，AVC_C 和 SMC_C 是指传统类型的不变成本，AVC_p 和 SMC_p 都指专业类型的不变成本。每月的总固定成本为 10 000 美元。EZ 夏普唯一的所有者也管理企业并做全部定价决策。所有者 - 管理者认为通过使用成本加成定价法给这两类产品确定的利润边际为 200%。在此价格水平上，EZ 夏普每月销售 3 750 单位的传统类型和 2 000 单位的专业类型。

a. 用成本加成定价法计算 200% 利润边际时两类产品的价格。

b. 用成本加成定价计算 EZ 夏普 *a* 中每月的利润是多少？

所有者 - 管理者准备出售企业，他知道如果能够增加月度利润，公司的价值会增加。他决定雇用 Andrews 咨询推荐增加 EZ 夏普的利润的方法。Andrews 报告说生产是有效的，但是定价可以改进。Andrews 解释说成本加成定价法不适于 EZ 夏普，并且提供了一个建立在最优定价技巧（即 $MR=MC$ 原则）上的新的定价计划。

为了实施 $MR=MC$ 方法，Andrews 采用统计研究来估计两种利刃系列产品的需求。估计的需求为

$$Q_C=6\ 000-75P_C+25P_P$$
$$Q_P=5\ 000-50\text{PP}+25P_C$$

式中，Q_C 和 Q_P，P_C 和 P_P 分别是传统和专业类型的需求和价格。Andrews 咨询同时解需求方程，得到下面的反需求函数，这是为什么 Andrews 得到大笔服务费的价值所在：

$$P_C=136-0.016Q_C-0.008Q_P$$
$$P_P=168-0.008Q_C-0.024Q_P$$

c. 找到传统类型和专业类型的边际收益函数

d. 令 c 中的边际收益函数等于适当的成本，解出利润最大的数量

e. 使用 d 的结果，Andrews 咨询会给每种类

型产品推荐的价格是多少？

f. 当所有者 – 管理者看到 Andrews 咨询推荐的价格，他吹嘘他简单的成本加成定价法与建议的价格多么接近。计算 EZ 夏普采用 d 中咨询公司的价格的利润。所有者有理由吹嘘他的成本加成定价技巧吗？

8. 尽管生产精装本和平装本的书的成本差别不大，但两者的销售价格却差别极大。试解释这种定价行为。

9.《华尔街日报》曾就婚姻介绍服务进行过报道，这种服务的收费标准是男士 300 美元，女士 250 美元。提供婚介服务的业主说，这种收费差异是由于男女之间收入的差异。你能举出这种收费差异的其他原因吗？

10. Berkley 高尔夫和网球俱乐部提供高尔夫和网球会员资格。针对该俱乐部周边居民区的市场调查显示：有两种家庭可能会加入俱乐部：高尔夫倾向家庭，主要对高尔夫感兴趣，但有时也会玩网球；以及网球倾向家庭，主要对网球感兴趣，但有时也玩高尔夫。该调查预计周边有 400 个高尔夫倾向家庭和 300 个网球倾向家庭，不同家庭对于高尔夫和网球会员的预计需求价格如下表。没有办法区别家庭类型。所有成本都是固定成本，因此总收益最大化就是利润最大化。

高尔夫和网球会员的需求价格

家庭类型	高尔夫会员（美元）	网球会员（美元）
高尔夫倾向家庭	250	100
网球倾向家庭	50	200

a. 如果该俱乐部计划分别提供高尔夫会员资格和网球会员资格，如果要获得最大利润，每一种会员价格应定为多少？在此定价方案下，每个月可以产生的总收益是多少？

b. 该俱乐部经理刚刚拿到她的 MBA 学位，并想到了捆绑销售高尔夫和网球会员资格可以为俱乐部增加利润。捆绑定价来增加俱乐部利润的条件存在吗？

c. 高尔夫和网球捆绑会员制的最优价格是多少？这会为该俱乐部创造多少收益？捆绑定价对该俱乐部来说是一个可以获利的定价策略吗？

11. 航空公司分别就外出旅游和外出商务的乘客实行差别定价政策。因为有些乘客希望机票能打折，而有些乘客却无所谓，因此就一个完全相同的座位却能因不同的乘客而收取不同的价格。在很多情况下都是大幅折扣，所以享受折扣的乘客所付的机票费大大降低。

a. 哪一类乘客会付更高的价格？外出旅游的乘客还是商务出差的乘客？

b. 为什么商务出差的乘客与外出旅游的乘客相比，有不同的需求弹性？更富有弹性的市场上定价更高，还是更低？这与利润最大化是否一致？

航空公司对乘客提出限制性要求，且只有当乘客符合这种要求时，才能购买打折机票。实际上，这些限制性要求将乘客粗略地划分为外出旅游和商务出差两类。

c. 解释航空公司如何用以下限制要求将乘客分成外出旅游和商务出差两类：

（1）提前购买机票的要求，至少在飞行前 14 天购买机票。

（2）在外过周末的要求，乘客在返回前必须在外度过一个星期六的晚上。

（3）每天时间段的限制，不允许乘客在每天的高峰时间享受打折。

d. 在以上三条中，哪一类乘客实际上会为机票付更高的价格？这与利润最大化的目标一致吗？

12. 一位妇女向 Dear Abby 抱怨说，一家洗衣店熨她丈夫的一件衬衫只收取 1.25 美元，但熨一件她的衬衫——一同样式样，仅仅是小一点，却收了 3.50 美元。当她问店主原因时，店主只解释说："熨一件女式衬衫要花更多的成本。" Abby 建议她将所有的衬衫打包并附上一张纸条，写上："这里全是男士衬衫，没有女士衬衫。"

a. 该洗衣店是否采取了差别定价政策？或者说真的存在 2.25 美元的成本差异吗？

b. 如果该洗衣店采取了差别定价政策，为什么男士衬衫的费用比女式衬衫的费用要低？

c. 如果人们都采用 Abby 的办法，该洗衣店能继续对市场进行划分吗？划分市场的政策成本是什么？

13. 一个酒吧提供给女性老主顾比男性老主顾更低的价格，酒吧出售 200 份饮料（一晚上）可以最大化利润，在目前价格下，男性顾客购买 150 份，而女性顾客购买 50 份，在这个市场分配的情况下，卖给男性顾客最后一份饮料的边际收益为 1.50 美元，而卖给女性顾客最后一份饮料的边际收益为 0.50 美元。

a. 关于价格该酒吧应做些什么？

b. 如果酒吧卖 151 份饮料给男性顾客，49 份饮料给女性顾客，总收益会增加（或减少）多少？

附录 14A 两群购买者的两部定价

假设一个企业向两群群内相同消费倾向的消费者销售产品：L 表示“低”需求的购买者，和 H 表示“高”需求的购买者。企业希望用一个两部定价计划来实施差别价格，无论是 L 还是 H 买 q 单位的产品的总花费都是 $TE(q)=A+fq$，其中 A 表示固定入门费，f 是单位费用。下面的线性需求方程给出了两类中一个购买者的需求：

$$q_L=q_L(p_L)=a_L+b_L p_L,\ q_H=q_H(p_H)=a_H+b_H p_H$$

式中，a_L，$a_H>0$，b_L，$b_H<0$。L 和 H 的需求的价格截距分别是 $A_L=-a_L/b_L$，$A_H=-a_H/b_H$。在 L 群体里有 N_L 个相同的购买者，在 H 群体里有 N_H 个相同的购买者。为了解释方便，单个 H 购买者的消费者剩余比 L 购买者大：

$$\frac{1}{2}a_H A_H>\frac{1}{2}a_L A_L$$

两群消费者的生产成本的特点都是由不变的边际成本和平均成本构成：$MC=AC=c$。

两群购买者的共同的入门费等于消费者剩余最小的群体的单个购买者的消费者剩余：

$$A=\frac{1}{2}q_L(f)(A_L-f)$$

因为所有的购买者支付同样的使用费，$p_L=p_H=f$，总利润可以表示为使用费 f 的函数：

$$\begin{aligned}\pi(f)&=TR(f)-TC(f)\\&=\{(N_L+N_H)A+f\cdot[N_Lq_L(f)+N_Hq_H(f)]\}\\&\quad-\{c[N_Lq_L(f)+N_Hq_H(f)]\}\end{aligned}$$

因 f 变化的边际收益和边际成本分别是 MR_f 和 MC_f：

$$\begin{aligned}R_f=\frac{\Delta TR(f)}{\Delta f}&=(N_L+N_H)\frac{\Delta A}{\Delta f}+[N_Lq_L(f)+N_Hq_H(f)]\\&\quad+f\left[N_L\frac{\Delta q_L(f)}{\Delta f}+N_H\frac{\Delta q_H(f)}{\Delta f}\right]\\&=N_H(a_H-a_L)-[b_L(N_H-N_L)-2N_Hb_H]f\end{aligned}$$

和

$$\begin{aligned}MC_f=\frac{\Delta TC(f)}{\Delta f}-c\left[N_L\frac{\Delta q_L(f)}{\Delta f}+N_H\frac{\Delta q_H(f)}{\Delta f}\right]\\=c(N_Lb_L+N_Hb_H)\end{aligned}$$

令 $MR_f=MC_f$，解出 f，得到最优的使用费 f^*：

$$f^*=\frac{cb_LN_L+cb_HN_H-N_H(a_H-a_L)}{-b_LN_H+b_LN_L+2b_HN_H}$$

为了得到 A^*，用 f^* 带入 A 的表达式：

$$A^*=\frac{1}{2}q_L(f^*)(A_L-f^*)$$

14A.1 多市场中的第三级差别定价

一个实行三级差别定价的经理，在边际成本与每个市场的边际收益相等的情况下，可以实现利润最大化，每一市场的价格由市场需求给定。

假设企业在两个市场上出售产品，这些市场的需求为

$$P_1(Q_1)\text{ 和 }P_2(Q_2)$$

成本是总产出的函数：

$$C=C(Q_1+Q_2)=C(Q)$$

企业最大的利润为

$$\pi=P_1(Q_1)Q_1+P_2(Q_2)Q_2-C(Q)。$$

这样利润最大化的一阶条件为

$$\frac{dP_1}{dQ_1}Q_1+P_1-\frac{dC}{dQ}=MR_1-MC=0$$

$$\frac{dP_2}{dQ_2}Q_2+P_2-\frac{dC}{dQ}=MR_2-MC=0$$

涉及在两个市场上销售的产出水平。

这样，利润最大化要求两个市场上的边际收益相等并等于边际成本，一旦得出 Q_1^* 和 Q_2^* 通过需求函数得到 P_1^* 和 P_2^*。

14A.2 多产品企业：寻找反需求函数和边际收益函数

一个生产两种产品（是互补品或者是替代品）的企业，设需求函数为线性的：

$$Q_X=a+bP_X+cP_Y\text{ 和 }Q_Y=d+eP_Y+fP_X$$

为了便于同时解 P_X 和 P_Y，将两个需求方程表示为

$$bP_X+cP_Y=Q_X-a$$

$$fP_X + eP_Y = Q_Y - b$$

现在将两方程表示为矩阵形式：

$$\begin{pmatrix} b & c \\ f & e \end{pmatrix}\begin{pmatrix} P_X \\ P_Y \end{pmatrix} = \begin{pmatrix} Q_X & -a \\ Q_Y & -d \end{pmatrix}$$

用数列运算找到解为

$$\begin{pmatrix} P_X \\ P_Y \end{pmatrix} = \begin{pmatrix} Q_X - a \\ Q_Y - d \end{pmatrix}\begin{pmatrix} b & c \\ f & e \end{pmatrix}^{-1}$$

$$= \begin{pmatrix} Q_X - a \\ Q_Y - d \end{pmatrix}\begin{pmatrix} \frac{e}{be-cf} & \frac{-c}{db-cf} \\ \frac{-f}{be-cf} & \frac{b}{be-cf} \end{pmatrix}$$

反需求函数为

$$P_X = \frac{cd-ae}{be-cf} + \frac{e}{be-cf}Q_X + \frac{-c}{be-cf}Q_Y$$

$$P_Y = \frac{fa-bd}{be-cf} + \frac{-f}{be-cf}Q_X + \frac{b}{be-cf}Q_Y$$

边际收益函数是总收益分别对数量 Q_X 的 Q_Y 求导，得到 MR_X 和 MR_Y：

$$TR = TR(Q_X, Q_Y) = P_X(Q_X, Q_Y)Q_X + P_Y(Q_X, Q_Y)Q_Y$$

$$= \frac{cd-ae}{be-cf}Q_X + \frac{e}{be-cf}Q_X^2 + \frac{-c}{be-cf}Q_YQ_X +$$

$$\frac{fa-bd}{be-cf}Q_Y + \frac{-f}{be-cf}Q_XQ_Y + \frac{b}{be-cf}Q_Y^2$$

因此

$$\frac{\partial TR}{\partial Q_X} = \frac{cd-ae}{be-cf} + \frac{2e}{be-cf}Q_X + \frac{-c-f}{be-cf}Q_Y$$

$$\frac{\partial TR}{\partial Q_Y} = \frac{fa-bd}{be-cf} + \frac{-c-f}{be-cf}Q_X + \frac{2b}{be-cf}Q_Y$$

在线附录 4　生产相关多产品的定价

附录内容请通过 McGraw-Hill Connect 网站的学生资源中查看。

第15章
Chapter15

在风险和不确定下的决策

■ 学习目标

学完此章节后，你将可以：

（15.1）解释在风险和不确定性情况下做决策的不同；

（15.2）计算一个概率分布的期望值、方差、标准差、离差系数；

（15.3）利用期望值法、均方差法、离差系数法在风险下做出决策；

（15.4）解释预期效用理论，并在风险下用该理论做出决策；

（15.5）根据最大收益最大化法、最小收益最大化法、最大遗憾最小化法和等概率法在不确定情况下做出决策。

到目前为止，我们在书中对管理决策所做出的各种分析都基于一个假设之上，那就是：管理者确切地知道关于每个决策的边际效益与边际成本。尽管对于许多决策，管理者后来确实掌握大量信息，但是，他们常常要在事先并不确定后果的情况下做出决策。举个例子，一位经理可能投资一项新的生产设备，他希望这项新技术可以降低生产成本。但是，即使研究过几百份技术报告，经理仍然不能确切知晓这个新设备到底能节约多少成本，直到此设备建成并投入使用。换句话说，建设新设备决策的后果是随机的。因为在做出决策的时候，成本减少（后果）并不是确定的。另一个风险决策是在边际效益与边际成本可以取一系列概率不同的值时，选择可以使利润最大化的产量或定价。

在这一章里，我们将给经理或在这个意义上的所有决策者，介绍一些能够并确实会在风险与不确定条件下，帮助决策的规则。在第15.1节中，我们会解释在风险下做出决策与在不确定下做出决策的区别。本章的大部分内容将用来分析风险下的决策，而不是不确定的情况。因为，就像你们将看到的，经理面临随机效益与成本时，更多碰到的是涉及风险的情况，而非不确定性。你们也将会发现，我们在本章里介绍在风险与不确定下决策的方法，仅是提供了决策后果不定时的指导方针，因为没有一种是做决策的单一法则（可被所有经理在任何时候所通用的决策）。尽管如此，我们介绍的这些规则，仍然给出了一个分析风险与不确定时有效方法的概要。

在开始我们对在风险和不确定下决策的介绍之前，我们想先强调一个可能会困惑你的问题：既然很清楚，大部分管理决策是在不完全信息，也就是在风险和不确定下做出的，为什么我们还要用如此大量篇幅，来讨论在确定和完全信息下的管理决策呢？原因有两个，首先，无论一个决策者掌握的关于各种行动潜在后果的信息量是多是少，在第3章中阐述，并贯穿全文引用的权衡边际效益与边际成本的最优化原理，为所有决策提供了最根本的基础。要想学会在非理想条件下做一件事情，必须首先学会在理想条件下完成它。其次，即使一个决策者并未掌握关于某行动或选择变量所有水平的边际效益与边际成本的全部信息，第 3 章中的 $MB = MC$ 规则仍是很多——即使不是绝大多数——相关条件下做出利润最大化决策的最有效方法。

15.1 风险和不确定之间的差别

当一个决策的后果并非确定获知时，经理就会面对一个决策问题，或是在风险条件下，或是在不确定条件下。若一个决策是在**风险**（risk）下做出的，则意味着决策者可以列出一个决策的所有可能后果，及与之相关的出现概率。给后果确定概率的过程，有时涉及相当复杂的分析，这种分析基于决策者在相同情况下丰富的经验或其他数据，以这种方式确定的概率被称为客观概率。反之，当决策者对某特定决策情况有较少经验或无相关历史数据时，分配于各种后果的概率就是通过主观方式获得的，称为主观概率。主观概率主要基于预感、“直觉”和个人经验，而非科学的数据。

下面是一个风险下决策的例子：一个经理决定花 1 000 美元在杂志上做广告，他相信有三种可能后果：20% 的机会是广告对销售只会有较小影响，60% 的机会是适中影响，还有 20% 的机会是非常大的影响。这就是一个风险下的决策，因为该经理可以列出所有潜在后果，并决定每种后果出现的概率。

与风险不同，**不确定性**（uncertainty）意味着决策者不能列出全部可能后果，或者不能确定各种后果的出现概率。在不确定情况下，决策者只知道可选不同决策方案，及其可能的自然状态。自然状态是可影响最终决策后果或决策报酬，但不为决策者所控制的未来事件或情况。尽管在风险和不确定下均不存在完全信息，但是风险下的信息毕竟多于不确定的情况。比如，对于一个制药公司的经理来说，是否花费 300 万美元研制开发一种治疗高血压的新药，就是一个不确定决策的例子，此研发费的收益取决于总统的新健康方案是否对新药品的价格加以限制。在这个问题中，经理面临的两种自然状态为：①政府加以价格限制，或者②政府不加价格限制。尽管经理知道不同自然状态下的报酬是多少，但却不知道对制药公司加以价格限制的概率有多大。类似这样的情况，决策就是在不确定下做出的。

本章中会遵从这个风险条件与不确定条件间的重要区别。当后果不一定时，经理使用的决策规则在风险和不确定条件下也会有差别。

15.2 风险概率分布的测量

在讨论风险下决策的规则之前，我们要首先讨论一下风险是如何衡量的。最直接的衡量方法涉及特定决策相关后果的概率分布的特征，本节将描述这些特征。

15.2.1 概率分布

概率分布就是一个显示一个决策所有可能后果（报酬）及相应概率的图表。概率在 0 ～ 1 之间取值，或者以百分比 0 ～ 100% 的形式表达。[⊖]如果所有可能后果都确定相应概率，则其概率之和为 1（或 100%），即其他后果发生的概率为 0，因为没有其他可能后果。

为了说明概率分布，我们假设一个大公司的广告部主任相信目前该公司的广告攻势对销售额有 5 种可能影响，其概率分布如图 15-1 及表所示。

每种后果都有大于 0，小于 100% 的概率，且概率之和为 100%（$10+20+30+25+15=100$），此概率分布如图 15-1 所示。

⊖ 如果一个结果的概率是 1（或 100%），结果一定发生，不存在风险。如果一个结果的概率是 0，那么特定结果一定不发生，不需要在决策时考虑。

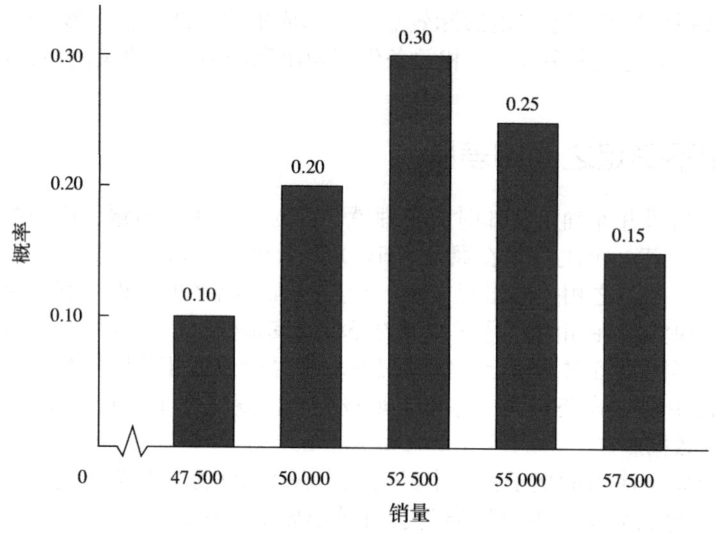

图 15-1 广告攻势对销售量影响的概率分布

从概率分布的角度（无论是表格式还是图形式），决策风险是通过不同后果的出现概率来反映的。为了决策目的，经理们经常要依据概率分布的数学属性来进行正式的风险分析。通过研究以期望值衡量的概率分布的中心强度，及以标准差和离差系数衡量的分布离散性，可以总结出风险的性质。我们先讨论概率分布中心强度的测量。

后果（销售量，单位）	概率（%）	后果（销售量，单位）	概率（%）
47 500	10	55 000	25
50 000	20	57 500	15
52 500	30		

15.2.2 概率分布的期望值

以每种后果的概率为相应权重，计算出所有后果的加权平均，即为决策后果概率分布的期望值。一个不同后果概率分布的期望值为

$$E(X)=X\text{ 的期望值}=\sum_{i=1}^{n}p_iX_i$$

式中 X_i——某决策的第 i 种后果；

p_i——第 i 种后果的概率；

n——概率分布中所有可能后果的总数。

注意，在计算期望值时，概率 p_i 的取值为分数或小数，而非百分比。概率分布的期望值也常常被称为分布的均值。

如图 15-1 中概率分布所示该广告攻势的期望销售量为

$$\begin{aligned}E\text{（销售量）}&=0.10\times 47\,500+0.20\times 50\,000+0.30\times 52\,500+0.25\times 55\,000+0.15\times 57\,500\\&=4\,750+10\,000+15\,750+13\,750+8\,625\\&=52\,875\end{aligned}$$

尽管广告攻势后果的实际销售量，是在 47 500、50 000、52 500、55 000 及 57 500 件间随机取值的变量，该销售水平的期望值是 52 875 件，如果 5 个销售水平中只有 1 个会出现，那么实际出现的后果不会等于期望值 52 875，但是期望值确实反映了风险决策大量重复时，结果的平均值。

15.2.3 概率分布的离散程度

你从统计课程中，可能回忆起概率分布的一般特征，不仅有期望值（均值），还有方差。**方差**（variance）衡量概率分布围绕均值的离散程度。图 15-2 展示了两个不同决策 A、B 的利润结果的概率分布。如图 15-2 所示，两个决策有相同的预期利润水平，但具有不同的方差。由于 B 有较大离散程度（取值围绕均值分布更广泛），可看出决策 B 的方差较大，由于分布 A 更紧密（较少分散开），A 就具有较小的方差。

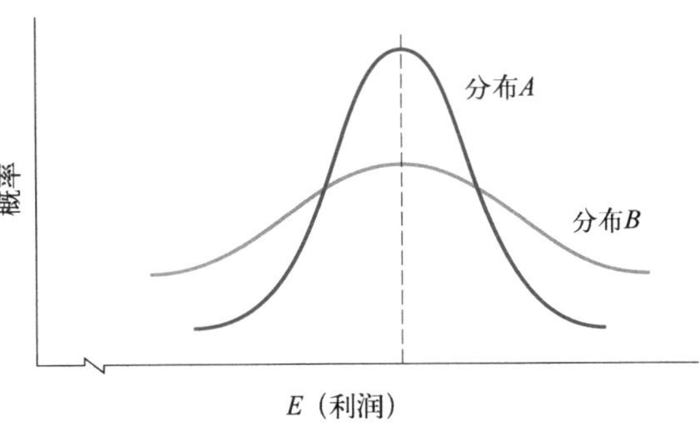

图 15-2 均值相同方差不同的两个概率分布

某决策后果概率分布的方差常常用来表示与该决策相关的风险水平或程度。如果两个分布的期望值相同，则方差越大，风险也越大。如图 15-2 所示，决策 B 的风险就大于决策 A。甚至当分布的期望值不同时，也常常用方差来比较两个决策的风险大小。

从数学上讲，用 σ_x^2 表示后果 X_i 概率分布的方差，是以概率为权重的关于 X 期望值的偏差平方和：

$$V(X)=\sigma_x^2=\sum_{i=1}^{n}p_i[X_i-E(X)]^2$$

以图 15-3 中的两个分布为例，由图中显示、并由表 15-1 可知，这两个分布的均值相同，均为 50，它们的方差不同。决策 A 的方差小于决策 B，因此就有较小风险。每个分布的期望值及方差的计算如表 15-1 所示：

表 15-1

利润（X_i）	决策 A			决策 B		
	概率（p_i）	$p_i X_i$	$[X_i-E(X)]^2 p_i$	概率（p_i）	$p_i X_i$	$[X_i-E(X)]^2 p_i$
30	0.05	1.5	20	0.10	3	40
40	0.20	8	20	0.25	10	25
50	0.50	25	0	0.30	15	0
60	0.20	12	20	0.25	15	25
70	0.05	3.5	20	0.10	7	40
		$E(X)=50$	$\sigma_A^2=80$		$E(X)=50$	$\sigma_B^2=130$

因为方差是平方，所以通常比均值大很多。为了避免这个问题，常常用概率分布的标准差来衡量离散程度。概率分布的**标准差**（standard deviation），以 σ_x 表示，是方差的平方根：

$$\sigma_x=\sqrt{V(X)}$$

如图 15-3 所示，经上表格计算，概率分布的标准差为 $\sigma_A=8.94$，$\sigma_B=11.40$。与概率分布的方差一样，标准差越大，决策的风险也越高。

当期望值相近时，经理可通过比较标准差，来比较不同决策的风险程度。比如说，如果决策 C 和 D 的标准差均为 52.5，而期望值相近，则两者的风险程度就可以看作是相当的。

但是，如果两者的期望值相差很远，则只考虑标准差就可能产生误导。假设决策 C 的后果均值为 400 美元，决策 D 的均值为 5 000 美元，但标准差仍然是 52.5 不变，则决策 D 后果的离散度相对于它的均值 5 000 美元来说，就大大小于决策 C 后果的离散度—相对于其均值 400 美元。

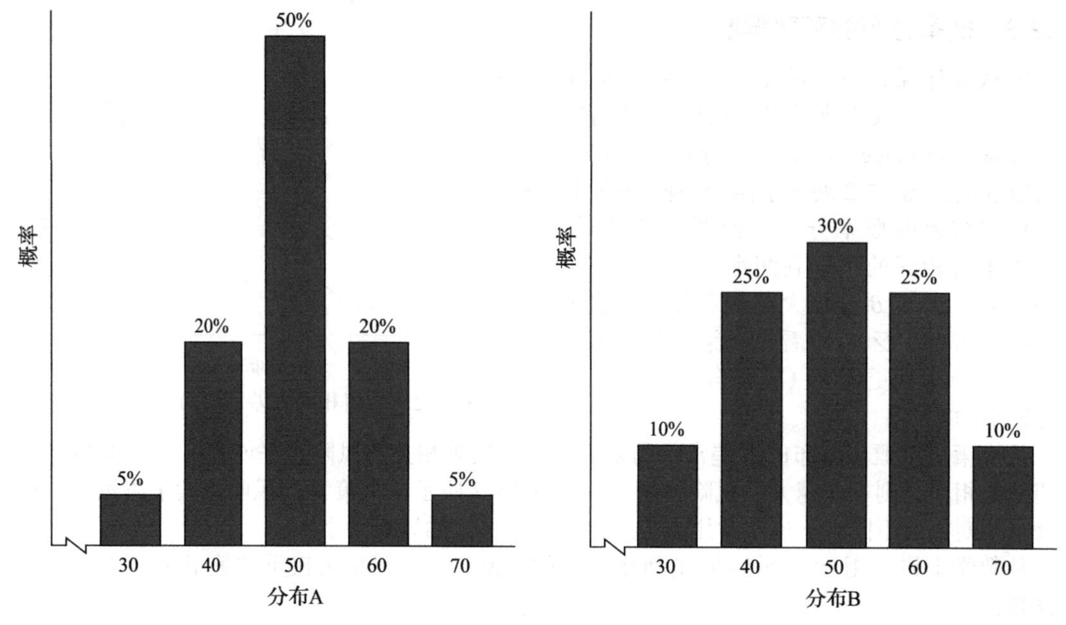

图 15-3 方差不同的概率分布

当后果的期望值相差很远时，经理应相对期望值来衡量决策的风险。相对风险的量测方法之一，就是决策分布的离差系数分析，用 v 表示高差系数，它等于决策后果概率分布的标准差除以期望值：

$$v = 标准差 / 期望值 = \sigma / E(X)$$

离差系数可衡量相对于概率分布均值的风险水平。在上面的例子中，离差系数分别是 $v_C = 52.5 / 400 = 0.131$，$v_D = 52.5 / 5\,000 = 0.010\,5$。

15.3 风险决策

我们已经介绍了特定决策下衡量风险的方法，下面将讨论这些方法如何帮助经理在风险条件下决策。我们先提出三条指导经理进行风险决策的原则。

15.3.1 期望值最大化

尽管各种后果出现可能性的信息，在进行决策时很有用，却不能解决经理的决策问题。在不同决策中，每种决策又具有多种可能后果的情况下，经理该如何选择呢？一个解决这个问题的规则或方法，就叫作**期望值法**（expected value rule）。即选择具有最高期望值的决策。这个方法应用起来很简单。但不幸的是，这个方法只使用了关于结果分布一个特征——均值的信息，而没有把与结果的概率分布相关的风险（离散度）考虑在内，因此期望值法在决策的风险水平变化很大时，作用较小，除非决策者并不关心决策的风险水平，而只考虑期望值。（这种决策者被称为风险中性，这个概念将在本章后面讨论。）并且，期望值法也仅在不同决策有不同期望值时有用。显然，当决策的期望值恰巧相等时，期望值法就不能在决策中指导选择。或者说，只考虑均值时决策者就无法做出决定。除了上文提到的情况，期望值法在决策的期望值相同时不能使用，且在决策风险水平不同时也不应使用。

举个例子说明期望值法（也为方便以后讨论其他方法）。我们来看看一位开设新芝加哥烤鸡店的经理兼所有人正在选择地点。图 15-4 显示了可选择的三个地点，预期每周利润的概率分布。这三个地点分别是亚特兰大（见图 15-4a)、波士顿（见图 15-4b）及克里夫兰（见图 15-4c)。每个分布的期望值、标准方差和离差系数均在各图表上标明。

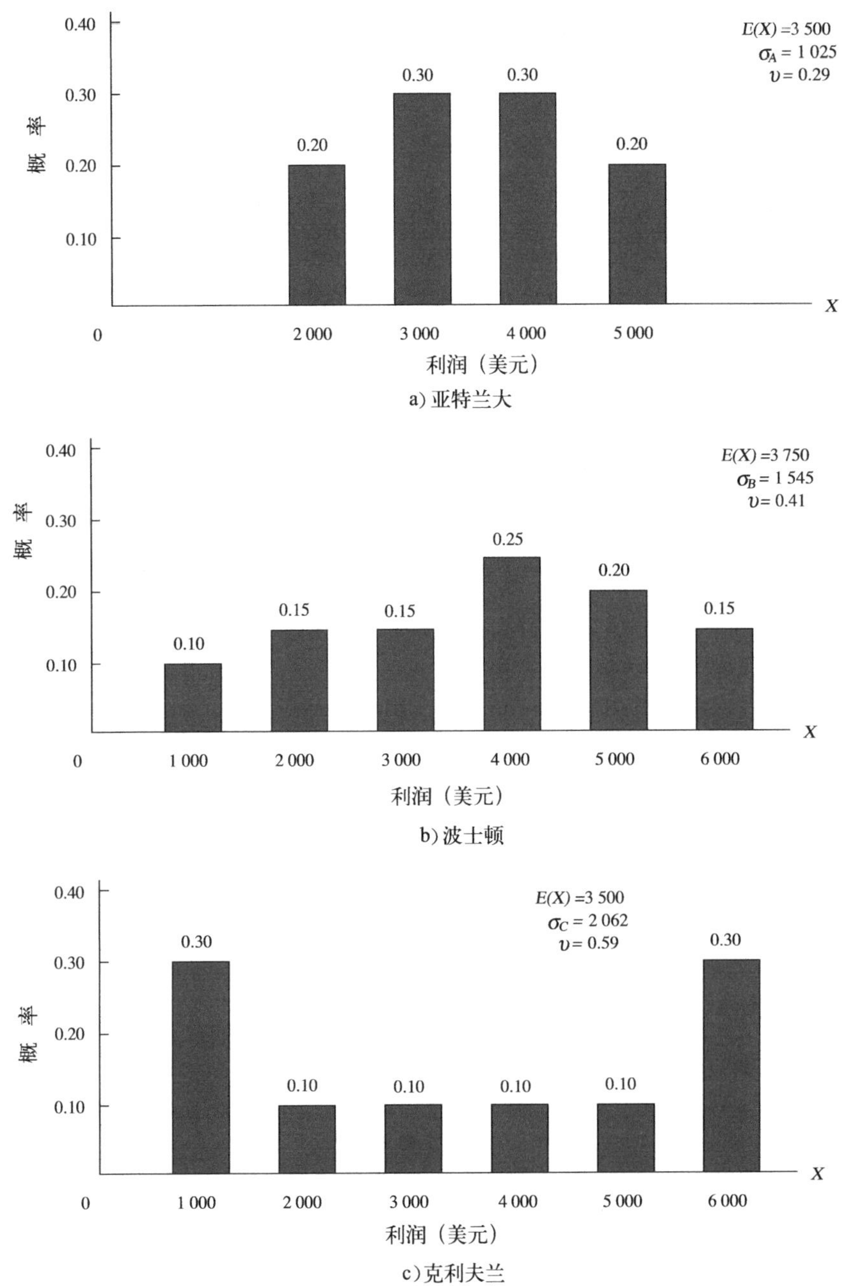

图 15-4　三餐馆周利润的概率分布

在过去经验的基础上，这位经理计算出，亚特兰大的周利润会有 4 种取值：每周 3 000 美元或 4 000 美元的情况各有 30% 的机会；每周 2 000 美元或 5 000 美元的情况各有 20% 的机会，亚特兰大的预期周利润为 3 500 美元。如果在波士顿开店，周利润根据所示概率，在 1 000 ～ 6 000 美元有 6 种取值，其期望值为 3 750 美元。在克利夫兰，周利润为 1 000 美元或 6 000 美元时各有 30% 的概率，其他 2 000、3 000、4 000 和 5 000 的概率各为 10%，且分布的期望值为 3 500 美元。如果这位经理不考虑风险（为风险中性），并使用期望值法，新店的开设地点将为波士顿，因为其具有最高的预期利润 3 750 美元。请注意，如果经理只能在亚特兰大和克利夫兰两个地点间做出选择，则期望值法失效，因为这两个地点均具有 3 500 美元的期望值。在这种情况下，要考虑使用其他方法了。

15.3.2 均方差分析

在风险选择下使用期望值法的经理，实际上只考虑了均值后果而忽略了风险（离散程度）。另一种在风险下决策的方法同时使用了概率分布的均值和方差，即把关于风险的信息纳入了考虑。这种通常被称为**均方差分析**（mean-variance analysis）的方法，运用了均值和方差（或标准差）进行决策，其依据的法则列示如下。

已知两个风险决策（以 A 和 B 表示），其风险下决策的均方差法为：

1. 如果决策 A 的预期后果高于决策 B，而方差低于决策 B，则应选择决策 A；
2. 如果决策 A、B 的方差（或标准差）相等，则选择具有较高期望值的决策；
3. 如果决策 A、B 的期望值相等，则选择具有较小方差（标准差）的决策。

均方差法建立在一个假设之上，那就是在其他条件相等时，决策者偏好高预期回报；或在其他条件相等时，偏好低风险水平。因此，预期后果越高、方差（风险）越小，决策越好。根据法则 1，经理永远会选择比其他所有决策期望值都大、同时方差都小的某个决策。当风险水平相同时，法则 2 说明经理应选择具有较高期望值的决策。根据法则 3，如果决策的期望值相等，则经理选择较低风险（较小标准差）的决策。

回到芝加哥烤鸡店的例子，依据均方差分析的三个法则，没有哪个地点是最优的。波士顿优于克利夫兰，因为它的期望值更高且风险更小（法则 1）；亚特兰大也优于克利夫兰，因为根据法则 3，两个地点期望值相等（3 500 美元）但亚特兰大的标准差更小——更低风险（$\sigma_A = 1\,025 < 2\,062 = \sigma_C$）。

如果经理再比较亚特兰大与波士顿，则均方差法无法应用。波士顿有较高的周预期利润（3 750 美元 > 3 500 美元），而亚特兰大风险更小（$\sigma_A = 1\,025 < 1\,545 = \sigma_B$）。因此在做这个选择时，经理必须权衡风险与预期回报。而最终选择将依赖于该经理对较高回报与较低风险的价值判断。下面，我们将设定一条补充决策法则，它同时使用了期望值与离散度的信息，并可以在涉及预期回报与风险的权衡时帮助决策。

15.3.3 离差系数分析

我们在前面量测概率分布的风险讨论中已提到，方差和标准差可以衡量绝对风险。与之相对，离差系数 $[\sigma / E(X)]$ 可衡量相对于分布期望值的风险。因此离差系数能够帮助经理们在相对风险而非绝对风险的基础上决策。根据**离差系数法**（coefficient of variation rule）：“在风险下决策时，选择离差系数 $[\sigma / E(X)]$ 最小的决策。”这个法则既考虑了分布的期望值也考虑了标准差，标准差越小、期望值越大，则离差系数越小。因此，概率分布这两种好的变化可使离差系数更加如人所愿。

我们再次回到芝加哥烤鸡店经理所面临的问题。每种可能决策地点的离差系数为

$$v_A = 1\,025 / 3\,500 = 0.29$$

$$v_B = 1\,545 / 3\,750 = 0.41$$

$$v_C = 2\,062 / 3\,500 = 0.59$$

具有最小离差系数的地点是亚特兰大，其系数为 0.29。现在，用均方差法无法解决的在亚特兰大与波士顿之间决策的问题，用离差系数法解决了。亚特兰大优于波士顿，因其离差系数更小（0.29 < 0.41），而克利夫兰则落在末尾。

15.3.4　哪个方法最好

到现在，你可能已搞不清这三种风险下决策的方法，哪一个才是“正确”的方法。毕竟，芝加哥烤鸡店经理依据不同的方法可做出不同的决定，或无法做出选择。运用期望值法，波士顿为上选；运用离差系数法，亚特兰大为上选；而运用均方差法时，克利夫兰被排除了，但亚特兰大与波士顿间无法做出选择。如果不同的决策方法不能得出同样的结论，则决策者必须决定使用哪种方法。

如果一种决策反复地做出，且每次概率相等时，期望值法是经理最大化（预期）利润的最可靠方法，某风险行为的平均回报，将高于其他具有较低期望值行为的平均回报。这种重复决策的情况，举个例子，在一个经理每月或每周必须做同样风险决策时，就会出现。或者是一个公司总部的经理做决策指挥着几十个甚至几百个国内或世界各地分部的活动，当这个决策重复很多遍时，公司总部的经理有理由相信：每种决策选择将很可能得出等于预期利润的平均利润水平，尽管每个分部的回报会或高或低。并且，在实际中，当一个决策在同等条件下重复很多次时，期望值法也是可证实有效的。

当经理要做一个一次性风险决策时，接下来将没有可抵消坏后果（或好后果）的重复决策。不幸的是，在决策为非重复性时，没有最好的方法可遵从。我们为风险决策介绍的方法，将可用来帮助经理分析和指引决策过程。最终，在风险（或不确定）下决策将既是一门科学，也是一门艺术。

风险和不确定下决策的“艺术”，是与决策者对待风险的态度紧密相关的。经理在决策中愿意承担风险的程度是有很大差别的。有些人非常谨慎，而另一些人则四处寻找高风险的机会。在下节中，我们将介绍一种风险下决策的理论，而非法则，它可以在形式上解释经理对待风险的态度。这个理论，通常被称为预期效用理论，假定经理以利润的预期效用最大化为目的进行决策。在某些情况下，这个理论提供了比本节介绍的方法更有效的风险决策手段。

◇专栏 15-1

多元化投资降低风险

尽管投资者对于某特定项目或投资的风险不能有过多控制，但他们确实可通过组合投资对总风险有所掌握。《华尔街日报》（1993 年 4 月 8 日）建议道：“如果谁的钱不急需用，现在可是一个拓宽投资面的好机会。投资顾问认为，最好的策略是把你的钱多元化地投资在股票、债券、房地产和现金等广阔的领域里。”

《华尔街日报》指出，人们应当认识到其所持财产的价值是随经济和市场条件变化而变化的，其回报要比现金储蓄高一些，而上下波动也要比完全股票投资小得多。一位投资顾问说道：“股票和债券的多元化组合风险更小，但回报却和过去 15 年、20 年甚至 25 年中所有股票的组合回报一样高。”在 1968 年以后的一段时间里，股票攀升了 5 年，但也有 6 年损失。把钱的 1/3 放在股票上、1/3 在债券上、1/3 在现金等价物上的投资者，将只在 4 年的时间内遭受损失，其最大年损失小于 5%。在这种投资方式中，25 年来的平均回报为 9%。与之相比的全股票组合回报为 10.56%，全债券为 8.26%，60% 股票 40% 债券的组合为 9.89%。

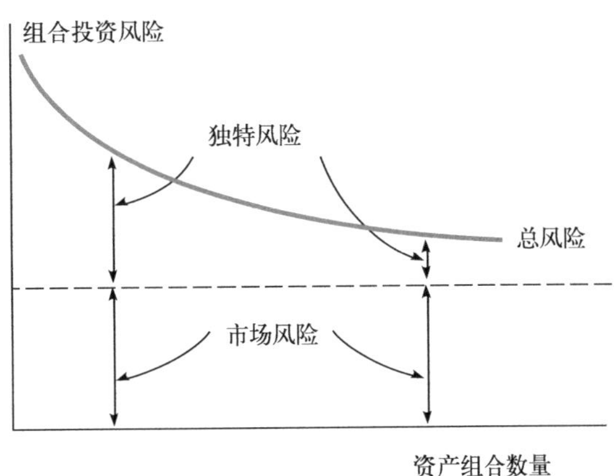

当然，投资越多角化，风险越小。

《华尔街日报》文章的理论依据为组合理论，其核心有些令人不可置信地简单：当更多的证券加入到一个投资者的组合中时，组合的风险（组合回报的标准差）下降。某特定证券或投资的风险有两类：市场风险和独有风险。市场风险是指那些影响所有公司的因素引起的风险，如经济波动、市场利率变化等；独有风险是指与某特定证券或投资相关的风险，如某个企业或地区相对于整个经济的销售变动。

当组合中加入不同的证券时，某证券的独有风险就会被多元化分散掉，即：加入证券的种类越多，整个组合依赖于某股票的独有风险就越小。当证券和资产的数目上升时，独有风险就会下降，并且，组合的总风险（标准差）会慢慢接近市场风险。

资料来源：Based on Tom Herman, "The First Rollovers of Spring Bring Advice on Diversification," *The Wall Street Journal*, Apr.8, 1993.

15.4 预期效用：风险下的决策理论

我们刚刚提到，经理愿意承担风险的态度不同。一些经理尽可能回避风险，而另一些则在决策中偏好更多风险。为了把对待风险的不同态度融入决策过程，现代决策理论认为，经理能从他们公司挣得的利润中得到效用或满意度。就像第 5 章中消费者可以从产品消费中得到效用一样，**预期效用理论**（expected utility theory）假定经理可以从利润中得到效用。预期效用理论认为经理以利润的预期效用最大化为目的进行风险决策。尽管预期效用理论为风险下决策提供了工具，但这个理论的主要目的和在此介绍它的原因，是要解释在涉及风险时，经理为何要选择他们所做出的决策。我们想强调的是：预期效用理论是一个风险下经理实际如何决策的经济模型，而不是一个风险下经理应该如何决策的方法。

假设一个经理面临一个风险项目的决策，或更一般地说，必须决定采取一种会产生一系列可能利润后果 π_1，π_2，…，π_n 的行动，且每种后果出现的概率分别为 p_1，p_2，…，p_n。这种风险决策的**预期效用**（expected utility）是每种可能利润后果的效用以概率为权重的加权和：

$$E[U(\pi)] = p_1U(\pi_1) + p_2U(\pi_2) + \cdots + p_nU(\pi_n)$$

式中，$U(\pi)$ 是衡量特定利润水平的效用函数。注意，预期效用与预期利润的概念不同。预期利润是以概率为权重的加权利润。要理解预期效用理论，你应先理解经理对待风险的态度是如何在利润的效用函数中反映出来的。我们先讨论经理的利润效用的概念，再演示如何推导利润的效用函数，然后再说明经理如何利用利润的预期效用进行风险决策。

15.4.1 管理者的利润效用函数

既然预期效用理论是建立在经理从获利中得到效用或满意度的基础之上，那么在解释经理如何在风险下决策时，经理的效用与获利水平间关系的性质就十分重要了。我们要说明，经理对待风险的态度是由经理的利润边际效用决定的。

当利润增长时，若经理不期待一个更高水平的总效用将是很不寻常的。所以效用指数与公司获利水平之间的关系应该呈现为一条上升趋势的曲线（凹曲线）。公司每增加 1 美元的利润，其总效用的增长量就是**利润的边际效用**（marginal utility of profit）：

$$MU_{利润} = \Delta U(\pi) / \Delta\pi$$

式中，$U(\pi)$ 是经理对于利润的效用函数。

当挣得给定数量的利润，利润效用函数给出的指标值可以用来衡量此时的效用水平。举个例子，假设利润边际效用是 8。这就意味着：公司挣得利润增长 1 美元，可使经理的效用指数增长 8 个单位。关于风险的研究发现：大多数经营决策者的利润边际效用递减。尽管每 1 美元的利润增长，依然可以增加经理们的总满意程度，但对于他们中的大多数人来说，典型的情况是，额外利润带来的附加效用下降。

在预期效用理论中，利润效用曲线的形状起着决定性的作用。因为 $U(\pi)$ 的形状决定了经理对待风险的态度，从而也决定了最终的选择。对待风险的态度可分为回避风险、爱好风险和风险中性三类。在面临两个具有相同预期利润的风险决策时，选择风险较小的决策的态度为**回避风险**（risk averse）。反之，同样在预期利润相等的情况下，如选择风险较高的决策则被称为**爱好风险**（risk loving）。第三种对待风险的态度，就是对上述两种情况没有偏好，经理在做出决策时忽略风险，即被称为**风险中性**（risk neutral）。

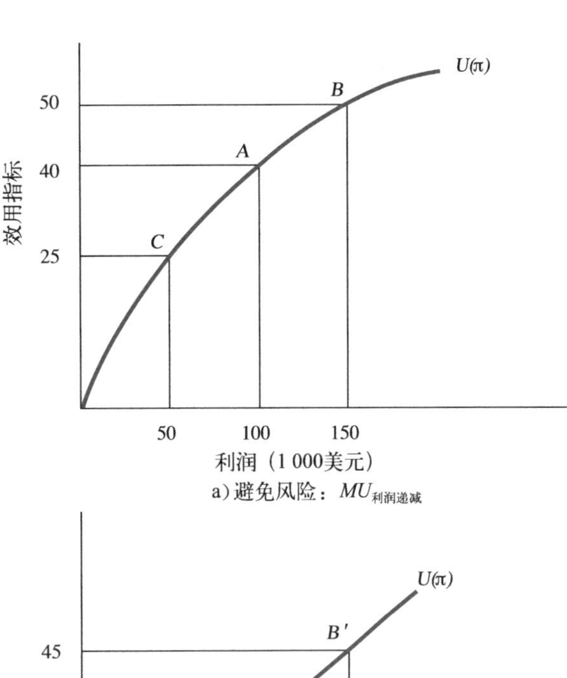

a）避免风险：$MU_{利润递减}$

图 15-5 显示了与三种不同风险偏好相关的效用函数的形状。图 15-5a 显示了回避风险的经理的效用函数。此利润效用函数的趋势是上升的，但其斜率随利润增加而递减。这符合边际效用递减的情况。当利润从点 A 到点 B 增加 50 000 美元时，经理的效用增长 10 个单位。当利润从点 A 到点 C 下降 50 000 美元时，效用减少 15 个单位。也就是说，50 000 美元的损失产生的效用减少，大于 50 000 美元收益带来的效用增加。所以，回避风险的经理们对每一美元的损失比对每一美元的收益更敏感，他们也将会把决策重点放在避免损失带来的风险上。

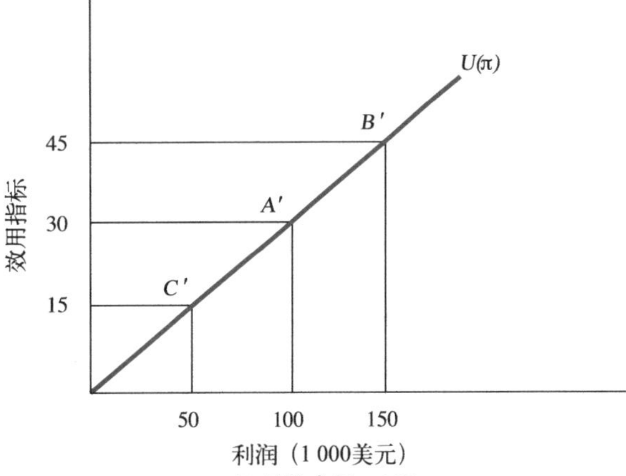

b）风险中行：$MU_{利润不变}$

在图 15-5b 中，利润的边际效用是个常数（$\Delta U/\Delta\pi=15/50=0.3$），50 000 美元损失减少的效用与 50 000 美元收益增加的效用一样大。在这种情况下，经理对防止损失与寻求受益的重视程度是一样的。当利润的效用函数是线性的，或等同地讲，利润边际效用是个常数时，经理们是风险中性的。

图 15-5c 显示的是以爱好风险决策的经理的效用函数。利润增加 50 000 美元带来的额外效用（20 个单位），大于利润下降 50 000 美元时产生的效用损失（10 个单位）。因此，爱好风险的决策者把更多的力量放在收益潜力的研究上。我们现在已经得出下面的论述：

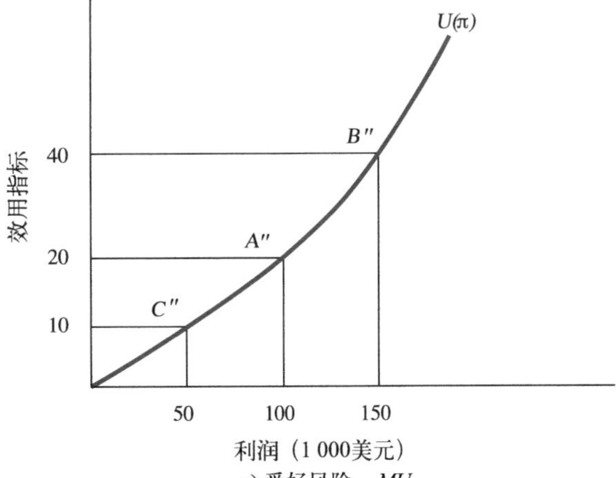

c）爱好风险：$MU_{利润递增}$

图 15-5　经理们对待风险的态度

关 系

经理对于风险决策的态度与他的利润边际效用相关：具有利润边际效用递减（递增）的人，就会是一位回避风险（爱好风险）的决策者，若某人的利润边际效用为常数，则他是风险中性的。

15.4.2 利润效用函数的推导

像上面讨论的，当经理们风险下决策的目的是使预期效用最大化时，正是利润的效用函数决定了经理将如何选择。我们现在演示一下经理可遵循、并可推导出他自己的利润效用函数的步骤。再强调一下，效用函数不能直接衡量效用。但是，它确实提供了一个数字或是一个指标值，正是这个指标值的大小反映了对于某特定利润后果的渴望程度。

推导利润效用函数的过程在理论上是很直观的，然而，它确实也涉及相当数量的主观评价。为了演示一下这个程序，我们又回到芝加哥烤鸡店（CRC）经理面临的决策问题。回想一下，这个问题就是：芝加哥烤鸡店经理必须决定在哪里建立下一个新的餐馆。三个地点的利润后果分布为每星期 1 000 ～ 6 000 美元。在计算每个地点的预期效用之前，经理必须先推导出她对于 1 000 ～ 6 000 美元利润的效用函数。

芝加哥烤鸡店经理推导 $U(\pi)$。的第一步是确定指标允许取的最小和最大值。作为指标的下限，假设经理确定的效用指标值为 0—尽管对于最低利润后果 1 000 美元来说，任何数字，或正或负，都是可以选定的。作为上限，假设确定的效用指标值为 1——对于最高利润后果 6 000 美元来说，任何大于下限制的数值都是可以选定的。我们再次强调，选 0 和 1 作为上下限是完全因人而异的，只要上限的代数值大于下限就可以。举个例子，上下限分别为 -12.5 和 50 的作用与上述 0 和 1 的情况是一样的。经理的利润效用函数在这两点的值为

$$U(1\,000\text{ 美元})=0 \text{ 和 } U(6\,000\text{ 美元})=1$$

下面，必须决定剩下来 1 000 ～ 6 000 美元每种可能利润后果的效用指标值。在这个例子中，对每 1 000 美元利润增量进行一下分析是很方便的。经理运用下面的主观分析来确定 5 000 美元的效用指标值：经理从两个决策选择开始，决策 A 为收到 5 000 美元的肯定利润；而风险决策 B 包含两种能性：收到 6 000 美元的利润的概率为 p，或收到 1 000 美元的利润的概率为 $1-p$。决策 A 和 B 均显示在图 15-6 中。现在必须决定使经理对两种方案 A 和 B 偏好无差异的概率 p。这是一个主观的决定，不同的经理依赖于他们对于风险的个人偏好很可能有不同的取值。

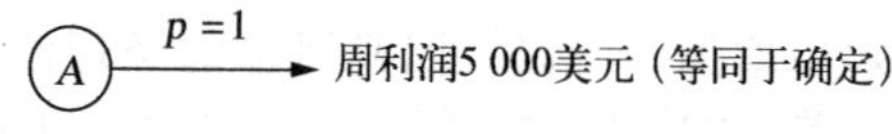

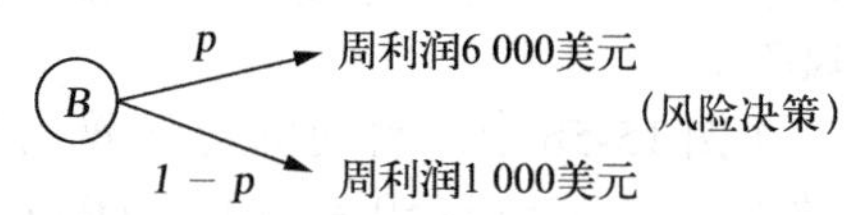

图 15-6 推导风险决策的完全等效值

假设芝加哥烤鸡店的经理决定的使 A 和 B 同等吸引的概率 p 为 0.95，从作用上看，这位经理是在宣称决策 A 的预期效用与决策 B 的预期效用相等。既然 A、B 具有相等的预期效用，则 $E(U_A)=E(U_B)$：

$$1\times U(5\,000\text{ 美元})=0.95\times U(6\,000\text{ 美元})+0.05\times U(1\,000\text{ 美元})$$

在这个等式中只有 U(5 000 美元) 是未知的，所以经理可以解出 5 000 美元利润的效用指标为

$$U(5\,000\text{ 美元})=(0.95\times 1)+(0.05\times 0)=0.95$$

这个 0.95 的效用指标值是一种对 5 000 美元利润的间接衡量。这个步骤得出了利润效用函数中的另一点。这 5 000 美元被称为风险决策 B 的**完全等效值**（certainty equivalent），因为这是经理刚刚愿意用来换取从事风险决策 B 的机会的值。换句话说，经理在肯定得到 5 000 美元利润和做一个风险决策（具有 95% 机会赚 6 000 美元及 5% 机会赚 1 000 美元）之间是无差异的。

4 000 美元、3 000 美元和 2 000 美元的效用指标建立方法完全与上述方法相同。

这种得出利润效用函数的方法被称为完全等效法。我们总结一下得到利润效用函数的步骤：

 **原 理**

运用下述步骤可以通过完全等效法推导出利润函数的效用：

- 设立最高可能利润（π_H）的效用值为 1，最低可能利润（π_L）的效用值为 0；
- 定义风险决策利润后果 π_H 的概率为 p_0，π_L 的概率为（$1-p_0$）。对于每一种可能的利润后果 $\pi_0(\pi_H < \pi_0 < \pi_L)$。经理主观决定概率 p_0，使风险决策的预期效用与确定收到 p_0 的效用相同：

$$p_0U(\pi_H)+(1-p_0)U(\pi_L)=U(\pi_0)$$

这特定数目 π_0 被称为风险决策的完全等效值。以主观概率 p_0 为衡量利润为 π_0 时经理满意度的效用指标。

图 15-7 即为芝加哥烤鸡店经理的利润效用函数。在所有可能的利润后果分布中（1 000 ~ 6 000 美元），经理的利润边际效用是递减的。所以她是一位回避风险的决策者。

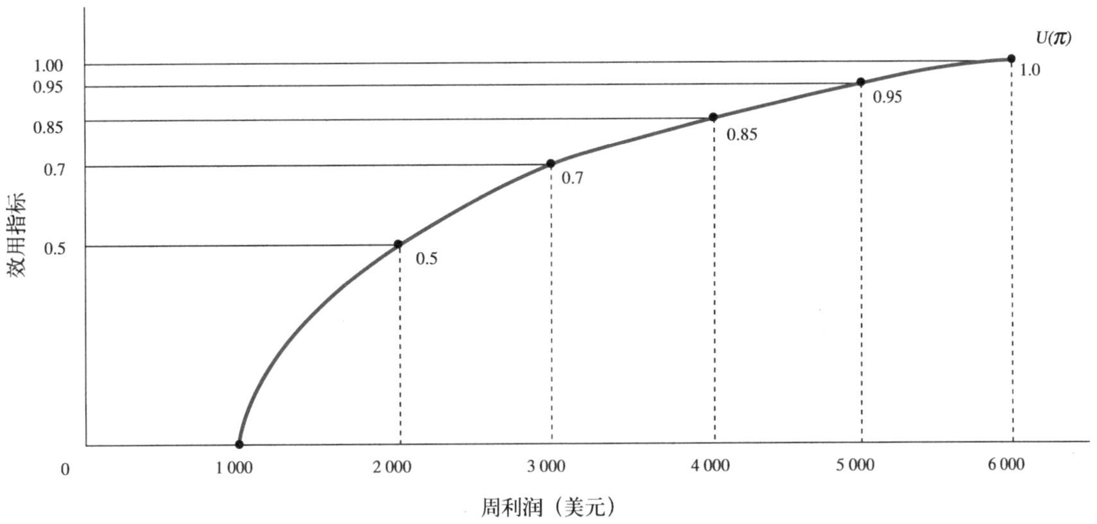

图 15-7　经理的利润效用函数

15.4.3　预期效用最大化

当经理们依预期效用理论在风险决策中选择时，最终选中的是预期效用最大的决策。与预期利润最大化不同，预期效用最大化考虑到经理对风险的偏好。你将会在这个例子中看到：预期效用最大化可能会产生一个与预期利润最大化原理下不同的决策。

再次回到芝加哥烤鸡店经理面临的地点决策问题。该经理用她自己的利润效用函数（见图 15-7）计算出三个风险地点决策的预期效用，其计算过程如下：

亚特兰大　$E(U_A)=0U\times 1\,000+0.2U\times 2\,000+0.3U\times 3\,000+0.3U\times 4\,000$

$$+0.2U\times 5\,000+0U\times 6\,000$$

$$=0+0.2\times 0.5+0.3\times 0.7+0.3\times 0.85+0.2\times 0.95+0$$

$$=0.755$$

波士顿 $E(U_B) = 0.1U \times 1\,000 + 0.15U \times 2\,000 + 0.15U \times 3\,000 + 0.25U \times 4\,000 + 0.2U \times 5\,000 + 0.15U \times 6\,000$

$= 0.1 \times 0 + 0.15 \times 0.50 + 0.15 \times 0.7 + 0.25 \times 0.85 + 0.2 \times 0.95 + 0.15 \times 1$

$= 0.733$

克利夫兰 $E(U_C) = 0.3U \times 1\,000 + 0.1U \times 2\,000 + 0.1U \times 3\,000 + 0.1U \times 4\,000 + 0.1U \times 5\,000 + 0.3U \times 6\,000$

$= 0.3 \times 0 + 0.1 \times 0.5 + 0.1 \times 0.7 + 0.1 \times 0.85 + 0.1 \times 0.95 + 0.3 \times 1.0$

$= 0.600$

为了使利润的预期效用最大化，芝加哥烤鸡店经理决定将新店设在亚特兰大。尽管波士顿具有最高的预期利润 [$E(\pi) = 3\,750$ 美元]，但它同时具有最高的风险（$\sigma = 1\,545$），而 CRC 回避风险的经理宁愿避免在波士顿的相对较高的风险。这个例子的决策者是回避风险的，比之风险较高的克利夫兰，经理更愿意选择风险更小的亚特兰大，尽管两个地点的预期利润水平完全相同。

为了演示一下风险中性的决策者将如何选择，我们构造一个边际效用为常数（像前面解释的，这是风险中性的条件）的利润效用函数。这个风险中性的效用函数显示在表 15-2 的第（1）、第（2）列中。作为满足风险中性的必需条件，第（3）列的利润边际效用为常数。从这个表中你可以看到亚特兰大、波士顿、克利夫兰的利润的预期效用分别为 0.50、0.55 和 0.50。对于一个风险中性的决策者，把地点定在波士顿是使预期效用最大化的决策。我们还记得波士顿也是具有最大预期利润 [$E(\pi) = 3\,750$ 美元] 的城市。这不是一个巧合。像我们解释过的，风险中性的决策者在决策时忽略风险而完全依赖于预期利润。在风险中性的条件下，无论是利润的预期值 $E(\pi)$ 最大化，还是利润的预期效用 $E[U(\pi)]$ 最大化，经理做出的决策是相同的。[⊖]

表 15-2　利润的预期效用：风险中性的经理

(1)	(2)	(3)	(4)	(5)	(6)	(7)	(8)	(9)
			概率			概率为权重的效用		
利润（美元）(π)	效用 [$U(p)$]	边际效用 [$\Delta U(\pi)/\Delta\pi$]	亚特兰大 (P_A)	波士顿 (P_B)	克利夫兰 (P_C)	$P_A \times U$	$P_B \times U$	$P_C \times U$
1 000	0	—	0	0.1	0.3	0	0	0
2 000	0.2	0.000 2	0.2	0.15	0.1	0.04	0.03	0.02
3 000	0.4	0.000 2	0.3	0.15	0.1	0.12	0.06	0.04
4 000	0.6	0.000 2	0.3	0.25	0.1	0.18	0.15	0.06
5 000	0.8	0.000 2	0.2	0.2	0.1	0.16	0.16	0.08
6 000	1.0	0.000 2	0	0.15	0.3	0	0.15	0.3
					预期效用 =	0.50	0.55	0.50

最后，考虑一下爱好风险的决策者如何决定 CRC 的新店的开设地点。如表 15-3，第（1）、第（2）列是利润边际效用增长时的边际效用函数，第（3）列显示利润边际效用随利润增长而增长（对于一个爱好风险的经理来说是必需的）。亚特兰大、波士顿、克利夫兰的利润后果的预期效用分别为 0.32、0.41 和 0.43，在决策者爱好风险的情况下，克利夫兰是使预期效用最大化的决策。如果可选择地点只有亚特兰大和克利夫兰，那么爱好风险的决策者会选择克利夫兰。

⊖ 本章的附录说明了风险中性决策者预期利润最大化和利润预期效用最大化等价。

这个决策是与爱好风险的定义相一致的。现在用下面的原理来总结我们的讨论：

原 理

如果经理的行为遵循预期效用理论，决策就会使经理的利润预期效用最大化，按照利润预期效用最大化做出的决策反映了经理承担风险的态度，通常这与依照不考虑风险的决策法则做出的决策是不同的。对于一个风险中性的经理，其在预期效用最大化或预期利润最大化下的决策是相同的。

表 15-3　利润的预期效用：爱好风险的经理

(1)	(2)	(3)	(4)	(5)	(6)	(7)	(8)	(9)
			概率			概率为权重的效用		
利润（美元）(π)	效用 $[U(p)]$	边际效用 $[\Delta U(\pi)/\Delta\pi]$	亚特兰大 (P_A)	波士顿 (P_B)	克利夫兰 (P_C)	$P_A \times U$	$P_B \times U$	$P_C \times U$
1 000	0	—	0	0.1	0.3	0	0	0
2 000	0.08	0.000 08	0.2	0.15	0.1	0.016	0.012	0.008
3 000	0.2	0.000 12	0.3	0.15	0.1	0.06	0.03	0.02
4 000	0.38	0.000 18	0.3	0.25	0.1	0.114	0.095	0.038
5 000	0.63	0.000 25	0.2	0.2	0.1	0.126	0.126	0.036
6 000	1.0	0.000 37	0	0.15	0.3	0	0.15	0.3
						预期效用 = 0.32	0.41	0.43

◇专栏 15-2

浮动发电厂降低风险给发展中国家带来活力

农业和制造业是发展中国家的两大支柱产业，第三世界国家若想脱离贫困，就必须有能力养活自己，能制造耐用消费品和生产性资本品。而这两个重要产业的发展都离不开能源，国内自给的电力可以提供一个灵活的能源来源，并能满足发展中国家的大部分基本能源需求。

然而，发展中国家建设电厂的主要障碍就是融资购买发电设备的还款风险。由于初始投资涉及几亿美元，可想而知，在实际上收回资产是不可能的时候，投资者是不愿借出如此一大笔钱的。Smith Cogeneration 的总裁 Donald Smith 找到了一个解决还款风险的办法：在巨大驳船上建设浮动发电厂，在未能还款的时候，可以把该设备转移地点。

《华尔街日报》最近指出，Smith 在驳船上建设发电厂的想法已经酿成了一个新的行业，其可能成为世界发电能量的重要组成。比如多米尼加共和国、加纳、印度和海地等国家就在签署建设浮动发电厂的协议。其融资风险因浮动平台的灵活性而降低。事实上，《华尔街日报》估计，发电厂的浮动性能不仅使融资成为可能，同时还很可能使融资成本降低 2 ～ 3 个百分点。对于 5 亿美元的贷款来说，这可不是一个小数目。

这个例子强调了决策中风险的重要性。如果金融机构的经理们爱好风险，则发电厂会普遍地建设在发展中国家的土地上。显然，未来发展中国家的电厂大多会建在港口内停泊的驳船上，原因是金融大债主们事实上是回避风险的。

资料来源：William M. Bulkley, “Building Power Plants That Can Float,” *The Wall Street Journal*, May 22, 1996.

15.5 不确定性条件下的决策

实际上，在缺乏完全信息的时候，几乎所有有关行为的经济理论都是研究风险的，而非不确定性。而且，当经理们关于不同状态出现的可能性没有一点儿概念时，决策科学也不能为他们的决策提供多少帮助。考虑到不确定性的模糊不清的性质，这也不是令人吃惊的事情。然而，我们还是要介绍四种相当简单的决策法则来帮助经理们在不确定下决策。

15.5.1 最大收益最大化准则

对于对生活抱有乐观态度的经理们，**最大收益最大化法则**（maximax rule）为他们在不确定下的决策，提供了适合的指导。在这个法则下，经理先选出每种决策可能出现的最好后果，然后再选择所有最好结果中报酬最大的决策。在这个方法下，经理除了每种决策的最后结果，其他可能结果均不考虑。

为了展示这个法则的应用，我们举个例子。假设 Dura Plastic 的管理者决定改变生产设备的投入（生产能力），并简化为三种选择：设备的生产能力①提高 20%；②保持现有水平；③降低 20%。这个决策的结果主要依赖于来年经济的状况，因此，经济状况就是这个决策问题的自然状态。管理者预测自然状态有三种出现可能：①经济繁荣；②经济停滞；③经济萧条。

对于每种可能决策或自然状态，经理们得到的利润结果或报酬，见表 15-4 的收益矩阵。**收益矩阵**（payoff matrix）的行和列分别对应着不同的自然状态和不同的决策。表 15-3 的收益矩阵中的单元格，对应着每种决策特定自然状态下的后果（报酬）。举个例子，如果管理者决定扩张设备生产能力，且经济处于繁荣状态，则美国 Dura Plastic 预期将获得 500 万美元利润。或者，如果 Dura Plastic 扩张了设备生产能力，但经济陷于萧条，则公司预测会损失 300 万美元。由于经理们不知道实际上会出现哪种自然状态或概率，所以，改变设备生产能力的决策是在不确定下做出的。要应用最大收益最大化法则，管理者须先找出三种决策中每种决策的最好可能后果，最好收益为

扩张 20% 生产能力时，500 万美元；

保持生产能力不变时，300 万美元；

降低 20% 生产能力时，200 万美元。

每种最好收益出现的条件都是经济繁荣。根据最大收益最大化法则，管理者将决定扩张生产设备投入。

表 15-4 Dura Plastic 公司的收益矩阵 （单位：100 万美元）

决策	自然条件		
	繁荣	停滞	萧条
扩张 20% 生产能力	5	−1	−3.0
保持生产能力不变	3	2	0.5
降低 20% 生产能力	2	1 441	0.75

尽管最大收益最大化法则使用起来很简单，但它没有在决策过程中考虑那些“坏”的结果。当管理者决定扩张生产设备能力时，三种自然状态中的两种会造成损失，而其他两种决策则不会带来损失。这个情况在应用最大收益最大化法则时被忽略了。只有性格十分乐观的经理们才会发现此决策工具很有用。

15.5.2 最小收益最大化准则

对于对经营决策持悲观态度的决策者，**最小收益最大化法则**（maximin rule）可能比最大收

益最大化法则更适用。在最小收益最大化法则下，经理先选出每种决策的最差结果，然后再选择最坏报酬中最好（最大化）的决策。对于 Dura Plastic，三种决策的最坏结果为（见表 15-4）。

- 扩张 20% 生产能力时，负 300 万美元；
- 保持生产能力不变时，50 万美元；
- 降低 20% 生产能力时，75 万美元。

根据最小收益最大化法则，Dura Plastic 将选择降低设备 20% 的生产能力。最小收益最大化法则的使用同样简单，但是却没有考虑各种"好"的结果。

15.5.3　最大遗憾最小化准则

经理们常常担心一旦自然状态获知（即不确定性已解决）时，他们所做出的决策不是最好的。这种担心使他们以潜在遗憾最小化为目的来决策。与某特定决策和自然状态相关的**潜在遗憾**（potential regret），是在该自然状态确实发生的情况下，经理若选择最好的决策可得到的报酬提高程度。为了说明一下这个概念，我们计算 Dura Plastic 的决策为保持生产水平不变且经济繁荣时，与之相关的潜在遗憾（见表 15-4）。当经济繁荣时，最大可能报酬发生在提高设备生产能力时，为 500 万美元。如果经济繁荣状态确实发生，但管理者选择了保持设备的生产能力水平，此时的报酬为 300 万美元，则经理经历的遗憾为 200 万美元（= 500 − 300）。

表 15-5 为每种决策和自然状态组合下的潜在遗憾。我们会发现每个自然状态都对应着一个潜在遗憾为零的决策。这种情况在经理在此自然状态下选择了正确的决策时就会发生。在应用**最大遗憾最小化法则**（minimax regret rule）时，经理们做出的决策要具有最小的最大潜在遗憾。首先，决策者要从收益矩阵中选出每种决策的最大可能潜在遗憾：

扩张 20% 生产能力时，375 万美元；

保持生产能力不变时，200 万美元；

降低 20% 生产能力时，300 万美元。

管理者选择了最大潜在遗憾最小的决策：保持现有设备生产能力。对于 Dura Plastic 来说，在管理决策中应用最大遗憾最小化法则的结果就是保持现有设备生产能力不变。

表 15-5　Dura Plastic 公司的潜在遗憾矩阵　（单位：100 万美元）

决策	自然条件		
	繁荣	停滞	萧条
扩张 20% 生产能力	0	3	3.75
保持生产能力不变	2	0	0.25
降低 20% 生产能力	3	1	0

15.5.4　等概率准则

在不确定情况下，经理们没有关于哪种自然状态会发生的信息，于是他们常常简单地假设每种自然状态出现的可能性相等。在 Dura Plastic 的决策中，管理者假设每种自然状态都有 1/3 的出现概率。当经理们假设每种自然状态有相等的出现可能性时，可通过考虑每种等同可能的自然状态下的平均报酬来做决策。这种决策方法通常被称为**等概率法**（equal probability rule）。为了说明一下这个方法，Dura Plastic 的经理计算每种决策的平均报酬如下：

- 扩张 20% 生产能力时，33 万美元 [= (5 + (−1) + (−3)) / 3]；
- 保持生产能力不变时，183 万美元 [= (3 + 2 + 0.5) / 3]；
- 降低 20% 生产能力时，125 万美元 [= (2 + 1 + 0.75) / 3]。

在等概率法则下，经理将选择保持现有设备生产能力不变，因为此时的平均回报最大。

此处讨论的四种决策方法，并未包括经理在不确定性下决策的所有可能。我们介绍这四种方法的主要目的，是提供给你一种在不确定性下决策的感觉，并且展示一下这些方法的不精确或“非科学”性。由上述讨论可知，依赖不同的方法，管理者可能选择不同的行为决策。这些，以及其他的一些法则，只是为决策提供指导方针，而不能代替管理者的经验或直觉。

15.6 本章小结

- 一个决策的后果并不确定，而经理人又必须做出决策，这种情况被称为风险或不确定性条件下的决策。在风险条件下，经理人可列出所有可能的后果，以及相应后果出现的概率。为后果确定概率的过程可能涉及历史数据的分析，如果历史数据很少的话，就可能要利用主观概率。当决策者不能列出所有可能的后果，或者不能确定不同后果出现的概率时，即为不确定性。在不确定性的情况下，决策者只知道可以选择不同的决策方案，及其不同可能性的自然状态。这些自然状态是未来事件或条件，可以影响最终的结果或决策回报，但不为决策者所控制。(学习目标 1)
- 为了衡量一个决策相伴随的风险，经理人可以检验那个决策后果概率分布的一些统计属性。概率分布的期望值或平均值是后果的加权平均，以每种后果的概率作为相应的权重。概率分布的期望值不代表随机后果的准确数值，而只是反映了风险决策大量重复时结果的平均值。概率分布的方差衡量围绕均值或期望值左右的离散程度，是绝对风险的衡量。方差越大（小），与概率分布相伴随的风险也越大（小）。标准差是方差的平方根。当后果的期望值相差很远时，测量相对风险是合适的。离差系数就是与风险决策相伴随的相对风险的一种量度，它等于期望值除以标准差。(学习目标 2)
- 虽然决策法则不能消除围绕着决策的风险，但它们确实提供了一个系统方法，包括处理决策过程中的风险。本章介绍了风险决策的三个方法：期望值法、均方差法和离差系数法。期望值法是指经理人应当选择期望值最高的决策。均方差法是指在两个风险决策 A 和 B 之间，经理人的选择遵循三条原则：①如果决策 A 比决策 B 有更高的期望值、更低的方差，则应选择决策 A；②如果决策 A 和 B 的方差相等，则应选择具有较高期望值的决策；③如果决策 A 和 B 的期望值相等，则应选择具有较小方差的决策。离差系数法是指经理人选择离差系数最小的决策。如果这三种方法得出的结论各不相同，经理人就需要决定使用哪种方法。如果一种决策是重复决策，且每次概率相等，期望值法是预期利润最大化的最可靠方法。当经理要做一个一次性风险决策时，接下来将没有任何重复，那么，没有什么最好方法可以遵循。为了分析和指引决策过程，这些风险决策的原则应当被采纳。最后，在风险（或不确定）下的决策，既是一门科学，也是一门艺术。(学习目标 3)
- 预期效用理论是一种理论，不是原则。它利用经理人做出风险决策时对待风险的态度，假设经理人以利润的预期效用最大化为目标进行风险决策。有些情况下，预期效用理论比起上面提到的方法，是一种更为有用的风险决策工具。这种风险决策的预期效用是每种可能利润效用的概率加权之和：
$$E[U(\pi)]=p_1U(\pi_1)+p_2U(\pi_2)+\cdots+p_nU(\pi_n)$$
式中，$U(\pi)$ 是衡量特定利润水平的经理人效用函数。面临着两个具有相同预期利润的风险决策时，选择风险较小的人，被称为风险回避者。而在两个预期利润相等的决策中，选择风险较高的人，则被称为风险爱好者。对于所有具有相同预期利润的风险决策，没有倾向的人是风险中性者。利润边际效用递减（递增）的人，就是一位风险回避（风险爱好）的决策者，若某人的利润边际效用为常数，那么，这个经理人是风险中性者。利用利润预期效用最大化做出的决策，一般会不同于利用不

考虑风险的原则所做的决策。然而，对于一个风险中性的经理人，预期效用最大化或利润最大化下的决策是相同的。（学习目标 4）

- 在不确定性的情况下，决策科学只能为经理们提供一些简单的决策法则，来帮助他们分析不确定的情况，除此之外，无更多的指导。本章介绍了不确定性决策的四种基本法则：最大收益最大化法、最小收益最大化法、最大遗憾最小化法和等概率法。根据最大收益最大化法，经理人先选出每种决策可能出现的最好后果，然后再选择所有最好后果中报酬最大的决策。根据最小收益最大化法，经理先选出每种决策的最坏后果，然后再选择这些最坏后果中的最好决策。在应用最大遗憾最小化法时，经理人首先要确定每种决策最大的潜在遗憾，这个潜在遗憾与任何特定决策和自然状态相关，是在该自然状态确实发生的情况下，经理若选择最好决策可得报酬的提高程度，经理人选择最差潜在遗憾中最小的决策。根据等概率法，经理人假设每种自然状态有相等的出现可能性，计算每种等可能的自然状态下的平均报酬；然后选择平均报酬最大的决策。（学习目标 5）

关键词

certainty equivalent **完全等效值** 经理刚刚愿意用来换取从事风险决策机会的美元值。

coefficient of variation **离差系数** 标准差除以概率分布的期望值。

coefficient of variation rule **离差系数法则** 选择具有最小离差系数决策的方法。

equal probability rule **等概率法** 假设每种自然状态的出现可能相等，计算每种等可能自然状态的平均报酬，再选择平均报酬最高的决策的指导方针。

expected utility **预期效用** 每种可能利润后果的效用以概率为权重的加权之和。

expected utility theory **预期效用理论** 考虑经理对待风险态度的决策理论。

expected value **期望值** 以每种结果的概率为权重，计算出所有结果的加权平均。

expected value rule **期望值法** 选择具有最高期望值的决策。

marginal utility of profit **利润的边际效用** 企业每增加 1 美元利润其总效用的增长量。

maximax rule **最大收益最大化法则** 找出每种可能决策的最好结果，再选择所有最好结果中报酬最大的决策的指导方针。

maximin rule **最小收益最大化法则** 找出每种决策的最差结果，再选择所有最差结果中报酬最大的决策的指导方针。

mean of distribution **分布均值** 分布的期望值。

mean-variance analysis **均方差分析** 同时应用均值和方差来做决策的方法。

minimax regret rule **最大遗憾最小化法则** 找出每种决策的最大潜在遗憾，再选择最大潜在遗憾最小的决策的指导方针。

payoff matrix **收益矩阵** 行和列分别对应着不同的自然状态和不同的决策，其中单元格对应着特定自然状态下每种决策的结果或报酬的表格。

potential regret **潜在遗憾** 对一个给定决策和自然状态，当该自然状态确实发生的情况下，经理若选择最好的决策可得到的报酬提高程度。

probability distribution **概率分布** 显示一个决策所有可能结果或报酬及相应出现概率的图表。

risk **风险** 经理事前能知道所有可能结果，以及每种结果发生的概率的决策。

risk averse **回避风险** 形容决策者在具有相同期望值的两个决策中，选择风险较小的决策态度。

risk loving **爱好风险** 形容决策者在具有相同期望值的两个决策中，选择风险较大的决策态度。

risk neutral **风险中性** 形容决策者在决策时不考虑风险而只考虑期望值的决策态度。

standard deviation **标准差** 方差的平方根。

uncertainty **不确定性** 经理事前不知道所有可能结果，或虽然知道可能结果，但不知道其出现的概率的决策。

variance **方差** 一个围绕其均值的离散度。

概念性习题

1. 考虑以下两个关于销售的概率分布。

销售量（1 000 件）	分布 1 概率值（%）	分布 2 概率值（%）
50	10	10
60	20	15
70	40	20
80	20	30
90	10	25

a. 画出上表中显示的两个概率分布。这两个概率分布的预期销售量是多少？

b. 计算这两个概率分布的方差和标准差。哪一个分布的风险更大？

c. 计算这两个概率分布的离差系数。哪一个分布相对其均值的风险更大？

2. 一公司正在制定下一季度的生产计划，但该公司的经理不知道下个月其产品的市场价格。他相信价格为 15 美元的概率为 40%，为 20 美元的概率为 60%。该经理必须决定是生产 7 000 件产品，还是生产 8 000 件。根据管理者选择的产出量和确实发生的市场价格，下表显示了 4 种可能的利润后果：

（单位：美元）

	当价格为以下值时的利润（损失）	
	15	20
A：生产 7 100 件	−3 750	+31 770
B：生产 8 000 件	−8 000	+34 000

a. 若经理想得到更高的预期利润，他将会选择哪个产出量？

b. 哪一个选项风险更大？

c. 应用均方差法，经理会选择哪一个选项？

d. 应用离差系数法的决策又会是什么？

3. 假设上述问题的价格概率反过来了：经理认为价格是 15 美元的概率为 60%，价格是 20 美元的概率是 40%。在概率相反的假设下回答习题 2 的每一问。概率为多少时，可使两产量选项的期望值相等？

4. 某经理的利润效用函数为 $U(\pi)=20\pi$。他正在考虑一个具有下面所示 4 种可能利润后果的风险决策。经理主观预测每种利润后果的概率如下：

概率值	利润（美元）	概率值	利润（美元）
0.05	−10 000	0.45	4 000
0.45	−2 000	0.05	20 000

a. 计算预期利润。

b. 计算利润的预期效用。

c. 每增加一美元的边际效用为________。

d. 该经理是________风险，因为利润边际效用为________。

5. 假设某公司经理的利润效用函数为 $U(\pi)=20\ln(\pi)$，其中 π 是利润（以美元计）。该经理正考虑一个具有下面所示利润报酬和概率的风险项目：

概率值	利润（美元）	利润边际效用
0.05	1 000	——
0.15	2 000	——
0.30	3 000	——
0.50	4 000	——

a. 计算预期利润。

b. 计算利润的预期效用。

c. 在表中填空显示增加 1 000 美元利润时的边际效用。

d. 该经理是________风险，因为利润边际效用为________。

6. 对下表所示一系列利润，推导出你自己的利润效用函数：

利润（美元）	效用指数	利润边际效用
1 000	0.0	——
2 000	——	——
3 000	——	——
3 200	——	——
4 000	1.0	——

a. 找出使你对（i）、（ii）无差异的概率 p，其中（i）为接受一风险项目使获利 4 000 美元概率为 p，获利 1 000 美元概率为 $1-p$；（ii）为确切可获得 2 000 美元利润。把这个概率填在上表的适当空白处。

b. 对于利润 3 000 和 3 200 美元重复问题 a 的步骤。

c. 计算利润的边际效用。（提示：$MU_{利润} = \Delta$ 效用指数 /Δ 利润，式中分母 Δ 利润，在表中是个变量。）

d. 你的效用指数显示你是回避风险、爱好风险、还是风险中性的呢？请解释。

7. 假设习题 4 中的经理，通过选择接受与习题 4 中风险决策的预期利润一样多的确切的一笔钱，可以避免该题中的风险决策。

a. 预期利润的效用是________。

b. 比较预期利润的效用和风险决策的预期效用（你在习题 4 问题 b 中计算的），哪个决策使经理得到最大的预期效用？

c. 你在问题 b 中的决策与利润效用函数反映出来的经理对待风险的态度相符吗？请解释。

8. 习题 5 中的经理接到另一团体的开价，要求购买该习题中描述的风险项目的权利，这个团体的开价是 3 200 美元，经理相信这笔钱可以确切地收到。

a. 这 3 200 美元的效用是________。

b. 比较这 3 200 美元的效用和风险项目的预期效用（你在习题 5 问题 b 中计算的），如果经理想使利润的预期效用最大化，他该怎么办？请解释。

c. 你在问题 b 中的决策与利润效用函数反映出来的经理对待风险的态度相符吗？请解释。

d. 该决策与风险下决策的均方差法则一致吗？请解释。

9. 假设习题 2 中的经理完全不知道两种价格的出现概率，在以下每种法则下经理会选择哪个选项？

a. 最大收益最大化法；

b. 最小收益最大化法；

c. 最大遗憾最小化法；

d. 等概率法。

概念性习题答案

1. a.

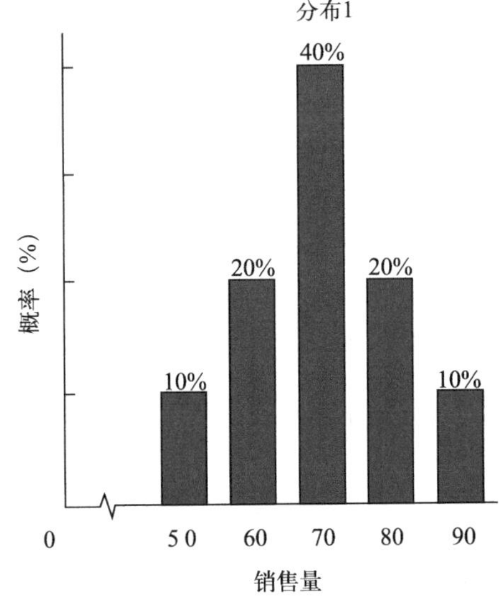

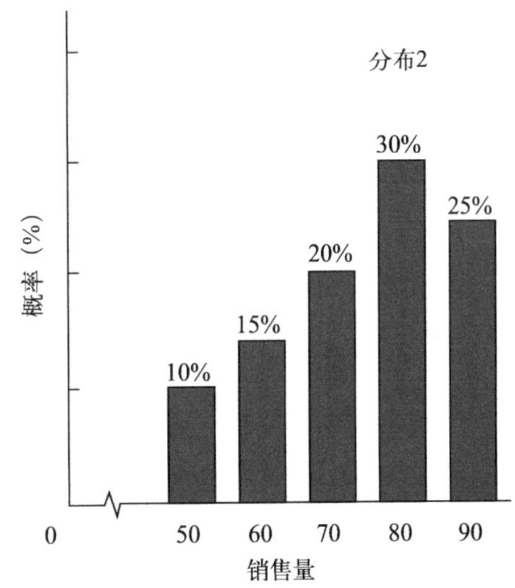

$$
\begin{aligned}
E_1(\text{销售量}) &= 50\times0.10+60\times0.20+70\times0.40\\
&\quad+80\times0.20+90\times0.10\\
&=5+12+28+16+9\\
&=70\ (70\ 000\ \text{件})\\
E_2(\text{销售量}) &= 50\times0.10+60\times0.15+70\times0.20\\
&\quad+80\times0.30+90\times0.25\\
&=5+9+14+24+22.5\\
&=74.5\ (74\ 500\ \text{件})
\end{aligned}
$$

b. 分布 2 比分布 1 的方差更大，因此风险性也更强：

分布 1

销售量 (X_i)	概率 (P_i)	$[X_i-E(X)]^2$	$[X_i-E(X)]^2(P_i)$
50	0.10	400	40
60	0.20	100	20
70	0.40	0	0
80	0.20	100	20
90	0.10	400	40
			$\sigma^2=120$

分布 2

销售量 (X_i)	概率 (P_i)	$[X_i-E(X)]^2$	$[X_i-E(X)]^2(P_i)$
50	0.10	600.25	60.025 0
60	0.15	210.25	31.537 5
70	0.20	20.25	4.050 0
80	0.30	30.25	9.075 0
90	0.25	240.25	60.062 5
			$\sigma^2=164.75$

c. $\sigma_1=\sqrt{120}=10.95$

$\sigma_2=\sqrt{164.75}=12.84$

$v_1=10.95/70=0.16$

$v_2=12.84/74.5=0.17$

分布 1 具有较小的离差系数（0.16<0.17），因此，相对于其均值，分布 1 比分布 2 的风险更小。

2. a. 选项 A 的期望值 $=0.4\times(-3\ 750)+0.6\times 31\ 770=17\ 562$（美元）

选项 B 的期望值 $=0.4\times(-8\ 000)+0.6\times 34\ 000=17\ 200$（美元）

选项 A 具有更高的期望值。

b. 选项 A 的方差 $=0.4\times(-3\ 750-17\ 562)^2+0.6\times(31\ 770-17\ 562)^2=302\ 800\ 896$

选项 B 的方差 $=0.4\times(-8\ 000-17\ 200)^2+0.6\times(34\ 000-17\ 200)^2=423\ 360\ 000$

$$S_A=\sqrt{302\ 800\ 896}=17\ 401$$

$$S_B=\sqrt{423\ 360\ 000}=20\ 576$$

因为选项 B 的方差（或标准差）大于选项 A 的方差，所以选项 B 的风险更大。

c. 由于选项 A 的预期报酬更高、方差更小，所以选择选项 A。

d. $n_A=17\ 401/17\ 562=0.99$ $n_B=20\ 576/17\ 200=1.20$

根据离差系数法决策者会选择选项 A。

3. a. 选项 A 的期望值 $=0.6\times(-3\ 750)+0.4\times 31\ 770=10\ 458$（美元）

选项 B 的期望值 $=0.6\times(-8\ 000)+0.4\times 34\ 000=8\ 800$（美元）

如果在决策中只使用期望值法，则决策者会选择具有较高期望值的选项 A。

b. 选项 A 的方差 $=0.6\times(-3\ 750-10\ 458)^2+0.4\times(31\ 770-10\ 458)^2=302\ 800\ 896$

选项 B 的方差 $=0.6\times(-8\ 000-8\ 800)^2+0.4\times(34\ 000-8\ 800)^2=423\ 360\ 000$

$$S_A=\sqrt{302\ 800\ 896}=17\ 401$$

$$S_B=\sqrt{423\ 360\ 000}=20\ 576$$

因为选项 B 的方差（或标准差）大于选项 A 的方差，所以选项 B 的风险更大。

c. 由于选项 A 的预期报酬更高、方差更小，所以选择选项 A。

d. $n_A=17\ 401/10\ 458=1.66$ $n_B=20\ 576/8\ 800=2.34$

根据离差系数法决策者会选择选项 A。

要找到使两个期望值相等的概率，须求解如下等式：

$$p(-3\ 750)+(1-p)(31\ 770)=p(-8\ 000)+(1-p)(34\ 000)$$

经过合并同类项和化简，得出：

$$p=0.34$$

所以，当价格为 15 美元的概率是 0.34、价格为 20 美元的概率是 0.66 时，两个期望值相等。

4. a. $E(\pi)=0.05\times(-10\ 000)+0.45\times(-2\ 000)+0.45\times 4\ 000)+0.05\times 20\ 000=1\ 400$（美元）
   b. $E[U(\pi)]=0.05U(-10\ 000)+\cdots+0.05U(20\ 000)=28\ 000$
   c. $MU_{利润}=\Delta U/\Delta\pi=20$ 由于 $U(\pi)$ 是线性的。
   d. 中性；常数。
5. a. $E(\pi)=3\ 250$ 美元 $=0.05\times(1\ 000)+\cdots+0.50\times 4\ 000$
   b. $E[U(\pi)]=160.69=0.05U(1\ 000)+\cdots+0.50U\times 4\ 000$
   c. 13.86；8.11；5.75（在三个空白处）
   d. 回避；下降。
6. a, b, c, Thomas 教授推导出他自己的效用指数如下。

利润	效用指数	利润边际效用
1 000	0.0	—
2 000	0.70	0.000 700
3 000	0.90	0.000 200
3 200	0.93	0.000 150
4 000	1.0	0.000 093

   d. 因为 Thomas 教授的利润边际效用随利润增加而减少，所以 Thomas 教授是回避风险的。
7. a. $U[E(\pi)]=U\times 1\ 400=20\times 1\ 400=28\ 000$
   b. $U[E(\pi)]=28\ 000=E[U(\pi)]$ 由于确切收到 1 400 美元的预期效用是 28 000，所以这两个决策的预期效用相等。
   c. 在习题 4 中你发现经理是风险中性的。你应该预料到，对于风险中性的决策者，两个期望值恰好相同的决策会得出恰好相同的预期效用，因为他们忽略风险。
8. a. $U(3\ 200$ 美元$)=161.42=20\ln(3\ 200)$
   b. 确切得到 3 200 美元的预期效用是 161.42。在习题 5 的问题 b 中，该项目的预期效用经计算为 161.42。因此，通过选择接受确切的 3 200 美元，经理的预期效用达到最大化。
   c. 在习题 5 中经理表现为回避风险。根据回避风险的定义，经理选择了具相同期望值的决策中风险较小的一个，即使利润的预期效用达到最大化的决策。
   d. 通过预期效用最大化得到的决策通过均方差法同样也可获得，只需选出期望值相等的决策中风险更低的一个。
9. a. 选 B
   b. 选 A
   c. 选 A，因为 A 的潜在遗憾是 2 230 美元，而 B 的潜在遗憾是 2 270 美元。
   d. 选 A（14 020 美元 > 14 000 美元）。

应用性习题

1. 某公司正在考虑生产基地的设置方案，其面临三种选择①仅在美国生产；②除在美国本土生产外，还在墨西哥或加拿大生产；③在这三个地点均生产。国会正在讨论一项对于在国外运营的美国公司，海外新投资资本税收减免法案（OINC）。如果今年国会通过了 OINC，则公司管理者预测若在墨西哥和加拿大生产运营，其公司业绩会相当好。但是若今年国会否决了 OINC，则在墨西哥和加拿大生产运营，会给公司带来很大损失。还有一种可能是，今年国会不讨论 OINC，而留待明年付诸表决。利润的得益矩阵如下所示：

（单位：100 万美元）

	自然状态		
	通过 OINC	否决 OINC	不讨论 OINC
仅在美国运营	10	−1	2
在美国和墨西哥运营	15	−4	1.5
在美国、墨西哥和加拿大运营	20	−6	4

假设该公司经理不知道今年国会对 OINC 不同处置的可能性。用以下每种法则，公司分别会做出何种决策？

a. 最大收益最大化法
b. 最小收益最大化法
c. 最大遗憾最小化法
d. 等概率法

2. 假设你公司对待风险下决策的方法是“最差可能后果中的最好选择”，你将会遵循哪种法则？
3. “一个投资经理要优选出的证券和资产具有高预期回报和低风险。”这种说法有什么错误？
4. Remox 公司是一家在美国卖时尚运动外衣的英国公司。国会目前打算对进口纺织品征收保护性关税。Remox 公司正在考虑将其 50% 生产设备转移到美国国内，来避免关税的可能性，这个目的通过在美国国内进行生产运营就可实现。下表列出了不同情况下的利润后果。

（单位：美元）

	利润	
	无关税	有关税
A：在英国生产全部产品	1 200 000	800 000
B：在美国生产 50% 的产品	875 000	1 000 000

Remox 雇用了一个咨询公司，来评估对进口纺织品征税实际上能通过国会表决，且不被总统否决的可能性。顾问预测了下述概率：

	概率（%）
关税被通过	30
关税被否决	70

a. 计算两种选项的预期利润。
b. 仅依据预期利润，Remox 应选哪个选项？
c. 用上述方法计算使 Remox 在 A、B 间无差异的概率。
d. 计算 Remox 面临的选项 A、B 的标准差。
e. 用均方差法，Remox 会做出何种决策？
f. 用离差系数法，Remox 会做出何种决策？

5. 根据习题 4 的信息，若 Remox 对于征收关税的概率全无概念，分别应用以下各种法则，Remox 会做出何种决策？
a. 最大收益最大化法；
b. 最小收益最大化法；
c. 最大遗憾最小化法；
d. 等概率法。

6. 回到习题 1，假设公司经理根据以下关于国会对 OINC 行动的主观概率来做决定：

3 种情况	概率（%）
通过 OINC	40
否决 OINC	10
不讨论 OINC	50

a. 计算三种决策的预期利润。
b. 用期望值法，经理会选择哪个选项？
c. 计算三种决策的标准差。用均方差法，是否有决策会胜出？如果有，是哪一个？
d. 用离差系数法，公司会做出何种决策？

附录 15A 风险决策的数学推导

预期利润最大化和利润的预期效用最大化之等价

本章前面已经讨论过，但还没证明：当经理和决策者是风险中性的时候，预期利润 $E(\pi)$ 最大化等价于利润的预期效用 $E[U(\pi)]$ 最大化。现在，我们用一个简单的情况来证明这个后果。其中，利润只有两种取值：π_A——出现概率为 p；π_B——出现概率为 $(1-p)$。因此，这个例子的预期利润为

$$E(\pi)=p\pi_A+(1-p)\pi_B \qquad (15\text{A-}1)$$

我们还记得对于风险中性的决策者，利润的效用函数是线性的。所以利润的效用函数 $U(\pi)$ 可以表示为

$$U(\pi)=a+b\pi \qquad (15\text{A-}2)$$

式中，$a \geqslant 0$ 且 $b>0$。用此利润效用的表达式，上面讨论的风险中，利润的预期效用可以表达为

$$E[U(\pi)]=pU(\pi_A)+(1-p)U(\pi_B) \qquad (15\text{A-}3)$$

用式（15A-2）中利润的线性效用函数，式（15A-3）中的预期效用可以表示为 $E(\pi)$ 的线性函数：

$$\begin{aligned}E[U\pi_B)]&=p[a+b\pi_A]+(1-p)[a+b\pi_B]\\&=a+b[p\pi_A+(1-p)\pi_B] \qquad (15\text{A-}4)\\&=a+bE(\pi)\end{aligned}$$

从式（15A-4）可以立即看出 $E(\pi)$ 最大化时 $E[U(\pi)]$ 也达到最大化。因此当利润的效用函数为线性时，决策者是风险中性的，预期利润最大化和利润的预期效用最大化是等价的。

第16章
Chapter16

企业的政府监管

■ 学习目标

学完此章节后，你将可以：

（16.1）定义社会经济有效，并解释为什么在正常运行的竞争市场上，没有政府监管也能实现社会经济有效；

（16.2）解释市场失灵的概念，并解释为什么它为政府干预市场提供了经济的正当性；

（16.3）鉴定与市场力相关的无谓损失，并讨论反垄断、次优定价、两部定价如何能减少市场力成本；

（16.4）讨论作为负外部性的污染，并说明政府监管是如何促使企业选择污染的最优排放水准；

（16.5）解释为什么共有资源和公共品会产量不足，而政府如何能减少非排他性造成的市场失灵；

（16.6）讨论为什么商品价格和质量的信息不完全会导致市场失灵。

企业的高管没有开发出如何针对限制企业运营的各种政策法规的策略，从而无法成功地使他们的企业价值最大化。在美国、加拿大和欧盟，国内和跨国企业都面临着一系列复杂的反托拉斯法律和政策，这一系列规则都用于规范企业之间的互相竞争。反托拉斯法的目的，简而言之，就是促进市场的竞争。在本章中我们会解释，竞争市场能够比不完全竞争市场（如垄断、垄断竞争和寡头）产生更多的社会福利。企业提高市场力甚至可能垄断的行为，在很多国家都会激起反托拉斯管理机构的压制。此外，企业间出于提高价格或者限制竞争的任何形式的合作或者共谋意愿，如果被发现，都会导致高昂的反托拉斯罚款以及高管被宣判监禁。

在这些基本的竞争规则之外，所有的政府层级——国家、州和市都实施了对特定行业和企业的法规，用来改变特定行业的经营方式。针对电信行业的规则，与针对银行业和交通业的规则是不同的。在很多国家，提供水、天然气、废物处理、电力、电话或者电缆服务的公用事业，都是高度监管的寡头企业。公用事业行业被有意保护起来，避免竞争，因为大家相信，寡头企业比多竞争者的生产成本更低。

政府官员通常将政府的干预描绘成使企业从整个社会的角度看，做得更好的积极规划。本章我们将向你展示，政府干预实际上可以改善企业的社会行为。追逐利润可以使企业和所有者的财富价值最大化，但可能不会引起价格、数量、产品组合或者产品质量，这些能够使每个人的福利最大化的改善。因为理解政府对企业的公众政策的动机和目标，企业的高管可能受益。行业的领导者们不能指望一般市民使用他们的投票权来促成政府对企业的有效的管理政策。理解了政府政策制定者的动机和目标，企业的高管就能够影响政府政策，使生产者和消费者都受益。依靠政治家们的良好动机和官员作风，或者信息匮乏的选民，来建立促进企业和社会的福利环境改善的监管，是很冒险的。

我们以检验在完全竞争市场下令人向往的经济运作结果，作为本章的开始。完全竞争可以导致社会经济有效（另一种说法是社会处于完美的最佳状态）的均衡价格和产量。然而，在一些情况下，竞争市场无法提供最好的价格和数量；有时，竞争被其他通常不能达到社会经济有效的不完全竞争的市场所代替。我们将分析六种导致自由市场缺乏社会有效的情形，即市场失灵。在每种情形下，对政府政策和法规制定者而言，我们将提供改善市场失灵的方法并做出简单说明。

没有任何一本教材中的单独一章，能够涵盖关于政府企业政策的所有重要见解和政策问题。我们期望给你一个为你将来基于企业长期战略，而继续学习这一重要领域的基础。正如我们在序言中谈到的，我们写这本教材的目的，是帮助商学院学生成为企业战略的设计者，而不是在与对手争斗中吃力前行的中层经理。本章仅为未来企业的领导者而写。

16.1 市场竞争和社会经济有效

你在经济学的第一堂课已经学到，每个社会必须决定：如何使用为生产产品或提供服务而投入的稀缺劳动力、资本、自然和环境资源。为了充分利用社会稀缺的资源，生产与消费必须有效组织起来，以避免资源未被充分利用，以及产品与服务的低效能消费。在本章，我们从更大的角度来检验社会整体的有效性，而不是我们在第 8 章和第 9 章对单个企业的分析。当社会需要的商品和服务，在生产和消费时，没有被浪费，就存在**社会经济有效**（social economic efficiency）。为了达到这一目标，必须满足两个有效性条件：生产有效和分配有效。我们将这两种情形都做一个简单说明。

在理想状况下的完全竞争市场达到均衡时，会实现生产有效和分配有效。不幸的是，市场条件并不总是那么理想（或者甚至仅是接近理想），那么，完全竞争市场就无法带来社会经济有效。在本章，我们将讨论分析，为什么竞争市场可能无法实现社会有效的六个原因。你会看到，不完全竞争市场（垄断、垄断竞争和寡头）从不被期望达到社会经济有效，因为这些市场常常导致分配无效，并且在一些情况下，也可能无法实现有效生产。对通过完全市场竞争达到社会经济有效的期望是如此有说服力，以致它成为美国反托拉斯法案的基础，同样，也是加拿大、欧盟以及世界其他地方的竞争政策的基础。

16.1.1 社会有效的条件

如前所述，为了避免浪费，从而保证社会从有限的资源中得到最大可能的收益，需要满足两个有效性条件。市场一定要在**生产有效**（productive efficiency）下运作，使社会从投入资源中得到最大的产出。当供应商以社会最低可能总成本生产时，存在生产有效。如果市场因为任何原因没有实现生产有效，资源就被浪费了，减少了每个行业可能生产的产品与服务的数量。回忆我们在第 9 章中的讨论，管理者通过选择企业扩张线上的投入组合，以最低可能的总成本生产。这样，只要当管理者在短期和长期都沿着企业的扩张线经营的时候，就产生生产有效。

分配有效（allocative efficiency）是社会经济有效的第二个条件，要求企业能提供社会所需要的所有产品与服务的最佳数量，并且，这些数量必须分配给出价最高的消费者。因为生产资源是稀缺的，资源必须在各行业中正确地分配数量，否则，该行业会生产太多或者太少。当消费额外一单位产品的边际收益等于社会生产额外这单位的边际成本时，就会达到最优产量。就像你在第 5 章学到的，市场需求曲线上的价格，给出了购买者消费额外一单位产品的边际收益。于是，分配有效要求生产达到，消费者愿意为最后一个单位支付的最高价格等于它的边际生产成本的那一点。因为此点在需求曲线上，$P=MC$，经济学家称这种有效的情形为**边际成本定价**（marginal-cost-pricing）。

让我们看一个例子。假设一个市场，目前在价格为 100 美元的市场需求点。在这一产量水平，假设供应商仅需要 60 美元的资源制造最后一个单位。用边际分析的逻辑，你可以知道，目前的产量太低了，因为多一单位的产量，会使增加的总收益（$MB=100$ 美元）比增加的总成本（$MC=60$ 美元）更多，因此，带来的社会福利的增加是 40 美元。现在，假设市场上的消费者对最后一单位的估价为 35 美元，而制造商需要花费 55 美元的稀缺资源生产。现在，产量过剩，因为用 55 美元的资源生产，对消费者而言只值 35 美元的产品不是有效的。所以，产量的最优水平是需求价格等于边际成本时的产量。

当社会的稀缺生产资源在竞争的行业间有效分配时，生产的产量必须分配给社会上出价最高的消费者。这是自由市场交换时发生的情形。认为当前市场价格、需求价格（即边际价值）等于或超过市场价格的消费者，会选择购买此产品。估价低于目前价格的消费者不会买任何数量的产品，产品留给那些对消费产品估价更高的人。这一通过自由交换，将产品分配给出价最高的使用者的过程，通常称为**价格的分配作用**（rationing function of prices）。我们现在将社会经济有效的条件总结成一个原理。

原 理

当两个有效性条件满足的情况下，社会经济有效发生：①行业产量以可能最低的社会总成本生产出来（生产有效）；②每个行业生产的产品和服务都是社会需要的最优产量，并卖给出价最高的消费者（分配有效）。

16.1.2 完全竞争时的社会有效

现在我们将向你展示完全竞争均衡的市场，达到生产有效和分配有效。然而在本章的第 16.2 节，我们将展示削弱竞争市场中社会有效性的一些重要情形。

图 16-1 显示了一个完全竞争行业的需求和供给曲线。这些曲线源于图 2-11。供给曲线 S 既表示短期也表示长期行业供给。在竞争均衡时，生产出 800 单位产品，以每单位 60 美元（点 A）的出清价格销售出去。我们现在就解释为什么点 A 的竞争均衡，既是生产有效的，也是分配有效的。

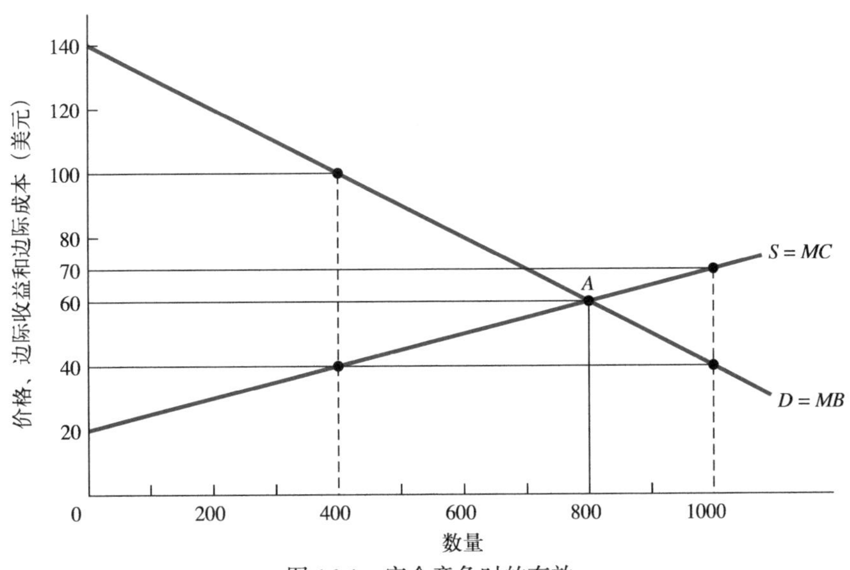

图 16-1 完全竞争时的有效

1. 完全竞争时的生产有效

就像我们解释过的，生产有效发生在企业沿着它们的扩张线经营时，因为扩张线上的投入组合（既包括短期也包括长期扩张线）使任意特定产量的总成本最低。相信管理者会沿着扩张曲线经营的最令人信服的原因，也许非常简单，却非常有力，是经济利润只有在利润最大化产量水平下，总成本最小时才能取得。希望使利润和公司价值最大化的管理者，必须在他们的扩张曲线下经营。这对短期和长期生产都适用。然而，与短期相比，在长期无法生产有效的企业一定会退出行业。这些无效生产企业在长期均衡价格（最小的长期平均成本）时亏损，将被迫要么生产有效，要么退出。作为生产有效的进一步好处，消费者对产品支付的是最低可能价格。

在图 16-1 的点 *A*，行业内的每个企业，都在最低生产总成本的投入要素组合下，生产行业产量中自己的部分。如果 *S* 是短期行业供给曲线，那么行业内企业在市场价格为 60 美元时，可能获取正的、负的或者零利润。相反，如果 *S* 是行业长期供给曲线，那么所有企业经济利润都为零，并以它们最低平均成本 60 美元生产。在两种情形之下，无法在更低的总成本下提供 800 单位产品，因为所有供应商已经都在它们的扩张曲线上生产了。

2. 完全竞争时的分配有效

回忆我们以前讲过的市场需求曲线，需求价格等于购买者多消费一单位产品的边际收益。因此，在图 16-1 中的市场需求 *D* 也标为 *MB*。在第 11 章中，你学到短期和长期行业供给曲线上，供给价格等于行业多生产一单位产量的边际成本。于是，行业供给曲线也标为“*MC*”。

让我们假设行业生产 400 单位产量。在这一产量水平下，购买者将多消费一单位的价值定为 100 美元，而出售者需要额外的 40 美元变动投入要素来多生产一单位。因为 *MB*（= 100 美元）大于 *MC*（= 40 美元），第 400 单位应该生产出来，这会增加净收益 60 美元。这样的推理适用于 800 单位前的每一单位。然而，超过 800 单位的任何产量都是过量的，因为超过 800 单位时，$MC > MB$。例如，在 1 000 单位，价值 70 美元的可变投入要素用于生产第 1 000 单位的产量，但是额外这单位的产量对消费者而言只值 40 美元。很显然，超过 800 单位的生产和消费是无效的。

在完全竞争行业分配有效，一定发生在由需求和供给的交点决定的均衡产量下。在竞争均衡点，需求价格（*MB*）等于供给价格（*MC*）。在图 16-1 中，你可以证明，第 800 单位的边际收益是 60 美元，等于第 800 单位的边际成本。只要需求曲线正确充分地衡量了消费的边际收益，供给曲线正确充分地衡量了生产的边际收益，竞争均衡总是为社会建立最优产量水平。在本章稍后部分，我们将向你展示，需求和供给曲线可能不总是正确反映边际收益和边际成本。当这种情况发生时，竞争市场可能生产过多或者过少的产量。

最后，均衡价格 60 美元，成功地将 800 单位的产量供应给出价最高的消费者。出价相对低的消费者用点 *A* 以下的需求曲线部分表示，他们不愿意付 60 美元来买超过 800 单位的产量，因为这些单位的产量对他们而言，价值低于市场价格。这些潜在的消费者自愿选择不购买，就使 800 单位卖给那些出价至少 60 美元的购买者。这样，竞争市场达到分配有效，因为产出是最优产量，并且这些产量供应分配给出价最高的使用者。

3. 社会经济有效和社会剩余最大化

第 2 章介绍了消费者剩余和生产者剩余的概念，定义了社会剩余是消费者剩余和生产者剩余之和。我们现在希望说明，社会剩余在竞争均衡时最大化。考虑图 16-1 中第 400 单位的产量。这一单位的边际价值是 100 美元。购买第 400 单位的买主要支付市场价格 60 美元得到它，于是享受到了这一单位的 40 美元（= 100 − 60）的消费者剩余。供给第 400 单位的生产者只要价格不低于 40 美元就愿意这样做。第 400 单位的供应商得到的生产者剩余等于 20 美元

（=60－40）。（回想如果图中S代表长期行业需求时，20美元的消费者剩余是经济租金。）这样生产和消费第400单位产品，产生60美元的社会净收益。依此类推，需求价格超过供给价格的每一单位都对社会总剩余有正向贡献。就像你从图中看到的，为了使社会剩余最大化，必须完成0～800单位的生产和消费。

生产和消费水平大于竞争均衡的水平（在图中A点之上）时，社会剩余小于点A。考虑第1 000单位，需求价格40美元低于供给价格70美元。如前所述，生产和消费这一单位是无效的，因为价值70美元的稀缺资源通过生产，转换成只值40美元的产品。很显然，这对社会而言是浪费。庆幸的是不会有这么个价格，让买者和卖者做这样浪费资源的交换。因此，市场的竞争导致社会剩余最大化时的消费和生产数量，这是自由市场对社会的最大价值。

我们必须强调，当竞争使社会剩余最大化时，这并不意味着，消费者和生产者的剩余分别最大化，是两者之和最大化。从竞争均衡点（点A）离开，能导致一种剩余增加而另一种剩余减少，但是总是使总社会剩余减少。我们将本节的结论总结成一个原理。

原 理

完全竞争市场达到经济有效，是因为在需求和供给曲线的交界点，同时满足生产有效和分配有效。在竞争市场出清价格下，买者和卖者自愿交换，使社会剩余最大化。

16.2 市场失灵和政府干预的情形

竞争市场可以做一些社会期望的事。在完全竞争时，生产者供给适宜数量的产品和服务，收取适宜的价格，适宜的消费者得到生产的产品。生产“适宜”的数量是指分配有效的数量。所有消费者出价高于社会生产这些单位所需资源的价值的产量，都会被生产出来。供应商成本高于消费者出价的产品不会生产出来。竞争性的供应商不能控制产品的价格，因为有很多供应商，它们出售的产品实际上都差不多。因此，竞争市场的价格是由市场需求和供给这些非个人的力量所决定。在长期，消费者得到最低可能的价格，由于市场竞争，促使价格降低至长期最低平均成本，这符合企业的财务状况。然而，即使在短期，市场价格由在短期扩张路径经营的企业的成本所决定，所以，在短期生产能力既定的情况下生产成本最小化。最后，以市场决定的价格自由交换，保证了行业产量卖给对产品和服务出价最高的消费者。

不幸的是，不是所有的市场都是竞争市场，即使是竞争市场，有时也会达不到社会剩余最大化。当一个市场没有达到社会经济有效，结果没达到社会剩余的最大化时，就产生**市场失灵**（market failure）。市场失灵的原因可能是因为生产或者分配的缺陷，或者两者都有缺陷。有六种市场失灵的形式可能削弱经济有效：市场力、自然垄断、负向（和正向）外部性、公共财产资源、公共品和信息问题。我们将在本章简要探讨每种形式的市场失灵，并提供一个政府可以用来改善该问题的一些最重要政策的简短讨论。

在竞争市场，没有市场失灵，也就没有让政府干预市场有效性的争论。只要竞争均衡带来社会剩余的最大化，任何使市场从竞争均衡中偏离的政府干预，都会减少社会剩余。然而，当市场失灵带来无效时，政府在市场的干预至少在理论上能够改善市场的表现。政府干预市场失灵和增加社会剩余的动机，给政策制定者制定行业规定提供了一个公众利益理念。大部分政治家们明白，“治理市场失灵”为干预市场提供了一个在政治上很吸引人的原因。因此，政治家们经常将他们得意的项目，冠以真实或想象的解决的“市场失灵”方案。

市场失灵为政府改善市场表现，增加社会剩余，创立了一个重要而真正的机会。历史比我们的意愿更多表明，即使是最佳设计的政府政策，也没有得到有效和成功的执行。并不难理解**政府失灵**（government failure）的理由——政府干预减少了社会剩余。特殊利益集团政治常常扭曲政府的规定和法规，为促进一个群体的利益，而以社会其他人的利益为代价。并且，即使是最好的动机，也不能保证政策得以成功实施，因为官员们还面对他们自身的挑战。政府官员们最好的努力实际上可能部分或者全部地被不完全的或者过时的行业信息所挫败。例如，环境保护署（EPA）无法有效地规范污染物的排放，除非它知道和理解生产产品的技术和数十种污染源，以及上千个行业的污染控制技术。对付这样数量巨大的经常变化的信息和知识，管理机构不可能将污染标准总是建立在最优水平，并完全实施这些标准。当然，我们要提醒你，尽善尽美不总是最优的。期望一点没有政府失灵，不仅是不现实的，也不是最优的，因为避免政府失灵的每种情况，本身就会给社会带来巨大的成本。

很多官员们很少有动力把工作做得尽可能最好。实施节约成本方法的政府机构可能发现，在第二年，它们的预算被议会削减了。尽管作为政府机构面临着种种局限，然而作为管理者，要实施政府规定，要实施反托拉斯法，寻找解决市场失灵问题的方案，仍构成了政府在任何一个社会的一个最重要的角色。在制定企业运作需要遵循的法律法规时，能很好地理解各种政府政策的优势和劣势的企业领导者扮演尤为重要的角色。我们现在将审视市场失灵的本质，并讨论让政府能够尝试使市场产生出更大社会剩余的一些更重要而有效的方法。

16.3 市场力和公共政策

在完全竞争市场达到生产和分配有效，保证了市场决定的价格和数量会使社会剩余最大化。然而，仅仅完全竞争市场能达到分配有效的条件——边际成本定价。就像我们前面章节中说明的，在垄断、垄断竞争和寡头这些不完全竞争的情况下，价格往往超过边际成本。在不完全竞争下，失去分配有效的原因，可以直接归结为所有非完全竞争企业都拥有的市场力。市场力常常导致分配失效和社会剩余损失。本节我们会向你展示：为什么市场力减少社会剩余。我们也会审视垄断市场，并简单讨论反托拉斯法案在促进竞争上的角色。

16.3.1 市场力和分配失效

在第 12 章，你学到**市场力**（market power）是竞争企业不具备的东西——提价而不会失去所有的销售。然而，有市场力的企业并不出售与其他很多企业相竞争的标准商品。有市场力的企业能够沿着下斜的需求曲线，任意制定它们想要的价格。当然，拥有市场力的价值是来源于使价格高于成本，而赚取经济利润的机会，这是竞争企业无法做到的。就像我们在第 12 章解释的，所有不完全竞争者都有或多或少的市场力。从社会的角度来看，市场力的问题在于：不完全竞争企业能设置价格来使利润最大化，从而失去分配有效。

对有市场力的所有企业而言（不仅是纯粹的垄断），边际收益曲线位于企业需求曲线的下方。因此，有市场力的企业收取的价格总是超过边际收益：$P > MR$。因为利润最大化要求在 $MR = MC$ 时生产，而有市场力的企业一定会高于边际成本定价（$P > MC$）而使利润最大化。结果，所有拥有市场力的企业都达不到分配有效，于是市场力减少社会剩余。

任何程度的市场力都会减少社会剩余，但是市场力高，对社会剩余的危害大到需要政府调整。当市场力增长到一定高程度时，反托拉斯官员会从法律上称其为**“垄断力”**（monopoly power）。反托拉斯权力机构没有从法律上清晰界定，什么时候“市场力”越界成为“垄断力”这一起点。不仅如此，反托拉斯机构积极寻求防止企业获取垄断力，并且严厉惩罚以非法方式获取或维持垄断力的企业。在我们讨论针对垄断的反托拉斯政策前，我们必须介绍反对垄断的例子。

16.3.2 市场力和无谓损失

理解市场力引发的问题，最好方法是比较一个行业的两种均衡情形：完全竞争和纯垄断。

我们将用路易斯安那州白虾行业作为我们的例子。开始，我们假设行业是完全竞争的。图 16-2 展示的是路易斯安那州白虾市场的需求和供给情况。行业需求 *D* 是下斜的，就像你在第 5 章知道的，*D* 也衡量了白虾消费者的边际收益。路易斯安那白虾的长期竞争行业供给曲线是水平的 S_{LR}，因为虾行业是成本不变的行业。水平的供给曲线表明，长期边际成本和平均成本是不变的，等于每 10 磅箱 100 美元（$LMC = LAC = 100$ 美元）。

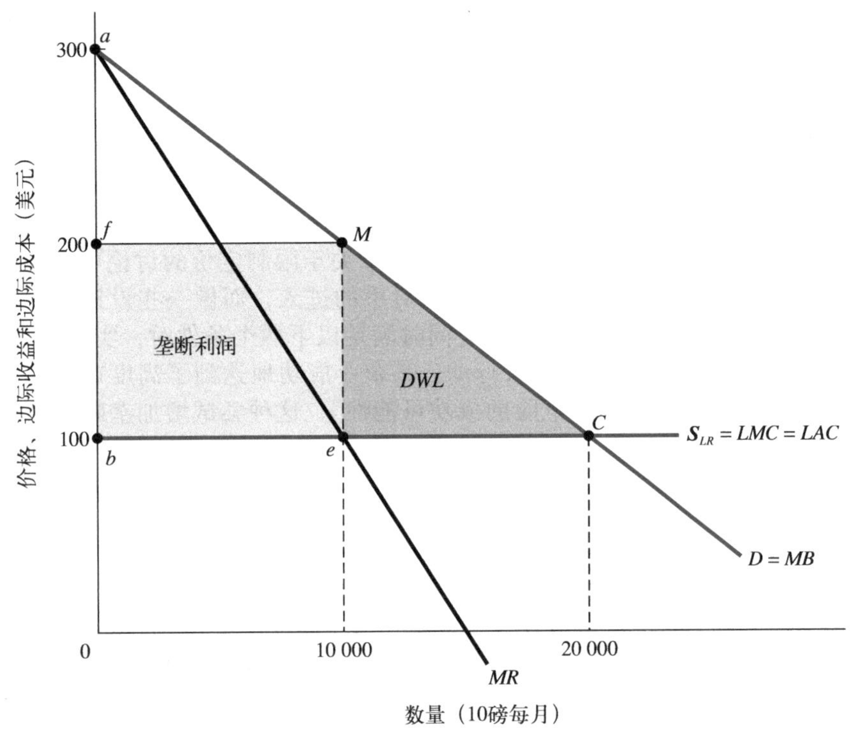

图 16-2 路易斯安那白虾市场

竞争市场时，市场出清价格是每 10 磅箱 100 美元，市场量是每月 20 000 箱。点 *C* 的竞争均衡产生的社会剩余是每月 200 万美元（$= 0.5 \times 20\,000 \times 200$）。在完全竞争时，点 *C* 产生最大的社会剩余。

现在假设一个投资者财团成立了一个公司，名为虾库（Shrimp Depot），并且买断路易斯安那州每个供应商提供的虾，将行业转为纯垄断。下面我们会简单解释，美国反托拉斯法案当然会阻止这种统一，但还是让我们比较一下垄断均衡（点 *M*）和竞争均衡（点 *C*）。一旦虾库拥有所有的生产能力，竞争行业供给曲线 S_{LR} 现在表示垄断虾企业的长期边际成本和平均成本曲线。虾库拥有市场力，通过让边际收益（*MR*）等于边际成本（*MC*）找到利润最大化产量水平。你可以从图 16-2 中看到，虾库每月销售 10 000 箱虾，并收取每 10 磅箱 200 美元的垄断价格。

在垄断市场时，消费者剩余减少了 150 万美元，*fbCM* 面积。损失的部分消费者剩余（浅色阴影长方形 *fbeM*，100 万美元）转移到生产者剩余，或者本例中的寡头利润。虾库出售的每箱虾赚取 100 美元（$= P - LAC = 200 - 100$）利润，经济利润为 100 万美元。

在垄断定价时，失去了分配有效，因为垄断者（和任何有市场力的企业）没有实行边际成本定价。在点 *M*，10 000 箱虾的边际收益是 200 美元，超过了它仅仅是 100 美元的生产边际成本。因为价格超过了边际成本，虾行业资源没有充分分配，生产的虾的数量不足。这种分配无效的结果是社会剩余减少了灰色阴影三角形 *eCM*。损失的 50 万美元（$= 0.5 \times 10\,000 \times 100$）被称为**无谓的损失**（deadweight loss），因为不生产的所有剩余损失，完全代表社会的剩余损失。我们必须强调，由于缺少边际成本定价的无谓损失，不仅在垄断市场，在其他任何有市场力的市场也都有。

16.3.3 通过反托拉斯政策促进竞争

为了减少市场力导致的市场失灵，很多工业化国家，依靠像美国的反托拉斯法，加拿大和欧盟国家的竞争法。因为目标都差不多，我们将简要讨论反托拉斯政策以及在美国的实施。反托拉斯法寻求制止减少或限制竞争的商业实践和行动，这基于大家对竞争的普遍认同，即竞争是用来达到更多社会剩余的有效手段，并且保护消费者和保护有强大市场力企业的竞争对手。我们这里只能简单看一下这个法律法规中令人着迷的领域。为了理解反托拉斯政策的理论和实践，你必须至少学一门反托拉斯法律课程。

垄断力，或者高度市场力，可以主要来自于三个途径：①实际或试图垄断；②价格联盟卡特尔和③横向竞争者合并。你从我们在第 13 章关于限制定价的讨论中知道，企业可能会出于挤走目前的竞争对手，或者阻碍新竞争对手的进入，而做一些设计好的行动，从而减少竞争，或许达到垄断的地位。企业只有同时满足以下两个条件时，实际的垄断才有罪：①被判断仅仅是为了创造垄断力才采取行动；②企业成功地达到了高度市场力。如果企业致力于创造垄断的行为，并且有“危险的成功可能性”，这种尝试增加垄断力的行为也是有罪的。

当企业不能挤走它们的竞争对手，或者出于担心反托拉斯的惩罚，而选择不这么做时，它们可能取而代之寻求共谋提高价格而减少竞争。回忆我们在第 13 章讨论的共谋和卡特尔的实质。共谋定价是绝对被禁止的，有罪的参与者将会受到财务惩罚，甚至是监禁。尽管如此，成功锁定价格带来的巨大潜在利润，持续吸引着大量的实践者。幸运的是，如我们在第 13 章所述，竞争对手之间的合作非常难以建立和维系。司法部反托拉斯实施机构毫不掩饰，它们愿意对价格固定交易中第一个揭露和认罪的卡特尔成员，予以从宽处理。囚徒的困境真的起作用。

横向合并政策代表反托拉斯政策的第三个重要领域，旨在防止在对竞争企业合并或者收购过程中提高垄断力。横向合并或收购在两个或者更多直接竞争的企业之间发生（它们在同一地域销售同样的产品），它们决定合并为一个企业运营。这种合并很显然会增加市场力，尽管有些横向合并小到不足以影响竞争。当合并企业真正达到各自独立生产经营达不到的规模经济时，横向合并对社会剩余是有益的。当然，如果合并企业将成本节约通过降低价格传递出来时，消费者便从这样的规模经济中直接受益。反托拉斯机构要求计划大型合并的企业在合并前，通知反托拉斯机构，说明其意图。反托拉斯官员通常会在收到通知的 90 天内，研究这个合并提议，并让预期合并的企业知道，反托拉斯官员是会质疑合并，还是会同意合并。在大多数情况下，如果反托拉斯机构计划在法庭上质疑合并的话，企业会放弃合并。

在美国，反托拉斯政策和实施是司法部（DOJ）和联邦贸易委员会（FTC）的责任。[⊖]法律本身的语言并不特别复杂，法律应用却极其复杂。反托拉斯诉讼也会给企业带来沉重的成本负担，无论是原告，还是被告。据报道，1993 年美国航空公司花了 2 500 万美元，在一桩掠夺性定价审判中为自己辩护，让陪审团在一个小时之内决定航空公司无罪。

在结束关于垄断的分析之前，我们必须考虑一种特殊的垄断形式——自然垄断。如果应用反托拉斯法打破这种垄断是有害的。我们将在第 16.4 节阐述，当一个企业比两个或者更多企业分担社会所需的产量，会有更低的总成本时，出现自然垄断。结果，反托拉斯法的管制会打断自然垄断，增加总成本，带来生产无效。自然垄断需要用其他的政府监管，来达到使社会剩余

⊖ 这些机构都有用于通知和教育公众的自己的网站。例如在 FTC 网站（www.ftc.gov）上有文《促进竞争，保护消费者：反托拉斯法的简单英文介绍》。

最大化的有效产量。

16.3.4　自然垄断和市场失灵

有时垄断可以为社会带来其所期望的结果。当一个企业能以比两个或者更多企业分担社会所需产量或服务，会有更低的总成本时，就是这种情形。这种情形称为**自然垄断**（natural monopoly），它导致市场失灵。自然垄断时，生产有效，需要单个的垄断生产者，这是你知道会导致分配无效和社会无谓的损失。很多公众事业，如电力、水、天然气、本地电话和电视电缆都是通常认为的自然垄断。如果两个或者更多本地电话公司服务一个社区，每个电话公司都得有自己的电话线网络。只有一个电话公司，社区就只需要支付一套电话线。这个逻辑也适用于其他需要昂贵的公共建设分布的市政服务。一个避免无用的重复分布网线的办法，是给予一个公司垄断特权，作为回报，需要公众管理者制定价格。我们将扼要介绍一些在自然垄断下，监管价格的复杂性。首先，我们必须仔细解释导致自然垄断的长期成本的条件。

自然垄断是在消费者需要的产量水平下，长期成本**次加性**（subadditive）的另一种说法。在特定产量水平 $\overline{Q}$ 下，如果 $\overline{Q}$ 在两个或者更多企业间的分开生产都比让一个垄断企业生产成本要高，那么长期成本有次附加性。于是"自然垄断"和"成本次附加性"实际上是一回事。随着自然垄断发展，长期平均成本持续降低，以致规模经济延伸到所有产量水平。随着规模经济的延伸，成本次加性和自然垄断就存在于所有产出水平上，如公共设施，当大量布线（管道、电话线、光纤电缆、电线、上水管和下水管）的准固定成本分摊到越来越多的用户时，就会发生这样的情况。㊀

图 16-3 表明了一个小镇的自来水公用公司成本次加性的本质。水厂和地下分布管线成本为 1 200 万美元，是准固定成本，因为对任意产量水平而言，他们都是固定不变的（回忆第 8 章准固定成本的讨论）。市政公债用于支付这些投入，公债需要每月支付 60 000 美元。水厂和分布管线的平均准固定成本 *AQFC* 持续下降，如图 16-3 所示。（注意：水消费是以 1 000 加仑为单位衡量。）所有产量水平的水的长期边际成本是不变的，等于每 1 000 加仑 2.50 美元。长期边际成本 *LAC* 在图 16-3 中是 *AQFC* 和 *LMC* 的和。随着 60 000 美元准固定成本在更多产量上分摊，当消费量极大时，*LAC* 接近 *LMC*。你可以通过比较，如果自来水公司每月供水 40 000 单位，成本 160 000 美元（=4 美元 ×40 000），与两个大小相同的自来水公司每月各自供水 20 000 单位，总成本为 220 000 美元（= 5.50 × 20 000 + 5.50 × 20 000），证实了本例中成本是次加性的。当每月需要 40 000 单位时，垄断水服务为社区每月节省 60 000 美元。一个垄断的自来水公司，社区只支付一个水厂和分布网络的成本。若两个自来水公司，社区就要付两个水厂和分布网络成本。发生一次准固定资本成本，而不是两次或者更多次，并将成本分摊在整个市场需求上，这节约了大量的成本，形成自然垄断。

16.3.5　自然垄断下的价格监管

当成本在社会需求的产量水平下具有次加性时，对社会而言，垄断企业以最低可能总成本生产所需产量。然而，垄断者通过高于边际成本和平均成本的定价获取最大利润。如前所述，垄断时，消费者不仅得到过少的产量，而且，他们所购买的每单位产品的价格都高于平均成本。打破垄断又非所愿，因为增加行业内企业数量，使总成本增加，削弱了生产有效。公共事业的州管理者（"公共事业委员会"（PUC)，或者"公共服务委员会"（PSC））面临着规范自然垄断企业价格收取的挑战性任务。管理者当然希望自然垄断企业实行增加社会经济有效的定价结构。但在自然垄断时，正如我们现在要展示的，没有一个价格能确立社会经济有效。

㊀ 当长期平均成本曲线是 U 形时，也出现成本次附加性。然而，U 形 *LAC* 曲线成本次附加性并非适用于所有产量水平，而是在第 1 个单位到 *LAC* 曲线最低点产量之间。于是，有 U 形 *LAC* 曲线的自然垄断区间是规模不经济区域。

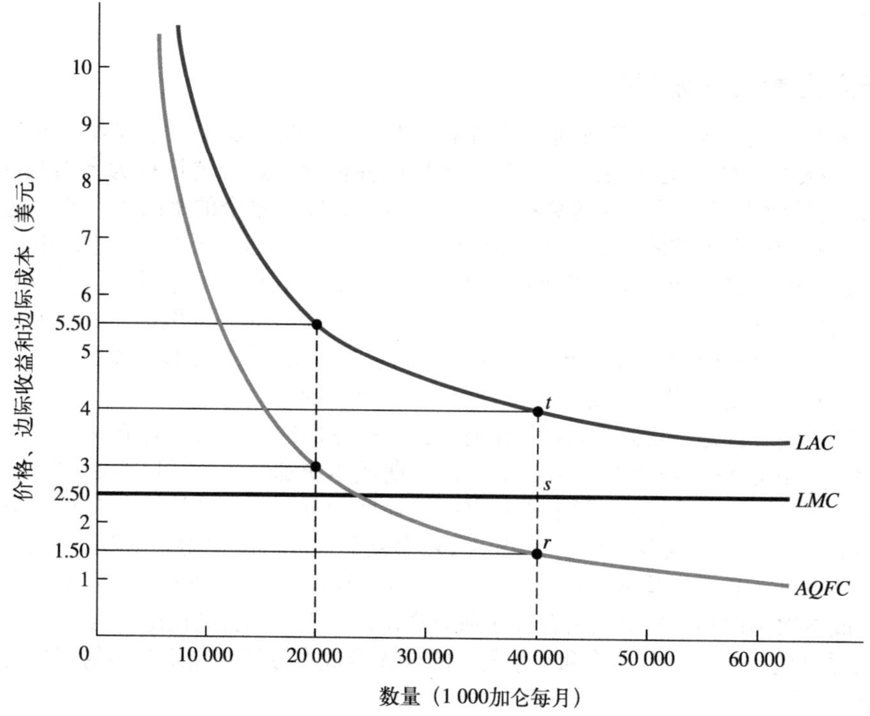

图 16-3 成本次加性和自然垄断

我们可以用前面自来水公司的例子，说明管理者面临的定价困境。图 16-4 再现了自来水公司的长期平均成本和边际成本。随着供水量增加，准固定成本分摊到更多的产量上，*LAC* 持续降低。很显然，管理者希望在供水服务领域，维持一个垄断，以便在整个供水过程中，充分利用成本次加性。城市的水需求和相应的边际收益如图 16-4 中 *D* 和 *MR* 所示。当管理者不希望通过增加自来水公司的数量来鼓励（或者实施）竞争时，他们也意识到，如果不规范水垄断企业的话，它会在需求曲线 *M* 点上经营，使自来水公司利润最大化。当水的价格是每 1 000 加仑 6.50 美元时，需求只有 20 000 单位，城市面临无谓损失 40 000 美元，即三角形 *Mws* 的面积（$=0.5\times20\ 000\times4$）。在点 *M*，未被监管的垄断者的经济利润是每月 20 000 美元 [$=20\ 000\times(6.50-5.50)$]。

为了解决点 *M*（点 *M* 的 *P* 比 *MC* 高）垄断定价的分配无效问题，PUC 可能在 $P=LMC$ 的点 *s*（每单位 2.50 美元）设置水的法定价格。在此价格下，每月消费 40 000 单位水，社会剩余最大化。不幸的是，当公用事业公司以社会最优消费水平生产，处于规模经济时，*LMC* 小于 *LAC*，边际成本定价总是让公用事业公司在规模经济区间面临亏损。你从本例中可以看到，自来水公司的所有者面临 40 000 单位供水，每单位成本 4 美元（点 *t*），亏损 1.50 美元（$=4-2.50$），每月亏损 60 000 美元。边际成本定价成功之处在于使社会剩余最大化，但却因为没有一家公用事业公司愿意亏损供水，这不是一个可行的定价方案。实际上，如果投资者相信在持续处于规模经济时，监管机构会采用边际成本定价法，它们最初就不会建造水厂和分布管线。

面临递减的 *LAC*，一个**次优定价**（second-best pricing）解决方案，使价格尽可能接近边际成本，而又足以保证公用事业公司赚取零经济利润而不赔不赚。用这种方法，PUC 将价格规定在使社会剩余损失最小，而投资者又可以赚到正常的回报率。于是，次优定价法简单将价格定为等于 *LAC*。在本例中，4.50 美元是最接近 *LMC* 的价格。每 1 000 加仑 4.50 美元的，购买者乐于支付最低可能的价格，使自来水公司投资者也不会停止运营，而将资金转移到其他最好的替代用途上。平均成本定价的问题在于价格超过边际成本，导致无谓损失 10 000 美元（$=0.5\times10\,000\times2$），为图 16-4 中灰色阴影三角形 *zxs* 的面积。

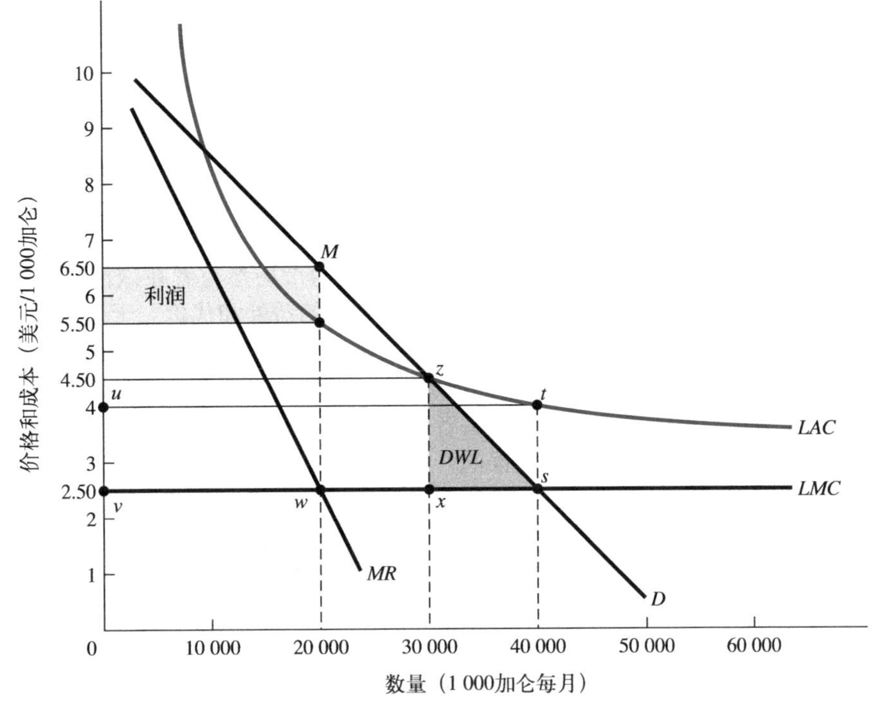

图 16-4　自然垄断时的监管价格

只要规模经济延伸到公用事业服务的整个需求区间，没有一个单一定价可以达到社会有效，并在财务上可行的企业。有一种定价方法能够满足社会有效的条件，并使社会剩余最大化：公用事业的两部定价。**两部定价**（two-part pricing）对公用事业的消费者收取一个固定的入门费，加上一个基于购买单位数量的用量费。如果入门费和用量费设置得当，监管机构可以解决公用事业的定价困境。解决方法是将用量费等于边际成本，将入门费在所有公用事业消费者身上分担边际成本定价带来的损失。Q 单位月水费账单计算如下：

$$Q\text{ 单位的总费用}=LMC\times Q+L/N$$

式中，L 是边际成本定价带来的总损失，N 是公用事业服务的家庭数。在本例中，假设图 16-4 中的水公用事业公司服务于 4 000 户家庭。理想的两部定价法是将用量费定为每消费 1 000 加仑 2.50 美元，每户月度入门费为 15 美元（$=60\,000/4\,000$）。Q 单位月度总水费计算如下：

$$Q\text{ 单位的总费用}=2.50\times Q+60\,000/4\,000=2.50Q+15$$

在此定价方法下，一户家庭每月使用 12 000 加仑水（$Q=12$），水费为 45 美元（$=2.50\times12+15$）。值得注意的是，消费掉（每月 40 000 加仑）有效分配的水量，并且因为让一个企业生产，来满足整个行业的需求，规模经济充分的显示，生产有效性达到了。

我们不应该给你留下管理自然垄断是很容易的印象——实际会有很多困难，而这里的简化处理，只是为了介绍问题的本质。在对自然垄断的监管课程上，你会看到对回报率监管（一项被广泛应用的平均成本定价实践）的财务复杂性，多产品公用事业公司可能有多产品成本次加性，以及设计用于公用事业公司投资成本节约技术的激励相容的规定，才有一个更全面的理解。很多经济学家就因为擅长公用事业监管实践，而成为很好的职业。公用事业公司和监管机构都雇用这些专家。

16.4 负外部性的问题

另一个导致竞争市场失灵的重要原因，是当市场参与者的行动给其他社会成员带来了收益或增加了成本。当这种溢出效果是对社会有益的，经济学家称其为**正外部性**（positive externality）。流感疫苗就是一个溢出，或外部受益导致正向外部性的例子。当办公室里有一个人选择接种流感疫苗时，每个与其共事的同事都因减少在工作场所感染流感的可能性而受益。相反，当溢出效果是增加了社会成本时，经济学家称其为**负外部性**（negative externality）。污染是一个特别重要的负外部性的例子。如果上游企业选择向附近的河流倾倒污染废水时，下游的用河水来休闲或者生产的一方，例如游泳者、划船者和渔业公司，就将承受享受减少或者河流生产力降低的溢出或者外部成本。

外部或者溢出益处和成本，都削弱了分配有效，因为市场参与者在做消费或者生产决策时，理性的选择，忽略了他们的行动会对其他参与者产生的益处和代价。于是，竞争市场价格没有包括向社会其他成员溢出的社会收益或成本。就像你在本章前面学到的，均衡价格必须等于边际社会收益和边际社会成本，这才正确地激励购买者和销售者做分配有效的决策。在有正外部性或负外部性的竞争市场，均衡价格向买者和卖者发出来错误的信号，导致他们消费和生产出的产量太多或太少的。由于生产出错误的产量，两种外部性都导致无谓损失，反映出分配无效的社会剩余损失。对很多企业而言，对利润影响最大的外部性，是有污染带来的负向外部性，因为政府环保机构通常试图对污染企业征收补偿金。于是，我们这里对在为社会生产产品和服务的过程中产生的污染着重分析。

如前所述，经理人通常在制定利润最大化生产决策时，理性地忽略溢出或者外部性成本。利润最大化仅仅考虑私有生产成本，即企业所有者使用的生产性资源。因为外部性成本并不影响利润，经理人可能会忽视这些转嫁到社会其他成员的成本。然而外部性成本是由社会承担的，生产产品和服务的真实的成本。生产的社会成本，是生产者发生的私人成本与任何加在社会其他成员的外部性成本或者溢出成本之和

$$社会成本 = 私人成本 + 外部性成本$$

经济学家有时说，负外部性导致了生产的社会成本和私人成本之间的一个“楔子”

$$社会成本 - 私人成本 = 外部性成本$$

负外部性的外部性成本越大，生产的社会成本与私人成本的差越大，导致的无谓损失越大。

图 16-5 表示，为什么负外部性的“楔子”使竞争市场分配有效变成不可能。面对竞争性产品的供给，需求曲线正确地衡量了产品的边际社会收益：$D=MSB$。由竞争性的供给曲线给定了生产的边际私人成本：$S=MPC$。竞争市场均衡在需求和供给的交点（点 C）实现，在 PC 价格时，QC 单位被生产和消费。由相互竞争的供应商生产产品时，产生一个外部性成本，溢出给社会。边际外部性成本，即图 16-5 中的 MEC，随着产量的增加而增加。在每一产量水平上，边际社会成本曲线是边际私人成本和边际外部性成本的和：$MSC=MPC+MEC$。你会看到，在竞争均衡时，由于在点 C，MSC 大于 MSB 导致生产过多的产量。分配有效发生在 Q_E（点 E），$MSC=MSB$。从 Q_E 单位到 QC 单位，竞争行业生产的每一单位的成本都比其对社会的价值大，产生了无谓损失。灰色阴影三角形 DWL 的面积就是过度生产和过度消费产品减少的社会剩余。

也许，你现在想一个“好”经理人，应该考虑所有溢出到社会的外部性成本，以有益于社会。当我们分析污染引起的社会剩余损失时，“对社会有益”的问题就显露出来。因为我们要在下一节探讨污染外部性，也许，现在是强调经济学家不得不对“做好事”所谈甚少的好时机。你从商业道德课程中知道，任何就经理人应该如何处理对社会的溢出成本的讨论，都会带来关于企业适当的社会责任这一复杂的主观和道德问题。尽管道德问题不在客观（实证）经济学分析领域内，我们可以给你在决策制定时，忽略外部性成本的两个客观原因。首先，选择不忽视

外部性成本的经理人会生产比利润最大化时少的产量，当然，这会减少利润和企业所有者的财富。如果你的企业在竞争性行业，在长期，你会被迫离开行业。你尽可以预测你所在行业的经理人希望在行业长期存在，会做出利润最大化决策。

如果你的股东认为你在实际决策制定中考虑社会成本，与你保护企业价值的法定责任冲突时，第二个重要的考虑，就涉及你可能面临的法律后果。适用于企业高层经理人责任领域的法律标准并不清晰，但是我们在本书中，自始至终都建议你做增加企业价值的决策。当然，政府当局不会指望企业为社会利益而牺牲自身利益。例如，如果你决定进行一项花费昂贵的投资，它让企业生产技术更环保的，向企业所有者展示："绿色"方法实际在经济上生产有效（即"绿色"生产位于企业的扩张路径上），或者当购买者听说你对环境如此敏感，会持续增加对你产品的需求。在缺乏将负外部性成本内部化所需的清晰的利润调整时，你可能发现自己有法律上的麻烦——你只好另谋高就了！

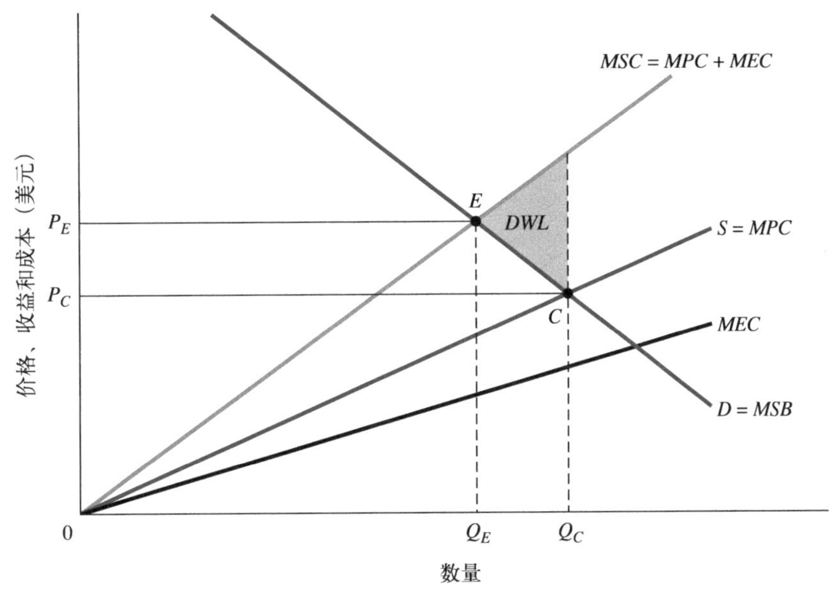

图 16-5 负向外部性和分配无效

在本章中我们一直强调，政府干预仅当存在市场失灵，而政府政策，可以以对社会而言更低的成本来修复市场失灵时，才是正当的。在负外部性的例子中，公众政策制定者可以设计政策，迫使企业将外部性成本内部化，否则他们将理性地选择忽视外部性成本的方法，来减少分配失效。一旦外部成本内部化，企业所有者生产产品和服务时，面对全部社会成本，重新实现分配有效。政府促使成本内部化的最有效方法中的两种：税收和明晰财产权。在下一节，我们将展示：税收如何在污染导致的负外部性的情形下，用于恢复分配有效。我们也将向你展示对可能遭受负外部性问题的公共资源而言，明晰财产权如何恢复生产有效。现在，将我们就负外部性的讨论总结为如下原理：

原 理

一个生产者对社会其他成员施加了一个外部性成本，却没有对导致的危害进行补偿，产生了负外部性。负外部性导致生产的社会成本和私人成本之间一个楔子，致使生产者在竞争均衡时，生产了过多的产品和服务。由于负外部性带来社会的无谓损失，导致了丧失分配有效。

污染：市场失灵和监管

我们再思考一下前面我们提到的例子：上游竞争行业选择向附近的河流倾倒污染的废水。下游用河水休闲，或者用于生产的一方（例如游泳、划船和渔业公司等）承担了污染的外部性成本，减少了乐趣和河流的生产力。首先我们分析一下，这个竞争行业污染导致的市场失灵。然后，我们将注意力转向解决这个外部性问题的政府环境政策制定者。我们将展示，环境经济学家如何确定最优污染排放量，制定恰当的排放费或者税，能够促进利润最大化企业减少污染量至社会最优水平。

1. 分配失效和市场失灵

在图 16-6 中，污染外部性引起的边际外部性成本（*MEC*）随着行业产量增加而上升。第 6 000 单位产量的 *MEC* 是 2 美元。竞争企业生产第 6 000 单位的边际私人成本（*MPC*）是 3 美元。*MPC* 表示竞争行业供给曲线 *S*，因为供应商忽视污染的外部性成本。生产第 6 000 单位的边际社会成本 *MSC* 是 5 美元（=2+3）。*MSC* 是通过将每单位产量水平的 *MPC* 和 *MEC* 纵坐标相加。

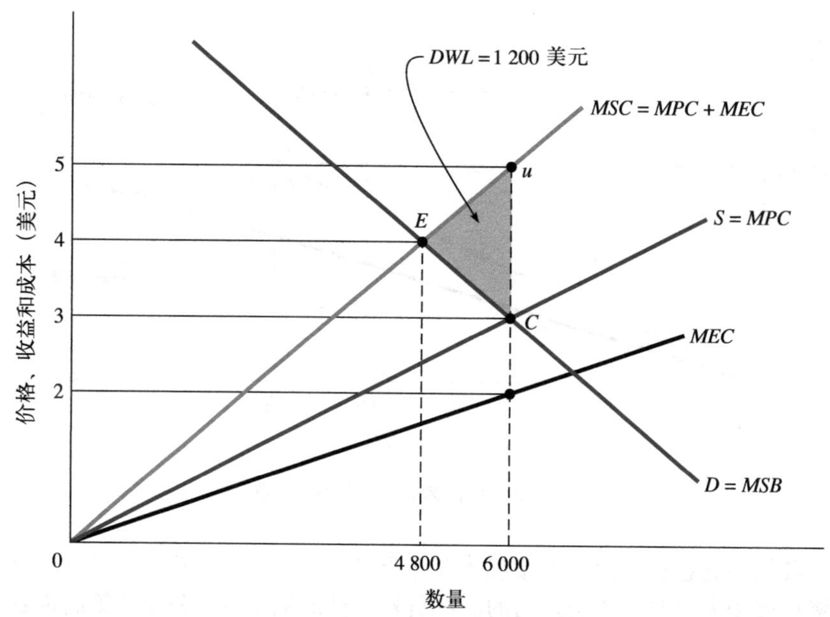

图 16-6 污染的负外部性

像以前那样，竞争均衡价格 3 美元，通过需求与行业供给的交点（图中 *C* 点）得到。竞争的供应商行为无效，因为市场上，经理人生产量达到价格等于边际私人成本。由于第 6 000 单位边际社会成本是 5 美元，在竞争均衡时，行业产量超过社会剩余最大化的产量。当行业生产 4 800 单位产量（图 16-6 中 *E* 点）时，分配有效。过度生产和过度消费导致的无谓损失，等于阴影三角形 *ECu* 的面积，即 1 200 美元（= 0.5 × 1 200 × 2）。

管制者可以通过向生产者征收污染排放税，使污染外部性成本内部化，从而重新达到分配有效。环境政策制定者和实施机构采用了大量税务方法，收到的成效也不同。我们这里介绍广泛采用的税收手段之一：排放税（或费）。这种方法用市场刺激，来鼓励企业选择最优排放量，控制行为（称为“污染减少”）。为了制定污染排放的恰当的税率，环境机构必须首先确定社会最优排放率，其通常适用于经常受到“过量”污染的特定地理区域。

◇专栏 16-1

用高峰定价驾驭负外部性

交通堵塞代表因在拥挤路段汽车驾驶的负外部性导致的市场失灵。即使没有堵塞，开车产生的尾气排放污染了人人都得呼吸的空气。这个负外部性，无论交通状况如何都在发生。然而，当堵塞发生时，每辆堵在里面的车，都比交通顺畅时带来更多污染（发动机运转时间更长）。在交通顺畅，没有拥堵的时段，带来的负外部性是加给社会的污染成本。然而，一旦道路变得拥堵，不仅加给社会的污染成本增加，每个堵在路上的司机的时间成本也增加了。在一个堵车的公路上，每增加一个司机，就对其他每个司机都增加了一点额外的时间成本。这个加在其他汽车司机上的外部性成本，使使用公路的私人成本和社会成本之间有了一个楔子。

我们在负外部性的讨论中解释过，溢出成本导致道路使用的分配失效，因为所有的司机都忽视他们的车加在其他所有人身上的外部性成本。于是，汽车司机基于私人成本，做出道路使用决策，这个决策，低估了一天中特定时间使用特定道路的真实的或者全部的社会成本。如果汽车司机要担负使用道路带来的全部社会成本，他们可能会选择在一天中不太拥堵的时候开车，或者干脆放弃驾驶私人轿车，而用公共交通。当然，如果他们不得不承担他们汽车尾气排放的全部社会成本，他们可能会选择开清洁能源轿车或者使用公共交通。

交通堵塞导致的市场失灵，为政府干预以改善资源使用和社会福利提供了机会。一种改善交通堵塞的方法，是建设更多的公共道路，以及增加现有道路的车道数量。在寸土寸金的城市建设新路和拓宽旧路的成本将极其昂贵。（当然，城市地区通常正是交通堵塞问题的发生地。）此外，为减少拥堵增加混凝土路面，可能使汽车尾气排放问题更糟，因为当增加道路或者拓宽原有道路以减少堵塞时，会使更多人决定开车。

政府改善问题的另一个办法，是对在路上驾驶收费，随后，将通行费增加到会减少拥堵的水平。诺贝尔奖得主，经济学家 William Vickrey，在20世纪50年代设计出这个方法，通常称为“堵塞价格”。Vickrey 相信在高峰时间向司机收取高通行费，在非高峰时间收取较低通行费，会减少驾驶的私人成本与社会成本的差异。通过提高高峰时间的通行费，来反映较高的边际堵塞成本，交通官员们试图通过激励司机从高峰时间转到非高峰时间，来平滑每天需求的“高峰”。㊀这完全是瑞典斯德哥尔摩城市规划者们正在运用的技术。

根据《华尔街日报》最近的一篇文章，斯德哥尔摩的汽车交通简直就像噩梦，尤其是早晚高峰时间，这个城市正进行着一个“世界最复杂的交通管理系统”的实验测试。斯德哥尔摩的交通工程师和城市规划者面临一个尤为困难的问题，因为都市商业区跨越几个通过桥梁相连的小岛。早高峰开车进城的时间通常是非高峰时间的3倍。交通控制系统根据一天中不同时间，向司机收取不同的通行费。为了实施这个复杂的价格方案，瑞典政府与 IBM 公司签署协议：在挡风玻璃上安装电子通行盒，以通过银行收取通行费。IBM 还安装激光识别器来读驾照标签，还有一个摄像机网络，来追踪斯德哥尔摩的每一辆轿车。通过6个月的测试阶段，动态通行费系统成功减少了高峰时间段1/3的通行时间——没有新建或者拓宽一座桥或一条路。下图展示了斯德哥尔摩堵车定价方案。《华尔街日报》的文章也报道了在堵车定价系统的试验阶段，尾气排放和二氧化碳在斯德哥尔摩城里减少了14%。“最大的受益者并不是司机，而是骑自行车的人和乘车的人。”在试验阶段乘车的人数增加了9%。

㊀ 官员们知道一些通勤族既不愿意，也不能够改变他们的驾驶时间，或者用公共交通替代私人轿车，而其他人则有更大的灵活性，来确定他们的通勤方案。基于我们第14章的价格歧视的讨论，你可以看出，堵车定价方案是二级差别价格的一种形式——虽然获取消费者剩余并不是时间差别价格的主要目的。制定堵车价格的交通官员们知道，通勤族对堵车价格的反应不同。通勤族自己会选择他们支付的通行费：给在高峰时间出行赋予高价值的通勤族支付较高的堵车价格，给在高峰时间出行赋予低价值的通勤族支付较低的非高峰通行费。

现在试验阶段已经过去了，斯德哥尔摩政府官员安排了一个选民公投，来决定要不要继续使用堵车定价系统。这时52%的选民选择支持这个定价系统。因为政府干预的目的，是调整公共品的市场失灵，对斯德哥尔摩政府官员而言，看到他们的方案收到广泛的选民支持，是很令人振奋的。实际上，在曼谷、纽约、都柏林、布拉格、哥本哈根和旧金山的城市和交通规划者们，都在考虑城里道路的类似堵车定价方案。

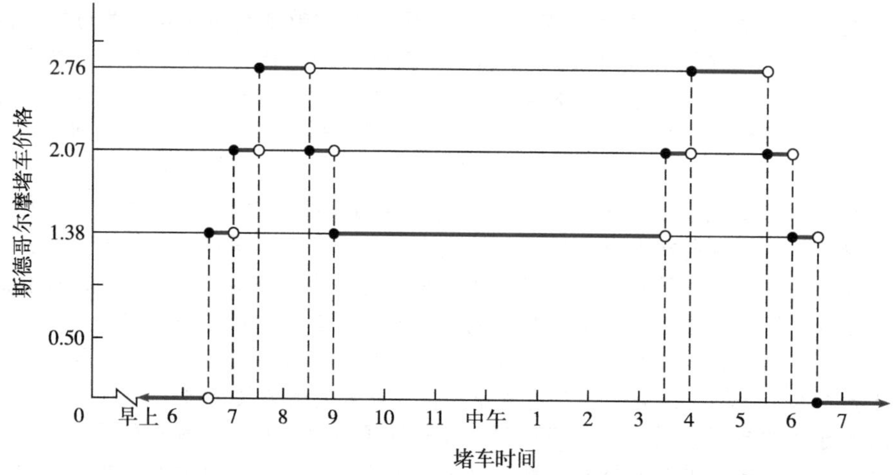

资料来源：本专栏基于 Leila Abboud 和 Jenny Clevstrom 的 Stockholm's Syndrome：Hostages to Traffic, Swedes Will Vote on High-Tech Plan to Untangle Snarls with Tolls，《华尔街日报》，2006 年 8 月 29 日，B1 版。

2. 污染（及减污）的最优水平

本书自始至终，我们都在应用边际分析来解决很多不同的优化问题。找到污染的社会最优水平，为展示强大的边际分析提供了另一个机会。为了找到最优的污染水平，政策制定者必须能够以合理的准确程度，衡量不同污染排放水平的社会收益与成本。你将会看到，找到排放的最优水平，也就决定了企业降低、防止或者控制从生产过程中排放污染的最优努力水平。这种行为称为**污染控制**（pollution control），或者**污染降低**（pollution abatement）。

减少污染带给社会的收益，等于减少污染所避免的污染损失。衡量社会污染损失，包括所有可归结到污染的成本，比如人类疾病的成本，使用环境资源带来生产力和娱乐丧失的价值，失去生态栖息地的社会成本等。衡量损失是一个有争议的“科学”，它包括多学科分析方法。你可以通过学习环境经济学课程，或者阅读该课程的教材，学到这个研究的重要领域及其方法论。准确估计污染损失所要求的科学和环境的成本数据，通常量大，而获取代价昂贵。尽管如此，如果，政府环境机构希望做出最优决策的话，这个任务必须由他们承担起来。

为了找到污染的最优水平，**边际损失**（marginal damage，MD）必须被估计出来，也就是说，必须知道向环境多排放 1 单位污染导致所增加的额外损失。在图 16-7 中，标为“*MD*”的曲线表明了各种污染年排放量的边际损失。通过观察 *MD*，你可以发现，每年低于 400 吨门槛值的排放量，对社会是无害的。排出第 600 吨的损失是 20 美元。我们可以对所有排放单位的边际损失相加，得到任意特定水平污染排放的**总损失**（total damage）。在本例中，600 吨排放带来的总损失，是从 400 单位到 600 单位的 *MD* 以下的面积，为 2 000 美元（$=0.5\times200\times20$）。通过计算，从 600 吨将排放降低到 400 吨（减少 200 单位污染）的社会收益是避免每年 2 000 美元的损失。因此，*MD* 曲线衡量了污染控制的边际收益。

减少污染排放几乎总是要在污染控制上有资源投入。因为企业的所有者也是社会的一员，当政策制定者决定污染的最优水平时，他们减少污染的成本必须被考虑到。减污的边际成本，如图 16-7 所示 *MAC*，给出了每年减少 1 吨排放的总成本的增加量。我们这里必须强调，为了正确解释 *MAC* 曲线，你必须意识到通过沿 *MAC* 曲线向左移动，减少污染的行为（减少的污染的吨数）增加了成本。*MAC* 曲线与排放量轴相交在没有污染控制的水平，是生产者根本就不控制污染的时候的污染排放量。在本例中，无控制的污染水平是每年 1 600 吨。因为减少污染的成本，通常以一个相对低的成本增加开始，随更大努力的减少排放而增加，排放量降低，*MAC* 增加（从每年 1 600 吨向左移到图 16-7 中排放更低的水平）。

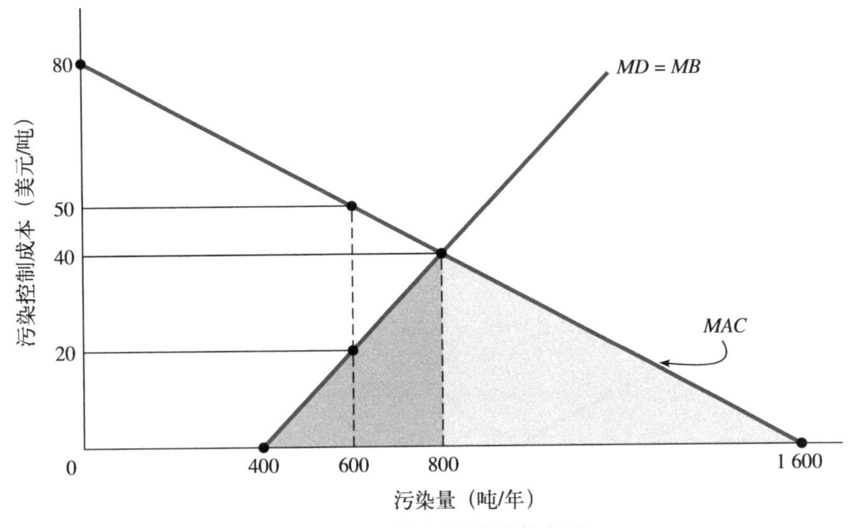

图 16-7 寻找污染的最优水平

减少第 1 000 吨污染（结果是 600 吨排放量），要求生产者在减少污染的努力上花费的边际成本是 50 美元。生产者沿 *MAC* 从 1 600 吨左移到 600 吨，每年减少 1 000 吨污染的总成本是 25 000 美元（$=0.5\times1\,000\times50$）。在 600 吨的排放（减少了 1 000 吨）时，这个年污染的社会总成本是总损失和**减污总成本**（total abatement cost）之和：

$$\begin{aligned}600\text{ 吨总社会成本} &= \text{总损失}+\text{减污总成本}\\ &=2\,000+25\,000\\ &=27\,000\text{（美元 / 每年）}\end{aligned}$$

注意，最优污染水平不是每年 600 吨，因为增加污染水平（减少降低的水平），降低了社会避免污染的总社会成本。

为了看到其原因，假设行业污染增加到每年 601 吨，减少污染降低吨数为 999。总损失随着更高的污染水平增加了，但是仅增加了 20 美元。污染降低总成本因为减少了降污行为，而减少了 50 美元。增加污染 1 吨的社会净效果，是 *MAC* 与 *MD* 之间的差值，即排放第 601 吨污染的社会净效果是 30 美元（$=50-20$）。现在你可以看到，污染应该增加到每年 800 吨，使每年污染的社会总成本最小。最小可能的污染总成本是图 16-7 中两个阴影三角形的面积之和：

$$\begin{aligned}800\text{ 吨总社会成本} &= \text{总损失}+\text{减污总成本}\\ &=0.5\times400\times40+0.5\times800\times40\\ &=8\,000+16\,000\\ &=24\,000\text{（美元）}\end{aligned}$$

为了在这个特定地域将污染限制到每年 800 吨，环境机构可能采用“命令和控制”的方法。

我们现在假设没有任何污染控制，污染排放量是 1 600 吨。环境机构告诉这个区域的生产商，从今以后，只允许 800 吨的排放量。那时，所有生产商可能都被命令，将污染总水平降低 800 吨（= 1 600 − 800）。在本例中，行业遵从命令的成本是 16 000 美元，行业在污染控制努力上花费的成本。很多政策的缺陷，削弱了运用这种直接命令和控制方法的有利条件。最近，环境政策制定者们转向了为企业创造经济动机的管理方法，使其不仅遵守排放目标，而且超越简单遵守，更多投资污染控制设备，并致力于研发新的经济有效的污染控制手段。我们将只讨论这些方法中的一个——排放税。

3. 最优污染排放税

对每吨排放的污染征收**排放税**（emission tax），为企业有效排污和降低污染建立了一种有效的经济激励。图 16-8 中每年 800 吨的排放量是最优的，因为这一排放量使污染的社会总成本最小（包括将污染减少到 800 吨的成本），这里用相同的 *MD* 和 *MAC* 曲线表示排放税是如何起作用的。

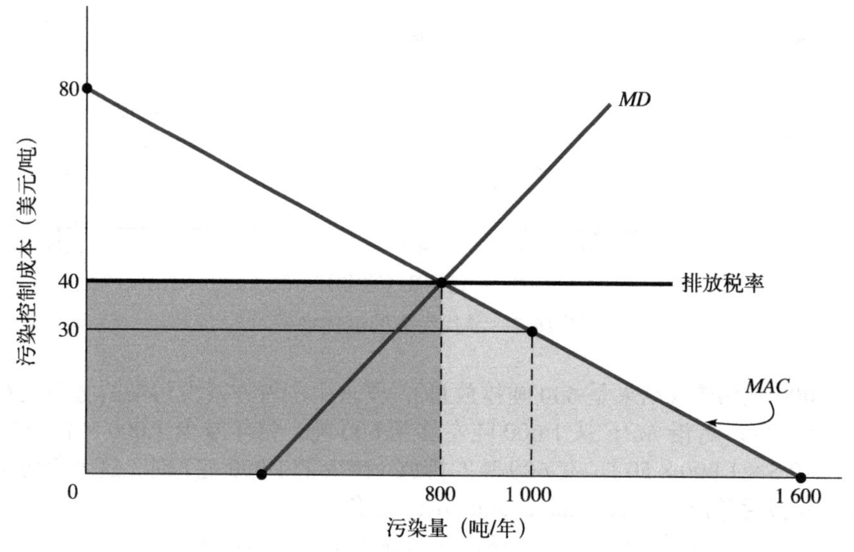

图 16-8 最优排放税

通过设定每吨污染物的排放税 40 美元，管理机构为这个行业的企业，从每年没有控制的污染水平的 1 600 吨减少到 800 吨最优水平，建立了一个激励。为了明白为什么结果如此，假设没有减少那么多污染，行业减少排放 600 吨，排放了 1 000 吨。在此污染水平下，企业为每吨污染合法排放支付 40 美元，或者花 30 美元，减少第 1 000 吨排放。很显然，企业选择减少排放，节省 10 美元，而不是排放污染。一般说来，只要 *MAC* 小于税率，就会持续减少排放，此例的税率是 40 美元。企业会一直增加减少排放的努力，直到将污染排放量减少到最优水平 800 吨。值得注意的是行业不会将污染降到比 800 吨还低，因为这时降低污染，会比简单支付 40 美元将污染物排放到环境中去的成本更高。只要企业每吨支付 40 美元，管理者们就允许企业合法排放他们希望排放的污染物，这样，可以鼓励行业在社会最优水平排放污染和减少污染，并且从正在营运的企业那里得到 32 000 美元（= 800 × 40）排污税收入！

排污税因为几个原因而合乎环境管理机构的心意。当管理机构能够以合理的准确度估计 *MD* 和 *MAC* 时，制定有效的排污税是一件很简单的工作。一旦优化的税率确定后，管理机构知道，他们可以依赖于企业经理人，通过成本最低的努力选择最优的排放和降污水平。他们也知道，企业受到激励去投资研发成本更低的降低污染的方法。降低 1 吨，毕竟就少交 1 吨的排污税。企业可能更倾向于老式的法律规定，他们可以合法的向环境倾倒多少污染物。法定上限 800 吨仅给行业带来降低污染的成本 16 000 美元，而企业避免了 32 000 美元排污费。很多其他关于污染调节的有意思的话题，在管制和环境经济学中深入探讨。如果你有意在对环境敏感，受到很多绿色条例管理的行业里工作，你应该至少选一门这类课程。

在我们结束关于市场失灵一种原因——外部性的讨论。现在我们来看，当不能迫使人们为消费产品或服务，或者使用资源付款的时候，出现的另外一种市场失灵的形式。

16.5　非排他性

大多数提供产品和服务的供应商，都可以将不向企业支付消费产品价格的人排除在外。当涉及产品或稀缺资源无法排他时，发生市场失灵。在本节中，我们来看两种因缺乏排他性导致的市场失灵：共有资源和公共品，它们也有前节讨论的外部性问题。在没有任何政府干预时，共有资源通常都被过度开采，公共品生产不足。

16.5.1　共有资源

资源的产权确立了谁拥有它们，以及谁可以正当使用它们。**共有资源**（common property resource）是产权完全缺失，或者定义得很差，没人会在使用这些资源时被有效地排除在外。㊀因为每个人都可以使用这些资源，没有人能被排除在外，所以，它们会被过度使用和生产不足，削弱了它们对社会剩余的贡献。一些因为非排他性而过度开发的经典例子，诸如过度捕鲸，过度猎杀美洲野牛，过度捕获象牙，过度开发森林等。

开放使用资源的问题非常类似于负向外部性。当一个捕鲸者将捕到的鲸放到甲板上时，在适用于很多非排他性资源的“捕获规则”下，他建立了对鲸的产权。捕鲸者可能很清楚地知道，放走鲸对保证鲸的数量在一定水平上，是必要的，但是捕鲸者也知道，如果他不捕鲸，其他捕鲸者也会捕鲸。捕鲸者考虑的只是他在捕鲸的总社会成本中的私人部分。类似于生产产品和服务时的负向外部性，非排他性造成了资源使用的私人成本和社会成本的楔子，导致资源被过度开采。

你也可以看出这里与策略决策有些类似，因为一个人使用资源的决策，依赖于他对其他人决定如何使用资源的判断。非排他性会带来资源开发的囚徒困境。当这种很弱的产权“要么使用，要么丧失”采用上策时，来自保护得到的社会收益就将丧失，或者严重被削弱。我们可以用一个虚构的共有地下油田为例子来做出说明。假设地下油田在壳牌和 BP 两家公司的地下。这两个公司的地质学家都向管理层解释，为了得到最多石油，应该缓慢地从地下抽取，让油田保持一致的压力。任何一家公司的快速抽取，都会导致总产量迅速下降。不幸的是石油的产权定义不清，适用“捕获规则”。壳牌和 BP 都有石油开采权，但是只拥有它们公司油井中产出的石油。这形成了“要么使用，要么丧失”的产权情形。

表 16-1 展示了根据每个公司选择的生产速度确定的收益矩阵。如果两家公司都选择“慢速”（且速度相等）生产，能够从这个油田里抽取的最大石油量是 3 亿桶（大约美国 15 天的供给量），在收益矩阵的 D 格。因为在 D 格两家公司都以相同的速度抽取石油，每家公司各得 1.5 亿桶。如果任意一家公司决定“快速”开采，而另一家选择“慢速”，快速抽取的公司得到 1.75 亿吨，而慢慢开采的公司得到 0.5 亿吨。当然这减少了总产量（2.25 亿桶少于 3 亿桶）。当两个公司都选择“快速”，每家公司都只得到 0.75 亿桶，使油田总产量降为 1.5 亿桶，出现了一个更糟糕的结果。

㊀ 经济学家定义因所有权缺失，而受无效使用困扰的几类资源：开放获取的资源、共有资金性资源和共有财产性资源。我们将这三类归并在一起，称为共有财产资源。

表 16-1 共有资源的过度开采

		BP的生产率	
		快速	慢速
壳牌的生产率	快速	A 75, 75	B 175, 50
	慢速	C 50, 175	D 150, 150

让我们假设两家公司在一次性决策中，同时选择其生产速度，也许因为在任何一家公司，能够重新考虑它的生产决策之前，所有的石油就都抽完了。运用第 13 章解决博弈问题的技术，你看到两家公司都有上策："快速"生产。每家公司都知道，对方可以从双方都承诺慢慢抽取协议的作弊中获利。在格 B，壳牌抽取较快，而 BP 抽取较慢，这样壳牌比跟 BP 合作慢慢开采要从共有油田中多得 0.25 亿桶。并且，壳牌知道 BP 也有同样的动机作弊。两家公司都明白，如果它们合作慢慢开采，这对两家公司都好。但是对对方作弊的预期，使"快速"抽取成为己方的上策（格 A），这使双方都比合作（格 D）时更差。

本例中的收益矩阵是假设的，实际问题并非如此。过度开采，压力下降，造成无数的小块油田中任何一个的油井都无法生产，直到钻井技术足够先进，或者原油价格够高时，才使重新开采在经济上可行。为了避免这个矿产资源的悲剧，政府政策制定者有几种选择。政府可以拥有石油产权，担当起石油生产者的角色。当然，这会削弱壳牌或 BP 先行寻找油田的动机。第二个选择，政府规定使用政府的地质学家决定的有效生产速度，并监督壳牌和 BP，不得超过这一规定的生产速度，来规范生产。第三个选择，明晰造成"要么使用，要么损失"为上策的所有权问题。**一致性**（unitization）是明晰产权的一个方法，不管是谁将油抽到地面，油田的每个所有者对油都有相等的权利。那么，政府官员就简单地监督和加强整合财产权就行了。在整合的所有权之下，全部所有者都希望合作，在油田产量最大化的速度下生产。

因为财产权问题分析起来可能很复杂，我们无法提供一个简单的政策建议，能适用于由非排他性带来的全部市场失灵的情况。然而，改进财产权。可以是保护鲸、大象、野牛、鱼、森林、矿藏、物种和环境一种强大的工具。很多环境学家现在相信，有效地分配财产权与市场激励结合，可以成功地代替很多政府监管。

16.5.2 公共品

公共品（public goods）有两个特征：非排他性和非损耗性。对公共品而言，非排他性的问题称为**搭便车问题**（free-rider problem）：供给者无法防止没有购买的人消费这种产品或服务。如果搭便车的问题很严重，企业没有办法得到足够的收入来支付成本，没有企业会生产这种令人苦恼的产品。如果一个人消费这种产品，并不会使社会上其他成员在消费这种产品时，数量或者质量受到任何削弱，这种产品是**非损耗性的**（nondepletable），或者非对抗性的。根据这个定义，仅仅因为是政府提供而被称为公共品的很多产品，实际不是真正的公共品。

两个特点中的任何一个特点都可以为提供公共品带来问题。这两个问题加在一起，使私有企业完全没有提供这种产品的可能性，政府提供纯公共品就变得必要。有程度不同的其中一个特点的产品并不是纯公共品，很可能可以由利润最大化的企业来供给。最好把公共品的纯粹程度分成级别。

也许纯公共品的最好例子是国家防御。一旦对一个市民提供了国防服务，就无法不为其他市民提供（非排他性）。很容易搭国防服务的便车。此外，一个市民可以消费国防服务，而不会对其他市民消费它带来任何削减（非损耗性）。非利润最大化组织将提供国家防御，因为没有人会自愿付钱给一个可以免费得到的服务。纯粹公共品的例子很少。然而，很多产品都有"公共品"的各种影子。

看一下高利润的计算机软件行业。微软目前的操作系统软件 Windows XP，可以以接近于零的边际成本为想要它的使用者服务。从实际角度看，计算机软件是非损耗性的。当一种产品是非损耗性的时，边际生产成本为零。并且，当产品可以以零边际成本生产时，这些产品在免费赠送时，社会剩余最大——即社会最优价格为 0。当微软将 Windows XP 定价在高于 0 时（现在是每个 199 美元），因为价格超过边际成本，所以这个软件的市场服务不充分，产生了无谓损失。因为每个出价低于 199 美元的人都选择不买，尽管他愿意支付的价格超过了边际成本。当然，部分无谓损失被非法复制软件，避免向微软支付 199 美元的搭便车的人抵消掉了。

从微软的例子可以看出，很多不是纯公共品的产品，会由私有企业生产，并不要求政府提供。为防止搭便车的人消费这个非损耗性的产品，而让政府提供计算机软件会是非常愚蠢的。作为常理，只有纯公共品需要政府机构提供，因为私有企业根本就不会供给。我们将对公共品的讨论总结成以下的原理。

原 理

纯公共品是非排他和非消耗性的。由于无法排除未支付者搭便车，造成了私有企业不提供公共品。即使私有企业提供公共品，只有公共品价格为 0 时，无谓损失才能被避免。

16.6 信息与市场失灵[⊖]

市场失灵也会因为消费者没有完全的知识而发生。完全的知识包括消费者关于产品价格和质量（包括产品相关危害）的知识。就像我们研究过的所有其他行为，寻找更多资讯的活动，直到信息的边际收益等于寻找它的边际成本为止。消费者基于他们个人的收益评估和寻找成本来选择寻找的最优水平。很少有消费者发现信息完全是最优的。即使消费者有关于产品价格和质量的最优水平的（但不是最完全的）信息，由于不完全信息导致的市场失灵仍是问题。在本节中，我们将描述缺少完全的信息，可能会导致价格高于边际成本，可能一些产品的生产，用了太少或太多的资源。

16.6.1 关于价格的不完全信息

我们前面提过，只要信息获取是有成本的，消费者就不会收集关于价格和产品特征的所有信息。我们从不同内容和讨论中知道，当使用信息的边际收益正好等于收集的边际成本时，消费者的最优信息数量产生。只要边际收益大于边际成本，更多信息将被收集。但是因为边际成本是正的，消费者不会收集信息直到边际收益为零。这意味着，他们可能不知道高质量的产品，或者一些卖同样的产品卖主的价格更低。而且，信息的最优水平在不同消费者之间不同。对一些消费者而言，收集信息的成本相对高。年龄、残障、高交通成本和个人时间的机会成本，都对获取信息的边际成本有影响。不同买者的边际收益也不同。

消费者不知道关于价格和产品特点的事实，给不同卖者不同价格创造了机会。回忆消费者信息完全的完全竞争模型中，因为家家卖的产品都一模一样，消费者也知道这一情况，所以每个卖主都收取同样的价格。在现实中，就像我们讨论的，消费者不知道每个卖主收取的价格，即使产品相同。甚至假设一个具体的产品——150 抽的盒装白纸巾。不同卖者不同价格，因为所有的买者不会都到最低价的卖主那里去。收集所有卖者价格信息的边际成本，对边际收益而言太高了。因此，市场上存在一些卖主收取较高价格，不是所有的消费者都为同样的产品支付同样的价格。

此外，企业不会收取等于边际成本的价格，因为他们知道信息有价。只要他们的价格不过

⊖ 讨论中的部分内容取自 S. C. Maurice 和 Owen R. Philips 的 Economic *Analysis: Theory and Application*, 5th ed. (Homewood, IL: Richard D. Irwin, 1986)。

高，消费者不会认为继续寻找低价的卖主最优。信息缺乏给予了企业一定的市场力。本章前面说明过，市场力带来市场失灵和无谓损失。在这种不完全信息的情况下，市场力不是因为产品不同，或者缺少替代品而生。在竞争市场出现市场力，是因为信息不完全的消费者没有所有厂商和价格和知识。即使消费者有最优信息，他们还是不知道替代品的信息。他们对替代品的知识缺乏，将市场力带给同质产品的卖者，这些在完全竞争模型中不会发生。这样，关于卖者和价格的不完全信息，可能导致竞争市场的市场失灵。

16.6.2 关于产品质量的不完全信息

即使消费者有信息，他们可能也无法对其正确评估。对消费者而言，评估卖者和价格信息，不如成功使用产品质量信息那么具有挑战性。消费者经常不能确定在喷发水或者在新地毯中，是否有副作用的化学品，食物中是否可能含有标签中列出的有害物质。对这个信息一无所知。汽车可能有只有工程师才能评估的设计错误。我们也知道生产者有时提供错误或者误导信息，使消费者认为产品比实际上的要好。这样，拥有信息并不能保证消费者因此而受益。

为了说明这个问题，假设某竞争性供给产品的消费者，错误判断了其质量，或者因为行业传递了错误的信息，或者因为他们全部错误估计他们所拥有的质量信息。在图 16-9 中，市场需求曲线 D 是当消费者高估了产品质量的需求。在 C 点市场均衡。因为真实的质量低于认为的质量，边际社会收益曲线 MSB 位于需求曲线之下。消费和生产的分配有效水平位于供给与 MSB 相交的点 E。因为市场价格 P_C 不等于边际社会收益，分配无效带来的无谓损失，减少了阴影部分的社会剩余。当然，如果消费者低估了产品的质量，需求在 MSB 以下，消费的产品过少。

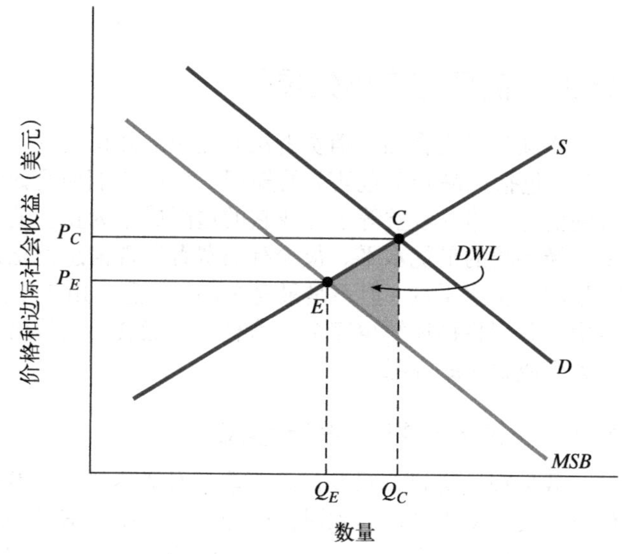

图 16-9　产品质量的不完全信息

由于产品价格和质量的不完全信息带来无谓损失，这为寻求利润的企业打开了提供信息服务的门。不幸的是，信息非常像纯公共品，如果政府机构能以比消费者自己寻找信息更低的成本提供信息服务，政府提供的价格和质量的信息就有可能被保证。

16.6.3 作为公共品的信息

回忆我们前面的讨论，纯公共品是既非损耗性，也非排他性的。例如，当一个买主阅读《消费者报告》中关于消费产品质量的一篇文章，这个信息对社会其他买主而言同样可得。信息一旦生产后，向额外的消费者提供产品价格和质量信息的边际成本非常接近于零。在如今的数字时代，信息提供者很难排除没买信息的人得到免费的信息。然而，这当然不是不可能。很多城市的报纸免费提供在线的文章、赛事比分和天气预报，通过在网页上放置广告，在互联网上提供信息，而带来收入。现在很多信息都涌到网上，所以搭便车问题显然就可以被控制。

在一些情况下，特定的政府组织，如食品和药品管理局（FDA）和消费品安全委员会（CPSC）提供的信息，可能比天气预报和赛事比分成本更高。例如，CPSC 每年检查儿童玩具，并警告消费者潜在的危险特征。在一些情况下，它可能制定标准来减少危险。通常，涉及的危险是减少了，但是对消费者而言，成本昂贵多了。例如，委员会曾经决定婴儿床不安全，因为婴儿可能从床栏中滑出来。随后制定了床栏之间的最大法定间隔。制造商们不得不将床栏放得更密，放更多的床栏，使床更贵。

这种产品质量的变化涉及消费者的取舍。标准通常将买者从评价产品质量的风险中解脱出来，它们也确实使制造商限制了产品多样性的设计，或者使产品更贵，有时这两种情况同时发生。在婴儿床的特定例子中，安全标准阻止消费者购买便宜的婴儿床，无疑这种床不如经过 CPSC 规则确认的床安全，但是选择少了，便宜的款式可能适合一些消费者的目标和预算。

信息问题是否让政府干预名正言顺，是一个有争议的话题。很多经济学家争论道，信息问题导致的市场失灵只需要另外的信息，而不是管制。另一方面，要求的不仅仅是简单出版，或者阅读更多的产品描述信息。一旦获得了信息，就得研究它，如果它很复杂或者技术上复杂，消化信息的成本就会高。在这种情况下，很多经济学家称安全和质量的监管是政府的有益的职能。

◇专栏 16-2

健康护理定价的比较起步缓慢

消费者因为拥有关于价格和质量的信息而获益，因为这些信息，改善了他们找到自己想要的质量水平的最低价的能力。然而，像我们在本章中解释过的，获取信息是有成本的，消费者通常不会认为，获取所有关于价格和质量的信息是最优的。掌握不完全信息的结果，消费者会做出“错误”购买，即在有更多的更好的信息时，他们会做出不同的消费决定。但是，消灭所有的“错误”，通常代价太昂贵了。消费者应该愿意采用新手段或方法获取信息，比较价格和质量（或者两者兼而有之）。特别是当新的搜索工具可以免费使用，或者成本很低时。然而，在美国健康护理的购买者，迟迟才开始使用新近的搜索工具。

现在，购买健康护理的消费者第一次向医生和医院询问疗程的价格，并且软件使得在医生和医院之间的比较很容易。几个主要的保健保险公司（Aetna、Cigna、Humana 和 UnitedHealth Group）正在开发和扩展它们的在线查询服务，来显示与当地医师商讨的各种疗程的价格，和向当地医院支付的健康服务的价格。几个州政府也进入了通过网络服务，列示医院价格的信息业务。他们这些努力宣传保健服务的价格信息的主要目的，是促进消费者信息搜索，促进提供商的竞争，于是降低健康保险公司和州政府的成本。不幸的是，患者看起来并没有使用这些新的信息服务。在最近的《华尔街日报》的一篇文章中，根据 Aetna 的新的在线价格信息计划的经验指出，几乎所有参与 Aetna 调研的医生都说：“在计划启动后，他们的患者没有过问价格……也没有任何（关于价格的）讨论。”

对为建立更透明的健康护理价格的努力就其花费而言，目前价格数据的有用性还有严重的局限。现在，网络服务只包括相对较少的生产者，在任何一个网站上不多于 75 种常见的医疗服务。而且，在很多情况下，价格搜索软件提供每个医生和医院的价格范围，而不是特定价格。这导致患者最后支付价格的不确定性。没有任何在线的价格计划提供服务质量信息，于是患者可能认为低价低质。

也许造成价格信息需求不足的最重要的理由，是很多消费者享受的低保险扣减。因为他们只支付医生或医院总费用的一个小的比例，患者没有像买一个新的电冰箱付全部价格那么大的动机去低价购买。根据 Aetna 信息，“因为也有很多消费者有购买高折扣品的想法，价格会对他们更重要。”我们怀疑 Aetne 是否正确。然而，直到健康护理购买者能够接触到当地大多数供应商准确的广泛的医疗服务信息之前，信息不完全造成的市场失灵还会继续，健康护理价格比竞争水平要高。

资料来源：节选自 Sarah Rubenstein, “Patients Get New Tools to Price Health Care,” *The Wall Street Journal*, June 13, 2006, p.D1。

16.7 本章小结

- 当两个有效性条件满足（生产有效和分配有效）时，社会经济有效就实现了。当供给的产品和服务以最低可能的总成本生产时，实现生产有效。分配有效要求企业能提供社会所需要的所有产品与服务的最佳数量，并且，这些数量必须合理地分配给最高消费价值的个人。当消费额外 1 单位产品的边际收益等于社会生产这额外 1 单位的边际成本时，达到最优产量，此时，在 $P=MC$ 这一需求点。完全竞争市场达到社会经济有效，因为在需求和供给曲线的交界点，生产有效和分配有效的条件同时满足。在竞争市场出清价格下，买者和卖者自愿交换，实现社会剩余最大化。（学习目标 1）
- 当一个市场没有达到社会经济有效，随之，也就没达到社会剩余最大化时，就产生市场失灵。有六种市场失灵的形式可能削弱经济有效：垄断力、自然垄断、负（和正）外部性、共有资源、公共品和信息问题。市场失灵为政府改善市场的表现，增加了社会剩余，创立了一个重要而真实的机会。但是，在竞争市场中，没有市场失灵，也就没有让政府干预市场的有效性争论。（学习目标 2）
- 市场力带来的问题是失去分配有效。所有具有市场力的企业价格高于边际成本 $P > MC$，进而利润最大化，导致产量低于社会优化产量，进入该行业的资源分配失效。因为分配失效的结果，价格高于边际成本时所有没生产的产品减少了社会剩余，这损失的社会剩余称为无谓损失。很多工业化国家依靠反托拉斯法来减少市场力的社会成本。当市场力达到一个足够的高度时，反托拉斯官员在法律上称其为垄断力。成为反垄断机构靶子的垄断力，主要来自于三个途径：实际或企图垄断、卡特尔价格联盟和横向竞争间的兼并。自然垄断是一种特殊的垄断形式，如果应用反托拉斯法打破将是有害的。当一个企业可以比两个或者更多企业，能以更低的成本生产消费者所需要的全部产量的产品或服务时，造成自然垄断。不希望打破自然垄断，因为随着行业内企业数量的增加，会拉动总成本上升，削弱了生产有效性。政府监管者通常允许自然垄断运营，但需要管制自然垄断企业的定价以及利润。监管者希望迫使自然垄断企业的定价机制，以至实现在完全竞争下经济有效。但在自然垄断时，没有一个价格能确立社会经济有效。两部定价是一个管制定价的解决方案，能使社会剩余最大化。（学习目标 3）
- 导致市场失灵的一个重要原因是，当市场参与者的行动产生利益或成本时，外溢给其他社会成员。当这种溢出效果对社会有益时，经济学家称其为正外部性。当溢出效果增加了社会成本时，经济学家称其为负外部性。对很多企业而言，对利润影响最大的外部性是由污染带来的负外部性，因为政府环保机构通常试图对污染企业征收补偿金。企业对社会其他成员施加了外部性成本，却没有对导致的危害进行补偿，产生了负外部性。负外部性在社会成本和私人成本之间造成一个楔子，致使竞争均衡时的生产者生产了过多的产品或服务。由于负外部性带来社会的无谓损失，导致了分配有效性的丧失。工业污染是企业造成的最主要负外部性之一，已经成为政府对企业监管的一个最大成本之一。如果没有政府监管，企业污染就会超过最优污染排放量。环保部门采用了大量的管制手段来迫使企业控制它们的污染。对每吨污染征收排放税，用有效的经济激励来使企业做出减少污染的决策。（学习目标 4）
- 当涉及产品或稀缺资源无法排他时，通常也会发生市场失灵。两种因缺乏排他性导致市场失灵的是共有资源和公共品。共有资源是产权完全缺失，或者定义十分困难，以至于没人能被有效地排除使用这些资源，这样，这些共有资源常常被过度使用，并供给不足。一般来说，改进和明晰产权是解决共有资源避免无效开发的最好方法。纯公共品具有非排他性和非损耗性。非损耗性是指当一个人消费这种产品时，并不会使社会上的其他成员消费这种产品，在数量上有任何影响。由于无法排除未支付者搭便车，造成了私有企业不提供公共品的情况。即使私有企业提供公共品，只有公共品价格为 0 时，无

谓损失才能被避免。（学习目标 5）

- 市场失灵也会因为消费者没有完全的知识而发生。完全的知识包括消费者关于产品价格和质量，包括产品相关危害的知识。由于消费者不具备所有厂商和价格的完全知识，在竞争市场上显现市场力。他们对替代品的知识缺乏将给卖方带来市场力。这样，关于卖者和价格的不完全信息就能导致甚至在竞争市场上的市场失灵。消费者可能会高估或低估他们所购买的产品和服务的质量，如果他们高估（低估）质量，他们会比在分配有效情况下买入更多（更少）的产品。（学习目标 6）

关键词

allocative efficiency　**分配有效**　所有产品都是最优产量，并卖给出价最高的消费者。

common property resource　**共有资源**　财产权缺失或者定义不清，导致过度使用和生产不足的资源。

deadweight loss　**无谓的损失**　当价格偏离边际成本时，因为少生产而损失的社会剩余。

emission taxes　**排放税**　对向环境排放的每吨污染物收取的税。

free-rider problem　**搭便车问题**　供应商无法阻止没付钱的人消费其产品。

government failure　**政府失灵**　减少社会剩余的政府干预。

marginal damage (MD)　**边际损害**　多向环境排放 1 单位污染物，给社会造成增加的损害。

marginal-cost-pricing　**边际成本定价**　价格等于边际成本的分配有效情形。

market failure　**市场失灵**　市场没有达到社会经济有效的均衡，于是没达到社会剩余最大化。

market power　**市场力**　能够提价而不损失所有销售量；只有价格制定企业才有。

monopoly power　**垄断力**　在反托拉斯法中定义含糊的法律术语，是指市场力程度高。

natural monopoly　**自然垄断**　一个企业可以比两个或者更多企业，以更低的成本生产整个行业需要的产量。

nondepletable　**非损耗性**　一个人消费一种产品，不会对社会其他成员消费这种产品的数量和质量有任何消减。

pollution control　**污染控制（降低）**　为减少或者防止污染从他们的生产设施中排放，企业所做出的有成本的努力。

positive (negative) externalities　**正（负）外部性**　当购买者或者销售者的行为给社会其他成员带来溢出或者外部收益（成本）时。

productive efficiency　**生产有效**　行业总产量以社会可能最低总成本生产出来。

public goods　**公共品**　拥有非排他性和非损耗性特点的产品。

rationing function of prices　**价格的分配作用**　通过自主交换，由价格将产品分配给出价最高的使用者的过程。

second-best pricing　**次优定价**　设置的价格仅可能接近边际成本，刚刚达到零经济利润。

social economic efficiency　**社会经济有效**　当组织起来的生产和消费方式，都满足生产有效和消费有效两个条件时。

subadditive　**次加性**　如果产量 Q 在两个或者更多企业间分配，比让一个企业生产全部产量所需成本更高，成本在产量 Q 是次加性的。自然垄断意味着成本是次加性的。

total abatement cost　**减污总成本**　降低污染的总成本；以 MAC 下方的面积来衡量。

total damage (TD)　**总损害**　因污染排放给社会造成以货币衡量的总损害。

two-part pricing　**两部定价**　消费者支付入门费和所买的单位用量费。

unitization　**一致性**　不论所有者自己生产，还是出售资源，赋予资源相等的产权。

概念性习题

1. 纽约市硬面包圈市场是完全竞争市场。在纽约市，硬面包圈的日需求量是 $Q_d = 20\,000 - 5\,000P$，在下图中用 D 表示。纽约市硬面包圈的行业供给是 $Q_s = -4\,000 + 10\,000P$，在图

中用 *S* 表示。

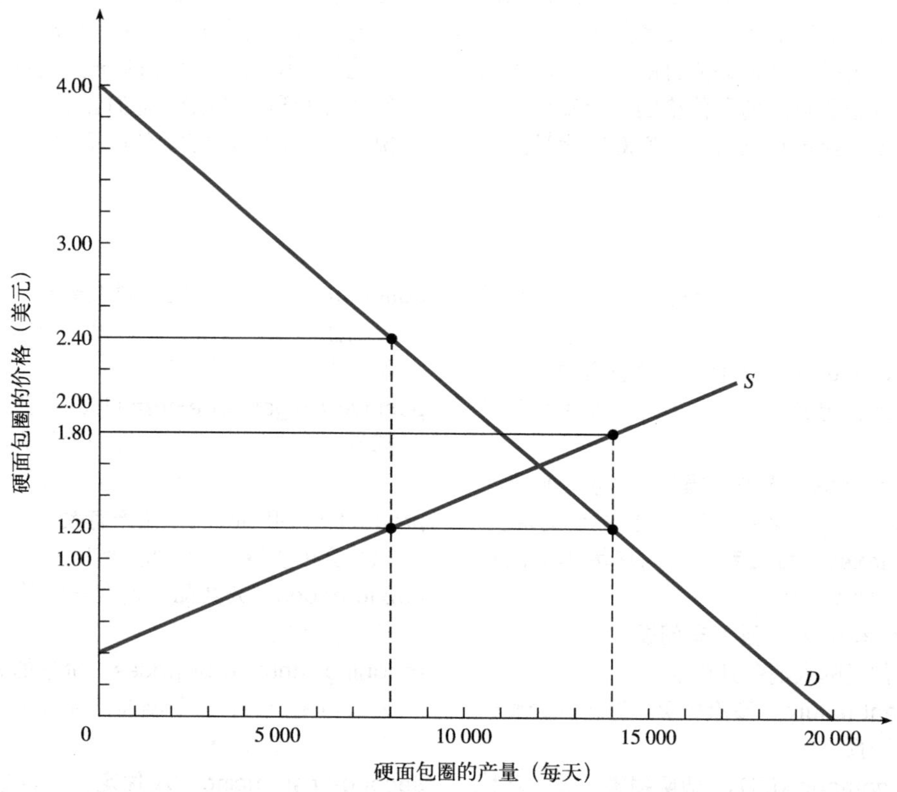

a. 在市场均衡时，硬面包圈的市场出清价格是多少？每天在纽约市有多少硬面包圈被买卖？（你可以用数学方法，通过需求和供给的等式解出来，或者你可以用图中刻度精确的供给和需求曲线找出来）

b. 解释为什么纽约硬面包圈市场在竞争均衡时达到生产有效。

c. 假设纽约市硬面包圈企业售价 2.40 美元，每天卖出 8 000。详细解释为什么社会会因增加硬面包圈的生产而受益。

d. 假设纽约市硬面包圈企业每天生产 14 000 个硬面包圈，售价 1.20 美元。详细解释为什么社会会因降低硬面包圈的生产而受益。

e. 在 a 中找到的市场出清价格如何将硬面包圈分配给出价最高的消费者？

f. 纽约硬面包圈市场达到社会经济有效了么？为什么？

2. 用题 1 的需求和供给条件，回答以下在纽约硬面包圈市场关于消费者剩余、生产者剩余和社会剩余的问题。

a. 针对在纽约每天卖出的第 8 000 个硬面包圈，计算当每个硬面包圈价格为 1.60 美元时的消费者剩余、生产者剩余和社会剩余。

b. 计算当以市场价格 1.60 美元每天生产并销售 8 000 个硬面包圈时，计算消费者剩余、生产者剩余和社会总剩余。

c. 在均衡价格和数量时，计算社会剩余。这个值高于或者低于每天 8 000 个硬面包圈的社会剩余吗？这是你期望的吗？请解释。

3. 在题 1 供给和需求条件下，假设纽约市市长让城市议会给纽约的硬面包圈价格，制定一个上限。如果上限价格是每个硬面包圈 1.20 美元，回答以下问题（假设硬面包圈分配给出价最高的消费者）：

a. 价格上限会导致了纽约硬面包圈过剩或者短缺吗？过剩或者短缺是多少？

b. 计算上限价格下的消费者剩余。纽约硬面包圈消费者，因为市长对硬面包圈的价格上限而更好了吗？详细解释为什么。

c. 计算上限价格下的生产者剩余。纽约硬面包圈生产者，因为市长对硬面包圈的价格上限而更好了吗？详细解释为什么。

4. 用下图，一个高进入障碍企业面临着线性需求，和不变成本条件，回答下面的问题。

a. 利润最大化价格是________美元，企业会生产________单位。企业赚取的利润是________美元。

b. 假设反托拉斯官员找到一种方法，排除进入市场的障碍，市场成为完全竞争的。假设需求和成本条件不变，会导致什么价格和数量？市场上的购买者会得到多少消费者剩余？

c. 高进入障碍带来的市场力，导致多少无谓损失？

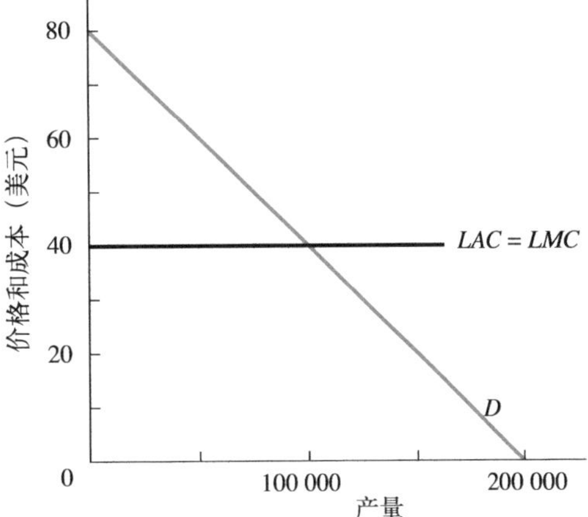

5. 假设市自来水公用事业公司，每月必须为准固定资本性投入支付 250 000 美元，用于水处理厂和分布到户的管线。下图表示该自来水公司在不同服务水平时的成本结构。水的消耗量以每月 1 000 加仑为单位计算。*AQFC* 是平均准固定成本曲线，*LAC* 是长期平均成本。长期边际成本 *LMC* 不变，等于每 1 000 加仑 2 美元。需求的反函数是 $P = 26 - 0.000\,48Q_d$。

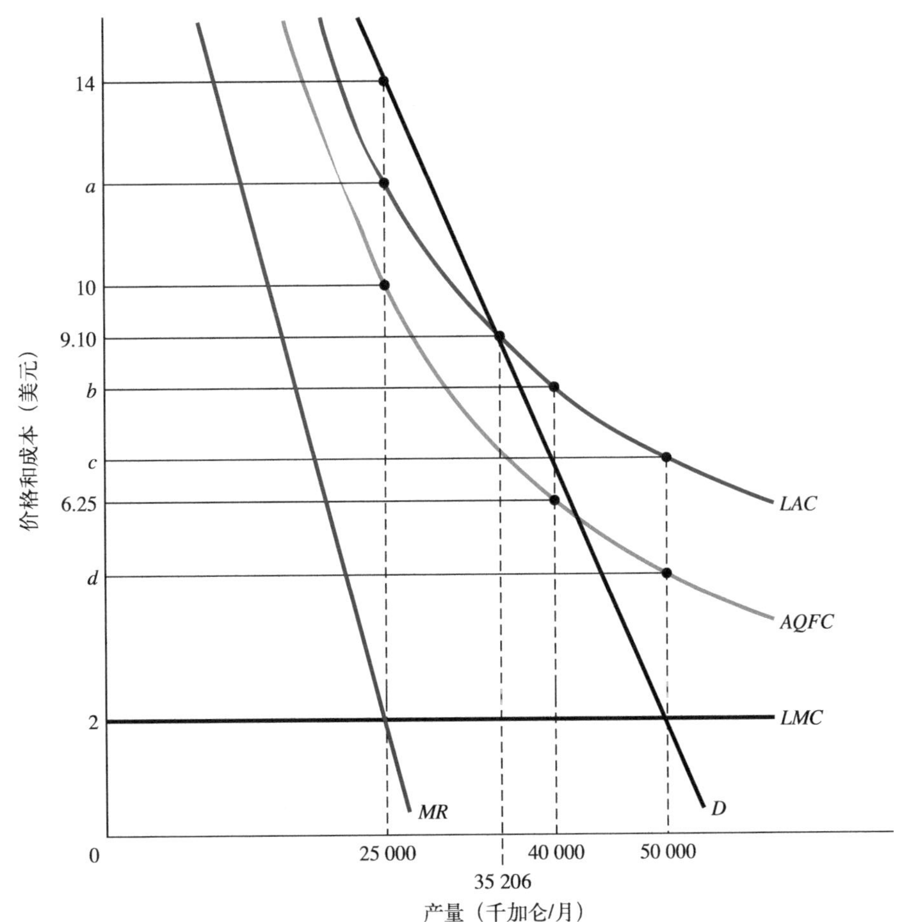

a. 找到图中 *a* 到 *d* 每一处的成本值。

b. 当企业每月生产 50 000 单位水时，长期总成本是每月________美元。

c. 如果两个大小相同，但相互独立的自来水公司每月向社区提供 5 000 单位的水，长期总成本是________美元。

d. 每月 50 000 单位时，市政自来水服务成本有次加性吗？

e. 如果有的话，在什么产量范围市政自来水服务存在规模经济？

6. 如果问题 5 中的垄断自来水公司没有面临任何的价格或产量监管：

a. 自来水公司将每 1 000 加仑收取________美元，每月销售________单位水，每月赚到的利润是________美元。

b. 此社区的水市场将经历分配无效，因为每月有无谓损失________美元。

c. 为了使社会剩余最大化，水价格必须为________美元，导致每月社会剩余为________美元。

d. 如果公共服务委员会决定实施在 c 问提出的社会剩余最大化的价格，公用事业公司将有（利润、损失）________美元。公用事业公司将要求________美元补助，以便在此规则下财务可行。

e. 如果公共服务委员会决定采用次优定价，水价将是每 1 000 单位加仑________美元，导致的无谓损失等于________美元。

f. 如果公共服务委员会决定为自来水公司设计一个优化的两部定价方案，使用费将等于每（1 000 加仑）单位________美元，社区共 10 000 户家庭，每个家庭每月入门费等于________美元。此计划下的无谓损失为________美元。

7. 下图中一竞争行业中的企业，在供给产品时产生了负外部性。带给社会的边际外部成本由曲线 *MEC* 给出，边际私人生产成本 *MPC*，由行业供给曲线 *S* 给出，行业的需求 *D*，即消费此产品的边际社会收益（*MSB*），因为消费这个产品没有溢出成本或收益。

a. 对行业生产的第 300 000 单位产品而言，边际外部成本是________美元，边际私人成本是________美元，边际社会成本是________美元。

b. 画出边际社会成本曲线，标为 *MSC*。

c. 在竞争均衡时，行业将生产________单位。这个产量水平是________（生产、分配）失效，因为________大于________。

d. 竞争均衡导致无谓损失________美元。

e. 社会有效的产量水平是________单位，此时边际社会收益等于________。

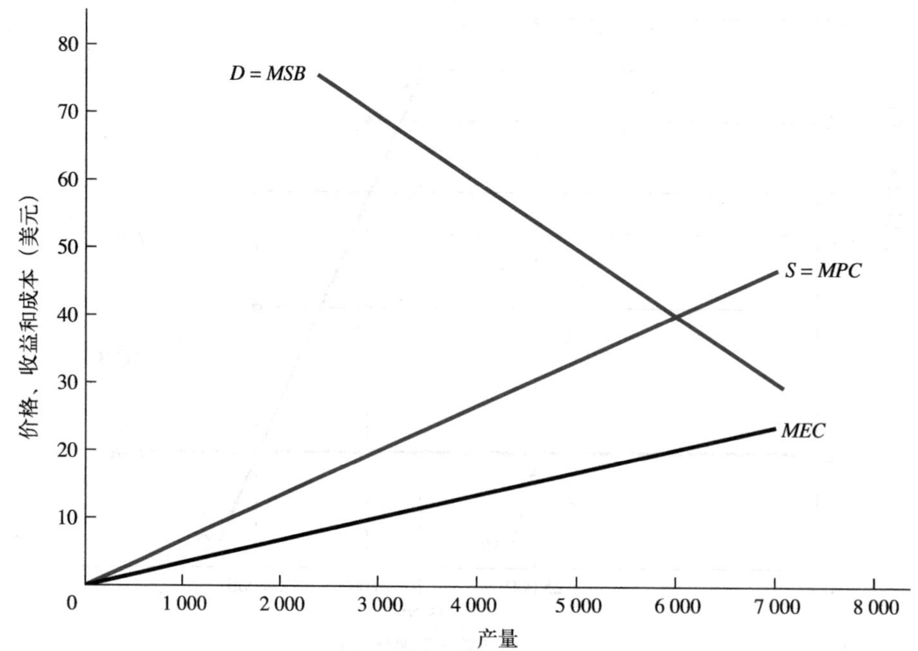

8. 下图表示向环境排放污染物的行业的边际损害（*MD*）曲线和边际减污成本（*MAC*）曲线。

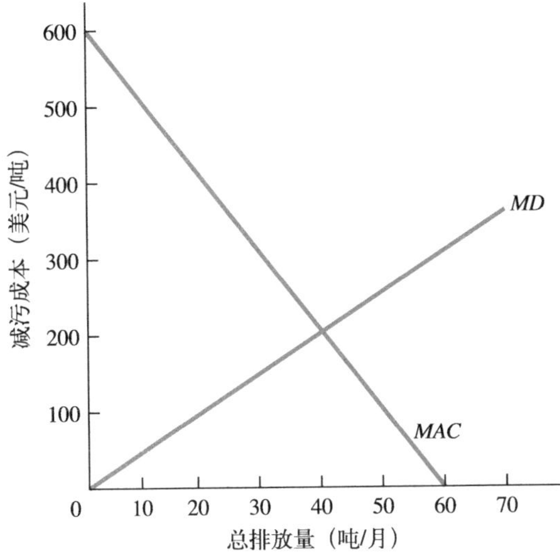

a. 如果环境监管没有限制这个行业的污染，行业将每月排放________吨。在此排放量下，每月污染的总损害为________美元，总减污成本为每月________美元。在没有任何政府限制污染情况下，行业总社会污染成本将是每月________美元。

b. 如果环境官员禁止所有的污染，迫使行业消除所有的污染排放，那么行业的总减污成本是每月________美元，行业零污染的总社会成本是每月________美元。

c. 为什么从社会的角度看行业零污染不是最优的？用上图详细解释。

d. 行业社会最优排放水平是每月________吨，导致总减污成本是每月________美元，污染的总损害是每月________美元。社会总成本是每月________美元。

e. 在d中的最优污染水平下，什么是最大或最小？

f. 从社会角度来看，什么是减污的最优水平？

g. 如果环境机构希望通过实施污染排放税，控制行业污染，每吨排放物的税应该是________美元。在此税率下，行业的排放是每月________吨，每月总付税额为________美元。行业每月减污________吨，发生总减污成本为每月________美元。

9. 在建立共有资源时，产权的角色是什么？为什么共有资源由于非排他性而导致市场失灵？

10. a. 公共品的两个特点是什么？

b. 为了避免市场失灵，对公共品应该收取什么价格？为什么？

11. 产品价格的不完全信息如何带来市场失灵？买主不知道所有卖主对产品收取的价格，会导致市场上有过多或者过少的产量吗？

12. 在下图中，消费者购买一种竞争性供给的产品。消费者对产品的质量信息所知甚少，他们认为产品的质量比实际的质量差。

a. 图中曲线*A*表示市场上对产品的________（需求、边际社会收益），曲线*B*表示________（需求、边际社会收益）。

b. 在竞争均衡下，价格是________美元，有________单位被生产和消费。

c. 分配无效，是因为在竞争均衡产量水平上，边际社会收益是________美元，________（小于、大于）竞争均衡时的边际社会成本________美元。

d. 产品质量不完全信息带来的无谓损失是________美元。

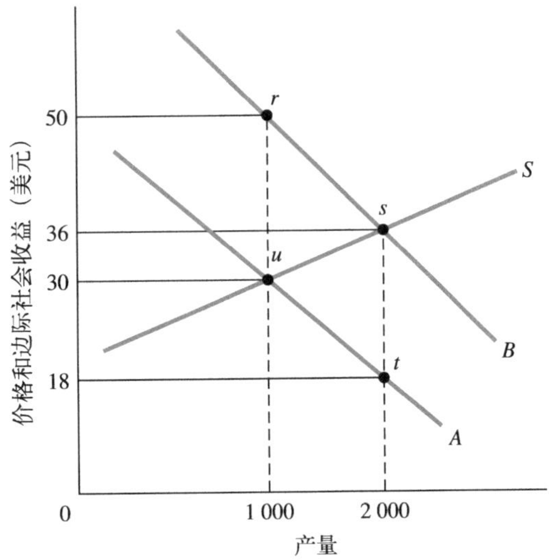

概念性习题答案

1. a. 找到需求*D*和行业长期供给*S*的交点。在图中，交点是在1.60美元，和每天12 000个硬面包圈。用数学方法可以找到相同的解，令Q_d等于Q_s，解出关于均衡价格P_E

的等式：

$$20\,000-5\,000P=-4\,000+10\,000P$$

$$P_E=1.60 \text{ 美元}$$

接下来，将1.60美元带入需求和供给方程中，找到均衡数量：

$$Q_E=20\,000-5\,000\times1.60$$
$$=-4\,000+10\,000\times1.60$$
$$=12\,000$$

b. 当然，纽约城的每个硬面包圈生产者都知道，为了使企业的利润最大化，总成本必须最小。这样企业会在扩张线上经营，生产有效产生。这个陈述在长期更令人信服，因为任何没有在扩张曲线上经营的企业会亏损，迫使其离开纽约市的硬面包圈业务。

c. 在8 000单位，额外1个硬面包圈的社会边际收益是2.40美元，因为需求价格给出了边际估价，或者是消费者购买多1个硬面包圈的边际收益。在8 000单位，生产额外1个硬面包圈的边际成本是1.20美元，因为竞争供给价格给出了多生产1个硬面包圈的边际成本。因为边际收益超过边际成本，增加硬面包圈的消费和生产，会增加社会的净收益。

d. 在14 000单位，边际成本是1.80美元，边际收益是1.20美元。减少1个单位硬面包圈的生产会降低成本1.80美元，减少总收益1.20美元，净收益增加0.60美元。

e. 因为市场价格是1.60美元，只有当消费者的需求价格等于或者高于市场价格时，才会买硬面包圈。这些有意愿的买主有12 000个，即在需求曲线4美元和1.60美元之间的需求曲线段。出价更低的买者，在需求曲线1.60美元和0之间的需求曲线段，自然会选择不在市场价格为1.60美元时买硬面包圈，留下这12 000个硬面包圈给高估者购买。

f. 是的，因为生产有效和分配有效都在竞争均衡时发生，1.60美元和每天12 000个硬面包圈。

2. a. 第8 000单位消费者剩余 = 2.40 − 1.60 = 0.80（美元）

第8 000单位生产者剩余 = 1.60 − 1.20 = 0.40（美元）

第8 000单位社会剩余 = 消费者剩余 + 生产者剩余 = 1.20（美元）

b. 在8 000单位，总剩余等于梯形的面积。梯形面积等于上下底平均值乘以高：

消费者剩余 = 8 000 × [(4 − 1.60) + (2.40 − 1.60)] / 2 = 12 800（美元）

生产者剩余 = 8 000 × [(1.60 − 0.40) + (1.60 − 1.20)] / 2 = 6 400（美元）

社会剩余 = 消费者剩余 + 生产者剩余 = 19 200（美元）

c. 在竞争均衡时，价格和数量分别是1.60美元和12 000单位。

消费者剩余 = 0.5 × 12 000 × (4.00 − 1.60) = 14 400（美元）

生产者剩余 = 0.5 × 12 000 × (1.60 − 0.40) = 7 200（美元）

社会剩余 = 消费者剩余 + 生产者剩余 = 21 600美元

竞争均衡时社会剩余（21 600美元）大于8 000单位时的社会剩余（19 200美元）。这是期望的结果，因为社会剩余在需求和供给的交点最大。

3. a. 每天短缺6 000个硬面包圈（= 14 000 − 8 000）。

b. 1.20美元限价时，消费者剩余 = 16 000美元 = 8 000 × [(4 − 1.20) + (2.40 − 1.20)] / 2

8 000个能买到硬面包圈的消费者多受益了3 200美元，是比市场价格少支付了0.40美元省下的。然而，希望在1.60美元时多个买4 000硬面包圈的消费者，损失了消费者剩余：−1 600美元 = 0.5 × 4 000 × (2.40 − 1.60)。于是，消费者剩余的净收益是1 600美元（= 3 200 − 1 600）。

c. 限价1.20美元时，生产者剩余 = 3 200美元 = 0.5 × 8 000 × (1.20 − 0.40)。所有生产者都变差了，因为所有的卖主每个硬面包圈都少收了0.40美元，他们卖出更少的硬面包圈。损失的生产者剩余是4 000美元（= 7 200 − 3 200）。

4. 为了回答问题，你必须画出企业的边际收益曲线，下图的黑线 MR。

a. 5 000单位时，$MR=MC$，企业在价格为60美元，生产50 000单位时利润最大化。企业的利润是1 000 000美元 [=（60美

元 − 40 美元）× 5 000]

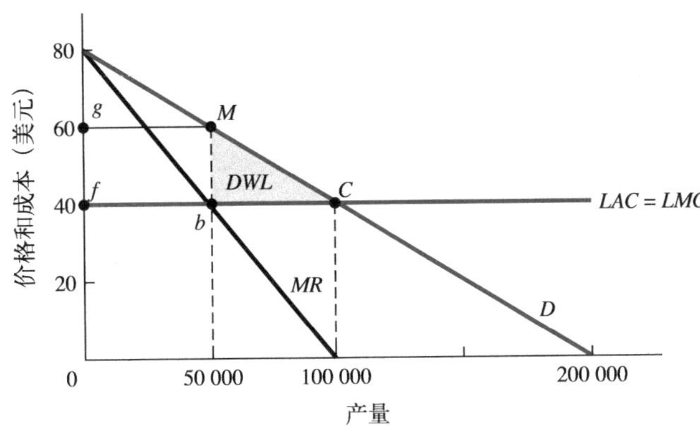

b. 竞争会导致长期均衡时价格降到 40 美元，消费者剩余得到梯形 *gfCM* 面积 1 500 000 美元 [=(60 − 40) × (50 000 + 100 000) / 2]

c. 市场力导致的无谓损失是三角形 *bCM* 的面积 500 000 美元（= 0.5 × 50 000 × 20）

5. a. *a* 是 12 美元，因为 *LAC* = *LMC* + *AQFC* = 2 + 10；*b* 是 8.25 美元（= 2 + 6.25）；*c* 是 7 美元（= 2 + 5）；*d* 是 5 美元（= 250 000 / 50 000）

b. 350 000 美元（= 7 × 50 000）

c. 每个企业生产 25 000。每个企业的总成本是 300 000 美元（= 12 × 25 000）。于是 50 000 单位的总成本是每个企业总成本的和：600 000 美元（= 300 000 + 300 000）

d. 是，成本是次加性的，因为每个月 50 000 单位由一个企业生产，比两个企业各生产 25 000 单位，更低的成本生产出来。

e. 这个自来水公司的所有产量水平都是自然垄断，因为 *LAC* 在所有产量水平下持续下降。

6. a. 14 美元；25 000；50 000 美元 [=(14 − 12) × 25 000]

b. 150 000 美元 [= 0.5 × (50 000 − 25 000) × (14 − 2)]

c. 2 美元；600 000 美元 [= 0.5 × 50 000 × (26 − 2)]。注意 26 美元是需求截距，由题 5 的反需求方程给出。

d. 损失；−250 000 美元 [= 50 000 × (7 − 2)]

e. 9.10 美元（= *LAC*）；52 518.70 美元 [= 0.5 × (50 000 − 35 206) × (9.10 − 2)]

f. 2 美元；每月 25 美元（= 250 000 / 10 000）；0 美元

7. a. 20 美元；40 美元；60 美元

b. 见下图。

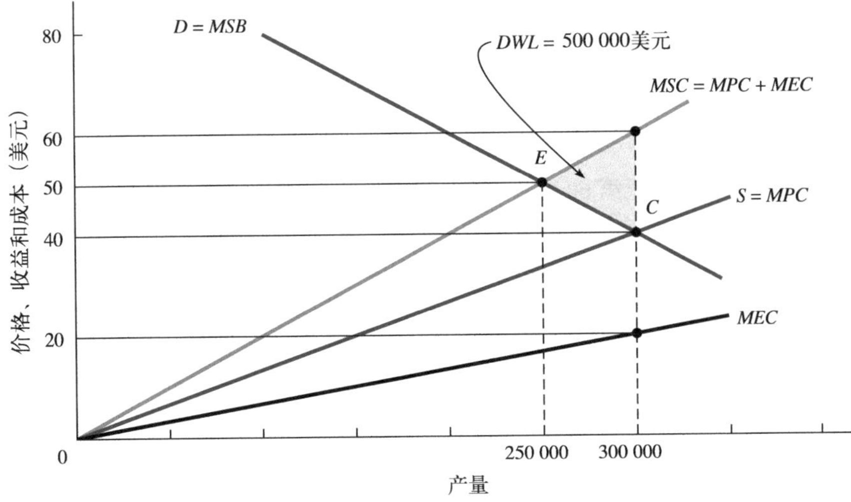

MSC 是 *MPC* 加上 *MEC* 在所有 *Q* 上的纵坐标之和。

c. 300 000 单位（在图中点 *C*、*D* 和 *S* 的交点）；分配；边际社会成本（*MSC*）；边际社会收益（*MSB*）

d. 500 000 美元（= 0.5 × 50 000 × 20）

e. 250 000；边际社会成本（*MSC*）

8. 下图提供了各部分问题的答案。

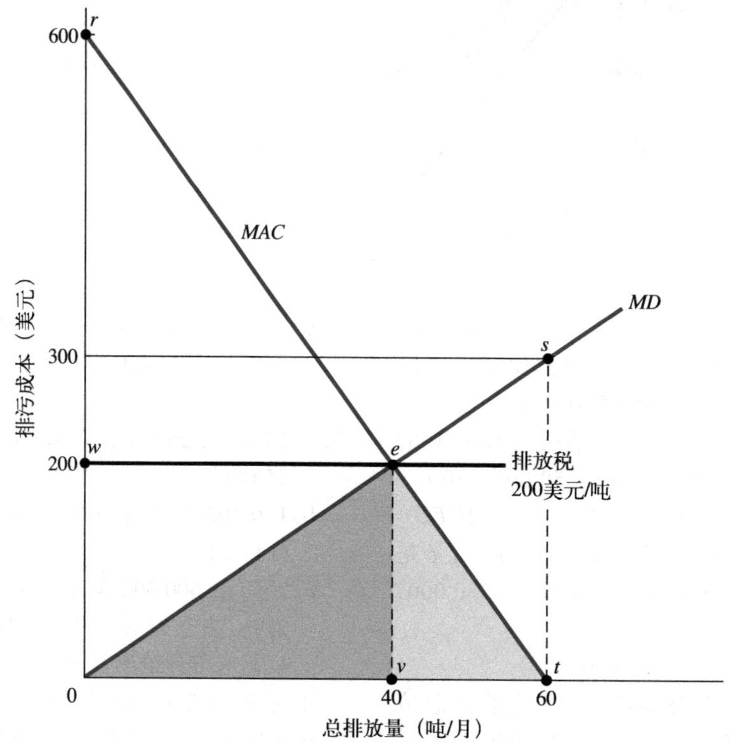

a. 没有控制的污染水平是每月 60 吨。60 吨的总损害是每月 9 000 美元（= 0*st* 的面积 = 0.5 × 60 × 300）。总降低成本是 0 美元，因为在 60 吨时没有减污成本。总社会成本，即总损害和总减污成本之和，是 9 000 美元（= 9 000 + 0）。

b. 总减污成本 = 每月 18 000 美元（= 0*rt* 面积 = 0.5 × 60 × 600）。总社会成本是总损害和总减污成本之和，是 18 000 美元（= 0 + 18 000）。

c. 零排放不是最优，因为降低第 60 吨污染的边际成本是 600 美元，而这样做的边际收益是 0 美元（即第 60 吨的减排，*MD* = 0）。因此排放量应该增加（减污减少），直到在每月 40 吨时 *MAC* = *MD*。

d. 40；总减污成本 = 2 000 美元（= *vte* 面积 = 0.5 × 20 × 200）；总损害 = 4 000 美元（= 0*ve* 面积 = 0.5 × 40 × 200）；总社会成本 = 6 000 美元（= 2 000 + 4 000）

e. 污染总社会成本在每月 40 吨排放时最小。

f. 行业的最优减排量是每月 20 吨，是不控制污染的排放水平 60 吨和最优排放水平 40 吨之间的差值。

g. 每吨 200 美元；每月 40 吨；8 000 美元；减排 20 吨：2 000 美元（= *vte* 面积 = 0.5 × 20 × 200 美元）

9. 资源产权是确立谁拥有并且可以使用资源，在共有资源不清晰时，定义不清，或者完全缺失。于是，没有人能够被排除在使用共有资源以外，这样的资源，会被过度开采和生产不足。

10. a. 公共品有以下特征：①非排他性，没有付钱的人无法被排除在使用者之外；②非损耗性，一个人的消费不会让其他人的消费有任何损失。

b. 公共品的社会最优价格水平是零，因为分配有效要求边际成本定价，多向一个人提供的边际成本是零。

11. 当购买者不知道一种产品的所有卖家的价格时，起作用的竞争性卖家数量减少，增加了企业的市场力。价格不完全信息导致的市场力，带来无谓损失，因为价格会超过边际成本。

12. a. 需求；边际社会收益
  b. 30 美元；1 000
  c. 50 美元；大于；30 美元
  d. 10 000 美元 = [0.50 × 1 000 × (50 − 30)]

应用性习题

1. 评论这样一种说法："代表'双赢'的改变，是改变资源分配，增加社会福利的唯一时机。"
2. "只要行业产量过低，产生短缺，就没有实现分配有效。"这句话错在哪里？
3. 限价如何削弱市场决定价格的分配机制？当政府限价带来短缺时，配给券如何能够保证出价最高的消费者得到有限供给的产品？
4. 你支持反欺诈法作为保护消费者，来避免在像新奥尔良卡特里娜龙卷风等自然灾害后的高价吗？如果支持，为什么？如果不，为什么？
5. Mirk Labs 是英国的制药公司，它的 Zatab（一种防过敏药物）在欧洲、加拿大、美国有专利垄断。Zatab 在全球总需求是

$$Q_d = 15.0 - 0.2P$$

式中，Q_d 是年需求量（单位：100 万），P 是每单位的批发价格。10 年前，Mirk Labs 投入 Zatab 的研发成本是 6 000 万美元。目前生产 Zatab 的成本是不变的，为每单位 5 美元。

  a. Mirk Labs 制定的批发价格是多少？每年 Mirk Labs 制造并销售多少 Zatab？企业在 Zatab 上赚取的利润是多少？
  b. Zatab 专利下个月到期，数十家制药企业准备以与 Zatab 相同的非专利药版本进入市场。一旦专利过期，出现竞争，会导致什么样的价格和数量？每年服用 Zatab 的过敏者获得多少消费者剩余？
  c. 由于 Zatab 在药品市场上的市场力，计算制药企业导致的社会年无谓损失。这个无谓损失到底代表什么？
  d. 在 c 中答案的基础上，在欧洲、加拿大和美国的竞争机构对非专利药进入市场限制仅 5 年，有用吗？为什么或者为什么不？

网络章节 投资决策

网络这章的内容请通过 McGraw-Hill Connect 网站的学生资源中查看。

附 录
Appendix

统 计 表

A.1 学生 *t* 分布

表 A-1 提供了 4 种显著性水平（0.10, 0.05, 0.02, 0.01）*t* 分布的临界值。注意：这些数值是基于双方向的显著性检验，所谓双方向显著性检验即检验某系数是否显著不等于 0。对于单方向的假设检验没有包含在本书中，读者可参阅 William Mendenhall 和 Terry Sincich 著的 *Statistics for Engineering and the Sciences* 第 5 版 .（New York: Prentice Hall, 2006）。

为了解释该表使用方法，我们考虑 30 个观察值，估计 3 个系统数 *a*，*b*，c 的一个多元回归问题。这样，自由度为 $30-3=27$，若显著性水平为 0.05（则置信水平为 $0.95=1-0.05$），相应的显著性水平的临界值由表查得 *t* 值 2.052；假如要求更低的显著性水平（即更高的置信水平），研究者可使用 0.01 的显著性水平（0.99 的置信水平）相应的临界值为 2.771。相反，要求更高的显著性水平（即更低的置信水平），研究者可使用 0.10 的显著性水平（0.90 的置信水平）相应的临界值为 1.703。

A.2 *F* 检验

表 A-2 提供了 *F* 分布在 0.05 及 0.01 显著性水平（或 0.95 及 0.99 置信水平）下的临界值。为解释该表使用方法，考虑观测数 30，估计 3 个系数 *a*，*b*，*c* 的多元回归问题，即 $n=30$，$k=3$，*F* 统计检验下，分子的自由度为 $k-1$，分母自由度为 $n-k$，这样自由度分别为 2 和 27，在表 A-2 中与显著性水平 0.05（置信水平 0.95）相对应的 *F* 检验临界值为 3.35，若预期显著性水平为 0.01，则相对应 F 临界值为 5.49。

表 A-1 *t* 临界值

自由度	显著性水平			
	0.10	0.05	0.02	0.01
1	6.314	12.706	31.821	63.657
2	2.920	4.303	6.965	9.925
3	2.353	3.182	4.541	5.841
4	2.132	2.776	3.747	4.604
5	2.015	2.571	3.365	4.032
6	1.943	2.447	3.143	3.707
7	1.895	2.365	2.998	3.499
8	1.860	2.306	2.896	3.355
9	1.833	2.262	2.821	3.250
10	1.812	2.228	2.764	3.169
11	1.796	2.201	2.718	3.106
12	1.782	2.179	2.681	3.055

（续）

自由度	显著性水平			
	0.10	0.05	0.02	0.01
13	1.771	2.160	2.650	3.012
14	1.761	2.145	2.624	2.977
15	1.753	2.131	2.602	2.947
16	1.746	2.120	2.583	2.921
17	1.740	2.110	2.567	2.898
18	1.734	2.101	2.552	2.878
19	1.729	2.093	2.539	2.861
20	1.725	2.086	2.528	2.845
21	1.721	2.080	2.518	2.831
22	1.717	2.074	2.508	2.819
23	1.714	2.069	2.500	2.807
24	1.711	2.064	2.492	2.797
25	1.708	2.060	2.485	2.787
26	1.706	2.056	2.479	2.779
27	1.703	2.052	2.473	2.771
28	1.701	2.048	2.467	2.763
29	1.699	2.045	2.462	2.756
30	1.697	2.042	2.457	2.750
40	1.684	2.021	2.423	2.704
60	1.671	2.000	2.390	2.660
120	1.658	1.980	2.358	2.617
∞	1.645	1.960	2.326	2.576

资料来源：Adapted from R. J. Wonnacott and T. H. Wonnacott, *Econometrics*, 2nd ed. (New York: John Wiley & Sons, 1979).

表 A-2 *F* 临界值

分子自由度 $(n-k)$	分母自由度 $(k-1)$																			
	1	2	3	4	5	6	7	8	9	10	11	12	14	16	20	24	30	40	50	∞
1 …	161	200	216	225	230	234	237	239	241	242	243	244	245	246	248	249	250	251	252	254
	4 052	4 999	5 403	5 625	5 764	5 859	5 928	5 981	6 022	6 056	6 082	6 106	6 142	6 169	6 208	6 234	6 258	6 286	6 302	6 366
2 …	18.51	19.00	19.16	19.25	19.30	19.33	19.36	19.37	19.38	19.39	19.40	19.41	19.42	19.43	19.44	19.45	19.46	19.47	19.47	19.50
	98.49	99.01	99.17	99.25	99.30	99.33	99.34	99.36	99.38	99.40	99.41	99.42	99.43	99.44	99.45	99.46	99.47	99.48	99.48	99.50
3 …	10.13	9.55	9.28	9.12	9.01	8.94	8.88	8.84	8.81	8.78	8.76	8.74	8.71	8.69	8.66	8.64	8.62	8.60	8.58	8.53
	34.12	30.81	29.46	28.71	28.24	27.91	27.67	27.49	27.34	27.23	27.13	27.05	26.92	26.83	26.69	26.60	26.50	26.41	26.30	26.12
4 …	7.71	6.94	6.59	6.39	6.26	6.16	6.09	6.04	6.00	5.96	5.93	5.91	5.87	5.84	5.80	5.77	5.74	5.71	5.70	5.63
	21.20	18.00	16.69	15.98	15.52	15.21	14.98	14.80	14.66	14.54	14.45	14.37	14.24	14.15	14.02	13.93	13.83	13.74	13.69	13.46
5 …	6.61	5.79	5.41	5.19	5.05	4.95	4.88	4.82	4.78	4.74	4.70	4.68	4.64	4.60	4.56	4.53	4.50	4.46	4.44	4.36
	16.26	13.27	12.06	11.39	10.97	10.67	10.45	10.27	10.15	10.05	9.96	9.89	9.77	9.68	9.55	9.47	9.38	9.29	9.24	9.02
6 …	5.99	5.14	4.76	4.53	4.39	4.28	4.21	4.15	4.10	4.06	4.03	4.00	3.96	3.92	3.87	3.84	3.81	3.77	3.75	3.67
	13.74	10.92	9.78	9.15	8.75	8.47	8.26	8.10	7.98	7.87	7.79	7.72	7.60	7.52	7.39	7.31	7.23	7.14	7.09	6.88
7 …	5.59	4.74	4.35	4.12	3.97	3.87	3.79	3.73	3.68	3.63	3.60	3.57	3.52	3.49	3.44	3.41	3.38	3.34	3.32	3.23
	12.25	9.55	8.45	7.85	7.46	7.19	7.00	6.84	6.71	6.62	6.54	6.47	6.35	6.27	6.15	6.07	5.98	5.90	5.85	5.65
8 …	5.32	4.46	4.07	3.84	3.69	3.58	3.50	3.44	3.39	3.34	3.31	3.28	3.23	3.20	3.15	3.12	3.08	3.05	3.03	2.93
	11.26	8.65	7.59	7.01	6.63	6.37	6.19	6.03	5.91	5.82	5.74	5.67	5.56	5.48	5.36	5.28	5.20	5.11	5.06	4.86
9 …	5.12	4.26	3.86	3.63	3.48	3.37	3.29	3.23	3.18	3.13	3.10	3.07	3.02	2.98	2.93	2.90	2.86	2.82	2.80	2.71
	10.56	8.02	6.99	6.42	6.06	5.80	5.62	5.47	5.35	5.26	5.18	5.11	5.00	4.92	4.80	4.73	4.64	4.56	4.51	4.31
10 …	4.96	4.10	3.71	3.48	3.33	3.22	3.14	3.07	3.02	2.97	2.94	2.91	2.86	2.82	2.77	2.74	2.70	2.67	2.64	2.54
	10.04	7.56	6.55	5.99	5.64	5.39	5.21	5.06	4.95	4.85	4.78	4.71	4.60	4.52	4.41	4.33	4.25	4.17	4.12	3.91
11 …	4.84	3.98	3.59	3.36	3.20	3.09	3.01	2.95	2.90	2.86	2.82	2.79	2.74	2.70	2.65	2.61	2.57	2.53	2.50	2.40
	9.65	7.20	6.22	5.67	5.32	5.07	4.88	4.74	4.63	4.54	4.46	4.40	4.29	4.21	4.10	4.02	3.94	3.86	3.80	3.60
12 …	4.75	3.89	3.49	3.26	3.11	3.00	2.92	2.85	2.80	2.76	2.72	2.69	2.64	2.60	2.54	2.50	2.46	2.42	2.40	2.30
	9.33	6.93	5.95	5.41	5.06	4.82	4.65	4.50	4.39	4.30	4.22	4.16	4.05	3.98	3.86	3.78	3.70	3.61	3.56	3.36
13 …	4.67	3.80	3.41	3.18	3.02	2.92	2.84	2.77	2.72	2.67	2.63	2.60	2.55	2.51	2.46	2.42	2.38	2.34	2.32	2.21

	9.07	6.70	5.74	5.20	4.86	4.62	4.44	4.30	4.19	4.10	4.02	3.96	3.85	3.78	3.67	3.59	3.51	3.42	3.37	3.16
14 ...	4.60	3.74	3.34	3.11	2.96	2.85	2.77	2.70	2.65	2.60	2.56	2.53	2.48	2.44	2.39	2.35	2.31	2.27	2.24	2.13
	8.86	6.51	5.56	5.03	4.69	4.46	4.28	4.14	4.03	3.94	3.86	3.80	3.70	3.62	3.51	3.43	3.34	3.26	3.26	3.00
15 ...	4.54	3.68	3.29	3.06	2.90	2.79	2.70	2.64	2.59	2.55	2.51	2.48	2.43	2.39	2.33	2.29	2.25	2.21	2.18	2.07
	8.68	6.36	5.42	4.89	4.56	4.32	4.14	4.00	3.89	3.80	3.73	3.67	3.56	3.48	3.36	3.29	3.20	3.12	3.07	2.87
16 ...	4.49	3.63	3.24	3.01	2.85	2.74	2.66	2.59	2.54	2.49	2.45	2.42	2.37	2.33	2.28	2.24	2.20	2.16	2.13	2.01
	8.53	6.23	5.29	4.77	4.44	4.20	4.03	3.89	3.78	3.69	3.61	3.55	3.45	3.37	3.25	3.18	3.10	3.01	2.96	2.75
17 ...	4.45	3.59	3.20	2.96	2.81	2.70	2.62	2.55	2.50	2.45	2.41	2.38	2.33	2.29	2.23	2.19	2.15	2.11	2.08	1.96
	8.40	6.11	5.18	4.67	4.34	4.10	3.93	3.79	3.68	3.59	3.52	3.45	3.35	3.27	3.16	3.08	3.00	2.92	2.86	2.65
18 ...	4.41	3.55	3.16	2.93	2.77	2.66	2.58	2.51	2.46	2.41	2.37	2.34	2.29	2.25	2.19	2.15	2.11	2.07	2.04	1.92
	8.28	6.01	5.09	4.58	4.25	4.01	3.85	3.71	3.60	3.51	3.44	3.37	3.27	3.19	3.07	3.00	2.91	2.83	2.78	2.57
19 ...	4.38	3.52	3.13	2.90	2.74	2.63	2.55	2.48	2.43	2.38	2.34	2.31	2.26	2.21	2.15	2.11	2.07	2.02	2.00	1.88
	8.18	5.93	5.01	4.50	4.17	3.94	3.77	3.63	3.52	3.43	3.36	3.30	3.19	3.12	3.00	2.92	2.84	2.76	2.70	2.49
20 ...	4.35	3.49	3.10	2.87	2.71	2.60	2.52	2.45	2.40	2.35	2.31	2.28	2.23	2.18	2.12	2.08	2.04	1.99	1.96	1.84
	8.10	5.85	4.94	4.43	4.10	3.87	3.71	3.56	3.45	3.37	3.30	3.23	3.13	3.05	2.94	2.86	2.77	2.69	2.63	2.42
21 ...	4.32	3.47	3.07	2.84	2.68	2.57	2.49	2.42	2.37	2.32	2.28	2.25	2.20	2.15	2.09	2.05	2.00	1.96	1.93	1.81
	8.02	5.78	4.87	4.37	4.04	3.81	3.65	3.51	3.40	3.31	3.24	3.17	3.07	2.99	2.88	2.80	2.72	2.63	2.58	2.36
22 ...	4.30	3.44	3.05	2.82	2.66	2.55	2.47	2.40	2.35	2.30	2.26	2.23	2.18	2.13	2.07	2.03	1.98	1.93	1.91	1.78
	7.94	5.72	4.82	4.41	3.99	3.76	3.59	3.45	3.35	3.26	3.18	3.12	3.02	2.94	2.83	2.75	2.67	2.58	2.53	2.31
23 ...	4.28	3.42	3.03	2.80	2.64	2.53	2.45	2.38	2.32	2.28	2.24	2.20	2.14	2.10	2.04	2.00	1.96	1.91	1.88	1.76
	7.88	5.66	4.76	4.26	3.94	3.71	3.54	3.41	3.30	3.21	3.14	3.07	2.97	2.89	2.78	2.70	2.62	2.53	2.48	2.26
24 ...	4.26	3.40	3.01	2.78	2.62	2.51	2.43	2.36	2.30	2.26	2.22	2.18	2.13	2.09	2.02	1.98	1.94	1.89	1.86	1.73
	7.82	5.61	4.72	4.22	3.90	3.67	3.50	3.36	3.25	3.17	3.09	3.03	2.93	2.85	2.74	2.66	2.58	2.49	2.44	2.21
25 ...	4.24	3.38	2.99	2.76	2.60	2.49	2.41	2.34	2.28	2.24	2.20	2.16	2.11	2.06	2.00	1.96	1.92	1.87	1.84	1.71
	7.77	5.57	4.68	4.18	3.86	3.63	3.46	3.32	3.21	3.13	3.05	2.99	2.89	2.81	2.70	2.62	2.54	2.45	2.40	2.17
26 ...	4.22	3.37	2.89	2.74	2.59	2.47	2.39	2.32	2.27	2.22	2.18	2.15	2.10	2.05	1.99	1.95	1.90	1.85	1.82	1.69
	7.72	5.53	4.64	4.14	3.82	3.59	3.42	3.29	3.17	3.09	3.02	2.96	2.86	2.77	2.66	2.58	2.50	2.41	2.36	2.13
27 ...	4.21	3.35	2.96	2.73	2.57	2.46	2.37	2.30	2.25	2.20	2.16	2.13	2.08	2.03	1.97	1.93	1.88	1.84	1.80	1.67
	7.68	5.49	4.60	4.11	3.79	3.56	3.39	3.26	3.14	3.06	2.98	2.93	2.83	2.74	2.63	2.55	2.47	2.38	2.33	2.10

（续）

分子自由度（$n-k$）	分母自由度（$k-1$）																			
	1	2	3	4	5	6	7	8	9	10	11	12	14	16	20	24	30	40	50	∞
28 ...	4.20	3.34	2.95	2.71	2.56	2.44	2.36	2.29	2.24	2.19	2.15	2.12	2.06	2.02	1.96	1.91	1.87	1.81	1.78	1.65
	7.64	5.45	4.57	4.07	3.76	3.53	3.36	3.23	3.11	3.03	2.95	2.90	2.80	2.71	2.60	2.52	2.44	2.35	2.30	2.06
29 ...	4.18	3.33	2.93	2.70	2.54	2.43	2.35	2.28	2.22	2.18	2.14	2.10	2.05	2.00	1.94	1.90	1.85	1.80	1.77	1.64
	7.60	5.52	4.54	4.04	3.73	3.50	3.33	3.20	3.08	3.00	2.92	2.87	2.77	2.68	2.57	2.49	2.41	2.32	2.27	2.03
30 ...	4.17	3.32	2.92	2.69	2.53	2.43	2.34	2.27	2.21	2.16	2.12	2.09	2.04	1.99	1.93	1.89	1.84	1.79	1.76	1.62
	7.56	5.39	4.51	4.02	3.70	3.47	3.30	3.17	3.06	2.98	2.90	2.84	2.74	2.66	2.55	2.47	2.38	2.29	2.24	2.01
40 ...	4.08	3.23	2.84	2.61	2.45	2.34	2.25	2.18	2.12	2.08	2.04	2.00	1.95	1.90	1.84	1.79	1.74	1.69	1.66	1.51
	7.31	5.18	4.31	3.83	3.51	3.29	3.12	2.99	2.88	2.80	2.73	2.66	2.56	2.49	2.37	2.29	2.20	2.11	2.05	1.81
50 ...	4.03	3.18	2.79	2.56	2.40	2.29	2.20	2.13	2.07	2.02	1.98	1.95	1.90	1.85	1.78	1.74	1.69	1.63	1.60	1.44
	7.17	5.06	4.20	3.72	3.41	3.18	3.02	2.88	2.78	2.70	2.62	2.56	2.46	2.39	2.26	2.18	2.10	2.00	1.94	1.68
60 ...	4.00	3.15	2.76	2.52	2.37	2.25	2.17	2.10	2.04	1.99	1.95	1.92	1.86	1.81	1.75	1.70	1.65	1.59	1.56	1.39
	7.08	4.98	4.13	3.65	3.34	3.12	2.95	2.82	2.72	2.63	2.56	2.50	2.40	2.32	2.20	2.12	2.03	1.93	1.87	1.60
125 ...	3.92	3.07	2.68	2.44	2.29	2.17	2.08	2.01	1.95	1.90	1.86	1.83	1.77	1.72	1.65	1.60	1.55	1.49	1.45	1.25
	6.84	4.78	3.94	3.47	3.17	2.95	2.79	2.65	2.56	2.47	2.40	2.33	2.23	2.15	2.03	1.94	1.85	1.75	1.68	1.37
∞ ...	3.84	2.99	2.60	2.37	2.21	2.09	2.01	1.94	1.88	1.83	1.79	1.75	1.69	1.64	1.57	1.52	1.46	1.40	1.35	1.00
	6.64	4.60	3.78	3.32	3.02	2.80	2.64	2.51	2.41	2.32	2.24	2.18	2.07	1.99	1.87	1.79	1.69	1.59	1.52	1.00